# 1 MONTH OF
# FREE
## READING

at

## www.ForgottenBooks.com

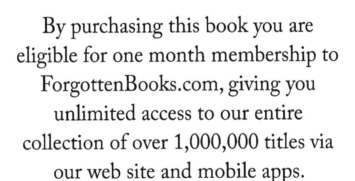

By purchasing this book you are eligible for one month membership to ForgottenBooks.com, giving you unlimited access to our entire collection of over 1,000,000 titles via our web site and mobile apps.

To claim your free month visit:
www.forgottenbooks.com/free1246582

ISBN 978-0-332-76683-6
PIBN 11246582

# T LIVII PATAVINI

## OPERUM OMNIUM

### VOLUMEN QUARTUM.

# T. LIVII, PATAVINI

## HISTORIARUM

LIBRI QUI SUPERSUNT

CUM DEPERDITORUM FRAGMENTIS

ET EPITOMIS OMNIUM

EX RECENSIONE

## ARNOLDI DRAKENBORCHII

CUM NOTIS INTEGRIS

## J. B. L. CREVIERII

ET

## INDICE RERUM LOCUPLETISSIMO

ACCESSIT

PRÆTER VARIETATEM LECTT.

GRONOVIANÆ CREVIERIANÆ DOERINGIANÆ ET RUPERTINÆ

NECNON CODICUM DUORUM MANUSCRIPTORUM

## GLOSSARIUM LIVIANUM

SIVE

INDEX LATINITATIS EXQUISITIORIS

EX SCHEDIS

## AUG. GUIL. ERNESTI

EMENDAVIT PLURIMISQUE ACCESSIONIBUS LOCUPLETAVIT

GODOFR. HENR. SCHÆFER.

VOLUMEN IV.

## LONDINI

SUMTIBUS RICARDI PRIESTLEY

MDCCCXXV.

TYPIS EXPRESSIT B. BENSLEY, LONDINI.

1656
232

# T. LIVII PATAVINI

# HISTORIARUM

## AB URBE CONDITA

### LIBRI.

---

*IGNIS in æde Vestæ exstinctus est. Ti. Sempronius Grac-*
*chus proconsul Celtiberos victos in deditionem accepit, monu-*
*mentumque operum suorum, Gracchurim oppidum in Hispa-*
*nia constituit. Et a Postumio Albino proconsule Vaccæi ac*
*Lusitani subacti sunt.* [1] *uterque triumphavit. Antiochus,*
*Antiochi filius, obses Romanis a patre datus, mortuo fratre*
*Seleuco, qui patri defuncto successerat, in regnum Syriæ ab*
*urbe dimissus. Lustrum a censoribus conditum est. censa*
*sunt civium capita ducenta sexaginta tria millia ducenta*
*nonaginta quatuor.* [2] *Q. Voconius Saxa tribunus plebis le-*
*gem tulit, ne quis hæredem mulierem institueret. suasit legem*
*M. Cato. exstat oratio ejus. Præterea res contra Ligures,*
*Istros, Sardos, et Celtiberos, a compluribus ducibus prospere*
*gestas, et initia belli Macedonici continet, quod Perseus,*
*Philippi filius, moliebatur. miserat enim Karthaginienses le-*
*gationem, et ab iis nocte audita erat: sed et alias Græciæ*
*civitates sollicitabat. qui* [3] *præter religionem, quod quam*
*multa templa magnifica multis locis erexit, Athenis Jovis*
*Olympii,* [4] *et Antiochiæ Capitolini, vilissimum regem egit.*

---

[1] *Uterque triumphavit*] Antea legebatur *de utrisque triumphavit:* quo ad-
misso, sileretur de triumpho Gracchi.
Emendavit Sigonius ex vet. lib. et Livio
infra, c. 7. Consentit Campanus.

[2] *Q. Voconius*] Suum quoque huic
tribuno restituit nomen Sigonius. Olim,
*Q. Volumnius.*

[3] *Præter religionem, qua multa tem-*
*pla... vilissimum regem egit*] Hic sequimur, post Clericum, Gronovii mentem. Antea enim hæc omnia ad totius
epitomes finem attexebantur in hunc
modum: *sed et alius Græciæ civitates*
*sollicitabat: qui, præter religionem, quod*

quam multa templa magnifica multis locis
erexit, *Athenis, Jovis Olympii, et An-*
*tiochiæ, Capitolini, vilissimum regem egit.*
Itaque hæc ad Persen referebantur,
quæ tamen constat ex Polybio et Diodoro ad Antiochum pertinere. Quum
igitur manifestum vitium esset, Gronovio obsecuti sumus, qui reponendo in
ordinem suum male trajectas voces
cum levissimis mutationibus locum sa-
navit, aut certe ad historiæ veritatem
revocavit.

[4] *Et Antiochiæ, Capitolini*] Vocem
ultimam adjecit Sigonius ex Livio, infra, c. 20.

B

# T. LIVII PATAVINI

## LIBER XLI.

———

\* \* \* \* \* \* \* \* \*

U. C. 574.
A. C. 178.

Istricum
bellum.

[1] a patre in pace habitam armasse, eoque juventuti prædandi · cupidæ pergratus esse dicebatur.

I. Consilium de Istrico bello quum haberet consul, alii gerendum extemplo, antequam contrahere copias hostes possent, alii consulendum prius senatum censebant. Vicit sententia, quæ diem non proferebat. Profectus ab Aquileia consul castra ad lacum Timavi posuit; (inminet mari is lacus) eodem decem navibus C. Furius duumvir navalis venit. Adversus Illyriorum classem creati duumviri navales erant, [2] qui tuendam viginti navibus mari superiore [a] Anconam, velut [b] cardinem haberent: inde L. Cornelius dextra litora usque ad Tarentum, C. Furius læva usque ad Aquileiam tueretur. Eæ naves ad proximum portum in Istriæ fines cum onerariis et magno commeatu missæ: secutusque cum legionibus consul quinque ferme millia a mari posuit castra. In portu emporium brevi perfrequens factum, omniaque hinc in castra subportabantur, et, quo id tutius fieret, stationes ab omnibus castrorum partibus circumdatæ sunt: [3] in Istriamque suum præsidium stativum, repentina

[a] qui tuendæ v. n. maris superi oræ Rup.  [b] veluti Gron. Crev.

[1] A patre in pace habitam] Quinque horum librorum fragmenta quæ habemus, publici juris fecit Simon Grynæus in Helvetiis anno 1531. reperta apud monasterium Laurissenum, vulgo Lorssense, e regione Borbetomagi : nec alius postea erui potuit codex, quocum illa conferrentur. Ex unici igitur illius exemplaris fide descripti sunt hi libri.

[2] Qui tuendam viginti navibus mari superiore Anconam] Hunc locum feliciter emendavit sive Florebellus, sive Muretus, hoc modo: qui tuendæ viginti navibus maris Superi oræ Anconam velut cardinem haberent. Sic l. XL. c. 18. Inter duumviros ita divisa tuenda denis navibus maritima ora, ut promontorium iis Minervæ velut cardo in medio esset.

[3] In Istriamque suum] Rescribit Gronovius : in Istriam versum stativum præsidium. Repentina cohors videtur exponi debere cohors ex eo militum genere, qui subitarii passim a Livio nominantur. Sic infra c. 10. repentinus et tumultuarius exercitus.

U. C. 574.
A. C. 178.

cohors Placentina obposita inter mare et castra: et, ut idem
aquatoribus ad fluvium esset præsidium, M. Æbutius tribunus militum secundæ legionis duos manipulos militum adjicere jussus est.    T. et C. Ælii tribuni militum legionem
tertiam, quæ pabulatores et lignatores tueretur, via, quæ
Aquileiam fert, duxerant.    Ab eadem regione mille ferme
passuum contra erant Gallorum: ⁴ Catmelus ᶜ pro regulo
erat tribus haud ᵈ amplius millibus armatorum.

II. Istri, ut primum ad lacum Timavi castra sunt Romana mota, ipsi post collem occulto loco consederunt; et
inde obliquis itineribus agmen sequebantur, in omnem occasionem intenti: nec quidquam eos, quæ terra marique
agerentur, fallebat.    Postquam stationes invalidas esse pro
castris, ⁵ eorum turba inermis ᵉ frequens inter castra et mare
mercantium, sine ullo terrestri aut maritimo munimento,
viderunt; duo simul præsidia, Placentinæ cohortis, et manipulorum secundæ legionis, adgrediuntur.    Nebula matutina texerat inceptum: qua dilabente ad primum teporem
solis, ᵉ perlucens jam aliquid, incerta tamen, ut solet, lux,
speciem omnium multiplicem intuenti reddens, tum quoque
frustrata Romanos, multo majorem iis, quam erat, hostium
aciem ostendit. qua territi utriusque stationis milites ingenti tumultu quum in castra confugissent, haud paullo ibi
plus, quam quod secum ipsi adtulerant, terroris fecerunt.
Nam neque dicere, quid fugissent, nec percunctantibus reddere responsum poterant: et clamor in portis (ut ubi nulla
esset statio, quæ sustineret inpetum) audiebatur: et con-
ursatio in obscuro incidentium aliorum in alios incertum
fecerat, an hostis intra vallum esset.    Una vox audiebatur
ad mare vocantium.    Id forte temere ab uno exclamatum
totis passim personabat castris.    Itaque primo, velut jussi
id facere, pauci armati, major pars inermes, ad mare decurrunt: dein plures, postremo prope omnes, et ipse consul;
quum, frustra revocare fugientes conatus, nec imperio, nec
auctoritate, nec precibus ad extremum, valuisset.    Unus
remansit M. Licinius Strabo, tribunus militum tertiæ legionis, ⁷ cum tribus signis ab legione sua relictus.    Hunc, in

Istri tumul-
tum creant
in castris
Romanis.

Fugiunt ad
mare Ro-
mani.

---

ᶜ *Carmelus* Gron. Crev.        ᵈ *aut* Gron.        ᵉ *forum turba inermi* Rup.

⁴ *Carmelus pro regulo erat*] Hæc nobis suspecta sunt. Possis tamen utcunque explicare: Carmelus quidam loco
reguli, qui ipse non aderat, in iis castris
erat cum tribus haud amplius millibus
armatorum. *Haud amplius* legi jusserunt Florebellus et Gronovius pro *aut
amplius.*

⁵ *Eorum turba inermis frequens*] Egregie Jos. Scaliger *forum* pro *eorum.* Totam periodum sic format Gronovius:

*forum turba inermi frequens inter cas-
tra et mare mercantium. Forum* intellige emporium illud, quod brevi perfrequens factum fuisse dixit supra La-
vius.

⁶ *Perlucens jam aliquid, incerta tamen, ut solet, lux*] Lux jam aliqua ex
parte perrumpens obstantia, incerta tamen, ut solet esse, quum nebulis dila-
bentibus oriri incipit.

⁷ *Cum tribus signis*] Cum tribus ma-

U. C. 574.
A. C. 178.
vacua castra inpetu facto, Istri, quum alius armatus iis nemo obviam isset, in prætorio instruentem atque adhortantem suos obpresserunt. Prœlium atrocius, quam pro paucitate resistentium, fuit: nec ante finitum est, quam tribunus militum, quique circa eum constiterant, interfecti sunt. Prætorio dejecto, direptis, quæ ibi fuerunt, [8] ad quæstorium forum quintanamque hostes pervenerunt. Ibi, quum omnium rerum paratam expositamque copiam, et stratos lectos in quæstorio invenissent, regulus adcubans epulari cœpit. mox idem ceteri omnes, armorum hostiumque obliti, faciunt: et, ut quibus insuetus liberalior victus esset, avidius vino ciboque corpora onerant.

*Istri epulantur in castris Rom.*

III. Nequaquam eadem est tum rei forma apud Romanos: terra, mari trepidatur: nautici tabernacula detendunt, commeatumque in litore expositum in naves rapiunt: milites in scaphas et mare territi ruunt: nautæ, metu ne compleantur navigia, alii turbæ obsistunt, alii ab litore naves in altum expellunt. inde certamen, mox etiam pugna cum vulneribus et cæde in vicem militum nautarumque oritur, donec jussu consulis procul a terra classis submota est. Secernere inde inermes ab armatis cœpit. vix mille ducenti ex tanta multitudine, qui arma haberent, perpauci equites, qui equos secum eduxissent, inventi sunt. cetera deformis turba, velut lixarum calonumque, præda vere futura, si belli hostes meminissent. [9] Tunc [f] demum nuncius ad tertiam legionem revocandam, et Gallorum præsidium: et simul ex omnibus locis ad castra recipienda demendamque ignominiam rediri cœptum est. Tribuni militum tertiæ legionis pabulum lignaque projicere jubent: centurionibus

*Trepidatio Romanorum.*

*Redeunt ad castra recipienda.*

[f] *Tum Crev.*

nipulis. Vid. not. 2. ad l. XXXIII. c. 1.
[8] *Ad quæstorium forum Quintanamque*] Duo fuere in castris Romanis fora rerum venalium: alterum ad prætorium, sive tabernaculum ducis, de quo diserte Polybius, libro sexto: alterum ad quæstorium, sive tabernaculum quæstoris. Ceterum et quæstorium, et hoc proinde forum quæstoris olim versus portam Decumanam fuisse jam annotavimus ad l. XXXIV. c. 47. Situm erat nempe in media Quintana, quæ via transversa erat, secans longitudinem castrorum, parallela Principiis. Atque hinc forum ipsum quæstoris sæpissime Quintana dicebatur. Quintana dicta a quintis cohortibus juxta eam tendentibus. Apparet ex hoc Livii loco jam nunc mutatum fuisse situm quæstorii, ita ut illud tum esset, quo loco Polybius statuit, in fronte castrorum ad prætorii

latus. Ideo hostes prætorio dejecto ad quæstorium perveniunt. Quæstorio igitur translato in partem superam castrorum, simul et forum quæstoris eodem translatum est. Quin et via proxima quæstorio Quintana quoque vocitata est a similitudine veræ Quintanæ, in qua olim quæstorium positum fuerat. Et hæc in loco quem explicamus intelligenda est Quintana, non illa altera vetus, quæ nimium longe abest a prætorio. Hæc ita explicare conamur, ut brevitati simul et claritati consulamus. Sed qui totam rem apertius perspicere volet, adeat Lips. l. v. de Mil. Rom. Dial. 3.
[9] *Tum demum nuntius*] Supple missus est: et intellige Gallorum præsidium de quo hic agitur, cujusque mentio facta est supra c. 1. stetisse a parte Romanorum.

imperant, ut graviores ætate milites binos in ea jumenta, ex U. C. 574.
quibus onera dejecta erant, inponant: equites ut singulos A. C. 178.
e juvenibus pedites secum in equos tollant. ' Egregiam glo-
' riam legionis fore, si castra, metu secundanorum amissa, sua
' virtute recipiant: et recipi facile esse, si in præda occupati
' barbari subito obprimantur: sicut ceperint, posse capi.' Summa militum alacritate adhortatio audita est.    Ferunt citati
signa, nec signiferos armati morantur: priores tamen consul copiæque, quæ a mari reducebantur, ad vallum accesserunt. L. Atius, tribunus primus secundæ legionis, non hortabatur modo milites, sed docebat etiam, ' Si victores Istri,
' quibus armis cepissent castra, iisdem capta retinere in animo
' haberent, primum exutum castris hostem ad mare persecu-
' turos fuisse, deinde stationes certe pro vallo habituros.
' vino somnoque verisimile esse mersos jacere.'

    IV. Sub hæc A. Bæculonium signiferum suum, notæ
fortitudinis virum, inferre signum jussit.  [10]Ille, si unum
se sequerent:.r, quo celerius fieret, facturum [g] dixit: conni- Recuperant
susque, quum trans vallum signum trajecisset, primus om- castra.
nium portam intravit.  Et parte alii T. et C. Ælii, tribuni
militum tertiæ legionis, cum equitatu adveniunt. confestim,
et quos binos oneraria in jumenta inposuerant, secuti, et
consul cum toto agmine.  At Istrorum pauci, qui modice
vinosi erant, memores fuerunt fugæ; aliis somno mors
continuata est: integraque sua omnia Romani, præterquam
quod vini cibique absumtum erat, receperunt. Ægri quoque milites, qui in castris relicti fuerant, postquam intra
vallum suos senserunt, armis arreptis, cædem ingentem fecerunt.  Ante omnes insignis opera fuit C. Popillii equitis.
Sabello cognomen erat. is, pede saucio relictus, longe plurimos [h] hostium occidit.  Ad octo millia Istrorum sunt
cæsa, captus nemo, quia ira et indignatio inmemores prædæ
fecit.  Rex tamen Istrorum, temulentus ex convivio, raptim a suis in equum inpositus, fugit.  Ex victoribus ducenti
triginta septem milites perierunt, plures in matutina fuga,
quam in recipiendis castris.

    V. Forte ita evenit, ut Cn. et L. Gavillii, [11]novelli Aqui-
leienses, cum commeatu venientes, ignari prope in capta
castra ab Istris inciderent.  Ii, quum Aquileiam, relictis Terror Ro-
inpedimentis, refugissent, omnia terrore ac tumultu, non mæ.

<hr/>

[g] *jacturum* Crev. Rup.          [h] *plurimum* Gron. Crev.

[10] *Ille, si unum se sequerentur . . .*
*jacturum dixit*] Nihil apertius est,
quam legi debere, non *jacturum*, quomodo scriptus habuit, sed *jacturum*,
quæ Gronovii emendatio est. Dicit
igitur signifer, si ceteri unum se sequi
vellent, non modo illaturum se, quod

jubebatur, sed jacturum signum in castra, quo celerius res perageretur, accensis periculo ignominiæ, si signum
amitteretur, militibus.

[11] *Novelli Aquileienses*] Qui erant
e colonis ante triennium Aquileiam deductis. Supra l. XL. c. 34.

Aquileiæ modo, [12] sed Romæ quoque post paucos dies, impleverunt : quo, non capta tantum castra ab hostibus, nec fuga, quæ vera [13] erant, sed perditas res deletumque exercitum omnem, adlatum est. Itaque, [14] quod in tumultu fieri solet, delectus extra ordinem, non in urbe tantum, sed tota Italia, indicti. Duæ legiones civium Romanorum conscriptæ, et decem millia peditum cum equitibus quingentis sociis nominis Latini imperata. M. Junius consul transire in Galliam et ab civitatibus provinciæ ejus, quantum quæque posset, militum exigere jussus. Simul decretum, ut [15] Ti. Claudius prætor militibus legionis quartæ, et socium Latini nominis quinque millibus, equitibus ducentis quinquaginta, Pisas ut convenirent, ediceret; eamque provinciam, dum consul inde abesset, tutaretur : M. Titinius prætor legionem primam, parem numerum sociorum peditum equitumque, Ariminum convenire juberet. Nero paludatus Pisas in provinciam est profectus. Titinius, C. Cassio tribuno militum Ariminum, qui præesset legioni, misso, delectum Romæ habuit. M. Junius consul, ex Liguribus in provinciam Galliam transgressus, auxiliis protinus per civitates Galliæ [16] militibusque colonis imperatis, Aquileiam pervenit. Ibi certior factus, exercitum incolumem esse, scriptis literis Romam, ne tumultuarentur, ipse, remissis auxiliis, quæ Gallis imperaverat, ad collegam est profectus. Romæ magna ex necopinato lætitia fuit : delectus omissus est : exauctorati, qui sacramento dixerant : et exercitus, qui Arimini pestilentia adfectus erat, domum dimissus. Istri, magnis copiis quum castra haud procul consulis castris haberent, postquam alterum consulem cum exercitu novo advenisse audierunt, passim in civitates dilapsi sunt : consules Aquileiam in hiberna legiones reduxerunt.

VI. Sedato tandem Istrico tumultu, senatusconsultum factum est, ut consules inter se compararent, uter eorum ad comitia habenda Romam rediret. Quum absentem Manlium tribuni plebis, [17] A. Licinius Nerva, et C. Papirius

---

[12] *Sed Romæ quoque . . . impleverunt*] Non quod Romam profecti sint hi Gavillii, sed quod rumor ab illis sparsus Aquileia Romam brevi perlatus fuerit. Dujatius.

[13] *Erant*] Sic recte Gronovii edidere. Alii *erat*, teste Hearnio.

[14] *Quod in tumultu fieri solet*] Vid. not. 52. ad l. vii. c. 9. supra.

[15] *Ti. Claudius prætor*] Ex hoc loco recte colligit Pighius hunc et M. Titinium, qui infra nominatur, juri in urbe dicundo præfuisse. Ceteri enim prætores tunc in provincias profecti

esse debebant. Quum autem ç. seq. M. Titinius dicatur senatum dedisse Sempronio et Postumio, quod munus est prætoris urbani absentibus consulibus, judicavit idem Pighius urbanam jurisdictionem Titinio obtigisse, Claudio Neroni inter cives et peregrinos.

[16] *Militibusque colonis imperatis*] Non sine causa optaret Dujatius *coloniis*. Quum milites coloniæ imperasset. Magis adhuc placeret, *per colonias*.

[17] *A. Licinius Nerva*] Adjecit huic tribuno prænomen Sigonius.

Turdus, in concionibus lacerarent, rogationemque promul- U. C. 574.
garent, ne Manlius post Idus Martias (prorogatæ namque A. C. 178.
consulibus jam in annum provinciæ erant) imperium retineret, uti caussam extemplo dicere, quum abisset magistratu,
posset; huic rogationi Q. Ælius collega intercessit, magnisque contentionibus obtinuit, ne perferretur. Per eos dies
Ti. Sempronius Gracchus et L. Postumius Albinus ex Hispania
Romam quum revertissent, senatus iis a M. Titinio prætore datus in æde Bellonæ [18] ad disserendas[i] res, quas
gessissent, postulandosque honores meritos, [19] ut[k] Diis inmortalibus haberetur honos. Eodem tempore et [20] in Sardinia magnum tumultum esse, literis T. Æbutii prætoris cog- Sardiniæ
nitum est, quas filius ejus ad senatum adtulerat. Ilienses, ad- tumultus.
junctis Balarorum auxiliis, pacatam provinciam invaserant:
nec eis invalido exercitu, et magna parte pestilentia absumto,
resisti poterat. Eadem et Sardorum legati nunciabant;
orantes, ut urbibus saltem (jam enim agros deploratos esse)
opem senatus ferret. Hæc legatio, totumque quod ad Sardiniam pertinebat, ad novos magistratus rejectum est. Æque
miserabilis legatio Lyciorum, qui crudelitatem Rhodiorum, Lyciorum
quibus ab L. Cornelio Scipione adtributi erant, querebantur: querelæ.
' Fuisse sub ditione Antiochi: eam regiam servitutem, con-
' latam cum præsenti statu, præclaram libertatem visam. non
' publico tantum se premi imperio, sed singulos [21] justum
' pati servitium. [22] juxta se conjuges liberosque vexari: in
' corpus, in tergum sæviri: famam, quod indignum sit, ma-
' culari dehonestarique: et palam res odiosas fieri, [23] juris
' etiam usurpandi caussa; ne pro dubio habeant, nihil inter
' se et argento parata mancipia interesse.' [24] Motus his senatus, literas Lyciis ad Rhodios dedit: ' [25] nec Lycios Rhodiis,

<hr>

[i] edisserendas Crev.　　　[k] et ut Ead.

[18] Ad edisserendas] Vulgo disserendas. Correxit Gronovius. Supra l.
XXXIV. c. 52. Senatus extra urbem
Quintio ad res gestas edisserendas datus
est.

[19] Et ut Diis immortalibus] Adjecimus voculam et, auctore itidem Gronovio. Et sic solet Livius. Supra l.
XXVIII. c. 9. In senatu quum more
omnium imperatorum, expositis rebus ab
se gestis, postulassent . . . . ut et Diis
immortalibus haberetur honos, et ipsis
triumphantibus urbem inire liceret. Et
alibi passim.

[20] In Sardinia magnum tumultum
esse, litteris T. Æbutii prætoris] Hic
habemus et nomen et provinciam unius
e prætoribus hujus anni, cujus mentio
interciderat cum iis quæ ex initio hujus
libri deperdita sunt.

[21] Justum . . . . servitium] Veram ac
plenam servitute n. Sic alibi apud
nostrum, ab justo exercitu, et duæ legiones cum suo justo equitatu.

[22] Juxta se conjuges] Sese pariter
conjugesque ac liberos vexari. Ante
Sigonium legebatur, procul dubio mendose, justos conjuges.

[23] Juris etiam usurpandi causa]
Non fructus alicujus aut emolumenti
spe, sed plane ut dominos sese probarent.

[24] Motus his senatus] Sic recte Sigonius, quum legeretur motus is.

[25] Nec Lycios Rhodiis] Polybius
Excerpt. Legat. 60. tradit hoc decretum multis nequaquam placuisse: propterea quod Romani viderentur id agere,
ut committerent inter se Rhodios
Lyciosque, ad exhauriendos apparatus et

U. C. 574.
A. C. 178.

' nec ullos alicuiquam, qui nati liberi sint, in servitutem dari
' placere. Lycios ita sub Rhodiorum simul imperio et tutela
' esse, ut in ditione populi Romani civitates sociæ sint.'

**Triumphi de Hispanis.**

VII. Triumphi deinde ex Hispania duo continui acti.
Prior Sempronius Gracchus de Celtiberis sociisque eorum ;
postero die L. Postumius de Lusitanis aliisque ejusdem regionis Hispanis triumphavit. [26] quadraginta millia pondo
argenti Ti. Gracchus transtulit, viginti millia Albinus. Militibus [27] denarios quinos vicenos, duplex centurioni, triplex
equiti ambo diviserunt : sociis tantumdem, quantum Romanis. Per eosdem forte dies M. Junius consul ex Istria comitiorum caussa Romam venit. Eum quum in senatu fatigassent
interrogationibus tribuni plebis Papirius et Licinius de his,
quæ in Istria essent acta, in concionem quoque produxerunt.
Ad quæ quum consul, ' se dies non plus undecim in ea pro-
' provincia fuisse,' responderet; ' quæ se absente acta essent,
' se quoque, ut illos, fama comperta habere ;' exsequebantur
deinde quærentes, ' Quid ita non potius A. Manlius Romam
' venisset, ut rationem redderet populo Romano, cur ex
' Gallia provincia, quam sortitus esset, in Istriam transisset ?
' [28]quando id bellum senatus decrevisset, quando id bellum
' populus Romanus jussisset ? At, Hercule, privato quidem
' consilio bellum susceptum esse, sed gestum prudenter forti-
' terque. Immo, utrum susceptum sit nequius, an inconsultius
' gestum, dici non posse. Stationes duas necopinantes ab
' Istris obpressas, castra Romana capta, [29] quod peditum,
' quod equitum in castris fuerit. ceteros inermes [30]fusosque,
' ante omnes consulem ipsum, ad mare ac naves fugisse.
' Privatum rationem redditurum earum rerum esse, quoniam
' consul noluisset.'

**Comitia.**

VIII. Comitia deinde habita. consules creati, C. Claudius Pulcher, Ti. Sempronius Gracchus : et postero die
prætores facti, P. Ælius Tubero iterum, C. Quinctius Flamininus, C. Numisius, [31] C.[1] Mummius, Cn. Cornelius

[1] C. l. L. Crev. Rup.

thesauros Rhodiorum, quorum cum
Perseo amicitia suspecta jam iis erat.
Et re quidem vera idem auctor est,
Legat. 61. Lycios, qui jam victi acquie-
verant Rhodiorum imperiis, audito Romanorum responso rursus tumultuari
cœpisse.

[26] *Quadraginta millia pondo argenti*]
Marcas nostrates 62500. *Viginti
millia.* Marcas 31250.

[27] *Denarios quinos vicenos*] Amplius
ternas uncias argenti nostrates.

[28] *Quando id bellum senatus decre-
risset, quando id bellum populus*] Male
profecto iteratur *id bellum.* Tolle ingra-
tam repetitionem, auctore Gronovio.

[29] *Quod peditum, quod equitum in
castris fuerit*] Videtur adjici debere,
*cæsum.* Nemo enim captus in castris
esse dicitur supra c. 2. Sed M. Lininius
Strabo cum trium signorum militibus
cæsus. Nisi forte hic intelligendi sunt
ægri relicti in castris, quorum mentio
fit c. 4.

[30] *Fusosque*] Sparsos, nullo ordine
dilabentes. Sic. l. ii. c. 54. *Sicut acies
funditur duce occiso.* Et Cicero pro
Sextio, n. 91. *fusi per agros ac dispersi.*

[31] *L. Mummius*] Prænomen aberat
in prima editione. Vulgo nunc legitur
C. *Mummius.* Sed vocatur L. infra c.
9. et supra l. xxxviii. c. 54. mentio ·

Scipio, C. ᵐ Valerius Lævinus.  Tuberoni urbana jurisdictio, U. C. 574.
Quinctio peregrina evenit, Numisio Sicilia, Mummio Sar- A. C. 178.
dinia : sed ea propter belli magnitudinem provincia consu- Provinciæ.
laris facta.  Gracchus eam sortitur, Istriam Claudius ;  Scipio et Lævinus Galliam, in duas divisam provincias, sortiti
sunt.  Idibus Martiis, quo die Sempronius Claudiusque U. C. 575.
consulatum inierunt, mentio tantum de provinciis Sardinia A. C. 177.
Istriaque ³² et utriusque hostibus fuit, qui in his provin- C. Claudio,
ciis bellum concivissent.  Postero die ³³ legati Sardorum, qui Ti. Sempro-
ad novos magistratus dilati erant, L. ⁿ Minucius Thermus, nio Coss.
qui legatus Manlii consulis in Istria fuerat, in senatum venit.
Ab his edoctus est senatus, quantum belli eæ provinciæ
haberent.  Moverunt senatum et legationes sociûm nominis
Latini, quæ et censores et priores consules ³⁴ fatigaverunt °, Latinorum
tandem in senatum introductæ.  Summa querelarum erat, querelæ.
' Cives suos Romæ censos plerosque Romam commigrasse.
' Quod si permittatur, perpaucis lustris futurum, ut deserta
' oppida, deserti agri, nullum militem dare possent.' Fregellas
quoque millia quatuor familiarum transisse ab se, Samnites
Pelignique querebantur : neque eo minus ³⁵ aut hos aut illos ᵖ
in delectum militum dare.  Genera autem fraudis duo mutandæ viritim civitatis inducta erant.  Lex ³⁶ sociis ac nominis
Latini, qui stirpem ex sese domi relinquerent, dabat, ut cives Romani fierent. ea lege male utendo, alii sociis, alii
populo Romano injuriam faciebant.  Nam et, ne stirpem
domi relinquerent, liberos suos quibusquibus Romanis in
eam conditionem, ut manumitterentur, mancipio dabant,
libertinique cives essent : ³⁷ et quibus stirpes �q deesset, quam

---

ᵐ C. l. P. Gron. Crev.         ⁿ et L. Crev. Rup.  .      ° fatigaverant Exed.
ᵖ illos plus Gron.        q stirps Ead.

fit L. Mummii tribuni plebis, qui idem
videtur esse cum hoc prætore.

³² Et utriusque hostibus . . qui in
his provinciis bellum conscivissent] Hoc
totum, qui in his provinciis bellum
conscivissent, non videtur esse Livii :
cui suffecerat utriusque hostibus, id est,
hostibus qui in utraque provincia erant.

³³ Legati Sardorum . . . et L. Minucius Thermus . . in senatum venit]
Gronovius mallet venerunt. Sed nihil videtur esse mutatione opus. Verbum refertur ad eum qui ultimo nominatus est, et intelligendum relinquitur in primo membro. Sic Horatius,
Quem juvat clamor, galæque leves:
et rursus : Sic te Diva potens Cypri,
sic fratres Helenæ, lucida sidera, ven-
torumque regat pater. Complura similia ex Horatio exempla collegit
Bentleius in not. ad Hor. Od. ɪ. 21.

³⁴ Fatigaverant] Sic legendum

censuit Gronovius. Vulgo fatigaverunt.

³⁵ Aut hos, aut illos] Aut Samnites,
aut Pelignos.

³⁶ ° Sociis ac nominis Latini] Sic
infra c. 9. Qui socii ac nominis Latini.
Nimirum supplendum est populi vel
populi, prout ratio structuræ postulat.

³⁷ Et quibus stirpes deesset . . . ut
cires Romani fiebant] Primo reposuimus stirpes, quomodo fuisse in membranis testatur Gronovius : et sic quoque primos editos habuisse monet
Hearnius. Sane non video, inquit
Gronovius, cur non æque antiquitus
stirpes dici potuerit, cur non usurpari
a Livio, quam plebes. Recentiores editi
habent stirps. Deinde Sigonius legi
jubet ii cives. Sed majus hic videtur
esse vulnus, quam ut tam leniter curari possit. Itaque quamvis aliquot
editi emendationem Sigonii receperint,

U. C. 575.  relinquerent, ut [r] cives Romani fiebant.  Postea, his quoque
A. C. 177.  imaginibus juris spretis, promiscue sine lege, sine stirpe, in
civitatem Romanam per migrationem et censum transibant.
' Hæc ne postea fierent,' petebant legati, ' et ut redire in
' civitates juberent socios ; deinde ut lege caverent, [38] ne quis
' quem civitatis mutandæ caussa suum faceret, neve alienaret :
' et, si quis ita civis Romanus factus esset [39] **.'  Hæc impetrata ab senatu.

IX. Provinciæ deinde, quæ in bello erant, Sardinia atque Istria decretæ.  In Sardiniam duæ legiones scribi jus-

Exercitus.  sæ ; quina millia in singulas et duceni pedites, treceni equites ; et duodecim millia peditum sociorum ac Latini nomi-
nis, et sexcenti equites, et decem quinqueremes naves, [40] si
deducere ex navalibus vellet.  Tantumdem peditum equitumque in Istriam, quantum in Sardiniam, decretum.  Et
legionem unam cum equitibus trecentis, et quinque millia
peditum sociorum, et ducentos quinquaginta [41] mittere equites in Hispaniam consules ad M. Titinium jussi.  Prius-

Prodigia.  quam consules provincias sortirentur, prodigia nunciata sunt.
Lapidem in agro Crustumino in lacum Martis de cœlo cecidisse.  [42] Puerum trunci corporis in agro Romano natum, et
quadrupedem anguem visum : et Capuæ multa in foro ædificia
de cœlo tacta : et Puteolis duas naves fulminis ictu concre-

[r] ut l. ii Gron.

veterem scripturam revocavimus, ne
hic locus specie sanitatis imponeret.
Perspicuum est deesse aliquid.  Duo
enim genera fraudis supra explicanda
proponuntur, alterum quo sociis, alterum quo populo Romano fieret injuria.
In priore hujus pericli membro prius
fraudis genus et injuriam sociis factam
intelligimus.  Hic igitur exposuerat
procul dubio Livius et alterum quoddam genus fraudis ab iis inductum
quibus stirps deesset, et injuriam factam populo Romano.  Suspicamur
fraudem in eo positam fuisse, quod,
quibus stirps deesset, ii adoptarent
quosdam cives suos, quos fortasse postea emancipatos domi relinquerent, ut
ipsi, quasi stirpem relinquentes in patria sua, cives Romani fierent.  Hac re
fiebat populo quoque Romano injuria,
in quem inquilini nullo jure et adversus legis mentem sese immiscebant.
Itaque crediderimus nullum vitium
inesse in vocula ut, Liviumque scripsisse ut cives Romani fierent . . . Reliqua explere sine libris non possumus.

[38] Ne quis quem .. suum faceret,
neve alienaret] Prior pars est, ut recte
observat Gronovius, contra accipientem mancipio, posterior contra dan-

tem.  Ille enim recte dicitur suum
facere eum quem mancipio accipit ;
hic alienare eum quem tradit.  Ceterum, si ea conjectura quam superiore
nota exposuimus vana non est, videtur
et hic excidisse aliquod hujus legis caput, nimirum contra fraudulentas illas
adoptiones.

[39] Civis ne esset] Hoc adjectum est
ex mente Sigonii, ut expleretur sensus :
nisi quod, quum ille scribi voluerit,
civis non esset, maluimus sequi Duja-
tium, qui observat formulam in sanc-
tionibus hujusmodi receptam exigere
potius ne, quam non.

[40] Si deducere ex navalibus vellet]
Quænam illa dubitatio est ? aut cur
nollet consul naves e navalibus deducere ? Gronovius legit, quas deduceret
ex quibus navalibus vellet.

[41] Mittere .. in Hispaniam .. ad M.
Titinium] Ex hoc loco collegit Pighius
fuisse superiore anno, præter M. Titinium prætorem urbis, etiam alterum
M. Titinium prætorem, cui Hispaniam citeriorem obtigisse apparet ex c.
26. infra.

[42] Puerum trunci corporis] Brachiisne
carentem, an capite ? Vox enim trunci
ambigua est.

matas esse. Inter hæc, quæ nunciabantur, lupus etiam U. C. 575.
Romæ interdiu agitatus, quum Collina porta intrasset, per A. C. 177.
Esquilinam magno consectantium tumultu evasit. Eorum
prodigiorum caussa consules majores hostias inmolarunt, et
diem unum circa omnia pulvinaria supplicatio fuit. Sacrificiis rite perfectis, provincias sortiti sunt : Claudio Istria,
Sempronio Sardinia obvenit. [43] Legem dein [a] de sociis C. Lex de La-
Claudius tulit senatusconsulto, et edixit : ' qui socii ac no- tinis.
' minis Latini, ipsi majoresve eorum, M. Claudio, T. Quinctio
' censoribus, postque ea, apud socios nominis Latini censi
' essent, ut omnes in suam quisque civitatem ante Kalendas
' Novembres [t] redirent.' Quæstio, qui ita non redissent, L.
Mummio prætori decreta est. ad legem et edictum consulis
senatusconsultum adjectum est : [44] ' ut, dictator, consul, in-
' terrex, censor, prætor, qui nunc [u] esset, apud eorum [x] quem [y]
' manumitteretur, in libertatem vindicaretur, ut jurisjuran-
' dum daret, qui eum manumitteret, civitatis mutandæ caussa
' manu non mittere :' qui id non juraret, eum manumittendum non censuerunt. [45] Hæc in posterum caussa jurisque
dictio C. Claudio consuli decreta est.

---

[a] *deinde* conjunctim Gron.     [t] *Novembris* Crev.     [u] *tunc* Ead.
[x] *forum* [x][x] Gron.     [y] [*qui*] post *quem* add. Crev. Doer.

[43] *Legem dein de sociis C. Claudius
tulit senatusconsulto*] *Dein de* divisim
edi jussimus, quomodo habet prima editio, teste Hearnio. Sed et lege cum
Gronovio *ex senatusconsulto.* Sic enim
solet Livius.
[44] *Ut dictator, consul*] Vulgo hic legitur, *Ut dictator..prætor qui nunc esset
apud forum, quem manumitteretur.* Nos
repræsentamus veterem hujus loci lectionem, qualem Lambecius, citante
Hearnio, exhibet Comm. de Biblioth.
Vindob. l. II. c. 8. p. 495. depromptam
ex unico codice, qui hodie in Biblio-
theca Cæsarea asservatur. Id solum
mutavimus, quod pro *qui nunc esset*
edidimus *qui tunc esset* ex mente Gronovii, et inseruimus voculam *qui* ante
*manumitteretur.* Nam ceteræ mutatione et leviusculæ sunt, et evidenti de
causa jam olim factæ a Simone Grynæo,
ab omnibusque deinceps editoribus ap-
probatæ : *manumitteret* pro *manumittere,
mutandæ* pro *multandæ, juraret* pro *jurare,* etc. Hujus igitur senatusconsulti
hunc esse sensum credimus, ut qui manumitteretur, vel in libertatem vindicaretur apud aliquem magistratum, puta
dictatorem, vel consulem, vel censorem,
vel interregem, vel prætorem, qui tunc
esset, id est, qui munere dictatorio, vel

consulari, etc. fungeretur eo tempore
quo perageretur manumissio, ut is, in-
quam, qui manumitteretur, jusjurandum
daret, non eam esse mentem manumittentis, ut ipse, id est, is qui manumit-
tebatur, civitatem mutaret. *Apud
eorum quem* idem est atque *apud eorum
aliquem,* nempe apud aliquem eorum
magistratuum qui initio nominati sunt.
*Qui tunc esset* omnino legendum putamus. Hujus enim S. C. vis non in
præsentem modo annum, sed et in futuros pertinebat. Præterea nullus erat
Romæ, tunc quum S. C. illud daretur,
nec dictator, nec interrex, neque etiam,
ut videtur, censor. Denique id moram
facere non debet, quod ab eo qui ma-
numittitur, jusjurandum exigitur de
mente et consilio manumittentis. Nam
primo ita se rem habuisse invicte probant ea quæ proxime sequuntur verba :
*qui id non juraret, eum manumittendum
non censuerunt.* Jam vero, quum illa
fraus, quæ hoc S. C. cavetur, in manumissi præcipue commodum cederet, ille
habebatur totius rei caput : atque ideo
ab eo jusjurandum exigitur.
[45] *Hæc. . . caussa jurisque dictio*] Testatur Lambecius, Commentar. de Biblioth. Vindob. l. II. c. 8. unicum exemplar habere : *hæc. . . caussa jurisque*

U. C. 575.
A. C. 177.
Res in Istria
gestæ a Ro-
manis.

X. Dum hæc Romæ geruntur, M. Junius et A. Manlius, qui priore anno consules fuerant, quum Aquileiæ hibernassent, principio veris in fines Istrorum exercitum introduxerunt: ubi quum effuse popularentur, dolor magis et indignatio diripi res suas cernentes Istros, quam certa spes, satis sibi virium adversus duos exercitus, excivit. concursu ex omnibus populis juventutis facto, repentinus et tumultuarius exercitus acrius primo inpetu, quam perseverantius, pugnavit. Ad quatuor millia eorum in acie cæsa: ceteri, omisso bello, in civitates passim diffugerunt. inde legatos primum ad pacem petendam in castra Romana, deinde obsides imperatos, miserunt. Hæc quum Romæ cognita literis proconsulum essent, C. Claudius consul, veritus, ne forte ea res provinciam exercitumque sibi adimeret, non votis nuncupatis, [46] non paludatus, sine lictoribus, uno omnium certiore facto collega, nocte profectus, præceps in provinciam abiit: ubi inconsultius, quam venerat, se gessit. nam, quum concione advocata fugam e castris A. Manlii adversis auribus militum (quippe qui primi ipsi fugissent) jactasset, ingessissetque probra M. Junio, quod se dedecoris socium collegæ fecisset, ad extremum utrumque decedere provincia jussit. [47] Quod quum milites consulis imperio dicto audientes futuros esse <sup>z</sup> dicerent, quum is more majorum, secundum vota in Capitolio nuncupata, cum lictoribus, paludatus profectus ab urbe esset; furens ira, [48] vocatum, qui pro quæstore Manlii erat, catenas poposcit, vinctos se Junium Manliumque minitans Romam missurum. Ab eo quoque spretum consulis imperium est: et circumfusus exercitus, favens imperatorum caussæ, et consuli infestus, animos ad non parendum addebat. Postremo fatigatus consul et contumeliis singulorum, et multitudinis (nam insuper inride-

<sup>z</sup> *sese* Gron. Crev.

edicto C. Claudi cons. Claudio decreta est. Emendavit Grynæus quomodo nunc legimus.

[46] *Non paludatus, sine lictoribus*] Vetus lectio erat, *non paludatus lictoribus*. Sed paludamentum chlamys imperatoria est, quam proficiscentes ad bellum duces ipsi, non utique lictores, gerebant. Supra, II. 49. *Consul paludatus egrediens.* et l. xxi. c. 63. de Flaminio, *Ne paludatus.. cum lictoribus ad provinciam it* et. et l. xxxi. c. 14. *Tum P. Sulpicius..paludatus cum lictoribus profectus ab urbe, Brundusium renit.* Ex his, et mult's aliis veterum locis recte colligit Gronovius hic mendosum esse unicum exemplar : atque adeo sic legi jussit quomodo edidimus, et idem mendum

infra bis hoc eodem capite correxit.

[47] *Quod quum milites*] Recte videtur observare idem Gronovius nihil hic negotii fuisse militibus, nec fuisse causam cur illi pro Junio et Manlio, qui decedere provincia jubebantur, responderent. Displicet etiam τὸ *quod.* Itaque legi jubet : *quumque illi,* nempe Junius et Manlius, *se consulis imperio dicto audientes futuros esse dicerent.* Vetus enim exemplar habuit *esse,* non *sese.*

[48] *Vocatum qui pro quæstore Manlii erat, catenas poposcit*] Vocavit eum qui pro quæstore Manlii erat, et illum catenas poposcit. Qui Manlii consulis quæstor fuerat, ejusdem proconsulis pro quæstore erat.

bant) ludibriis, nave eadem, qua venerat, Aquileiam rediit. U. C. 575.
Inde collegæ scripsit, ut militum novorum ei parti, quæ A. C. 177.
scripta in Istriam provinciam esset, ediceret, Aquileiam ut
conveniret: ne quid se Romæ teneret, quo minus, votis
nuncupatis, paludatus ab urbe exiret.   Hæc collegæ obsequenter facta, brevisque dies ad conveniendum edicta est.
Claudius prope consecutus est literas suas.   Concione adveniens de Manlio et Junio habita, non ultra triduum moratus
Romæ, paludatus, cum lictoribus, votisque in Capitolio nuncupatis, in provinciam, [49] æque ac prius, præcipiti celeritate
abit.

XI. Paucis ante diebus Junius Manliusque oppidum
[50] Nesattium, quo se principes Istrorum et regulus ipse
Æpulo receperat, summa vi obpugnarunt.   Eo Claudius
duabus legionibus novis adductis, vetere exercitu cum suis
ducibus dimisso, ipse oppidum circumsedit, et vineis obpugnare intendit: amnemque præterfluentem mœnia, qui et inpedimento obpugnantibus erat, et aquationem Istris præbebat, multorum dierum opere exceptum novo alveo avertit.
Ea res barbaros miraculo terruit abscisæ[a] aquæ: et ne tum
quidem memores pacis, in cædem conjugum ac liberorum
versi; etiam, ut spectaculo hostibus tam fœdum facinus
esset, palam in muris trucidatos præcipitabant.   Inter simul
complorationem feminarum puerorumque, simul nefandam
cædem, milites, transgressi murum, oppidum intrarunt. cujus
capti tumultum ut ex pavido clamore fugientium accepit
rex, trajecit ferro pectus, ne vivus caperetur: ceteri capti,
aut occisi.   Duo deinde oppida, Mutila et Faveria, vi capta
et deleta.   Præda, ut in gente inopi, spe major fuit, et
omnis militibus concessa est.   Quinque millia capitum sex-
centa triginta duo sub corona venierunt. auctores belli virgis
cæsi, et securi percussi.   Istria tota trium oppidorum excidio et morte regis pacata est: omnesque undique populi,
obsidibus datis, in ditionem venerunt.   Sub Istrici finem
belli apud Ligures concilia de bello haberi cœpta.

XII. Ti. Claudius proconsul, qui prætor priore anno fuerat, cum præsidio legionis unius Pisis præerat. cujus literis
senatus certior factus, eas ipsas literas ad C. Claudium (nam
alter consul jam in Sardiniam trajecerat) deferendas censet:
et adjicit decretum; ' quoniam Istria provincia confecta es-
' set, si ei videretur, exercitum traduceret in Ligures.'   Si-

[a] abscisæ Gron. Crev.

[49] Æque ac prius] Hoc substitutum   Nesattium. Cellar. l. 11. Geogr. Ant.
est, auctore Florebello, pro mendosa   c. 9. contendit ex Plinio et Ptole-
vet. codicis scriptura æque amplius.   mæo nomen hujus urbis fuisse Nesac-
[50] Nesartium] Plerique editi habent   tium.

U. C. 575.
A. C. 177.
Res in Sar-
dinia gestæ. mul ex literis consulis, quas de rebus in Istria gestis scripserat, in biduum supplicatio decreta.   Et ab altero consule
Ti. Sempronio in Sardinia prospere res gestæ.   Exercitum
in agrum Sardorum Iliensium induxit.   Balarorum magna
auxilia Iliensibus venerant.   Cum utraque gente signis conlatis conflixit. fusi fugatique hostes, castrisque exuti : duodecim millia armatorum cæsa.   Postero die arma lecta conjici
in acervum jussit consul, sacrumque id Vulcano cremavit.
Victorem exercitum in hiberna sociarum urbium reduxit.
Et. C. Claudius, literis Ti. Claudii et senatusconsulto accepto, ex Istria legiones in Ligures transduxit.   Ad Scultennam
flumen in campos progressi castra habebant hostes.
Ligures vic-
ti a Claudio
Cos.Ibi cum his acie dimicatum. quindecim millia cæsa ; [51] plus
septingenti aut [b] in prœlio, aut in castris (nam ea quoque
expugnata sunt) capti : et signa militaria unum et quinquaginta capta.   Ligures, reliquiæ cædis, in montes refugerunt
passim : populantique campestres agros consuli nulla usquam adparuerunt arma.   Claudius, duarum gentium uno
anno victor, duabus, quod raro alius, in consulatu pacatis
provinciis Romam revertit.

Prodigia.   XIII. Prodigia eo anno nunciata. in Crustumino [52] avem
sangualem (quam vocant) [53] sacrum lapidem rostro cecidisse. [54] Bovem in Campania locutum [c].   Vaccam æneam Syracusis ab agresti tauro, qui pecore aberrasset, initam, ac
semine adspersam.   In crustumino diem unum in ipso loco
supplicatio fuit : et in Campania bos alenda publice data :
Syracusanumque prodigium expiatum, editis ab aruspici-
bus Diis, quibus supplicaretur.   Pontifex eo anno mortuus
est M. Claudius Marcellus, qui consul censorque fuerat.
in ejus locum subfectus est pontifex filius ejus M. Mar-
Luna colo-
nia.cellus. et [55] Lunam colonia [d] eodem anno duo millia civium
Romanorum sunt deducta.   Triumviri deduxerunt, P. Ælius,
L. Egilius, Cn. Sicinius. quinquagena et singula jugera
et semisses agri in singulos dati sunt. de Ligure captus
Claudii tri-
umphus.is ager erat.   Etruscorum ante, quam Ligurum, fuerat.   C.
Claudius consul ad urbem venit : cui, quum in senatu de re-

---

[b] aut del. Gron. Crev.     [c] locutam Crev.     [d] Lucam colonium Gron. Crev.

[51] Plus septingenti] Sic legi jussit
Gronovius ex Livii more, non septin-
gentis.
[52] Avem sangualem] Scribitur quoque sangualis. De ea Plinius mentionem facit l. x. c. 7. Vid. et Festum.
Nomine tantum nobis nota est.
[53] Sacrum lapidem] Aliquem ex iis
lapidibus, quos terminandis agris fixos
consecrabant, ornabant floribus, olivo
ungebant, etc.   De religione et cultu

dei Termini, sive hujusmodi lapidum,
vid. Plut. in Numa.
[54] Bovem in Campania locutum] Vulgo locutum.   Sed Jac. Gronovius maluit
locutam, propterea quod mox sequitur
Bos alenda publice data.
[55] Lucam] Hic Gronovianæ editio-
res habent Lunam : mendose. Vetustiores præferunt Lucam, et consentit
Velleius, l. i. c. 15.

bus in Istria Liguribusque prospere gestis disseruisset, pos- U. C. 575.
tulanti triumphus est decretus. triumphavit in magistratu de A. C. 177.
duabus simul gentibus. Tulit in eo triumpho [56] denariûm
trecenta septem millia, et [57] victoriatûm octoginta quinque
millia septingentos duos [e]. militibus in singulos [58] quini deni
denarii dati : duplex centurioni, triplex equiti. Sociis dimidio minus, quam civibus, datum. itaque taciti, ut iratos
esse sentires, secuti sunt currum.

XIV. Dum is triumphus de Liguribus agebatur, Ligures, Ligures
postquam senserunt, non consularem tantum exercitum Ro- rebellant.
mam [59] abductum, sed legionem ab Ti. Claudio Pisis dimis-
sam, soluti metu, clam exercitu indicto, per transversos limites superatis montibus, in campos degressi, agrum Muti-
nensem populati, repentino inpetu coloniam ipsam ceperunt. Id ubi Romam adlatum est, senatus C. Claudium
consulem comitia primo quoque tempore habere jussit,
creatisque in annum magistratibus in provinciam redire, et
coloniam ex hostibus eripere. Ita, uti censuit senatus, co- Comitia.
mitia habita. Consules creati, Cn. Cornelius Scipio His-
pallus, Q. Petillius Spurinus. Prætores inde facti, M. Popillius Lænas, P. Licinius Crassus, M. Cornelius Scipio, L.
Papirius Maso, M. Aburius, L. Aquillius Gallus. C. Claudio consuli prorogatum in annum ' imperium, et Gallia
provincia: et, ne Istri quoque idem, quod et Ligures,
facerent, socios nominis Latini in Istriam mitteret, quos triumphi caussa de provincia deduxisset. Cn. Cornelio et U. C. 576.
Q. Petillio consulibus, quo die magistratum inierunt, in- A. C. 176.
molantibus Jovi singulis bubus, uti solet, in ea hostia, qua Cn. Cor-
Q. Petillius sacrificavit, in jocinore caput non inventum. id Petillio
quum ad senatum retulisset, bove perlitare jussus. De Coss.
provinciis deinde consultus senatus Pisas et Ligures provincias consulibus decrevit. Cui Pisæ provincia obvenisset,
quum magistratuum creandorum tempus esset, ad comitia
reverti jussit. additum decreto, ut [60] binas legiones novas.

[e] duo Crev.

[56] _Denariûm trecenta septem mil-
ia_] Marcas argenti nostrates 4796.
uncias 7.

[57] _Victoriatûm octoginta quinque
millia septingentos duo_] Qui nunc
_Victoriatus appellatur_, inquit Plinius,
l. XXXIII. c. 3. _lege Clodia percussus
est. Antea enim hic nummus ex Illyrico advectus, mercis loco habebatur.
Est autem signatus victoria, et inde
nomen._ Eum Volusius Mæcianus docet tantum valuisse, quantum prius
quinarius. Si igitur ad hanc. rationem
Victoriati 85702. æstimentur, efficien-
tur denarii 42851. marcæ nostrates

paulo plus 669. unciæ 4.

[58] _Quinideni denarii_] Minus unciæ
argenti nostrates binæ.

[59] _Abductum_] Olim legebatur adductum. Correxit Gronovius.

[60] _Binas legiones novas . . et trecentos equites_] Vix dubitari potest,
quin hic excideıit aliquid. Expresserat nempe Livius pro more suo, quantum peditum,. quantum equitum legiones novæ quæ scribebantur habere deberent. Peditum numerus intercidit.
Si id sequamur quod plerumque his
temporibus facitatum est, videmur
regere debere : _Binas legiones novas_

scriberent, et trecenos ᶠ equites; et dena millia peditum sociis hominique Latino, et sexcenos ᵍ imperarent equites. Ti.
Claudio prorogatum est imperium in id tempus, quo in provinciam consul venisset.

XV. Dum de his rebus in senatu agitur, Cn. Cornelius,
evocatus a viatore, quum templo egressus esset, paullo post
rediit confuso vultu, et exposuit Patribus conscriptis, ⁶¹ bovis sescenaris, quem inmolavisset, ⁶² jecur defluxisse. id se
victimario nuncianti parum credentem, ipsum aquam effun-
di ex olla, ubi exta coquerentur, jussisse: et vidisse ceteram integram partem extorum, jecur omne inenarrabiliter
absumtum. Territis eo prodigio Patribus, et alter consul
curam adjecit: qui se, quod caput jocinori defuisset, tribus
bubus perlitasse negavit. Senatus majoribus hostiis usque
ad litationem sacrificari jussit. Ceteris Diis perlitatum ferunt; Saluti Petillium perlitasse negant. Inde consules
Provinciæ.    præetoresque provincias sortiti. ⁶³ Pisæ Cn. Cornelio, Ligures
Petillio obvenerunt. Prætores, L. Papirius Maso urbanam,
M. Aburius inter peregrinos, sortiti sunt. M. Cornelius
Scipio Maluginensis Hispaniam ulteriorem, L. Aquillius
Gallus Siciliam habuit. Duo deprecati sunt, ne in provincias irent: M. Popillius in Sardiniam. ' Gracchum eam pro-
' vinciam pacare, ⁶⁴ et T. Æbutium prætorem adjutorem ab
' senatu datum esse. Interrumpi tenorem rerum, in quibus
' peragendis continuatio ipsa efficacissima esset, minime con-
' venire. Inter traditionem imperii novitatemque successoris,
' quæ noscendis prius, quam agendis, rebus imbuenda sit, sæpe
' bene geiendæ rei occasiones intercidere.' Probata Popillii
excusatio est. P. Licinius Crassus sacrificiis se inpediri sollemnibus excusabat, ne in provinciam iret. Citerior Hispania obvenerat. Ceterum aut ire jussus, aut jurare pro
concione, sollemni sacrificio se prohiberi. id ubi in P. Licinio ita statutum est, et ab se uti jusjurandum acciperent, M. Cornelius postulavit, ne in Hispaniam ulteriorem
iret. Prætores ambo in eadem verba ⁶⁵ jurejurarunt.

ᶠ *trecentos* Gron. Crev.           ᵍ *sexcentos* Eæd.

scriberent; *quina millia in singulas et
ducenos pedites, trecenos equites.* Vid.
supra, c. 9. et l. XL. c. 18.

⁶¹ *Bovis sescenaris*] Hujus vocis omnino ignoratur sensus. Suspicatur
Gutherius vel eam derivari a *scena*,
quam Festus docet esse aut *securim*,
aut dolabram pontificalem, ita ut *sescenaris* bos dictus sit, bos eo cultri genere immolatus: vel legendum esse
*sagenaris*, id est, *saginati*.

⁶² *Jecur defluxisse*] Perizonius legi
jubet *diffluxisse*. *Defluere* enim est

delabi. At hic jecur colliquefactum
erat, et, ut mox dicitur, *inenarrabiliter
absumptum*.

⁶³ *Pisæ Cn. Cornelio, Ligures Petillio*] Vel utrique addendum prænomen videtur, vel utrique detrahendum.

⁶⁴ *Et T. Æbutium*] Recte suspicatur Gronovius pro *et* legendum esse
*ei*.

⁶⁵ *Jurejurarunt*] Verbum rarum
admodum, et cujus haud aliud fortasse exemplum extet. Ac dubitari

⁶⁵ M. Titinius et T. Fonteius proconsules manere cum eodem imperii jure in Hispania jussi : et ut in supplementum his tria millia civium Romanorum cum equitibus ducentis, quinque millia sociûm Latini nominis et trecenti equites mitterentur.

XVI. Latinæ feriæ fuere ante diem tertium Nonas Maii, in quibus, quia in una hostia magistratus Lanuvinus precatus non erat, ' populo Romano Quiritium,' religioni fuit. Id quum ad senatum relatum esset, senatusque ad pontificum collegium rejecisset ; pontificibus, quia non recte factæ Latinæ essent, instauratis Latinis, placuit Lanuvinos, quorum opera instauratæ essent, hostias præbere. Accesserat ad religionem, quod Cn. Cornelius consul, ex monte Albano rediens, concidit : et, parte membrorum captus, ad. Aquas Cumanas profectus ingravescente morbo, Cumis decessit. Sed inde mortuus Romam adlatus, et funere magnifico elatus sepultusque est. Pontifex idem fuerat. Consul Q. Petillius, quum primum per auspicia posset, collegæ subrogando comitia habere jussus, et Latinas edicere. comitia ⁶⁷ in ante diem tertium Nonas Sextiles, Latinas in ante diem tertium Idus Sextiles edixit. Plenis religionum animis, prodigia insuper nunciata : Tusculi facem in coelo visam, Gabiis ædem Apollinis et privata ædificia complura, Graviscis murum portamque de coelo tacta. Ea patres procurari, uti pontifices censuissent, jusserunt. Dum consules primum religiones, deinde alterum alterius mors, et comitia, et Latinarum instaurationes inpediunt, interim C. Claudius exercitum ad Mutinam, quam Ligures priore anno ceperant, admovit. ⁶⁸ Ante triduum, quam obpugnare coeperat, receptam ex hostibus colonis restituit. Octo millia ibi Ligurum intra muros cæsa ; literæque Romam extemplo scriptæ, quibus non modo rem exponeret, sed etiam gloriaretur, sua virtute ac felicitate neminem jam cis Alpes hostem populi Romani : ⁶⁹ agrique aliquantum captum, qui multis millibus hominum dividi viritim posset.

U. C. 576.
A. C. 176.

Cornelii
Cos. mors.

Prodigia.

---

... potest, an ex hoc uno loco deformati miserum in modum libri hoc verbum alias incognitum in linguam Latinam facile admittendum sit.

⁶⁶ M. Titinius et T. Fonteius.. manere . . in Hispania jussi] Hinc apparet. T. Fonteio, qui tertio ante anno prætor fuit, Hispaniam jam tunc obtiisse, et quidem ulteriorem, quum collega ejus M. Titinius citeriorem obtinuerit, ut constat ex c. 26. infra.

⁶⁷ In ante diem tertium Nonas . . . in ante diem tertium Idus] Perierat utrobique vocula ante. Eam restituit Sigonius ex solenni Livii et ceterorum

loquendi more.

⁶⁸ Ante triduum, quam oppugnare coeperat, receptam] Si hæc sana sunt, sensus est : Quum recepisset eam, antequam triduum elapsum esset, ex quo oppugnare coeperat. Sed plerumque longe aliam vim habet hæc formula loquendi, et, si solito more exponeretur, sensus esset coloniam triduo ante receptam, quam oppugnari coepta esset. Quod quum absurdum sit, non immerito Perizonius emendat : intra triduum.

⁶⁹ Agrique aliquantum] Hic perspicuum est aliquantum idem esse

U. C. 576.
A. C. 176.
Sardinia pacata.

XVII. Et Ti. Sempronius eodem tempore in Sardinia multis secundis proeliis Sardos perdomuit. quindecim millia hostium sunt caesa. Omnes Sardorum populi, qui defecerant, in ditionem redacti. stipendiariis veteribus duplex vectigal imperatum, exactumque: ceteri frumentum contulerunt. Pacata provincia, obsidibusque ex tota insula ducentis triginta acceptis, legati Romam, qui ea nunciarent, missi; quique ab senatu peterent, ut ob eas res, ducta auspicioque Ti. Sempronii prospere gestas, Diis inmortalibus honos haberetur, ipsique decedenti de provincia exercitum secum deportare liceret. Senatus, in aede Apollinis legatorum verbis auditis, supplicationem in biduum decrevit, et quadraginta majoribus hostiis consules sacrificare jussit: Ti. Sempronium proconsulem exercitumque eo anno in provincia manere. Comitia deinde consulis unius subrogandi, [70] quae in ante diem tertium Nonas Sextiles edicta erant, eo ipso die sunt confecta. Q.

Cos. subrogatus.

Petillius consul collegam, qui extemplo magistratum occiperet, creavit C. Valerium Laevinum. [71] Is, jam diu cupidus provinciae, quum opportunae cupiditati ejus literae adlatae essent, Ligures rebellasse, Nonis Sextilibus [72] paludatus, literis auditis, tumultus ejus caussa legionem tertiam ad C. Claudium proconsulem in Galliam proficisci jussit; et duumviros navales cum classe Pisas ire, qui Ligurum oram, maritimum quoque terrorem admoventes, circumvectarentur. Eodem et Q. Petillius consul ad conveniendum exercitui diem edixerat. Et C. Claudius proconsul, audita rebellione Ligurum, praeter eas copias, quas secum Parmae habebat, subitariis conlectis militibus, exercitum ad fines Ligurum admovit.

Res in Liguria gestæ.

XVIII. Hostes sub adventum C. Claudii, a quo duce se meminerant nuper ad Scultennam flumen victos fugatosque,

quod *multum*, quum ager ille bello captus multis millibus hominum dividi viritim posse dicatur.

[70] *Quæ in ante diem*] Vocula *in* abest a vetustioribus editis. Eam quisquis reposuit, non sine caussa fecit.

[71] *Is jamdiu cupidus provinciæ*] Ordo et structura verborum declarat haec intelligi de Valerio consule: quod itidem probant ea quæ sequuntur: *eodem et Q. Petillius consul ad conveniendum exercitui diem edixerat.* At quomodo novellus ille consul, ante biduum creatus, potest dici jamdiu cupidus provinciæ? Nisi si forte, quum eo loco natus esset, eos honores gessisset, ut sibi posset prope certa spe consulatum respondere, significaverat jam antequam consul fieret, se cupidum

esse provinciæ.

[72] *Paludatus, litteris auditis*] Haec videntur narrari, tanquam argumenta illius cupiditatis, quam in consule notavit Livius. Ex tota enim superiorum temporum historia colligi potest consules non ante paludamenta in urbe sumpsisse, quam ad bellum proficiscerentur. At hic aliquanto antequam exeat in provinciam, paludatum sese ostentat, paludatus audit litteras, quas nimirum vel in concione, vel in senatu recitari jusserat. Haec omnia eo spectabant, ut rem in majus augeret, se, quemadmodum in tumultu civitatem saga sumere mos erat, sic ipse consul quum paludatus in urbe versaretur, impendentis alicujus periculi speciem ingereret animis.

locorum magis praesidio adversus infeliciter expertam vim, quam armis, se defensuri, duos montes Letum et Balistam ceperunt, [73] muroque insuper amplexi. Tardius ex agris demigrantes obpressi ad mille et quingentos perierunt. Ceteri montibus se tenebant, et, ne in metu quidem feritatis ingenitae obliti, saeviunt in praedam, quae Mutinae parta erat. captivos cum foeda laceratione interficiunt: pecora in fanis trucidant verius passim, quam rite sacrificant. Satiati caede animantium, quae inanima erant, [74] parietibus adfigunt [h], [74] vasa omnis generis usui magis, quam ornamento in speciem, facta. Q. Petillius consul, ne absente se debellaretur, literas ad C. Claudium misit, ut cum exercitu ad se in Galliam veniret: campis Macris se eum exspectaturum. Literis acceptis, Claudius ex Liguribus castra movit, exercitumque ad campos Macros consuli tradidit. Eodem paucis post diebus C. Valerius consul alter venit. Ibi, divisis copiis, priusquam digrederentur, communiter ambo exercitus lustraverunt. tum sortiti, quia non ab eadem utraque parte adgredi hostem placebat, regiones quas peterent. Valerium auspicato sortitum constat [i], quod in templo fuisset: in Petillio id vitio factum, postea augures responderunt; [74] quod extra templum sortem in sitellam in templum latam foris ipse posuerit. Profecti inde in diversas regiones. Petillius adversus Balistae et Leti jugum, quod eos montes perpetuo dorso inter se jungit, castra habuit. Ibi adhortantem eum pro concione milites, immemorem ambiguitatis verbi, ominatum ferunt, ' se eo die Letum capturum ' esse.' Duabus simul partibus subire in adversos montes coepit. Ea parte, in qua ipse erat, inpigre succedebat. Alteram hostes quum propulissent, ut restitueret rem inclinatam, consul equo advectus, suos quidem a fuga revocavit: ipse,

Petillius Cos. occisus.

---

[h] affigunt Gron.　　　　　　　　[i] constabat Gron. Crev.

[73] Muroque insuper amplexi.. Tardius ex agris demigrantes] Apposuimus post verbum amplexi eam distinctionem, qua tenens finiretur.: Itaque hoc modo interpretamur; Montes Letum et Balistam ceperunt, eo muro insuper amplexi sunt. Qui eorum tardius demigrarunt, oppressi sunt a Claudio. Ceteri montes tenebant.

[74] Parietibus affigunt] In parietes suspendunt. Gronovianae editiones habent affigunt: utendum.

[75] Vasa... usui magis quam ornamenta in speciem facta] Tolle vocem ornamenta, quae videtur e margine, ubi addita sunt interpretandis sequentibus verbis. in speciem, in textum irrepsisse. Vasa in speciem facta sunt vasa quae ad

speciem et dignitatem, ad decorem spectus comparantur.

[76] Quod extra templum sortem] Haec admodum intricata sunt, et habent aliquid procul dubio aut vitiatum, aut certe lacustum... Attamen, donec melius quid afferatur, videmur utcumque explicare posse in hunc modum: quod ipse extra templum posuerit sortem in sitellam, quae quidem sitella postea foris, id est, ex loco qui extra templum esset, in templum lata est. Foris aliquando denotat terminum unde aliquid proficiscitur aut sumitur. Sic foris sumere, foris petere. Ceterum templum hic intelligendum est locus auguriis consecratus.

C 2

U. C. 576.
A. C. 176.
dum incautius ante signa obversatur, missili trajectus cecidit. Nec hostes ducem occisum senserunt; et suorum pauci, qui viderant, haud neglegenter, ut qui in eo victoriam
verti scirent, corpus occultavere. Alia multitudo peditum
equitumque, deturbatis hostibus, montes sine duce cepere.
Ad quinque millia Ligurum occisa: ex Romano exercitu
duo et quinquaginta ceciderunt. Super tam evidentem tristis ominis eventum, etiam ex pullario auditum est, vitium in
auspicio fuisse; nec id consulem ignorasse. C. Valerius,
audita

\*          \*          \*

[77] periti religionum jurisque publici, quando duo [78] ordinarii
consules ejus anni, alter morbo, alter ferro periisset, subfec-
tum consulem negabant recte [k] comitia habere posse.

\*          \*          \*

deduxit.

XIX. Cis Apenninum Garuli, et Lapicini, et Hercates;
·trans Apenninum Briniates fuerant. [79] Inter Audenam amnem P. Mucius cum iis, qui Lunam Pisasque depopulati erant, bellum gessit: omnibusque in ditionem redactis
arma ademit. Ob eas res, in Gallia Liguribusque gestas
duorum consulum ductu auspicioque, senatus in triduum
supplicationes decrevit, et quadraginta hostiis sacrificari
jussit. Et tumultus quidem Gallicus et Ligustinus, qui
principio ejus anni exortus fuerat, haud magno conatu brevi
obpressus erat.     Belli Macedonici subibat jam cura, miscente Perseo inter Dardanos Bastarnasque certamina: et legati, qui missi ad res visendas in Macedoniam erant, jam
reverterant Romam, renunciaverantque, bellum in Dardania
esse. Simul venerant et ab rege Perseo oratores, [80] qui purgarent, nec adcitos ab eo Bastarnas, nec auctore eo quidquam facere. Senatus nec liberavit ejus culpæ regem, neque arguit: moneri eum tantummodo jussit, ut etiam atque
.etiam curaret, [81] ut sanctum haberet [l] fœdus, quod ei cum

Bellum in-
ter Darda-
nos et Bas-
tarnas.

---

[k] *recte* del. *Gron. Crev.*                    [l] *habere* Doer.

---

[77] *Periti religionum*] Hanc periodum
apud Priscianum l. XVIII. repertam suo
loco Sigonius inseruit.

[78] *Ordinarii consules*] Ordinarii consules sunt ii qui primis comitiis electi
sunt. Iis opponuntur consules *suffecti*.

[79] *Inter Audenam amnem*] Nullus est
horum verborum sensus. Lege omnino
*intra*, ut dicatur Mucius non ultra Audenam amnem, ac proinde Apenninum,
bellum gessisse. At vero Æmilius Gal-

licum·tumultum compresserat, et in
Liguria ipsa ad utrumque Apennini latus arma circumtulerat.

[80] *Qui purgarent, nec accitos*] Qui ad
purgandum et liberandum eum a suspicione belli, dicerent et probare intenderent, nec accitos.

[81] *Ut sanctum haberet fœdus*] Hunc
locum feliciter emendat Jac. Gronovius: *ut sanctum habere fœdus, quod ei
cum Romanis esset, videri posset.*

Romanis esse [m] videri posset. Dardani, quum Bastarnas non
modo non excedere finibus suis, quod speraverant, sed graviores fieri in dies cernerent, subnisos Thracum adcolarum
et Scordiscorum auxiliis, audendum aliquid vel temere rati,
omnes undique armati ad oppidum, quod proximum castris
Bastarnarum erat, conveniunt [n]. Hiems erat, et id anni
tempus elegerant, ut Thraces Scordiscique in fines suos abirent. quod ubi ita factum, et solos jam esse Bastarnas audierunt, bifariam dividunt copias : pars, ut recto itinere ad
lacessendum ex aperto iret ; pars, devio saltu circumducta,
ab tergo adgrederetur. Ceterum, priusquam circumire castra hostium possent, pugnatum est ; victique Dardani compelluntur in urbem, quæ fere duodecim millia ab castris Bastarnarum aberat. Victores confestim circumsidunt urbem,
haud dubie postero die aut metu dedituris se hostibus, aut
vi expugnaturi. Interim Dardanorum altera manus, quæ
circumducta erat, ignara cladis suorum, castra Bastarnarum
sine præsidio relicta

* * *

XX. *** more, sella eburnea posita, jus dicebat, disceptabatque controversias minimarum rerum. [82] adeoque nulli
fortunæ adhærebat animus, per omnia genera vitæ errans,
uti nec sibi, nec aliis, quinam homo esset, satis constaret. Non adloqui amicos, [83] vix notis familiariter adridere ; munificentia inæquali sese aliosque ludificari : quibusdam honoratis magnoque æstimantibus se puerilia, [84] ut escæ aut lusus, munera dare ; alios nihil exspectantes ditare.
Itaque nescire, quid sibi vellet, quibusdam videri. quidam
[85] ludere eum simpliciter, quidam haud dubie insanire aiebant. In duabus tamen magnis honestisque rebus vere regius erat animus, in urbium donis, et Deorum cultu. Me-
galopolitanis in Arcadia murum se circumdaturum urbi
est pollicitus, majoremque partem pecuniæ dedit. Tegeæ
theatrum magnificum e marmore facere instituit. [86] Cyzici

*Marginalia:*
U. C. 577.
A. C. 175.

Dardano-
rum urbs
obsessa.

Antiochi
munificen-
tia.

---

[82] *Adeoque nulli fortunæ*] Lege cum
Rubenio, *nulli formæ*. Sic apud Tac.
l. i. Ann. c. 74. *Qui formam vitæ iniit,
quam* etc.

[83] *Vix notis*] Conjunge τὸ *vix* cum
*notis*. *Vix noti* opponuntur *amicis*.

[84] *Ut escæ aut lusus*] Polybius nominat talos et dactylos palmarum.

[85] *Ludere . . simpliciter*] Ludere
per jocosam et nugacem simplicitatem.

[86] *Cyzici in Prytaneum*] Prytanei
Syracusani meminit. Cic. in Verr. l.

iv. n. 119. Nempe, ut notat ad hunc
Ciceronis locum Grævius, nulla urbs
Græca fuit, quæ non suum Prytaneum
haberet. Prytanea autem erant Vestæ sacra : cujus in honorem perpetuus
ibi ignis fovebatur. Vid. Casaub.
Animadv. in Athen. l. xv. c. 19. et
Ezech. Spanhemii Dissert. de Vesta et
Prytanibus. Quia igitur Prytanea
Vestæ sacra erant, cujus ædes penetrale erat urbis Romæ, ideo Livius Prytaneum Latine interpretatur *penetrale
urbis*. Quod adjicit, publice ibi vesci,

U.C.577.
A.C.175.

in Prytaneum, (id est penetrale urbis, ubi publice, quibus is honos datus est, vescuntur) vasa aurea mensæ unius posuit. Rhodiis, [87] ut nihil unum insigne, ita omnis generis, ut quæque usus eorum postulaverunt, donna dedit. Magnificentiæ vero in Deos vel Jovis Olympii templum Athenis, unum in terris inchoatum pro magnitudine Dei, potest testis esse. [88] Sed et Delon aris insignibus statuarumque copia exornavit: et Antiochiæ Jovis Capitolini magnificum templum, non laqueatum auro tantum, sed parietibus totis lamina inauratum, et alia multa in aliis locis pollicitus, quia perbreve tempus regni ejus fuit, non perfecit. Spectaculo-

Ludi.

rum quoque omnis generis magnificentia superiores reges vicit; [89] reliquorum sui moris, et copia Græcorum artificum. Gladiatorum munus Romanæ consuetudinis primo majore cum terrore hominum, insuetorum ad tale spectaculum, quam voluptate, dedit: deinde sæpius dando, et [90] modo vulneribus tenus, modo sine missione etiam, et familiare oculis gratumque id spectaculum fecit, et armorum studium plerisque juvenum accendit. Itaque, qui primo ab Roma magnis præmiis paratos gladiatores arcessere solitus erat, jam suo

\* \* \*

XXI. \*\*\* pio inter peregrinos. M. Atilio prætori provincia Sardinia obvenerat: sed cum legione nova, quam consules conscripserant, quinque millibus peditum trecentis equitibus, in Corsicam jussus est transire. dum is ibi bellum gereret, [91] Cornelio prorogatum imperium, ubi obtineret Sardiniam. Cn. Servilio Cæpioni in Hispaniam ulteriorem, et

---

sive publico sumptu ali solitos, quibus is honos datus est, id de Athenis notissimum est omnibus. Sed et in aliis quoque Græcis urbibus eumdem morem servatum esse, hic locus testimonio est.

[87] *Ut*] Particula *ut* adjecta est ex Freinshemii et Gronovii sententia.

[88] *Sed et Delon aris insignibus*] Hic olim legebatur *Delon moris.* Correxere Vossius et Gronovius. Quæ emendatio si vera est, hic Livius paulum diacessit a Polybio, qui loquitur tantummodo de statuis circa Deli aram ab Antiocho positis.

[89] *Reliquorum sui moris*] Vox *reliquorum* pendet a præcedenti nomine *spectaculorum.* Dicit Livius ab Antiocho superatos esse superiores reges magnificentia spectaculorum omnis generis, ex quibus cetera moris Græci erant, et cum copia Græcorum artificum; unum Romanæ consuetudinis,

nempe gladiatorium munus: quod quidem primo majore cum terrore . . Artifices hic intelligendi sunt, ut l. v. supra, c. 1. ii quorum opera ludi peraguntur, puta histriones, saltatores, tibicines, &c.

10 *Modo vulneribus tenus, modo sine missione etiam*] Modo ita ut vulnerentur tantum gladiatores, non interficerentur; modo ad necem usque. *Missio* erat gratia deserendi pugnam, quæ dabatur aliquando victis gladiatoribus. Quum autem placeret, ut eousque pugnaretur donec alteruter occumberet, dicebatur pugna *sine missione.* Sic Flor. l. III. c. 20. de Spartaci militibus: *dignam viris obiere mortem: et, quod sub gladiatore duce oportuit, sine missione pugnatum est.* Vide plura apud Lips. Saturn. II. 21.

[91] *Cornelio prorogatum imperium*] Hinc apparet Cornelium superiore anno prætorem fuisse.

P. Furio Philo in citeriorem tria millia peditum Romano- U. C. 578.
rum, equites centum quinquaginta, et socium Latini nominis A. C. 174.
quinque millia peditum, trecenti equites: Sicilia L. Claudio
sine supplemento decreta.  Duas præterea legiones consules
scribere jussi, cum justo numero peditum equitumque, et
decem millia peditum sociis imperare, et sexcentos equites.
Delectus consulibus eo difficilior erat, quod pestilentia, quæ Pestilentia.
priore anno in boves ingruerat, [92] eo verteret [o] in hominum
morbos. qui inciderant, haud facile septimum diem superabant: qui superaverant [p], longinquo, maxime quartanæ,
inplicabantur morbo.  Servitia maxime moriebantur. eorum
strages per omnes vias insepultorum erat.  Ne liberorum
quidem funeribus [93] Libitina subficiebat.  Cadavera, intacta
a canibus ac vulturibus, tabes absumebat: satisque constabat, nec illo, nec priore anno, in tanta strage boum hominumque vulturium usquam visum.  Sacerdotes publici ea
pestilentia mortui sunt, Cn. Servilius Cæpio pontifex, pater
prætoris, et [94] Ti. Sempronius Ti. F.[q] Longus decemvir sacrorum, et P. Ælius Pætus augur, et Ti. Sempronius Gracchus, et C. Mamilius Vitulus curio maximus, et M. Sempronius Tuditanus pontifex. [95] pontifices subfecti sunt, C. Sulpicius Galba*** [r] in locum Tuditani.  Augures subfecti sunt,
in Gracchi locum T. Veturius Gracchus Sempronianus, in P.
Ælii Q. Ælius Pætus.  Decemvir sacrorum C. Sempronius
Longus, curio maximus C. Scribonius Curio subficitur.  Quum
pestilentiæ finis non fieret, senatus decrevit, uti decemviri
libros Sibyllinos adirent.  Ex decreto eorum diem unum
supplicatio fuit. et, [96] Q. Martio Philippo verba præeunte,
populus in foro votum concepit: ' Si morbus pestilentiaque
' ex agro Romano emota esset, biduum ferias ac supplica-
' tionem se habiturum.'  In Veienti agro biceps natus puer, Prodig
et Sinuessæ unimanus, et Auximi [s] puella cum dentibus; et
arcus interdiu sereno cœlo super ædem Saturni in foro
Romano intentus, et tres simul soles effulserunt: et [97] faces
eadem nocte plures per cœlum lapsæ sunt in Lanuvino:

---

o *verterat* Gron. Crev.      p *superabant* Esd.      q *Ti. F. L C. F.* Gron.
           r *abest signum lacunæ* Gron. Crev.           s *Oximi* Esd.

92 *Eo*] Anno.
93 *Libitina*] Vid. not. 67. ad l. XL.
c. 19.
   94 *Ti. Sempronius Ti. F. Longus*] Hæc
est vetus scriptura, quam male mutaverat Sigonius, legique jusserat *Ti. Sempronius C. F.* Vid. supra l. XXVII. c. 6.
   95 *Pontifices suffecti sunt C. Sulpicius
Galba in locum Tuditani*] Hic excidit
nomen ejus qui in locum Cæpionis pon-

tifex suffectus est.
   96 *Q. Marcio Philippo*] Decemviro sacrorum. Vid. supra l. XL. c. 42.
   97 *Faces . . lapsæ sunt in Lanuvino.
Cæritesque*] Priscianus l. IV. citat hunc
locum sic: *Lanuvini Cæritesque anguem
jubatum.* Itaque legendum est hoc
modo: *lapsæ sunt.* Lanuvini Cæritesque. SIGONIUS. *Faces* sunt stellæ facem ducentes.

U. C. 578.
A. C. 174. Cæritesque anguem in oppido suo jubatum, áureis maculis sparsum, adparuisse adfirmabant. et, in agro Campano bovem locutum esse, satis constabat.

XXII. Legati [98] Nonis Juniis [1] ex Africa redierunt, qui, convento prius Masinissa rege, Karthaginem ierant : ceterum certius aliquanto, quæ Karthagine acta essent, ab rege rescierant, quam ab ipsis Karthaginiensibus. compertum tamen adfirmaverunt, legatos ab rege Perseo venisse, iisque noctu senatum in æde Æsculapii datum esse. ab Karthagine legatos in Macedoniam missos, et rex adfirmaverat, et ipsi parum constanter negaverant. In Macedoniam quoque mittendos legatos senatus censuit. tres missi sunt, C. Lælius, M. Valerius Messalla, Sex. Digitius. Perseus per id tempus, quia quidam Dolopum non parebant, et, de quibus ambigebatur rebus, disceptationem ab rege ad Romanos revocabant, cum exercitu profectus, sub jus judiciumque suum totam

*Persei iter Delphos.* coëgit gentem. Inde, per Œtæos montes transgressus, religionibus quibusdam animo objectis, oraculum aditurus Delphos adscendit. Quum in media repente Græcia adparuisset, magnum non finitimis modo urbibus terrorem præbuit, sed in Asiam quoque ad regem Eumenem nuncius tumultus ejus venit. Triduum, non plus, Delphis moratus, per [99] Phthiotidem Achaiam, Thessaliamque, sine damno injuriaque agrorum, per quos iter fecit, in regnum rediit. Nec earum tantum civitatium, per quas iturus erat, satis habuit animos sibi conciliare : [1] aut [a] legatos, aut literas dimisit, petens, ' ne ' diutius simultatum, quæ cum patre suo fuissent, meminis- ' sent. nec enim tam atroces fuisse eas, ut non cum ipso po- ' tuerint, ac debuerint, finiri. Secum quidem omnia illis ' integra esse ad instituendam fideliter amicitiam.' Cum Achæorum maxime gente reconciliandæ gratiæ viam quærebat.

*Achæorum animos sibi reconciliare tentat.* XXIII. Hæc una ex omni Græcia gens, et Atheniensium civitas, eo processerat irarum, ut finibus interdiceret Macedonibus. Itaque servitiis ex Achaia fugientibus receptaculum Macedonia erat: quia, quum finibus suis interdixissent, intrare regni terminos ipsi non audebant. Id quum Perseus animadvertisset, comprehensis omnibus, literas [***]. ceterum, ne similis fuga servorum postea fieret, cogitandum et illis esse. Recitatis his literis per Xenarchum prætorem, qui privatæ gratiæ aditum apud regem

---

[1] *Junii* Gron. Crev.       [a] *sed aut* Gron.

[98] *Nonis Junii*] Sic reposuit Sigonius, quum prius legeretur *Julii.* Nimirum Julii mensis nomen nondum in usu erat.

[99] *Phthiotidem Achaiam*] Vid. not. 63. ad l. XXXIII. c. 32.

[1] *Aut legatos, aut litteras*] Adjecerat Sigonius de suo *sed* ante prius illud *aut.* Videntur pluscula deesse. Dederat fortasse Livius : *sed circa omnes Græciæ civitates, aut legatos...*

quærebat, et plerisque moderate et benigne scriptas esse U. C. 578.
censentibus literas, atque his maxime, qui præter spem A. C. 174.
recepturi essent amissa mancipia; [3] Callicrates ex iis, qui Callicratis
in eo verti salutem gentis crederent, si cum Romanis invio- adversus relatum fœdus servaretur, ' Parva,' inquit, ' aut mediocris res, gem oratio.
' Achæi, quibusdam videtur agi; ego [3] maxime gravissimam
' omnium non agique tantum arbitror, sed quodam modo
' actam esse. Nam qui regibus Macedonum, Macedonibusque
' ipsis, finibus interdixissemus, [4] manereque id decretum,
' [5] scilicet, ne legatos, ne nuncios admitteremus regum, per
' quos aliquorum ex nobis animi sollicitarentur; ii concion-
' antem quodam modo absentem audimus regem, et, si Diis
' placet, orationem ejus probamus. Et, quum feræ bestiæ
' cibum ad fraudem suam positum plerumque adspernentur
' et refugiant, nos cæci, specie parvi beneficii, inescamur:
' et, servulorum minimi pretii recipiendorum spe, nostram
' ipsorum libertatem subrui et tentari patimur. Quis enim
' non videt, [6] viam regiæ societatis quæri, qua Romanum
' fœdus, quo nostra omnia continentur, violetur? Nisi hoc
' dubium alicui est, bellandum Romanis cum Perseo esse, et,
' quod vivo Philippo exspectatum, morte ejus interpellatum
' est, id post mortem Philippi futurum. Duos, ut scitis,
' habuit filios Philippus, Demetrium et Persea. Genere
' materno, virtute, ingenio, favore Macedonum, longe præ-
' stitit Demetrius. Sed quia in Romanos odii regnum posu-
' erat præmium, Demetrium nullo alio crimine, quam Romanæ
' amicitiæ initæ, occidit: [7] Persea, quem populus Romanus
' prius pœnæ, quam regni, hæredem futurum sciebat, regem
' fecit. Itaque quid hic post mortem patris egit aliud, quam
' bellum paravit? Bastarnas primum ad terrorem omnium
' [8] in Dardaniam inmisit: qui si sedem eam tenuissent, gra-

[2] *Callicrates, ex iis qui in eo verti*]
Hic Callicrates non tam honorifice
tractatur a Polybio, qui eum traducit
tanquam proditorem publicæ Achæorum
libertatis, et insignem ejus perfidiam
notat, Legat. 58.

[3] *Maxime gravissimam omnium, non
agique tantum*] Emendat Gronovius:
*maximam et gravissimam omnium, neque
agi tantum.* Quod concianius est et
magis ex solito loquendi more.

[4] *Manereque id decretum*] Hoc vel
vitiatum, vel mancum, vel superfluum
est. *Resecto hoc membro, sua orationi integritas constat, sua sententiæ
perspicuitas. † Corrigit Gronovius:
*Nam quum regibus Macedonum Ma-
cedonibusque ipsis, finibus interdixissemus,
manereque id decretum .... hic concionantem.* Sed vix dubitari potest, quin
totius hujus periodi structura, qualis

vulgo exhibetur, et duo illa membra
sibi mutuo respondentia, *qui regibus Macedonum ... ii concionantem*, a Livii
manu sint.

[5] *Scilicet, ne legatos*] Hic non referuntur ipsa decreti verba, sed mens
explicatur. Regibus Macedonum, inquit, Macedonibusque ipsis, finibus
nostris interdixeramus, id scilicet præ-
caventes, ne legatos, ne nuncios ...

[6] *Viam regiæ societatis quæri*] Magis
placeret *societati.*

[7] *Persea, quem populus Romanus
prius pœnæ*] Lege vel eum Gronovio,
*quem 'in populum Romanum prius odii,
quam regni hæredem futurum sciebat:*
vel cum Rubenio, *quem belli in populum
Romanum prius pene, quam regni.*

[8] *In Dardaniam inmisit*] Hic admisimus, auctore Gronovio, particulam *in,*
quam orationis Latinæ ratio postulabat.

' viores eos adcolas Graecia habuisset, quam Asia Gallos
' habeat. Ea spe depulsus, non tamen belli consilia omisit :
' immo, si vera volumus dicere, jam inchoavit bellum. Dolo-
' piam armis subegit, [9] nec provinciis de controversis ad dis-
' ceptationem populum Romanum[x] adivit[y]. inde, transgressus
' Œtam, ut repente in medio umbilico Graeciae conspiceretur,
' Delphos adscendit. Haec usurpatio itineris insoliti quo
' vobis spectare videtur ? Thessaliam deinde peragravit. quod
' sine ullius eorum, quos oderat, noxia, hoc magis tenta-
' tionem metuo. Inde literas ad nos cum muneris specie
' misit, et cogitare jubet, quo modo in reliquum hoc munere
' non egeamus ; hoc est, ut decretum, quo arcentur Pelopon-
' neso Macedones, tollamus ; rursus legatos regios, et hospi-
' tia cum principibus, et mox Macedonum exercitus, ipsum
' quoque a Delphis (quantum enim interluit fretum?) traji-
' cientem in Peloponnesum videamus, [10] inmisceamur Mace-
' donibus armantibus se adversus Romanos. Ego nihil novi
' censeo decernendum, servandaque omnia integra, [11] donec
' ad certum dirigatur[z], vanusue hic timor noster, an verus
' fuerit. Si pax inviolata inter Macedonas Romanosque
' manebit, nobis quoque amicitia et commercium sit : nunc
' de eo cogitare periculosum et inmaturum videtur.'

Arco Calli-
crati re-
spondet.

XXIV. Post hunc Arco, frater Xenarchi praetoris, ita disseruit : ' Difficilem orationem Callicrates, et mihi, et omnibus,
' qui ab eo dissentimus, fecit : agendo enim Romanae societatis
' caussam ipse, tentarique et obpugnari dicendo, quam nemo
' neque tentat, neque obpugnat, effecit, ut, qui ab se dissentiret,
' adversus Romanos dicere videretur. Ac primum omnium,
' tamquam non hic nobiscum fuisset, sed aut ex curia populi
' Romani veniret, aut regum arcanis interesset, omnia scit et
' nunciat, quae occulte facta sunt. [12] Divinat etiam, quae futura
' fuerant, si Philippus vixisset : quid ita Perseus regni haeres
' sit, quid parent Macedones, quid cogitent Romani. Nos au-
' tem, qui, nec ob quam caussam, nec quemadmodum perierit
' Demetrius, scimus ; nec quid Philippus, si vixisset, facturus
' fuerat[a], ad haec, quae palam geruntur, consilia nostra ad-
' commodare oportet. [13] Ac scimus, Persea, regno accepto, ad

---

[x] *populi Romani* Gron.
*populi Romani audivit.* Crev.   [z] *redigatur* Crev. Doer.   [a] *fuerit* Gron. Crev.
[y] *nec provocantes de controversiis ad disceptationem
populi Romani audivit.* Crev.

[9] *Nec provocantes*] Supple, Dolopas.
Vulgo hic habetur *nec provinciis.* Probabilem Gronovii conjecturam in textum
recepit Clericus, nec nos exturbare sus-
tinuimus.

[10] *Immisceamur*] Sic dedit Sigonius
pro *immiscemur.*

[11] *Donec ad certum redigatur*] Donec certum fiat, donec certo sciatur.
Sic l. XLIV. c. 15. *Et, si id ante dubium fuisset, legatorum ... verba ad
certum redegisse.* Ceterum legebatur

hic *ad certum dirigatur.* Correxit
Gronovius.

[12] *Divinat etiam quae futura fuerant*]
Hoc mutat Gronovius, tanquam gramma-
ticae legibus absonum, jubetque reponi
*fuerint.* Sed sexcentis in locis quum
Livii, tum probatissimorum scriptorum,
reperire facile est similium locutionum
exempla Vid. Novam Methodum linguae
Latinae.

[13] *Ac scimus Persea.... ad legatos
Romanos venisse, ac regem Persea*]

' legatos Romanos venisse, ac regem Persea a populo Romano U. C. 578.
' adpellatum: audimus, legatos Romanos venisse ad regem, et A. C. 174.
' eos benigne exceptos [b]. Hæc omnia pacis equidem signa esse
' judico, non belli: nec Romanos offendi posse, si, ut bellum
' gerentes eos secuti sumus, nunc quoque pacis auctores se-
' quamur. cur quidem nos inexpiabile omnium soli bellum ad-
' versus regnum Macedonum geramus, non video. Opportuni
' propinquitate ipsa Macedoniæ sumus; an infirmissimi om-
' nium, tamquam, quos nuper subjecit, Dolopes? [14] immo
' contra ea, vel viribus nostris, Deûm benignitate, vel regionis
' intervallo tuti. [15] Sed sumus æque subjecti ac Thessali Æto-
' lique; nihilo plus fidei auctoritatisque habemus adversus
' Romanos, qui semper socii atque amici fuimus, quam Ætoli,
' qui paullo ante hostes fuerunt. Quod Ætolis, quod Thes-
' salis, quod Epirotis, omni-denique Græciæ cum Macedonibus
' juris est, idem et nobis sit. cur exsecrabilis ista nobis solis
' velut desertio juris humani est? Fecerit aliquid Philippus,
' cur adversus eum armatum et bellum gerentem hoc decer-
' neremus: quid Perseus, novus rex, omnis injuriæ insons, suo
' beneficio paternas simultates obliterans, meruit? cur soli
' omnium hostes ei sumus? Quamquam et illud dicere po-
' teram, tanta priorum Macedoniæ regum merita erga nos
' fuisse, ut Philippi unius injurias, si quæ forte fuerunt, * uti-
' que post mortem. Quum classis Romana Cenchreis staret,
' consul cum exercitu Elatiæ esset, triduum in concilio fuimus,
' consultantes, utrum Romanos, an Philippum, sequeremur.
' [16] Nonnihil metus præsens ab Romanis sententias nostras incli-

[b] *acceptos* Gron. Crev.

Nemo est quin videat tollendum esse secundum illud *Persea*, tam inutiliter et odiose repetitum. Admodum etiam verisimile est, ea quæ præcedunt vitiata esse. Nusquam enim memoratum est, ut observat Gronovius, Persea statim regno accepto ad legatos Romanos venisse, sed legatos Romam misisse. Et causam errori præbere fortasse potuerint hæc verba membri sequentis: *audimus legatos Romanos venisse*. Itaque recte videtur hunc locum emendare Gronovius hoc modo: *Ac scimus Persea, regno accepto, legatos Romam misisse, ac regem a populo Romano appellatum.*

[14] *Imo contra ea*] Voculam *ea* ejicit Gronovius. Sed si illa non exprimatur, debet intelligi. Quid igitur necesse est eam deleri, si quando exprimitur? Nec videmus, cur non tam dicamus *contra ea*, quam *præterea*, aut *postea*. Et alibi usurpavit Livius, ut l. III. 60. et l. XXI. c. 20. * Fortasse legendum est *contra eam*, nempe con-

tra Macedoniam, quæ paulo ante nominata est, vel intelligendum *contra ea* pericula.

[15] *Sed sumus æque subjecti ac Thessali Ætolique*] Patet ex iis quæ sequuntur, legi debere *Epirotæque*. Ceterum hæc ita intelligenda sunt, ut ea Arco sibi ipse objiciat, ac dum objicit refellat. *Subjecti* idem est ac supra *opportuni*. Nisi forte legendum est potius *suspecti*.

[16] *Nonnihil metus præsens ab Romanis*] Imo *nihil*, ut recte monet Perizonius. Arco vult intelligi Romanorum metum. quorum classis Cenchreis, exercitus terrestris Elatiæ erat, dum deliberarent Achæi, in causa fuisse, cur ad illos inclinarent consultantium animi. Sed demus, inquit, nihil tunc valuisse metum illum. Certe aliquid tamen fuit, quod tam longam deliberationem faceret. De beneficiis Macedonum regum in Achæos vid. Polyb. l. II. et Plut. in Arato.

U. C. 578.
A. C. 174.

' narit: fuit certe tamen aliquid, quod tam longam deliberatio-
' nem fecerat[c]: id quod erat vetusta conjunctio cum Macedo-
' nibus, vetera et magna in nos regum merita. Valeant et nunc
' eadem illa, non ut praecipue amici, sed ne praecipue inimici
' simus. Ne id, quod non agitur, Callicrates, simulaverimus.
' nemo novae societatis aut novi foederis, quo nos temere inli-
' gemus, conscribendi est auctor: sed commercium tantum
' juris praebendi repetendique sit, ne interdictione finium nos-
' trorum et nos quoque regno arceamus, ne servis nostris ali-
' quo fugere liceat. Quid hoc adversus Romana foedera est?
' Quid rem parvam et apertam, magnam et suspectam faci-
' mus? Quid vanos tumultus ciemus? Quid ut ipsi locum
' adsentandi Romanis habeamus, suspectos alios [17] ac invisos

Nihil novi· ' efficimus? Si bellum erit, ne Perseus quidem dubitat, quin
statuunt A- ' Romanos secuturi simus: in pace etiam, si non odia finiun-
chaei. ' tur, intermittantur.' Quum iidem huic orationi, [18] qui literis regis adsentierant[d], adsentirentur, indignatione principum, quod, quam rem ne legatione quidem dignam judicasset
Perseus, literis paucorum versuum [19]impetraret, decretum
differtur. Legati [20] deinde postea missi ab rege, quum Me-
galopoli concilium esset; dataque opera est ab iis, qui offensionem apud Romanos timebant, ne admitterentur.

Aetolorum     XXV. Per haec tempora Aetolorum in semet ipsos ver-
discordiae.   sus furor mutuis caedibus ad internecionem adducturus videbatur gentem. Fessi deinde et Romam utraque pars miserunt legatos, et inter se ipsi de reconcilianda concordia
agebant: [21] quae novo facinore discussa res veteres etiam
iras excitavit. Exsulibus Hypataeis, qui factionis Proxeni
erant, quum reditus in patriam promissus esset, fidesque
data per principem civitatis Eupolemum, octoginta inlustres
homines, quibus redeuntibus inter ceteram multitudinem
Eupolemus etiam[e] obvius exierat, [22] quum salutatione benigne excepti essent, dextraeque datae, ingredientes portam,
fidem datam Deosque testes nequidquam invocantes, interfecti sunt. Inde gravius de integro bellum exarsit. C. Valerius Laevinus, et Ap. Claudius Pulcher, et C. Memmius,
et M. Popillius, et L. Canuleius missi ab senatu venerant.
Apud eos quum Delphis utriusque partis legati magno certamine agerent, Proxenus maxime, quum caussa, tum eloquentia, praestare visus est; qui paucos post dies ab Ortho-

---

[c] faceret Gron. Crev.    [d] adsentierant del. Crev.    [e] etiam del. Gron. Crev.

[17] Ac invisos] Lege et invisos.
[18] Qui litteris regis, adsentirentur]
Vetus scriptura: qui litteris regis adsentierant, adsentirentur. Gronovius tolli
jussit verbum adsentierant, quod sane a
Livio esse non videtur.
[19] Impetraret] Et hic Gronovius re-

posuit impetraret pro imperaret.
[20] Deinde postea] Alterutrum vacat.
[21] Quae...discussa res] Delemus
postremam vocem. Etenim ex praece-
dentibus facile intelligitur concordia.
[22] Quum salutatione benigne excepti
essent] Mallemus benignae.

bula uxore veneno est sublatus: [23] damnataque eo crimine, in exsilium abiit. Idem furor et Cretenses lacerabat. adventu deinde Q. Minucii legati, qui cum decem navibus missus ad sedanda eorum certamina erat, in spem pacis venerant. [24] ceterum induciæ et antea sex mensium fuerunt: inde multo gravius bellum exarsit. Lycii quoque per idem tempus ad Rhodiis bello vexabantur. Sed externorum inter se bella, quo quæque modo gestæ sunt, persequi non operæ est [25] satis superque oneris sustinenti res a populo Romano gestas scribere.

U. C. 578.<br>A. C. 174.<br>Cretensium<br>dissidia.

XXVI. Celtiberi in Hispania, qui bello domiti se Ti. Graccho dediderant, pacati manserant M. Titinio prætore obtinente provinciam. rebellarunt [26] sub adventum Ap. Claudii, orsique bellum sunt ab repentina obpugnatione castrorum Romanorum. Prima lux ferme erat, quum vigiles in vallo, quique in portarum stationibus erant, quum vidissent procul venientem hostem, ad arma conclamaverunt. Ap. Claudius, signo proposito pugnæ, ac paucis adhortatus milites, tribus simul portis eduxit. Obsistentibus ad exitum Celtiberis, primo par utrumque [f] prœlium fuit, quia propter angustias non omnes in faucibus pugnare poterant Romani: [27] urguentes deinde alii alios secuti evaserunt extra vallum, ut pandere aciem, [28] et exæquari cornibus hostibus, quibus circumibantur, possent. ita repente eruperunt, ut sustinere inpetum eorum Celtiberi nequirent. Ante horam secundam pulsi sunt: ad quindecim millia cæsa aut capta: signa ademta duo et triginta. Castra etiam eo die expugnata, debellatumque. nam, qui superfuere prœlio, in oppida sua dilapsi sunt. quieti deinde paruerunt imperio.

Celtibero-<br>rum rebel-<br>lio.

XXVII. Censores eo anno creati Q. Fulvius Flaccus et A. Postumius Albinus legerunt senatum: princeps lectus M. Æmilius Lepidus pontifex maximus. De senatu novem ejecerunt. insignes notæ fuerunt M. Cornelii Maluginensis, [29] qui biennio ante prætor in Hispania fuerat; et

Censores.<br><br>Insignes<br>notæ.

[f] utrimque Gron. Crev. Doer.

---

[23] *Damnataque eo crimine*] Lege cum Perizonio, *damnata que.* Vid. not. 89. ad l. IV. c. 17. supra.

[24] *Ceterum induciæ et antea sex mensium fuerunt*] Lege cum Gronovio: *ceterum inducias tantum sex mensium fecerunt.*

[25] *Satis superque oneris sustinenti res a populo Romano gestas scribere*] Delendum videtur verbum *scribere,* quod et otiosum est, et deformat orationem. Dicit Livius se satis superque oneris ferre, nempe, res a populo Romano gestas. ·

[26] *Sub adventum Ap. Claudii*] Hinc discimus Ap. Claudium fuisse prætorem superiore anno, et citeriorem Hispaniam obtinuisse.

[27] *Urgentes deinde alii alios secuti*] Nemini non apparebit vocem *secuti* hic ita positam esse, ut impediat potius sensum, quam adjuvet. Non dubitamus, quin rescribendum sit: *urgentes deinde alii alios scutis.*

[28] *Et exæquari cornibus hostibus, quibus*] Reponit Gronovius: *et exæquari cornibus hostium, a quibus.*

[29] *Qui biennio ante prætor in Hispania fuerat*] Hic prætor in Hispaniam ire noluerat, ut constat ex c.

[30] L. Cornelii Scipionis prætoris, cujus tum inter cives et peregrinos jurisdictio erat; et [31] Cn. Fulvii, qui frater germanus,
[32] et, ut Valerius Antias tradit, consors etiam censoris erat.
[33] Consules, votis etiam in Capitolio nuncupatis, in provincias profecti sunt. [34] Ex iis M. Æmilio senatus negotium
dedit, ut Patavinorum in Venetia seditionem comprimeret,
quos certamine factionum ad intestinum bellum exarsisse,
[35] et ipsorum legati adtulerant. Legati, qui in Ætoliam ad
similes motus comprimendos ierant, renunciarunt, coërceri
rabiem gentis non posse. Patavinis saluti· fuit adventus
consulis: neque aliud, quod ageret in provincia, quum habuisset, Romam rediit. Censores vias sternendas silice in
urbe, [36] glarea extra urbem substruendas ᵉ marginandasque
primi omnium locaverunt, pontesque multis locis faciendos :
et [37] scenam ædilibus prætoribusque · præbendam : et carce-

ᵉ substernendas Gron. Crev.

15. supra. Ergo aut delendæ sunt voces in Hispania aut lapsus est memoria
Livius.

[30] L. Cornelii Scipionis prætoris]
Testatur Valer. Max. l. III. c. 5. ejus
propinquos dedisse operam, ne aut sellam ponere, aut jus dicere auderet. Id
fortasse ut perficere possent, notandum eum a censoribus curaverant. Id
Quamvis enim hujus notæ vi præturam
non amitteret, alienum tamen erat a
dignitate populi Romani, hominem a
censoribus notatum jus dicere, et statuere de fortunis civium.

[31] Cn. Fulvii, qui frater germanus ..
censoris] Huic Fulvio prænomen as-
signabatur in veteri codice Lucius.
At Velleius l. I. c. 10. eum vocat
Cnæum: eique potius assentiendum
Sigonius existimat. Ceterum is, sive
L. sive Cn. Fulvius, idem est, qui supra
l. XL. c. 41. vocatur M. Fulvius Nobilior, et dicitur legionem in qua tribunus militum erat, dimississe. Quod
autem in priore illo libri XL. loco vocatur M. Fulvius Nobilior, hic autem
Cn. Fulvius, id ex eo oriri Sigonius existimat, quod a M. Fulvio Nobiliore
adoptatus esset. Itaque Cn. Fulvius
Flaccus primum est ejus nomen : M.
Fulvius Nobilior nomen est illud quod a
patre adoptivo sibi adsciverat.

[32] Et . . . consors] Eodem vocabulo
utitur Velleius hac ipsa de re agens.
Cicero quoque, l. III. in Verr. n. 57.
Scutrutum et Numenium, et Nympho-
dorum, tres fratres consortes appellat.
Ad eum Ciceronis locum in editione
Gruvii apposita est hæc Salmasii ex
Plinianis Exercitationibus nota. Con-

sortes dicebantur cohæredes quamdiu
hæreditas divisa non erat. Glossæ :
consortes, κοινόβιοι, σύγκληροι. Inde et
consortium societas et communio co-
hæredum. Contra dissortes, postquam
diviserant. Glossæ : dissortes διακλη-
ρωθέντες.

[33] Consules votis etiam] Tollenda
videtur particula etiam, quæ hic nullum habet sensum, et facile immigrare
potuit ex iis quæ præcedunt, consors
etiam censoris.

[34] Ex iis M. Æmilio] Mendum est
in nomine consulis. Non enim hoc
anno, sed superiore, M. Æmilius consul fuit.

[35] Et ipsorum legati] Vel delenda est
particula et, vel excidit prius orationis
membrum.

[36] Glarea . . . substernendas, mar-
ginandasque] Vocis substernendas, hæc
profecto vis est, ut lapidibus, quibus
sternebantur viæ, solum e terra lapi-
dosa substerneretur, cui solidus ac
firmius lapides inhærerent. Ac rem
ita se habere asserit oculatus testis, Cl.
auctor Antiquitatis Schematibus illus-
tratæ, qui Appiæ viæ partem aliquam
etiamnum integram inspexit diligentius et exploravit. Eam vid. Tom. v.
parte II. Marginandas recte Dujatius
exponit marginibus lapideis munien-
das. Margines illi, inquit Raph. Fa-
brettus in Apolog. ad Grunnovium,
firmissima ad viarum latera crasso-
rum lapidum serie, duplici etiam, tri-
plicique alicubi, ut observavimus, viæ
ipsæ continebant.

[37] Scenam] Vid. not. 98. ad XL.
51.

res in circo, et [38] ova ad notas curriculis numerandis, [39] et *   U. C. 578.
dam, et metas trans * et caveas ferreas pe * intromitteren-   A. C. 174.
tur * ferreis [40] in monte Albano consulibus, et clivum Capi-
tolinum silice sternendum curaverunt, et [41] porticum ab æde
Saturni in Capitolium ad senaculum, ac super id curiam.
Et extra portam Trigeminam emporium lapide straverunt,
stipitibusque sepserunt : et porticum Æmiliam reficiendam
curarunt : gradibusque adscensum ab Tiberi in emporium
fecerunt. et extra eamdem portam in Aventinum porticum
silice straverunt, [42] et eo publico ab æde Veneris fecerunt.
Iidem Calatiæ et Auximi muros faciendos locaverunt : venditisque ibi publicis locis, pecuniam, quæ redacta erat,
tabernis utrique foro circumdandis consumserunt. et alter ex
iis Fulvius Flaccus (nam Postumius nihil, nisi senatus Romani populive jussu, se locaturum [43] ipsorum pecunia *)
Jovis ædem Pisauri, et Fundis, [44] et Pollentiæ etiam aquam adducendam, et Pisauri viam silice sternendam, [45] et Sinuessam
a ga * aviariæ. In his et clo * um circumducend * et forum
porticibus tabernisque claudendum, et [46] Janos tres faciendos.

---

[38] *Ova ad notas curriculis numerandis*] Prius legebatur *numerandas* : male.
Mendosam quoque esse vocem *notas*
judicat Fulv. Ursinus, ac reponit probabili conjectura *metas*. Ova enim illa,
e ligno fabricata, imponebantur columnis, aliquando binis, aliquando quaternis, ad metas Circi statutis. Tot illa
erant numero, quot curricula erant pe-
ragenda : septena proinde, ut plurimum,
pro septeno curriculorum numero, qui
solennis maxime erat. Primo curriculo
peracto, unum ovum e medio tolleba-
tur, secundo curriculo alterum, et sic
de reliquis. Hæc fere Salmasius.

[39] *Et * dam, et metas trans *] Hæc
explet utcunque Marcellus Donatus,
legitque *et rhedam, et metas transitus.*
Nobis consultius videtur locum intactum relinquere, quam male curatum
exhibere. Idem et in iis quæ sequuntur judicat legendum esse, *et caveas
ferreas, per quas intromitterentur feræ.*
Sat. feliciter. In Circensibus enim
ludis non solum cursu certabatur, sed
et ferarum inter se, aut cum bestiariis
pugnæ edebantur.

[40] *In monte Albano consulibus*] Hic
perspicuum est aliquid deesse.

[41] *Porticum ab æde Saturni Capitolium ad senaculum, ac super id curiam*]
Fortasse legendum *in Capitolio*. Fuit
enim Saturni ædes in clivo Capitolino.
Itaque porticus ista intelligetur porrecta
ab æde Saturni in clivo Capitolino ad

*senaculum, atque ad curiam* quæ est
*super id senaculum*. Possis et cum
Justo Rycquio, libro de Capit. c. 34.
legere *et senaculum :* ut sensus sit porticum ab æde Saturni in Capitolium, id
est, in templum Jovis Capitolini, por-
rectam, et senaculum, ei curiam, locata
esse a censoribus lapide silice sternenda.
Porro *senaculum*, sive *senatulum*, hoc
enim quoque modo scribitur, est, teste
Festo, locus in quo *senatus* haberi solet,
sive potius, *in quo solebant magistratus*
*duntaxat cum senioribus deliberare*. Curiam de qua hic agitur, idem Rycquius
existimat fuisse curiam Kalabram, de
qua vid. Macrob. Saturn. l. 1. c. 15.

[42] *Et eo publico ab æde Veneris*] Suspicatur Gronovius *et basilicam ad ædem*
*Veneris.*

[43] *Ipsorum pecunia dicebat*] Verbum
adjectum est ex mente Sigonii.

[44] *Et Pollentiæ, etiam aquam addu-*
*cendam*] Vel lege *et Pollentium aquam*
*adducendam :* vel in voce *etiam* latebit
nomen alicujus alterius urbis, in quam
Fulvius aquam ducendam locaverit.

[45] *Et Sinuessam*] Emendat Marcellus
Donatus, *et Sinuesse glaree :* supple,
viam sternendam. In iis quæ sequuntur legendum putat Sigonius, *et cloacam*
*in fluvium circumducendam.*

[46] *Janos tres*] Hi Jani erant transitiones perviæ. Vid. not. 78. ad l. n.
c. 49.

U. C. 578.
A. C. 174.
Hæc ab uno censore opera locata, cum magna gratia colonorum. Moribus quoque regendis diligens et severa censura
fuit. multis equi ademti.

XXVIII. Exitu prope anni diem unum supplicatio fuit ob
res prospere gestas in Hispania ductu auspicioque Ap. Claudii
proconsulis : et majoribus hostiis viginti sacrificatum. et
alterum diem supplicatio [47] ad Cereris, Liberi, Liberæque
fuit, quod ex Sabinis terræ motus ingens cum multis ædificiorum ruinis nunciatus erat. Quum Ap. Claudius ex Hispania Romam redisset, decrevit senatus, ut ovans urbem
iniret. Jam consularia comitia adpetebant; quibus, magna
contentione habitis propter multitudinem petentium, creati
**Comitia.**     L. Postumius Albinus et M. Popillius Lænas. Prætores inde
facti, [48] N. Fabius Buteo, M. Matienus, C. Cicereius, M.
Furius Crassipes iterum, A. Atilius Serranus iterum, C. Cluvius Saxula iterum. Comitiis perfectis, Ap. Claudius Centho,
ex Celtiberis ovans quum in urbem iniret, [49] decem millia
pondo argenti, quinque millia auri in ærarium tulit. Flamen
Dialis inauguratus est Cn. Cornelius. Eodem anno tabula in
**Tabula in**     ædem [h] Matris Matutæ cum indice hoc posita est : ' Ti. Sem-
**æde Matris**   ' pronii Gracchi consulis imperio auspicioque legio exerci-
**Matutæ a**
**Graccho**     ' tusque populi Romani Sardiniam subegit. in ea provincia
**posita.**     ' hostium cæsa aut capta supra octoginta millia. Republica
' felicissime gesta, [50] atque liberatis vectigalibus * restitutis,
' exercitum salvum atque incolumem plenissimum præda
' domum reportavit. iterum triumphans in urbem Romam
' rediit. Cujus rei ergo hanc tabulam donum Jovi dedit.'
Sardiniæ insulæ forma erat, atque in ea simulacra pugnarum
picta. Munera gladiatorum eo anno aliquot parva alia data;
unum ante cetera insigne fuit T. Flaminini, quod mortis
causa patris sui, [51] cum visceratione epuloque et ludis scenicis, quatriduum dedit. [52] magni tamen muneris ea summa
fuit, ut per triduum [53] quatuor et septuaginta homines pugnarint.

---

[47] *Ad Cereris, Liberi, Liberæque*]
Ædem. Vid. not. 46. ad l. III. c. 55.

[48] *Numerius Fabius*] Vulgo *Cn. Fabius.* Mutavit Sigonius.

[49] *Decem millia pondo argenti*] Marcas nostrates 15625. *Quinque millia
auri.* Marcas 7812. uncias 4.

[50] *Atque liberatis vectigalibus, et reipublicæ restitutis*] *Liberata vectigalia*
interpretatur Gronovius salva reddita
populo Romano, quæ defectores averterant. Hæ voces, et *reipublicæ,* debentur Sigonio. Gronovius conjicit:
*sociisque restitutis.*

[51] *Cum visceratione*] Vid not. 37. ad
l. VIII. c. 22.

[52] *Magni tamen muneris*] In illo munere, quod magnum illis temporibus
judicatum est, tantummodo quatuor et
septuaginta homines per triduum pug-
narunt. Intelligit Livius hoc munus
magnum illo ævo visum esse, sed nihil
ad sui temporis profusam magnificentiam, sive potius vesaniam.

[53] *Quatuor et septuaginta homines
pugnarint*] Hic mutilum esse librum
credimus. Namque ex epitome hujus
libri apparet Livium in eo legis Voco-

niæ mentionem fecisse. At Cicero, l. I. in Verrem, n. 107. docet Voconium sanxisse de iis qui post A. Postumium, Q. Fulvium censores censi essent, ita ut hi censores in lege diserte nominati fuisse videantur. Jam vero iidem hi censores creati memorantur hujus libri c. 27. a quo nulla jam occurrit lacuna. Sequitur ergo, ut in fine libri de lege Voconia egerit Livius. At enim Cic. l. de Senect. n. 14. dicit legem Voconiam latam esse Cæpione et Philippo II. consulibus, qui quinto post hunc anno consules futuri sunt. Sed primo non admodum mirandum est duos scriptores aliquot annis inter se de eadem re discrepare. Deinde etiam videmur suspicari posse, ideo dissentire Livium et Ciceronem circa annum legis Voconiæ,

quia circa ætatem Catonis dissenserint, U. C. 578, et Livius eum quinque annis seniorem A. C. 174, faciat, quam Cicero, ut observavimus supra ad l. XXXIX. c. 40. Cicero enim loco modo memorato scribit Catonem annos natum quinque et sexaginta legem Voconiam suasisse, qui Catonis vitæ annus, eo modo quo numerat Cicero, incidit revera in consulatum Cæpionis et Philippi. At vero ex Livii sententia sexagesimus quintus vitæ Catonis annus retrahi debet in quinque ante annos, ac proinde incidisse in consulatum Sp. Postumii, et Q. Mucii, qui est hic ipse annus in quo desinit hic liber. Itaque credimus nihil jam superesse, cur quisquam dubitet inserendum hoc loco fuisse supplementum de lege Voconia : quod fecimus.

# EPITOME LIBRI XLII.

Q. *FULVIUS Flaccus censor templum Junonis Laciniæ tegulis marmoreis spoliavit, ut ædem, quam dedicabat, tegeret. tegulæ ex senatusconsulto reportatæ. Eumenes, Asiæ rex, in senatu de Perseo, Macedoniæ rege, questus est: cujus injuriæ in populum Romanum referuntur. ob quas bello ei indicto, P. Licinius Crassus consul,* [1] *cui id mandatum erat, in Macedoniam transiit, levibusque expeditionibus, equestribus prœliis, in Thessalia cum Perseo parum felici eventu pugnavit. Inter Masinissam et Karthaginienses de agro* [2] *fuit arbiter ad disceptandum a senatu datus. Legati missi ad civitates socias et reges* [3] *rogandos, ut in fide permanerent, dubitantibus Rhodiis. Lustrum a censoribus conditum est. Censa sunt civium capita* [4] *ducenta quinquaginta septem millia ducenta triginta unum. Res præterea adversus Corsos et Ligures prospere gestas continet.*

[1] *Cui id mandatum erat*] Sic habere tres membranas testatur Gronovius, nisi quod addidit ipse voculam *id*. Admisit emendationem Gronovii Clericus. Vulgo: *cui Macedonia decreta erat.*

[2] *Fuit dies ad disceptandum a senatu datus*] Gronovius ex uno MS. affert: *fuit arbiter .. datus.* Sed nulla apud Livium fit arbitri mentio. Infra c. 24. jubetur Masinissa legatos quamprimum ad senatum mittere, et denunciare Carthaginiensibus, ut ad disceptandum veniant. Hoc voluit auctor epitomes, etsi minus accurate locutus esse videtur.

Non enim *fuit dies* certus *a senatu datus,* quo sisterent se legati Carthaginiensium et Masinissæ: sed quamprimum, nulla definita die, Masinissa jussus est legatos mittere.

[3] *Rogandos, ut in fide permanerent*] Vulgo, *an in fide:* quod procul dubio vitiosum erat. *Ut reperit* in uno MS. Gronovius. Adstipulantur Andreas, Campanus, Sigonius, et unus ex MSS. Hearnii.

[4] *CCLVII. millia, CCXXXI*] Livius aliter infra c. 10. nempe *CCLXIX. millia, et XV.*

# T. LIVII PATAVINI

## LIBER XLII.

---

U. C. 579.
A. C. 173.
L. Postu-
mio, M. Po-
pillio Coss.
Provinciæ.
L. POSTUMIUS Albinus, M. Popillius Lænas quum omnium primum de provinciis exercitibusque ad senatum retulissent, Ligures utrique decreti sunt : ut novas ambo,
quibus eam provinciam obtinerent, legiones, (binæ singulis
decretæ) et sociûm Latini nominis dena millia peditum et
sexcenos [a] equites, et supplementum Hispaniæ tria millia
peditum Romanorum scriberent, et ducentos equites. Ad
hoc mille et quingenti pedites Romani cum centum equitibus scribi jussi ; cum quibus prætor, cui Sardinia obtigisset,
in Corsicam transgressus bellum gereret ; interim M. Atilius, vetus prætor, provinciam obtineret Sardiniam. Prætores deinde provincias sortiti sunt, A. Atilius Serranus urbanam, C. Cluvius Saxula inter cives et peregrinos, N.
Fabius Buteo Hispaniam citeriorem, M. Matienus ulteriorem, M. Furius Crassipes Siciliam, C. Cicereius Sardiniam.
Priusquam magistratus proficiscerentur, senatui placuit, L.
Postumium consulem ad agrum publicum a privato terminandum in Campaniam ire ; cujus ingentem modum possidere privatos, paullatim proferendo fines, constabat. Hic,
iratus Prænestinis, quod, cum eo privatus sacrificii in templo Fortunæ faciundi caussa profectus esset, nihil in se honorifice, neque publice, neque privatim, factum a Prænestinis esset, priusquam ab Roma proficisceretur, literas Præneste misit, ut sibi magistratus obviam exiret, locum publice pararet, ubi diverteretur, jumentaque, quum exiret inde,
Magistra-
tuum Rom.
prisca mo-
destia.
præsto essent. Ante hunc consulem, nemo umquam sociis
in ulla re oneri aut sumtui fuit. ideo magistratus mulis tabernaculisque et omni alio instrumento militari ornabantur,
ne quid tale imperarent sociis. privata hospitia habebant ;
ea benigne comiterque colebant : domusque eorum Romæ
hospitibus patebant, apud quos ipsis diverti mos esset.
Legati, qui repente aliquo mitterentur, singula jumenta per
oppida, iter qua faciundum [b] erat, imperabant : aliam inpensam socii in magistratus Romanos non faciebant. [1] Injuria
consulis, etiamsi justa, non tamen in magistratu exercenda,

---

[a] sexcentos Gron. Crev.       [b] faciendum Crev.

[1] *Injuria consulis, etiamsi justa*] Manifestum mendum. Quid est enim
injuria *justa?* Emendant irs: bono
sensu.

et silentium, nimis aut modestum, aut timidum, Praenestino- U. C. 579.
rum jus, velut probato exemplo, magistratibus fecit gravio- A. C. 373.
rum in dies talis generis imperiorum.

II. Principio hujus anni legati, qui in Ætoliam et Mace- Legati ex
-doniam missi erant, renunciarunt, ' sibi conveniendi regis Macedonia et Ætolia
' Persei, quum alii abesse eum, alii aegrum esse, falsoutrumque, reduces.
' fingerent, potestatem non factam. Facile tamen adparuisse
' sibi, bellum parari, nec ultra ad arma ire dilaturum. Item
' in Ætolia seditionem gliscere in dies, neque discordiarum
' principes auctoritate sua coërceri potuisse.' Quum bellum
Macedonicum in exspectatione esset, priusquam id susciperetur, prodigia expiari, [a] pacemque Deûm peti precationibus, Prodigia
quae editae ex fatalibus libris essent, placuit. Lanuvii classis expiata.
magnae species in coelo visae dicebantur ; et Priverni lana
pulla terra enata : et in Veienti [b] apud Rementem lapidatum;
Pomptinum omne velut nubibus locustarum coopertum esse ;
in Gallico agro, qua induceretur aratrum, sub exsistentibus
glebis pisces emersisse. Ob haec prodigia libri fatales inspecti,. editumque ab decemviris est, et quibus Diis, quibusque hostiis sacrificaretur, et ut supplicatio prodigiis expiandis fieret: altera, quae priore anno valetudinis populi caussa
vota esset, ea uti feriaeque essent. itaque sacrificatum est, ut
decemviri scriptum ediderunt.

III. Eodem anno aedis [c] Junonis Laciniae detecta. Q.
Fulvius Flaccus censor aedem Fortunae Equestris, quam in Ædes Fortunae Equestris
Hispania praetor bello Celtiberico voverat, faciebat eniso
studio, ne ullum Romae amplius aut magnificentius templum
esset. Magnum ornamentum se templo ratus adjecturum,
si tegulae marmoreae essent, profectus in Bruttios, aedem Ju- Tegulae marmoreae ex aede Junonis Laciniae detractae.
nonis Laciniae ad partem dimidiam detegit. id satis fore ratus
ad tegendum, quod aedificaretur. Naves paratae fuerunt,
quae tollerent atque asportarent, auctoritate censoria sociis
deterritis id sacrilegium prohibere. Postquam censor rediit,
tegulae, expositae de navibus, ad templum portabantur. quamquam, unde essent, silebatur, non tamen celari potuit.
Fremitus igitur in curia ortus est : ex omnibus partibus postulabatur, ut consules eam rem ad senatum referrent. Ut
vero arcessitus in curiam censor venit, multo infestius singuli universique praesentem lacerare : ' Templum augustissi-
' mum regionis ejus, quod non Pyrrhus, non Hannibal vio-
' lassent, violare parum habuisse, nisi detexisset foede, ac

[c] aedes Gron. Crev.

[a] Pacemque deûm peti precationibus, quae editae] Haec lectio sana est, nec debuit sollicitari a Gronovio. Non modo enim edebant ex libris decemviri, quibus diis supplicandum esset, sed et quo ritu, qua forma precationum

utendum. Ita sacrificatum est, inquit Livius infra, ut decemviri scriptum ediderunt.

[b] Apud Rementem] Nomen loci incognitum : pro quo suspicatur Cluverius legi posse Cremeram.

U. C. 579.
A. C. 173.

' prope diruisset. Detractum culmen templo, nudatum tectum
patere imbribus putrefaciendum. censorem, moribus regen-
' dis creatum, cui [4] sarta tecta exigere sacris publicis, et loca
' tuenda, more majorum traditum esset ; eum per sociorum
' urbes diruentem templa, nudantemque tecta aedium sacra-
' rum, vagari : et, quod, si in privatis sociorum aedificiis fa-
' ceret, indignum videri posset, [5] id Deûm inmortalium templa
' demolientem facere : et [6] obstringere religione populum
' Romanum, ruinis templorum templa aedificantem : tam-
' quam non iidem ubique Dii inmortales sint, sed spoliis
' aliorum alii colendi exornandique.' Quum, priusquam referretur, adpareret, quid sentirent Patres, relatione facta, in
Relatae jus-
su senatus. unam omnes sententiam ierunt, ut hae tegulae reportandae in
templum locarentur, piaculariaque Junoni fierent. Quae ad
religionem pertinent, cum cura facta : tegulas relictas in area
templi, quia reponendarum nemo artifex inire rationem potuerit, [7] redemtores nunciarunt.

IV. Ex praetoribus, qui in provincias ierant, N. Fabius
Massiliae moritur, quum in citeriorem Hispaniam iret. Itaque, quum id nunciatum a Massiliensibus legatis esset, senatus decrevit, ut P. Furius et Cn. Servilius, quibus succe-
debatur, inter se sortirentur, uter citeriorem Hispaniam prorogato imperio obtineret. [8] Sors opportuna fuit ; P. Furius
idem, cujus ea provincia fuerat, remaneret. Eodem anno,
quum agri Ligustini et Gallici, quod bello captum erat, aliquantum vacaret, senatusconsultum factum, ut is ager viritim
divideretur. Decemviros in eam rem ex senatusconsulto
creavit A. Atilius praetor urbanus, M. Æmilium Lepidum,
C. Cassium, T. Æbutium Carum, C. Tremellium, P. Cornelium Cethegum, Q. et L. Appuleios, M. Caecilium, C. Salo-
nium, C. Munatium. [9] Diviserunt dena jugera in singulos,
sociis nominis Latini terna. Per idem tempus, quo haec
agebantur, legati ex Ætolia Romam venerunt de discordiis
seditionibusque suis, et Thessali legati, nunciantes, quae in
Macedonia gererentur.

Perseus ani-
mos Graeco-
rum sibi
conciliat. V. Perseus, jam bellum vivo patre cogitatum in animo

---

[4] *Sarta tecta*] Vid. not. ad XXIX.
37.

[5] *Id deûm immortalium templa demolientem facere*] Vox *demolientem*
non exstat in prima editione, teste
Hearnio. Sane magis placeret : *id in
deûm immortalium templis facere.*

[6] *Obstringere religione populum Romanum*] Subjicere populum Romanum
poenae violatarum religionum.

[7] *Redemptores*] Ii qui tegulas repor-
tandas conduxerant.

[8] *Sors opportuna fuit : P. Furius*]

Videtur legendum . . . *fuit, ut P. Furius:* quod Pithœus apud Hearnium
monet. *Sors opportuna fuit,* dum ita
rem transegit, ut *P. Furius idem, cujus
ea provincia fuerat, remaneret.*

[9] *Diviserunt dena jugera in singulos*]
Qui cives Romani essent. Ceterum
vix est, ut non hîc exciderit aliquid.
Debuit enim profecto Livius docere,
quantus numerus civium Latinorumque
in eorum agrorum possessionem missus
sit. Nec facile nobis persuademus id
ab eo praetermissum.

U. C. 579.
A. C. 173.

volvens, omnes, non gentes modo Græciæ, sed civitates etiam, legationibus mittendis, pollicendo plura, quam præ-
stando, sibi conciliabat. Erant tamen magna ex parte hominum ad favorem ejus inclinati animi, et aliquanto quam
in Eumenem propensiores: quum Eumenis beneficiis muneribusque omnes Græciæ civitates et plerique principum
obligati essent: et ita se in regno suo gereret, ut, quæ sub
ditione ejus, urbes ᶜ nullius liberæ civitatis fortunam secum
mutatam vellent. contra Persea fama erat post patris mortem uxorem manu sua occidisse: Apellem, ministrum quondam fraudis in fratre tollendo, atque ob id requisitum a
Philippo ad supplicium, exsulantem, arcessitum post patris
mortem ingentibus promissis ad præmia tantæ perpetratæ
rei clam interfecisse. intestinis [10] externisque præterea multis cædibus infamem, nec ullo commendabilem merito, præferebant vulgo civitates tam pio erga propinquos, tam justo
in cives, tam munifico erga omnes homines regi, seu fama
et majestate Macedonum regum præoccupati ad spernen-
dam originem novi regni; seu mutationis rerum cupidi;
seu quia eum objectum esse Romanis volebant. Erant autem non Ætoli modo in seditionibus, propter ingentem vim
æris alieni, sed Thessali etiam: [11] ea contagione, velut tabes, in Perrhæbiam quoque id pervaserat malum. [12] Quum
Thessalos in armis esse nunciatum est, Ap. Claudium legatum ad eas adspiciendas componendasque senatus misit.
Qui, utriusque partis principibus castigatis, quum injusto
fœnore gravatum æs alienum, ipsis magna ex parte concedentibus, qui onerarant, levasset, justi crediti solutionem
[13] in * ᵈ annorum pensiones distribuit. Per eumdem Appium eodemque modo compositæ in Perrhæbia res. Ætolorum caussas Marcellus Delphis per idem tempus hostilibus
actas animis, [14] quas intestino gesserant bello, cognovit.
Quum certatum utrimque temeritate atque audacia cerneret, decreto quidem suo neutram partem aut levare, aut

---

ᶜ add. *essent* Gron. Crev.        ᵈ asteriscus abest a Gron. et Crev.

[10] * *Externisque præterea*] Harum
externarum cædium enumerationem
habes infra in oratione Eumenis, n.
13.

[11] *Ea contagione*] Lege cum Gronovio: *et contagione.*

[12] *Quum Thessalos in armis esse
nunciatum est*] Idem recte monet reponi debere: *Quum . . . . nunciatum
esset.*

[13] *In annorum pensiones*] Videtur intercidisse numerus annorum.

[14] *Quas intestino gesserant bello*]
Suspicari licet τὸ *gesserant* addidisse

aliquem supplendæ sententiæ, quum
jam corrupte legeretur *quas*: scripsisse
autem Livium quasi *intestino bello.*
Non enim bellum fuit, sed factionam
rabies. GRONOVIUS. * Inelegans et obscurum additamentum, quod suspicamur
assutum ab imperito librario, ad inter-
pretandum membrum præcedens *hostilibus actas animis.* Sensus est: caussas eo
ardore odiorum actas, quo si non cives, sed
hostes inter se decertarent. Nihil ultra adjici opus est: et sublato illo quod
nobis parum placet additamento, integra
et clara est oratio.

U. C. 579.
A. C. 173.

onerare voluit: communiter ab utrisque petiit, abstinerent bello, et oblivione præteritorum discordias finirent. Hujus reconciliationis inter ipsos fides obsidibus ultro citroque datis firmata est. Corinthum, ut ibi deponerentur obsides, convenitur.

VI. A Delphis et Ætolico concilio [15] Marcellus in Peloponnesum trajecit, quo Achæis edixerat conventum. Ubi, conlaudata gente, quod constanter vetus decretum de arcendis aditu finium regibus Macedonum tenuissent, insigne adversus Persea odium Romanorum fecit: quod ut maturius erumperet, Eumenes rex, commentarium ferens secum, quod de adparatibus belli omnia inquirens fecerat, Romam venit. Per idem tempus quinque legati ad regem missi, qui res in Macedonia adspicerent. Alexandriam iidem ad Ptolemæum renovandæ amicitiæ caussa proficisci jussi. Legati erant hi, C. Valerius, Cn. Lutatius Cerco, Q. Bæbius Sulca, M. Cornelius Mammula, M. Cæcilius Denter. Et ab Antiocho rege sub idem tempus legati venerunt: quorum princeps Appollonius, in senatum introductus, multis justisque caussis regem excusavit, ' Quod stipendium serius ' quoad diem præstaret. id se omne advexisse, ne cujus, nisi ' temporis, gratia regi fieret. Donum præterea adferre, [16] vasa ' aurea quingentûm pondo. Petere regem, ut, quæ cum patre ' suo societas atque amicitia fuisset, ea secum renovaretur; ' imperaretque sibi populus Romanus, quæ bono fidelique so' cio regi essent imperanda, se nullo usquam cessaturum offi' cio. Ea merita in se senatus fuisse, quum Romæ esset, eam ' comitatem juventutis, ut pro rege, non pro obside, omnibus ' ordinibus fuerit.' Legatis benigne responsum, et societatem renovare cum Antiocho, quæ cum patre ejus fuerat, A. Atilius prætor urbanus jussus. Quæstores urbani stipendium, vasa aurea censores acceperunt: eisque negotium datum est, ut ponerent ea, in quibus templis videretur: [17] legatoque [18] centum millium æris munus missum, et [19] ædes liberæ hospitio datæ, sumtusque decretus, donec in Italia esset. [20] Legati, qui in Syria fuerant, renunciaverunt, in maximo eum honore apud regem esse, amicissimumque populo Romano.

VII. In provinciis eo anno hæc. C. Cicereius prætor in

Legati in Macedoniam et Ægyptum.

Legati ab Antiocho Romam veniunt.

---

[15] *Marcellus in Peloponnesum trajecit, quo*] Videtur excidisse nomen ejus urbis, ubi illud concilium Achæorum habitum est.

[16] *Vasa aurea quingentûm pondo*] Livius procul dubio numerum vasorum apposuerat, quem librariorum incuria perire passa est. Ceterum quingenta pondo auri sunt marcæ auri nostrates 781. uncias 2.

[17] *Legatoque*] Principi legationis

Apollonio.

[18] *Centum millium æris*] Quæ redeunt ad marcas argenti nostrates 156. uncias 2.

[19] *Ædes liberæ*] Vid not. ad xxx. 17.

[20] *Legati qui in Syria fuerant, renunciaverunt*] Magis placeret renunciaverant. * Hic enim redditur ratio, cur tam honorifice tractatus sit ille nti ochi legatus.

Corsica signis conlatis pugnavit: septem millia Corsorum U. C. 579.
cæsa; capti amplius mille et septingenti. Voverat in ea A. C. 173.
pugna prætor ædem [21] Junoni monetæ. Pax deinde data Corsi vict
petentibus Corsis, et exacta ceræ [22] ducena millia pondo.
Ex Corsica subacta Cicereius in Sardiniam transmisit. Et
in Liguribus in agro Statiellati pugnatum ad oppidum Ca-
rystum. Eo se magnus exercitus Ligurum contulerat. Ligures
Primo sub adventum M. Popillii consulis mœnibus sese quoque
continebant: deinde, postquam oppidum obpugnaturum victi.
Romanum cernebant, progressi ante portas, aciem struxe-
runt: nec consul (ut qui id ipsum obpugnatione commi-
nanda quæsisset) moram certamini fecit. Pugnatum est
amplius tres horas, ita ut neutro inclinaret spes. Quod ubi
consul vidit, nulla parte moveri Ligurum signa, imperat
equitibus, ut equos conscendant, ac tribus simul partibus in
hostes, quanto maximo possent tumultu, incurrant. Pars
magna equitum mediam trajecit aciem, et ad terga pugnantium pervasit. Inde terror injectus Liguribus. diversi in
omnes partes fugerunt. perpauci retro in oppidum, quia
inde se maxime objecerat eques, et pugna tam pervicax
multos absumserat Ligurum, et in fuga passim cæsi sunt.
Decem millia hominum cæsa traduntur; amplius septingenti passim capti: signa militaria relata octoginta duo.
Nec incruenta victoria fuit. amplius tria millia militum
amissa; quum, cedentibus neutris, ex parte utraque primores caderent.

VIII. Post hanc pugnam ex diversa fuga in unum con-
lecti Ligures, quum majorem multo partem civium amissam, quam superesse, cernerent, (²³ nec enim plus decem
millia hominum erant) dediderunt sese; nihil quidem illi Dedunt se.
pacti. speraverant tamen, non atrocius, quam superiores
imperatores, consulem in se sæviturum. At ille arma omnibus ademit, oppidum diruit, ipsos bonaque eorum vendi- Venduntur.
dit: literasque senatui de rebus ab se gestis misit. Quas
quum A. Atilius prætor in curia recitasset, (nam consul alter Postumius, agris recognoscendis in Campania occupatus, aberat) atrox res visa senatui: 'Statiellates, qui uni ex
'Ligurum gente non tulissent arma adversus Romanos, tum
'quoque obpugnatos, non ultro inferentes bellum; deditos in
'fidem populi Romani omni ultimæ crudelitatis exemplo lace-
'ratos ac deletos esse: tot millia capitum innoxiorum, fidem

---

[21] *Junoni*] Sic legi jussit Sigonius pro
*Junonis.*
[22] *Ducena millia pondo*] Mallemus
*ducenta.* Libræ Romanæ 200000 æquiparantur libris Parisiensibus 156250 .
[23] *Nec enim plus decem millia hominum erat*] Vel hic numerus justo

major est, vel numerus cæsorum in
pugna de qua modo mentio facta est,
justo minor. Dicuntur enim Statiellates in iis quæ proxime præcedunt
majorem multo civium partem amisisse, quam quæ superesset.

' inplorantia populi Romani, ne quis u'mquam se postea dedere
' auderet, pessimo exemplo venisse : et distractos passim
' ²⁴ justis quondam hóstibus populi Romani pacatis servire.

**Redimi ju-
bentur.**
' Quas ob res placere senatui, M. Popillium consulem Li-
' gures, pretio emtoribus reddito, ipsos restituere in liber-
' tatem ; bonaque ut iis, quidquid ejus recuperari possit, red-
' dantur curare. ²⁵ Arma primo quoque tempore fieri in ea
' gente. consulem de provincia decedere, quum deditos in
' sedem suam Ligures restituisset. Claram victoriam ²⁶ vin-
' cendo obpugnantes, non sæviendo in adflictos, fieri.

**Consulis
contuma-
cia.**
IX. Consul, qua ferocia animi usus erat in Liguribus, eamdem ad non parendum senatui habuit. Legionibus extemplo
Pisas in hibernacula missis, iratus Patribus, infestus ²⁷ prætori,
Romam rediit : senatuque extemplo ad ædem Bellonæ vocato,
multis verbis invectus est in prætorem : ' qui, quum ob
' rem bello ᵉ bene gestam, uti Diis inmortalibus honos habe-
' retur, referre ad senatum debuisset, adversus se pro hostibus
' senatusconsultuḿ fecisset, quo victoriam suam ad Ligures
' transferret, dedique iis prope consulem prætor juberet. Itaque
' multam ei se dicere : a Patribus postulare, ut senatuscon-
' sultum in se factum tolli juberent : supplicationemque, ²⁸ quam
' absentes ex literis, de bene gesta republica missis, decernere
' debuerint, præsentes honoris Deorum primum caussa, deinde
' et sui aliquo tandem respectu, decernerent.' Nihilo lenioribus, quam absens, senatorum aliquot orationibus increpitus, neutra impetrata re, in provinçiam redit ᶠ. Alter consul Postumius, consumta æstate in recognoscendis agris, ne
visa quidem provincia sua, comitiorum caussa Romam re-
**Comitia.**
diit. ²⁹ consules C. Popillium Lænatem, P. Ælium Ligurem
creavit. Prætores exinde ᵍ facti C. Licinius Crassus, M.

---

ᵉ *bello rem bene* Gron. Crev.          ᶠ *rediit* Eæd.          ᵍ *deinde* Eæd.

²⁴ *Justis . . . hostibus*] Qui vere et
plane hostes fuerant : vel, quibuscum
justum piumque bellum gestum esset.

²⁵ *Arma primo quoque tempore fieri*] Addidit Sigonius vocem *primo*.
Ceterum ideo jubet senatus arma fieri
in ea gente, ut rescindat id quod fecerat consul, qui arma Statiellatibus ademerat, ac nova fabricari procul dubio
vetuerat.

²⁶ *Vincendo oppugnantes*] Recte Clericus : *vincendo pugnantes.*

²⁷ *Prætori*] Legebatur *prætoribus*.
Emendavit Sigonius.

²⁸ *Quam absentes*] Gronovius mutat : *quam absenti sibi.* Sed debuerat
ergo corrigere et τὸ *præsentes*, quod
sequitur. Sane tam aberat senatus a
Popillio, quam Popillius ab senatu. Et

sic loquuntur Latini. Cic. in Bruto,
n. 11. *Vos vero et præsentem me cura
levatis, et absenti magna solatia dedistis.*

²⁹ *Consules C. Popillium Lænatem,
P. Ælium Ligurem creavit*] Hi ambo
primi de plebe consules fuisse in
Fastis Capitolinis notantur : atque id
miratur a Livio prætermissum esse
Pighius. Sed hi quidem ambo primi
de plebe consules magistratum gesserunt, at non primi creati sunt. Anno
enim quarto secundi Punici belli Marcellus Sempronio Graccho collega datus fuerat : sed vitio creatus magistratum abdicavit. Atque illo loco diligenter annotatum a Livio est, tum primum
duos consules plebeios factos esse. Vid.
supra l. xxiii. c. 31.

Junius Pennus, Sp. Lucretius, Sp. Cluvius, Cn. Sicinius, C. U. C. 579.
Memmius iterum.

A. C. 173.

X. Eo anno lustrum conditum est. Censores erant Q. Fulvius Flaccus, [30] A.[h] Postumius Albinus. Postumius condidit. Censa sunt civium Romanorum capita ducenta sexaginta novem millia et quindecim. Minor aliquanto numerus, quia L. Postumius consul pro concione edixerat, qui socium Latini nominis ex edicto C. Claudii consulis redire in civitates suas debuissent, ne quis eorum Romæ, sed omnes in suis civitatibus censerentur. Concors et e republica censura fuit. omnes, quos senatu moverunt, quibusque equos ademerunt, ærarios fecerunt, et tribu moverunt: [31] neque ab altero notatum alter probavit. Fulvius ædem Fortunæ Equestris, quam proconsul in Hispania, dimicans cum Celtiberorum legionibus, voverat, annos sex post, quam voverat, dedicavit: et scenicos ludos per quatriduum, unum diem in circo fecit. L. Cornelius Lentulus, decemvir sacrorum, eo anno mortuus est. in locum ejus subfectus A. Postumius Albinus. Locustarum tantæ nubes a mari vento repente in Apuliam inlatæ Locustæ in sunt, ut examinibus suis agros late operirent. ad quam pes- Apulia. tem frugum tollendam [32] Cn. Sicinius prætor designatus, cum imperio in Apuliam missus, ingenti agmine hominum ad colligendas eas coacto, aliquantum temporis absumsit. Principium insequentis anni, quo C. Popillius et P. Ælius U. C. 580. fuerunt consules, residuas contentiones ex priore anno ha- A. C. 172. buit. Patres referri de Liguribus, renovarique senatuscon- C. Popillio, sultum volebant, et consul Ælius referebat. Popillius et col- P. Ælio legam et senatum pro fratre deprecabatur; præ se ferens, si Coss. qui[l] decernerent, intercessurum, collegam deterruit. Patres, nes de Li- eo magis utrique pariter consulum infensi, in cœpto persta- guribus. bant. Itaque, quum de provinciis ageretur, et Macedonia, jam imminente Persei bello, peteretur, Ligures ambobus consulibus decernuntur. Macedoniam decreturos negant, ni de M. Popillio referretur. Postulantibus deinde, ut novos exercitus scribere, aut supplementum veteribus liceret, utrumque negatum est. Prætoribus quoque in Hispaniam supplementum petentibus negatum: M. Junio in citeriorem, Sp. Lucretio in ulteriorem. C. Licinius Crassus urbanam jurisdictionem, Cn. Sicinius inter peregrinos erat sortitus, C.

---

[h] *A. l. L.* Gron.          [l] *quid* Gron. Crev.

[30] *A. Postumius*] Hactenus *L. Postumius.* Debuerant editores parere Sigonio prænomen hujus censoris corrigenti ex Livio, l. XLI. c. 27. et Fastis Capitolinis.

[31] *Neque ab altero notatum alter probavit*] Sigonius inseruit vocem *alter,* quæ necessaria erat.

[32] *Cn. Sicinius*] Editi habent *C. Sicinius.* Sed quum et supra et infra vocetur *Cn.* prænomen ei suum hoc quoque loco restituimus.

U. C. 580.
A. C. 172. Memmius Siciliam, Sp. Cluvius Sardiniam. Consules, ob ea
irati senatui, Latinis feriis in primam quamque diem indictis,
in provinciam abituros esse [k] denunciarunt; nec quidquam
reipublicæ acturos, præterquam quod ad provinciarum admi-
nistrationem adtineret.

XI. Attalum, regis Eumenis fratrem, legatum venisse Romam, Valerius Antias his consulibus scribit, ad deferenda de
Perseo crimina, indicandosque adparatus belli. Plurium annales, et quibus credidisse malis, ipsum Eumenem venisse
*Eumenes* tradunt. Eumenes igitur, ut Romam venit, exceptus cum
*Romam ve-* tanto honore, quantum non meritis tantum ejus, sed bene-
*nit.* ficiis etiam suis, ingentia quæ in eum congesta erant, existimaret deberi populus Romanus, in senatum est introductus.
‘ Caussam veniendi sibi Romam fuisse,’ dixit, ‘ præter cupi-
‘ ditatem visendi Deos hominesque, quorum beneficio in ea
‘ fortuna esset, supra quam [33] ne optare quidem auderet,
*Perseum* ‘ etiam ut coram moneret senatum, ut Persei conatis obviam
*suspectum* ‘ iret.’ Orsus inde a Philippi consiliis, ‘ necem Demetrii
*facit Roma-* ‘ filii’ retulit, ‘ adversantis Romano bello; Bastarnarum gen-
*nis.* ‘ tem excitam sedibus suis, quorum auxiliis fretus in Italiam
‘ transiret. Hæc eum volutantem in animo, obpressum fato,
‘ regnum ei reliquisse, quem infestissimum esse sensisset Ro-
‘ manis. itaque Persea, hæreditarium a patre relictum bellum,
‘ et simul cum imperio traditum, [34] jamjam primum alere ac
‘ fovere omnibus consiliis. Florere præterea juventute, quam
‘ stirpem longa pas ediderit, florere opibus regni, florere
‘ etiam ætate. Quæ quum corporis robore ac viribus vigeat,
‘ animum esse inveteratum diutina arte atque usu belli. Jam
‘ inde a puero, patris contubernio, Romanis quoque bellis,
‘ non finitimis tantum, adsuetum, missum a patre in expedi-
‘. tiones multas variasque. Jam ex quo ipse accepisset reg-
‘ num, multa, quæ non vi, non dolo, Philippus, omnia exper-
‘ tus, potuisset moliri, admirando rerum successu tenuisse.
‘ Accessisse ad vires eam, quæ longo tempore, multis mag-
‘ nisque meritis pareretur [l], auctoritatem.

XII. ‘ Nam apud Græciæ atque Asiæ civitates vereri majes-
‘ tatem ejus omnes. nec, pro quibus meritis, pro qua munificen-
‘ tia tantum ei tribuatur, cernere: nec dicere pro certo posse,
‘ utrum felicitate id quadam ejus accidat, an, quod ipse vere-
‘ atur dicere, invidia adversus Romanos favorem illi conciliet.

---

[k] *esse* l. *se* Gron. Crev.          [l] *pararetur* Eæd.

[33] *Ne optare quidem*] Adde *quicquam.*     ac præcipuum, quod potissimum specta-
[34] *Jamjam primum*] Hoc corruptum     ret. Sed durius videtur hoc loquendi
est. Corrigit Gronovius *tanquam pri-*     genus, quam pro Liviana elegantia.
*mum* : id est, tanquam aliquid primum

' Inter ipsos quoque reges ingentem auctoritate; [35] Seleuci fi-   U. C. 580.
' liam duxisse eum, non petentem, sed petitum ultro; sororem   A. C. 172.
' dedisse Prusiæ [36] precanti ac oranti : celebratas esse utras-
' que nuptias gratulatione donisque innumerabilium legatio-
' num, et [37] velut auspiciis nobilissimis populis deductas
' esse. Bœotorum gentem, captatam Philippo, numquam ad
' scribendum amicitiæ fœdus adduci potuisse : tribus nunc
' locis cum Perseo fœdus incisum literis esse : uno Thebis,
' altero [38] ad Delum, augustissimo et celeberrimo in templo,
' tertio Delphis. in Achaico concilio vero, nisi discussa res
' per paucos Romanum imperium intentantes esset, eo
' rem prope adductam, ut aditus et in Achaiam daretur.
' [39] At, Hercule, suos honores, cujus merita in eam gentem
' privatim, an publice, sint majora, vix dici posset, partim
' desertos per incultum ac neglegentiam, partim hostiliter
' sublatos esse. Jam, Ætolos, quem ignorare, in seditionibus
' suis non ab Romanis, sed a Perseo præsidium petiisse ? His
' eum fultum societatibus atque amicitiis eos domesticos ad-
' paratus belli habere, ut externis non egeat ; triginta millia
' peditum, quinque millia equitum : in decem annos [40] fru-
' mentum præparare, ut abstinere et suo et hostium agro
' frumentandi caussa possit. Jam pecuniam tantam habere,
' ut [41] decem millibus mercenariorum militum, præter Mace-
' donum copias, stipendium in totidem annos præpa-
' ratum habeat : præter annuum, quod ex metallis regiis
' capiat, vectigal. Arma [42] vel tribus tantis exercitibus in
' armamentaria congessisse. [43] Juventutem, ut jam Mace-
' donia deficiat, velut ex perenni fonte unde hauriat, Thra-
' ciam subjectam esse.'

[35] *Seleuci filiam*] Laodicen, quæ deducta ad eum fuerat a Rhodiis, ut testatur Polyb. Legat. 60. Unde infra
dicit Eumenes nuptias illas auspiciis
nobilissimis populis celebratas et deductas esse.

[36] *Precanti ac oranti*] Lege *et oranti*.
Neque enim apud optimos illos Latinitatis auctores vocula *ac* ponitur ante
vocalem.

[37] ⚪ *Velut auspiciis*] Vox propria in
negotio nuptiali. Etenim auspices nuptiis apud Romanos interponebantur, qui
auguriis exquirerent utrum volentibus
propitiisque diis nuptiæ fierent. † Vid.
Valer. Max. l. II. c. 1.

[38] *Ad Delum*] Olim *ad Sidemum*.
Correxit Sigonius.

[39] *At Hercule suos honores . . . partim
deserto . . . partim . . . sublatos esse*] Sed ii
haud ita multo post restituti sunt, nisi
qui aliquid habebant, quod aut parum
decorum esset Achæorum communi,

aut legibus repugnaret. Rem narrat
Polybius, qui etiam, ut id fieret, multum adjuvit. Eum vide Legat. 74.

[40] *Frumentum præparare*] An non
potius, *præparatum*? Supple ex præcedentibus *habere* : quemadmodum paulo
infra, *stipendium præparatum habeat* : et
c. 52. Perseus ipse dicit *se et pecuniam,
et frumentum . . in decem annos repo-
suisse.*

[41] *Decem millibus*] Sic dedimus, auctore Gronovio. Prius *decem millia.*

[42] *Vel tribus tantis*] Tribus etiam
exercitibus tam numerosis, quam ille
est quem jam collectum habet Perseus.
Ceterum τὸ *tantis* debetur Sigonio,
quum prius legeretur *tantum.*

[43] ⚪ *Juventutem, ut jam Macedonia*]
Etiamsi Macedonia milites jam suppeditare non posset, Thraciam vicinam
ei et ad manum esse, unde, tanquam ex
perenni fonte, hauriat militarem juventutem.

U. C. 580.
A. C. 172.
Hortatur
ad bellum
contra Per-
sea.

XIII. Reliquum orationis adhortatio fuit. ' Non ego hæc,'
inquit, ' incertis jactata rumoribus, et cupidius credita, quia
' vera esse de inimico crimina volebam, adfero ad vos, Patres
' conscripti; sed comperta et explorata, haud secus quam si
' speculator missus a vobis subjecta oculis referrem.  Neque,
' relicto regno meo, quod amplum et egregium vos fecistis, mare
' tantum trajecissem, ut vana ad vos adferendo fidem abroga-
' rem mihi.   Cernebam nobilissimas Asiæ et Græciæ civitates,
' in dies magis denudantes judicia sua, mox, si permitteretur,
' eo processuras, unde receptum ad pœnitendum non haberent.
' Cernebam Persea, non continentem se Macedoniæ regno, alia
' armis occupantem, alia, quæ vi subigi non possunt, favore ac
' benevolentia complectentem.   Videbam, quam inpar esset
' sors, " quum ille vobis bellum ᵐ, vos ei securam pacem præ-
' staretis; quamquam mihi quidem non parare, sed gerere pene
' bellum videbatur.  ⁴⁵ Abrupolim, socium atque amicum ves-
' trum, regno expulit.   Artetarum Illyrium, quia scripta ab eo
' quædam vobis comperit, socium item atque amicum vestrum,
' interfecit.  ⁴⁶ Eversam ⁿ et Callicritum Thebanos, principes
' civitatis, quia liberius adversus eum in concilio Bœotorum lo-
' cuti fuerant, delaturosque ad vos, quæ agerentur, professi
' erant, tollendos curavit.   Auxilium Byzantiis adversus fœdus
' tulit, ⁴⁷ Dolopiæ bella intulit, Thessaliam et Doridem cum
' exercitu pervasit, ut in bello intestino deterioris partis auxilio
' meliorem adfligeret.   Confudit et miscuit omnia in Thessalia
' Perrhæbiaque · spe novarum tabularum, ut manu debitorum
' obnoxia sibi optimates obprimeret.   Hæc quum vobis quies-
' centibus et patientibus fecerit, et concessam sibi Græciam
' esse a vobis videat; pro certo habet, neminem sibi, ante-
' quam in Italiam trajecerit, armatum obcursurum.  Hoc quam
' vobis tutum aut honestum sit, vos videritis: ego certe mihi
' turpe esse duxi, prius Persea ad bellum inferendum, quam me
' socium ad prædicendum, ut caveretis, venire in Italiam.  Func-
' tus necessario mihi officio, et quodam modo liberata atque
' exonerata fide mea, quid ultra facere possum, quam uti Deos
' Deasque precer, ut vos et vestræ reipublicæ, et nobis sociis
' atque amicis, qui ex vobis pendemus, consulatis ?'

ᵐ add. [pararet] Crev.  ·  ⁿ Evercam Ead.

⁴⁴ Quum ille vobis bellum pararet]
Verbum pararet adjecit Gronovio auctore Clericus.   Nec dubitabit, quin Livius ita scripserit, qui ea legerit quæ
sequuntur: quamquam mihi quidem non
parare, sed gerere pene bellum videbatur.
Est enim correctio, tanquam minus
quam res est dixisset.  Oportuit igitur
etiam eum dixisse quod corrigit.

⁴⁵ Abrupolim socium] Quæ hic et
infra c. 40. indicantur de Abrupoli, de
Artetaro, de Everca, et Callicrito, fusius memoraverat procul dubio Livius

in iis quæ exciderunt de libro XLI.  Illo
enim libro initia continebantur belli
Macedonici, ut constat ex epitome.
Abrupolim Sapensium regem (Sapaica
Thraciæ regio est) fuisse, e Pausaniæ
corrupto licet textu eruitur, in Achaicis, sive libro VII.

⁴⁶ Evercam] Ita legendum censet
Henr. Valesius, non Eversam: quia illud
Græcum nomen est, hoc non item.

⁴⁷ Dolopiæ bella intulit] Lege cum
Gronovio bellum.

XIV. Hæc oratio movit Patres conscriptos. ceterum in
præsentia nihil, præterquam fuisse in curia regem, scire quisquam potuit : eo silentio clausa curia erat. bello denique
perfecto, quæque dicta ab rege, quæque responsa essent,
emanavere. Persei deinde regis legatis post paucos dies senatus datus est. Ceterum, præoccupatis non auribus magis,
quam animis, ab Eumene rege, omnis et defensio et deprecatio legatorum respuebatur : et exasperavit animos [48] ferocia
animi Harpali, qui princeps legationis erat. Is, ' velle qui-
' dem et laborare,' dixit ' regem, ut purganti, se nihil hostile
' dixisse aut fecisse, fides habeatur : ceterum, si pervicacius
' caussam belli quæri videat, forti animo defensurum se. Mar-
' tem communem esse, et eventum incertum belli.' Omnibus
civitatibus Græciæ atque Asiæ curæ erat, quid Persei legati,
quid Eumenes in senatu egisset : et propter adventum ejus,
quem moturum aliquid rebantur, miserant pleræque civitates,
alia in speciem præferentes, legatos. [49] et legatio Rhodiorum
erat, ac Satyrus princeps, haud dubius, quin Eumenes civitatem quoque suam Persei criminibus junxisset. Itaque omni
modo per patronos hospitesque disceptandi cum rege locum
in senatu quærebat. Quod quum contigisset, libertate intemperantius invectus in regem, quod Lyciorum gentem adversus Rhodios concitasset, graviorque Asiæ esset, quam
Antiochus fuisset ; popularem quidem ac gratam populis
Asiæ (nam eo quoque jam favor Persei venerat) orationem
habuit : ceterum invisam senatui, inutilemque sibi et civitati
suæ. Eumeni vero conspiratio adversus eum, favorem apud
Romanos fecit. ita omnes ei honores habiti, donaque quam
amplissima data, cum sella curuli atque eburneo scipione.

XV. Legationibus dimissis, quum Harpalus, [50] quanta eximia celeritate poterat, regressus in Macedoniam, nunciasset
regi, nondum quidem parantes bellum reliquisse se Romanos,
sed ita infestos, ut facile adpareret, non dilaturos ; et ipse,
præterquam quod et ita credebat futurum, jam etiam volebat,
[51] in flore virium se credens esse. Eumeni ante omnes infestus erat : a cujus sanguine ordiens bellum, Evandrum
Cretensem, ducem auxiliorum, et Macedonas tres, adsuetos
ministeriis talium facinorum, ad cædem regis subornat : literasque eis dat ad Praxo hospitam, principem auctoritate et

U. C. 580.
A. C. 172.
Miro silen-
tio clausa
curia.
Legati Per-
sei.

Rhodii frus-
tra Eume-
nem adcu-
sant.

In Eume-
nem percus-
sores mittit
Perseus.

---

[48] *Ferocia animi Harpali*] Bene videtur inversis litteris emendare Gronovius : *ferocia nimia Harpali.*
[49] *Et legatio Rhodiorum erat*] Gronovius putat excidisse aliquid, quale
foret : *Inter ceteras et legatio.*
[50] *Quanta eximia*] Legit idem Gronovius, *quanta maxima.*

[51] *In flore virium se credens esse*]
Credens sibi vires, id est, copias, apparatus, opes omnia denique ad bellum
fortiter feliciterque gerendum adjumen-
ta, esse in ipso flore, in ipso integri
roboris vigore : ac proinde iis jam uti
tempus esse.

U. C. 386.
A. C. 172.

opibus Delphorum. Satis constabat, Eumenem, ut sacrificaret Apollini, Delphos adscensurum. [52] Progressi * cum Evandro insidiatores, nihil aliud ad peragendum inceptum, quam loci opportunitatem, omnia circumeuntes, quaerebant. Adscendentibus ad templum a Cirrha, priusquam perveniretur ad frequentia aedificiis loca, maceria erat ab laeva semitae paullum exstans a fundamento, qua singuli transirent; dextra pars labe terrae in aliquantum altitudinis diruta erat. post maceriam se abdiderunt, gradibus adstructis, ut ex ea, velut e muro, tela in praetereuntem conjicerent. [53] Primo a mari circumfusa turba amicorum ac satellitum procedebat : deinde extenuabant paullatim angustiae agmen. Ubi ad eum locum ventum est, qua singulis eundum erat, primus semitam ingressus Pantaleon Aetoliae princeps, cum quo institutus regi

Adscendentem Delphos lapidibus obruunt.

sermo erat. Tum insidiatores exorti saxa duo ingentia devolvunt : quorum altero caput ietum est regi, altero [54] humerus sopitus. [55] ex semita proclivi in declive multis super prolapsum jam saxis congestis, et ceteri quidem etiam amicorum et satellitum, postquam cadentem videre, diffugiunt, Pantaleon constanter inpavidus mansit ad protegendum regem.

XVI. Latrones, quum brevi circumitu maceriae decurrere ad conficiendum saucium possent, velut perfecta re, in jugum Parnasi [p] refugerunt eo cursu, ut, quum unus non facile sequendo per invia atque ardua moraretur fugam eorum, ne comprenso indicium emanaret, occiderint comitem. Ad corpus regis primo amici, deinde satellites ac servi concur-

Sopitus vulnere tollitur.

rerunt, tollentes sopitum vulnere ac nihil sentientem. Vivere tamen ex calore et spiritu remanente in praecordiis senserunt ; victurum exigua ac prope nulla spes erat. Quidam ex satellitibus, secuti latronum vestigia, quum usque ad jugum Parnasi, nequidquam fatigati, pervenissent, re infecta redierunt. Adgressi facinus Macedones, ut inconsulte, ita audacter coeptum, ita eonsulte et timide reliquerunt. Compotem jam sui regem amici postero die deferunt ad navem : inde Corinthum : a Corintho, per Isthmi jugum navibus traductis, Aeginam trajiciunt. Ibi adeo secreta ejus cu-

---

[52] *Progressi*] Sequimur emendationem Gronovii. Vulgo *progressi*.

[53] *Primo a mari*] Primo dum procedebant a mari, quod Cirrham alluit, ascensuri Delphos. Cirrha portus Delphorum est. Itidem Plutarchus hanc ipsam rem narrans in libro de Fraterno Amore, scribit insidias Eumeni positas quum iret πρὸς τὸν θεὸν ἀπὸ Σαλδόσης. Frustra ergo Gronovius hunc Livii locum suspectum habet, censetque

legendum *primo agmine*. Nihil mutandum.

[54] * *Humerus sopitus*] Humerus ita elisus, ut motum sensumque amitteret.

[55] *Ex semita proclivi in declive*] Possumus quidem explicare : multis super Eumenem prolapsum jam congestis in declive saxis ex semita proclivi. Tamen hic redundare crediderimus vel *proclivi*, vel in *declive*.

ratio fuit, admittentibus neminem, ut fama mortuum in
Asiam perferret. Attalus quoque celerius, quam dignum
concordia fraterna erat, credidit. nam et cum uxore fratris,
et præfecto arci, tamquam jam haud dubius regni hæres,
est locutus. Quæ postea non fefellere Eumenem : et,
quamquam dissimulare et tacite habere id patique statuerat,
tamen in primo congressu non temperavit, quin uxoris petendæ præmaturam festinationem fratri objiceret. Romam
quoque fama de morte Eumenis perlata est.

XVII. Sub idem tempus C. Valerius ex Græcia, qui legatus ad visendum statum regionis ejus speculandaque consilia Persei regis missus erat, rediit ; congruentiaque omnia
criminibus ab Eumene adlatis referebat. simul et adduxerat
secum Praxo a Delphis, cujus domus receptaculum latronum
fuerat, et L. Rammium Brundisinum, qui talis indicii dela-
tor erat. Princeps Brundisii Rammius fuit ; hospitio quoque et duces Romanos omnes, et legatos exterarum quoque
gentium insignes, præcipue regios, accipiebat. ex eo notitia
ei cum absente Perseo fuerat : literisque spem amicitiæ interioris magnæque inde fortunæ facientibus, ad regem profectus, brevi perfamiliaris haberi, trahique, magis quam vellet, in arcanos sermones est cœptus. Promissis enim ingentibus præmiis petere instituit ab eo rex, ' Quoniam duces
' omnes legatique Romani hospitio ejus uti adsuessent, quibus
' eorum ipse scripsisset, ut venenum dandum curaret. cujus
' scire se comparationem plurimum difficultatis et periculi ha-
' bere, pluribus consciis comparari. eventu præterea incerto esse,
' [56] ut aut satis efficacia ad rem peragendam, aut tuta ad rem
' celandam dentur. Se daturum, quod nec in dando, nec
' datum, ullo signo deprendi posset.' Rammius, veritus ne, si
abnuisset, primus ipse veneni experimentum esset, facturum
pollicitus proficiscitur. nec Brundisium ante redire, quam
convento C. Valerio legato, qui circa Chalcidem esse
dicebatur, voluit. Ad eum primum iudicio delato, jussu
ejus Romam simul venit. Introductus in curiam, quæ acta
erant, exposuit.

XVIII. Hæc ad ea, quæ ab Eumene delata erant, accessere, quo maturius hostis Perseus judicaretur : quippe quem
non justum modo adparare bellum regio animo, sed per
omnia clandestina grassari scelera latrociniorum ac veneficiorum cernebant. Belli administratio ad novos consules
rejecta est : in præsentia tamen Cn. Sicinium prætorem,
cujus inter cives et peregrinos jurisdictio erat, scribere milites placuit ; qui, Brundisium ducti, primo quoque tem-

U. C. 580.
A. C. 172.
Conva-
lescit.

Index sce-
leris Ro-
mam addu-
citur.

Perseus per
veneficia
grassari co-
natur in
Rom.

Paratur bel-
lum in Per-
sea.

---

[56] *Ut aut satis efficacia ad rem pera-*
*gendam, aut tuta ad rem celandam*
*dentur.*] Ingrata est repetitio vocis *rem,*
    Eam delet Gronovius in posteriore
membro. Idem mallet quoque, nec
sine causa, *efficax, tutum, detur.*

U. C. 580.  pore Apolloniam in Epirum trajicerentur ad occupandas
A. C. 172.  maritimas urbes, ubi consul, cui provincia Macedonia obve-
            nisset, classem adpellere tuto, et copias per commodum ex-
Eumenes     pouere posset. Eumenes, aliquamdiu Æginæ retentus peri-
redit Per-  culosa et difficili curatione, quum primum tuto potuit, pro-
gamum.      fectus Pergamum, præter pristinum odium recenti etiam,
            scelere Persei stimulante, summa vi parabat bellum. Le-
            gati eo ab Roma, gratulantes quod e tanto periculo evasis-
            set, venerunt. Quum Macedonicum bellum in annum di-
            latum esset, ceteris prætoribus jam in provincias profectis,
            M. Junius et Sp. Lucretius, quibus Hispaniæ provinciæ
            obvenerant, fatigato sæpe idem petendo senatu, tandem
            pervicerunt, ut supplementum sibi ad exercitum daretur
            tria millia peditum, [57] centum et quinquaginta equites in
            Romanas legiones: in socialem exercitum quinque millia
            peditum, [58] et trecentos equites, imperare sociis jussi. Hoc
            copiarum in Hispanias cum prætoribus novis portatum est.

                XIX. Eodem anno, quia per recognitionem Postumii.
            consulis magna pars agri Campani, quem privati sine dis-
            crimine passim possederant, recuperata in publicum erat,
            M. Lucretius tribunus plebis promulgavit, ut agrum Cam-
            panum censores fruendum locarent: quod factum tot annis
            post captam Capuam non fuerat, [59] ut in vacuo vagaretur
            cupiditas privatorum. Quum in exspectatione senatus esset,
            bello etsi non indicto, tamen jam decreto, qui regum suam,
Ariarathis  Persei qui secuturi amicitiam essent, [60] legati Ariarathis, pue-
filius Ro-  rum filium regis secum adducentes, Romam venerunt. quorum
mæ.         oratio fuit, ʻregem educandum filium Romam misisse, ut jam
            ʻinde a puero adsuesceret moribus Romanis hominibusque.
            ʻPetere, ut eum non sub hospitum modo privatorum custodia,
            ʻsed publicæ etiam curæ ac velut tutelæ vellent esse.ʼ Ea regis
            legatio grata senatui fuit. Decreverunt, ut Cn. Sicinius
            prætor ædes instructas locaret, [61] ubi filius regis comitesque
            ejus habitare possent. Et Thracum legatis, apud se discep-
            tantibus, et societatem amicitiamque petentibus, et, quod
            petebant, datum est, et munera [62] binûm millium æris sum-

---

[57] *Centum et quinquaginta equites*]
Vel supple, vel adde *scribere*.

[58] *Et trecentos equites imperare sociis
jussi*] Hinc sustulimus manifestum
soloecismum, qui plerasque nuperarum
editionum insederat, *trecenti*.

[59] * *Ut in vacuo*] Ita ut cupiditas
privatorum, nullo retardata freno, in-
vaderet agros vacuos et nulli colono
attributos.

[60] *Legati Ariarathis, puerum filium regis secum addacentes*] Hic puer
non erat genuinus regis filius, sed
illi subditus ab Antiochide uxore,

diu sterili: quæ postea quum filium
peperisset, rem totam viro aperuit:
atque ille, ne hic subditjtius legitimo
hæredi negotium olim facesseret, eum
procul ab Cappadocia amandabat.
Hæc infra narrata fusius reperientur.
l. XLVII. c. 14. ex Diodori l. XXXI.
deprompta.

[61] *Ubi*] Hic quoque peccant recentiores editi, habentque ut pro *ubi*,
quod exstat in antiquioribus.

[62] *Binûm millium æris*] Mercarum
argenti Paris. 3. unciæ 1.

mæ in singulos missa.    Hos utique populos, quod ab tergo
. Macedoniæ Thracia esset, adsumtos in societatem. gaude-
bant.    Sed ut in Asia quoque et insulis explorata omnia
essent, Ti. Claudium Neronem, M. Decimium legatos miserunt. adire eos Cretam et Rhodum jusserunt, simul renovare
amicitiam, simul speculari, num sollicitati animi sociorum ab
rege Perseo essent.

XX. In suspensa civitate ad exspectationem novi belli,
nocturna tempestate [63] columna rostrata in Capitolio * q bello
Punico r consulis, cui collega Ser. Fulvius fuit, tota ad imum
fulmine discussa est.    Ea res, prodigii loco habita, ad senatum relata est.    Patres ad aruspices referre, et decemviros
adire libros jusserunt.    Decemviri, [64] lustrandum oppidum,
[65] supplicationem obsecrationemque habendam, victimis majoribus sacrificandum et in Capitolio Romæ, et in Campania ad Minervæ promontorium, renunciarunt : ludos per
decem dies Jovi optimo maximo primo quoque die faciendos.    Ea omnia cum cura facta.    Aruspices, in bonum versurum id prodigium, prolationemque finium et interitum
perduellium portendi, responderunt; quod ex hostibus spolia
fuissent ea rostra, quæ tempestas disjecisset.    Accesserunt,
[66] quæ cumularent religiones animis.    Saturniæ, nunciatum
erat, sanguine per triduum in oppido pluisse ; Calatiæ asi-

---

q nota lacunæ abest : Gron. Crev.        r — Punico priore posita a M. Æmilio
consule, cui etc. Gron.    Uncinis inclusa priore — Æmilio refert Crev.

[63] Columna rostrata in Capitolio, bello
Punico [priore posita a M. Æmilio]
Quinque ultimæ voces adjectæ sunt a
Sigonio.    Ceterum hujus columnæ rostratæ nulla alia exstat memoria.    Triumphasse illos consules de Pœnis et
Comorensibus Fasti Capitolini testes
sunt.    Vid. supra l. XVIII. c. 41. Rostrata est rostris navium exornata.

[64] Lustrandum oppidum]  Sacrificium
peragendum esse, in quo oppidum cir-
cuiret et ambiret victima.    Lustratio,
vel lustrum commune erat nomen omnium sacrificiorum, in quibus hostia
circumducebatur.    Si circum urbem,
dicebatur peculiari nomine amburbium ;
si circum agros, ambarvalia; si circum
exercitum, lustri appellationem retinebat.    Amburbium describitur a Lucano,
l. 1. v. 592. et seq. Ambarvalia. a Virgilio, l. 1. Georg. v. 345. et seq.  Vid.
et Festum in voce Amburbiales, et Servium ad Eclog. III. v. 77.    Ceterum
hic illud notandum occurrit, quod quum
sermo de Roma sit, oppidi nomen usurpatur.    Id mirum prime adspectu videri debet iis qui norunt hanc esse
pervulgatam scriptorum Romanorum

consuetudinem, ut Romam urbis κατ'
ἐξοχὴν nomine insigniant, oppida soleant dicere minores urbes.    Sed nimirum hoc loco et aliis similibus non
tota Roma oppidi nomine intelligenda
est, sed certa quædam ejus regio : ut
Parisiis duas urbis partes, alteram no-
minamus la Cité, alteram la Ville.
Jos. Scaliger in conjectaneis ulterius
rem exsequitur, et oppidi nomine de-
signatam esse putat Romam illam qua-
dratam, a Romulo primum conditam.

[65] Supplicationem obsecrationemque]
Supplicatio erat, ut facile quivis anno-
tare potuit ex sexcentis Livii locis,
quum populus templa circumibat, et,
cæsis victimis, vel gatulabatur de prosperis, vel mala deprecabatur.    Obsecratio fiebat in foro, nec videtur aliud
fuisse, nisi precatio quædam, quam e
Rostris sacerdos publicus peragaret.
Vid. supra nostrum, l. IV. c. 21. et
Sueton. in Claudio, c. 22.

[66] Quæ cumularent. religiones ani-
mis]  Quæ magis ac magis animos im-
plerent religionibus, novisque iræ divinæ timoribus.

U. C. 580.
A. C. 172.
num tripedem natum, et taurum cum quinque vaccis uno ictu fulminis exanimatos. Auxjmi terra pluisse. Horum quoque prodigiorum caussa res divinæ factæ, et supplicatio unum dịem feriæque habitæ.

XXI. Consules ad id tempus in provincias non exierant, quia neque, uti de M. Popillio referrent, senatui obsequebantur, et, nihil aliud decernere prius, statutum Patribus erat. Aucta etiam invidia est Popillii literis ejus, quibus Res in Liguria gestæ. iterum cum Statiellatibus Liguribus proconsul [67] pugnasse se scripsit, ac se decem millia eorum occidisse. propter cujus injuriam belli ceteri quoque Ligurum populi ad arma ierunt. Tum vero non absens modo Popillius, qui deditis contra jus ac fas bellum intulisset, et pacatos ad rebellium incitasset, sed consules, quod non exirent in provinciam, in senatu `increpiti. hoc consensu Patrum accensi M. Marcius Sermo et Q. Marcius Scylla, tribuni plebis, et consulibus multam se dicturos, nisi in provinciam exirent, denuncia- Rogatio de Statiellatibus. runt; et rogationem, quam de Liguribus deditis promulgare in animo haberent, in senatu recitarunt. Sanciebatur, [68] ' ut ' qui ex Statiellis deditis in libertatem restitutus [69] ante Ka- ' lendas Sextiles primas non esset, cujus dolo malo is in ser- ' vitutem venisset, ut juratus senatus decerneret, qui eam ' rem quæreret animadverteretque.' Ex auctoritate deinde senatus eam rogationem promulgarunt. Priusquam proficiscerentur consules, C. Cicereió prætori prioris anni ad Cicereius de Corsis triumphat in monte Albano. ædem Bellonæ senatus datus est. Is, expositis, quas in Corsica res gessisset, postulatoque frustra triumpho, in monte Albano, quod jam in morem venerat, ut sine publica auctoritate fieret, triumphavit. Rogationem Marciam de Liguribus magno consensu plebes scivit jussitque. ex eo plebiscito C. Licinius prætor consuluit senatum, quem quærere ea [a] rogatione vellet. Patres ipsum eum quærere jusserunt.

XXII. Tum demum consules in provinciam profecti sunt, [70] exercitumque a M. Popillio ceperunt. Neque tamen M. Popillius reverti Romam audebat, ne caussam diceret, adverso senatu, infestiore populo, apud prætorem,

[a] ea l. ex Gron. Crev.

[67] *Pugnasse se scripsit, ac se decem millia*] Forte *sedecim millia.* Ingrata enim auribus accidit repetitio voculæ se tam propinquis in locis. PERIZONIUS.

[68] *Ut qui ex Statiellis . . . ut juratus senatus*] Geminationem particulæ ut in ejusmodi formulis jam aliquoties annotavimus, et observabit infra diligens lector, capp. 22. 28. et 30. [a] Sensu; hujus rogationis, qui paulo impeditior videri potest, perspicuus fiet revocanti in ordinem, trajecta, ex more

his in formulis usitato, orationis membra. Ut juratus senatus decerneret, qui inquireret animadverteretque in eum, cujus dolo malo in servitutem venundatus esset, quicunque ex Statiellis non restitutus foret in libertatem ante Kalendas Sextiles.

[69] *Ante Kalendas Sextiles primas*] Ante Kalendas Sextiles proxime securas. Vid. not. 59. ad l. XXIII. c. 32.

[70] *Exercitumque a M. Popillio ceperunt*] Lege cum Gronovio *acceperunt.* Sic enim solet loqui Livius.

qui de quæstione in se posita senatum consuluisset. Huic U. C. 580.
detrectationi ejus tribuni plebis, alterius rogationis denuncia- A. C. 172.
tione, obcurrerunt : ut, si non ante Idus Novembres in urbem
Romam introïsset. de absente eo C. Licinius statueret ac ju-
dicaret. Hoc tractus vinculo quum redisset, [71] ingenti cum
invidia in senatum venit. Ibi quum laceratus jurgiis multorum esset, senatusconsultum factum est, ut, qui Ligurum post
Q. Fulvium, L. Manlium consules hostes non fuissent, ut eos
C. Licinius, Cn. Sicinius prætores in libertatem restituendos
curarent, agrumque iis trans Padum consul C. Popillius daret.
Multa millia hominum hoc senatusconsulto restituta in libertatem, transductisque [t] Padum ager est adsignatus. M. Popillius rogatione Marcia bis apud C. Licinium caussam dixit :
tertio prætor, gratia consulis absentis et Popilliæ familiæ precibus victus, Idibus Martiis adesse reum jussit, quo die novi magistratus inituri erant honorem ; ne diceret jus, qui privatus
futurus esset. Ita rogatio de Liguribus arte fallaci elusa est.

XXIII. Legati Karthaginienses eo tempore Romæ erant, et
Gulussa filius Masinissæ : inter eos magnæ contentiones in
senatu fuere. Karthaginienses querebantur, 'præter agrum, de       De Mas-
' quo ante legati ab Roma, [72] qui in re præsenti cognoscerent,       nissa Kar-
' missi essent, amplius septuaginta oppida castellaque agri       thaginiensi-
' Karthaginiensis biennio proximo Masinissam vi atque armis       in senatu.
' possedisse. Id illi, [73] cui nihil pensi sit, facile esse. Kartha-
' ginienses fœdere inligatos silere. Prohiberi enim extra fines
' efferre arma. Quamquam sciant, in suis finibus, si inde Nu-
' midas pellerent, se gesturos bellum ; illo haud ambiguo ca-
' pite fœderis deterreri, quo diserte vetentur cum sociis populi
' Romani bellum gerere. Sed jam ultra superbiam crudelita-
' temque et avaritiam ejus non pati posse Karthaginienses.
' missos esse, qui orarent senatum, ut trium harum rerum
' unam ab se impetrari sinerent : ut vel ex æquo apud socium
' populum, quid cujusque esset, disceptarent : vel permitterent
' Karthaginiensibus, ut adversus injusta arma pio justoque se
' tutarentur bello : vel ad extremum, si gratia plus, quam veri-
' tas, apud eos valeret, semel statuerent, quid donatum ex ali-
' eno Masinissæ vellent. Modestius certe daturos eos, et sci-
' turos, quid dedissent : ipsum nullum, præterquam suæ libi-
' dinis arbitrio, finem facturum. Horum si nihil impetrarent,

[t] *traductisque* Crev.

71 * *Ingenti cum invidia*] Magna invidia oneratus, mirum in modum omnibus invisus.

72 *Qui in re præsenti*] Adjecit Sigonius particulam *in*, quæ necessaria erat.
Hæc est enim quasi solennis quædam
loquendi forma, qua usus quoque est
Livius bis, de his ipsis inter Masinissam

et Carthaginienses controversiis agens,
supra l. XL. c. 17. et l. XXXIV. c. 62.

73 * *Cui nihil pensi sit*] Qui pro arbitrio ac libidine omnia agat, nihil ex-
pendens, nullius aut legis aut juris rationem habens. Supra XXVI. 15. *Queis
neque quid facerent, neque quid dicerent,
quidquam unquam pensi fuisset.*

U. C. 580.
A. C. 172.

' et aliquod suum post datam a P. Scipione pacem delictum
' esset, ipsi potius animadverterent in se. Tutam servitutem
' se sub dominis Romanis, quam libertatem expositam ad in-
' jurias Masinissæ, malle. Perire namque semel ipsis satius
' esse, quam sub acerbissimi carnificis arbitrio spiritum du-
' cere.' Sub hæc dicta lacrimantes procubuerunt; stratique
humi, non sibi magis misericordiam, [74] quam regi * ".

Gulussa de-
fendit pa-
trem.

XXIV. Interrogari Gulussam placuit, quid ad ea responderet, aut, si prius mallet, expromeret, super qua re Romam
venisset. Gulussa, ' Neque sibi facile esse,' dixit, ' de iis re-
' bus agere, de quibus nihil mandati a patre haberet : neque
' patri facile fuisse mandare, quum Karthaginienses, nec de
' qua re acturi essent, nec omnino ituros se Romam, indicave-
' rint. In æde Æsculapii clandestinum eos per aliquot noctes
' consilium principum habuisse, [75] unde præterea legatos oc-
' cultis cum mandatis Romam mitti. Eam caussam fuisse patri
' mittendi se Romam, [76] qui deprecaretur senatum, ne quid
' communibus inimicis criminantibus se crederent, quem ob
' nullam, aliam caussam, nisi propter constantem fidem erga
' populum Romanum, odissent.' His utrimque auditis, sena-

Senatus re-
sponsum.

tus, de postulatis Karthaginiensium consultus, [77] respondere
ita jussit : ' Gulussam placere exemplo in Numidiam profi-
' cisci, et nunciare patri, ut de iis, de quibus Karthaginienses
' querantur, legatos quamprimum ad senatum mittat ; denun-
' cietque Karthaginiensibus, ut ad disceptandum veniant. Si
' aliquid possent Masinissæ honoris caussa, et fecisse et fac-
' turos esse. [78] jus gratiæ non dare. Agrum, qua cujusque sit,
' possideri velle : nec novos statuere fines, sed veteres obser-
' vari, in animo habere. Karthaginiensibus victis se et urbes,
' et agros concessisse ; non ut in pace eriperent per injuriam,
' quæ jure belli non ademissent.' Ita regulus Karthaginiensesque dimissi. Munera ex instituto data utrisque, aliaque
hospitalia comiter conservata.

Legati ad
res repeten-
das in Ma-
cedoniam
missi rede-
unt.

XXV. Sub idem tempus Cn. Servilius Cæpio, Ap. Claudius Centho, T. Annius Luscus legati, ad res repetendas in
Macedoniam renunciandamque amicitiam [79] regi missi, redierunt : qui jam sua sponte infestum Persi senatum insuper
accenderunt, relatis ordine, quæ vidissent, quæque audis-

* [invidiam concitarunt. Deinde] ins. Crev.

[74] Quam regi [invidiam concitarunt.
Deinde] Tres ultimas voces adjecit ex
Sigonii mente Clericus.

[75] Unde præterea] Locus mancus, a
solo tamen Clerico observatus. Ea videtur mens fuisse Livii, ut Gulussam
faceret dicentem, nihil patrem suum ex
iis quæ acta fuerint in illo consilio scisse,
præterquam legatos Romam mitti. Verba
assequi nos possumus sine libris.

[76] Qui deprecaretur senatum] Sic jussit legi Sigonius pro deprecarentur.

[77] Respondere] Vel lege responderi,
vel adde prætorem.

[78] * Jus gratiæ non dare] Se jus non
violare in gratiam personarum ; se ex
jure, non ex gratia, statuere ac judicare.

[79] Regi] Olim regis. Emendavit Sigonius.

sent. ' Vidisse se per omnes urbes Macedonum summa vi U. C. 582.
' parari bellum. Quum ad regem pervenissent, per multos A. C. 172.
' dies conveniendi ejus potestatem non factam: postremo,
' quum desperato jam conloquio profecti essent, tum demum
' se ex itinere revocatos, et ad eum introductos esse. Suæ
' orationis summam fuisse; fœdus, cum Philippo ictum, cum
' ipso eo post mortem patris renovatum : in quo diserte pro-
' hiberi eum, extra fines arma efferre ; prohiberi, socios po-
' puli Romani lacessere bello. Exposita deinde ab se ordine,
' quæ ipsi nuper in senatu Eumenem vera omnia et comperta
' referentem audissent. Samothracæ[x] præterea per multos
' dies occultum consilium cum legationibus civitatium Asiæ
' regem habuisse. Pro his injuriis satisfieri, senatum æquum
' censere, reddique sibi res sociisque suis, quas contra jus
' fœderis habeat. Regem ad ea primo accensum ira incle-
' menter locutum, avaritiam superbiamque Romanis objici-
' entem frequenter : quod alii super alios legati venirent spe-
' culari dicta factaque sua, quod se ad nutum imperiumque
' eorum omnia dicere ac facere æquum censerent. Postremo,
' multum ac diu vociferatum, reverti postero die jussisse.
' scriptum se responsum dare velle. Tum ita sibi scriptum
' traditum esse : Fœdus, cum patre ictum, ad se nihil per-
' tinere. Id se renovari, non quia probaret, sed quia in nova
' possessione regni patienda omnia essent, passum. Si novum
' fœdus secum facere vellent, convenire prius de conditionibus
' debere : et, si in animum inducerent, ut ex æquo fœdus
' fieret, et se visurum, quid sibi faciundum esset, et illos cre-
' dere reipublicæ consulturos. Atque ita se proripuisse, et sub-
' moveri e regia omnes cœptos. Tum se amicitiam et societatem
' renunciasse. qua voce eum accensum restitisse, atque voce clara
' denunciasse sibi, ut triduo regni sui decederent finibus. Ita
' se profectos : nec sibi, [80] aut venientibus, aut manentibus,
' quidquam hospitaliter aut benigne factum.' Thessali deinde Ætolique legati auditi. Senatui, ut scirent quam primum,
quibus ducibus usura respublica esset, literas mitti consulibus
placuit, ut, uter eorum [81] posset, Romam ad magistratus
creandos veniret.

XXVI. Nihil magnopere, quod memorari adtineat, rei
publicæ eo anno consules gesserant. magis e republica visum
erat, comprimi ac sedari exasperatos Ligures. Quum Mace- Gentius ab
donicum bellum exspectaretur, Gentium quoque Illyriorum Issensibus
regem suspectum Issenses legati fecerunt : simul questi, fines Romæ insi-
suos secundo populatum, simul nunciantes, ' uno animo vivere mulatur.
' Macedonum atque Illyriorum regem: communi consilio

[x] *Samothracie* Gron. Crev.

80 *Aut venientibus, aut manentibus*] *aut venientibus, aut moventibus.*
Hanc lectionem induxit Sigonius Flo-    81 *Posset*] Hoc a Gronovio est,
rebello obsecutus. Vetus codex habuit;    *Prius esset.*

U. C. 580.
A. C. 172.

'parare Romanis bellum : et specie legatorum Illyrios specu-
'latores Romæ esse, Perse[n] auctore missos, ut, quid agere-
'tur, scirent.' Illyrii vocati in senatum. qui quum legatos se
esse missos ab rege dicerent ad purganda crimina, si qua de
rege Issenses deferrent; quæsitum, ecquid ita non adissent
magistratum, ut ex instituto loca, lautia, acciperent? sciretur
denique venisse eos, et super qua re venissent? Hæsitantibus
in responso, ut curia excederent, dictum. Responsum tamquam legatis, [82] ut qui adire senatum non postulassent, dari
non placuit: mittendosque ad regem legatos censuerunt, qui
nunciarent, [83] 'qui[x] socii quererentur apud senatum, exustum
'a rege agrum. non æquum eum facere, qui ab sociis suis non
'abstineret injuriam.' In hanc legationem, missi, A. Terentius
Varro, C. Plætorius, C. Cicereius. Ex Asia, qui circa socios

Legati ex
Asia re-
duces.

reges missi erant, legati redierunt, qui renunciarunt, [84] 'Eu-
'menem in ea, Antiochum in Syria, Ptolemæum in Alexan-
'dria sese convenisse. Omnes sollicitatos legationibus
'Persei, sed egregie in fide permanere, pollicitosque omnia,
'quæ populus Romanus imperasset, præstaturos. et civitates
'socias adisse: ceteras satis fidas; solos Rhodios fluctuantes
'et imbutos Persei consiliis invenisse.' Venerant Rhodii legati ad purganda ea, quæ vulgo jactari de civitate sciebant:
ceterum senatum iis dari, quum novi consules magistratum
inissent, placuit.

XXVII. Belli adparatum non differendum censuerunt.
C. Licinio prætori negotium datur, ut ex veteribus quin-

Adparatus
in Persea.

queremibus, in navalibus Romæ subductis, quæ possent
usui esse, reficeret, pararetque naves quinquaginta. Si quid
ad eum numerum explendum deesset, C. Meminio collegæ
in Siciliam scriberet, ut eas, quæ in Sicilia naves essent,
reficeret atque expediret, ut Brundisium primo quoque tempore mitti possent. Socios navales libertini ordinis in viginti et quinque naves ex civibus Romanis C. Licinius
prætor scribere jussus: in quinque et viginti parem numerum
Cn. Sicinius sociis imperaret: idem prætor peditum octo
millia, quadringentos equites a sociis Latini nominis exigeret. Hunc militem qui Brundisii acciperet, atque in Macedoniam mitteret, A. Atilius Serranus, qui priore anno prætor fuerat, deligitur: [85] Cn. Sicinius prætor qui[y] exercitum
paratum ad trajiciendum haberet, C. Popillio consuli ex

[n] *Perseo* Crev.  [x] *quod* Ead.  [y] *quo* Ead.

[82] *Ut qui adire senatum*] Mallemus
iis qui.
[83] *Quod socii quererentur*] Hic bene
correxit Gronovius veterem lectionem,
*qui socii.* Quod intelligi debet, *quantum
attineret ad id quod:* ut apud Cicer. ep.
5. l. iii. ad Quintum, *Quod quæris, quid
de illis librıs egerım, quæ, quum essem in*

*Cumano, scribere institui, non cessavi
neque cesso.*
[84] *Eumenem in eo*] In Asia.
[85] *Cn Sicinius prætor quo exercitum*]
Ut Cn. Sicinius prætor paratum exercitum haberet, etc. Male antea legebatur, *qui exercitum.* Gronovius mutavit.

auctoritate senatus C. Licinius prætor scribit, ut et legio- U. C. 580.
nem secundam, quæ maxime veterana in Liguribus erat, A. C. 172.
[86] et socios [s] Latini nominis [a] quatuor millia peditum, ducentos equites Idibus Februariis Brundisii adesse juberet.   Hac
classe et hoc exercitu Cn. Sicinius provinciam Macedoniam
obtinere, donec successor veniret, jussus, prorogato in annum imperio.   Ea omnia, quæ senatus censuit, inpigre facta
sunt.   Duodequadraginta quinqueremes ex navalibus deductæ : qui deduceret eas Brundisium, L. Porcius Licinus
præpositus : duodecim ex Sicilia missæ.   Ad frumentum
classi exercituique coëmendum in Apuliam Calabriamque
tres legati missi, Sex. Digitius, T. Juventius, M. Cæcilius.
Ad omnia præparata Cn. Sicinius prætor, paludatus ex urbe
profectus, Brundisium venit.

XXVIII.   Exitu prope anni C. Popillius consul Romam
rediit aliquanto serius, quam senatus censuerat : [87] cui primo
quoque tempore magistratus creari [b], quum tantum bellum
inmineret, jussum erat.   Itaque, non secundis auribus
Patrum auditus est consul, quum in æde Bellonæ de rebus
in Liguribus gestis dissereret. subclamationes frequentes
erant interrogationesque, cur scelere fratris obpressos Ligures
in libertatem non restituisset ?   Comitia consularia, in quam Comitia.
edicta erant diem, ante diem duodecimum Kalendas Martias
sunt habita.   Creati consules, P. Licinius Crassus, C. Cassius
Longinus.   Postero die prætores facti, C. Sulpicius Galba, L.
Furius Philus, L. Canuleius Dives, C. Lucretius Gallus, C.
Caninius Rebilus, L. Villius Annalis.   His prætoribus provinciæ decretæ : duæ jure Romæ dicendo, Hispania, et Sicilia,
et Sardinia : ut uni sors integra esset, quo senatus censuisset.
Consulibus designatis imperavit senatus, ut, qua die magistratum inissent, hostiis majoribus rite mactatis, precarentur, Vota e Pop.
ut, quod bellum populus Romanus in animo haberet gerere, suscepta.
ut id prosperum eveniret.   Eodem die [88] decrevit senatus [c],
C. Popillius consul ludos per dies decem Jovi optimo maximo
voveret, donaque circa omnia pulvinaria dari, si respublica

---

[s] sociúm Gron.        [a] distinct. post nominis pos. Doer.        [b] creare Gron. Crev.
[c] ins. ut Crev.

[86] Et socios Latini nominis quatuor
millia peditum] Hæc est vetus lectio.
Gronovius legi jussit sociúm.   Sed nihil
videtur mutatione opus esse. Hoc membrum, quatuor millia peditum, intelligi
debet per appositionem junctum primo
illi, socios Latini nominis.   Similia exempla superius jam observata sunt.
[87] Cui . . . jussum erat] Vix nobis
persuademus sic locutos esse aurei illius ævi scriptores.   Lege quam . . .
jussum erat, vel qui jussus erat.   Vide

tamen Sanctii Minervam, l. II. c. 4.
et ibi Perizonium, qui ambo probare
nituntur Latine dici jubeo tibi.   Ceterum, quia pronomen cui longius abest
a nomine consul, interjecta etiam mentione senatus, magis placeret illud pronomen referri ad senatum, et legi : cui
primo quoque tempore magistratus creari . . . vinum erat.
[88] Decrevit senatus, ut C. Popillius]
Adjecimus voculam ut ex vetustis editionibus.

decem annos in eodem statu fuisset. Ita ut censuerant, in Capitolio vovit consul ludos fieri, donariaque dari, quanta ex pecunia decresset senatus, quum centum et quinquaginta non minus adessent. praeeunte verba Lepido pontifice maximo, id votum susceptum est. Eo anno sacerdotes publici mortui, L. Æmilius Papus decemvir sacrorum, et Q. Fulvius Flaccus pontifex, qui priore anno fuerat censor. Hic foeda morte periit. Ex duobus filiis ejus, qui tum in Illyrico militabant, nunciatum alterum decessisse, alterum gravi et periculoso morbo aegrum esse. Obruit animum simul
ductus metusque: mane ingressi cubiculum servi laqueo dependentem invenere. Erat opinio, post censuram minus compotem fuisse sui: vulgo Junonis Laciniae iram ob spoliatum templum alienasse mentem ferebant. Subfectus in dÆmilii locum decemvir M. Valerius Messalla: in Fulvii [89] pontifex Cn. Domitius Ahenobarbus, oppido adolescens sacerdos lectus.

XXIX. P. Licinio, C. Cassio consulibus, non urbs tantum Roma, nec terra Italia, sed omnes reges civitatesque, quae in Europa, quaeque in Asia erant, converterant animos in curam Macedonici ac Romani belli. Eumenem quum vetus odium stimulabat, tum recens ira, quod scelere ejus prope ut victima mactatus Delphis esset. Prusias, Bithyniae rex, statuerat abstinere armis, eventumque exspectare. nam neque pro Romanis se aequum censere adversus fratrem uxoris arma ferre; et apud Persea victorem veniam per sororem impetrabilem fore. Ariarathes, Cappadocum rex, praeterquam quod Romanis suo nomine auxilia pollicitus erat, [90] ex quo est junctus Eumeni adfinitate, in omnia belli pacisque se consociaverat consilia. Antiochus inminebat quidem Ægypti regno, et [91] pueritiam regis, et inertiam tutorum spernens; et ambigendo de Coele Syria [d] caussam belli se habiturum existimabat, gesturumque sine ullo inpedimento, occupatis Romanis in Macedonico bello, id bellum: tamen omnia et per suos legatos senatui, et ipse legatis eorum eximie pollicitus erat. Ptolemæus propter aetatem alieni etiam tum arbitrii erat. tutores et bellum adversus Antiochum parabant, quo vindicarent [92] Coelen Syriam,

[d] *Cælesyria* Gron. Crev.

[89] *Pontifex.... oppido adolescens sacerdos*] Manifestum est vacare τὸ *sacerdos*, ac proinde delendum esse.

[90] *Ex quo est junctus Eumeni adfinitate*] Eumenes uxorem duxerat Ariarathis filiam, ut colligitur ex l. XXXVIII. c. 39. supra. Ei nomen fuisse *Stratonicen* docet Plutarchus in lib. de Frat. Amore. Ceterum malle-

mus *ex quo erat junctus.*

[91] *Pueritiam regis*] Is erat Ptolemæus Philometor, filius Ptolemæi Epiphanis, de quo mentio facta est l. XXXI. c. 2. et alibi saepius.

[92] *Cælensyriam*] Sic edendum censuit Gronovius, quum in scripto legatur *Cœlensyriam*. Graece κοίλην Συρίαν. Vulgati *Cælesyriam*.

et Romanis omnia pollicebantur ad Macedonicum bellum. U. C. 581. Masinissa et frumento juvabat Romanos, et auxilia cum A. C. 171. elephantis Misagenemque filium mittere ad bellum parabat. consilia autem in omnem· fortunam ita disposita habebat: si penes Romanos victoria esset, suas quoque in eodem statu mansuras res, neque ultra quidquam movendum: non enim passuros Romanos, vim Karthaginiensibus adferri. Si fractæ essent opes Romanorum,· quæ tum protegerent Karthaginienses, suam omnem Africam fore. Gentius, rex Illyriorum, fecerat potius, cur suspectus esset Romanis, quam satis statuerat, utram foveret partem; inpetuque magis, quam consilio, his aut illis se adjuncturus videbatur. Cotys Thrax, Odrysarum rex, evidenter Macedonum partis erat.

XXX. Hæc sententia regibus quum esset de bello, in liberis gentibus populisque [93] plebs ubique ᵉ omnis fermæ, ut solet, [94] deterioribus erat ob regem Macedonasque inclinata; principum diversa cerneres studia. pars ita in Romanos effusi erant, ut auctoritatem inmodico favore conrumperent: pauci ex iis justitia imperii Romani capti; plures ita, si præcipuam operam navassent, potentes sese in civitatibus suis futuros rati. pars altera regiæ adulationis erat, quos æs alienum et desperatio rerum suarum, eodem manente statu, præcipites ad novanda omnia agebat; quosdam ventosum ingenium, quia [95] Perseus magis auræ popularis erat. tertia pars, optima eadem et prudentissima, si utique optio domini potioris daretur, sub Romanis, quam sub rege, malebat esse. [96] si liberum inde arbitrium fortunæ esset, neutram partem volebant potentiorem altera obpressa fieri; sed, inlibatis potius viribus utriusque partis, [97] pacem ex eo manere.

*Quis liberarum civitatium.*

ᵉ *utique* Gron. Crev.

[93] *Plebs utique omnis*] Quædam editiones habent *ubique.* Sed melius videtur τὸ *utique. Plebs utique omnis,* id est, plebs quidem certe omnis: ut opponatur principibus, de quibus mox agetur.

[94] *Deterioribus erat ob regem . . inclinata*] Minime dubium esse potest, quin mendum sit in vocula *ob,* atque ejus loco legendum sit *ad.* Superest major difficultas, de voce *deterioribus* quid statuendum sit. Gronovius putat intelligi *studiis,* quæ vox reperitur in sequente membro: *principum diversa cerneres studia.* Sed, ut nihil dicamus de asperitate trajectionis, aliquid certe pingue et redundans redoleret hæc oratio, *deterioribus studiis erat ad regem inclinata.* Nobis verisimilius videtur excidisse hic verbum aliquod,

quale esset *favens: plebs . . ut solet, deterioribus favens, erat·ad regem . . inclinata.* Id suadet locus plane geminus, c. 63. infra: *pravo studio, quo etiam in certaminibus ludicris vulgus utitur, deteriori atque infirmiori favendi.*

[95] *Perseus magis auræ popularis erat*] Horum verborum duplex potest esse sensus: nempe, Perseus se magis dabat auræ populari, magis captabat favorem multitudinis: vel, Perseus gratior erat in vulgus. Quemadmodum utraque res natura conjuncta est, ita et utramque hic interpretationem jungas licet.

[96] *Si liberum inde*] Displicet τὸ *inde.* Mallemus *sibi.*

[97] *Pacem ex eo manere*] Placet Gronovii conjectura: *ex æquo.*

U. C. 581.
A. C. 171.
ita inter utrosque optimam conditionem civitatium fore ; pro-
tegente altero semper inopem ab alterius injuria. Hæc sentientes, certamina fautorum utriusque partis taciti ex tuto
spectabant. [98] Consules, quo die magistratum inierunt, ex
senatusconsulto quum circa omnia fana, in quibus lectisternium majorem partem anni esse solet, majoribus hostiis inmo-
lassent, inde preces suas acceptas ab Diis inmortalibus ominati, senatui, rite sacrificatum, precationemque de bello factam, renunciarunt. Aruspices ita responderunt, ‘ si quid rei

S. C. de
bello in
Perses.
‘ novæ inciperetur, id maturandum esse. victoriam, triumphum,
‘ [99] prorogationem ‘ imperii portendi.’ Patres, ‘ quod faustum
‘ felixque populo Romano esset, centuriatis comitiis primo
‘ quoque die ferre ad populum consules,’ jusserunt, ‘ ut, quod
‘ Perseus, Philippi filius, Macedonum rex, adversus fœdus cum
‘ patre Philippo ictum, et secum post mortem ejus renovatum,
‘ sociis populi Romani arma intulisset, agros vastasset, urbes-
‘ que occupasset; quodque belli parandi adversus populum Ro-
‘ manum consilia inisset [g], arma, milites, classem ejus rei
‘ caussa comparasset ; ut, nisi de iis rebus satisfecisset, bellum
‘ cum eo iniretur.’ Hæc rogatio ad populum lata est.

　　XXXI. Senatusconsultum inde factum est, ‘ Ut consules
‘ inter se provincias Italiam et Macedoniam compararent, sor-
‘ tirenturve. Cui Macedonia obvenisset, ut is regem Persea, qui-
‘ que ejus sectam secuti essent, nisi populo Romano satisfecis-

Exercitus.
‘ sent, bello persequeretur.’ Legiones quatuor novas scribi placuit, binas singulis consulibus. [1] Id præcipue provinciæ Macedoniæ datum, quod, quum alterius consulis legionibus [2] quina

Legiones
Macedoni-
cæ auctio-
res.
millia et duceni equites [h] ex vetere instituto darentur in singulas
legiones, in Macedoniam sena millia peditum scribi jussa ;

---

f *propagationem* Doer.　　　g *iniisset* Gron. Crev.　　　h *pedites* Doer Rup.

[98] *Consules . . . quum . . . immolas-*
*sent, inde . . . . ominati*] Viderentur
hæc omnia structa elegantius, et aptius inter se cohœrentia, si hunc in
modum ordinarentur : *Consules . . .*
*quum circa omnia fana . . . majoribus*
*hostiis immolassent, aruspices ita re-*
*sponderunt,* si quid rei novæ inciperetur, id maturandum esse : victoriam,
triumphum, prorogationem (*seu potius,*
propagationem) imperii portendi. *Inde*
*preces suas acceptas ab diis immor-*
*talibus ominati* (consules) *senatui rite*
*sacrificatum, precationemque de bello*
*factam renunciarunt. Patres, quod faus-*
*tum,* etc.

[90] *Prorogationem imperii*] *Prorogatio*
*imperii* non dicitur, ut recte observat
Perizonius, Animadv. Histor. c. 6. nisi
quum iis qui cum imperio in provinciam
missi sunt, finito imperii dati anno, jus
imperii in longius tempus extenditur.

Itaque ille existimat hic legendum, *pro-*
*pagationem imperii.*

[1] *Id præcipue . . . datum*] Mallemus *id præcipui.* Sic infra : *Illud quo-*
*que præcipuum datum sorti Macedo-*
*niæ.*

[2] *Quina millia et duceni equites*]
Lege sine ulla dubitatione cum Perisonio : *quina millia et duceni pedites.*
Hoc enim erat vetus institutum : hic
velut solennis illis temporibus peditum
numerus in legione. Vid. not. 60. ad
l. XLI. c. 14. Invicte probant hanc
emendationem ea quæ sequuntur de
equitibus : *equites trecoeni æqualiter in*
*singulas legiones scribi jussi :* id est,
de equitum numero nullum fuit discrimen inter legiones Macedonicas et
eas quæ in Italia manere debebant :
æqualiter in omnes treceni equites
scripti.

equites treceni aequaliter in singulas legiones. et in sociali U. C. 581.<br>A. C. 171.
exercitu consuli alteri auctus numerus : sexdecim millia pe-
ditum, octingentos equites (praetor eos, quos Cn. Sicinius
duxisset, sexcentos equites) in Macedoniam trajiceret. Italiae satis visa duodecim millia sociorum peditum, sexcenti
equites. Illud quoque praecipuum datum sorti Macedoniae,
ut centuriones militesque veteres scriberet, quos vellet, consul usque ad quinquaginta annos. In tribunis militum nó- Tribuni
vatum eo anno propter Macedonicum bellum, quod consules Mil. a Coss.
ex senatusconsulto ad populum tulerunt, ne tribuni militum lecti.
eo anno suffragiis crearentur, sed consulum praetorumque in
iis faciendis judicium arbitriumque esset. Inter praetores ita
partita imperia. praetorem, cujus sors fuisset, ut iret, quo Praetorum
senatus censuisset, Brundisium ad classem ire placuit ; ut- provinciae.
que ibi recognosceret socios navales, dimissisque, si qui
parum idonei essent, supplementum legeret ex libertinis, et
daret operam, ut duae partes civium Romanorum, tertia sociorum esset. Commeatus classi legionibusque ut ex Sicilia
Sardiniaque subveherentur, praetoribus, qui eas provincias
sortiti essent, mandari placuit, ut alteras decumas Siculis
Sardisque imperarent, utque id frumentum ad exercitum in
Macedoniam portaretur. Siciliam C. Caninius Rebilus est
sortitus, L. Furius Philus Sardiniam, L. Canuleius Hispaniam, C. Sulpicius Galba urbanam jurisdictionem, L. Villius
Annalis inter peregrinos. C. Lucretio Gallo, quo senatus
censuisset, sors evenit.

XXXII. Inter consules magis cavillatio, quam magna contentio, de provincia fuit. Cassius, [3] ' sine sorte se Macedoniam
' obpugnaturum [1],' dicebat, ' nec posse collegam, salvo jure-
' jurando, secum sortiri. [4] Praetorem eum, ne in provinciam
' iret, in concione jurasse, se stato loco statisque diebus sa-
' crificia habere, quae, absente se, recte fieri non possent : quae
' non magis consule, quam praetore, absente recte fieri pos-
'. sent. [5] Si senatus, non quid vellet in consulatu potius, quam
' quid in praetura juraverit P. Licinius, animadvertendum esse
' censeat, se tamen futurum in senatus potestate.' Consulti
Patres, cui consulatum populus Romanus non negasset, ab se
provinciam negari, superbum rati. sortiri consules jusserunt. Sortiuntur
Coss.

---

[1] *optaturum* Crev. Doer.

[3] *Sine sorte se Macedoniam optaturum*]
Mendosa erat vetus scriptura, *oppugnaturum.* Rubenius substituit *optaturum,*
probabili conjectura. Itaque id in contextum admisimus, ut et Clericus fecerat.

[4] *Praetorem eum, ne in provinciam iret*]
Hoc memoravit Livius supra, XLI. 15.

[5] *Si senatus non quid vellet*] Dele cum

Gronovio particulam negantem, quae
sensum perturbat. Haec enim mens est
Cassii, ut dicat, si senatus jubeat secum
sortiri Licinium, et ei gratificans, at-
tendat potius quid velit in consulatu,
quam quid juraverit in praetura, se,
quamvis parum id aequum sibi videatur,
tamen senatui obtemperaturum.

U. C. 581.
A. C. 171.

Delectus
intentior
cura.

P. Licinio Macedonia, C. Cassio Italia obvenit. Legiones inde sortiti sunt. prima et tertia in Macedoniam trajicerentur, secunda et quarta ut in Italia remanerent. Delectus consules multo intentiorem, quam alias, curam habebant. Licinius veteres quoque scribebat milites centurionesque : et multi voluntate nomina dabant, quia locupletes videbant, qui priore Macedonico bello, aut adversus Antiochum in Asia, stipendia fecerant. Quum tribuni militum ⁶ centuriones, sed primum quemque, citarent, tres et viginti centuriones, qui primos pilos duxerant, citati tribunos plebis adpellarunt. Duo ex collegio, M. Fulvius Nobilior et M. Claudius Marcellus, ad consules rejiciebant : ⁷ ' Eorum cognitionem esse ' debere, quibus delectus, quibusque bellum mandatum esset. ceteri, ' cognituros se, de quo adpellati essent,' aiebant ; ' et, ' si injuria fieret, auxilium civibus laturos.'

23. centuriones citati
a tribunis
mil. adpellant tribunos pl.

XXXIII. Ad subsellia tribunorum res agebatur. eo M. Popillius consularis, advocatus, centuriones, et consul venerunt. Consule ᵏ inde postulanti, ut in concione ea res ageretur, populus in concionem advocatus. Pro centurionibus M. Popillius, qui biennio ante consul fuerat, ita verba fecit : ' Mi- ' litares homines et ⁸ stipendia justa, et corpora, et aetate, et ' assiduis laboribus, confecta habere : nihil recusare tamen, ' quo minus operam ⁹ reipublicae dent. id tantum deprecari, ' ne inferiores iis ordines, quam quos, quum militassent, ha- ' buissent, adtribuerentur.' P. Licinius consul ¹⁰ senatus- consulta ˡ recitari jussit : primum, quod bellum senatus Perseo jussisset : deinde, quod ¹¹ veteres centuriones quam plurimum ad id bellum scribi censuisset, nec ulli, qui non major annis quinquaginta esset, vacationem militiae esse. Deprecatus est deinde, ' ne novo bello, tam propinquo Italiae, adversus ' regem potentissimum, aut tribunos militum, delectum ha-

---

ᵏ *Consuli* Gron. Crev.      ˡ *senatusconsultum* Gron. Crev. Doer.

⁶ *Centuriones, sed primum quemque*]
Vocula *sed* omnino hic supervacua est ;
ac videtur nobis prodere aliquod hoc
loco mendum. Libenter legeremus :
*Centuriones, vetustissimum quemque.*

⁷ * *Eorum 'cognitionem esse debere*]
De postulatis centurionum cognoscere
et statuere debere eos quibus . . .

⁸ * *Stipendia justa*] Justum ac legitimum stipendiorum numerum.

⁹ *Reipublicae*] Hoc debetur Sigonio,
quum prius legeretur *populo Romano.*
Nempe ille putat trajectione litterarum
peccatum esse a librariis, qui scripserint
P. R. pro R. P.

¹⁰ *Senatusconsultum recitari jussit :
primum, quod bellum senatus . . . deinde,
quod*] Haec si integra sunt, sic videntur

exponenda : *senatusconsultum recitari
jussit*, cujus hoc erat *primum caput, quod
bellum senatus Perseo jussisset* : alterum
*deinde* illud, *quod*, etc. Sed magis placeret : *Senatusconsulta recitari jussit :
primum, quo senatus bellum Perseo jussisset: deinde, quo . . . . censuisset.* Deinde etiam mallemus *bellum cum Perseo*:
quia ita locutus est Livius, l. XXXI.
c. 8. et l. XXXVI. c. 2. Denique nobis
suspectum est verbum *jussisset* : quia
*jubere* populi est, senatus *decernere, censere.* Infra, c. 36. *quum jam bellum regi
eorum . . . . et senatus decresset, et populus
jussisset.*

¹¹ *Veteres centuriones quam plurimum*]
Lege cum Gronovio *quam plurimos.*

' bentes, inpedirent ; aut prohiberent consulem, quem cuique U. C. 581.
' ordinem adsignari e republica esset, eum adsignare. Si quid A. C. 171.
' in ea re dubium esset, ad senatum rejicerent.'

XXXIV. Postquam consul, quæ voluerat, dixit, Sp. Ligustinus ex eo numero, qui tribunos plebis adpellaverant, a consule et ab tribunis petiit, ut sibi paucis ad populum agere
liceret. Permissu omnium ita locutus fertur. ' Sp. Ligustinus   Sp. Ligusti-
' tribus Crustuminæ ex Sabinis sum oriundus, Quirites. Pater   ni oratio ad
' mihi jugerum agri reliquit et parvum tugurium, in quo natus   populum.
' educatusque sum : hodieque ibi habito. [12]Quum primum in
' ætatem veni, pater mihi uxorem fratris sui filiam dedit: quæ
' secum nihil adtulit, præter libertatem pudicitiamque, et cum
' his fœcunditatem, quanta vel in diti domo satis esset. Sex
' filii nobis, duæ filiæ sunt: utræque jam nuptæ. Filii quatuor
' togas viriles habent, duo prætextati sunt. Miles sum factus,
' P. Sulpicio, C. Aurelio consulibus. In eo exercitu, qui in
' Macedoniam est transportatus, biennium miles gregarius fui
' adversus Philippum regem: tertio anno virtutis caussa
' [13]mihi T. Quinctius Flamininus decumum ordinem hastatum
' adsignavit. Devicto Philippo Macedonibusque, quum in
' Italiam [14]portati ac dimissi essemus, continuo miles volun-
' tarius cum M. Porcio consule in Hispaniam sum profectus.
' Neminem omnium imperatorum, qui vivant, acriorem virtu-
' tis spectatorem ac judicem fuisse sciunt, qui et illum et alios
' duces longa militia experti sunt. hic me imperator dignum
' judicavit, cui [15]primum hastatum prioris centuriæ adsignaret:
' Tertio iterum voluntarius miles factus sum in eum exercitum,
' qui adversus Ætolos et Antiochum regem est missus. [16]a
' M'. Acilio [17]mihi primus princeps prioris centuriæ est adsig-
' natus. Expulso rege Antiocho, subactis Ætolis, reportati
' sumus in Italiam: [18]et deinceps bis, quæ annua merebant :
' legiones, stipendia feci. Bis deinde in Hispania militavi,

[12] Quum primum in ætatem veni]
De eo dicitur qui adolevit juvenisque
est : quod adolescentia et pubertas prima ætas videatur esse, perinde quasi in
ætatibus pueritia non sit habenda. Hinc
ab ineunte ætate est a principio adolescentiæ. TURNEBUS.

[13] Mihi . . . decumum ordinem Hastatum assignavit] Me jussit esse centurionem decimi ordinis Hastatorum.

[14] * Portati] Lege reportati, ut infra
in hac ipsa oratione.

[15] Primum Hastatum prioris cen-
turiæ] Hastatorum, Principum, et
Triariorum corpora in decem singula
manipulos distributa erant : unusquisque manipulus in duos ordines, vel duas
centurias. Dicit igitur Ligustinus se
factum esse centurionem prioris centuriæ
in primo Hastatorum manipulo.

[16] A M'. Acilio] Sic recte Sigonius.
Ante a M. Cælio.

[17] Mihi primus Princeps prioris centuriæ est assignatus] Factus sum centurio prioris centuriæ in primo manipulo Principum. De his gradibus Romanæ militiæ vide fusius disserentem
Lipsium l. 11. de Mil. Rom. Dial. 8.

[18] Et deinceps bis, quæ annua] Nullus nobis sensus videtur ex his verbis
erui posse, de quibus tamen interpretes
plerique siluerunt. Solus, quem vidimus, Dujatius interpretationem afferre
conatus est, sed parum felicem. Exi-
timat enim Ligustinum dicere, se pro
sedecim annis militiæ, quos leges expleti
juberent, duos ac triginta implevisse.
At primo non sedecim, sed viginti
annua stipendia merere debebant Romani. pedites : qua de re vid. Lips. l. 1.

'semel Q. Fulvio Flacco, iterum Ti. Sempronio Graccho præ-
'tore. A Flacco inter ceteros, quos virtutis caussa secum ex
'provincia ad triumphum deducebat, deductus sum. a Ti.
'Graccho rogatus, in provinciam ii. Quater intra paucos annos
'primum pilum duxi : quater et tricies virtutis caussa donatus-
'ab imperatoribus sum : sex civicas coronas accepi. viginti
'duo stipendia annua in exercitu emerita habeo, et major
'annis sum quinquaginta. Quod si mihi nec stipendia omnia
'emerita essent, necdum ætas vacationem daret, tamen, quum
'quatuor milites pro me uno vobis dare, P. Licini, possem,
'æquum erat me dimitti. Sed hæc pro caussa mea dicta ac-
'cipiatis velim : ipse me, quoad quisquam, qui exercitus scribit,
'idoneum militem judicabit, numquam sum excusaturus. [19] Or-
'dinem quo me dignum judicent tribuni militum, ipsorum est
'potestatis : ne quis me virtute in exercitu præstet, dabo
'operam ; [20] ut[m] semper ita fecisse me et imperatores mei,
'et qui una stipendia fecerunt, testes sunt. Vos quoque
'æquum est, commilitones, etsi adpellationis vobis usurpatis
'jus, quum adolescentes nihil adversus magistratuum senatus-
'que auctoritatem usquam feceritis, nunc quoque in potestate
'senatus ac consulum esse, et omnia honesta loca ducere,
'quibus rempublicam defensuri sitis.'

XXXV. Hæc. ubi dixit, conlaudatum multis verbis consul ex concione in senatum duxit. Ibi quoque ei ex auctoritate senatus gratiæ actæ, tribunique militares in legione
prima primum pilum virtutis caussa ei adsignarunt. ceteri
centuriones, omissa adpellatione, ad delectum obedienter
responderunt. Quo maturius in provincias magistratus proficiscerentur, Latinæ Kalendis Juniis fuere : eoque sollemni
perfecto, C. Lucretius prætor, omnibus, quæ ad classem
opus erant, præmissis, Brundisium est profectus. Præter
eos exercitus, quos consules comparabant, C. Sulpicio
Galbæ prætori negotium datum, ut quatuor legiones scriberet urbanas justo numero peditum equitumque ; [21] iisque
quatuor tribunos militum ex senatu legeret, qui præessent :
sociis Latini nominis imperaret quindecim millia peditum,
mille et ducentos equites. Is exercitus uti paratus esset,
quo senatus censuisset. P. Licinio consuli ad exercitum

[m] et Rup.

de Mil. Rom. Dial. 2. Deinde Ligustinus ipse infra dicit se *duo* tantum *et*
*viginti stipendia annua emerita* habere,
non duo et triginta. Nos nihil habemus
plane, quod de hoc loco dicere possimus.
   [19] *Ordinem quo me dignum judicent* . .
*ipsorum est potestatis*] Supple, definire,
statuere. Legit Gronovius *ordine quo.*
   [20] *Ut semper ita fecisse me*] Redundat
plane vocula *ita.*
   [21] *Iisque quatuor tribunos militum ex*

senatu legeret, qui præessent] Hoc notandum. Nam ex more solito tribuni
alternis imperitabant, ut observatum est
ad l. XL. c. 41. Sed his, qui ex senatu
leguntur, datur nimirum ob ampliorem
dignitatis gradum extraordinaria potestas.
Nisi forte mendum est in numero, legendumque *quatuor et viginti tribunos.* *Sex
enim tribuni creabantur in singulas
legiones.

civilem socialemque petenti addita auxilia, Ligurum [22] duo U. C. 581;
millia, Cretenses sagittarii, (incertus numerus, [23] quantum A. C. 171.
rogati auxilia [n] Cretenses misissent) Numidæ item equites
elephantique. In eam rem legati ad Masinissam Karthaginiensesque missi, L. Postumius Albinus, Q. Terentius Culleo,
C. Aburius. In Cretam item legatos tres ire placuit, A.
Postumium Albinum, [24] C. Decimium, A. Licinium Nervam.

XXXVI. Per idem tempus legati ab rege Perseo venerunt. eos [25] in oppidum intromitti non placuit, quum jam
bellum regi eorum et Macedonibus et senatus decresset, et
populus jussisset. [26] In ædem Bellonæ in senatum intro- Legati a
ducti ita verba fecerunt: ' Mirari Persea regem, quid in Ma- Perseo.
' cedoniam exercitus transportati essent. Si impetrari a se-
' natu posset, ut ii revocentur, regem de injuriis, si quas so-
' ciis factas quererentur, arbitratu senatus satisfacturum esse.'
Sp. Carvilius, ad eam ipsam rem ex Græcia remissus ab Cn.
Sicinio, in senatu erat. is Perrhæbiam expugnatam armis,
Thessaliæ aliquot urbes captas, cetera, quæ aut ageret, aut
pararet rex, quum argueret, respondere ad ea legati jussi.
Postquam hæsitabant, negantes sibi ultra quidquam mandatum esse, jussi renunciare regi, ' Consulem P. Licinium brevi
' cum exercitu futurum in Macedonia esse. ad eum, si satis-
' facere in animo esset, mitteret legatos. Romam quod præ-
' terea mitteret, non esse: [27] neminem eorum per Italiam ire·
' liciturum.' Ita dimissis, P. Licinio consuli mandatum, intra
undecimum diem juberet eos Italia excedere, et Sp. Carvi-
lium mitteret, qui, donec navem conscendissent, custodiret.
Hæc Romæ acta, nondum profectis in provinciam consulibus.
Jam Cn. Sicinius, qui, priusquam magistratu abiret, Brundisium ad classem et ad exercitum præmissus erat, trajectis
in Epirum quinque millibus peditum, trecentis equitibus, ad
Nymphæum in agro Apolloniati castra habebat. Inde tribunos
cum duobus millibus militum ad occupanda Dassaretiorum

[n] auxilia del. Crev.

[22] Duo millia] Olim legebatur insulse
mille millia. Correxit Sigonius. Error
nempe natus erat ex numerorum notis
MM.
[23] Quantum rogati Cretenses misis-
sent] Vulgo rogati auxilia. Expunxit
superfluam vocem Gronovio auctore
Clericus.
[24] C. Decimium] C. Decimius infra
XLIII. 11. fit prætor. Inde sumpsit
hoc nomen Sigonius, quum prius hic legeretur C. Decium.
[25] In oppidum] Vid. not. 64. ad c.
20. supra.

[26] In ædem Bellonæ] Scribit Gronovius in æde: et sane sic solet Livius.
[27] Neminem eorum per Italiam ire
liciturum] Fore ut neminem eorum
liceat ire per Italiam. Hoc sine causa
suspectum fuit Gronovio. Liciturum
est vox proba, qua usus est Livius supra
l. XXXII. c. 21. ut observat Jac.
Gronovius: usus est Cicero l. II. ad
Att. Ep. 1. Nec necesse est mutare
neminem in nemini. Tam enim dicitur licet me hoc facere, quam licet mihi.
Vid. Novam Method. linguæ Latinæ.

U. C. 581.
A. C. 171.
et Illyriorum castella, ipsis arcessentibus præsidia, ut tutiores a finitimorum impetu Macedonum essent, misit.

XXXVII. Paucis post diebus Q. Marcius, A. Atilius, et P. et Ser. Cornelii Lentuli, et L. Decimius, legati in Græciam missi, Corcyram peditum mille secum advexerunt: ibi inter se et regiones, quas obirent, et milites diviserunt. Decimius missus est ad Gentium, regem Illyrio-, rum, quem, si aliquem respectum amicitiæ eum habere cerneret, tentare, aut etiam ad belli societatem perlicere ° jussus. Lentuli in Cephalleniam missi, ut in Peloponnesum trajicerent, oramque maris, in occidentem versi, ante hiemem circumirent. Marcio et Atilio Epirus, Ætolia, et Thessalia circumeundæ adsignantur. Inde Bœotiam atque Eubœam adspicere jussi; tum in Peloponnesum trajicere. ibi congressuros se cum Lentulis constituunt. Priusquam digrederentur a Corcyra, literæ a Perseo adlatæ sunt, quibus quærebat, quæ caussa Romanis aut in Græciam trajiciendi copias, aut urbes occupandi, esset? Cui rescribi nihil placuit; nuncio ipsius, qui literas adtulerat, dici, ' præsidii ' caussa ipsarum urbium Romanos facere.' Lentuli, circumeuntes Peloponnesi oppida, quum sine discrimine omnes civitates adhortarentur, ut, quo animo, qua fide adjuvissent Romanos, Philippi primum, deinde Antiochi bello, eodem adversus Persea juvarent, fremitum in concionibus audiebant: Achæis indignantibus, eodem se loco esse, (qui omnia a principiis Macedonici belli præstitissent Romanis, et Macedonum Philippi bello hostes fuissent) quo Messenii atque Elii, qui pro Antiocho hoste arma adversus populum Romanum tulissent; ac, nuper in Achaïcum contributi concilium, velut præmium belli se victoribus Achæis tradi quererentur.

XXXVIII. Marcius et Atilius [28] ad Gitanas, Epiri oppidum decem millia ab mari, quum adscenderent, concilio Epirotarum habito, cum magno omnium adsensu auditi sunt: et quadringentos juventutis eorum in Orestas, ut præsidio essent [29] liberatis ab se Macedonibus, miserunt. Inde in Ætoliam progressi, ac paucos ibi morati dies, dum in prætoris mortui locum alius subficeretur, et [30] Lycisco præ-

*Legati in Græciam, et in Illyricum.*

*Achæorum querelæ.*

° *pellicere* Crev.

[28] *Ad Gitanas*] Nomen incognitum. Pro his duabus vocibus legendum censet Jac. Gronovius *Ægilipa*, oppidum memoratum Straboni et Stephano ex Homero. Sed de mendo constare non potest, nisi constet nos omnia scire debere.

[29] *Liberatis ab se Macedonibus*] Videtur τὸ *ab se* referri debere ad Epirotas, quamvis nulla hujus rei prius facta fuerit mentio. Sed Marcius qui tantummodo a Corcyra in Epirum venerat, nullos potuerat liberare· Macedonas, quum ne Macedoniam quidem attigisset. Forsan aliquod mendum latet.

[30] *Lycisco prætore*] MS. exemplar habuit *Pr.* unde quidam fecere *præfecto*, ut inno nullis editionibus legitur. Sed patet ex iis verbis quæ præ-

tore facto, quem Romanorum favere rebus satis compertum U. C. 581.
erat, transierunt in Thessaliam. Eo legati Acarnanum, et A. C. 171.
Bœotorum exsules venerunt. Acarnanes nunciare jussi, ' Quæ
' Philippi primum, Antiochi deinde bello, decepti [31] pollicita-
' tionibus regis, adversus populum Romanum commisissent, ea
' corrigendi occasionem illis oblatam. Si male meriti clemen-
' tiam populi Romani experti essent, bene merendo liberali-
' tatem experirentur.' Bœotis exprobratum, societatem eos
cum Perseo junxisse. iis, quum culpam in Ismeniam, principem alterius partis, conferrent, [32] et quasdam civitates dissentientes in caussam deductas, ' adpariturum id esse,' Marcius
respondit: ' singulis enim civitatibus de se ipsis consulendi po-
' testatem facturos.' Thessalorum Larissæ fuit concilium. ibi
et Thessalis benigna materia gratias agendi Romanis pro libertatis munere fuit ; et legatis, quod, et Philippi prius et post
Antiochi bello, enise adjuti a gente Thessalorum essent. hac
mutua commemoratione meritorum accensi animi multitudinis
ad omnia decernenda, quæ Romani vellent. Secundum hoc
concilium legati a Perseo rege venerunt, privati maximæ hos- *Legati a Perseo ad Marcium.*
pitii fiducia, quod ei paternum cum Marcio erat. Ab hujus
necessitudinis commemoratione orsi, petierunt legati, in conloquium veniendi regi potestatem faceret. Marcius, ' Et se
' ita a patre suo accepisse,' dixit, ' amicitiam hospitiumque
' cum Philippo fuisse. minime inmemorem necessitudinis ejus
' legationem eam suscepisse. Conloquium, si satis commode
' valeret, non fuisse dilaturum: nunc, ubi primum posset, ad
' Peneum flumen, qua transitus ab Homolio [p] Dium esset,
' præmissis, qui nunciarent regi, venturos.'

XXXIX. Et tum quidem ab Dio Perseus in interiora regni
recipit [q] se, levi aura spei objecta, quod Marcius ipsius caussa
suscepisse se legationem dixisset. Post dies paucos ad con- *Conloquium*
stitutam locum venerunt. Magnus comitatus fuit regius, *inter regem*
quum amicorum, tum satellitum turba stipante. Non minore *et legatos Rom.*
agmine legati venerunt, et ab Larissa multis prosequentibus,
et legationibus civitatium, quæ convenerant Larissam, et renunciare domum certa, quæ audissent, volebant. Inerat cura
insita mortalibus videndi congredientes nobilem regem, et
populi principis terrarum omnium legatos. Postquam in conspectu steterunt, dirimente amne, paullisper internunciando
cunctatio fuit, utri transgrederentur. aliquid illi regiæ majestati, aliquid hi populi Romani nomini, quum præsertim

[p] Omolio Gron. Crev.      [q] recepit Eted.

cedunt, legendum esse praetore, quod
Sigonius voluerat.
[31] Pollicitationibus regis] At duo
reges nominati sunt, Philippus et Antiochus. Lege ergo regiis.

[32] Et quasdam civitates] Et dicemus
quasdam civitates, quæ dissentirent, ab
Ismenia et Persei fautoribus deductas
esse in illam caussam, coactas esse illam
partem sequi.

U. C. 581.
A. C. 171.
Perseus petisset conloquium, existimabant deberi. Joco etiam
Marcius cunctantes movit. ' Minor,' inquit, ' ad majorem,
' et ([33]quod Philippo ipsi cognomen erat) filius ad patrem
' transeat.' ˉFacile persuasum id regi est. Aliud deinde ambigebatur, cum quam multis transiret. Rex, cum omni comitatu transire, æquum censebat : legati vel cum tribus
venire jubebant, vel, siˉtantum agmen traduceret, obsides
daret, nihil fraudis fore in conloquio. Hippian et Pantauchum, quos et legatos miserat, principes amicorum, obsides
dedit. Nec tam in pignus fidei obsides desiderati erant,
quam ut adpareret sociis, nequaquam ex dignitate pari congredi regem cum legatis. Salutatio non tamquam hostium,
sed hospitalis ac benigna fuit ; positisque sedibus consederunt.

Marcii ora-
tio.
    **XL.** Quum paullisper silentium fuisset : ' Exspectari, nos,'
inquit Marcius, ' arbitror, ut respondeamus literis tuis, quas
' Corcyram misisti ; in quibus quæris, quid ita legati cum mi-
' litibus venerimus, et præsidia in singulas urbes dimittamus ?
' Ad hanc interrogationem tuam et non respondere vereor, ne
' superbum sit, et vera respondere, ne nimis acerbum audienti
' tibi videatur. Sed quum aut verbis castigandus, aut armis
' sit, qui fœdus rumpit ; sicut bellum adversus te alii, quam
' mihi, mandatum malim, ita orationis acerbitatem adversus
' hospitem, [34]utcumque est, subibo : [35]sicut medici, quum
' salutis caussa tristiora remedia adhibent. Ex quo regnum
' adeptus es, unam rem te, quæ facienda fuerit, senatus fecisse
' censet ; quod legatos Romam ad renovandum *** judicat
' potius, quam, quum renovatum esset, violandum. Abrupolim,
' socium atque amicum populi Romani, regno expulisti. Arte-
' tari interfectores, ut cæde (ne quid ultra dicam) lætatum
' adpareret, recepisti, qui omnium Illyriorum fidissimum Ro-
' mano nimini regulum occiderant. Per Thessaliam et
' Maliensem agrum cum exercitu contra fœdus Delphos isti :
' Byzantiis item contra fœdus misisti auxilia. Cum Bœotis,
' sociis nostris, [36]secretam tibi ipsi societatem, quam non
' licebat, jurejurando pepigisti. Thebanos legatos, Eversøam [r]
' et Callicritum, venientes a nobis, quærere malo, quis inter-
' fecerit, quam arguere. In Ætolia bellum intestinum et
' cædes principum per quos, nisi per tuos, factæ videri pos-
' sunt ? Dolopes a te ipso evastati sunt. Eumenes rex, ab
' Roma quum in regnum rediret, prope ut victima Delphis

[r] *Everøam* Crev. ·

[33] * *Quod Philippo ipsi cognomen erat*]
Quia Marcio cognomen erat Philippus,
quod patri Persei nomen fuerat.
   [34] *Utcunque est*] Supple, res. Quan-
tumvis grave sit acerbitatem orationis
adversus hospitem expromere. Magis
placeret tamen, *quæcumque est.*
   [35] *Sicut medici, quum*] Potest abesse
vocula *quum* sine sensus dispendio.
   [36] * *Secretam tibi ipsi*] Peculiarem et
propriam tibi ipsi, separatim a nobis.

'in sacrato loco ante aras mactatus, quem insimulet, piget re-     U. C. 581.
'ferre.   Quæ hospes Brundisinus occulta facinora indicet,     A. C. 171.
'certum habeo et scripta tibi omnia ab Roma esse, et lega-
'tos tuos renunciasse.   Hæc ne dicerentur a me, uno modo
'vitare potuisti, non quærendo, quam ob caussam exercitus
'in Macedoniam trajicerentur, aut præsidia in sociorum ur-
'bes mitteremus.   Quærenti tibi superbius tacuissemus, quam
'vera respondimus.   Equidem pro paterno nostro hospitio fa-
'veo orationi tuæ, et opto, ut aliquam mihi materiam præ-
'beas agendæ tuæ apud senatum caussæ.'

   XLI. Ad ea rex: 'Bonam caussam, si apud judices æquos     Perseus se
'ageretur, apud eosdem et accusatores et judices agam.  Eo-   purgat.
'rum autem, quæ objecta sunt mihi, partim ea sunt, quibus
'nescio an gloriari debeam; partim, quæ fateri non erubes-
'cam; partim, quæ verbo objecta verbo negare sit.   Quid enim,
'si legibus vestris hodie reus sim, aut index Brundisinus, aut
'Eumenes mihi objiciat, ut accusare potius vere, quam convici-
'ari, videantur?  Scilicet, nec Eumenes, quum tam multis gra-
'vis publice ac privatim sit, alium, quam me, inimicum ha-
'buit: neque ego potiorem quemquam ad ministeria facino-
'rum, quam Rammium, (quem neque umquam ante videram,
'nec eram postea visurus) invenire potui.   Et Thebanorum,
'quos naufragio perisse constat, et Artetari cædis mihi red-
'denda ratio est. in qua tamen nihil ultra objicitur, quam in-
'terfectores ejus in regno exsulasse meo.   Cujus conditionis
'iniquitatem ita non sum recusaturus, si vos quoque accipitis,
'ut, quicumque exsules in Italiam aut Romam se contulerunt,
'his facinorum, propter quæ damnati sunt, auctores vos fuisse
'fateamini.   Si hoc et vos recusabitis, et omnes aliæ gentes,
'ego quoque inter ceteros ero.   Et, Hercule, quid adtinet cui-
'quam exsilium patere, si nusquam exsuli futurus locus est?
'Ego tamen istos, ut primum in Macedonia esse, admonitus
'a vobis, comperi, requisitos abire ex regno jussi, et in perpe-
'tuum interdixi finibus meis.   Et hæc quidem mihi, tamquam
'caussam dicenti reo, objecta sunt: illa, tamquam regi, et
'quæ de fœdere, quod mihi est vobiscum, disceptationem ha-
'beant.   Nam, si est in fœdere, ita scriptum, ut ne, si bellum
'quidem quis inferat, tueri me regnumque meum liceat, mihi
'fatendum est, quod me armis adversus Abrupolim, socium po-
'puli Romani, defenderim, fœdus violatum esse.   Sin autem
'hoc et ex fœdere licuit, et jure gentium ita comparatum est,
'ut arma armis propulsentur, quid tandem me facere decuit,
'quum Abrupolis fines mei regni usque ad Amphipolim pervas-
'tasset, multa libera capita, magnam vim mancipiorum, multa
'millia pecorum abegisset?  Quiescerem et paterer, donec Pel-
'lam et in regiam meam armatus pervenisset?  At enim bello
'quidem justo sum persecutus; sed vinci non oportuit eum,
'neque ea, quæ victis accidunt, pati: quorum casum quum ego

U. C. 581.
A. C. 171.
' subierim, qui sum armis lacessitus, quid * potest queri sibi
' accidisse, qui caussa belli fuit? Non sum eodem modo defen-
' surus, Romani, quod Dolopas armis coërcuerim : quia, [37]etsi
' non merito eorum, jure feci meo; quum mei regni, meæ di-
' tionis essent, vestro decreto patri adtributi meo. Nec, si
' caussa reddenda sit, non vobis, nec fœderatis, sed iis, qui ne
' in servos quidem sæva atque injusta imperia probant, plus
' æquo et bono sævisse in eos videri possum. quippe Euphæ-
' norem, præfectum a me inpositum, ita occiderunt, ut mors
' pœnarum ejus levissima fuerit.'

XLII. ' At, quum processissem inde ad visendas Larissam,
' et Antrona, et [38]Pylleon,' quo in propinquo multo ante debi-
' ta vota. persolverem, Delphos sacrificandi caussa adscendi.
' Et hic, criminis augendi caussa, cum exercitu me fuisse ad-
' jicitur.. Scilicet, ut, quod nunc vos facere queror, urbes oc-
' cuparem, arcibus inponerem præsidia. Vocate in concilium
' Græciæ civitates, per quas iter feci; queratur unusquilibet
' militis mei injuriam; non recusabo, quin, simulato sacrificio,
' aliud petisse videar. Ætolis et Byzantiis præsidia misimus,
' et cum Bœotis amicitiam fecimus. Hæc, qualiacumque sunt,
' per legatos meos non solum indicata, sed etiam excusata sunt
' sæpe in senatu vestro: ubi aliquos ego disceptatores, non tam
' æquos, quam te, Q. Marci, paternum amicum et hospitem,
' habebam. Sed nondum Romam accusator Eumenes venerat;
' qui calumniando omnia detorquendoque suspecta et invisa
' efficeret, et persuadere vobis conaretur, non posse Græciam in
' libertate esse, et vestro munere frui, quoad regnum Macedo-
' niæ incolume esset. Circumagetur hic orbis: erit mox, qui
' arguat, ne quidquam Antiochum [39]ultra juga Tauri remotum:
' graviorem multo Asiæ, quam Antiochus fuerit, Eumenem
' esse: nec conquiescere socios vestros posse, quoad regia Per-
' gami sit. eam arcem supra capita finitimarum civitatium in-
' positam. Ego hæc, Q. Marci et A. Atili, quæ aut a vobis ob-
' jecta, aut purgata a me sunt, talia esse scio, ut aures, ut
' animi audientium sint: nec tam referre, quid ego, aut qua
' mente fecerim, quam quomodo id vos factum accipiatis.
' Conscius mihi sum, nihil me scientem deliquisse: et, si quid
' fecerim inprudentia lapsus, corrigi me et emendari castiga-
' tione hac posse. Nihil certe insanabile, nec quod bello et ar-
' mis persequendum esse censeatis, commisi: at [n] frustra cle-
' mentiæ gravitatisque vestræ fama vulgata per gentes est, si

---

[37] * Etsi non merito eorum] Etiamsi
concederem illos non meruisse ea quæ
passi sunt.

[38] Pylleon] Legit Turnebus Pteleon ex
Homeri Catalogo, Ἀγχιάλόν τ' Ἀντρῶ-
να, ἠδὲ Πτελεὸν λεχεποίην. Infra quoque, c. 67. hujus libri, Antron et Pteleon

ut viciuæ urbes conjunguntur. Itaque
certa constat huic emendationi auctoritas.

[39] Ultra juga Tauri remotum] Magis
Livianum foret emotum, quod annotavit
Gronovius ad c. 50. hujus libri. Vid.
supra l. XXXVII. c. 53. et l. XXXVIII.
c. 53. et aliquot aliis in locis.

' talibus de caussis, quæ vix querela et expostulatione dignæ
' sunt, arma capitis, et regibus sociis bella infertis.'

XLIII. Hæc dicenti tum adsensus Marcius auctor fuit
mittendi Romam legati, quum experienda omnia ad ultimum, nec prætermittendum [x] spem ullam censuisset. Reliqua consultatio erat, quonam modo tutum iter legatis esset.
ad id quum necessaria petitio induciarum videretur, cupe-
retque Marcius, neque aliud conloquio petisset, gravate et
[40] in magnam gratiam petentis concessit. nihil enim satis *Induciæ.*
paratum, ad bellum in præsentia habebant Romani, non exercitum, non ducem: quum Perseus (ni spes vana pacis
obcæcasset consilia) omnia præparata atque instructa haberet, et suo maxime tempore atque alieno hostibus incipere
bellum posset. Ab hoc conloquio, fide induciarum interposita, [41] legati Romani in Bœotiam comparati sunt. Ibi jam *Bœotiæ*
motus cœperat esse, discedentibus a societate communis *motus.*
concilii Bœotorum quibusdam populis, ex quo renunciatum
erat, respondisse legatos, adpariturum, quibus populis proprie societatem cum rege jungi displicuisset. Primi a Chæ-
ronea legati, deinde a Thebis, in ipso itinere obcurrerunt,
adfirmantes non interfuisse se, quo societas ea decreta esset,
concilio: quis, [y] legati, nullo in præsentia responso dato,
Chalcidem se sequi jusserunt. Thebis magna contentio orta
erat ex alio certamine. Comitiis prætoriis Bœotorum victa
pars, *injuriam* persequens, coacta multitudine decretum fecit
Thebis, ne Bœotarchæ urbibus reciperentur. Exsules Thes-
pias universi concesserunt: inde (recepti enim sine cunctatione erant) Thebas, jam mutatis animis, revocati decretum
faciunt, ut duodecim, qui privati cœtum et concilium habuissent, exsilio multarentur. Novus deinde prætor (Ismenias
is erat, vir nobilis ac potens) capitalis pœnæ absentes eos
decreto damnat. Chalcidem fugerant: inde ad Romanos
Larissam profecti, [42] caussam cum Perseo societatis in Ismeniam contulerant. [43] Ex contentione ortum certamen.
utriusque tamen partis legati ad Romanos venerunt, et exsules accusatoresque Ismeniæ, et Ismenias ipse.

XLIV. Chalcidem ut ventum est, aliarum civitatium

---

[x] *prætermittendam* Gron. Crev.                    [y] *quis* l. *quæ* Doer.

[40] * *In magnam gratiam petentis*]
Ita ut rex, qui petebat inducias, magnam gratiam pro iis concessis debere
videretur.

[41] *Legati Romani in Bœotiam comparati sunt*] Vitium esse videtur in
verbo *comparati*. Legit Gronovius *con-
versi*.

[42] *Caussam cum Perseo societatis*] Videtur hic excidisse aliquod verbum,
qual e esset *initæ* Sic enim rotundior

foret oratio: *causam initæ cum Perseo
societatis.*

[43] *Ex contentione ortum certamen*]
Hæc alio charactere edenda curavimus,
tanquam dicta ab exsulibus Bœotis.
Ii nempe significant ex contentione quæ
fuerat inter ipsos et Ismeniam de societate cum Perseo, ortum certamen,
quod eo eruperat, ut ipsis in exilium
abire necesse foret.

principes, id quod maxime gratum erat Romanis, suo quique proprio decreto Persei societatem adspernati, Romanis
se adjungebant : Ismenias gentem Bœotorum in fidem Romanorum permitti æquum censebat. inde certamine orto,
nisi in tribunal legatorum perfugisset, haud multum abfuit,
quin ab exsulibus fautoribusque eorum interficeretur. Thebæ quoque ipsæ, quod Bœotiæ caput est, in magno tumultu
erant, aliis ad regem trahentibus civitatem, aliis ad Romanos. et turba Coronæorum * Haliartiorumque convenerat
ad defendendum decretum regiæ societatis. sed constantia
principum, docentium cladibus Philippi Antiochique, quanta esset vis et fortuna imperii Romani, victa eadem multitudo et, ut tolleretur regia societas, decrevit, et eos, qui
auctores paciscendæ amicitiæ fuerant, ad satisfaciendum
legatis Chalcidem misit, fideique legatorum commendari
civitatem jussit. Thebanos Marcius et Atilius læti audierunt, [44] auctoresque et his separatim singulis fuerunt ad renovandam amicitiam mittendi Romam legatos. Ante omnia exsules restitui jusserunt, et [45] auctores regiæ societatis
decreto suo damnarunt. Ita, quod maxime volebant, discusso Bœotico concilio, Peloponnesum proficiscuntur, Ser.
Cornelio Chalcidem arcessito. Argis præbitum est iis concilium : ubi nihil aliud a gente Achæorum petierunt, quam
ut mille milites darent. id præsidium ad Chalcidem tuendam, dum Romanus exercitus in Græciam trajiceretur, missum est. Marcius et Atilius, peractis, quæ agenda in Græcia erant, principio hiemis Romam redierunt.

**Bœoticum
concilium
dicussum.**

**Legati
Rom. in A-
siæ insulas.** XLV. Inde legatio sub idem tempus in Asiam circum
insulas missa. tres erant legati, Ti. Claudius, P. Postumius,
M. Junius. ii circumeuntes hortabantur socios ad suscipi-
endum adversus Persea pro Romanis bellum : et, quo quæque opulentior civitas erat, eo adcuratius agebant, quia minores secuturæ majorum auctoritatem erant. Rhodii maximi ad omnia momenti habebantur, quia non favere tantum,
sed adjuvare etiam viribus suis bellum poterant, quadraginta navibus auctore [46] Hegesilocho comparatis. qui, quum
in summo magistratu esset, (Prytanin ipsi vocant) multis
rationibus pervicerat Rhodios, ut, omissa, quam sæpe vanam

---

* *Coroneorum* Crev. Rup.

[44] *Auctoresque et his separatim singulis*] Recte Gronovius, *auctoresque et
his*, nempe Thebanis, *et separatim singulis* Bœotiæ civitatibus. Id et postulat sensus, et firmat Polybii auctoritas,
Legat. 73.
[45] *Auctores regiæ societatis decreto suo
damnarunt*] Ismenias cum Niceta quodam in carcerem conjecti, non multo

post mortem sibi consciverunt. Testis
est Polybius ibidem.
[46] *Hegesilocho*] Hic olim legebatur
*Hegesilo*. Apud Polyb. vero Legat. 64.
vocabatur hic idem Rhodiorum magistratus Γησίλοχος. Fulvius Ursinus alterum ex altero correxit, ut hic haberetur *Hegesilocho*, apud Polybium Ἡγησί-
λοχος.

experti essent, regum fovendorum spe, Romanam societatam U. C. 581.
(unam tum in terris vel viribus, vel fide stabilem) retinerent. A. C. 171.
‘ Bellum inminere cum Perseo : desideraturos Romanos eum-
‘ dem navalem adparatum, quem nuper Antiochi, quem Phi-
‘ lippi ante bello vidissent. trepidaturos tum repente paranda
‘ classe, quum mittenda esset ; nisi reficere naves, nisi in-
‘ struere navalibus sociis cœpissent. Id eo magis enisè fa-
‘ ciendum esse, ut crimina delata ab Eumene fide rerum
‘ refellerent.’ His incitati, quadraginta navium classem instructam ornatamque legatis Romanis advenientibus, ut non
exspectatam adhortationem esse adpareret, ostenderunt. Et
hæc legatio magnum ad conciliandos animos civitatium Asiæ
momentum fuit. Decimius unus sine ullo effectu, captarum
etiam pecuniarum ab regibus Illyriorum suspicione infamis,
Romam rediit.

   XLVI. Perseus, quum a conloquio Romanorum in Mace- Perseus le-
doniam recepisset sese, legatos Romam de inchoatis cum gatos By-
Marcio conditionibus pacis misit : [47] et Byzantium et Rho- zantium et
dum literas legatis ferendas dedit. In literis eadem sententia mittit.
ad omnes erat : ‘ conlocutum se cum Romanorum legatis.’
quæ audisset, quæque dixisset, ita disposita, ut superior, fuisse
in disceptatione videri posset. Apud Rhodios legati addiderunt, ‘ Confidere pacem futuram. auctoribus enim Marcio
‘ atque Atilio, missos Romam legatos. Si pergerent Romani
‘ contra fœdus movere bellum, tum omni gratia, omni ope
‘ enitendum fore Rhodiis, ut reconcilient pacem. Si nihil
‘ deprecando proficiant, id agendum, ne omnium rerum jus
‘ ac potestas ad unum populum perveniat. Quum ceterorum
‘ id interesse, tum præcipue Rhodiorum, [48] qui plus inter
‘ alias civitates dignitate atque opibus excellant : quæ serva
‘ atque obnoxia fore, si nullus alio sit, quam ad Romanos,
‘ respectus.’ Magis et literæ et verba legatorum benigne
sunt audita, quam momentum ad mutandos animos habuerunt : potentior esse partis melioris auctoritas cœperat. Responsum ex decreto est : ‘ Optare pacem Rhodios. si bellum
‘ esset, ne quid ab Rhodiis speraret aut peteret rex, quod
‘ veterem amicitiam, multis magnisque meritis pace belloque

[47] Et Byzantium, et Rhodum] Hic aliquid videtur vel corruptum esse, vel excidisse. Hoc probant primo ea quæ sequuntur. In litteris eadem sententia ad omnes erat. Vox enim omnes latius aliquid sonat, quàm ut de duabus tantum civitatibus, Byzantio et Rhodo, dici potuerit. Deinde vero Polybius, ex quo hæc omnia descripta sunt, significat Legat. 65. plures fuisse populos, ad quos hæ litteræ missæ fuerint. Postquam enim exposuit, quid illæ litteræ continerent, subjungit: Circa alias qui-

dem civitates per tabellarios duntaxat litteras illas misit: Rhodum vero etiam legatos cum litteris. Itaque hic Livii locus culpa librariorum deformatus profecto est, et ejus sententia ex Polybio refingenda.
[48] Qui plus . . . excellant] Si hoc modo legatur, vacat τὸ plus. Lege quo plus. Polybius, ὅσῳ γὰρ πλεῖον ὀρέγονται τῆς ἰσηγορίας καὶ παῤῥησίας, καὶ διαρελᾶσι προσστᾶντες ὃ μόνον τῆς αὐτῶν, ἀλλὰ καὶ τῆς τῶν ἄλλων Ἑλλήνων ἐλευθερίας.

U. C. 561.
A. C. 171.

'partam, disjungeret sibi ab Romanis.' "Ab Rhodo redeuntes, Boeotiae quoque civitates, et Thebas, et Coronaeam, et Haliartum, adierunt : quibus expressum invitis existimabatur, ut, relicta regia societate, Romanis adjungerentur. Thebani nihil moti sunt : quamquam nonnihil, et damnatis principibus, et restitutis exsulibus, succensebant Romanis. Coronaei et Haliartii, favore quodam insito in reges, legatos in Macedoniam miserunt, praesidium petentes, quo se adversus inpotentem superbiam Thebanorum tueri possint. Cui legationi responsum ab rege est *, 'praesidium se propter 'induecias cum Romanis factas mittere non posse : tamen 'suadere, ita a Thebanorum injuriis, qua possent, ut se vin- 'dicarent, ne Romanis praeberent caussam in se saeviendi.'

Marcius legationem renunciat.

XLVII. Marcius et Atilius Romam quum venissent, legationem in Capitolio ita renunciarunt, ut nulla re magis gloriarentur, quam decepto per inducias et spem pacis rege. 'Adeo enim adparatibus belli fuisse instructum, ipsis nulla 'parata re, ut omnia opportuna loca praeoccupari ante ab eo 'potuerint, quam exercitus in Graeciam trajiceretur. Spatio 'autem induciarum sumto, venturum illum nihilo paratiorem ; '. Romanos omnibus instructiores rebus coepturos bellum. '. Boeotorum quoque se concilium arte distraxisse, ne con- 'jungi amplius ullo consensu Macedonibus possent.' Haec, ut summa ratione acta, magna pars senatus adprobabat :

Senibus inprobatus.

veteres et moris antiqui memores negabant, 'se in ea lega- 'tione Romanas agnoscere artes. Non per insidias et noc- 'turna proelia, nec simulatam fugam inprovisosque ad 'incautum hostem reditus, nec ut astu magis, quam vera 'virtute, gloriarentur, bella majores gessisse. '* indicere 'prius, quam gerere, solitos bella, denunciare etiam ; in- 'terdum locum finire, in quo dimicaturi essent. Eadem fide '. indicatum Pyrrho regi medicum, vitae ejus insidiantem : ea- 'dem 51 Faliscis vinctum traditum proditorem liberorum regis. 'Haec Romana esse, non versutiarum Punicarum, neque calli- 'ditatis Graecae : apud quos fallere hostem, quam vi superare, 'gloriosius fuerit. Interdum in praesens tempus plus profici '. dolo, quam virtute : sed ejus demum animum in purpetuum

* est del. Crev.

40 *Ab Rhodo redeuntes, Boeotiae quoque civitates*] Polybius diversos legatos Rhodum et in Boeotiam missos esse clare docet Legat. 65. et 66. Quod ideo observamus, quia ceteroquin eum in hac omni narratione sequitur et exscribit noster.

50 *Indicere .. solitos bella, denunciare etiam*] Bellum indicebatur senatus decreto ac populi jussu : tum denunciabatur vel ipsi utique regi aut populo,

cui indictum fuerat, vel saltem ad proximum in finibus praesidium. Vid. supra, l. xxxi. c. 8.

51 *Faliscis vinctum traditum proditorem liberorum regis*] Sigonius existimat alios hic auctores secutum esse Livium, quam quos secutus est in ipsa re narranda, supra l. v. c. 27. Gronovius legi posse putat *proditorem liberorum magistrum.*

' vinci, cui confessio expressa sit, se neque arte, neque casu, U. C. 581.
' sed conlatis cominus viribus, justo ac pio bello esse supera- A. C. 171.
' tum.' Hæc seniores, quibus nova hæc minus placebat sapientia. vicit tamen ea pars senatus, cui potior utilis, quam
honesti, cura erat, ut comprobaretur prior legatio Marcii, [52] et
eodem rursus in Græciam cum quinqueremibus remitteretur, In Græciam
juberetur̨ue cetera, uti e republica maxime visum esset, remittitur.
agere. A. quoque Atilium miserunt ad occupandam Larissam in Thessalia, timentes, ne, si induciarum dies exisset,
Perseus, præsidio eo [b] misso, caput Thessaliæ in potestate
haberet. Duo millia peditum Atilius ab Cn. Sicinio accipere ad eam rem agendam jussus. et P. Lentulo, qui ex
Achaia redierat, trecenti [c] milites Italici generis dati, ut
[53] Thebis daret operam, ut in potestate Bœotia esset.

XLVIII. His præparatis, quamquam ad bellum consilia Legati Per-
erant destinata, senatum tamen præberi legatis placuit. sei auditi.
Eadem fere, quæ in conloquio ab rege dicta erant, [54] relata
ab legatis. Insidiarum Eumeni factarum crimen, et maxima cura, et minime tamen probabiliter, (manifesta enim
res erat) defensum. Cetera deprecatio erat : sed non eis
animis audiebantur, qui aut doceri, aut flecti possent. Denunciatum, extemplo mœnibus urbis Romæ, Italia intra Excedere
trigesimum diem excederent. P. Licinio deinde consuli, Italia jussi.
cui Macedonia provincia obvenerat, denunciatum, ut exercitui diem primam quamque diceret ad conveniendum. C. Lucretius
Lucretius prætor, cui classis provincia erat, cum quadra- Pr. in Græ-
ginta quinqueremibus ab urbe profectus : nam ex refectis ciam navi-
navibus alias in alium usum retineri ad urbem placuit. gat.
Præmissus a prætore est [55] frater Lucretius [d] cum quinque-
reme una : jussusque, ab sociis ex fœdere acceptis navibus,
ad Cephalleniam classi obcurrere. ab Rheginis triremi una,
ab Locris duabus, ab Uritibus quatuor, præter oram Italiæ
supervectus Calabriæ extremum promontorium in Ionio
mari, Dyrrhachium trajicit. Ibi decem ipsorum Dyrrha-
chinorum, duodecim Issæorum, quinquaginto quatuor Gentii regis lembos nactus, simulans se credere, eos in usum
Romanorum comparatos esse, omnibus abductis, die tertio
Corcyram, inde protinus in Cephalleniam trajicit. C. Lu-

---

[b] eo del. Gron. Crev.     [c] treceni Eæd.     [d] M. Lucretius Crev.

[52] Et eodem rursus in Greciam]
Tolle duas postremas voces, manifestum glossema, interpretando τῷ eodem
inepte additum. Idem plane vitium
irrepserat supra l. XXXVII. c. 19. eodem
Adramytteum, ubi itidem nomen urbis
tollendum esse monuimus. Hic videtur præterea excidisse numerus quin-
queremium.

[53] * Thebis] Thebis manens, Thebas
tenens.
[54] * Relata] Iterata.
[55] Frater M. Lucretius] In vulgatis
hic prætoris frater caret prænomine.
Restitutum ei est hoc loco ex auctoritate Gronovii, qui observavit eum appellari M. Lucretium, infra c. 56.

U. C. 581.
A. C. 171.

cretius prætor ab Neapoli profectus, superato freto, die quinto in Cephalleniam transmisit. Ibi stetit classis, simul opperiens, ut terrestres copiæ trajicerentur, simul, ut onerariæ, ex agmine suo per altum dissipatæ, consequerentur.

Licinius Cos. proficiscitur in Macedoniam.

XLIX. Per hos forte dies P. Licinius consul, votis in Capitolio nuncupatis, paludatus ab urbe profectus est. Semper quidem ea res cum magna dignitate ac majestate geritur: præcipue tamen convertit oculos animosque, quum ad magnum nobilemque, aut virtute aut fortuna, hostem, euntem consulem prosequuntur. Contrahit enim non [56] officii modo cura, sed etiam studium spectaculi, ut videant ducem suum, cujus imperio consilioque [57] summam rempublicam tuendam permiserunt. Subit deinde cogitatio animum, qui belli casus, quam incertus fortunæ eventus, communisque Mars belli sit: adversa, secunda, quæque incitia et temeritate ducum clades sæpe acciderent; quæ contra bona prudentia et virtus adtulerit. Quem scire mortalium, utrius mentis, utrius fortunæ consulem ad bellum mittant? triumphantemne mox cum exercitu victore scandentem Capitolium ad eosdem Deos, a quibus proficiscatur, visuri; an hostibus eam præbituri lætitiam sint? Persei autem regi, adversus quem ibatur, famam et bello clara Macedonum gens, et Philippus pater, inter multa prospere gesta Romano etiam nobilitatus bello, præbebat; tum ipsius Persei numquam, ex quo regnum accepisset, desitum belli exspectatione celebrari nomen. cum his cogitationibus omnium ordinum homines proficiscentem consulem prosecuti sunt. Duo consulares tribuni militum cum eo missi, C. Claudius, Q. Mucius; et tres inlustres juvenes, P. Lentulus, et duo Manlii Acidini. alter [58] M. Manlii, alter L. Manlii filius erat. Cum iis consul Brundisium ad exercitum, atque inde, cum omnibus copiis transvectus, ad Nymphæum in Appolloniati agro posuit castra.

Perseus consilium habet.

L. Paucos ante dies Perseus, postquam legati, ab Roma regressi, præciderant spem pacis, consilium habuit. Ibi [59] aliquamdiu diversis sententiis certatum est. Erant, quibus vel stipendium pendendum, si injungeretur, vel agri parte cedendum, si multarent; quidquid denique aliud pacis caussa patiendum esset, non recusandum videretur, nec committendum, ut in aleam tanti casus se regnumque daret. ' Si possessio haud ambigua regni maneret, multa diem

---

[56] *Officii*] Privati: * ut cuique cum eo qui proficiscitur privatim aut amicitia, aut cognatio, aut alia aliqua necessitudo est.

[57] *Summam rempublicam*] Et hic, quemadmodum supra, c. 33. inversæ erant literæ *P. R.* pro *R. P.*

[58] *M. Manlii*] Atqui supra, l. VI. c. 20. memoravit Livius gentis Manliæ decreto cautum esse, ne quis deinde *M. Manlius* vocaretur. Itaque hic vitium est in prænomine.

[59] *Aliquamdiu diversis*] Sic recte Sigonius pro *aliquam diversis.*

'tempusque adferre posse, quibus non amissa modo recupe- U. C. 581.
'rare, sed timendus ultro iis esse, quos nunc timeret, posset.' A. C. 171.
Ceterum multo major pars ferocioris sententiæ erat : ' Quid-
'quid cessisset, cum eo simul regno protinus cedendum esse,'
adfirmabant. ' Neque enim Romanos pecunia aut agro egere :
'sed hoc scire, quum omnia humana, tum maxima quæque
'et regna et imperia sub casibus multis esse. [60] Karthagini-
'ensium opes fregisse sese, et cervicibus eorum præpotentem
'finitimum regem inposuisse : Antiochum progeniemque ejus
'[61] ultra juga Tauri remotum. Unum esse Macedoniæ regnum,
'et regione propinquum et quod, [62] sicubi populo Romano *
'sua fortuna labet, antiquos animos regibus suis videatur
'posse facere. Dum integræ res [63] ** apud animum suum
'Persea debere, utrum, singula concedendo, nudatus ad ex-
'tremum opibus extorrisque regno, Samothraciam aliamve
'quam insulam petere ab Romanis, ubi privatus superstes
'regno suo in contemtu atque inopia consenescat, malit : an,
'armatus vindex fortunæ dignitatisque suæ, ita ut viro forti
'dignum sit, patiatur, quodcumque casus belli tulerit ; aut
'victor liberet orbem terrarum ab imperio Romano. Non
'esse admirabilius Romanos Græcia pelli, quam Hannibalem
'Italia pulsum esse. neque, Hercule, videre, qui conveniat,
'fratri, adfectanti per injuriam regnum, summa vi restitisse ;
'alienigenis bene parto eo cedere. [64] Postremo ita bello et pace
'quæri, ut inter omnes conveniat, nec turpius quidquam esse,
'quam sine certamine cessisse regno : nec præclarius quid-
'quam, quam pro dignitate ac majestate omnem fortunam
'expertum esse.'

LI. Pellæ, in vetere regia Macedonum, hoc consilium erat.
'Geramus ergo,' inquit, ' Diis bene juvantibus, quando ita
'videtur, bellum :' literisque circa præfectos dimissus, Citium (Macedoniæ oppidum est) copias omnes contrahit.
ipse centum hostiis sacrificio regaliter [65] Minervæ, quam

[e] *populus Romanus* Gron. Crev.

[60] *Carthaginiensi:m opes fregisse sese*]
Vox *sese* redundat, et videtur nata esse
ex vitiosa repetitione ultimarum litte-
rum verbi præcedentis.

[61] *Ultra juga Tauri remotum*] Hic
quoque, ut c. 42. supra, magis placeret
*emotum*.

[62] *Sicubi populus Romanus sua fortuna labet*] Recte videtur emendare
Clericus, *Sicubi populo Romano sua
fortuna labet*. Atque id quidem eo
facilius admitti debet, quod *P. R.* aut
additis paucuulis litteris *Pop. Rom.* scribere vulgo solebant.

[63] *Sint cogitare*] Has duas voces adjicit Sigonius explendo sensui.

[64] *Postremo ita bello et pace quæri*]
Locus corruptus : cujus sensum ægre,
verba nullomodo assequi nos posse speramus. Ceterum ex particulis *ita, . ut*
videtur inferri posse, aliquid priore
membro dictum fuisse, quod aliquatenus
adversaretur iis quæ in secundo membro
dicuntur : prorsus quasi priori membro
præfixum esset τὸ *quamvis*, alteri tamen.
Itaque suspicamur hanc fuisse Livii
mentem, ut significare voluerit, ita potiorem esse bello pacem, *ut tamen inter
omnes conveniat, etc.*

[65] *Minervæ, quum vocant Alcidem*]
Probabilis videtur Turnebi conjectura,
qui legit *Alcidemum*, id est, populi ro-

U. C. 581.
A. C. 171.
Copiæ Per-
sei.

vocant Alcidem, confecto, cum purpuratorum et satellitum manu profectus Citium est. eo jam omnes Macedonum externorumque auxiliorum convenerant copiæ. Castra ante urbem ponit, omnesque armatos [66] in campo struxit. [67] Summa omnium quadraginta millia armata fuere : quorum pars ferme dimidia phalangitæ erant. [68] Hippias Berœæus præerat. Delecta deinde et viribus et robore ætatis, ex omni cætratorum numero, duo erant agemata : hanc ipsi legionem vocabant. Præfectos habebant Leonatum et Thrasippum [69] Eulyestas. Ceterorum cætratorum trium ferme millium hominum, dux erat Antiphilus Edessæus. Pæones, et ex [70] Parorea et Parstrymonia (sunt autem ea loca subjecta Thraciæ) et Agrianes, admixtis etiam [71] Thracibus incolis, trium millium ferme et ipsi expleverunt numerum. Armaverat contraxeratque eos Didas Pæon, qui adolescentem Demetrium occiderat. Et armatorum duo millia Gallorum erant, præfecto Asclepiodoto. Ab Heraclea ex Sintiis tria millia Thracum liberorum suum ducem habebant. Cretensium par pene numerus suos duces sequebatur : Susum Phalasarneum et Syllum Gnossium. Et Leonides Lacedæmonius quingentis ex Græcia, mixto generi hominum, præerat. Regii is generis ferebatur ; exsul, damnatus frequenti concilio Achæorum, literis ad Persea deprensis. Ætolorum et Bœotorum, qui non explebant plus quam quingentorum omnes numerum, Lyco· Achæus præfectus erat. Ex his mixtis tot populorum, tot gentium auxiliis duodecim millia armatorum ferme efficiebantur. Equitum ex tota Macedonia contraxerat tria millia. Venerat eodem Cotys, Seuthæ filius, rex gentis Odrysarum, cum mille delectis equitibus, pari ferme peditum numero. Summa totius exercitus triginta novem millia peditum erant, quatuor equitum. Satis constabat, [72] secundum eum exercitum, quem Magnus Alex-

---

† add. tres Doer.

bar. In hanc mentem eum deduxerunt alia quædam Minervæ cognomina huic affinia, ut Λαόσας, populi salus, 'Αλκιμάχη, fortiter pugnans.

[66] *In campo struxit*] Melius videretur Gronovio *instruxit.*

[67] *Summa omnium*] Vel hic intelligendi sunt soli pedites, vel numerus male conceptus est, legendumque *quadraginta tria millia.* Vid. hoc ipso capite versus finem.

[68] *Hippias Berœæus*] Olim *Berœus* : ut et infra legebatur *Antiphilus Edessæus* pro *Edessæus.* Utrumque nomen correxit idem Sigonius.

[69] *Eulyestas*] Turnebus, *Elymiotas.* Forte *Lyncestas.* GRONOVIUS.

[70] *Parorea*] Hoc nomen ex vi vocabuli exprimit regionem montibus pro-

pinquam. *Parstrymonia* regio est ad Strymonem.

[71] * *Thracibus incolis*] Thracibus qui in Agrianum regionem transierant, ibique habitabant.

[72] *Secundum eum exercitum quem Magnus Alexander*] Ita loquitur Livius, quasi Alexandri exercitus Persei copias vel superasset numero, vel certe æquasset. Constat tamen ex scriptorum omnium consensu, ipsum illum exercitum Orbis domitorem minus militum habuisse, quam quot secum Perseus ducebat. Plutarcho auctore in Alexandro, copiarum ejus numerum qui maximum edidere, tradunt fuisse quatuor et triginta millium peditum, equitum quatuor. Justinus, l. XI. c. 6. triginta duo ei peditum millia tri-

ander in Asiam trajecit, numquam ullius Macedonum regis U. C. 581.
copias tantas fuisse. A. C. 171.

LII. Sextus et vicesimus annus agebatur, ex quo petenti
Philippo data pax erat : per id omne tempus quieta Macedonia et progeniem ediderat, cujus magna pars matura militiæ esset, et levibus bellis Thracum adcolarum, quæ exercerent magis, quam fatigarent, sub assidua tamen militia
fuerat : et diu meditatum Philippo primo, deinde et Persi,
Romanum bellum, omnia ut instructa parataque essent,
effecerat. Mota parumper acies, ([73] non justo decursu tamen) ne stetisse tantum in armis viderentur : armatosque,
sicut erant, ad concionem vocavit. Ipse constitit in tribunali, circa se habens filios duos : quorum major Philippus,
natura frater, adoptione filius ; minor, quem Alexandrum
vocabant, naturalis erat. Cohortatus est milites ad bellum :
[74] injuriam populi Romani in patrem seque commemoravit : Oratio Per-
' Illum, omnibus indignitatibus compulsum ad rebellandum, sei ad mi-
' inter adparatum belli fato obpressum : ad se simul legatos, lites.
' simul milites ad occupandas Græciæ urbes missos. Fallaci
' deinde conloquio per speciem reconciliandæ pacis extractam
' hiemem, ut tempus ad comparandum haberent. Consulem
' nunc venire cum duabus legionibus Romanis, quæ [75] ** tre-
' cenos equites habeant, et pari ferme numero sociorum pedi-
' tum equitumque. Eo ut accedant regum auxilia Eumenis
' et Masinissæ, non plus septem millia peditum, duo equitum
' futura. Auditis hostium copiis, respicerent suum ipsi ex-
' ercitum ; quantum numero, quantum genere militum præ-
' starent tironibus, raptim ad id bellum conscriptis, ipsi, a
' pueris eruditi artibus militiæ, tot subacti atque durati bellis.
' Auxilia Romanis Lydos, et Phrygas, et Numidas esse : sibi
' Thracas, Gallosque, ferocissimas gentium. Arma illos ha-
' bere ea, quæ sibi quisque paraverit pauper miles : Mace-
' donas promta ex regio adparatu, per tot annos patris sui
' cura et inpensa facta. Commeatum illis quum procul, tum
' omnibus sub casibus maritimis fore : se et pecuniam et fru-
' mentum, præter reditus metallorum, in decem annos
' seposuisse. Omnia, quæ Deorum indulgentia, quæ regia

buit, quatuor millia et quingentos
equites : quam sententiam videtur ipse
secutus esse Livius, l. IX. c. 19. Vid. et
Freinshem. qui ex priscis monumentis
rem diligenter exsequitur, Suppl. in
Curtium, l. II. c. 3.

[73] Non justo decursu tamen, ne stetisse
tantum] Transponit Muretus : non justo
decursu tamen ; tantum, ne stetisse in
armis viderentur. GRONOVIUS. * Non
decurrerunt plane : id tantum edidere
motus, quod necesse erat ut non stetisse

in armis omnino quieti viderentur.

[74] Injuriam populi Romani] Magis
placeret injurias. Libro II. c. 38.
Veteres populi Romani injurias, clades-
que gentis Volscorum.

[75] Singulæ sena millia peditum et
trecenos equites] Quinque primas voces
inseruit Clericus ex mente Gronovii.
Manifestum erat aliquid hoc loco deesse.
Cur enim Perseus de solis equitibus
mentionem faceret. Trecenos reposuit
Sigonius pro tricenos.

U. C..581.
A. C. 171.

' cura præparanda fuerant, plena cumulataque habere Mace-
' donas. animum habendum esse, quem habuerint majores
' eorum ; qui, Europa omni domita, transgressi in Asiam, in-
' cognitum famæ aperuerint armis orbem terrarum : nec ante
' vincere desierint, quam [76] Rubro mari inclusis, quod vince-
' rent, defuerit. At, Hercule, nunc non de ultimis Indiæ
' oris, sed de ipsius Macedoniæ possessione certamen fortunam
' indixisse. Cum patre suo gerentes bellum Romanos
' [77] speciosum Græciæ liberandæ tulisse titulum. nunc pro-
' palam Macedoniam in servitutem petere, ne rex vicinus im-
' perio sit Romano, ne gens bello nobilis arma habeat. Hæc
' enim tradenda superbis dominis esse cum rege regnoque, si
' absistere bello, et facere imperatà velint.'

LIII. Quum per omnem orationem satis frequenti adsensu subclamatum esset ; tum vero ea vociferatio, simul
indignantium minitantiumque, partim jubentium bonum
animum habere regem, exorta est, ut finem dicendi faceret.
[78] tantum jussis ad iter parare [g], (jam enim dici, movere cas-

Macedoniæ
civitates
pecuniam
obferunt.

tra ab Nymphæo Romanos) concione dimissa, ad audien-
das legationes civitatium Macedoniæ se contulit. venerant
autem ad pecunias, pro facultatibus quæque suis, et frumentum pollicendum ad bellum. Omnibus gratiæ actæ, remissum omnibus ; satis regios adparatus ad ea dictum subfi-
cere : vehicula tantum imperata, ut tormenta, telorumque
missilium ingentem vim præparatam, bellicumque aliud instrumentum veherent. Profectus inde toto exercitu, Eor-
dæam [h] petens, ad Begorritem, quem vocant, lacum positis
castris, postero die in Elimeam ad Haliacmona fluvium pro-

It in Thes-
saliam.

cessit. Deinde saltu angusto superatis montibus, quos
Cambunios vocant, descendit [79] ad (Tripolim vocant) Azorum, [80] Pythium, et Dolichen incolentes. Hæc tria oppida
paullisper cunctata, quia obsides Larissæis dederant, victa
tamen præsenti metu, in deditionem concesserunt. Benigne
his adpellatis, haud dubius Perrhæbos quoque idem facturos, [81] urbem, nihil cunctatis, qui incolebant, primo adventu
recipit. [82] Cyretias obpugnare coactus [i], primo etiam die

[g] parari Crev.      [h] Eordeam Gron. Crev.      [i] conatus Gron.

[76] Rubro mari] Id est, Indico. Veteres Rubri maris nomine non intelli-
gebant solummodo Arabicum sinum,
cui nunc soli hæc appellatio remansit,
sed et Persicum sinum, teste Plinio, l.
VI. c. 24. atque etiam Indicum mare :
ut patet ex hoc loco, et ex Curtio l.
VIII. c. 9. in descriptione Indiæ.

[77] Speciosum . . . tulisse titulum]
Gronovius legit prætulisse.

[78] Tantum jussis ad iter parari]
Sigonius emendavit, quum prius legeretur parare.

[79] * Ad (Tripolim vocant) Azorum..
incolentes] Ad incolentes Azorum, Pythium, et Dolichen, quam quidem regionem Tripolim vocant. Tripolis vox
Græca est, indicans regiunculam tribus
oppidis habitatam.

[80] Pythium] Vulgo Pythoum, Mutavit Sigonius ex Plutarcho in Paulo, et
Stephano.

[81] Urbem, nihil cunctatis] Patet excidisse nomen urbis.

[82] Cyretias oppugnare coactus] Sic
habuit vetus exemplar. Sigonius jus-

acri concursu ad portas armatorum est repulsus: postero die U. C. 581.
omnibus copiis adortus, [63] in deditionem omnes ante noctem A. C. 171.
accepit.

LIV. Mylæ, proximum oppidum, ita munitum, ut inexsuperabilis munimenti spes incolas ferociores faceret, non
portas claudere regi satis habuerunt, sed [64] probris quoque
in ipsum Macedonasque procacibus jaculati sunt. quæ res,
quum infestiorem hostem ad obpugnandum fecisset, ipsos
desperatione veniæ ad tuendos sese acrius accendit. Itaque
per triduum ingentibus utrimque animis et obpugnatæ sunt,
et defensæ. Multitudo Macedonum ad subeundum in vicem
prœlium haud difficulter succedebat : oppidanos, diem,
noctem eosdem tuentes mœnia, non vulnera modo, sed
etiam vigiliæ et continens labor conficiebat. quarto die quum
et scalæ undique ad muros erigerentur, et porta vi majore
obpugnaretur; oppidani depulsi muris ad portam tuendam
concurrunt, eruptionemque repentinam in hostes faciunt.
quæ quum iræ magis inconsultæ, quam veræ fiduciæ virium
esset, pauci et fessi ab integris pulsi terga dederunt ; fugien-
tesque per patentem portam hostes acceperunt. Ita capta
urbs ac direpta est. libera quoque corpora, quæ cædibus su-
perfuerunt, venumdata. Diruto magna ex parte et incenso
oppido profectus, ad Phalannam castra movit : inde postero
die Gyrtonem pervenit. Quo quum T. Minucium Rufum et
Hippiam, Thessalorum prætorem, cum præsidio intrasse
accepisset, ne tentata quidem obpugnatione, prætergressus,
[66] Elatiam et Gonnum, perculsis inopinato adventu oppidanis, recepit. Utraque oppida in faucibus sunt, quæ
Tempe adeunt; magis Gonnus. itaque et firmiore id præsidio tutum equitum peditumque, ad hoc fossa triplici ac
vallo munitum, reliquit. Ipse, ad Sycurium progressus,
opperiri ibi hostium adventum statuit : simul et frumentari
passim exercitum jubet in subjecto hostium agro. namque
Sycurium est sub radicibus Ossæ montis. qua in meridiem
vergit. subjectos habet Thessaliæ campos : ab tergo Mace-

---

sit legi *conatus*, quæ infelix emendatio
plerosque editos occupavit. Perspicuum tamen est primo nihil minus convenire huic loco, quam verbum *conatus*.
Non enim Cyretias Perseus oppugnare
conatus est, sed et oppugnavit revera,
et cepit. Deinde non minus clarum
est, verbum *coactus* hic spprime quadrare. Urbem in Perrhæbis Perseus
primo adventu receperat. At non eadem facilitate Cyretiis potius est. Eas
oppugnare est coactus, atque etiam
primo die repulsus est.

[63] *In deditionem omnes ante noctem*

VOL. IV.

*accepit*] Vox *omnes* nullum hic locum
habet : ac facile crediderimus eam male
natam esse ex propinqua voce *omnibus*,
quæ reperitur in præcedenti membro.

[64] *Probris ... jaculati sunt*] Gronovius observat usitatius dici *jaculari aliquid*, vel pro scopo, ut *Dextera sacras
jaculatus arces*; vel pro telo, ut *jaculatus puppibus ignes*. Itaque legit vel
*probra .. jaculati sunt*, vel, si utique
*probris* retineatur, *joculati*.

[65] *Elatiam et Gonnum*] Sua his urbibus restituit nomina Sigonius. Prius
legebatur *Velatias et Cynnum*.

G

U. C. 581.
A. C. 171.
doniam atque Magnesiam. Ad has opportunitates accedit summa salubritas et copia, pluribus circumjectis fontibus, perennium aquarum.

Cos. ad re-
gemvadit.
LV. Consul Romanus, per eosdem dies Thessaliam cum exercitu petens, iter expeditum primo per Epirum habuit; deinde, postquam in Athamaniam est transgressus, asperi ac prope invii soli, cum ingenti difficultate parvis itineribus ægre Gomphos pervenit : cui si, vexatis hominibus equisque, tironem exercitum ducenti acie instructa et loco suo et tempore obstitisset rex, ne Romani quidem abnuunt, magna sua cum clade fuisse pugnaturos. Postquam Gomphos sine certamine ventum est, præter gaudium periculosi saltus superati, contemtus quoque hostium, adeo ignorantium opportunitates suas, accessit. Sacrificio rite perfecto, consul, et frumento dato militibus, paucos ad requiem jumentorum hominumque moratus dies, quum audiret vagari Macedonas effusos per Thessaliam, vastarique sociorum agros, satis jam refectum militem ad Larissam ducit. Inde, quum tria millia ferme abesset a Tripoli, (Sceam vocant) super Peneum

Eumenis.
adventus.
amnem posuit castra. Per idem tempus Eumenes ad Chalcidem navibus accessit cum Attalo atque Athenæo fratribus, Philetæro fratre relicto Pergami ad tutelam regni. inde cum Attalo et quatuor millibus peditum, mille equitum, ad consulem venit. Chalcide relicta duo millia pedi-

Alia auxilia.
tum, quibus Athenæus præpositus. Et alia eodem auxilia Romanis ex omnibus undique Græciæ populis convenerunt, quorum pleraque (adeo parva erant) in oblivionem adducta. Apolloniatæ trecentos equites, centum pedites miserunt. Ætolorum [96] alæ unius instar, quantum in tota gente equitum erat, venerant : et [97] Thessalorum omnis equitatus separatus erat. non plus quam trecenti erant equites in castris Romanis. Achæi juventutis suæ, Cretico maxime armatu, ad mille dederunt.

LVI. Sub idem tempus et C. Lucretius prætor, qui

Lucretius
Pr. in Bœo-
tia.
navibus præerat ad Cephalleniam, M. Lucretio fratre cum classe [98] super Maleam Chalcidem jusso petere, ipse triremem conscendit, sinum Corinthium petens ad præoccupandas in Bœotia res. tardior ei navigatio propter infirmitatem corporis fuit. M. Lucretius, Chalcidem adveniens, quum a P. Lentulo Haliartum obpugnari audisset, nuncium, prætoris verbis, qui abscedere eum inde juberet, misit. Bœoto-

[96] * Alæ unius instar] Ex vi verborum, imago ac species unius alæ : Id est, una propemodum ala. Ala apud Romanos trecentorum ferme equitum erat.

[97] Thessalorum omnis equitatus separatus erat] Huc illuc : sparsus quia

nempe, quum in Thessalia bellum gereretur, per omnem regionem distribuerant sese, ut varias ejus partes adversus præsentem hostem tuerentur.

[98] * Super Maleam] Superando Maleam promontorium.

rum juventute, quæ pars cum Romanis stabat, eam rem ad- U. C. 581.
gressus legatus, a mœnibus abscessit.  ·Hæc soluta obsidio A. C. 171.
locum alteri novæ obsidioni dedit. namque extemplo M.
Lucretius .cum exercitu navali, decem millibus armatorum,
ad hoc duobus millibus regiorum, qui sub Athenæo erant,
Haliartum circumsedit : parantibusque jam obpugnare, supervenit a Creusa prætor.     Ad idem fere tempus et ab sociis naves Chalcidem convenerunt: duæ Punicæ quinqueremes, duæ ab Heraclea ex Ponto triremes, quatuor Chal-
cedone, totidem Samo, tum quinque Rhodiæ quadriremes.
Prætor, quia nusquam erat maritimum bellum, remisit sociis. et Q. Marcius Chalcidem navibus venit, Alope capta,
Larissa, quæ Cremaste dicitur, obpugnata.    Quum hic status in Bœotia esset, Perseus, quum ad Sycurium (sicut ante
dictum est) stativa haberet, frumento undique circa ex agris
convecto, ad vastandum agrum Pheræorum misit : ratus ad
juvandas sociorum urbes longius ab castris abstractos deprehendi Romanos posse.    Quos quum eo tumultu nihil mo-
tos animadvertisset, [89] prædam quidem, præterquam hominum, (pecora autem maxime omnis generis fuere) divisit ad
epulandum militibus.

     LVII. Sub idem deinde tempus consilium et consul et Perseus in
rex habuerunt, unde bellum ordirentur.  [90] Regis creverunt Romanos
animi vastatione concessa sibi ab hoste Pheræi agri. itaque ducit.
eundum inde ad castra, nec dandum ultra spatium cunctan-
di, censebat.    Et Romani censebant, cunctationem suam
infamem apud socios esse, maximopere indigne ferentes,
non latam Pheræis opem.    Consultantibus, quid agerent,
(aderant autem Eumenes et Attalus in consilio) trepidus
nuncius adfert, hostem magno agmine adesse.    Consilio dimisso, signum extemplo datur, ut ·arma capiant.    Interim
placet, ex regiis auxiliis centum equites et parem numerum
jaculatorum peditum exire.  [91] Perseus hora ferme diei quarta, quum paullo plus mille passus abesset a castris Romanis,
consistere signa peditum jussit. [92] prægressus ipse cum equitibus ac levi armatura, et Cotys cum eo ducesque aliorum
auxiliorum præcesserunt.    Minus quingentos passus ab castris aberant, quum in conspectu fuere hostium equites: duæ
alæ erant magna ex parte Gallorum, (Cassignatus præerat)
et levis armaturæ centum fere et quinquaginta Mysi aut
Cretenses.    Constitit rex, incertus quantum esset hostium.

---

89 *Prædam quidem*] Vacat particula
*quidem*.    Gronovius suspicatur legendum, *prædæ quod erat*.

     90 *Regis creverunt animi*] Magis pla-
ceret : *Regi creverunt animi*.

     91 *Perseus hora ferme diei quarta*] Ad-

jecit Sigonius vocem *hora*, quæ commode abesse non poterat.

     92 *Prægressus ipse . . . et Cotys cum
eo ducesque . . . præcesserunt*] Manifestum est vacare ultimam vocem.

U. C. 581.
A. C. 171.
Equestre
prœlium.

Duas inde ex agmine turmas Thracum, duas Macedonum
cum binis Cretensium cohortibus et Thracum, misit.  Prœlium, quum pares numero essent, neque ab hac aut illa parte
nova auxilia subvenirent, incerta victoria finitum est.  Eumenis ferme triginta interfecti; inter .quos Cassignatus dux
Gallorum cecidit. et tunc quidem Perseus ad Sycurium copias reduxit. postero die circa eamdem horam in eumdem
locum rex copias admovit, plaustris cum aqua sequentibus.
nam duodecem millium passuum via omnis sine aqua, et
plurimi pulveris erat: adfectosque siti, si [93] primo in conspectu dimicassent, pugnaturos fuisse adparebat.  Quum
Romani quiessent, stationibus etiam intra vallum reductis,
regii quoque in castra redeunt.  Hoc per aliquot dies fecerunt, sperantes fore, ut Romani equites abeuntium novissimum agmen adgrederentur. inde certamine orto, quum longius a castris eos elicuissent, facile, ubiubi essent, se, qui
equitatu et levi armatura plus possent, conversuros aciem.

LVIII. Postquam inceptum non succedebat, castra propius hostem movit rex, et a quinque millibus passuum communiit. inde, luce prima in eodem, quo solebat, loco pedi-
Perseus
equitatum
omnem ad
castra hos-
tium ducit.
tum acie instructa, equitatum omnem levemque armaturam
ad castra hostium ducit.  Visus et plurium et propior solito
pulvis trepidationem in castris Romanis fecit.  Et primo
vix creditum nuncianti est, quia prioribus continuis diebus
numquam ante horam quartam hostis adparuerat. tum solis
ortus erat.  Deinde ut plurium clamore et cursu a portis dubitatio exempta est, tumultus ingens oboritur. tribuni, prae-
fectique, et centuriones in praetorium; miles ad sua quisque
tentoria discurrit.  Minus quingentos passus a vallo instru-
xerat Perseus suos circa tumulum, quem Callicinum vocant.
Laevo cornu Cotys rex praeerat cum omnibus suae gentis:
equitum ordines levis armatura interposita distinguebat.  In
dextro cornu Macedones erant equites: intermixti turmis
eorum Cretenses. [94] Huic armaturae Milo Berœaeus, equitibus
et summae partis ejus Meno Antigonensis praeerat. [95] Proximi
cornibus constiterant regii equites, et mixtum genus, delecta
plurium gentium auxilia: [96] Patrocles Antigonensis hic [k] et
Praeoniae praefectus Didas erant praepositi.  Medius omnium

[k] his Crev.

93 * Primo in conspectu] Statim atque
hostis conspectus erat.  Ad pugnam
die proxime praecedenti affecti siti venissent, si statim atque conspexerant
hostem dimicassent. Ceterum non explicat Livius, cur aut unde sitim, intervallo facto, levarint.

94 Huic armaturae] Milo, sive Mi-
don, sic enim olim hic legebatur, prae-

erat levi armaturae Cretensium.  Equitibus praeerat Meno Antigonensis, et
insuper summam imperii in hac parte,
id est, in dextro cornu, habebat.

95 * Proximi cornibus] Intellige hos
locatos fuisse inter cornua et mediam
aciem, in qua rex erat.

96 Patrocles Antigonensis his] Sic jussit legi Gronovius.  Vulgo hic.

rex erat. circa eum [97] agema, quod vocant, equitumque [98] sa- U.C. 581.
cræ alæ. Ante se statuit funditores jaculatoresque : quadrin- A. C. 171.
gentorum manus utraque numerum expleverat. Ionem Thes-
salonicensem et Timanora Dolopem iis præfecit. sic regii constiterant. [99] Consul, intra vallum peditum acie instructa, et Consulis
ipse equitatum omnem cum levi armatura misit[1]. pro vallo acies.
instructi sunt. Dextro cornu præpositus C. Licinius Crassus, consulis frater, cum omni Italico equitatu, velitibus in-
termixtis : sinistro M. Valerius Lævinus sociorum et Græcis populis equites habebat, ejusdem gentis levem armaturam. Mediam autem aciem [1] cum delectis equitibus extraordinariis tenebat Q. Mucius. ducenti equites Galli ante
signa horum instructi, et de auxiliis Eumenis Cyrtiorum
gentis trecenti. Thessali quadringenti equites parvo intervallo [2] super lævum cornu locati. Eumenes rex Attalusque
cum omni manu sua ab tergo inter postremam aciem ac
vallum steterunt.

LIX. In hunc modum maxime instructæ acies, par ferme utrimque numerus equitum ac levis armaturæ, concurrunt, a funditoribus jaculatoribusque, qui præcesserunt,
prœlio orto. Primi omnium Thraces, haud secus quam diu Prœlium.
claustris retentæ feræ, concitati cum ingenti clamore in
dextrum cornu, Italicos equites, incurrerunt? ut usu belli
et ingenio inpavida gens turbaretur. gladiis hastas petere
pedites, nunc succidere crura equis, nunc ilia subfodere.
[3] Perseus, in mediam invectus aciem, Græcos primo inpetu

---

[1] *emisit* Gron. Crev.

---

[97] *Agema*] Sic vocavit Livius, lib.
XXXVII. c. 40. alam mille equitum :
supra c. 51. pedestrem manum, cetra-
torum nempe legionem. Suidæ *agema*
est agmen antecedens regem, e selectis
equitibus et peditibus. * Hic potius
equites intelligendi videntur. Pugna
enim de qua agitur, plane equestris
fuit ; nec pedites habuit, nisi leviter
armatos.

[98] *Sacræ alæ*] Vid. not. 28. ad c. 66.
infra.

[99] *Consul intra vallum*] Olim *proconsul*. Correxit Sigonius.

[1] *Cum delectis equitibus extraordinariis*] Qui sint equites extraordinarii,
explicavimus ad l. XXVII. c. 12. Ceterum vox *delectis* hic suspecta nobis
est. Neque enim *extraordinarii* equites tam multi erant, ut pars eorum
sufficeret ad tuendam mediam aciem.
Itaque vox *delectis* videtur eradenda
esse, tanquam apposita ab aliquo, qui
exponere voluerit sensum vocis *extra-

ordinariis*. Nisi forte legendum est,
*cum delectis equitibus et extraordinariis*.
Docet enim Polybius, l. VI. morem
fuisse, ut ex equitibus extraordinariis
rursum aliqui deligerentur, quos vocat
ipse ἐπιλέκτων ἀπολέκτους, et *extraordinariis delectos*, qui semper in castris,
in agmine, consulibus præsto essent.
Hos igitur poterimus hic intelligere, si
adjiciamus particulam *et*: sicque et
mitior, et fortasse verior erit emendatio.

[2] * *Super lævum cornu*] Ultra lævum cornu, in subsidiis : quod disertis
verbis exprimitur in ipsius pugnæ narratione.

[3] * *Perseus, in mediam invectus aciem,
Græcos .... avertit*] Græci non tenebant mediam consulis aciem, sed lævum
cornu. Itaque, si nihil hic peccavit
librariorum incuria, necesse est ut Perseus intelligatur, post tentatam mediam
hostium aciem, invectus esse in lævum
cornu.

U. C. 581.
A. C. 171.
avertit : quibus quum 'gravis ab tergo instaret hostis;
Thessalorum equitatus, qui a laevo cornu brevi spatio disjunctus in subsidiis fuerat extra concursum, primo spectator
certaminis, deinde, inclinata re, maximo usui fuit. Cedentes
enim sensim integris ordinibus, postquam se Eumenis
auxiliis adjunxerunt, et cum eo tutum inter ordines suos receptum sociis fuga dissipatis dabant, et, quum minus conferti
hostes instarent, progredi etiam ausi, multos fugientium obvios exceperunt. Nec ⁵ regii, sparsi jam ipsi passim sequendo,
cum ordinatis et certo ⁶ incedentibus gradu manus conserere
audebant. ⁷Quum, victor equestri proelio rex parvo momento

Rex eques-
tri proelio
victor.
si adjuvisset, debellatum esset, opportune ⁸adhortanti supervenit phalanx, quam sua sponte, ne audaci coepto ⁹ deessent,
Hippias et Leonatus raptim adduxerant, postquam prospere
pugnasse equitem acceperunt. Fluctuante rege inter spem
metumque tantae rei conandae, Cretensis Evander, quo ministro Delphis ad insidias Eumenis regis usus erat, postquam
¹⁰ agmen inpeditum venientium sub signis vidit, ad regem
adcurrit, et monere instituit, ' ne elatus felicitate summam
' rerum temere in non necessariam aleam daret. Si con-
' tentus bene re gesta quiesset eo die, vel pacis honestae con-
' ditionem habiturum, vel plurimos belli socios, qui fortunam
' sequerentur, si bellare mallet.' In hoc consilium pronior

Receptui
canit.
erat animus regis. Itaque, conlaudato Evandro, signa referri,
peditumque agmen redire in castra jubet ⁊ equitibus receptui
canere.

LX. Cecidere eo die ab Romanis ducenti equites, duo
millia, haud minus, peditum; capti ferme ducenti equites.
ex regiis autem viginti equites, quadraginta pedites interfecti. Postquam rediere in castra victores, omnes quidem

---

⁴ *Gravis*] Sic edidere Gronovii.
Quaedam aliae editiones *gravius*: minus
concinne. Idem mendum irrepserat
supra l. XXVII. ᴀ. 4. atque inde sublatum est, auctoribus scriptis.

⁵ *Regii, sparsi jam ipsi*] Macedones, qui et ipsi, dum sequuntur fugientes, ordines solverant. Nihil in hunc
locum, utpote clari admodum sensus,
annotaremus, nisi Dujatius *regios* in-
tellexisset Eumenis milites.

⁶ *Incidentibus*] Primum exemplar
habuit *incidentibus*. Emendavit Sigonius.

⁷ *Quum, victor equestri proelio rex
.. si adjuvisset, debellatum esset*] Potest quidem exponi: Quum debellatum
esset, si rex, qui victor jam equestri
proelio erat, parvo momento adjuvisset.
Mallemus tamen cum Sigonio et Gro-

novio legere : *debellaturus esset.*

⁸ *Adhortanti*] Si adhortabatur suos
Perseus ad peragendam victoriam, cur
igitur tam bona occasione segniter usus
est? An legemus, *adhuc stanti*, necdum receptui canere jubenti? quod
paulo post fecit.

⁹ *Deessent*] Sic maluit Sigonius.
Vetus exemplar *deesset.* Sed parum
interest.

¹⁰ *Agmen impeditum*] Observat Perizonius phalangem nullo modo *impeditam* dici potuisse, quae supra c. 58.
dicitur statissa instructa eo loco quo,
solebat, parata ad pugnam, ut ex tota
narratione patuit. Itaque legit *agmen
peditum.* Paulo post de eadem pha-
lange: *peditumque agmen redire in
castra jubet.*

læti, ante alios Thracum insolens lætitia eminebat : cum U. C. 581.
cantu enim [11] superfixa capita hostium portantes redierunt. A. C. 171.
Apud Romanos non mœstitia tantum ex male gesta re, sed
pavor etiam erat, ne extemplo castra hostis adgrederetur.
Eumenes suadere, ut trans Peneum transferret castra; ut Cos. trans
pro munimento amnem haberet, dum perculsi milites ani- Peneum
mos colligerent. Consul moveri flagitio timoris fatendi : castra
victus tamen ratione, silentio noctis transductis copiis, cas- transfert.
tra in ulteriore ripa communit. Rex, postero die ad lacessendos prœlio hostes progressus, postquam trans amnem in
tuto posita castra animadvertit, fatebatur quidem peccatum,
quod pridie non institisset victis; ˜ sed aliquanto majorem
culpam esse, quod noctu foret cessatum. nam. ut neminem
alium suorum moveret, levi armatura inmissa, trepidantium
in transitu fluminis hostium deleri magna ex parte copias potuisse. Romanis quidem præsens pavor demtus erat, in tuto
castra habentibus : damnum inter cetera præcipue famæ movebat. et in consilio apud consulem pro se quisque in Ætolos
conferebant caussam ; ' ab iis fugæ terrorisque principium
' ortum. secutos pavorem Ætolorum et ceteros socios Græ-
' corum populorum.' Quinque principes Ætolorum primi
terga vertentes conspecti dicebantur. Thessali pro concione
laudati, ducesque eorum etiam virtutis caussa donati.

. LXI. Ad regem spolia cæsorum hostium referebantur. dona Perseus
ex his, aliis arma insignia, aliis equos, quibusdam captivos suos donat.
dono dabat. scuta erant supra mille quingenta [m] ; loricæ tho-
raceæque [12] mille amplius summam explebant; galearum gla-
diorumque et missilium · omnis generis major aliquanto numerus. Hæc, per se ampla, pleraque multiplicata verbis
regis, quæ ad concionem vocato exercitu habuit. ' Præ-
' judicatum eventum belli habetis. Meliorem partem hos-
' tium, equitatum Romanum, quo invictos se esse gloriabantur,
' fudistis. Equites enim illis principes juventutis, equites se-
' minarium senatus : inde lectos in Patrum numerum con-
' sules, inde imperatores creant. horum spolia paullo ante
' divisimus inter vos. Nec minorem de legionibus peditum
' victoriam habetis. quæ, . nocturna . fuga vobis subtractæ,
' naufragorum trepidatione passim natantium . flumen com-
' pleverunt. Sed facilius nobis sequentibus . victos Peneum
' superare erit, quam illis trepidantibus fuit ; transgressique
' extemplo castra obpugnabimus, quæ hodie cepissemus, ni

ᵐ quingena Gron.

[11] *Superfixa capita*] Videtur excidisse
*hastis*, aut aliud teli nomen. GRONOVIUS.
   [12] *Mille amplius summam*] Non intelligimus, cur Gronovius voluerit reponi

*millesim.* Optime enim procedere videtur hæc oratio : Loricæ thoracesque
explebant summam *mille* thoracum lori-
carumque, et amplius.

U. C. 581.
A. C. 171.

'fugissent. Aut, si acie decernere volent, eumdem pugnae
' pedestris eventum exspectate, qui equitum in certamine
' fuerit.' Et qui vicerant alacres, spolia caesorum hostium
humeris gerentes, [13] ante ora sua audivere, ex·eo, quod acciderat, spem futuri praecipientes: et pedites, aliena gloria
accensi, praecipue qui Macedonum phalangis erant, sibi quoque et navandae regi operae, et similem gloriam ex hoste
pariendi, occasionem optabant. Concione dimissa, postero
die profectus inde [14] ad Mopsium posuit castra. tumulus hic
inter Tempe et Larissam medius est.

LXII. Romani, non abscedentes ab ripa Penei, transtulerunt in loco tutiorem castra. Eo Misagenes Numida venit
cum mille equitibus, pari peditum numero, ad hoc elephantis
duobus et viginti. Per eos dies consilium habenti regi [15] de
summa, quum jam consedisset ferocia ab re bene gesta, ausi
sunt quidam amicorum consilium dare, ut secunda fortuna
[16] in conditione honestae pacis uteretur potius, quam, spe
vana evectus, in casum inrevocabilem se daret. 'Modum
' inponere secundis rebus, nec nimis credere serenitati prae-
' sentis fortunae, prudentis hominis et merito felicis esse.
' Mitteret ad consulem, qui foedus in easdem leges renovarent,
' quibus Philippus pater ejus pacem a T. Quinctio victore acce-
' pisset. [17] Neque finiri bellum magnificentius, quam a tam
' memorabili pugna; neque spem firmiorem pacis perpetuae dari,
' quam quae perculsos adverso proelio Romanos molliores factura
' sit ad paciscendum. Quod si Romani tum quoque insita perti-
' nacia aequa adspernarentur, Deos hominesque et moderationis
' Persei, et illorum pervicaciae superbiae, futuros testes.' Nunquam ab talibus consiliis abhorrebat regis animus. itaque plurium adsensu comprobata est sententia. Legati, ad consulem

Perseus pa-
cem petit.

missi, adhibito frequenti consilio, auditi sunt. 'Pacem petere,
' vectigal, quantum Philippus pactus esset, [18] daturum Persea
' Romanis' pollicentes. ' urbibus, agris, locisque, quibus Phi-
' lippus cessisset, [19] cessurum primum.' haec legati. Submotis
his, quum consultarent, Romana constantia vicit in consilio:
Ita tum mos erat, in adversis vultum secundae fortunae gerere, moderari animos in secundis. Responderi placuit, 'Ita

---

[13] *Ante ora sua*] Lege cum Gronovio
*..gerentes, facinora,* vel *decora sua audivere.*

[14] *Ad Mopsium*] Correctio Sigonii,
Stephano auctore nixa. Prius *ad Mop-
selum.*

[15] **De Summa*] De universo bello.
Videtur excidisse vel *re,* vel *rerum.*

[16] *In conditione*] Recte hic quoque
Gronovius : *in conditionem honestae pacis:* * ut honeste pacis conditio impe-
traretur.

[17] *Neque finiri bellum magnificentius*]
Omnino hic desideramus *posse.*

[18] *Daturum Persea Romanis pollicentes*] Ultimum verbum videtur esse a
mala manu, quae Livio succurrere voluerit, ne nimirum hiaret oratio. Innu-
merabilia in locis, talia adminicula in-
fulserat correctorum ignorantia. Vid.
supra l. XXX. c. 7. et l. XXXVI. c. 7.
Hoc quoque eliminemus licet.

[19] *Cessurum primum*] Bene Gronovius : *cessurum et ipsum.*

'pacem dari, si de summa rerum liberum senatui permittat U. C. 581.
'rex de se deque universa Macedonia statuendi jus.' Hæc A. C. 171.
quum renunciassent legati, miraculo ignaris moris pertinacia Frustra.
Romanorum esse; et plerique vetare, amplius mentionem
pacis facere. ultro mox quæsituros, quod oblatum fastidiant.
Perseus hanc ipsam superbiam, quippe ex fiducia virium
esse, timere: et, summam pecuniæ augens, si pretio pacem
emere posset, non destitit animum consulis tentare. Postquam nihil ex eo, quod primo responderat, mutabat, desperata pace, ad Sycurium, unde profectus erat, rediit, belli
casum de integro tentaturus.

LXIII. Fama equestris pugnæ, vulgata per Græciam,
nudavit voluntates hominum. non enim solum, qui partis
Macedonum erant, sed plerique, ingentibus Romanorum ob- Græci fa-
ligati beneficiis, [20] quidam vim superbiamque experti, læti vent Per-
eam famam accepere: non ob aliam caussam, quam pravo seo.
studio, quo etiam in certaminibus ludicris vulgus utitur
[21] deteriori atque infirmiori favendo. Eodem tempore in
Bœotia summa vi Haliartum Lucretius prætor obpugnarat: Haliarti ob-
et, quamquam nec habebant externa auxilia obsessi, præter pugnatio.
Coronæorum juniores, qui prima obsidione mœnia intrave-
rant, neque sperabant, tamen ipsi animis magis, quam viribus, resistebant. nam et eruptiones in opera crebro faciebant: et arietem admotum, libramento plumbi gravatum, ad
terram urguebant: [22] et, si qua declinarent, qui agebant, ictum, pro diruto muro novum tumultuario opere, raptim
[23] ex ipsa ruinæ [p] strage congestis saxis, exstruebant. Quum
operibus obpugnatio lentior esset, scalas per manipulos dividi prætor jussit, ut corona undique mœnia adgressurus; eo
magis subfecturam ad id multitudinem ratus, quod, qua parte palus urbem cingit, nec adtinebat obpugnari, nec poterat.
Ipse ab ea parte, qua duæ turres, quodque inter eas muri
prorutum fuerat, duo millia militum delectorum admovit;
ut eodem tempore, quo ipse transcendere ruinas conaretur, concursu adversus se oppidanorum facto, scalis vacua defensoribus mœnia capi parte aliqua possent. Haud
segniter oppidani vim ejus arcere parant. nam super

[p] ruinæ del. Gron.

[20] Quidam vim superbiamque experti]
Recte Gronovius existimat excidisse,
Macedonum: vel, si malueris, Persei,
aut regis. Hic enim Livius loquitur
de iis quos Perseo favisse mirum videri
debeat. Nec vero ille in Romanos tam
asperis verbis uteretur.

[21] Deteriori atque infirmiori favendo]
Scribe favendi. Adhæret enim hoc verbum τῷ studio. GRONOVIUS.

[22] Et, si qua declinarent, qui agebant,
ictum] Et, si qua declinarent ictum
molis illius plumbeæ, qui agebant arietem, ac proinde aliquam muri partem
proruerent . . .

[23] Ex ipsa ruinæ strage] Gronovianæ
editiones omittunt vocem ruinæ, quæ
exstat in prima omnium editione, et
apud Sigonium, teste Hearnio.

atratum ruinis locum, fascibus aridis sarmentorum injectis, stantes cum ardentibus fascibus accensuros ea se saepe
minabantur, ut, incendio [34] intersepti ab hoste, spatium ad
objiciendum interiorem murum haberent. Quod inceptum
eorum fors inpediit. nam tantus repente effusus est imber,
ut nec accendi facile pateretur, et exstingueret accensa.
Itaque et transitus per distracta fumantia virgulta patuit;
et, in unius loci praesidium omnibus versis, moenia quoque
pluribus simul partibus scalis capiuntur. In primo tumultu
captae urbis seniores inpubesque [o], quos casus obvios obtulit, passim caesi: armati in arcem confugerunt: et postero
die, quum spei nihil superesset, deditione facta, sub corona
venierunt. Fuerunt autem duo millia ferme et quingenti:
ornamenta urbis statuae et tabulae pictae, et quidquid pretio-
sae praedae fuit, ad naves delatum: urbs diruta a fundamentis. [35] Inde Thebas ductus exercitus: quibus sine certamine receptis, urbem tradidit exsulibus, et qui Romanorum
partis erant: adversae factionis hominum, fautorumque regis ac Macedonum [36] familias sub corona vendidit. his gestis
in Boeotia, ad mare se naves rediit.

LXIV. Quum haec in Boeotia gererentur, Perseus ad Sycurium stativa dierum aliquot habuit. Ubi quum audisset,
raptim Romanos circa ex agris demessum frumentum convehere, deinde ante sua quemque tentoria spicas fascibus
desecantem, quo purius frumentum tereret, ingentes acervos
per tota castra stramentorum fecisse: ratus incendio opportuna esse, faces, taedamque, et malleolos stuppae inlitos pice
parari jubet: atque ita media nocte profectus, ut prima
luce adgressus falleret. Nequidquam. primae stationes ob-
pressae tumultu ac terrore suo ceteros exciverunt: signumque datum est arma extemplo capiendi; simulque
in vallo, ad portas, miles instructus erat, et intentus pro-
pugnationi castrorum. Perseus et extemplo circumegit
aciem, et prima inpedimenta ire, deinde peditum signa ferri
jussit. ipse cum equitatu et levi armatura substitit ad agmen cogendum; ratus, id quod accidit, insecuturos ad extrema ab tergo carpenda hostes. Breve certamen levis armaturae maxime cum procursatoribus fuit. equites peditesque
sine tumultu in castra redierunt. Demessis circa sege-

---

[34] *Intersepti*] Conjectura Florebelli a
Sigonio adoptata. Prius *intersepti*.
[35] *Inde Thebas ductus exercitus*] Atqui supra c. 44. Thebani memorantur
decrevisse ut tolleretur regia societas,
et fidei legatorum Romanorum civitatem commendavisse: et c. 46, tentati

a Perseo, nihil moti sunt. Vel igitur
hic alicujus alterius civitatis nomen posuerat Livius, vel aliquid omisit de Thebanis, unde nosse possemus, cur adversus eos Romanus exercitus ducatur.
[36] *Familias*] Servos et bona. Vid.
not. 45. ad l. III, c. 55. supra.

tibus, Romani ad Cranonium ⁑ intactum agrum castra mo- U.C.581.
vent. Ibi quum securi, et propter castrorum longinquita- A.C. 171.
tem, et viæ inopis aquarum difficultatem, quæ inter Sycurium et Cranona est, stativa haberent; repente prima luce
in inminentibus tumulis equitatus regius cum levi armatura
visus ingentem tumultum fecit. Pridie per meridiem profecti
ab Sycurio erant: peditum agmen sub lucem reliquerant in
proxima planitie. Stetit paullisper in tumulis, elici posse
ratus ad equestre certamen Romanos: qui postquam nihil
movebant, equitem mittit, qui pedites referre ad Sycurium
signa juberet; ipse mox insecutus. Romani equites, modico intervallo sequentes, sicubi sparsos ac dissipatos invadere possent, postquam confertos abire, signa atque ordines
servantes, viderunt, et ipsi in castra redeunt.

LXV. Inde, obfensus longinquitate itineris, rex ad Mopsium castra movit; et Romani, demessis Cranonis segetibus, in Phalannæum agrum transeunt. Ibi quum ex transfuga cognosset rex, sine ullo armato præsidio passim vagan-
tes per agros Romanos metere, cum mille equitibus, duobus
millibus Thracum et Cretensium profectus, quum, quantum
adcelerare poterat, effuso agmine issent, inproviso adgressus
est Romanos. juncta vehicula, pleraque onusta, mille admodum capiuntur, sexcenti ferme homines. Prædam cus-
todiendam ducendamque in castra trecentis Cretensium dedit. ipse, revocato ab effusa cæde equite et reliquis peditum,
duoit ad proximum præsidium, ratus haud magno certamine
obprimi posse. L. Pompeius tribunus militum præerat, qui
perculsos milites repentino hostium adventu in propinquum
tumulum recepit, loci se præsidio, quia numero et viribus
inpar erat, defensurus. Ibi quum in orbem milites coëgisset, ut densatis scutis ab jactu sagittarum et jaculorum sese
tuerentur, Perseus, circumdato armatis tumulo, alios adscensum undique tentare jubet, et cominus proelium conserere,
alios eminus tela ingerere. Anceps Romanos terror circumstabat: nam neque conferti pugnare propter eos, qui ad-
scendere in tumulum conabantur, poterant: et, ubi ordines
procursando solvissent, patebant jaculis sagittisve. Maxime
²⁷ cestrosphendonis vulnerabantur. hoc illo bello novum ge- Cestrosphendonæ
descriptio.

⁑ *Crannonium* Gron. Crev.

²⁷ *Cestrosphendonis*] Hujus teli descriptio quæ sequitur, aliquid habet
obscuri: sed multam ei lucem afferunt
Græca Polybii verba, ex quibus Livius
eam expressit. Illa leguntur apud Sui-
dam, et referuntur a Lipsio, l. iv. Po-
liorcet. dial. 3. qui ea vertit hoc modo:
Cestrus. Novum hoc inventum bello
Persico. Ipsum spiculum bipalme fuit,

tubulum habens æqualem mucroni. Huic
hastile ligneum insertum erat, longitudine spithamæ mensuram æquans, cras-
sitie, digiti. In hujus medium tres
pinnulæ e ligno infigebantur, plane bre-
ves. Hoc in funda, quæ duo funalia
imparia habebat, in medio utrorumque,
amento leviter, et ita ut facile solvi posset, ligatum, imponebatur. Tum igitur

nus teli inventum est. Bipalme spiculum hastili semicubitali infixum erat, crassitudine digiti: huic ad libramen pinnæ tres, velut sagittis solent, circumdabantur: funda media duo funalia inparia habebat. cum majori sinu libratum funditor habena rotaret, excussum, velut glans, emicabat. Quum et hoc, et alio omni genere telorum, pars vulnerata militum esset, nec facile jam arma fessi sustinerent, instare rex, ut dederent se, fidem dare, præmia interdum polliceri: nec cujusquam ad deditionem flectebatur animus; quum ex insperato jam obstinatis mori spes adfulsit. Nam quum ex frumentatoribus refugientes quidam in castra nunciassent consuli, circumsideri præsidium; motus periculo tot civium (nam octingenti ferme, et omnes Romani erant) cum equitatu ac levi armatura (accesserant nova auxilia, Numidæ pedites equitesque et elephanti) castris egreditur: et tribunis militum imperat, ut legionum signa sequantur. Ipse, velitibus ad firmanda levium armorum auxilia adjectis, ad tumulum præcedit. consulis latera tegunt Eumenes, Attalus, et Misagenes, regulus Numidarum.

LXVI. Quum in conspectu prima signa suorum circumsessis fuerunt, Romanis quidem ab ultima desperatione recreatus est animus: Perseus, cui primum omnium fuerat, ut, contentus fortuito successu, captis aliquot frumentatoribus occisisque, non tereret tempus in obsidione præsidii; secundum, ea quoque tentata utcumque, quum sciret nihil roboris secum esse, dum liceret intacto, abire; et ipse hostium adventum, elatus successu, mansit, et, qui phalangem arcesserent, propere misit. qua et serius, quam res postulabat, et raptim acta, turbati cursu adversus instructos et præparatos

---

in circumactione fundæ intentis funalibus manebat. Quum vero' alterum solveretur in emissione, excidens amento suo, velut glans e funda, ferebatur, et cum impetu incidens, quidquid incurrisset valde lædebat. Ad rei totius pleniorem expositionem, multa addit Lipsius: ex quibus pauca mutuabimur, plurimis omissis. Ait Livius cestrosphendonen hoc telum dictum: recte. Etsi in Suida pars una vocis modo est, cestrus, Atqui solitaria ea duntaxat veruculum et breve telum notat. Compositio Liviana ·mixtum hoc complectitur, et telum e fundæ missum. Bipalme spiculum, id, est, semipedale. Sed in Græco hoc distinctius additur, ipsum mucronem palmi fuisse: auliscum, sive tubulum, item palmi. Hastile semicubitale: Polybio σπιθαμιαῖον. Spithama enim est dimidia pars cubiti, dodrans pedis. Adduntur pinnæ tres, quas Græcus monet e ligno fuisse. Funda media est

ipsum fundæ medium; latius illud, cui telum sedet. Funalia duo imparia videntur ex Polybio intelligenda, non duo ex utraque parte; sed utrimque unum, alterum brevius. In hanc mentem nos ducunt hæc Polybii verba: quum alterum e funalibus solveretur in emissione: quæ videntur indicare, duo omnino fuisse funalia, quorum alterum solveretur, altero retento. Cur autem unum brevius fuerit altero, non satis perspicuum nobis est: nisi forte illud quod remanere debebat in manu funditoris, ideo longius erat, ut certius teneri posset. Majore sinu interpretatur Lipsius, majore quam vulgatæ fundæ habere solent. Postremo notandum est id quod a Polybio diserte expressum Livius omisit, de amento, quo telum utiliter illigabatur, ne caderet in rotatu, tum ut vehementius emitteretur.

erant adventuri.  Consul anteveniens extemplo prœlium con-   U. C. 581:
seruit.  Primo resistere Macedones; deinde, ut nulla re pares   A. C. 171.
erant, amissis trecentis⁷ peditibus, viginti quatuor primoribus equitum ²⁸ ex ala, quam Sacram vocant, inter quos Anti-
machus etiam præfectus alæ cecidit, abire conantur.  Ceterum iter prope ipso prœlio tumultuosius fuit.  Phalanx, abs
trepido nuncio adcita, quum raptim duceretur, primo in
angustiis captivorum agmini oblata vehiculisque frumento
onustis : ²⁹ iis cæsis, ³⁰ ingens ibi vexatio partis utriusque
fuit, nullo exspectante, utcumque⁸ explicaretur agmen, sed
armatis detrudentibus per præceps inpedimenta, (neque enim
aliter via aperiri poterat) jumentis, quum stimularentur, in
turba sævientibus.  Vix ab incondito agmine captivorum
expedierant sese, quum regio agmini perculsisque equitibus
obcurrunt.  Ibi vero clamor jubentium referre signa ruinæ
quoque prope similem trepidationem fecit : ut, si hostes,
introïre angustias ausi, longius insecuti essent, magna clades
accipi potuerit.  Consul, recepto ex tumulo præsidio, contentus modico successu, in castra copias reduxit.  Sunt, qui
eo die magno prœlio pugnatum auctores sint. octo millia
hostium cæsa, in his Sopatrum et Antipatrum regios duces :
vivos captos circiter duo millia octingentos, signa militaria
capta viginti septem.  Nec incruentam victoriam fuisse :
supra quatuor millia et trecentos de exercitu consulis cecidisse : signa ³¹ sinistræ alæ quinque amissa.

LXVII. Hic dies et Romanis refecit animos, et Persea   Perseus in
perculit, ut, dies paucos ad Mopsium moratus, sepulturæ   Macedo-
maxime militum amissorum cura, præsidio satis valido ad   niam redit.
Gonnum relicto, in Macedoniam reciperet copias.  Timo-
theum quemdam ex regiis præfectis cum modica manu relinquit ad Philam, jussum Magnetas et propinquos tentare.
Quum Pellam venisset, exercitu in hiberna dimisso, ipse cum
Cotye Thessalonicam est profectus.  Eo fama adfertur,
Atlesbim regulum Thracum, et Corragum Eumenis præfectum, in Cotyis fines inpetum fecisse : et regionem, Marenen
quam vocant, cepisse.  Itaque, dimittendum Cotyn ad sua
tuenda ratus, magnis proficiscentem donis prosequitur.

---

⁷ *trecenis* Gron.             ⁸ [*dum*] *utcumque* Crev.

²⁸ *Ex ala quam Sacrum vocant*] Jam
mentio facta est Sacrarum alarum supra
c. 58. rursusque fiet infra l. XLIV. c.
42.  Suspicamur illas equitum alas circa ipsum regem solitas esse pugnare,
ei tuendo speciatim addictas, unde et
ipsis fortasse *Sacrarum* nomen inditum.
Nec aliam esse ducimus *regiam alam*,
memoratam Livio l. XXXVII. c. 40.

²⁹ *Iis cæsis*] Si hoc referas ad vehicula, ineptum est ; si ad captivos, parum verisimile.  Aliquid mendi latere
videtur.

³⁰ *Ingens ibi vexatio partis utriusque*]
Tum phalangis, tum Cretensium, qui
deducebant captivos et prædam.  In iis
quæ sequuntur particula *dum* ex Gronovii mente adjecta est.

³¹ *Sinistræ alæ*] Sinistri sociorum peditum corporis.

U. C. 581.
A. C. 171.
Cos. in hi-
berna se
confert.

[32] ducenta talenta, semestre stipendium, equitatui numerat, [33] quum primo annuum dare constituisset. Consul, postquam profectum Persea audivit, ad Gonnum castra movet, si potiri oppido posset. Ante ipsa Tempe in faucibus situm, Macedoniæ claustra tutissima præbet, et in Thessaliam opportunum Macedonibus decursum. Quum et loco et præsidio valido [34] inexpugnabilis res esset, abstitit incepto. In Perrhæbiam flexis itineribus, Mallœa primo inpetu capta ac direpta, Tripoli aliaque Perrhæbia recepta, Larissam rediit. inde Eumene atque Attalo domum remissis, Misagenem Numidasque in hiberna in proximis Thessalis [t] urbibus distribuit. et partem exercitus ita per totam Thessaliam divisit, ut et hiberna commoda omnes haberent, et præsidio urbibus essent. Q. Mucium legatum cum duobus millibus ad obtinendam Ambraciam misit. Græcarum civitatium socios omnes præter Achæos dimisit. cum exercitus parte profectus in Achaiam Phthiotim, Pteleum desertum fuga oppidanorum diruit a fundamentis, Antrona voluntate colentium recepit. Ad Larissam deinde exercitum admovit. urbs deserta erat; in arcem omnis multitudo concesserat : eam obpugnare adgreditur. Primi omnium Macedones, regium præsidium, metu excesserant. a quibus relicti oppidani in deditionem extemplo veniunt. Dubitari inde, utrum Demetrias prius adgredienda foret, an in Bœotia [35] adspiciendæ [u] res. Thebani, vexantibus eos Coronæis [x], in Bœotiam arcessebant. ad horum preces, quia hibernis aptior regio, quam Magnesia erat, in Bœotiam duxit.

[t] *Thessaliæ* Gron. Crev.    [u] *adipiscendæ* Eæd.    [x] *Coronéis* Crev. Rup.

[32] *Ducenta talenta*] Marcæ argenti nostrates 18750.

[33] *Quum primo annuum dare constituisset*] Semestre tantum stipendium numeravit, quamvis primo pollicitus esset solidum iis totius anni stipendium persolutum iri. Hac re notatur Persei avaritia.

[34] *Inexpugnabilis res*] Lege cum Gronovio urbs.

[35] *Adipiscendæ res*] Displicet τὸ adipiscendæ. An *adspiciendæ*? quemadmodum supra c. 37. *Inde Bœotiam atque Eubœam adspicere jussi.*

# EPITOME LIBRI XLIII.

*PRÆTORES aliquot, eo quod avare et crudeliter pro-
vincias administrassent, damnati sunt. P. Licinius Crassus
proconsul complures in Græcia urbes expugnavit, et crudeliter diripuit. ob id captivi, qui ab eo sub corona vererant, ex
senatusconsulto postea restituti sunt. Item a præfectis [1] classium Romanarum multa inpotenter in socios facta. Res
præterea a Perseo rege in Thracia prospere gestas continet,
[2] victis Dardanis et Illyrico, cujus rex erat Gentius. Motus,
qui in Hispania ab Olonico factus erat, ipso interemto consedit. M. Æmilius Lepidus a censoribus princeps in senatu
lectus.*

---

[1] *Classium Romanarum*] Sic Andreas,
Sigonius, aliique: melius quam quomodo Gronovianæ editiones habent, *Romanorum.*

[2] *Victis Dardanis, et Illyrico, cujus
res erat Gentius*] Hæc parum accurata
sunt, sive in librariis culpa, sive in ipso

epitomarum auctore resideat. Aliquot
Illyriorum oppida cepit Perseus, ut memoratur infra capp. 18. 19. et 20. At
non vicit Illyricum ; multo minus eam
Illyrici partem cujus rex erat Gentius,
quem in societatem belli pellicere sum-
mopere studebat.

# T. LIVII PATAVINI

## LIBER XLIII.

U. C. 581.
A. C. 171.
Gesta in Il-
lyrico.
EADEM æstate, qua in Thessalia [1] equestri pugna vicere
Romani, [2] legatus, in Illyricum a consule missus, opulenta
duo oppida vi atque armis coëgit in deditionem: omniaque
iis sua concessit, ut opinione clementiæ eos, qui Carnun-
tem munitam urbem incolebant, adliceret. postquam nec,
ut dederent se, compellere, neque capere obsidendo poterat; ne duabus obpugnationibus nequidquam fatigatus miles esset, [3] quas prius intactas urbes reliquerat, diripuit. Al-
Cassii Cos.
res gestæ.
ter consul C. Cassius nec in Gallia, quam sortitus erat,
memorabile quidquam gessit: et per Illyricum ducere legiones in Macedoniam vano incepto est conatus. Ingressum hoc iter consulem senatus ex Aquileiensium legatis
cognovit: qui, querentes coloniam suam novam et infir-
mam, necdum satis munitam, inter infestas nationes Istrorum et Illyriorum esse, quum peterent, ut senatus curæ haberet, quomodo ea colonia muniretur, interrogati, vellentne
eam rem C. Cassio consuli mandari? responderunt, Cassium,
Aquileiam indicto exercitu, profectum per Illyricum in Macedoniam esse. Ea res primo incredibilis visa: et pro
se quisque credere, Carnis forsitan aut Istris bellum inlatum. Tum Aquileienses, nihil se ultra scire, nec audere
adfirmare, quam triginta dierum frumentum militi datum;
et duces, qui ex Italia itinera in Macedoniam nossent, con-
quisitos abductosque. Enimvero senatus indignari, tantum consulem ausum, ut suam provinciam relinqueret, in
alienam transiret; exercitum novo periculoso itinere inter
exteras gentes duceret, viam tot nationibus in Italiam aperiret. Decernunt frequentes, ut C. Sulpicius prætor tres
ex senatu nominet legatos, qui eo die proficiscantur ex

---

[1] *Equestri pugna vicere Romani*] Victi fuerant Romani eo prælio quod describitur c. 59. libri præcedentis: superiores fuere eo quod refertur c. 66.
Itaque legit Gronovius: *equestri pugna
primum victi, deinde vicere Romani.* Sed
quum prior pugna major multo clarior-
que fuerit, quam posterior, credimus
Livium potius scripsisse: *equestri pugna
victi fuere Romani.*

[2] *Legatus in Illyricum..missus*] Excidit nomen legati. Non absurde suspicatur Sigonius Q. Mucium fuisse, de
quo paullo ante mentio facta est extremo libro XLII.

[3] *Quas prius intactas urbes*] Olim,
*quam prius intactam urbem.* Sigonius
mutavit, quia duo oppida capta fuerant.

urbe; et quantum adcelerare possent, Cassium consulem, U. C. 581. ubicumque sit, persequantur; nuncient, ne bellum cum ulla A. C. 171. gente moveat, nisi cum qua senatus gerendum censuerat. ⁴ Legati hi profecti, M. Cornelius Cethegus, M. Fulvius, P. Marcius Rex. Metus de consule atque exercitu distulit eo tempore muniendæ Aquileiæ curam.

II. Hispaniæ deinde utriusque legati aliquot populorum Hispano-in senatum introducti. Ii, de magistratuum Romanorum rum quere-avaritia superbiaque conquesti, nisi genibus ab senatu pe- læ de Mag. tierunt, ne se socios foedius spoliari vexarique, quam hostes, Rom. patiantur. Quum et alia indigna quererentur, manifestum autem esset, pecunias captas; L. Canuleio prætori, qui Hispaniam sortitus erat, negotium datum est, ut in singulos, a quibus Hispani pecunias peterent, quinos ⁵ recuperatores ex ordine senatorio daret, patronosque, quos vellent, sumendi potestatem faceret. Vocatis in curiam legatis recitatum est senatusconsultum, jussique nominare patronos: quatuor nominaverunt, M. Porcium Catonem, P. Cornelium Cn. F. Scipionem, ⁶ L. Æmilium L. F. Paullum, C. Sulpicium Gallum. ⁷ Cum M. Titinio primum, qui prætor A. Manlio, M. Junio consulibus in citeriore Hispania fuerat, recuperatores sumserunt. Bis ampliatus, tertio absolutus est reus. Dissensio inter duarum provinciarum legatos est orta: citerioris Hispaniæ populi M. Catonem et Scipionem; ulterioris L. Paullum et Gallum Sulpicium patronos sumserunt. Ad recuperatores adducti a citerioribus populis P. Furius Philus, ab ulterioribus M. Matienus. Ille Sp. Postumio, Q. Mucio consulibus triennio ante, hic biennio prius, L. Postumio, M. Popillio consulibus, prætor fuerat. Gravissimis criminibus accusati ambo ampliatique: quum dicenda de integro caussa esset, excusati exsilii caussa solum vertisse. Furius Præneste, Matienus Tibur exsulatum abierunt. Fama erat, prohiberi a patronis nobiles ac potentes compellare; auxitque eam suspicionem Canuleius prætor, quod, omissa ea re, delectum habere instituit. dein repente in provinciam abiit, ne plures ab Hispanis vexarentur. Ita, præteritis silentio obliteratis, in futurum consultum ab senatu Hispanis, quod impetrarunt, ⁸ ne frumenti

---

⁴ *Legati hi profecti*] Sic edidere Gronovii.. Prius *legati ii*; unde Sigonius efficiebat *legati III.* id est *tres.*

⁵ *Recuperatores*] Vid. not. 52. ad 1. XXVI. c. 48.

⁶ *L. Æmilium, L. F.*] Vetustiores editiones, et indices ex iis confecti, præferunt *M. F.*

⁷ *Cum M. Titinio . . recuperatores sumpserunt*] Recuperatores sibi dari

postularunt, qui inter se et M. Titinium disceptarent; M. Titinio litem intenderunt apud recuperatores.

⁸ *Ne frumenti æstimationem*] Duo videntur hic distingui frumenti genera, æstimatum et emptum, de quibus fuse disserit Cic. in Verr. l. III. Primo quidem magistratibus Romanis frumentum in cellam, id est, in domesticum usum, a provincialibus sumere

VOL. IV. H

U. C. 581.
A. C. 171. æstimationem magistratus Romanus haberet; neve cogeret vicesimas vendere Hispanos, quanti ipse vellet; et ne præfecti in oppida sua ad pecunias cogendas inponerentur.

III. Et alia novi generis hominum ex Hispania legatio venit. ex militibus Romanis et ex Hispanis mulieribus, cum quibus connubium non esset, natos se memorantes, supra quatuor millia hominum, orabant, ut sibi oppidum, in quo habitarent, daretur. Senatus decrevit, ' uti nomina sua apud ' L. Canuleium profiterentur : ⁹ eorumque si quos manumisis‑ **Carteia colonia.** ' set, eos Carteiam ad oceanum deduci placere. ¹⁰Qui Car‑ ' teiensium domi manere vellent, potestatem fore, uti numero ' colonorum essent, agro adsignato. ¹¹ Latinam eam coloniam **Gulussa et legati Karthaginienses Romæ.** ' fuisse, libertinorumque adpellari.' Eodem tempore ex Africa et Gulussa, Masinissæ regis filius, legatus patris, et Karthaginienses venerunt. Gulussa prior in senatum introductus, et, quæ missa erant ad bellum Macedonicum a patre suo, exposuit; et, si qua præterea vellent imperare, præstaturum ¹² merito populi Romani est pollicitus : et monuit Patres conscriptos, ut a fraude Karthaginiensium caverent. ' classis eos ' magnæ parandæ consilium cepisse ; specie pro Romanis, et ' adversus Macedonas : ubi ea parata instructaque esset, ip‑ ' sorum fore potestatis, quem hostem aut socium habeant.'

\* \* \*

U. C. 582.
A. C. 170. IV. \*\*\* tantum pavorem ingressi castra, ostentantes capita, fecerunt, ut, si admotus extemplo exercitus foret, capi castra potuerint. Tum quoque fuga ingens facta est : et

---

licebat. Ii igitur pro frumento pecuniam sibi numerari jubebant, prædabanturque in eo quod frumentum grandi pretio æstimarent. Unde videntur hic Hispani impetravisse, ut magistratus Romani frumentum ipsum accipere cogerentur, non frumenti æstimationem, id est, pro frumento pecuniam: vel, si quis malit, ne liceret magistratibus Romanis pretium imponere frumento illi quod in cellam sumere poterant, sed, si vellent sibi pro frumento dari pecuniam, æstimatione communi et publica uterentur. Alterum frumenti genus est, emptum. Jubebantur nimirum provinciales certam quamdam frumenti sui partem vendere Romanis. In eam rem magistratus pecuniam e publico accipiebant. Sed ut ex ea aliquid in suum quæstum averterent, vilissimo pretio taxabant frumentum illud quod emere debebant. Hispani igitur, qui vicesimas frumenti sui vendere debebant Romanis, hoc impetrant, ne illas vendere cogerentur, quanti vellet magistratus Romanus.

⁹ *Eorumque si quos manumisisset*] Ex his verbis, et appellatione coloniæ infra, cui nomen imponitur, *Libertinorum colonia*, inferri debet hos servos fuisse, ac proinde natos ex ancillis. Qui enim non ex legitimo matrimonio nascitur, matrem sequitur ex communi gentium jure. Vid. l. l. Institut. Justiniani, tit. 4. Ac proinde hi hybridæ si nati essent ex liberis mulieribus, liberi et ipsi fuissent, nec proinde manumissione opus habuissent.

¹⁰ *Qui Carteiensium domi manere vellent*] Simile decretum memoravit Livius de Antiatibus, l. VIII. c. 14.

¹¹ *Latinam eam coloniam fuisse*] Lege cum Gronovio *esse*. Hoc enim ipso tempore illa colonia deducitur.

¹² \* *Merito populi Romani*] Ut postularent merita populi Romani in Masinissam. Eodem modo locutus est Livius supra XXVIII. 9. *Se vero ea quæ postularent decernere*, Patres, *merito deorum primum, dein secundum deos, consulum*, responderunt.

erant, qui legatos mittendos ad pacem precibus petendam U. C. 582.
censerent: civitatesque complures, eo nuncio audito, in de- A. C. 170.
ditionem venerunt. quibus purgantibus sese, culpamque in
duorum amentiam conferentibus, qui se ultro ad pœnam
ipsi obtulissent, quum veniam dedisset prætor; profectus
extemplo ad alias civitates, omnibus imperata facientibus,
quieto exercitu pacatum agrum, qui paullo ante ingenti
tumultu arserat, peragravit. Hæc lenitas prætoris, qua
sine sanguine ferocissimam gentem domuerat, eo gratior
plebi Patribusque fuit, quo crudelius avariusque in Græcia
bellatum, et ab consule Licinio et ab Lucretio prætore,
erat. Lucretium tribuni plebis absentem concionibus assi- In Lucre-
duis lacerabant, quum reipublicæ caussa abesse excusare- tium inve-<br>huntur Tr.
tur: sed tum adeo vicina etiam inexplorata erant, ut is eo Pl.
tempore in agro suo Antiati esset, aquamque ex manubiis Antium ex flumine Loracinæ duceret. Id opus [13] centum triginta millibus æris locasse dicitur. tabulis quoque pictis ex
præda fanum Æsculapii exornavit. Invidiam infamiamque
ab Lucretio averterunt [14] in Hortensium successorem ejus Abderita-
Abderitæ legati, flentes ante curiam, querentesque, ‘ oppidum rum quere-<br>læ de Hor-
‘ suum ab Hortensio expugnatum ac direptum esse. Caussam tensio.
‘ excidii fuisse urbi, quod, quum [15] centum millia denariûm
‘ et [16] tritici quinquaginta millia modiûm imperaret, [17] spa-
‘ tium petierunt, quo de ea re et ad Hostilium consulem, et
‘ Romam mitterent legatos. Vixdum ad consulem se per-
‘ venisse, et audisse oppidum expugnatum, principes securi
‘ percussos, sub corona ceteros venisse.’ [18] Indigna senatui
visa: decreveruntque eadem de Abderitis, quæ de Coronæis
decreverant priore anno; eademque pro concione edicere
[19] Q. Mænium prætorem jusserunt. Et legati duo, C. Sempronius Blæsus, Sex. Julius Cæsar, ad restituendos in libertatem Abderitas missi. Iisdem mandatum, ut et Hostilio consuli et Hortensio prætori nunciarent, senatum Abderitis injustum bellum inlatum, conquirique omnes, qui in servitute
sint, et restitui in libertatem, æquum censere.

    V. Eodem tempore de C. Cassio, qui consul priore anno
fuerat, tum tribunus militum in Macedonia cum A. Hosti-

---

[13] *Centum triginta millibus æris*]
Assibus 130000. id est, marcis argenti
nostratibus circiter 127.

  [14] *In Hortensium successorem*] Hinc
apparet Hortensium hoc anno prætorem
fuisse, et classem cum ora Græciæ maritima sortitum esse.

  [15] *Centum millia denariûm*] Marcas
argenti 1562. uncias 4.

  [16] *Tritici quinquaginta millia modiûm*]
Modios Parisienses ferè 38542.

  [17] *Spatium petierunt*] Mallet Grono-

vius *petierint*.

  [18] *Indigna senatui visa*] Lege cum
eodem vel *Indigna res senatui visa*; vel,
*Indigna ea senatui visa*.

  [19] Q. *Mænium prætorem*] Hic habemus alterius adhuc prætoris nomen:
cui jurisdictionem obtigisse patet ex eo
quod nunc quoque in urbe sit; peregrinam, ex eo quod collega ejus M.
Retius, infra c. 11. ea agat quæ ad prætoris urbani officium pertinebant.

U. C. 582.
A. C. 170.
Querelæ de
Cassio.
lio erat, querelæ ad senatum delatæ sunt, et legati regis
Gallorum Cincibili venerunt. Frater ejus verba in senatu
fecit, questus, Alpinorum populorum agros sociorum suorum depopulatum C. Cassium esse, et inde multa millia hominum in servitutem abripuisse. Sub id tempus Carnorum
Istrorumque et Iapydum legati venerunt: ' Duces sibi ab
' consule Cassio primum imperatos, qui in Macedoniam du-
' centi exercitum iter monstrarent: pacatum ab se, tamquam
' ad aliud bellum gerendum, abisse: inde ex medio regres-
' sum itinere hostiliter peragrasse fines suos: passim rapinas-
' que et incendia facta: nec se ad id locorum scire, propter
' quam caussam consuli pro hostibus fuerint.' Et regulo Gallorum absenti, et his populis responsum est, ' Senatum ea,
' quæ facta querantur, neque scisse futura, neque si sint facta,
' probare. Sed indicta caussa damnari absentem consularem
' virum, injurium esse, quum is reipublicæ caussa absit. Ubi
' ex Macedonia redisset C. Cassius, tum, si coram eum arguere
' vellent, cognita re senatum daturum operam, uti satisfiat.'
Nec responderi tantum iis gentibus, sed legatos mitti, duos ad
regulum trans Alpes, tres circa eos populos placuit, qui indicarent, quæ Patrum sententia esset. Munera mitti legatis
ex [20] binis millibus æris censuerunt. duobus fratribus-regulis
hæc præcipua, torques duo [21] ex quinque pondo auri facti, et
[22] vasa argentea quinque ex viginti pondo, et dúo equi pha-
lerati cum agasonibus, et equestria arma ac sagula; et comitibus eorum vestimenta liberis servisque. Hæc missa:
illa petentibus data, ut denorum equorum iis commercium
esset, educendique ex Italia potestas fieret. legati cum
Gallis missi trans Alpes, C. Lælius, M. Æmilius Lepidus:
ad ceteros populos C. Sicinius, P. Cornelius Blasio, T.
Memmius.

VI. Multarum simul Græciæ Asiæque civitatium legati
Romam convenerunt. Primi Athenienses introducti: ii, ' se,
' quod navium habuerint militumque, P. Licinio consuli et C.
' Lucretio prætori misisse' exposuerunt, ' quibus eos non usos
' [23] frumenti sibi centum millia imperasse: quod, quamquam
' sterilem terram arent, ipsosque etiam agrestes peregrino fru-
' mento alerent, tamen, ne deessent officio, confecisse; et alia,
' quæ imperarentur, præstare paratos esse.' Milesii, nihil præ-
stitisse memorantes, si quid imperare ad bellum senatus
vellet, præstare se paratos esse, polliciti sunt. Alabandenses

---

[20] Binis millibus æris] Marcis argenti
nostratibus 3. uncia 1.
[21] Ex quinque pondo auri] Septem
marcis nostratibus, unciis 6. semuncia 1.
[22] Vasa argentea quinque ex viginti

pondo] Ex marcis nostratibus 31. unciis
2.
[23] Frumenti....centum millia] Supple, modiûm. Modios Parisienses fere
77084.

templum Urbis Romæ se fecisse commemoraverunt, ludos- U. C. 582.
que anniversarios ei Divæ instituisse : et [24] coronam auream A. C. 170.
quinquaginta pondo, quam in Capitolio ponerent, donum Jovi Templum
optimo maximo, adtulisse, et scuta equestria trecenta; ea, Urbis Ro-mæ.
cui jussissent, tradituros.   Donum ut in Capitolio ponere, et
sacrificare liceret, petebant.   [25] Hoc Lampsaceni, [26] octoginta pondo coronam adferentes, petebant, commemorantes,
' Discessisse se a Perseo, postquam Romanus exercitus in
' Macedoniam venisset, quum sub ditione Persei, et ante Phi-
' lippi fuissent.   Pro eo, et quod imperatoribus Romanis om-
' nia præstitissent, id se tantum orare, ut in amicitiam populi
' Romani reciperentur: et, si pax cum Perseo fieret, excipe-
' rentur, [27] ne in regiam potestatem reciperentur.'   Ceteris
legatis comiter responsum; Lampsacenos in sociorum formulam referre Q. Mænius prætor jussus. munera omnibus in singulos binûm millium æris data.   Alabandenses scuta reportare ad A. Hostilium consulem in Macedoniam jussi.   Et
ex Africa legati [28] simul Karthaginiensium, [29] tritici decies
centum millia et [30] hordei quingenta indicantes se, ad mare
devecta habere, ut, quo senatus censuisset, deportarent.   ' Id
' munus officiumque suum scire minus esse, quam pro meritis
' populi Romani et voluntate sua: [31] sed sæpe alias, bonis in
' rebus utriusque populi, se gratorum fideliumque sociûm mu-
' neribus, functos esse.'   Item Masinissæ legati, tritici eamdem summam polliciti, et mille et ducentos equites, duodecim
elephantos: et, si quid aliud opus esset, uti [a] imperaret senatus: æque propenso animo, ac quæ ipse ultro pollicitus sit,
præstaturum esse.   Gratiæ et Karthaginiensibus et regi actæ;
rogatique, ut ea, quæ pollicerentur, ad Hostilium consulem
in Macedoniam deportarent.   Legatis in singulos binûm millium æris munera missa.

VII. Cretensium legatis, commemorantibus, se, quantum
sibi imperatum a P. Licinio consule esset sagittariorum, in

[a] ut Gron. Crev.

[24] Coronam auream quinquaginta pon-
do] Marcarum nostratium 78. unciæ 1.
[25] Hoc Lampsaceni] Recte Gronovius : Hoc et Lampsaceni.
[26] Octoginta pondo] Marcarum Parisiensium 125.
[27] Ne in regiam potestatem reciperen-
tur] Lege cum Gronovio reciderent.
[28] Simul] Superflua vocula, vel quæ
potius indicet pluscula excidisse. For-
tassis : legati simul Carthaginiensium et
Masinissæ venerunt: Carthaginiensium,
tritici etc.
[29] Tritici decies centum millia] Nempe modiûm.   Modios nostrates paulo
plus 770833.   Hordei quingenta millia

modiûm. Modios nostrates plus 385416.
[30] Hordei quingenta] Conjectura Sigonii.   Vetus exemplar habuit quinquaginta.
[31] Sed sæpe alias] Hæc sane parum
cohærent cum iis quæ præcedunt.  Tamen possumus ita accipere, ut Carthaginienses mediocritati munerum suorum ideo nunc ignoscendum censeant,
quod sæpe alias, quum bonæ essent res
utriusque populi, fidelium sociorum
officium alacrius impleverint : nunc
quum solliciti agerent ob hærentem
lateri Masinissam, nihil amplius sese
posse præstare.

**U. C. 582.** Macedoniam misisse, quum interrogati non inficiarentur,
**A. C. 170.** ' apud Persea majorem numerum sagittariorum, quam apud
' Romanos, militare,' responsum est : ' Si Cretenses bene ac
' gnaviter destinarent potiorem populi Romani, quam regis
' Persei, amicitiam habere, senatum quoque Romanum iis,
' tamquam certis sociis, responsum daturum esse. Interea
' nunciarent suis, placere senatui, dare operam Cretenses, ut,
' quos milites [32] intra [b] præsidia regis Persei haberent, eos pri-
' mo quoque tempore domum revocarent.' Cretensibus cum

Chalciden- hoc responso dimissis, Chalcidenses vocati; [33] quorum legatio
ses legati. ipso introïtu, ob id quod Mictio [c] princeps eorum pedibus captus lectica est introlatus, ultimæ necessitatis extemplo visa
res : [34] in qua ita adfecto excusatio valetudinis, aut ne ipsi qui-

Querelæ de dem petenda visa foret, aut data petenti non esset. Quum sibi
Mag. Rom. nihil vivi reliquum, præterquam linguam ad deplorandas patriæ suæ calamitates, præfatus esset, exposuit civitatis primum
suæ benefacta, et vetera, et ea, quæ Persei bello præstitissent
ducibus exercitibusque Romanis : tum quæ primo C. Lucretius in populares suos prætor Romanus superbe, avare, crudeliter fecisset : deinde quæ tum cum maxime L. Hortensius
faceret. Quemadmodum omnia sibi, etiam iis, quæ patiantur,
tristiora, patienda esse ducant potius, quam se dedant Persi.
' Quod ad Lucretium Hortensiumque adtineret, scire, tutius
' fuisse claudere portas, quam in urbem eos accipere. [35] Qui [d]
' exclusissent eos, Emathiam, Amphipolim, Maroneam, Ænum,
' incolumes esse : apud se templa omnibus ornamentis compi-
' lata; [36] spoliataque sacrilegiis [e] C. Lucretium navibus An-
' tium devexisse, libera corpora in servitutem abrepta, fortu-
' nas sociorum populi Romani direptas esse, et quotidie diripi.
' Nam, ex instituto C. Lucretii, Hortensium quoque in tectis
' hieme pariter atque æstate navales socios habere, et domos
' suas plenas turba nautica esse; versari inter se, conjuges, li-
' berosque suos, [37] quibus nihil neque dicere pensi, neque facere.'

[b] *inter* Gron.      [c] *Miction* Gron. Crev.      [d] *Quæ* Gron.      [e] *spoliaque sacri-*
*legii* Crev.

[32] *Intra præsidia regis*] Sic prima
editio, teste Hearnio, melius quam, ut
recentiores, *inter præsidia.* Vid. not.
40. ad l. xxxviii. c. 11.

[33] *Quorum legatio ipso introitu . . .*
*ultimæ necessitatis extemplo visa res*]
Hæc nobis pingue quiddam et inelegans redolent. Libenter legeremus,
deleta voce *legatio : Quorum ipso in-*
*troitu . . . ultimæ necessitatis extemplo*
*visa res :* ita ut τὸ *quorum* penderet ab
his verbis *ipso introitu.*

[34] * *In qua*] Quoniam ita affectus
tamque male se habens, aut ipse peten-

dam non existimasset a civibus suis, aut
petens non impetrasset, excusatione valetudinis, veniam hujus tam longi tamque laboriosi Chalcide Romam itineris.

[35] *Qui exclusissent eos*] Hæc est vetus lectio. Sigonius legi jussit *quæ,*
propterea quod nomina urbium sequantur. Sed novum non est urbes poni
pro civibus.

[36] *Spoliaque sacrilegii*] Hanc Gronovii emendationem admisit in textum
Clericus. Vulgo *spoliataque sacrilegiis.*

[37] *Quibus nihil neque dicere pensi,*
*neque facere*] Lege cum Sigonio : qua-

VIII. Arcessere in senatum Lucretium placuit, ut discep-
taret coram, purgaretque sese. Ceterum multo plura praesens
audivit, quam in absentem jacta erant; et graviores potentio-
resque accessere accusatores duo tribuni plebis, M'. ᶜ Juventius
Thalna et Cn. Aufidius. Ii non in senatu modo eum lacera-
runt, sed in concionem etiam pertracto, multis objectis probris, diem dixerunt. Senatus jussu Chalcidensibus Q.
Mænius prætor respondit: ' Quæ bene meritos sese, et ante,
ᶜ et in eo bello, quod geratur, de populo Romano dicant, ea
ᶜ et scire vera eos referre senatum, et, perinde ac debeant,
ᶜ grata esse. Quæ facta a C. Lucretio, fierique ab L. Hor-
ᶜ tensio prætoribus Romanis querantur; ea neque facta,
ᶜ neque fieri voluntate senatus, quem non posse existimare ?
ᶜ qui sciat, bellum Persi, et ante Philippo patri ejus, intulisse
ᶠ populum Romanum pro libertate Græciæ: ³⁸ non ut ea a
ᶜ magistratibus sociis atque amicis paterentur. ᵍ Literas se
ᶜ ad L. Hortensium prætorem daturos esse; quæ Chalcidenses
ᶜ querantur acta, ea senatui non placere : si qui in servitutem
ᶜ liberi venissent, ut eos conquirendos primo quoque tempore,
ᶜ restituendosque in libertatem curaret: sociorum navalium
ᶜ neminem, ³⁹ præter magistros, in hospitia deduci æquum
ᶜ censere.' Hæc Hortensio jussu senatus scripta. Munera
binûm millium æris legatis missa, et vehicula Mictioni ⁴⁰ publice locata, quæ eum Brundisium commode perveherent. C.
Lucretium, ubi dies, quæ dicta erat, venit, tribuni ad populum accusarunt, multamque ⁴¹ decies centum millium æris
dixerunt. Comitiis habitis, omnes quinque et triginta tribus
eum condemnarunt.

IX. In Liguribus eo anno nihil memorabile gestum. nam
nec hostes moverunt arma, neque consul in agrum eorum
legiones induxit: et, satis explorata pace ejus anni, ⁴² milites duarum legionum Romanarum intra dies sexaginta;
quam in provinciam venit, dimisit. sociorum nominis Latini exercitu mature in hiberna Lunam et Pisas deducto,
ipse cum equitibus Galliæ provinciæ pleraque oppida adiit.
Nusquam alibi, quam in Macedonia, bellum erat: suspec-

---

ᶠ M'. l. M. Crev.　　ᵍ signum interrog. non post *existimare* sed post *paterentur* pos. Doer.

bus nihil neque dicere pensi sit, neque
facere : quemadmodum supra l. XLII. c.
23. *Id illi, cui nihil pensi sit, facile esse.*
³⁸ *Non ut ea*] Non ut Græci talia
paterentur a magistratibus sociis atque
amicis, qualia Chalcidenses ab Lucretio et Hortensio passi fuerant. Gronovius vult legi *socii atque amici* : quod
fortasse elegantius videri possit.
³⁹ *Præter magistros*] Videntur hi
magistri sociorum navalium iidem esse,
ui interdum, ut supra l. XXIX. c. 25.

navium magistri dicuntur : et dignitate,
gubernatoribus superiores erant, ut colligitur ex l. XLV. c. 42. infra.
⁴⁰ * *Publice locata*] Publice populi
Romani impensa præbita, certo pretio
redemptoribus condicto.
⁴¹ *Decies centum millium æris*] Marcarum argenti Parisiensium 1562. unci-
arum 4.
⁴² *Milites ... dimisit*] Hoc debetur
Sigonio. Prius *divisit.*

U. C. 582.
A. C. 170.
Res in Illy-
rico gestæ.
tum tamen et Gentium Illyriorum regem habebant. itaque
et octo naves ornatas a Brundisio senatus censuit mittendas
ad C. Furium legatum Issam, qui cum præsidio duarum
Issensium navium insulæ præerat. duo millia militum in eas
naves sunt inposita, quæ Q. Mænius prætor ex senatusconsulto in ea parte Italiæ, quæ objecta Illyrico est, conscripsit: et consul Hostilius Ap. Claudium in Illyricum cum
quatuor millibus peditum misit, ut adcolas Illyrici [43] tutarentur. qui, non contentus iis, quas adduxerat, copiis, auxilia ab sociis conrogando, ad octo millia hominum vario
genere armavit: peragrataque omni ea regione, ad Lychnidum Dassaretiorum consedit.

Ap. Clau-
dius ab
Uscanensi-
bus cæsus.
    X. Haud procul inde Uscana oppidum finium " plerumque
Persei erat. decem millia civium habebat, et modicum, custodiæ caussa, Cretensium præsidium. Inde nuncii ad Claudium occulti veniebant : ' Si propius copias admovisset, para-
' tos fore, qui proderent urbem. Et operæ pretium esse, non
' se amicosque tantum, sed etiam milites præda expleturum.'
Spes cupiditati admota ita oŭcæcavit animum, ut nec ex
iis, qui venerunt [h], quemquam retineret; nec obsides, pignus futuros furto et fraude agendæ rei, posceret; nec mitteret exploratum; nec fidem acciperet. die tantum statuta
profectus a Lychnido, duodecim millia ab urbe, ad quam
tendebat, posuit castra. Quarta inde vigilia signa movit,
mille ferme ad præsidium castrorum relictis : incompositi,
longo agmine effusi, infrequentes, quum nocturnus error
dissiparet, ad urbem pervenerunt. Crevit neglegentia, postquam neminem armatum in muris viderunt. Ceterum, ubi
primum sub jactu teli fuerunt, duabus simul portis erumpi-
tur; et ad clamorem erumpentium ingens strepitus e muris
ortus ululantium mulierum cum crepitu undique æris : et
incondita multitudo, turba inmixta servili, variis vocibus
personabat. Hic tam multiplex undique objectus terror
effecit, ne sustinere primam procellam eruptionis Romani
possent. Itaque fugientes plures, quam pugnantes, interemti sunt: vix duo millia hominum cum ipso legato in
castra perfugerunt. Quo longius iter in castra erat, eo plures fessos consectandi hostibus copia fuit. Ne moratus
quidem in castris Appius, ut suos dissipatos fuga colligeret,
(quæ res palatis per agros saluti fuisset) ad Lychnidum
protinus reliquias cladis reduxit.

    XI. Hæc et alia, haud prospere in Macedonia gesta, ex
Sex. Digitio tribuno militum, qui sacrificii caussa Romam

[h] venerant Gron. Crev.

venerat, sunt audita.    Propter quæ veriti Patres, ne quæ U. C. 582,
major ignominia acciperetur, legatos in Macedoniam, M. A. C. 170.
Fulvium Flaccum, et M. Caninium Rebilum, miserunt, qui
comperta, quæ agerentur, referrent: et [45] ut A. Hostilius
consul comitia consulibus subrogandis ita ediceret, uti mense
Januario comitia haberi possent, et ut primo quoque tempore in urbem rediret.    Interim [46] M. Ræcio[i] prætori mandatum, ut edicto senatores omnes ex tota Italia (nisi qui
reipublicæ caussa abessent) Romam revocaret.    Qui Romæ
essent, ne quis ultra mille passuum ab Roma abesset[k].    Ea,
uti senatus censuit, sunt facta.    Comitia consularia [47] ante
diem quintum Kalendas Septembres[l] fuere.    Creati consules Comitia.
sunt Q. Marcius Philippus iterum et Cn. Servilius Cæpio.
post diem tertium prætores sunt facti C. Decimius, M.
Claudius Marcellus, C. Sulpicius Gallus, C. Marcius Figulus,
Ser. Cornelius Lentulus, P. Fonteius Capito.    Designatis
prætoribus præter duas urbanas, quatuor provinciæ sunt decretæ; Hispania, et Sardinia, et Sicilia, et classis.    Legati
ex Macedonia, exacto admodum mense Februario, redierunt. Status re-
Hi, quas res ea æstate prospere gessisset rex Perseus, refere- rum in Ma-
bant, quantusque timor socios populi Romani cepisset, tot cedonia.
urbibus in potestatem regis redactis.  ' Exercitum consulis
' infrequentem commeatibus vulgo datis [48] per ambitionem
' esse: culpam ejus rei consulem in tribunos militum, contra
' illos in consulem conferre.  Ignominiam, Claudii temeritate
' acceptam, [49] elevare eos Patres acceperunt, qui perpaucos
' Italici generis, et magna ex parte tumultuario delectu
' conscriptos ibi milites amissos referebant.'  Consules de-
signati, ubi primum magistratum inissent, de Macedonia
referre ad senatum jussi: destinatæque provinciæ iis sunt
Italia et Macedonia.    Hoc anno intercalatum est : [50] tertio

[i] *Retio* Gron. Crev.          [k] *abessent* Gron.          [l] *Februarias* Doer.

[45] *Ut A. Hostilius....comitia....ita
ediceret, uti mense Januario comitia
haberi possent*] Vacat posterius illud
comitia, ut observat recte Gronovius.
[46] *M. Retio prætori mandatum*]
Ergo M. Retius prætor urbanus hoc
anno fuit.  Editi hactenus habent *Ræcio.*  Pighius per diphthongum effert
hoc nomen, *Racius.*  Nobis consultius
visum est eam sequi scripturam, quam
reperimus l. xxvii. Livii, c. 36. ubi
*M. Retius,* fortasse hujus prætoris pater,
sic nominatur et scribitur.
[47] *Ante diem quintum. Kalendas
Septembres*] Lege omnino cum Pighio
*Kalendas Februarias.*  Supra enim dicitur A. Hostilio imperatum, *ita comitia consulibus subrogandis ediceret,*

uti *mense Januario haberi possent:* et
infra, post consulum prætorumque comitia, legati ex Macedonia *exacto admodum mense Februario* rediisse memorantur.
[48] * *Per ambitionem*] Per pravam in-
dulgentiam, captandæ militum gratiæ
causa.
[49] *Elevare eos Patres acceperunt*]
Duo postrema verba dele cum Freinshemio et Gronovio.  Sed nihil aliud
novandum.  Dicunt legati magnam esse
eladem eam quæ Ap. Claudii temeritate accepta fuerat : eosque qui referebant perpaucos Italici generis in ea
amissos, elevare ac minuere contra rei
veritatem illius cladis ignominiam.
[50] *Tertio die post Terminalia Ka-*

U. C. 583.
A. C. 169.

die post Terminalia Kalendæ intercalares fuere. Sacerdotes intra eum annum mortui, [51] L. Flamininus ** pontifices duo decesserunt, L. Furius Philus et C. Livius Salinator. in locum Furii T. Manlium Torquatum, in Livii M. Servilium pontifices legerunt.

Q. Marcio
II. Cn. Ser-
vilio Coss.
Exercitus.

XII. Principio insequentis anni quum consules novi Q. Marcius et Cn. Servilius de provinciis retulissent, primo quoque tempore aut comparare eos inter se Italiam et Macedoniam, aut sortiri placuit : priusquam id sors cerneret, in incertum, ne quid gratia momenti faceret, in utramque provinciam, quod res desideraret supplementi, decerni. In Macedoniam peditum Romanorum sex millia, sociorum nominis Latini sex millia : equites Romanos ducentos quinquaginta, socios trecentos. Veteres milites dimitti, ita ut in singulas Romanas legiones ne plus sena millia peditum, treceni[m] equites essent. Alteri consuli nullus certus finitus numerus civium Romanorum, quem in supplementum legeret. id modo finitum, ut duas legiones scriberet, quæ quina millia peditum et ducenos haberent, equites trecenos. [52] Latinorum[n] major, quam collegæ, decretus numerus : peditum decem millia et sexcenti equites. quatuor præterea legiones scribi jussæ, quæ, si quo opus esset, educerentur. [53] Tribunos his[o], non permissum, ut consules facerent: populus creavit. Sociis nominis Latini sexdecim millia peditum, et mille equites imperati. Hunc exercitum parari tantum placuit, ut exiret, si quo res posceret. Macedonia maxime

---

[m] trecenti Gron.     [n] Peditum Latinorum Ead.     [o] iis Crev.

---

lendæ Intercalares fuere] Terminalia, festus dies dei Termini, de quo vid. not. 12. ad l. i. c. 55. celebrabantur septimo Kal. Martias. Kalendæ Intercalares sunt Kalendæ mensis Intercalaris, de quo egimus ad l. i. c. 19. Ceterum hic aliqua est difficultas. Etenim intercalatum esse semper postridie Terminalia colligi videtur ex Varrone, l. v. de Lingua Lat. et ex Macrobio, l. i. Sat. c. 13. Itaque Puteaneus existimat, libro de Bissexto, c. 2. legendum hic esse postridie Terminalia. Sed 'si hic status et solennis fuit 'dies Kalendis Intercalaribus, ita ut nulla unquam ea in re varietas fuerit, quid attinebat id a Livio notari ? Dodwellus Dissert. x. de Cyclis Rom. Sect. 19. et seq. suspicatur, præeunte aliquatenus Macrobio, diem unum a Pontificibus per hunc annum exemptum fuisse, qui dies nunc redditur, ut plenum sit annui orbis spatium, et interponitur inter Terminalia, et Kalendas Intercalares. 'Quia autem id non semper accidebat, imo hic præter

solitum intercalandi morem fiebat, ideo notatur a Livio.

[51] L. Flamininus augur] Adjecit Sigonius nomen sacerdotii, quo præditum fuisse Flamininum existimat. Nempe l. xxv. c. 2. L. Flamininus fit augur in locum P. Furii Phili. Sed deest etiam nunc hoc loco nomen ejus qui in Flaminini locum suffectus est.

[52] Latinorum major] Olim peditum Latinorum. Gronovius deleri jussit vocem peditum, quæ male huc ex subsequente versu immigrarat.

[53] Tribunos iis] Mallemus his. Sensus est : in has quatuor legiones non a consulibus tribuni, sed a populo dati sunt. Nempe initio belli Macedonici, tertio ante hunc anno, permissum fuerat consulibus prætoribusque, ut eo anno tribunos militum facerent. Vid. l. xlii. c. 31. Id et duobus annis qui secuti sunt, videtur esse servatum, nisi quod in hisce quatuor legionibus, de quibus modo actum est, jus suum populus usurpare voluit, et tribunos militum suffragiis creare.

curam præbebat. in classem mille socii navales cives Romani libertini ordinis, ex Italia* P scribi jussi; totidem ut
ex Sicilia scriberentur : et, cui ea provincia evenisset, mandatum, ut eos in Macedoniam, ubicumque classis esset, de-
portandos curaret. In Hispaniam tria millia peditum Romanorum in supplementum, trecenti equites decreti. Finitus
ibi quoque in legiones militum numerus, peditum quina
millia, treceni et triceni q equites. Et sociis imperare prætor, cui Hispania obvenisset, jussus quatuor millia peditum,
et trecentos equites.

XIII. Non sum nescius, ab eadem neglegentia, qua nihil
Deos portendere vulgo nunc credant, 54 neque nunciari
55 admodum nulla r prodigia in publicum, neque in annales
referri. ceterum et mihi, vetustas res scribenti, nescio quo
pacto, 56 antiquus fit animus; 57 et quædam religio tenet,
quæ illi prudentissimi viri publice suscipienda censuerint,
ea pro dignis habere, quæ in meos annales referam. Anag-
nia duo prodigia eo anno sunt nunciata; facem in cœlo Prodigia.
conspectam, et bovem feminam locutam publice ali. Min-
turnis quoque per eos dies 58 cœli ardentis species adfulse-
rat. Reate imbri lapidavit. Cumis in arce Apollo triduum
ac tres noctes lacrimavit. in urbe Romana duo ædituii nunciarunt, alter, in æde Fortunæ anguem jubatum a compluribus visum esse : alter, in æde 59 Primigeniæ Fortunæ, quæ
in colle est, duo diversa prodigia; palmam in area enatam,
et sanguine interdiu pluisse. Duo non suscepta prodigia
sunt, alrerum quod in privato loco factum esset, palmam
enatam impluvio suo T. Marcius Figulus nunciabat : alterum, quod in loco peregrino, Fregellis in domo L. Atrei
hasta, quam filio militi emerat, interdiu plus duas horas arsisse, ita ut nihil ejus ambureret ignis, dicebatur. Publicorum prodigiorum caussa 60 libri a decemviris aditi; quadra-

---

P nota lacunæ abest Gron. Crev.  q trecenti et triginta Exed.  r ulla Crev. Doer.

54 Neque nunciari admodum ulla pro-
digia] Sic edidit obsecutus Gronovio
Clericus. Vulgati habent manifestum
mendum, nulla.

55 ° Admodum] Fere.

56 Antiquus fit animus] Quædam editiones sit. Sed vetustiores, et ea quoque quæ ab Hearnio adornata est, id
habent quod edidimus.

57 Et quædam religio tenet . . . pro
dignis habere] Videtur legendum esse
potius indignis. Religioni enim ea habere dicimur, quæ aversamur, quæ facere aut fieri nolumus, non ea quæ
præoptamus. Sic l. v. c. 23. Jovis
Antiquos equis æquiparari dictatorem in
religionem etiam trahebant. Et Ter.

Heaut. II. l. 16. religio est dicere.
* Si quis tamen vulgatam lectionem
tueri velit, habet quo nitatur exemplum e l. x. Liviano, c. 37. Vid. ibi
not. 55.

58 Cæli ardentis species affulserat]
Gronovius mallet effulserat, ut L XLI. c.
21. Tres simul soles effulserunt.

59 Primigeniæ] Olim Primigenæ. Correxit Gronovius.

60 Libri a decemviris aditi . . . . et
addiderunt] Locus fractus, quem hoc
modo restituit Gronovius : Libris decemviri aditis, quadraginta majoribus
hostiis quibus diis consules sacrificarent,
ediderunt, et uti. Verbum ediderunt
hac in re solenne est, nec potest dubi-

U. C. 583.
A. C. 169.

ginta majoribus hostiis quibus Diis consules sacrificarent, et addiderunt *, uti supplicatio fieret, cunctique magistratus circa omnia pulvinaria victimis. majoribus sacrificarent, populusque coronatus esset. Omnia, uti decemviri [61] praeierunt, facta.

**Censores.**

XIV. Censoribus deinde creandis comitia edicta sunt. petierunt censuram principes civitatis, C. Valerius Laevinus, L. Postumius Albinus, P. Mucius Scaevola, M. Junius Brutus, C. Claudius Pulcher, Ti. Sempronius Gracchus. Hos duos censores creavit populus Romanus. Quum delectus habendi major, quam alias, propter Macedonicum bellum cura esset, consules plebem apud senatum accusabant, [62] quod et juniores non responderent. Adversus quos [63] C. Sulpicius et M. Claudius tribuni [t] plebis caussam egerunt. ' Non con-
' sulibus, sed ambitiosis consulibus, delectum difficilem esse.
' [64] neminem invitum militem ab iis fieri. [65] Id ita ut esse
' scirent et Patres conscripti, praetores, [66] quibus et vis imperii
' minor et auctoritas esset, delectum, si ita senatui videretur,
' perfecturos esse.' Id praetoribus [67] magna Patrum * non sine sugillatione consulum, mandatum est. Censores, ut eam rem adjuvarent, ita in concione edixerunt, ' Legem censui cen-
' sendo dicturos esse, ut, [68] praeter commune omnium civium
' jusjurandum, haec adjurarent: Tu minor annis sex et quadra-
' ginta es, tuque ex edicto C. Claudii, T. Sempronii censorum
' ad delectum prodito: et, quotiescumque delectus erit, [69] quem
' hic censores magistratum habebunt [u], si miles factus non eris,
' in delectu prodibis.' Item, quia fama erat, multos ex Mace-

**Delectus a praetoribus habitus.**

* et addiderunt, l. ediderunt, et, Rup.     [t] tribuni l. praetores Doer. Rup.
[u] his censoribus magistratus habebunt Crev.

tari quin ita Livius scripserit. Cetera etsi haud dubie mentem Livii exprimunt, nec possunt longe abire ab ejus scriptura, habent tamen aliquid densius quodammodo et quasi confertius, quam solet Livius.

[61] * Praeierunt] Vid. not. 8. ad IV. 21.

[62] Quod et juniores] Superest τὸ et, aut plura desunt.

[63] C. Sulpicius et M. Claudius tribuni] Imo praetores. Ii et supra, c. 11. memorantur inter praetores hujus anni; et hic, ideo quia praetores sunt, postulant ut delectus cura mandetur praetoribus; et, perfecto a praetoribus delectu, jubentur c. 15. ex his quas scripsissent legionibus, quas videretur, consuli dare. Scripta haud dubie fuit vox praetores per duas litteras PR. unde librarii pro solita oscitantia, maxime quia sequebatur continuo vox plebis, fecerunt TR. id est, tribuni. Haec fere Perizonius.

[64] Neminem invitum militem ab iis fieri] Sic probant Sulpicius et Marcellus ambitiosos esse consules, qui metu offensionum neminem militare invitum cogerent.

[65] * Id ita ut esse] Ut patres Conscripti quoque scirent id ita esse.

[66] Quibus et vis imperii minor et auctoritas esset] Quorum et minor potestas, et minor dignatio esset. In imperio est vis cogendi: auctoritas venerationem conciliat. Supra l. 1. c. 7. Evander tum ea . . . ., auctoritate magis quam imperio regebat loca.

[67] Magna Patrum consensione] Ultimam vocem adjecit Sigonius, ut mancum locum expleret.

[68] Praeter commune . . . jusjurandum] Vid. not. 14. ad l. 1. c. 42.

[69] Quem his censoribus magistratus habebunt] Sic emendavit Gronovius. Vetus lectio omnino corrupta erat, quem hic censores magistratum habebunt.

donicis legionibus, incertis commeatibus per ambitionem im- U. C. 583.
peratorum ab exercitu abesse, edixerunt de militibus, P. Ælio, A. C. 169.
C. Popillio consulibus, postve eos consules in Macedoniam
scriptis, ' Ut, qui eorum in Italia essent, intra dies triginta,
' censi prius apud sese, in provinciam redirent. qui in patris
' aut avi potestate essent, eorum nomina ad se ederentur.
' Missorum quoque caussas sese cognituros esse : et, quorum
' ante emerita stipenda [70] gratiosa missio sibi visa esset, eos
' milites fieri jussuros.' Hoc edicto literisque censorum per
fora et conciliabula dimissis, tanta multitudo juniorum Romam convenit, ut gravis urbi turba insolita esset.

XV. Præter delectum eorum, quos in supplementum
mitti oportebat, quatuor a C. Sulpicio prætore scriptæ legiones sunt, intraque undecim dies delectus est perfectus.
Consules deinde sortiti provincias sunt. nam prætores prop-  Provincia-
ter jurisdictionem maturius sortiti erant. Urbana C. Sul- rum sorti-
picio, peregrina C. Decimio obtigerat, Hispaniam M. Clau-  tio.
dius Marcellus, Siciliam Ser. Cornelius Lentulus, Sardiniam
P. Fonteius Capito, classem C. Marcius Figulus erat sortitus. Consulum Cn. Servilio Italia, Q. Marcio Macedonia
obvenit. Latinisque actis, Marcius extemplo est profectus.
Cæpione deinde referente ad senatum, quas ex novis legionibus duas legiones secum in Galliam. duceret, decrevere
Patres, ut C. Sulpicius, M. Claudius prætores ex his, quas
scripsissent, legionibus, quas videretur, consuli darent. [71] Indigne patiente[x] prætorum arbitrio consulem subjectum, dimisso senatu, ad tribunal prætorum stans postulavit, ex senatusconsulto destinarent sibi duas legiones. [72] prætores consuli
in eligendo arbitrium fecerunt. Senatum deinde censores  Censura.
legerunt: M. Æmilius Lepidus princeps ab tertiis jam censoribus lectus. Septem e senatu ejecti sunt. In censu ac-
cipiendo populi milites ex Macedonico exercitu, qui quam
multi abessent ab signis, census docuit, in provinciam cogebant : [73] caussas stipendiis[y] missorum cognoscebant : et,
cujus nondum justa missio visa esset, ita jusjurandum adigebant : [74] ' Ex tui animi sententia, tu ex edicto C. Claudii,
' Ti. Sempronii censorum in provinciam Macedoniam redibis,
' quod sine dolo malo facere poteris ? '

---

[x] patiens Crev.        [y] add. [nondum emeritis] Ead.

[70] e. Gratiosa] Gratiæ data non juri.
[71] Indigne patiens] Et hoc a Gronovio est. Vulgo patiente, quæ vox
solœcam efficiebat orationem.
[72] Prætores consuli . . . arbitrium fe-
cerunt] Lege omnino, ut Gronovius
jubet, consulis. Sic enim amat loqui
Livius. Supra l. xxvii. c. 8. Senatus populi potestatem fecit.

[73] Caussas stipendiis [nondum emeri-
tis] missorum] Sic videtur legi debere. Supra, c. 14. et quorum ante emerita stipendia gratiosa missio sibi visa
esset.
[74] Ex tui animi sententia] Vere et
ex animo promittis te etc. Vid. not.
66, ad l. xxii. c. 53.

U. C. 583.
A. C. 169.
Cens. ob-
fendunt
ordinem
equestrem.

XVI. In equitibus recensendis tristis admodum eorum atque aspera censura fuit: multis equos ademerunt. [75] in ea re [z] quum equestrem ordinem obfendissent, [76] flammam invidiæ adjecere edicto, quo edixerunt, ' Ne quis eorum, qui Q. ' Fulvio, A. Postumio censoribus publica vectigalia aut [77] ultro ' tributa conduxissent, [78] ad hastam suam accederet, sociusve ' aut adfinis ejus conductionis esset.' Sæpe id querendo veteres publicani quum impetrare nequissent ab senatu, ut modum potestati censoriæ inponerent, tandem tribunum plebis P. Rutilium, ex rei privatæ contentione iratum censoribus, patronum causæ nacti sunt. [79] Clientem libertinum parietem in Sacra via adversus [80] ædes publicas [81] demoliri jusserant [a], quod publico inædificatus esset. adpellati a privato tribuni. quum præter Rutilium nemo intercederet, censores [82] ad pignora capienda miserunt, multamque pro concione privato dixerunt. [83] Hinc [b] contentione orta, quum veteres publicani se ad tribunum contulissent, rogatio repente sub unius tribuni nomine promulgatur: ' Quæ publica vectigalia, ' ultro tributa C. Claudius et Ti. Sempronius locassent, ea ' rata locatio ne esset. de integro locarentur, et ut omnibus ' redimendi et conducendi promiscue jus esset.' Diem [84] ad ejus rogationem concilio tribunus plebis dixit. qui postquam venit, ut censores ad dissuadendum processerunt, Graccho dicente, silentium fuit. quum Claudio obstreperetur, audientiam facere præconem jussit. [85] Eo facto, avocatam a se concionem tribunus questus, et in ordinem se coactum, ex Capitolio, ubi erat concilium, abiit. Postero die ingentes tu-

Tr. Pl.
diem iis
dicit.

---

[z] re del. Gron.      [a] jusserunt Ead.      [b] Hic Ead.

[75] In ea re] Adjecimus vocem re, qua carent Gronovianæ editiones, ex auctoritate primæ editionis, quam secutus est quoque Sigonius.

[76] Flammam invidiæ adjecere edicto] Odium in se equestris ordinis magis inflammavere. Videlicet publicani ex equestri ordine erant.

[77] Ultro tributa] Vid. not. 70. ad l. XXXIX. c. 44.

[78] [*] Ad hastam suam] Ad locationem suam. Vid. not. 86. ad XXIV. 18.

[79] Clientem libertinum] Marito judicat Gronovius legendum esse Hujus, nempe Rutilii, clientem; vel Clientem ejus.

[80] Ædes publicas] Haud satis liquet, quid fuerint ædes illæ publicæ. An quales sunt apud nos Maisons, ou Hotels de Ville?

[81] Demoliri jusserant]. Sic prima editio, teste Hearnio. Recentiores jusserunt, minus commode.

[82] Ad pignora capienda] Vid. not. 70. ad l. III. c. 38. supra.

[83] Hinc contentione orta] Mendose in recentioribus editis legitur hic.

[84] Ad ejus rogationem] Sic dixit Livius ad ejus rogationis rogationem, quomodo dixisset ad eam rogationem rogandam. Rogatio est quidquid ad populum fertur. Promulgabatur rogatio, quum in publico scripta proponeretur per trinundinum inspicienda et versanda ab iis quibuscunque collibuisset. Rogabatur tum, quum de ea populus in suffragium mittebatur.

[85] Eo facto avocatam a se concionem] Nimirum tribunus habebat illam concionem et concilio præerat, non censores. Quum igitur pro potestate jussisset Claudius præconem audientiam facere, videbatur avocasse concionem a tribuno, id est, concionis moderamen abstulisse a tribuno et sibi vindicasse.

multus ciere. [86] Ti. Gracchi primum bona consecravit, quod in multa pignoribusque ejus, qui tribunum adpellasset, intercessioni non parendo, [87] se in ordinem coegisset. C. Claudio diem dixit, quod concionem ab se avocasset, et [88] utrique censori perduellionem se judicare pronunciavit, diemque comitiis a C. Sulpicio praetore urbano petiit. Non recusantibus censoribus, qui minus [c] primo quoque tempore judicium de se populus faceret, in ante dies octavum et septimum Kalendas Octobres comitiis perduellionis dicta dies. Censores extemplo in atrium Libertatis adscenderunt: et, ibi signatis tabellis publicis, clausoque tabulario, et dimissis [89] servis publicis, negarunt, se prius quidquam publici negotii gesturos, quam judicium populi de se factum esset. Prior Claudius caussam dixit: et, quum [90] ex duodecim centuriis equitum octo censorem condemnassent, multaeque aliae primae classis, extemplo principes civitatis in conspectu populi, annulis aureis positis, vestem mutarunt, ut supplices plebem circumirent. Maxime tamen sententiam vertisse dicitur Ti. Gracchus, quod, quum clamor undique plebis esset, periculum Graccho non esse, conceptis verbis juravit, si collega damnatus esset, non exspectato de se judicio, comitem exsilii ejus futurum. Adeo tamen ad extremum spei venit reus, ut octo centuriae ad damnationem defuerint. Absoluto Claudio, tribunus plebis negavit se Gracchum morari.

XVII. Eo anno, postulantibus Aquileiensium legatis, [91] ut numerum colonorum augeret, mille et quingentae familiae ex senatusconsulto scriptae, triumvirique, qui eas dedu-

*margin right:* U. C. 583. A. C. 169.

*margin right:* Absolvuntur.

[c] quo minus Gron. Crev.

[86] Ti. Gracchi ... bona consecravit] Bonorum Q. Metelli, Cn. Lentuli, etc. hoc modo a tribunis plebis consecratorum mentionem facit Cic. pro Domo, n. 123. et seqq. Ea consecratio fiebat in concione, certo quodam verborum carmine, foculo posito, et adhibito tibicine. Ejus hanc vim esse volebat is qui bona alicujus consecraverat, ut bona illa alicui deo, puta Cereri, jam sacra essent, ac proinde nullum ad profanum usum vetri possent, inque ea jus omne amitteret is qui illa antea possederat. Sed ad irritum cadebant illae minae, et scenicae illae theatralesque bonorum consecrationes fraudi non erant possessoribus. Haec omnia decet Cicero loco memorato.

[87] * Se in ordinem coegisset] Jus magistratus sui infregisset, ac secum velut cum privato egisset. Vid. not. 52. ad III. 35.

[88] Utrique censori perduellionem se judicare] Se judicare utrumque censorem perduellionis crimine teneri. Sed hoc judicium ratum esse non poterat, nisi populus suffragiis suis illud firmasset. Eodem fere modo mulcta dicebatur a magistratu, sed jubebatur a populo. Recens exemplum habes in Lucretio, supra c. 8. De perduellione vid. not. 85. ad l. I. c. 26.

[89] Servis publicis] Servi publici sunt ii qui, etsi nullius privati, at populi servi sunt. Tales servi ad tabularii ministeria praesto erant censoribus.

[90] Ex duodecim centuriis equitum] Imo octodecim. Tot enim instituit Ser. Tullius. Vid. supra l. I. c. 43.

[91] Ut numerum colonorum augeret] Lege, ut numerus colonorum augeretur: vel in iis quae praecedunt, postulantibus a senatu Aquileiensium legatis.

U. C. 583.
A. C. 169.
Legati
Rom. in
Græcia.

eerent, missi sunt, T. Annius Luscus, P. Decius Subulo, M.
Cornelius Cethegus.    Eodem anno C. Popillius et Cn. Octavius legati, qui in Græciam missi erant, senatusconsultum,
Thebis primum recitatum, per omnes Peloponnesi urbes circumtulerunt, ' Ne quis ullam rem in bellum magistratibus Ro-
' manis conferret, præterquam quod senatus censuisset.' Hoc
fiduciam in posterum quoque præbuerat, levatos se oneribus-
que [d] inpensisque, quibus, alia aliis imperantibus, exhaurieban-
tur. [92] Achaïco concilio Argis agitato, [93] benigne locuti auditi-
que, [94] egregia spe futuri status fidissima gente relicta, in
Ætoliam trajecerunt.    Ibi nondum quidem seditio erat, sed
[95] omnia suspecta, criminumque inter ipsos plena. ob quæ
obsidibus postulatis, neque exitu rei inposito, in Acarna-
niam inde profecti legati sunt. [96] Thyrii concilium legatis
Acarnanes dederunt.    Ibi quoque inter factiones erat certamen : quidam principum postulare, ut præsidia in urbes
suas inducerentur adversus amentiam eorum, [97] qui ad Macedonas gentem trahebant : pars recusare, ne, [98] quod bello
captis et hostibus mos esset, id pacatæ et sociæ civitates
ignominiæ acciperent.    Justa deprecatio hæc visa.    Larissam ad Hostilium proconsulem (ab eo enim missi erant)
legati redierunt.    Octavium retinuit secum.    Popillium cum
mille ferme militibus in hiberna Ambraciam misit.

Persei ex-
peditio in
Illyricum.

XVIII. Perseus, principio hiemis egredi Macedoniæ fi-
nibus non ausus, ne qua in regnum vacuum inrumperent
Romani, sub tempus brumæ, quum inexsuperabiles ab
Thessalia montes nivis altitudo facit, occasionem esse ratus
frangendi finitimorum spes animosque, ne quid, averso se in
Romanum bellum, periculi subesset, quum a Thracia pacem
Cotys, ab Epiro Cephalus repentina defectione a Roma-
nis [1] præstarent, Dardanos recens domuisset bello, solum

[d] oneribus Gron. Crev.

[92] *Achaïco concilio Argis*] Reponendum est *Ægii*, ex Polyb. Legat.
74.

[93] *Benigne locuti*] Sed magis ut
servirent temporibus, quam ex animo.
Etenim *dicebantur*, inquit Polybius,
*occusaturi Lycortam, et Archonem, et
Polybium, tanquam alienos a populi
Romani rebus. Id tamen facere non
sunt ausi, quod nullam causam satis
probabilem haberent, cur eos reos agerent.*

[94] *Egregia spe*] Id est, in egregia spe
futuri status. Ceterum, si hoc durius
videtur, lege cum Mureto : *Egregia
spe . . . fidissimæ genti relicta.*

[95] *Omnia suspecta criminumque inter ipsos plena*] Rem fusius exponit

Polybius, docetque criminationes illas
inde ortas esse, quod hi ceteros con-
tenderent haud sincera fide cum Romanis sentire ; illi accusatores suos
calumniis in se grassari dicerent, quo
potentioribus adularentur.

[96] *Thyrii*] Nomen hujus urbis varie
scribitur, *Tyrrheum, Thyreum, Thu-
rium, Thyrium.* Vide Cellar. Geogr.
Ant. II. 13.

[97] *Qui ad Macedonas gentem trahe-
bunt*] Emendatio Gronovii. Olim *ad
Macedonicam.*

[98] *Quod bello captis et hostibus mos
esset*] Potius, *quod bello captos et hostes
mos esset*, ut intelligatur *accipere ignominiæ.* GRONOVIUS.

[1] *Præstarent*] Sic vetustiores editi :

infestum esse Macedoniæ latus, quod ab Illyrico pateret, U. C. 583.
cernens, neque ipsis quietis Illyriis, et ² aditum præbentibus A. C. 169.
Romanis, si domuisset proximos Illyriorum, Gentium quo-
que regem jam diu dubium in societatem perlici posse, cum
decem millibus peditum, quorum pars phalangitæ erant, et
duobus millibus levium armatorum, et quingentis equitibus
profectus, Stuberam venit.  Inde frumento complurium
dierum sumto, jussoque adparatu obpugnandarum urbium
sequi, tertio die, ³ ad Uscanam (⁴ Penestianæ terræ ea maxima urbs est) posuit castra : prius tamen, quam vim admoveret, missis, qui tentarent nunc præfectorum præsidii,
nunc oppidanorum animos. erat autem ibi cum juventute
Illyriorum Romanum præsidium.  Postquam nihil pacati
referebant, obpugnare est adortus, et corona eam capere
conatus est. quum sine intermissione interdiu noctuque alii
aliis succedentes, ⁵ pars scalas muris, ignem portis inferrent,
sustinebant tamen eam tempestatem propugnatores urbis ;
quia spes erat, neque hiemis vim diutius pati Macedonas in
aperto posse, nec ab Romano bello tantum regi laxamenti
fore, ut posset morari.  Ceterum, postquam vineas agi, turresque excitari viderunt, victa pertinacia est. nam, præterquam quod adversus vim pares non erant, ne frumenti quidem aut ullius alterius rei copia intus erat, ut in necopinata
obsidione.  Itaque quum spei nihil ad resistendum esset,
C. Carvilius Spoletinus et C. Afranius a præsidio Romano
missi, qui a Perseo peterent, primo, ut armatos suaque secum ferentes abire sineret ; dein, si id minus impetrarent,
vitæ tantum libertatisque fidem acciperent.  Promissum id
benignius est ab rege, quam præstitum. exire enim sua
secum efferentibus jussis ⁶ primum arma ademit. his urbe
egressis, et Illyriorum cohors, (quingenti erant) et Uscanenses
se urbemque dediderunt.

XIX. Perseus, præsidio Uscanæ inposito, multitudinem

et recte quidem.  Pertinet enim hoc
verbum ad Cotyn simul et Cephalum.
Gronovianæ editiones mendose habent
*præstaret.*

² *Aditum præbentibus Romanis*] Quum
Illyrii præberent aditum Romanis.
Magis placeret quod Gronovius subjicit,
*Romano.*

³ *Ad Uscanam....posuit castra*]
Urbs illa, c. 10. supra, frustra tenta-
tur ab Ap. Claudio, et in potestate
Persei remanet.  Quum hic igitur a
Perseo oppugnetur, intelligendum est
illam hoc temporis spatio in potestatem
Romanorum venisse.

⁴ *Penestianæ terræ ea maxima urbs
est*] Sic edidit Sigonius, et post eum

Hearnius, ut et placuit Gronovio.  Alii
*maxime.*

⁵ *Pars scalas muris, ignem portis*]
Magis placeret cum eodem Gronovio
legere : *scalas muris, pars ignem portis inferrent.*  In priore enim potius,
quam in posteriore membro omittere
solet Livius vocem quı partitio significatur.  *Virgis cædi, alii securi subjici.*
l. III. c. 37.

⁶ *Primum arma ademit*] Perspicuum
est hic alterum orationis membrum excidisse, quod respondeat τῷ *primum.* Ex
iis quæ sequuntur apparet retentos esse
a rege Romanos.  Id hoc loco signifi-
caret Livius.

U. C. 583.
Æ. C. 169.
omnem deditorum, quæ prope numero exercitum æquabat, Stuberam abducit. Ibi [7] Romanis, (quatuor millia autem hominum erant) præter principes, in custodiam civitatium divisis, Uscanensibus Illyriisque venditis, in Penestiam exercitum reducit ad Oæneum oppidum in potestatem redigendum. et alioqui opportune situm, et transitus ea est in Labeates, ubi Gentius regnabat. Prætereunti frequens castellum, Draudacum nomine, peritorum quidam regionis ejus, ' nihil Oæneo capto opus esse,' ait, ' nisi et potestate et ' Draudacum sit. [8] opportunius etiam ad omnia positum esse.' Admoto exercitu, omnes extemplo dediderunt sese. Qua spe celeriore deditione erectus, postquam animadvertit, quantus agminis sui terror esset, undecim alia castella eodem metu in potestatem redigit. ad perpauca vi opus fuit, cetera voluntate dedita : et in his recepti mille et quingenti dispositi per præsidia milites Romani. Magno usui Carvilius Spoletinus erat in conloquiis, dicendo, nihil in ipsos sævitum. Ad Oæneum preventum est, quod sine justa obpugnatione capi non poterat ; et majore aliquanto, quam cetera, juventute, et validum oppidum mœnibus erat. et hinc amnis Artatus nomine, hinc mons præaltus et aditu difficilis cingebat. hæc spem ad resistendum oppidanis dabant. Perseus, circumvallato oppido, aggerem a parte superiore ducere instituit, cujus altitudine muros superaret. quod opus dum perficitur, crebris interim prœliis, quibus per excursiones et mœnia sua oppidani tutabantur, et opera hostium inpediebant, magna eorum multitudo variis casibus absumta est : et, qui supererant, labore diurno nocturnoque et vulneribus inutiles erant. Ubi primum agger injunctus muro est, et cohors regia, quos Nicatoras adpellant, transscendit, et scalis multis simul partibus inpetus in urbem est factus. puberes omnes interfecti sunt : conjuges liberosque eorum in custodiam dedit : prædæ alia militum cessere.

Legatos ad
Gentium
Perseus
mittit.
Stuberam inde victor revertens ad Gentium legatos, Pleuratum Illyrium, exsulantem apud se, et [9] Aputeum Macedonem a Berœa, mittit. Iis mandat, ut exponerent æstatis ejus hiemisque acta sua adversus Romanos Dardanosque. adjicerent recentia in Illyrico hibernæ expeditionis opera. [10] hortarentur Gentium in amicitiam secum et cum Macedonibus jungendam.

---

[7] *Romanis .... præter principes, in custodiam civitatum divisis*] Principes nempe secum habuit, ut colligitur ex iis quæ dicuntur infra de Carvilio. Ceteros custodiendos per civitates divisit.

[8] *Opportunius etiam*] Reposuimus veterem primæ editionis et Sigonii lectionem, ab Hearnio testatam. Gronovianæ editiones, *opportunius enim.*

[9] *Aputeum*] Is *Adæus* a Polybio vocatur, Legat. 76.

[10] *Hortarentur Gentium in amicitiam .... jungendam*] Magis placeret ad amicitiam.

XX. Hi, transgressi jugum Scordi montis, per Illyrici U. C. 585.
solitudines, quas de industria populando Macedones fece- A. C. 169.
rant, ne transitus faciles Dardanus in Illyricum aut Macedoniam essent, Scodram labore ingenti tandem pervenerunt,
Lissi rex Gentius erat. eo adciti legati, mandata exponentes, Gentius
benigne auditi sunt : qui responsum sine effectu tulerunt : pecuniam.
' Voluntatem sibi non deesse ad bellandum cum Romanis : ce- poscit.
' terum ad conandum id, quod velit, pecuniam maxime deesse.'
Hæc Stuberam retulere regi, tum maxime captivos ex Illyrico vendenti.   Extemplo iidem legati, addito Glaucia ex
numero custodum corporis, remittuntur, sine mentione pecuniæ, qua una barbarus inops inpelli ad bellum poterat.
Ancyram inde populatus Perseus, in Penestas rursum exercitum reducit : firmatisque Uscanæ, et circa eam per omnia castella, quæ receperat, præsidiis, in Macedoniam sese
recipit.

XXI. L. Cœlius, legatus Romanus, præerat Illyrico : Res gestæ a-
qui, moveri non ausus, quum in iis locis rex esset, post profec- Rom. in Il-
tionem demum ejus conatus in Penestis Uscanam recipere, lyrico.
a præsidio, quod ibi Macedonum erat, cum multis vulneribus repulsus, Lychnidum copias reduxit.   Inde post dies
paucos M. Trebellium Fregellanum cum satis valida manu
in Penestas misit ad obsides ab his urbibus, quæ in amicitia cum fide permanserant, accipiendos.   Procedere etiam
in Parthinos (ii quoque obsides dare pepigerant) jussit : ab
utraque gente [11] sine tumultu exigi.   Penestarum obsides
Apolloniam, Parthinorum [12] Dyrrachium (tum Epidamni magis celebre nomen Græcis erat) missi.   Ap. Claudius acceptam in Illyrico ignominiam corrigere cupiens, Phanotem
Epiri castellum adortus obpugnare, et auxilia Athamanum
Thesprotorumque, præter Romanum exercitum, ad sex millia hominum secum adduxit : neque operæ pretium fecit,
Cleva, qui relictus a Perseo erat, cum valido præsidio de-
fendente.   Et Perseus, [13] in Elimeam profectus, et circa
eam exercitu lustrato, [14] ad Stratum, vocantibus Epirotis, Perseus ad
ducit.   Stratus validissima tum urbs Ætoliæ erat. sita est Stratum it.

[11] *Sine tumultu exigi*] Placet conjectura Gronovii, *exacti.*

[12] *Dyrrachium (tum Epidamni magis
celebre nomen*] Duplici nomine urbs illa
*Dyrrachium* et *Epidamnus* vocabatur.
Magis celebre tum erat apud Græcos
*Epidamni* nomen.

[13] *In Elymæam profectus, et circa
eam exercitu lustrato*] Quod hic dicitur de exercitu circa Elymæam lustrato melius conveniret urbi, quam regioni.   Et revera in Elymiotide re-

gione urbs est Elyma, sive Ely mæa.
Itaque legendum est sine præpositione
*Elymæam profectus,* vel *ad Elymæam
profectus.*

[14] *Ad Stratum vocantibus Epirotis*]
Ex iis quæ sequuntur, videtur legendum esse potius *Ætolis.*   Namque
Stratus urbs *Ætoliæ* est : traditur per
Archidamum principem *Ætolorum* :
denique rex ubi ad Stratum accessit,
exspectat effusos omnibus portis *Ætolos* in fidem suam venturos.

U. C. 583.
A. C. 169.

super Ambracium sinum, prope amnem Acheloum. Cum decem millibus peditum eo profectus est et equitibus trecentis : quos pauciores propter angustias viarum et asperitatem duxit. Tertio die quum pervenisset ad Citium montem, vix transgressus propter altitudinem nivis, locum quoque castris ægre invenit. Profectus inde, magis quia manere non poterat, quam quod tolerabilis aut via aut tempestas esset, cum ingenti vexatione, præcipue jumentorum, altero die ad templum Jovis, quem Nicæum vocant, posuit castra. Ad Arachthum inde flumen, itinere ingenti emenso, retentus altitudine amnis, [15] mansit. Quo spatio temporis ponte perfecto, traductis copiis diei progressus iter, [16] obvium [e] Archidamum principem Ætolorum, per quem ei Stratus tradebatur, habuit.

XXII. Eq die ad finem agri Ætoli castra posita. Inde altero die ad Stratum perventum : ubi, prope Acheloum amnem castris positis, quum exspectaret, effusos omnibus portis Ætolos in fidem suam venturos, clausas portas, atque *Stratum intrant Romani.* ipsa ea nocte, qua venerat, receptum Romanum præsidium cum C. Popillio legato invenit. Principes, qui præsentis Archidami auctoritate compulsi regem arcessierant, obviam egresso Archidamo segniores facti, locum adversæ factioni dederant ad Popillium cum mille peditibus ab Ambracia arcessendum. In tempore et Dinarchus, præfectus equitum gentis Ætolorum, cum sexcentis peditibus et equitibus centum venit. Satis constabat, eum, tamquam ad Persea tendentem, Stratum venisse : mutato deinde cum fortuna animo, Romanis se, adversus quos venerat, junxisse. Nec Popillius securior, quam debebat esse, inter tam mobilia ingenia erat. claves portarum custodiamque murorum suæ extemplo potestatis fecit : Dinarchum Ætolosque cum juventute Stratiorum in arcem per præsidii speciem amovit. Perseus, ab inminentibus superiori parti urbis tumulis tentatis conloquiis, quum obstinatos atque etiam telis procul arcentes videret, quinque millia passuum ab urbe trans Pe-*Regreditur Perseus.* titarum amnem posuit castra. Ibi consilio [f] advocato, quum Archidamus [17] Epirotarumque transfugæ retinerent, Mace-

[e] *obviam* Gron.      [f] *concilio* Crev.

[15] *Mansit. Quo spatio temporis*] Profecto hic aliquid deest. Ut enim hæc structa sunt, necesse est omnino ut Livius indicaverit, quodnam fuerit illud spatium temporis, quo mansit rex ad Arachthum.

[16] *Obvium Archidamum . . . . habuit*] Sic habet, Hearnio teste, prima editio ; melius quam, ut vulgatæ nunc,

obvium.

[17] *Epirotarumque transfugæ*] Ii procul dubio erant ex factione Cephali, de quo supra c. 18. et ideo dicuntur transfugæ, quia quum primo ab Romanis stetissent, ab iis postea defecerant. Nisi forte hic quoque legendum est *Ætolorum.*

donum principes non pugnandum cum infesto tempore anni U. C. 583.
censerent, nullis præparatis commeatibus; quum inopiam A. C. 169.
prius obsidentes, quam obsessi, sensuri essent, [18] maxime
quod hostium haud procul inde hiberna erant; territus in
Aperantiam castra movit.  Aperantii eum, propter Archidami magnam in ea gente gratiam auctoritatemque, consensu omnium acceperunt : is ipse cum octingentorum militum præsidio his est præpositus.

XXIII.  [19] Rex cum [f] minore vexatione jumentorum hominumque, quam venerat, in Macedoniam rediit.  Appium
tamen [20] ab obsidione Phanotis fama ducentis ad Stratum
Persei submovit.  Clevas, cum præsidio inpigrorum juvenum insecutus, sub radicibus prope inviis montium ad mille
hominum ex agmine inpedito occidit, ad ducentos cepit.
Appius, superatis angustiis, in campo, quem Elæona [h] vocant, stativa dierum paucorum habuit.  Interim Clevas,
adsumto [21] Philostrato, qui Epirotarum gentem habebat, in
agrum Antigonensem transcendit.  Macedones ad depopulationem profecti; Philostratus cum cohorte sua in insidiis
loco obscuro consedit. in palatos populatores quum erupissent ab Antigonea armati, fugientes eos persequentes effusius in vallem insessam ab hostibus præcipitant. ibi ad
mille occisis, centum ferme captis, ubique prospere gesta re,
prope stativa Appii castra movent, ne qua vis sociis suis ab
Romano exercitu inferri possit.  Appius, nequidquam in
his locis terens tempus, dimissis Chaonumque, et si qui
alii Epirotæ erant, præsidiis, cum Italicis militibus in Illyricum regressus, per Parthinorum socias urbes in hiberna
militibus dimissis, ipse Romam sacrificii caussa rediit.  Perseus ex Penestarum gente mille pedites, ducentos equites
revocatos, Cassandriam, præsidio ut essent, misit.  Ab
Gentio eadem adferentes redierunt. nec deinde alios tque
alios mittendo tentare eum destitit, quum adpareret, quantum in eo præsidii esset; nec tamen impetrare ab animo
posset, [22] ut inpensam in rem maximi ad omnia momenti
faceret ****.

[18] * *Maxime quod*] Eo maxime territus, quod hostium haud procul inde
hiberna erant.
[19] *Rex non minore vexatione*] Olim
*cum minore.*  Emendavit Gronovius ex
Freinshemii sententia.
[20] *Ab obsidione Phanotis*] Scribe
*Phanotes.* Est enim Φανότη. GRONO-
VIUS.
[21] *Philostrato, qui Epirotarum gentem habebat*] Hoc obscurum est; et

auget mendi suspicionem id quod sequitur : *Philostratus cum cohorte sua.*
An enim Epirotarum gens contribui
poterat in unam cohortem ?  Legere
possumus hic *Epirotarum tranfugas,*
si recte illi nominati sunt c. præcedenti.
[22] *Ut impensam in rem maximi ad
omnia momenti faceret*] Hic asteriscum apposuerat Sigonius, quod ea quæ
de Olonico Hispano in epitome hujus

U. C. 583.
A. C. 169.

libri traduntur, ad Clondicum Bastarnarum ducem a Livio nominatum l.
XL. c. 58. retulerit : quem in Pæonia
fecisse aliquem motum existimavit, et
ibi interemptum esse. Ea igitur quæ
ad illum Clondicum spectarent, hic
excidisse putavit. Sed quum multo
probabilior sit, ut supra annotavimus,
de Olonico conjectura Gronovii, qui
illum eumdem esse cum Flori Salondi-
co arbitratus est, nulla satis idonea ratione videtur motus esse Sigonius, ut
mutilum hic esse librum arbitraretur.
Dujatius Sigonii auctoritate motus
credidit et ipse hic aliquid intercidisse,
inseruitque hoc loco rogationem a Vo-
conio promulgatam et perlatam de
coërcendis mulierum hereditatibus.
Sed de lege Voconia egerat Livius l.
XLI. ut apparet ex epitome illius libri.
Credimus igitur nihil ex fine hujus libri XLIII. periisse.

# EPITOME LIBRI XLIV.

Q. *MARCIUS Philippus per invios saltus penetravit in Macedoniam, compluresque urbes occupavit. Rhodii misere legatos Romam, [1] minantes, se Perseo auxilio futuros, nisi populus Romanus cum eo pacem atque amicitiam jungeret, indigne id latum. Quum id bellum L. Æmilio Paullo, sequentis anni consuli iterum, mandatum esset, [2] Paullus, in concione precatus, ut, quidquid diri populo Romano inmineret, in domum suam converteretur, et in Macedoniam profectus, vicet Persen, totamque Macedoniam in potestatem redegit. Antequam confligeret, [3] C. Sulpicius Gallus tribunus militum prædixit exercitui, ne miraretur, quod luna nocte proxima defectura esset. Gentius quoque rex Illyriorum, quum rebellasset, ab Anicio prætore victus, venit in deditionem, [4] et cum uxore, et liberis, et propinquis, Romam missus est. Alexandria legati a Cleopatra et Ptolemæo regibus venerunt, querentes de Antiocho rege Syriæ, quod his bellum inferret. Perses, sollicitatis in auxilium Eumene rege Pergami, et Gentio rege Illyriorum, quia his pecuniam, quam promiserat, non dabat [5] ab iis relictus est.*

[1] *Minantes se Perseo auxilio futuros, nisi pop. Rom. cum eo pacem atque amicitiam jungeret*] Hæc est unius codicis a Gronovio inspecti scriptura; quæ quum expeditissima sit, Clericus eam in editione sua repræsentavit, quod ejus exemplo nos itidem hic facimus. In vulgata lectione aliquid erat vitii : *minantes, ut Perseo essent auxilio, nisi populus Romanus . . conjungeret.*

[2] *Paullus in concione precatus, ut*] Hanc precationem fecit Paullus, non antequam proficisceretur ad bellum, sed devicto Perseo, quum jam secundo cursu Italiam tenuisset. Vid. infra l. XLV. c. 41. et Val. Max. v. c. 10. Itaque hic fallitur auctor epitomes. Ceterum in hac periodo formanda secuti sumus auctoritatem trium membranarum

a Gronovio laudatarum, quibus assentitur Campanus, nisi quod *supra domum suam*, quemadmodum vulgati, præfert. Vulgo *precatus est*, et *supra domum suam, et vicit Perseum.*

[3] *C. Sulpicius Gallus tribunus militum*] Nihil horum comparebat in libris : sed ea inseruit ex historiæ fide Sigonius. Non enim Paullus, sed Sulpicius ille Gallus hunc Lunæ defectum prædixisse memoratur tum Livio ipsi infra, c. 37. tum Val. Max. l. VIII. c. 11.

[4] *Et cum uxore*] Deest copulativa in Gronovianis editionibus, operarum, ut videtur, incuria.

[5] *Ab iis relictus est*] Ab Eumene scilicet, et Gentio. De Eumene nulla est difficultas. De Gentio vid. not. 38. ad c. 26. hujus libri.

# T. LIVII PATAVINI

## LIBER XLIV.

Marcius
Cos. et
Marcius
prætor tra-
jiciunt in
Græciam.

PRINCIPIO veris, quod hiemem eam, qua hæc gesta sunt, insecutum est, ab Roma profectus Q. Marcius Philippus consul [1] cum quinque millibus ([2] quod in supplementum legionum secum trajecturus erat) Brundisium pervenit. M. Popillius consularis [3] et alii pari nobilitate adolescentes tribuni militum in Macedonicas legiones consulem secuti sunt. Per eos dies et C. Marcius Figulus prætor, cui classis provincia evenerat, Brundisium venit: et simul ex Italia profecti, Corcyram altero die, tertio Actium Acarnaniæ portum tenuerunt. Inde consul, ad Ambraciam egressus, itinere terrestri petit Thessaliam. Prætor, superato Leucata, Corinthium sinum invectus, et Creüsæ relictis navibus, terra et ipse per mediam Bœotiam diei unius expedito itinere Chalcidem ad classem contendit. Castra eo tempore A. Hostilius in Thessalia circa Palæpharsalum habebat; sicut nulla re bellica memorabili gesta, ita [4] ad cunctam militarem disciplinam ab effusa licentia formato milite, et sociis cum fide cultis, et ab omni genere injuriæ defensis. Audito successoris adventu, quum arma, viros, equos cum cura [5] inspexisset, ornato exercitu obviam venienti consuli processit. Et primus eorum congressus ex dignitate ipsorum ac Romani nominis, [6] et in rebus deinde gerendis*. Proconsul enim

---

[1] *Cum quinque millibus*] Deest profecto hic aliquid. Numerus enim absolute et per se, non adjecta re quæ numeretur, stare in oratione non potest. Sed et numerus ipse hoc loco videtur vitiatus esse, quum supra l. XLIII. c. 12. decreverit senatus in supplementum Macedonici exercitus *peditum Romanorum sex millia, sociorum nominis Latini sex millia: equites Romanos ducentos quinquaginta, socios trecentos.*

[2] *Quod in supplementum*] Dele cum Gronovio voculam *in*, et lege *quod supplementum*.

[3] *Et alii pari nobilitate adolescentes*] *Et alii pari nobilitate*, sed non pari ætate, quippe *adolescentes*, quum M. Popillius consularis esset, ac proinde maturæ jam ætatis.

[4] *Ad cunctam militarem disciplinam*]
Ad cunctas militaris disciplinæ partes.

[5] *Inspexisset*] Conjectura Manutii. Codex habuit *inexisset.*

[6] *Et in rebus deinde gerendis*] Hunc locum sic explet Sigonius: *et in rebus deinde gerendis summe utilis Philippo consuli fuit. Proconsul enim ad exercitum conversus, eum ad rem fortiter gerendam hortatus est, eoque consuli tradito Romam reversus est.* Sed quis dixerit eum summe utilem duci fuisse in rebus gerendis, qui tantummodo hortatus milites ad rem fortiter gerendam statim abierit? Omittimus inelegantiam dictionis, et geminatas odiose voces. Nobis non libet hariolari in re omnino obscura. Mens Livii ex reliquiis ejus non satis apparet, ut eam expiscari posse videamur; nec alii auctores adjuvant. Locum ergo mutilum relinquimus.

ad exercitum * *.   Paucis post diebus consul concionem
apud milites habuit. orsus a [7]parricidio Persei perpetrato
in fratrem, cogitato in parentem, [8]adjecit, 'post scelere par-
'tum' regnum, veneficia, cædes, latrocinio nefando petitum
'Eumenem, injurias in populum Romanum, direptiones so-
'ciarum urbium contra fœdus, ea omnia quam Diis quoque
'invisa essent, sensurum in exitu rerum suarum.   Favere
'enim pietati fideique Deos, per quæ populus Romanus ad
'tantum fastigii venerit.'   Vires deinde populi Romani, jam
terrarum orbem complectentis, cum viribus Macedoniæ, exercitus cum exercitibus comparavit.   'Quanto majores Phi-
'lippi Antiochique opes non majoribus copiis fractas esse?'

II. Hujus generis adhortatione accensis militum animis,
consultare de summa gerendi belli cœpit.   Eo et C. Marcius prætor a Chalcide, classe accepta, venit.   Placuit, non
ultra morando in Thessalia tempus terere, sed movere extemplo * castra, atque pergere inde in Macedoniam: et præ- Cos. in Ma-
torem dare operam, ut eodem tempore classis quoque inve- cedoniam
hatur hostium litoribus.   Prætore dimisso, consul, [9] men- contendit.
struum jusso milite secum ferre, profectus decimo post die,
quam exercitum acceperat, castra movit: et, unius diei
progressus iter, convocatis itinerum ducibus, [10] quum, exponerent in consilio, jussisset, qua quisque ducturus esset;
submotis iis, [11] quam potissimum peteret, retulit ad consilium.   Aliis per Pythium placebat via: aliis per Cambunios montes, qua priore anno duxerat Hostilius consul:
aliis præter Ascuridem paludem.   Restabat [12] aliquantum
viæ communis: itaque in id tempus, quo prope divortium
itinerum castra posituri erant, deliberatio ejus rei differtur.
in Perrhæbiam inde ducit, et inter Azorum et Dolichen
stativa habuit ad consulendum rursus, quam potissimum
capesseret viam.   Per eosdem dies Perseus, quum adpropinquare hostem sciret, quod iter petiturus esset ignarus,
omnes saltus insidere præsidiis statuit.   In jugum Cambu- Perseus aditus occu-
pat.

* extemplo del. Crev.

[7] Parricidio . . . cogitato in parentem]
Nihil ea de re antea memoravit Livius.

[8] Adjecit, post scelere partum regnum,
veneficia] Adjecit consul veneficia, cædes, aliaque facinora consecuta scelere
partum a Perseo regnum.   Vulgo aliter
distinguitur hic locus: adjecit post, scelere partum regnum, veneficia.   Nostra
interpunctio elegantiorem efficit sensum.

[9] Menstruum] Cibariorum quantum
in mensem satis esset.

[10] Quum exponerent in consilio jus-
sisset] Merito Gronovius legi jubet ex-

ponere.   Intellige eos, id est, duces itinerum.

[11] Quam potissimum peteret] Sigonius
suspicatur excidisse viam.   Gronovius
existimat Livium voluisse illam vocem
huc intelligendo referri ex sequentibus, aliis per Pythium placebat via.   Ma-
lumus illam repetere ex præcedentibus, qua, nempe via, quisque ducturus
esset.

[12] Aliquantum viæ communis] Aliquantum viæ, quæ pariter ad Pythium,
ad Cambunios montes, ad Ascuridem
paludem duceret.

U. C. 583.<br>A. C. 169.
niorum montium (Volustana ipsi vocant) [13] decem millia. levis armaturæ juvenum cum duce Asclepiodoto mittit : ad castellum, quod super Ascuridem paludem erat, (Lapathus vocatur locus) Hippias tenere saltum cum duodecim millium Macedonum præsidio jussus. Ipse cum reliquis copiis primo circa Dium stativa habuit. deinde, adeo ut obtorpuisse inops consilii videretur, cum equitibus expeditis [14] litore nunc Heracleum, nunc Philan percurrebat, eodem inde cursu Dium repetens.

III. Interim consuli sententia stetit eo saltu ducere, [15] ubi propter Octolophum diximus regis castra *. Præmitti tamen quatuor millia armatorum ad loca opportuna. *Macedoniam ingreditur Marcius.* præoccupanda placuit : quîs præpositi sunt M. Claudius, Q. Marcius consulis filius. confestim et universæ copiæ sequebantur. Ceterum adeo ardua et aspera et confragosa via fuit, ut præmissi expediti biduo quindecim millium passuum ægre itinere confecto castra posuerint : [16] turrim Eudieru, quem cepere, locum adpellant. Inde postero die septem millia progressi, tumulo [17] haud procul hostium castris capto, nuncium ad consulem remittunt : ' perventum ad ' hostem esse, loco se tuto et ad omnia opportuno conse- ' disse ; ut, quantum extendere iter posset, consequeretur.' Sollicito consuli, et propter itineris difficultatem, quod ingressus erat, et eorum vicem, quos paucos inter media præsidia hostium præmiserat, nuncius ad Ascuridem paludem obcurrit. Addita igitur et ipsi fiducia est, conjunctisque copiis, castra tumulo, qui tenebatur, qua aptissimum ad loci naturam erat, sunt adclinata. Non hostium modo castra, quæ paullo plus mille passuum aberant, sed omnis regio ad

[13] *Decem millia levis armaturæ juvenum*] Dele otiosam vocem *juvenum*. Nisi forte illius loco fuit nomen gentis, quæcunque tandem illa sit : ut in altero præsidio, quocum mox Hippias dicitur jussus tenere saltum ad Lapathunta, diserte exprimitur illud fuisse *duodecim millium Macedonum*.

[14] *Littore*] Magis placeret *per littora*, ut infra c. 4. *Sed quum ad Dium per littora cum equitibus vagaretur rex*. Libenter quoque pro *percurrebat* legeremus *currebat*.

[15] *Ubi propter Octolophum diximus regis castra*] Subjicit Sigonius *Philippi fuisse*, et lectorem remittit ad l. XXXI. ubi revera reperitur pugna equestris ad Octolophum inter Philippum regem, et Sulpicium consulem Romanum. Sed si quis totam narrationem rerum a Sulpicio adversus Philippum gestarum sedulo expenderit, facile animadvertet Octolophum libro

XXXI. memoratum ad occiduum Macedoniæ latus situm fuisse, ac longe abfuisse ab Heracleo, et Phila, et Dio, quæ prima Macedoniæ oppida hic Marcio e jugis degresso occurrunt. Vel igitur duplex locus fuit qui Octolophi nomen haberet, alter in Dassaretiis, alter in finibus Perrhæbiæ ; vel hic mendum agnoscendum est. Quæ desunt, explere non tentamus. Tamen regem cujus hic mentio fit, potius Persea fuisse credimus, quam Philippum.

[16] *Turrim Eudieru*] Si nihil est in hoc nomine vitii, intellige Græcum esse vocabulum in patrio casu, εὐδιερου̃. Διερὸς humidus. Itaque turris εὐδιερου̃ dicta fuerit ab amœnitate et bonitate aquarum.

[17] *Haud procul hostium castris*] Castra illa hostium intellige præsidium Macedonum cui præerat Hippias, ut patet ex c. seq.

Dium et Philan, oraque maris, late patente ex tam alto U. C. 583.,
jugo prospectu, oculis subjicitur. Quæ res accendit militi A. C. 169.,
animos, postquam summam belli, ac regias omnes copias,
terramque hostilem tam e propinquo conspexerunt. Itaque
quum alacres, protinus duceret ad castra hostium, consulem
hortarentur; dies unus fessis labore viæ ad quietem datus
est. tertio die, parte copiarum ad præsidium castrorum relicta, consul ad hostem ducit.

IV. Hippias nuper ad tuendum saltum ab rege missus Levia præerat : qui, ex quo castra Romana in tumulo conspexit, præ- lia cum
paratis ad certamen animis suorum, venienti agmini consu- Macedoni-
lis obvius fuit : et Romani expediti ad pugnam exierant, et bus.
hostes. levis armatura erat, promtissimum genus ad lacessendum certamen. Congressi igitur extemplo, tela conjecerunt. multa utrimque vulnera temerario incursu et accepta, et inlata : pauci utriusque partis ceciderunt. Irritatis in posterum diem animis, majoribus copiis atque infestius concursum ab illis, si loci satis ad explicandam aciem
fuisset : jugum montis, in angustum dorsum cuneatum,
vix [18] ternis ordinibus armatorum in fronte patuit. Itaque,
paucis pugnantibus, cetera multitudo, præcipue qui gra-
vium armorum erant, spectatores pugnæ stabant. levis armatura etiam· per amfractus jugi procurrere, et ab lateribus
cum levi armatura [19] conserere, per iniqua atque æqua loca
pugnam petere. ac, pluribus ea die vulneratis, quam interfectis, prœlium nocte diremtum est. Tertio die egere consilio Romanus imperator : nam neque manere in jugo inopi.
neque regredi sine flagitio, atque etiam periculo ; [20] sed cedenti ex superioribus locis instare hostis poterat : nec aliud
restabat, quam audacter commissum pertinaci audacia, quæ
prudens interdum in exitu est, corrigere. Ventum quidem
erat eo, ut, si hostem similem antiquis Macedonum regibus
habuisset consul, magna clades accipi potuerit. sed, quum
ad Dium per litora cum equitibus vagaretur rex, et ab
duodecim millibus · prope clamorem et strepitum pugnantium audiret, nec auxit copias integros fessis submittendo,
neque ipse, quod plurimum intererat, certamini adfuit :
quum Romanus imperator, major sexaginta annis, et præ-
gravis corpore, omnia militaria munera ipse inpigre obiret.
Egregie ad ultimum in audacter commisso perseveravit : et,

18 * *Ternis ordinibus..in fronte*] Ordines hic intelligendi videntur introrsum porrecti, ita ut terni homines in
fronte essent, quos sequebatur a tergo
longus ordo suorum. Hinc paucitas
pugnantium, mox a Livio notata.

19 *Conserere*] Manum, vel pugnam.

Alterutra vox profecto excidit.

20 *Sed cedenti . . . . instare hostis poterat*] Emendat Gronovius : *Nam neque manere in jugo inopi, neque regredi
sine flagitio, atque etiam periculo, si cedenti ex superioribus locis instaret hostis,
poterat.*

U. C. 583.
A. C. 169.

Popillio relicto in custodia jugi, per invia transgressus,
præmissis, qui repurgarent iter, Attalum et Misagenem,
cum suæ gentis utrumque auxiliaribus, præsidio esse saltum
aperientibus jubet. ipse, equites inpedimentaque præ se habens, cum legionibus agmen cogit.

**Difficultas itinerum.** V. Inenarrabilis labor descendentibus cum ruina jumentorum sarcinarumque. Progressis vixdum quatuor millia pas-
suum nihil optabilius esse, quam redire, qua venerant, si
possent. Hostilem prope tumultum agmini elephanti præbebant: qui, ubi ad invia venerant, dejectis rectoribus, cum
horrendo stridore pavorem ingentem, equis maxime, incutiebant, donec traducendi eos ratio inita est. Per proclive,
[21] sumto fastigio, longi duo validi asseres ex inferiore parte
in terra defigebantur, distantes inter se paullo plus, quam
quanta belluæ latitudo est, in eos transversi incumbentes
tigni, ad tricenos longi pedes, ut pons esset, injungebantur:
humusque insuper injiciebatur, modico deinde infra intervallo similis alter pons: dein[b] tertius, et plures ex ordine, qua
rupes [22] abscisæ erant, fiebant. Solido procedebat elephas in
pontem: cujus priusquam in extremum procederet, [23] sub-
cisis asseribus conlapsus pons, usque alterius initium pontis,
prolabi eum leniter cogebat. alii elephanti pedibus insisten-
tes, alii clunibus subsidentes, prolabebantur. ubi planicies
altera pontis excepisset eos, rursus simili ruina inferioris
pontis deferebantur, donec ad æquiorem vallem perventum
est. [24] Paullo plus septem millia die Romani processerunt;
minimum pedibus itineris confectum. plerumque provolventes se simul cum armis aliisque oneribus, cum omni
genere vexationis, processerunt: adeo ut ne dux quidem
et auctor itineris inficiaretur, parva manu deleri omnem
exercitum potuisse. Nocte ad modicam planiciem pervenerunt: neque, an infestus is locus esset, septus undique, cir-

[b] *dein* l. *inde* Gron. Crev.

[21] *Sumpto fastigio*] Longi duo asseres
inter se adversi modica inclinatione demissi secundum superiorem partem, in
terra ex inferiore parte defigebantur.
Hic *fastigium* intelligitur *clivus*, propterea quod si quid in clivum devexum
est, idem et in fastigium contrario
sensu assurgit: eadem fere ratione, qua
*altum* et *profundum* promiscue usurpantur. Itaque illi asseres intelligendi
sunt triquetra fere forma fuisse, ita ut
e tribus lateribus unum per proclive
porrigeretur et acclinaretur secundum
montem; alterum, nempe superius,
modice inclinatum esset et leni fastigio
devexum; tertium denique e terra, in
qua ex inferiore parte defigebatur, as-

surgeret in rectum.
[22] *Abscisæ*] Ex *abs* et *cædo* fit verbum
*abscido, abscidi, abscisum.* Martialis, l.
III. epigr. 66. *Abscidit vultus ensis uterque sacros. Abscindo* diversum est verbum, licet ejusdem fere sensus. Atque
hujus quidem participium *abscissus* frequentius nunc occurrit in editis. At observat Gronovius fere ubique in optimis
et antiquissimis codicibus legi *abscisus.*
[23] * *Succisis asseribus*] Sive asserum
fulcris.
[24] *Paulo plus septem millia die*]
Per diem, et opponitur τῷ *nocte*, quod
sequitur paulo post. Itaque nihil opus
est hic inserere *eo* ante vocem *die*, quod
voluerat Gronovius.

cumspiciendi spatium fuit. vix tandem ex insperato stabilem
ad insistendum nactis locum postero quoque die in tam cava
valle opperiri Popillium, ac relictas cum eo copias, necesse
fuit : quos et ipsos, quum ab nulla parte hostis terruisset, locorum asperitas hostiliter vexavit. Tertio die conjunctis
copiis eunt per saltum, quem incolæ Callipeucen adpellant.
[25] quarto inde die per æque invia, sed adsuetudine peritius,
et meliore cum spe, quod nec hostis [26] umquam ᶜ adparebat,
et mari adpropinquabant, [27] degressi ᵈ in campos, inter [28] Heracleum et Libethrum posuerunt castra peditum : quorum
pars major tumulos tenebat. ii vallem, [29] campi quoque partem, ubi eques tenderet, amplectebantur.

VI. Lavanti regi dicitur nunciatum, hostes adesse. quo Persei pa-
nuncio quum pavidus exsiluisset [30] e solio, [31] victum se sine vor
prœlio clamitans proripuit ; et, subinde per alia atque alia
pavida consilia et imperia trepidans, [32] duobus ex amicis
Pellam, alterum Asclepiodotum, ubi pecunia deposita erat,
ex præsidiis revocat ; omnesque aditus aperit bello. Ipse,
ab Dio [33] auratis statuis omnibus raptim, ne præda hosti
essent, in classem congestis, ocius demigrare Pydnam co- et incredi-
git : et, quæ temeritas consulis videri potuisset, quod eo bilis stupor.
processisset, unde invito hoste regredi nequiret, eam [34] non
inconsultam audaciam fecit. Duos enim saltus, per quos
inde evadere possent, habebant Romani : unum per Tempe
in Thessaliam, alterum in Macedoniam præter Dium ; quæ
utraque regiis tenebantur præsidiis. Itaque si dux intrepi-
dus decem dies primam speciem adpropinquantis terroris
sustinuisset, [35] neque receptus Românis per Tempe in Thessaliam, neque commeatibus pervehendis eo patuisset iter.

ᶜ *usquam* Crev.  ᵈ *digressi* Gron. Crev.

[25] *Quarto inde die*] Olim legebatur
*tertio*, manifesto errore, quem sustulit
Sigonius.

[26] *Usquam*] Olim *unquam*. Mutavit
Sigonius.

[27] *Digressi*] Lege cum Sigonio, *degressi*.

[28] *Heracleum*] Sic dedit Gronovius.
Antea *Heracetum*: corrupte.

[29] *Campi quoque*] Gronovius legi jubet *campique*.

[30] *E solio*] Solium est pars balnei, in
qua quis sedens lavatur.

[31] *Victum se . . . . clamitans, proripuit*]
Bis intelligendum τὸ *se*, quamvis semel
exprimatur. Clamitans se victum esse,
se proripuit.

[32] *Duobus ex amicis Pellam*] Hic
aliqua desunt, quæ ex c. 10. infra, et
ex Diodoro in Excerpt. Vales. suppleri
possunt in hunc fere modum. Duobus
ex amicis, Niciam proficisci jussit Pel-

lam, ubi pecunia deposita erat, et, quidquid ejus ibi nancisceretur, in mare
dejicere: alterum, Andronicum misit
Thessalonicam, ut navalia incenderet.
Simul Hipplam et Asclepiodotum ex
præsidiis revocat. In eo tamen discrepat Diodorus a Livio, quod pro urbe
Pella nominat Phacum.

[33] *Auratis statuis*] Intellige insignem
illam turmam, Lysippi opus: id est,
statuas equestres viginti quinque, quas
Alexander fieri jusserat totidem fortis-
simorum virorum in pugna ad Grani-
cum occisorum.

[34] *Non inconsultam audaciam*] Hoc
debetur Sigonio. Antea, *non consul-
tam.*

[35] *Neque receptus Romanis per Tempe
in Thessaliam*] Quatuor postremæ voces
videntur huc immigrasse ex quarto ante
versu. Certe iis nihil hic est opus.

U. C. 583.
A. C. 169.
'Sunt enim Tempe saltus, etiamsi non bello fiat infestus, transitu difficilis. nam [36] præter angustias per quinque millia, qua exiguum jumento onusto iter est, rupes utrimque ita abscisæ sunt, ut despici vix sine vertigine quadam simul oculorum animique possit. terret et sonitus et altitudo per mediam vallem fluentis Penei amnis. Hic locus, tam suapte natura infestus, per quatuor distantia loca [37] præsidiis regis fuit insessus. unum in primo aditu ad Gonnum erat: [38] alterum Condylon castello inexpugnabili: tertium circa Lapathunta, quem Characa adpellant: quartum viæ ipsi, qua et media et angustissima vallis est, inpositum, quam vel decem armatis tueri facile est. Intercluso per Tempe simul aditu commeatibus, simul reditu, ipsi montes, per quos descenderant, repetendi erant. [39] quod ut furto fefellerant, ita propalam, tenentibus superiora cacumina hostibus, non poterant: et experta difficultas spem omnem incidisset. Supererat nihil aliud in temere commisso, quam in Macedoniam ad Dium per medios evadere hostes: quod, nisi Dii mentem regi ademissent, ipsum ingentis difficultatis erat. Nam quum Olympi radices montis paullo plus quam mille passuum ad mare relinquant spatium, cujus dimidium loci occupat ostium late restagnans Baphyri amnis, [40] partem planiciæ aut Jovis templum, aut oppidum tenet; reliquum perexiguum fossa modica valloque claudi poterat, et saxorum ad manum silvestrisque materiæ tantum erat, ut vel murus objici, turresque excitari potuerint. Quorum nihil quum dispexisset cæcata mens subito terrore, [41] nudatis omnibus præsidiis, patefactisque bello, ad Pydnam refugit.

VII. Consul, plurimum et præsidii et spei cernens in stultitia et segnitie hostis, remisso nuncio ad Sp. Lucretium Larissam, ut castella, relicta ab hoste, circa Tempe occuparet, præmisso Popillio ad explorandos transitus circa Dium, postquam patere omnia in omnes partes animadvertit, se-

---

[36] *Præter angustias*] Præterquam quod angusta via est per quinque millia, adeo ut exiguum onusto jumento iter sit, utrimque . . . Parum videntur convenire huic descriptioni ea quæ Plinius l. IV. c. 8. de eodem loco habet. *Tempe*, inquit, *quinque millium passuum longitudine, et ferme sesquijugeri latitudine, ultra visum hominis attollentibus se dextra levaque leniter convexis jugis.*

[37] *Præsidiis regis*] Mallemus cum Gronovio *regiis*. Sic enim solet Livius.

[38] *Alterum Condylon*] Idem Gronovius legendum existimat *alterum*,

nempe præsidium, *ad Condylon. Castello* intellige *cum castello*, vel *in castello.*

[39] *Quod ut furto fefellerant*] Quod ut fecerant fallentes furto Persea Macedonasque, ita propalam facere non poterant, si tenuissent cacumen hostes. Transcenderant quidem illos saltus, quia fefellerant hostem: at idem facere non poterant palam et aperta vi, si hostis obstitisset.

[40] *Partem planitiæ*] Revocavit primæ editiones scripturam Gronovius. Vulgatæ habent *planitiei.*

[41] *Nudatis omnibus præsidiis*] Nudatis præsidio omnibus locis.

cundis castris pervenit ad Dium : metarique [42] sub ipso
templo, ne quid sacro in loco violaretur, jussit.  Ipse, urbem
ingressus, sicut non magnam, ita exornatam [43] publicis locis
et [44] multitudine statuarum, munitamque egregie, vix satis
credere, in tantis rebus sine caussa relictis non aliquem
subesse dolum.   Unum diem ad exploranda circa omnia
moratus, castra movet : satisque credens, paratam frumenti
copiam fore, eo die ad amnem nomine Mityn processit.
Postero die progressus, Agassam urbem, tradentibus sese
ipsis, recepit : et, ut reliquorum Macedonum animos sibi
conciliaret, obsidibus contentus, sine præsidio relinquere se
eis urbem, inmunesque ac suis legibus victuros, est pollicitus.
Progressus inde diei iter, ad Ascordum flumen posuit castra :
et, [45] quantum procederet longius a Thessalia, eo majorem
rerum omnium inopiam sentiens, regressus ad Dium est ;
dubitatione omnibus exemta, quid intercluso ab Thessalia
patiendum fuisset, cui procul inde abscedere tutum non
esset.  Perseus, contractis in unum omnibus copiis ducibusque,
increpare præfectos præsidiorum, ante omnes Asclepiodotum
atque Hippiam : ab his dicere claustra Macedoniæ tradita
Romanis esse : cujus culpæ reus nemo justius, quam ipse,
fuisset.  Consuli postquam ex alto conspecta classis spem
fecit, cum commeatu naves venire, (ingens enim caritas
annonæ ac prope inopia erat) ab invectis jam portum audit,
onerarias naves Magnesiæ relictas·esse.   Incerto inde, quidnam agendum foret, (adeo sine ulla ope hostis quæ adgrava-
ret, cum ipsa difficultate rerum pugnandum erat) peropportune literæ a Sp. Lucretio adlatæ sunt : castella se, quæ
super Tempe essent et circa Philan, tenere omnia, frumen-
tique in iis et aliarum in usum rerum copiam invenisse.

VIII. His magnopere lætus consul ab Dio ad Philan ducit,
simul ut præsidium ejus firmaret, simul ut militi frumentum,
cujus tarda subvectio erat, divideret.  Ea profectio famam
haudquaquam secundam habuit. nam alii, metu recessisse
eum ab hoste, ferebant, quia [46] manenti imperatori prœlio
dimicandum foret : alii [47] ignarum, belli quæ in dies fortuna
novaret ; ut qui, obferentibus sese rebus, omisisset e manibus

*Margin notes right:*
U. C. 583.
A. C. 169.
Cos. Dium
pervenit.

Inopia la-
borat.

Dium relin-
quit.

[42] *Sub ipso templo*] Templum Jovis
intellige, cujus sub finem c. præcedentis mentio facta est.
[43] * *Publicis locis*] Qualia sunt fora,
porticus, basilicæ.
[44] *Multitudine statuarum*] Vid. not.
33. ad c. proxime præcedens : * et intellige, præter illam amicorum turmam,
quam Perseus in classem congesserat,
aliarum quoque statuarum non mediocrem numerum in urbe Dio fuisse.
[45] *Quantum procederet longius*] Mu-

retus et Gronovius reponunt *quanto.*
Sed quid vetat dici *quantum longius,*
quemadmodum apud Plautum *quam magis intendas vincula?*  Nimirum *quantum* regitur a præpositione *secundum*
intellecta.
[46] *Manenti imperatori*] Vox *imperatori* omnino otiosa est.
[47] *Ignarum belli quæ*] Magis placeret, mutato duarum vocum ordine, *ignarum, quæ belli in dies fortuna novaret.*
Aut certe sic exponendus locus, quasi

U. C. 583.
A. C. 169.

Perseus
Dium redit.

Heracleum
obpugna-
tum.

ea, quæ mox repeti non possent. Simul enim cessit possessione Dii, excitavit hostem, ut nunc [d] tandem sentiret, recu-
peranda esse, quæ prius culpa amissa forent. Audita enim
profectione consulis, regressus Dium, quæ disjecta ac vastata
ab Romanis erant, reficit: pinnas mœnium decussas reponit,
ab omni parte muros firmat: deinde quinque millia passuum
ab urbe citra ripam Enipei amnis castra ponit; amnem
ipsum, transitu perdifficilem, pro munimento habiturus.
Fluit ex valle Olympi montis, æstate exiguus, hibernis idem
incitatus pluviis: [48] et supra rupes ingentes gurgitibus facit,
et intra prorupta, in mare evolvendo terram, præaltas voragines, cavatoque medio alveo ripas utrimque præcipites. Hoc
flumine Perseus [49] septum iter hostis credens, extrahere ·reli-
quum tempus ejus æstatis in animo habebat. Inter hæc
consul a Phila Popillium cum duobus millibus armatorum
Heracleum mittit. abest a Phila quinque millia ferme passuum, media regione inter Dium Tempeque, in rupe amni
inminente positum.

IX. Popillius, priusquam armatos muris admoveret, misit, qui magistratibus principibusque suaderent, fidem cle-
mentiamque Romanorum, quam vim, experiri mallent. nihil ea consilia moverunt, quia ignes ad Enipeum ex regis
castris adparebant. Tum terra marique (et classis adpulsa
ab litore stabat) simul armis, simul operibus machinisque,
obpugnari cœpti. Juvenes etiam quidam Romani, ludicro
circensi ad usum belli verso, partem humillimam muri ceperunt. Mos erat tum, nondum hac effusione inducta
[50] bestiis omnium gentium circum complendi, varia spectaculorum conquirere genera: [51] nec, semel quadrigis, semel

---

[d] *tune* Gron. Crev.

---

hoc ordine collocatæ voces essent: qua
de forma loquendi vid. not. 89. ad l. IV.
c. 17. supra.

[48] *Et supra rupes ingentes gurgitibus*]
Emenda ex Gronovii mente: *Et supra
rupes, ingentes gurgites facit, et infra,
prorutam in mare evolvendo terram, præaltas voragines.* Nempe intelligendum
est rupibus in ipso alveo enatis cursum
amnis impediri. Supra eas rupes tardatæ
earum objectu aquæ ingentes gurgites
faciunt. Infra easdem rupes vis aquarum per se ipsa proruit terram, et alveum magis ac magis cavat.

[49] *Septum iter hostis*] Melius *hosti.*

[50] *Bestiis omnium gentium*] Vult
Fulvius Ursinus *omnium generum.* Potest tamen vulgata lectio retineri, ut
recte monet Dujatius. Sensus est:

bestiis ex toto terrarum Orbe conquisitis. Nota est hæc Romanorum insania, tum ex multis aliis testimoniis,
tum ex litteris Cœlii ad Ciceronem, l.
VIII. Ep. Cic. ad Fam. * Fortasse erunt
quibus placeat magis legere *bestiis omnium generum.*

[51] *Nec semel quadrigis*] Gronovius
scribendum existimat, *et semel quadrigis:* ut voluerit Livius, non ita mul-
tiplicatos esse olim, ut ævo suo, qua-
drigarum et desultorum missus; atque
adeo, ut muneris tempus produce-
retur, conquisita esse varia spectaculorum genera. Gronovianæ emendationi prævire Onufrius Panvinius,
et Jul. Cæsar Bullingerus: quorum
alter, l. I. de Ludis Circensibus, c. 9.
alter libro de Circo ludisque Circensi-

desultore misso, vix unius horæ tempus utrumque curricu- U. C. 583.
lum complebat. Inter cetera sexageni ferme juvenes, inter- A. C. 169.
dum plures, [52] adparitoribus * ludi armati inducebantur.
horum inductio [53] in parte simulacrum decurrentis exercitus
erat ; ex parte [54] elegantioris exercitii, quam militaris artis,
propiorque gladiatorium armorum usum. [55] Quum alios
decursus edidissent motus, quadrato agmine facto, scutis
super capita densatis, stantibus primis, secundis submissioribus, tertiis magis et quartis, postremis etiam genu nisis,
fastigatam, sicut tecta ædificiorum sunt, testudinem faciebant. Hinc quinquaginta ferme pedum · spatio distantes
duo armati procurrebant, comminatique inter se, ab ima in
summam testudinem per densata scuta quum evasissent,
nunc velut propugnantes per oras extremæ testudinis, nunc
in media inter se concurrentes, haud secus quam stabili solo
persultabant. Huic testudini simillima parti muri admota,
quum armati superstantes subissent, propugnatoribus muri
fastigio altitudinis æquabantur : depulsisque iis, in urbem
[56] duorum signorum milites transcenderunt. Id tantum
dissimile fuit, quod, et in fronte extrema, et ex lateribus,
soli non habebant super capita elata scuta ne nudarent
corpora ; [57] sed prætecta pugnantium more. ita nec ipsos
tela ex muro missa subeuntes læserunt, et testudini injecta
imbris in modum lubrico fastigio innoxia ad imum labebantur. Et consul, capto jam Heracleo, castra eo promovit ; tamquam Dium, atque, inde submoto rege, in Pieriam
etiam progressurus. Sed, hiberna jam præparans, vias commeatibus subvehendis ex Thessalia muniri jubet, et eligi
horreis opportuna loca tectaque ædificari, ubi diversari portantes commeatus possent.

X. Perseus, tandem [58] a pavore eo, quo adtonitus fuerat, Pudet Persea pavoris
sui.

* ab apparitoribus Gron.

bus, c. 50. hunc Livii locum allegantes,
habent, *Nam semel quadrigis :* sive et
conjectura corrigerent locum, sive in
suis Livii exemplaribus sic legerent. Qui
sint desultores, docet ipse aliud agendo
Livius, l. XXIII. c. 29. *Numidæ . . . .*
*quibus desultorum in modum binos tra-*
*hentibus equos inter acerrimam sæpe pug-*
*nam in recentem equum ex fesso armatis*
*transultare mos erat.* Denique hoc eodem
loco Gronovius reposuit ex antiquis
editis *utrumque curriculum,* quum recentiores mendose habeant *utrumque*
*circulum. Curriculum* hic idem valet
ae *cursus.*
[52] *Apparitoribus ludi*] Sic legebatur
in veteribus editis, teste Gronovio.
Nuperi adjecerunt *ab* ante *apparitori-*
*bus.* Multum blanditur Mureti conjec-

tura : *interdum plures apparationibus*
*ludis.*
[53] *In parte . . . . ex parte*] Hæc sic
dicta sunt, quomodo si iteraretur *par-*
*tim.*
[54] *Elegantioris exercitii, quam mili-*
*taris artis*] Expunge cum Gronovio
vocem *artis.*
[55] *Quum alios decursus edidissent*
*motus*] Malit Dujatius *decursu :* et
merito quidem.
[56] *Duorum signorum*] Duorum manipulorum. Vid. not. 2. ad l. XXXIII.
c. 1.
[57] *Sed prætecta*] Reponit Lipsius
*prætenta.* Refertur enim ad *scuta.*
[58] *A pavore . . recepto animo, malle*]
Adjecit Sigonius voculam *a,* et legi jussit *malle* pro *mallet.*

U.C. 583.
A.C. 169.

recepto animo, malle, imperiis suis non obtemperatum esse, quum trepidans gazam in mare dejici Pellæ, Thessalonicæ navalia jusserat incendi. Andronicus, Thessalonicam missus, traxerat tempus, [59] id ipsum quod accidit, pœnitentiæ relinquens locum. incautior Nicias Pellæ projiciendo [60] pecuniæ partem, quod fuerat nactus: sed [61] in rem emendabilem visus lapsus esse, quod per urinatores omne ferme extractum est. tantusque pudor regi pavoris ejus fuit, ut urinatores clam interfici jusserit; deinde Andronicum quoque

Variæ urbes
a Rom.
stra ten-

et Nician, ne quis tam dementis imperii conscius exsisteret. Inter hæc C. Marcius, cum classe ab Heracleo Thessalonicam profectus, et agrum pluribús locis, expósitis per litora armatis, late vastavit, et procurrentes ab urbe, secundis aliquot prœliis, trepidos intra mœnia compulit. jamque ipsi urbi terribilis erat, [62] quum, dispositis omnis generis tormentis, non vagi modo circa muros, temere adpropinquantes, sed etiam qui in navibus erant, saxis tormento emicantibus [63] percutiebantur. Revocatis igitur in naves militibus, omissaque Thessalonicæ obpugnatione, Æniam inde petunt. quindecim millia passuum ea urbs abest, adversus Pydnam posita, fertili agro. Pervastatis finibus ejus, legentes oram, Antigoneam perveniunt. ibi, egressi in terram, primo et vastarunt agros passim, et aliquantum prædæ contulerunt ad naves. dein palatos eos adorti Macedones, mixti pedites equitesque, fugientes effuse ad mare persecuti, quingentos ferme occiderunt, et non minus ceperunt. Nec aliud, quam ultima necessitas, quum recipere se tuto ad naves prohiberentur, animos militum Romanorum, simul desperatione alia salutis, simul indignitate, irritavit. Redintegrata in litore pugna est. adjuvere et, qui in navibus erant. Ibi Macedonum ducenti ferme cæsi; par numerus captus. Ab Antigonea classis profecta, ad agrum Pallenensem exscensionem ad populandum fecit. Finium is ager Cassandrensium erat, longe fertilissimus omnis oræ,

---

[59] *Idipsum quod accidit, pœnitentiæ relinquens locum*] Scabra Gronovio videtur hæc oratio, non nobis. * Nulla hic erit difficultas, si in interpretando membrorum ordinem inverteris. † *Pœnitentiæ relinquens locum, idipsum quod accidit*, id est, quod quidem ipsum accidit, nempe ut regem pœniteret.

[60] *Pecuniæ partem, quod fuerat nactus*] Et hunc locum Gronovius post Freinshemium conjecturis sollicitat. Nobis nihil videtur esse vitii. *Pecuniæ partem*, scilicet id quod fuerat nactus.

[61] *In rem emendabilem .... lapsus esse*] Potest tolerari vulgatum. Magis

tamen placeret, quod subjicit Gronovius, *in errorem .. emendabilem.*

[62] *Quum dispositis omnis generis tormentis*] Ab iis qui in urbe erant. * Tota periodus habere videtur aliquid obscuri propter nimiam brevitatem. Sensus est: jamque ipsi urbi terribilis erat, quum subito conversa est rerum facies, dispositis super urbis muros tormentis, quibus Romani, et in agris, et in ipsis quoque navibus percutiebantur. Itaque absistere incepto coacti sunt.

[63] *Percutiebantur*] Lege *percuterentur.*

quam prætervecti fuerant.  Ibi Eumenes rex, viginti tectis
navibus ab Elea profectus,obvius fuit; et quinque missæ a
Prusia rege tectæ naves.

XI. Hac virium accessione animus crevit prætori, ut Cassandream obpugnaret.  " Condita est a Cassandro rege in
ipsis faucibus, quæ Pallenensem agrum ceteræ Macedoniæ
jungunt, hinc Toronaïco, hinc Macedonico septa mari.
Eminet namque in altum lingua, in qua sita est: " nec minus, quam in altum magnitudine Atho mons, excurrit, obversa in regionem Magnesiæ duobus inparibus promonto-
riis; quorum majori Posideum est nomen, minori Canas-
træum.  Divisus partibus obpugnare adorti: Romanus ad
Clitas, quas vocant, munimenta, " cervis etiam objectis, ut
viam intercluderet, a Macedonico ad Toronaïcum mare
perducit. ab altera parte " euripus est: inde Eumenes obpug-
nabat.  Romanis in fossa complenda, quam nuper objecerat Perseus, plurimum erat laboris.  Ibi quærenti prætori,
quia nusquam cumuli adparebant, quo regesta e fossa terra
foret, " monstrati sunt fornices: ' non ad eamdem crassitu-
' dinem, qua veterem murum, sed simplici laterum ordine,
' structos esse.'  Consilium igitur cepit, transfosso pariete

---

64 *Condita est a Cassandro rege*] Olim
Potidæa, teste Plinio, l. iv. c. 10.  Illam deinde vel suxerat, vel instauraverat
Cassander, et de suo nomine *Cassandream*
dixerat.

65 *Nec minus quam in altum magnitudine Atho mons excurrit*] Prolixa et
verbosa oratio, et quæ sapiat sarcina-
toris manum.  * Reseca vocem *magnitudine*, et, levi trajectione verborum,
emenda: *nec minus in altum quam Atho
mons excurrit.*

66 *Cervis etiam objectis*] *Cervi* erant
ramosi trunci arborum, quos in terram
ante fossam vallumque depangere et
varie screre solebant, ad obstruendum
aut impediendum iter.  Nomen habuerunt a similitudine cornuum cervi.
Plura de iis vide apud Lips. l. ii. Po-
lioroet. Dial. 2.

67 *Euripus*] Intelligenda videtur fossa
aliqua manu facta, quæ maris aquas acciperet.  Nam tales fossæ *Euripi* apud
antiquos nominabantur.

68 *Monstrati sunt fornices*] Gronovius reponit *monstratum est*, atque
etiam hanc emendationem Clericus in
contextum admiserat.  Sed videtur
antiqua lectio stare posse.  Nimirum
in iis quæ sequuntur, τὰ *structos esse*
pendeant a verbo *dicebant*, *dictum est*,
intellecto, ex solenni more Livii.  Ceterum totius loci, qui ob nimiam brevi-

tatem sane perspicuus non est, hic fortasse sensus esse possit.  Quærebat
prætor, quo regesta e fossa terra esset.
Monstrati sunt fornices, dictumque
illos structos esse e terra quam e fossa
egesserant, in lateres coctu.  Quod ut
probarent ii qui prætorem docebant, observabant illos
fornices aliter structos esse ac veterem
murum urbis, nec proinde eodem tempore.  · Fossa autem, ut supra annotatum est, nuper objecta fuerat a Perseo.
Quum igitur fossa esset recens facta,
fornices item recens structi, hoc argumento aliquatenus dicta firmabant.
Prætori e re natum est consilium, ut *
fornicum parietes simplici laterum ordine structos, quod facile factu erat,
transfoderet, atque id sibi iter in urbem
patefaceret.  Restaret explicandum, ubi
et quem ad usum structi illi fornices,
et qui eorum pariete perfosso in urbem
pateret via.  Hæc non facile expedi-
mus.  Tantum observabimus fossam
tunc completam non fuisse a Romanis.
Itaque locus ubi perfossi sunt fornices,
debuit esse citra fossam, si Romana
respicias.  In ejusmodi locis non possumus non multum desiderare Polybium, qui ut militaris vir, et locorum
peritus, et accuratissimus scriptor, omnia, ni fallit animus, diligentius exposuerat.

K 2

iter in urbem patefacere. fallere autem ita se posse, si, muros a parte alia scalis adortus, tumultu injecto, [69] in · custodiam ejus loci propugnatores urbis avertisset. Erant in præsidio Cassandreæ, præter non contemnendam juventutem oppidanorum, octingenti Agrianes, [70] et duo millia Penestarum Illyriorum, [71] a Pleurato inde missi, bellicosum utrumque genus. His tuentibus muros, quum subire Romani summa vi niterentur, momento temporis parietes fornicum perfossi urbem patefecerunt. [72] quod si, qui inrupere, armati fuissent, extemplo cepissent. Hoc ubi perfectum esse opus militibus nunciatum est, clamorem alacres gaudio repente tollunt, aliis parte alia in urbem inrupturis.

XII. Hostes primum admiratio cepit, quidnam sibi repentinus clamor vellet. postquam patere urbem accepere præfecti præsidii Pytho et Philippus, [73] pro eo, qui occupasset adgredi, opus factum esse rati, cum valida manu Agrianum Illyriorumque erumpunt : Romanosque, qui alii aliunde coïbant convocabanturque, ut signa in urbem inferrent, incompositos atque inordinatos fugant, persequunturque ad fossam : in quam compulsos ruina cumulant. sexcenti ferme ibi interfecti, omnesque prope, qui inter murum fossamque deprehensi erant, vulnerantur. Ita suo ipse conatu perculsus prætor, segnior ad alia factus consilia erat : et ne Eumeni quidem, simul a mari, simul a terra adgredienti, quidquam satis procedebat. Placuit igitur utrique, custodiis firmatis, ne quod præsidium ex Macedonia intromitti posset, quoniam vis aperta non processisset, operibus moenia obpugnare. Hæc parantibus his, decem regii lembi, ab Thessalonica cum delectis Gallorum auxiliaribus missi, quum in salo stantes hostium naves conspexissent ; ipsi, obscura nocte, simplici ordine, quam poterant proxime litus tenentes, intrarunt urbem. Hujus novi præsidii fama absistere obpugnatione simul Romanos regemque coëgit. circumvecti promontorium, ad Toronen classem adpulerunt. Eam quoque obpugnare adorti, ubi

[60] *In custodiam ejus loci*] Quem scalis adoriretur.

[70] *Et duo millia Penestarum*] Sic dedit Sigonius, quum inveniret *M millia* : unde ille effecit *MM.* sive *duo millia.* Tamen l. XLIII. c. 23. dicitur *Perseus ex Penestarum gente mille pedites,- ducentos equites . . . Cassandriam, præsidio ut essent, misisse.*

[71] *A Pleurato inde missi*] Pro *inde,* quod procul dubio vitiosum est, lege vel *deinde,* vel cum Gronovio *eodem.*

[72] *Quod si, qui irrupere*] Nulli irrupere, ut constat ex c. seq. Neque

inermes id facere fuissent susi, tanto vitæ periculo. Legit ergo Perizonius, *quod si, qui irrumperent, armati fuissent :* hoc sensu, si præsto fuissent armati, qui irrumperent in urbem. Nobis probabilius videtur quod Dujatius suggerit, *qui perfodere,* vel *qui perrupere,* nempe parietem.

[73] *Pro eo*] Antea *Proco.* · Emendavit Freinshemius, adstipulante Gronovio. Rati opus factum a Romanis ei utile futurum, qui primus aggredi maturasset.

valida defendi manu animadverterunt, irrito incepto Deme- U. C. 583.
triadem petunt. Ibi quum adpropinquantes repleta mœnia A. C. 169.
armatis vidissent, prætervecti ad Iölcon classem adpulerunt;
inde, agro vastato, Demetriadem quoque adgressuri.

XIII. Inter hæc et consul, ne segnis sederet tantum in
agro hostico, M. Popillium cum quinque millibus militum
ad Melibœam urbem obpugnandam mittit. Sita est in radicibus Ossæ montis, qua parte in Thessaliam vergit, opportune inminens super Demetriadem. Primus adventus
ho•tium perculit incolas loci: conlectis deinde ex necopinato pavore animis, discurrunt armati ad portas ac mœnia,
qua suspecti aditus erant: spemque extemplo inciderunt,
capi primo inpetu posse. Obsidio igitur parabatur, et opera
obpugnationum fieri cœpta. Perseus, quum audisset, simul Melibœam a consulis exercitu obpugnari, simul classem Iölci stare, ut inde Demetriadem adgrederetur, Eu-
phranorem quemdam ex ducibus cum delectis duobus millibus Melibœam mittit. eidem imperatum, ut, si a Melibœa
submovisset Romanos, Demetriadem prius occulto itinere
intraret, quam ab Iölco ad urbem castra moverent Romani.
Et ab obpugnatoribus Meliboeæ, quum in superioribus locis repente adparuisset, cum trepidatione multa relicta
opera sunt, ignisque injectus. ita a Meliboea abscessum est.
Euphranor, soluta unius urbis obsidione, Demetriadem extemplo ducit. nec tum mœnia modo, sed agros etiam [74] confiderunt se a populationibus tueri posse: et eruptiones in
vagos populatores non sine vulneribus hostium factæ sunt.
Circumvecti tamen mœnia sunt prætor et rex, situm urbis
contemplantes, si qua parte tentare aut opere aut vi possent. Fama fuit, per [75] Cydantem [e] Cretensem et Antima-
chum, qui Demetriadi præerat, tractatas inter Eumenem et
Persea conditiones amicitiæ. ab Demetriade certe abscess-
sum est. Eumenes ad consulem navigat: gratulatus, quod
prospere Macedoniam intrasset, Pergamum in regnum abiit [f].
Marcius Figulus prætor, parte classis in hiberna Sciathum
missa, cum reliquis navibus [76] Oreum Bœotiæ petit, eam
urbem aptissimam ratus, unde exercitibus, qui in Macedonia, quique in Thessalia erant, mitti commeatus possent.
De Eumene rege longe diversa tradunt. Si Valerio Antiati
credas, nec classe adjutum ab eo prætorem esse, quum sæpe

---

[e] *Cydam* Crev.    [f] *abiit* Gren. Crev.

[74] [e] *Confiderunt*] Observa parum omnino usitatum verbum, pro *confisi sunt.*
[75] *Cydam*] Sic Sigonius. Antea *Cydantem.*
[76] *Oreum Bœotiæ*] Oreum urbs est

Eubœæ insulæ, non Bœotiæ. Lege
ergo *Oreum Eubœæ.* Neque enim vitium est in nomine urbis, quum infra c.
30. Octavius prætor, qui Marcio successit, dicatur isse *Oreum ad classem.*

eum literis arcessisset, tradit, [77] nec cum gratia ab consule
profectum in Asiam, indignatum, quod, ut iisdem castris
tenderet, permissum non fuerit. ne ut equites quidem Gallos, quos secum adduxerat, relinqueret, impetrari ab eo potuisse.    Attalum fratrem ejus et remansisse apud consulem,
et sinceram ejus fidem æquali tenore egregiamque operam in
eo bello fuisse.

XIV. Dum bellum in Macedonia geritur, legati Transalpini ab regulo Gallorum (Balanos ipsius traditur nomen;
gentis, ex qua fuerit, non traditur) Romam venerunt, pollicentes ad Macedonicum bellum auxilia.    Gratiæ ab senatu
actæ, muneraque missa, torquis aureus [78] duo pondo, et pateræ aureæ quatuor pondo, equus phaleratus, armaque equestria.    Secundum Gallos Pamphyli legati coronam auream,
[79] ex viginti millibus Philippeorum factam, in curiam intulerunt: petentibusque iis, ut id donum in cella Jovis optimi
maximi ponere, et sacrificare in Capitolio liceret, permissum,
benigneque amicitiam renovare volentibus legatis responsum,
et [80] binûm millium æris singulis missum munus.    Tum ab
*Prusiæ et Rhodiorum legati.* rege Prusia, et paullo post ab Rhodiis, de eadem re longe
aliter disserentes legati auditi sunt. utraque legatio de pace
reconcilianda cum rege Perseo egit.    Prusiæ preces magis,
quam postulatio, fuere, profitentis, 'et ad id tempus se cum
'Romanis stetisse, et, quoad bellum foret, staturum.    Cete-
'rum quum ad se a Perseo legati venissent de finiendo cum
'Romanis bello, et iis pollicitum deprecatorem apud senatum
'futurum; [81] petere, si possent inducere in animum, ut finiant
'iram, se quoque in gratia reconciliatæ pacis posse uti.' hæc
regii legati.    Rhodii, superbe commemoratis erga populum
Romanum beneficiis, et pene victoriæ, utique de Antiocho
*Rhodiorum superba oratio.* rege, majore parte [82] ad se vindicata, adjecerunt: 'Quum pax

[77] * *Nec cum gratia ab consule profectum*] Neque ita profectum ab consule, ut integra esset inter illos gratia
et amicitia, sed cum mutua offensione.

[78] *Duo pondo*] Qui tres marcas nostrates, unciam unam pondo haberet.
*Quatuor pondo.*    Sex marcas, uncias
duas.

[79] *Ex viginti millibus Philippeorum*]
Aureorum: qui quum singuli pares essent didrachmo, sequitur viginti millia
nummorum Philippeorum redire ad 400.
libras Romanas pondo, marcas nostrates 625.    Immane profecto pondus etiamsi detrahatur manus pretium. Sed
corona illa dicanda erat Jovi, et stabili
sede in Capitolio collocanda.

[80] *Binûm millium æris*] Marcarum
argenti 3. unciæ I.

[81] *Petere, si possent*] Lege cum Gronovio *et petere*, quod respondeat iis
quæ præcedunt, *et pollicitum*. Ultima
hujus periodi sic ab eo formantur: *se
quoque in gratia reconciliatæ pacis uti
ponerent:* id est, darent sibi locum in-
eundæ gratiæ apud Perseo, tanquam
pacis reconciliatori.    Hujus locutionis,
*ponere in gratiam*, vel *in gratia*, exempla ex epistolis Ciceronis hic allegat
Gronovius.    Unum afferemus e lib. v.
ad Att. ep. 11.    *Apud Patronem te in
maxima gratia posui.    Feci, ut magnam tibi gratiam haberet Patro, osten-
dendo ei, te, quod desiderat, id mihi
vehementer commendasse.

[82] *Ad se vindicata*] Olim à se. Emendavit Sigonius.

'inter Macedonas Romanosque esset, sibi amicitiam cum
'rege Perseo coeptam. eam se invitos, nullo ejus in se merito,
'quoniam ita Romanis visum sit in societatem se belli trahere,
'interrupisse. Tertium se annum multa ejus incommoda
'belli sentire. mari intercluso, inopia insulam premi, amissis
'[83] maritimis vectigalibus atque commeatibus. Quum id
'ultra pati non possent, legatos alios ad Persea in Macedo-
'niam misisse, qui ei denunciarent, Rhodiis placere, pacem
'eum componere cum Romanis : se Romam eadem nuncia-
'tum missos. Per quos stetisset, quo minus belli finis fieret,
'adversus eos quid sibi faciendum esset, Rhodios considera-
'turos esse.' Ne nunc quidem hæc sine indignatione legi
audirive posse, certum habeo. inde existimari potest, qui
habitus animorum audientibus ea Patribus fuerit.

XV. Claudius, nihil responsum, auctor est : tantum senatusconsultum recitatum, quo Caras et Lycios liberos esse
juberet populus Romanus, literasque extemplo ad utramque
gentem * [84] scirent indicatum mitti. Qua audita re, principem legationis, cujus magniloquentiam vix curia paullo ante
ceperat, conruisse. Alii responsum esse tradunt, ' Populum
'Romanum et principio hujus belli haud vanis auctoribus
'compertum habuisse, Rhodios cum Perseo rege adversus
'rempublicam suam occulta consilia inisse : et, si id ante
'dubium fuisset, legatorum paullo ante verba ad certum re-
'degisse : et plerumque ipsam se fraudem, etiamsi initio
'cautior fuerit, detegere. Rhodios [85] nuncio in orbe terra-
'rum arbitria belli pacisque agere : [86] Deorum nutu arma
'sumturos positurosque Romanos esse. jam non Deos fœde-
'rum testes, sed Rhodios habituros. [87] Itane tandem iis
'pareatur, exercitusque de Macedonia deportentur ? Visuros

[83] * Maritimis vectigalibus æque com-
meatibus] Maritima vectigalia sunt portoria, et aliæ mercedes quæ in publicum
redigebantur ex mercibus importatis in
insulam. Maritimi commeatus, quæcunque mari invehuntur ad usum com-
moditatemque vitæ.

[84] Scirent indicatum] Hæc corrupta
esse cuivis apparet. Sigonius legendum putat ut scirent: id est, ut Rhodii
scirent rem indicatam esse Lyciis et
Caribus. Sed hoc nobis frigidum et obscurum videtur. Magis inclinat sententia ut credamus τὰ scirent indicatum
ab aliquo emendatore esse, qui depra-
vatam aliquatenus veterem scripturam
nactus magis fœdaverit ; Liviumque
scripsisse : Litterasque extemplo ad utramque gentem et senatusconsultum mitti.
Nempe mos est sæpe testatus Livio, ut
litteræ alicujus magistratus cum senatusconsulto mittantur. Sic l. XXVI. c. 15.

litteras a Calpurnio prætore Fulvio et
senatusconsultum tradidit.

[85] Nuncio] Uno nuncio per Orbem
terrarum misso. Sic Cic. pro Lege
Manil. n. 11. tot civium Romanorum
millibus uno nuncio atque uno tempore
necatis.

[86] Deorum nutu] Magis placeret
eorum, nempe Rhodiorum : siquidem in
duobus orationis membris, præcedenti
et sequenti, amara punguntur ironia
Rhodii, quæ perit, si legimus deorum ;
retinetur, si reponimus eorum. Nisi
melius est legere Rhodiorum. In ipsa
enim repetitione inest aliquid irrisionis.

[87] Itune tandem] Hunc locum sic
legere et interpungere placeret : Itane
tandem ? Ni pareatur, exercitusque de
Macedonia deportentur, visuros sese quid
sibi faciendum sit ? Hæc ultima verba ex
oratione Rhodiorum desumpta, hic per
irrisionem repetuntur.

U. C. 583.
A. C. 169.

' esse, quid sibi faciendum sit. Quid Rhodii visuri sint, ipsos
' scire. Populum certe Romanum, devicto Perseo, quod
' prope diem sperent fore, visurum, ut pro meritis cujusque
' in eo bello civitatis gratiam dignam referat.' Munus tamen
legatis in singulos binûm millium æris missum est: quod ii
non acceperunt.

Marcii lit-
teræ.

XVI. Literæ deinde recitatæ Q. Marcii consulis sunt,
' Quemadmodum, saltu superato, in Macedoniam transisset:
' [88] ibi et[g] ex afiis locis [89] commeatus a prætore prospectos in
' hiemem habere, et ab Epirotis [90] viginti millia modiûm tri-
' tici, decem hordei .sumsisse: ut [91] pro eo [h] frumento [92] pe-
' cunia Romæ legatis eorum curaretur. Vestimenta militibus
' ab Roma mittenda esse: equis ducentis ferme opus esse,
' maxime Numidis: nec sibi in his locis ullam copiam esse.'
Senatusconsultum, ut ea omnia ex literis consulis fierent,
factum est. C. Sulpicius prætor sex millia togarum, triginta
tunicarum, et equos deportanda in Macedoniam, præbenda-
que arbitratu consulis locavit, et legatis Epirotarum pecuniam
pro frumento solvit; et Onesimum, Pythonis filium, nobilem
Macedonem, in senatum introduxit. Is [93] pacis semper
auctor regi fuerat, monueratque, sicut pater ejus Philippus institutum usque ad ultimum vitæ diem servabat, [94] quotidie
bis in die fœderis icti cum Romanis perlegendi; ut eum
morem, si non semper, crebro tamen usurparet. Postquam
deterrere eum a bello nequiit, primo subtrahere sese per alias
atque alias caussas, ne interesset iis, quæ non probabat,
cœpit: postremo, quum suspectum se esse cerneret, et proditionis interdum crimine insimulari, ad Romanos transfugit: magno usui consuli fuit. Ea introductus in curiam
quum memorasset, senatus in formulam sociorum eum referri jussit: locum, lautia præberi: agri Tarentini, qui publicus populi Romani esset, ducenta jugera dari, et ædes
Tarenti emi: uti ea curaret, C. Decimio prætori mandatum. Censores censum Idibus Decembribus, severius quam
ante, habuerunt: multis equi ademti, inter quos P. Rutilio,

Onesimi
Macedonis
præmia.

Censug.

---

[g] et ibi et Gron.  [h] eo del. Ead.

[88] *Ibi et ex aliis locis*] Vulgo *et ibi et
ex aliis*, contra primæ editionis fidem,
teste Heærnio.

[89] *Commeatus a prætore prospectos*]
Hoc debetur Sigonio. Prius *commeatus
rempublicam prospectos*. Nimirum, ut
idem observat, sæpe et facile librarii decepti sunt in his vocibus, *P. R. et R. P.
et P R. Populus Romanus, Res Publica,
Prætor.*

[90] *Viginti millia modiûm*] Modios
Parisienses plus 15416. *Decem millia,*
7708.

[91] *Pro eo frumento*] Addidimus ex

vetustioribus editis vocem *eo*, quæ respicit triticum et hordeum memorata in
iis quæ proxime præcedunt.

[92] *Pecunia . . . . curaretur*] Solveretur. *Curare pecuniam, curare nummos*, sæpe occurrit in epistolis Ciceronis: puta l. II. ad Q. Fratr. ep. 4. L.
VII. ad Att. ep. 3. et alibi sæpius.

[93] *Pacis semper auctor regi*] Male
olim legebatur *regis*. Emendavit Sigonius.

[94] *Quotidie bis in die*] Vel *quotidie*
vacat, vel *in die*.

qui tribunus plebis eos violenter [95] accusarat; tribu quoque
is motus, [96] et ærarius factus.  Ad opera publica facienda
quum eis dimidium ex vectigalibus ejus anni adtributum ex
senatusconsulto a quæstoribus esset; Ti. Sempronius ex ea
pecunia, quæ ipsi adtributa erat, ædes P. Africani [97] pone
Veteres ad Vortumni signum, [98] lanienasque et tabernas
conjunctas in publicum emit, [99] basilicamque faciendam
curavit, quæ postea Sempronia adpellata est.

XVII. Jam in exitu annus erat, et propter Macedonici
maxime belli curam in sermonibus homines habebant, quos in
annum consules ad finiendum tandem id bellum crearent. itaque senatusconsultum factum est, ut Cn. Servilius primo quoque tempore ad comitia habenda veniret.  Senatusconsultum
[1] Sulpicius prætor ad consulem [*] post paucos dies recitavit,
quibus ante diem [**] in urbem venturum.  Et consul maturavit, et comitia eo die, qui dictus erat, sunt perfecta. Comitia.
Consules creati L. Æmilius Paullus iterum, [2] septimo decimo anno postquam primo consul fuerat, et C. Licinius
Crassus.  Prætores postero die facti Cn. Bæbius Tamphilus, L. Anicius Gallus, Cn. Octavius, P. Fonteius Balbus,
M. Æbutius Elva, C. Papirius Carbo.  Omnia ut maturius
agerentur, belli Macedonici stimulabat cura. itaque designa-
tos exemplo sortiri placuit provincias ; ut, utri Macedonia
consuli, [3] cuique prætori classis venisset, sciretur : ut jam
inde cogitarent pararentque, quæ bello usui forent, senatumque consulerent, si qua re consulto opus esset. ' Latinas, ubi
' magistratum imissent, quod per religiones posset, primo
' quoque tempore fieri placere ; neque consulem, cui eundum
' in Macedoniam esset, teneri.' His decretis, consulibus Italia
et Macedonia, prætoribus, præter duas jurisdictiones in urbe,
classis, et Hispania, et Sicilia, et Sardinia provinciæ nomi-
natæ sunt.  Consulum, Æmilio Macedonia, Licinio Italia
evenit.  Prætores, Cn. Bæbius urbanam, L. Anicius peregrinam, et si quo senatus censuisset, Cn. Octavius classem,
P. Fonteius Hispaniam, M. Æbutius Siciliam, C. Papirius
Sardiniam est sortitus.

---

[95] *Accusarat*] Libri ante Sigonium
habebant *accusaret* : mendose.

[96] *Et ærarius*] Hoc a Fulvio Ursino
est.  Prius *ut operarius*.

[97] *Pone veteres*] Vel excidit nomen,
quod jungatur τῷ *veteres*, vel ut in illis
' locorum appellationibus fieri solet, brevitatis causa ex usu communi sup-
primebatur.  Illud supplere non nostrum est.

[98] *Lanienas*] Sic Turnebus jussit legi.
Antea *læneas*.

[99] *Basilicam*] Vid. not. 44. ad 1.

XXVI. c. 27.

[1] *Sulpicius prætor ad consulem misit*]
Hic locus suppletus est ex Gronovii
mente : tantum, dies quo. se in urbem
venturum scribebat consul, certo definiri non potuit.

[2] *Septimodecimo anno*]  Imo decimo
quarto, vel, si ambo extremi anni numerentur, *decimo quinto*.

[3] *Cuique prætori classis venisset*] Lege
*evenisset*, vel *obvenisset*.  Sic enim ubique Livius.

U. C. 583.
A. C. 169.
Belli Mace-
donici ad-
paratus.

XVIII. Extemplo adparuit omnibus, non segniter id bellum L. Æmilium gesturum; præterquam quod alius vir erat, etiam quod dies noctesque intentus ea sola, quæ ad id bellum pertinerent, animo agitabat. Jam omnium primum a senatu petit, ut legatos in Macedoniam mitterent ad exercitus visendos classemque, et comperta referenda, quid aut terrestribus aut navalibus copiis [4] opus esset: præterea ut explorarent copias regias, quantum possent, quaque provincia nostra, qua hostium foret: utrum intra saltus castra Romani haberent, an jam omnes angustiæ exsuperatæ, et in æqua loca pervenissent: qui fideles nobis socii, qui dubii suspensæque ex fortuna fidei, qui certi hostes viderentur: quanti præparati commeatus, et unde terrestri itinere, unde navibus subportarentur: [5] quid ea æstate terra marique rerum gestarum esset: ex his bene cognitis certa in futurum consilia capi posse ratus. Senatus Cn. Servilio consuli negotium dedit, ut is in Macedoniam, quos L. Æmilio videretur, legaret. Legati biduo post profecti, Cn. Domitius Ahenobarbus, A. Licinius Nerva, L. Bæbius. Bis in exitu anni ejus lapidatum esse nunciatum est; [1] in Romano agro, [6] simul in Veientibus. novemdiale sacrum factum est. Sacerdotes eo anno mortui sunt, P. Quinctilius Varus, flamen Martialis; et M. Claudius Marcellus decemvir: in cujus locum Cn. Octavius subfectus. Et jam magnificentia crescente

Ludorum
circensium
magnificen-
tia.
notatum est, ludis circensibus P. Cornelii Scipionis Nasicæ et P. Lentuli ædilium curulium sexaginta tres [7] Africanas, et quadraginta ursos et elephantos [8] lusisse.

U. C. 584.
A. C. 168.
L. Æmilio
II. C. Lici-
nio Coss.
XIX. L. Æmilio Paullo, C. Licinio consulibus, Idibus Martiis principio insequentis anni, quum in exspectatione Patres fuissent, maxime quidnam consul de Macedonia, cujus ea provincia esset, referret; 'nihil se habere,' Paullus, ' quod re- ' ferret, quum nondum legati redissent,' dixit. 'Ceterum Brun- ' disii legatos jam esse, bis ex cursu [9] Dyrrachium ejectos. Cog- ' nitis mox, quæ nosci prius in rem esset, relaturum: id fore ' intra perpaucos dies. Et, ne quid profectionem suam teneret, ' [10] pridie Idus Aprilis Latinis esse constitutam diem. Sacri-

---

[1] distinct. post *nunciatum est* del. Rup.

[4] *Opus esset*] Olim *opus est*. Mutavit jure Sigonius.

[5] *Quid ... rerum gestarum esset*] Emendat Gronovius *gestum*.

[6] *Simul in Veientibus*] Feliciter emendat Jac. Gronovius: *simul in Veienti. Bis novendiale sacrum*. Toties enim novendiale sacrum fiebat, quoties lapidibus pluisse visum erat. Vid. l. xxvii. c. 37.

[7] *Africanas*] Pantheras, ut patet ex Plinio, l. viii. c. 17.

[8] *Lusisse*] In ludis exhibitos esse.

Intelligenda videtur venatio facta in Circo, vel pugna bestiarum inter se.

[9] *Dyrrachium ejectos*] *Ejici* verbum est naufragorum. *Ejectum littore, agentem*. Vid. not. 70. ad l. xxiii. c. 34. Magis placet cum Gronovio legere *rejectos*.

[10] *Pridie Idus Aprilis*] Lege ex c. 22. infra, et ex fragmento tabularum diurnarum, seu, ut censent alii, librorum linteorum, quod Pighius vulgavit, *pridie Kalendas Apriles, sive Apriliis.*

‘ ficio rite perfecto, se et Cn. Octavium, simul senatus censuis-  U. C. 584.
‘ set, exituros esse. C. Licinio collegæ suo fore curæ, se absente,  A. C. 168.
‘ ut, si qua parari mittive ad id bellum opus sit, parentur mittan-
‘ turque. Interea legationes exterarum nationum audiri posse.’
[11] Sacrificio rite perfecto, primi Alexandrini, legati [12] ab Pto- *Alexan-
lemæo et Cleopatra regibus, vocati sunt. Sordidati, barba et *drini legati.*
capillo promisso, cum ramis oleæ ingressi curiam, procubuerunt:
et oratio, quam habitus, fuit miserabilior. Antiochus Syriæ
rex, qui obses Romæ fuerat, per honestam speciem majoris
Ptolemæi reducendi in regnum, bellum cum minore fratre
ejus, qui tum Alexandriam tenebat, gerens, et ad Pelusium
navali prœlio victor fuerat, et, tumultuario opere ponte per
Nilum facto, transgressus cum exercitu, obsidione ipsam
Alexandriam terrebat: nec procul abesse, quin potiretur
regno opulentissimo, videbatur. Ea legati querentes orabant senatum, ut opem regno regibusque amicis imperio
ferrent. ‘ Ea merita populi Romani in Antiochum, eam apud
‘ omnes reges gentesque auctoritatem esse, ut, si legatos misis-
‘ sent, qui denunciarent, non placere senatui, sociis regibus
‘ bellum fieri, extemplo abscessurus a mœnibus Alexandriæ,
‘ abducturusque exercitum in Syriam esset. Quod si cunctentur
‘ facere, brevi extorres regno Ptolemæum et Cleopatram Ro-
‘ mam venturos, cum pudore quodam populi Romani, quod
‘ nullam opem in ultimo discrimine fortunarum tulissent.’ Moti
Patres precibus Alexandrinorum, extemplo [13] C. Popillium Læ-  *Ad Antio-*
natem, et [k] C. Decimium, et C. Hostilium legatos, ad finiendum  *chum et Ptolemæ-*
inter reges bellum, miserunt. Prius Antiochum, dein Ptole-  *um mittun-*
mæum adire jussi, et nunciare, ni absistatur bello, per utrum  *tur legati.*
stetisset, eum non pro amico, nec pro socio habituros esse.

XX. His intra triduum simul cum legatis Alexandrinis
profectis, legati ex Macedonia [14] Quinquatribus ultimis adeo
exspectati venerunt, uti, nisi vesper esset, extemplo senatum vocaturi consules fuerint. Postero die senatus fuit; legatique auditi sunt. Ii nunciant, ‘ Majore periculo, quam emo-  *Legatorum*
‘ lumento, exercitum per invios saltus in Macedoniam induc-  *ex Macedo-*
‘ tum. Pieriam, [15] quo processisset, regem tenere: castra cas-  *nia redu-*
                                                                *cum oratio.*

[k] *et* del. Crev.

[11] *Sacrificio rite perfecto, primi*]
Vix dubium videtur esse, tres primas
voces ex quinto ante versu huc im-
migravisse. Nihil iis hoc loco opus
est.

[12] *Ab Ptolemæo*] Ptolemæo Epi-
phani duo filii fuere, Ptolemæus Philometor, qui sororem Cleopatram in
matrimonio habuerat, et Ptolemæus
Evergetes, sive Physcon, qui tum pulso
fratre Alexandriam tenebat cum Cleopatra, quam Philometori ademerat. Ab
his, nempe Ptolemæo minore et Cleo-

patra, venerat legatio de qua hic agit
Livius.

[13] *C. Popillium Lænatem, C. Deci-*
*mium, et C. Hostilium*] Sic voluit Sigonius. Olim editi habebant, *et C. De-*
*cimium, C. Hostilium.* Vulgati nunc
geminant *et.*

[14] *Quinquatribus ultimis*] Ultimo die
Quinquatruum. Vid. not. 49. ad l.
xxx. c. 36. De Quinquatribus egimus
ad l. xxvi. c. 27.

[15] *Quo processisset*] Romanus exercitus. Ceterum hic habes emendatio-

' trisprope ita conlata esse, ut flumine Enipeo interjecto arcean-
' tur. neque regem pugnandi potestatem facere, nec nostris vim
' ad cogendum esse. Hiemem etiam asperam rebus gerendis
' intervenisse, in otio militem ali, nec plus quam sex ** [1] fru-
' mentum habere. Macedonum dici triginta millia armatorum
' esse. Si Ap. Claudio circa Lychnidum satis validus exercitus
' foret, potuisse ancipiti bello [16] distinere [m] regem : nunc et
' Appium, et quod cum eo præsidii sit, in summo periculo esse,
' nisi propere aut justus exercitus eo mittatur, aut illi inde de-
' ducantur. Ad classem se ex castris profectos, sociorum nava-
' lium partem morbo audisse absumtam ; partem, maxime qui
' ex Sicilia. fuerint, domos suas abisse, et homines navibus
' deesse. qui sint, neque stipendium accepisse, neque vesti-
' menta habere. Eumenem classemque ejus, tamquam vento
' adlatas naves, sine caussa et venisse, et abisse : nec animum
' ejus regis constare satis visum.' Sicut omnia de Eumene
dubia, [17] Attali egregie constantem fidem nunciabant.

XXI. Legatis auditis, tunc de bello referre sese L. Æmilius
dixit. Senatus decrevit, ' ut in [18] octo legiones parem nume-
' rum tribunorum consules et populus crearent : creari autem
' neminem eo anno placere, nisi qui honorem gessisset. Tum
' ex omnibus tribunis militum uti L. Æmilius in duas legi-
' ones in Macedoniam, quos eorum velit, eligat, et ut, sol-
' lemni Latinarum perfecto, L. Æmilius consul, Cn. Octavius
' prætor, cui classis obtigisset, in provinciam proficiscantur.'
Additus est his tertius L. Anicius prætor, cujus inter peregrinos jurisdictio erat. eum in provinciam Illyricum circa
Lychnidum Ap. Claudio succedere placuit. Delectus cura
C. Licinio consuli inposita. is septem millia civium Romanorum et equites ducentos scribere jussus ; et sociis nominis Latini septem millia peditum imperare, quadringentos
equites ; et [19] Cn. Servilio Galliam obtinenti provinciam
literas mittere, ut sexcentos equites conscriberet. Hunc
exercitum ad collegam primo quoque tempore mittere in
Macedoniam jussus. neque in ea provincia plus quam duas
legiones esse ; eas repleri, ut sena millia peditum, trecenos
haberent equites. ceteros equites peditesque in præsidiis dis-
poni. qui eorum idonei ad militandum non essent, dimitti.

---

[1] pro asteriscis *dierum* exhibent Gron. Crev. et prior quidem uncinis non inclusum. [m] *distineri* Crev.

nem Gronovianam. Prisci editi *processit.*

[16] *Distineri*] Vulgo *distinere.* Mutavit
Gronovius.

[17] *Attali*] Scribe cum eodem Gronovio, *ita Attuli.*

[18] *Octo legiones*] In ea quæ sequi-
.tur legionum descriptione sex tantum

enumerantur. Sed præterea duæ credi
possunt urbanæ fuisse. Vid. not. 20.
ad xxxiii. 25.

[19] *Cn. Servilio*] Prioris anni consuli, qui, ut ex hoc loco discimus, prorogato ex consulatu imperio Galliam
obtinebat.

Decem præterea millia peditum imperata sociis, et octingenti·U. C. 584·
equites. Id præsidii additum Anicio, præter duas legiones, A. C. 168,
[20] quas portare in Macedoniam est jussus, quina millia peditum et ducenos habentes, trecenos equites : et in classem
quinque millia navalium sociûm sunt scripta. Licinius consul duabus legionibus obtinere provinciam jussus : eo addere
sociorum‾decem millia peditum, et sexcentos equites.

XXII. Senatusconsultis perfectis, L. Æmilius consul e curia·L. Æmilii
in concionem processit, orationemque talem habuit.   ' Ani- Cos. oratio.
' madvertissè videor, Quirites, majorem mihi, sortito Macedo-
' niam provinciam, gratulationem factam, quam quum aut·
' consul essem consalutatus, aut quo die magistratum inissem :·
' neque id ob aliam caussam, quam quia bello in Macedonia,
' quod diu trahitur, existimastis dignum majestate populi Ro-
' mani exitum per me inponi posse. Deos quoque huic favisse
' sorti spero, eosdemque in rebus gerendis adfuturos esse.
' Hæc partim [21] opinari, partim sperare possum. Illud ad-
' firmare pro certo habeo audeoque, me omni ope adnisurum
' esse, ne frustra vos hanc spem de me conceperitis. Quæ
' ad bellum opus sunt, et senatus decrevit, et (quoniam ex-
' templo proficisci placet, neque ego in mora sum) C. Licinius
' collega, vir egregius, æque enise pârabit, ac si ipse id bel-
' lum gesturus esset. Vos, quæ scripsero senatui, aut vobis,
' credite. rumores credulitate vestra ne alatis, quorum auctor
' nemo exstabit. Nam nunc quidem, quod vulgo fieri, hoc
' præcipue bello, animadverti, nemo tam famæ contemtor est,
' cujus non debilitari animus possit. In omnibus circulis,
' atque etiam (si Diis placet) in conviviis sunt, qui exercitus
' in Macedoniam ducant; ubi castra locanda sint, sciant;
' quæ loca præsidiis occupanda; quando, aut quo saltu intranda
' Macedonia; ubi horrea ponenda; qua terra, mari subvehan-
' tur commeatus; quando cum hoste manus conserendæ;
' quando quiescendum sit. Nec, quid melius faciendum sit,
' modo statuunt, sed, quidquid aliter, quam ipsi censuere, fac-
' tum est, consulem veluti dicta die accusant. Hæc magna
' inpedimenta res gerentibus sunt. nec enim omnes tam firmi
' et constantis animi contra adversum rumorem esse possunt,
' quam Fabius fuit : qui suum imperium minui [22] per vanita-
' tem populi maluit, quam secunda fama male rem gerere.
' Non sum is, qui non existimem admonendos duces esse :
' immo eum, qui de sua unius sententia omnia gerat, super-
' bum judico magis, quam sapientem. Quid ergo est? Pri-

---

[20] *Quas portare in Macedoniam est*
*jussus*] Imo *in Illyricum.* Hæc enim
Anicio provincia obtigerat.
  [21] * *Opinari*] Parum proprium hoc
loco verbum. Legimus *ominari.* Ser-
sus est. Hæc ita futura spondere mihi

possum, partim ex ominibus, quibus
propitia nobis deorum voluntas declaratur; partim ex spe, quam subjicit
ratio haud fallax.
  [22] *Per vanitatem populi*] Per inconsultam populi levitatem.

'mum a prudentibus, et proprie rei militaris peritis, et usu
'doctis, monendi imperatores sunt: deinde ab his, qui in-
'tersunt gerendis * loco [a], qui hostem, qui temporum oppor-
'tunitatem vident, qui in eodem velut navigio participes sunt
'periculi. Itaque si quis est, qui, quod e republica sit,
'suadere se mihi in eo bello, quod gesturus sum, confidat;
'ne deneget operam reipublicæ, et in Macedoniam mecum
'veniat. nave, equo, tabernaculo, viatico etiam a me
'juvabitur. Si quem id facere piget, et otium urbanum mi-
'litiæ laboribus præoptat, e terra ne gubernaverit. Sermo-
'num satis ipsa præbet urbs. loquacitatem suam contineat:
'nos castrensibus consiliis contentos futuros esse sciat.' Ab
hac concione, Latinis, quæ pridie Kalendas Apriles fuerunt,
[23] in monte sacrificio rite perpetrato, protinus inde et consul
et prætor Cn. Octavius in Macedoniam profecti sunt. Traditum est memoriæ, majore, quam solita, frequentia prosequentium consulem celebratum; ac prope certa spe ominatos
esse homines, [24] finem esse Macedonico bello, maturumque
reditum cum egregio triumpho consulis fore.

Persei ad-
paratus.

XXIII: Dum hæc in Italia geruntur, Perseus, quod jam
inchoatum perficere, quia inpensa pecuniæ facienda erat,
non inducebat in animum, ut Gentium Illyriorum regem
sibi adjungeret; hoc, postquam intrasse saltum Romanos,
et adesse discrimen ultimum belli animadvertit, non ultra
differendum ratus; quum per Hippiam legatum [25] trecenta
argenti talenta pactus esset, ita ut obsides ultro citroque

Fœdus facit
cum Gen-
tio.

darentur, Pantauchum misit, ex fidissimis amicis, ad ea
perficienda. Medeone Labeatidis terræ Pantauchus regi
Illyrio obcurrit: ibi et jusjurandum ab rege et obsides accepit. missus et a Gentio est legatus, nomine Olympio, qui
jusjurandum a Perseo obsidesque exigeret. [26] Cum eodem

[a] loca Gron. Crev.

[23] In monte] Albano. Ibi enim
Latinarum feriarum sacrum peragi mos
erat.

[24] Finem esse Macedonico bello] Lege
finem adesse. Sic l: II. c. 9. Adesse finem
regnis.

[25] Trecenta argenti talenta] Marcas
argenti nostrates 28125.

[26] Cum eodem ad pecuniam] Hæc
sic intellige ex Polyb. Legat. 85. Cum
eodem missi sunt alii, qui pecuniam a
Perseo acciperent, alii, suadente Pantaucho, qui Rhodum legati cum Macedonibus irent. Quæ sequuntur sic
struimus, mutato tantum ordine, intactis ipsis vocibus ... cum Macedonibus irent: duorum simul regnum nomine incitari Rhodios ad bellum Romanum posse. Adjunctam civitatem,
penes quam unam tum rei navalis glo-

ria esset, nec terra nec mari spem relicturam Romanis. Parmenio et Morcus destinantur: quibus ita mandatum,
uti jurejurando, obsidibusque, et pecunia accepta, tum demum Rhodum proficiscerentur. Venientibus Illyriis, etc.
Hunc ordinem ut vulgato anteponan-
mus duo suadent: primum, quod in
his duorum simul regum, etc. videmur
agnoscere verba Pantauchi impellentis
Gentium ad mittendos Rhodum legatos, jactantisque commoda ex societate
cum Rhodiis ventura. Alterum, quod,
ut hæc vulgo collocata sunt, verbum
destinantur redundat; in ordine quem
struimus, idem omnino necessarium
est. Sed dubitationem omnem eximit
Polybius, qui loco jam allato eum plane
ordinem repræsentat, quem hic restitutum volumus. Et hinc auctoritas

ad pecuniam accipiendam missi sunt, et, auctore Pantaucho, U. C. 584.
qui Rhodum legati cum Macedonibus irent, Parmenio et A. C. 168.
Morcus destinantur. quibus ita mandatum, uti, jurejurando, obsidibusque, et pecunia accepta, tum demum Rhodum proficiscerentur : ' duorum simul regum nomine inci-
' tari Rhodios ad bellum Romanum posse. adjunctam civita-
' tem, penes quam unam tum rei navalis gloria esset, nec
' terra nec mari spem relicturam Romanis.' Venientibus
Illyriis Perseus, ab Enipeo amni ex castris cum omni equitatu
profectus, ad Dium obcurrit. Ibi ea, quæ convenerunt° circumfuso agmine equitum facta ; quos adesse fœderi sancitæ
cum Gentio societatis volebat rex, aliquantum eam rem ratus
animorum iis adjecturam. et obsides in conspectu omnium
dati acceptique : et, Pellam ad thesauros regios missis, qui
pecuniam acciperent, qui Rhodum irent cum Illyriis legatis, Legati Per-
Thessalonicæ conscendere jussi. Ibi Metrodorus erat, qui sei et Gentii
nuper ab Rhodo venerat : auctoribusque Dinone et Polyarato, ad Rhodios.
principibus civitatis ejus, adfirmabat, Rhodios paratos ad
bellum esse. [27] is princeps junctæ cum Illyriis legationis datus
est.

XXIV. Eodem tempore ad Eumenem et ad Antiochum Perseus
communia mandata, quæ subjicere conditio rerum poterat. Eumenem
' Natura inimica inter se esse liberam civitatem et regem. Sin- et Antio-
' gulos populum Romanum adgredi, et, quod indignius sit, citat.
' regum viribus reges obpugnare. Attalo adjutore, patrem
' suum obpressum. Eumene adjuvante, et quadam ex parte
' etiam Philippo patre suo, Antiochum obpugnatum. in se nunc
' et Eumenem et Prusiam armatos esse. Si Macedoniæ reg-
' num sublatum foret, proximam Asiam esse ; quam jam ex
' parte, sub specie liberandarum civitatium, suam fecerint :
' deinde Syriam. Jam Prusiam Eumeni honore præferri, jam
' Antiochum victorem [28] præmio belli ab Ægypto arceri.
' [29] Hæc cogitantem providere' jubebat, ' ut aut ad pacem se-
' cum faciendam compelleret Romanos, aut perseverantes in
' bello injusto duceret communes omnium regum hostes.' Ad
Antiochum aperta mandata erant, ad Eumenem per speciem
captivorum redimendorum missus legatus erat : verum occul-
tiora quædam agebantur, quæ in præsentia invisum quidem et
suspectum Romanis Eumenem falsis gravioribus**. Proditor

° *convenerant* Gron. Crev.

accedit similibus mutationibus, quas in
quibusdam aliis-locis tentavimus, puta
l. XXVII. c. 2. ubi vid. not. 6. quæ et
alia similia indicat exempla.
[27] *Is princeps . . . . legationis datus*]
Mallemus *legationi.*
[28] *Præmio belli ab Ægypto arceri*]

Tolle cum Gronovio præpositionem :
*præmio belli*, id est, *Ægypto.*
[29] *Hæc cogitantem*] Sive Eumenem,
sive Antiochum. Etenim ubi supra
dicuntur *communia mandata*, intelligi
debent eadem, sed seorsum ad Eumenem,
seorsum ad Antiochum, mandata.

enim ac prope hostis habitus, dum inter se duo reges captantes fraude et avaritia certant. Cydas erat Cretensis, ex intimis Eumenis : hic prius ad Amphipolim cum Chimaro quodam populo suo, militante apud Persea, inde postea ad Demetriadem, semel cum Menecrate quodam, iterum [30] cum Antimacho, regiis ducibus, sub ipsis moenibus urbis conlocutus fuerat. Eropon [p] quoque, qui tum missus est, duabus ad eumdem Eumenem jam ante legationibus functus erat. Quae conloquia occulta et legationes [31] infames quidem erant : sed, quid actum esset, quidve inter reges convenisset, ignorabatur. Res autem ita sese [q] habuit.

XXV. Eumenes neque favit victoriae Persei, [32] neque bello eum invadere animo habuit : [33] non tam quia paternae inter eos inimicitiae erant, quam ipsorum odiis inter se accensae. Non ea regum aemulatio, ut aequo animo Persea tantas adipisci opes, tantamque gloriam, quanta Romanis victis eum manebat, Eumenes visurus fuerit. Cernebat et Persea, jam inde ab initio belli, omni modo spem pacis tentasse, et in dies magis, quo propior admoveretur terror, nihil neque agere aliud, neque cogitare. Romanos quoque, quia traheretur diutius spe ipsorum bellum, et ipsos duces, et senatum, non abhorrere a finiendo tam incommodo ac difficili bello. Hac utriusque partis voluntate explorata, quod fieri etiam sua sponte taedio validioris, metu infirmioris credebat posse, in eo suam operam venditare concilianda gratia magis cupiit. Nam, modo ne juvaret bello Romanos terra marique, modo pacis patrandae cum Romanis pasciscebatur mercedem : [34] ne bello interesset, mille et quingenta [r]

[30] *Cum Antimacho*] Olim *Antiocho*. Emendavit Gronovius ex c. 13. supra. Idem infra legi jussit Cryphon ex Polyb. Legat. 85. Vulgo *Eropon*.

[31] * *Infames . . . . erant*] Infamiae Eumeni apud Romanos erant ; suspectum proditionis Eumenem faciebant.

[32] *Neque bello eum invadere animo habuit*] Sigonius reposuerat *in animo*. Sed nihil est praepositione opus, ut observat Gronovius. Sic Auctor de Bello Hisp. in litteris Pompeii : *cohortes animo habeo ad vos mittere*. Vid. et not. 81. ad XXXI. 18.

[33] * *Non tam quia*] Hic aliquid impediti est et obscuri. Ea fuisse videtur mens Livii ut diceret, Eumenem magis aemulatione quam odio inimicitiarum eo adductum esse, ut minime faveret victoriae Persei. In hanc sententiam sic formare Livianae orationis contex-

tum possumus : *non tam quia paternae inter eos inimicitiae erant, et ipsorum odiis inter se accensae,* quam quod *non ea regum aemulatio, ut . . .*

[34] * *Ne bello interesset, mille et quingenta talenta. In utroque*] Hic aliquid deesse ipsa res clamat. Quid exciderit, discimus ex Appiano in excerptis de Bello Macedonico. Sic enim habet Graecus scriptor. Τάλαντα δ' ἤτει (Εὐμενὴς) τῆς μὲν διαλύσεως, χίλια καὶ πεντακόσια, τῆς δὲ ἡσυχίας χίλια. Hunc sensum procul dubio expresserat Livius : verba sic formamus. *Ne bello interesset, mille ; ut pacem conciliaret, mille et quingenta talenta.* Mille talenta sunt marcae argenti nostrates 93750. *Mille et quingenta*, marcae 140625. In iis quoque quae sequuntur, lege : *In utrumque.* Haec omnia debentur Gronovio.

talenta. in utroque non fidem modo se, sed obsides quoque,
dare paratum esse, ostendebat.    Perseus ad rem inchoan-
dam promtissimus erat, cogente metu, et de obsidibus accipiendis sine dilatione agebat, conveneratque, ut accepti
Cretam mitterentur.    Ubi ad pecuniæ mentionem ventum
erat, ibi hæsitabat: [35] et utique alteram in tanti nominis
regibus turpem ac sordidam, et danti, et magis accipienti,
mercedem esse.    Malebat in spem Romanæ pacis non recusare inpensam, sed eam pecuniam perfecta re daturum; interea Samothracæ in templo depositurum.    Ea insula quum
ipsius ditionis esset, videre Eumenes nihil interesse, [36] an
Pellæ pecunia esset: id agere, ut partem aliquam præsentem
ferret.    Ita, nequidquam inter se captati, nihil præter infamiam movere.

XXVI. Nec hæc tantum Perseo per avaritiam est dimissa res, [37] quum pecuniam tutam et pacem habere per
Eumenem, quæ vel parte regni redimenda esset, ac receptus
protrahere inimicum mercede onustum, et hostes merito ei
Romanos posset facere: sed etiam [38] Gentii regis parata societas, et tum Gallorum, effusorum per Illyricum, [39] ingens
agmen * oblatum avaritia dimissum est.    Veniebant decem
millia equitum, par numerus [40] peditum, et ipsorum jungentium cursum equis, et in vicem prolapsorum equitum vacuos
capientium ad pugnam equos.    Hi pacti erant, eques [41] denos præsentes aureos, pedes quinos, mille dux eorum.    Venientibus his Perseus ab Enipeo ex castris profectus obviam
cum dimidia copiarum parte denunciare per vicos urbesque,

* *agmen* uncinis includit Crev.

[35] *Et utique alteram*] Et ex duabus
illis rebus, unius quidem certe, nempe
ne bello interesset Eumenes, mercedem
turpem ac sordidam esse.

[36] *An Pellæ*] Nonne melius videatur? ibi an Pellæ.

[37] *Quum pecuniam tutam*] Emendat
Gronovius: *quum pecunia tantula aut
pacem habere per Eumenem, quæ vel
parte regni redimenda esset, aut deceptus
protrahere inimicum ... posset.* Pro-
*trahere* intellige *indicare.* Sic infra, l.
XLV. c. 5. *Suberat et ille metus, ne
damnatus auctorem se nefandi facinoris
protraheret.*

[38] *Gentii regis parata societas*] Hic
intelligendum est ἀπὸ τῆ κοινῆ avaritia
dimissa est. Rursus c. seq. Perseus
dicitur Gentium regem sibi alienavisse.
Quod quidem non caret difficultate.
Bellavit enim, et quidem magno suo
malo, Gentius adversus Romanos. Sed
nimirum bellum illud gessit, non in
gratiam Persei, non tanquam Persei

socius atque amicus, sed quia aliter
facere non potuit, postquam legatos Romanorum in vincula conjecerat.

[39] *Ingens agmen oblatum*] Vox *agmen*
inserta est, postulante sensu.

[40] *Peditum ... jungentium cursum
equis*] Cæsar l. 1. de Bello Gallico rem
fusius explicat. De Germanis loquitur:
*Equitum millia erant sex: totidem nu-
mero pedites velocissimi et fortissimi, quos
ex omni copia singuli singulos sua salutis causa delegerant. Cum his in
præliis versantur: ad hos se equites re-
cipiunt: hi, si quid erat durius, concurrebant; si qui, graviore vulnere accepto,
equo deciderant, circumsistebant. Si quo
erat longius prodeundum, aut celerius
recipiendum, tanta erat horum exercita-
tione celeritas, ut jubis equorum sublevati
cursum adæquarent.*

[41] *Denos ... aureos*] Binas uncias
nostrates cum dimidia. *Quinos.* Singulas uncias cum quarta unciæ parte.
*Mille.* Marcas nostrates 31. unciæ 2.

quæ viæ propinquæ sunt, cœpit, ut commeatus expedirent,
frumenti, vini, pecorum ut copia esset. ipse equos, phaleras-
que, et sagula, donum principibus ferre, et parum auri, quod
inter paucos divideret, multitudinem credens trahi spe posse.
Ad [42] Almanam urbem pervenit, et in ripa fluminis Axii
posuit castra. circa [43] Desudabam in Mædica exercitus Gallorum consederat, mercedem pactam opperiens.  Eo mittit
Antigonum, ex purpuratis unum, qui juberet, multitudinem
Gallorum ad Bylazora (Pæoniæ is locus est) castra movere,
principes ad se venire frequentes. [44] septuaginta quinque
millia ab Axio flumine et castris regis aberant.  Hæc mandata ad eos quum pertulisset Antigonus, adjecissetque, per
viam quanta omnium præparata cura regis copia multitudini
foret, quibusque muneribus principes advenientes, vestis, argenti, equorumque excepturus rex esset, de his quidem se
coram cognituros respondent. illud, quod præsens pepigissent, interrogant, [45] ecquid aurum, quod in singulos pedites
equitesque dividendum esset, secum adduxisset?  Quum ad
id nihil responderetur, Clondicus regulus eorum, 'Abi, re-
'nuncia ergo,' inquit, 'regi, [46] nisi aurum obsidesque acce-
'pissent, nusquam inde Gallos longius vestigium moturos.'
Hæc relata regi quum essent, advocato consilio, quum, quid
omnes suasuri essent, adpareret, ipse, pecuniæ, quam regni,
melior custos, institit de perfidia et feritate Gallorum disserere.  'Multorum jam ante cladibus expertum, periculosum
'esse, tantam multitudinem in Macedoniam accipere, ne
'graviores eos socios habeant, quam hostes Romanos.  Quin-
'que millia equitum sat esse, quibus et uti ad bellum pos-
'sent, et quorum multitudinem ipsi non timeant.'

XXVII. [47] Adparebat in[t] omnibus, mercedem multitudinis timere, nec quidquam aliud: sed, quum suadere consu-
lenti nemo auderet, remittitur Antigonus, qui nunciaret,

t *in* del. Doer.

[42] *Almanam*] Jubet legi Turnebus
*Albanam*, et intelligi eam urbem quæ
a Ptolemæo vocatur *Albanopolis* in finibus Macedoniæ. Ortelius non probat
hanc Turnebi conjecturam, rescribitque
*Almonem*, oppidum Thessaliæ Plinio memoratum l. iv. c. 8. Utrique huic
emendationi parum videtur convenire
cum locorum situ et Axio flumine.

[43] *Desudabam*] Hoc nomen non immerito suspectum est Jac. Gronovio,
qui mutat illud in *Æsimam*; quæ
urbs etsi Edonis vulgo attribuitur, nihil tamen vetat eam aliquando habitam fuisse finium Mædicæ, quæ Edonis
vicina est.

[44] *Septuaginta quinque millia*] Leucas nostrates 25.

[45] *Ecquid aurum . . . . adduxisset*]
Magis placeret, quod Gronovius subjicit: *adduxisset*.

[46] *Nisi aurum .. accepissent*] Lege
cum eodem Gronovio *accepissent*.

[47] *Apparebat in omnibus*] Dele sine
ulla dubitatione præpositionem.  Apparebat omnibus iis qui in consilio
erant, simulatum esse illum timorem
quem jactitabat Perseus: nec quidquam aliud eum a multitudine timere,
quam magnitudinem pecuniæ quæ in
ejus multitudinis stipendium eroganda
esset.

quinque millium equitum opera tantum uti regem : contem- U. C. 582.
nere multitudinem aliam.  Quod ubi audivere barbari, cete- A. C. 168.
rorum quidem fremitus fuit, indignantium se frustra excitos
sedibus suis : Clondicus rursus interrogat, ecquid ipsis quinque millibus, quod convenisset, numeraret ?  Quum adversus
id quoque misceri ambages cerneret, inviolato fallaci nuncio,
(quod vix speraverat ipse posse contingere) retro ad Istrum,
perpopulati Thraciam, qua vicina erat viæ, redierunt.  Quæ
manus, quieto sedente rege ad Enipeum, adversus Romanos
[46] Perrhæbiæ saltum in Thessaliam traducta, non agros tantum nudare populando potuit, ne quos inde Romani commeatus exspectarent, sed ipsas exscindere urbes, tenente ad
Enipeum Perseo Romanos, ne urbibus sociis opitulari possent.  Ipsis quoque Romanis de se cogitandum fuisset :
quando neque manere, amissa Thessalia, unde exercitus alebatur, potuissent, neque progredi, quum ex adverso castra
Macedonum ***. qui ea pependerant spe, haud mediocriter
debilitavit.  Eadem avaritia Gentium regem sibi alienavit. Gentium in-
nam, quum [49] trecenta talenta Pellæ missis a Gentio fraudem
numerasset, signare eos pecuniam passus.ᵘ  Inde decem ta- inpellit.
lenta [50] ad Pantauchum missa, eaque præsentia dari regi
jussit : reliquam pecuniam, signatam Illyriorum signo, portantibus suis præcipit, parvis itineribus veherent. dein, quum
ad finem Macedoniæ ventum esset, subsisterent ibi, ac nuncios ab se opperirentur.  Gentius, exigua parte pecuniæ
accepta, quum assidue ˣ Pantaucho ad lacessendos hostili
facto Romanos stimularetur, M. Perpernam et L. Petillium
legatos, qui tum forte ad eum venerant, in custodiam conjecit.  Hoc audito, Perseus, contraxisse eum necessitates ratus
ad bellum utique cum Romanis, ad revocandum, [51] qui pecuniam portabat, misit : velut nihil aliud agens, quam ut,
quanta maxima posset, præda ex victo Romanis reservaretur.
Et ab Eumene Eropon, ignotis, quæ occulte acta erant, redit.  De captivis actum esse et ipsi evulgaverant, et Eumenes
consulem, vitandæ ʸ suspicionis caussa, certiorem fecit.

XXVIII.  Perseus, post reditum ab Eumene Eropontis Classis Persei.

ᵘ add. est Gron.       ˣ ins. a Gron. Crev.       ʸ evitandæ Gron.

[46] Perrhæbiæ saltum ... traducta]
Graterus legendum existimat per Per-
rhæbie.  Sed nihil mutandum.  Sic
dixit Livius traducta Perrhæbiæ saltum,
ut l. XXI. c. 23.  Iberum copias trajecit.
Regitur nempe nomen a præpositione
quæ verbo adjuncta est.
[49] Trecenta talenta]  Marcas argenti
nostrates 28125.  Decem. Marcas 937.
uncias 4.
[50] Ad Pantauchum missa]  Lege cum

Gronovio, misit.  In iis quæ præcedunt,
vulgati nunc habent passus est, sed invitis veteribus edicionibus, quæ habent
tantummodo passus, teste eodem Gronovio.
[51] Qui pecuniam portabat]  Corrigunt
Dujatius et Jac. Gronovius portabant,
propterea quod præcedit portantibus suis.
Sed hic potest intelligi dux eorum qui
pecuniam portabant.

U. C. 584.
A. C. 168.

spe dejectus, Antenorem et Callippum præfectos classis eum quadraginta lembis (adjectæ ad hunc numerum quinque pristes erant) Tenedum mittit; [52] ut inde sparsæ per Cycladas insulas naves, Macedoniam cum frumento petentes, tutarentur. Cassandreæ deductæ naves in portus primum, qui sub Atho monte sunt, inde Tenedum placido mari quum trajecissent, stantes in portu Rhodias apertas naves Eudamumque præfectum earum, [53] inviolatas,[a] atque etiam benigne adpellatos dimiserunt. Cognito deinde, [54] in latere altero quinquaginta onerarias suarum, stantibus in ostio portus Eumenis rostratis, quibus Damius præerat, inclusas esse; [55] circumvecti[a] propere, ac submotis terrore hostium navibus, onerarias, datis, qui prosequerentur, decem lembis, in Macedoniam mittunt: ita ut [56] in tutum prosecuti redirent Tenedum. Nono post die ad classem, jam ad Sigeum stantem, redierunt. Inde Subota (insulā est interjecta Elææ[b] et Atho) trajiciunt. Forte postero die, quam Subota classis tenuit, quinque et triginta naves, quas hippagogos vocant, ab Elæa profectæ cum equitibus Gallis equisque, Phanas promontorium Chiorum petebant, unde transmittere in Macedoniam possent. Attalo ab Eumene mittebantur. Has naves per altum ferri quum ex specula signum datum Antenori esset, profectus a Subotis, inter Erythrarum promontorium Chiumque, qua artissimum fretum est, iis obcurrit. Nihil minus credere præfecti Eumenis, quam Macedonum classem in illo vagari mari: nunc Romanos esse, nunc Attalum, aut remissos aliquos ab Attalo ex castris Romanis Pergamum petere. Sed quum jam adpropinquantium forma, lemborum haud dubia esset, et concitatio remorum, directæque in se proræ, [57] hostes adpropinquare aperuissent; tunc injecta trepidatio est, quum resistendi spes nulla esset, inhabilique navium genere, et Gallis vix quietem ferentibus in mari. Pars eorum, qui propiores [58] continenti litori erant, in Erythræum[c] enarunt: pars, velis datis, ad Chium naves ejecere, relictisque equis, effusa fuga

---

[a] *inviolatos* Doer.
[b] *. Elææ* Gron.

[a] *circumvectis* Crev.
[c] *Erythream* Gron. Crev.

[52] *Ut inde sparsæ*] Videtur melius futurum spar si, ut referatur ad præfectos classemque potius quam ad pristes.

[53] *Inviolatas, atque etiam benigne appellatos*] Lege *inviolatos*, nempe Eudamum ceterosque Rhodios qui erant in navibus.

[54] *In latere altero*] Insulæ Tenedi.

[55] *Circumvectis*] Aliæ editiones habent *circumvectus*, aliæ *circumvectos*. Sed cuivis patet legendum esse: circumvecti præfecti classis Macedonicæ, ac summo-

tis terrore ipso, quem advenientes injecerunt, *hostium navibus*.

[56] *In tutum*] Olim *totum*. Emendavit Sigonius.

[57] *Hostes adpropinquare aperuissent*] Conjectura Turnebi. Prius legebatur *apparuisset*. Quod si quis retinere velit, legat *et concitatione remorum, directisque in se proris hostes appropinquare apparuisset*.

[58] *Continenti littori*] Sic Horatius: *Parum locuples continente ripa.*

urbem petebant. Sed, propius urbem lembi accessuque
commodiore quum exposuissent armatos, partim in via
fugientes Gallos adepti Macedones ceciderunt, partim ante
portam exclusos. clauserant enim Chii portam, ignari, qui
fugerent, aut sequerentur. Octingenti ferme Gallorum occisi, ducenti vivi capti : equi, pars in mari, fractis navibus,
absumti ; partim [59] nervos subciderunt in litore Macedones.
viginti eximiæ equos formæ cum captivis eosdem decem
lembos, quos ante miserat, Antenor devehere Thessalonicam jussit, et primo quoque tempore ad classem reverti :
Phanis se eos exspectaturum. Triduum ferme classis ad
urbem stetit. Phanas inde progressi sunt, et, spe celerius
reversis decem lembis, evecti Ægeo mari Delum trajecerunt.

XXIX. Dum hæc geruntur, legati Romani, C. Popil- Legati
lius, et [d] C. Decimius, et C. Hostilius, a Chalcide profecti, Rom in in-
tribus quinqueremibus Delum quum venissent, lembos ibi sula Delo.
Macedonum quadraginta, et quinque regis Eumenis quinqueremes invenerunt. Sanctitas templi insulæque inviolatos præstabat omnes. Itaque permixti Romanique et Macedones et Eumenis navales socii in templo, inducias religione loci præbente, versabantur. Antenor, Persei præfectus, quum aliquas [60] alto præferri onerarias naves ex speculis significatum foret, parte lemborum ipse insequens,
parte per Cycladas disposita, præterquam si quæ Macedoniam peterent, omnes aut subprimebat, aut spoliabat naves.
[61] quibus poterat, [e] Popillius aut Eumenis naves subcurrebat : [f]
[62] sed vecti nocte binis aut ternis plerumque lembis Macedones fallebant. Per id fere tempus legati Macedones Illy-
riique simul Rhodum venerunt, quibus auctoritatem addidit
non lemborum modo adventus, passim per Cycladas atque
Ægæum vagantium mare, sed etiam conjunctio ipsa regum
Persei Gentiique, et fama cum magno numero peditum
equitumque venientium Gallorum. Et jam quum accessissent animi Dinoni ac Polyarato, qui Persei partium erant,
non benigne modo responsum regibus est, sed palam pronunciatum, ' bello finem se auctoritate sua inposituros esse.
' itaque ipsi quoque reges æquos adhiberent animos ad pacem
' accipiendam.'

XXX. [63] Jam veris principium erat, novique duces in

<hr>

[d] et del. Crev.    [e] poterant Doer.    [f] subcurrebant Doer. Rup.

[59] Nervos succiderunt] Intelligimus
nervos poplitum, ut supra jam exposuimus l. XXXVII. c. 42.

[60] Alto præferri] Prætervehi. Sic l.
XXVIII. c. 30. Unius prælata impetu
lateris alterius remos detersit.

[61] Quibus poterat, Popillius, aut
Eumenis naves, succurrebat ] Lege

cum Gronovio poterant et succurre-
bant.

[62] Sed vecti nocte] Sed Macedones
nocte paucis lembis vecti, sive fortasse
evecti, fallebant Popillium et Eumenis
naves, sicque nulle obstante onerarias
hostiles impugnabant.

[63] Jam veris principium erat] Ini-

U. C. 584.
A. C. 168.
Gentii ge-
nus et
facta.

provinciam venerant; consul Æmilius in Macedoniam, Octavius Oreum ad classem, Anicius in Illyricum, cui bellandum adversus Gentium. Patre Pleurato rege Illyriorum et
matre Eurydica genitus fratres duos, Platorem utroque parente, Caravantium matre eadem natum, habuit. Hoc
propter ignobilitatem paternam minus suspecto, Platorem
occidit et duos amicos ejus, Ettritum et Epicadum, inpigros
viros, quo tutius regnaret. Fama fuit, Honuni Dardanorum principis filiam Etutam pacto fratri eum invidisse,
tamquam his nuptiis adjungenti sibi Dardanorum gentem.
et similius id vero fecit ducta ea virgo, Platore interfecta.
Gravis deinde, demto fratris metu, popularibus esse coepit:
et violentiam insitam ingenio intemperantia vini accendebat. Ceterum, sicut ante dictum est, ad Romanum incitatus bellum, Lissum omnes copias contraxit. quindecim millia armatorum fuerunt. Inde, fratre in [64] Caviorum gentem, vi aut terrore subigendam, cum mille peditibus et
quinquaginta equitibus misso, ipse ad Bassaniam urbem
quinque millia ab Lisso ducit. Socii erant Romanorum:
itaque per missos nuncios prius tentati, obsidionem pati,
quam dedere sese, maluerunt. Caravantium in Caviis.
[65] Durnium oppidum advenientem benigne accepit: Cara-
vantis altera urbs exclusit. et, quum agros eorum effuse
vastaret, aliquot palati milites agrestium concursu interfecti
sunt. Jam et Ap. Claudius, adsumtis ad eum exercitum,
quem habebat, [66] Bullinorum, et Apolloniatium, et Dyrrachinorum auxiliis, profectus ex hibernis, [67] circa Genusum

tio mensis Aprilis profectus erat Æmilius : supra c. 22. Quomodo igitur veris
principio in provinciam venit ? inquit
Gronovius. Veris enim initium su-
mebant veteres a die 7. vel 8. vel 9.
Februarii. Nimirum hic annus et prae-
cedentes aliquot valde luxati fuerant a
Romanis pontificibus, ut constat ex
solis defectu, de quo mentio fit infra
c. 37. Ille enim refertur a Livio in a.
d. 411. Nonas Septembres, quum revera contigerit die 21. Junii anni Juliani, ut asserit peritissimus Astrono-
mus Ismael Bullialdus in epistola ad
Gronovium ipsum, quae ad calcem tertii tomi Liviani in editione Gronoviana
habetur. Itaque quum numerabant
hoc anno Romani initium mensis A-
prilis, mensem Januariam numerare
debuissent. Dodwellus, Dissert. x. de
Cyclis Rom. Sect. 12. non tantum fuisse errorem existimat, eumque diem
quem hoc anno Romani primum Aprilis numerabant, fuisse revera 21. Februarii Juliani. Itaque c. 37. hujus
libri mendum in Livii contextum ir-

repsisse putat, et pro *Nonas Septem-*
*bres* legendum esse *Nonas Sextiles.*
Ut ut sit, intelligitur quomodo Æmilius Kalendis Aprilibus profectus, principio tamen veris in provinciam venerit.
Ex Bullialdi sententia, ipso ineunte
vere, ut tum numerabant, in provinciam venerit ; ex Dodwelli, initio secundi mensis verni.

[64] *Caviorum*] Hoc nomen corruptum esse censet Turnebus, ac legi jubet *Cerauniorum,* vel *Caulicorum.* Sed
non ideo fortasse mendum statim agnoscendum est, si quid occurrit quod
ignoretur.

[65] *Durnium*] Hoc quoque nomen
incognitum est Geographis. Sigonius
perlevi mutatione legit *Burnium,* Pto-
lemaeo et Plinio ducibus, qui oppidi
*Burni* et *Burnistarum* populorum mentionem faciunt.

[66] *Bullinorum*] Sic dedit idem Sigonius
pro *Bullianorum.*

[67] *Circa Genusum amnem*] Const.
l. III. de Bello Civili, et Lucanos, l. v.
v. 462. *Genusum* vocant.

amnem castra habebat; audito foedere inter Persea et Gentium, et legatorum violatorum injuria accensus, bellum haud
dubie adversus eum gesturus.    Anicius praetor, eo tempore
Apolloniae auditis, quae in Illyrico gererentur, praemissisque
ad Appium literis, ut se ad Genusum opperiretur, triduo,
et ipse in castra venit: et [68] ad ea, quae habebat, auxilia adsumtis [g] Parthinorum juventutis [h] duobus millibus peditum,
et equitibus ducentis, (peditibus Epicadus, equitibus Algal-
sus [i] praeerat) parabat ducere in Illyricum, maxime ut Bassanitas solveret obsidione. tenuit inpetum ejus fama lemborum,
vastantium maritimam oram.    Octoginta erant lembi, auctore Pantaucho missi a Gentio ad Dyrrachinorum et Apolloniatium agros populandos.    Tum classis ad

*     *     *

to eo, tradiderunt se.

XXXI. Deinceps et urbes regionis ejus idem faciebant,
adjuvante inclinationem animorum clementia in omnes et
justitia praetoris Romani.    Ad Scodram inde ventum est, id.
quod belli caput fuerat; non eo solum, quod Gentius eam
sibi ceperat velut regni totius arcem, sed etiam quod Labeatium gentis munitissima longe est et difficilis aditu.
Duo cingunt eam flumine, Clausala latere urbis, quod in
orientem patet, praefluens, Barbana ab regione occidentis,
ex Labeatide palude oriens. hi duo amnes confluentes incidunt Oriundi flumini; quod, ortum [69] ex monte Scodro,
multis et aliis auctum aquis, mari Hadriatico infertur.
Mons Scodrus, longe altissimus regionis ejus, ab oriente
Dardaniam subjectam habet, a meridie Macedoniam, ab
occasu Illyricum.    Quamquam munitum situ naturali oppidum erat, gensque id tota Illyriorum et rex ipse tuebatur,
tamen praetor Romanus, quia prima successerant prospere,
fortunam totius rei principia secuturam esse ratus, et repentinum valiturum terrorem, instructo exercitu ad moenia succedit.    Quod si clausis portis muros portarumque turres,
dispositis armatis, defendissent, vano cum incepto moenibus
pepulissent Romanos. nunc, porta egressi, proelium loco
aequo majore animo commiserunt, quam sustinuerunt.    Pulsi
enim et fuga conglobati, quum ducenti amplius in ipsis
faucibus portae cecidissent, tantum intulerunt terrorem, ut
oratores extemplo ad praetorem mitteret Gentius Teuticum

---

      g *adsumtis* uncinis includit Crev. del. Rup.       h *juventutis* l. *junctis* Ead.
i *Agalsus* Gron. Crev.

      [68] *Ad ea quae habebat auxilia* [*as-*     *ea quae habebat auxilia, Parthinorum*
*sumptis*] *Parthinorum juventutis*] Vox   *junctis duobus millibus peditum.*
*assumptis* adjecta est a Sigonio. Gro-       [69] *Ex monte Scodro*] Hic mons supra
novius potius existimat legendum: *ad*   l. XLIII. c. 20. *Scordus* vocatur.

et Bellum, principes gentis, per quos inducias peteret, ut deliberare de statu rerum suarum posset. Triduo in hoc dato, quum castra Romana quingentos ferme passus ab urbe abessent, navem conscendit, et flumine Barbana navigat in lacum Labeatum, velut secretum locum petens ad consultandum; sed, ut adparuit, falsa spe excitus, Caravantium fratrem, [70] multis millibus armatorum actis [71] ex ea regione, in quam missus erat, adventare. qui postquam evanuit rumor, tertio post die navem eamdem secundo amni Scodram demisit: præmissisque nunciis, ut sibi adpellandi
prætoris potestas fieret, copia facta, in castra venit. Et principium orationis ab accusatione stultitiæ orsus suæ, postremo ad preces lacrimasque effusus, genibus prætoris accidens, in potestatem sese dedit. Primo, bonum animum habere jussus, ad cœnam etiam invitatus, in urbem ad suos rediit, et cum prætore eo die honorifice est epulatus: deinde in custodiam C. Cassio tribuno militum traditus, [72] vix gladiatorio accepto decem talentis ab rege rex, ut in eam fortunam recideret.

XXXII. Anicius, Scodra recepta, nihil prius, quam requisitos Petillium Perpernamque legatos ad se duci, jussit. quibus splendore suo restituto, Perpernam extemplo mittit
ad comprehendendos amicos cognatosque regis: qui, Medeonem, Labeatium gentis urbem, profectus, [73] Etlevam uxorem cum filiis duobus, [74] Scerdilædo [k] Pleuratoque, et Caravantium fratrem Scodram in castra adduxit. Anicius, bello Illyrio [75] intra triginta dies perfecto, nuncium victoriæ Perpernam Romam misit: et post dies paucos Gentium regem ipsum cum parente, conjuge, ac [l] liberis, ac fratre, aliisque principibus Illyriorum. Hoc unum bellum prius perpetratum, quam cœptum, Romæ auditum est. Quibus
diebus, hæc agebantur, Perseus quoque in magno terrore

[k] *Scerdileto* Gron. Crev.        [l] *ac* del. Eæd.

[70] *Multis millibus armatorum actis*] Magis placeret cum Gronovio legere *coactis*.

[71] *Ex ea regione in quam missus erat*] Hæc non videntur intelligenda esse de expeditione Caravantii in Cavios, de qua c. præc. egit Livius. Designatur potius amica aliqua Gentii regio, in quam Caravantius, a Caviis vel reversus, vel revocatus, missus esset a fratre ut copias contraheret. Id fortasse clarius memoraverat Livius in iis quæ interciderunt.

[72] *Vix gladiatorio accepto*] Acceptis decem talentis, quæ pecuniæ summa vix tanta est, quanta dari solet iis qui operam suam arenæ locant. Decem talenta sunt marcæ argenti nostrates 937. unciæ 4.

[73] *Etlevam uxorem*] Supra c. 30. dicitur Gentius uxorem duxisse Etutam Honuni Dardanorum principis filiam. Sed fortasse idem est nomen *Etuta* et *Etleva:* fortasse alterutro in loco vitium est. Nihil quoque vetat credere Etutam aut mortuam, aut repudiatam fuisse.

[74] *Scerdileto*] Liber habuit *Scerdilio*. Sigonius mutavit, quia *Scerdiletus* nomen est Illyriis regulis familiare, ut apparet ex superioribus libris.

[75] *Intra triginta dies*] Appianus in Illyricis habet solummodo *viginti*.

erat, propter adventum simul Æmilii novi consulis, quem U. C. 584.
cum ingentibus minis adventare audiebat, simul Octavii A. C. 168.
prætoris.  <sup>76</sup> Nec minus terroris a classe Romana et periculo
maritimæ oræ habebat.  Thessalonicæ Eumenes et Athenagoras præerant cum parvo præsidio duorum millium cætratorum.  Eo et Androclem præfectum mittit, jussum sub
ipsis navalibus castra habere.  Æniam mille equites cum
Antigono misit ad tutandam maritimam oram : ut, quocunque litore adplicuisse naves hostium audissent, extemplo ferrent agrestibus opem. quinque millia Macedonum
missa ad præsidium <sup>77</sup> Pythii et Petræ, quibus præpositi Ripam Eni-
erant Histiæus, et Theogenes, et Milo.  His profectis, ripam pei munit.
munire Enipei fluminis aggressus est, quia sicco alveo transiri poterat.  <sup>78</sup> Huic ut omnis multitudo vacaret, feminæ, ex
propinquis urbibus coactæ, cibaria in castra adferebant : miles
jussus ex propinquis silvis

•     •     •

XXXIII. *** postremo sequi se <sup>79</sup> utrarios ad mare, Inventa
quod minus trecentos passus aberat, jussit, et in litore alios aqua.
alibi modicis intervallis fodere. montes ingentis altitudinis
spem faciebant, eo magis quia nullos apertos evergerent
rivos, occultos continere latices, quorum venæ in mare permanantes <sup>80</sup> undæ miscerentur.  Vix deducta summa arena
erat, quum scaturigines turbidæ primo et tenues emicare,
dein liquidam multamque fundere aquam, velut Deûm dono,
cœperunt.  Aliquantum ea quoque res duci famæ et auctoritatis apud milites adjecit.  Jussis deinde militibus expedire arma, ipse cum tribunis <sup>81</sup> primisque ordinibus vadit ad
contemplandos transitus ; qua descensus facilis armatis, qua
in ulteriorem ripam minime iniquus adscensus esset.  His
satis exploratis, illa quoque primum, ut ordine ac sine tumultu omnia in agmine ad nutum imperiumque ducis fierent, providit.  Ubi omnibus simul pronunciaretur, <sup>82</sup> quod
fieret, neque omnes exaudirent ; incerto imperio accepto,
alios, <sup>83</sup> ab se adjicientes, plus eo, quod imperatum sit, alios

<sup>76</sup> *Nec minus terroris*] Non hæc ita
accipienda sunt, quasi tertius quidam
terror, præter Æmilii Octaviique adventum, Perseum sollicitare diceretur.
Comparat Livius maritimum terrestrem-
que terrores inter se.
    <sup>77</sup> *Pythii*] Olim *Pythoi.* Correxit
Sigonius, ut supra l. XLII. c. 53.
    <sup>78</sup> *Huic ut omnis multitudo*] Mani-
festum est aliquid deesse.  Lege cum
Mureto: *huic operi ut omnis multitudo.*
    <sup>79</sup> *Utrarios*] Vox rarissima. Intel-

ligendi procul dubio sunt ii qui utribus
aquam in castra deferre solebant.
    <sup>80</sup> * *Undæ miscerentur*] Si sana hæc
sunt, vox *undæ,* sic nude posita, accipienda est pro *undis marinis.*
    <sup>81</sup> *Primis* . . . . *ordinibus*] Primorum
ordinum centurionibus.  Vid. supra l.
XXX. c. 4.
    <sup>82</sup> * *Quod fieret*] Sensus videtur exi-
gere, *quid fieri deberet.*
    <sup>83</sup> * *Ab se adjicientes*] Adjicientes
aliquid ex suo ad ea quæ audierunt.

U. C. 584.
A. C. 168.

minus facere. clamores deinde dissonos oriri omnibus locis,
et prius hostes, quam ipsos, quid paretur, scire. Placere
igitur, tribunum militum [84] primo pilo legionis [85] secretum
edere imperium : illum, et dein singulos, proximo cuique in
ordine centurioni dicere, quid opus facto sit ; sive a primis
signis ad novissimum agmen, sive ab extremis ad primos
perferendum imperium sit. Vigiles etiam novo more scutum
in vigiliam ferre vetuit ; non enim in pugnam vigilem ire, ut
armis utatur, sed ad vigilandum, ut, quum senserit hostium
adventum, recipiat se, excitetque ad arma alios. [86] Scuto
præ se erecto stare galeatos : deinde [m] ubi fessi sint, innixos
pilo, capite super marginem scuti posito, sopitos stare : ut
fulgentibus armis procul [87] conspici ab hoste possint, ipsi nihil
provideant. Stationum quoque morem mutavit. armati
omnes, et frenatis equis equites, diem totum perstabant. id
quum æstivis diebus, urente assiduo sole, fieret, tot horarum
æstu et languore ipsos equosque fessos integri sæpe adorti
hostes, vel pauci plures vexabant. itaque ex matutina statione
ad meridiem decedi, et in postmeridianam succedere alios
jussit : ita numquam fatigatos recens hostis adgredi poterat.

XXXIV. Hæc quum ita fieri placere, concione advocata,
pronunciasset, adjecit urbanæ concioni convenientem orationem. ' Unum imperatorem in exercitu providere et con
' sulere, quid agendum sit, debere, nunc per se, nunc cum
' iis, quos advocaverit in consilium. qui non sint advocati,
' eos nec palam; nec secreto jactare consilia sua. Militem.
' hæc tria curare debere, corpus ut quam validissimum et
' pernicissimum habeat, arma apta, [88] cibum paratum ad.
' subita imperia : cetera scire de se Diis inmortalibus et
' imperatori suo curæ esse. in quo exercitu [89] milites, consul,
' et [n] imperator rumoribus vulgi circumagatur, ibi nihil
' salutare esse. Se quod sit officium imperatoris, provisurum,
' ut bene gerendæ rei occasionem eis præbeat. illos nihil,
' quod futurum sit, quærere : ubi datum signum sit, tum.
' militarem operam navare.' Ab his præceptis concionem

Vigiliæ.

Stationes.

Oratio Æ-
milii ad mi-
lites.

---

[m] dein Gron. Crev.     [n] consul, et 1. consulant, Rup.

[84] Primopilo] Vid. not. 45. ad l. II.
c. 27.
[85] * Secretum] Soli primopilo, seorsum a ceteris.
[86] Scuto præ se erecto] Hæc sunt
incommoda quæ sequuntur ex illo
more quem hactenus tenuerant, ut
scutum et cetera arma in vigiliam ferrent.
[87] Conspici . . . . possint, ipsi nihil
provideant] Secuti sumus emendationem Gronovii, quum prius legeretur
possit et provident.

[88] Cibum paratum] Nihil hic mu-
tandum est. Observari potuit in superioribus libris aliquoties militibus Romanis imperatum, ut cibaria cocta in
certum dierum numerum haberent : ut
l. III. c. 27. et alibi sæpius.
[89] Milites consul et imperator] Hunc
locum egregie emendat doctissimus
idem et ingeniosissimus Perizonius. In
quo exercitu milites consulat, vel miles
consulat, imperator rumoribus vulgi circumagatur, ibi nihil salutare esse.

dimisit; vulgo etiam veteranis fatentibus, se illo primum
die, tamquam tirones, quid agendum esset in re militari,
didicisse. Non sermonibus tantum his, cum quanto adsensu
audissent verba consulis, ostenderunt; sed rerum praesens
effectus erat. Neminem totis mox castris quietum videres : Fervet in
acuere alii gladios : alii galeas [90] bucculasque, scuta alii lori- castris
casque tergere : alii aptare corpori arma, experirique sub his opus.
membrorum agilitatem : quatere alii pila, alii micare gladiis,
[91] mucronemque intueri : ut facile quis cerneret, ubi primum
conserendi manum cum hoste data occasio esset, aut victoria egregia, aut morte memorabili [92] inituros bellum. Perseus quoque quum, adventu consulis simul et veris principio,
strepere omnia moverique apud hostes, velut novo bello,
cerneret, mota a Phila castra in adversa ripa posita, nunc ad
contemplanda opera sua circumire ducem, haud dubie
transitus speculantem,

\* \* \*

norum esse.

XXXV. Quae res Romanis auxit animos, Macedonibus
regique eorum haud mediocrem adtulit terrorem. Et primo
subprimere in occulto famam ejus rei est conatus, missis,
qui Pantauchum inde venientem adpropinquare castris ve-
tarent. [93] sed jam et pueri quidam visi ab suis erant inter
obsides Illyrios ducti: et, [94] quo quaeque adcuratius curantur, eo facilius loquacitate regiorum ministrorum emanant.
Sub idem tempus Rhodii legati in castra venerunt cum iisdem de pace mandatis, quae Romae ingentem iram Patrum
excitavere. Multo iniquioribus animis a castrensi consilio
auditi sunt. Itaque quum alii [95] praecipites sine responso*
agendos castris, pronunciavit, post diem quintumdecimum
se responsum daturum. Interim, ut adpareret, quantum
pacificantium Rhodiorum auctoritas valuisset, consultare

[90] *Bucculae*] Laminas flexiles, quae
pendentes e casside, buccas tegebant.
Neque enim, ut observat Lips. l. III.
de Milit. Rom. Dial. 5. clausae erant,
et vultui appressae antiquorum galeae.
His tantum bucculis genae tegebantur.

[91] *Mucronemque intueri*] Videtur
aliquod latere vitium in verbo *intueri*.

[92] *Inituros bellum*] Muretus legendum existimat *finituros*. Neutrum verbum hic satis congruit.

[93] *Sed jam et pueri quidam*] Nihil
intricatum est in verbis : sed res ipsa
parum clara. Si *obsides Illyrios* intel-
ligas obsides a Perseo regi Gentio datos, et a Pantaucho subductos ne in
Romanorum manus inciderent, pote-

ris sic exponere : Pueri quidam Macedones traditi inter ceteros obsides Gentio, et reducti in Macedoniam a Pantaucho, visi a suis erant, eosque edo-
cuerant, quid in Illyrico gestum esset.

[94] *Quo quaeque accuratius curantur*]
Admodum probabilis est Gronovii conjectura, *celantur*.

[95] *Praecipites sine responso censerent
agendos castris*] Vox *censerent* adjecta
est a Gronovio, qui nihil praeterea aliud
excidisse putat. Dubitamus tamen, an
hoc modo locus persanatus sit. Non
immerito videtur Sigonius suspicari
deesse membrum orationis, quod respondeat τῷ *alii*.

de ratione belli gerendi cœpit. Placebat quibusdam, [96] et
maxime majoribus natu, per Enipei ripam munitionesque vim
facere, ' confertis et vim facientibus resistere Macedonas non
' posse: ex tot castellis aliquanto altioribus ac munitioribus,
' quæ validis præsidiis insedissent, priore anno dejectos.' aliis
placebat, Octavium cum classe 'Thessalonicam petere, et
populatione maritimæ oræ distringere copias regias: ut,
altero ab tergo se ostendente bello, circumactus ad interiorem partem regni tuendam, nudare aliqua parte transitus
Enipei cogeretur. [97] Ipsi natura et operibus inexsuperabilis ripa videbatur: et, præterquam quod tormenta ubique
disposita essent, missilibus etiam melius et certiore ictu
hostes uti audierat. Alio spectabat mens tota ducis: di-
missoque consilio Perrhæbos mercatores, Schœnum et Me-
nophilum, notæ et fidei jam sibi et prudentiæ homines, ar-
cessitos secreto percunctatur, quales ad Perrhæbiam transitus sint. Quum loca non iniqua esse dicerent, [98] præsidiis
autem regis obsideri, spem cepit, si nocte inproviso valida
manu adgressus necopinantes esset, dejici præsidia posse.
' Jacula enim et sagittas et cetera missilia in tenebris, ubi, quid
' petatur, procul [o] provideri nequeat, inutilia esse. gladio comi-
' nus geri rem in permixta turba, quo miles Romanus vincat.'
His ducibus usurus, prætorem Octavium arcessitum, exposito, quid pararet, Heracleum cum classe petere jubet, et
mille hominibus decem dierum cocta cibaria habere. Ipse

P. Scipionem Nasicam, [99] Q. Fabium Maximum filium
suum cum quinque delectis millibus Heracleum mittit, velut
classem conscensuros ad maritimam oram interioris Macedoniæ, quod in consilio agitatum erat, vastandam. Secreto
indicatum, cibaria his præparata ad classem esse, ne quid
eos moraretur. Inde jussi duces itineris ita dividere viam, ut
quarta vigilia tertio die [1] Pythium adoriri possent. Ipse
postero die, ut distineret regem ab circumspectu rerum aliarum, prima luce medio in alveo cum stationibus hostium

prœlium commisit. pugnatumque utrimque est levi armatura: nec gravioribus armis in tam inæquali alveo pugnari
poterat. Descensus ripæ utriusque in alveum trecentorum
ferme passuum erat: medium spatium torrentis, alibi aliter

* *procul* del. Crev.

96 *Et maxime majoribus natu*] Existimamus Livium potius scripsisse mi-
*noribus natu*. Fervidum enim illud
consilium faciendæ sibi viæ per ripam
Enipei munitionesque magis sapit ju-
venilem ardorem, quam senilem prudentiam.
97 *Ipsi*] Æmilio.
98 *Præsidiis autem regis*] Mallemus

*regis*: ut jam alibi annotavimus.
99 * Q. *Fabium Maximum filium
suum*] Nempe is adoptatus fuerat a Q.
Fabio Maximo, atque adeo nomina patris sui adoptivi gerebat.
1 *Pythium*] Templum Apollinis Pythii, et castellum in summo Olympi jugo
positum. Vid. Plut. in Æmilio.

cavati, paullo plus quam mille passus patebat. Ibi in me- U. C. 584
dio, spectantibus utrimque ex vallo castrorum hinc rege, A. C. 168.
hinc consule cum suis legionibus, pugnatum est. Missilibus procul regia auxilia melius pugnabant; cominus stabi-
·lior et tutior, ²aut parma, aut scuto Ligustino, Romanus
·erat. Meridie fere receptui cani suis consul jussit. ita eo
·die diremtum prœlium est, haud paucis utrimque interfec-
·tis. Sole orto postero die, irritatis certamine animis, etiam
·acrius concursum est: sed Romani, non ab his tantum, cum
quibus contractum certamen erat, sed multo magis ab ea
multitudine, quæ disposita in turribus stabat, omni genere
missilium telorum ac saxis maxime·vulnerabantur. Ubi
propius ripam hostium subissent, tormentis missa etiam ad
·ultimos perveniebant. Multo pluribus eo die amissis, consul paullo serius recepit suos. Tertio die prœlio abstinuit,
degressus ad imam partem castrorum, veluti ³per devexum
in mare brachium transitum tentaturus. Perseus, quod in
oculis erat,

* * *

XXXVI. *** anni post circumactum solstitium erat: Æmilii
hora diei jam ad meridiem vergebat: ·iter multo pulvere et cunctatio.
incalescente sole factum erat. lassitudo et sitis jam sentie-
batur, et, meridie instante, magis ⁴accessurum utrumque
·adparebat. Statuit sic adfectos recenti atque integro hosti
·non objicere. Sed tantus ardor in animis ad dimicandum
utrimque erat, consuli non minore arte ad suos elnden-
dos, quam ad hostes, opus esset. Nondum omnibus instructis, instabat tribunis militum, ut maturarent instruere: cir-
·cumibat ipse ordines, animos militum hortando in pugnam
accendebat. Ibi primo alacres signum poscebant. deinde,
·quantum incresceret æstus, et vultus minus vigentes et vo-
·ces segniores erant, et quidam incumbentes scutis, nisique
pilis stabant. Tum jam aperte ⁵primis ordinibus imperat,
metarentur frontem castrorum, et inpedimenta constitue-

---

² *Aut parma, aut scuto Ligustino*]
Hic nempe pugnabant velites Romani,
qui parmam habebant; et Ligures,
qui scutum, sed leve et ex more suæ
·gentis. Testis est Plutarchus in exer-
·citu Æmilii fuisse aliquem numerum
Ligurum.
   ³ *Per devexum in mare brachium*]
An fossam vallumque a Perseo ducta
versus mare, ac proinde a ceteris munimentis longius remota? an brachium
fluminis Enipei in mare devexo alveo
fluens? Si hoc posteriore sensu capias,
indicaverit Livius hic scindere se flumen,

atque adeo, ut fere fit, minus altum et
transitu facilius esse.
   ⁴ *Accessurum utrumque*] Lassitudinem
et sitim. Hic generis mutatio offendit
Gronovium. Sed eodem plane modo
noster supra l. XXX. c. 30. *Tuam et
adolescentiam, et perpetuam ·felicitatem*,
*ferociora utraque, quam quietis opus est
consiliis, metuo.*
   ⁵ * *Primis ordinibus*] Primorum ordinum centurionibus. Testatur Polybius l. VI. lectos centuriones cum tribuno militum castrorum metationis
apud Romanos curam habuisse.

U. C. 584.
A. C. 168.
rent. Quod ubi fieri milites sensere, alii gaudere palam,
quod fessos viæ labore flagrantissimo æstu non coëgisset
pugnare. legati circa imperatorem ducesque externi erant,
inter quos et Attalus, [6] omnes adprobantes, quum pugnaturum
consulem credebant: [7] neque enim ne his cunctationem aperuerat suam. tunc mutatione consilii subita quum alii sile-
rent, Nasica unus ex omnibus ausus est monere consulem,

Nasicæ con-
loquium
cum Paullo.
' [8] Ne hostem quidem ludificatos priores imperatores, fugien-
' do certamen, manibus emittere. Vereri, ne nocte abeat,
' sequendus maximo labore ac periculo in intima Macedoniæ;
' exercitusque, sicut prioribus ducibus, per calles saltusque
' Macedonicorum montium vagando circumagatur. Se mag-
' nopere suadere, dum in campo patenti hostem habeat, ad-
' grediatur, nec oblatam occasionem vincendi amittat.' Consul, nihil offensus libera admonitione tam clari adolescentis,
' Et ego,' inquit, ' animum istum habui, Nasica, quem tu
' nunc habes : et, quem ego nunc habeo, tu habebis. Multis
' belli casibus didici, quando pugnandum, quando abstinen-
' dum pugna sit. [9] Non operæ sit stanti nunc in acie docere,
' quibus de caussis hodie quiesse melius sit. rationes alias re-
' poscito : nunc auctoritate veteris imperatoris contentus
' eris.' Conticuit adolescens ; haud dubie videre aliqua inpedimenta pugnæ consulem, quæ sibi non adparerent.

XXXVII. Paullus, postquam metata castra inpedimentaque conlocata animadvertit, ex postrema acie triarios primos subducit : deinde principes, stantibus in prima acie
hastatis, si quid hostis moveret : postremo hastatos, ab dextro primum cornu singulorum paullatim signorum milites
subtrahens. Ita pedites, equitibus cum levi armatura ante
aciem hosti obpositis, sine tumultu abducti ; nec ante, quam
prima frons valli ac fossa perducta est, ex statione equites
revocati sunt. Rex quoque, quum sine detrectatione paratus
pugnare eo die fuisset, contentus, quod per hostem moram
fuisse pugnæ scirent, et ipse in castra copias reduxit. Castris permunitis, C. Sulpicius Gallus tribunus militum secundæ legionis, qui prætor superiore anno fuerat, consulis per-
Eclipsis
Lunæ præ-
dicta a Sul-
picio.
missu ad concionem militibus vocatis pronunciavit, ' nocte
' proxima, ne quis id pro portento acciperet, ab hora secunda

---

[6] *Omnes approbantes*] Omnes pugnare
cupientes, ac proinde, quum pugnaturum
consulem credebant, approbantes hoc
ejus consilium.

[7] *Neque enim ne his*] Videtur revocanda huc particula *quidem*, quæ infra
alieno loco habetur, *ne hostem quidem*.
Legimus ergo : *neque enim ne his quidem*
*cunctationem aperuerat suam*. Duplicata
hoc loco negatio nihil molestum habet,

si struas hoc modo : *neque enim cunctationem aperuerat suam ulli, ne his quidem*.

[8] *Ne hostem quidem*] Particulam *quidem* rejicimus in superiora, ut in præcedente nota diximus. Cetera Gronovio
auctore sic refingimus : *Ne hostem ludi-
ficatum priores imperatores fugiendo certamen, manibus emitteret*.

[9] *Non operæ sit*] Vid. not. 70. ad 1.
l. c. 24.

U. C. 584.
A. C. 168.

' usque ad quartam horam noctis lunam defecturam esse. Id,
' quia naturali ordine statis temporibus fiat, et sciri ante et præ-
' dici posse. Itaque quemadmodum, [10] quia certi solis lunæque
' et ortus et occasus sint; nunc pleno orbe, [11] nunc senescente
' exiguo cornu fulgere lunam non mirarentur; ita ne obscurari
' quidem, quum condatur umbra terræ, trahere in pródigium
.' debere.' [12] Nocte, quam pridie Nonas Septembres insecuta
est dies, edita hora luna quum defecisset, Romanis militibus
Galli sapientia prope divina videri: Macedonas, ut triste prodigium, occasum regni perniciemque gentis portendens, movit:
nec aliter vates. clamor ululatusque in castris Macedonum
fuit, donec luna in suam lucem emersit. [13] Postero die tantus
utrique ardor exercitui ad concurrendum fuerat, ut et [p] regem
et consulem suorum quidam, quod sine prœlio discessum
esset, accusarent. Regi promta defensio erat, non eo solum,
quod hostis prior, aperte pugnam detrectans, in castra copias
reduxisset; sed etiam, quod eo loco signa constituisset, quo
phalanx, quam inutilem vel mediocris iniquitas loci efficeret,
promoveri non posset. Consul [14] ad id, quod pridie præter-
misisse pugnandi occasionem videbatur, et locum dedisse
hosti, si nocte abire vellet, tunc quoque per speciem inmo-
landi terere videbatur tempus, quum luce prima signum propositum pugnæ ad exeundum in aciem fuisset. Tertia
demum hora, sacrificio rite perpetrato, ad consilium vocavit;
atque ibi, quod rei gerendæ tempus esset, loquendo et intempestive consultando videbatur quibusdam extrahere. post sermones tamen consul orationem habuit.

XXXVIII. ' P. Nasica, egregius adolescens, ex omnibus
' unus, quibus hesterno die pugnari placuit, denudavit mihi
' suum consilium: idem postea, ita ut transisse in sententiam
' meam videri posset, tacuit. Quibusdam aliis absentem carpere
' imperatorem, quam præsentem monere, melius visum est. Et
' tibi, P. Nasica, et quicumque idem, quod tu, occultius sense-

Æmilii ora-
tio de pug-
na dilata.

[p] et del. Gron.

10 * *Quia certi Solis Lunæque et or-*
*tus et occasus sint*] Hæc nobis male
cohærere videntur cum iis quæ sequuntur. Non enim ideo variant Lunæ
phases, quia ejus et Solis certi sunt
ortus et occasus. Melius hæc rejice-
rentur in anteriora, ut sic procederet
Galli argumentatio. Quemadmodum
Lunæ Solisque ortus et occasus, quia
sunt certi, et sciri ante et prædici possunt, ita et defectus Lunæ, qui itidem
naturali ordine statis temporibus fiunt.
Si conjectura nostra bona est, totus
locus sic formari poterit: *Id quia na-*
*turali ordine statis temporibus fiat, ut*
*certi Solis Lunæque et ortus et occasus*

sunt, et sciri ante et prædici posse. Itaque quemadmodum nunc pleno orbe . . .
11 *Nunc senescente*] Lege cum Florebello et Gronovio senescentem.
12 * *Nocte quam pridie Nonas Sep-*
*tembres*] Hic Lunæ defectus, ex As-
tronomorum rationibus, incidit in diem
21. Junii Juliani. Atque id perbene
congruit cum Solstitiali tempore, tes-
tato supra a Livio. † Vid. not. 63. ad
c. 30. supra.
13 * *Postero die*] Refer hæc verba ad
verbum accusarent.
14 *Ad id quod*] Præterquam quod.
Sic locutus est Livius et l. 111. c. 62.

U. C. 584.
A. C. 168.
' runt, non gravabor reddere dilatæ pugnæ rationem. Nam
' tantum abest, ut me hesternæ quietis pœniteat, ut servatum a
' me exercitum eo consilio credam. in qua me opinione esse ne
' quis sine caussa vestrûm credat, recognoscat, agedum, mecum,
' si videtur, quam multa pro hoste et adversus nos fuerint. Jam
' omnium primum, [15] quantum numero nos præstent, neminem
' vestrûm nec ante ignorasse, et hesterno die [16] inplicatam intu-
' entes aciem animadvertisse, certum habeo. Ex hac nostra
' paucitate quarta pars militum præsidio inpedimentis relicta
' erat : nec ignavissimum quemque relinqui ad custodiam sar-
' cinarum scitis. Sed fuerimus omnes. parvum hoc tandem
' esse credimus, quod ex his castris, in quibus hac nocte man-
' simus, exituri in aciem hodierno aut summum crastino die,
' si ita videbitur, Diis bene juvantibus, sumus ? Nihilne inter-
' est, utrum militem, quem neque viæ labor hodie, neque operis
' fatigaverit, requietum, integrum in tentorio suo arma capere
' jubeas, atque [17] in aciem plenum virium, vigentem et corpore
' et animo educas? an longo itinere fatigatum, et onere fessûm,
' madentem sudore, [18] ardentibus siti faucibus, ore atque oculis
' repletis pulvere, [19] torrentem ꝗ meridiano sole, hosti objicias
' recenti, [20] quieto, qui nulla re ante consumtas vires ad prœlium
' adferat ? Quis, pro Deûm fidem ! ita comparatus, vel iners
' atque inbellis, fortissimum virum non vicerit? Quid ? quod
' hostes per summum otium instruxerant aciem, reparaverant
' animos, stabant compositi suis quisque ordinibus ? nobis
' tunc repente trepidandum in acie instruenda erat, et incom-
' positis concurrendum ?'

XXXIX. ' [21] At, Hercule, aciem quidem inconditam inordi-
' natamque habuissemus : castra munita, provisam aquationem,
' tutum ad eam iter præsidiis inpositis, explorata circa omnia ;
' an nihil nostri habentes præter nudum campum, in quo pug-
' naremus ? Majores vestri castra munita portum ad omnes casus

ꝗ torrente Doer.

---

[15] *Quantum numero nos præstent*] Perseus supra l. XLII. c. 51. dicitur habuisse undequadraginta peditum millia,
quatuor equitum. Consuli ex legionibus Romanis et exercitu sociali erant
duodetriginta millia peditum, equitum
duo, ut colligitur ex c. 31. l. XLII. et c.
21. hujus libri. Huc adde non magna
sane Attali et Misagenis auxilia.

[16] *Implicatam intuentes aciem*] Recte
emendat Gronovius *explicatam*.

[17] *In aciem . . . . educas*] Correctio
Sigonii. Antea *in acie*.

[18] *Ardentibus siti faucibus*] Vide an
malis *arentibus*.

[19] *Torrentem meridiano sole*] Legi
jubet Perizonius *torrente*. Potest tamen defendi vulgata lectio Virgiliano
hoc versu, *Per pice torrentes atraque*

voragine ripas. Nam ibi Servius, Æn.
l. IX. v. 105. *torrentes* interpretatur *ardentes*.

[20] *Quieto*] Gronovius existimat hic
quoque scripsisse Livium *requieto*. Est
enim, inquit, aliud *quietus*, aliud *requietus*. Ad illud sufficit præsens quies :
hoc competit illis qui aliquamdiu quiete
usi sunt.

[21] *At hercule aciem*] Objicit sibi
Æmilius : At hercule aciem quidem
inordinatam atque incompositam habuissemus, sed cetera egregie parata, id
est, castra munita, provisam aquationem . . . Tum respondet : itane parati
concurrissemus, an potius nihil nostri
habentes, præter nudum campum, in
quo pugnaremus.

U. C. 584.
A. C. 169.

' exercitus ducebant esse : unde ad pugnam exirent, quo jac-
' tati tempestate pugnæ receptum haberent. ideo, quum mu-
' nimentis ea [22] sepissent, præsidio quoqu valido firmabant ;
' quod, qui castris exutus erat, etiamsi pugnando acie vicisset,
' pro victo haberetur. castra sunt victori receptaculum, victo
' perfugium. Quam multi exercitus, quibus minus prospera
' pugnæ fortuna fuit, intra vallum compulsi, tempore suo, in-
' terdum momento post, eruptione facta, victorem hostem pe-
' pulerunt ? patria altera est militaris hæc sedes, vallumque
' pro moenibus, et tentorium suum cuique militi domus ac
' penates sunt. Sine ulla sede vagi dimicassemus, [23] ut quo
' victores nos reciperemus ? His difficultatibus et inpedimentis
' pugnæ illud obponitur: Quid si hostis hac interposita nocte
' abisset, quantum rursus sequendo eo penitus in ultimam
' Macedoniam exhauriendum laboris erat? Ego autem, neque
' mansurum eum, neque in aciem copias educturum fuisse,
' certum habeo, si cedere hinc statuisset. quanto enim facilius
' abire fuit, quum procul abessemus, quam nunc, quum in
' cervicibus sumus ? Nec falleret nos, nec interdiu nec nocte
' abeundo. Quid autem est nobis optatius, quam ut, quorum
' castra, præalta fluminis ripa tuta, vallo insuper septa ac
' crebris turribus, obpugnare adorti sumus, eos, relictis muni-
' mentis, agmine effuso abeuntes, in patentibus campis ad
' tergo adoriamur? Hæ dilatæ pugnæ ex hesterno die in ho-
' diernum caussæ fuerunt. Pugnare enim et ipsi mihi placet;
' et ideo, quia per Enipeum amnem septa ad hostem via erat,
' alio saltu, dejectis hostium præsidiis, novum iter aperui ;.
' neque prius, quam debellavero, absistam.'

XL. Post hanc orationem silentium fuit, partim traductis in sententiam ejus, partim verentibus nequidquam offendere in eo, quod, utcumque prætermissum, revocari non
posset. [24] Ac ne illo ipso quidem die, aut consule, aut rege,
(rege[r], quod nec fessos, ut pridie, ex via, neque trepidantes
in acie instruenda et vixdum compositos adgressurus erat ;.
consule, quod in novis castris non ligna, non pabulum convectum erat, ad quæ petenda ex propinquis agris magna
pars militum e castris exierat) neutro imperatorum volente,
Fortuna, quæ plus consiliis humanis pollet, contraxit certa-

Certamen-
casu con-
trahitur.

r unam vocem rege uncinis includit Crev.

[22] Sepissent] Legit Gronovius sepsissent. Sed Grammatici a sepio deducunt sepivi et sepsi.

[23] Ut quo victores nos] Sic supra l.
XL. c. 13. ut quibus aliis deinde sacris
contaminatam omni scelere mentem ex-
piarem?

[24] Ac ne illo ipso quidem die aut consule, aut rege, (rege] Posterius illud
rege adjecit Gronovius. Sensus clarus

est : Ac ne illo ipso quidem die aut consule, aut rege .... volente, Fortuna contraxit certamen. Media parenthesis exponit, cur neuter imperatorum vellet
pugnari. Tantum observabit lector, ob
longiorem parenthesin, quæ dividebat
nimium τὰ consule aut rege ab volente,
coactum esse Livium inserere neutro imperatorum. Exempla similia habes l. v.
c. 24. XXXVIII. 55. etc.

men. Flumen erat haud magnum propius hostium castris,
ex quo et Macedones et Romani aquabantur, præsidiis ex
utraque ripa positis, ut id facere tuto possent. Duæ co-
nortes a parte Romanorum erant, Marrucina et Peligna;
duæ turmæ Samnitium equitum, quibus præerat M. Sergius
Silus legatus: et aliud pro castris stativum erat præsidium
sub C. Cluvio legato, tres cohortes, Firmana, Vestina, Cre-
monensis; duæ turmæ equitum, Placentina et Æsernina.
Quum otium ad flumen esset, neutris lacessentibus, [25] hora
circiter quarta jumentum, e manibus curantium elapsum, in
ulteriorem ripam effugit. quod quum per aquam, ferme
genu tenus altam, tres milites sequerentur, Thraces duo id
jumentum ex medio alveo in suam ripam trahentes; altero
eorum occiso, receptoque eo jumento, ad stationem suorum
se recipiebant. Octingentorum Thracum præsidium in hostium ripa erat, ex his pauci primo, ægre passi popularem
in suo conspectu cæsum, ad persequendos interfectores
fluvium transgressi sunt: dein plures, postremo omnes, et
cum præsidio,

\*     \*     \*

prœlium ducit.

XLI. Movebat imperii majestas, gloria viri, ante omnia
ætas, quod major sexaginta annis juvenum munia in parte
præcipua laboris periculique capessebat. Intervallum, quod
[26] inter cætratos et phalanges erat, inplevit legio, atque
aciem hostium interrupit. A tergo cætratis erat, frontem
adversus clipeatos habebat: aglaspides adpellabantur. Secundam legionem L. Albinus consularis ducere adversus
leucaspidem phalangem jussus: ea media acies hostium
fuit. [27] In dextrum cornu, unde circa fluvium commissum
prœlium erat, elephantes inducti, [28] et ala sociorum: et hinc

---

[25] *Hora circiter quarta*] Hunc locum
sic et emendat, et explicat Gronovius:
*Hora circiter nona jumentum e manibus
curantium* hominum de parte Romana
*elapsum* in *ulteriorem ripam effugit*, id
est, fugere inceperat. *Quod quum per
aquam ferme genu tenus altam tres
milites* Romani *sequerentur, Thraces duo*
Macedonicorum auxiliorum *ex medio
alveo in suam ripam traherent; altero
eorum*, id est, Thracum, *occiso, receptoque eo jumento, ad stationem suorum tres*
illi Romani *milites se recipiebant.* Legendum putat *hora nona*, propterea quod
supra dictum est diem extraxisse in consilio consulem, et Plutarchus diserte
scribit pugnam cœptam esse ὥρας ἐν-
νάτης. Confusas scilicet notas fuisse
*IV.* et *IX.* Voces *id jumentum* ablegat,
tanquam scholium inutile. Denique

corrigit *traherent*, quia, si legatur *trahentes*, sua non potest orationi constare
integritas.

[26] *Inter cetratos et phalanges*] Hæc
est primæ editionis et Sigonianarum
lectio: proba illa quidem, quum duæ
\* erant, ut supra memoravimus, in
exercitu Persei phalanges; quæ et mox
a Livio appellantur, Aglaspides nimirum et Leucaspides. † Gronovii edidere *phalangem.*

[27] *In dextrum cornu .... elephantes
inducti*] Elephantes inducti in eam
partem qua dextrum erat cornu Romanorum.

[28] *Et ala sociorum*] Utra? Duæ enim
fuere, ut jam aliquoties monuimus,
dextra et sinistra. Alterutra vox videtur hic excidisse.

primum fuga Macedonum est orta. [29] Nam sicut pleraque U. C. 584.
nova commenta mortalium in verbis vim habent, [30] expe-  A. C. 168.
riendo, quum agi, non, quemadmodum agantur, edisseri,
oportet, sine ullo effectu evanescunt; ita tum elephanti in
acie [31] nomen tantum sine usu fuerunt. Elephantorum inpetum subsecuti sunt socii nominis Latini, pepuleruntque
lævum cornu. In medio secunda legio inmissa dissipavit Fugantur
phalangem. neque ulla evidentior caussa victoriæ fuit, Macedones.
quam quod multa passim proelia erant, quæ fluctuantem
turbarunt primo, deinde disjecerunt phalangem: cujus confertæ et intentis horrentis hastis intolerabiles vires sunt. Si
carptim adgrediendo circumagere [31] inmobilem longitudine
et gravitate hastam. cogas, confusa strue inplicantur: si
vero aut [s] ab latere, aut ab tergo aliquid tumultus increpuit,
ruinæ modo turbantur. sicut tum adversùs catervatim incurrentes Romanos, et interrupta multifariam acie, obviam ire
cogebantur: et Romani, quacumque data intervalla essent,
insinuabant ordines suos. Qui, si universa acie in frontem
adversus instructam phalangem concurrissent, quod Pelignis,
principio pugnæ incaute congressis adversus cætratos, evenit,
induissent se hastis, nec confertam aciem sustinuissent.

XLII. Ceterum sicut peditum passim cædes fiebant, nisi
qui abjectis armis fugerunt; sic equitatus prope integer Equitatus
pugna excessit. Princeps fugæ rex ipse erat. jam a integer fu-
Pydna [33] cum sacris alis equitum Pellam petebat: [34] con-  git.
festim Costocus [t] sequebatur Odrysarumque equitatus. ceteræ
quoque Macedonum alæ integris abibant ordinibus; quia
interjecta peditum acies, cujus cædes victores tenebant [u],

---

[s] *aut* del. Gron. Crev.          [t] *Costocus* l. *eos Cotys* Doer. Rup.          [u] *tenebat*
Crev.

[20] *Nam sicut pleraque*] Ut pleræque
nova inventa mortalium vim habere
videntur, quamdiu verbis tantummodo
jactantur; sed ubi ad rem ventum,
quum oportet agi, non edisseri solum
quomodo iis inventis utamur, sine ullo
effectu evanescunt.... Ceterum tota
hæc periodus quid sibi velit hoc loco,
parum videmus. Nam neque elephantorum usus in prœliis novum tunc
commentum mortalium haberi poterat:
nec videntur nomen sine usu fuisse in
hac pugna. Imo contrarium satis indi-
catur proxime sequentibus verbis: *Elephantorum impetum subsecuti sunt socii
nominis Latini*. Non ægre nobis persuaderi pateremur illam periodum ex
alio aliquo loco huc temere immigrasse.
Certe si eam tollas, nihil desiderabis.

[30] *Experiendo*] Unicus codex habuit
*esplendo*. Emendavit Turnebus.

[31] *Nomen tantum sine usu fuerunt*]

Legebatur in exemplari *fuerant*. Mutavit Sigonius: utrum recte, an perperam, non decernimus, quum totus
hic locus, ut diximus in not. 29. nobis
videatur alienus ab ea in quam insertus
est narratio.

[32] *Immobilem .... hastam*] Hastam, quæ ob longitudinem et gravitatem facile moveri nequit. Hoc ideo
notamus, quia Gronovius legendum
esse censet *hastas*, ut τὸ *immobilem*
referatur ad phalangem. Nos nihil
mutamus.

[33] *Cum Sacris alis*] Vid. not. 28. ad
l. XLII. c. 66. supra.

[34] *Confestim Costocus sequebatur*]
Emendat Jac. Gronovius, *confestim eos
Cotys sequebatur*. Firmant hanc conjecturam quæ sequuntur, *Odrysarumque equitatus*. Nam Cotys rex Odrysarum fuit, ut constat ex c. 51. l. XLII.
supra.

M 2

inmemores fecerat sequendi equites. Diu phalanx a fronte, a lateribus, ab tergo caesa est: postremo, qui ex hostium manibus elapsi erant, inermes ad mare fugientes, quidam aquam etiam ingressi, manus ad eos, qui in classe erant, tendentes, suppliciter vitam orabant: et quum scaphas concurrere undique ab navibus cernerent, ad excipiendos sese venire rati, ut caperent potius, quam occiderent, longius in aquam, quidam etiam natantes, progressi sunt. Sed quum hostiliter e scaphis caederentur, retro, qui poterant, nando repetentes terram, in aliam foediorem pestem incidebant. elephanti enim, ab rectoribus ad litus acti, exeuntes obterebant elidebantque. Facile conveniebat, Romanis numquam

una acie tantum Macedonum interfectum. Caesa enim ad viginti millia hominum sunt: ad sex millia, qui Pydnam ex acie perfugerant, vivi in potestatem pervenerunt: et vagi e fuga quinque millia hominum capta. Ex victoribus ceciderunt non plus centum, et eorum multo major pars Peligni. vulnerati aliquanto plures sunt. Quod si maturius pugnari coeptum esset, ut satis diei victoribus ad persequendum superesset, delectae omnes copiae forent: nunc inminens nox et fugientes texit, et Romanis pigritiem ad sequendum locis ignotis fecit.

XLIII. Perseus ad Piëriam silvam via militari, frequenti agmine equitum et regio comitatu, fugit. Simul in silvam ventum est, ubi plures diversae semitae erant, et nox adpropinquabat: cum perpaucis maxime fidis via divertit[x]. Equites, sine duce relicti, alii alia in civitates suas dilapsi sunt: perpauci inde Pellam celerius, quam ipse Perseus, quia [35] recta expedita via ierant, pervenerunt. Rex ad mediam ferme noctem terrore et variis difficultatibus viae vexatus est. In regia Perseo, qui Pellae praeerat, Euctus regiique pueri praesto erant. contra ea amicorum, qui, alii alio casu servati, ex proelio Pellam venerant, quum saepe arcessiti essent, nemo ad eum venit. tres erant tantum cum eo fugae comites, Evander Cretensis, [36] Neo[y] Boeotius, et Archidamus Aetolus, cum iis, jam metuens, ne, qui venire ad se abnuerent, majus aliquid mox auderent, quarta vigilia profugit. Secuti eum sunt admodum quingenti Cretenses. petebat Amphipolim: sed nocte a Pella exierat, properans ante lucem Axium amnem trajicere, eum finem sequendi, propter difficultatem transitus, fore ratus Romanis.

XLIV. Consulem, quum se in castra victor recepisset, ne sincero gaudio frueretur, cura de minore filio stimulabat.

---

[x] *divertit* Gron. Crev. Rup.　　　　[y] *Neon* Crev.

[35] *Recta expedita via*] Lege potius et fruticetis impeditam. cum Gronovio, *recta et expedita via:* et　　[36] *Neon Boeotius*] Sic edidit Sigonius *expeditam viam* intellige non arboribus ex Plutarcho, pro *Boëtius.*

P. Scipio is erat, Africanus et ipse postea, deleta Karthagine, adpellatus, naturalis consulis Paulli, adoptione Africani nepos. Is, septimumdecimum tunc annum agens, quod ipsum curam augebat, dum effuse sequitur hostes, in partem aliam turba ablatus erat: et, serius quum redisset, tunc demum, recepto sospite filio, victoriæ tantæ gaudium consul sensit. Amphipolim quum jam fama pugnæ pervenisset, concursusque matronarum in templum [37] Dianæ, quam Tauropolon vocant, ad opem exposcendam fieret; Diodorus, qui præerat urbi, metuens, ne Thraces, quorum duo millia in præsidio erant, urbem in tumultu diriperent, ab subornato ab se per fallaciam in tabellarii speciem literas in foro medio accepit. Scriptum in iis erat, ' ad Emathiam classem Romanam ad-
' pulsam esse, agrosque circa vexari. orare præfectos Emathiæ,
' ut præsidium adversus populatores mittat.' His lectis, hortatur Thracas, ' ut ad tuendam Emathiæ oram proficiscantur.
' magnam eos cædem prædamque, palatis passim per agros
' Romanis, facturos. Simul elevat famam adversæ pugnæ:
' quæ si vera foret, alium super alium recentes ex fuga ven-
' turos fuisse.' · Per hanc caussam Thracibus ablegatis, simul transgressos eos Strymonem vidit, portas clausit.

XLV. Tertio die Perseus, quam pugnatum erat, Amphipolim venit. inde oratores cum caduceo ad Paullum misit. Interim Hippias, et Milo, et Pantauchus, principes amicorum regis, Berœam, quo ex acie confugerant, ipsi ad consulem profecti, Romanis dedunt: [38] hoc idem et aliæ deinceps metu perculsæ parabant facere. Consul, nunciis victoriæ Q. Fabio filio et L. Lentulo et Q. Metello cum literis Romam missis, spolia jacentis hostium exercitus peditibus concessit; equitibus prædam circumjecti agri, dum ne amplius duabus noctibus a castris abessent. Ipse propius mare ad Pydnam castra movit. Berœa primum, deinde Thessalonica, et Pella, et deinceps omnis ferme Macedonia intra biduum dedita. Pydnæi, qui proximi erant, nondum miserant legatos: multitudo incondita plurium simul gentium, turbaque, quæ ex acie fuga in unum compulsa erat, consilium et consensum civitatis inpediebat: nec clausæ modo portæ, sed etiam inædificatæ erant. Missi Milo et Pantauchus sub muros ad conloquium Solonis, [39] qui præsidio erat: per eum emittitur militaris turba. oppidum deditum

Marginal notes:
U. C. 584.
A. C. 168.
Anxietas Cos. de filio suo Scipione.

Perseus caduceatores mittit ad Cos.

Tota Macedonia dedita.

[37] *Dianæ quam Tauropolon vocant*] Dianæ hoc cognomen additum volunt, vel quod apud Tauros Scythiæ populum colatur, vel quod gregibus præsit, vel quod eadem sit cum luna, quam tauris vehi fingunt poëtæ.
[38] *Hoc idem et aliæ deinceps metu*

*perculsæ*] Vel intercidit vox *civitates;* vel legendum est *ulii deinceps metu perculsi.* GRONOVIUS.
[39] *Qui præsidio erat*] Magis placeret *præerat,* quod monet Gronovius.

militibus datur diripiendum. Perseus, [40] una tantum spe Bisaltarum auxilii tentata [1], ad quos nequidquam miserat legatos, in concionem processit, Philippum secum filium habens : ut et ipsos Amphipolitanos, et equitum peditumque, qui aut semper secuti, aut fuga eodem delati erant, adhortando [41] animos confirmaret. Sed aliquoties dicere incipientem quum lacrimæ præpedissent; quia ipse dicere nequiit, Evandro Cretensi editis, quæ agi cum multitudine vellet, [42] de templo descendit. Multitudo, sicut ad conspectum regis fletumque tam miserabilem et ipsa ingemuerat lacrimaveratque, ita Evandri orationem adspernabatur : et quidam ausi sunt media ex concione subclamare, ' Abite

' hinc, ne, qui pauci supersumus, propter vos pereamus.' Horum ferocia vocem Evandri clausit. [43] Rex in domum se recepit, pecuniaque et auro argentoque in lembos, qui in Strymone stabant, delatis, et ipse ad flumen descendit. Thraces, navibus se committere non ausi, domos dilapsi, et aliæ militaris generis turbæ : Cretenses spem pecuniæ secuti. et, quoniam in dividendo plus obfensionum, quam gratiæ, erat, [44] quinquaginta talenta iis posita sunt in ripa diripienda. Ab hac direptione quum per tumultum naves conscenderent, lembum unum in ostio amnis multitudine gravatum merse-

runt. Galepsum eo die, postero Samothracam, quam petebant, perveniunt : ad [45] duo millia talentûm pervecta eo dicuntur.

XLVI. Paullus, per omnes deditas civitates dimissis qui præessent, ne qua injuria in nova pace victis fieret, retentisque apud se caduceatoribus regis, P. Nasicam, ignarus fugæ regis, Amphipolim misit cum modica peditum equitumque manu : simul ut Sinticen evastaret, et [46] ad omnes conatus regis [a] inpedimento esset. Inter hæc Meliboea a Cn. Octavio capitur diripiturque : ad Æginium, ad quod obpugnandum Cn. Anicius legatus missus erat, ducenti, eruptione ex oppido facta, amissi sunt, ignaris Ægi-

niensibus debellatum esse. Consul, a Pydna profectus, cum

---

[1] tentati Crev.

[a] regi Gron. Crev.

[40] Una tantum spe Bisaltarum auxilii tentati] Lege cum eodem Gronovio tentata.

[41] Animos eovfirmaret] Gronovianæ editiones, confirmarent. Correximus ex vetustioribus.

[42] De templo descendit] De loco unde populum alloqui mos erat. Loquitur more Romano Livius. Notum est. Rostra templum fuisse, id est, locum auguriis consecratum. Vid. supra l. VIII. c. 14.

[43] Rex in domum] Gaudet Livius

præfigere præpositiones iis nominibus quæ ex vulgatiore usu eas repudiant. Exempla passim occurrunt.

[44] Quinquaginta talenta] Marcæ argenti nostrates 4687. unciæ 4.

[45] Duo millia talentûm] Marcæ sunt argenti 187500.

[46] Ad omnes conatus regi impedimento esset] In vetustioribus quibusdam editionibus legitur regis. Sed ea lectio quam Gronovianæ expressere, nobis elegantior videtur.

toto exercitu die altero Pellam pervenit : et, quum castra U. C. 584.<br>
mille passus inde posuisset, per aliquot dies ibi stativa habuit, A. C. 168.<br>
situm urbis undique adspiciens ; quam non sine caussa
delectam esse regiam advertit. Sita est in tumulo, vergente
in occidentem ·hibernum. cingunt paludes inexsuperabilis
altitudinis æstate et hieme, quas restagnantes faciunt lacus.
In ipsa palude, qua proxima urbi est, [47] velut insula eminet,
aggeri operis ingentis inposita : [48] qui et murum sustineat,
et humore circumfusæ paludis nihil lædatur. Muro urbis
conjuncta procul videtur. divisa est [49] intermurali amni, et
eadem ponte juncta : ut nec, obpugnante externo, [50] aditum
ab ulla parte habeat ; nec, si quem ibi rex includat, ullum
nisi per facillimæ custodiæ pontem effugium. Et gaza regia
in eo loco erat : sed tum nihil præter [51] trecenta tálenta,
quæ missa Gentio regi, deinde retenta fuerant, inventum est.
Per quos dies ad Pellam stativa fuerunt, legationes frequentes, quæ ad gratulandum convenerant, maxime ex Thessalia,
auditæ sunt. Nuncio deinde accepto, Persea Samothracam
trajecisse, profectus a Pella consul quartis castris Amphipolim pervenit. Effusa omnis obvia [b] turba cuivis indicio erat, Deinde<br>
[52] non bono ac justo rege orba. [c] Amphipo-<br>
lim.

*      *

[b] *obviam* Crev.          [c] *ob ra* Gron.

[47] *Velut insula eminet*] Inserit Gronovius vocem *arx* hoc modo : *velut insula eminet (arx) aggeri operis ingentis
imposita.* Atque hoc quidem clarius
est. dubitamus tamen, an ita dederit
Livius. *Insula* intelligitur interdum
corpus quoddam ædificiorum inter se
cohærentium, a reliquis ædificiis divisum per vicos quibus undique cingitur.
Quidni igitur hoc fere sensu noster hic
insulam sumpserit, quum præsertim doceat se de ædificio loqui, non de nudo
solo, dum adjicit insulam aggeri impo-
sitam esse ? Judicet lector.

[48] *Qui et murum sustineat*] Qui agger
et murum arcis, sive insulam eo modo
sumptæ quo exposuimus, *sustineat, et
humore circumfusæ paludis nihil lædatur.*
Ceterum non facile intelligimus, qui

minus agger læderetur ab aqua, quam
saxea murorum moles. Videretur potius dicendum agger illo et sustineri
murum, et defendi ne humore circumfusa paludis lædatur. Ad eum sensum
optaremus ut facile refingi possent Livii
verba.

[49] *Intermurali*] Vox rarissima : cujus sensus esse videtur, inter duplicem
murum fluente, murum urbis et murum
arcis.

[50] *Aditum . . . habeat*] Ullum habeat locum per quem adiri possit.

[51] *Trecenta talenta*] Marcas argenti
28125.

[52] *Non bono ac justo rege orbatos*] La-
ceræ hujus loci reliquiæ offerunt *ob ra.*
Inde per trajectionem duarum litterarum effecimus *orba-tos.*

# EPITOME LIBRI XLV.

---

*PERSEUS ab Æmilio Paullo in Samothrace captus est. Quum Antiochus, Syriæ rex, Ptolemæum et Cleopatram. Ægypti reges, obsideret, et missis ad eum a senatu legatis, qui juberent, ab obsidione socii regis absisteret, editisque mandatis consideraturum se ille, quid faciendum esset, respondisset; unus ex legatis Popillius virga regem circumscripsit:* [1] *jussitque, antequam circulo excederet, responsum daret. qua asperitate effecit, ut Antiochus bellum omitteret. Legationes gratulantium populorum ac regum in senatum admissæ. Rhodiorum quia eo bello contra populum Romanum faverant, exclusa. postero die, quum de eo quæreretur, ut iis bellum indiceretur, caussam in senatu patriæ suæ legati egerunt. nec tamquam hostes, nec tamquam socii dimissi.* [2] *Macedonia in provinciæ formam redacta est. Æmilius Paullus, repugnantibus militibus ejus propter minorem prædam, et contradicente Ser. Sulpicio Galba, triumphavit: et Persen cum tribus filiis ante currum duxit. cujus triumphi lætitia ne solida ei contingeret, duorum filiorum funeribus insignita est: quorum alterius mors patris triumphum præcessit, alterius secuta est. Lustrum conditum est a censoribus. Censa sunt civium capita trecenta duodecim millia, octingenta quinque. Prusias, Bithyniæ rex, Romam, ut senatui gratularetur ob victoriam ex Macedonia partam, venit; et Nicomedem filium senatui commendavit. Rex, plenus adulationis, libertum se populi Romani dicebat.*

---

[1] *Jussitque . . . . responsum daret*] Mallemus cum Gronovio *dare.*

[2] *Macedonia in provinciæ formam redacta*] Non tunc, sed post devictum Pseudophilippum. GRONOVIUS. Quæ in provinciæ formam redactæ erant regiones, in eas magistratus Romanus quotannis cum imperio mittebatur, qui eas regeret. At nihil tale a Paulo de Macedonia decretum est. Infra c. 29. liberi jubentur esse Macedones, utentes legibus suis, creantes annuos magistratus.

# T. LIVII PATAVINI

## LIBER XLV.

---

U. C. 584.
A. C. 168.
Fama de
victoria Ma-
cedonica.

VICTORIÆ nuncii, Q. Fabius et L. Lentulus et Q. Metellus, quanta potuit adhiberi festinatio, celeriter Romam
quum venissent, præcerptam tamen ejus rei lætitiam invenerunt. Quarto post die, quam cum rege est pugnatum,
quum in circo ludi fierent, murmur repente populi totâ
spectacula pervasit; ' pugnatum in Macedonia, et devictum
regem esse.' Dein fremitus increbruit: postremo clamor
plaususque, velut certo nuncio victoriæ adlato, est exortus.
Mirari magistratus, et quærere auctorem repentinæ lætitiæ:
qui postquam nullus erat, [1] evanuit quidem tamquam incertæ rei gaudium; omen tamen lætum insidebat animis.
Quod postquam veris nunciis Fabii Lentulique et Metelli
adventu firmatum est, quum victoria ipsa, tum augurio animorum suorum, lætabantur. Et aliter traditur circensis
turbæ non minus similis veri lætitia. [2] Ante diem decimum
Kalendas Octobres, ludorum Romanorum secundo die, C.
Licinio consuli, ad quadrigas mittendas [3] escendenti, tabellarius, qui se ex Macedonia venire diceret, [4] laureatas literas dicitur: quadrigis missis, consul currum conscendit: et,
quum per circum reveheretur [4] ad foros publicos, laureatas
tabellas populo ostendit. Quibus conspectis, repente inme-
mor spectaculi populus in medium decurrit. eo senatum consul vocavit, recitatisque tabellis, ex auctoritate Patrum pro
foris publicis denunciavit populo: ' L. Æmilium collegam
' signis conlatis cum rege Perseo pugnasse. Macedonum
' exercitum cæsum fusumque. Regem cum paucis fugisse.
' civitates omnes Macedoniæ in ditionem populi Romani ve-
' nisse.' His auditis, clamor cum ingenti plausu ortus:

---

[1] *Evanuit . . . tanquam incertæ rei
gaudium*] Sic recte Sigonius. Vetus
codex habuit *tanquam certæ*.

[2] *Ante diem decimum Kal. Octobres*]
Imo *decimum quintum*. Is enim tertius
decimus dies erat ab eo quo in Macedonia pugnatum est, ut infra observatur.
At pridie Nonas Septembres pugnatum
fuerat: (supra, l. XLIV. c. 37.) Tertius
decimus autem dies a pridie Nonas Septembres erat tunc a. d. XV. Kal. Octobres. Mensis enim September viginti

et novem dierum erat ex ordinatione
Numæ, quam tunc sequebantur Romani.

[3] *Escendenti*] In currum, ut nempe
e foris publicis, ubi sedebat, ad carceres
iret, atque inde signum quadrigis daret.
Ceterum unicum exemplar præferebat
*exscendenti*, unde pronum est efficere
*escendenti*, quod placuit Turnebo et
Gronovio.

[4] *Ad foros publicos*] Vid. not. 91. ad
l. XXIX. c. 37.

U. C. 584. .
A. C. 168.

ludis relictis, domus [a] magna pars hominum ad conjuges, liberosque lætum nuncium portabant. Tertius decimus dies erat, ab eo, quo in Macedonia pugnatum est.

II. Postero die senatus in curia habitus, supplicationesque decretæ, et senatusconsultum factum est, ut consul, [5] quos, præter milites sociosque navales, conjuratos haberet, dimitteret. de militibus sociisque navalibus dimittendis referretur, quum legati ab L. Æmilio consule, a quibus præmissus tabellarius esset,[*]. Ante diem sextum Kalendas Octobres, hora fere secunda, legati [6] urbem ingressi sunt, ingentem secum obcurrentium, quæcumque ibant, prosequentiumque trahentes turbam, in forum ad tribunal perrexerunt. Senatus fore in curia erat: eo legatos consul introduxit. Ibi tantum temporis [7] retenti, dum exponerent, ' quantæ regiæ copiæ peditum ' equitumque fuissent, quot millia ex his cæsa, quot capta ' forent; quam paucorum militum jactura tanta hostium ' strages facta; quam cum paucis rex fugisset: existimari ' Samothraciam petiturum, paratam classem ad persequen- ' dum esse: neque terra, neque mari elabi posse:' eadem hæc paullo post in concionem traducti exposuerunt: renovataque lætitia, quum consul edixisset, ' ut omnes ædes ' sacræ aperirentur,' pro se quisque ex concione ad gratias agendas ire Diis; ingentique turba, non virorum modo, sed etiam feminarum, [8] conferta tota urbe Deorum inmortalium templa. Senatus, revocatus in curiam, supplicationes, ob rem egregie gestam ab L. Æmilio consule, in quinque dies circa omnia pulvinaria decrevit, hostiisque majoribus sacrificari jussit. Naves, quæ in Tiberi paratæ instructæque stabant, ut, si rex posset resistere, in Macedoniam mitterentur, subduci, et in navalibus conlocari: socios navales, dato annuo stipendio, dimitti, et cum his omnes, qui in

*Marginal notes:* Legati Æmilii. Supplicationes.

[a] domos Crev.

[5] Quos, præter milites .. conjuratos haberet] Conjuratos videmur intelligere debere eos qui illud tantum jusjurandum dederant, de quo Livius mentionem fecit l. XXII. c. 38. his verbis: ipsi inter se equites .... pedites conjurabant sese fugæ atque formidinis ergo non abituros, neque ex ordine recessuros, etc. Illi, quum hic distinguantur a militibus, existimandi sunt nondum adacti fuisse solenni illo militiæ sacramento, jussu consulum conventuros, neque injussu abituros: quo qui obligati erant, ii demum justi milites censebantur. Itaque infra hoc ipso capite dimissi dicuntur post adventum legatorum, quotquot in consule verba juraverant, id est, ii a quibus solenne sacramentum militiæ exactum fuerat, sive milites. Apparet quidem ex memorato supra Livii loco

milites, quum illud alterum jusjurandum sua voluntate jurarent, id tantum fecisse postquam essent in decurias aut centurias distributi, ac proinde post solenne sacramentum, ut colligi potest ex Polybii libro VI. Sed suspicari possumus, imo debemus ex hoc loco, ordinem mutatum esse postquam illo jurejurando a tribunis adigi cœpti sunt, et eos qui lecti a tribunis in legionem erant, statim illud jusjurandum dedisse, unde dicerentur conjurati.

[6] Urbem ingressi sunt .. ad tribunal perrexerunt] Dele verbum sunt.

[7] Retenti .... exposuerunt] In hoc demum verbo, post interposita legatorum dicta in senatu, quiescit oratio.

[8] Conferta .... deorum immortalium templa] Supple erant.

U. C. 584.<br>A. C. 168. consulis verba juraverant: et quod militum Corcyræ, Brundisii, ad mare superum, aut in agro Larinati esset, (omnibus
his locis dispositus exercitus fuerat, cum quo, si res posceret,
C. Licinius collegæ ferret opem) hos omnes milites dimitti
placuit. ⁹ Supplicatio pro concione populi indicta est, ¹⁰ ex
ante diem quintum Idus Octobres cum eo die in quinque
dies.

III. Ex Illyrico duo legati, C. Licinius Nerva et P. Decius,
nunciarunt, ' exercitum Illyriorum cæsum: Gentium regem
' captum, in ditione populi Romani et Illyricum esse.' Ob
eas res, gestas ductu auspicioque L. Anicii prætoris, senatus
in triduum supplicationes decrevit, ¹¹ ut Latinæ edictæ a consule sunt in ante quartum et tertium et pridie Idus Novem-
Legati Rho-<br>dii ludibrio<br>habiti. bres. ¹² Tradidere quidam, legatos Rhodios, ¹³ nondum
missos, post victoriam nunciatam, velut ad ludibrium stolidæ
superbiæ, in senatum vocatos esse. Ibi Agesipolim ᵇ principem eorum ita locutum: ' Missos esse legatos ab Rhodiis ad
' pacem inter Romanos et Persea faciendam; quod id bellum
' grave-atque incommodum Græciæ omni, sumtuosum ac
' damnosum ipsis Romanis esset. Fortunam perbene fecisse,
' quando, finito aliter bello, gratulandi sibi de victoria egregia
' Romanis opportunitatem dedisset.' Hæc ab Rhodio dicta.
Responsum ab senatu esse, ' ¹⁴ Rhodios nec utilitatium Græ-
' ciæ, neque cura inpensarum populi Romani, sed pro Perseo
' legationem eam misisse. Nam, si ea fuisset cura, quæ
' simularetur, tum mittendos legatos fuisse, quum Perseus,
' ¹⁵ in Thessaliam ᶜ exercitu inducto, per biennium Græcas
' urbes, alias obsiderét, alias denunciatione armorum terreret.
' Tum nullam pacis ab Rhodiis mentionem factam. ¹⁶ Post-
' quam superatos saltus transgressosque in Macedoniam Ro-
' manos audirent, et inclusum teneri Persea, tunc Rhodios
' legationem misisse, non ad ullam aliam rem, quam ad Per-
' sea ex inminenti periculo eripiendum.' cum hoc responso
legatos dimissos.

IV. Per eosdem dies et M. Marcellus, ex provincia His-

---

ᵇ *Agepolim* Rup.        ᶜ *Thessalia* Gron.

---

⁹ *Supplicatio pro concione populi*]
Scribe *populo:* ut is casus regatur a
verbo *indicta est,* non a nomine *concio.*
Ita enim dicebant simpliciter *pro concione.* Sic l. VII. c. 10. *Dictator . . . .
miris pro concivns eam pugnam laudibus
tulit.*

¹⁰ *Ex ante diem quintum*] Vetus
lectio fuit *ex ante ad quintum.* Correxit Sigonius.

¹¹ *Ut Latinæ edictæ . . sunt*] Vel
dele duas priores voces, vel earum loco
lege cum Jac. Gronovio *et statim.*

¹² *Tradidere quidam*] Polybium in-

telligit: quem vid. legat. 88.

¹³ *Nondum missos*] Lege cum Gronovio *nondum admissos.*

¹⁴ *Rhodios nec utilitatum Græciæ, neque cura impensarum*] Præpostera col-
locatio verborum. Magis placeret *nec
utilitatum Græciæ, neque impensarum
populi Romani cura.*

¹⁵ *In Thessaliam*] In Gronovianis
editionibus mendose legitur *in Thessalia.*

¹⁶ *Postquam . . . . audirent*] Recte
monet Gronovius legendum *audierint.*

pania decedens, Marcolica nobili urbe capta, [17] decem pondo
auri, et argenti [18] ad summam sestertii decies in aerarium
retulit.    Paullus Æmilius consul, quum castra, ut supra
dictum est, ad Siras terræ Odomanticæ haberet, [19] quum
literas ab rege Perseo per ignobiles tres legatos cerneret, et
ipsæ inlacrimasse dicitur sorti humanæ: quod, qui paullo
ante, non contentus regno Macedoniæ, Dardanos Illyriosque
obpugnasset, [20] Bastarnarum excivisset auxilia, is tum, amisso
exercitu, extorris regno, in parvam insulam compulsus, supplex, fani religione, non viribus suis, tutus esset.   Sed postquam, [21] ' Regem Persea consuli Paullo salutem,' legit; miserationem omnem stultitia ignorantis fortunam suam exemit.
Itaque quamquam in reliqua parte literarum minime regiæ
preces erant, tamen sine responso ac sine literis ea legatio
dimissa est.    Sensit Perseus, cujus nominis obliviscendum
victo esset: itaquæ alteræ literæ cum privati nominis titulo
missæ, et petiere, et impetravere, ut aliqui ad eum mitterentur, cum quibus loqui de statu et conditione suæ fortunæ
posset.    Missi sunt tres legati, P. Lentulus, A. Postumius
Albinus, A. Antonius.    Nihil ea legatione perfectum est,
Perseo regium nomen omni vi amplectente, Paullo, ut se
suaque omnia in fidem et clementiam populi Romani permitteret, contendente.

V. Dum hæc aguntur, classis Cn. Octavii Samothracam
est adpulsa.  Is quoque, præsenti admoto terrore, modo minis, modo spe perlicere, ut se traderet, quum conaretur; adjuvit in hoc eum res, seu casu contracta, seu consilio.  L.
Atilius inlustris adolescens, quûm in concione esse populum
Samothracum animum advertisset, a magistratibus petiit, ut
sibi paucis adloquendi populi potestatem facerent.  Permisso,
' Utrum nos, hospites Samothraces, vere accepimus, an falso,
' [22] sacram hanc insulam, et augusti totam atque inviolati soli
' esse?'   Quum creditæ sanctitati adsentirentur omnes, 'Cur
' igitur,' inquit, [23] ' pollutam homicida sanguine regis Eumenis

[17] *Decem pondo auri*] Marcas nostrates 15. uncias 5.

[18] *Ad summam sestertii decies*] Ad
mille sestertia, seu, quod idem est, sestertios decies centies millenos : id est,
marcas nostrates argenti 3906. uncias 2.
Ceterum hic prima editio habet *sestertium*.   Mutavit Gronovius.

[19] *Quum litteras ab rege Perseo*] Subjicit Muretus *missas*: quæ vox necessaria videtur, vel *allatas*.

[20] *Bastarnarum excivisset auxilia*] Prima editio *civisset*: vulgatæ *scripsisset*.
Gronovius edidit *excivisset*: quod perplacet.

[21] *Regem Persea consuli Paullo salutem*] Supple *dicere*.   Ceterum melius
videretur ipsa salutatoria epistolæ verba
referri : *Rex Perseus consuli Paullo salutem*.

[22] *Sacram hanc insulam*] De diis
Samothracum et eorum religionibus
egerunt multi, sed vix quidquam clari
aut certi attulerunt. *Hoc constat,
illas religiones pro sanctissimis toto
Orbe habitas esse.  † Vid. Diodor. l. v.
Strab. l. x. Dion. Halic. l. i.

[23] *Pollutam homicida sanguine regis Eumenis violavit*] Lege cum Gronovio sine ulla cunctatione *pollutus*.

U. C. 584.
A. C. 168.

Evander
Cretensis
evocatur ad
caussam di-
cendam a
Samothra-
cibus.

' violavit? et, [24] quum omnis præfatio sacrorum eos, quibus
' non sint puræ manus, sacris arceat, vos penetralia vestra con-
' taminari cruento latronis corpore sinetis?' Nobilis fama
erat, apud omnes Græciæ civitates, Eumenis regis per Evandrum Delphis prope perpetrata cædes. Itaque, præterquam
quod in potestate Romanorum sese insulamque totam et templum cernebant esse, ne inmerito quidem ea sibi exprobrari
rati, Theondam, qui summus magistratus apud eos erat, (regem ipsi adpellant) ad Persea mittunt, qui nunciaret, 'Argui
' cædis Evandrum Cretensem. esse autem judicia apud sese
' more majorum comparata de iis, qui incestas manus intulisse
' intra terminos sacratos templi dicantur. Si confideret Evan-
' der, innoxium se rei capitalis argui, veniret ad caussam di-
' cendam: si committere se judicio non auderet, liberaret
' religione templum, ac sibimet ipse consuleret.' Perseus,
evocato Evandro, 'judicium subeundi nullo pacto auctor esse:
' nec caussa, nec gratia parem fore.' Suberat et ille metus,
ne damnatus auctorem se nefandi facinoris [25] protraheret[d].
[26] ' reliqui quid esset, nisi ut fortiter moriatur?' Nihil palam
abnuere Evander: sed quum, veneno se malle mori, quam
ferro, dixisset; occulte fugam parabat. quod quum renunciatum regi esset, metuens, ne, tamquam a se subtracto pœnæ
reo, iram Samothracum in se converteret, interfici Evandrum
jussit. Qua perpetrata temere cæde, subiit extemplo animum,
in se nimirum receptam labem, quæ Evandri fuisset: ab illo
Delphis vulneratum Eumenem, ab se Samothracæ Evandrum
occisum. ita duo sanctissima in terris templa, se uno auctore,
sanguine humano violata. Hujus rei crimen, conrupto pecunia Theonda, avertitur, ut renunciaret populo, Evandrum
sibi ipsum mortem conscisse[e].

Occiditur a
Perseo.

Persei amici
transfu-
giunt.

VI. Ceterum tanto facinore in unicum relictum amicum,
ab ipso per tot casus expertum, proditumque, quia non prodiderat, omnium ab se abalienavit animos. Pro se quisque
transire ad Romanos: fugæque consilium capere solum
prope relictum coëgerunt: Oroandemque Cretensem, cui
nota Thraciæ ora erat, quia mercaturas in ea regione fecerat, adpellat, ut se sublatum in lembum ad Cotym devehe-
ret. Demetrium est portus in promontorio quodam Samo-

Rex fugam
molitur.

[d] verba Suberat et ille m. ne d. a. se n. f. protraheret signis parentheseos
inclus. Rup. [e] conscivisse Gron. Crev.

Dure enim admodum diceretur homicida violare ejus quem interfecit sanguine, locum in quem confugit.
[24] Quum omnis præfatio sacrorum]
Quum verba solennia quibus utuntur
sacerdotes antequam sacra peragantur,
arceant sacris eos quibus puræ non sunt
manus. Intelligit illud solenne car-

men, et notum omnibus, quo sacris arcebantur non ii tantum qui aliquo scelere manus polluissent, sed profani omnes, id est, ii qui sacris initiati non erant.
[25] Protraheret] Indicaret. Vid. supra
l. XLIV. c. 26.
[26] Reliqui quid esset] Imo esse, ut
monet Gronovius.

thracæ: ibi lembus stabat. Sub occasum solis deferuntur,
quæ ad usum necessaria erant: defertur et pecunia, quanta
clam deferri poterat. Rex ipse nocte media, cum tribus
eonsciis fugæ, per posticum ædium in propinquam cubiculo
hortum, atque inde, maceriam ægre transgressus, ad mare
pervenit. Oroandes jam tum, [27] dum ᶠ pecunia deferretur,
primis tenebris solverat navem, ac per altum Cretam petebat. Postquam in portu navis non inventa est, vagatus
Perseus aliquamdiu in litore, postremo timens lucem jam
adpropinquantem, in hospitium redire non ausus, in latere
templi prope angulum obscurum delituit. Pueri regii apud
Macedonas vocabantur principum liberi, ad ministerium
electi regis: ea cohors, persecuta ᵍ regem fugientem, ne
tum quidem abscedebat, donec jussu Cn. Octavii pronunciatum est per præconem, 'Regios pueros Macedonasque Regii pueri
' alios, qui Samothracæ essent, si transirent ad Romanos, transeunt
' incolumitatem, libertatemque et sua omnia servaturos, quæ ad Roma-<br>nos.
' aut secum haberent, aut in Macedonia reliquissent.' Ad
hanc vocem transitio omnium facta est, nominaque dabant
ad C. Postumium tribunum militum. Liberos quoque parvos
regios Ion Thessalonicensis Octavio tradidit: nec quisquam,
præter Philippum, maximum natu e filiis, cum rege relictus. Tradit se
Tum sese filiumque Octavio tradidit; fortunam Deosque, rex.
[28] quorum in templo erant, nulla ope supplicem juvantes, accusans. In prætoriam navem inponi jussus: eodem et pecunia, quæ superfuit, delata est: exemploque classis Amphipolim repetit. Inde Octavius regem in castra ad consulem
misit, præmissis literis, ut in potestate eum esse et adduci Adducitur
sciret. ad Æmi-<br>lium.

VII. Secundam eam Paullus, sicut erat, victoriam ratus,
victimas cecidit eo nuncio; et, consilio advocato, literas
prætoris quum recitasset, Q. Ælium Tuberonem obviam
regi misit: ceteros manere in prætorio frequentes jussit.
Non alias ad ullum spectaculum tanta multitudo obcurrit.
Patrum ætate Syphax rex captus in castra Romana adductus erat: præterquam quod nec sua, nec gentis fama com-
parandus, [29] tunc quoque accessio Punici belli fuerat, sicut Gentius Macedonici. Perseus caput belli erat: nec
ipsius tantum, [30] patris avique, quos sanguine ac genere

---

ᶠ *dum* l. *cum* Doer.     ᵍ *prosecuta* Gron. Crev.

[27] *Dum pecunia deferretur*] Imo,
postquam pecunia delata est. * Ipso
temporis puncto, quo delatam ad se
pecuniam acceperat.

[28] *Quorum in templo erant*] Vetus
codex caruit præpositione. Unde legendum putat Gronovius, *quorum templum erat.*

[29] *Tunc quoque accessio Punici belli*

*fuerat*] Recte delet Gronovius verbum
*fuerat*, tanquam otiosum indocti inter-
pretis additamentum.

[30] *Patris avique, quos sanguine ac
genere contingebat*] Mirum vero, si cog-
natione attingeret patrem et avum.
Videtur aliquid intercidisse. Legi possit, *Patris avique, et ceterorum regum
quos sanguine ac genere contingebat.*

contingebat, fama conspectum eum efficiebat, sed effulgebant Philippus ac Magnus Alexander, qui summum imperium in orbe terrarum Macedonum fecerant. [31] Pullo amictus illo [h] Perseus ingressus est castra, [32] nullo suorum alio
comite, qui socius calamitatis miserabiliorem eum faceret.
progredi præ turba obcurrentium ad spectaculum non poterat, [33] donec consul lictores misisset, qui submovendo iter
ad prætorium facerent. Consurrexit consul, et, jussis sedere aliis, progressusque paullum, introëunti regi dextram
porrexit. submittentemque se ad pedes sustulit : nec adtin-
gere genua passus, introductum in tabernaculum adversus
advocatos in consilium considere jussit.

VIII. Prima percontatio fuit, ' qua subactus injuria contra
' populum Romanum bellum tam infesto animo suscepisset; quo

Cos. eum
adloquitur.

' se regnumque suum ad ultimum discrimen adduceret?' Quum,
responsum exspectantibus cunctis, terram intuens, diu tacitus
fleret, rursum consul: ' Si juvenis regnum accepisses, minus
' equidem mirarer, ignorasse te, quam gravis aut amicus, aut
' inimicus esset populus Romanus. nunc vero, quum et bello
' patris tui, quod nobiscum gessit, interfuisses, et pacis post-
' ea, quam cum summa fide adversus eum coluimus, meminis-
' ses, quod consilium, quorum et vim bello, et fidem in pace
' expertus esses, cum iis tibi bellum esse, quam pacem, malle ?'
Nec interrogatus, nec accusatus quum responderet; ' Utcum-
' que tamen hæc, sive errore humano, seu casu, seu necessi-
' tate inciderunt, bonum animum habe : multorum regum, po-
' pulorum casibus cognita populi Romani clementia non modo
' spem tibi, sed [34] prope certam fiduciam salutis, præbet.' Hæc
Græco sermone Perseo : Latine deinde suis, ' Exemplum in-
' signe cernitis,' inquit, ' mutationis rerum humanarum. Vobis
' hoc præcipue dico, juvenes, ideo in secundis rebus nihil in
' quemquam superbe ac violenter consulere decet, nec præsenti
' credere fortunæ; quum, quid vesper ferat, incertum sit. Is

[h] *ille* Rup.

[31] *Pullo amictus illo Perseus*] De-
pravatum hunc locum varii variis conjecturis tentarunt. Nihil probabilius,
quam quod suggerit Gronovius, qui
vocem *illo* corruptam esse putat ex
*filio*, et præterea male trajectam fuisse
in vetere exemplari. Legit ergo : *Pullo
amictus Perseus ingressus est castra;
filio, nullo suorum alio comite.*

[32] *Nullo suorum alio comite, qui
socius calamitatis*] Nimirum solus cum
filio minorem misericordiam fletumque
movebat videntibus, quam si grex circa
eum plangeret amicorum, luctumque
incenderet : quod ipsi contigit postea,
quum in triumpho Æmilii duceretur.
Hoc ideo notavimus, quia Dujatius

hunc locum sanum non esse suspicatus
est.

[33] *Donec consul lictores misisset*] Gronovio magis placet *misit*.

[34] *Prope certam fiduciam salutis*]
Hæc jactat consul verbo tenus, ne non
misero aliquid tamen vel vani solatii
præbeat. Qualem enim salutem Romani præstiterunt Perseo? quo ultra
eorum superbia et crudelitas excedere
poterat, quam ut traducerent eum per
civium ora, ac deinde in custodiam
conjicerent ? Si hanc Paulli orationem
Livius finxit, sane desiderare videmur
scriptoris judicium : si Paullus vere
habuit, consulis fidem.

U. C. 584.
A. C. 168.

' demum vir erit, cujus animum nec prospera flatu suo efferet,
' nec adversa infringet.' Consilio dimisso, tuendi cura regis
Q. Ælio mandatur. Eo die et invitatus ad consulem Perseus, et alius omnis ei honos habitus est, qui haberi in tali
fortuna poterat.

IX. Exercitus deinde in hiberna dimissus est. maximam *Regni Ma-*
partem copiarum Amphipolis, reliquas propinquæ urbes *cedonici fi-*
acceperunt. Hic finis belli, quum quadriennium continuum *nis.*
bellatûm esset, inter Romanos ac Persea fuit: idemque finis
incliti [35] per Europæ plerumque atque Asiam omnem regni.
[36] Vicesimum ab Carano, qui primus regnavit, Persea numerabant. Perseus, Q. Fulvio, L. Manlio consulibus, regnum accepit: a senatu rex est adpellatus, M. Junio, A.
Manlio consulibus: regnavit undecim annos. Macedonum
obscura admodum fama usque ad Philippum Amyntæ filium
fuit: inde ac per eum crescere quum cœpisset, Europæ se
tamen finibus continuit, Græciam omnem et [1] partem Thraciæ atque Illyrici amplexa. Superfudit deinde se in Asiam:
et tredecim annis, quibus Alexander regnavit, primum omnia, qua Persarum prope inmenso spatio imperium fuerat,
suæ ditionis fecit. Arabas hinc Indiamque, [37] qua terrarum
ultimus finis Rubrum mare amplectitur, peragravit. tum
maximum in terris Macedonum regnum nomenque; inde
morte Alexandri distractum in multa regna, dum ad se
quisque opes rapiunt, [38] lacerantes viribus: a summo culmine fortunæ ad ultimum finem centum quinquaginta annos
stetit.

X. Victoriæ Romanæ fama quum pervasisset in Asiam,
Antenor, qui cum classe lemborum ad Phanas stabat, Cassandriam inde trajecit. C. Popillius, qui ad Delum præsidio navibus Macedoniam petentibus erat, postquam debellatum in Macedonia, et statione submotos hostium lembos
audivit, dimissis et ipse Atticis navibus, ad susceptam legationem peragendam navigare Ægyptum pergit: ut prius
obcurrere Antiocho posset, quam ad Alexandreæ mœnia
accederet. Quum præterveherentur Asiam legati, et Lory-
ma venissent, qui portus viginti paullo amplius millia ab
Rhodo abest, ex adverso urbi ipsi positus; principes Rho- *Rhodum in-*
*vitantur le-*
*gati Roma-*
[1] *et l. ac* Gron. Crev. *norum ad*
*Antiochum.*

[35] *Per Europæ plerumque*] Per majorem Europæ partem. *Plerumque Eu-*
*ropæ* dixit Livius, ut Sallustius in Jugurtha *plerumque noctis.* SIGONIUS.

[36] *Vicesimum ab Carano*] Numerus haud dubie mendosus. Justinus,
l. XXXIII. c. 2. triginta Macedoniæ
reges numerat: Eusebius in Chronico,
novem et triginta.

[37] *Qua terrarum ultimus finis*] Imo,
ut recte vidit Gronovius, *qua terrarum*
*ultimos fines Rubrum mare amplectitur.*
Rubri maris nomine intelligi a Livio
mare Indicum jam monuimus ad l.
XLII. c. 52.

[38] *Lacerantes viribus*] Lege cum
Gronovio, *laceratis viribus.*

U. C. 584. 'diorum obcurrunt (jam enim eo quoque victoriæ fama perlata
A. C. 168. erat) orantes, ' ut Rhodum deveherentur. pertinere id ad
' famam salutemque civitatis, noscere ipsos omnia, quæ acta
' essent, agerenturque Rhodi, et comperta per se, non vul-
' gata fama, Romam referre.' Diu negantes perpulerunt, ut
moram navigationis brevem pro salute sociæ urbis paterentur.
Postquam Rhodum ventum est, in concionem quoque eos
iidem precibus pertraxerunt. Adventus legatorum auxit
Popillii as- potius timorem civitati, quam minuit : omnia enim Popil-
peritas. lius, quæ singuli universique eo bello hostiliter dixerant,
fecerantque, retulit. et, vir asper ingenio, augebat atrocita-
tem eorum, quæ dicerentur, vultu truci et accusatoria voce :
ut, quum propriæ simultatis nulla caussa cum civitate esset,
ex unius senatoris Romani acerbitate, qualis in se universi
Decimii senatus animus esset, conjectarent. C. Decimii moderatior
moderatio. oratio fuit, qui, ' in plerisque eorum, quæ commemorata a
' Popillio essent, culpam non penes populum, sed penes pauces
' concitores vulgi esse,' dixit. ' eos, venalem linguam habentes,
' decreta plena regiæ adsentationis fecisse : et eas legationes
' misisse, quarum Rhodios semper non minus puderet, quam
' pœniteret. Quæ omnia, [39] si tamen populo foret, in capita
' noxiorum versura.' Cum magno adsensu auditus est, non
magis eo, quod multitudinis noxam elevabat, quam quod
culpam in auctores verterat. Itaque quum principes eorum
Romanis responderent, nequaquam tamen tam grata oratio
eorum fuit, qui, quæ Popillius objecerat, diluere utcumque
conati sunt ; quam eorum, qui Decimio in auctoribus ad
Damnati piaculum noxæ objiciendis adsensi sunt. Decretum igitur
qui Perseo extemplo, ut, qui pro Perseo adversus Romanos dixisse
faverant. quid, aut fecisse, convincerentur, capitis condemnarentur.
Excesserunt urbe [40] sub adventu Romanorum quidam, alii
mortem sibi consciverunt. Legati, non ultra quam quinque dies Rhodi morati, Alexandream proficiscuntur. Nec
eo segnius judicia ex decreto coram his facto Rhodi exercebantur : quam perseverantiam in exsequenda re Decimii
lenitas *.

Res Ægyp- XI. Quum hæc gererentur, Antiochus frustra tentatis
ti. mœnibus Alexandreæ abscesserat : ceteraque Ægypto potitus, relicto Memphi majore Ptolemæo, cui regnum quæri
suis viribus simulabat, ut victorem mox adgrederetur, in
Syriam exercitum abduxit. Nec hujus voluntatis ejus ignarus Ptolemæus, dum conterritum obsidionis metu minorem
fratrem haberet, posse se recipi Alexundreæ, et sorore ad-

[39] Si tamen populo foret] Probabilis      sos excusat.
est conjectura Jac. Gronovii : si ea      [40] Sub adventu] Sic et Florus, l. III.
mens populo (Rhodio) foret. Qualem      c. 6. sub ipso hostis recessu.
nempe descripserat Decimius, dum ip-

juvante, et non repugnantibus fratris amicis, ratus; primum U.C. 584. ad sororem, deinde ad fratrem amicosque ejus, non prius A. C. 168. destitit mittere, quam pacem cum iis confirmaret. Suspectum Antiochum effecerat, quod, cetera Ægypto sibi tradita, Pelusii validum [41] relictum erat præsidium. adparebat, claustra Ægypti teneri, [42] ut, quum vellet, rursus exercitum induceret : bello intestino cum fratre eum exitum fore, ut victor, fessus certamine, nequaquam par Antiocho futurus esset. Hæc, prudenter animadversa a majore, cum adsensu minor frater, quique cum eo erant, acceperunt: soror plurimum adjuvit, non consilio modo, sed etiam precibus. Itaque, consentientibus cunctis pace facta, Alexandream recipitur, ne multitudine quidem adversante: quæ in bello, non per obsidionem modo, sed etiam postquam a mœnibus abscessum est, quia nihil ex Ægypto subvehebatur, omnium rerum adtenuata inopia erat. His quum lætari Antiochum conveniens esset, si reducendi ejus caussa exercitum Ægyptum induxisset, quo specioso titulo ad omnes Asiæ et Græciæ civitates, legationibus recipiendis literisque dimittendis, usus erat, adeo est obfensus, ut multo acrius infestiusque adversus duos, quam ante adversus unum, pararet bellum. Cyprum extemplo classem misit : ipse, primo vere cum exercitu Ægyptum petens, in Cœlen Syriam processit. Circa Rhinocolura Ptolemæi legatis agentibus gratias, quod per eum regnum patrium recepisset, petentibusque, ut suum munus tueretur, et diceret potius, quid fieri vellet, quam, hostis ex socio factus, vi atque armis ageret, respondit; ' Non aliter neque ' classem revocaturum, neque exercitum reducturum, nisi ' sibi et tota Cypro, et Pelusio, agroque, qui circa Pelusiacum ostium Nili esset, cederet :' diemque præstituit, intra quam [43] de conditionibus peractis responsum acciperet.

XII. Postquam dies data induciis præteriit, * [44] navigantibus ostio Nili ad Pelusium [k], per deserta Arabiæ * ad Memphim incolebant, et ab ceteris Ægyptiis, partim voluntate, partim metu, ad Alexandream modicis itineribus descendit. [45] Ad Leusinem transgresso flumen, qui locus

[k] [ipse] per Crev.

[41] Relictum erat præsidium] Commodius reliquerat. GRONOVIUS.

[42] Ut, quum velit, rursus exercitum induceret] Legit Gronovius, quum vellet.

[43] De conditionibus peractis] Vox peractis videtur esse mendosa. Fortasse scripserat Livius delatis.

[44] Navigantibus ostio Nili] Præter classem Syriacam, quæ Cyprum supra missa dicitur, et infra a legatis Romanis dimissa e Cypro memoratur, suspicamur Antiochum apud se retinuisse aliquas maritimas copias, ut simul terra, simul mari Ægyptum aggrederetur. Eæ hic navigasse intelliguntur per ostium Nili ad Pelusium, dum ipse Antiochus terrestri exercitu per deserta Arabiæ Ægyptum petit.

[45] Ad Leusinem] Emenda cum Turnebo et Valesio ad Eleusinem. Eleusis vicus fuit ad fossam Canopicam cujus

U. C. 584.
A. C. 168.
Obcurrunt
Antiocho
legati Rom.

Popillius
virga cir-
cumscribit
regem.

Licinii Cos.
res gestæ.

quatuor millia ab Alexandrea abest, legati Romani obcurrerunt. quos quum advenientes salutasset, dextramque Popillio
porrigeret ; tabellas ei Popillius scriptum habentes tradit,
atque omnium primum id legere jubet : "quibus perlectis,
quum se consideraturum, adhibitis amicis, quid faciendum
sibi esset, dixisset ; Popillius, pro cetera asperitate animi,
virga, quam in manu gerebat, circumscripsit regem : ac,
' Priusquam hoc circulo excedas,' inquit, ' redde responsum,
' senatui quod referam.' Obstupefactus tam violento imperio
parumper quum hæsitasset, ' Faciam,' inquit, ' quod censet
senatus.' Tum demum Popillius dextram regi, tamquam
socio atque amico, porrexit. Die deinde finita quum excessisset Ægypto Antiochus, legati, concordia etiam auctoritate
sua inter fratres firmata, [47] inter quos vixdum convenerat,
pars[1] Cyprum navigant : et inde, quæ jam vicerat prœlio
Ægyptias naves, classem Antiochi dimittunt. Clara ea per
gentes legatio fuit, quod haud dubie ademta Antiocho
Ægyptus habenti jam, redditumque patrium regnum stirpi
Ptolemæi fuerat. Consulum ejus anni, sicut alterius clarus
consulatus insigni victoria, ita alterius obscura fama, quia
materiam res gerendi non habuit. Jam primum quum legionibus ad conveniendum diem dixit, non auspicato [48] templum intravit. vitio diem dictam esse augures, quum ad eos
relatum est, decreverunt. Profectus in Galliam circa Macros
campos ad montes Siciminam et Papinum stativa habuit :
deinde circa eadem loca cum sociis nominis Latini hibernabat : legiones Romanæ, quod vitio dies exercitui ad conveniendum dicta erat, Romæ manserant. Et prætores, præter
C. Papirium Carbonem, cui Sardinia evenerat, in provincias
iere. eum jus dicere Romæ ([49] nam eam quoque sortem habebat) inter cives et peregrinos Patres censuerant.

XIII. [50] Et m Popillius et ea legatio, quæ missa ad Antio-

[1] convenerat par, Rup.                                    m Et l. Ut Gron.

mentionem faciunt Suidas· in voce
Καλλίμαχος, et Strabo, l. XVII. et
Athenæus, l. XIII.
[46] Quibus perlectis] Hoc debetur Sigonio. Antea perfectis.
[47] Inter quos vixdum convenerat, pars
Cyprum navigant] Feliciter corrigit
hunc locum Perizonius in hunc modum:
inter quos vixdum convenerat par, Cyprum navigant. Hujus emendationis
necessitas probatur tum ex eo quod non
memoret Livius, quid effecerit pars
altera legationis, quæ tamen universa
trium hominum erat, tum ex eo quod
Polybius, legat. 92. iisdem hominibus,
nempe τοῖς περὶ Ποπίλλιον, adscribat
ea omnia quæ sive in Ægypto, sive in

Cypro gesta sunt. Jam vero ut ostendat
quam facilis lapsus fuerit librariis, idem
Perizonius observat sæpe in antiquis
monumentis scriptum reperiri pars.
[48] Templum intravit] Templum hic
intelligimus locum auguriis conseeratum,
unde diem dici ad conveniendum exercitui mos esset, ut scilicet initia rei gerendæ
sub deorum numine sumerentur.
[49] Nam eam quoque sortem habebat]
Nimirum intelligendum est, misso adversus Gentium Anicio, cujus ea sors
fuerat, ad Carbonem sortem ejus translatam fuisse.
[50] Et Popillius, et ea legatio] Legit Gronovius, ut Popillius. Nobis
magis placeret delere in iis quæ se-

chum erat, Romam rediit;[n] retulit, controversias inter reges U. C. 584,
sublatas esse, exercitumque ex Ægypto in Syriam reduc- A. C. 168.
tum. Post ipsorum regum legati venerunt: Antiochi legati,
referentes, ' Omni victoria potiorem pacem regi, quæ senatui Legati An-
' placuisset, visam: eumque haud secus, quam Deorum im- tiochi.
' perio, legatorum Romanorum [51]jussis[o] paruisse.' Gratulati
deinde victoriam sunt, ' [52] ad quam summa ope, si quid im-
' peratum foret, adfuturum regem fuisse.' [53]Ptolemæi legati, Ptolemæi.
communi nomine regis et Cleopatræ, gratias egerunt, ' Plus
' eos senatui populoque Romano, quam parentibus suis, plus,
' quam Diis inmortalibus, debere : per quos obsidione miser-
' rima liberati essent, regnum patrium prope amissum rece-
' pissent.' Responsum ab senatu est: ' Antiochum recte at-
' que ordine fecisse, quod legatis paruisset, gratumque id esse
' senatui populoque Romano.' Regibus Ægypti Ptolemæo
Cleopatræque : ' si quid per se boni commodique evenisset,
' id magnopere senatum lætari : daturumque operam, ut
' regni sui maximum semper præsidium positum esse in fide
' populi Romani ducant.' Munera legatis ut ex instituto mittenda curaret, C. Papirio prætori mandatum. [54] Literæ
deinde Macedonia adlatæ, quæ victoriæ lætitiam geminarent:
' Persea regem in potestatem consulis venisse.' Dimissis legatis, disceptatum inter Pisanos Lunensesque legatos : Pi-
sanis querentibus, agro se a colonis Romanis pelli ; Lunensibus
adfirmantibus, eum, de quo agatur, a triumviris agrum sibi
adsignatum esse. Senatus, qui de finibus cognoscerent sta-
tuerentque, quinqueviros misit, Q. Fabium Buteonem, P. Cornelium Blasionem, T.[p] Sempronium Muscam, L. Nævium Bal-
'bum, C. Appuleium Saturninum. Et ab Eumene et ab Attalo
et ab Athenæo fratribus, communis legatio de victoria gratulatum venit. Et Masgabæ, regis Masinissæ filio, Puteolis navem Masgaba
Masinissæ
F.

---

quuntur verbum *rediit*, quod plane
superfluum est. Quid enim desideres
in hac oratione? *Et Popillius, et ea
legatio quæ missa ad Antiochum erat,
Romam retulit, controversias inter reges sublatas esse.* Primum illud *Et*
non respondet sequenti, sed connectit
hanc periodum cum præcedente. *Popillius et ea legatio* sunt οἱ περὶ Ποπίλλιον, ipso annotante Gronovio : quemadmodum l. III. c. 25. *Virginius et tribuni ;* et l. xxx. c. 12. *misso Syphace
et captivis.*

[51] *Jussis paruisse*] Sic prima editio
et Sigonius. Gronovianæ editiones,
*jussu* mendose.

[52] *Ad quam summa ope*] Bene adjecit
Sigonius *summa.*

[53] *Ptolemæi legati*] Ptolemæi mi-

noris. Is enim solus auxilium implo-
raverat Romanorum, et propter eum
missa legatio a Romanis fuerat. Vid.
supra l. xLiv. c 19. Ideo in iis quæ
sequuntur scribit Livius *communi nomine regis et Cleopatræ,* non *regum :*
et rursus infra, *Regibus Ægypti Ptolemæo
Cleopatræque,* non *Ptolemæis.* Itaque
nihil hic mutandum.

[54] *Litteræ deinde Macedonia allatæ*]
Videtur excidisse vocula *e,* ut scripserit Livius, *Litteræ deinde e Macedonia.* Gronovius firmare nititur vulgatam scripturam exemplo consimili e
Justin. l. xii. c. 1. Sed in illo Justini
loco variant et scripti et editi : nec
ullum proinde ex eo argumentum peti
potest.

egresso, præsto fuit, obviam missus cum pecunia, L. Manlius quæstor, qui Romam eum publico sumtu perduceret. Advenienti extemplo senatus datus est. Is adolescens ita locutus est, ut, quæ rebus grata·erant, gratiora verbis faceret. Commemoravit, ' quot pedites equitesque, quot elephantos, quan-
' tum frumenti eo quadriennio [55] pater suus in Macedoniam
' misisset[q]. Sed duas res ei rubori fuisse : unam, quod rogasset
' eum per legatos senatus, quæ ad bellum opus essent, et non
' imperasset : alteram,·quod pecuniam ei pro frumento mis-
' isset. Masinissam meminisse, regnum a populo Romano
' partum auctumque et multiplicatum habere : usu regni con-
' tentum scire, dominium et jus eorum, qui dederint, esse.
' Sumere itaque eosdem, non se rogare, æquum esse, [56]neque
' emere ea, ex fructibus agri ab se dati[r] quæ ibi proveniant.
' Id Masinissæ satis esse, et fore; quod populo Romano super-
' esset. Cum iis mandatis a patre profectum postea conse-
' cutos equites, qui devictam Macedoniam nunciarent, [57]gra-
' tulatumque senatui juberent indicare, tantæ eam rem læti-
' tiæ patri suo esse, ut Romam venire velit, Jovique optimo
' maximo in Capitolio sacrificare, et grates agere : id, nisi
' molestum sit, ut ei permittatur, ab senatu petere.'

XIV. Responsum regulo est : ' Facere patrem ejus Masinis-
' sam, quod virum gratum bonumque facere deceat, ut pretium
' honoremque [58]debito beneficio addat. Et populum Roma-
' num·ab eo, bello Punico, forti fidelique opera adjutum ; et
' illum, favente populo Romano, regnum adeptum ; [59]æquitate

[q] misit Crev.'          [r] post dati non post ea distinct. pos. Gron. Crev.

[55] Pater suus . . . . misit] Lege cum Gronovio misisset.

[56] Neque emere ea ex fructibus agri ab se dati, quæ ibi proveniant] Inficeta verbositas. Ea quæ ibi proveniunt nihil aliud sonant, quam fructus agri. Deleamus ergo illas voces, tanquam nugatorium interpretamentum ab oscitante librario temere additum. Fortasse dederat Livius : nec quicquam emere ex fructibus agri ab se dati. Id Masinissæ satis esse et fore . . .

[57] Gratulatumque senatui juberent indicare] Et juberent se, postquam gratulatus esset senatui, indicare.

[58] Debito beneficio] Beneficio in se Romanorum, quod ipsi debebatur ob constantem in rempublicam fidem. Elevat comiter suum beneficium senatus, fatendo debitum fuisse Masinissæ, quidquid illi præsitum a populo Romano fuerat. Gronovius suspectum habuit hunc locum, legique posse censuit, ut pretium honoremque verborum beneficio addat. Quæ conjectura primo

blanditur. Sed tamen is dicitur honorem verborum beneficio addere, qui beneficio a·se collato verba addit honorifica. At hic non agitur de beneficio Masinissæ in Romanos, sed Romanorum in Masinissam. Neque enim credimus fastum Romanæ magnitudinis sivisse eos agnoscere beneficium in se a rege quamvis potentissimo collatum : et præterea in iis quæ præcedunt dicitur Masinissa id facere quod virum gratum deceat. Viri autem grati est extollere beneficium acceptum, non a se datum.

[59] Æquitate sua] Hæc nobis non sapiunt Livii manum. Æquitati non est hic locus. Inclinat animus, ut credamus scripsisse nostrum : et illum favente populo Romano regnum · adeptum, ac virtute sua. Postea trium regum bellis, etc. Sic fere in oratione Rhodiorum infra c. 23. Si quæ vestra nunc est fortuna deûm benignitate, ac virtute vestra. Et sæpe alias. Præterea hæc nobis consentanea videntur reliquæ orationi, quæ tota in eo est, ut

U. C. 584.
A. C. 168.

'sua postea trium regum bellis deinceps omnibus functum
'officiis. Victoria vero populi Romani lætari eum regem mi-
'rum non esse, qui sortem omnem fortunæ regnique sui cum
'rebus* Romanis inmiscuisset. Grates Diis pro populi Ro-
'mani victoria apud suos penates ageret; Romæ filium pro
'eo acturum. Gratulatum quoque satis suo ac patris nomine
'esse. Ipsum relinquere regnum, et Africa excedere, præ-
'terquam quod illi inutile esset, non esse e republica populi
'Romani, senatum censere.' Petenti Masgabæ, ut ⁶⁰ Hanno
Hamilcaris filius obses ᵗ in locum * ᵘ exigeret. Munera ex
senatusconsulto emere regulo quæstor jussus ex ⁶¹ centum
pondo argenti, et prosequi eum Puteolos, omnemque sumtum,
quoad in Italia esset, præbere, et duas naves conducere, quibus ⁶² ipse comitesque regis in Africam deveherentur: et comitibus omnibus, liberis servisque, vestimenta data. Haud
ita multo post de altero Masinissæ filio Misagene literæ ad- Misagenæ,
latæ sunt, 'missum eum ab L. Paullo post devictum Persea alter filius
'in Africam cum equitibus suis; navigantem, dispersa classe Masinissæ.
'in Hadriatico mari, Brundisium tribus navibus ægrum dela-
'tum.' Ad eum cum iisdem muneribus, quæ data Romæ
fratri ejus erant, L. Stertinius quæstor Brundisium missus:
jussusque curare, ut ædes hospi-

*        *

XV. *** in quatuor urbanas tribus descripti erant libertini, præter eos, ⁶³ quibus filius quinquenni major ex senatusconsulto esset. Eos, ubi proximo lustro censi essent,
⁶⁴ censeri jusserunt: et eos, qui prædium prædiave rustica

---

eam Masinissæ gratulatione et modestia certet comitate et laudibus.

⁶⁰ Hanno Amilcaris filius hospes in
locum exigeret] Nemo non videt mutilum esse hunc locum. Sigonius pro
hospes legit obses. Cetera hoc modo
supplet: Petenti Masgabæ, ut Hanno
Amilcaris filius obses [alterius cujus-
dam] in locum [Romanis a Pœnis mitteretur, respondit senatus haud æquum
videri, ut obsides a Carthaginiensibus
arbitrio Masinissæ] exigeret. Sed quum
nihil omnino afferat Sigonius, quo hæc
conjectura nitatur, nec ullo modo probabilius sit hæc voluisse Livium; quam
quidlibet aliud, quod cuivis in mentem
venire posset, religioni duximus incertum prorsus additamentum in contextum admittere: locumque mancum relinquere maluimus.

⁶¹ Centum pondo argenti] Marcis
nostratibus 156. unciis 2.

⁶² Ipse comitesque regis] Lege cum
Gronovio comitesque ejus. Etiamsi enim

Masgaba, ut Masinissæ regis filius, rex
et ipse dici potuisset, at vox ipse postulat ejus.

⁶³ Quibus filius quinquenni major
ex S. C. esset] Inepte hic inseruntur
hæ voces ex senatusconsulto. Vel re-
jice eas in anteriora, ex senatusconsulto
descripti erant libertini; vel iis quæ
sequuntur adjunge, censeri ex senatusconsulto jusserunt.

⁶⁴ Censeri jusserunt] Hæc et ea quæ
sequuntur intelligimus de censoribus
C. Flaminio, et L. Æmilio, non de
censoribus, qui hoc anno in magistratu
erant: duabus maxime adducti rationibus: una, quod omnes omnino libertini in tribum Esquilinam a Graccho
conjecti videntur. Perpende verba Liviana, in quam omnes qui servitutem
servissent, conjicerent: et rursus: in
ea Ti. Gracchus' pronunciavit libertinos omnes censeri placere. Deinde hæ
locutiones jus factum est, et hoc quum
ita servatum esset, non videntur accipi

U. C. 584.
A. C. 168.

pluris [65] sestertiûm triginta millium haberent, [66] censendi jus factum est. Hoc quum ita servatum esset, negabat Claudius, ' suffragii lationem injussu populi censorem cuiquam homini, ' nedum ordini universo, adimere posse. Neque enim, si ' tribu movere posset, quod sit nihil aliud, quam mutare ju- ' bere tribum, ideo omnibus quinque et triginta tribubus ' emovere posse; id est, civitatem libertatemque eripere ; ' non, ubi censeatur, finire, sed censu excludere.' Hæc inter ipsos disceptata : postremo eo descensum est, ut ex quatuor urbanis tribubus unam palam in atrio Libertatis sortirentur, in quam omnes, qui servitutem servissent, conjicerent. Esquilinæ sors exiit : in ea Ti. Gracchus pronunciavit, libertinos omnes censeri placere. Magno ea res honori censoribus apud senatum fuit. gratiæ actæ et Sempronio, qui in bene cœpto perseverasset; et Claudio, qui non inpedisset. Plures, quam a superioribus, et [67] senatu emoti sunt, et equos vendere jussi. omnes iidem ab utroque et [68] tribu remoti, et ærarii facti : nequi ullius, quem alter notaret, ab altero levata ignominia. Petentibus, ut ex instituto ad sarta tecta exigenda, et ad opera, quæ locassent, probanda, [69] anni et bimensis tempus prorogaretur, Cn. Tremellius tribunus, quia lectus non erat in senatum, intercessit. Eodem anno C. Cicereius ædem in

*In Esquili-*
*nam tribum*
*conjecti li-*
*bertini.*

*Censura se-*
*vere gesta.*

---

posse de decreto quod modo latum esset, sed de more jam per aliquantum temporis servato.

[65] *Sestertiûm triginta millium*] Marearum argenti nostratium 117. semunciarum 3.

[66] *Censendi jus factum est*] Credimus hic aliquid excidisse, et sensum vix aliter constare posse, quam si legamus, *in tribubus rusticis censendi jus factum est.* Nam L. Æmilio, C. Flaminio censoribus, non agebatur utrum censerentur libertini, sed ubi censerentur. Bene autem ii in tribus rusticas admittuntur, qui prædia rustica haberent. Potest venire in mentem, non contemnendas fuisse divitias illas temporibus sestertiûm triginta millia in prædiis rusticis, quum aliquot annis post Cn. Scipionis filiæ dos e publico constituta sit, teste Valer. Max. L IV. c. 4. quadraginta millium æris gravis, id est, sedecim millium sestertiûm. Sed facile respondebimus hanc ipsam fuisse censorum mentem, ut in tribus rusticas non admitterentur, nisi ditissimi quique ex libertinis. Porro quidquid hic afferimus, id non pro certo affirmare in animo est, sed, in rebus perobscuris, tanquam non omnino improbabile lectori expendendum permittere.

[67] *Senatu emoti sunt*] Magis place_ ret *senatu moti sunt.* Sic enim solet loqui Livius. Ceterum hæc jam memoraverat Livius, l. XLIII. capp. 15. et 16. Sed hic supplet ea quæ illic omiserat.

[68] *Tribu remoti*] Solennis et propria locutio est, *tribu moti.*

[69] *Anni et bimensis*] Hoc nobis valde suspectum est. Primo enim dubitamus an *bimensis* vox proba sit, cu_ jus nullum aliud exemplum reperimus. Deinde illud spatium anni et duorum mensium nec cum legitimo censuræ spatio congruit, nec videmus ad quid referri possit. Credimus Livium dedisse *anni et VI. mensium:* quod quum hoc modo scriptum esset, primo littera *V* in *B* ob affinitatem soni mutata est : unde aliquis librarius quum reperiret *bimensium*, existimavit se facturum esse operæ pretium, si corrigeret *bimensis.* Igitur quum censores intra anni et sex mensium spatium, quo cen_ sura finiebatur, non potuissent et sarta tecta exigere, et opera quæ locassent probare, postulabant, ut exacto magistratu prorogaretur sibi tempus, non quo totam censuræ vim tenerent, sed cum potestate essent ad hæc quæ super_ erant perficienda.

monte Albano dedicavit quinquennio post, quam vovit.
Flamen Martialis inauguratus est eo anno L. Postumius
Albinus.

XVI. Q. Ælio, M. Junio consulibus de provinciis refe-
rentibus, censuere Patres, duas provincias Hispaniam rursus
fieri, quæ una per bellum Macedonicum fuerat : et Macedoniam Illyricumque eosdem, L. Paullum et L. Anicium,
obtinere, donec de sententia legatorum et res bello turbatas,
[70] et statum alium ejus regni formando composuissent.
Consulibus Pisæ et Gallia decretæ [71] cum binis legionibus
peditum, et equitum quadringentenis.    Prætorum sortes
fuere, Q. Cassii urbana, M. Juventii [x] Thalnæ inter peregrinos, Ti. Claudii Neronis Sicilia, Cn. Fulvii Hispania
citerior, C. Licinii Nervæ ulterior.    A. Manlio Torquato
Sardinia obvenerat. nequiit ire in provinciam, ad res capitales quærendas ex senatusconsulto retentus.    De prodigiis
deinde nunciatis senatus est consultus.    Ædes Deorum
Penatium in Velia de cœlo tacta erat : et in oppido Miner-
vio duæ portæ et muri aliquantum.   Anagniæ terra pluerat;
et Lanuvii fax in cœlo visa erat; et [72] Calatiæ in publico
agro M. Valerius civis Romanus nunciabat e foco suo sanguinem per triduum et duas noctes manasse.    Ob id maxime
decemviri libros adire jussi, supplicationem in diem unum
populo edixerunt, et quinquaginta capris in foro sacrifica-
runt. et aliorum prodigiorum caussa diem alterum supplicatio circa omnia pulvinaria fuit, et hostiis majoribus sacrificatum est, et [73] urbs lustrata.   Inde, quod ad honorem Deûm
inmortalium pertineret, decrevit senatus, ‘ Ut, quoniam per-
‘ duelles superati, Perseus et Gentius reges cum Macedonia
‘ atque Illyrico in potestate populi Romani essent, ut, quanta
‘ dona, Ap. Claudio, M. Sempronio consulibus, ob devictum An-

U. C. 585.
A. C. 167.
Q. Ælio, M.
Junio Coss.
Provinciæ.

Prodigia.

---

[x] *Manii Juvencii* Gron. Crev. *M'. Juventii* Rup.

[70] *Et statum alium ejus regni*] Lege
cum Sigonio *utriusque regni*.

[71] *Cum binis legionibus peditum et
equitum quadringentenis*] Hæc mutila
esse cuivis attendenti patet.   Desideratur enim númerus peditum.    Præterea multo usitatius est dicere *quadringenos* quam *quadringentenos*.   Equi-
*tum quadringenis* quoque pro *equitibus quadringenis* non placet.    Denique numerus ipse quadringenorum
equitum in singulas legiones nimio
major videtur, quum Macedonicæ legiones, quæ sena millia peditum habebant, trecenos tantummodo haberent
equites, ut constat ex XLIV. c. 21.
supra.    Totus igitur hic locus sic fortasse emendandus est : *cum binis legionibus quina millia peditum et ducenos habentibus, equites trecenos*. Eo-

dem plane modo, quo ibidem l. XLIV.
c. 21.    *Duas legiones . . . quina millia*
peditum et ducenos habentes, trecenos
equites.    Idem numerus notatur tanquam vetere instituto assignatus legionibus, supra l. XLII. c. 31.

[72] *Calatiæ in publico agro M. Valerius civis Romanus nunciabat e foco
suo*] Calatia erat urbs Campaniæ, cujus ager, quemadmodum et Capuæ,
publicus factus fuerat populi Romani.
Is igitur ager fruendus locabatur colonis a censoribus.    M. Valerius de quo
hic agitur, unus videlicet erat ex iis
qui aliquam partem hujus publici agri
conduxerant.

[73] *Urbs lustrata*] Amburbiali sacro,
de quo supra l. XXI. c. 62. et l. XLII.
c. 20.  Vid. ibi nott.

'tiochum regem data ad omnia pulvinaria essent, tanta Q.
'Cassius et M'. Juventius prætores curarent danda.'

XVII. Legatos deinde, quorum de sententia imperatores
L. Paullus, L. Anicius componerent fes, decreverunt [74] decem in Macedoniam, quinque in Illyricum. In Macedoniam
sunt hi nominati, A. Postumius Luscus, C. Claudius, ambo
censorii, C. Licinius Crassus, collega in consulatu Paulli;
tum prorogato imperio provinciam Galliam habebat. His
consularibus addidere Cn. Domitium Ahenobarbum, Ser.
Cornelium Sullam, L. Junium, C. Antistium Labeonem, T.
Numisium Tarquiniensem, A. Terentium Varronem. In
Illyricum autem hi nominati, P. Ælius Ligus consularis, C.
Cicereius, et Cn. Bæbius Tamphilus, (hic priore anno, Cicereius multis ante annis prætor fuerat) P. Terentius Tusci-
veicanus, P. Manilius. Moniti deinde consules a Patribus,
ut, quoniam alterum ex his succedere C. Licinio, qui
legatus nominatus erat, in Galliam oporteret, primo quoque
tempore provincias aut compararent inter se, aut sortirentur, sortiti sunt. M. Junio Pisæ obvenerunt, (quem prius,
quam in provinciam iret, legationes, quæ undique Romam
gratulatum convenerunt, introducere in senatum placuit)
Q. Ælio Gallia. Ceterum quamquam tales viri mitterentur,
quorum de consilio sperari posset, imperatores nihil indignum nec clementia nec gravitate populi Romani decreturos
esse, tamen in senatu quoque agitata est summa consiliorum, ut inchoata omnia legati ab domo ferre ad imperatores
possent.

XVIII. 'Omnium primum liberos esse' placebat 'Macedonas
'atque Illyrios, ut omnibus gentibus adpareret, arma populi Ro-
'mani non liberis servitutem, sed contra servientibus libertatem
'adferre; ut et in libertate gentes quæ essent, tutam eam sibi
'perpetuamque [75] sub tutela populi Romani ⁷ esse, et, quæ sub
'regibus viverent, et in præsens tempus mitiores eos justiores-
'que respectu populi Romani habere se, et, si quando bellum
'cum populo Romano regibus fuisset suis, exitum ejus victoriam
'Romanis, sibi libertatem adlaturum crederent. [76] Metalli quo-
'que Macedonici, quod ingens vectigal erat, locationesque præ-
'diorum rusticorum tolli' placebat. 'nam neque sine publicano

⁷ [populi Romani] Crev.

[74] *Decem in Macedoniam*] At novem
tantum nominantur. Intercidit unum
nomen, quod Jac. Gronovius auspicatur
esse Q. Marcii Philippi.

[75] *Sub tutela (populi Romani) esse*]
Adjecit merito Sigonius has voces populi Romani.

[76] *Metalli quoque Macedonici*] Dubium esse potest; utrum hæc verba referenda sint ad *vectigal*, an ad *locatio-*

*nes*. Posterius magis placet. Quid
sint hoc loco *locationes prædiorum rusticorum*, haud facile definire possumus:
Fortasse hoc intelligendum est de prædiis, quæ proprium essent regum Macedonicorum patrimonium, quod vo-
camus apud nos *le domaine*: quæ quum
locarentur a regibus, a Romanis vel
venduntur, vel donantur.

' exerceri posse; et, ubi publicanus est, [77] ibi aut jus publicum U. C. 585.
' vanum, aut libertatem sociis nullam esse. Ne ipsos quidem A. C. 167.
' Macedonas [78] idem exercere posse. ubi in medio præda ad-
' ministrantibus esset, ibi numquam caussas seditionum et
' certaminis defore. [79] Commune concilium[z] gentis esset,
' ne inprobum vulgus a senatu aliquando libertatem salubri
' moderatione datam ad licentiam pestilentem traheret. In
' quatuor regiones describi Macedoniam, ut suum quæque
' concilium haberet,' placuit; ' et [80] dimidium tributi, quam
' quod regibus ferre soliti erant, populo Romano pendere.'
Similia his et in Illyricum mandata. cetera ipsis imperatoribus legatisque relicta, in quibus præsens tractatio rerum certiora subjectura erat consilia.

XIX. Inter multas regum gentiumque et populorum lega-　Attalus
tiones Attalus, frater regis Eumenis, maxime convertit in se Romæ.
omnium oculos animosque. exceptus enim est ab his, qui simul eo bello militaverunt, haud paullo benignius, quam si
ipse rex Eumenes venisset. Adduxerant eum duæ in speciem honestæ res: una, gratulatio, conveniens in ea victoria,
quam ipse adjuvisset: altera, querimonia Gallici tumultus,
[81] Advertæque gladiis regnum in dubium adductum esse.
Suberat et secreta spes honorum præmiorumque ab senatu,
quæ vix salva pietate [82] ejus contingere poterant. erant enim
quidam Romanorum quoque non boni auctores, qui spe cupiditatem ejus elicerent: ' Eam opinionem de Attalo et Eume-
' ne Romæ esse, tamquam de altero Romanis certo amico,
' altero nec Romanis, nec Persi fido socio. Itaque vix statui
' posse, utrum, quæ pro se, an, quæ contra fratrem petiturus
' esset, ab senatu magis impetrabilia forent: adeo universos
' omnia et huic tribuere, [83] et illi vero negare.' Eorum hominum (ut res docuit) Attalus erat, qui, quantum spes spopon-　Attali spes
disset, cuperent, ni unius amici prudens monitio velut frenos pravæ.
animo ejus, gestienti secundis rebus, inposuisset. Stratius
cum eo fuit medicus, ad id ipsum a non securo Eumene Romam missus, speculator rerum, quæ a fratre agerentur, moni-
torque fidus, si decedi fide vidisset. Is, ad occupatas jam au-

[z] consilium Crev.

[77] *Ibi aut jus publicum vanum*] Ubi
publicanus est, alterutrum accidere necesse est. Aut remissius agere publicani jubentur: tunc jus publicum
vanum erit, id est, ex jure illo publico,
vel metalli, vel portorii, nihil aut per-
paululum pecuniæ recipietur. Aut
publicanus rigide et districte aget:
tunc libertas sociis nulla erit.

[78] *Idem exercere*] Mallemus id *exercere.*

[79] *Commune consilium gentis esset*]

Imo, ut recte observat Sigonius, et res
ipsa clamat, *commune consilium gentis
nullum esse.*

[80] *Dimidium tributi quam quod*] Ocius
dele cum Gronovio τὸ *quam.* Exempla
similia reperies infra capp. 26. et 29.

[81] *Advertæque gladiis*] Hæc pro des-
peratis habemus.

[82] *Ejus*] Magis placeret *ei contingere.*

[83] *Et illi vero negare*] Emphasin agnoscimus in particula *vero.* Itaque nihil mutandum censemus.

res sollicitatumque jam animum quum venisset, adgressus
[84] tempestivis temporibus rem prope prolapsam restituit, ' aliis
' alia regna crevisse rebus,' dicendo: ' regnum eorum novum,
' nullis vetustis fundatum opibus, fraterna stare concordia:
' quod unus nomen regium et præcipuum capitis insigne gerat,
' omnes fratres regnent. Attalum vero, quia ætate proximus,
' quis non pro rege habeat? neque eo solum, quia tantas præ-
' sentes ejus opes cernat, sed quod haud ambiguum prope
' diem regnaturum eum infirmitate ætateque Eumenis esset,
' nullam stirpem liberûm habentis:' (necdum enim agnoverat
[85] eum, qui postea regnavit.) [86] ' Quid adtineret vim adferre
' rei, suâ sponte mox ad eum adventuræ? Accessisse etiam
' novam tempestatem regno tumultus Gallici, cui vix consensu
' et concordia regum resisti queat. Si vero ad externum bel-
' lum domestica seditio adjiciatur, sisti non posse; [87] nec aliud
' eum, quam, ne frater in regno moriatur, sibi ipsi spem pro-
' pinquam regni erepturum. Si utraque gloriosa res esset, et
' servasse fratri regnum, et eripuisse; servati tamen regni, quæ
' juncta pietati sit, potiorem laudem fuisse. Sed enimvero
' quum detestabilis altera res et proxima parricidio sit, quid
' ad deliberationem dubii superesse? Utrum enim partem
' regni petiturum esse, an totum erepturum? si partem; ambo
' infirmos, distractis viribus, et omnibus injuriis obnoxios fore:
' si totum; privatumne ergo majorem frâtrem, an exsulem illa
' ætate, illa corporis infirmitate, [88] an ultimum mori jussurum?
' Egregium enim (ut fabulis traditus inpiorum fratrum eventus
' taceatur) Persei exitum videri, qui ex fraterna cæde raptum
' diadema in templo Samothracum, velut præsentibus Diis
' exigentibus pœnas, ad pedes victoris hostis prostratus posu-
' erit. Eos ipsos, qui, non illi amici, sed Eumeni infesti, sti-
' mulent eum, pietatem constantiamque laudaturos, si fidem
' ad ultimum fratri præstitisset.'

XX. Hæc plus valuere in Attali animo. Itaque introductus in senatum, gratulatus victoriam, et sua merita eo
bello fratrisque, si qua erant, et Gallorum defectionem, quæ
nuper ingenti motu facta erat, exposuit. Petiit, ut legatos

[84] *Tempestivis temporibus*] Lege cum
Gronovio, *tempestivis sermonibus.*

[85] *Eum qui postea regnavit*] Attalum
Philometora, qui regnavit post hunc
Attalum patruum suum, et hærede po-
pulo Romano decessit.

[86] *Quid attineret vim afferre*] Admit-
timus emendationem Gronovii: *quid attinere vim afferri.*

[87] *Nec aliud eum quam*] Recte censet
Dujatius hic nulla mutatione opus esse.
Sufficit ex more Livii supplere *effecturum. Nec aliud eum* effecturum, *quam
sibi ipsi spem propinquam regni ereptu-*

rum, *ne frater in regno moriatur,* id est,
dum vetat ne frater in regno moriatur.
Ne frater in regno moriatur, hoc asse-
quetur ipse, ut sibi spem propinquam
regni eripiat. Ceterum ingeniosa tamen est Gronovii emendatio: *Nec aliud
eum fratri, quam ne in regno moriatur,
sibi ipsi spem propinquam regni erepturum.*

[88] *An ultimum*] *Ultimum* hic interpretamur *ad ultimum, denique.* Particulam an, quam mutat Gronovius in *ad,*
retinendam esse existimamus, ut tertium hoc sit divisionis membrum.

mitteret ad eos, quorum auctoritate ab armis avocarentur. U. C. 585.
His pro regni utilitate editis mandatis, Ænum sibi et Maro- A. C. 167.
neam petiit. Ita destituta eorum spe, qui, fratre accusato,
partitionem regni petiturum crediderant, [89] curiam [a] excessit.
[90] Ut raro alias quisquam, rex aut privatus, tanto favore
tantoque omnium adsensu est auditus; omnibus honoribus
muneribusque, et præsens est cultus, et proficiscentem prosecuti sunt. Inter multas Asiæ Græciæque legationes Rho-  Rhodiorum
diorum maxime legati civitatem converterunt. nam quum  legati.
primo in veste candida visi essent, quod gratulantes dece-
bat, et, si sordidam vestem habuissent, lugentium Persei
casum præbere speciem poterant; postquam consulti ab
M. Junio consule Patres, stantibus in comitio legatis, an
locum, lautia, senatumque darent, nullum hospitale jus in iis
servandum censuerunt; egressus e curia consul, quum Rho-  Male ex-
dii, gratulatum se de victoria purgatumque civitatis crimina  cepti.
dicentes venisse, petissent, ut senatus sibi daretur, pronunciat:
' Sociis et amicis et alia comiter atque hospitaliter præstare
' Romanos, et senatum dare consuesse : Rhodios non ita
' meritos eo bello, ut [91] amicorum sociorum numero habendi
' sint.' His auditis, prostraverunt se omnes humi, consulem-
que et cunctos, qui aderant, orantes, ne nova falsaque crimina plus obesse Rhodiis æquum censerent, quam antiqua
merita, quorum ipsi testes essent. Extemplo, veste sordida
sumta, domos principum cum precibus ac lacrimis circumibant, orantes, ut prius cognoscerent caussam, quam [92] condemnarentur.

XXI. M'. Juventius Thalna prætor, cujus inter cives et
peregrinos jurisdictio erat, populum adversus Rhodios incitabat: rogationemque promulgaverat, ' Ut Rhodiis bellum  Thalnæ ro-
' indiceretur : et ex magistratibus ejus anni deligerent, qui ad  gatio contra
' id bellum cum classe mitteretur,' se eum sperans futurum esse.  Rhodios.

[a] curia Gron.

[80] Curiam excessit] Vulgo curia. At
prima editio habet quomodo edidimus,
teste Gronovio. Et sic sæpe Livius.
[80] Ut raro alias] Recte idem Gronovius delet voculam ut. Ceterum
hic operæ pretium est supplere ea ex
Polybio quæ Livius, quum cetera ex
eo exscriberet, omisit, seu quia falsa
putabat, seu quia Romanis parum decora, nimium indulgens cæco in patriam amori, noluit historiæ suæ inserere. Tradit ergo Polybius, legat. 93.
Ænum et Maroneam primo concessas
esse Attalo, et decretam legationem
ad Gallos, et omnibus honoribus muneribusque eum magnifice cultum esse,
quia sperabant Patres iterum illum
aditurum ad eos, postulaturumque ut

regnum Eumenis secum divideretur.
Quæ ubi spes eos frustrata est, tum
vero eos, quum etiamnum esset in Italia Attalus, liberas esse jussisse Ænum
et Maroneam urbes, promissionis factæ
Attalo oblitos. Præterea misisse quidem
legationem ad Gallos. Sed quomodo
de ea loquitur Græcus scriptor, quamvis rem clare non explicet, satis indicat
ea mandata legatis data, ex quibus
potius confirmarentur Gallorum animi
ad bellum, quam Eumeni et Attalo con-
ciliarentur. Idem suspicari possumus
ex ipso Livio infra c. 34.
[91] Amicorum sociorum] Lege cum
Gronovio sociorumve.
[92] Condemnarentur] Melius condem-
narent.

**U. C. 585.**
**A. C. 167.**

Huic actioni M. Antonius et M. Pomponius tribuni plebis adversabantur. Sed et prætor novo maloque exemplo rem ingressus erat, quod, ante non consulto senatu, non consulibus certioribus factis, de sua unius sententia rogationem ferret, ' Vellent, juberentne, Rhodiis bellum indici ?' quum antea semper prius senatus de bello consultus esset, deinde ad populum latum ; [93] et tribuni plebis, quum ita traditum esset, ne quis prius intercederet legi, quam privatis suadendi dissuadendique legem potestas facta esset; eoque persæpe evenisset, ut, qui non professi essent se intercessuros, animadversis vitiis legis [94] ex ratione dissuadentium, intercederent; et, qui ad intercedendum venissent, desisterent, victi auctoritatibus suadentium legem. Tum inter prætorem tribunosque omnia intempestive agendi certamen erat. Tribuni festinationem prætoris ante tempus intercedendo,

\*      \*      \*

in adventum im-[b]

\*      \*      \*

Oratio Rhodiorum in senatu.

XXII. ' \*\*\* peccaverimusne, adhuc dubium est: poenas, ' ignominias omnes jam patimur. Antea, Karthaginiensibus ' victis, Philippo, Antiocho superatis, quum Romam venisse- ' mus, ex publico hospitio in curiam gratulatum vobis, Patres ' conscripti, ex curia in Capitolium ad Deos vestros [95] dona ' ferentes[c]; nunc ex sordido deversorio, vix mercede ' recepti, ac prope hostium more extra urbem manere ' jussi, in hoc squalore venimus in curiam Romanam Rhodii, ' quos provinciis nuper Lycia atque Caria, quos præmiis at- ' que honoribus amplissimis donastis. Et Macedonas Illy- ' riosque liberos esse (ut audimus) jubetis, quum servierint, ' antequam vobiscum bellarent : (nec cujusquam fortunæ in- ' videmus, immo agnoscimus clementiam populi Romani) ' Rhodios, qui nihil aliud quam quieverunt hoc bello, hostes ' ex sociis facturi estis ? Certe quidem vos estis Romani, qui ' ideo felicia bella vestra esse, quia justa sint, præ vobis ' fertis, nec tam exitu eorum, [96] quod vincatis, quam prin- ' cipiis, quod non sine caussa suscipiatis, gloriamini. Mes- ' sana in Sicilia obpugnata Karthaginienses, Athenæ obpug- ' natæ et Græcia in servitutem petita, et adjutus Hannibal ' pecunia, auxiliis, Philippum hostem fecerunt. Antiochus

---

[b] *intercedendo in adventum imperatoris* sine lacunæ significatione Gron.

[c] add. *veniebamus* Gron. [*deducebamur*] [c] rev.

[93] *Et tribuni plebis*] Supple, *novo maloque exemplo* adversabantur huic actioni.

[94] *Ex ratione dissuadentium*] Gronovius emendat *ex oratione.*

[95] *Dona ferentes deducebamur*] Ul-

tima vox a nobis adjecta est. Sigonius voluerat *veniebamus*: minus aut proprie, aut eleganter.

[96] *Quod vincatis*] Hoc debetur Gronovio. Antea *quod vindicatis.*

' ipse, ultro ab Ætolis hostibus vestris arcessitus, ex Asia classe
' in Græciam trajecit; Demetriade, et Chalcide, et saltu Ther-
' mopylarum occupato, de possessione imperii vos dejicere
' conatus. Cum Perseo socii vestri obpugnati, alii interfecti
' reguli principesque gentium aut populorum, caussa belli vobis
' fuere. Quem tandem titulum nostra calamitas habitura est, si
' perituri sumus ? Nondum segrego civitatis caussam a Polya-
' rato et Dinone, civibus nostris, et iis, quos, ut traderemus,
' vobis, adduximus. Si omnes Rhodii æque noxii essemus, quod
' nostrum in hoc bello crimen esset ? Persei partibus favi-
' mus; et, quemadmodum Antiochi Philippique bello pro vobis
' adversus reges, sic nunc pro rege adversus vos stetimus. Que-
' madmodum soleamus socios juvare, et quam inpigre capessere
' bella, C. Livium, L. Æmilium Regillum interrogate, qui clas-
' sibus vestris in Asia præfuerunt. Numquam vestræ naves pug-
' navere sine nobis. nostra classe pugnavimus semel ad Samum,
' iterum in Pamphylia adversus Hannibalem imperatorem. quæ
' victoria nobis eo gloriosior est, quod, quum ad Samum mag-
' nam partem navium adversa pugna et egregiam juventutem
' amisissemus, ne tanta quidem clade territi, iterum ausi sumus
' regiæ classi ex Syria venienti obviam ire. Hæc non gloriandi
' caussa retuli, (neque enim ea nunc nostra est fortuna) sed ut
' admonerem, quemadmodum adjuvare socios solerent Rhodii.'

XXIII. ' Præmia, Philippo et Antiocho devictis, amplissima
' accepimus a vobis. Si, quæ vestra nunc est fortuna Deûm benig-
' nitate et virtute vestra, ea Persei fuisset, et præmia petitum ad
' victorem regem venissemus in Macedoniam, quid tandem di-
' ceremus ? Pecuniane a nobis adjutum, an frumento ? auxiliis
' terrestribus, an navalibus ? quod præsidium tenuisse nos ? ubi
' pugnasse aut sub illius ducibus, aut per nos ipsos ? Si quære-
' ret, ubi miles noster, ubi navis intra præsidia sua fuisset; quid
' responderemus ? Caussam fortasse diceremus apud victorem,
' quemadmodum apud vos dicimus. Hoc enim legatos utroque de
' pace mittendo consecuti sumus,[97] ut ne ab utraque parte gratiam
' iniremus; ab altera etiam crimen et periculum esset. Quam-
' quam Perseus vere objiceret, id quod vos non potestis, Patres
' conscripti, nos principio belli misisse ad vos legatos, qui pol-
' licerentur vobis, quæ ad bellum opus essent; [98] navalibus, ar-
' mis, juventute nostra, sicut prioribus bellis, ad omnia paratos
' fore. Ne præstaremus, per vos stetit, qui de quacumque caussa
' tum adspernati nostra auxilia estis. Neque fecimus igitur quid-
' quam tamquam hostes, neque bonorum sociorum defuimus
' officio; sed a vobis prohibiti præstare fuimus. Quid igitur ?
' nihilne factum neque dictum est in civitate vestra, Rhodii,
' quod nolletis, quo merito offenderetur populus Romanus ?

---

[97] *Ut ne ab utraque parte*] Lege cum
Gronovio *ut ab neutra parte.*

[98] *Navalibus armis*] Hic rursus emendat Gronovius, *navibus, armis.*

U. C. 585.
A. C. 167.
‘ Hinc jam non, quod factum est, defensurus sum, (non
‘ adeo insanio) sed publicam caussam a privatorum culpa
‘ segregaturus. Nulla enim est civitas, quæ non et inprobos
‘ cives aliquando, et inperitam multitudinem semper habeat.
‘ Etiam apud vos fuisse audivi, qui adsentando multitudini
‘ grassarentur: et secessisse aliquando a vobis plebem, nec in
‘ potestate vestra rempublicam fuisse. Si hoc in hac tam bene
‘ morata civitate accidere potuit, mirari quisquam potest, ali-
‘ quos fuisse apud nos, qui, regis amicitiam petentes, plebem
‘ nostram consiliis depravarent? qui tamen nihil ultra valu-
‘ erunt, quam ut in officio cessaremus. Non præteribo id,
‘ quod gravissimum est in hoc bello crimen civitatis nostræ.
‘ Legatos eodem tempore et ad vos, et ad Persea de pace
‘ misimus: quod infelix consilium furiosus (ut postea audivi-
‘ mus) orator stultissimum fecit: quem sic locutum constat,
‘ tamquam C. Popillius legatus Romanus, quem ad submoven-
‘ dos a bello Antiochum et Ptolemæum reges misistis, loque-
‘ retur. Sed tamen ea, sive superbia sive stultitia adpellanda
‘ est, eadem, quæ apud vos, et apud Persea fuit. Tam civi-
‘ tatium, quam singulorum hominum mores sunt: gentes quo-
‘ que aliæ iracundæ, aliæ audaces, quædam timidæ: in vinum,
‘ in Venerem proniores aliæ sunt. Atheniensium populum
‘ fama est celerem et supra vires audacem esse ad conandum:
‘ Lacedæmoniorum cunctatorem, et vix in ea, quibus fidit,
‘ ingredientem. Non negaverim, et totam Asiæ regionem
‘ inaniora parere ingenia, et nostrorum tumidiorem sermonem
‘ esse, quod excellere inter finitimas civitates videamur; et
‘ id ipsum non tam viribus nostris, quam vestris honoribus ac
‘ judiciis. Satis quidem et tunc in præsentia castigata illa
‘ legatio erat, cum tam tristi responso vestro dimissa. si tum
‘ parum ignominiæ pensum est, hæc certe tam miserabilis ac
‘ supplex legatio etiam insolentioris, quam illa fuit, legationis
‘ satis magnum piaculum esset. Superbiam, verborum præ-
‘ sertim, iracundi oderunt, prudentes inrident; utique si in-
‘ ferioris adversus superiorem est: capitali pœna nemo um-
‘ quam dignam judicavit. Id enimvero periculum erat, ne
‘ Romanos Rhodii contemnerent. Etiam Deos aliqui verbis
‘ ferocioribus increpant, nec ob id quemquam fulmine ictum
‘ audimus.’
   XXIV.‘ Quid igitur superat, quod purgemus, si nec factum hos-
‘ tile ullum nostrum est, et verba tumidiora legati obfensionem au-
‘ rium, non perniciem civitatis, meruerunt? [99] Voluntatis nostræ
‘ tacitæ velut litem æstimari vestris inter vos sermonibus audio,

---

[99] *Voluntatis nostræ tacitæ*] Amplectimur sine ulla dubitatione emendationem
Perisonii: *voluntatis nostræ tacitæ*. Rhodii modo probaverunt nullum suum factum hostile esse; dicta superba, sed
contemnenda. Superest explendenda

tacita voluntas. Nec causa erat, ut recte
observat Perizonius, senatoribus Romanis, cur tacita continerent ea quæ de
Rhodiis sentiebant. *Voluntatis æstimare
litem* est expendere quam muletam pœ-
namve voluntas mala mereatur.

‘ Patres conscripti: favisse nos regi, et illum vincere maluisse ; U. C. 384.
‘ ideo bello persequendos esse credunt. Alii vestrûm, voluisse A. C. 167.
‘ quidem nos hoc, non tamen ob id bello persequendos esse :
‘ neque moribus, neque legibus ullius civitatis ita comparatum
‘ esse, ut, si quis vellet inimicum perire, [1] si nihil fecerit, quo id
‘ fiat, capitis damnetur. His, qui nos pœna, non crimine, li-
‘ berant, gratiam quidem habemus : ipsi nobis hanc dicimus
‘ legem; si omnes voluimus, quod arguimur, non distinguimus
‘ voluntatem a facto: omnes plectamur. Si alii principum nos-
‘ trorum vobis, alii regi faverunt; non postulo, ut propter nos,
‘ qui partium vestrarum fuimus, regis fautores salvi sint : illud
‘ deprecor, ne nos propter illos pereamus. Non estis vos illis
‘ infestiores, quam civitas ipsa ; [2] et hoc qui sciebant, plerique
‘ eorum aut profugerunt, aut mortem sibi consciverunt. alii,
‘ damnati a nobis, in potestate vestra erunt, Patres conscripti.
‘ Ceteri Rhodii, sicut gratiam nullam meriti hoc bello, ita ne
‘ pœnam quidem sumus. Priorum nostrorum benefactorum
‘ cumulus hoc, quod nunc cessatum in officio est, expleat. Cum
‘ tribus regibus gessistis bella per hos annos. ne plus obsit no-
‘ bis, quod uno bello cessavimus, [3] quam quod duobus bellis pro
‘ vobis pugnavimus. Philippum, Antiochum, Persea, tamquam
‘ tres sententias, ponite. duæ nos absolvunt : [4] una dubia est, ut
‘ gravior sit. [5] Illi de nobis si judicarent, damnati essemus. vos
‘ judicate, Patres conscripti, sit Rhodus in terris, an funditus
‘ deleatur. Non enim de bello deliberatis, Patres conscripti,
‘ quod inferre potestis, gerere non potestis ; quum nemo Rho-
‘ diorum arma adversus vos laturus sit. Si perseverabitis in ira,
‘ tempus a vobis petemus, quo hanc funestam legationem do-
‘ mum referamus : omnia libera capita, quidquid Rhodiorum
‘ virorum, feminarum est, cum omni pecunia nostra naves
‘ conscendemus ; ac, relictis penatibus publicis privatisque,
‘ Romam veniemus : et, omni auro et argento, quidquid pub-
‘ lici, quidquid privati est, in comitio, in vestibulo curiæ ves-
‘ træ, cumulato, corpora nostra conjugumque ac liberorum
‘ vestræ potestati permittemus, hic passuri, quódcumque pati-

---

[1] *Si nihil fecerit*] Vetus exemplar
habuit, teste Gronovio, *ut si nihil fece-*
*rit*. Deleverunt τὸ *ut* editores, tanquam supervacuum. At Gronovius
etiam scripsisse Livium credit, *ut is si*
*nihil fecerit*. Vid. supra l. xxii. c. 11.
et l. xxxvi. c. 3.

[2] *Et hoc qui sciebant*] Legit Perizonius, *et hoc quia sciebant*.

[3] *Quam quod*] Lege quam prosit
quod.

[4] *Una dubia est, ut gravior sit*] Hunc
locum mendi arguit Gronovius: sed
immerito. *Una* sententia, inquiunt
Rhodii, *ut gravior sit*, id est, etiamsi

severior, durior sit, *dubia est*. Si quis,
inquiunt, benigne de nobis judicare
vellet, etjam in bello adversus Persea
nos aliqua in parte socialibus officiis
non defuisse existimaret, quum nostram Romanis operam initio hujus belli
polliciti fuerimus. Sed si severius ac
gravius rem æstimare velit ; nihil amplius facere poterit, quam ut de nostra
erga Romanos fide dubitet. Dubia erit
ejus sententia : non absolvet nos quidem,
sed nec damnabit.

[5] *Illi*] Philippus, Antiochus, atque
etiam Perseus.

U. C. 585.
A. C. 167.

'endum erit. procul ab oculis nostris urbs nostra diripiatur,
'incendatur. Hostes Rhodios esse, Romani judicare possunt:
'est tamen et nostrum aliquod de nobis judicium, *quo
'numquam judicabimus nos vestros hostes: nec quidquam
'hostile, etiam si omnia patiemur, faciemus.'

XXV. [7] Secundum talem orationem universi rursus prociderunt, ramosque oleæ supplices jactantes, tandem exci-
tati, curia excesserunt. Tunc sententiæ interrogari cœptæ.
Infestissimi Rhodiis erant, qui consules prætoresve aut legati gesserant in Macedonia bellum. Plurimum caussam
eorum adjuvit M. Porcius Cato; qui, asper ingenio, tum
lenem mitemque senatorem egit. [8] Non inseram simulacrum
viri copiosi, quæ dixerit, referendo: [9] ipsius oratio scripta

Rhodiisna-
ceps re-
sponsum
datum.

exstat, Originum quinto libro inclusa. Rhodiis responsum
ita redditum est, ut nec hostes fierent, nec socii permanerent. [10] Philocrates et Astymedes principes legationis erant.
Partem cum Philocrate renunciare Rhodum legationem
placuit, partem cum Astymede Romæ subsistere, [11] quæ[d]
agerentur, sciret, certioresque suos faceret. In præsentia
deducere ante certam diem ex Lycia Cariaque [12] jusserunt
præfectos. Hæc Rhodum nunciata, quæ per se tristia
fuissent, quia majoris mali levatus erat timor, quum ·bellum

Rhodii so-
cietatem a
Rom. pe-
tunt.

timuissent, in gaudium renunciata verterunt. Itaque extemplo coronam [13] viginti millium aureorum decreverunt:
[14] Theodotum, præfectum classis, in eam legationem miserunt. Societatem ab Romanis ita volebant peti, ut nullum
de ea re scitum [15] populi fieret, aut literis mandaretur:
[16] quod, nisi impetrarent, major repulsis ignominia esset.

d [ut] quæ Crev. qui quæ Rup.

[6] *Quo nunquam judicabimus*] Ne-
scimus unde invectum fuerit illud *quo*.
Veteres editi habent *quod*, quomodo
legit et ipse Gronovius, ut ex ejus nota
apparet. Reponit ille *qui: * atque id
melius videtur.

[7] *Secundum talem orationem*] Longe diversam habuit orationem Astymedes, quam edidisse eum in vulgus tradit Polybius, legat. 93. qui et hoc gra-
vissime reprehendit, quod Rhodius orator ita suos liberare culpa conaretur, ut
Græcos ceteros accusaret.

[8] * *Non inseram*] Non inseram hoc
loco imaginem adumbratam eloquentiæ Catonis, scribendo orationem tanquam ab illo habitam.

[9] *Ipsius oratio scripta exstat*] Ejus
orationis multa capita refert, et defendit
adversus Tironem A. Gellius l. VII. c. 3.

[10] *Philocrates et Astymedes principes
legationis*] Duplicem legationem a Rhodiis missam esse docet Polybius ibid.

quarum alterius Philocrates, alterius
Astymedes princeps erat.

[11] *Ut quæ agerentur sciret*] Particulam *ut* addidit Clericus. Gronovius legit:
*qui quæ agerentur scirent, certioresque
suos facerent.* Elige utrum malis.

[12] * *Jusserunt*] Patres Romani.

[13] *Viginti millium aureorum*] Polybius habet tantummodo *decem*. Viginti millia aureorum æquiparantur pondere marcis nostratibus 625. Ejusdem
pretii et ponderis coronam obtulisse
legati Pamphylii memorantur, supra l.
XLIV. c. 14.

[14] *Theodotum*] Theætetum vocat
Polybius.

[15] *Populi*] Rhodii.

[16] *Quod, nisi impetrarent*] Quia, si
non impetrarent, postquam populus et
universa civitas id postulandum decresset, major ignominia futura erat repulsis, quam si præfectus classis id quasi
suo nomine petere videretur.

Præfecti classis id unius erat jus, ut agere de ea re sine ro- U. C. 585. gatione ulla perlata posset. nam ita per tot annos in amicitia A. C. 167. fuerant, ut sociali fœdere se cum Romanis non inligarent ob nullam aliam caussam, quam ne spem regibus abscinderent auxilii sui, si cui opus esset, neu sibi ipsis fructus ex benignitate et fortuna eorum percipiendi. Tunc utique petenda societas videbatur; non quæ tutiores eos ab aliis faceret, (nec enim timebant quemquam, præter Romanos) sed quæ ipsis Romanis minus suspectos. Sub idem fere tempus et Caunii descivere ab his, et Mylasenses Euromen- 'um oppida occuparunt. Non ita fracti animi civitatis erant, ut non sentirent, si Lycia et Caria ademtæ ab Romanis forent, cetera aut se ipsa per defectionem liberarent, aut a finitimis occuparentur, includi se insulæ parvæ et sterilis agri litoribus, quæ nequaquam alere tantæ urbis populum posset. missa igitur juventute, propere et Caunios, quamquam Cibyratarum adsciverant auxilia, coëgerunt imperio parere; et Mylasenses Alabandenosque, qui, Euromensium provincia ademta, ad ipsos conjuncto exercitu venerunt, circa Orthosiam acie vicerunt.

XXVI. Dum hæc ibi, alia in Macedonia, alia Romæ geruntur; interim in Illyrico L. Anicius, rege Gentio, sicut ante dictum est, in potestatem redacto, Scodræ, quæ regia Anicii res fuerat, præsidio inposito Gabinium præfecit, Rhizoni et gestæ in [17]Olcinio urbibus opportunis C. Licinium. Præpositis his Epiro. Illyrico, cum reliquo exercitu in Epirum est profectus. ubi prima Phanota ei dedita, tota multitudine cum infulis obviam effusa. hic præsidio inposito, in Molossidem transgressus: cujus omnibus oppidis, præter Passaronem, et Tecmonem, et Phylacen, et Horreum, receptis, primum ad Passaronem ducit. Antinous et Theodotus principes ejus civitatis erant, insignes et favore Persei, et odio adversus Romanos: iidem universæ genti auctores desciscendi ab Romanis. Hi conscientia privatæ noxæ, quia ipsis nulla spes veniæ erat, ut communi ruina patriæ obprimerentur, clauserunt portas, multitudinem, ut mortem servituti præponerent, hortantes. Nemo adversus præpotentes viros hiscere audebat. Tandem Theodotus quidam, nobilis et ipse adolescens, quum major a Romanis metus timorem a principibus suis vicisset, 'Quæ ' vos rabies,' inquit, ' agitat, qui duorum hominum noxæ [18]ci-

---

[17] Olcinio] Hæc est vera hujus nominis scriptura, quam exhibet prima editio, et retinuit quoque Sigonius. Alii edixi Olcinio. Sed bis infra incolæ ejus oppidi nominantur Olciniatæ: et eodem modo a Ptolemæo ipsam urbem nominari observat Cellarius, 'Ολκίνιον.

[18] Civitatis accessionem facitis] Longe elegantius est, quod suggerit Gronovius, civitatem: nec dubitamus sie dedisse Livium. Sensus est: qui vultis civitatem sequi fortunam duorum noxiorum capitum.

' vitatis accessionem facitis? Equidem pro patria qui le-
' tum obpetissent, sæpe fando audivi: qui patriam pro se pe-
' rire æquum censerent, hi primi inventi sunt. Quia aperimus
' portas, et imperium accipimus, quod orbis terrarum acce-
' pit?' Hæc dicentem quum multitudo sequeretur, Antinous
et Theodotus in primam stationem hostium inruperunt, atque
ibi, obferentes se ipsi vulneribus, interfecti. urbs dedita est
Romanis. Simili pertinacia [19] Cephali principis clausum
Tecmonem, ipso interfecto, per deditionem recepit. Nec
Philace, nec Horreum, obpugnationem tulerunt. Pacata Epiro, divisisque in hiberna copiis per opportunas urbes, regressus ipse in Illyricum, Scodræ, quo quinque legati ab Roma
venerant, evocatis ex tota provincia principibus, conventum
habuit. Ibi pro tribunali pronunciavit de sententia consilii:

Decretum
de Illyriis.

' Senatum populumque Romanum Illyrios esse liberos jubere.
' præsidia ex omnibus oppidis, arcibus, et castellis sese de-
' ducturum. Non solum liberos, sed etiam inmunes fore Is-
' senses, et Taulantios, Dassaretiorum [20] Pirustas, Rhizonitas,
' Olciniatas, quod, incolumi Gentio, ad Romanos defecissent.
' Daorseis quoque inmunitatem dare; quod, relicto Caravan-
' tio, cum armis ad Romanos transissent. Scodrensibus, et
' Dassarensibus, et [21] Selepitania, ceterisque Illyriis, vectigal
' dimidium ejus, quod regi [22] pendissent.' Inde in tres partes
Illyricum divisit. [23] unam eam fecit, quæ supra dicta est; alteram Labeatas omnes; tertiam [24] Agravonitas, et Rhizonitas,
et Olciniatas, adcolasque eorum. hac formula dicta in Illyrico, ipse in Epiri Passaronem in hiberna rediit.

acedoniæ
tres urbes
direptæ
Rom.

XXVII. Dum hæc in Illyrico geruntur, Paullus ante
adventum decem legatorum Q. Maximum filium, jam ab
Roma regressum, ad Æginium et Agassas diripiendas mittit:
Agassas, quod, quum Marcio consuli tradidissent urbem,
petita ultro societate Romana, defecerant rursus ad Persea:
Æginiensium novum crimen erat. famæ de victoria Romanorum fidem non habentes, in quosdam militum, urbem

[19] *Cephali principis*] Sic nomen hujus insignis viri edunt et Polybius in
Excerpt. de Virt. et Vit. l. XXVII. et
ipse Livius supra l. XLIII. c. 18. Vulgati hic habent *Cephalonis*.

[20] *Pirustas*] Sic legi jussit Sigonius
ex Ptolemæo et Strabone. Antea *Ti-
rustas*.

[21] *Selepitanis*] Dujatius suspicatur
hoc nomen corruptum esse ex *Separis*,
*Epetitinis*, qui apud Plinium appellantur, l. III. c. 22. Sed fortasse non est
quod miremur ignotum nobis populi
nomen occurrere: nec quidquid igno-
ramus, statim pro suspecto habendum
est.

[22] *Pendissent*] Usitatius foret *pependissent*. Vid. tamen de hoc verbo Nov.
Method. Ling. Lat.

[23] *Unam eam fecit, quæ supra dicta
est*] Ubinam? Vel hic aliqua interciderunt, vel rem non parum sane fasti-
diosam indiligentius transcurrit Livius.
Ut ut sit, certe haud facile definiri
potest ex antecedentibus, quos populos
habuerit prima hæc Illyrici pars.

[24] *Agravonitas*] Fortasse *Ascrivioni-
tas*. Ascrivium urbs est Dalmatiæ, memorata Plinio et Ptolemæo. DUJATIUS.
Sed ab *Ascrivio* urbe non bene forme-
retur nomen gentilitium *Ascrivionitæ*.
Liceat aliqua ignorare.

ingressos, hostiliter sævierant. Ad Æniorum quoque hos- U. C. 585.
tiliter urbem diripiendam L. Postumium misit, quod perti- A. C. 167.
nacius, quam finitimæ civitates, in armis fuerant. Autumni
fere tempus erat; cujus temporis initio circumeundam Paullus
Græciam, visendaque, [25] quæ nobilitata fama magis auribus Græciam
accepta sunt, quam oculis noscuntur, ut statuit, præposito peragrat.
castris C. Sulpicio Gallo, profectus cum haud magno comitatu, tegentibus latera Scipione filio et Athenæo Eumenis
regis fratre, per Thessaliam Delphos petit, inclitum oraculum: ubi, sacrificio Apollini facto, inchoatas in vestibulo
columnas, quibus inposituri statuas regis Persei fuerant,
suis statuis victor destinavit. Lebadiæ quoque templum
[26] Jovis Trophonii adiit. ibi quum vidisset os specus, per
quod oraculo utentes sciscitatum Deos descendunt, sacrificio
Jovi Hercynnæque facto, quorum ibi templum est, Chalcidem ad spectaculum [27] Euripi * * ævoque ante insulæ, [f] ponte
continenti junctæ, descendit. A Chalcide Aulidem trajicit,
trium millium spatio distantem, portum inclitum statione
quondam mille navium Agamemnoniæ classis, Dianæque
templum, ubi navibus cursum ad Trojam, filia victima aris
admota, rex ille regum petiit. Inde Oropum Atticæ ventum est; [28] ubi pro Deo vates Amphilochus colitur, templumque vetustum est, fontibus rivisque circa amœnum.
Athenas inde, [29] plenas quidem et ipsas vetustate famæ,
multa tamen visenda habentes: arcem, [30] portus, muros
Piræeum urbi jungentes, [31] navalia magnorum imperatorum,
simulacra Deorum hominumque, omni genere et materiæ et
artium insignia.

XXVIII. Sacrificio Minervæ præsidi arcis in urbe facto

---

[e] abest nota lacunæ Crev.      [f] Euripi Eubœæque insulæ Rup.

[25] Que . . . magis auribus accepta
sunt, quam oculis noscuntur] Quæ vulgo plerique auribus accipere satis habent, nec curant etiam noscere oculis.

[26] Jovis Trophonii] De Trophonii
oraculo, et Hercynna, quæ infra nominatur, vid. Pausaniam in Bœoticis. Ibi
fuse descriptum reperies et locum ipsum,
et ritum consulendi oraculi. Ceterum
male hic olim legebatur Trophonis.
Correxit Sigonius.

[27] Euripi ævoque ante insulæ] Lege
Euripi Eubæaque insulæ: quod dudum
monuerunt Sigonius et Gronovius.

[28] Ubi pro deo vates Amphilochus
colitur] Non sine causa existimat Dujatius Livium hoc loco Amphilochum
dixisse pro Amphiarao. Vid. Pausaniam
in Atticis.

[29] Plenas quidem et ipsas vetustate

famæ, multa tamen] Planas quidem monumentis vetustatis, quæ nihil aliud insigne habeant, quam quod repræsentant
heroicarum temporum memoriam; multa tamen habentes, quæ per se ipsa, et
ob structuræ magnificentiam, aut excel-
lentiam artificii, visenda sint.

[30] Portus] In Piræeo solo tres erant
portus. Præterea et duos alias ad Mu-
nychiam et ad Phaleram portos habebant Athenienses. Vid. Pausan. Att.
initio.

[31] Navalia magnorum imperatorum]
Navalia non sunt imperatorum, sed
populi. Videtur excidisse aliqua vox,
puta monumenta, aut alia non absimili.
sensus. Sic igitur legendum et distin-
guendum erit: navalia, magnorum im-
peratorum-monumenta, simulacra deorum
hominumque.

U. C. 585.
A. C. 167. profectus, Corinthum altero die pervenit. urbs erat tunc
praeclara [32] ante excidium. arx quoque et Isthmus praebuere
spectaculum : [33] arx inter omnia in inmanem altitudinem
edita, scatens fontibus : Isthmus duo maria, ab occasu et
ortu solis finitima, artis faucibus dirimens. Sicyonem inde
et Argos nobiles urbes adit : inde haud parem opibus Epi-
daurum, sed inclitam Æsculapii nobili templo ; quod, quinque millibus passuum ab urbe distans, nunc vestigiis revulsorum donorum, tum donis dives erat, quæ remediorum sa-
lutarium ægri mercedem sacraverant Deo. Inde Lacedæmonem adit, non operum magnificentia, sed disciplina in-
stitutisque memorabilem : unde per Megalopolim Olympiam
adscendit. Ubi et alia quidem spectanda visa, et, Jovem
velut præsentem intuens, [34] motus animo est. Itaque, haud
secus quam si in Capitolio inmolaturus esset, sacrificium
amplius solito adparari jussit. Ita peragrata Græcia, ut
nihil eorum, quæ quisque Persei bello [35] privatim aut publice sensisset, inquireret, ne cujus metu sollicitaret animos
sociorum, [36] Demetriadem quum revertit, in itinere sordidata
turba Ætolorum obcurrit ; mirantique et percunctanti, quid
esset, defertur, quingentos quinquaginta principes ab Lycisco et Tisippo, circumsesso senatu per milites Romanos,
missos a Bæbio præside, interfectos ; alios in exsilium actos
esse : bonaque eorum, qui interfecti essent, et exsulum
[37] possidere, qui arguebant. Jussis Amphipolim adesse,
ipse, convento Cn. Octavio Demetriade, postquam fama
accidit, trajecisse jam mare decem legatos, omnibus aliis
Redit Paul-
lus in Ma-
cedoniam. omissis, [38] Apolloniam ad eos pergit. quo quum Perseus
obviam Amphipoli nimis soluta custodia processisset, (id
diei iter est) ipsum quidem benigne adlocutus est : ceterum,
postquam in castra ad Amphipolim venit, graviter increpu-
isse traditur C. Sulpicium : primum, quod Persea tam procul a se vagari per provinciam [39] passus esset [s] : deinde,
quod adeo indulsisset militibus, ut nudare tegulis muros
urbis ad tegenda hibernacula sua pateretur. referrique tegulas
et resarciri tecta, sicut fuerant, jussit. Et Persea quidem

s est Crev.

[32] Ante excidium] Corinthus excisa
a Mummio est, altero et vicesimo post
hunc anno.

[33] Arx inter omnia] Felicissime
Gronovius : arx intra mœnia. Docet
enim Strabo l. VIII. p. 379. Acroco-
rinthum communi cum urbe muro
cinctam fuisse.

[34] Motus animo est] Plutarchus refert memorabile Æmilii dictum : Phi-
dias solus, inquit, effinxisse videtur eum
Jovem quem cecinit Homerus.

[35] Privatim ac publice] Magis placeret aut publice, quomodo legitur in
prima editione, teste Hearnio.

[36] Demetriadem quum revertit] Malit Gronovius revertisset.

[37] Possidere, qui arguebant] Eos qui
arguebant, sive accusatores.

[38] Apolloniam] Intellige Apolloniam
Chalcidicam, sitam inter Chabrium et
Strymona fluvios.

[39] Passus est] Lege cum Gronovio
esset.

cum majore filio Philippo, traditos A. Postumio, in custo- U.C.585.
diam misit: filiam cum minore filio, a Samothrace adcitos A.C.167.
Amphipolim, omni liberali cultu habuit.

XXIX. Ipse, ubi dies venit, quo [40] adesse Amphipoli Amphipoli
denos principes civitatium jusserat, literasque omnes, quæ res Mace-
ubique depositæ essent, et pecuniam regiam conferri, cum decem ponit.
legatis, circumfusa omni multitudine Macedonum, in tribunali
consedit. Adsuetis regio imperio tamen novum formam terribilem præbuit tribunal, [41] submotor aditus, præco, adscensus,
insueta omnia oculis auribusque; [42] quæ vel socios, nedum
hostes victos, terrere possent. Silentio per præconem facto,
Paullus Latine, quæ senatui, quæ sibi ex consilii sententia visa
essent, pronunciavit: ea Cn. Octavius prætor (nam et ipse
aderat) interpretata sermone Græco referebat. 'Omnium pri-
' mum liberos esse jubere Macedonas, habentes urbes easdem Decretum
' agrosque, utentes legibus suis, annuos creantes magistratus: de Macedo-
' tributum dimidium ejus, quod pependissent regibus, pen- nibus.
' dere populo Romano. Deinde in quatuor regiones dividi
' Macedoniam. unam fore et primam partem, quod agri inter
' Strymonem et Nessum amnem sit: [43] accessurum huic parti
' trans Nessum, ad orientem versum, qua Perseus tenuisset
' vicos, castella, oppida, præter Ænum, et Maroneam, et Ab-
' dera; trans Strymonem autem vergentia ad occasum, Bisal-
' ticam omnem cum Heraclea, quam Sinticen adpellant.
' Secundam fore regionem, quam ab ortu Strymo amplecte-
' retur amnis, præter Sinticen Heracleam et Bisaltas: ab
' occasu qua Axius terminaret fluvius, additis [44] Pæonibus, qui
' prope Axium flumen ad regionem orientis colerent. Tertia
' pars facta, quam Axius ab oriente, Peneus amnis ab occasu,
' cingunt: ad septentrionem Bora mons objicitur. adjecta huic
' parti regio Pæoniæ, qua ab occasu præter Axium amnem por-
' rigitur: Edessa quoque et Berœa eodem concesserunt.
' Quarta regio trans Boram montem, una parte confinis Illy-

[40] *Adesse Amphipoli . . . . jusserat* 
Imo *Amphipolim*: ut supra *jussis Am-*
*phipolim adesse.*

[41] *Summotor aditus*] Lictor qui sum-
moveret obvios, nec adire ad proconsulem sineret.

[42] *Quæ vel socios, nedum hostes vic-*
*tos, terrere possent*] Si hæc sana sunt,
habes exemplum particulæ *nedum*
sumptæ pro *non solum*: quod vulgo
negant rectum esse Grammatici. Sed
et ipse Cicero eodem sensu illam usurpavit, l. x. ad Att. ep. 16. *Tu quoniam*
*quartana cares, et nedum morbum re-*
*movisti, sed etiam gravedinem.* Sic
enim plurimos scriptos habere testantur omnes fere interpretes. Et rursus

Balbus et Oppius in ep. ad Cic. lib
IX. ad Att. *Nedum hominum humi-*
*lium, ut nos sumus, sed etiam amplissi-*
*morum virorum consilia ex eventu, non ex*
*voluntate, a plerisque probari solent.*
Itaque non plane fortasse assentiendum est hac in re communi Grammati-
corum opinioni.

[43] *Accessurum huic parti trans Nes-*
*sum, ad Orientem versum*] Supple ex
præcedentibus *agrum*, sive *quod agri*
*sit.* • Sed melius omnino legeretur
*versus.*

[44] *Pæonibus*] Hic mendum vulga-
tissimum insederat antiquum codicem.
Legebatur nimirum *Pæonis.* Correxit
Gronovius.

' rico, altera Epiro. Capita regionum, ubi concilia fierent,
' primæ regionis Amphipolim, secundæ Thessalonicen, tertiæ
' Pellam, quartæ Pelagoniam fecit. Eo concilia [45] suæ cujus-
' que regionis indici, pecuniam conferri, ibi magistratus creari
' jussit.' Pronunciavit deinde, ' [46] neque connubium, neque
' commercium agrorum ædificiorumque inter se placere cui-
' quam extra fines regionis suæ esse. Metalla quoque auri
' atque argenti non exerceri : ferri et æris permitti.' vectigal
exercentibus dimidium ejus inpositum, quod pependissent
regi. Et sale invecto uti vetuit. Dardanis repetentibus
Pæoniam, quod et sua fuisset, et continens esset finibus suis,
' omnibus dare libertatem' pronunciavit, ' qui sub regno
' Persei fuissent.' Post non impetratam Pæoniam, [47] salis
commercium dedit : tertiæ regioni imperavit, ut Stobos Pæoniæ deveherent, pretiumque statuit. Navalem materiam et
ipsos cædere, et alios pati vetuit. Regionibus, quæ adfines
barbaris essent, (excepta autem tertia, omnes erant) permisit,
ut præsidia armata in finibus extremis haberent.

XXX. Hæc, pronunciata primo die conventus, varie
adfecerunt animos. Libertas præter spem data adrexit, et [h]
levatum annuum vectigal. Regionatim commerciis interruptis [48] ita videri lacerata, tamquam animalia in artus, alterum alterius indigentes, distracta : adeo, quanta Macedonia esset, quam [49] divisui facilis, [50] et a se ipsa quæque con-
temta pars esset, Macedones quoque ignorabant. Pars
prima Bisaltas habet, fortissimos viros, ([51] trans Nessum
amnem incolunt et circa Strymonem) et multas frugum
proprietates, et metalla, et opportunitatem Amphipolis :
quæ objecta claudit omnes ab oriente sole in Macedoniam
aditus. Secunda pars celeberrimas urbes, Thessalonicen et
Cassandriam, habet ; ad hoc Pallenen, fertilem ac frugiferam terram : maritimas quoque opportunitates ei præbent

[h] *et* del. Gron.

[45] *Suæ cujusque regionis*] Potius sua,
inquit Gronovius. Vid. supra l. III. c.
22. et l. XXV. c. 17.

[46] *Neque connubium, neque commercium*] Jam olim similis lex a Romanis dicta Latinis et Hernicis, VIII.
14. IX. 43.

[47] *Salis commercium dedit*] Permisit Dardanis talem ex Macedonia
mercari : quam ut facilius Dardani habere possent, imperavit tertiæ regioni,
ubi nimirum maxima salis copia erat,
ut Stobos deveherent, quod oppidum
haud procul aberat a Dardanorum finibus.

[48] *Ita videri lacerata*] Nihil est ad
quod referri possit τὸ *lacerata*. Lege

omnino *lacerati*, nempe ipsi Macedones.

[49] *Divisui facilis*] Fortasse scripsit
Livius *divisu*. Sed tamen tam videtur
dici posse regio *divisui facilis*, quam
cibus facillimus ad concoquendum, quomodo locutus est Cicero, l. II. de Fin.
c. 20.

[50] *Et a se ipsa quæque contempta
pars*] Dubitari non potest, quin Livius
scripserit, *et se ipsa quæque contenta pars
esset* : id est, quam sibi ipsa quæque pars
sufficeret.

[51] *Trans Nessum amnem incolunt*]
Imo *citra Nessum*, si reliquam Macedo-
niam respicias, et Romam quoque, ubi
Livius scribebat.

portus ad Toronen ac montem Atho, ([52] Æneæ vocant hunc) U. C. 585.
alii ad insulam Eubœam, alii ad Hellespontum opportune A. C. 167.
versi. Tertia regio nobiles urbes, Edessam et Berœam et
Pellam, habet, et Vettiorum bellicosam gentem: incolas quoque permultos Gallos et Illyrios, inpigros cultores. Quartam
regionem Eordæi et Lyncestæ et Pelagones incolunt: juncta
his Atintania, et [53] Stymphalis, et Elimiotis. frigida hæc
omnis, duraque cultu, et aspera plaga est: cultorum quoque
ingenia terræ similia habet. ferociores eos et adcolæ barbari
faciunt; nunc bello exercentes, nunc in pace miscentes ritus
suos. Divisæ itaque Macedoniæ partium usibus separatis,
[54] quanta universos teneat Macedonas, formula dicta, [55] quum
leges quoque se daturum ostendisset.

XXXI. Ætoli deinde citati: in qua cognitione magis, Judicium<br>de Ætolis.
utra pars Romanis, utra regi favisset, quæsitum est, quam
utri fecissent injuriam, aut accepissent. Nox liberati interfectores: exsilium pulsis æque ratum fuit, ac mors interfectis.
A. Bæbius unus est damnatus, quod milites Romanos præbuisset ad ministerium cædis. Hic eventus Ætolorum caussæ
in omnibus Græciæ gentibus populisque eorum, qui partis
Romanorum fuerant, inflavit ad intolerabilem superbiam ani- Assentato-<br>rum Roma-<br>næ potentiæ<br>superbia.
mos; et obnoxios pedibus eorum subjecit, quos aliqua parte
suspicio favoris in regem contigerat. Tria genera principum
in civitatibus erant: duo, quæ adulando aut Romanorum
imperium, aut amicitiam regum, sibi privatim opes obpressis
faciebant civitatibus: medium unum, utrique generi adversum, libertatem et leges tuebatur. His ut major apud suos
caritas, ita minor apud externos gratia erat. Secundis rebus
elati Romanorum partis ejus fautores, soli tum in magistratibus, soli in legationibus erant. Hi quum frequentes et ex
Peloponneso, et ex Bœotia, et ex aliis Græciæ conciliis adessent, inplevere aures decem legatorum: ' Non eos tantum,
' qui se propalam [56] per vanitatem jactassent, tamquam hos-
' pites et amicos Persei, sed multo plures alios ex occulto
' favisse. reliquos per speciem tuendæ libertatis in conciliis
' adversus Romanos omnia instruxisse. nec aliter eas mansu-
' ras in fide gentes, nisi, fractis animis partium, aleretur

---

[52] *Æneæ vocant hunc*] Hunc, id est,
portum ad montem Atho, *vocant Æneæ*
portum.

[53] *Stymphalis*] Probat Cellar. Geo-
graph. Ant. L. II. c. 13. legendum esse
*Stymphæis*, vel *Stymphæa*; cujus incolæ
*Stymphæi*, qui iidem a Strabone Τυμ-
φαῖοι appellantur.

[54] *Quanta universos teneat Macedonas*]
Hoc corruptum est. Emendat Sigonius:
*quæ universos teneret Macedonas formula*

dicta: ° id est, forma quædam regiminis præscripta fuit, quam non hæc aut
illa pars Macedoniæ, sed universi Macedones, sequi juberentur.

[55] ° *Quum leges quoque*] Atque etiam
se leges iis daturum promisit Æmilius:
quod et revera exsecutus esse memoratur, infra c. 32.

[56] ' *Per vanitatem*] Per inconsultam
levitatem.

U. C. 585.
A. C. 167.
Inquisitio-
nes in eos
qui faverant
Perseo.

' confirmareturque auctoritas eorum, [57] qui nihil præter im-
' perium Romanorum spectarent.' Ab his editis nominibus,
evocati [58] literis imperatoris ex Ætolia, Acarnaniaque, et
Epiro, et Bœotia, qui Romam ad caussam dicendam sequerentur : in Achaiam ex decem legatorum numero profecti
duo, C. Claudius et Cn. Domitius, ut ipsi edicto evocarent.
Id duabus de caussis factum : una, quod fiduciæ plus animorumque esse Achæis ad non parendum credebant, et forsitan
etiam in periculo fore Callicratem et ceteros criminum auctores delatoresque : altera, cur præsentes evocarent, caussa
erat, quod ex aliis gentibus principum literas deprehensas in
commentariis regiis habebant : in Achæis cæcum erat crimen, nullis eorum literis inventis. Ætolis dimissis, Acarnanum citata gens : in his nihil novatum, nisi quod Leucas exemta est Acarnanum concilio. Quærendo deinde latius, qui
publice aut privatim partium regis fuissent, in Asiam quoque
cognitionem extendere : et ad Antissan in Lesbo insula di-
ruendam, traducendos Methymnam Antissæos, Labeonem
miserunt ; quod Antenorem, regium præfectum, quo tempore
cum lembis circa Lesbum est vagatus, portu receptum commeatibus juvissent. Duo securi percussi viri insignes ; Andronicus Andronici filius Ætolus, quod, patrem secutus, arma
contra populum Romanum tulisset : et Neo Thebanus, [59] quo
auctore societatem cum Perseo junxerant.

XXXII. His rerum externarum cognitionibus interpositis,
Macedonum rursus advocatum concilium : pronunciatum,
[60] ' Quod ad statum Macedoniæ pertinebat, senatores, quos
' Synedros vocant, legendos esse, quorum consilio respublica
' administraretur.' Nomina deinde sunt recitata principum
Macedonum, quos cum liberis, majoribus quam quindecim
annos natis, præcedere in Italiam placeret. Id, prima specie
sævum, mox adparuit multitudini Macedonum pro libertate
sua esse factum. nominati sunt enim regis amici purpuratique, duces exercituum, præfecti navium aut præsidiorum ;
servire regi humiliter, aliis superbe imperare adsueti · præ-
divites alii, alii, quos fortuna non æquarent, his sumtibus
pares : regius omnibus victus vestitusque : nulli civilis ani-

---

[57] Qui nihil præter imperium Romanorum expectarent] Lege cum Gronovio,
spectarent.

[58] Litteris imperatoris] Has litteras
invitus dedit Æmilius, ut discimus ex
Polybio, Legat. 94. qui testatur ei nullo
modo placuisse calumnias illas assenta-
torum Romanæ potentiæ, idque eum
rebus ipsis satis significasse affirmat.
Vid. et nostrum supra c. 28.

[59] Quo auctore societatem cum Perseo
junxerant] Quidam ? Excidit nomen,
vel Thebanorum, vel Bœotorum. De
Bœotis in universum ut accipiamus, magis inclinat animus, ob ea quæ habet
Livius supra l. XLII. capp. 42. et 43.
Adde et Polyb. Legat. 63.

[60] Quod ad statum Macedoniæ pertine-
bat] Lege pertineat : siquidem hæc sunt
verba legatorum Romanorum.

mus, neque legum neque libertatis æquæ patiens. Omnes
igitur, qui in aliquibus ministeriis regiis, etiam qui in minimis legationibus fuerant, jussi Macedonia excedere, atque
in Italiam ire: qui non paruisset imperio, mors denunciata.
Leges Macedoniæ dedit cum tanta cura, ut non hostibus
victis, sed sociis bene meritis, dare videretur: et quas ne
usus quidem longo tempore (qui unus est legum conrector)
experiendo argueret. Ab seriis rebus ludicrum, quod ex
multo ante præparato, et in Asiæ civitates, et ad reges missis, qui denunciarent, et quum circumiret ipse Græciæ civitates, indixerat principibus, magno adparatu Amphipoli fecit. Nam et [61] artificum omnis generis, qui ludicram artem
faciebant, ex toto orbe terrarum multitudo, et athletarum, et
nobilium equorum convenit: et legationes cum victimis, et
quidquid aliud Deorum hominumque caussa fieri . magnis
ludis in Græcia solet. Ita factum est, ut non magnificentiam tantum, sed prudentiam in dandis spectaculis, ad quæ
rudes tum Romani erant, admirarentur. Epulæ quoque
legationibus paratæ et opulentia et cura eadem. Vulgo
dictum ipsius ferebant, et convivium instruere, et ludos
parare ejusdem esse, qui vincere bello sciret.

XXXIII. Edito ludicro omnis generis, clipeisque æreis
in naves inpositis, cetera omnis generis arma, cumulata in
ingentem acervum, precatus Martem, Minervam, [62] Luamque matrem, et ceteros Deos, quibus spolia hostium dicare
jus fasque est, ipse imperator, face subdita, succendit. deinde circumstantes tribuni militum pro se quisque ignes
conjecerunt. Notata est in illo conventu Europæ Asiæque,
undique partim ad gratulationem, partim ad spectaculum
contracta multitudine, tantis navalibus terrestribusque exercitibus, ea copia rerum, [63] ea vilitas annonæ; ut et privatis, et civitatibus, et gentibus, dona data pleraque ejus generis sint ab imperatore, non in usum modo præsentem,
sed etiam quod domos aveherent. Spectaculo fuit ei, quæ
venerat, turbæ non scenicum magis ludicrum, non certamina hominum, aut curricula equorum, quam præda Mace-
donica omnis, ut viseretur, exposita statuarum, tabularum-
que, textilium, et vasorum ex auro et argento et ære et
ebore [64] factorum ingenti cura in ea regia: ut non in præsentem modo speciem, qualibus referta regia Alexandriæ
erat, sed in perpetuum usum fierent. Hæc, in classem in-

---

[61] *Artificum*] Vid. not. 2. ad l. v.
c. 1.

[62] *Luamque matrem*] Sic recte Turnebus, quum prius legeretur *Lunam*.
Vid. not. 2. ad l. viii. c. 1.

[63] *Ea vilitas annonæ*] Hoc debetur

Sigonio. Prius *ea utilitas*.

[64] *Factorum ingenti cura in ea regia*] Quæ vasa facta erant ingenti cura
in regia Pellæ. * Huic opponitur mox,
in iis quæ sequuntur, regia Alexandriæ.

U. C. 585.
A. C. 167.
posita, devehenda Romam Cn. Octavio data. Paullus, benigne legatis dimissis, transgressus Strymonem, mille passuum ab Amphipoli castra posuit : inde profectus, Pellam
quinto die pervenit. Prætergressus urbem, ad Spelæum
(quod vocant) biduum moratus, P. Nasicam, et Q. Maximum filium cum parte copiarum ad depopulandos Illyrios,
qui Persea juverant bello, misit, jussos ad Oricum sibi obcurrere : ipse, Epirum petens, quintisdecimis castris Passaronem pervenit.

*Epiri præda
data exer-
citui.*

XXXIV. Haud procul inde Anicii castra aberant. ad
quem literis missis, ne quid ad ea, quæ fierent, moveretur;
' senatum prædam Epiri civitatium, quæ ad Persea defecissent,
' exercitui dedisse,' submissis centurionibus in singulas urbes,
qui se dicerent ad præsidia deducenda venisse, ut liberi
Epirotæ, sicut Macedones, essent, denos principes ex singulis evocavit civitatibus : quibus, quum denunciasset, ut
aurum atque argentum in publicum proferretur, per omnes
civitates cohortes dimisit. ante in ulteriores, quam in propiores, profecti, ut uno die in omnes perveniretur. Edita
tribunis centurionibusque erant, quæ agerentur : mane omne
aurum argentumque conlatum : hora quarta signum ad diripiendas urbes datum est militibus : tantaque præda fuit,
ut in equitem [65] quadringeni denarii, peditibus duceni dividerentur, centum quinquaginta millia capitum humanorum
abducerentur. Muri deinde direptarum urbium diruti sunt :
ea fuere oppida circa septuaginta. Vendita præda omnium,
de ea summa militi numeratum est. Paullus ad mare
Oricum descendit, nequaquam, ut ratus erat, expletis militum animis : qui, tamquam nullum in Macedonia gessissent
bellum, expertes regiæ prædæ esse indignabantur. Orici
quum missas cum Scipione Nasica Maximoque filio copias
invenisset, exercitu in naves inposito, in Italiam trajecit. Et
post paucos dies Anicius, conventu reliquorum Epirotarum
Acarnanumque acto, jussisque in Italiam sequi principibus,
quorum cognitionem caussæ reservarat, et ipse, navibus
exspectatis, quibus usus Macedonicus exercitus erat, in
Italiam trajecit. Quum hæc in Macedonia Epiroque gesta
sunt, legati, qui cum Attalo ad finiendum bellum inter Gallos
et regem Eumenem missi erant, in Asiam pervenerunt.
Induciis per hiemem factis, et Galli domos [66] abierant [l], et
rex in hiberna concesserat Pergamum, gravique morbo æger
fuerat. [67] Ver primum ex domo excivit: jamque Synnada

*Paullus in
Italiam tra-
jicit, ut et
Anicius.*

[65] *Quadringeni denarii*] Marcæ argenti nostrates sex, unciæ 2, *Duceni.*
Marcæ 3. uncia 1.

[66] *Abierant*] Sic bene prima editio
et Sigonius. In Gronovianis editionibus legitur *abierunt.*

[67] *Ver primum ex domo excivit*] Satis
intelligitur hæc dici de Gallia. Res
tamen clarior esset, si eorum nomen
diserte exprimeretur.

pervenerant, quum Eumenes ad Sardes undique exercitum U. C. 588.
contraxerat. Ibi et Romani Solovettium ducem Gallorum A. C. 167.
Synnadis adlocuti, et Attalus cum eis profectus; sed castra
Gallorum intrare eum non placuit, ne animi ex disceptatione
irritarentur. P. Licinius cum regulo Gallorum est locutus,
[68] retulitque, ferociorem eum deprecando factum. ut mirum
videri posset, inter tam [k] opulentos reges, Antiochum Ptole-
mæumque, tantum legatorum Romanorum verba valuisse, ut
extemplo pacem facerent; apud Gallos nullius momenti fuisse.

XXXV. Romam primum reges captivi, Perseus et Gentius,
in custodiam cum liberis abducti; dein turba alia captivorum : tum quibus Macedonum denunciatum erat, ut Romam
venirent, principumque Graciæ. nam hi quoque non solum
præsentes exciti erant, sed etiam, si qui apud reges esse
dicebantur, literis arcessiti sunt. Paullus ipse post dies pau- Paullus Ro-<br>mam appel-<br>lit, dein<br>Anicius, et<br>Octavius.
cos regia nave ingentis magnitudinis, quam sexdecim versus
remorum agebant, ornata Macedonicis spoliis, non insignium
tantum armorum, sed etiam regiorum textilium, adverso
Tiberi ad urbem est subvectus, completis ripis obviam effusa
multitudine. Paucos post dies Anicius et Octavius classe
sua advecti. Tribus iis omnibus decretus est ab senatu tri- Triumphus<br>iis decretus<br>a senatu.
umphus : mandatumque Q. Cassio prætori, cum tribunis ple-
bis ex auctoritate Patrum ageret, rogationem ad plebem
ferrent, ut iis, quo die urbem triumphantes inveherentur,
imperium esset. Intacta invidia media sunt : ad summam
ferme tendit. nec de Anicii, nec de Octavii triumpho dubita- Triumphum<br>Paullo mili-<br>tes abrogare<br>volunt.
tum est : Paullum, cui ipsi quoque se comparare erubuis-
sent, obtrectatio carpsit. Antiqua disciplina milites habuerat; de præda parcius, quam speraverant ex tantis regiis
opibus, dederat nihil relicturis, [1] (si aviditati indulgeretur)
quod in ærarium deferret. Totus Macedonicus exercitus
imperatori erat neglegenter adfuturus comitiis ferendæ legis.
Sed eos Ser. Sulpicius Galba, qui tribunus militum secundæ
legionis in Macedonia fuerat, privatim imperatori inimicus,
prensando ipse, et per suæ legionis milites sollicitando, sti-
mulaverat, ut frequentes ad suffragium adessent : ' Imperio-
' sum ducem et [69] malignum antiquando rogationem, quæ de
' triumpho ejus ferretur, ulciscerentur. plebem urbanam secu-
' turam esse militum judicia. Pecuniam illum dare non po-
' tuisse, [70] militem honorem dare posse? ne speraret ibi fruc-
' tum gratiæ, ubi non meruisset.'

---

[k] _tam_ del. Gron. Crev.                    [1] _relicturus_ Esed.

[68] _Retulitque ferociorem_] Vid. quæ
annotavimus supra ad c. 20.
[69] _Malignum_] Nimis parcum.
[70] _Militem honorem dare posse_] De
hoc loco variant admodum doctissimo-
rum quoque interpretum sententiæ.
Nobis nihil melius videtur, quam quod
Sigonio placuit : _militem honorem dare_

U. C. 585.
A. C. 167.

Ser. Galba
dissuadet
legem de
triumpho
Paulli.

XXXVI. His incitatis, quum in Capitolio rogationem eam Ti. Sempronius tribunus plebis ferret, [71] et privatis lege dicendi locus esset, nec [m] ad suadendum, ut in re minime dubia, quisquam procederet; Ser. Galba repente processit, et a tribuno postulavit, ' Ut, quoniam hora jam octava diei esset, ' nec satis temporis ad demonstrandum haberet, cur L. Æmi- ' lium non juberent triumphare, in posterum diem differrent, ' et mane eam rem agerent. Integro sibi die ad caussam eam ' orandam opus esse.' Quum tribunus dicere eo die, si quid vellet, juberet, in noctem rem dicendo extraxit, referendo admonendoque, ' Exacta acerbe munia militiæ; plus laboris, ' plus periculi, quam desiderasset res, injunctum; contra in ' præmiis, in honoribus, omnia artata. militiamque, [71] si tali- ' bus succedat ducibus, horridiorem asperioremque bellanti- ' bus; eamdem victoribus inopem atque inhonoratam futuram. ' Macedonas in meliore fortuna, quam milites Romanos, esse. ' Si frequentes postero die ad legem antiquandam adessent, ' intellecturos potentes viros, non omnia in ducis, aliquid et in ' militum manu esse.' His vocibus incitati, postero die milites tanta frequentia Capitolium compleverunt, ut aditus nulli præterea ad suffragium ferendum esset. Intro vocatæ primæ tribus quum antiquarent concursus in Capitolium principum civitatis factus est, ' Indignum facinus esse,' clamitantium, ' L. Paullum, tanti belli victorem dispoliari [n] triumpho. ob- ' noxios imperatores tradi licentiæ atque avaritiæ militari: [73] in ' uno nimis se[o] per ambitionem peccare. Quid, si domini mi- ' lites imperatoribus inponantur ?' In Galbam pro se quisque probra ingerere. Tandem, hoc tumultu sedato, M. Servilius, qui consul et magister equitum fuerat, ut de integro eam rem agerent, ab tribunis petere, dicendique sibi ad populum potestatem facerent. Tribuni, quum ad deliberandum secessissent, victi auctoritatibus principum, de integro agere cœperunt, revocaturosque se easdem tribus renunciarunt, si M. Servilius aliique privati, qui dicere vellent, dixissent.

[m] [nec] Crev. [n] despoliari Gron. Crev. non posse. Intellige autem non posse militem, quia non vult; quemadmodum imperatorem arguit Galba jactasse non posse se pecuniam dare, quum revera nollet.

[71] Et privatis lege dicendi locus esset, nec ad suadendum] Particula nec merito addita a Sigonio est. Recte quoque Gronovius monet legendum, et privatis de lege dicendi locus esset, id est, suadendi dissuadendive legem. Denique quum vetus exemplar habuerit, ut in re minime dubia si quisquam, idem Gronovius suspicatur, ut in re minime dubiosa, quisquam : et firmat conjecturam suam auctoritate

[o] in uno nimis se l. ultro nimis sæpe Duen. Gellii, qui voce dubiosus usus est non semel. At nos illa auctoritas non frangit, nec facile ex sequiore ævo ductam vocem in Livium admictimus.

[72] Si talibus succedat ducibus] Si hæc sana sunt, sensus erit : si talibus ducibus res prospere succedant, si tales duces honore et præmiis augeantur.

[73] In uno nimis se per ambitionem peccare] Amplectimur emendationem Gronovii : ultro nimis sæpe per ambitionem peccari. Ultro, id est, etiam quum nihil cogat. Ambitionem intellige, ut sæpe alias, pravam et intempestivam gratiæ vulgi captationem.

XXXVII. Tum Servilius: 'Quantus imperator L.Æmilius U. C. 585
' fuerit, Quirites, si ex alia re nulla æstimari possit, vel hoc A. C. 167.
' satis erat, quod, quum tam seditiosos et leves milites, tam Servilii ora-
' nobilem, tam temerarium, tam eloquentem ad instigandam tio pro tri-<br>umpho.
' multitudinem inimicum in castris haberet, nullam in exercitu
' seditionem habuit. Eadem severitas imperii, quam nunc
' oderunt, tunc eos continuit. Itaque, antiqua disciplina ha-
' biti, [74] neque fecerunt. Ser. quidem Galba, si in L. Paullo
' accusando tirocinium ponere, et documentum eloquentiæ
' dare voluit, non triumphum inpedire debuit, quem, si nihil
' aliud, senatus justum esse judicaverat: sed [75] postero die,
' quam triumphatum est, privatum eum[p] visurus esset, nomen
' deferret, et legibus interrogaret; aut serius paullo, quum pri-
' mum magistratus ipse cepisset, diem diceret, inimicum ad
' populum accusaret. Ita et pretium recte facti triumphum
' haberet L. Paullus pro egregie bello gesto; et pœnam, si quid
' et vetere gloria sua et nova indignum fecisset. Sed videli-
' cet, [76]cui crimen nullum, nullum[q] probrum dicere poterat,
' ejus obtrectare laudes voluit. Diem integrum hesterno die ad
' accusandum L. Paullum petiit: quatuor horas, quantum su-
' pererat diei, dicendo absumsit. Quis umquam tam nocens
' reus fuit, cujus vitia vitæ tot horis expromi non possent?
' Quid interim objecit, quod L. Paullus, si caussam dicat, ne-
' gatum velit? Duas mihi aliquis conciones parumper faciat:
' unam militum Macedonicorum; puram alteram, integrioris
' judicii, [77] et a favore et odio, universo judicante populo Ro-
' mano. Apud concionem togatam et urbanam prius [78]reus
' agatur. Quid apud Quirites Romanos, Ser. Galba, diceres?
' [79] illa enim tibi tota abscisa oratio esset: "in statione se-
" verius et intentius institisti; vigiliæ acerbius et diligentius
" circumitæ sunt; [80]operis plus, quam antea, fecisti, qu um
" ipse imperator et exactor circumires; eodem die et iter

---

[p] eum l. cum Gron. Crev.      [q] [nullum] Crev.

[74] Neque fecerunt] Rescribit Alb.
Rubenius, assentiente Gronovio, tunc
quieverunt: quæ conjectura eo probabilior est, quod præcedit vox habiti, cujus
duæ ultimæ litteræ potuerunt absor-
bere duas a quibus incipit tunc.

[75] Postero die quam triumphatum est,
privatum quam visurus esset] Reposuit
Sigonius cum pro eum. Sed et muta cum
Gronovio est in et: postero die quam triumphatum, et privatum cum visurus esset.

[76] Cui crimen nullum, nullum probrum
dicere poterat] Nullum semel tantum in
vetusto codice erat. Geminavit Sigonius.
Sed et mallemus cujus nullum crimen.

[77] Et a favore et odio] Legimus et a
favore et ab odio.

[78] Reus agatur] Haud videmus, cur

hoc displicuerit Mureto, qui dubitantur
quidem, sed tamen subjicit: res agatur.
Sic agit hoc loco Servilius, quasi Paullus a Galba accusaretur ad populum.

[79] [*] Illa enim] Pronomen illa intelligi debet de iis quæ sequuntur. Sensus
est: jam nihil omnino diceres ex iis
quæ mox memoraturus sum: frustra in
eum hæc jaceres: in statione severius et
diligentius institit, etc.

[80] Operis plus, quam antea, fecisti,
quum ipse imperator...circumires] Toto
hoc in loco aliquid vitiatum est. Quæ
enim in secunda persona dicuntur, alia
ad imperatorem spectant, alia ad militem. Libentius mutaremus verba ad
imperatorem pertinentia, legeremusque:
institit, circumivit, ductus er.

U. C. 585.
A. C. 167.

"fecisti, et in aciem ex itinere duxisti. Ne victorem quidem
"te adquiescere passus est: statim ad persequendos hostes
"duxit. Quum te præda partienda locupletem facere posset,
"pecuniam regiam translaturus in triumpho est, et in ærarium
"laturus." Hæc sicut ad militum animos stimulandos aliquem
'aculeum habent, qui parum licentiæ, parum avaritiæ suæ in-
'servitum censent; ita apud populum Romanum nihil valu-
'issent: qui, ut vetera atque audita a parentibus suis non re-
'petat, quæ ambitione imperatorum clades acceptæ sint, quæ
'severitate imperii victoriæ partæ, proximo certe Punico bello,
'quid inter M. Minucium magistrum equitum et Q. Fabium
'Maximum dictatorem interfuerit, meminit. [81] Itaque accu-
'satorem id scire potuisse, et supervacaneam defensionem
'Paulli fuisse. Transeatur ad alteram concionem: nec
'Quirites vos, sed milites videor adpellaturus, si nomen hoc
'saltem ruborem incutere, et verecundiam aliquam impera-
'toris violandi adferre possit.'

XXXVIII. 'Equidem ipse aliter adfectus animo sum, qui
'apud exercitum mihi loqui videar, quam paullo ante eram,
'quum ad plebem urbanam spectabat oratio. [82] Quid etiam
'dicitis, milites? Aliquis est Romæ, præter Persea, qui tri-
'umphari de Macedonibus nolit? et eum non iisdem mani-
'bus discerpitis, quibus Macedonas vicistis? Vincere vos pro-
'hibuisset, si potuisset, qui triumphantes urbem inire pro-
'hibet. Erratis, milites, si triumphum imperatoris tantum,
'et non militum quoque et universi populi Romani, esse de-
'cus censetis. [83]Non unius hoc Paulli. Multi etiam, qui ab
'senatu non impetrarunt triumphum, in monte Albano tri-
'umpharunt. Nemo L. Paullo magis eripere decus perfecti belli
'Macedonici potest, quam C. Lutatio primi Punici belli, quam
'P. Cornelio secundi, [84] quam illis, qui post eos triumphave-
'runt[r]. Nec L. Paullum minorem aut majorem imperatorem
'triumphus faciet. militum magis in hoc universique populi Ro-
'mani fama agitur. primum [85]ne invidiæ et ingrati animi ad-
'versus clarissimum quemque civem opinionem habeat, et imi-
'tari in hoc populum Atheniensem, lacerantem invidia principes
'suos, videatur. Satis peccatum in Camillo a majoribus vestris
'est, quem tamen ante receptam per eum a Gallis urbem viola-

---

[r] *quam [decora cuique sua] illis qui [ante postve eos] triumphaverunt.* Crev.

[81] *Itaque accusatorem*] Hic aliquid
est quod offendat. Legit Gronovius: *itaque et accusator id scire potuisset, et supervacanea Paulli defensio fuisset.* Nos aliquid Livio dignius desideramus.

[82] *Quid etiam dicitis*] Lege cum
Mureto, *quid enim.*

[83] *Non unius hoc Paulli. Multi etiam
. . in monte Albano triumpharunt*] Hæc
manca ecce cuivis patet. Credimus

aliqua excidisse, et asteriscum apponen-
dum esse post nomen *Paulli.*

[84] *Quam [decora cuique sua] illis qui
[ante postve eos] triumphaverunt*] Hunc
locum in vetere exemplari mutilum, utcunque expletum habes ex Gronovii fere
sententia. Vetus scriptura nihil aliud
habuit, nisi *quam illis qui triumphaverunt.*

[85] *Ne invidiæ et ingrati animi*] Mallemus *invidi.*

'runt: satis insuper a vobis in P. Africano. Literni domici-
' lium et sedem fuisse domitoris Africæ! [86] Literni sepulcrum
' ostendi! Erubescamus, gloria si par illis viris L. Paullus, in-
' juria vestra exæquetur. Hæc igitur primum infamia deleatur,
' fœda apud alias gentes, damnosa apud nostros. Quis enim
' aut Africani, aut Paulli, similis esse in ingrata et inimica
' bonis civitate velit? Si infamia nulla esset, et de gloria
' tantum ageretur, qui tandem triumphus non communem no-
' minis Romani gloriam habet? Tot de Gallis triumphi, tot
' de Hispanis, tot de Pœnis, ipsorum tantum imperatorum, an
' populi Romani, dicuntur? Quemadmodum non de Pyrrho
' modo, nec de Hannibale, sed de Epirotis Karthaginiensibus-
' que triumphi acti sunt; Sic non M'. Curius tantum, nec P.
' Cornelius, sed Romani triumpharunt. Militum quidem pro-
' pria est caussa; qui et ipsi laureati, et quisque donis, quibus
' donati sunt, insignes, [87] triumphum nomine cient, suasque et
' imperatoris laudes canentes per urbem incedunt. Si quando
' non deportati ex provincia milites ad triumphum sint, fre-
' munt: et tamen tum quoque se absentes, quod suis mani-
' bus parta victoria sit, triumphare credunt. Si quis vos in-
' terroget, milites, ad quam rem in Italiam deportati, et non
' statim, confecta provincia, dimissi sitis? quid Romam fre-
' quentes sub signis veneritis, quid moremini hic, et non diversi
' domos quisque abeatis vestras? quid aliud respondeatis,
' quam vos triumphantes videri velle? [88] Vos certe victores
' conspici velle debebatis.'
XXXIX. ' Triumphatum nuper de Philippo, patre hujus, et
' de Antiocho est. ambo regnabant, quum de his triumphatum
' est. De Perseo capto, in urbem cum liberis abducto, non
' triumphabitur? Quod si in curru scandentes Capitolium,
' auratos purpuratosque, ex inferiore loco L. Paullus in turba
' togatorum unus privatus interroget: L. Anici, Cn. Octavi,
' utrum vos digniores triumpho esse, an me, censetis? currum
' ei cessuri, et præ pudore videntur insignia ipsi sua tradi-

---

[86] Literni sepulcrum ostendi! Erubescamus, gloria si par] Hæc parum sana
esse monet Gronovius, et in emendando
multum audet. Sic enim hæc omnia
refingit: satis insuper nos in P. Africano,
Literni domicilium et sedem fuisse domitoris
Africæ, Literni sepulcrum ostendi, erul es-
eimus. Gloriæ par illis viris L. Paulus,
injuria etiam vestra exæquabitur? Nobis
hæc emendatio minime blanditur. Ma-
lumus locum intactum relinquere. Tantummodo notam admirationis addidimus,
ut hic esse sensus intelligatur: Quam
pudendum nobis est, Literni domicilium
et sedem fuisse domitoris Africæ! Literni
sepulcrum ostendi! Non raro per vehe-

mentem affectum supprimitur integrum
orationis membrum. Virgil. Æn. l. 1.
Mene Iliacis occumbere campis Non potuisse?
[87] Triumphum nomine cient] Incla-
mantis sæpius, Io triumphe. Horatius,
Od. 2. 1. iv. io triumphe, Non semel dicemus, io triumphe, Civitas omnis.
[88] Vos certe victores conspici velle debe-
batis] Insulsa et ingrata repetitio. Non
possumus credere hæc sic a Livio, sine
ulla necessitate, sine ullo lepore, incul-
cata esse. Vel totum hoc deleri oportet,
vel alio rejici. Sed quonam apte transferri possit, non satis certo reperimus.

' turi. Et vos Gentium, quam Persea, duci in triumphum ma-
' vultis, Quirites, et de accessione potius belli, quam de bello,
' triumphari? Et legiones ex Illyrico laureatæ urbem inibunt, et
' navales socii? Macedonicæ legiones, suo abrogato, triumphas
' alienos spectabunt? [89] Quid deinde tam opimæ prædæ, tam
' opulentæ victoriæ spoliis fiet? Quonam abdentur illa tot mil-
' lia armorum, detracta corporibus hostium? an in Macedo-
' niam remittentur? Quo signa aurea, marmorea, eburnea, ta-
' bulæ pictæ, textilia, tantum argenti cælati, tantum auri, tanta
' pecunia regia? An noctu, tamquam furtiva, in ærarium de-
' portabuntur? Quid illud spectaculum maximum, noblissimus
' opulentissimusque rex captus, ubi victori populo ostendetur?
' Quos Syphax rex captus, accessio Punici belli, concursus
' fecerit, plerique meminimus. Perseus rex captus, Philippus
' et Alexander filii regis, tanta nomina, subtrahentur civitatis
' oculis? Ipsum L. Paullum, bis consulem, domitorem Græciæ,
' omnium oculi conspicere urbem curru ingredientem avent.
' Ad hoc fecimus consulem, ut bellum, [90] per quadriennium in-
' genti etiam pudore nostro tractum, perficeret. cui sortito pro-
' vinciam, cui proficiscenti præsagientibus animis victoriam
' triumphumque destinavimus, ei victori triumphum negaturi?
' et quidem non homines tantum, sed Deos etiam suo honore
' fraudaturi? Diis quoque enim, non solum [91] hominibus, de-
' betur. Utrum majores vestri omnium magnarum rerum et
' principia exorsi ab Diis sunt, [92] et finem eum statuerunt?
' Consul,, proficiscens, prætorve, [93] paludatis lictoribus, in pro-
' vinciam et ad bellum, vota in Capitolio nuncupat: victor,
' perpetrato eodem, in Capitolio triumphans ad eosdem
' Deos, quibus vota nuncupavit, merita dona populi Romani
' traducit. pars non minima triumphi est victimæ præce-
' dentes; ut adpareat, Diis grates agentem imperatorem ob
' rempublicam bene gestam redire. Omnes illas victimas,
' [94] quas traducendas in triumpho vindicavit, alias alio cædente,
' mactate. illas quidem epulas senatus, quæ nec privato loco,
' nec publico profano, sed in Capitolio eduntur, [95] utrum
' hominum voluptatis caussa, an Deorum hominumque, auctore
' Ser. Galba, turbaturi estis? L. Paulli triumpho portæ clau-

[89] *Quid deinde tam opimæ prædæ, tam opulentæ victoriæ spoliis fiet?*] Merito rescribit Gronovius *tam opima præda:* quomodo et dedit Sigonius in editione tertia, teste Hearnio.

[90] *Per quadriennium*] Imo *per triennium.* Vid. not 7. ad c. 41. infra.

[91] *Hominibus debetur. Utrum majores*] Scribe cum Gronovio: *Diis quoque enim, non solum hominibus debetur triumphus. Majores vestri.*

[92] *Et finem eum statuerunt*] Nempe deos.

[93] *Paludatis lictoribus*] Emendat Gro-

novius, *paludatus cum lictoribus.* Vid. not. 46. ad l. XLI. c. 10.

[94] *Quas traducendas in triumpho vindicavit*] Vitium manifestum. Gronovius legendum putat, *quas traducendas in triumpho locavit:* satis belle, si modo intelligatur Paullus victimas non modo traducendas in triumpho, sed et præbendas locasse.

[95] *Utrum hominum voluptatis causa an deorum hominumque*] Non hæc sincera nobis videntur. Fortasse legere possimus: *non hominum voluptatis causa, sed deorum honoris.*

‘ dentur ? Rex Macedonum Perseus cum liberis et turba alia    U. C. 585.
‘ captivorum, spolia Macedonum, citra flumen relinquentur?   A. C. 167.
‘ L. Paullus privatus, tamquam rure rediens, a porta domum
‘ ibit.   **Et** [a] tu, centurio, miles, quid de imperatore Paullo
‘ senatus decrerit [b] potius, quam quid Ser. Galba fabuletur,
‘ audi: et hoc dicere me potius, quam illum, audi. Ille nihil,
‘ præterquam loqui, et ipsum maledice aç maligne, didicit:
‘ ego ter et vicies cum hoste per provocationem pugnavi: ex
‘ omnibus, cum quibus manum conserui, spolia retuli. insigne   Servilius
‘ corpus honestis cicatricibus, omnibus adverso corpore ex-   nudat cor-
‘ ceptis, habeo.’ Nudasse deinde se dicitur, et, quo quæque   nera ostento-
bello vulnera accepta essent, retulisse. quæ dum ostentat,   tat.
adapertis forte, quæ velanda erant, tumor inguinum proximis
risum movit. Tum, ‘Hoc quoque, quod ridetis,’ inquit, ‘in
‘ equo dies noctesque persedendo habeo: nec magis me ejus,
‘ quam cicatricum harum, pudet pœnitetque; quando num-
‘ quam mihi inpedimento ad rempublicam bene gerendam
‘ domi militiæque fuit. Ego hoc ferro sæpe vexatum corpus
‘ vetus miles adolescentibus militibus ostendi. Galba nitens
‘ et integrum denudet. Revocate, si videtur, tribuni, ad suf-
‘ fragium tribus; ego ad vos, milites,

\*    .    \*     \*

XL. Summam omnis captivi auri argentique translati
[97] sestertiûm millies ducenties fuisse, Valerius Antias tradit:
[98] quæ haud dubie major aliquanto summa [99] ex numero

---

[a] Et l. At Doer.      [b] decrevit Gron. Crev.

[96] Et tu, centurio, miles] Lege cum Gronovio: At tu, centurio, miles, quid senatus decrerit . . . audi. In iis quæ sequuntur, et hoc dicere me potius quam illum audi, facile pateremur recidi hæc verba, hoc dicere, tanquam nec satis clara, et inutilia.

[97] Sestertiûm millies ducenties] Id est, sestertios 120000000. libras argenti pondo Romanas 300000. marcas nostrates 468750.

[98] Quæ haud dubie major aliquanto summa] Lege cum Gronovio qua. Ceterum quod hic observat Livius, summam a Valerio Antiate notatam minorem justo esse, id adstruitur ex ceteris quoque scriptoribus. Ex Plutarcho, ut videre licet in iis quæ ex illo desumpta inseruimus supplementi loco, solum aurum argentumque signatum ab illa summa non multum abit. Velleius l. i. scribit Æmilium bis millies centies ærario intulisse. Plinius l. xxxiii. c. 3. bis millies trecenties. Sic enim legendum esse contendit Clar. Harduinus. Et sane maximam fuisse

illam pecuniam necesse est, quæ populo Romano finem attulerit tributorum, ut habet Cic. l. ii. de Off. n. 76. cui adstipulantur Plinius loco memorato, et Plutarchus in Paullo. Cave tamen mutes in Livio notam numeri, quod voluit Gronovius. Ideo enim carpit Valerium noster, quia numerum parum accurate notatum judicavit.

[99] Ex numero plaustrorum] Non est verisimile plaustris aurum argentumque transvectum: nec ita Plutarchus, qui et signatos nummos, et omnia aurea argenteaque vasa ab hominibus gestata esse memorat. Ergo libenter cum Perizonio reponeremus Philippeorum; vel, quomodo magis placet Jac. Gronovio, ph. aureorum, qua ex scriptura facile vulgata manare potuit. Certe frequens usus Philippeorum apud Græcas et Asiaticas nationes; frequens item eorum mentio in triumphis quos Romani ex illis gentibus egerunt. Vid. supra xxxiv. 52. xxxvii. 59. xxxix. 5. etc.

U. C. 585.
A. C. 167.
plaustrorum ponderibusque auri, argenti, generatim ab ipso
scriptis, efficitur.    Alterum tantum aut in bellum proximum
absumtum, aut in fuga, quum Samothracen peteret, dissi-
patum tradunt: eoque· id mirabilius erat, quod tantum pecuniæ intra triginta annos post bellum Philippi cum Romanis, partim ex fructu metallorum, partim ex vectigalibus
a.iis, coacervatum fuerat.    Itaque admodum inops pecuniæ

**Paullus in
curru.**
Philippus, Perseus contra prædives, bellare cum Romanis
cœpit.   [1] Ipse postremo Paullus in curru magnam, quum
dignitate alia corporis, tum senecta ipsa, majestatem præ se
ferens: post currum inter alios inlustres viros filii duo, Q.
Maximus [2] et P. Scipio: deinde equites turmatim, et cohortes peditum suis quæque ordinibus.    Pediti in singulos
[3] dati centeni, duplex centurioni, triplex equiti. tantum pediti daturum fuisse credunt, et pro rata aliis, si aut non
refragati honori ejus fuissent, aut benigne, hac ipsa summa
nunciata, adclamassent.    Sed non Perseus tantum per illos
dies ducumentum humanorum casuum fuit, in catenis ante
currum victoris ducis per urbem hostium ductus; sed etiam

**Paullus
duos filios
amittit.**
victor Paullus, auro purpuraque fulgens. ¯ Nam duobus e
filiis, quos, duobus datis in adoptionem, solos nominis, sacrorum, familiæque hæredes retinuerat domi, minor, ferme
duodecim annos natus, quinque diebus ante triumphum,
major, quatuordecim annorum, triduo post triumphum decessit: quos prætextatos curru vehi cum patre, sibi ipsos
similes prædestinantes triumphos, oportuerat.    Paucis post
diebus, data a M. Antonio tribuno plebis concione, quum
de suis rebus gestis more ceterorum imperatorum disseruisset, memorabilis ejus oratio et digna Romano principe fuit.

**Oratio Æ-
milii ad po-
pulum.**
XLI. ' Quamquam et quam feliciter rempublicam adminis-
' traverim, [4] et quod duo fulmina domum meam per hos dies
' perculerint, non ignorare vos, Quirites, arbitror, quum specta-

---

[1] *Ipse postremo Paullus*] Fortasse
quis crediderit nos nimia emendandi
prurigine laborare.   Sed tamen credimus hic ordinem narrationis a librariis
corruptum esse.   Secundo enim die
translatum fuerat aurum et argentum.
Tertio Perseus et captivi ante currum
victoris ducti sunt.   Igitur verisimile
non est, Livium post mentionem Persei factam, antequam de Paullo qui
proxime sequebatur diceret, reliquisse
descriptionem incedentis pompæ, ut
de summa auri argentique captivi,
quod pridie translatum fuerat, de divitiis Persei dissereret, ac tum denique
ad Pallum reverteretur.   Si quid hic
videmus, tota hæc periodus, *Ipse postremo Paullus,* usque ad hæc verba *et
cohortes peditum suis quæque ordinibus,* præcedere debet.   Subjungenda

postea τὰ *Summam omnis captivi auri
argenti . . . bellare cum Romanis cœpit.*
Unde transiliemus ad hæc verba *Pediti
in singulos.*

[2] *Et P. Scipio*] Prænomen adjecit
Sigonius.

[3] *Dati centeni*] Dcest vox *denarii.*
Centeni denarii sunt unciæ nostrates
duodecim cum semuncia.   In iis quæ
sequuntur, assentimur Gronovio et Mureto reponentibus, *alterum tantum pediti
daturum fuisse credunt, et pro rata aliis:*
id est, ducenos pediti, quadringenos centurioni, sexcentenos equiti.   Cum iisdem quoque legimus *hac ipsa summa
pronunciata.*   Cicero pro Cluent. n. 78.
*suppressam esse ab eo pecuniam, quam
pro reo pronunciasset.*

[4] *Et quod duo fulmina*] Merito emendat Gronovius: *et quæ duo fulmina.*

' culo vobis nunc triumphus meus, nunc funera liberorum meo-
' rum fuerint; tamen paucis, quæso, sinatis me cum publica
' felicitate comparare eo, quo debeo, animo privatam meam
' fortunam. Profectus ex Italia, classem a Brundisio sole orto
' solvi; nona diei hora cum omnibus meis navibus Corcyram
' tenui. Inde quinto die Delphis Apollini pro me, exercitibus-
' que, et classibus ⁵ lustra sacrificavi. A Delphis quinto die in
' castra perveni: ubi exercitu accepto, mutatis quibusdam, quæ
' magna inpedimenta victoriæ erant, progressus, quia inexpug-
' nabilia castra hostium erant, neque cogi pugnare poterat rex,
' inter præsidia ejus ⁶ saltum ad Petram evasi, et, ad pugnam
' rege coacto, acie vici: Macedoniam in potestatem populi Ro-
' mani redegi, et, quod bellum ⁷ per quadriennium quatuor ante
' me consules ita gesserunt, ut semper successori traderent gra-
' vius, id ego quindecim diebus perfeci. Aliarum deinde se-
' cundarum rerum velut proventus secutus. civitates omnes Ma-
' cedoniæ se dediderunt; gara regia in potestatem venit; rex
' ipse, tradentibus prope ipsis Diis, in templo Samothracum
' cum liberis est captus. Mihi quoque ipsi nimia jam fortuna
' mea videri, eoque suspecta esse. Maris pericula timere cœpi,
' in tanta pecunia regia in Italiam trajicienda, et victore ex-
' ercitu transportando. Postquam omnia secundo navium cursu
' in Italiam pervenerunt, neque erat, quod ultra precarer, il-
' lud optavi, ut, quum ex summo retro volvi fortuna consuesset,
' mutationem ejus domus mea potius, quam respublica, sentiret.
' Itaque ⁸ defunctam esse fortunam publicam mea tam insigni
' calamitate spero; quod triumphus meus, velut ad ludibrium
' casuum humanorum, duobus funeribus liberorum meorum est
' interpositus. Et, quum ego et Perseus nunc nobilia maxime
' sortis mortalium exempla spectemur, ille, qui ante se captivos
' captivus ipse duci liberos vidit, incolumes tamen eos habet:
' ego, qui de illo triumphavi, ab alterius funere filii ⁹ curru

---

⁵ *Lustra sacrificavi*] Annotat Sigonius nusquam legi apud scriptores antiquos *lustra sacrificare*. Præterea non
potuisse Æmilium lustrare Delphis
exercitum, quem nondum acceperat.
Itaque legit: *pro me, exercitibusque et
classibus vestris sacrificavi.*

⁶ *Saltum ad Petram*] Locus vocatur *Pythium*, supra l. XLIV. c. 35.
Plat in Æmilio, ubi saltum hunc superatum narrat, utrumque nomen con-
jungit, τὴν (εἰσβολὴν) παρὰ τὸ Πύθιον
καὶ τὴν Πέτραν.

⁷ *Per quadriennium quatuor ante me
consules*] Mirum videri debet, et supra c. 39. et hic rursus perperam numerari annos quibus bellum adversus
Persea gestum est. onstat enim, ut

quod maxime, ex præcedentibus libris,
tres tantum consules ante Æmilium
Paullum per triennium hoc bellum
administrasse, nempe P. Licinium
Crassum, A. Hostilium Mancinum,
Q. Marcium Philippum. Credere vix
audemus hunc errorem esse a Livio.
Incusemus igitur corruptoris pervica-
ciam.

⁸ *Defunctam esse fortunam publicam*] Liberam et immunem factam
esse fortunam publicam ab omni malorum metu ac periculo, per meam cala-
mitatem; in meam scilicet domum
verso quidquid calamitatis, in compen-
sationem nimis lætarum rerum, impendere Reipublicæ poterat.

⁹ *Curru in Capitolium, ex Capitolio*

U. C. 585.
A. C. 167. ' in * * * ex Capitolio prope " jam exspirantem veni : neque
' ex tanta stirpe liberûm superest, qui L. Æmilii Paulli nomen
' ferat. Duos enim, tamquam ex magna progenie liberorum
' in adoptionem datos, Cornelia et Fabia gens habent; Paulli
' in domo, præter se, nemo superest. Sed hanc cladem domus
' meæ vestra felicitas et secunda fortuna publica consolatur.'

XLII. Hæc, tanto dicta animo, magis confudere audientium animos, quam si miserabiliter orbitatem suam deflendo
locutus esset. Cn. Octavius Kalendis Decembribus de rege

*Triumphus* Perseo navalem triumphum egit. Is triumphus sine captivis
*navalis Cn.* fuit, sine spoliis. Dedit sociis navalibus in singulos [10] dena-
*Octavii.* rios septuagenos quinos; gubernatoribus, qui in navibus
fuerant, duplex; [11] magistris navium quadruplex. Senatus
deinde habitus est. Patres censuerunt, ut Q. Cassius Persea

*Perseus Al-* regem cum Alexandro filio Albam in custodiam duceret;
*bam mis-* comites, pecuniam, argentum, instrumentum quod haberet.
*sus.* Bitis, regis Thracum filius, cum obsidibus in custodiam Car-
seolos est missus. Ceteros captivos, qui in triumpho dueti
erant, in carcerem condi placuit. Paucos post dies, quam
hæc acta, legati ab Cotye rege Thracum venerunt, pecuniam
ad redimendum filium aliosque obsides adportantes. Eis, in
senatum introductis, et [12] id ipsum argumenti prætendentibus orationis, non sua voluntate Cotyn bello juvisse Persea,
quod obsides dare coactus esset, orantibusque, ut eos pretio,
quantum ipsi statuissent Patres, redimi paterentur, responsum ex auctoritate senatus est : ' Populum Romanum me-
' minisse amicitiæ, quæ cum Cotye, majoribusque ejus, et
' gente Thracum fuisset. Obsides datos crimen, non crimi-
' nis defensionem, esse : quum Thracum genti ne quietus qui-
' dem Perseus, nedùm bello Romano occupatus, timendus fuerit.
' Ceterum, etsi Cotys Persei gratiam prætulisset amicitiæ po-
' puli Romani, magis, quid se dignum esset, quam quid merito
' ejus fieri posset, æstimaturum : filium atque obsides ei re-
' missurum. Beneficia gratuita esse populi Romani : pretium
' eorum malle relinquere in accipientium animis, quam præ-
' sens exigere.' Legati nominati, T. Quinctius Flamininus,
C. Licinius Nerva, M. Caninius Rebilus, qui obsides in
Thraciam reducerent : et Thracibus munera data in singu-

---

" *curru ex Capitolio ad alterum prope etc.* Gron. *curru in* [Capitolium] *ex Ca-*
*pitolio* [ad alterum] *prope etc.* Crev.

*ad alterum prope jam exspirantem*]
Unicum exemplar habuit *currum ex Ca-*
*pitolio prope jam exspirantem.* Correxit
et supplevit Ursinus.
[10] *Denarios septuagenos quinos*] Uncias argenti 9. *grossos,* ut vocant, 3.
[11] *Magistris navium*] Vid. not. 39.
ad l. XLIII. c. 8.

[12] *Id ipsum argumenti prætendentibus*
*orationis*] Lege cum Gronovio *orationi.*
Quum dicerent Cotyn non sua voluntate juvisse Persea, idipsum argumenti
prætendebant orationi, sive eo ipso
argumento fidem facere conabantur
orationi suæ, quod obsides dare coactus
esset.

los [13] binûm millium æris. Bitis, cum ceteris obsidibus a Car-
seolis arcessitus, ad patrem cum legatis missus. Naves regiæ, captæ de Macedonibus [14] inusitatæ [x] ante magnitudinis,
in campo Martio subductæ sunt.

XLIII. Hærente adhuc, non in animis modo, sed pene
in oculis, memoria Macedonici triumphi, L. Anicius [15] Qui- L. Anicii
rinalibus triumphavit de rege Gentio Illyriisque. Similia triumphus.
omnia magis visa hominibus, quam paria. minor ipse imperator, et nobilitate Anicius cum Æmilio, et jure imperii
prætor cum consule conlatus : non Gentius Perseo, non
Illyrii Macedonibus, non spolia spoliis, [16] non pecunia pecuniæ, non dona donis comparari poterant. Itaque sicut
præfulgebat huic triumphus recens; ita adparebat ipsum
per se intuentibus nequaquam esse contemnendum. Per-
domuerat intra paucos dies, terra marique ferocem, locisque
munitis fretam, gentem Illyriorum : regem regiæque omnes
stirpis ceperat : [17] transtulit in triumphum multa. militaria
signa, spoliaque alia, et supellectilem regiam : [18] auri pondo [y]
viginti et septem, argenti decem et novem pondo : [19] denariûm tria millia, et [20] centum viginti millia Illyrii argenti.
Ante currum ducti Gentius rex cum conjuge et liberis,
et Caravantius frater regis, et aliquot nobiles Illyrii. De
præda militibus in singulos [21] quadragenos quinos denarios,
duplex centurioni, triplex equiti, sociis nominis Latini quantum civibus, et sociis navalibus dedit quantum militibus.
Lætior hunc triumphum est secutus miles, multisque dux
ipse carminibus celebratus. [22] sestertiûm ducenties ex ea
præda redactum esse, auctor est Antias, præter aurum ar-

---

[x] *invisitatæ* Rup.

[y] *pondo* del. Gron. Crev.

[13] *Binûm millium æris*] Marcarum
argenti nostratium 3. unciæ 1.

[14] *Inusitatæ ante magnitudinis*] Sive
vulgatam lectionem sequare, sive cum
Gronovio emendes *invisitatæ*, utique
intelligendum est, Romanis. Nam notæ
sunt, nec ignorare eas potuit Livius,
Hieronis [o] navis quæ viginti ordinibus
remorum ageretur; Ptolemæi Phila-
delphi duæ, quæ triginta remorum ordinibus; Philopatoris quæ quadraginta :
de quibus Athenæus l. v.

[15] *Quirinalibus*] Quirinalia celebrabantur Februario mense, a. d. XIII.
Kal. Martias, in honorem Quirini, seu
Romuli. Vid. Festum in voce *Quirinalia*, et Ovid. l. II. Fast.

[16] *Non pecunia pecuniæ*] Emendatio
Sigonii. Vetus lectio fuit : *non pecunia
Macedonicæ*.

[17] *Transtulit in triumphum*] Lege
cum Gronovio *in triumpho*: sic enim
semper Livius, et Gramaticæ ratio
postulat.

[18] *Auri viginti et septem .. pondo*]
Marcas nostrates 42. semuncias 3. *Argenti decem et novem*. Marcas 29. uncias 5. semunciam 1. Merito observat
Gronovius hanc summam perexiguam
esse, et aliquid fortasse vitii esse in numeris.

[19] *Denariûm tria millia*] Marcas argenti 46. uncias 7.

[20] *Centum viginti millia Illyrii argenti*] Non abs re suspicatur Dujatius
hic designari Victoriatos, quos ex Illyrico primum advectos esse memorat
Plinius, l. XXXIII. c. 3. Victoriatus
autem erat quinarius, sive dimidia pars
denarii. Itaque centum viginti millia
Victoriatorum efficiunt marcas argenti
937. uncias 4.

[21] *Quadragenos quinos denarios*] Uncias argenti 5. grossos, ut vocant, 5.

[22] *Sestertiûm ducenties*] Libras argenti Romanas 50000. marcas Parisienses 78125.

U. C. 585.
A. C. 167.

Gentius
cum suis
Spoletium
missus,
tum Igu-
vium.

Comitia.

Prusias rex
Romam ve-
nit.

gentumque, quod in ærarium sit latum : quod quia unde redigi potuerit, non adparebat, auctorem pro re posui.   Rex Gentius cum liberis, et conjuge, et fratre Spoletium in custodiam ex senatusconsulto ductus, ceteri captivi Romæ in carcerem conjecti : recusantibusque custodiam Spoletinis, [23] Igiturvium reges traducti.   Reliquum ex Illyrico prædæ ducenti viginti lembi erant; de Gentio rege captos eos Corcyræis[a], et Apolloniatibus, et Dyrrachinis Q. Cassius ex senatusconsulto tribuit.

XLIV.  Consules eo anno, agro tantum Ligurum populato, [24] quum hostes exercitus numquam eduxissent, nulla re memorabili gesta, Romam ad magistratus subrogandos redierunt ; et primo comitiali die consules crearunt M. Claudium Marcellum, C. Sulpicium Gallum.   Deinde prætores postero die L. Julium[a], L. Appuleium Staturninum, A. Licinium Nervam, P. Rutilium Calvum, P. Quinctilium Varum, M. Fonteium.   His prætoribus duæ urbanæ provinciæ sunt decretæ, duæ Hispaniæ, Sicilia ac[b] Sardinia. Intercalatum eo anno: postridie Terminalia [25] intercalares fuerunt.   Augur eo anno mortuus est C. Claudius : in ejus locum augures legerunt T. Quinctium Flamininum. et flamen Quirinalis mortuus [26] Q. Fabius Pictor.   Eo anno rex Prusias venit Romam cum filio Nicomede.   Is, magno comitatu urbem ingressus, ad forum a porta tribunalque Q. Cassii prætoris perrexit : concursuque undique facto, ' Deos, qui urbem Romam incolerent, senatumque et popu- ' lum Romanum salutatum se' dixit ' venisse : et gratulatum, ' quod Persea Gentiumque reges vicissent; Macedonibusque ' et Illyriis in ditionem redactis, auxissent imperium.'   Quum prætor senatum ei, si velit, eo die daturum dixisset ; biduum petiit, quo templa Deûm urbemque et hospites amicosque viseret.   Datus, qui circumduceret eum, L. Cornelius Scipio quæstor ; qui et Capuam ei obviam missus fuerat : et ædes, quæ ipsum comitesque ejus benigne reciperent, conductæ. Tertio post die senatum adit ; gratulatus victoriam est ; merita sua in eo bello commemoravit ; petiit, ' Ut votum ' sibi solvere, Romæ in Capitolio decem majores hostias, et ' Præneste unam Fortunæ, liceret. ea vota pro victoria populi ' Romani esse.  Et ut societas secum renovaretur ; agerque ' sibi, de rege Antiocho captus, quem nulli datum a populo

---

[a] *Corcyreis* Gron. Crev.          [a] *Julium* 1. *Livium* Eæd.          [b] *et* Eæd.

---

[23] *Igiturvium*]   Recte Sigonius et Turnebus *Igurium.*   *Reges* intellige Gentium cum uxore et omni stirpe.
[24] *Quum hostes exercitus numquam eduxissent*] Magis placeret *nusquam.*
[25] *Intercalares*]  Vel excidit, vel in-
telligenda est vox *Kalendæ.*  Vid. supra l. XLIII. c. 11.
[26] *Q. Fabius Pictor*]  Huic prænomen dabatur in vetere exemplari *M* Mutavit Sigonius ex l. XXXVII. c. 47.

'Romano Galli possiderent, daretur.' Filium postremo Ni- U. C. 585.
comedem senatui commendavit. Omnium, qui in Macedonia A. C. 167.
imperatores fuerant, favore est adjutus. Itaque cetera, quæ
petebat, concessa : de agro responsum est, ' Legatos ad rem
' inspiciendam missuros. Si ager populi Romani fuisset, nec
' cuiquam datus esset, dignissimum eo dono Prusiam habi-
' turos esse. Si autem Antiochi non fuisset, eo ne populi
' quidem Romani factum adparere : aut, si datus Gallis esset,
' ignoscere Prusiam debere, si ex nullius injuria quidquam ei
' datum vellet populus Romanus. [27] Ne quod detur quidem,
' gratum esse donum posse, quod eum, qui det, ubi vellet,
' ablaturum esse sciat. Facile Nicomedis commendationem
' accipere. Quanta cura regum amicorum liberos tueatur
' populus Romanus, documento Ptolemæum Ægypti regem
' esse.' Cum hoc responso Prusias est dimissus. [28] Munera
ei ex * [c] sestertiis jussa dari, et vasorum argenteorum [29] pondo
quinquaginta. et filio regis Nicomedi ex ea summa munera
dari censuerunt, ex qua Masgabæ filio regis Masinissæ data
essent : et ut victimæ aliaque, quæ ad sacrificium pertinerent,
seu Romæ, seu Præneste inmolare vellet, regi ex publico,
sicut magistratibus Romanis, præberentur : et ut ex classe,
quæ Brundisii esset, naves longæ viginti adsignarentur, quibus uteretur, donec [30] ad classem, dono datam ei, rex pervenisset. L. Cornelius Scipio ne ab eo abscederet, sumtumque
ipsi et comitibus præberet, donec navem [31] conscendisset [d].
[32] Mire lætum et ea benignitate in se populi Romani regem
fuisse, ferunt : [33] munera sibi ipsum emisse ; filium jussisse
donum populi Romani accipere. Hæc de Prusia nostri
scriptores. [34] Polybius, eum regem indignum majestate no- Prusiæ vi-
minis tanti, tradit ; pileatum, capite raso, [35] obviam ire legatis litas.
solitum, libertumque se populi Romani ferre ; et ideo insig-

[c] asteriscum ponit post *sestertiis* Gron. Nota lacunæ nulla est in Crev. [d] *con-*
*scendissent* Gron.

[27] *Ne quod detur quidem*] Fortasse,
inquit Muretus, *quoi*, id est, cui. Sed
obsoleta voce usum esse Livium non
facile credimus. Reponamus *cui.*

[28] *Munera ei ex sestertiis jussa dari*]
Excidit numerus sestertiorum.

[29] *Pondo quinquaginta*] Marcæ nostrates 78. uncia 1.

[30] *Ad classem dono datam ei*] Discimus ex hoc loco, si modo sanus est,
datam esse a Romanis Prusiæ regi classem, ex navibus nimirum Perseo ereptis.

[31] *Conscendisset*] Nempe Prusias.
Gronovianæ editiones habent *conscen-*
*dissent*, contra primæ editionis fidem.

[32] *Mire lætum et ea benignitate . . .*
*regem*] Manutius mutat particulam *et*

in *ex.* Nos eam omnino suppressam
maluerimus.

[33] *Munera sibi ipsum emisse*] Lege
cum Gronovio *renuisse.*

[34] *Polybius cum regem*] Eum vid.
Legat. 97.

[35] * *Obviam ire legatis solitum*] Hæc
intelligenda sunt de legatis olim ad
eum missis, non de eo tempore quo
ipse Romam venit. Ideo dicitur Prusias *solitus* obviam in legatis: quod
verbi quadrare non potest in unum
aliquod factum, sed plura denotat.
Nec vero legati ad Prusiam venientem
Romam missi sunt, sed L. Cornelius
Scipio quæstor, ut supra memoratum
est.

U. C. 585.
A. C. 167.

nia ordinis ejus gerere. Romæ quoque, quum veniret in curiam, submisisse se, et osculo limen curiæ contigisse : et ' Deos servatores suos' senatum adpellasse, aliamque orationem, non tam honorificam audientibus, quam sibi deformem, habuisse. Moratus circa urbem triginta haud amplius dies in regnum est [36] profectus.

[36] Profectus] Lambecius, citante Hearnio, observat in Biblioth. Vindobon. l. II. p. 947. post vocem profectus sequi in unico exemplari actumque, aliosque etiam duos versus olim fuisse, qui nunc prorsus evanuerunt, nec ulla ratione ex eorum vestigiis certi quidquam posse colligi. Totum denique illud volumen claudi monet subscriptione hac, quæ ob vetustatem pene oculos fugit :

TITI LIVI
AB URBE CONDITA
LIB. XLV. EXP.
INC. LIB. XLVI. FELICITER.

# EPITOMÆ

# LIBRORUM

## DEPERDITORUM.

# EPITOME LIBRI XLVI.

---

*EUMENES rex Romam venit: qui, quia Macedonico bello medium egerat, ne aut hostis judicatus videretur, si exclusus esset, aut liberatus crimine, si admitteretur; in commune lex lata est, ne cui regi Romam venire liceret. Claudius Marcellus consul Alpinos Gallos, C. Sulpicius Gallus consul Ligures subegit. Legati Prusiæ regis conquesti sunt de Eumene, quod fines suos popularetur: dixeruntque, eum conspirasse cum Antiocho contra populum Romanum. Societas cum Rhodiis deprecantibus juncta est. Lustrum a censoribus conditum est. Censa sunt civium capita trecenta viginti septem millia viginti duo. Princeps senatus lectus M. Æmilius Lepidus. [1] Ptolemæus Ægypti rex, pulsus regno a minore fratre, missis ad eum legatis, restitus est. Ariarathe Cappadociæ rege mortuo, filius ejus Ariarathes regnum accepit, et amicitiam cum populo Romano per legatos renovavit. Res præterea adversus Ligures, et Corsos, et Lusitanos, vario eventu gestas, et motus Syriæ, mortuo Antiocho, qui filium Antiochum puerum admodum reliquerat, continet. Hunc Antiochum puerum [2] cum Lysia tutore Demetrius, Seleuci filius, qui Romæ obses fuerat, [3] clam, quia non dimittebatur a Romanis, interemit; et ipse in regnum receptus. L. Æmilio Paullo, qui Persen vicerat, mortuo, tanta ejus abstinentia fuit, ut, quum ex Hispania et ex Macedonia immensas opes retulisset, vix ex auctione ejus redactum sit, unde uxori ejus dos solveretur. Pomptinæ paludes a Cornelio Cethego consule, cui ea provincia evenerat, siccatæ, agerque ex iis factus.*

---

[1] *Ptolemæus rex Ægypti, pulsus regno a minore fratre*] Sic tres Gronovii MSS. et Campanus. Vulgo *Ptolemæus Ægyptiorum rex, a minore fratre e regno pulsus.* Sed τὸ *Ægyptiorum* nimis emphatice dictum videtur, nec satis ex more solito loquendi. Vocula *e* plane redundat.

[2] *Cum Lysia tutore*] Addidit Sigonius vocem *ejus*, quam deinde receperunt editores. Sed illa facile intelligitur: quumque nec apud Andream, nec apud Campanum, nec in libris ab Hearnio inspectis exstet, delenda visa est.

[3] *Clam, quia non dimittebatur a Romanis*] Adde hic *elapsus.*

# XLVII.

*Cn. Tremellio tribuno plebis multa dicta est, quod cum M. Æmilio Lepido pontifice maximo injuriose contenderat: [4] sacrorumque, quam magistratuum, jus potentius fuit. Lex de ambitu lata. Lustrum a censoribus conditum est. Censa sunt civium capita trecenta triginta octo millia, trecenta quatuordecim. Princeps senatus lectus Æmilius Lepidus. Inter Ptolemæos fratres, qui dissidebant, fœdus ictum, ut alter in Ægypto, alter Cyrenis regnaret. Ariarathes, Cappadociæ rex, consilio Demetrii, regis Syriæ, et viribus pulsus regno, a senatu restitutus est. Missi a senatu, qui inter Masinissam et Karthaginienses de agro judicarent. C. Marcius consul adversus Dalmatas parum prospere primum, postea feliciter pugnavit; cum quibus bello confligendi caussa fuit, quod Illyrios, populi Romani socios, vastaverant; eamdemque gentem Cornelius Nasica consul domuit. Q. Opimius consul Transalpinos Ligures, qui Massiliensium oppida, Antipolim et Nicæam, vastabant, subegit. Præterea res in Hispania a compluribus parum prospere gestas continet. [5] Consules anno quingentesimo nonagesimo octavo ab urbe condita magistratum, peractis comitiis, insequentisque anni consulibus creatis, inire cœperunt. Mutandi comitia caussa fuit, quod Hispani rebellabant. Legati, ad disceptandum inter Masinissam et Karthaginienses missi, renunciaverunt, vim navalis materiæ se Karthagine deprehendisse. Aliquot prætores, a provinciis avaritiæ nomine accusati, damnati sunt.*

# XLVIII.

*Lustrum a censoribus conditum est. Censa sunt civium capita trecenta viginti quatuor millia. Semina tertii belli Punici referuntur. Quum in finibus Karthaginiensium ingens Numidarum exercitus, duce [6] Ariobarzane, Syphacis nepote, diceretur esse, M. Porcius Cato suasit, ut Karthaginiensibus, quum Ariobarzanem, specie contra Masinissam regem, sed re vera*

---

[4] *Sacrorumque magistratuum jus potentius fuit*] Observat Gronovius, nusquam pontificatum dici *magistratum sacrum.* Itaque quum vett. editiones et aliquot scripti præferant *Sacrorum quoque magistratuum*, emendat ille *Sacrorumque quam magistratuum jus potentius fuit*: atque ita edendum curavit. Nobis probabilis licet conjectura non ideo tamen in contextum admittenda visa est.

[5] *Consules anno* 598. *ab u. c. magistratum, peractis comitiis, insequentisque anni consulibus creatis, inire cœperunt*] Illum annum numeramus quingentesimum nonagesimum nonum ab u. c. Cetera quæ hic leguntur partim obscura, partim etiam falsa sunt. Vid. infra c. 36.

[6] *Archobarzane duce*] Aliquot MSS. a Gronovio inspecti habent *Ariobarzane*.

*contra Romanos, adcitum in finibus haberent, bellum indiceretur. Contradicente P. Cornelio Nasica, placuit, legatos mitti Karthaginem, qui specularentur, quid ageretur. Castigato senatu Karthaginiensium, quod contra fœdus et exercitum et navales materias haberent, pacem inter eos et Masinissam facere voluerunt, Masinissa agro, de quo lis erat, cedente. sed Gisgo, Hamilcaris filius, homo seditiosus, qui tunc in magistratu erat, quum senatus pariturum se judicio legatis dixisset, ita bellum adversus Romanos suadendo concitavit, ut legatos, quo minus violarentur, fuga explicuerit. Id nunciantes, infestum jam senatum Karthaginiensibus, infestiorem fecerunt. [7] M. Porcius Cato filii, in prætura mortui, funus tenuissimo, ut valuit, ( [7] nam pauper erat) sumtu fecit. Andriscus, qui se, Persei filium, regis quondam Macedoniæ, ingenti adseveratione mentiretur, Romam missus. M. Æmilius Lepidus, qui princeps senatus [8] ab sextis jam censoribus erat lectus, antequam exspiraret, præcepit filiis, lecto se strato sine linteis, sine purpura efferrent; in reliquum funus [9] ne plus, quam æris denos, consumerent: imaginum specie, non sumtibus, nobilitari magnorum virorum funera solere. De veneficiis quæsitum. Publicia et Licinia, nobiles feminæ, quæ [10] viros suos consulares necasse insimulabantur, cognita caussa, [11] quum prætori pro se vades dedissent, cognatorum decreto necatæ sunt. [12] Gulussa, Masinissæ filius, denunciavit, Karthagine delectus agi, classem comparari, et haud dubium bellum strui. Quum Cato suaderet, ut iis bellum indiceretur, P. Cornelio Nasica dicente, nihil temere faciundum, placuit, decem mitti legatos exploratum. L. Licinius Lucullus, A. Postumius Albinus consules, quum delectum severe agerent, nec quemquam gratia dimitterent, ab tribunis plebis, qui pro amicis suis vacationem impetrare non poterant, in carcerem conjecti sunt. Quum Hispaniense bellum,*

---

[7] *Nam pauper erat*] Haud ita Plutarchus, qui Catonem colligendæ pecuniæ studiosissimum fuisse affirmat, nec male ei rem cessisse. Eum vide in Cat. Maj.

[8] *Ab sextis jam censoribus*] Addidit Sigonius particulam *ab:* non sine causa, ut putamus.

[9] *Ne plus quam æris denos*] Summa ridicule exigua. Deni enim æris, etiamsi grave æs intelligatur, æquant denarium unum, sive unum argenti *grossum.* Unus MS. teste Gronovio habet *æris decus,* unde facillimum est id efficere quod Pithœus, memorante Hearnio, conjecerat, *æris decies:* nisi quod tunc summa non contemnenda exsurgit. Decies enim centena assium millia, etiamsi intelliguntur vulgares tum asses, qui senideni in denarium contribuebantur, æquant denarios 62500. marcas argenti nostrates 976. uncias 4. semunciam 1. Imitemur cautam Freinshemii modes-

tiam, qui hoc libro, c. 10. nihil definiens, *modicam pecuniam* in funus suum consumi jussisse Lepidum dicit.

[10] *Viros suos consulares*] Addidit Gronovius e tribus MSS. vocem *consulares.* Sane alter ex iis L Postumius consulatum gesserat. Sed Claudium Asellum fuisse consulem non exstat memoria. Vid c. 10. hujus libri.

[11] *Quum prætori prædes vadesque dedissent*] Observat Gronovius nihil hic prædibus opus esse. Prædes enim in lite nummaria, vades in re capitali dabantur. Itaque ex variis depravatarum in MSS. lectionum vestigiis variae emendationes tentat: quarum hæc maxime perspicui sensus esse nobis videtur: *quum a prætore die dicta vades dedissent.* Sed illa longius abit a MSS.

[12] *Gulussa . . . denunciavit, Carthagine detectus agi*] Melius Pithœus apud Hearnium *nunciavit.*

*parum prospere aliquoties gestum, ita confudisset civitatem
Romanam, ut ne ii quidem invenirentur, qui aut tribunatum
exciperent, aut legati ire vellent, P. Cornelius Æmilianus
processit, et excepturum se militiæ genus, quodcumque imperatum esset, professus est. quo exemplo omnes ad studium militandi concitavit.* [13] *L. Lucullus consul, qui M. Claudio Marcello successerat, quum lacessere omnes Celtiberiæ populi viderentur, Vaccæos, et Cantabros, et alias adhuc incognitas nationes in Hispania subegit. Ibi P. Cornelius Africanus Scipio
Æmilianus, L. Paulli filius, Africani nepos, sed adoptivus,
provocatorem barbarum tribunus militum occidit: et* [14] *in obpugnatione Intercatiæ urbis, majus etiam periculum adiit. nam
murum primus transcendit. Ser. Sulpicius Galba prætor male
adversus Lusitanos pugnavit. Quum legati ex Africa cum
oratoribus Karthaginiensium, et Gulussa Masinissæ filio, redissent, dicerentque, et exercitum se et classem Karthagine
deprehendisse,* [15] *perrogari sententias placuit. Catone et aliis
principibus senatui suadentibus, ut in Africam confestim transportaretur exercitus, quod P. Cornelius Nasica dicebat, nondum sibi justam caussam belli videri,* [16] *placuit, ut bello abstinerent, si Karthaginienses classem exussissent, et exercitum
dimisissent: sin minus, proximi consules de Punico bello referrent. Quum locatum a censoribus theatrum exstrueretur; P.
Cornelio Nasica auctore, tamquam inutile et nociturum publicis
moribus, ex senatusconsulto destructum est, populusque aliquamdiu stans ludos spectavit. Karthaginienses quum adversus fœdus bellum Masinissæ intulissent, victi ab eo,* [17] *annos*

---

[13] *L. Lucullus consul, (Claudius
Marcellus, cui successerat*] Longe aliter
hanc periodum formavit Gronovius, partim ex duobus MSS. partim ex conjectura. Sic ille edidit; *L. Lucullus
consul, cum Claudio Marcello, cui successerat, quum lacessere omnes Celtiberiæ
populi viderentur, Vaccæos* etc. sed hæc
parum sane placent: et hoc orationis
membrum, *quum lacessere omnes Celtiberiæ populi viderentur,* impediti, et
obscuri, et mutili sensus esse videtur.
Nos repræsentamus vett. editorum et
plerorumque MSS. lectionem, nisi quod
admoniti a Sigonio, τὸ *cui* male collocatum in suum, ut putamus, ordinem
revocavimus. Habent enim antiqui
editi, *L. Lucullus consul, cui Claudius
Marcellus successerat,* quod est contra
historiæ fidem, quum Marcello Lucullus successerit. Sensus clarus est quomodo legimus: Quum Claudius Marcellus Luculli decessor omnes Celtiberiæ
populos pacasse videretur, Lucullus in
ignotas adhuc regiones penetravit, et,
deficiente in Celtiberis belli materia,
Vaccæos, Cantabros subegit.

[14] *In oppugnatione Intercatiæ*] Vett.

edita et plerique scripti habent *in ex-
pugnatione.* Quis mutaverit, incertum.
Ceterum quum Intercatia non expugnata fuerit, sed per deditionem venerit
in Romanorum potestatem, (vid. c. 23.
hujus libri) τὸ *oppugnatione,* quod in
Gronovianis editionibus reperimus, loco
movendum esse non visum est. *Intercatiæ* est ab felici Sigonii conjectura,
quum prius legeretur *captæ*; in quibusdam autem scriptis *interceptæ.*

[15] *Perrogari sententias placuit*] Et
hunc quoque locum Sigonii levi emendatione adjuvit. Scripti et vett. editi:
*prorogari sententiam placuit.*

[16] *Placuit, ut bello abstineretur*] Vulgati, *ut bello desisteretur,* quod minus
proprium est; nondum etenim bellum cœptum erat. Apud Andream et
in uno e MSS. Hearnii exstat τὸ *abstineretur:* aliquot scripti habent *abstinerent.*

[17] *Annos habente nonaginta duos,*]
Legendum potius videtur *duodenona-
ginta,* quomodo Freinshemius habet c.
32. hujus libri. Etenim Polyb. apud
Valesium tradit Masinissam, quum decessit, annos tantum nonaginta natum

*habente nonaginta duos, et sine pulpamine mandere et gustare
panem tantum solito, insuper* [18] *Romanum bellum meruerunt.*

---

# XLIX.

*Tertii Punici belli initium* [19] *altero et sexcentesimo anno ab
urbe condita, intra quintum annum, quam erat cœptum, con-
summati. Inter M. Porcium Cátonem et Scipionem Nasicam,
quorum alter sapientissimus vir in civitate habebatur,* [20] *alter
etiam vir optimus a senatu judicatus erat, diversis certatum
sententiis est ; Catone suadente bellum, et ut tolleretur delere-
turque Karthago ;* [21] *Nasica dissuadente. Placuit tamen, quod
contra fœdus naves haberent, quod exercitum extra fines duxis-
sent, quod socio populi Romani et amico Masinissæ arma intulissent, quod filium ejus Gulussam, qui cum legatis Romanis
erat, in oppidum non recepissent, bellum iis indici. Priusquam
ullæ copiæ in naves inponerentur, Uticenses legati Romam venerunt, se suaque omnia dedentes. Ea legatio, veluti omen, grata
Patribus, acerba Karthaginiensibus fuit. Diti patri ludi* [22] *ad
Terentum, ex præcepto librorum Sibyllinorum, facti :* [23] *qui*

fuisse : consentitque Epitome libri Liviani L. in qua *Masinissa major nonaginta annis decessisse* memoratur. Hæc
enim loquendi forma satis indicat non
multum excessisse eum annos nonaginta.
Si autem tunc quum Carthaginienses
devicit duos et nonaginta habuisset,
mortuus fuisset major annis quatuor
et nonaginta. Ceterum sic quoque
Masinissa multo nunc provectior annis
erit, quam esse debuit si staretur iis
quæ de ejus ætate leguntur in Livio,
lib. xxiv. c. 49. Ibi enim dicitur septem et decem annos natus, anno u. c.
539. Unde sequeretur eum tunc quum
pugnam illum cum Carthaginiensibus
pugnavit de qua agit hæc epitome, anno
nimirum u. c. 602. annum ætatis tantummodo primum et octogesimum egisse. Nisi si quis error irrepsit in notas
numerorum apud Livium.

[18] *Romanum bellum meruerunt*] Hic
suetior est Pithœi codex, et, memorante
Hearnio, addit : *Motus præterea Syriæ,
et bella inter reges gesta referuntur:
inter quos motus Demetrius Syriæ rex
occisus erat.*

[19] *Altero et sexcentesimo anno ab u. c.*]
Repetit initium tertii Punici belli auctor hujus epitomes ab consulatu T.
Quintii, et M'. Acilii, ut patet ex eo
quod bellum hoc intra quintum annum

consummatum fuisse dicat. Finitum
est autem Cn. Cornelio, L. Mummio
Coss. qui quinto abhinc anno magistratum gesturi sunt. Porro *sexcentesimus
alter* intelligi debet, ut probavimus in
nota ad Liv. l. iii. c. 33. *sexcentesimus
primus.* Hunc tamen annum, quo T.
Quintius et M'. Acilius consules sunt,
numeramus sexcentesimum secundum,
ne a Dodwelli rationibus, quem sequimur in chronologia ducem, discrepemus.

[20] *Alter etiam vir optimus a senatu
judicatus erat*] Imo hic Scipio Nasica,
Corculum dictus, bis consul, et pontifex maximus, ejus qui ab senatu vir
optimus judicatus erat, filius fuit. Id
constat ex omni horum temporum historia. Nec audiendus Auctor de Vir.
illust. qui consentiens huic epitomæ ex
duobus unum facit.

[21] *Nasica dissuadente : placuit tamen*]
Distingue et scribe, *Nasica dissuadente.
Placuit tandem.* GRONOVIUS.

[22] *Ad Terentum*] Olim *ad Tarentum.*
Correxit Sigonius ex Festo, et Val. Max.
l. ii. c. 4.

[23] *Qui anno centesimo, primo bello
Punico*] Hic multum variant scripti et
editi Gronovius legit proxime ad MSS.
suorum fidem, vel *qui anno centesimo
ante,* vel *qui ante annum centesimum,
primo Punico bello.*

*anno. centesimo,. primo Punico. bello, quingentesimo et altero anno ab urbe condita, facti erant. Legati triginta Romam venerunt, per quos se Karthaginienses dedebant. Catonis sententia pervicit, ut in decreto perstaretur, et ut consules quam primum ad bellum proficiscerentur. Qui ubi in Africam transierunt, acceptis, quos imperaverant, trecentis obsidibus, et* [24]*armis, omnibusque instrumentis bellicis, si qua Karthagine erant; tunc, quum ex auctoritate Patrum juberent, ut in alium locum, dum a mari decem millia passuum,* [25] *ne minus, remotum,* [26] *oppidum facerent, indignitate rei ad bellandum Karthaginienses compulerunt. Obsideri obpugnarique cœpta est Karthago ab L. Marcio,. M'. Manilio consulibus. In qua obpugnatione quum neglectos ab una parte muros duo tribuni temere* [27] *cum cohortibus suis inrupissent, et ab oppidanis graviter cæderentur, a Scipione Africano expliciti sunt: per quem et castellum Romanorum,* [28] *quod nocte expugnabant, paucis equitibus juvantibus, liberatum est: castrorumque, quæ Karthaginienses, omnibus copiis ab urbe pariter egressi, obpugnabant, liberatorum is ipse præcipuam gloriam tulit. Præterea, quum ab irrita obpugnatione Karthaginis consul (alter enim Romam ad comitia ierat) exercitum duceret adversus Hasdrubalem, qui* [29] *cum altera.manu iniquum saltum insederat, suasit primo consuli, ne tam iniquo loco confligeret. victus deinde complurium, qui et prudentiæ ejus et virtuti invidebant, sententiis, et ipse saltum ingressus est. quumque, sicut prædixerat, fusus fugatusque esset Romanus exercitus, et duæ cohortes ab hoste obsiderentur, cum exiguis equitum turmis in saltum reversus, liberavit eas, et incolumes reduxit. Quam virtutem ejus et Cato, vir promtioris ad vituperandum linguæ, in senatu sic prosecutus est, ut diceret,* [30] *reliquos, qui in Africa militarent, umbras militare, Scipionem vigere;* [31] *et populus Romanus eo favore.complexus, ut comitiis plurimæ eum tribus* [32] *consulem scriberent, quum hoc per ætatem non liceret. Quum L. Scribonius tribunus plebis rogationem*

---

[24] *Armis, omnibusque instrumentis belli*] Hæc est veterum editorum lectio et aliquot scriptorum. Campanus pro *belli* habet *bellicis*, quod potest admitti. Vulgati: *armis omnibus instrumentisque belli.*

[25] *Ne minus*] Sic conjecerat Gronovius, quomodo plane Pithœus annotavit in variantibus lectionibus ad hunc locum, teste Hearnio. Vulgo *nec minus:* quod præ illo altero sordere debet cuivis bono Latinitatis æstimatori.

[26] *Oppidum facerent*] Recte videtur emendare Gronovius *transferrent.*

[27] *Cum cohortibus*] Pithœus apud Hearnium et Campanus addunt *suis.*

[28] *Quod nocte expugnabant*] Id est, expugnaturi videbantur; parum aberat,

quin expugnarent. Exprimimus hic Andreæ, Campani, et MSS. codicum Gronovii lectionem. Vulgo *oppugnaas* nt^

[29] *Cum altera manu*] Pithœus apud Hearnium, *cum ampla manu:* quod amplectendum videtur.

[30] *Reliquos. . umbras militare*] Versus Homericus, Od. x. v. 495. Οἷος πέπνυται. τοὶ δὲ σκιαὶ ἀΐσσουσιν. Ideo censet Gronovius legendum *umbras volitare:* hoc enim est ἀΐσσειν.

[31] *Et populus Romanus eo favore illum complexus est*] Retinuimus τὸ *est*, quod etsi abest a quibusdam scriptis Gronovio inspectis, necessarium tamen videtur ad fulciendam orationem.

[32] *Consulem scriberent*] Suspicatur

*promulgasset, ut Lusitani,* [33] *qui, in fidem populi Romani dediti, a Ser. Galba* [34] *in Galliam venissent, in libertatem restituerentur, M. Cato acerrime suasit. exstat oratio in Annalibus ejus inclusa. Q. Fulvius Nobilior,* [35] *et sæpe ab eo in senatu laceratus, respondit pro Galba. ipse quoque Galba, quum se damnari videret, complexus duos filios prætextatos,* [36] *et Sulpicii Galli filium, cujus tutor erat, ita miserabiliter pro se locutus est, ut rogatio antiquaretur. exstant tres orationes ejus :* [37] *duæ adversus Libonem tribunum plebis rogationemque ejus, habitæ de Lusitanis : una contra L. Cornelium Cethegum, in qua Lusitanos propter sese castra habentes cæsos fatetur, quod compertum habuerit, equo atque homine suo ritu inmolatis, per speciem pacis adoriri exercitum suum in animo habuisse. Andriscus quidam, ultimæ sortis homo, Persei regis se filium ferens, et mutato nomine Philippus vocatus, quum ab urbe Romana, quo illum Demetrius Syriæ rex ob hoc ipsum mendacium miserat, clam profugisset, multis ad falsam ejus fabulam, velut ad veram, coeuntibus, contracto exercitu, totam Macedoniam aut voluntate incolentium, aut armis occupavit. Fabulam autem talem finxerat. Ex pellice se et Perseo rege ortum, traditum educandum* [38] *Cretensi cuidam esse, ut in belli casus, quod ille cum Romanis gereret, aliquod velut semen regiæ stirpis exstaret. Perseo demortuo, Adramyttei se educatum usque ad duodecimum annum ætatis, patrem eum esse credentem, a quo educaretur, ignarum generis fuisse sui. adfecto deinde eo, quum prope ad vitæ finem ultimum esset,* [39] *detectam tandem ibi originem suam, falsæque matri libellum datum, signo Persei regis signatum, quem sibi traderet, quum ad puberem ætatem venisset : obtestationesque ultimas objectas, ut res in occulto ad id tempus servaretur. pubescenti libellum traditum : in quo relicti sibi duo thesauri a patre dicerentur. tum scientem mulierum subditum se esse, veram stirpem ignoranti edidisse genus : atque*

---

Gronovius *consulem juberent.* Etenim τὸ *scriberent* non potest intelligi nisi de suffragiis per tabellam latis. Tunc autem pronuntiabantur suffragia, non scribebantur. Nondum enim lex ulla tabellaria erat.

[33] *Qui in fidem populi Romani dediti*] Sic vet. lib. habere testatur Sigonius : sic habet et Campanus, nisi quod edidit *in fide.* Haud videmus igitur cur omnes editi recentiores dederint *populo Romano :* quæ loquendi forma minus usitata est.

[34] *In Gallia venirent*] Venumdati essent. Sigonius legi jussit *in Gallia.* Olim *in Galliam.*

[35] *Et sæpe ab eo*] Vellemus, *et ipse sæpe ab eo in senatu laceratus.*.

[36] *Et Sulpicii Galli filium*] Sic Campanus : et eodem alludunt duo MSS. Gronovii. Vulgo *et filium Caii Sulpicii.*

[37] *Duæ adversum Libonem. . rogationemque ejus habitæ de Lusitanis*] Gronovius edidit *habitam.* Sed quis unquam dixit *habere rogationem ?* Retinuimus *habitæ,* quod exstat in vett. editis, et referri debet ad *orationes.*

[38] *Cretensi*] Haud scimus a quo sit orta hæc lectio. Vett. editi *Cirthæe.* Sigonius ex vet. lib. et Pithœus apud Hearnium *Cretæ se.*

[39] *Detectam sibi tandem originem suam*] Quidam editi ante Sigonium carebant τῷ *sibi,* ut et unus MS. Gronovii. Et vero ex iis quæ sequuntur patet Andriscum non dixisse tunc *sibi,* sed falsæ matri detectam originem suam, quæ ei, quum ad puberem ætatem venisset, mysterium illud enuntiaret. Itaque libenter legeremus hic cum Gronovio : *detectam tandem originem suam falsæ matri, et libellum datum.*

*obtestatam, ut prius, quam manaret ad Eumenem res, Perseo inimicum, excederet iis locis, ne interficeretur. eo se exterritum, simul sperantem aliquod a Demetrio auxilium, in Syriam se contulisse: · atque ibi primum, quis esset, palam expromere ausum.*

---

## L.

*Thessalia, quum et illam invadere armis atque occupare Pseudophilippus vellet, per legatos Romanorum auxiliis Achæorum defensa est. Prusias rex Bythyniæ, [40] omniumque humillimorum vitiorum, a Nicomede filio, adjuvante Attalo rege Pergami, occisus est. Habebat alium filium, qui, pro superiore ordine dentium, enatum habuisse unum os continens dicitur. Quum legatos ad pacem inter Nicomedem et Prusiam faciendam Romani misissent, et unus ex iis multis cicatricibus sparsum caput haberet, alter pedibus æger esset, tertius ingenio socors haberetur; dixit Cato, eam legationem nec caput, nec pedes, nec cor habere. In Syria, quæ eo tempore [41] ex stirpe generis Persei, regis Macedonum, inertia socordiaque similem Prusiæ regem habebat, jacente eo [42] in ganea et lustris, Ammonius regnabat; per quem et amici omnes regis, et Laodice regina, et Antigonus, Demetrii filius, occisi. Masinissa, Numidiæ rex, major nonaginta annis decessit, vir insignis. Inter cetera opera juvenilia, quæ ad ultimum edidit, adeo, etiam versus in senectam, viguit, ut post sextum et octogesimum annum filium genuerit. Inter tres liberos ejus, maximum natu Micipsam, Gulussam, Mastanabalem, qui etiam Græcis literis eruditus erat, P. Scipio Æmilianus (quum commune eis pater regnum reliquisset, et dividere eos arbitro Scipione jussisset) partes administrandi regni divisit. Item [43] Phameæ Himilconi, præfecto equitum Karthaginiensium, viro forti, et cujus præcipua opera Pœni utebantur, persuasit, ut ad Romanos cum equitatu suo transiret. Ex tribus legatis, qui ad Masinissam missi*

---

[40] *Omniumque humillimorum vitiorum*] Et vir omnibus humillimis vitiis deformis.

[41] *Ex stirpe generis Persei regis Macedonum*] Hic agitur de Bala Alexandro, quem nemo ex stirpe Persei fuisse memoravit. Delrius apud Hearnium legit e MS. *stirpe generis parem Macedonum regi, inertia socordiaque similem Prusiæ.* Quæ lectio amplectenda videtur. Regem Macedonum hic intellige Pseudophilippum, qui tum in Macedonia regnabat, et incerti obscurique generis

erat itidem ut Alexander.

[42] *In ganeo*] Unus e MSS. Gronovii habet *in granea*: unde ille legendum existimat *in ganea*, quod plane exstat apud Andream. Sed parum interest.

[43] *Phameæ Himilconis*] Sigonius legi jussit ex Appiano *Phameæ*, quum libri haberent *Phaniæ*. Sed et ex eodem Appiano reponendum esset *Himilconi.* Hunc enim præfectum equitatus Carthaginiensium vocat ille scriptor *Himilconem, cognomine Phameam.*

*fuerant,* " *Claudius Marcellus, coorta tempestate, fluctibus obrutus est. Karthaginienses Hasdrubalem, Masinissæ nepotem, quem prætorem habebant, proditionis suspectum, in curia occiderunt : quæ suspicio inde emanavit, quod propinquus esset Gulussæ, Romanorum auxilia juvantis. P. Scipio Æmilianus, quum ædilitatem peteret, consul a populo dictus, quoniam per annos consulem fieri non licebat, cum magno certamine suffragantis plebis, et repugnantibus aliquamdiu Patribus, legibus solutus, et consul creatus est. " M'. Manilius aliquot urbes circumpositas Karthagini expugnavit. Pseudophilippus in Macedonia, cæso cum exercitu P. Juventio prætore, a Q. Cæcilio victus captusque est, et recepta Macedonia.*

---

## LI.

" *Karthago, in circuitu millia viginti tria passuum patens, magno labore obsessa, et per partes capta est ; primum a Mancino legato, deinde a Scipione consule, cui extra sortem provincia Africa data erat. Karthaginienses, portu novo (quia vetus obstructus a Scipione erat) facto, et contracta clam exiguo tempore ampla classe, infeliciter navali prœlio pugnaverunt. Hasdrubalis quoque ducis eorum castra, ad Nepherim oppidum loco difficili sita, cum exercitu deleta sunt a Scipione; qui tandem urbem expugnavit septingentesimo anno, quam erat condita. spoliorum major pars Siculis, quibus ablata erant, reddita. Ultimo urbis excidio, quum se Hasdrubal Scipioni dedidisset, uxor ejus, quæ paucis ante diebus de marito impetrare non potuerat, ut ad victorem transfugerent, in medium se flagrantis urbis incendium, duobus cum liberis, ex arce præcipitavit. Scipio exemplo patris sui naturalis Æmilii Paulli, qui Macedoniam vicerat, ludos fecit, transfugasque ac fugitivos bestiis objecit. Belli Achaici semina referuntur hæc : quod legati populi Romani ab Achaicis pulsati sint Corinthi, missi, ut eas civitates, quæ sub ditione Philippi fuerant, ab Achaico concilio secernerent.*

---

44 *Claudius Marcellus*] Pithœus apud Hearnium, M. *Claudius.*

45 *M'. Manilius*] Hoc debetur Sigonio. Libri omnes mendose, M. *Æmilius.*

46 *Carthago in circuitu viginti tria millia passuum patens*] Recentiores editi et plerique MSS. habent *passus.* Sed melius visum est *passuum,* quod in antiquis editis exstat. Ceterum Freinshe-

mius l. XLIX. c. 38. Strabone auctore, scripsit peninsulam in qua sita Carthago erat, quinque et quadraginta millia passuum habuisse, totamque muro custodiram fuisse. Sed intelligendum est urbem ipsam non tantum patuisse, suaque peculiaria mœnia habuisse, præter hunc murum, qui totam peninsulam ambiebat.

# LII.

*Cum Achæis, qui in auxilio Bæotos et Chalcidenses habebant,*
*Q. Cæcilius Metellus* [47] *ad Thermopylas bello conflixit: quibus*
*victis, dux eorum Critolaus veneno sibi mortem conscivit. in*
*cujus locum Diæus, Achaici motus primus auctor, ab Achæis*
*dux creatus, ad Isthmon a L. Mummio consule victus est. qui,*
*omni Achaia in deditionem accepta, Corinthon ex senatuscon-*
*sulto diruit, quia ibi legati Romani violati erant. Thebæ quo-*
*que et Chalcis, quæ auxilio fuerant, dirutæ. Ipse L. Mummius*
[48] *abstinentissimum virum egit. nec quidquam ex iis opibus*
*ornamentisque, quæ prædives Corinthos habuit, in domum ejus*
*pervenit. Q. Cæcilius Metellus de Andrisco triumphavit; P.*
*Cornelius Scipio Africanus Æmilianus de Karthagine et de*
*Hasdrubale. Viriathus in Hispania primum ex pastore venator,*
*ex venatore latro mox justi quoque exercitus dux factus, totam*
*Lusitaniam occupavit;* [49] *M. Vetilium prætorem, fuso ejus*
*exercitu, cepit: post quem C. Plautius prætor nihilo felicius*
*rem gessit: tantumque terroris is hostis intulit, ut adversus*
*eum consulari opus esset et duce, et exercitu. Præterea motus*
*Syriæ, et bella inter reges gesta referuntur. Alexander, homo*
*ignotus et incertæ stirpis, occiso (sicut ante dictum est) De-*
*metrio rege, in Syria regnabat. hunc Demetrius, Demetrii filius,*
*qui a patre quondam ob incertos belli casus ablegatus Gnidon*
*fuerat, contempta socordia inertiaque ejus, adjuvante Ptolemæo*
*Ægypti rege, cujus filiam Cleopatram in matrimonium accepe-*
*rat, bello interemit. Ptolemæus, in caput graviter vulneratus,*
*inter curationem, dum ossa medici terebrare contendunt, exspi-*
*ravit: atque in locum ejus frater minor Ptolemæus, qui Cy-*
*renis regnabat, successit. Demetrius ob crudelitatem, quam*
*— — tormenta in suos exercebat,* [50] *a Diodoto quodam, uno ex*
*——— ———— ———— ————,*
*subjectis, qui Alexandri ——, ———— ————, ———— ad-*
*serebat, bello superatus, Seleuciam confugit. L. Mummius de*
*Achæis triumphavit. signa ærea, marmoreaque, et tabulas pic-*
*tas in triumpho tulit.*

[47] *Ad Thermopylas bello conflixit*] nonnulli veteres editi et MSS. aliqui a Grono-vio inspecti: licet in eæ vocem *bello* in sua editione omiserit.

[48] *Abstinentissimum virum egit*] Cam-ers, Andreas, et plerique codices tum Gronovii, tum Hearnii, habent *abstinen-tissimum se virum egit.*

[49] *C. Vetilium*] Sic nominat hunc prætorem Appianus in Ibericis, et post eum Freinshemius, infra c. 25. et seqq. Vulgo hic : *M. Vitilium.*

[50] *A Diodoto quodam, uno ex subjectis*] Hoc nec satis Latine, nec proprie dic-tum est. Suspicamur *uno ex purpuratis.* Frequens occurrit purpuratorum mentio in regum Macedonicorum aulis.

## LIII.

*Ap. Claudius consul Salassos, gentem Alpinam, domuit. Alter Pseudophilippus in Macedonia a L. Tremellio quæstore cum exercitu cæsus est. Q. Cæcilius Metellus proconsul Celtiberos cecidit. a Q. Fabio proconsule pars magna Lusitaniæ, expugnatis aliquot urbibus, recepta est. C. Julius senator Græce res Romanas scribit.*

---

## LIV.

*Q. Pompeius consul in Hispania [31] Termestinos subegit. cum eisdem et Numantinis [32] pacem ab infirmitate fecit. Lustrum a censoribus conditum est. Censa civium capita trecenta viginti octo millia, quadringenta quadraginta duo. Quum Macedonum legati conquestum de D. Junio Silano, prætore venissent, quod acceptis pecuniis provinciam spoliasset et senatus de querelis eorum vellet cognoscere; T. Manlius Torquatus, pater Silani, petiit, inpetravitque, ut sibi cognitio mandaretur: et, domi caussa cognita, filium condemnavit, abdicavitque; ac ne funeri quidem ejus (quum suspendio vitam finisset) interfuit; sedensque domi potestatem consultantibus ex instituto fecit. Q. Fabius proconsul rebus in Hispania prospere gestis labem inposuit, pace cum Viriatho æquis conditionibus facta. Viriathus a proditoribus, consilio Servilii Cæpionis, interfectus est, et ab exercitu suo multum comploratus, ac nobiliter sepultus; vir duxque magnus, et per quatuordecim annos, quibus cum Romanis bellum gessit, frequentius superior.*

---

## LV.

*P. Cornelio Nasica, cui cognomen Serapion fuit ab inridente Curiatio tribuno plebis inpositum, et D. Junio Bruto consulibus delectum habentibus, in conspectu tironum res saluberrimi exempli facta est: nam C. Matienus accusatus est apud tribunos plebis, quod exercitum in Hispania deseruisset: damnatusque,*

---

[31] *Termestinos*] Sic scribunt hoc nomen veteres editiones: nuperæ *Thermantinos.* Sed *Terminus, Termantia,* quæ duæ ejusdem urbis nomina videntur apud Appianum in Ibericia, *Termes* apud Plinium et alios, quæ eadem urbs est ac *Termitus* Appiani, sine aspiratione scribuntur.

[32] *Pacem ab infirmitate fecit*] Sive hoc modo legas, sive, ut olim, *ob infirmitatem,* utrumque nugatorium merito videtur Gronovio: qui suspicatur, pacem a populo Romano infirmatam fecit; vel, pacem, improbante populo Romano, fecit.

*sub furca diu virgis cæsus est, et sestertio nummo veniit. Tri-*
*buni plebis, quia non impetrarent, ut sibi denos, quos vellent,*
*milites eximere liceret, consules in carcerem duci jusserunt.*
*Junius Brutus consul in Hispania iis, qui sub Viriatho mili-*
*taverant, agros et oppidum dedit, quod Valentia vocatum est.*
*M. Popillius a Numantinis,* [53] *cum quibus pacem factam senatus*
*irritam fieri censuerat, cum exercitu fusus fugatusque est.  C.*
*Hostilio Mancino consule sacrificante, pulli ex cavea evolave-*
*runt. conscendenti deinde navim, ut in Hispaniam proficiscere-*
*tur, accidit vox, Mane, Mansine : quæ auspicia tristia fuisse,*
*eventu probatum est.  Victus enim a Numantinis et castris*
*exutus, quum spes nulla servandi exercitus esset, pacem cum eis*
*fecit ignominiosam, quam ratam esse senatus vetuit.  Triginta*
*millia Romanorum a Numantinorum millibus quatuor victa*
*erant. D. Junius Lusitaniam, triginta urbium expugnationibus,*
*usque* [54] *ad occasum et oceanum perdomuit : et, quum* [55] *fluvium*
*Oblivionem transire nollent milites, ereptum signifero signum*
*ipse transtulit, et sic, ut transgrederentur, persuasit. Alexandri*
*filius, rex Syriæ, decem annos admodum habens, a Diodoto, qui*
*Tryphon cognominabatur, tutore suo, per fraudem occisus est ;*
*conruptis medicis, qui, eum calculi dolore consumi ad populum*
*mentiti, dum secant, occiderunt.*

---

# LVI.

*D. Junius Brutus in Hispania ulteriore feliciter adversus*
*Gallæcos pugnavit. dissimili eventu M. Æmilius Lepidus pro-*
*consul adversus Vaccæos rem gessit, clademque similem Numan-*
*tinæ passus est.  Ad exsolvendum Numantini fœderis religione*
*populum, Mancinus, quum hujus rei auctor fuisset, deditus Nu-*
*mantinis, non est receptus.  Lustrum a censoribus conditum est.*
[56] *Censa sunt civium capita trecenta viginti tria millia.  Fulvius*
*Flaccus consul Vardæos in Illyrico subegit.  M. Cosconius*
*prætor in Thracia cum Scordiscis prospere pugnavit.  Quum*
*bellum Numantinum vitio ducum non sine pudore publico dura-*
*ret, delatus est ultro Scipioni Africano a senatu populoque*
*Romano consulatus : quem quum illi capere* [57] *ob legem, quæ*

---

[53] *Cum quibus pacem factam senatus*
*irritam fieri censuerat*] Sigonius immisit
τὸ *fieri* : quod tamen abesse maluerimus,
et revera ignorant Andreas, et Campanus.

[54] *Ad Occasum et Oceanum*] Andreas,
Campanus, Hearnii codices, Sigonius
omittunt τὰ *Occasum et.*

[55] *Fluvium Oblivionem*] Legendum
*Oblivionis.* Nam is fluvius, non *Oblivio,*

sed *Oblivionis* nominabatur.  Is. Casaubonus ad Strab. l. III. p. 153.

[56] *Censa sunt*] Sic plerique scripti et
vett. editi.  In vulgatis deest *sunt.* Sed
et in numero civium censorum variant
libri.  Verum operæ pretium non videtur in his minutis tricis immorari.

[57] *Ob legem quæ vetabat quemquam*
*iterum consulem fieri*] Olim legebatur
*quemquam intra decem annos iterum con-*

*vetabat, quemquam iterum consulem fieri, non liceret, sicuti priori consulatu, legibus solutus est.  Bellum servile, in Sicilia ortum, quum obprimi a prætoribus non potuisset, C. Fulvio consuli mandatum est. hujus belli initium fuit Eunus servus, natione Syrus ; qui, contracta agrestium servorum manu, et solutis ergastulis, justi exercitus numerum inplevit.  Cleon quoque, alter servus, ad septuaginta millia servorum contraxit ; et, copiis junctis, [58] contra populum Romanum exercitumque ejus bellum sæpe gesserunt.*

---

## LVII.

*Scipio Africanus Numantiam obsedit, et conruptum licentia luxuriaque exercitum ad severissimam militiæ disciplinam revocavit. omnia deliciarum instrumenta recidit ; duo millia scortorum a castris ejecit ; militem quotidie in opere habuit, et triginta dierum frumentum [59] ad septenos vallos fere cogebat. ægre propter . onus incedenti dicebat,* Quum gladio te vallare scieris, vallum ferre desinito. *[60] Alii, scutum parvum habiliter ferenti, scutum amplius justo ferre jussit : [61] neque id se reprehendere, quando melius scuto, quam gladio, uteretur.  Quem militem extra ordinem deprehendit, si Romanus esset, vitibus ; si extraneus, [62] fustibus cecidit.  Jumenta omnia, ne exonera-*

---

*sulem.* Trigam hanc verborum, *intra decem annos,* omitti jussit Sigonius, auctore vetere libro, cui adstipulatur Pithœus apud Hearnium, et Campanus. Sane decennalis intervalli mentio nihil huc attinet, quum inter utrumque Scipionis Æmiliani consulatum toti duodecim anni effluxerint.  Legem quæ vetabat quemquam bis consulem fieri, Pighius existimat latam esse primo anno tertii Punici belli.  Certe Festus in voce *Pavimenta* refert verba quædam ex oratione M. Catonis, Ne quis consul bis fieret.  Eamdem orationem laudat quoque Priscianus.  Hæc fere Sigonius in nota ad hunc locum.  Vid. et Pighium ad annum 603.

[58] *Contra populum Romanum exercitumque ejus*] Brevius et aptius duo scripti Grutero inspecti, Pithœus apud Hearnium, et Campanus : *adversus exercitum Romanum.*

[59] *Ad septenos vallos*] Super, vel præter septenos vallos.  Sigonius legi jusserat ac.  Sed veterem lectionem *ex* suis libris Gronovius asseruit.

[60] *Alii scutum parvum habiliter feren-*

ti] Hæc lectio a Grutero prodita est.  Nobis satis placeret ea quam monstrat apud Hearnium Pithœus ; *alii scutum parum habiliter ferenti.*  Nec nos offendit apud hunc epitomatorem *alii. . jussit :* quam locutionem Sanctus in Minerva l. II. c. 4. et ibi Perizonius summa vi tuentur, et Latinam esse contendunt.  Quod etiamsi iis non concedatur in aurei ævi scriptoribus, apud posteriorem certe ætatem invaluisse negari non potest.

[61] *Neque id se reprehendere*] Suspicatur non immerito Gronovius aliquid hic excidisse, quod esset affine ei narratiunculæ quam ex Frontino habet Freinshemius infra c. 6. de milite ornatum elegantius scutum habente : quod se non reprehendere Scipio dixerit, quoniam ille melius scuto quam gladio uteretur.

[62] *Virgis cecidit*] Virgæ enim inhonestius supplicium, et ideo a civium tergo remotum.  Gronovius ex quibusdam libris edidit *fustibus cecidit.*  Sed *fustuarium,* militare supplicium, usitatum fuit etiam in cives, etiam Ciceronis ævo, ut patet ex Phil. III. c. 6.

*rent militem, vendidit.   Sæpe adversus eruptiones hostium feliciter pugnavit.   Vaccæi obsessi, liberis conjugibusque trucidatis, ipsi se interemerunt.   Scipio amplissima munera, missa sibi ab Antiocho rege Syriæ, quum celare aliis imperatoribus regum munera mos esset, pro tribunali accepturum se esse dixit, omniaque ea referre quæstorem in publicas tabulas jussit : ex iis se viris fortibus dona daturum.   Quum undique Numantiam obsidione clausisset, et obsessos fame videret urgueri ; hostea, qui pabulatum exierant, vetuit occidi ; quod diceret, velocius eos absumturos, frumenti quod haberent, si plures fuissent.*

---

# LVIII.

*Ti. Sempronius Gracchus tribunus plebis, quum legem agrariam ferret adversus voluntatem senatus et equestris ordinis, ne* quis ex publico agro plus, quam [63] quingenta jugera, possideret, *in eum furorem exarsit, ut M. Octavio collegæ, caussam diversæ partis defendenti, potestatem lege lata abrogaret :* "seque, et *Gracchum fratrem, et Ap. Claudium socerum, triumviros ad dividendum agrum crearet.   Promulgavit et aliam legem agrariam,* "qua sibi latius agrum patefaceret, ut iidem triumviri judicarent, quæ publicus ager, qua privatus esset. deinde, quum minus agri esset, quam quod dividi posset sine offensa etiam plebis, (quoniam eos ad cupiditatem [66] amplum modum sperandi incitaverat) legem se promulgaturum ostendit, ut iis, qui Sempronia lege agrum accipere deberent, pecunia, quæ regis Attali fuisset, divideretur.   Hæredem autem populum Romanum reliquerat Attalus, rex Pergami, Eumenis filius.   [67] Tot indignitatibus commotus graviter senatus, ante omnes* [68] T. Annius *consularis, qui, quum in senatu in Gracchum perorasset, raptus ab eo ad populum, delatusque plebi, rursus in eum pro rostris concionatus est.   Quum iterum tribunus plebis creari vellet*

---

[63] *Quingenta jugera*] Certa emendatio Sigonii, nixa Plutarcho et Appiano. Nec dubium est quin Gracchus revocare voluerit legem Liciniam de modo agrorum, de qua Liv. agit libro VI. extremo: quæ quidem lex illum ipsum numerum quingentorum jugerum præfiniebat. Plerique libri, tum scripti, tum editi, habebant *decem jugera :* Campanus *centem :* Pithœus apud Hearnium *mille.*

[64] *Seque et fratrem Caium*] Sic legi jussit Sigonius ex vet. lib. melius, ut nobis videtur, quam *seque et Gracchum fratrem,* quamvis pleraque librorum manus hoc præferat.

[65] *Qua sibi latius agrum patefacert*]

Hæc nobis paulo suspectiora sunt. Vid. infra c. 31. quem sensum ex iis exsculpere conetur Freinshemius.

[66] *Amplum modum*] Amplum agri modum.   Hæc vera est lectio, quam exhibent Andreas, Campanus, et scripti Gronovio inspecti.   Quidam libri habent *amplu modo.*

[67] *Tot indignitatibus*] Sic edidit Gronovius ex scriptis et vett. editt. quibus succinit Campanus.   Quidam indignationibus.

[68] *P. Mucius consul*] Libri omnes hic sunt mendosi.   Plerique habent C. *Antonius,* alii *T. Annius.* Verum nomen consulis reposuit Sigonius.

*Gracchus, auctore P. Cornelio Nasica, in Capitolio ab optima-
tibus occisus est, ictus primum fragmentis subselliorum, et inter
alios, qui in eadem seditione occisi erant, insepultus in flumen
projectus. Res praeterea in Sicilia vario eventu adversus fugitivos gestas continet.*

---

## LIX.

*Numantini, fame coacti, ipsi se per vicem tradentes truci-
daverunt. Captam urbem Scipio Africanus delevit, et de ea
triumphavit, quartodecimo anno post Karthaginem deletam.
P. Rupilius consul in Sicilia cum fugitivis debellavit. Aristo-
nicus, regis Eumenis filius, Asiam occupavit; quum, testamento Attali regis legata populo Romano, libera esse deberet.
Adversus eum P. Licinius Crassus consul, quum idem pontifex
maximus esset, (quod numquam antea factum erat) extra Italiam profectus, praelio victus et occisus est. M. Perperna
consul victum Aristonicum in deditionem accepit. Q. Pompeius
et Q. Metellus, tunc primum uterque ex plebe facti censores,
lustrum condiderunt. Censa sunt civium capita trecenta septemdecim millia, octingenta viginti tria, praeter pupillos et
viduas. Q. Metellus censor censuit, ut omnes cogerentur ducere uxores, liberorum creandorum caussa. exstat oratio ejus,
quam Augustus Caesar, quum de maritandis ordinibus ageret,
velut in haec tempora scriptam in senatu recitavit. C. Atinius
Labeo tribunus plebis Q. Metellum censorem, a quo in senatu
legendo praeteritus erat, de saxo dejici jussit: quod ne fieret,
ceteri tribuni plebis auxilio fuerunt. Quum Carbo tribunus
plebis rogationem tulisset,* [70] *ut eumdem tribunum plebis, quoties
vellet, creare liceret; rogationem ejus P. Africanus gravissima
oratione dissuasit; in qua dixit,* Ti. Gracchum jure caesum
videri. [71] *Gracchus contra suasit rogationem:* [72] *sed Scipio
tenuit. Bella inter Antiochum Syriae, et Phraatem Parthorum
regem gesta, nec magis quietae res Aegypti referuntur. Ptole-
maeus, Euergetes cognominatus, ob nimiam crudelitatem suis*

---

[70] *Velut in haec tempora scriptam*]
Ante Sigonium editi: *velut eo tempore.*
Ille correxit ex vet. lib. cui adstipulatur
Campanus. Recte in *haec tempora.*
Habetur enim ratio personae Livii, qui
Augusto aequalis fuit.

[70] *Ut eumdem tribunum plebis, quoties
vellet, creari liceret*] Emendat Gronovius: *ut eumdem tribunum plebi, quoties
vellet, creare liceret.* Sane, ut vulgo
legitur, τὸ *vellet non potest referri nisi*

ad tribunum, quod absurdum est. *Creare habet Campanus.

[71] *Gracchus contra*] Videtur excidisse
praenomen: C. *Gracchus contra.* Gro-
NOVIUS.

[72] *Sed Scipio tenuit*] Haec quis dederit, incertum. Sed Andreas, Campanus, MSS. Heermi: *censuit.* Vulgata
lectionis sensus commodus est · *tenuit
propositum, vicit.*

*invisus, incensa a populo regia, clam* [73] *Cypron profugit. et,
quum sorori ejus Cleopatræ, quam (filia ejus virgine per vim
compressa, atque in matrimonium ducta) repudiaverat, regnum
a populo datum esset, infensus filium, quem ex illa habebat,
Cypri occidit, caputque ejus et manus, et pedes matri misit.
Seditiones a triumviris Fulvio Flacco, et C. Graccho, et C.
Papirio Carbone, agro dividendo creatis, excitatæ : quibus
quum P. Scipio Africanus adversaretur : fortisque ac validus
de die domum se recepisset, mortuus in cubiculo inventus est.
Suspecta fuit, tamquam ei venenum dedisset, Sempronia uxor,
hinc maxime, quod soror esset Gracchorum ; cum quibus simultas Africano fuerat. de morte tamen ejus nulla quæstio acta.
Eo defuncto, seditiones triumvirales acrius exarserunt.      C.
Sempronius consul contra Japydas primo rem male gessit : mox
victoria cladem acceptam emendavit virtute D. Junii Bruti,
ejus, qui Lusitaniam subegerat.*

---

# LX.

*L. Aurelius consul* [74] *rebellantes Sardos subegit.* [75] *M. Fulvius Flaccus primus Transalpinos Ligures bello domuit, missus
in auxilium Massiliensibus adversus Salluvios Gallos, qui fines
Massiliensium populabantur.    L. Opimius prætor Fregellanos,
qui defecerant, in deditionem accepit, Fregellas diruit.    Pestilentia in Africa ab ingenti locustarum multitudine, et deinde
necatarum strage, fuisse traditur.    Lustrum a censoribus conditum est.    Censa sunt civium capita trecenta nonaginta millia
septingenta triginta sex.    C. Gracchus, Tiberii frater, tribunus
plebis, eloquentior quam frater, perniciosas aliquot leges tulit :
inter quas frumentariam, ut* [76] *semisse et triente frumentum plebi
daretur : alteram legem agrariam, quam et frater ejus tulerat :
tertiam, qua equestrem ordinem, tunc cum senatu consentientem,
conrumperet :* [77] ut sexcenti ex equitibus in curiam sublegerentur :
et quia illis temporibus trecenti tantum senatores erant, sexcenti

---

[73] *Cypron profugit*] Sic edidit Gronovius ex membranis. Vulgo *in Cyprum*.
Campanus quoque omittit præpositionem.

[74] *Rebellantes Sardos*] Hanc scripturam, quam Gronovius a Pighii conjectura profectam ait, tuetur Pithœus
quoque apud Hearnium.    Plerique
MSS *bellantes.*

[75] *M. Fulvius Flaccus primus omnium
Transalpinos Ligures bello domuit*] At
in Epit. XLVII. Q. *Opimius consul Transalpinos Ligures.. subegisse* dicitur. Majus autem est *subegisse*, quam domuisse.
Hæc observat Perizonius Animadv.
Hist. c. 8.    Legamus igitur hoc loco

*Transalpinos Gallos.*

[76] *Semisse et triente*] Id est, dextante,
sive decem assis partibus, quales duodecim totum assem æquant.

[77] *Ut sexcenti ex equitibus*] Rualdus,
Animadv. 26. in Plut. multis probat
hoc tulisse C. Gracchum, ut judicia ab
senatoribus ad Equites transferrentur :
cetera quæ hic narrantur, vana et futilia
esse.    Non absurda Freinshemii conjectura est, infra c. 66. hoc tentasse vel
certe cogitasse Gracchum, quod narrat
auctor epitomes, sed perficere non potuisse, atque adeo ad transferenda ad
solos Equites judicia animum adjecisse.

equites trecentis senatoribus admiscerentur : *id est, ut equester ordo-*
*bis tantum virium in senatu haberet. et, continuato in alterum*
*annum tribunatu, legibus agrariis latis effecit, ut complures*
*coloniæ in Italia deducerentur, et una in solo dirutæ Kartha-*
*·ginis ; quo, ipse triumvir creatus, coloniam deduxit. Præterea*
*res a Q. Metello consule adversus Baliares gestas continet :*
*quas Græci Gymnesias adpellant, quia æstatem nudi exigant :*
*⁷⁸ Baliares a teli missu adpellati, aut a Baleo, Herculis comite,*
*ibi relicto tunc, quum Hercules ad Geryonem navigaret.*
*Motus quoque Syriæ referuntur, in quibus Cleopatra Deme-*
*trium virum suum et Seleucum filium, indignata quod, occiso*
*patre ejus a se, injussu suo diadema sumsisset, interemit.*

# LXI.

*C. Sextius proconsul, victa Salluviorum gente, coloniam Aquas*
*Sextias condidit, ⁷⁹ ob aquarum copiam e calidis frigidisque*
*fontibus, atque a nomine suo itu adpellatas. Cn. Domitius*
*proconsul adversus Allobrogas ad oppidum Vindalium feliciter*
*pugnavit. Quibus bellum inferendi caussa fuit, quod Teuto-*
*malium, Salluviorum regem, fugientem recepissent, et omni ope*
*juvissent; quodque Æduorum agros, sociorum populi Romani,*
*vastassent. C. Gracchus, seditioso tribunatu facto, quum*
*Aventinum quoque armata multitudine occupasset, a L. Opinio*
*consule, ex senatusconsulto vocato ad arma populo, pulsus et*
*occisus est ; et cum eo Fulvius Flaccus consularis, socius ejus-*
*dem furoris. Q. Fabius Maximus consul, Paulli nepos, ad-*
*versus Allobrogas et Bituitum, Avernorum regem, feliciter*
*pugnavit. Ex Bituiti exercitu cæsa millia hominum centum*
*viginti. Ipse, quum ad satisfaciendum senatui Romam pro-*
*fectus esset, ⁸⁰ Albam custodiendus datus est, quia contra pacem*
*videbatur, ut in Galliam remitteretur. Decretum quoque est,*
*ut Congentiatus, filius ejus, comprehensus Romam mitte-*
*retur. Allobroges in deditionem acccpti. L. Opimius, accu-*
*satus apud populum a Q. Decio tribuno plebis, quod indemnatos*
*cives in carcerem conjecisset, absolutus est.*

# LXII.

*Q. Marcius consul ⁸¹ Stœnos, gentem Alpinam, expugnavit.*

⁷⁸ *Baleares a teli missu*] Nempe a verbo Græco βάλλειν.

⁷⁹ *Ob aquarum copiam*] Magis place-ret cum Gronovio legere : *ab aquarum copia.. atque a nomine suo ita appellatas.*

⁸⁰ *Albam custodiendus datus est*] Sic duo e MSS. Gronovii et Pithœus apud Hearnium. Atque id elegantius nobis visum est, quam quod vulgati præferunt, *Albæ.*

⁸¹ *Stœnos*] Sic scribitur hoc nomen apud Strabonem, l. IV. p. 204. et apud Plinium, l. III. c. 20. Pighius legi jubet *Stænos* ex marmoribus Capitolinis.

*Micipsa, Numidarum rex, mortuus regnum tribus filiis reliquit,
Adherbali, Hiempsali, et Jugurthæ fratris filio, quem adop-
taverat. L. Cæcilius Metellus Dalmatas subegit. Jugurtha
Hiempsalem fratrem bello petiit, quem victum occidit: Adher-
balem regno expulit:* [80] *is a senatu restitutus est. L. Cæcilius
Metellus, Cn. Domitius Ahenobarbus, censores, duos et triginta
senatu moverunt. Præterea motus Syriæ regum continet.*

---

# LXIII.

*Cato Porcius consul in Thracia male adversus Scordiscos
pugnavit. Lustrum a censoribus conditum est. Censa sunt
civium capita trecenta nonaginta quatuor millia, trecenta triginta sex. Æmilia, Licinia, Marcia, virgines Vestales, incesti
damnatæ sunt: idque incestum quemadmodum et commissum, et
deprehensum, et vindicatum sit, refertur. Cimbri, gens vaga,
populabundi in Illyricum venerunt: ab iis Papirius Carbo
consul cum exercitu fusus est. Livius Drusus consul adversus
Scordiscos, gentem a Gallis oriundam, in Thracia feliciter
pugnavit.*

---

# LXIV.

*Adherbal, bello petitus a Jugurtha, et in oppido Cirta obses-
sus, contra denunciationem senatus ab eo occisus est. Ob hoc
ipsi Jugurthæ bellum indictum: idque Calpurnius Bestia
consul gerere jussus, pacem cum Jugurtha injussu populi et
senatus fecit. Jugurtha, fide publica evocatus ad indicandos
auctores consiliorum suorum, quod multos pecunia in senatu
conrupisse dicebatur, Romam venit: et, propter cædem, admis-
sam in regulum quemdam, nomine Massivam,* [83] *qui regnum ejus
populo Romano invisi adfectabat, Romæ interfectum, quum
periclitaretur, caussam capitis dicere jussus, clam profugit, et,
cedens urbe, fertur dixisse: O urbem venalem, et cito perituram, si emtorem invenerit!' A Postumius legatus* [84] *infeliciter
prælio adversus Jugurtham gesto pacem quoque adjecit ignominiosam, quam non esse servandam senatus censuit.*

---

[80] *Is a senatu restitutus est*] Sic edidit
Gronovius ex aliquot MSS. quibus
assentitur Campanus. Vulgo *qui a senatu.*

[83] *Qui regnum ejus . . . appetebat*]
Aliquot MSS. Gronovio inspecti, et
Pithœus apud Hearnium pro *appetebat*

substituunt *affectabat*: quod verbum
magis proprium videtur.

[84] *Infeliciter prælio . . . gesto pacem
quoque adjecit*] Sic legi jussit Sigonius,
cui assentitur Pithœus. Plerique libri
inter τὰ *gesto* et *pacem* inserunt verbum
*conflixit*, quod plane otiosum est.

## LXV.

*Q. Cæcilius Metellus consul duobus prœliis Jugurtham fudit, totamque Numidiam vastavit. M. Junius Silanus consul adversus Cimbros infeliciter pugnavit. legatis Cimbrorum [85] sedem et agros, in quibus consisterent, postulantibus senatus negavit. M. Minucius proconsul adversus Thracas prospere pugnavit. L. Cassius consul a Tigurinis Gallis, pago Helvetiorum, qui a civitate secesserant, in finibus Allobrogum cum exercitu cæsus est. milites, qui ex ea clade superaverunt, obsidibus datis, et dimidia rerum omnium parte, ut incolumes dimitterentur, cum hostibus pacti sunt.*

## LXVI.

*Jugurtha, pulsus a C. Mario Numidia, auxilio Bocchi, Maurorum regis, adjutus est : et, cæsis prœlio Bocchi quoque copiis, nolente Boccho bellum infeliciter susceptum diutius sustinere, vinctus ab eo et Mario traditus est : in qua re præcipua opera L. Cornelii Sullæ, quæstoris Marii, fuit.*

## LXVII.

*M. Aurelius Scaurus, legatus consulis, a Cimbris fuso exercitu, captus est : et, quum, [86] in consilium ab iis evocatus, deterreret eos, ne Alpes transirent Italiam petituri, eo quod diceret, Romanos vinci non posse, [87] a Boiorige rege, feroci juvene, occisus est. Ab iisdem hostibus Cn. Manlius consul et Q. Servilius Cæpio proconsul, victi prœlio castrisque binis exuti sunt. militum millia octoginta occisa, calonum et lixarum quadraginta. [88] Secundum populi Romani jussionem, Cæpionis, cujus temeritate clades accepta erat, damnati bona publicata sunt, primi post regem Tarquinium ; imperiumque ei abrogatum. in triumpho C. Marii ductus ante currum ejus Jugurtha cum duobus filiis, et in carcere necatus est. Marius*

85 *Sedem et agros in quibus considerent*] Aliquot MSS. tum Hearnii, tum Gronovii, Andreas, Campanus : *in quibus consisterent.*

86 *In consilium . . . evocatus*] Multo melius Pithœus apud Hearnium, adevocatus.

87 *A Boiorige*] Conjectura Freinshemii a Gronovio probata. Prius legebatur : *a Bolo rege.* Edidimus *feroci,* quemadmodum Campanus et Andreas,

et libri Hearnii habent, non *feroce,* ut nunc vulgo editi.

88 *Secundum populi Romani jussionem*] Hæc non immerito inepta Gronovio visa sunt. Ille ex MSS. vestigiis legit : *Octoginta millia militum occisa, calonum ac lixarum quadraginta, secundum Arausionem. Cepionis,* etc. Sane in illa regione res gesta est : et favet Pithœus quoque apud Hearnium, secundum expressionem.

*triumphali veste in senatum venit, quod nemo ante eum fecerat :
eique propter Cimbrici belli metum continuatus per complures
annos magistratus est. Secundo et tertio absens consul creatus,
quartum consulatum dissimulanter captans consecutus est. Cn.
Domitius pontifex maximus populi suffragio creatus est. Cimbri, vastatis omnibus, quæ inter Rhodanum et Pyrenæum sunt,
per saltum in Hispaniam transgressi, ibique multa loca populati, a Celtiberis fugati sunt : reversique in Galliam, [19] bellicosis se Teutonis conjunxerunt.*

---

# LXVIII.

*M. Antonius prætor in Ciliciam maritimos prædones per-
secutus est. C. Marius consul summa vi obpugnata a Teutonis et Ambronibus castra defendit. duobus deinde prœliis
circa Aquas Sextias eos hostes delevit, in quibus cæsa traduntur
hostium ducenta millia, capta nonaginta. Marius absens quintum consul creatus est. triumphum oblatum, donec et Cimbros
vinceret, distulit. Cimbri, repulso ab Alpibus fugatoque Q.
Catulo proconsule, qui fauces Alpium obsederat, et ad flumen
Athesim castellum editum insederat, reliqueratque, [20] quum, virtute sua expliciti, fugientem proconsulem exercitumque consecuti, in Italiam trajecissent, junctis ejusdem Catuli et C.
Marii exercitibus, prælio victi sunt ab eis : in quo cæsa traduntur hostium centum quadraginta millia, capta sexaginta.
[21] Marius, totius civitatis consensu exceptus, pro duobus triumphis, qui obferebantur, uno contentus fuit. Primores civitatis,
qui aliquamdiu ut novo homini, ad tantos honores evecto, inviderant, conservatam ab eo rempublicam fatebantur. Publicius
Malleolus, matre occisa, primus insutus culeo, in mare præci-
pitatus est. Ancilia cum strepitu mota esse, antequam Cim-*

---

[19] *Bellicosis se Teutonis conjunxerunt*]
*Bellicosis* hic frigidum est, ut et *belli
causa*, quod substituit Schefferus. Libri
et vett. edd. fere *imbellicosis*. Gronovius conjicit : *Ambronibus se et Téutonis
conjunxerunt*. Certe in Epit. sequenti
Ambrones et Teutoni simul castra Marii oppugnasse memorantur.

[20] *Quum virtute sua expliciti*] Vett.
editiones et plerique MSS. *explicata*.
Mutavit Sigonius, et intelligit Cimbros
obsidione quasi Catuli liberatos. Verum
Cimbri tum victores non explicabantur
periculo, sed ultro periculum ac terrorem Romanis inferebant. Membranæ
quædam Gronovio inspectæ longe aliam
lectionem exhibent : *Cimbri, repulso ab
Alpibus fugatoque Q. Catulo proconsule,*

*cui fauces Alpium obsidebat, flumen
Athesim transgressi, castellum editum,
quod insederat, ut reliqueret, effecerunt.
quem tamen virtute sua explicita fugientem proconsulem exercitumque consecutus
est. In Italiam quum deinde trajecissent,
junctis ejusdem Catuli copiis,* etc. Hæc,
inquit Gronovius, videntur meliora vulgatis, modo scribas *relinqueret*, et illa,
*quem tamen*, sic corrigas et suppleas :
*qui tamen in castello fuerunt, virtute sua
expliciti fugientem proconsulem exercitumque consecuti sunt*. Digna memoria
virtus, de qua vid. c. 50. hujus libri.

[21] *Marius totius civitatis consensu exceptus*] Videtur hic aliquid desiderari,
quale esset *summo cum honore*, vel ingenti gratulatione.

*bricum bellum consummaretur, referuntur.  Bella præterea inter Syriæ reges gesta continet.*

---

## LXIX. ·

L. *Appuleius Saturninus, adjuvante C. Mario, et per milites occiso A. Nonio competitore, tribunus plebis per vim creatus, non minus violenter tribunatum, quam petierat, gessit; et, quum legem agrariam per vim tulisset, Metello Numidico, [92] eo quod in eam non juraverat, diem dixit: qui quum a bonis civibus defenderetur, ne caussa certaminum esset, in exsilium voluntarium Rhodum profectus est: [93] ibique legendo et audiendis magnis viris avocabatur.  Profecto C. Marius, seditionis auctor, qui sextum consulatum per tribus sparsa pecunia emerat, aqua et igni interdixit.  Idem Appuleius Saturninus tribunus plebis C. Memmium [94] candidatum, consulatus, quem maxime adversarium actionibus suis timebat, occidit. quibus rebus concitato senatu, (in cujus caussam et C. Marius, homo varii et mutabilis ingenii consiliique semper secundum fortunam, transierat, quum eum tueri minime posset) obpressus armis cum Glaucia prætore, et aliis ejusdem furoris sociis, [95] bello quodam interfectus est.  Q. Cæcilius Metellus ab exsilio, ingenti totius civitatis favore, reductus est.  M'. Aquillius proconsul in Sicilia bellum servile excitatum confecit.*

---

## LXX.

Quum *M'. Aquillius de pecuniis repetundis caussam diceret, ipse judices rogare noluit.  M. Antonius, qui pro eo perorabat, tunicam a pectore ejus discidit, ut honestas cicatrices ostenderet: quibus conspectis, indubitanter absolutus est.  Cicero ejus rei solus auctor.  T. Didius proconsul adversus Celtiberos feliciter pugnavit.  Ptolemæus, Cyrenarum rex, cui cognomentum*

---

[92] *Eo quod in eam juraverat*] MSS. Gronovii, *qui in eam non juraverat:* elegantius.

[93] *Ibique legendo et audiendis magnis viris vacabat*] Plerique MSS. et vett. editi habent vel *advocabat,* vel *advocabatur.* Unde Gronovius edendum credidit *avocabatur.* Verbum proprium, inquit, de iis qui aut a sensu rerum adversarum, aut gravantibus alioqui negotiis animum avertunt, eique levando dant operam.  Utatur, qui voluerit. Nobis videtur simplicius *vacabat,* quod vulgati tenent.

[94] *Candidatum consulatus*] Ante Si-

gonium vulgati adjiciebant *petitorem:* quam vocem ille ex vet. libro, cui Campanus assentitur, delevit, sed tamen revocandam esse Gronovius existimavit. Nobis nihil necesse visum est otiosum nomen inculcare.

[95] *A Rabirio quodam*] Conjectura Sigonii. Libri, et vett. editi, *bello quodam.* Freinshemius, *telo quodam* Cicero pro Rabirio, c. 11. *Scævæ Servo* Q. *Crotonis, qui occidit L. Saturninum, libertas data est.* Unde posses legere, a ·*Scæva quodam,* vel a *Servo quodam.* GRONOVIUS.

Apioni fuit, mortuus hæredem populum Romanum reliquit, et
ejus regni civitates senatus liberas esse jussit. Ariobarzanes in
regnum Cappadociæ a L. Cornelio Sulla reductus est. Parthorum legati, a rege Arsace missi, venerunt ad Sullam, [96] ut
amicitiam populi Romani peterent. P. Rutilius, vir summæ
innocentiæ, quoniam legatus [97] Q. Mucii proconsulis a publicanorum injuriis Asiam defenderat, invisus equestri ordini, penes
quem judicia erant, repetundarum damnatus, in exsilium missus
est. [98] C. Sentius prætor contra Thracas infeliciter pugnavit. Senatus, quum inpotentiam equestris ordinis in
judiciis exercendis ferre nollet, omni vi niti cœpit, ut ad se
judicia transferrentur, sustinente caussam ejus M. Livio Druso
tribuno plebis: qui, ut vires sibi adquireret, perniciosa spe lar-
gitionum plebem concitavit. Præterea motus Syriæ regum
continet.

## LXXI.

M. Livius Drusus, tribunus plebis, ut majoribus viribus senatus caussam susceptam tueretur, socios et Italicos populos
[99] spe civitatis Romanæ sollicitavit: iisque adjuvantibus, per
vim legibus agrariis frumentariisque latis, judiciariam quoque
pertulit; ut æqua parte judicia penes senatum et equestrem ordinem essent. Quum deinde promissa sociis civitas præstari non
posset, irati Italici defectionem agitare cœperunt. [1] Eorum
coïtus, conjurationesque, et orationes in conciliis principum referuntur. propter quæ Livius Drusus, invisus etiam senatui
factus, velut socialis belli auctor, incertum a quo, domi occisus
est.

## LXXII.

Italici populi defecerunt, Picentes, Vestini, Marsi, Peligni,
Marrucini, Samnites, Lucani, initio belli a Picentibus moto.
Q. Servilius proconsul in oppido Asculo cum omnibus civibus
Romanis, qui in eo oppido erant, occisus est. saga populus sum-
sit. Ser. Galba, a Lucanis comprehensus, unius feminæ opera,

---

[96] Ut amicitiam populi Romani pete-
rent] Andreæ, Campanus, et Hearnii
codex, a populo Romano.

[97] Q. Mucii proconsulis] Conjectura
Sigonii, testimonio Asconii nixa. Vid.
et infra capp. 10. et 11. hujus libri.
Antea legebatur hoc loco, C. Marii.

[98] C. Geminius prætor] Sic Andreæ
et turba editorum ante Sigonium. Ille
reposuit C. Sentius: et ei Gronovius
assensus est. Sed quum hæc emendatio
haud satis cum historia quadrare videa-

tur, ut probabimus in not. ad c. 17.
hujus libri, revocavimus eam lectionem
quam Sigonius mutaverat: eo quidem
magis, quod Freinshemius illam agnoscit c. 56.

[99] Spe civitatis Romanæ sollicitavit]
Haud fortasse spernendum quod habet
Campanus, in spem civitatis.

[1] Coitus] Magis placeret coitiones:
quæ vox in hujusmodi rebus valde propria est.

*ad quam devertebatur, captivitate exemtus est. Æsernia et Alba coloniæ ab Italicis obsessæ sunt. Auxilia deinde Latini nominis externarumque gentium missa populo Romano, et expeditiones invicem expugnationesque urbium referuntur.*

---

# LXXIII.

*L. Julius Cæsar consul male adversus Samnites pugnavit. Nola colonia in potestatem Samnitium venit cum L. Postumio prætore, qui ab iis interfectus est. Conplures populi ad hostes defecerunt. Quum P. Rutilius consul male adversus hostes Marsos pugnasset, et in prælio cecidisset, C. Marius, legatus ejus, meliore eventu cum hostibus conflixit. Ser. Sulpicius Pelignos prælio fudit. Q. Cæpio, legatus Rutilii, quum obsessus prospere in hostes erupisset, et ob eum successum æquatum ei cum C. Mario esset imperium, temerarius factus, et circumventus insidiis, fuso exercitu cecidit. L. Julius Cæsar consul feliciter adversus Samnites pugnavit. ob eam victoriam Romæ saga posita sunt. et, ut varia belli fortuna esset, Æsernia colonia cum M. Marcello in potestatem Samnitium venit. Sed C. Marius prælio Marsos fudit, [1] Herio Asinio, prætore Marrucinorum, occiso. C. Cæcilius in Gallia Transalpina Salluvios rebellantes vicit.*

---

# LXXIV.

*Cn. Pompeius Picentes prælio fudit, et obsedit: propter quam victoriam Romæ prætextæ et alia magistratuum insignia sumta sunt. C. Marius cum Marsis dubio eventu pugnavit. Libertini tum primum militare cœperunt. A. Plotius legatus Umbros, [2] L. Porcius prætor Marsos, quum uterque populus defecisset, prælio vicerunt. Nicomedes in Bithyniæ, Ariobarzanes in Cappadociæ regna reducti sunt. Cn. Pompeius consul Marsos acie vicit. Quum ære alieno obpressa esset civitas. [3] A. Sempronius Asellio prætor, quoniam secundum debitores jus dicebat, ab iis, qui fœnerabantur, in foro occisus est. Præterea incursiones Thracum in Macedoniam populationesque continet.*

---

[1] *Herio Asinio*] Sic edi jussit hoc nomen Gronovius ex Velleio et Appiano. Antea, *Hirno*, vel *Hirnio Asinio*.

[2] *L. Porcius prætor Marsos*] Ea quæ sequuntur, *quum uterque populus defecisset*, probant in voce *Marsos* hic esse mendum. Non enim tum primum deficere cœperunt Marsi: sed omnium primi rebellionis signum sustulerant.

Lege ex Floro et Orosio *Etruscos*, quos Appianus auctor est, non initio belli, sed suscepto et gesto magna ex parte bello, defecisse.

[3] *A. Sempronius Asellio*] Magna pars librorum, *Asellus*. Sigonius emendavit ex Appiano, Valerio Maximo etc. Campanus veram lectionem hic servat, *Asellio*.

## LXXV.

*A. Postumius Albinus legatus, quum classi præesset, infamis crimine proditionis, ab exercitu suo interfectus est. L. Cornelius Sulla legatus Samnites prælio vicit, et bina castra eorum expugnavit. Cn. Pompeius Vestinos in deditionem accepit. L. Porcius consul, rebus prospere gestis, fusisque aliquoties Marsis, dum castra eorum expugnat, cecidit. ea res hostibus victoriam ejus prælii dedit. Cosconius et Lucceius Samnites acie vicerunt, Marium Egnatium, nobilissimum hostium ducem, occiderunt, compluraque eorum oppida in deditionem acceperunt. L. Sulla Hirpinos domuit, Samnites multis præliis fudit, aliquot populos recepit: quantisque raro quisquam alius ante consulatum rebus gestis, ad petitionem consulatus Romam est profectus.*

---

## LXXVI.

*A. Gabinius legatus, rebus adversus Lucanos prospere gestis, et plurimis oppidis expugnatis, in obsidione castrorum hostilium cecidit. Sulpicius legatus Marrucinos cecidit, totamque eam regionem recepit. Cn. Pompeius proconsul Vestinos et Pelignos in deditionem accepit. Marsi quoque, a L. Murena, et* [5] *Cæcilio Pinna legatis aliquot præliis fracti, pacem petiérunt. Asculum a Cn. Pompeio captum est, cæsis et a Mam. Æmilio legato Italicis. Silo Pompædius, dux Marsorum,* [6] *auctor hujus rei, in prælio cecidit. Ariobarzanes Cappadociæ, Nicomedes Bithyniæ regno a Mithridate Ponti rege pulsi sunt. Præterea incursiones Thracum in Macedoniam populationesque continet.*

---

## LXXVII.

*Quum P. Sulpicius tribunus plebis, auctore C. Mario, perniciosas leges promulgasset,* ut exsules revocarentur, et novi cives libertinique distribuerentur in tribus, et ut Marius adversus Mithridatem Ponti regem dux crearetur, *et adversantibus consulibus Q. Pompeio et L. Sullæ vim intulisset,* [7] *occiso Q. Pompeio consulis filio, genero Sullæ; L. Sulla consul cum exercitu in urbem venit, et adversus factionem Sulpicii et Marii in ipsa urbe*

---

[5] *Cæcilio Pio*] Sic edidit Sigonius: quam lectionem firmat Gronovius ex Velleio, l. ii. c. 15. Libri habent Cæcilio Pinna. Vid. infra, c. 2.

[6] *Auctor hujus rei*] Imo *hujus belli.*

[7] *Occiso Q. Pompeio*] Sic dedit ex conjectura Sigonius, quum prius legeretur *occisoque Pompeio.* Assentitur Sigon'o Pithœus apud Hearnium.

*pugnavit, eamque expulit.* *ex qua duodecim a senatu hostes, inter quos* C. Marius pater et filius, judicati sunt.  P. Sulpicius, quum in quadam villa lateret, indicio servi sui retractus et occisus est. servus, [10]ut præmium promissum indici haberet, [11]manumissus, et ob scelus prodidi domini de saxo dejectus est. C. Marius filius in Africam trajecit.  C. Marius pater, quum in paludibus Minturnensium lateret, extractus est ab oppidanis: et, quum missus ad occidendum eum servus, natione Gallus, majestate tanti viri perterritus recessisset, [12]inpositus publice in navim delatus est in Africam.  L. Sulla civitatis statum ordinavit: exinde colonias deduxit.  Q. Pompeius consul, ad accipiendum a Cn. Pompeio proconsule exercitum profectus, consilio ejus occisus est.  Mithridates, Ponti rex, Bithynia et Cappadocia occupatis, et pulso Aquillio legato, Phrygiam, provinciam populi Romani, cum ingenti exercitu intravit.*

---

## LXXVIII.

*Mithridates Asiam occupavit: Q. Oppium proconsulem, item Aquillium legatum, in vincula conjecit: jussuque ejus, quidquid civium Romanorum in Asia fuit, uno die trucidatum est. Urbem Rhodum, quæ sola in fide permanserat, obpugnavit, et aliquot præliis navalibus victus recessit.  Archelaus, præfectus regis, in Græciam cum exercitu venit; Athenas occupavit. Præterea [13]trepidationem urbium insularumque, aliis ad Mithridatem, aliis ad populum Romanum civitates suas trahentibus, continet.*

---

## LXXIX.

*L. Cornelius Cinna, quum perniciosas leges [14]per vim atque arma ferret, pulsus urbe a Cn. Octavio collega, [15]cum sex tri-*

---

* *Ex qua*] Hoc quoque debetur Sigonio. Firmant Pithœus apud Hearnium, et Campanus.  Reliqui, *ex quo.*

9 *C. Marius pater et filius*] Magis placeret Gronovio, *Caii Marii pater et filius.*

10 *Ut præmium promissum indici*] Ita Gronovius.  Sigonius ex vetere libro *promissum indicii.*  Reliqui, *promissi indicii.*

11 *Manumissus est, et . . . de saxo dejectus est*] Alterutrum ex illis *est* vacat. Prius ignorant duo e MSS. Gronovii et Pithœus apud Hearnium: posterius, Campanus.

12 *Impositus publice navi*] Non mi-

nus placeret *publice in navim*, quomodo Pithœus et Sigonius apud Hearnium volunt: a quibus non longe abit Andreas, qui exhibet *publice in navi.*

13 *Trepidationem*] Unus e MSS. Gronovii cum Campano, *trepidationes.*

14 *Per vim atque arma*] Duæ postremæ voces adjectæ sunt a Sigonio, ex vet. ut ipse ait, lib.  Sed earum hic nullus est usus : nec eas agnoscunt Campanus, Andreas, et magna pars librorum.

15. *Cum sex tribunis plebis*] Hoc quoque a Sigonio est, cui assentitur apud Hearnium Pithœus.  Antea *cum Sextio tribuno plebis.*  Campanus, *cum Sexto*

*bunis plebis: imperioque ei abrogata, conruptum Ap. Claudii
exercitum in potestatem suam redegit, et bellum urbi intulit,
arcessito C. Mario ex Africa cum aliis exsulibus: in quo bello
duo fratres, alter ex Pompeii exercitu, alter ex Cinnæ, igno-
rantes concurrerunt: et, quum victor spoliaret occisum, agnito
fratre, ingenti lamentatione edita, rogo ei exstructo, ipse supra
rogum se transfodit, et eodem igni consumtus est.* [16] *Et quum
obprimi inter initia potuissent, Cn. Pompeii fraude, qui, utramque partem fovendo, vires Cinnæ dedit, nec nisi profligatis
optimatium rebus auxilium tulit, et consulis segnitie confirmati
Cinna et Marius quatuor exercitibus,* [17] *ex quibus duo Q. Sertorio et Carboni dati sunt, urbem circumsederunt. Ostiam
coloniam Marius expugnavit, et crudeliter diripuit.*

---

# LXXX.

*Italicis populis a senatu civitas data est. Samnites, qui soli
arma retinebant, Cinnæ et Mario se conjunxerunt. ab iis Plautius cum exercitu cæsus est. Cinna et Marius cum Carbone et
Sertorio Janiculum occupaverunt, et fugati ab Octavio consule
recesserunt. Marius Antium, et Ariciam, et Lanuvium colonias
devastavit. Quum nulla spes esset optimatibus resistendi
propter segnitiem et perfidiam et ducum et militum, qui corrupti aut pugnare nolebant, aut ad diversas partes transibant,
Cinna et Marius in urbem recepti sunt: qui, velut captam, eam
cædibus et rapinis vastarunt, Cn. Octavio consule occiso, et
omnibus adversæ partis nobilibus trucidatis, inter quos M. Antonio eloquentissimo viro,* [18] *L. et C. Cæsare, quorum capita in
rostris posita sunt. Crassus filius ab equitibus Fimbriæ occisus. pater Crassus, ne quid indignum virtute sua pateretur,
gladio se transfixit. Et citra ulla comitia consules in sequentem annum se ipsos renunciaverunt: eodemque die, quo magistratum inierant, Marius Sex. Licinium senatorem de saxo dejici
jussit; editisque multis sceleribus, Idibus Januariis decessit:
vir, cujus si examinentur cum virtutibus vitia, haud facile sit
dictu, utrum bello melior, an pace perniciosior fuerit. adeo,
quam rempublicam armatus servavit, eam primo togatus omni
genere fraudis, postremo armis hostiliter evertit.*

---

*Publio tribuno plebis.* Non tam constat
nobis, quomodo legendum sit, quam
Sigonianam lectionem vitiosam esse.
Appianus enim libro primo Civil. testis
est majorem partem tribunorum plebis
cum Octavio sensisse.

[16] *Et quum opprimi inter initia potuissent*] Sic dedimus auctore uno ex

MSS. Gronovii, ut referatur verbum ad
id quod sequitur, *confirmati Cinna et
Marius.* Vulgo *potuisset.*

[17] *Quorum duo*] Complures MSS. et
Campanus, *ex quibus duo.*

[18] *L. et C. Cæsare*] Lege cum Gronovio, *L. et C. Cæsaribus.*

## LXXXI.

*L. Sulla Athenas, quas Archelaus, præfectus Mithridatis, occuparat, circumsedit, et cum magno labore expugnavit. urbi libertatem, et civibus, quæ habuerant, reddidit. Magnesia, quæ sola in Asia civitas in fide manserat, summa virtute adversus Mithridatem defensa est. Præterea Thracum in Macedonia continet gesta.*

---

## LXXXII.

*Sulla copias regis, quæ, Macedonia occupata, in Thessaliam venerant, prœlio vicit, cæsis hostium centum millibus, et castris quoque expugnatis. Renovato deinde bello, iterum exercitum regis fudit ac delevit. Archelaus cum classe regia Sullæ se tradidit. L. Valerius Flaccus consul, collega Cinnæ, missus, ut Sullæ succederet, propter avaritiam invisus exercitui suo, a C. Fimbria legato ipsius, ultimæ audaciæ homine, occisus est, et imperium ad Fimbriam translatum. Præterea expugnatæ in Asia urbes a Mithridate, et crudeliter direpta provincia, incursionesque Thracum in Macedoniam, referuntur.*

---

## LXXXIII.

*C. Fimbria in Asia fusis prælio aliquot præfectis Mithridatis, urbem Pergamum cepit, obsessumque regem, non multum abfuit, quin caperet. Urbem Ilion, quæ se potestati Sullæ reservabat, expugnavit ac delevit, et magnam partem Asiæ recepit. Sulla multis præliis Thracas cecidit. Quum L. Cinna et Cn. Papirius Carbo, ab se ipsis consules per biennium creati, bellum contra Sullam pararent, effectum est per L. Valerium Flaccum principem senatus, qui orationem in senatu habuit, et per eos, qui concordiæ studebant, ut legati ad Sullam de pace mitterentur. Cinna ab exercitu suo, quem invitum cogebat naves conscendere, et adversus Sullam proficisci, interfectus est. Consulatum Carbo solus gessit. Sulla, quum in Asiam trajecisset, pacem cum Mithridate fecit; [19] ita ut is cederet provinciis Asia, Bithynia, Cappadocia. Fimbria, desertus ab exercitu, qui ad Sullam transierat, ipse se percussit: impetravitque de servo suo, præbens cervicem, ut se occideret.*

---

[19] Ita ut is cederet Asia, Bithynia, Cappadocia] Omnes libri et veteres editi ante τὸ Asia habent provinciis: qua in voce aliquid vitii est, quum Bithynia et Cappadocia non essent tunc provinciæ Romanæ, sed regna. Legimus cum Sigonio in Commentar. in Fastos ad annum 669. ita ut is cederet provincia Asia, Bithynia, Cappadocia.

## LXXXIV.

*Sulla legatis, qui a senatu missi erant, futurum se in potestate senatus respondit, si cives, qui pulsi a Cinna ad se confugerant, restituerentur. quæ conditio quum justa senatui videretur, per Carbonem factionemque ejus, cui bellum videbatur utilius, ne conveniret, effectum est. Idem Carbo, quum ab omnibus oppidis Italiæ coloniisque obsides exigere vellet, ut fidem eorum contra Sullam obligaret, consensu senatus prohibitus est. [20] Novis civibus senatusconsulto suffragium datum est. Q. Metellus Pius, qui partes optimatium secutus erat, quum in Africa bellum moliretur, a C. Fabio prætore pulsus est: senatusque consultum per factionem Carbonis et Marianarum partium factum est, ut omnes ubique exercitus dimitterentur. Libertini in quinque et triginta tribus distributi sunt. Præterea belli adparatum, quod contra Sullam excitabatur, continet.*

## LXXXV.

*Sulla in Italiam cum exercitu trajecit, [21] missisque legatis, qui de pace agerent, a consule C. Norbano violatis, eumdem Norbanum prælio vicit. Et quum L. Scipionis alterius consulis, cum quo per omnia id egerat, ut pacem jungeret, nec potuerat, castra obpugnaturus esset, universus exercitus consulis, sollicitatus per emissos a Sulla milites, signa ad Sullam transtulit. Scipio, quum occidi posset, dimissus est. Cn. Pompeius, Cn. F. ejus, qui Asculum ceperat, conscripto voluntariorum exercitu, cum tribus legionibus ad Sullam venerat; ad quem se nobilitas omnis conferebat, ita ut deserta urbe ad castra veniretur. Præterea expeditiones per totam Italiam utriusque partis ducum referuntur.*

## LXXXVI.

*Quum C. Marius, C. Marii filius, consul ante annos viginti per vim creatus esset, C. Fabius in Africa propter crudelita-*

---

[20] *Novis civibus senatusconsulto suffragium datum est*] Hic profecto aliquid peccavit vel librariorum manus, vel ipse epitomes auctor. Italis enim cum civitate jus quoque suffragii datum esse constat. Sed fortasse hujus senatusconsulti hæc mens fuerat, ut quod a tribuno plebis Sulpicio institutum, mox a Sulla rescissum fuerat, renovaretur et confirmaretur, nempe, ut novi cives in quinque et triginta tribus distribuerentur.

[21] *Missisque legatis, qui de pace age-*

rent, a consule C. Norbano violatis] Sustulimus, auctore Campano, particulam *et* ante *a consule*. Sensus quippe est: legatis qui a Sylla missi erant, a consule violatis. Aliam hic et majoris momenti emendationem fecit Sigonius. Plerique editi et libri habebant *a cons. Cn. Carbone et C. Norbano*: quod contra historiæ fidem erat. Neque enim Carbo hoc anno consul fuit. Certissimam Sigonii conjecturam firmant Pithœus apud Hearnium, et Campanus, qui habet *a consule Cn. Norbano*.

*tem et avaritiam in prætorio suo vivus exustus est. L. Philip-*
*pus legatus Sullæ Sardiniam, Q. Antonio prætore pulso et*
*occiso, occupavit. Sulla cum Italicis populis, ne timeretur ab*
*iis, velut erepturus civitatem* [22] *et suffragii jus nuper datum,*
*fœdus percussit. Idemque, ex fiducia jam certæ victoriæ, liti-*
*gatores, a quibus adibatur, vadimonia Romam differre jussit,*
*quum a parte diversa urbs adhuc teneretur. L. Damasippus*
*prætor, ex voluntate C. Marii consulis quum senatum con-*
*traxisset, omnem, quæ in urbe erat, nobilitatem trucidavit. ex*
*cujus numero Q. Mucius Scævola pontifex maximus fugiens in*
*vestibulo ædis Vestæ occisus est. Præterea bellum a L. Murena*
*adversus Mithridatem in Asia renovatum continet.*

## LXXXVII.

*Sulla C. Marium, exercitu ejus fuso deletoque ad Sacripor-*
*tum, in oppido Prænestę obsedit. urbem Romam ex inimicorum*
*manibus recepit. Marium erumpere tentantem repulit. Præ-*
*terea res a legatis ejus, eadem ubique fortuna partium, gestas*
*continet.*

## LXXXVIII.

*Sulla Carbonem,* [23] *exercitu ejus fuso ad Clusium, ad Fa-*
*ventiam Fidentiamque cæso, Italia expulit: cum Samnitibus,*
*qui soli ex Italicis populis nondum arma posuerant, juxta ur-*
*bem Romanam ante portam Collinam debellavit: recuperata-*
*que republica, pulcherrimam victoriam crudelitate, quanta in*
*nullo hominum fuit, inquinavit. Octo millia* [24] *deditorum* [25] *in*
*villa publica trucidavit: tabulam proscriptionis posuit: urbem*
*ac totam Italiam cædibus replevit: inter quas omnes Prænes-*
*tinos inermes concidi jussit: Marium, senatorii ordinis virum,*
*cruribus brachiisque fractis, auribus præsectis, et effossis oculis,*
*necavit. C. Marius, Preneste obsessus* [26] *a Lucretio Ofella,*
*Sullanarum partium viro, quum per cuniculum captaret eva-*
*dere, septus ab exercitu,* [27] *mortem sibi conscivit. id est, in ipso*
*cuniculo, quum sentiret se evadere non posse, cum Pontio Tele-*
*sino, fugæ comite, stricto utrimque gladio, concurrit: quem*
*quum occidisset, ipse saucius impetravit a servo, ut se occi-*
*deret.*

[22] *Et suffragii jus nuper datum*] Vid. not. 20. ad epit. LXXXIV. supra.

[23] *Exercitu ejus fuso ad Clusium*] Inseruit Gronovius ex aliquot MSS. τὸ *fuso.*

[24] *Deditorum*] Magis placeret cum Pithœo apud Hearnium legere *dediti-orum.*

[25] *In villa publica*] Egregia Sigonii correctio, nixa auctoribus Augustino de Civ. Dei, III. 28. et Val. Max. IX. 2.

Antea *in via.*

[26] *A Lucretio Ofella*] Sic plane Campanus, et apud Hearnium Pithœus. Reliqui *Asella.*

[27] *Mortem sibi conscivit: id est*] Gronovius duas ultimas voces adjecit ex quibusdam scriptis. Nos libenter assentiremur Sigonio hæc omnia delenti, ita ut legatur: *septus ab exercitu, in ipso cuniculo.*

# LXXXIX.

[28] *M. Brutus a Cn. Papirio Carbone, qui Cossuram adpule-
rat, missus nave piscatoria Lilybeum, ut exploraret, an ibi
Pompeius esset, et* [29] *circumventus a navibus, quas Pompeius
miserat,* [30] *in se mucrone verso, ad transtrum navis obnixus corporis pondere, incubuit. Cn. Pompeius, in Siciliam cum imperio
a senatu missus, Cn. Carbonem, qui flens muliebriter mortem
tulit captum occidit.* [31] *Sulla, dictator factus, quod nemo umquam fecerat, cum fascibus viginti quatuor processit.* [32] *Rebus
novis reipublicæ statum confirmavit, tribunorum plebis potestatem minuit, et omne jus legum ferendarum ademit. Pontificum augurumque collegium ampliavit, ut essent quindecim;
senatum ex equestri ordine supplevit: proscriptorum liberis jus
petendorum honorum eripuit, et bona eorum vendidit:* [33] *ex
quibus plurima primo rapuit.* [34] *redactum est sestertium ter
millies quingenties. Q. Lucretium Ofellam, consulatum adversus voluntatem suam petere ausum, jussit occidi in foro: et,
quum hoc indigne ferret populus Romanus, concione advocata,
se jussisse dixit. Cn. Pompeius in Africa Cn. Domitium proscriptum et Hiarbam, regem Numidiæ, bellum molientes, victos
occidit: et, quatuor et viginti annos natus, adhuc eques Romanus, quod nulli contigerat, ex Africa triumphavit.* [35] *Cn.
Norbanus consularis proscriptus, in urbe Rhodo quum compre-
henderetur, ipse se occidit. Mutilus, unus ex proscriptis, clam
capite adoperto.* [36] *ad posticas ædes Bastiæ uxoris quum accessisset, admissus non est, quia illum proscriptum diceret, itaque se*

---

[28] *L. Brutus*] Sic olim legebatur.
Sigonius dedit *M. Brutus*, eique obsecuti sunt editores. Sed hunc Brutum
credimus cum Pighio non alium esse,
quam L. Brutum Damasippum proa-
vum hujus anni, qui Carboni conjunctus
memoratur libro sup. capp. 3. et 4.

[29] *Circumventus a navibus*] Vocula a
in Gronovianis editionibus male omissa
fuerat : sed in vetustioribus omnibus
reperitur.

[30] *In se mucrone verso . . incubuit*]
Magis placeret cum Gronovio legere
*mucroni.*

[31] *Sulla . . quod nemo unquam fecerat,
cum fascibus viginti quatuor processit*]
Solitum hoc dictatoribus, ut testantur
Plut. in Fabio, Polyb. l. III. c. 87.
Itaque vel erravit epitomes auctor, vel
aliquod hic vitium est.

[32] *Rebus novis reipublicæ statum confirmavit*] Sine ulla dubitatione assentimur Gronovio emendanti *legibus novis.*

[33] *Ex quibus plurima primo rapuit*]
Offendit τὸ primo. Nec opitulatur
Gronovius, dum ex aliquot codd. affert
*plurima præmia,* interpretaturque prædas. Forsasse aliquid intercidit, ut Sulla
dictus fuerit plurima primo rapuisse,
deinde cetera in publicum redegisse.

[34] *Redactum est sestertium ter millies
quingenties*] Marcæ argenti 1367167.
unciæ 4.

[35] *C. Norbanus*] Vulgo *Cn.* Sed ex
Fastis Capitolinis, reliquisque omnibus
veterum monumentis C. reponendum
esse Sigonius monet, cui assentitur apud
Hearnium Pithœus.

[36] *Ad posticas ædes*] Ante Sigonium
legebatur *ad posticum ædis.* Ille in vet.
lib. reperit *ad posticias ædes.* Nec aliter
Pithœus. Notum est *ædem* non dici de
privata et profana domo.

*transfodit, et sanguine suo fores uxoris respersit.* [37] *Sulla Nolam in Samnio recepit.* [38] *quadraginta septem legiones in agros captos deduxit, et eos iis divisit. Volaterras, quod oppidum adhuc in armis erat, obsessum, in deditionem accepit. Mitylenæ quoque in Asia, quæ sola urbs post victum Mithridatem arma retinebat, expugnatæ dirutæque sunt.*

## XC.

*Sulla decessit, honosque ei a senatu habitus est, ut in campo Martio sepeliretur. M. Æmilius Lepidus, quum acta Sullæ tentaret rescindere, bellum excitavit: et a Q. Catulo collega Italia pulsus est: et in Sardinia, frustra bellum molitus, periit. M. Brutus, qui Cisalpinam Galliam obtinebat, a Cn. Pompeio occisus est.* [39] *Q. Sertorius proscriptus in ulteriore Hispania ingens bellum excitavit.* [40] *L. Manlius proconsul et* [41] *M. Domitius legatus* [42] *ab Herculeio quæstore prælio victi sunt. Præterea res a P. Servilio proconsule adversus Cilicas gestas continet.*

## XCI.

*Cn. Pompeius,* [43] *quum adhuc eques esset, cum imperio consulari adversus Sertorium missus est. Sertorius aliquot urbes expugnavit, plurimasque civitates in potestatem suam redegit. Ap. Claudius proconsul Thracas pluribus præliis vicit. Q. Metellus proconsul L. Herculeium, quæstorem Sertorii, cum exercitu cecidit.*

## XCII.

*Cn. Pompeius dubio eventu cum Sertorio pugnavit, ita ut singula ex utraque parte cornua vicerint. Q. Metellus Sertorium et Perpernam cum duobus exercitibus prælio fudit: cujus victoriæ partem cupiens ferre Pompeius parum prospere pugnavit.* [44] *Obsessus deinde Cluniæ Sertorius, assiduis eruptionibus non leviora damna obsidentibus intulit. Præterea ab*

---

37 *Sulla Nolam in Samnio*] Non tam *in Samnio*, quam a *Samnitibus* qui invaserant. Supra Epit. l. LXXIII. GRONOVIUS.

38 *Quadraginta septem legiones*] Imo *tres et viginti*, si Appiano fides: et hoc verisimilius per se videtur.

39 *Q. Sertorius*] Unus e MSS. Gronovii ante hæc verba inserit: Q. *Sertorii viri bellicosissimi gesta referuntur:* itidemque alius, nisi quod *bellacissimi* habet pro *bellicosissimi*.

40 *L. Manlius*] Sic scribendum esse hoc nomen monuit Sigonius ex Orosio et Eutropio. Vulgo hic *L. Manlius*.

41 *M. Domitius*] Imo *L. Domitius*, ex Plut. et Eutropio.

42 *Ab Herculeio*] Alias *Hirtuleio*.

43 *Quum adhuc equester esset*] Sic dedit Sigonius ex quibusdam veteribus libris, quum prius editi haberent *quæstor esset.* Idem optime probat Pompeium tunc temporis quæstorem non fuisse, imo nunquam hunc magistratum gessisse. Sed dubitamus an *equester* pro *equite* dici possit: cujus rei nullum nobis suppetit exemplum. Itaque mallemus legere: *quum adhuc eques Rom. esset.*

44 *Obsessus..Cluniæ*] Ante Gronovium

*Curione proconsule in Thracia res gestas adversus Dardanos, et Q. Sertorii multa crudelia in suos facta continet ; qui plurimos ex amicis et secum proscriptis, crimine proditionis insimulatos, occidit.*

---

## XCIII.

*P. Servilius proconsul in Cilicia Isauros domuit, et aliquot urbes piratarum expugnavit. Nicomedes, Bithyniæ rex, moriens populum Romanum fecit hæredem, regnumque ejus in provinciæ formam redactum est. Mithridates, fœdere cum Sertorio icto, bellum populo Romano intulit. Adparatus deinde regiarum copiarum pedestrium navaliumque : et, occupata Bithynia, M. Aurelius Cotta consul ad Chalcedonem prælio a rege victus est.* [45] *resque a Pompeio et Metello adversus Sertorium gestas continet; qui omnibus belli militiæque artibus par fuit. quos etiam, ab obsidione Calagurris oppidi depulsos, coëgit diversas regiones petere, Metellum ulteriorem Hispaniam, Pompeium Galliam.*

---

## XCIV.

[46] *L. Licinius Lucullus consul adversus Mithridatem equestribus præliis feliciter pugnavit, et expeditiones aliquot prosperas fecit, poscentesque pugnam milites a seditione inhibuit. Deiotarus, Gallogræciæ tetrarches,* [47] *præfectos Mithridatis, bellum in Phrygia moventes, cecidit. Præterea res a Cn. Pompeio in Hispania contra Sertorium prospere gestas continet.*

---

## XCV.

*C. Curio proconsul Dardanos in Thracia domuit. Quatuor et septuaginta gladiatores Capuæ ex ludo Lentuli profugerunt: et,* [48] *congregata servitiorum ergastulorumque multitudine, Crixo et Spartaco ducibus bello excitato, Claudium Pulchrum legatum et* [49] *P. Varenum prætorem prælio vicerunt. L. Lu-*

---

editi habebant *Calagurii.* Mutavit ille, et e vestigiis MSS. eruit nomen *Cluniæ.*

[45] *Resque a Pompeio et Metello adversum Sertorium gestas continet*] Hic habemus emendationem Sigonii, qui priorum editionum omnino vitiosam lectionem ex vet. lib. correxit, adjiciens ex conjectura duas postremas voces.

[46] *L. Licinius Lucullus*] Nomen et prænomen Luculli, et infra prænomen Pompeii ex MSS. suis addenda duxit Gronovius.

[47] *Præfectos Mithridatis*] Hoc debetur Sigonio. Antea *præfectus,* contra historiæ fidem.

[48] *Congregata servitiorum ergastulorumque multitudine*] Sic edidit Gronovius ex suis MSS. Vulgo *servorum ergastulorumque.* Sed non spernendum id fortasse, quod, teste Sigonio, Claudius Puteanus in MSS. legisse se affirmat : *servorum ex ergastulis.*

[49] *P. Varenum*] Sigonius ex Appiano et Frontino legendum putat *P. Varinium.*

*cullus proconsul ad Cyzicum urbem exercitum Mithridatis fame
ferroque delevit ; pulsumque Bithynia regem, variis belli ac
naufragiorum casibus fractum, coëgit in Pontum profugere.*

---

## XCVI.

*Q. Arrius prætor Crixum, fugitivorum ducem, cum viginti
millibus hominum cecidit.* [50] *Cn. Lentulus consul male adversus Spartacum pugnavit. Ab eodem L. Gellius consul et Q.
Arrius prætor acie victi sunt. Sertorius* [51] *a M'. Antonio, et
M. Perperna, et aliis conjuratis in convivio interfectus est,
octavo ducatus sui anno : magnus dux, et adversus duos imperatores, Pompeium et Metellum, sæpe par,* [52] *vel frequentius
victor : ad ultimum desertus et proditus.* [53] *Imperium partium
ad Marcum translatum est : quem Cn. Pompeius victum cap-
tumque interfecit, ac recepit Hispanias decimo fere anno, quam
cæptum erat bellum. C. Cassius proconsul et Cn. Manlius
prætor male adversus Spartacum pugnaverunt : idque bellum
M. Crasso prætori mandatum est.*

---

## · XCVII.

*M. Crassus prætor primum cum parte fugitivorum, quæ ex
Gallis Germanisque constabat, feliciter pugnavit, cæsis hostium triginta quinque millibus, et duce eorum* [54] *Granico.*
[55] *Cum Spartaco deinde bellavit, cæsis cum ipso millibus sexaginta. M. Antonius prætor bellum adversus Cretenses, parum
prospere susceptum, morte sua finivit. M. Lucullus proconsul
Thracas subegit. L. Lucullus in Ponto adversus Mithridatem
feliciter pugnavit, cæsis hostium* [56] *amplius quam sexaginta
millibus.* [57] *M. Crassus et Cn. Pompeius consules facti (sed*

---

[50] *Cn. Lentulus*] Suum huic consuli
praenomen restituit Sigonius, ex consensu auctorum omnium. Antea *C.
Lentulus.*

[51] *A Manio Antonio.*] Vid. not. 53.
infra.

[52] *Vel frequentius superior*] Olim, ut
*frequentius.* Sigonius ex vet. lib. dedit
*vel.* Mallemus *et.*

[53] *Imperium.. ad Marcum translatum
est*] Ante Sigonium editi habebant ad
*Marium :* quod erat contra historiæ
fidem, ex qua constat, Sertorio occiso,
Perpernam imperium invasisse. Bene
ergo Sigonius ex vetere libro emendavit
ad *Marcum.* At inde sequitur vitiose
quoque olim cusos habuisse *a M. Antonio.* Si enim Antonio et Perpernæ
idem praenomen *Marcus* fuisset, non

constaret hoc loco ad utrum eorum imperium devenisset. Ideo Sigonius edi
jussit *a Manio Antonio.*

[54] *Granico*] In quibusdam Gronovii
MSS. legitur *Ganico.* Plutarchus *Cun-
nicium* vocat, Frontinus *Gannicum.*

[55] *Cum Spartaco dein debellavit*] Sic
legendum esse ipsa res monstrat, nulla
pronus mutatione, quum vulgo editi habeant *deinde bellavit.*

[56] *Amplius quam*] Unus e Gronovii
MSS. non agnoscit ultimam vocem, quæ
nec necessaria est.

[57] *M. Crassus et Cn. Pompeius consules facti (Pompeius*] Vetus lectio
erat, *consules facti sunt sicut Pompeius,*
vel *facti sic Pompeius.* Unde Sigonius
mancam esse orationem existimaverat,
legendumque : *consules facti, ut Crassus.*

*Pompeius, antequam quæsturam gereret, ex equite Romano)*
*tribunitiam potestatem restituerunt. Judicia quoque* " *per L.*
*Aurelium Cottam prætorem ad equites Romanos translata sunt.*
*Mithridates, desperatione rerum suarum coactus, ad Tigranem*
*Armeniæ regem confugit.*

## XCVIII.

*Machares, filius Mithridatis, Bospori rex, ab L. Lucullo in*
*amicitiam receptus est. Cn. Lentulus et L. Gellius censores*
*asperam censuram egerunt, quatuor et sexaginta senatu motis:*
*a quibus, lustro condito, censa sunt civium capita quadringenta*
*quinquaginta millia. L. Metellus prætor* " *in Sicilia adversus*
*piratas prospere rem gessit. Templum Jovis in Capitolio, quod*
*incendio consumtum ac refectum erat, a Q. Catulo dedicatum*
*est. L. Lucullus in Armenia Mithridatem et Tigranem; et*
*ingentes utriusque regis copias, pluribus prœliis fudit. Q.*
*Metellus proconsul, bello sibi adversus Cretenses mandato,*
*Cydoniam urbem obsedit. C. Triarius, legatus Luculli, ad-*
*versus Mithridatem parum prospere pugnavit. Lucullum, ne*
*persequeretur Mithridatem ac Tigranem, summamque victoriæ*
*inponeret, seditio militum tenuit, quia· sequi nolebant: id est,*
*quia* " *legiones Valerianæ, impleta a se stipendia dicentes, Lu-*
*cullum reliquerunt.*

## XCIX.

*Q. Metellus proconsul Gnosson, et Lyetum, et Cydoniam, et*
*alias plurimas urbes expugnavit. L. Roscius tribunus plebis*
*legem tulit, ut equitibus Romanis in theatro quatuordecim gra-*
*dus proximi adsignarentur. Cn. Pompeius, lege ad populum*
*lata, persequi piratas jussus, qui commercium annonæ interclu-*
*serant. intra quadragesimum diem toto mari eos expulit; bel-*
*loque cum iis in Cilicia confecto, acceptis in deditionem piratis*
*agros et urbes dedit. Præterea res gestas a Q. Metello*
*adversus Cretenses continet: et epistolas Metelli et Cn. Pom-*

Vid. infra c. 38. hujus libri.

*et prætura, sic Pompeius.* Gronovius
delendum potius aliquid, quam infulci-
endum judicavit, formavitque hanc lectionem quam secuti sumus.
    58 *Per L. Aurelium Cottam*] Præno-
men hujus prætoris ex Asconio mutavit
Sigonius, quum olim hic legeretur *per*
*M. Aurelium.* Ceterum lex ab eo lata
de judiciis minus accurate ab epitomes
concinnatore exhibetur. Ea enim com-
municabat judicia inter tres ordines,

senatum, equites, et tribunos ærarios.
Vid. infra c. 38. hujus libri.
    59 *In Sicilia*] Hoc debetur Sigonio,
quum prius legeretur *in Cicilia.* Hanc
emendationem veram esse facile intelli-
get lector ex c. 29. hujus libri.
    60 *Legiones Valerianæ, quæ*] Sic ha-
buit vetus liber Sigonii, atque hæc lectio
expeditissima est. Gronoviana et Du-
jatiana editiones carent τῷ *quæ.*

*peii in vicem missás. Quæritur Metellus, [61] gloriam sibi rerum gestarum a Pompeio præripi, qui in Cretam miserit legatum suum ad accipiendas urbium deditiones. Pompeius rationem reddit, hoc se facere debuisse.*

---

# C.

*C. Manilius tribunus plebis magna indignatione nobilitatis legem tulit, ut Pompeio Mithridaticum bellum mandaretur. [62] Concio ejus bona. Q. Metellus, perdomitis Cretensibus, liberæ in id tempus insulæ leges dedit. Cn. Pompeius, ad gerendum bellum adversus Mithridatem profectus, cum rege Parthorum Phraate amicitiam renovavit, equestri prœlio Mithridatem vicit. Præterea bellum inter Phraatem Parthorum regem, et Tigranem Armeniorum, ac deinde inter Tigranem filium patremque gestum, continet.*

---

# CI.

*Cn. Pompeius Mithridatem, nocturno prælio victum, coëgit Bosporon profugere. Tigranem in deditionem accepit, eique, ademtis Syria, Phœnice, Cilicia, regnum Armeniæ restituit. Conjuratio eorum, qui in petitione consulatus ambitus damnati erant, facta de interficiendis consulibus, obpressa est. Cn. Pompeius, quum Mithridatem persequeretur, in ultimas ignotasque gentes penetravit. Iberos Albanosque, qui transitum non dabant, prælio vicit. Præterea fugam Mithridatis per Colchos, Heniochosque, et res ab eo in Bosporo gestas continet.*

---

# CII.

*Cn. Pompeius in provinciæ formam Pontum redegit. Pharnaces, filius Mithridatis, bellum patri intulit. Ab eo Mithridates obsessus in regia, quum veneno sumto parum profecisset ad mortem, a milite Gallo, nomine [63] Bitœto, a quo, ut adjuvaret se, petierat, interfectus est. Cn. Pompeius Judæos subegit: fanum eorum in Hierosolyma, inviolatum ad id tempus, cepit.*

---

[61] *Gloriam rerum ab se gestarum a Pompeio præteriri*] Vulgo hic legitur a *Pompeio sublatam præteriri.* Sed testatur Gronovius penultimam vocem abesse ab aliquot MSS. Itaque eam ut supervacuam et inelegantem resecuimus. Manifestum est mendum in verbo *præteriri.* Pro eo idem Gronovius subjicit *intercipi.* Sed quum duo codices habeant *gloriam sibi rerum,* totus hic locus videtur potius

sic formandus : *gloriam sibi rerum gestarum a Pompeio præripi.*

[62] *Concio ejus bona*] Hic suspicamur aliquid esse vitii. Sed parvi res est.

[63] *Bituito*] Ante Sigonium hic legebatur *Bithoco.* Ille edi jussit *Bitœto,* quia apud Appianum vocatur hic Gallus *Birœtos.* Sed Gallicum nomen est *Bituitus, quomodo Freinshemius expressit, infra c. 55.*

*L. Catilina, bis repulsam in petitione consulatus passus, cum Lentulo prætore, et Cethego, et pluribus aliis, conjuravit de cæde consulum et senatus, incendiis urbis, et obprimenda republica; exercitu quoque in Etruria comparato. Ea conjuratio industria M. Tullii Ciceronis eruta est. Catilina urbe pulso, de reliquis conjuratis supplicium sumtum est.*

---

## CIII.

*Catilina a C. Antonio proconsule cum exercitu cæsus est. P. Clodius accusatus, [64] "quod in habitu muliebri in sacrarium, in quod virum intrare nefas est, intrasset, et uxorem [65] maximi pontificis stuprasset, absolutus est. [66] C. Pontinius prætor Allobrogas, qui rebellaverant, ad Solonem domuit. P. Clodius ad plebem transiit. C. Cæsar Lusitanos subegit : eoque consulatus candidato, et captante rempublicam invadere, conspiratio inter tres principes civitatis facta est, Cn. Pompeium, M. Crassum, C. Cæsarem. Leges agrariæ a Cæsare consule cum magna contentione, invito senatu, et altero consule M. Bibulo, latæ sunt. C. Antonius proconsul in Thracia parum prospere rem gessit. M. Cicero, lege a P. Clodio tribuno plebis lata, quod indemnatos cives necavisset, in exsilium missus est. Cæsar, in provinciam Galliam profectus, Helvetios, vagam gentem, domuit: quæ, sedem quærens, [67] per provinciam Cæsaris Narbonem iter facere volebat. Præterea situm Galliarum continet. [68] Pompeius de liberis Mithridatis, Tigrane, et Tigranis filio, triumphavit : Magnusque a tota concione consalutatus est.*

---

## CIV.

*Prima pars libri situm Germaniæ moresque continet. C. Cæsar, quum adversus Germanos, qui Ariovisto duce in Gal-*

---

[64] *Quod.. intrasset: quumque uxorem*] Hæc verborum structura non immerito displicuit Gronovio: qui proinde, quum reperiret in quibusdam MSS. *Quod.. cum intrasset et uxorem*, copulativam tollit ; ita ut legi debeat : *Quod... quum intrasset, uxorem maximi pontificis stuprasset.*

[65] *Maximi pontificis*] Hoc debetur Sigonio. Antea *Metelli pontificis.* Sed omnis historia testatur ad Cæsaris uxorem Pompeiam totum hoc negotium attinuisse.

[66] *C. Pontinius*] Varie hoc nomen scribitur, *Pontinus, Pontinius, Pomptinus.* At in prænomine nulla dubitatio est. Ubique apud Ciceronem, apud Sallustium *C.* vocatur, non *Cn.* quomodo hactenus hoc loco legebatur.

[67] *Per provinciam Cæsaris Narbonem iter facere*] Gronovius pro *Narbonem* legi jubet *Narbonensem.*

[68] *Pompeius de liberis Mithridatis*] Sigonius multis disputat, hæc suo loco posita non esse, propterea quod constat Pompeium Pisone et Messala Coss. triumphasse, antequam cum Cæsare et Crasso societatem iniret, tertio anno ante Pisonis et Gabinii consulatum et exilium Ciceronis, et Cæsaris in Galliam adventum. Jam vero Gronovius in historia quoque vitum esse observat. Cur enim de liberis potius Mithridatis, quam de Mithridate ipso triumphasse Pompeius dicitur ? Triumphavit Pompeius de Mithridate et Tigrane regibus, ductis ante currum liberis Mithridatis, et Tigranis filio Tigrane.

*liam transcenderant, exercitum duceret, rogatus ab Æduis et*
*Sequanis, quorum ager possidebatur, trepidationem militum,*
*propter metum novorum hostium ortam, adlocutione exercitus*
*inhibuit, et victos prælio Germanos Gallia expulit. M. Cicero,*
*Pompeio inter alios orante, et* [60] *T. Annio Milone tribuno*
*plebis agente, ingenti gaudio senatus ac totius Italiæ, ab ex-*
*silio reductus est. Cn. Pompeio per quinquennium annonæ cura*
*mandata est. Cæsar Ambianos, Suessiones, Veromanduos, At-*
*rebates, Belgarum populos, quorum ingens multitudo erat, præ-*
*lio victos in deditionem accepit: ac deinde* [70] *contra Nervios*
*unius civitatis cum magno discrimine pugnavit, eamque gentem*
*delevit; quæ bellum gessit, donec ex sexaginta millibus arma-*
*torum* [71] *trecenti superessent: ex sexcentis senatoribus tres tan-*
*tum evaderent. Lege lata de redigenda in provinciæ formam*
*Cypro, et publicanda pecunia regia,* [72] *M. Catoni administratio*
*ejus rei mandata est. Ptolemæus, Ægypti rex, ob injurias,*
*quas patiebatur a suis, regno pulsus, Romam venit. C. Cæsar*
*Venetos, gentem oceano junctam, navali prælio vicit. Præterea*
*res a legatis ejus eadem fortuna gestas continet.*

---

## CV.

*Quum* [73] *C. Catonis tribuni plebis intercessionibus comitia*
*tollerentur, senatus vestem mutavit. M. Cato in petitione*
*præturæ, prælato Vatinio, repulsam tulit. idem, quum legem*
*impediret, qua* [74] *provinciæ consulibus in quinquennium, Pom-*
*peio Hispaniæ, Crasso Syria et Parthicum bellum, Cæsari*
*Gallia et Germania dabantur, a C. Trebonio tribuno plebis,*
*legis auctore, in vincula ductus est. A. Gabinius proconsul*
*Ptolemæum reduxit in regnum Ægypti, ejecto Archelao, quem*
*sibi regem adsciverant. Cæsar,* [75] *victis Germanis in Gallia*
*cæsisque, Rhenum transcendit, et proximam partem Germaniæ*
*domuit: ac deinde oceano in Britanniam, primo parum pros-*
*pere tempestatibus adversis, trajecit;* [76] *iterum parum felicius:*

[60] *T. Annio Milone tribuno plebis
agente*] Ultimam vocem adjecit ex conjectura Sigonius. Pompeius, qui erat
privatus, orabat : Milo tribunus plebis,
agere debuit, ut revera fecit, non orare
tantum.

[70] *Contra Nervios, unam harum civitatum*] Magis arridet, quod subjicit
Gronovius: *unam horum*, nempe Belgarum, *civitatem.*

[71] *Trecenti superessent*] Quingentos
Cæsar superfuisse scribit.

[72] *M. Catoni*] Male plerique · editi,

C. Catoni.

[73] *C. Catonis*] Proba Sigonii emendatio. Antea, M. Catonis.

[74] *Provinciæ consulibus*] Idem Sigonius recte pro *consulares* reposuit *consulibus.*

[75] *Victis Germanis et in Gallia cæsis*]
Magis placet unius MS. a Gronovio inspecti scriptura : *victis Germanis in Gallia cæsisque.*

[76] *Iterum parum felicius*] Dele τὸ parum ex superiore versiculo inculcatum.
GRONOVIUS.

*magnaque multitudine hostium cæsa, aliquam partem insulæ in potestatem redegit.*

## CVI.

*Julia Cæsaris filia, Pompeii uxor, decessit: honosque ei a populo habitus est, ut in campo Martio sepeliretur. Gallorum aliquot populi, [77] Ambiorige duce Eburonum, defecerunt: a quibus Cotta et [78] Titurius, legati Cæsaris, circumventi insidiis, cum exercitu, cui præerant, cæsi sunt. et quum aliarum quoque legionum castra oppugnata magno labore defensa essent, [79] interque eos, qui in Nerviis præerat, Q. Cicero, ab ipso Cæsare hostes prælio fusi sunt. M. Crassus, bellum Parthis inlaturus, Euphratem fluvium transiit, victusque prælio, in quo et filius ejus cecidit, quum reliquias exercitus in collem recepisset, evocatus in conloquium ab hostibus, velut de pace acturis, quorum dux erat Surenas, comprehensus, et, ne quid vivus pateretur, repugnans interfectus est.*

## CVII.

*C. Cæsar, Treviris in Gallia victis, iterum in Germaniam transiit: nulloque ibi hoste invento, reversus in Galliam, Eburones et alias civitates, quæ conspiraverant, vicit, et Ambiorigem in fuga persecutus est. P. Clodii, a T. Annio Milone, candidato consulatus, Appia via ad Bovillas occisi, corpus plebs in curia cremavit. Quum seditiones inter candidatos consulatus Hypsæum, Scipionem, et Milonem essent, qui armis ac vi contendebant; ad comprimendas eas [80] Cn. Pompeius legatus a senatu consul tertium factus est, absens et solus, quod nulli alii umquam contigit. Quæstione decreta de morte P. Clodii, Milo judicio damnatus in exsilium actus est. [81] Lex*

[77] *Ambiorige duce Eburonum*] Hic aliquid deesse manifestum est. Gronovius reponit, *Ambiorige duce, rege Eburonum.*

[78] *Titurius*] Hoc debetur Sigonio. Vetustius cusi habebant, *T. Aurunculeius*: Sigonii codices, *T. Veturius.* Verum nomen ille revocavit ex Cæsare.

[79] *Interque eos, qui in Nerviis præerat, Q. Cicero*] Primo, nihil est in iis quæ præcedunt, quo referatur τὸ *eos.* Itaque lege cum Gronovio, vel superius *aliorum quoque legatorum* pro *aliarum quoque legionem,* vel hic *interque eos, quibus..*

præerat Q. Cicero. Secundo, quum in plerisque editis legeretur *qui in Treviris præerat,* edi jussimus *in Nerviis,* obsecuti Jac. Gronovio, qui ita habuisse antiquitus cusos docet: et de ipsa re constat ex Cæsaris ipsius Comment. l. v.

[80] *Cn. Pompeius legatus a senatu*] Vitium esse in voce *legatus,* manifestum est. Suspicatur Gronovius, *rogatus.*

[81] *Lex lata est*] Hoc debetur Sigonio, qui reposuit verbum in hac re proprium *lata,* pro *dicta,* vel *data,* quomodo libri sive editi, sive scripti habebant.

*lata est, ut ratio absentis Cæsaris in petitione consulatus habe-
retur, invito et contradicente M. Catone. Præterea res gestas
a C. Cæsare adversus Gallos, qui prope universi, Vercingento-
rige Arverno duce, defecerunt, et laboriosas obsidiones urbium
continet: inter quas Avarici Biturigum, et Gergoviæ Arver-
norum.*

## CVIII.

*C. Cæsar Gallos ad Alesiam vicit, omnesque Galliæ civitates,
quæ in armis fuerant, in deditionem accepit. C. Cassius,
quæstor M. Crassi, Parthos, qui in Syriam transcenderant,
cecidit. In petitione consulatus M. Cato repulsam tulit, creatis
consulibus Ser. Sulpicio, M. Marcello. C. Cæsar Bellovacos
cum aliis Gallorum populis domuit. Præterea contentiones
inter consules de successore C. Cæsari mittendo, agente in
senatu M. Marcello consule, ut Cæsar ad petitionem consulatus
veniret, quum is lege lata ⁸² in id tempus consulatus provincias
obtinere deberet, resque a M. Bibulo in Syria gestas continet.*

## CIX.

*Caussæ civilium armorum et initia referuntur, contentiones-
que de successore C. Cæsari mittendo, quum se dimissurum
exercitus negaret, ⁸³ nisi a Pompeio dimitterentur. Et C. Cu-
rionis tribuni plebis ⁸⁴ primum adversus Cæsarem, dein pro
Cæsare actiones continet. Quum senatusconsultum factum
esset, ut successor Cæsari mitteretur, M. Antonio et Q. Cassio
tribunis plebis, quoniam intercessionibus id senatusconsultum
impediebant, urbe pulsis, mandatum est a senatu consulibus et
Cn. Pompeio, ut viderent, ne quid respublica detrimenti caperet. C. Cæsar, bello inimicos persecuturus, cum exercitu in
Italiam venit: Corfinium cum L. Domitio et ⁸⁵ L. Lentulo
cepit, eosque dimisit. Cn. Pompeium ceterosque partium ejus
Italia expulit.*

---

⁸² *In id tempus consulatus*] Merito
delet τὸ id Gronovius.
⁸³ *Nisi a Pompeio*] Melius: *nisi et
a Pompeio.* GRONOVIUS.
⁸⁴ *Primum adversus Cæsarem, dein
pro Cæsare actiones*] Hanc lectionem
Sigonius concinnavit ad historiæ fidem.

Ipse inveniebat in libris: *Primum
adversum Cæsarem de populo Romano
Cæsare actiones.*
⁸⁵ *P. Lentulo*] Male vulgatæ editiones *L. Lentulo.* Is enim est P. Lentulus Spinther, qui consul Ciceronem in
patriam restituerat. Vid. infra. c. 65.

## CX.

*C. Cæsar Massiliam, quæ portas ipsi clauserat, obsedit : et, relictis in obsidione urbis ejus legatis, C. Trebonio et D. Bruto, profectus in Hispaniam, L. Afranium et M. Petreium, legatos Cn. Pompeii, cum septem legionibus ad Ilerdam in deditionem accepit, omnesque incolumes dimisit, Varrone quoque legato Pompeii cum exercitu in potestatem suam redacto. Gaditanis civitatem dedit. Massilienses, duobus navalibus prœliis victi, post longam obsidionem potestati Cæsaris se permiserunt. C. Antonius, legatus Cæsaris, male contra Pompeianos in Illyrico rebus gestis, captus est. In quo bello Opitergini Transpadani, Cæsaris auxiliares, rate sua ab hostilibus navibus clausa, potius, quam in potestatem hostium venirent, inter se concurrentes obcubuerunt. C. Curio, legatus Cæsaris in Africa, quum prospere* * adversus Varum, Pompeianarum partium ducem, pugnasset, a Juba rege Mauritaniæ cum exercitu cæsus est. C. Cæsar in Græciam trajecit.*

---

## CXI.

[87] *M. Cœlius Rufus prætor, quum seditiones in urbe concitaret, novarum tabularum spe plebe sollicitata, abrogato magistratu pulsus urbe, Miloni exsuli, qui fugitivorum exercitum contraxerat, se conjunxit. uterque, quum bellum molirentur, interfecti sunt. Cleopatra, Ægypti regina, a Ptolemæo fratre regno pulsa est. Propter [88] Q. Cassii prætoris avaritiam crudelitatemque Cordubenses in Hispania [89] cum duabus Varianis legionibus a partibus Cæsaris desciverunt. Cn. Pompeius, ad Dyrrachium obsessus a Cæsare, et, præsidiis ejus cum magna clade diversæ partis expugnatis, obsidione liberatus, translato in Thessaliam bello, apud Pharsaliam acie victus est. Cicero in castris remansit, vir nihil minus quam ad bella natus ; omnibusque adversarum partium, qui se potestati victoris permiserunt, Cæsar ignovit.*

---

[85] *Adversus Varum*] Olim *Varronem.* Correxit Sigonius.

[87] *M. Cœlius Rufus*] Verum huic prætori nomen restituit Sigonius, quum ante eum corrupte legeretur *M. Cæcilius.* Is est Cœlius orator, cujus exstant ad Ciceronem epistolæ, qui ab eodem Cicerone defensus est luculenta oratione; quem omnis horum temporum historia describit acrem, inquietum, no-

varum rerum cupidum.

[88] *Q. Cassii*] Et hoc debetur Sigonio. Olim *Q. Catuli.*

[89] *Cum duabus Varianis legionibus*] Jac. Gronovius recte monet legendum *Varronianis*, id est, legionibus iis quæ sub M. Varrone militaverant. Vid. supra, cx. 36. et Auct. de B. Alexandrino capp. 53. 57. 58.

# CXII.

*Trepidatio victarum partium in diversas orbis terrarum partes et fuga referuntur. Cn. Pompeius, quum Ægyptum petisset, jussu Ptolemæi regis pupilli, auctore Theodoto præceptore, cujus magna apud regem auctoritas erat, et Pothino, occisus est ab Achilla, cui id facinus erat delegatum, in navicula, antequam in terram exiret. Cornelia uxor et Sex. Pompeius filius Cypron refugerunt. Cæsar, post tertium diem insecutus, quum ei Theodotus caput Pompeii et annulum obtulisset, [90] et infensus est, et inlacrimavit. sine periculo Alexandriam tumultuantem intravit. Cæsar, dictator creatus, Cleopatram in regnum Ægypti reduxit, et inferentem bellum iisdem auctoribus Ptolemæum, quibus Pompeium interfecerat, cum magno suo discrimine vicit. Ptolemæus dum fugit, in Nilo navicula subsedit. Præterea laboriosum M. Catonis in Africa per deserta cum legionibus iter, et bellum a Cn. Domitio contra Pharnacem [91] parum prospere gestum continet.*

# CXIII.

*Confirmatis in Africa Pompeianis partibus, imperium earum P. Scipioni delatum est; Catone, cui ex æquo deferebatur imperium, cedente. Et quum de diruenda urbe Utica propter favorem civitatis ejus in Cæsarem deliberaretur, idque ne fieret, M. Cato tenuisset, Juba suadente, ut dirueretur; tutela ejus et custodia mandata est Catoni. [92] Cn. Pompeius Magni filius in Hispania, contractis viribus, quarum ducatum nec Afranius, nec Petreius excipere volebant, bellum adversus Cæsarem renovavit. Pharnaces, Mithridatis filius, rex Ponti, sine ulla belli mora victus est. Quum seditiones Romæ a P. Dolabella tribuno plebis, legem ferente de novis tabulis, excitatæ essent, et ex ea caussa plebs tumultuaretur, inductis a M. Antonio magistro equitum in urbem militibus, octingenti e plebe cæsi sunt.*

---

90 *Et infensus est, et illacrymavit. sine periculo*] Lege cum Gronovio, *et offensus est, et illacrymavit; nec sine periculo.*

91 *Parum prospere*] Vocem *parum* adjecit Sigonius ex historiæ fide. Vid. finem hujus libri.

92 *Cn. Pompeius Magni filius*] Sigonius ex veteribus, ut ait, libris legi jusserat, *Inde Pompeius.* Sed τὸ *inde* hic supervacuum est. Præterea quum duo filii Pompeii essent, qui prænominibus distinguebantur, verisimile admodum est auctorem epitomes, ei de quo agebat suum prænomen addidisse. Atque illud clare expressum reperitur in uno e codd. a Gronovio inspectis. Itaque admisimus.

*Cæsar veteranis cum seditione missionem postulantibus dedit :
et, quum in Africam trajecisset, contra copias Jubæ regis cum
discrimine magno pugnavit.*

---

# CXIV.

*Bellum in Syria Cæcilius Bassus, eques Romanus Pompeia-
narum partium excitavit, relicto a legione Sex. Cæsare, quæ ad
Bassum transierat,* [93] *occisoque eo. Cæsar* [94] *Scipionem prætorem, Afranium, Jubamque vicit ad Thapsum, castris eorum
expugnatis. Cato, audita re, quum se percussisset Uticæ, et,
interveniente filio, curaretur, inter ipsam curationem rescisso
vulnere exspiravit, anno ætatis quadragesimo nono. Petreius
Jubam seque interfecit. P. Scipio in nave circumventus honestæ morti* [95] *vocem quoque adjecit: quærentibus enim imperatorem hostibus dixit,* Imperator bene se habet. *Faustus et
Afranius occisi. Catonis filio venia data. Brutus, legatus
Cæsaris, in Gallia Bellovacos rebellantes prælio vicit.*

---

# CXV.

*Cæsar quatuor triumphos duxit ; ex Gallia, ex Ægypto, ex
Ponto, ex Africa. Epulum et omnis generis spectacula dedit. M. Marcello consulari, senatu rogante, reditum concessit.*
[96] *Qui Marcellus beneficio ejus frui non potuit, a* [97] *Cn. Magio
Cilone cliente suo Athenis occisus. Recensum egit, quo censa
sunt civium capita centum quinquaginta millia. Profectusque
in Hispaniam adversus Cn. Pompeium, multis utrimque expeditionibus factis, et aliquot urbibus expugnatis, summam victoriam cum magno discrimine ad Mundam urbem consecutus est.
Pompeius Sextus effugit.*

---

[93] *Occisoque eo*] Hic τελείαν στιγμὴν apposuimus, obsecuti Sigonio et Jac. Perizonio. Hic quidem etiam deleri jubet vocem *eo*, nec sine causa. Agitur enim de Sexto Cæsare, qui relictus a legione occisus est.

[94] *Scipionem prætorem*] Lege cum Gronovio vel *Scipionem proconsulem*, vel *Scipionem, Petreium.*

[95] *Vocem quoque*] Hic inserit Gronovius *parem*, vel *memorabilem.*

[96] *Qui Marcellus beneficio ejus*] Gro-

novius quum repererit in uno MS. *Qui beneficio ejus Marcellus*, rescribit, *Quo beneficio ejus Marcellus*: recte.

[97] *P. Magio*] Sigonius jussit legi *Cn. Magio*, causamque addidit, quod nempe sic ille interfector Marcelli nominaretur in epistola Servii ad Ciceronem. Sed ea Ciceronis editiones quas vidimus, atque in iis Græviana, habent *P. Magio*, quomodo hic ante Sigonii emendationem legebatur.

# CXVI.

*C. Cæsar ex Hispania quintum triumphum egit. Et, quum plurimi maximique honores ei a senatu decreti essent, inter quos ut Pater Patriæ adpellaretur, et sacrosanctus, ac dictator in perpetuum esset, invidiæ caussam adversus eum præstitere, quod senatui deferenti hos honores, quum ante ædem Veneris Genitricis sederet, non adsurrexit: et quod a M. Antonio consule collega suo, inter Lupercos currente, diadema capiti suo inpositum in sella reposuit: et quod Epidio Marullo et Cæsetio Flavo tribunis plebis invidiam ei tamquam regnum adfectanti moventibus, potestas abrogata est. Ex iis caussis conspiratione in eum facta, (cujus capita fuerunt M. Brutus, et C. Cassius, et ex Cæsaris partibus D. Brutus et C. Trebonius) in Pompeii curia occisus est viginti tribus vulneribus, occupatumque ab interfectoribus ejus Capitolium. Oblivione deinde cædis ejus a senatu decreta, obsidibus Antonii et Lepidi liberis acceptis, conjurati a Capitolio descenderunt. Testamento Cæsaris hæres ex parte dimidia institutus C. Octavius sororis nepos, et in nomen adoptatus est. Cæsaris corpus, quum in campum Martium ferretur, a plebe ante rostra crematum est. Dictaturæ honos in perpetuum sublatus est. C. Amatius, humillimæ sortis homo, qui se C. Marii filium ferebat, quum apud credulam plebem seditiones moveret, necatus est.*

---

# CXVII.

*C. Octavius Romam ex Epiro venit, (eo enim illum Cæsar præmiserat, bellum in Macedonia gesturus) ominibusque prosperis exceptus etiam nomen Cæsaris sumsit. In confusione rerum ac tumultu* [90] *Lepidus pontificatum maximum intercepit. Sed M. Antonius consul, quum inpotenter dominaretur, legemque de permutatione provinciarum per vim tulisset, et Cæsarem quoque, petentem, ut sibi adversus percussores avunculi adesset, magnis injuriis adfecisset: Cæsar, et sibi, et reipublicæ vires adversus eum paraturus, deductos in colonias veteranos excitavit. Legiones quoque quarta et Martia* [99] *signa ab Antonio ad Cæsarem tulerunt.* [1] *Deinde et complures sævitia M. An-*

---

[90] *Lepidus pontificatum maximum intercepit*] Hoc loco habemus conjecturam Sigonii, qui ex historiæ veritate veterem lectionem vitiosissimam emendavit. Legebatur nempe: *Lepidum pontificem maximum interemit.*

[99] *Signa ab Antonio ad Cæsarem tulerunt*] Legendum existimamus *transtulerunt.*

[1] *Deinde et complures*] Totam hanc periodum refingit Gronovius' in hunc modum: *Deinde et complures sævitia,*

*tonti, passim in castris suis trucidati, quia et suspecti erant, ad Cæsarem desciverunt. D. Brutus, ut petenti Cisalpinam Galliam Antonio obsisteret, Mutinam cum exercitu occupavit. Præterea discursus utriusque partis virorum ad accipiendas provincias, adparatusque belli continet.*

---

## CXVIII.

*M. Brutus in Græcia, sub prætextu reipublicæ et suscepti contra M. Antonium belli, exercitum, cui Vatinius præerat, cum provincia in potestatem suam redegit. C. Cæsari,[1] qui primus reipublicæ arma sumserat,[2] proprætoris imperium a senatu datum est cum consularibus ornamentis; adjectumque, ut senator esset. M. Antonius D. Brutum Mutinæ obsedit. missique ad eum a senatu legati de pace parum ad eam componendam valuerunt. Populus Romanus saga sumsit. M. Brutus in Epiro C. Antonium prætorem cum exercitu potestati suæ subjecit.*

---

## CXIX.

*C. Trebonius in Asia fraude P. Dolabellæ occisus est. Ob id facinus Dolabella hostis a senatu judicatus est. Quum Pansa consul male adversus Antonium pugnasset, A. Hirtius consul eum exercitu superveniens, fusis M. Antonii copiis, fortunam utriusque partis æquavit. Victus deinde ab Hirtio et Cæsare Antonius in Galliam confugit, et M. Lepidum cum legionibus, quæ sub ipso erant, sibi junxit: hostisque a senatu cum omnibus, qui intra præsidia ejus essent, judicatus est. A. Hirtius, qui post victoriam in ipsis hostium castris ceciderat, et C. Pansa, e vulnere, quod in adverso prælio exceperat, defunctus, in campo Martio sepulti sunt. Adversus C. Cæsarem, qui solus e tribus ducibus supererat, parum gratus senatus fuit: qui, D. Bruto, obsidione Mutinensi a Cæsare liberato, honore triumphi decreto, Cæsaris militumque ejus mentionem non satis gratam habuit: ob quæ C. Cæsar, reconciliata per M. Lepidum cum M. Antonio gratia, Romam cum exercitu venit,*

---

sive *ob sævitiam M. Antonii, passim in castris suis trucidantis qui suspecti erant, ad Cæsarem desciverunt.*

[2] *Qui primus reipublicæ arma sumpserat*] Lege cum Gronovio qui *privatus pro republica arma sumpserat.* Passim a Cicerone, Velleio, Tacito, et ceteris scriptoribus, hoc sedulo notatur, Octavium *privato* consilio arma cepisse, privatis armis defendisse rempublicam.

[3] *Proprætoris imperium*] Hæc certissima est Sigonii conjectura. Vid. infra, c. 10. Antea, pro populo Romano *imperium.* Nimirum, ut sæpe factum est, litteræ PR. scribarum ignorantia vel incuria abierunt in has voces populo Romano.

*et, perculsis adventu ejus iis, qui in eum iniqui erant, [4] quum annos novemdecim haberet, consul creatus est.*

# CXX.

*Cæsar consul legem tulit de quæstione habenda in eos, quoru n opera pater occisus esset : postulatique ea lege M. Brutus, C. Cassius, D. Brutus, absentes damnati sunt. Quum M. Antonio vires Asinius quoque Pollio et Munatius Plancus, cum exercitibus suis adjuncti, ampliassent, et D. Brutus, cui senatus, ut persequeretur Antonium, mandaverat, relictus a legionibus suis, profugisset ; jussu Antonii, in cujus potestatem venerat, a Capeno Sequano interfectus est. C. Cæsar pacem cum Antonio et Lepido fecit : ita ut tresviri reipublicæ constituendæ per quinquennium essent ipse, et Lepidus, et Antonius ; et ut suos quisque inimicos proscriberent. in qua proscriptione plurimi equites Romani, centum triginta senatorum nomina fuerunt, et inter eos L. Paulli fratris M. Lepidi, et L. Cæsaris Antonii avunculi, et M. Ciceronis. hujus, occisi a Popillio legionario milite, quum haberet annos sexaginta tres, caput quoque cum dextra manu in rostris positum est. Præterea res a M. Bruto in Græcia gestas continet.*

# CXXI.

*C. Cassius, cui mandatum a senatu erat, ut Dolabellam hostem judicatum bello persequeretur, auctoritate reipublicæ adjutus, Syriam cum tribus exercitibus, qui in eadem provincia erant, in potestatem suam redegit. Dolabellam, in urbe Laodicea obsessum, mori coëgit. M. quoque Bruti jussu C. Antonius captus, occisus est.*

# CXXII.

*M. Brutus adversus Thracas parum prospere rem gessit ; omnibusque transmarinis provinciis exercitibusque in potestatem ejus et C. Cassii redactis, coïerunt Smyrnæ uterque ad ordi-*

---

[4] *Quum annos novemdecim haberet*] Vid. infra, cap. u't. hujus libri.

*nanda belli futuri consilia. M. Messallæ Poplicolam fratrem*
*[5] victum communi consilio condonaverunt.*

---

## CXXIII.

*Sex. Pompeius, Magni filius, lectis ex Epiro proscriptis ac*
*fugitivis, cum exercitu diu, sine ulla loci cujusquam possessione,*
*prædatus in mari, Messanam oppidum in Sicilia primum, deinde*
*totam provinciam occupavit: occisoque A. Pompeio Bithynico*
*prætore, Q. Salvidienum legatum Cæsaris navali prœlio vicit.*
*Cæsar et Antonius cum exercitibus in Græciam trajecerunt,*
*bellum contra Brutum et Cassium gesturi. Q. Cornificius in*
*Africa [6] T. Sextium, Cassianarum partium ducem, prœlio vicit.*

---

## CXXIV.

*C. Cæsar et Antonius apud Philippos vario eventu adversus*
*Brutum et Cassium pugnaverunt, [7] ita ut dextra utriusque*
*cornua vincerent, et castra quoque utriusque ab iis, qui vice-*
*rant, expugnarentur. Sed inæqualem fortunam partium mors*
*Cassii fecit: qui, quum in eo cornu fuisset, quod pulsum erat,*
*totum exercitum fusum ratus, mortem sibi conscivit. Altero*
*deinde prœlio victus M. Brutus et ipse vitam finivit, exorato*
*Stratone fugæ comite, ut sibi gladium adigeret, [8] annorum cir-*
*citer quadraginta, inter quos Q. Hortensius occisus est.*

---

[5] *Victum*] Sic dedit Sigonius, quum prius editi haberent *junctum*. Neutrum placet Gronovio, qui legi jubet *insidiarum convictum*. Vid. c. 1. et 7. hujus libri.

[6] *T. Sextium, Cassianarum partium ducem*] Lege cum Henr. Valesio, *Cæsarianarum partium*] Ratio patebit ex ipsa historia, infra, c. ult.

[7] *Ita ut dextra utriusque cornua*] Vel *utriusque aciei*, vel *utrorumque*, vel *utrimque.* GRONOVIUS.

[8] *Annorum circiter quadraginta. Inter quos*] Locum hunc mutilum esse perspicue patet. Sigonius eum supplere conatus est, jussitque legi: *Romanorum principum circiter quadraginta idem fecerunt. Inter quos.* Atque hanc emendationem Dujatius et Clericus receperunt. Sed primo nimia licentia est tot

voces ex mera conjectura in contextum immittere. Tum numerus quadraginta principum Romanorum, qui tum interierint, apud nullum vetustum scriptorem reperitur; multo minus, qui idem fecerint quod Brutus, id est qui sese a suis confodi voluerint: quod quidem etiam falsum putamus. Denique, quum Hortensius jussu Antonii occisus sit, non potest in eorum numerum referri, qui idem fecerint quod Brutus. Repræsentamus ergo hic eam lectionem, quam in vet. lib. Sigonius se invenisse testatur, et expressit in sua editione Gronovius: satiusque nobis visum est mancam et hiulcam orationem exhibere, quam eam quæ specie falsæ sanitatis imponeret. Vetustiores editiones habent: *annorum erat ætatis circiter quadraginta.*

# CXXV.

*C. Cæsar, relicto Antonio, transmarinæ provinciæ ex parte imperium ei cessit: reversus in Italiam veteranis agros divisit. Seditiones exercitus sui, quas corrupti a Fulvia, M. Antonii uxore, milites adversus imperatorem suum concitaverant, cum gravi periculo inhibuit. L. Antonius consul, M. Antonii frater, eadem Fulvia consiliante, bellum Cæsari intulit; receptis in partes suas populis, quorum agri veteranis adsignati erant, et M. Lepido, qui custodiæ urbis cum exercitu præerat, fuso, hostiliter in urbem inrupit.*

---

# CXXVI.

*C. Cæsar, quum esset annorum viginti trium, obsessum in oppido Perusia L. Antonium conatumque aliquoties erumpere, et repulsum, fame coëgit in deditionem venire; ipsique et omnibus militibus ejus ignovit. Perusiam diruit. redactisque in potestatem suam omnibus diversæ partis exercitibus, bellum citra ullum sanguinem confecit.*

---

# CXXVII.

*Parthi, Labieno, qui Pompeianarum partium fuerat, duce, in Syriam inruperunt: victoque Decidio Saxa, M. Antonii legato, totam eam provinciam occupaverunt. M. Antonius, quum ad bellum contra Cæsarem gerendum incitaretur, uxore Fulvia dimissa, ne concordiæ ducum obstaret, pace facta cum Cæsare, sororem ejus Octaviam in matrimonium duxit. Q. Salvidienum, consilia nefaria contra Cæsarem molitum, indicio suo protraxit, isque damnatus mortem sibi conscivit. P. Ventidius, Antonii legatus, Parthos, prælio victos, Syria expulit, Labieno eorum duce occiso. Quum vicinus Italiæ hostis Sex. Pompeius Siciliam teneret, et commercium annonæ inpediret, cum eo postulatam pacem Cæsar et Antonius fecerunt, ita ut Siciliam provinciam haberet. Præterea motus Africæ* [10] *et bella ibi gesta continet.*

---

9 *C. Cæsar, relicto Antonio, transmarinæ provinciæ ex parte imperium ei cessit*] Hæc mendosa esse perspicuum est. Gronovius ex variis membranis inter se collatis, conjectura quoque nonnihil adjuvante, emendat: *C. Cæsar, relicto trans mare Antonio, (quæ provinciæ ex parte, mallemus ex partitione imperii, in potestatem ejus cesserant) reversus in Italiam.*

10 *Et bella ibi gesta*] Addidimus voculam *ibi*, quam in vet. cod. exstare Sigonius testatur.

## CXXVIII.

*Quum Sex. Pompeius rursus latrociniis mare infectum redde-ret, nec pacem, quam acceperat, præstaret, Cæsar, necessario adversus eum bello suscepto, duobus navalibus prœliis dubio eventu pugnavit. P. Ventidius, legatus M. Antonii, Parthos in Syria prœlio vicit, regemque eorum occidit. Judæi quoque a legatis Antonii subacti sunt. Præterea belli Siculi adparatum continet.*

## CXXIX.

*Adversus Sex. Pompeium vario eventu navalibus prœliis pug-natum est : ita ut ex duabus Cæsaris classibus altera, cui Agrippa præerat, vinceret ; altera, quam Cæsar duxerat, deleta, expositi in terram milites in magno periculo essent. Victus deinde Pompeius in Siciliam profugit. M. Lepidus, qui ex Africa velut ad societatem belli, contra Sex. Pompeium a Cæsare gerendi, trajecerat, quum bellum Cæsari quoque in-ferret, relictus ab exercitu, abrogato triumviratus honore, vitam inpetravit. M. Agrippa navali corona a Cæsare donatus est ; qui honos nulli ante eum habitus erat.*

## CXXX.

*M. Antonius,* [11] *dum cum Cleopatra luxuriatur, tarde Me-diam ingressus, bellum cum legionibus octodecim et sexdecim millibus equitum Parthis intulit : et quum, duabus legionibus amissis, nulla re prospere cedente, retro rediret, insecutus sub-inde Parthis, et ingenti trepidatione, et magno totius exercitus periculo, in Armeniam reversus est, viginti et uno diebus* [12] *tre-centa millia fuga emensus. circa octo millia hominum tempes-tatibus amisit. tempestates quoque infestas, super tam infeli-citer susceptum Parthicum bellum culpa sua passus est ; quia hiemare in Armenia nolebat, dum ad Cleopatram festinat.*

## CXXXI.

*Sex. Pompeius, quum in fidem M. Antonii veniret, bellum adversus eum in Asia moliens, obpressus a legatis ejus, occisus*

[11] *Dum cum Cleopatra luxuriaretur*] [12] *Trecenta millia*] Centum leucas Scribit Gronovius *luxuriatur,* ex duobus nostrates. MSS.

*est. Cæsar seditionem veteranorum, cum magna pernicie mo-
tam, inhibuit: Japydas, et Dalmatas, et Pannonios, subegit.
Antonius Artavasdem, Armeniæ regem, fide data perductum, in
vincula conjici jussit, regnumque Armeniæ filio suo, ex Cleopatra
nato, dedit; quam uxoris loco, jam pridem captus amore ejus,
habere cœperat.*

## CXXXII.

*Cæsar in Illyrico Dalmatas domuit. Quum M. Antonius ob
amorem Cleopatræ, ex qua duos filios habebat, Philadelphum et
Alexandrum, neque in urbem venire vellet, neque, finito triumviratus tempore, imperium deponere, bellumque moliretur, quod
urbi et Italiæ inferret, ingentibus tam navalibus quam terrestribus copiis ob hoc contractis, remissoque Octaviæ sorori Cæsaris
repudio, Cæsar in Epirum cum exercitu trajecit. Pugnæ deinde
navales et prælia equestria secunda Cæsaris referuntur.*

## CXXXIII.

*M. Antonius ad Actium classe victus, Alexandriam profugit;
obsessusque a Cæsare, in ultima rerum desperatione, præcipue
occisæ Cleopatræ falso rumore inpulsus, se ipse interfecit.
Cæsar, Alexandria in potestatem redacta, Cleopatra, ne in
arbitrium victoris veniret, voluntaria morte defuncta, in urbem
reversus, tres triumphos egit: unum ex Illyrico, alterum ex
Actiaca victoria, [13] tertium de Cleopatra, inposito fine civilibus
bellis [14] altero et vigesimo anno. M. Lepidus, Lepidi, qui triumvir fuerat, filius, conjuratione contra Cæsarem facta, bellum
moliens, obpressus et occisus est.*

## CXXXIV.

*Cæsar, rebus compositis, et omnibus provinciis in certam
formam redactis, Augustus quoque cognominatus est: [15] et*

---

[13] *Tertium de Cleopatra*] Sic legi jussit Sigonius, non ex *Cleopatra*, quoniam
cum nominibus hominum propriis verbum *triumphare* postulat præpositionem
*de*, non ex.
[14] *Altero et vicesimo anno*] Hic quoque habemus emendationem Sigonii,
nixam quam auctoritate veterum librorum, tum subducta temporum ratione.

A Lentulo quippe et Marcello Coss.
quibus primum civilia mota sunt arma,
alter et vicesimus annus est is quo Ac-
tiacum triumphum egit Cæsar Octavia-
nus, se v. et Sex. Apuleio, Coss. Ante
Sigonium legebatur *altero et trigesimo.*
[15] *Et mensis Sextilis*] Lege cum Gronovio, *ut et mensis Sextilis.*

*mensis Sextilis in honorem ejus adpellatus est. Quum ille con-
ventum Narbone ageret, census a tribus Galliis, quas Cæsar
pater vicerat, actus. Bellum adversus Bastarnas, et Mæsos,
et alias gentes, a M. Crasso gestum, refertur.*

## CXXXV.

*Bellum a M. Crasso adversus Thracas, et a Cæsare adversus
Hispanos gestum refertur : Salassi, gens Alpina, perdomiti.*

## CXXXVI.

[16] *Rætia a Ti. Nerone et Druso, Cæsaris privignis, domita.
Agrippa, Cæsaris gener, mortuus; et a Druso census actus est.*

## CXXXVII.

*Civitates Germaniæ, cis Rhenum et trans Rhenum positæ,
obpugnantur a Druso; et tumultus, qui ob censum exortus in
Gallia erat, compositus; ara Cæsari ad confluentem Araris et
Rhodani dedicata, sacerdote creato C. Julio* [17] *Vercundari
Dubio Æduo.*

## CXXXVIII.

*Thraces domiti* [18] *a L. Pisone; item Cherusci, Tencteri,
Chatti, aliæque Germanorum trans Rhenum gentes subactæ a
Druso referuntur. Octavia, soror Augusti, defuncta, antea
amisso filio Marcello : cujus monumenta sunt theatrum et porticus, nomine ejus dedicata.*

[16] *Rhætia*] Variis, nec spernendis, argumentis probare nititur Sigonius in nota ad hanc epitomen, desiderari duos libros ante hunc, qui expleant numerum 142. librorum, quot a Livio Petrarcha scriptos esse ait. Nimirum aliquot eventa horum annorum sane nobilia et memorabilia, ludi seculares, Janus clausus, tribunitia potestas ab Augusto accepta, quæ scriptor harum epitomarum minime prætermissa voluisse existimandus est, quum hic nusquam indicentur, inde oritur non vana suspicio intercidisse epitomas quæ illo-rum mentionem facerent. Et a Salassis perdomitis, quæ postrema sunt epitomes 135. verba, ad Rhætiam a Tiberio subactam, quod intervallum est undecim annorum, transiluisse hunc epitomarum scriptorem, parum verisimile est.

[17] *Vercundaridubio*] Nomen hoc aliter aliis in codicibus habetur. Quænam vera sit lectio, nec facile est decernere, nec inquirere operæ pretium est.

[18] *A L. Pisone*] Ante Sigonium legebatur a *L. Scipione.* Correxit ille ex Dione, Velleio, Tacito.

# CXXXIX.

*Bellum adversus Transrhenanas gentes a Druso gestum refertur. in quo inter primores pugnaverunt [19] Senectius et Anectius tribuni, ex civitate Nerviorum. Dalmatas et Pannonios Nero, frater Drusi, subegit. [20] Pax cum Parthis facta est, signis a rege eorum, quæ sub Crasso, et postea sub Antonio capta erant, redditis.*

---

# CXL.

*Bellum adversus Germanorum trans Rhenum civitates, gestum a Druso, refertur. Ipse ex fractura, equo super crus ejus collapso, tricesimo die, quam id acciderat, mortuus est. Corpus a Nerone fratre, qui nuncio valetudinis evocatus, raptim adcurrerat, Romam pervectum, et [21] in C. Julii tumulo conditum. Laudatus est a Cæsare Augusto vitrico, et supremis ejus plures honores additi.*

---

[19] *Senectius et Anectius*] In his nominibus variare codices suos observat Gronovius: sed res est parvi momenti.

[20] *Pax cum Parthis facta est*] Sero hæc memorantur, totis decem annis prius gesta. Vid. supra, CXXXVI. 22.

Itaque videntur retrahenda in epitomen libri CXXXVI. quæ hic alieno loco leguntur.

[21] *In C. Julii tumulo*] Vel lege, vel intellige *Augusti.* Vid. infra, c. 7.

# T. LIVII PATAVINI

# FRAGMENTA

## DRAKENBORCHI STUDIO CONLECTA

### ET NUNC PASSIM AUCTA.

---

### I. QUÆ LAUDANTUR CUM INDICIO LIBRORUM UNDE PETITA SUNT.

#### LIBRI XIV.

Privato nos tenuissemus.

Vid. Priscian. lib. xv. Gramm. p. 1009.

#### LIBRI XVII.

Pridie Nonas.   Pridie Idus.

Priscian. lib. xiv.   Gramm. p. 992.

#### LIBRI XVIII.

Imberbes.

Putsch. in corpore vet. Gramm. p. 74. et 2789. et ant. Gramm. ap. Barth. Advers. 37, 14.

#### LIBRI LVI.

Qui Pompeium morbum excusasse ferunt, ne, quum interesset deditioni, animos Numantinorum irritaret.

Priscian. lib. xviii. Gramm. p. 1198. ed. Putsch. ubi male legitur *ex Livio CVII.* et *XXVI.* pro *LVI.* Nota Drack. est : " Omnino verba hæc referenda ad Livii lib LVI. et ad deditum Numantinis Mancinum. Nam P. Furius Philus consul, qui Hispaniam citeriorem nactus Mancinum dediturus erat, Q. Pompeium et Q. Metellum legatos secum illuc ire coëgit. Vid. Valer. Max. 3, 7, 5. Pompeius autem quinquennio antea consul eamdem provinciam obtinuerat, et, re male gesta, pacem cum Numantinis inierat, quam postea a se initam esse negavit. Vid. Appian. Hisp. 79 sq. et Cic. de Fin. 2, 17. Ne igitur, cum Furio cos. legatus in Hispaniam profectus, Mancini deditioni interesse deberet, et, præsentia sua nuperæ fraudis ac perfidiæ memoria revocata, animos Numantinorum irritaret, morbum excusare potuit."

#### LIBRI XCI.

Tamen insequenti ipso pervigilante eodem loco alia excitata turris prima luce miraculo hostibus fuit, simul et oppidi turris, quæ maximum propugnaculum fuerat, subrutis fundamentis, dehiscere ingentibus remis, et tu . . . . . jus . . um igni cœpit : incendiique simul et ruinæ metu territi Contrebienses de muro trepidi effugerunt ; et ut legati mitterentur ad dedendam urbem, ab universa multitudine conclamatum est. Eadem virtus, quæ irritantes obpugnaverat, victorem placabiliorem fecit. Obsidibus adceptis pecuniæ modicam exegit summam, armaque omnia ademit; transfugas liberos vivos ad se adduci jussit et fugitivos, quorum major multitudo erat. Ipsis imperavit, ut interficerent. Jugulatos de muro dejecerunt. Cum magna jactura militum quatuor et quadraginta diebus Contrebia expugnata, relictoque ibi L. Justeio . . ad hiberum flumen copias adduxit. Ibi hibernaculis secundum oppidum, quod Castra Ælia vocatur, ædificatis, ipse in castris manebat; interdiu conventum sociarum civitatium in oppido agebat. Arma ut fierent pro copiis cujusque populi, per totam provinciam edixerat. Quibus inspectis referre cetera arma milites jussit, quæ aut itineribus crebris aut oppu . . . f . . . an ‘ . . . . . . . . . . . tione inita, qu , di . culo effici possit.

Itaque omnes simul justa . . m . . . . tur, neque materia artificibus, præparatis ante omnibus . nixo civitium [civitatium vel civium] . . idio, nec suo quisque operi artifex deerat . . . . . . . . . . . . . . . . . . . quæque in obpugnandis urbibus hostium gessisset, exposuit, et ad reliqua belli cohortatus est paucis edoctos, quantum Hispaniæ provinciæ interesset, suas partes superiores esse. Dimisso deinde conventu, jussisque omnibus ibi . . . . . re suas principio veris M. Perpernam cum viginti millibus peditum, equitibus mille quingentis in Ilurcaonum [Ilernaonum] gentem misit ad tuendam regionis ejus maritimam oram, datis præceptis, quibus itineribus duceret ad defendendas socias urbes, quas Pompeius obpugnaret, quibusque ipsum agmen Pompeii ex insidiis adgrederetur.

Eodem tempore et ad Herennuleium, qui in isdem locis erat, literas misit, et in alteram provinciam ad L. Hertuleium [Hirtuleium] præcipiens, quemadmodum bellum administrare [administrari vel administrare ipsum] vellet, ante omnia ut ita socias civitates tueretur, ne acie cum Metello dimicaret, cui neque auctoritate, neque viribus par esset . . . . m consilium . . . . versum . . . neque in aciem descensurum eum credebat, si traheretur bellum : hosti, quum mare ab tergo provinciasque omnes in potestate haberet, navibus undique commeatus venturos ; ipsi autem, consumtis priore æstate, quæ præparata fuissent, omnium rerum inopiam fore.

Perpernam in maritimam regionem sub . . tum . . . . . . . a geri, quum ab se obpugnarentur Celtiberi ut ‘ ، . . . . armis ، . . . . . . . . æmu . . .

. . . . . maritimamne oram, ut Pompeium ab Ilercaonia
et Contestania arceat, utraque socia gente, an ad Metellum
et Rusitaniam [Lusitaniam] se convertat? Hæc secum agi-
tans Sartorius præter hibernum amnem per pacatos agros
quietum exercitum sine ullius noxa duxit. Profectus inde in
Bursaonum et Casuantinorum [Cascantinorum] et Græcuri-
tanorum fines, evastatis omnibus proculcatisque segetibus, ad
Calagurim Nasicam sociorum urbem benit, [venit] trans-
gressusque amnem propinquum urbi, ponte facto, castra
posuit.

Postero die M. Masium quæstorem in Arvacos [Arevacos]
et Cerindones [Pelendones] misit ad conscribendos ex iis
gentibus milites frumentumque inde Contrebiam (Leucada
adpellatur) comportandum, præter quam urbem obportu-
nissimus ex Beronibus transitus erat, in quamcumque regionem ducere exercitum statuisset; et C. Instelum [Insteium]
præfectum equitum Segoviam et in Vacreorum [Vacæorum
s. Vaccæorum] gentem ad equitum conquisitionem misit,
jussum cum equitibus Contrebiæ sese opperiri. Dimissis iis
ipse profectus, per Umconum [Vasconum] agrum ducto exercitu, in confinio Vironum [Beronum] posuit castra. Postero
die cum equitibus prægressus ad itinera exploranda, jusso
pedite quadrato agmine sequi, ad Vareiam validissimam regionis ejus urbem venit. Haud inopinantibus . . . . ad-
venerat, undique et suæ gentis et Autrig . . . . . . . .

Hoc est fragmentum illud, quod a se in Biblioth. Vatic. Romæ s. 1773. inventum esse et P. Jac. Brunz et Vit. Mar. Giovenazzi gloriatur. Ab illo editum
est Hamb. 1773. ab hoc bis. Romæ et Neap. 1773. cum permultis verbosisque
notis cura Franc. Cancellieri; quæ editio repetita est Lips. 1775. cum præf. J.
A. Ernesti. Emendationes Giovenazzi Abbatis inserui uncinis inclusas; sed
alias adjecit J. Jhre, qui idem fragmentum notis criticis illustravit Upsalæ 1777.
Is lin. 1. post insequente excidisse putabat noctu, et deinde alias commendavit
lectiones, v. c. vetera arma cet. Cf. Gotting. gel. Anz. a. 1774. p. 11 sq. et a.
1777. Additam. p. 669 sq.

### LIBRI XCIV.

Livius in libro XCIV. Inarimem in partibus Mæoniæ
esse dicit; ubi per quinquaginta millia terræ igni exustæ
sunt. Hoc etiam Homerum significasse vult.

Serv. ad Virg. Æn. IX. 715. Cf. Salmas. ad Solin. p. 60. b.

### LIBRI CIII.

Horrendus magis est, premit qui corpora, carbo.
Urit hic inclusus, vitalia rumpit acerbus :
Hunc veteres quondam variis pepulere medelis.
Tertia namque Titi simul et centesima Livi
Charta docet, ferro talem candente dolorem
Exactum, aut poto raporum semine pulsum;
Infecti dicens vix septem posse diebus
Vitam produci. Tanta est violentia morbi.

Q. Seren. Samon. de Medic. c. 39. v. 725 sq.

### LIBRI CXII.

Castra quoque diversis partibus Cassius et Bogud adorti haud multum abfuere, quin opera perrumperent.

Quo tempore firmandi regni Bogudis caussa exercitum in Africam velociter trajicere conatus sit.

Cassius gessisset cum Trebonio bellum, si Bogudem trahere in societatem furoris potuisset.

Priscian. Gramm. lib. vi. p. 686. et 687.

### LIBRI CXIII.

Et ipse circa Pulpud oram tuebatur.

Priscian. l. l. qui etiam lib. v. p. 643. docet, *Livium Bogud, Bogudis declinasse in* cxiii. nisi leg. cxii.

### LIBRI CXVIII.

Adversus interfectores C. Cæsaris ultoribus manum comparans concibat.

Priscian. Gramm. l. ix. p. 865. ubi male in MSS. legitur *ex Livii libro* xiix. et xviii. et xcviii. Cf. Barth. Gramm. v. 35. et ad Stat. Theb. iv. 146.

### LIBRI CXXVII.

Quoniam inter Augustum et Antonium reliquiæ adhuc erant dissensionis, Cocceius Nerva, proavus Nervæ, qui postea imperavit Romæ, mandavit Augusto, ut mitteret Tarracinam, qui de summa rerum tractarent. Ergo missus est Mæcenas cum Agrippa, qui utrumque exercitum juxta Brundisium in una castra cum magna lætitia coëgerunt, ut ait Livius libro cxxvii. Intelligendum' autem, quod, Fonteio misso ab Antonio, Augustus Mæcenatem et ceteros ad eumdem locum emiserit.

Acro, Porphyrio et commentator vetus Cruquii ad Horat. lib. i. sat. 5. v. 29' verbis paullum variantibus.

### LIBRI CXXXVI.

Eodem anno ludos seculares Cæsar ingenti adparatu fecit ; quos centesimo quoque anno (is enim terminus seculi) fieri mos.

Censorin. de Die Natali c. 17. Horum ludorum mentio facta videtur in deperdita Epit. Liv. libri cxxxvi.

## II. QUÆ PROBABILI CONJECTURA AD SUOS LIBROS REFERRI POSSUNT EX EPITOMIS LIB. LIV.

### AD LIB. XIII.

Curribus falcatis usos esse majores, et Livius et Sallustius docent.

Serv. ad Virg. Æn. i. 476. Cf. Freinsh. Suppl. xiii. 38.

### AD LIB. XIII. AUT XIV.

Ni Pyrrhus unicus pugnandi artifex, magisque in prœlio,
quam bello, bonus.

Serv. ad Virg. Æn. 1. 456.

### AD LIB. XVI.

Sichæus dictus est Sicharbas ; Belus Didonis pater, ·
Methres ; Carthago a Carthada, ut lectum est : quod inve-
nitur in·historia Pœnorum et in Livio.

Carthago est lingua Pœnorum nova civitas, ut docet
Livius.

Bitias classis Punicæ fuit præfectus, ut docet Livius.

Serv. ad Virg. Æn. 1. 343. 366. 738.

### AD LIB. XVIII.

Serpentis quoque a Tito Livio curiose pariter ac facunde
relatæ fiat mentio.  Is enim ait, in Africa apud Bagradam
flumen tantæ magnitudinis anguem fuisse, ut Atilii Reguli
exercitum usu amnis prohiberet ; multisque militibus ingenti
ore correptis, compluribus caudæ voluminibus elisis, quum
telorum jactu perforari nequiret, ad ultimum balistarum tormentis undique petitam, silicum crebris et ponderosis verberibus procubuisse, omnibusque et cohortibus et legionibus
ipsa Carthagine visam terribiliorem.  Atque etiam cruore
suo gurgitibus imbutis, corporisque jacentis pestifero adflatu
vicina regione polluta, Romana inde submovisse castra.
Dicit belluæ etiam corium centum viginti pedes longum in
urbem missum.

Valer. Max. 1. 8. ext. 19.

### AD LIB. XIX.

Tertii ludi seculares fuerunt, Antiate Livioque auctoribus,
P. Claudio Pulchro et C. Junio Pullo consulibus.

Censorin. de Die Nat. c. 17.  Cf. Freinsh. Suppl. xix. 31.

Est in Livio, quod quum quidam cupidus belli gerendi a
tribuno plebis arceretur, ne iret, pullos jussit adferri.  Qui
quum missas non ederent fruges, irridens consul augurium
ait : Vel bibant, et eos in Tiberim præcipitavit.  Inde navibus victor revertens ad Africam in mari cum omnibus, quos
ducebat, exstinctus est.

Serv. ad Virg. Æn. vi. 198.  Hoc ad Claudium Pulchrum spectare, sed ab
aliis aliter narrari, monet ibi Burm.  Cf. intpp. Suet. Tib. 2. et Duker ad Flor.
2. 2. 29. cui totum hoc, quod ex Livio refert Servius, suspectum videbatur, tamquam ex Claudii Pulchri historia fictum, vel male descriptum.

### AD LIB. XLIX.

De quartorum ludorum secularium anno triplex opinio est.
Antias enim, et Varro, et Livius relatos esse prodiderunt L.
Marcio Censorino, M. (M'.) Manilio consulibus, post Ro-
mam conditam anno DCV.

Censorin. de Die Nat. c. 17.  Cf. Epit. Liv.

### AD LIB. LXXVII.

Sulla nobilissimum conjugium contrahit, Cæcilia ducta
Metelli pontificis maximi filia. Hinc cecinit multa in eum
probrose vulgus, multique ex primoribus inviderunt ei, indignum illa femina existimantes, ut Titus ait, quem consulatu
judicassent dignum.

Plut. in vita Sullæ p. 455.   Cf. Freinsh. Suppl. LXXVII. 2.

Sulla quum primum ad urbem contra Marium castra movisset, adeo læta exta immolanti fuisse scribit Livius, ut custodiri se Postumius aruspex voluerit, capitis supplicium
subiturus, nisi ea, quæ in animo Sulla haberet, Diis juvantibus implevisset.

Augustin. de Civ. Dei II. 24.   Cf. Plut. l. l. p. 457.

### AD LIB. LXXXIII.

Eversis quippe et incensis omnibus cum oppido (Ilio a
Fimbria) simulacris, solum Minervæ simulacrum sub tanta
ruina templi illius, ut scribit Livius, integrum stetisse per-
hibetur.

Augustin. de Civ. Dei III. 7.   Cf. Epit. et Freinsh. Suppl. LXXIII. 7. Auctor
Vir. Ill. c. 70.   Appian. b. Mithrid. c. 53. et 61.   Obseq. de Prod. c. 116.

### AD LIB. XCI.

Hoc primum prœlium inter Sertorium et Pompeium fuit:
decem millia hominum de Pompeii exercitu amissa et omnia
impedimenta, Livius auctor est.

Frontin. Strat. II. 5, 31.   Cf. Freinsh. Suppl. XCI. 19.

### AD LIB. XCVII.

Triginta quinque millia armatorum (fugitivorum a Crasso
devictorum) eo prœlio interfecta cum ipsis ducibus (Casto
et Gannico vel Granico) Livius tradit, receptas quinque Romanorum aquilas, signa sex et viginti, multa spolia, inter
quæ quinque fasces cum securibus.

Frontin. Strat. II. 5. 34.   Cf. ad Epit. Liv.

### AD LIB. XCVIII.

Livius dicit, numquam Romanos signa cum hostibus contulisse tanto numero inferiores : nam vigesimam vix militum
partem, immo minorem, fuisse victoribus.

Plut. in Lucullo p 511. ubi memoratur prœlium inter Lucullum et Tigranem
ad Tigranocerta.   Cf. Epit. et Freinsh. Suppl. XCVIII. 49.

Livius auctor est, priore prœlio (ad Tigranocerta) plures
fuisse, in hoc (ad Artaxata) nobiliores hostium cæsos et
captos.

Plut. l. l. p. 513.   Cf. Epit. et Freinsh. Suppl. c. 73.

### AD LIB. XCIX.

Creta primo quidem centum habuit civitates ; unde Heca-
tompolis dicta est : post viginti quatuor : inde, ut dicitur,

duas, Gnoson et Hierapidnam. Quamvis Livius plures a
Metello expugnatas d;cat.

Serv. ad Virg. Æn. III. 106  Cf. Epit.

## AD LIB. CII.

Quod quum diluisset.

Agrœtius de Orthogr. in Putschii corp. Gramm. p. 2267. et Gothofred. Auctor. Ling. Lat. p. 1352. qui Livium de morte Mithridatis id dixisse tradunt.

Etenim capta urbe, (Hierosolyma a Cn. Pompeio) tertio
demum mense, die jejunii, Olympiade CLXXIX., C. Antonio
et M. Tullio Cicerone consulibus, quum hostes vi ingressi
eos, qui erant in templo, jugularent, nihilo secius rem hi
divinam facere perseverabant, neque metu vitæ amittendæ,
neque ob multitudinem hominum jam cæsorum in fugam
compulsi, et satius esse rati, quidquid pati esset necesse, ad
ipsas perferre aras, quam aliquid legibus patriis praeceptum
negligere. Hæc autem non esse fabulosa, unice ad falsam
pietatem praedicandam spectantia, sed vera, testimonio sunt,
qui res a Pompeio gestas memoriae prodiderunt; in his
Strabo et Nicolaus, ac praeter hos T. Livius, historiae Rom.
scriptor.

Joseph. Ant. Jud. XIV. 4. 3. p. 689.

## AD. LIB. CV.

Britanniae licet magnitudinem olim nemo, ut refert Livius,
circumvectus est, multis tamen data est varia opinio de ea
loquendi.

Jornandes de rebus Get. c. 2.

## AD LIB. CVIII.

Septingentesimo conditionis suæ anno XIV. vicos ejus (Romæ) incertum unde consurgens flamma consumsit: nec umquam, ut ait Livius, majore incendio vastata est, adeo ut post
aliquot annos Cæsar Augustus ad reparationem eorum, quæ
tunc exusta erant, magnam vim pecuniae ex ærario publico
largitus sit.

Oros. VI. 14. et VII. 2. conl. Obseq. de Prod. c. 125. ex quibus conligitur, hoc
incendium fuisse anno proximo ante bellum civile inter Pompeium et Cæsarem,
cujus initium memoratur primis verbis Epit. CIX.

## AD LIB. CIX.

Cæsar, Rubicone flumine transıneato, mox ut Ariminum
venit, quinque cohortes, quas tunc solas habebat, cum quibus, ut ait Livius, orbem terrarum adortus est, quid facto
opus esset, edocuit.

Oros. VI. 15. Idem refert Guilelmus Malmesburiensis rer. Angl. l. II. p. 183.
forte'non ex Livio, sed Orosio.

### AD LIB. CXI.

Primus hostem percussit nuper pilo sumto primo C. Crastinus.

Schol. vet. Lucani vii. 471. Crastinus, qui anno priore primum pilum duxerat, primus telum emisit in pugna Pharsalica. Vid. Appian. B. C. 2, 82. Plut. Cæs. p. 729. Cæs. B. C. 3. 91. 99.

Patavii C. Cornelius, auguralis scientiæ peritus, Livii historici civis et familiaris, sub idem forte tempus operam dabat auspicio. Hic primum, ut Livius tradit, tempus proelii (Pharsalici) cognovit, præsentibusque geri dixit nunc rem, et proelium duces committere. Ubi iterum cepit augurium conspexitque signa, fanaticus exsiliit clamans: Vincis, Cæsar. Obstupescentibus illis, qui aderant, detracta capiti corona juravit, non prius se repositurum eam, quam arti respondisset eventus. Hoc Livius verum esse adfirmat.

Plut. in Cæs. p. 730. Cf. Freinsh. Suppl. cxi. 72. Gell. 15, 18. Lucan 7, 192. Dio et Obseq.

### AD LIB. CXII.

Quadringenta millia librorum Alexandriæ arserunt, pulcherrimum regiæ opulentiæ monimentum. Alius laudaverit, sicut Livius; qui elegantiæ regum curæque egregium id opus ait fuisse.

Seneca de Tranq. an. c. 9. Cf Oros. 6, 15. Dio 42, 38. Heynii Opusc. Acad. T. I. p. 119 sq.

### AD LIB. CXIV.

Hæc de Basso produnt nonnulli; Livius vero, militasse eum Pompeii auspiciis: quo victo privatum egisse Tyri, corruptisque quibusdam legionariis effecisse, ut, interfecto Sexto, ipsum sibi ducem sumerent.

Appian. B. C. iii. 77. ubi pro Λίβωνι legendum esse Λιβίῳ recte, opinor, conjecit Schweigh. et jam ante eum Periz. Anim. Hist. c. 4. p. 177.

Optarem mihi contingere, quod T. Livius scribit de Catone: cujus gloriæ neque profuit quisquam laudando, nec vituperando quisquam nocuit, quum utrumque summis præditi fecerint ingeniis. Significat autem M. Ciceronem et C. Cæsarem, quorum alter laudes, alter vituperationes supra dicti scripsit viri.

Hieron. Prol. lib. ii. in Oseam.

### AD LIB. CXVI.

Ædibus Cæsaris ornatus majestatisque caussa ex senatusconsulto adjunctum erat fastigium, ut auctor est Livius. Id per quietem Calpurnia collabi imaginata videbatur sibi lamentari et flere. Itaque orta luce rogavit Cæsarem, si qua fieri posset, ne prodiret in publicum, sed in aliud tempus senatum rejiceret.

Plut. Cæs. p. 738. Cf. Suet. Cæs. 81. ibique intpp.

Malum omen est, quoties Ætna, mons Siciliæ, non fumum, sed flammarum egerit globos; et, ut dicit Livius, tanta flamma ante mortem Cæsaris ex Ætna monte defluxit, ut non tantum vicinæ urbes, sed etiam Rhegina civitas, quæ multo spatio ab ea distat, adflaretur.

Serv. ad Virg. Ge. 1. 471.

Quod de Cæsare olim majore vulgo dictitatum est, et a T. Livio positum, in incerto esse, utrum illum magis nasci rei publicæ profuerit, an non nasci, dici etiam de ventis potest.

Seneca Nat. Quest. v. 18.

## AD LIB. CXX.

M. Cicero sub adventum triumvirorum cesserat urbe, pro certo habens, id quod erat, non magis Antonio eripi se, quam Cæsari Cassium et Brutum, posse. Primo in Tusculanum fugit, inde transversis itineribus in Formianum, ut ab Cajeta navim conscensurus, proficiscitur. Unde aliquoties in altum provectum quum modo venti adversi retulissent, modo ipse jactationem navis, cæco volvente fluctu, pati non posset, tædium tandem eum et fugæ et vitæ cepit; regressusque ad superiorem villam, quæ paullo plus mille passibus a mari abest, 'Moriar,' inquit, 'in patria sæpe servata.' Satis constat, servos fortiter fideliterque paratos fuisse ad dimicandum; ipsum deponi lecticam et quietos pati, quod fors iniqua cogeret, jussisse. Prominenti ex lectica, præbentique inmotam cervicem caput præcisum est. Nec satis stolidæ crudelitati militum fuit. Manus quoque, scripsisse in Antonium aliquid exprobrantes, præciderunt. Ita relatum caput ad Antonium, jussuque ejus inter duas manus in rostris positum; ubi ille consul, ubi sæpe consularis, ubi eo ipso anno adversus Antonium, quanta nulla umquam humana vox, cum admiratione eloquentiæ auditus fuerat. Vix adtollentes (præ) lacrimis oculos homines intueri trucidata membra ejus poterant.

Vixit tres et sexaginta annos, ut, si vis abfuisset, ne inmatura quidem mors videri possit: ingenium et operibus et præmiis operum felix: ipse fortunæ diu prosperæ, et in longo tenore felicitatis magnis interim ictus vulneribus, exsilio, ruina partium, pro quibus steterat, filiæ morte, exitu tam tristi atque acerbo, omnium adversorum nihil, ut viro dignum erat, tulit præter mortem; quæ vere æstimanti minus indigna videri potuit, quod a victore inimico nil crudelius passus erat, quam quod ejusdem fortunæ compos ipse fecisset. Si quis tamen, virtutibus vitia pensarit: vir magnus, acer, memorabilis fuit, et in cujus laudes persequendas Cicerone laudatore opus fuerit.

M. Seneca Suasor. vii. Cf. Gron. Obss. iv. 13. p. 213.

## AD LIB. CXXXIII.

Livius refert, Cleopatram, quum ab Augusto capta indul-

gentius de industria tractaretur, idemtidem dicere solitam:
ό Θριαμβεύσομαι, ' Non triumphabor.'

Acron, Porphyrio, et commentator vetus Cruquii ad Horat. Od. I. 37, 30. Cf. Flor. IV. 11. extr.


## III. INCERTA EX QUIBUS LIVII LIBRIS DESUMTA SINT.

Vir ingenii magni magis, quam boni.

Seneca de Ira I. 16.

Profiteor, mirari me T. Livium, auctorem celeberrimum, in historiarum suarum, quas repetit ab origine urbis, quodam volumine sic exorsum: Satis jam sibi gloriæ quæsitum, et potuisse se desinere, ni animus inquies pasceretur opere.

Plin. in Præfat. lib. I. Hist. Nat.

T. Livius ac Nepos Cornelius latitudinis (freti Gaditani) tradiderunt, ubi minimum, septem millia passuum; ubi vero plurimum, decem millia.

Plin. Præfat. lib. III. Hist. Nat.

Completis consulibus.

Serv. ad Virg. Ge. III. 1.

Verba sunt, ut habemus in Livio, imperatoris transfugam recipientis in fidem: Quisquis es, noster eris.

Serv. ad Virg. Æn. II. 148.

Impubes libripens esse non potest, neque antestari.

Priscian. lib. VIII. Gramm. p. 792. De sensu horum verborum vide viros doctos ad Caii Institut. l. I. tit. 6. p. 57, 58. et inpr. Gerard. Meerman, in diss. de rebus mancipi et nec mancipi § 268 et 273.

Imperatorem me mater mea, non bellatorem peperit.

Hoc Scipionis dictum ex Livio adferre videtur Guilelmus Malmesburiensis rer. Angl. lib. II. p. 162.

Dic mihi, quum sæpe numero in Romanis historiis legatur, Livio auctore, sæpissime in hac urbe exorta pestilentia infinita hominum millia deperiisse, atque eo frequenter ventum, ut vix esset, unde illis bellicosis temporibus exercitus potuisset adscribi, illo tempore Deo tuo Februario minime litabatur? An etiam cultus hic omnino nihil proderat? Illo tempore Lupercalia non celebrabantur? Nec enim dicturus es, hæc sacra adhuc illo tempore non cœpisse, quæ ante Romulum ab Evandro in Italiam perhibentur inlata. Lupercalia autem propter quid instituta sint, (quantum ad ipsius superstitionis commenta respectant) Livius secunda decade loquitur: nec propter morbos inhibendos instituta commemorat, sed propter sterilitatem mulierum, quæ tunc adciderat, exsolvendam.

Ex. Gelasii Papæ Epist. adversus Andromachum in Baronii Annal. eccles. ad a. 496. num. 35.

## IV. ALIA QUÆ AN LIVII SINT NOSTRI AUT CERTE EX HISTORIA EJUS DEPROMTA DUBIUM EST.

**Apud Nympham Atlantis filiam Calypsonem.**
Priscian. lib. vi. Gramm. p. 685.

Et reparando suggressu manu haud magna Allifæ mœnia, quasi palans perveniens, ex oppido bellum instructa armamentis erupit, quam consul vi captam, trucidatis, qui in ea constiterant, reservat ad pugnam. Sed oppidani, sicut quibus curæ pusillum inerat, in diem alterum umbonibus belluatis paucos fugaces invadunt, elephantemque omine meliori receptant, et Allifas, Rufium quondam vocitatas, ab dextro sequente sinistrum, augurio nomen inponunt adcolæ.

Hæc verba Liv. xxii. 18, 5. post illa *super Allifas loco alto ac munito consedit* inserta legi in cod. Laudino I. monuit Hearne. Eadem deprehendit Drakenb. in MS. Recanatiano, sed sic variata ?

Et reparando subgressus haud magis Alifæ mœnia quum palans perveniens ex oppido bellua comstâ a Romanis erupit, quam consul vi captam, trucidatis, qui ip ea constiterant, reservat ad pugnam. Sed oppidani, sicut queis curæ pusillum inerat in diem altam umbonibus beluatis paucos fugaces invadunt, elephantemque meliorem receptant. Et Alifas Rufrium quondam vocitatas ab dextro sequente sinisteriorum augurio nomen inponunt adcolæ.

Fragmentum hoc spurium esse censebant Cuper. de elephantis in numis e. 4. Hearne, Drakenb., Scroth. et alii : sed genuinum Dodwell in singulari dissert., quae etiam in edit, Livii Drakenb. T. vii. p. 182 sq. reperitur. In ea explicare quidem conatur obscurissima hæc verba ; sed multis tentatis tandem profitetur, se vereri, ne operam luserit et non ipsum forte Livium, sed Æthiopem lavarit.

T. Livius tam iniquus Sallustio fuit, ut hanc ipsam sententiam : *Res secundæ mire sunt vitiis obtentui* et tamquam translatam, et tamquam corruptam dum transfertur, objiceret Sallustio. Nec hoc amore Thucydidis facit, ut illum præferat. Laudat, quem non timet, et facilius putat posse a se Sallustium vinci, si ante a Thucydide vincatur.

Seneca Controv. xxiv.

T. Livius de oratoribus, qui verba antiqua et sordida consectantur, et orationis obscuritatem severitatem putant, aiebat, Miltiadem rhetorem eleganter dixisse Ἐπὶ τῷ πλησίον μαίνωνται.

Seneca Controv. xxv.

# QUÆDAM

# ANTIQUITATIS MONIMENTA.

---

## I. DUODECIM TABULÆ LEGUM DECEMVIR.

### Tabula I. de in jus vocando.

— — — — — — —
— — — —·— — —
— — — — — — —

SIn jus vocatquEat : NIt, antestamino : igitur, em capito.
Si calvitur pedemve strVit, manum endo jacito.
Si morbus aevitasve vitium escit, quIn jus vocabit jumentum
    dato : si nolet, arceram ne sternito.
Si ensiet, qui in jus vocatum vindicit, miTito.
ASiduo vindex aSidVs esto : proletario cuique volet vindex
    esto.
Endo via rem, uti paicunt, orato.
NIta paicunt, in comitio aut in foro ab ortu ante meridiem
    causam conscito, cum perorant ambo praesentes.
Post meridiem praesenti stlitem aDicito.
Sol oCasus suprema tempestas esto.

### Tabula II. de judiciis et furtis.

— — — — — — —
— — — — — — —
— — — — — — —

—     vades subvades   —    —    —    —
extra quam si morbus sonticus    —    —    —
votum, absentia rei publicae ergo, aut status dies cum hoste
intercedat : nam si quid horum suat unum judici arbitrove
reove, eo die diFensus esto.

— — — — —

Cui testimonium defuerit, is tertIs diebus obportum obvagu-
    latum ito.

Si nox furtum faxit, sIm aliquis oCisit, jure caesus esto.
Si luci furtum faxit, sIm aliquis endo ipso capsit, verberator
iLique, coi furtum factum escit, aDicitor.
Servus virgis caesus saxo deIcitor : Inpubes Praetoris arbi-
tratu verberator noxiamque decernito.
Si se tolo defensint, quiritato endoque plorato : post deinde
si caesi escint, se fraude esto.
Si furtum lance licioque conceptum escit, atque uti manifes-
tum vindicator.
Si adorat furto, quod nec manifestum escit, duplione decidito.
SIniuri Alienas arbores caesit, in singulas XXV aeris luito.
Si pro fure damnum decisum escit, furti ne adorato.
Furtivae rei aeternAuctoritas esto.

*Tabula III. de rebus creditis.*

— — — — — — —

— — — — — — —

Si qui endo deposito dolo malo factum escit, duplione luito.
Si qui unciario fenere amplius feneraSit, quadruplione luito.

— — — — — — —

Adversus hostem aeternAuctoritas esto.
Aeris confeSi rebusque jure judicatis XXX dies justi sunto.
Post deinde manus injectio esto, in jus ducito. Ni judicatum facit, aut quips endo eo in jure vindicit, secum ducito, vincito, aut nervo aut compedibus XV pondo ne
majore : at si volet minore, vincito.
Si volet, suo VIto : ni suo VIt qui em vinctum habebit, libras
faRis endo dies dato : si volet, plus dato.
Ni cum eo pacit, LX dies endo vinculis retineto. Interibi
trinis nundinis continuis in Comitium procitato, aerisque
aestimatam judicati praedicato.
Ast si plures erunt rei, tertIs nundinis partis secanto : si plus
minusve secuerunt, se fraudEsto : si volent, uls Tiberim
peregre venum danto.

— — — — —

*Tabula IV. de jure patrio et jure connubii.*

Pater insignem ad deformitatem puerum cito necato.
Endo liberis justis vitae necis venum dandique potestas ei
esto.
Si pater filium ter venundVit, filius a patre liber esto.
Si qui ei in X mensibus proximis postumus natus escit, justus
esto.

## Tabula V. *de hereditatibus et tutelis.*

Paterfamilias uti legaSit, super pecuniae tutelaeve suae rei,
ita jus esto.

Ast sIntestato moritur, cui sVs heres nec escit, agnatus proximus familiam habeto.

Si agnatus nec escit, gentilis familiam heres nancitor.

Si libertus intestato moritur, cui sVs heres nec escit, ast patronus patronive liberi escint, ex ea familia in eam familiam
proximo pecuniADuitor.

Nomina inter heredes pro portionibus hereditarIs ercta, cita
sunto.

Ceterarum familiae rerum ercto non cito, si volent heredes,
erctum faciunto : Prætor ad erctum ciendum arbitros tris
dato.

Si paterfamilias intestato moritur, cuInpubes suus heres escit,
agnatus proximus tutelam nancitur.

Si furiosus aut prodigus existat, ast ei custos nec escit, agna-
torum gentiliumque in eo pecuniavEjus potestas esto.

## Tabula VI. *de dominio et de possessione.*

QVm nexum faciet mancipiumque, uti lingua nuncupaSit, ita
jus esto.

SInficias ierit, duplione damnator.

Statuliber emptori dando liber esto.

Res vendita transquedata emptori non adquiritor, donicum
satisfactum escit.

VS auctoritas fundi biennium :
    aNVs VS esto.

Mulieris, quae aNum matrimonI ergo apud virum remansit,
ni trinoctium ab eo usurpandi ergo abescit, usus esto.

Si quIn jure manum conserunt, secundum eum qui poSidet :
ast si qui quem liberali causa manu adserat, secundum libertatem vindicias dato.

Tignum junctum aedibus vineaeve ne concapEt ne solvito.
Ast qui junxit, duplione damnator. Tigna quandoque
sarpta, donec dempta erunt, vindicare jus esto.

Si vir mulieri repudium miTere volet, causam dicito harumce
unam :  —  —  —

—  —  —  —  —  —

### Tabula VII. de delictis.

Si quadrupes pauperiem faxit, dominus noxiAEstimiam
oFerto : si nolet, quod noxit dato.

SIniuria rupitias — — — Ast si casu, sarcito.

Qui fruges excantaSit — — —

Qui frugem aratro quaesitam furtim nox pavit secuitve, suspensus Cereri necator. Impubes Praetoris arbitratu verberator noxiamque decernito.

Qui pecu endo alieno impescit — — —

Qui aedes acervumve frumenti ad aedes positum dolo sciens
incensit, vinctus verberatus igni necator : ast si casu, noxiam sarcito. Si nec idoneus escit, levius castigator.

Si quInjuriam alteri faxit XXV aeris poenae sunto.

Si qui pipulOcentaSit carmenve conDISit, quod infamiam
faxit flagitiumve alteri, fuste ferito.

Qui membrum rupsit, ni cum eo paicit, talio esto.

Qui os ex genitali fudit, libero CCC. fervo CL. aeris poenae
sunto.

Qui se siriTestarier libripensve fuerit, ni testimonium fariatur,
improbus intestabilisquEsto.

Si falsum testimonium dicaSit, saxo deIcitor.

Si qui hominem liberum dolo sciens morti duit . . .

Qui malum carmen incantaSit, malum venenum faxit duitve,
paRicida esto.

Qui parentem necaSit, caput obnubito culeoque insutus in
profluentem mergitor.

Si tutor dolo malo gerat, vituperato, quandoque finita tutela
escit, furtum duplione luito.

PatronuSi clienti fraudem faxit, sacer esto.

### Tabula VIII. de juribus praediorum.

Ambitus parietis sextertius pes esto.

Sodales legem quam volent, dum ne quid ex publica eoRom-
pant, sibi ferunto.

De finium ratione lex incerta, ad exemplum legis — Atticae
Solonis —

Intra V. P. aeternAuctoritas esto.

Si jurgant adfines, finibus regundis Praetor arbitros tris
aDicito.

— hortus — —
.— haeredium — —
— tugurium — —

Si arbor in vicini fundum impendet, XV. P. altius sublucator.
Si glans in EM caduca fiet, domino legere jus esto.
Si aqua pluvia manu nocet, Prætor arcendae aquae arbitros
   tris aDicito, noxaeque domino cavetor.
Via in poRecto VIII. P. in amfracto XVI. P. lata esto.
Si via amsegetes iMunita escit, qua volet, jumentum agito.

—   —   —      —   —   —
—          —         —   —   =
—          —          —   —   =
—                  —   —   —

### Tabula IX. de jure publico.

Privilegia ne inroganto.
Nexo soluto, forti sanati siremps jus esto.
Si judex arbiterve jure datus ob rem judicandam pecuniam
   aCepsit, capital esto.
De capite civis nisi per maximum comitiatum ne ferunto.
Quaestores paRicidI, qui de rebus capitalibus quaerant, a
   populo creantor.
Si quIn urbe coetus nocturnos agitaSit, capital esto.
Si qui perdueLem concitaSit civemque perdueLi transduit,
   capital esto.

—     —          —   —
—     —          —   —
—     —     —     —     —   —
—     —                —

### Tabula X. de jure sacro.

—     —          —         —   —
—   de jure jurando     —     —     —
—     —          —     —   —

Hominem mortVm in Vrbe ne sepelito, neve urito.
Sumptus et luctum a DeoruManium juREmoveto.
Hoc plus ne facito.
Rogum ascia ne polito.
Tribus riciniis et X. tibicinibus foris eFeRo jus esto.
Mulieres genas ne radunto, neve leSum funeris ergo habento.
Homini mortuo oSa ne legito, quo post funus facias, extra

quam si beLi endove hostico mortVs escit.
Servilis unctura omnisque circumpotatio auferitor.
Murrata potio mortuo ne inditor.
Ne longae coronae nove aceRae praeferuntor.
Qui coron'am parit ipse pecuniave ejus, virtutis ergo arguitor;
    et ipsi mortuo parentibusquEjus, dum intus positus escit
    forisvEFertur, se fraude imposita fiet.
Uni plura funera ne facito, neve plures lectos sternito : neve
    aurum aDito.    Ast si cui auro dentes vincti escint, im cum
    iLo sepelire uREve se fraudEsto.
Rogum bustumve noVum propius LX. P. aedis alienas, si do-
    minus nolet, ne adIcito.
Fori bustive aeternAuctoritas esto.


### Tabula XI. Supplem. V. prior. Tab.

Quod postremum populus juSit, id jus ratum esto.
Patribus cum plebe coNubI jus nec esto.

—    —    —    —    —    —    —

— detestatum — seu de sacris detestandis.

—    —    —    —    —    —    —

—    —    —    —    —    —    —

—    —    —    —    —    —    —

—    —    —    —    —    —    —

—    —    —    —    —    —    —


### Tabula XII. Supplem. V. poster. Tab.

—    —    —    —    —    —    —

—    —    —    —    —    —    —

—    de pignere    —    —    —    —
Si qui rem, de qua stlis fiet, in sacrum dedicaSit, duplione
    decidito.
Si vindiciam falsam tulit, Praeter rei sive stlitis arbitros tris
    dato : eorum arbitrio fructi duplione decidito.
Si servus sciente domino furtum faxit noxiamve noxit, noxae
    dedito.

—    —    —    —    —    —    —

—    —    —    —    —    —    —

—    —    —    —    —    —    —

—    —    —    —    —    —    —

## II. INSCRIPTIO COLUMNÆ ROSTRATÆ DUILLIO IN FORO POSITÆ.

```
C. D..... M. F. M. N. C. ...L.      ......    ......  ,......   ....
.............S. AN. O.......  ,......   ....     ......    ......
D. EXEMET. LECIONES. R.....      ...    ......   ......
AXIMOSQVE. MACISTRATOS. L....      ....     ....   ......
.. OV. EM. CASTREIS. EXFOCIONT. MACEL....          ......
.. CNANDOD. CEPET. ENQVE. EODEM. MACIS....         ......
MNAVEBOS. MARID. COMSOL. PRIMOS. C.....      ....   ......
CLASESQVE. NAVALES. PRIMOS. ORNAVET. PAL          ......
CVMQVE. EIS. NAVEBOS. CLASEIS. POENICAS. OM....    ......
SVMAS. COPIAS. CARTACINIENSIS. PRAESENTE.     ..   .,.....
DICTATOREDOL. OM. IN. ALTOD. MARID. PVC....    ..  ......
.. NQVE. NAV... ET CVM. SOCIEIS. SEPTER....    ....  ......
.... OSQVE. TRIREMOS QVE NAVEIS. X.    ....    ....  ......
.....   OM. CAPTOM. NVMEI ∞ ∞ ∞ DCC.
......    TOM. CAPTOM. PRAEDA. NVMEI.    ....    ....  ......
          CAPTOM. AES.    ....    ....    ....    ....  ......
..      ..      ..  ..      ..      ..        ..        ......
.. QVE. NAVALED. PRAEDAD. POPLON...               ......
... CARTACINIENSI. N.... NVOS. L.           ..      ......
....    FI... CAPT...         ..                  .,.....
```

## III. SENATUSCONSULTUM DE BACCHANALIBUS.

MARCIVS. L. F. S. POSTVMIVS. L. F. COS. SENATVM CONSOLVERVNT.
N. OCTOB. APVD. AEDEM DVELONAI. SC. ARF. M. CLAVDI. M. F. L. VA-
LERI. P. F. Q. MINVCI. C. F. DE. BACANALIBVS. QVEI. FOIDERATEI
ESENT. ITA. EXDEICENDVM. CENSVERE. NEIQVIS. EORVM. SACANAL.
HABVISE. VELET. SEI. QVES. ESENT. QVEI. SIBEI. DEICERENT. NE-
CESVS. ESE. BACANAL. HABERE. EEIS. VTEI. AD. PR. VRBANVM ROMAM
VENIRENT. DEQVE. EEIS. REBVS. VBEI. EORVM. VTR A. AVDITA.
ESENT. VTEI. SENATVS. NOSTER. DECERNERET. DVM. NE. MINVS. SE-
NATORIBVS. C. ADESENT.... A RES COSOLERETVR. BACAS. VIR. NEQVIS.
ADIESE. VELET. CEIVIS. ROMANVS. NEVE. NOMINVS. LATINI. NEVE.
SOCIVM. QVISQVAM. NISEI. PR. VRBANVM. ADIESENT. ISQVE. DE.
SENATVOS. SENTENTIAD. DVM. NE. MINVS. SENATORIBVS. C. ADESENT.
QVOM. EA. RES. COSOLERETVR. IOVSISENT. CENSVERE. SACERDOS.
NEQVIS. VIR. ESET. MAGISTER. NEQVE. VIR. NEQVE. MVLIER. QVI SQVAM.
ESET. NEVE. PECVNIAM. QVISQVAM. EORVM. COMOINEM....ABVISE. VE
LET. NEVE. MAGISTRATVM. NEVE. PROMAGISTRATVO. NEOVE. VIRVM.
NEVE. MVLIEREM. QVIQVAM FECISE. VELET. NEVE. POSTHAC. INTER. SED.
CONIOVRASE. NEVE. COMVOVISE. NEVE. CONSPONDISE. NEVE. CONPRO-
MESISE. VELET. NEVE. QVISQVAM. FIDEM. INTER. SED. DEDISE. VELET.
SACRA. IN. DQVOLTOD. NE. QVISQVAM. FECISE. VELET. NEVE. IN. POPLI-
COD. NEVE. IN. PREIVATOD. NEVE. EXTRAD. VRBEM. SACRA. QVISQVAM,
FECISE. VELET. NISEI. PR. VRBANVM. ADIESET. ISQVE. DE. SENATVOS.
SENTENTIAD. DVM. NE. MINVS. SENATORIBVS. C. ADESENT. QVOM.
EA. RES. COSOLERETVR. IOVSISENT. CENSVERE. HOMINES. PLOVS.
V. OINVORSEI. VIREI. ATQVE. MVLIERES. SACRA. NE. QVISQVAM.
FECISE. VELET. NEVE. INTER. IBEI. VIREI. PLOVS. DVOBVS. MVLIERI-
BVS. PLOVS. TRIBVS. ARFVISE. VELENT. NISEI. DE. PR. VRBANI. SENA-
TVOSQVE. SENTENTIAD. VTEI. SVPRAD. SCRIPTVM. EST. HAICE. VTEI.
IN. COVENTIONID. EXDEICATIS. NE. MINVS. TRINVM. NOVNDINVM.
SENATVOSQVE. SENTENTIAM. VTEI. SCIENTES. ESETIS. EORVM. SEN-
TENTIA. ITA. FVIT. SEI. QVES. ESENT. QVEI. ARVORSVM. EAD. FECISENT.
QVAM. SVPRAD. SCRIPTVM. EST. EEIS. REM. CAPVTALEM. FACIENDAM.
CENSVERE. ATQVE. VTEI. HOCE. IN. TABOLAM. AHENAM. INCEIDERE-
TIS. ITA. SENATVS. AIQVOM. CENSVIT. VTEIQVE. EAM. FIGIER. IOVBE-
ATIS. VBEI. FACILVMED. GNOSCIER. POTISIT. ATQVE. VTEI. EA. BA-
CANALIA. SEI. QVA. SVNT. EXTRAD. QVAM. SEI. QVID. IBEI. SACRI. EST.
ITA. VTEI. SVPRAD. SCRIPTVM. EST. IN. DIEBVS. X. QVIBVS. VOBEIS
TABELAI. DATAI. ERVNT. FACIATIS. VTEI. DISMOTA. SIENT. IN. AGRO.
TEVRANO.

## IV. MONIMENTUM ANCYRANUM[1] AB EDM. CHISHULLO SUPPLETUM.

Rerum gestarum Divi Augusti, quibus orbem terrarum imperio populi Rom. subjecit, et impensarum, quos in republ-
licam populumque Romanum fecit, incisarum in duabus ahe-
neis pilis[2], quæ sunt Romæ positæ, exemplar subjectum.[3]

*Tabula prima intrantibus a laeva.*

Annos undeviginti[4] natus exercitum privato consilio et
privata impensa comparavi, per quem rempublicam, *obstina-
tione factionis oppressam*, in libertatem vindicavi. *Senatus*
decretis honorificis[5] *ornatus* in *eum* ordinem sum *adlectus a*
consulibus,[6] *inter consulares ut sententiam dicerem;* locum-
*que et* imperium. mihi dedit respublica uti Praetori simul
cum consulibus Irtio et Pansa.   *Huic* autem eodem anno
me *suffectum* consulem *quum edidisset*[7] et triumvirum reipublicae constituendae,[8] qui parentem *conjurati occidissent,*
in exilium expuli judiciis legitimis,[9] ultus postea bellum inferentis[10] reipublicae  .  .  .  .

 .     .     .     .     .     .     .     .

[1] *Index rerum ab Augusto gestarum,
quam ipse composuit, quamque Ancyrani
.parietibus vestibuli templi, structi in honorem viri de se optime meriti,* tabulis
marmoreis insculptum et Græce quoque versum adfixere. Vitiosum exemplar illustrarunt Casaubonus, Jac. Gronovius et alii; emendatius vero, a
Tourneforto a. 1701. acceptum, Edm.
Chishull in Antiqq. Asiatt. Lond. 1728.
fol. cujus notas prolixiores in epitomen
redegi, sequutus exemplum Cel. Wolfii
in ed. Suetonii T. I. p. 369 sq. et Ober-
lini in ed. Taciti T. II. p. 837 sq. qui
et suas adjecere. Nonnulla ex his ex-
cerpsi, et nonnumquam adspersi alia.
Græcæ versionis duo fragmenta v. in
Pocockii.Inscript. Antiq. c. 2. art. J.
p. 6. 7.
[2] Ita pro *tabulis* legendum esse in
Suet. Aug. 101 extr. non male conj.
Lips. ad Tac. Ann. 1, 11.
[3] Titulus hic et extrema Indicis ver-

ba descriptori, nescio cui, nec tamen
recentiori, debentur. Ipse Index continet res annis fere LVII. gestas inde ab
a. v. 709. ær. Cat.
[4] Cf. Tac. Ann. 13, 6.  Liv. Epit.
119.  Cic. ad Att. 16, 8.  Vellei. 2,
61. ubi v. Intpp. et Duk. ad Flor. 4, 4.
[5] Cf. Cic. Phil. 3, 15. et Dio 46, 29.
[6] Cf. Liv. Epit. 118.  Cic. Phil. 5,
17.  Vellei. 2, 61. ibique intpp.
[7] *Suffectum* sc. Pansæ post prœlium
Mutinense XIV. Cal. Sept. a. v. 709.
Cf Taciti dial. de orat. c. 17. Dio 46,
42—46. Appian. B. C. 82, 94.
[8] Triumvir eodem anno in primum
quinquennium factus est cum Antonio
et Lepido v. Cal. Dec.  Vid. lapid.
Colot. ap. Grüter. p. 289, 1.
[9] Lege Pedia. Vid. Liv. Epit. 120.
Vellei. 2, 69. ibique intpp.
[10] *Inferentis,* i. e. inferentes, sc. Brutum et Cassium.  Cf. Suet. Aug. 10.
et intp. Cic. ad div. 8, 8.

Arma terra marique . . . . · signaque toto orbe terrarum *circumtuli,* victorque omnibus *supplicibus* civibus peperci, *et in* exilio *sponte sua* degentes, quibus tuto *liceret,* servari quam excidere *malui* . . . . Millia civium Romano*rum adacta* sacramento meo fuerunt circiter *quingenta,* ex quibus dedu*xi in colonias,* aut remisi in municipia sua, stipend*iis solutis,* millia aliquanto *plus* quam trecenta, et iis omnibus agros ad*signavi,* aut pecuniam propri*am ex* me dedi. [11] *Longas* naves cepi sescen*tas* [12] *praeter alias,* siquae minoris *quam triremes* fuerunt.

Bis ovans triumphav*i,* [13] *tris egi* curulis triumphos, et appell*atus sum viciens et* semel Imperator: [14] *quumque pluris* triumphos mihi se*natus decrevisset, iis tamen agendis* supersedi, *et tantummodo laurus* deposui iu Capitolio, [15] *Delmatis et Illuriis* [16] quoque bello nunc *perdomitis.* Ob res *aut ductu meo aut per legatos* auspiciis meis terra marique prospere gestas qua*esitamque bello* requiem decrevit Senatus supplicandum esse dIs immor*talibus* . . . . . Quo *ex* senatusconsulto supplicatum est in deor*um* [17] . . . .

. . vo . . . um rec . . aut r . . 、

. . . am ter deciens . . . . :

. . . ae potes . . . . ˚

. . . me ia . . . . .

. . . . . . . .

### Tabula secunda a laeva.

Patritiorum numerum auxi consul quintum [18] jussu populi et senatus. [19] Senatum ter legi. Et in consulatu sexto censum populi, conlega M. Agrippa, egi. [20] Lustrum post an-

[11] Cf. Appian. B. C. 3, 40 sq. 5, 3 sq. Dio 46, 46. 47, 17. Vellei. 2, 74. Maximæ distinctionis signum in marmore est 7. Sed plerisque locis desideratur.

[12] Ex omnibus prœliis navalibus; CCC et solo Actiaco. Vid. Plut. Anton. p. 947. E. *Sescentas* vetus rudiorve scriptura. Sic infra *quadragensimum, manibiis* (ut *contibernalis,* et ut *simus* pro *sumus* Augustum dixisse tradit Suet. c. 87. unde emendanda verba Velii Longi ap. Putsch. p. 2228. quibus plane contrarium continetur) *duodevicinsimum, sexsiens, cucivis, consacrare, incohare* cet.

[13] Cf. Suet. Aug. 22.

[14] Cf. Tac. Ann. 1, 9. Dio, 53, 41. (ubi leg. *ὲν καὶ εἴκοστιν*) Noris. ad Cen. Pis. p. 338. et, qui eum refutavit, Eckhel doctr, NN. vet. T. 6. p. 140.

[15] Cf. Dio 54, 25. 55, 5. ad Sil. 9, 546. ad Tac. Ann. 2, 26, 10.

[16] Vid. Appian. Illyr. 16. sq. Suet, Aug. 22. Dio 51, 21. Pigh. Ann. ad a. 724.

[17] *in deorum* suppl. *templis* cum nota numeri, nescio cujus. Rotundum memorat Virg. Æn. 8, 716. more poetarum.

[18] A. V. 723. Cat. Cf. Tac. Ann. 11, 25. Dio 49, 43. 52, 42.

[19] Lege Sænia. Cf. Tac. et Dio 11. 11. Suet. Aug. 35. De *jussu populi* silet Dio; qui etiam *quinquies* (a. v. 723. 733. 739. 741. 751.) *senatum ab Augusto lectum* dicit 52, 42. 54, 13. 26, 35. 55, 13.

[20] A. V. 724. Cf. de censu ter acto Suet. Aug. 27. extr. Dio 53, 1. Euseb, Chron. a. 1989.

num alterum et quadragensimum [21] feci; quo lustro civium
Romanorum censa sunt capita quadragiens centum millia et
exaginta tria millia. [22] Alterum consulari cum imperio lustrum *censumque* solus feci Censorino *et* Asinio Cos. [23] quo
lustro censa sunt civium Romanorum *capita* quadragiens
centum millia et ducenta triginta tria *millia*. [24] *Tertium*
consulari cum imperio lustrum conlega Tib. *Caesare feci*,
Sex. Pompejo et Sex. Appulejo Cos., quo lustro *etiam censa
sunt* Romanorum capitum quadragiens centum *millia triginta*
et septem millia [25].

Legibus novis *latis* [26] exempla majorum exolescentia re-
vocavi, *et fugientia* jam ex nostro conspectu avitarum rerum
exempla imitanda *proposui*. [27]   .   .   .   .   .   .   .
   .   .   . atus et sacerdotes   .   .   .   .   .
   .   .   u tis   .   .   .   efec   .   .   .   .
   .   .   quattuor amplissima collegia [28]
   .   .   mpejam et municipi   .   . m uni
   .   .   apud omnia pulvinaria pro vale*tudine* [29]
   .   .' usum est in Saliare carmen et sacrosan
   .   .   vo   .   . erea   .   . tribunitia potestas mihi
   .   .   mus   .   .   . iter m in
*populo* sacerdotium deferente mihi, quod pater meus *procu-
ravit*, *suscepi id* sacerdotium aliquod [30] post annos, eo mor-
*tuo* [31] *qui post patrem meum illud* procuraverat. Cuncta ex
Italia   .   .   .   .   .   .   .   . *vale*tudine
quanta Romae nun*quam*   .   .   .   .   .   .
   .   . *P. Sul*picio, C. Valgio consulibus [32]   .   -   .

---

[21] Nam L. Gellius et Cn. Lentulus
novissimi fuerant censores a. v. 682.
Cf. Lips. Elect. 1, 27.

[22] Vox *millia* in marmore aliquoties
repetitur; quod vix alibi reperias, nisi
in sacris literis 1 Chron. 21, 5. 2 Chron.
2, 17. Num. 2, 9.

[23] A. V. 744. Cf. Massoni Janus
refer. p. 281. Eodem anno Sextilis
mensis dictus est Augustus: de quo v.
SC. ap. Macrob. Sat. 1, 12. Cf. Suet.
Aug. 31.

[24] Cf. Euseb. Chron. n. 1989. Hinc
ap. Suid. forte leg. ΥΓ μυριάδες και
χιλιάδες ἑπτά pro ΥΙ μυριάδες και
χίλιοι δέκα ἑπτά.

[25] A. V. 765. Numerus nimis gran-
dis ap. Euseb. Chron. n. 2028.

[26] Cf. Suet. Aug. 31. 32. 89. Tac.
Ann. 3, 28. 4, 16. Horat. Od. 4, 15.
et Epist. 2, 1.

[27] Forte leg. *exempla imitanda* ad exercituum et provinciarum rectores et
*magistratus et sacerdotes* misi.

[28] Pontificum, Augurum, VII. virorum et XV. virorum S. F. quorum collegia curabant quinquennales ludos Ac-
tiacos. Vid. Dio 53, 1.

[29] Hæc spectant ad supplicationem
pro valetudine Augusti, qui in XI. consulatu a. v. 729. ex ancipiti morbo
convaluerat. In supplicatione decan-
tatum *Saliare carmen*, et deinde Augusto
*sacrosancta* in perpetuum decreta *tribunitia potestas*. Cf. Suet. Aug. 59.
Dio 53, 30. 32. (qui hanc tamen potestatem Augusto jam a. 722. tributam
dicit 51, 19.) ad Tac. Ann. 1, 2, 6. et
3, 56.

[30] Pro *aliquot*, ut infra *adque* pro
*atque*, et contra *set*, *haut* cet.

[31] Sc. Lepido Cf. Suet. c. 31. ad
Liv. Epit. 129. Appian. B. C. 5, 122
—131. Lepidus a. v. 716. exutus est
honoribus præter pontificatum, isque eo
mortuo susceptus ab Augusto a. 739.

[32] A. V. 738. quo irrita Romæ vota
facta pro M. Agrippæ *valetudine*.

. . aedis Honoris et Virtutis ad *memoriam*
. . senatus consecravit, in qua *pontifices*   .   .
. . *anniversarium* sacrificium facere   .   .
. . r . t . . in Vrbem ex . . . .
. . . . avit . . . . .
. . . . . pars . . . . .
. . . . et prin . . . a mihi . .
. . . . . omos . . rae . .
*post res in Hispania* Galliaque provinciis prospere gestas
. . . nep qu . . . aram . . . . pro reditu
meo *consecrari*, [33] *ut* ad eam *sacrum perenne facerent* magistratus et *sacerdotes* . . . . .
. . . ium . . . c . . p . . .
. . . cusseum ess . . . .
. . . per totum *imperium* populi Romani *parta est terra
marique* pax; cumque *a condita Vrbe Janum Quirinum* bis
omnino clausum *fuisse* prodatur, eum *Senatus* per me Principem *ter* claudendum esse *decrevit*. [34]

*Inter filios* meos, quos *sinistra sors* mihi eripuit, eorum
Cajum et Lucium Caesares [35] . . . . .

## Tabula tertia a laeva.

Honoris mei causa senatus populusque Romanus annum
quintum et decimum agentis consules designavit, ut eum
magistratum inirent post quinquennium, et ex eo die, quo
deducti sunt in forum, ut interessent consiliis publicis, decrevit Senatus. Equites autem Romani universi Principem
juventutis *utrumque* eorum, *parmis et* hastis argenteis donatum, appellaverunt. [36]

Plebei Romanae viritim SS trecenos numeravi ex testamento patris mei, [37] et nomine meo quadringenos ex bellorum manibiis [38] Consul quintum dedi, iterum autem in

[33] Pro eo bis honores decreti Augusto, a. 728. et 738. Nostra verba
spectant ad a. 738. quo senatus Augusto redeunti *aram* in curia ponendam
decrevit. Vid. Dio 54, 25.

[34] Recte: nam Janus bis tantum ab
Augusto clausus est, a. v. 723. et 727.
Deinde a. 742. eum quidem tertium
claudendum decrevit senatus, sed rem
irritam fecit Dacorum Dalmatarumque
rebellio; v. Dio 51, 20. 53, 26. 54, 36.
Errant itaque Masson. in templo Jani
refer. et Oros. 6, 22. forte et Suet.
Aug. 22. nisi is rem destinatam posuit
pro facta; quod ibi Cel. Wolf. et jam
ante eum Chishull l. l. et Eckhel in

doctr. NN. T. 6. p. 84. et 89. mo-
nuere.

[35] Haec verba non sejungenda videntur a seqq. Cf. ad ea et seqq. Suet.
Aug. 26. 64. in Tib. 23. ad Tac. Ann.
1, 3, 15. 17. Noris. ad Cenot. Pis.
Sen. Consol. ad Marc. 14. 15.

[36] Cf. Dio 55, 12. (qui *aureas* par-
mas hastasque donatas dicit) Eckhel l.
l. p. 171. et nos ad Tac. Ann. 1, 3,
14.

[37] Cf. Suet. Caes. 83. extr. Dio 44,
35. 45, 6. 46, 48.

[38] Vid. not. 12. et ad haec ac seqq.
Dio 51, 21. 53, 2. 28. Suet. Aug.
40—42.

consulatu decimo ex patrimonio meo IIS [39] quadringenos congiari viritim pernumeravi, et Consul undecimum duodecim frumentationes [40] frumento privatim coempto emensus sum, et tribunitia potestate duodecimum quadringenos nummos tertium viritim dedi. [41] Quae mea congiaria [42] pervenerunt *ad sestert*ium millia nunquam minus quinquaginta et ducenta. Tribunitiae potestatis duodevicinsimum Consul XII. trecentis et viginti millibus plebei urbanae sexagenos denarios viritim dedi; et cuoivis militum meorum consul quintum ex manibiis viritim millia nummum singula dedi. Acceperunt id triumphale congiarium in *colon*iis hominum circiter centum et viginti millia. Consul tertium decimum sexagenos · denarios plebei, quae tum frumentum publicum acceperunt, dedi. Ea millia hominum paulo plura quam ducenta fuerunt. Pecuniam *pro* agris, quos in consulatu meo quarto et postea consulibus *M. Crasso et* Cn. Lentulo Augure· adsignavi militibus, solvi municipIs. Ea sestertium circiter sexsiens [43] milliens fuit, quam *ex* collationibus *pro praediis* [44] numeravi, et circiter bis milliens et sescentiens, quod pro agris provincialibus solvi. Id primus et solus omnium, qui deduxerunt colonias militum [45] in Italia aut in provinciis, ad memoriam aetatis meae feci; et postea Ti. Neroni et Cn. Pisoni [46] consulibus, itemque C. Antistio et D. Laelio Cos. et C. Calvisio et L. Pasieno consulibus et *Lentulo et* Messalino consulibus et L. Caninio et Q. Fabricio consulibus, *veteranis quos* emeriteis stipendIs in sua municipia *reduxi*, praemia *aere nume*rato persolvi: quam in rem sest*ertium* mill . . . . . . impendi.

Quater pecunia mea ' juvi aerarium, [47] ita ut sestertium milliens et quinquiens ad eos, qui praeerant aerario, detulerim: et M. *Aemilio* et L. Aruntio Cos. in aerarium militare, quod ex consilio [48] . . . *constit*utum est, ex *quo* praemia darentur militibus, qui *viginti stipendia* emeruissent, HS. milliens et septingenti*ens Tib. Caesaris* nomine et meo detuli. [49] . . . . . . . . *quo* Cn. et P. Lentulus *cons*ules fuerunt, cum d . . cerent . . . . .

[39] Ita lego, ut sit id. qd. HS. s. SS. non *iis*, ut ad *plebem* referatur, sicut paullo post *plebei, quae acceperunt*.
[40] H. e. frumenti largitiones, ut ap. Suet. Aug. 40. 42.
[41] A. V. 740. Cf. Suet. c. 41. et Joseph. A. I. 16, 4.
[42] Sc. singula quatuor, tria pecuniæ, frumenti unum. Mox *triumphale congiarium* de pecunia militibus data ab Augusto triumphante.
[43] *Sexagesiens* conj. Chishull ex vestigio lacunæ, etsi enormis sit summa.

[44] Bene ita Chishull; v. Dio 51, 4. *prediatoribus* coni. Gron. et *pretoribus* male Lips.
[45] Cf. Suet. Aug. 46. ibique intpp.
[46] *Neroni et Pisoni* sunt ablativi, ut *sorti, igni, colli, amni, cædi, imbri, oneri, parti* cet. v. ad Sil. 7, 368. 8, 125. et Liv. 4, 12, 8.
[47] Cf. Dio 53, 2.
[48] *Liviæ* supplet Gron. ex Dione 55, 14. *Senatus* Chishull ex ejusd. c. 24. *Mæcenatis* alii.
[49] Cf. Dio 55, 24 sq.

centum millibus hominum . . . ibus . . . . o fru
. . .

*Tabula prima a dextra.*

Curiam et continens ei Chalcidicum, [50] templumque Apollinis in palatio cum porticibus, [51] aedem Divi JulI, Lupercal,
porticum ad circum Flaminium, quam sum appellari passus
ex nomine ejus, [52] qui priorem eodem in solo fecerat, Octaviam, pulvinar ad Circum Maximum, aedes in Capitolio
Jovis FeretrI et Jovis Tonantis, [53] aedem Quirini, aedes
Minervae et Junonis Reginae et Jovis, Libertatis in Aventino, aedem Larum [54] in summa Sacra via, aedem Deum
Penatium in Velia, aedem Juventatis, [55] aedem Matris Magnae in Palatio feci.

Capitolium et Pompejum theatrum, utrumque opus, impensa grandi refeci fine ulla inscriptione nominis mei. Rivos
aquarum, compluribus locis vetustate labentes, refeci, [56] et
aquam, quae Marcia appellatur, duplicavi, fonte novo in
rivum ejus immisso. [57]    Forum Julium et Basilicam, quae
fuit inter aedem Castoris et aedem Saturni, coepta profliga-
taque opera a patre meo, perfeci, et eandem Basilicam con-
sumptam incendio, ampliato ejus solo, sub titulo nominis
filiorum *meorum* in cohavi, [58] et, si vivus non perfecissem,
perfici ab heredibus *meis jussi.*    Duo et octoginta templa
Deum [59] in Vrbe consul . . . . refeci, nullo praeter-
misso, quod *eo tempore* . . . . mu . . . m . .
iruminea a . . . bi . . . . praeter . . .
iume linu . . lum . . . .

Privato solo dedicato Martis Ultoris templum [60] Forumque

---

[50] Cf. ad hæc et seqq. Suet. Aug.
29. 30. *Curiam* Juliam, in honorem
patris, Julii Cæsaris, conditam ; v. Dio
51, 22. *Continens,* conjunctum, *ei Chalcidicum,* templum Minervæ exstructum
ad formam alius templi ejusdem nominis, quod Chalcidenses ex Euboea pro-
fugi in hujus deæ honorem Lacedæmone condiderant ; nisi hoc fuit templum æreum Minervæ Chalciocem, et
Minerva potius *Chalcidica* dicta est a
Chalcide Syriæ ab Augusto ademta
post devictam Cleopatram. Cf. Reimar. ad Dion. 51, 22. et Scalig. ad
Eusebii Chron. n. 2105. qui Minervæ Chalcidica a Domitiano exstructa
memorat.

[51] Cf. Dio 53, 1. 2. et Suet. l. l. ac.
de *æde D. Julii* Dio 51, 22.

[52] Cn. Octavii, in reg. 1x. Urbis.
Cf. P. Victor.

[53] Hæc ab Augusto condita, illa vero

refecta; v. Suet. l. l. et 91.   Dio, 54,
4. Liv. 4, 20.   Corn. Nep. in Att.
20. et de *æde* Quirini Dio 54, 19.

[54] Sc. publicorum, quam ædem a.
748. ex stipe, a populo ei absenti Cal.
Jan. collata, struxit ; vid. marm. Farnes.
ap. Gruter. 106, 4.

[55] Quæ incendio consumta erat ; v.
Dio 54, 19.

[56] A. V. 748; v. Gruter. 177, 1.

[57] Cf. Frontin. de aquæduct. c. 12.
et Dio 49, 42.

[58] Sic et in opt. cod. Suet. Aug. 97.
extr.   Vocem a *caho,* initio rerum, deducebat Verrius Flaccus; v. Diomed.
ap. Putsch. l. l. p. 361.

[59] Cf. Ovid. Fast. 2, 59.

[60] Cf. Suet. c. 29.  Dio 54, 8.  Ovid.
Fast. 5. 551 sq. 579.  Eckhel. doctr.
NN. T. 6. p. 94 sq. et 100. quæ loca
etiam de alio Martis Ultoris templo
agunt, de quo v. not. 92.

Augustum, et theatrum ad aedem Apollinis in solo magna ex parte *ad id* . . . . empto feci, quod sub nomine M. Marcelli generi nitescit. [61] Dona ex manibiis in Capitolio et in aede Divi JulI et in aede Apollinis et in aede Vestae et in templo Martis Ultoris consacravi; quae mihi constiterunt HS. circiter milliens. [62] Auri coronarI pondo triginta et quinque millia municipiis et colonIs Italiae conferentibus ad triumphos meos [63] quintum Consul remisi; et postea, quotiescumque Imperator appellatus sum, aurum coronarium non accepi, decernentibus municipiis et *conferentibus, quae tunc* adque [64] antea decreverant.

*Munus* gladiatorium dedi meo nomine, et quinquiens filiorum meorum aut nepotum nomine : quibus muneribus pugnaverunt *hominum circiter* decem millia . . . *Bis dedi ferarum* undique accinc*tarum* [65] . . . . . *spec*tacula *proprio meo* nomine, et tertium nepo*tum* . . . . *Ludos* feci meo nomine quater, aliorum autem *magistratuum* absentium ter et vigiens [66] . . . *in collegio* XV. virorum *magister, adlecto in* collegium M. Agrippa, . . . per Quin*decimviros,* C. Furnio, C. Silano Cos., *quintos feci* ludos *saeculares nulli vivorum visos ante* id tempus, [67] deinde . . . . . . . *Venationes be*stiarum Africanarum, meo nomine et filiorum meorum et nepotum, in circo, aut in foro, aut in amphitheatris populo dedi sexiens et vigiens, quibus confecta sunt bestiarum circiter tria millia et quingentae.

Navalis proelI spectaculum populo dedi trans Tiberim, in quo loco nunc nemus est Caesarum, [68] cavato *solo in longitudinem mille* et octingentos pedes: in latitudine *mille erant et* ducenti. In quo triginta rostratae naves, triremes *et quadriremes,* pluris autem minores, inter se conflixerunt.

[61] Cf. Dio 54, 25—27.
[62] Cf. Suet. c. 30.
[63] Propr. ad coronas triumphales, χρυσίον ἐς στεφάνους ap. Dion. 49, 42. Inde dictum proprie *aurum coronarium*: nam ducibus, qui ab exercitu *Imperatores* appellabantur, a provincialibus, sociis regibusque coronae initio aureae dono dabantur, more a Graecis petito, et deinde harum loco aurum; quod serioribus, Imperatorum maxime, temporibus ab iis tributi instar exactum est: unde *coronarium* dictum de gratuito et honorario, et honestum exactionis nomen factum. Στεφανικὸν τέλεσμα Ancyranos dixisse τῶν τὸ ἐν χάριτος μέρει διδόμενον, docet Suidas. Cf. Dio 48, 42. 49, 42. 51, 21. Lips. de magn. Rom. 2, 9. Ernesti clav. Cic. et Schelleri Lex. lat.

[64] Cf. not. 30.
[65] Forte leg. *accitarum.*
[66] Cf. Suet. Aug. 43. ibique intpp. Quater sc. et *vicies.*
[67] Cf. Censorin. c. 17. Grut. p. 295. intpp. Zosimi 2, 4. Eckhel l. l. ad a. 737. Mitscherl. ad Horat. carm. saec. ad nos ad Tac. Ann. 11, 11, 1—3. Probabiliori judicio Chishull in notis lacunam h. l. ita explet: *ludos saeculares intermissos ante id tempus, deinde post* C.X. annum, ut adicto monui, *repetundos.*
[68] A. V. 750. Cf. ad Suet. in Aug. 43. (ubi eadem reperies verba ex h. l. depromta) ad Tac. Ann. 6, 1, 3. 12, 56, 2. 14, 15, 5. Vellei. 2, 100. *Nemus Caesarum,* Caji et Lucii; horti naumachiae proximi ap. Suet. Tib. 72. pr. ubi v. Ern. Cf. ad Tac. l.l. 11.

*Atticis et Persicis* classibus pugnaverunt, [69] praeter remiges, millia *hominum triginta* circiter.

In templis omnium civitatium *primarum Europae* et Asiae victor ornamenta reposui, [70] quae, spoliatis *templis, is, cum* quo bellum gesseram, [71] privatim possederat. *Meae* statuae pedestres et equestres et in quadrigeis argenteae steterunt in Vrbe XXC. circiter; quas ipse sustuli, exque ea pecunia dona aurea in aede Apollinis, meo nomine et illorum, qui mihi statuarum honorem habuerunt, posui. [72]

## *Tabula secunda a dextra.*

Mare pacavi a praedonibus. [73] Eo bello servoru n, qui fugissent a dominis suis et arma contra rempublicam tulerunt, *triginta* fere millia capta dominis ad supplicium sumendum tradidi. [74] Juravit in mea verba tota Italia sponte sua, [75] et me *pro victis ducibus* ducem depoposcit. Juraverunt in eadem *verba Galliae, Hispaniae, Africa, Sicilia,* Sardinia. Qui . . . . ve . . *Senatores* plures quam DCC in . . . consulibus facti sunt ad eum diem, quo scripta sunt . . . . circiter CLXX.

Omnium provinciarum [76] . . . . . quibus finitimae fuerunt gentes, quae *nondum subjectae erant pop. Romano,* fines auxi. Gallias et Hispanias provincias*que* . . . . *quas alluit* Oceanus a Gadibus ad ostium Albis fluminis [77] . . . *ab usque regione* ea, quae proxima est Hadriano mari, *armis perlustravi,* nulli genti bello per injuriam illato. [78] Classis Romana . . . ab ostio Rheni ad solis orientis regionem, usque ad *orbis extrema* navigavit; [79] quo neque terra neque mari quisquam Romanorum ante id tempus adit. Cimbrique et Chariides et Semnones et ejusdem tractus alii Germanorum populi per legatos amicitiam meam et populi Romani petierunt. [80] Meo jussu et auspicio ducti

---

[69] .Cf. ad Suet. Caes. 39. et Claud. 21.

[70] Cf. Strabo 13. p. 595. (890.) et 14. p. 637. (944.) Plin. 34, 8. s. 19.

[71] Sc. Antonius: nam vir modestus nusquam nominat duces a se devictos.

[72] Cf. Suet. c. 52.

[73] Sc. devicto Sex. Pompeio, qui servis conscriptis mare infestabat latrociniis ac praedationibus. Cf. Vellei. 2, 73. Flor. 4, 8. Dio 48, 17—23. 49, 1—12. Appian. B. C. 4, 84. — 5, 144. Hinc et bellum hoc Siculum infra dicitur *servile,* et piratici nomine infamatur; v. not. 87.

[74] Cf. Dio 49, 12.

[75] Cf. Suet. c. 17. et ad Tac. Ann. 1, 7, 4.

[76] Haec explicite magis tradit Eutrop. 7, 5.

[77] Cf. Suet. c. 21. et Tac. Ann. 1, 9. Forte leg. *ad ostium Albis fluminis et ad Istrum flumen a regione ea, quae proxima est Hadriano mari, ad obsequium redegi.*

[78] Cf. Suet. c. 21. (ubi haec repetita sunt) et 47.

[79] Cf. Vellei. 2, 106. et Plin. 2, 67.

[80] Cf. Strab. 7. p. 293. (449.) *Chariides* rectius forte *Charudes* (in Chersoneso Cimbrica) dicuntur Ptol., aut *Harudes* Caes. B. G. 1, 7.

sunt *duo* exercitus eodem fere tempore in Aethiopiam et in
*Arab*iam: [81] qua ea *tempestate* . . . . ˙ . . . .
. . esae sunt in Sicili . . sat ti . . . in
. . et h . . us . . . . . . . .
. . du . . ni . . b . . . . .
. . . nes . . abae . . . . .
. . . pium . . . mam ad . . . . *Ar-*
*men*iam *maj*orem, interfecto rege ejus Artaxi*a* . . m
posse [82] . . . . ma . . . . nostrorum exemplo regi . . m id . . . . . *in potestatem* Tigranis regis, per *Ti. Neronem diademate ejus capiti impo-*
*sito,* [83] *transtuli Arm*eniam gentem.. Postea *inquietam*
gentem et rebellantem, *domi*t*am* per Cajum filium meum, [84]
regi Ariobarzani *gubernandam et frenandam* tradidi, et
post *ejus mort*em filio ejus Artavasdi, *quodam jure Ariobar-*
*zane*, qui erat ex regio genere Armeniorum oriundus, in id
*regnum deducto.* [85] Provincias omnis, quae trans Hadria-
num mare vergunt, *et Ponticas Asia*nasque jam ex parte
magna regibus eas possidentibus *concessi.* [86] *Siciliam et* .
Sardiniam occupatas bello servili [87] reciperavi.

Colonias in Africa, Sicilia, *Macedon*ia, utraque Hispania,
*in Gallia Comata et* Gallia Narbonensi, praeter praesidia
militum, deduxi. Italia au*tem colon*ias, quae vivo me cele-
berrimae et frequentissimae fuerunt, *IIXXX* deductas habet. [88]

Signa militaria complura *per nostros duces* amissa devictis *legionibus,* [89] *recepi* ex Hispania et g*entibus Del*niateis. [90]
Parthos trium exercituum Romanorum spolia [91] et signa *res-*
*tituere* mihi, supplicesque amicitiam populi Romani petere
coegi. Ea autem signa in penetrali, quod est in templo
Martis Ultoris, [92] reposui.

Pannoniorum gentes, quas ante me Principem populi Ro-

---

[81] In hanc a. v. 727. 728. ab Ælio
Gallo, in illam a. 730. a Petronio; v.
Strab. 16. p. 780. (1126.) et 17. p.
820. (1175.) Dio 53, 29—33. 54, 5.
[82] Hæc lacuna explenda est ex Tac.
Ann. 2, 3. Cf. etiam ad hæc et seqq.
Suet. Tib. 9. Vellei. 2, 94. ubi (ubi v.
intpp.) et 122. Dio 49, 40. 44. 53, 33.
54, 9. Joseph, B. I. 13 extr. 15, 4. 5.
et A. I. 1, 18.
[83] Cf. auctores in nota 82. laudati.
[84] A. V. 755. Res fuse narratur in
Cenot. Pis.
[85] Cf. auctores laud. et Tac. Ann. 2,
3. 4.
[86] Cf. Suet. c. 48. et de singulis
regnis ab Augusto redditis intpp. ejus
loci et in primis Noris. ad Cenot. Pis.

p. 224 sq.
[87] Cf. not. 73.
[88] Cf. Suet. c. 46. ibique Ern.
[89] Sc. Romanis. Sed forsan leg. *de-*
*victis iis provinciis* vel *hostibus recepi,*
forte et *ex Hispania et Galatis et Dal-*
*matis.* Cf. not. 94.
[90] Cf. Vellei. 2, 90. Dio 49, 43.
Appian. Illyr. 28.
[91] Sc. M. Crassi, Statiani legati An-
toniani et ipsius Antonii. Cf. de his
signis et captis et a. 732. restitutis
Suet. 21. Vellei. 2, 82. 91. Justin.
42, 5. Strab. 6, 4, 2. p. 288. Eckhel
doctr. NN. T. 6. p. 94. sq. (ubi etiam
*supplices* exhibentur Parthi, genu flexo
offerentes signa) Dio 54, 8.
[92] Scil. eo, quod in Capitolio struc-

mani exercitus nunquam adIt, devictas per Ti. Caesarem, qui tum praeerat *exercitibus*, imperio populi Romani subjeci; [93] protulique fines *imperii ad Istri* flumìnis ripam. [94]
. . quod a . u . . . . us exercitus . . . eis .
. . spro . . a . . . . tusque . . . .
pos . . ucius . . . . gentes i . . . .
 Ad me ex India [95] . . . . . . . . . apud qu . .
q . . . m nostram . . . . per *legatos* Bastarnarum
. . n . . . et Sarmatarum [96] . . . Tanaimque
ultra rec . . . rumo . . rex et Hiber . . .
 Ad me supplices confugerunt reges Parthorum Tirida-
*tes* [97] . . . .

tum est a. 732. quo signa illa sunt recepta : nam aliud Martis templum in foro Augusto conditum et a. 750 dedicatum est. Cf. not. 60.
[95] Cf. ad Liv. Epit. 139. et Vellei. 2, 96. Ad victorias Tiberii spectant arcus triumphalis Carnuntinus in Pocockii Descr. of the East, T. 2. p. 100. et Kollarii Anal. Vindeb. T. 1. p. 1019. nobilisque achates in Museo Vindob., quem vulgarunt Maffejus in Append. ad Museum Veronense p. 245. le Roy, Kollar. et Lambecius. Pro *praerat exercitibus* Gron. dedit *erat privignus meus.*

Cf. not. 94.
[94] Ister et Euphrates imperii Rom. limites positi a natura et ab Augusto statuti. Cf. Tac. Ann. 1, 11. et Agric. 13. Strab. 6 extr. et 17 extr. Dio 56, 33. et Julian. in Caes. Ingens, quae sequitur, lacuna repleri et quaedam simul verba praecedd. emandari forte possunt e Fragm. Pocock. (v. sup. not. 1.) quod V. C. Sainte-Croix in libro Gallico Magazin Encyclop. 4, 4. p. 94. et Oberlin in ed. Taciti T. 2. p. 850 sq. ita correxerunt

$$\tau \ldots \ldots \eta\lambda\alpha\iota\varsigma$$
ἀπέλαβον δ' ἐξ 'Ισπανίας καὶ Γαλατίας κ(αὶ)
Δαλμάτων. Πάρθους τριῶν στρατευμα (τ)
(ω)ν σκύλα καὶ σημέας (pro σημαίας) ἀποδοῦναι
ἐμοὶ (καὶ φ)
λίαν δήμου 'Ρωμαίων ἀξιῶσαι ἠνάγκ(ασα τάς)
δὲ τὰς σημέας ἐν τῷ "Αρεως τοῦ 'Αμύν(τορος ἀ)
δυτῷ ἀπεθέμην.
Παννονίων ἔθνη, οἷς πρὸ ἐμοῦ ἡγεμό(νων)
τις 'Ρωμαίων οὐκ ἤγγισεν, ἡσσηθέντα (διὰ Τι.)
Νέρων' ὃς τότ' ἐμοῦ ἦν πρόγονος κ(αὶ ἡγεμὼν),
ἡγεμονίᾳ δήμου 'Ρωμαίων ὑπέταξα
καὶ ὅρια μέχρι "Ιστρου ποταμοῦ προ(ῆξα).
τῆδε (ibi) Δακων διάβασα πολλὴ δύναμις ἐν
νοις κατεκόπη καὶ ὕστερον μεταχ(ωρεῖν στρα)
τεῦμα πέραν "Ιστρου τὰ Δάκω(ν)
δήμῳ 'Ρωμαίων ὑπομένειν.

Versum 10. Schweigh. ita emendat ? Νέρωνος τοῦ ἐμοῦ προγόνου καὶ Καίσαρος, et vs. 13 sq. Oberlin: δύναμις ἐν Μύσοις κατεκόπη κ v. μ. στρατεύματα cet. Conjectura ἐν Μύσοις probabilis fit ex Dione 51, 22. et Floro 4, 12. Sed vel sic verba sunt manca et in fine quaedam excidisse videntur, ita forte restituenda: καὶ ὕστερον μεταχωρεῖν στρατεί'μα πέραν "Ιστρου, τὰ Δάκων δ' ἔθνη vel καὶ Δάκων ἔθνη δήμῳ 'Ρωμαίων ὑπομένειν τὸ προσταττόμενον ἠνάγκασα, ut ap. Polyb. 5, 107, 3. et

15, 20, 7. His respondent verba Augusti, si ita supplentur: *Dacorum vero gentes imperata populo Rom. facere coegi.*
[95] *Ex India* bis legati venere ad Augustum, a. 727. quo Tarracone egit, et a. 732. quo Sami hiemavit. Cf. Suet. c. 21. Dio 54, 9. (ubi v. Reimar.) et Strab. 15. p. 719.
[96] Huc pertinet locus laud. Dionis de multis legationibus.
[97] Cf. Justin. 42, 5. et intpp. Horat. Od. 1, 26, 5.

*Tabula tertia a dextra.*

Regis Phratis . . . Medorum . . Arta [16] . . .
res Britann . . . damno bella . . et tim . .
orum maelo mar omanorum suebo f . . . . . *rex* Parthorum Phrates, Orodis filius, filios suos nepo*tesque misit* in
Italiam, [17] non bello superatus, sed amicitiam nostram per
*haec* suorum pignora petens. Plurimaeque aliae gentes ex-
*pertae sunt Romanam* fidem me Principe, quibus antea cum
populo Romano *nullum omnino fuit* legationum et amicitiae
commercium.

A me gentes Parthorum et Medorum [1] *petierunt per prin-*
cipes earum gentium regesque per eos acceperunt Par*thi
Vononem, regis Phra*tis filium, regis Orodis nepotem; Medi
Arta*banum* . . regis Artavasdis filium, regis Ariobarza-
*nis nepotem* . . .

In consulatu sexto et septimo, [2] *postquam bella civilia*
extinxeram, per consensum universorum *Romanorum* civium
rempublicam ex mea potestate in Senat*us et populi Romani*
arbitrium transtuli. Quo pro merito meo Senat*us me ap-*
*pellavit Augu*stuum, [3] et laureis postes aedium mearum *vinxit*
. . . . ivi casu . . r . . . ianuam meam et qua
. . et . . . r in ulia posi . . . . us quem .
. . sc . . r . . . m et . . . virtutis cle
. . . . est p . . us clupei . . . . . post
. . d . . . . . ilo amplio . . . . coni eo
. . . . . *susceptum* a me tertium decimum consulatus
*magistratum. Senatus et equester* ordo populus*que* Romanus
universus *prodiderunt* memoriae; idque in *vestibulo* aedium
mearum inscribend*um jusserunt et* in foro Augu*sto sub* qua-
*drigas,* quae mihi *ex* S. C. *positae sunt.* Scripsi *haec, cum*
annum agerem septuagensimum *sextum.* [4]

Summa pecuniae, quam dedi*t* [5] . . . . . sis militibus necessarium . . .

Opera fecit nova : aedem Matris Magnae
Divi Jull, Quirini. Minervae . . . . . .
Larum, Deum Penatium, Juv*entatis* . . . .
Ad Circum Curiam cum *Chalcidico* . . . .

[16] Forsan *Artabanus.* Alia regum nomina excidere.
[17] Cf. Strab. 6. p. 288. (441.) Idem filios Phratis (Seraspadanem, Rhodaspem, Phraaten et Vononem) sed corrupte nominat lib. 16. p. 748. (1085.) Vid. ad Tac. Ann. 2, 1, 2.
[1] De *Parthis* v. Tac. l. l. De *Medis* haec non legere memini.
[2] Cf. Dio 53, 2 sq. et de provincia-

rum partitione Strab. 17 extr.
[3] A. V. 725. in VII consulatu. Cf. ad Liv. Epit. 134. Suet. c. 7. Censorin. c. 21. 22. Dio 53, 16. Ibique Fabric.
[4] A. V. 765. quo et obiit, Sex. Pompeio et Sex. Appuleio coss., quos ipse supra memoravit in tab. 2. a laeva.
[5] Haec omnia sunt ab aliena manu, nescio qua, adjecta, repetitiones fors

Juliam, *theatrum* M. Marcelli   .    .    .    .    basilicam Cai et Luci Caesarum    .    .    .    .    .
Refecit Capitolium   .    .    usque a   .    .    .    .
theatrum Pompei, aqu*am* Marci*am*, la   .    .    .    .
.    .    .    .    Impensis r   .    .    .    .    gladiatorum
.    .    .    .    .    .    *terrae* motu incendioque.    Censum    .    .    .    .    .    .    usque quorum census explevit. [a]

eorum, quae Augustus supra memoria    [a] Cf. Suet. c. 41.
prodidit.

# INDEX

IN

## TITI LIVII

### HISTORIARUM LIBROS.

# INDEX

IN

## TITI LIVII

### HISTORIARUM LIBROS.

Apelles, legatus Philippi Romam, 40, 20. clam interficitur a Perseo, 42, 5.

Apenninus, mons, 5, 32. 10, 27. 21, 58. 22, 1. 36, 15. 39, 2.

Aperantia, regio, recipitur a Philippo, 36, 33. in potestatem Ætolorum venit, 38, 3. recipitur a Perseo rege, 43, 24.

Aperantii, 43, 24.

Apex dialis, 6, 41.

Aphrodisias, castellum Ciliciæ, 33, 20.

Aphrodisias, oppidum Cariæ, 37, 21.

Apocleti, sanctius Ætolorum consilium, 35, 34. et 46. 36, 28.

Apodeotæ, 32, 34.

Apollo, 1, 56.

Apollo Pythius, 23, 11. 29, 10. consulitur, ibid. et 5, 15. 1, 56. decima prædæ pars ei datur, 5, 23. et cratera aurea Delphos portata, 25.

— Zerinthius, et ejus templum, 38, 41.

Apollinis promontorium, 30, 24.

Apollinis ædes in pratis Flaminiis, 3, 63. in ejus æde senatus datus, 34, 43. 39, 4. et 58. 41, 21. fanum augustum et oraculum ad Hieran Comen, 38, 12. et 13. ager sacer redimitur Sicyone ab Attalo, 32, 40. ædes Caietæ, 40, 2. Formiis, ibid. Gabiis, 41, 16. Velitris, 32, 1.

Apollinis Medici ædes, 40, 51.

Apollini ædes vota, 4, 25. 5, 13. dedicata 4, 29. vid. et 7, 20. lectisternium habitum, 5, 13. 22, 10. sacrum factum bove aurato et capris duabus albis auratis, 25, 12. dona vota, 40, 37. Delphis sacrificat Antiochus, 36, 11.

Apollinaris circus in pratis Flaminiis, 3, 63.

Apollinares ludi, eorumque origo, 25, 12. eos populus spectat coronatus, ibid. decernit senatus, ut voveantur in perpetuum, 26, 23. voventur, 27, 11. et 23. quotannis facti a prætoribus urbanis, ibid. extra portam Collinam ad ædem Erycinæ Veneris quare parati, 30, 38.

Apollodorum, auctorem defectionis ab Romanis, Athenienses in exsilium ejiciunt, 35, 50.

Apollonis, 28, 8. 42, 18. 44, 30. Apolloniam tentat Philippus, 24, 40.

Apollonia Macedoniæ, 45, 28.

Apolloniatas aggreditur Philippus, 26, 25. 29, 12. Apolloniatæ trecenti junguntse Quintio, 33, 3. auxiliantur Romanis adversus Gentium, 44, 30. donantur lembis de Gentio captis, 45, 43.

Apollonides, principum unus apud Syra-

cusanos, 24, 28. salutaris ejus orat o, ibid.

Apollonius, purpuratus sub Antiocho Magno, 27, 23.

Apollonius, Antiochi Epiphanis legatus, 42, 6.

Aporidos Come, vicus, 38, 15.

Apparitores regii, 1, 40.

— ad pignora capienda dimissi, 3, 38.

Appia via, 7, 39. 22, 1. et 15. munita, 9, 29.

Appiæ municipia, 26, 8.

Appiolæ, oppidum Latinum vi captum, 1, 35.

Appius Claudius, vid. Claudius.

C. Appuleius Saturninus, 45, 13.

L. Appuleius, tribunus plebis, diem dicit M. Furio Camillo, 5, 32.

L. Appuleius, decemvir agro dividendo, 42, 4. creatur prætor, 45, 44.

Q. Appuleius Pansa, consul, 10, 5. et 6. frustra obsidet Nequinum oppidum, 9.

Q. Appuleius, decemvir agro dividendo, 42, 4.

C. Apronius, tribunus plebis, 3, 54.

Apsus, flumen, 31, 27.

Apuani Ligures domantur a C. Flaminio consule, 39, 2. circumveniunt Q. Marcium consulem, 20. ad rebellionem spectant, 40, 1. opprimuntur et traducuntur in Samnium, 38.

Apuli, populi, fœdus faciunt cum Romanis, 8, 25. deficiunt et vastantur, 37. iis pax datur, 9, 20. cæduntur a P. Decio, 10, 15. deficiunt ad Pœnos, 22, 61.

Apulia, 6, 42. 7, 26. 9, 2. et 12. 22, 9. 25, 20.

Apuliæ saltus, 9, 17. 24, 20.

L. Apustius, legatus, 23, 38.

L. Apustius, legatus P. Sulpicii consulis, populatur extrema Macedoniæ, et Antipatriam aliaque oppida capit, 31, 27. legatus L. Cornelii Scipionis, consulis, 37, 4. tumultuario prœlio cadit, 16.

L. Apustius Fullo, ædilis plebis, 31, 4. prætor, 33, 24. sortitur urbanam jurisdictionem, 26. coloniæ Latinæ in Thurinum agrum deducendæ triumvir, 34, 53. 35, 9.

Aqua in urbem ducta, 9, 29.

— Ferentina, 1, 51.

Aqua in urbem ducenda locatur: sed impedimento est operi M. Licinius Crassus, 40, 51.

Aquæ Calidæ prope Carthaginem, 30, 24.

— Cumanæ, 41, 20.

— Neptuniæ, 39, 44.

— Sinuessanæ, 22, 13.

Aquæ Sextiæ, Epit. 61. 68.

X 2

Astymedes legatus Rhodiorum, 45, 25.

Asylæ apud Græcos, 35, 51.

Asylum, a Romulo institutum, 1, 8.

Atalanta, insula, 35, 37.

Atella deficit ad Pœnos, 22, 61. in deditionem accipitur a Romanis, 26, 16. de Atellanis judicium senatus, 26, 34. Atellani Calatiam migrare jubentur, 27, 3.

Atellanæ fabellæ, 7, 2. earum actores nec tribu moventur, et stipendia faciunt, ibid.

A. Aterio consuli, ut magistratu abit, dies dicta, 3, 31. creatur tribunus plebis, 65.

Aternum, oppidum, expugnatum a prætore Sempronio Tuditano, 24, 47.

Athacus, urbs, 31, 34.

Athamanes, 27, 30. 29, 12. 31, 28. inferunt cum Ætolis bellum Philippo, qui eos cædit, 31, 41. fugiunt in Ætoliam, 42. populantur Thessaliam, 32, 14. in jus ditionemque Philippi concedunt, 36, 14. expellunt Macedonas, 38, 1. et 2. libertatem repetunt a legatis Romanis, 39, 24. 25. vid. Amynander.

Athanagia, Ilergetum caput, 21, 61. deditur Cn. Scipioni, 62.

Athenas missi legati, qui Solonis leges, aliarumque Græciæ civitatum instituta et jura describerent, 3, 31.

Athenienses mittunt legatos ad dirimendum bellum, Philippum inter et Ætolos, 27, 30. una navali pugna florentem rempublicam suam in perpetuum adflixerunt, 28, 41. a Romanis adscripti fœderi, cum Philippo initio, 29, 12. implorant auxilium a Romanis, 31, 5. caussa belli inter Athenienses et Philippum, 14. Philippus adversus Athenas ducit exercitum, 24. omnia vastat, ibid. et 26. omnes Philippi statuæ Athenis delentur, 44.

Athenas visit L. Æmilius Paullus, 45, 27.

Athenarum arcis præses Minerva, 28.

Athenis templum Jovis Olympii, 41, 25.

Athenis oratio plurimum pollet, favore multitudinis, 31, 24.

Athenienses literis verbisque·solis valent, 31, 44. celeres sunt, et supra vires audaces, 45, 23.

Athenæum, castellum, 38, 1. 39, 25.

Athenæus, frater Eumenis et Attali, auxilio est Romanis, 38, 12. 13. 42. 55. Æmilium Paullum Delphos comitatur, 45, 27.

Athenagoras, præfectus Philippi, 31, 27. 35. adoritur Dardanos, 43. in Chaoniam ad occupandas fauces mittitur, 32, 5. repellit Romanos, 33, 7.

Athenagoras, dux Persei, præest. Thessalonicæ, 44, 32.

Athletarum certamen primum Romæ, 39, 22. vid. et 45, 32.

Atho, mons, 44, 11. 28. 45, 30.

A. Atilius Serranus, prætor, 35, 10. præficitur classi, 20. mittitur contra Nabidem, 22. prætor iterum, 41, 33. legatus in Græciam, 42, 37. renunciat in senatu legationem, 47. consul, 43, 4.

C. Atilius, prætor, auxilium fert L. Manlio prætori, 21, 26. vota suscipere jubetur, 62. pontifex, candidatus consulatus, 22, 35.

C. Atilius, duumvir, dedicat ædem Concordiæ, 23, 21.

C. Atilius Serranus, ædilis curulis, 34, 54. prætor, 39, 23.

L. Atilius, inter primos tribunos militum consulari potestate, 4, 7.

L. Atilius, tribunus militum consulari potestate, 5, 13.

L. Atilius, tribunus plebis, 9, 30.

L. Atilius, quæstor, in prœlio ad Cannas, cæsus, 22, 49.

L. Atilius, tribunus plebis 26, 33.

L. Atilius, prætor, 32, 27. sortitur Sardiniam, 28.

L. Atilius, præfectus præsidii Locris, 24, 1. elabitur cum præsidio, ibid.

L. Atilius, illustris adolescens, et ejus ad Samothracas oratio, 45, 5.

M. Atilius Regulus, consul, in Sidicinos exercitum ducit, 8, 16.

M. Atilius Regulus, consul, 10, 32. ejus res gestæ, ibid. et 33, 35. et 36. ei negatur triumphus, ibid.

M. Atilius Regulus, consul iterum, suffectus C. Flaminio, 22, 25. artibus Fabii ipse et collega bellum gerit, 32. triumvir mensarius, 23, 21. censor, 24, 11. censuræ ejus acta, 18. mortuo collega, se abdicat, 43.

M. Atilius, duumvir, dedicat ædem Concordiæ, 23, 21.

M. Atilius, prætor, 24, 43. sortitur jurisdictionem urbanam, et simul accipit sortem peregrinam, 44. novis religionibus liberat populum, 25, 1. legatus Q. Fulvii in obsidione Capuæ, 26, 6. et 33. legatus ad Ptolemæum, 27, 4.

M. Atilius Serranus, triumvir coloniæ deducendæ, 37, 46. prætor, sortitur Sardiniam, 31, 26.

Atina, urbs, capitur a Romanis, 9, 28.

Atinatium ager, 10, 39.

C. Atinius, tribunus militum quartæ legionis, signum ademtum signifero jacit in hostes, 34, 46.

C. Atinius, creatus prætor, sortitur Hispaniam ulteriorem, 38, 35. vid. et 39, 7. prospere pugnat cum Lusitanis, et

Cincinnatus, *vid.* Quintius.

Cincia lex de donis et muneribus, 34, 4.

Cincius, diligens vetustorum monumentorum auctor, 7, 3. *idem qui*

L. Cincius Alimentus, captus ab Annibale, 21, 38. prætor, 26, 23. ei ad obtinendam Siciliam Cannenses milites dati, 28. in annum prorogatur imperium, 27, 7. legatus, 29.

M. Cincius Alimentus, tribunus plebis, ad Scipionem mittitur, 29, 20.

M. Cincius, præfectus Pisis, de Ligurum conjuratione ad senatum scribit, 34, 56.

Cimbri, Epit. 63. 68.

Cimbricum bellum, Epit. 67. 68.

Cinctus Gabinus, 5, 46. 8, 9.

Cingilia, oppidum Vestinorum, capitur a Romanis, 8, 29.

Cinna, *vid.* Cornelius, *et* Helvius.

Circe, Dea, a qua oriundus Octavius Mamilius Tusculanus, 1, 49.

Circeii, 1, 56. 2, 39. colonos Romanos inde expellit Marcius Coriolanus, et urbem Volscis tradit, *ibid. vid. et* 27, 9. 29, 15. de Circeiis, quod pecuniam militesque Romanis negarant, senatusconsultum, *ibid.*

Circeienses moliuntur defectionem, 6, 12, et 21.

Circense ludicrum, 44, 9.

Circensium ludorum crescens magnificentia, 44, 18.

Circus Apollinaris, 3, 63.
— Flaminius, 3, 54. 27, 21. in eo ara Neptuni, 28, 11.
— Maritimus apud Hernicos, 9, 42.
— Maximus, a Tarquinio Prisco ædificatus, 1, 35. foros in eo facit Tarquinius Superbus, 56. in eo factus fornix de manubiis, et fornici imposita signa aurata, 33, 27. signa in eo, cum columnis, quibus superstabant, evertit atrox tempestas, 40, 2.

in Circo carceres quando primum statuti, 8, 20. ova, 41, 32. in eo ludi per quatriduum facti, 30, 27. Circo inundato, ludi Apollinares extra portam Collinam parati, 30, 38.

Cirrha, 42, 15.

Cirta, 29, 32. caput regni Syphacis, 30, 12. se dedit Masinissæ, *ibid.* eam Masinissæ donat Scipio, 44. obsessa, Epit. 64.

Cistophori nummi, 37, 46. 39, 7.

Circumpadani campi, 21, 35.

Cirta, caput regni Syphacis, Romanis deditur, 30, 12.

Cisalpina Gallia, *vid.* Gallia, *et* Galli.

Cithæronis saltus, 31, 26.

Citium, Macedoniæ oppidum, 42, 51.

Citius, mons, 43, 23.

Civica corona, *vid.* Corona.

Cives novi censi, 8, 17.

Civium Romanorum in centurias distributio, 1, 43. numerus tempore Servii Tullii, 44.

Civile jus, in penetralibus pontificum repositum, C. Flavius Cn. filius, scriba, evulgat, 9, 46.

Civismarus, regulus Gallorum, cadit in prœlio, 24, 42.

Civitas in duas partes discedit, 9, 46.

Civitatis forma mutatur, a consulibus ad decemviros translato imperio, 3, 33.

Cius, urbs, funditus eversa, 32, 33. et 34.

Clamor in prœlio, 8, 16. et 38. 25, 21. et 41. 30, 34.

Clamor initio pugnæ, index eventus, 4, 37.

Clampetia, in Bruttiis, capitur a Romanis, 29, 38. 30, 19.

Clarigatio, 8, 14.

Classico milites ad concionem convocati, 7, 36. 8, 7. et 32.

Classis Achæorum, 35, 26.
— Attali, 32, 16.
— Græcorum, ad Italiæ litora appulsa, 10, 2.
— Nabidis, 35, 26.
— Punica, 21, 22. vastat Sardiniam, 27, 6. vincitur a Romanis, 29. et 28, 4.
— Rhodiorum, 32, 16.
— Romanorum, 9, 30. et 38. classi die quadragesimo quinto, quam ex silvis materia detracta erat, in aquam deducitur, 28, 45. proficiscitur, duce Scipione, in Africam, 29, 25. et 26.

Classibus pugnatum ad Fidenas, 4, 34.

Classium a Servio Tullio instituta distinctio, 1, 43. 4, 4.

Clastidium, vicus, proditur Pœnis, 21, 48. fuit horreum Pœnis, *ibid.* se dedit Romanis, 32, 29. incenditur, 31.

Claudia Quinta, matrona, ab sacerdotibus Idæam Matrem accipit, 29, 14. ejus pudicitia, *ibid.*

Claudia gens omnis, cur, et quando sordidata, 6, 20. majestatis Patrum propugnatrix, 41. inimica plebi, 9, 34.

Claudia tribus ab Ap. Claudio appellata, 2, 16.

Claudiana castra, 23, 31. 39. et 48. 25, 22.

Claudius historicus, 8, 19. 9, 5. 33, 10. annales Acilianos ex Græco in Latinum vertit, 25, 39. 35, 14.

Claudius Asellus pugnat cum Jubellio Taurea Campano, 23, 46. et 47.

Ap. Claudius, magna clientium comitatus manu, ab Regillo Romam commigrat

Q. Fabii Maximi locum lectus, 33,
44. prætor, 40, 37. consul in Istriam
præceps discedit, 41, 12—14. uxercitum offendit, et Romam redit, ibid.
redux obsidet Nesartium, et capit,
15. Istriam pacat, ibid. legiones in
Ligures transducit, 16. vincit Ligures,
ibid. triumphat, 17. ei in annum prorogatum imperium, 18. recipit Mutinam a Liguribus, 20. consularis, ût
tribunus militum, 42, 49. creatur
censor, 43, 16. edictum ejus et collegæ de delectu, ibid. reus ad populum, ægre absolvitur, 18. censum
agit, 44, 16. 45, 15. legatus in Macedoniam, 45, 17. moritur, 44.
C. Claudius Asellus, prætor, 41, 26.
M. Claudius, Ap. Claudii decemviri
cliens, asserit Virginiam in servitutem, 3, 44. abit exsulatum, 58.
M. Claudius, tribunus plebis, 43, 16.
M. Claudius, dux in exercitu Marcii in
Macedonia, 44, 3.
P. Claudius, præfectus socidm, 27, 41.
P. Claudius cum parte copiarum mittitur a T. Quintio, 33, 29.
P. Claudius, tribunus militum de legione
secunda, cadit in prœlio cum Boiis,
33, 36.
P. Claudius Pulcher, ædilis curulis, 38,
35. creatus prætor, sortitur jurisdictionem peregrinam, ibid. consul, 39,
32. triumvir coloniæ deducendæ, 40,
29.
Q. Claudius, tribunus plebis, 21, 63.
Q. Claudius Flamen, prætor creatur, 27,
21. sortitur provinciam Tarentum,
22. proprætor, 43. 28, 10.
Ti. Claudius Asellus, tribunus militum,
27, 41. prætor creatus, sortitur Sardiniam, 28, 10.
Ti. Claudius Asellus, ædilis plebis, 29, 11.
Ti. Claudius Nero, creatur prætor, 29,
11. sortitur Sardiniam, 13. consul, 30,
26. Africam provinciam cupit, 27.
privatus classem, tempestate vexatam,
reducit Romam, 39.
Ti. Claudius Nero, prætor creatus, sortitur Sardiniam, 40, 18.
Ti. Claudius Nero, prætor, 40, 59. sortitur jurisdictionem peregrinam, 41,
2. paludatus Pisas in provinciam proficiscitur, 9. ei prorogatur imperium,
18. legatus in Asiam, 42. 19. et 45.
Ti. Claudius Nero, prætor, 45, 14. Siciliam sortitur, 16.
Claudius Marcellus, vid. Marcellus.
Clausula, fluvius, 44, 31.
Clausus, vid. Atta Clausus.
Claves portarum urbis et arcis a præfecto Romano reposcunt frustra Ennenses, 24, 37.

Clavibus portarum Arretii amissis Romani novas omnibus portis imponunt,
27, 24.
Clavus fixus dextro lateri ædis Jovis
Optimi Maximi, 7, 3. index numeri
annorum Volsiniis fuit, ibid. clavi
figendi solemne a consulibus ad dictatores translatum, ibid. clavus ab dictatore fixus pestilentiæ sedandæ causa,
7, 3. 9, 28. in secessionibus, ad revocandas ad sanitatem civium mentes,
8, 18. clavi figendi causa dictatos
dictus L. Manlius, 7, 3. et Cn. Quintilius, 8, 18.
Clavorum in scandendo per abrupta
usus, 28, 20.
Clavi lati, vid. Lati clavi.
Clazomeniis immunitas concessa, 38,
39.
Cleomedon, legatus Philippi, 32, 21.
Cleomenes, primus tyrannus Lacedæmone, 34, 26.
Cleon servorum dux, Epit. 56.
Cleonæ, oppidum, 33, 14. et 15. 34, 25.
Cleonæum agrum depopulantur copiæ
Philippi, 33, 14.
Cleonymus, dux Lacedæmoniorum, classem appellit ad Italiæ litora, et Thurias urbem capit, 10, 2. Patavinos
agros diripit, ibid. cæditur a Patavinis, ibid.
Cleopatra, uxor Alexandri, Epiri regis,
8, 24.
Cleopatra, Ægypti regina, donatur a
Romanis palla picta cum amiculo purpureo, 27, 4.
Cleopatra, Ægypti regina, legatos Romam mittit de Antiocho ex Græcia
pulso, 37, 3.
Cleopatra, soror Ptolemæorum Philometoris et Evergetæ, 44, 19. 45, 13.
vid. et Epit. 60.
Cleopatra ab Antonio amatur, Epit.
130. mortem sibi consciscit, 133.
Cleoptolemi Chalcidensis filiam ducit
Antiochus, 36, 11.
Clevas, dux Persei, 43, 23. et 25.
Clipeus, vid. Clypeus.
Clitæ, 44, 11.
Clitore, in Arcadia, datum legatis Romanis concilium, 39, 35.
Clivus Capitolinus silice stratus, 41, 32.
Clivus Publicius, 27, 37. ad solum exuritur, 30, 26.
— Virbius, vel Urbius, 1, 48.
Cloaca maxima, a Tarquinio Superbo
extructa, 1, 55. vid. et 5, 55.
Cloacina, 3, 48.
Clodius Licinius, rerum Romanarum
scriptor, 29, 22.
P. Clodius, Epit. 103. 107, vid. et Claudius.

Z 2

A a 2

Mare Hadriaticum, *vid.* Adriaticum.
— Inferum, 5, 33. 23, 38.
— Ionium, 23, 33. 42, 48.
— Macedonicum, 44, 11.
— Pamphylium, 38, 13.
— Ponticum, 40, 21.
— Rubrum, 42, 52. 45, 9.
— Siculum, 33, 17.
— Superum, 5, 33. 7, 26. 23, 38. 45, 2.
— Teronaïcum, 44, 11.
— Tuscum, 26, 19.
— Tyrrhenum, 5, 33.

Marene, regio, 42, 67.
Maricæ lucus, 27, 37.
Maritimi coloni, *vid.* Coloni.
Maritimus circus, *vid* Circus.

Marius Alfius, Medixtuticus apud Campanos, 23, 35. in pugna occiditur, *ibid.*

Marius Blosius, prætor Campanus, concione advocata edicit, ut frequentes cum conjugibus ac liberis obviam irent Annibali, 23, 7.

Marius Statilius, præfectus cum turma Lucana exploratum missus, detegit insidias Annibalis, 22, 42.

C. Marius, *vid.* Epit. 67. 68. 69.

Marones, urbs in Samnio, 27, 1.

Maronea, urbs Thraciæ, expugnatur a Philippo, 31, 16. Antiochi præsidium inde deducitur, 37, 60. *vid. et* 39, 24. 43, 9.

Maronitæ, 31, 31. 37, 33. Maronitarum vicus Sare appellatus, 38, 41. Maronitarum exsules veniunt Romam, 39, 24. eorum legati queruntur de Philippo, 27. crudeliter cæduntur a Philippo, 34.

Marrucini, populi, 8, 29. 26, 11. oratores Romam mittunt, pacem petentes, 9, 43. iis fœdus datur, *ibid.* devastantur ab Annibale, 22, 9. multos voluntarios dant Scipioni in classem, 28. 45.

Marrucinus ager, 27, 43.

Mars, conditor et parens populi Romani. Præf.
— Gradivus, 1, 20 2, 45. ei duodecim Salii a Numa Pompilio lecti, 1, 20.
— Pater, 8, 9.

Martis, ædes, Gallico bello vota, dedicatur a T. Quintio duumviro, 6, 5.
— sedes extra portam Capenam, ad quam omnes armati convenire jussi, 7, 23. *vid. et* 10, 23. *et* 27.
— ara, 35, 10. ad eam censores, statim inito magistratu, sellis curulibus considere, mos erat, 40, 45.
— hasta, 24, 10.
— lacus in agro Crustumino, 41, 13.
— signum Appia via ad Simulacra luporum, 22, 10,

Marti flamen a Numa assignatus, 1, 20.
— piaculum faciendum suovetaurilibus, 8, 10.
— bos albus opimus immolatus a Decio, 7, 37.
— lectisternium habitum, 22, 10.
— spolia hostium dicata, 45, 33.

Martem Romuli et Remi patrem nuncupat Rhea Silvia, 1, 4.

Martius campus, 1, 44. fuit ager Tarquiniorum, post eos expulsos consecratus Marti, 2, 5. *vid. et* 6, 20.

Martialis flamen, *vid.* Flamen.

Marsi populi, 8, 6. 26, 11. deficiunt, 9, 41. oratores, pacem petentes, Romam mittunt, 45. iis fœdus datur, *ibid.* rebellant, vincuntur et mulctantur, 10, 3. devastantur ab Annibale, 22, 9. dant Scipioni multos voluntarios in classem, 28, 45.

Marsorum cohors, 33, 36.

Marsyas, amnis, haud procul a Mæandri fontibus oritur, et in Mæandrum cadit, 38, 13.

Martiæ kalendæ, 38, 43. ante diem duodecimum kalendas Martias comitia fuerunt consulibus rogandis, *ibid. vid. et* 42, 28.

Martiis idibus magistratus initus, 22, 1. 23, 30. 26, 1. *et* 26. 27, 7. 31, 5. 32, 1. 38, 35. 39, 45. 40, 35. 42, 22. 44, 16.

Massæsyli, altera Numidiæ pars, cujus rex fuit Syphax, 24, 48. 28, 17. 29, 32.

Msgaba, Masinissæ filius, proficiscitur Romam, 45, 13. ei obviam mittitur L. Manlius, quæstor, qui eam Romam publico sumtu perduceret, *ibid.* ejus in senatu oratio, *ibid.* ei dantur munera, 14.

Masinissa, filius Galæ, regis Numidarum Massylorum, vincit Syphacem, 24, 48. et 49.

socius Carthaginiensium, ingenti tumultu turbat exercitum P. Scipionis, 25, 34.

conciliatur Romanis, 28, 16. Masinissæ et Scipionis colloquium, 35. fide data acceptaque discedunt, *ibid.*

queritur apud Lælium nimiam Scipionis cunctationem, 29, 4. accedit ad Scipionem, 29. varia fortuna in amittendo recuperandoque paterno regno est usus, *ibid.* capit Thapsum, urbem, 30. in eum stimulatur ab Asdrubale Syphax, 31. vincitur Masinissa a Syphace, *ibid.* profugit in montem Balbum, *ibid.* Bocchar mittitur adversus Masinissam, 32. qui vincitur, sed circumventus cum

gatus in decem ad res Asiæ disceptandas componendasque 37, 55. legatus in Galliam Transalpinam mittitur, 39, 54.

Q.Minucius Thermus, tribunus plebis, 30, 40. ædilis curulis, 32, 27. triumvir colonis deducendis, 29. et 34, 45. prætor, 33, 24. sortitur Hispaniam citeriorem, 26. cædit Hispanos, 44. triumphat, 34, 10. consul, 54, ejus in Liguria res gestæ, 35, 3. ei cum exercitu in Liguribus prorogatum imperium, 20. cum Liguribus prospere pugnat, 21. ejus castra aggressi Ligures repelluntur, 36, 38. ei negatur triumphus, 37, 46. legatus mittitur in decem ad res Asiæ constituendas, 55. interficitur in prœlio adversus Thracas, 38, 41.

Ti. Minucius, consul, vincit Samnites, 9, 44.

Ti. Minucius Molliculus, creatus prætor, sortitur jurisdictionem peregrinam, 40, 35. moritur, 37.

T. Minucius Rufus, 42, 54.

Miracula fere adficta locis insignibus, 24, 3.

Miraculum in Ti. Atinio, repente membris omnibus capto, mox sano ac vegeto, 2, 36.

Miranda et prodigiosa quo magis creduntur, eo plura annunciantur, 24, 10.

Misagenes, Masinissæ filius, auxilio venit Romanis, 42, 29. 62, 65. et 67. ejus classis dispergitur in Adriatico mari, ipseque æger Brundisium defertur, 45, 14. ei a Romanis munera data, ibid.

Miseni promontorium, 24, 13.

Missilia tela, 9, 35. 38, 19. et 20.

Mithridates, filius Antiochi, 33, 19.

Mithridates, Ponti rex, Asiam occupat, Epit. 78. ad Tigranem confugit, Epit. 97. a filio Pharnace in regia obsidetur, Epit. 102. interficitur, ibid.

Mitylene, 37, 21.

Mitylenææ triremes, 37, 12.

Mitys, amnis, 44, 7.

Mnesilochus, princeps Acarnanum, gentem suam conciliat Antiocho, 36, 11. et 12. cum sibi dedi postulant Romani, 37, 45. 38, 38.

Moagetes, tyrannus Cibyræ, cogitur centum talenta, et decem millia medimnûm frumenti pendere Romanis, 38, 14.

Mœnicaptus, Gallorum regulus, cadit in prœlio, 24, 42.

Mœsi, pop. Epit. 134.

Molossis, Epiri regio, 8, 24. 45, 26.

Moneris navis, 38, 38.

Monetæ ædes atque officina, 4, 7. et 20. 6, 20. 33, 26. vid. Juno.

Monomachiæ, 7, 10. et 26. 8, 7. et 8. 23, 46. et 47. 25, 18.

Monopodia quando primum, et a quibus, Romam advecta, 39, 6.

Mons sacer, 2, 32. secessio plebis in Sacrum montem, ibid. tribuni plebis in Sacro monte creati, 33. ibi sacrata lex lata, ibid.

Mopsiani, sive Mopsiorum factio, 23, 1.

Mopsium, tumulus, 42, 61. et 67.

Morcus, legatus Gentii ad Rhodios, 44, 23.

Morgantina urbs, vid. Murgantia.

Mortuorum laudationes vitiant rerum historias, 8 40.

Mortui cum insignibus honorum cremantur, 34, 7.

Morzes, Paphlagonum rex, 38, 26.

Mucia prata, sic dictus ager, Mucio virtutis caussa trans Tiberim datus, 2, 13.

C. Mucius, adolescens nobilis, penetrat in castra hostium, 2, 12. scribam pro rege obtruncat, ibid. incenso foco dextram injicit, ibid. dimittitur, ibid. ei ager a Patribus Romanis datur, 13. cur Scævola dictus, ibid.

P. Mucius Scævola, prætor, sortitur Siciliam, 40, 44. consul, 41, 22. petit censuram, 43, 16.

Q. Mucius Scævola prætor creatur, 23, 24. Sardiniam sortitur, 30. longo morbo implicitus, ad belli vim sustinendam fit inutilis, 34. et 40.

Q. Mucius Scævola, decemvir sacrorum, moritur, 27, 8.

Q. Mucius Scævola, prætor, sortitur jurisdictionem urbanam, 40, 44. consul, 41, 26. tribunus militum, 42, 49. ejus res gestæ, 58. legatus, 67.

Mugillanus, vid. Papirius.

Mula parit, vid. Prodigium.

Mulctaticia pecunia, ex qua ludi facti, 10, 23.

Mulctaticiæ leges, vid. Lex.

Mulctaticium argentum, vid. Argentum.

Muli clitellarii instructi ad hostem fallendum, 7, 14. 10, 40.

Muli, tabernacula, et omnia alia instrumenta militaria, magistratibus in provincias ituris subministrata de publico, 42, 1.

Muliebris servitus numquam salvis suis exuitur, 34, 7.

Muliebris vestis, quæ pluris esset, quam quindecim millium æris, in censum deferri jussa, 39, 44.

Mulieres urbem, quam armis viri defendere non possent, precibus lacrimisque defendunt, 2, 40.

Nuceria Alfaterna subigitur ad deditionem a Q. Fabio 9, 41. capitur a Pœnis, incenditur et diripitur, 23, 15.

Nucerini Atellam traducti, 27, 3.

Nucerinum agrum populantur socii navales Romanæ classis, 9,38.

Nuces secundo amni fusæ Casilinum, ad sublevandam obsessorum inopiam, 23, 20.

Numa Pompilius rex Romanorum a Patribus eligitur, 1, 18. ejus justitia et religio, ibid. Numa scrior Pythagoras, ibid. ejus inauguratio, ibid. Janum indicem pacis bellique facit, 19. Deorum metum injicit animis, ibid. cum Dea Egeria congressus nocturnos simulat, ibid. describit annum ad cursum Lunæ in duodecim menses, ibid. nefastos dies fastosque facit, ibid. Flamines, Salios, Pontificem creat, 20. virgines Vestales legit, et ipsis stipendium de publico instituit, ibid. Jovi Elicio aram in Aventino dicat, ibid. lucum sacrat Camœnis, 21. Fidei instituit sollemne, ibid. regnavit tres et quadraginta annos, ibid. ejus commentarii, 32.

Numæ Pompilii et cadaver, et libri sub Janiculo in duabus arcis lapideis inventi, 40, 29. cremantur libri, ibil.

Numa Marcius, vid. Marcius.

Numantia, obsessa a Scipione Africano, Epit. 57.

Numerius Decimius Samnis, 22, 24.

Numerius Fabius, vid. Fabius.

Numerus, inventum Minervæ, 7, 3.

Numicius, flumen, 1, 2.

L. Numicius, Circeiensis, prætor Latinorum, Romam evocatus, 8. 3.

T. Numicius Priscus, consul, adversus Volscos proficiscitur, 2, 63, bene rem gerit, ibid.

Numidarum equitum auxilia adjunguntur Asdrubali in Hispania, 21, 22.

Numidarum quingentorum de Annibalis exercitu prœlium adversus trecentos equites Romanos, 29. de Numidis, vid. Syphax, Masinissa, Micipsa, Jugurtha.

Numidæ primum in Africa equitum genus, 29, 34. vid. et 24, 48, liberant exercitum Romanum, 35, 11. eorum equorumque descriptio, ibid.

Numidæ jaculatores, 28, 11.

Numidæ ante omnes barbaros effusi in Venerem, 29, 32. 30, 12. vagas trahunt domos, 29, 31. carne ac lacte vescuntur, ibid.

Q. Numidicus: ita cognominatus Q. Cæcilius Metullus. Vid. Epit. 65.

Numisius, imperator Latinorum, 8, 11.

C. Numisius creatur prætor, et sortitur Siciliam, 41, 12.

T. Numisius Tarquiniensis, legatus in Macedoniam, 45, 17.

ad Numistronem M. Marcellus castra ponit, 27, 2.

Numitor, filius major Procæ, Albæ regis, 1, 3. pellitur ab Amulio fratre, ibid. restituitur, 5.

L. Numitorius, tribunus plebis, 2, 58.

P. Numitorii cum Appio decemviro contentio, 3, 45. in Aventino tribunus plebis creatur, 54.

Nummus quadrigatus, 22, 52.

Nundinæ, 7, 15.

ob Nuptias virginis inter Ardeates bellum intestinum, 4, 9.

Nursini pollicentur Scipioni milites, 28, 45.

Nymphæum in Apolloniati agro, 42, 36. 49. et 53.

Nymphius, princeps Palæpolis, 8, 25. urbem tradit Romanis, 26.

## O.

Oæneum, Penestiæ oppidum, 43, 21.

Obrimæ fontes, 38, 15.

Obsecratio in unum diem populo indicta, 3, 63. 26, 23.

Obsecratio a populo, præeuntibus duumviris, facta 4, 21.

Obsecratio circa omnia pulvinaria, 31, 8. et 9.

Obsides, fidei pignus, 42, 39.

Obsides totius Hispaniæ Sagunti in arce custoditi, 22, 22. eos tradit Romanis Abelox, ibid.

Obsides Tarentinorum, e fuga retracti, virgis cæduntur, et de saxo dejiciuntur, 25, 7.

Obsides civitatium Hispaniæ post captam Carthaginem novam reddit suis Scipio, 26, 49,

Obsides exacti a Carthaginiensibus, ne minores quatuordecim annis, neu triginta majores, 30, 37. redduntur iis centum, 32, 2. iterum centum, 40, 34. exacti ab Antiocho, ne minores octonûm denûm annorum, neu majores quinûm quadragenûm, et triennio mutandi, 38,38.

Obsides Carthaginiensium Setiæ custoditi, 32, 26.

Obsidibus in publicum prodeundi facultas negata, ibid.

Obsides in triumphis ducti, 34, 52.

Oceanus orbem terrarum amplexu finit 36, 17.

Ocrea sinistrum crus tectum, 9, 40.

Ocriculum, 22, 11.

Promontorium Lilybæum, 27, 5.
— Maleæ, 34, 32.
— Mercurii, 29, 27.
— Minervæ, 40, 18.
— Miseni, 24, 13.
— Myonnesus, 37, 27. et 29.
— Nephelis, 33, 20.
— Pachyni, 24, 35.
— Phanæ, 44, 28.
— Posideum, 44, 11.
— Pulchri, 29, 27.
— Pyrenæa, 26, 19.
— Sarpedon, 38, 38.
— Sunium, Atticæ terræ, 32, 17.
— Toronæ, 31, 15.
— Zelasium, 31, 46.
Proscenium ad ædem Apollinis, 40, 51.
Proserpina, 24, 39.
Proserpinæ pecuniam referunt fluctus
in vicina Iano litora, 29, 18. thesauri
spoliantur a Q. Pleminio, præfecto
Locris, 29, 7. super ea re Locrensium
querelæ, 18. pecunia ex his thesau-
ris nocte clam sublata, 31, 12. sacri-
legium a Q. Minucio pervestigatum,
pecuniaque ex bonis noxiorum in
thesauros reposita, 13.
Provincias sortiebantur inter se consules, 10, 24. et tota passim historia.
prætores, 22, 35. et alibi passim.
Provinciæ extra ordinem datæ, 10, 24.
28, 38. 37, 1.
Provincias aut sortiri, aut comparare
inter se consules jussi, 37, 1.
Provinciæ prorogatæ, 8, 23. et 26. 10,
16. 22, 34. 23, 31, et sæpe alias.
de Provincia decedere injussu senatus
non licitum, 29, 19. vid. tamen 10,
18. et 27, 42.
Provocatio ad populum lege sancita,
2, 8. 3, 55. 10, 9.
Provocatio non est a dictatore, 2, 18.
et 29. creantur decemviri sine provocatione, 3, 32.
lex, ne quis ullum magistratum sine
Provocatione crearet: qui creasset,
eum jus fasque esset occidi, 3, 55.
vid. tamen 4, 13.
Provocationi cedit dictator, 8, 33.
Provocatio non est longius ab urbe
mille passuum, 3, 20.
Proxenus ab Orthobula uxore veneno
tollitur, 41, 30.
Prusias, Bithyniæ rex, in fines regni
Attali transgreditur, 28, 7. a Philippo Macedoniæ rege adscribitur
fœderi cum Romanis inito, 29, 12.
socius et amicus Philippi, 32, 34. ad
eum de Cianorum libertate scribitur,
33, 30. eum ad bellum concitat Antiochus, 37, 25. revocatur a Romanis
ad consilia pacis, ibid. adversus Eumenem bellum gerit, 39, 46. Anni-

balem recipit, 51. et Romanis prodit, ibid. ejus legatio ad Romanos de
pace cum Perseo concilianda, 44, 14.
cum filio Nicomede Romam venit,
45, 44. ejus humilitas, ibid. a filio
Nicomede occiditur, Epit. 50.
Prytaneum Cyzici, 41, 25.
Prytanis summus apud Rhodios magistratus, 42, 45.
Psaltriæ quando primum additæ epulis,
39, 6.
Pseudophilippus, vid. Epit. 49. 50. 53.
Pteleum, oppidum, 35, 43. diruitur a
fundamentis, 42, 67.
Ptolemæo Philopatori, Ægypti regi, ad
renovandam amicitiam dono missa
toga et tunica purpurea cum sella
eburnea, 27, 4. is mittit legatos ad
dirimendum bellum inter Philippum
et Ætolos, 30. vid. et 32, 33.
Ptolemæus Epiphanes, rex Ægypti,
31, 2. ad eum legati Romani missi,
ibid. ejus ad Romanos legatio, 9.
Antiochi filiam ducit, 35, 13. legatos
Romam mittit, 36, 4. pollicetur, se
cum copiis suis in Ætoliam venturum, ibid. vid. et 37, 3.
Ptolemæus major, sive Philometor, et
Ptolemæus minor, sive Evergetes aut
Physcon, filii Ptolemæi Epiphanis,
44, 19. eorum discordiæ, ibid. et reconciliatio, 45, 11. Ægypti regnum,
brevi iis adimendum ab Antiocho
Epiphane, servatur a Romanis legatis, 12.
Ptolemæi statua, 23, 10.
Ptolemæus, Cyrenarum rex hæredem
populum Romanum relinquit, Epit.
70.
Publicanus ubi est, ibi aut jus publicum
vanum, aut libertas sociis nulla, 45,
18.
Publicanorum privata pecunia res pub-
lica administrata, 23, 48. et 49.
Publicanorum fraus in ementiendis
naufragiis, 25, 3. turbant concilium
plebis, ibid. et 4.
C. Publicius Bibulus, tribunus plebis,
inimicus Marcello, 27, 20. accusat
Marcellum et omnem nobilitatem, 21.
L. Publicius Bibulus, tribunus militum
de legione secunda, 22, 53.
Publicius Clivus, vid. Clivus.
Publicius Malleolus, Epit. 68.
Publicola, vid. Valerius.
Publilia tribus addita, 7, 15.
Publilia, nobilis femina, virum suum
consularem necasse insimulata, cog-
natorum decreto necatur, Epit. 48.
C. Publilius ob æs alienum paternum
nexus, 8, 28.
L. Publilius Volscus, tribunus militum
consulari potestate, 5, 12.

Licinius Macer, 4, 7. *vide* Licinius Macer.
Piso, 1, 55. *vide* Piso.
Polybius, 30, 10. *vide* Polybius.
Rutilius, 39, 52.
Silenus, 26, 49.
Tubero, 4, 23. 10, 9.
Valerius Antias, 3, 5. *vide* Valerius Antias.
Scriptorem nullum temporum vetustiorum aequalem Livius suo aevo exstare, queritur, 8, 40. *vid.* Annales.
Scultenna, flumen, 41, 16. et 22.
Scutum, 1, 43. majus corpori tegumentum, quam clipeus, 9, 19. ejus forma, 9, 40.
— equestre, 43, 8.
— pedestre, 6, 8. 7, 10.
Scuta pro clipeis quandoquam fecerint Romani, 8, 8.
— Gallorum, 22, 46. longa, parum lata, plana, 38, 21.
— Hispanorum, ejusdem fere formae ac Gallorum, 22, 46.
— Ligurum, 44, 35.
— Samnitium, auro et argento caelata, 9, 40.
— dominis argentariarum ad forum ornandum divisa, *ibid.*
Scutis densatis conferti Romani excipiunt tela hostium, 28, 2.
Scutum vigilibus aufert Æmilius Paullus, consul, 44, 33.
Scutati, 8, 8. 28, 2.
Scyllæum, 31, 44. 36, 42.
Scyrus, insula, 33, 30.
Secessio plebis in montem Sacrum, 2, 32. et 33.
— in Aventinum, 3, 50. et 51. atque inde in Sacrum montem, 52.
Secessio militum, 7, 39—42.
Secessio apud veteres Romanos ultima rabies habebatur, 7, 40.
Secubitus sacrorum caussa, 39, 10.
Secures praelatae dictatori, 2, 18.
— decemviris, 3, 36.
— consulibus extra urbem, 24, 9.
Securi percussi in medio foro trecenti quinquaginta octo delecti nobiles Tarquinienses, 7, 19.
Sedetani ad Catonem consulem deficiunt, 34, 20.
Sedetanus ager, 28, 24. 29, 1. 31, 49. eum depopulatur Mandonius, 28, 24.
Seditio Romae, 2, 23. 28. et 56. 3, 66. 5, 24. et 25. 6, 14. *et seqq.* 31.
— militum Romanorum, 4, 50. 7, 39. 28, 24. *et seqq.* 32, 3.
Seditio nulla sub Annibale duce, 28, 12.
Seditionis auctores securi percussi, 28, 29.

Segestica, civitas Hispaniae gravis et opulenta, 34, 17. eam vineis et pluteis capit Cato, consul, *ibid.*
Seguntia, oppidum Hispaniae, 34, 19.
Sejuges aurati in Capitolio a P. Cornelio positi, 38, 35.
Selepitani, populi, 45, 26.
Seleucis, 33, 41.
Seleucus. Antiochi filius, 33, 41. 36, 7. ei Lysimachia sedes a patre data, 35, 16. in Æolide relinquitur a patre ad maritimas urbes continendas, 37, 8. recipit Phocaeam, 11. Pergamum oppugnat, 18. eum ex Pergameno agro discedere cogit Diophanes, praetor Achaeorum, 21. ei cognomen fuit Philopator, 41, 24. quum duodecim regnasset annos, insidiis Heliodori opprimitur, *ibid.*
Selinus, oppidum Ciliciae, 33, 20.
Sella curulis, 1, 8. 2, 54. 7, 1. 10, 7. 25, 5. Sella curulis ab Etruscis sumta, 1, 8. Sella curulis dono missa Masinissae, 31, 11. Eumeni, 42, 14.
— eburnea dono missa regi Syphaci, 27, 4.
Sella Jovis in Capitolio, 5, 50.
Sellasia, 34, 28.
A. Sellius tribunus plebis absens creatur, 4, 42.
Sellularii ad bellum exciti, 8, 20.
Selymbria, 33, 39.
Semigermanae gentes, 21, 38.
Semimares in mare deportantur. *vid.* Androgyni.
Semita saxo quadrato a Capena porta ad Martis strata, 10, 23.
Semo Sancus, 8, 20. bona Vitruvii Vacci Semoni Sanco consecrata, *ibid.* in ejus sacello aenei orbes positi, *ibid.*
Sempronia basilica, 44, 16.
Sempronia, uxor Africani, suspecta, tanquam vi venenum dedisset, Epit. 59.
Sempronius Blaesus, quaestor, occisus cum mille hominibus, 22, 31.
A. Sempronius, consul, 2, 21. iterum, 34.
A. Sempronius Asellio praetor, a foeneratoribus occisus, Epit. 74.
A. Sempronius Atratinus, inter primos tribunos militum consulari potestate, 4, 7.
A. Sempronius Atratinus tribunus militum consulari potestate, 4, 35. iterum tribunus militum consulari potestate, 44. tertium, 47.
A. Sempronius Atratinus, magister equitum dictus, 6, 28.
C. Sempronius Atratinus, consul, 4.

Thebes campus, nobilitatus carmine Homeri, 37, 19.

Theium, oppidum Athamaniæ, 38, 1.

Themistus, Gelonis gener, ob sociata cum Andranodoro consilia occiditur, 24, 24. et 25.

Thensæ, 5, 41. 9, 40.

Theodotus, unus ex conjuratis in Hieronymi cædem, traditur Andranodoro torquendus, 4, 5. celat conscios, et Thrasonem insontem consilii auctorem mentitur, ibid.

Theodotus et Sosis, interfecto Hieronymo, regiis equis Syracusas contendunt, 24, 21. eos adloquitur Andranodorus, 22.

Theodotus, præfectus classis Rhodiæ, 45, 25. legatus mittitur Romam cum corona viginti millium aureorum, ibid.

Theodotus, nobilis adolescens, Passaronis urbis portas aperit Romanis, 45, 26.

Theogenes, dux Persei 44, 32.

Theondas, summus magistratus Samothracæ, 45, 5.

Theoxena sibi cum marito et liberis sororis suisque necem affert, 40, 4.

Theoxenus, dux Achæorum, Rhodiis militantium, 33, 18.

Thermopylæ, 33, 3. et 35. Thermopylis frequens Græciæ statis diebus solet esse conventus, ibid.

Thermopylarum saltus et angustæ fauces, 28, 5. et 7. 31, 23. 33, 3. iis nomen inditum ab aquis calidis, 36, 15.

Thesauri auri Gallici, 6, 14. et 15.

Thesauri Proserpinæ, vid. Proserpina.

Thesaurus publicus Messenæ sub terra saxo quadrato septus, quo Philopœmen vinctus demittitur, 39, 50.

Thespiæ, 42, 43.

Thespienses, 36, 21. eorum emporium Creûsa, ibid.

Thesproti, 43, 21.

Thesprotius sinus, 8, 24.

Thessaliæ campi, 31, 41. 42, 54.

Thessali, populi, adscripti a Philippo Macedoniæ rege fœderi, cum Romanis inito, 29, 12. Thessalos primos omnium liberandos Philippo nominat T. Quintius, 32, 10. liberi pronunciantur, 33, 32. iis, præter libertatem concessam, Achæi Phthiotæ dati, 34. Thessali gens inquieto ingenio, 34, 51. liberantur a T. Quintio, et ex omni colluvione et confusione in aliquam tolerabilem formam rediguntur, ibid. eorum concilium Larisæ, 36, 8. 42, 38. impugnantur ab Antiocho, 36, 9. et 10. eorum querelæ de urbibus suis a Philippo possessis, 39, 24. et 25. eorum discordiæ sopitæ ab Ap. Claudio legato, 42, 5.

Thessali equites, 9, 19.

Thessalici equitatus virtus, 42, 59.

Thessalonica urbs, 39, 27. 40, 4. urbs celeberrima, 45, 30. ibidem erant navalia, 44, 10. et 32. frustra oppugnatur a C. Marcio, 10. deditur Æmilio Paullo, 45. vid. etiam 42, 67. 44, 12. 45, 29.

Thetidium Pharsaliæ terræ, 33, 6. et 7.

Theudoria, urbs Athamaniæ, 38, 1. Theudoria expelluntur Macedones, ibid.

Theuma, vicus, expugnatur, 32, 13.

Thimarum, oppidum, 32, 14.

Thoas, prætor Ætolorum, conqueritur injurias Romanorum, et reges ad bellum concitat, 35, 12. mittitur ab Ætolis ad Antiochum, 32. 36, 7. frustra tentat Chalcidem, 35, 37. Annibalem Antiocho suspectum facit, 42. ejus cum Phænea contentio, 45. mittitur iterum legatus ab Ætolis ad Antiochum, 36, 26. eum sibi dedi postulant Romani, 37, 45. 38, 38.

Thraces invadunt Manlii exercitum, et prædæ partem abigunt, 38, 40. vid. et 46. et 49. 39, 1. cur minus infesti fuerint Scipioni, 38, 41. adsumuntur in societatem a Romanis, 42, 19. eorum rex Cotys, vid. Cotys.

Thraces pugnant longis rhomphæis, 31, 39. cum cantu superfixa capita hostium portant, 42, 60.

Thracia, 26, 25. in Thraciam exercitum ducit Philippus, ibid. eam depopulantur Galli, 44, 27.

Thrasippus Eulyesta, præfectus agematis Macedonici, 42, 51.

Thraso, familiaris Hieronymo, Syracusanorum regi, 24, 5. nominatur inter conjuratos, ibid. traditur ad supplicium insons, ibid.

Thrausi, gens Thracum, 38, 41.

Thronium, 32, 36. 33, 3. 35, 37. 36, 20.

Thuriæ, sive Thurii, urbs in Sallentinis, 9, 19. 10, 2. 25, 15. 27, 1.

Thurini in fide Romanorum redeunt, 25, 1. deficiunt ad Annibalem, 15. vid. et 27, 1.

in Thurinum agrum colonia deducta, 34, 53.

Thuribula ante januas posita, quum mater Deûm in urbem inferretur, 29, 14.

Thurrus, vid. Turrus.

Thus publice in sacrificiis præbitum, 10, 23.

Thyatira, oppidum, 37, 8. 21. et 37. se dedit Romanis, 44.

Thymbris, fluvius Bithyniæ, 38, 18.

Thyrium, sive Tyreum, oppidum Acarnaniæ, 36, 11. et 12. 38, 9.

Thyrienses, 36, 12.

Thyrsis quidam Stuberæus intercludit Demetrio spiritum, 40, 24.

Volucres supervolantes ad terram delapsas clamore militum, Cœlius ait, 29, 25.

Volumnia, uxor Coriolani, 2, 40.

L. Volumnius, consul, cum Sallentinis prospere bellum gerit, 9, 42. iterum consul, 10, 15. in Samnium profectus, relinquit provinciam, ut Ap. Claudio collegæ opem ferat, 18. et, poet aliquam adversus eum altercationem, egregiam cum eo victoriam reportat, ibid. et 19. redit in Samnium, et opprimit Samnites prædatores Campaniæ, 20. prudentia ejus et moderatio in comitiis consularibus, 20. et 21. ex senatusconsulto et plebiscito ei prorogatum in annum imperium, 22. in Samnio feliciter res gerit, 30. et 31. ejus uxor Virginia, vid. Virginia.

P. Volumnius creatur consul, 3, 10. legatus ab Æquorum duce Graccho Clœlio spernitur, 25.

Voluntaria collatio senatorum ad levandam ærarii inopiam, 26, 36. vid. et 5, 60.

Voluntariam militiam professis jubentur sera procedere, 5, 7.

Voluntarii milites, 5, 16. 27, 46. 28, 45. 29, 1. 37, 4.

Volustana, jugum Cambuniorum montium vocant, 44, 2.

Vorago in foro Romano nequit conjectu terræ expleri, 7, 6. Curtius se devovet, et, equo insidens, armatus se in specum immittit, ibid.

Vortumnus, Deus, 44, 16.

Vota quinquennalia, 27, 33. 30, 27. 31, 9. decennalia, 42, 28.

Vota nuncupant consules in Capitolio, antequam in provincias proficiscantur, 41, 32. 42, 49.

Vota valetudinis populi causa, 42, 2.

Voti, quo consul ludos magnos Jovi vovet, formula, 36, 2.

Votum præeunte pontifice factum, 4, 27.

Votum incertæ pecuniæ an possit suscipi? 31, 9.

ad Votum, inconsulto senatu conceptum, pecunia de publico negatur, 36, 36.

Vox noctu audita humana clarior de adventu Gallorum, 5, 32.

Vox noctu audita ex delubro Proserpinæ Locris, 29, 18.

Urbanæ tribus, vid. Tribus.

Urbanæ legiones, vid. Legiones.

Urbium primordia, miscendo humana divinis, augustiora facta, Præf.

Urbium veteres conditores natam sibi e terra prolem ementiebantur, 1. 8.

Urbes dirutæ, ne venirent in hostium potestatem, 31, 28.

Urbes captæ diripi solent, non deditæ, 37, 32.

Urbes orbis terrarum maximæ Roma et Carthago, 38, 50.

Urbibus parcebant veteres Macedones, quo haberent imperium opulentius, 32, 33.

Urbicua, oppidum Hispaniæ, capitur a Q. Fulvio Flacco, 40, 16.

Urinatores, 44, 10.

Urites, Italiæ populus, 42, 48.

C. Ursinius, tribunus plebis, 33, 22.

Ursi et elephanti in ludis Circensibus, 44, 18.

Uscana, oppidum, 43, 12. 20, 21. et 23. ab Uscanensibus cæditur Ap. Claudius, 12.

Utens fluvius, 5, 35.

Uticam T. Otacilius cum classe trajicit, 25, 31. alia in Uticensem agrum excensio, 27, 5. circa ipsa mœnia Uticæ prædas agunt Romani, 28, 4. Uticam mittit classem Scipio, 29, 23. Uticam frustra oppugnat Scipio, 35. rursus obsidet, 30, 3. 5, et 8. classem Scipionis ad Uticam invadunt Carthaginienses, 9. et 10.

Utrarii, 44, 33.

Vulcanus, 1, 37. 8, 18. ei sacrata arma et spolia hostium succenduntur, 1, 37. 30, 6. 41, 16. in lectisternio pulvinar Vulcano et Vestæ, 22, 10.

Vulcani caput ardet, vid. Prodigium.
— area, 9, 46. 39, 46. 40, 19.
— ædes in Campo, 24, 10.
— insulæ, 21, 49. et 51.

Vulsinienses, vid. Volsinienses.

Vultures sex, augurium Remo, duodecim Romulo, 1, 6.

Vulturii et canes intacta relinquunt cadavera absumtorum pestilentia hominum boumque, 41, 26.

Vulturnus, urbs Etruscorum, capitur a Samnitibus dolo, et Capua appellatur, 4, 37.

Vulturnus, fluvius, 8, 11. 10, 20. et 31. 22, 14. et 15. 23, 14. 19. et 36. 32, 29.

ad Vulturni ostium castellum communitum, ubi postea urbs fuit, 25, 20. et 22. Vulturnum colonia deducta, 34, 45. vid. etiam 36, 37.

Vulturnus ventus, 22, 43. prospectum, in prœlio cum Annibale, multo pulvere in ora volvendo, adimit Romanis, 46.

Uxoris corruptæ ira maritum stimulat, ut alienigenas in regionem inducat, sui ulciscendi causa, 5, 33.

Uxores suas liberosque cædunt viri, ne veniant in manus hostium, 28, 23.

FINIS.

# GLOSSARIUM LIVIANUM.

# GLOSSARIUM LIVIANUM

## SIVE

# INDEX LATINITATIS

## EXQUISITIORIS.

---

EX SCHEDIS

## AUGUSTI GUIL. ERNESTII

EMENDAVIT PLURIMISQUE ACCESSIONIBUS

LOCUPLETAVIT

## GODOFR. HENR. SCHÆFER.

# GLOSSARIUM

# LIVIANUM.

---

**A** *vel* A B, 1, 1. A clade profugus. *Quamquam possis hic etiam ob cladem explicare.* [quod minus placet.] A concione legatos dimittere 24, 22. pro *post* c. Ab hoc sermone Paullum profectum tradunt 22, 40. Ab infelici pugna ceciderant animi 2, 65. Ab his præceptis concionem dimisit 44, 34. *Plura exempla hujus præpositionis pro post posita non attinet indicare. Res satis est nota.* Qui ab saturis ausus est primus argumento fabulam serere 7, 2. *i. e. omissis, relictis, s.* [immo junge *ab saturis primus.*] A prodigio 1. 31, *h. e. prodigii caussa.* Ab odio ad pervastandos fines ducere 6, 4. *i. q. propter odium. cf.* 3, 41. 9, 40. A cupiditate 5, 5. A contemtu 6, 2. Ab ira 10, 45. Ab eodem metu 40, 13. A censu equitem, a censu peditem legitis 24, 31. *cf. cap.* 51. *Sueton. Jul.* 65. A verecundia memoriaque meritorum 39, 49. Ab irrisu linguam exserere 7. 10. *Sic sæpissime Livio ab idem est, quod ob,* propter *et similia. cf.* 6, 2. 9, 4. *Drakenb. ad* 5, 5. Litteræ consulum a Gallia allatæ 32, 31. Pro e *vel* ex. Nec hominibus aliud periculum quam ab semetipsis esse 25, 28. *cf.* 6, 20. Cecidere eo die ab Romanis ducenti equites etc. 42, 60. *i. q. ex, s. Romanorum.* [Græcorum παρὰ cum genitivo, pro quo librarii sæpe dativum substituerunt.] A mari fines eorum vastati 38, 32. *i. e. a parte maritima.* Oppidum ab terra munitum 28, 6. Legatum a novissimo agmine adortus postremos turbavit 31, 27. A parte Romanorum 44, 40. Ab arce militem accipere 23, 17. *i. e.* in arcem, *uti Drakenborchius legi volebat;* vel potius: *ab ea parte, qua ars erat.* Ab Romanis spes est 21, 13. *i. e. in Romanis spes posita est.* Ab se adjicere 44, 83. *scil. præcepto, quod non exauditum erat,* conjectando *quidem,* suspicando *etc. Ut ab irato victore* 21, 13. *Intelligendum: exspectari*

*debet.* Jus ab antiqua gente — descripsit 1, 32. Pro *repetitum descripsit.* Mentio illata ab Senatu est et Patres accepere 4, 8. *Pighius ad a.* 310. *Legendum putabat : ab consulibus in Senatu.* Legati ab Ardea 4, 7. Pro *Ardeates.* Coloni a Velitris 6, 13. — *Veliterni.* Incola ab Tarquiniis 4, 3. — *Tarquiniensis.* Cornu sinistrum ab regiis 37, 23. — *regiorum. Scilicet sæpenumero Livius hac præpositione circumscribit adjectiva tum nominum appellativorum tum propriorum. Atque etiam ipsa nomina propria et appellativa eodem modo cum eadem præpositione, ut vitentur, opinor, genitivi, a Livio jungi solent. Sic litteræ* ab Tarquiniis 2, 3. *sunt litteræ Tarquiniorum. Nec aliter intelligi debent a Porcio litteræ* 38, 39. *Legati a Porsena* 2; 13. *Similiter hæc dicuntur:* ad exsolvendam fidem a consule 27, 5. Ab Sabinis princeps 1, 12. *Fides enim* consulis, *Princeps Sabinorum, indicantur. cf. Oudend. ad Cæsar. p.* 520. [*Ita et Græci præpositione* ἀπὸ *utuntur.*] *Quamquam alias ipse Livius non nimis studiosus est genitivorum vitandorum ; ut etiam negligentiorem se in hoc genere haud raro præbeat. In ipsa Præfatione hæc sunt :* rerum gestarum principis terrarum populi. *Alibi:* comites Fulvii fuisse pavoris ac fugæ 26, 2. *Item :* caussa expiandæ violationis ejus templi 31, 12. Vid. *Drakenborch. ad* 25, 15. A *nominibus urbium addita.* 5, 52. Transvecta a Veiis. *cf.* 42, 18. 23. [5, 4. 21, 10.] Hoc maxime modo in Italiam perventum est, quinto mense a Karthagine nova. 21, 38. *i. e. quinto mense post, quam a K. discessum erat.* A quinque ferme millibus locat castra 38, 20. *i. e. quinque millium intervallo ab hostibus l. c.* [Sic et 23. Eodem modo Græci usurpant ἀπὸ vid. quæ nuper scripsimus ad Longi Pastor. p. 329. quibus add. Kypk. Observatt. in N. F. T. I.

B

p. 394.] *A, ab, omiss. v. c.* 2, 13. primi
periculi casus, *quo* nihil se præter errorem
insidiatoris texisset. — *it.* 23, 6. *Hac*
oratione consulis dimissis — legatis. [Pos-
térior locus non habet quod offendat:
habet prior. ubi nisi cum Heumanno *a* in-
seras, subaudi *in.*]

ABACTUS. Vid. *Abigere.*

ABALIENARE 5, 42. Abalienaverant ab
sensu rerum suarum animos. Abalienati
.jure civium 22, 60.

ABDERE 2, 45. Pugnare cupiebant, sed
retro revocanda et *abdenda* cupiditas erat,
ut adversando remorandoque incitato semel
militi *adderent* impetum. Quonam abdentur illa tot millia armorum 45, 39. Ascensus abditus a conspectu 10, 14. Ut —
speculari abditos ejus sensus posset 40, 21.

ABDICARE consulatum 2, 28. *v. Cort. ad
Sallust. B. Cat.* 47, 3. — Dictaturam 6, 18.
*cf.* 5, 49. Claudius — quum Plautius —
magistratu se abdicasset, nulla vi compelli,
ut abdicaret, potuit 9, 38. Abdicavit se
consulatu 2, 2. Abdicata dictatura 6, 39.

ABDICATIO dictaturæ 8, 16.

ABDUCERE infecta re a Veiis exercitum
5, 4. *cf.* 1, 26. 2, 40. Ut exercitum ab
Sagunto abducat 21, 10. E qua regione
abduxisset legiones 40, 50. Abducto in
secretum viro 1, 39. Si coloniæ abducerentur 9, 4.

ABERRARE 41, 18. Taurus, qui pecore
aberrasset.

ABESSE publicis consiliis 26, 13. .*cf. c.*
41. *Oppos.* adesse in consilio 27, 46. *cf.* 2,
23. Abesse ab domo 5, 6. Res abfuit a
spe 7. 7. Nec procul seditione aberant 8,
32. Absit publica fraus 21, 10. *i. e. non
accusetur, nulla ejus mentio fiat.* Absit tibi
ominis caussa memoria Flaminii 22, 39,
*h. e. nolo mali ominis caussa Flaminii men-
tionem fecisse.* Absit invidia vero 9, 19.
quum omnia vitæ subsidia abessent 22, 60.
*i. q. deessent, deficerent.* Quibus, præter
equos, ceterorum jumentorum calonumque
turba abesset 7, 37. Tantum abfuit ab eo,
ut — ut et urbs reciperaretur 25, 6. Quid
abest, quin — Samnitium quoque dicto
pareamus? 8, 4. *i. q. quid impedit etc.* Legatos nostros, haud procul afuit, quin violarent 5, 4.

ABHORRERE 29, 6. Spes ab effectu haud
abhorrens. *i. e. spes certissima.* Parum
abhorrens famam 4, 44. *i. e. conveniens
famæ.* Orationes abhorrent inter se 38,
56. pro *discrepant: quæ significatio huic
verbo tum alibi est, quum a vel ab jungitur,
tum hoc loco inprimis propter illud* inter
*insolentius.* Abhorrentes lacrimæ 30, 44.
*h. e. minus justæ ac decoræ, profectæ quippe
a studio rei privatæ nimio, quum in publica jactura fuisset animus parum commotus.* Huic tam pacatæ profectioni ab
urbe regis Etrusci abhorrens mos 2, 14.
Nec enim aut lingua aut moribus æquales
abhorrere 40, 57.

ABIGERE 9, 36. Abacta præda. equorum greges maxime abacti 24, 20. *v.* avertere. De hominibus raptis pecoribusque
abactis 33, 47. *i. e. furto abactis; nam
pastores agunt pecus, fures abigunt. cf.* 2,
23. *et* 7, 14. Prædæ abactæ hominum pecorumque 4, 21. Herculem in ea loca —
boves mira specie abegisse 1, 7. Se, ut
consceleratos contaminatosque ab ludis —
abactos esse 2, 37. *cf. c.* 38.

ABJICERE 33, 17. Abjecta arma *dicuntur, quæ paullo ante* omissa. Abjecta lege,
quæ promulgata consenuerat 3, 31. Multo
sibi mœstiores et ·abjectioris animi visos
9, 6.

ABIRE 1, 26. *Abi* hinc cum immaturo
amore ad sponsum — sic *eat,* quæcumque
Romana lugebit hostem. Vid. *Ire et Virgil.
Æn. II,* 547. Abi hinc cum tribunatibus
ac rogationibus tuis 6,40. Fabius — comitio
abit 10,24. ne in ora hominum pro ludibrio
abiret 2, 36. Mox cum somno et flammam
abiisse 1,39. *i. q. evanuisse.* Cum gente Tar-
quinia regnum hinc abiturum 2, 2. *Præ-
dunt:* amicus abl. Trans Apenninum abierunt 39,2. *i. e. in regiones Transapenninas.
cf.* 1, 27. Requisitos abire ex regno jussi,
42,41. Telo extracto præceps Fabius in
vulnus abiit 2, 46. Vid. *Prolabi.* Abire in
alicujus mores et instituta 1, 32. Quorum,
vetustate, memoria abiit 2, 4. *i. e. nomina
eorum ignorantur.* Fides abiit 3, 10. *i. q.
parum probabile est.* Quia occidione prope
occisos Volscos et Æquos movere sua
sponte arma posse, jam fides abierit. *Pro*
jam f. abierit *vulgo est* id fides abierit;
*quod ita explicat Gronovius:* id factum
esse, fides abierit. *Atqui non quærebatur
de sensu, sed de auctoritatibus usus loquendi.
Ipse Dukerus alia exempla desiderabat.*

ABJUDICARE 4, 1. Ob injuriam agri
abjudicati.

ABLATUS 9, 6. Ablatosque cum armis
animos. Ablatus eques 30, 18. *h. e. qui
procul est, ut cominus cum eo pugnari nequeat. Opponitur equiti perniceto.* Ablatus
domum 3, 13. Quum effuse omnes, fugerent
se quoque turba ablatum 26, 3. Ablato —
a plebe consulatu 7, 18. *i. e. erepto plebi.*

ABLEGARE 5, 2. Remotam in perpetuum et ablegatam ab urbe et ab republica
juventutem. *cf.* 35, 13. 44, 44. Nos — a
penatibus nostris ablegatos tenet 7, 13.
Eam *(plebem)* procul urbe haberi atque
ablegari 4, 58. *cf.* 40, 21. Pueros venatum
ablegavit 1, 35. Ablegandumque *(Hannibalem)* eo, unde nec ad nos nomen famaque
ejus accedere — possit 21, 10.

ABLEGATIO juventutis ad Veliternum
bellum 6, 39.

ABNUERE pacem 30, 22. *It. de delectu,*
3, 38. Mollius eadem illa abnuere 30, 3.
*cf.* 3, 54. Cui cedenti certamenque abnuenti etc. 27, 4. *cf.* 7, 10. Bruti quoque
haud abnuit cognomen 1, 56. Has pacis
leges, abnuente *(negante)* Alcone, accep-

2

turos 21, 12. *cf.* 45, 5. Abnuens alteram societatem 29, 23. *i. e. deserens.* Qui imperium auspiciumque abnuistis 28, 27. Manu abnuere 36, 34. Quia in Africam sequuturos abnuentes concesserant in — delubrum 30, 20. Quæ ne accipere abnuant — se orare 22, 57.

ABOLERE societatem 8, 27. *i. q. tollere, dirimere.* Tentationemque eam fore abolendi sibi magistratus 3, 38. *i. e. adimendi, eripiendi.* Abolevit nomen vetustate 1, 23. *i. q. abolitum est.* Cujus rei prope jam memoria aboleverat 3, 55. pro *interierat, sublata erat. cf.* 8, 11. Omnibus cladis Caudinæ nondum memoria aboleverat 9, 36. pro *exciderat, exemta erat.* Ne qua occasio abolendæ ignominiæ — sit 25, 6. Nec jam in secreto modo atque intra parietes abolebantur Romani ritus 25, 1. *i. e. non colebantur, sed omittebantur.*

ABOMINARI 6, 12. Bene facitis, quod abominamini: dii prohibebunt etc. pro *quod abominando dicitis: d. p.* Licinius tertia etiam clade, quæ ad Cremeram accepta est, abominandam eam curiam facit 9, 38. *i. e. effecit, ut male ominata ea curia esse putaretur, in qua sub initium jam aliquot infelicium annorum senatus habitus esset, ut consilia de summa republica inirentur.* Atrium Umbrum, semilixam, nominis etiam abominandi ducem — sequuti sunt 28, 28. *cf.* 30, 25. Hoc portenti non fiat in urbe Romana, uti L. Sextium — — consules,· quod indignaris, quod abominaris, videas? 6, 40.

ABRIPERE 22, 6. Sublatis raptim signis, quam citatissimo poterant agmine, sese abripuerunt. Lentulum inter tumultum abripuit equus periculo 22, 49. Abreptam tempestate ab Africa classem 29, 27.

ABROGARE 34, 1. Pro lege, quæ abrogabatur, ita disseruit, *i. e. quæ abroganda videbatur, quæ in disceptationem venerat.* Quæ in pace latæ sunt (*leges*), plerumque bellum abrogat; quæ in bello, pax 34, 6. *i. e. efficit, ut abrogentur.* Ceterum an abrogare legi uspiam *dicatur ab optimis scriptoribus, super eo.* Vid. *Drakenborch. ad* 9, 34. Altera (*lege*) fidem abrogari, cum qua omnis humana societas tollitur 6, 41. Ne cum ea (*lege*) pudorem sanctitatemque feminarum abrogemus 34, 6. Plebeiscitum, quo oneratus magis, quam honoratus sum, primus antiquo abrogoque 22, 30. Ut imperium regi abrogaret 1, 59, *cf.* 33, 16. Consulum imperia, — impunitate in perpetuum abroganda 8, 7. *i. q. jussa imperatorum — plane tollenda.* Ut de imperio ejus abrogando ferrent ad populum 29, 19. De abrogando Q. Fabii imperio 22, 25. *cf.* 27, 20. Macedonicæ legiones, *suo abrogato,* triumphos alienos spectabunt? 45, 39. *Debebat esse :* antiquato *i. e. non concesso, quia rogatio contra Paulli triumphum lata fuerat ; nam abrogari, nisi quæ adhuc exstiterunt, proprie nequeunt.*

ABRUPTUS 21, 36. In mirandam admodum altitudinem abruptus erat. Abrupta omnia inter victoriam mortemque certa desperatione 21, 44. *i. e. ancipitia, prærupta, præcipitia, periculosissima. His enim verbis promiscue utuntur optimi quique scriptores.*

ABSCEDERE 24, 37. Nec ab armis aut loco suo miles abscedebat. Ut abscesserit inde dictator 22, 25. *i. q. e castris discesserit.* Abscedi non posse ab hoste 22, 83. Abscedere muneribus 9, 3. (*de sene*) — incepto 9, 41. Abscedere ab Hannibale 27. 4. — a Capua 26, 3. Nec ante abscessum est etc. 29, 2. Si urgemus obsessos nec ante abscedimus 5, 4. It. 45, 6. *cf.* 5, 44. Quantum mare abscedebat 27, 47. *i. e. qu. mare recedebat, a mari recedebat. Itaque Bauerus* (*v. Ind. in v. absc.*) *non male vult legi mari. Ita pariter ad fluvium atque ad Hasdrubalem referatur.*

ABSCINDERE 9, 23. Nos omnium rerum respectum, præterquam victoriæ, nobis abscindamus. Abscissæ rupes 32, 5. *cf.* 44, 5, 6. Saxum abscissum rupibus 32, 4. Ea res barbaros miraculo terruit abscissæ aquæ 41, 11. Nec natura quidquam satis arduum aut abscissum erat, quod hosti aditum ascensumque præberet ; omnia fastigio leni subvexa 25, 36. Prope abscissa res erat 35, 32. Abscissa omni spe 35, 45. *cf.* 4, 10. 45, 25. Illa enim tibi tota abscissa oratio esset 45, 37. *Omnino sciendum est, valde variare Livii editores in verbis abscisus et abscissus, quum a diversis verbis abscido et abscindo ducantur ; inter quæ tamen quale discrimen statuendum sit, non satis constat ipsi Drakenborchio, quem videre licet ad 31, 34. Itaque optimum factu fuerit, qua scribendi ratione uti semel cœperis, eam ubique servare.*

ABSENS *creatus magistratus Livio subinde dicitur is, qui in urbe illa quidem, sed non in campo Martio præsens fuerat :* Vid. 4, 42. *Ibique interpretes.* Ut — supplicationemque, quam absentes ex literis, de bene gesta republica missis, decernere debuerint, præsentes honoris Deorum primum caussa, deinde et sui aliquo tandem respectu, decernerent 42, 9. *f. leg.* absentia — præsenti.

ABSISTERE ab signis 27, 45. *i. q. excedere ex ordinibus.* — obsidione 9, 15. — incepto 25. — magistratu 9, 34. Neque prius, quam debellavero, absistam 44, 39. Numquam Nero vestigiis hostis abstiterat 27, 42. Spe labefactandæ fidei haud absistens 24, 20. Absisterent imperare iis etc. 7, 21. *cf.* 36, 27.

ABSOLVERE beneficium suum 2, 2. *h. e. ut ei ad perfectionem nihil desit.* Rei facti adversus nobilium testimonia egregie absolvuntur 9, 26.

ABSONUS 7, 2. Nec absoni a voce motus erant. Nihil absonum fidei divinæ originis divinitatisque post mortem creditæ fuit 1, 15.

ABSTINERE 22, 13. Vim hostium abstineri jussit, *i. e., prohiberi, arceri.* Ne ab obsidibus quidem — iram belli hostis abstinuit 2, 16. *cf.* 8, 19. Romano bello fortuna eum abstinuit 8, 24. Duobus — omne jus belli Achivos abstinuisse 1, 1. *Interpretum alii* duobus *in casu tertio, alii in sexto accipiunt.* A cetera præda Fabius militem abstinuit 4, 59. *cf.* 38, 23. Ut excederet Asiæ urbibus — abstineret liberas omnesque Græcas 33, 34. Cœlius, ut abstinet numero, ita ad immensum multitudinis speciem auget 29, 25. Ut Capua urbe Campanoque agro (*Samnites*) abstinerent 7, 31.

ABSTRAHERE 42, 56. Ratus ad juvandas sociorum urbes longius ab castris abstractos deprehendi Romanos posse.

ABSUMERE 9, 32. Prœlium multos utrimque absumit. *cf.* 5, 7. 10, 1. 42, 7. Gurgitibus absumpti sunt 21, 56. Ubi avunculus ejus, nuper Epiri rex Alexander absumptus erat 9, 17. Nisi mors - eum - absumsisset 23, 30. (*de morte naturali.*) In eadem dignitate et Nabin futurum fuisse, nisi eum suus primo furor, deinde fraus Ætolorum absumsisset 37, 25. Nempe iidem sunt hi hostes, quos vincendo et victos sequendo priorem æstatem absumsistis 27, 13. Quatuor horas — dicendo absumsit 45, 37. Vid. *Extrahere.*

ABUNDARE 5, 34. Is, quod ejus ex populis abundabat, Bituriges, Arvernos — excivit. Ut abundans multitudo vix regi videretur posse. *Ibid.*

ABUNDE 8, 29. Genus omne abunde bello Samnitibus par (*Marsi.*)

ABUTI 27, 46. Abutendumque errore hostium absentium præsentiumque *i. q. utendum.* Tum de Philippo et Nabide libero mendacio abutebatur 35, 12.

AC *sequente Vocali* 41, 24. 42, 12. *Drakenborchius et Creverius legunt* et. [Ruhnken. ad Muret. T. I. p. 9.: *Ac nunquam ponitur ante vocalem.* — Id tam verum videtur, ut non dubitem, duo illa Livii loca vitium contraxisse. Vid. egregiam notam Drakenborchii ad 10, 36.] Oculisque simul ac mente turbatum 7, 26. Senatuique vobisque et sociis ac nomini Latino 31, 7. Non dissimilia, ac si quis ægro etc. 5, 5.

ACCEDERE 8, 32. Ex inferiore loco ad tribunal accessit, *i. e. tribunal adscendit.* Ab Hierone classis Ostiam cum magno commeatu accessit 22, 37. Primo adventu, quo accesserant ad urbem 5, 39. Lictores ad eum accedere jussit 24, 9. Unde nec ad nos nomen famaque ejus accedere possit 21, 10. *al.* accidere. Vid. *Gronov.* Quo aliæ partis hominibus animus accederet 24, 27. Scelus et perfidiam illis, (*bis deditis et rebellantibus.*) Non virtutem nec animum accessisse 40, 39. Magis accessurum utrumque 44, 36. *i. e.*

*auctum iri, scil. lassitudinem ac sitim.* *Paullo post* : quantum incresceret æstus.

ACCELERARE 23, 28. Quantum maxime accelerare poterat. (*absolute dictum*) *cf.* 3, 27. Placuit — — quantum accelerari posset, Virginium acciri e castris 3. 46.

ACCENDERE 2. 12. Accensus foculus. *i. q. in quo ignis accensus est.* Accensa vis venti 21, 58. Accendere ardorem pugnæ 23, 46. Accensi rabie 25, 37. *It.* in rabiem 29, 9. *It.* Spe prædæ 9, 31. *It.* indignitate rei 3, 50. Luce prima prœlium ingens accensum est 25, 13. Quod (*prœlium*) accensum ab desperatione hostium fuisset 6, 3. Quæ (*fames*) mutas accenderet bestias 25, 13. Certamine accenso 1, 57. (*de uxoribus.*) Numida spem accendit Campanis etc. 26, 4. *cf.* 24, 35. . Spe ingentium donorum accensos — dimisit 21, 48. Ad libidinem et contumeliam animum accenderunt 8, 28. Alia Romana acies audacia regis accensa 1, 12. Accensis studiis pro Scipione et adversus Scipionem 29, 19. Accendi magis discordiam, quam sedari 2, 29. *cf.* 6, 14. Invidiamque eam, sua sponte gliscentem, insignis unius calamitas accendit 2, 23. *cf.* 44, 24. Quum circumstaret quotidiana multitudo licentia accensa 2, 27. Placidum quoque ingenium tam atrox injuria accendisset 3, 45. Accensus cupiditate (*amore*) 29, 23.

ACCENSERE 1, 43. In his accensi cornicines tibicinesque (*vel potius* tubicinesque ; *nam tibiarum in militia Romana nullus usus fuit.*) *Ceterum illa verba* in his accensi *ita sunt intelligenda: adjectæ sunt aliæ centuriæ, in quas relati erant cornicines tubicinesque. Itaque* in his *pro* in hos *accipiendum, quod est,* his accensi *sunt, quemadmodum legi debere præter necessitatem placuit viris doctis. Apud Ciceronem quidem legitur:* in grege annumerari. Or. pro Rosc. Amer. cap. 32. Accensi (*in legione*) 8, 8. *i. e. supernumerarii, qui nostris dicuntur. Ministeria magistratuum inter apparitores forte similem ob caussam accensi dicti sunt.*

ACCEPTUS 1, 19. Quæ acceptissima diis essent. *cf.* 35, 15. Per spadones quosdam, talium ministeriis facinorum acceptos regibus, veneno sustulisse 35, 15.

ACCESSIO 30, 12. Utrius regum duorum fortunæ accessio Sophonisba esset Vid. *Appendix* et *cf.* 45, 59. Quæ parva bene gestæ rei accessio erat 30, 40. Accessio Punici belli (*Syphax*) 45, 7. *it. cap.* 39. Qui duorum hominum noxæ civitatis accessionem facitis 45, 26. *i. e. civitatem erroris duorum hominum culpam ferre vultis.* Campani — — haud parva — accessio bonis rebus vestris in amicitiam venimus vestram 7, 30. *cf.* 39, 27.

ACCESSUS 29, 27. Dare vela et alium infra (*promontorium*) navibus accessum petere jubet.

4

ACCIDERE 44, 81. Accidens genibus praetoris. Tela ab omni parte accidebant 2, 50. Imber — lentior deinde aequaliorqne accidens auribus 24, 26. Fama accidit 32, 30. cf. 45, 28. Accidit vox *(ex aliquo loco)* 27, 15. Ut vox etiam ad hostes accideret 10, 41. Concitatior accidens clamor 10, 5. Clamor Romanus haudquaquam ignotus ad aures accidisset 26, 40. cf. 27, 15. Jam clamor suorum vincentium accidebat 40, 32.

ACCIDERE 8, 29. Proelio-uno accidit Vestinorum res. Robore juventutis suae acciso 7, 29. *(de Campania)* Vid. *Accisus.*

ACCINGERE 6, 35. Accingendum ad eam cogitationem esse. *(simpliciter dictum)* Proinde in hoc discrimen accingere 2, 12. Jam ad consulatum vulgi turbatores accingi 4, 2. Quin accingeris? 1, 47. i. q. *rem cogitatam aggrederis?* Gladiis accincti 40, 13. *Nisi vero legendum* succincti. *Littera S. forte absorpta a finali praecedentis verbi. Inde pronum fuit* accincti *scribere.*

ACCIPERE in civitatem 4, 3. cf. 6, 4. Sic etiam recipere *et* suscipere *dicitur.* Vid. *infra in h. v.* — In amicitiam 7, 30. cf. 8, 25. 9, 41. 38, 39. — In deditionem 33, 20. cf. 9, 16. 40, 41. — In patriciorum numerum 4, 3. cf. 10, 8. — In societatem 9, 15. — In fidem clientelamque 26, 32. Acceptus in medium 2, 49. *(ab agmine Fabiorum)* Multitudinem armatorum acceperunt 31, 23. cf. 21, 8. Diis velut non accipientibus in eum annum censuram 6, 27. i. e. *non probantibus.* Diis auctoribus in spem suam quisque acceptis 21, 45. Negare, urbe tectisve accipiendos 9, 7. Animo magis, quam vultu, ea crimina accipiebant 40, 5. h. e. *dissimulabant vultu offensionem.* Nec mea verba auribus vestris, nec consilia animis acciperetis 22, 39. A quibus placide oratio accepta est 2, 3. Hostem in Italiam accipere 31, 7. cf. 5, 5. 27, 40. Praesidium eorum in urbem acceperant 9, 16. cf. 45, 9. Ut armatos in arcem accipiat 1, 11. Quum Karthaginiensem matronam domum acceperit. 30, 13. Hospitio comiter accepti 29, 22. cf. 42, 17. Initium pugnae accipere nec cedere 38, 25. Accepto exercitu 45, 41. cf. 9, 21. Bellum integrum accipere 32, 6. *(de duce)* integri profligatam pugnam acceperunt 38, 25. Amnis ingens fugientes accepit 29, 32. cf. 38, 17. Liberatorem urbis laeta castra accepere 1, 60. Acceperunt tumuli Romanos victores, 38, 21. cf. 9, 40. 22, 39. Vix accipientibus quibusdam opera locis 21, 8. *(de oppugnatione.)* Quos *(tribunos)* foedere icto cum plebe sacrosanctos accepissent 4, 6. Jugum accipere 31, 19. 1, 50. 43, 17. Regno prope per largitionis dulcedinem in cervices accepto 4, 12. Regno accepto 41, 24. *de Persei successione.* Censum accipere 29, 37. cf. 39, 44. Apparebatque accipi legem 10, 9. Acceperunt relationem *(consulum)* patres, postquam apparuit labare

plebis animos 2, 39. Aut omnia accipe aut nihil fero 6, 39. Apparatis accipere *(excipere)* epulis 23, 4. Id a plerisque in omen magni terroris acceptum 21, 62. Accipere se omen impleturumque fata 1, 7. Accepisse id augurium laeta dicitur Tanaquil 1, 34. In majus accipere 4, 1. h. e. *augere opinione.* cf. 42, 42. Accipere nomen 9, 46. i. e. *judicare alicujus petitionem legitimam et ad petendum admittere.* Si suum nomen dictator acciperet 27, 6. cf. cap. 9. *ult.* Preces suas acceptas ab diis immortalibus ominari 42, 30. Laeto conditionem accipienti 29, 1. Pro *laete, lubenter.* Cujus conditionis iniquitatem ita non sum recusaturus, si vos quoque accipitis, ut, quicumque etc. 42, 41. Ut non gravius accepturi viderentur, si nunciaretur, omnibus eo loco mortem oppetendam esse 9, 4. Rogitat, qui vir esset. Ubi nomen patremque ac patriam accepit 1, 7. Id aegre patres passos accipio 6, 39. *(invenio apud auctores.)* Nec penes ipsos culpa esset cladis forte gallico bello acceptae 3, 6. i. e. *accipienda, uti et nonnulli voluerunt legi. Sensus autem idem est. Nam haud raro conditionaliter talia sunt accipienda. Ita h. l.* si accepta esset. Visendaque, quae nobilitata fama magis auribus accepta sunt, quam oculis noscuntur 45, 27. Acceptum ab uno pavorem plures per urbem ferunt 9, 24. Pugnatum ad Lilybaeum fusaeque et captas hostium naves accepere 21, 50. Vid. *Gratia.*

ACCIRE 10, 19. Ne collegae auxilium, quod acciendum ultro fuerit, sua sponte oblatum aperneretur. Virginium acciri e castris 3, 46. Ut ipsum in consilium *(in castra)* acciret 9, 3.

ACCISUS 3, 10. Aequos, etsi accisae res sint, reficere exercitus. cf. 21, 25. Latinorum etsi pariter accisae copiae *(exercitus)* sint 8, 11.

ACCLARARE 1, 18. Uti tu signa nobis certa acclarassis, i. e. *conspicua facias.*

ACCLINARE 44, 3. Castra tumulo — sunt — acclinata. Acclinaturos se ad causam senatus 4, 48.

ACCOLA 26, 24. Philippum eis et Macedonas graves accolas esse. Accola ejus loci, nomine Cacus 1, 7.

ACCOMMODARE 41, 42. Ad haec, quae palam geruntur, consilia nostra accommodare oportet.

ACCERSERE 1, 54. Quum — dictis factisque omnibus ad fallendum instructis vana accresceret fides.

ACCUBARE 39, 43. Illam infra eum accubantem. h. e. *in sinu consulis recubantem. Sic Cicero Epp. Div.* 9, 26. *Infra Eutrapelum Cytheris accubuit. cf.* 41, 2.

ACCUMULARE 9, 1. Quibus non suae redditae res, non alienae accumulatae, satis sint.

ACCURATE 44, 35. Quo quaeque *accuratius curantur,* eo facilius loquacitate regiorum ministrorum emanant. cf. 42, 45.

5

Acousáre Ætolorum consilia 36, 29.
*i. e. reprehendere.* Vid. *Violenter.* Consulem, veluti dicta die, accusant 44, 22.
Quum diis hominibusque accusandis senesceret 5, 43.

Accusatio 33, 47. Subscribere odiis accusationibusque Hannibalis. *i. e. Hannibali intentabantur.*

Accusator 8, 32. Eumdem accusatorem capitis sui ac judicem esse.

Accusatorius 2, 61. Semel caussam dixit, (*Appius*) quo semper agere omnia solitus erat, accusatorio spiritu.

Acer 9, 6. Vultus indignitate rerum acrior. Vexari ac subigi multo acrius 5, 2. Vir acer 6, 34. Sempronius — longe tum acerrimus juvenis 37, 7. Quum pars utraque acrior aliquanto coorta esset 6, 18. Ut delectum quam acerrimum habeant 2, 28. *v. Ernest. ad Tacit. Ann.* 1, 5. Acerrimi cujusque arbitrio — rem agemus 2, 29. Nullum momentum (*eo telum*) ad vincendum homini ab diis — acrius datum est 21, 44. Vid. *Momentum.*

Acerbe 45, 36. Exacta acerbe munia militiæ.

Acerbitas 42, 40. Acerbitas orationis. Acerbitas patria 7, 5.

Acerbus 7, 3. Delecta acerbo juventutem agitavit.

Acervati cumuli hominum 5, 48. *cf.* 22, 27. In hoc immenso aliarum super alias acervatarum legum cumulo 3, 34. *contra* 45, 33. Cumulata in ingentem acervum.

Acervus 8, 11. Sarcinis utrimque in acervum conjectis. Vid. *Acervatus.*

Acetum 21, 37. Ardentiaque saxa aceto putrefaciunt. *Acetum fuit potus militaris. Inde non mirum, quomodo id Karthaginiensibus, tantaque ejus copia, ad manus fuerit.*

Achæi 38, 29. Pro *funditoribus ex Achaia. Similiter Thraces dicuntur gladiatores e Thracia, aut Threïcio more pugnantes. Sic Indus pro rectore elephanti.* Vid. *Indus.*

Acies 8, 9. Pavorque cum illo latus signa primo Latinorum turbavit, deinde in totam penitus aciem pervasit. *Hæc signa, aciei quippe opposita, intelligenda sunt prima signa, et sic forte legendum. Cui quidem emendationi non repugnat, quod* 24, 16. Antesignani — signa perturbata — tota impulsa acies *deinceps commemorantur. Nam et in hoc loco signa pro signis primis accipienda videantur.* Romana acies, distinctior, ex pluribus partibus constans : facilis partienti, quacumque opus esset, facilis jungenti 9, 19. Dextra omnis *acies* extra prœlium *eminens* cessabat 27, 48. *Acies* i. q. *cornu. Sic* 9, 40. Dextrum *cornu,* dictatoris *acies. cf.* 23, 29. Sed illud eminens *male habet Drakenborchium ; ut malit aut* imminens, *ex auctoritate vel unius codicis, aut de sua emendatione eminus*

legi. *Enimvero vulgata lectio commode accipi potest aut de loco edito, in quo acies collocata fuerit, aut sic, ut eminens idem sit, quod* prominens acies 22, 47. *Ubi de cuneo sermo est. Huic rationi contrarium videatur, quod verbo eminendi insit notio exstantis, sursum spectantis, etc. At non semper inest. Apud Ciceronem etiam gena, oculi eminentes dicuntur.* Vid. *Exurgere.* Samnitium exercitus — — aciem instruit, 7, 37. Aciem ostendere 29, 2. Acies aperta 38, 4 L. *i. e. explicati ordines.* Vid. *Pandere.* In campos delata acies 9, 37. Fluctuans et instabilis acies 9, 35. Quo se fusa acies contulerat 9, 16. Cæsa acies pro diruto muro pugnans 31, 17. Condensam aciem irrumpere 26, 25. Haud secus quam (si) vallo septa inhorreret acies 8, 8. Sine præcepto ullius sua sponte struebatur acies 9, 31. Vanior hostium acies 2, 47. Acies justa 10, 14. *Oppos.* improviso tumultui, *i. e. impetui ex insidiis.* Acie dimicatum 7, 29. *cf.* 9, 41. Acie pugnaturos 7, 14. Etiamsi pugnando acie vicisset 44, 39. *cf.* 45, 41. Quod nec in acie ancipiti usquam certaverant prœlio 5, 41. Segnitia Græcorum non committentium se in aciem 7, 26. Egredi in aciem 10, 12. *Scil. e castris. Et* acies *haud dubie significat locum, campum, ubi pridie pugnatum fuerat.* Nonum se annum jam velut in aciem adversus optimates — stare 6, 39. Procedam acie adversus ignotos inter se ignorantesque 21, 43. (*In aciem,*) *cf.* 8, 9. Ire in aciem 7, 32. Descendere in aciem 24, 8. *cf.* 8, 8. Acie excedere 31, 17. *i. e. pugna.* — Confligere 30, 19. — Expugnare 33, 8. (*Macedonas*) — Depugnare 9, 39.

Acquiescere 4, 60. Rem familiarem saltem *acquiescere* eo tempore, quo corpus addictum atque operatum reipublicæ esset. *i. e. non minui per absentiam in castris.*

Acquirere 1, 45. Ne semper armis opes acquirerentur.

Acriter intendere animum *Præfat.*

Actio movebatur 5, 24. *i. e. mentio ejus fiebat.* Ratus locum tribuniciis actionibus datum 3, 9. Actio consularis 4, 55. *i. e. delectus, etc.* Multis actiones et res peribant 39, 18. *h. e. non erat iis spatium respondendi.* Omnium actionum in senata primam habuit pro victore populo, retulitque, etc. 2, 31.

Actor 7, 2. idem scilicet (*Livius*) quod omnes tum erant, suorum carminum actor. Actores Atellanarum. *Ibid.*

Actuariæ naves 25, 30. *i. e. quæ velis simul ac remis aguntur.* Ratis — ab actuariis aliquot navibus ad alteram ripam pertrahitur 21, 28.

Actus 37, 27. Sub verberibus acti necantur.

Actus 7, 2. Sine imitandorum carminum actu. *v.* imitari. histrionibus fabellarum actu relicto. *Ibid.*

Actutum 29, 14. Quam (*matrem*

6

*Idem,*) — actutum in Italia fore nuncia-verat.

ACUERE 10, 45. Hujus propinquitas populi acuet curam Patribus, ut etc. Curam acuebat, quod etc. 8, 6. In hæc (*corpora*) sæviant, in hæc ferrum, in hæc iras acuant 9, 9. Ceteros ad æmulandas virtutes acuit 7, 7.

ACULEUS 23, 42. Te ad unum modo ictum vigentem, velut *aculeo emisso,* torpere. *Hanc lectionem recte tuetur Grono-vius, quum ante legeretur* jaculo. *Verum, præter Ciceronem et Curtium, ipsius Livii auctoritate utendum erat,* 45, 37. · *Ubi hæc leguntur:* hæc ad militum animos *stimulandos* aliquem *aculeum* habent. *cf.* 38, 21. *Similiter* 21, 44. Momentum acrius ad vincendum. *i. q. stimulus, incita-mentum. Aculeus* sagittæ aut *glandis* 38,21. (*syllepsis*).

AD regem impetum facit 1, 5. Ad hostem ducit 44, 3. Ad ducis casum perculsa multitudo 9, 39. Ad præsentem terrorem deficeret 9, 3. Ad pecora 1, 4. *i. e. in pascuis.* Ad quæ templa sacra fierent 1, 20, *pro* in. [*Sic et* apud, *et Græcorum* ϖαϱὰ, ϖϱός.] Ad famam obsidionis delectus ha-beri cœptus 9, 7. Ad spem vulgatæ cle-mentiæ defecerunt 36, 13. *cf.* 2, 45. Seu ad metum virium, seu ad spem veniæ quum dedidissent se 36, 13. Ad desiderium 1, 7. *Pro desiderio, ob desiderium. Sæpius enim prorsus abundat,* Ad gratiam ac libidinem 9, 30. *i. e. cum partium studio.* Ad vulgus ingratum judicium 1, 26. *cf.* 24, 32. Pro *vulgo s. apud v,* Matronas ad populum stupri damnatas 10, 31. Rem, ad multitu-dinem imperitam, et illis sæculis rudem, efficacissimam 1, 19. Qui (*metus deorum*) quum descendere ad (*in*) animo — non posset. *Ibid.* Ad multitudinem castiga-tionem satis esse 28, 26. Res habitura plus famæ ad posteros, quam fidei 2, 10. *cf. 5, 6.* Ad eam multitudinem urbs quoque amplificanda esset 1, 44. Furiarum ac formidivis plena omnia ad hostes esse 10, 29, *cf.* 7, 7. Non ad maritimos modo populos, sed, in mediterraneis quoque se montanis, ad ferociores jam gentes valuit 21, 60. Producti *ad* populum, *apud* præ-occupatos Locrensium clade animos, nullum misericordiæ locum habuerunt 29, 22. Romanis ad manum domi supplementum erat 9, 19. Ad fidem difficile 3, 5. Cur ad majora tibi fidamus 24, 8. Qui aliunde stet semper, aliunde sentiat, infidus socius, vanus hostis ad Falesiorum Pyrrhive pro-ditorem tertium transfugis documentum esset 24, 45. *h. e. additum ad illa duo exempla.* Ut legatum — ad exercitum pro consule relinqueret 8, 23. *cf.* 24, 9. Ut ad exercitum (*Scipio*) maneret 29, 20. *i. q. imperator maneret.* Ad exercitum res in-vidiæ fuit 3, 32. Ad plebem vana aucto-ritas 3, 21. Ambusti, potentis viri, quum inter sui corporis homines, tum etiam , d

plebem 6, 34. Ad .tribunos plebis adit 40, 29. Vid. *Adire.* Ire ad hostem 42, 49. Ad hostes bellum parare 7, 7. — Edictum adesse 27, 13. — Edictum convenire 34, 56. — Parentes restituere 2, 49. Caussæ cri-minum ad plebem 5, 20. Ad quam rem 37, 16. *i. e. cujus rei caussa, cf.* 45, 38. Roma est ad id potissimum visa 1, 34. Ad ostium portus est invectus 25, 39. Ad id quod 44, 37. *i. q. præterquam quod.* Ut Potitii ad tempus præsto essent, 1, 7. Pu-beres ad triginta 9, 29. It. 37, *cf.* 6, 20, 10, 17. (*circiter*). Quum ad id dubios servas-sent animos 21, 53. Pro *adhuc, ad id usque tempus. Sic* 9, 15. *Gens dubiæ ad id voluntatis dicitur.* Levioribus et ad id fabrefactis navigiis 37, 27. *i. q. ad id nego-tium, eo, consilio, scil. celeriter effugiendi persequentibus.* Ad id, quod tum hominum erat 1, 8. *i. q. eorum, qui tum erant, homi-num causa.* His ita in senatu ad id, quæ cujus provincia foret, decretis 36, 2. Qui ad id missi erant 7, 39. Et, tamquam ad id, quod agi videbatur, ambientes nobilium adolescentium animos pertentant 2, 3. Ad hoc fecimus consulem, ut etc. 45, 39. *i. e. propterea, ideo, ob hoc. cf,* 2, 11. Ducentos equites. *Ad hoc* mille et quingenti pedites, etc. 42, 1. Pro *præterea. cf.* 6, 11. 14. 20, 10, 17. 29, 6. 42, 54. Ad id (*præterea*) pastores quoque accesserant 1, 6. *Præ-cedit :* multitudo abundans. Ad ludibrium consalutari eum regem jussit 36, 14. *i. q. ludibrii caussa.* Ad contumeliam inex-pertus 6, 18. Bello quoque bonus ad cetera 27, 7, *It.* vir ad cetera egregius, *Ibid. i. e. super, præter.* Arma Tusculum ad supplementum decernerent 3, 42. (*præ-ter*). Occasio ad rem gerendam 27, 26. Tribuni militum ad legiones 7, 5. *i. e. legionarii.* Nuncius victoriæ ad Cannas 23, 11. (*Cannensis*). Servi ad remum 24, 8. *i. e. remiges.* Milites ad naves 22, 19. Pro *sociis navalibus. Alibi autem militesp oppomuntur* sociis navalibus *proprie dictis,* Homini non ad cetera Punica ingenia cal-lido ut persuasit 20, 23. *i. e. in compara-tione cum ceteris.* [Græcorum ϖϱός.]

ADACTIO 22, 38. Legitima jurisjurandi adactio. *i. e. ad jusjurandum.*

ADÆQUARE 1, 39. Omnis tecta adæ-quat solo. Quibus duobus operibus vix nova hæc magnificentia quidquam adæ-quare potuit, 1, 56.

ADÆQUE 4, 43. Ut *quemadmodum* in tribunis — usi sint, *adæque* in quæstoribus liberum esset arbitrium populi.

ADAPERIRE 5, 21. Adaperto cuniculo, Adapertæ fores portæ 25, 30. Adapertis forte, quæ velanda erant 45, 39.

ADAUGERE 10, 23. Facto egregio mag-nifica verba adauxit.

ADCISUS. Vid. *Accisus.*

ADCLARARE. Vid. *Acclarare.*

ADCLINARE. Vid. *Acclinare.*

ADCOLA. Vid. *Accola.*

ADCURATE. Vid. *Accurate.*

ADDERE 4, 25. Ne cui album in vestimentum *addere* petitionis liceret *caussa.* *Forte i. q.* indere. *Sic certe alii scriptores loquuntur.* Additi eodem haud ita multo post novi cives, 1, 33. Adderent eo triginta naves 27, 22. Adde huc 1, 30. Additus nomini honos 2, 2. Eodem anno duæ tribus additæ 7, 15. Ut adversando remorandoque incitato semel militi adderent impetum 2, 45. Addita igitur et ipsi *(nuncio)* fiducia est 44, 3. Viro forti adde virgas, et in eum primum lege age 26, 16. Animos ad non parendum addebat 41, 10. Pars addere gradum 10, 20. *i. e. festinantius pergere.* Adderent gradum, maturato opus esse 3, 27. Haud parvum vectigal inopi ærario additum 7, 18.

ADDICERE 1, 36. Aves addicunt. *al.* admittunt. *cf.* 22, 42. *Ernest. ad Tac. Ann.* 2, 14. In servitutem addicere 3, 56. *Verbum proprium de Prætore, qui rem aut hominem alteri tradit. Id quum fieret etiam in debitoribus, qui non essent solvendo, inde hi quoque addicti Livio dicuntur. e. c.* 6, 15. Prohibendo judicatos *addictosque* duci. *cf.* 2, 23. 6, 34. Quo *(tempore)* corpus addictum atque operatum reipublicæ esset 4, 60.

ADDUBITARE 2, 4. De legatis *paullulum addubitatum* est. Appium addubitasse ferunt, cernentem, seu pugnante, seu quieto se, fore collegæ victoriam, 10, 19. *cf.* 3, 10.

ADDUCERE ad effectum aliquid 33, 33. Notitiamque eam brevi — in familiaris amicitiæ adduxerat jura 1, 34. *h. e. effecerat, ut ex noto familiaris fieret. Si quidem sanus locus. Forte legendum :* notitiaque eum brevi in f. a. a. jura. Supplementum ab Roma adduxit 9, 33. In quod discrimen rempublicam adducerent 3, 17. Ad ultimum discrimen adducere 45, 8. Posse in oblivionem tribunorum plebem adduci 3, 41. Ætolorum in semet ipsos versus furor mutuis cædibus ad internecionem adducturus videbatur gentem 41, 25. In eam verecundiam adducti sunt 1, 21. Meque in eam necessitatem adduxisti, ut etc. 8, 7. Adducere lorum 9, 10. *(vinciendo.)* Pecuarios ad populi judicium adduxerunt 33, 42. Interrogant, ecquid aurum secum adduxissent 44, 26. Pro *attulissent.* Aquam adducere 41, 27.

ADEDERE 1, 7. Pinarii extis adesis ad ceteram venirent dapem.

ADEO spreta in tempore gloria interdum cumulatior redit 8, 37. Pro *etenim, cum vi aliqua, cf.* 2, 24. 47. 8, 8. 21, 11. 20. Sic solet οὗτος *Græcis dici.* Id adeo malum ex provocatione natum. Quippe etc. 2, 29. *Pro* et quidem id m. *cf.* 4, 2.

ADEOQUE 22, 32. Adeoque inopia est coactus Hannibal, ut — Galliam repetiturus fuerit. *Valde arridet emendatio Burmanni, ad Lucan.* 7, 406. Eoque inopiæ *legentis.*

[*Lenior mutatio :* adeoque inopiæ.] *cf.* 41, 20.

ADEQUITARE 9, 22. Eo ferocius adequitare Samnites vallo. *Alii : obequitare.* Ut prætores inter tumultum pavidi adequitaverint Syracusas 24, 31. *Hic etiam alii* obequitaverint, *alii* abequitaverint *legi volunt.*

ADESSE 45, 28. Jussis Amphipolim adesse. *Nisi vero malis cum Dukero* Amphipoli. *Sic enim legitur initio cap. sequentis.* Etrusci omnibus copiis aderant 10, 15. *i. e. cum o. copiis.* [Ad morem Græcorum sic omittentium εἰν.] Quum hostes adessent 2, 10. *i. q. appropinquarent.* Aderat judicio dies 3, 12. Ingens aderat certamen 3, 10. *cf.* 2, 29. Suus cuique animus — adhortatur aderat 9, 13. *cf.* 28, 19. Qui auspicio adest 10, 40. *De pullario, qui præest. Sed illud verbum de sacris usitatius.* Si felicitas adesset 30, 22. Dii hominesque illi adfuere pugnæ 7, 26. Majorem multo victoriam, quam cujus ex spoliis dona portarent, adesse populo Romano 29, 10. Dictator intercessioni adero 6, 38. *i. q. ei auxilio ero.* Nostrisque et nunc querelis adsint (*dii*) et mox armis 3, 25. *i. e. querelas propitii audiant, et arma juvent.* Adesse in foro 3, 14. *scil. plebis hominibus. cf. cap.* 44. *Ubi* qui aderant, *et* advocati *eodem sensu dicuntur.* Aderunt *(consules)* in tempore — et cum illis aderit Jupiter ipse 8, 7. Ut frequentes ad suffragium adessent 45, 35. Origini Romanæ et deos affuisse, et non defuturam virtutem 1, 9. *cf.* 5, 51. Adessent *(milites)* in sua causa omnium libertati 8, 31.

ADPATIM, ADFECTARE, ADFECTUS, ADFERRE, etc. Vid. *Affatim, affectare, affectus, etc.*

ADHÆRERE 41, 20. Adeoque nulli fortunæ adhærebat animus, per omnia genera vitæ errans, ut nec sibi, nec aliis, quinam homo esset, satis constaret *(de jurisdictione.)*

ADHIBERE 5, 6. Belli necessitatibus eam patientiam non adhibebimus, quam vel lusus ac voluptas elicere solet. Adhibitis ad ministerium dapemque Potitiis 1, 7. Vivo tibi ea disciplina a me adhibita esset 1, 28. Eos uno tumulo contegerent, adhiberentque humatis titulum 26, 25.

ADHORTATIO 44, 2. Hujus generis adhortatione accensis militum animis, consultare de summa gerendi belli cœpit.

ADHORTATOR 7, 32. Audiendus dumtaxat magnificus adhortator. Suus cuique animus, memor ignominiæ, adhortator aderat 9, 13.

ADHUC 21, 18. Hæc legatio verbis adhuc lenior est, re asperior. Tamquam ferentibus adhuc cervicibus jugum 9, 6. Pro *etiamnunc. Sic* 24, 23. *It.* 33, 49. *v.* etiamnunc.

ADJACERE 7, 12. Maxime qua ex parte *Etruriam adjacent. Forma sane durior et insolentior. Ea certe non usi sunt, nis poëtæ et sequioris ævi scriptores.* [*Multa apud Livium poëtica esse, fatetur ipse Ernestius s. v. æquare.*]

ADJECTIO illiberalis 38, 14. *Dicitur de ementibus, quum parce nimis, et per gradus quasi minutos assurgunt ad pretium rei comparandæ destinandum, in quo acquiescere venditor possit.*

ADIGERE 27, 49. Fabrile scalprum — ipso in articulo — quanto maximo poterat ictu, adigebat. Omnes juniores sacramento adigit 9, 29. *It. cap.* 43. *cf.* 4, 5. 6, 32. 7, 9. 22, 38. *v.* adjurare. Jurejurando adegit, numquam amicum fore populo Romano 35, 18. *i. e. adegit, ut sponderet etc. cf.* 2, 1. *It.* 21, 1. Et, cujus nondum justa missio visa esset, ita jusjurandum adigebant 43, 15.

ADJICERE 10, 7. Eos viros, quos — honorariis — pontificalia atque auguralia insignia adjicere. *Scil. sibi, addere superioribus insignibus.* Adjicebat huic muneri agri aliquantum 2, 41. *i. e. adjiciendum censebat.* Fessis tædio tot malorum, nivis etiam casus ingentem terrorem adjecit 21, 35. Adjectique pœnæ ceteri juxta insontes 24, 5. *i. e. pariter puniti.* Aliquantum ea res duci famæ et auctoritatis adjecit. 44. 33. *i. e. addidit, conciliavit.* Et *ad id,* quod de credita pecunia jus non dixisset, *adjiceret, ut ne delectum quidem* — haberet 2, 27. Prætori, cui provincia Apulia evenerat, adjecta de Bacchanalibus quæstio est 40, 19. Alter consul curam adjecit 41, 15.

ADIPISCI 6, 8. Malis consiliis pares adepti eventus. Quos sequebantur, non sunt adepti 24, 1. Facile sunt adepti fessos 2, 30. *It. cap.* 63. Adeptusque eum ita circumvenit, ut etc. 29, 32. *cf.* 27, 2. 44, 28. Regnum adeptus est 1, 18. — honores 1, 34. — libertatem — impunitate 2, 1. Quo pacto jus nostrum adipiscamur 1, 32.

ADIRE ad disceptationem populi R. 41, 23. Uti decemviri libros Sibyll. adirent 41, 21. Ad eam partem urbis, qua adierant 10, 34. *Scil. ad urbem.* Scriba *ad* tribunos plebis adit 40, 29. *Sic legunt Gron. Crev. Sane insolentior dictio.* In faucibus, quæ Tempe adeunt 42, 54.

ADITUS 44, 6. Omnesque aditus aperit bello. Summotor aditus 45, 29. Vid. *Summotor.* Rari aditus *(scil. decemviri erant)* colloquentibus difficiles etc. 3, 36. Rari aditus non alienis modo, sed tutoribus etiam 24, 5. Quibus solis aditus in domum familiarior erat *ibid.* Qui privatæ gratiæ aditum apud regem quærebat 41, 23. De arcendis aditu finium regibus Macedonum 42, 6. Vadit — in primum aditum pontis 2, 10.

ADJUNGERE 8, 6. Consules, duobus scriptis exercitibus, per Marsos Pelignosque profecti, adjuncto Samnitium exercitu, ad Capuam — castra locant. *cf.* 9, 19.

ADJURARE 43, 14. Ut præter commune omnium civium jusjurandum hæc adju-

rarent. Adjurat, in quæ adactus est, verba 7, 5. Vid. *Virgil. Æn. XII,* 816.

ADJUVARE 29, 1. Ad bellum adjuverunt. Leve dictu momentum ad rem ingentem potiundam adjuvit 27, 15. Clamore — Romani adjuvant militem suum 1, 25. *i. e. incitant, animant.*

ADLABI, ADLATRARE, ADLEGARE, etc. Vid. *Allabi, Allatrare, Allegare, etc.*

ADMINICULUM 6, 1. Quo primo adminiculo erecta erat, eodem innisa M. Furio principe stetit. *cf.* 21, 36. Id senectuti suæ adminiculum fore 10, 22. *(Decium.)*

ADMINISTRARE 10, 24. Eadem virtutem felicitatemque in bello administrando daturi.

ADMIRABILIS 22, 37. Magnitudinem populi R. admirabiliorem prope adversis rebus, quam secundis, esse. Non esse admirabilius, Romanos Græcia pelli, quam, Hannibalem Italia pulsum esse 42, 50.

ADMIRARI 29, 24. Admirantem, quæ tam diuturnæ moræ sit causa. *i. q. mirantem.*

ADMIRATIO 26, 12. Admiratio orta est. *i. e. mirum videbatur. cf.* 2, 2. Admiratio humana 26, 19. *i. e. hominis, ad quam illa spectat.* Admiratione — ancipitis sententiæ 21, 3. Tantaque admiratio singularum universarumque rerum incussa 29, 22. Stupor omnes admiratione rei tam atrocis defixit 3, 47. Velut emerso ab admiratione animo 8, 7.

ADMISCERE 3, 32. Admiscerenturne *(Decemviris)* plebeii, controversia aliquamdiu fuit.

ADMISSUM 25, 23. Ne quid falleret tale admissum.

ADMITTERE 4, 3. Si non ad fastos, non ad commentarios pontificum admittimur. Comitiorum curam plebs ad animum admittebat 7, 19. Precationem admissæ deos 31, 5. Eas conditiones imperator R. vix auribus admisit 30, 3. Nihil, quod salutare esset, non modo ad animum, sed ne ad aures quidem admittebant 25, 21. Non tamen, admissum quidquam ab iis, criminatum venio, sed cautum, ne admittant 2, 37. *cf.* 28, 29. In Postumium — Tarquinius — equum infestus admisit 2, 19.

ADMODUM 43, 11. Exacto admodum mense Februario. *i. e. toto, solido.* Admodum quingenti 44, 43. *i. e. neque plures neque pauciores, numero finito.* Armorum hostilium magnam vim transtulit, nullam pecuniam admodum 40, 59. *cf.* 43, 13. Ubi satis admodum et suorum et hostium animos est expertus, etc. 34, 13. *i. q. fere.* Quia pauci admodum erant 10, 41. Jam admodum mitigati animi raptis erant 1, 10. *cf.* 6, 34.

ADMONERE 5, 46. Locus ipse admonebat Camilli. *Admonuit,* cum securibus sibi fasces præferri 24, 9. *Verbum solito gravius h. l. accipiendum. cf.* 40, 56.

9

ADMONITUS 1, 48. Admonitu Tulliæ id factum.

ADMOVERE 26, 30. Exercitum ad urbem admovere. In eundem locum rex copias admovit 42, 57. Priusquam signa Achradinam admoveret 25, 24. *Var. lect.* Achradinæ. *cf.* 9, 6. *It.* 28, 46. Tria (*opera*) adversus Pyrrheum — admovit: unum e regione Æsculapii 38, 5. *cf.* 40, 47. Priusquam armatos muris admoveret 44, 9. Spes cupiditati admota 48, 10. Metus tormentorum admotus 27, 43. Parvo metu admoto 40, 55. Maritimum quoque terrorem admoventes 41, 17. Altaribus admotum, tactis sacris, jurejurando adactum etc. 21, 1. Venerabundi templum iniere, primo religiose admoventes manus, quod id signum (*Junonia*) — nisi certæ gentis sacerdos, attrectare non esset solitus 5, 22. Vid. *Virgil. Æn. II*, 239.

ADOLESCENS 2, 3. Erant in Romana juventute adolescentes aliquot etc. Æquales sodalesque adolescentium Tarquiniorum *ibid.*

ADOLESCERE 1, 4. Ætas adolevit. Oppido adolescens pontifex legitur 42, 28. Popillius consularis et alii pari nobilitate adolescentes tribuni militum in Macedonicas legiones consulem secuti sunt 44, 1. Cum liberis adolescentibus 2, 6. Dissipatæ res nondum adultæ discordia forent 2, 1.

ADOPERTUS 1, 26. Capite adoperto. [*paullo ante* obnubere caput.]

ADOPTIO 45, 40. Duobus (*filiis*) datis in adoptionem.

ADORARE 21, 17. Adorati dii ut etc. *cf.* 7, 40. Hostia cæsa pacem deûm adorare 6, 12. *i. q. orare.*

ADORIRI justa pugna 37, 41. Oppugnatio eos — adorta est 21, 11. *cf.* 40, 41. Operibus oppugnare est adortus 37, 5. *Nisi cum nonnullis legatur* adortus. *it. cap.* 32. *cf.* 44, 12. Prima pars quum adorta oppugnare est 28, 3. *cf.* 3, 44. Epiri castellum adortus oppugnare 43, 21, *cf.* 40, 22. Castra consulis adorti sunt oppugnare 2, 52. Hanc virginem — pretio ac spe pellicere adortus 3, 44. Jam satis paventes adverso tumultu terribilior ab tergo adortus clamor 21, 28. Ipsam arcem finitimorum, Campanos, adorti 7, 29.

ADORNARE 1, 20. Insignique eum veste adornavit. Eodem conatu apparatuque omni opulentia insignium armorum bellum adornaverant 10, 38. Armatum adornatumque adversus Gallum stolide lætum producunt 7, 10. Rostrisque earum suggestum in foro exstructum adornari placuit 8, 14. Si nobilitas ac justi honores adornarent 28, 42.

ADSENTIRE. Vid. *Assentire.*

ADSPICERE 42, 5. Ap. Claudium legatum ad eas res adspiciendas componendasque senatus misit.

ADSUETUDO, ADSUETUS, Vid. *Assuetudo, Assuetus.*

ADVEHERE 42, 37. Legati in Græciam missi, Corcyram peditum mille secum advexerunt. Ad ancipitem maxime pugnam *advectus*, desilit ex *equo* 9, 31. *cf.* 28, 2.

ADVENA 4, 3. Quum majores nostri advenas (*peregrinos*) non fastidierint. [Græcorum ἐπήλυσις.] Senones, recentissimi advenarum 5, 35.

ADVENIRE 25, 3. Cui (*mulctæ*) certandæ quum dies adveniset. *cf.* 29, 1. Adeo ne advenientem quidem gratiam homines benigne accipere, nedum ut præterita satis memores sint 30, 21. Vim afferre rei suæ sponte mox ad eum adventuræ 45, 19. Chalcidem adveniens 42, 56.

ADVENTARE 5, 33. Adventante fatali urbi clade.

ADVENTICIUS 8, 28. Florem ætatis ejus fructum adventicium crediti ratus.

ADVENTUS 5, 39. Primo *adventu*, quo accesserant ad urbem.

ADVERBIA *plura junctim posita* 2, 22. Numquam alias ante publice privatimque. Si quando umquam ante alias 32, 5 *cf.* 1, 28. 6, 42. 9, 39. Non umquam alias ante 2, 9. *Ex quo præcipue loco intelligitur, tales accumulationes adverbiorum et particularum, ad sensus diversitatem nihil aut parum profuturas, studiose quæritas ab Livio esse. Poterat enim* numquam *dicere. In quo mihi imitatus videtur Græcos, quorum lingua et in hoc genere locupletissima fuit et affluentissima. Ejus rei exemplum disertius non memini me legere Xenophonteo, Mem. Socr. 4, 8, 1.* ἐπειδὴ ἐγνώκει μὲν, ὅτι οὕτως ἔχοι τότε οὕτως τῆς ἡλικίας ἦν, ὥστ', εἰ καὶ μὴ εἴη, εἰκὸς ἂν πολλῷ ὕστερον τελευτήσεαι τὸν βίον. [Fallitur qui tales accumulationes pro otiosis habet.] Nec tamen ne ita quidem prius etc. 22, 25.

ADVERSUS 10, 6. Adversa belli res. *Quamquam ante Drakenborchium legebatur* adversæ b. r. Adversum prœlium 7, 29. Adversus annus frugibus 4, 12. Si — adversa pugna evenisset 8, 31. Adversa patrum voluntate 1, 46. Si quid adversi caderet 22, 40. [*cf.* 35, 13.] Adversis diis 9, 1. Adversa nobilitate 39, 41. *i. e. adversante. cf.* 6, 42. Omnes adversos habebat 33, 46. Ea plebi — adversa quis putet 6, 40. Adversis auribus militum 41, 10. *cf.* 6, 40. Adverso tumultu pavebant 21,28. *i. e. qui adverso e regione, s. ante oculos.* Quum ex adverso castra Macedonum * * * 44, 27. *cf.* 45, 10. Celtiberos in mediam aciem adversa signa legionum accepere 30, 8. *i. e. ut contra legiones starent.* Et adversi et undique hostes erant 2, 50. Strage armorum septa via est, maxime hastis, quæ pleræque adversæ cadentes, velut vallo objecto etc. 35, 30. *i. e. cuspide terræ obversa, ut defigerentur. Duhorus malebat* transversas. *sed, quomodo, quæso, ita vallum effectum esset?* Testes honestarum aliquot locis pugnarum, cicatrices

10

adverso pectore ostentabat 2, 23. Hannibal ipse — *adversum femur* tragula graviter *ictus* cecidit 21, 7. Adversos concitant equos 8, 7. In adversum subiere 1, 12. ADVERSUS Romanos nullum eis jus societatis amicitiave erat 5, 35. Copiis iisdem, quibus usi adversus Romanum bellum fuerant 8, 2. *i. e. in bello adversus Romanos*. Coitiones adversus rempublicam esse 27, 2. Adversus — senatusconsultum 40, 44. Dux — adversus veterem ac perpetuum imperatorem comparabitur 24, 8. Quod adversus se dux potissimum lectus esset 21, 39. *cf.* 40, 55. Sequar vos adversus veteres socios meos 40, 49. Ire adversus hostem 42, 49. Quam pacem summa fide adversus eum coluimus 45, 9. Vid. *Gron. Obs.* 2, 20. Adversus quae singula quum respondere haud facile esset 8, 32. *cf.* 44, 27. Gaditanis — remissum, ne praefectus — mitteretur, adversus quod iis — convenisset 32, 2. Adversus advocatos in consilium considere jussit 45, 7. Contumacia adversus contemnentes humilitatem suam nobiles certavit 9, 46. Quid autem esse duo prospera in tot saeculis bella Samnitium adversus tot decora populi Romani 7, 32. *i. e. ad, s. in comparatione) cum t. d. p. R.* Nec gloriandi tempus adversus unum est 22, 39. *i. q. apud, s. coram.* Adversus aedes publicas 43, 16. *(e regione.)* Aliae *(naves)* adversus urbem ipsam *(Karth.)* — delatae sunt 30, 24.

. ADVERTERE 24, 48. Quam multarum rerum ipse ignarus esset, ex comparatione tam ordinatae disciplinae animum advertit. Vid. *Clav. Ciceron. in h. v.* Adverteratque ea res etiam Sabinos tanti periculo viri 1, 12. *i. e. acciverat.* Vid. *Tacit. Annal.* 3, 17. [*immo* converterat illuc animos oculosque Sabinorum, *ut bene Lipsius interpretatur ad Taciti Annal.* 12, 51. Vid. *idem ad Tac. Ann.* 2, 17. *et Otho ad Gifan. Obs. L. L. p.* 21. *s.*]

ADULARI 45, 31. *Adulando* aut Romanorum imperium, aut amicitiam regum, sibi privatim opes oppressis faciebant civitatibus. *Aut simpliciter dictum, aut cum casu quarto functum, rarius est.*

ADULATIO 9, 18. Desideratae humi jacentium adulationes, *i. q. adorationes.* Vid. *Adsolvere.* Pars altera regiae adulationis erat 42, 30.

ADULTERINUS 40, 23. Super cetera scelera, falsas etiam literas, signo adulterino T. Quinctii signatas, reddiderunt regi.

ADULTUS. Vid. *Adolescere.*

ADUNCUS 1, 18. Baculum sine nodo aduncum tenens. *(Lituum.)*

ADVOCARE 4, 1. Confestim *(Canuleius)* ad concionem advocavit. *cf.* 3, 34. Populus in concionem advocatus 42, 33. Classicoque extemplo ad concionem advocavit 8, 32. Concione extemplo advocata 8, 21. *(De castris.)* Vid. *Concio.* Extemplo advocato concilio 1, 6. Concilium

magno cum tumultu *advocatur.* — — Revocatis deinde ad concilium Latinis etc. 1, 51, 52. Introductum *(Perses)* in tabernaculum adversus advocatos in consilium considere jussit 45, 7. Deosque ab se duobus proeliis haud frustra advocatos 8, 33.

ADVOCATIO 3, 47. Cum ingenti advocatione in forum deducit. *pro* advocatorum numero.

ADVOCATUS 38, 33. Ierunt alii etiam illustres viri et advocati privati. *cf.* 3, 44. 26, 48. Ad subsellia tribunorum res agebatur. Eo — Popillius — advocatus — venerunt 42, 33. Ex advocatis *(Manlii)* judices facti erunt 6, 19.

ADVOLARE. Vid. *Avolare.*?

ADVOLVERE 8, 37. Genibus se omnium advolvens. *cf.* 28, 34.

AEDES *it.* AEDIS *in casu recto.* Aedis Apollini pro valetudine vota est 4, 25. Rhodiorum sociorumve quae *aedes aediciaque* intra fines regni Antiochi sunt 38, 38. *cf.* 1. 33. *Quomodo differant, de eo.* Vid. *Nooditii Obs.* 1, 10. Inque ea pugna Jovis Statoris aedem votam — sed fanum tantum, id est, locus templo effatus, sacratus fuerat 10, 37. Aedes liberae 30, 17. *i. e. gratuito habitandae. cf.* 42, 1. Vid. *in v. locus, it. liber.* Ut omnes aedes sacrae aperirentur 45, 2. *(Ob victoriam de Perseo.)* Aedes, quae ipsum comitesque ejus benigne reciperent, conductae 45, 44.

AEDITUUS 30, 17. Ut aeditui aedes sacras omnes tota urbe aperirent. *cf.* 25, 7.

AEDIFICARE 26, 1. Ne in oppidis hibernarent, neve hiberna propius ullam urbem — aedificarent. Hibernacula aedificari coepta 5, 2. Promiscue urbs aedificari coepta 5, 55. Vid. *Navis.*

AEGER 9, 29. Qui graviter aeger Romae restiterat. Gravi et periculoso morbo aeger 42, 28. *Omnino aeger de corpore saepius Livio dicitur* [conf. *Clav. Cicer. v. aeger*] *nec est Latinis aegrum inter et aegrotum ea differentia, quae inter aegrotationem et aegritudinem est.* [Vid. *Mos.*] Consolantur aegram animi 1, 58. *cf.* 2, 36. 30, 15. Quum utrumque ipsi pro remedio aegris rebus discordia intestina petissent 9, 30. Vid. *Artifex.*

AEGRE 1, 9. Aegre id Romana pubes passa. *cf.* 6, 39. Nunciarunt, caedem C. Flaminii consulis — adeo aegre tulisse regem 22, 37. Nisi aegre victa pertinacia foret 2, 27.

AEGRITUDO 1, 9. Aegritudinem animi dissimulans *(Romulus).* [*Cicero Tusc. Quaest.* 3, 10. *Aegrotationem corporis, aegritudinem animi dicit. Conf. Nonius Marcell. p.* 443. *Merc. Sed ista differentia non est perpetua.*]

AEMULARI 1, 18. Quem *(Pythagoran)* juvenum aemulantium studia coetus habuisse constat. *i. e. sequentium.* Caeteros ad aemulandas virtutes acuit 7, 7.

AEMULATIO 44, 24. Non ea regum aemulatio, ut æquo animo Persea tantas adipisci opes, tantamque gloriam, quanta Romanis victis eum manebat, Eumenes visurus fuerit.

ÆMULUS 21, 41. Æmulus itinerum Herculis.

ÆQUALIS 5, 52. Sacra, æqualia urbi, quædam vetustiora origine urbis. Per calonem quemdam æqualem Hieronymi, etiam inde a puero etc. 24, 5. Nec enim aut lingua aut moribus æquales abhorrere 40, 57. *Sed Dukero et Creverio delenda vox æquales videtur.* Ducere exercitum æqualem stipendiis suis 30, 28. Urbem in æternum conditam fragili huic et mortali corpori æqualem esse 28, 28. Imber — lentior deinde æqualiorque accidens auribus 24, 46.

ÆQUARE 6, 18. Solo æquandæ sunt dictaturæ consulatusque, ut caput attollere Romana plebes possit. Quum æquassent aciem 3, 62. *i. e. longiorem aciem suam hostili esse noluissent.* Mox plures simul conferti porta effusi æquaverant certamen 29, 34. *i. e. non inconditi nec pauci, sed numero pares erant.* Rem metu Romanorum equitum inclinatam æquavit 34, 14. Jamque æquato Marte singuli supererant 1, 25. Aliquamdiu æquatus inter omnes terror fuit 3, 36. Æquato jure omnium 2, 3. Se — omnibus summis infimisque jura æquasse 3, 34. Sub titulo æquandarum legum 3, 67. Per somnum vinumque dies noctibus æquare 31, 41. Æquasse eum Apii odium 2, 27. *i. q. in eodem odio, quo Appius, esse, æque invisum esse.* Ad solatium æquatæ repulsæ 10, 37. Magnitudini (*regii nominis*) semper animum æquavit 33, 21. Pro *magnitudinem semper animo æquavit. Itaque etiam sic legi volebat Dukerus. Sane poëticum illud videtur. Sed multa sunt apud Livium poëtis, quam aliis scriptoribus, usitatiora.* (*Postumium*) devotioni P. Decii consulis, aliis claris facinoribus æquabant 9, 10. *Pr. Postumii devotionem.* Vid. *Stroth. ad* 5, 23. *c.* Si qua alia arte cognomen suum (*Maximus*) æquavit, tum maxime bellicis laudibus 10, 3. *i. q. implevit.* Etsi omnia flammis ac ruinis æquata vidissent 5, 42.

ÆQUATIO 8, 4. Si societas æquatio juris est.

ÆQUE 5, 3. Umquam æque, quam munere Patrum in plebem. *conf. cap.* 6. Æque segniter molliterque 29, 19. Nec quidquam aliud æque, quam mœnia ipsa sese defendebant 26, 45. Quum — legatum æque sontem (*scil.* ac tribunos), aut magis etiam, in ea potestate reliquerit 29, 19. Sententiam deinde æque trucem orationi adjecit *ibid. conf.* 45, 22.

ÆQUIPARARE 37, 53. Ut nemo — me æquiparare possit. *i. q. æquare, quod est in eodem capite.*

ÆQUUS 5, 38. In æquo campi. Æquior vallis 44, 5. Detrahere ad æquum certa-

men 22, 13. *i. q. in æquum locum, planiciem.* Ut quibus locus æquior esset 25, 13. *i. e. opportunior.* Et tempore et loco æquo 26, 3. *i. q. idoneo, commodo.* Locus procul muro, satis æquus agendis vineis 21, 7. Assuestis æqui audire 5, 6. *i. e. faciles, faventes.* Æquam pugnam sustinere 9, 12. *h. e. ita ut maneat æqua.* Vid. *frons, it. æquare. conf. Virgil. Æn.* 5, 157. Ibi varia victoria, et velut æquo Marte, pugnatum est 2, 6. Æquis manibus — diremistis pugnam 27, 13. Ut (*præda*) quam æquissima esset 38, 23. Adeo in æquo eum duarum — gentium — imperatoribus posuerunt (*Philopœmenem*) 39, 50. In æquo hostes vestri nostrique apud vos sint, ac nos socii, immo ne meliori jure sint 39, 37. Reddita æqua Cannensi clades 27, 49. Æqua libertas 4, 5. *i. q. æqualis.* Ut qui ex æquo nos venisse in amicitiam meminissemus 7, 30. Neque ut æquo tamen fœdere, sed, ut in ditione populi Romani essent 9, 20. *Conf.* 9. 4. *Sic Tacitus Vit. Agric.* 21. ex æquo agere *dixit Britannos i. e. non obnoxios Romanis, sed sui juris, ut æquum fœdus postulare possent.* Omnia æqua ac plana erant Romano in perfidum hostem pugnanti 9, 3. Nec facturum æqua Samnitium populum, censebant, si etc. 7, 31. Ut imperare illis æquum censeatis 6, 18. *i. e. propter fortitudinem vestram etc.* Eam (*concordiam*) per æqua, per iniqua, reconciliandam civitati esse 2, 32. Æquos adhiberent animos ad pacem accipiendam 44, 29.

ÆRARIUM 27, 10. Aurum vicesimarium, quod in sanctiore ærario ad ultimos casus servabatur, promi placuit.

ÆRARIUS 9, 34. Quum, ira finitæ potestatis, Mam. Æmilium, principem ætatis suæ belli domique, ærarium fecerunt, *i. e. ærario obnoxium, jūriumque libertatis expertem.* Vid. *Cel. Strothium ad* 4, 24.

ÆRATUS 38, 35. Ærata clipea. *Drakenborchius legi vult aurata. conf.* 35, 10. Vid. *Auratus, it. clipeum.* Lecti ærati 39, 6.

ÆS 5, 7. Voluntariam extra ordinem professi militiam æra procedere, *i. e. stipendia.* Vid. *Gronov. ad* 5, 48. *conf.* 5, 4. Æra militibus constituta 5, 2. Vid. *Clav. Ciceron. in v. æs.* Equiti certus numerus æris est assignatus 5, 7. Ei centum millia gravis æris dari Patres jusserunt 32, 26. Vid. *Salmas. de usur. p.* 574. *Perizonius de ære gravi §.* 18. 24. [*Inprimis Kuster. in Biblioth. Sel.* (*Bibliothèque Choisie*) *Jo. Clerici, Tom.* 24. *P. I. pag.* 119. *sq.*] Libraque et ære liberatum emittit 6, 14. Ingens strepitus e muris ortus ululantium mulierum cum crepitu undique æris 43, 10.

ÆSTIMARE 41, 20. Quibusdam honoratis magnoque æstimantibus se. *i. e. existimantibus, egregio se honore et præmio dignos esse.* Non latinum est de sententia

12

*Duberi, nec Livio dignum, quod mihi secus videtur.* [*Facilis mutatio :* magnique. *Sed accedo Ernestio.* Vid. *Mox*] Quæ munera quando tandem satis grato animo æstimaturos 6, 3J. Suam quoque noxam pari pœna æstimatam rati 28, 31. Voluntatis nostræ tacitæ velut litem æstimari vestris inter vos sermonibus audio 45, 24. *Gronovius malebat* voluntati. *Enimvero utraque constructio bene latina est, etiam auctore Cicerone.* Vid. *Drakenborchium ad h. l. Ceterum sensus hic est : malæ voluntati pœnam statui, vel quæri, qua pœna sit digna.* Conf. 23, 9. Est aliquis, qui se inspici, æstimari fastidiat 6, 41. *De candidatis honorum.* Magno te æstimaturum, si scire vera omnia possis 40, 55.

ÆSTIMATIO honoris 3, 63. *h. e. utrum dignus aliquis eo honore sit, an minus. Æstimatio æquis rerum pretiis* liberavit 7, 21. *sc. inertiam debitorum.* Vid. *Jul. Cæs. B. C. 3,* 1. Legem de mulctarum æstimatione — ipsi præoccupaverunt ferre 4, 30. In æstimationem urbs agerque venit 5, 25.

ÆSTIMATOR 34, 25. Incautior (*Damocles*) fidei æstimator fuit.

ÆSTIVUS 5, 6. Aves æstivæ. Æstiva sub tectis equitatus 23, 34. (*verba Scipionis.*) Ne tamen segnia æstiva essent 37, 5. Per æstivos saltus deviosque calles exercitum ducimus 22, 14.

ÆSTUS flagrantissimus 44, 36. Vid. *Increscere.* Tres (*quinqueremes*) in fretum avertit æstus 21, 49.

ÆTAS tredecim annorum 9, 18. *i. e. regimen Alexandri M.* Hominis ætatem duratura magnitudo erat 1, 9. Quum primum in ætatem veni, pater mihi uxorem fratris sui filiam dedit 42, 34. *Sic Græci :* ἐν ἡλικίᾳ ὖναι, *i. e. ætatem militarem habere.* [*Propius accedit* τῆς ἡλικίας ἔρχεσθαι, *de quo Toup. ad Longin.* p. 381. *et in Ind. v.* Εἰς ἡλικίας ἐλθεῖν.] *Sic Cicero :* in ætatem venire. *Idem* ætatem pro adolescentia *dixit Off.* 2, 13. [Vid. *Clav. Ciceron. h. v.*] Ætas militaris 28, 19. *Pro hominibus militari ætate.* conf. 4, 60. Ætas omnis obvii currere 27, 51. Quum vinum animos, et nox et mixti feminis mares, ætatis teneræ majoribus discrimen omne pudoris exstinxissent 39, 8. Quid se id ætatis sollicitassent 10, 24. *i. e. adeo senem ad consulatum accipiendum sollicitassent.* Florem ætatis — quem ipse patri Hannibalis fruendum præbuit 21, 3. Exacta ætate 2, 40. *i. q. in senectute.* conf. 30, 26.

ÆTERNUS 3, 16. Æterni hostes Æqui et Volsci. Ne æterna illis licentia sit 3, 9. In æternum urbe condita 4, 4. *conf.* 28, 28. 34, 6. Quæ (*nox*) pæne ultima atque æterna nomini Romano fuerit 6, 17.

AFFATIM 23, 16. Agri affatim materiæ præbebant. Affatim lignorum 10, 25. *It.* pecuniæ 23, 5. *conf.* 9, 35. 27, 17.

AFFECTARE regnum 1, 46. *i. e. non appetere modo, verum etiam occupare.* Affec-

tare eum imperium in Latinos 1, 50. Bellum Hernicum affectans (*dictator*) 7, 3. Potiundæ Africæ spem affectantem (*ducem Romanum*) 28, 18. *Forma dicendi sane insolentior.* Se exercitumque suum gravi morbo affectari 29, 10. *Nisi vero legas afflictari vel attentari : rarius enim illud est.*

AFFECTUS 28, 26. Quem (*imperatorem*) affectum visuros crediderant. *Simpliciter dictum pro imbecillo e gravi morbo.* Vulnere affectum corpus 1, 25. *It.* 9, 3. *de senectute.* Vires corporis affectæ 5, 18. Refectusque miles, hibernis itineribus affectus 22, 9. Affectæ Veienti bello reipublicæ remedio fuit 5, 52. Affectos animos (*Saguntinorum*) recreavit repentina profectio Hannibalis in etc. 21, 11. *i. e. ægros, ansios metu.* Tributum ex affecta re familiari pendant 5, 10.

AFFERRE 2, 36. In forum ad consules lectica affertur. Vid. *Verbera.* Mortuus Romam allatus 14, 16. Litteræ allatæ ab urbe 22, 11. Sic enim domo mandatum (*legati*) attulerant 7, 31. Multa diem tempusque afferre posse 42, 50. Congruentia ad consulem afferentes 9, 31. Alii, majorem afferentes tumultum nuncii occurrunt 27, 33. *Conf.* 41, 9. Cælum arsisse afferebant 31, 12. *Conf.* 30, 29. 42, 67. Quonam se pacto paucos et infirmos crederet præsidio tam valido et armato vim allaturos 9, 16. Qui vestris studiis, quæ in campum ad mandandos, quibus velitis, honores affertis, moram ullam offerret, etc. 24, 8. Multa nobiscum decora (*in sacerdotum numerum*) adferimus 10, 8.

AFFICERE 8, 9. Hostesque populi R. Quiritium terrore, formidine morteque afficiatis. Deditos ultimis cruciatibus affecturi fuerunt 21, 44. Exercitus, qui Arimini pestilentia adfectus erat 41, 5.

AFFIGERE 41, 18. Quæ inanima erant, parietibus affigunt. *Sermo est de corruptione et fractione. Nisi vero cum nonnullis, probante Drakenborchio, legere malis affigunt. Omnino confunduntur hæc duo verba. Itaque etiam* 21, 35. *Pro hærere afflicti vestigio suo sunt qui legi velint* affixi. Repetitumque sæpius cuspide ad terram affixit 4, 19. Attollentem se ab gravi casu, Manlius ab jugulo, ita ut per costas ferrum emineret, terræ affixit 8, 7. *Conf.* 29, 2. Clipeusque de columnis et signa militaria affixa omnis generis demsit 40, 51. Vid. *Figere, it. Antefixa.* Hærete affixi concionibus 3, 68.

AFFINIS 43, 16. Sociusve aut affinis ejus conductionis esset. Ne quis affinis ei noxæ esset 39, 14. Massæsyli, gens affinis Mauris, in regionem Hispaniæ — spectant 28, 17. *i. q. confinis.*

AFFIRMARE *Præf.* ea nec affirmare nec refellere in animo est. *i. e. approbare. Rem* veterem pro *certo* affirmare 1, 3. *Notetur generum diversitas.* Fortuna tum urbis crimen affirmante 2, 12. Affirmata

13

res mea opinione 37, 48. Ea res utique Trojanis spem affirmat 1, 1. *i. e. spem certam facit.* Ut etiam atque etiam promissa rebus affirmarent 22, 13. Affirmavit petendo ut etc. 32, 35. Affirmata certe eo casu Tullii apud dictatorem fides est 7, 14. Consul affirmavit errorem 10, 41.

AFFLARE 21, 54. Afflabat acrior frigoris vis. Terga tantum afflante vento 22, 48. Saucii afflatique incendio effugerunt 30, 6. *Paullo ante* ambusti *dicuntur.* Vid. *in v. sq.*

AFFLATUS 39, 22. Ignes cælestes adussisse complurium levi afflatu vestimenta. Correpti alii flamma sunt, alii ambusti afflatu vaporis 28, 23.

AFFLIGERE Vid. *Dicta ad v. Affigere.* Præsidium regiæ afflictæ 1, 39. Recepturum se afflictas res 25, 27. Afflictis civium suorum fortunis consuluisse 2, 24. Post afflictam rem Romanam 23, 11. Cadentem navim ita undæ affligebat 24, 34.

AFFLUERE 39, 31. Ut quæque potuerant, copiæ affluebant. *i. e. accurrebant.* Nisi effuse affluant opes 3, 26. *i. q. abundent.* Ex eo, quod affluit opibus vestris, sustinendo necessitates aliorum 6, 15.

AFFULGERE 9, 10. Lux quædam affulsisse civitati visa est. Et mihi talis aliquando fortuna affulsit 30, 30. Ex insperato gaudium affulsit 30, 10. Affulsit repentina spes 23, 32. Conf. 32, 19. *It.* 42, 65. Cæli ardentis species affulserat 43, 13. *Nisi cum Gronovio, probante Burmanno,* effulserat *legatur.*

AFRICANÆ *scil. pantheræ* 44, 16. *Nimirum, quia in Africa frequentes fuerunt, indeque in Italiam transvectæ.*

AGEDUM 38, 47. Mittite agedum — et quærite. *Sæpius plurali jungitur, ut* age *pro* agite, *ut* inquit *pro* inquiunt. Agedum lictor, excide radicem hanc 9, 16. Recognoscat, agedum, mecum, etc. 44, 38. Conf. 7, 9.

AGEMA 37, 40. Addita his ala mille ferme equitum: agema eam vocabant. Conf. 42, 58. [Vid. *Wesseling. ad Diodor. Sic. T. 2. p. 204. 338. sq.*]

AGER campester 30, 2. *Oppos. collibus* 10, 2. Conf. 40, 53. Uberrimo agro — — mansuefacta est feritas 38, 17. Prorogatio imperii ab duce eorum Capye, vel (quod propius vero est) a campestri agro appellatam 4, 37. Conf. 10, 2. *It.* 41, 12. Vid. *Campester.* Ad quem *(agrum)* instruendum vires non essent 6, 5. Agrum locare frumento 27, 3. *i. e. ut coloni pendant frumentum, non pecuniam.* Hostem in agris non invenit 8, 3. *i. e. agro scil. Romano, qui est idem cum territorio, quod nos dicimus.* Triumviri agro dando 3, 1. *Vos ager omissa: qui* — in Crustuminum nomina darent 1, 11. Vid. *Recognoscere.*

AGERE 30, 9. Stimulante fortuna raptim agebantur. Quæ ferre atque agere possent, præ se agentes portantesque 38, 18. Conf.

3, 38. 22, 3. 31, 30. [*Græcorum ἄγειν καὶ φέρειν. Alibi* agere ferre, *copula neglecta. Tacit. Histor.* 1, 2. Agerent ferrent cuncta. *ubi debebat audiri Gronovius Observ. pag.* 633. *Sat frequens commissio verborum* ferre, verrere, vertere.] Cloacamque maximam — sub terram agendam 1, 56. *It. de cuniculis.* Vineas agere instituit 21, 7. Vid. *Vinea.* Quos falsis criminibus in arma agant 6, 15. Ceteros ad certamen egit 9, 41. Romulus et ipse turba fugientium *(suorum)* actus 1, 12. *i. e. fugere coactus.* Effusos egerat Romanos 1,12. Vid. *Indago.* Agere in exsilium 1, 49. Multis millibus armatorum actis ex ea regione 44, 31. Pro coactis, *uti suspicatur legendum Gronovius.* Ut ipsi ex alieno agro raperent agerentque 22, 1. Inde eos — hostilem in modum prædas agere 1, 5. Ferre, agere plebem plebsque res 3, 37. Raptim agmine acto 23, 36. Conf. 2, 36. 7, 37. 21, 6. 41. 25, 9. Levibus prœliis cum Gallis actis 22, 9. Bella, quæ continua per quartum jam volumen — agimus 10, 31. *i. e. persequimur enarrando.* In littus passim naves egerunt 22, 19. *h. e. appulerunt.* Conf. 9, 37. Ne desperata venia hostes cæcos in perniciem eorum ageret 9, 14. Velut nocturna solitudine per urbem acta 23, 25. Agere urbis custodiam 5, 10. Censum agere 40, 46. Diis immortalibus laudesque et grates egit 26, 48. Conf. 27, 13. Rhodios nuncio in orbe terrarum arbitria belli pacisque agere 44, 15. *Alibi Livius :* pacis ac belli modum facere 9, 14. Sed id honoris Deûm immortalium causa libenter acturos, ut ædiles fierent 6, 42. Fides agi visa 7, 31. Qui se sine legibus certis, sine magistratibus agere querebantur 9, 20. Conf. cap. 25. Quippe imperium agebatur in tam paucorum virtute atque fortuna positum 1, 25. Suspensique de statu alterius uterque consul ageret 9, 43. Sic enim *agere* debent, qui mercenario milite utuntur; at nos, tamquam *cum* civibus *agere* volumus; *agique* tamquam cum patria nobiscum æquum censemus 5, 4. Quando lege agi posset, 9, 46. Quando — et fortuna hoc egit mea 5, 44. *( Scil. ut civis ego vester essem.)* Is, qui jumenta agebat 1, 48. Carpentum egisse fertur *ibid.* Prorogatio imperii — et acto honore triumphus 8, 26. Cum trigeminis agunt reges, ut etc. 1, 24. Is, tamquam reos ageret, ab anteacta vita orsus 24, 25. Quia aliquando, nihil cum populo agi, utile futurum erat 1, 19. Quum maxime hæc in senatu ageruntur 4, 3. Conf. 7, 31. Agebatur de conditionibus 8, 37. *i. e. ambigebatur, disceptabatur.* Agere rogando suadendoque 2, 2. *Eleganter dictum,* pro rogare et suadere, simpliciter. Non imperio modo, sed consilio etiam, ac prope precibus agens cum magistro equitum, etc. 22,18. Eamdem publice curationem agens; quam privatim agendam susceperat 4, 13. Quid ita solus ego civium curam ago? 6,15.

14

Ut qui alio nomine permultos annos imbelles egissent 9, 45. Ibique hiberna egerunt 9, 28. Nec tranquillior nox diem tam
foede actum excepit 5, 42. Hæc quum ab
optimo quoque pro atrocitate rei acta
essent 25, 4. *i. e. cum vehementia quadam
ex indignitate orta.* Apud concionem togatam et urbanam prius rens agitor 45, 37.
Nec dubia, argumentis colligendo, ago 40,
9. *i. e. persequor, ut ad verum perveniam.*
Canticum egisse aliquanto magis vigente
motu 7, 2. Hæc simul jurgans, querens,
Deûm hominumque fidem obtestans, et
complexus filium plurimis cum lacrimis
agebat 8, 33. Passim omnes clamoribus
agunt 2, 45. Vid. *Præceps.*

AGGRAVARE 6, 27. *Aggravantibus* summam etiam invidiæ ejus tribunis plebis,
quum ab iis *elevaretur,* quibus, etc. *Conf.*
44, 7. Regno prope — *in cervices accepto.*
Unum abfuit bellum externum, quo si ag-
*gravatæ* res essent, etc. 4, 12. Inopia
aggravari socios 24, 36. Alii: *inopiam
aggravari sociorum.*

AGGREDI 1, 42. Aggrediturque inde *ad
pacis* longe maximum opus. *Forma dicendi etiam Ciceroni usurpata.* Castra
Romanorum oppugnare simul omnibus
portis aggressi sunt 40, 25. Obsecundando
mollire impetum aggrediebantur 3, 35.

AGGREGARE 30, 11. Quum aut vincen-
tibus spes, aut pulsis ira aggregat suos.

AGITARE 43, 17. Achaico concilio
Argis agitato. Domesticas agitet *(animo)*
curas 21, 41. Quum de foedere victor agitaret 9, 5. De inferendo bello agitat 9, 27.
*Conf.* 25, 36. Agitare in animo bellum
21, 2. Agitatum contentione ipsa exacerbatumque 8, 33. Delectu acerbo juventutem agitavit 7, 2. Sæpius ultro citroque
agitantibus rem conventuram 30, 3. Amens,
agitantibus furiis 1, 48. Quem nisi Sagun-
tinum scelus agitaret 21, 41.

AGITATIO. Vid. *Exsultatio.*

AGLASPIDES 44, 41. A tergo cætratis
erat, frontem adversus clipeatos habebat:
aglaspides appellabantur. [*Corrupta vox,
corrigenda illa, non in Glossarium pro
bona inferenda. Accedo Gronovio.*]

AGMEN 6, 32. Prius itaque moenia intravere hostes, quam Romanus extrema
agminis carpere aut morari posset. *(De
exercitu iter faciente.)* Agmen Romanum
30, 6. *(De exercitu pugnante ac cædente.)*
Navium agmen ad excipiendum adversi
impetum fluminis parte superiore transmittens 21, 27. Cæduntur in portis, suomet
ipsi agmine in arto hærentes 34, 15. Vid.
*Virgil. Æn.* 11, 879. *sqq.* Agminibus
magis, quam acie, pugnatum est 29, 36.
*Conf.* 33, 9. Mugis agmina, quam acies
in via concurrerunt 21, 57. Raptim agitur
agmen 7, 37. *Conf.* 21, 41. Laxum atque
solutum agmen 22, 50. Compressis ordi-
hibus — utroque continente agmine 8, 8.
*De triariis pugnam suscipientibus.* Foedi

agminis miserabilis via 9, 5. Eunt agmine
ad urbem 3, 50. *Conf.* 7, 12. 33, 6. Exercitus infesto agmine ruere ad urbem 3, 5.
Redeuntes agmine incauto 9, 38. Conf.
35, 4. Agmine inexplorato euntem insidiis
circumventum 26, 3. Juvenes per mediam
concionem agmine ingressi 1, 6. Accepti
in urbem agmine in forum descendunt 3,
18. *Conf.* 2, 28. Agmen demittunt 9, 27.
Præcedens militum agmen ad tribunal pergit 7, 13. *Conf.* 3, 51. Quo *(in campum
Martium)* repente principes senatorum
cum agmine venerunt civitatis 40, 45. Uno
agmine abierunt 9, 30. *(De tibicinibus ex urbe profugis).* Mulierum ac spadonum agmen trahentem *(Darium)* 9, 17.
Unoque agmine feminæ obsidebant 34, 8.
*Rara, ut res, ita dicendi forma; nam ut ex
positis apparet, de motu agmen dicitur. Sed
tamen etiam* 6, 38. *Dictator dicitur* stipatus agmine patriciorum consedisse. *cf.* 6,
30. Aliquoties impetu capto perrumpere
non poterat hostium agmen *i. e. stabilem
aciem.* Quæ *(familia)* Gallorum agmen ex
rupe Tarpeia dejecit 7, 10. *De paucissi-
mis.* Agmen cogere 37, 29. *(De classe.)*
Ingenti itinere agminis 32, 13. Agmen
fugientium 31, 41. Agmine tacito 21, 46.
*It.* silenti 25, 39. Vid. *Incessus.*

AGNOSCERE 26, 6. Nihil ad eam spem
agnoscentem, *scil.* matrem. *i. e. spem sibi
factam vanam esse existimantem.* Nomine
(*T. Quinctii*) audito, extemplo agnovere
virum: et, quod bene verteret, acciri jusserunt 7, 39. Necdum enim (*Eumenes*)
agnoverat, qui postea regnavit 45, 19. *i. e.
pro legitimo eum filio habuerat, ut successorem destinaret.*

AGRARIUS triumvir 2, 41. Priusquam
ab tribunis plebi agrariæ seditiones, mentione illata de agro — dividendo, fierent 4,
47. Agrarii in spem legis erexerant 3,
1. *h. e. ii, qui divisionem agrorum expete-
bant.*

AGRESTIS 5, 53. Ritu pastorum agres-
tiumque. Vid. *Arare.* Nolani agrestes 9,
38. *Oppos. Samnitibus. militibus.* Agrestis
taurus, qui pecore aberrasset 41, 13.

AIN' tandem 10, 25. Vid. *Stroth. ad h. l.*

ALA 9, 41. Umbonibus incussaque ala
sternuntur hostes. *Ala est, de sententia
Lipsii, ea pars humeri brachiique* (axilla)
*qua adjutrice in conflictu et pugna cominus
clipeus in hostem impellitur.* Equitum sacræ alæ 42, 58. *Creverius putat esse regias,
tuentes regis corpus, ut vocantur* 36, 40.
*Conf.* 44, 42. Aquila suspensis demissa
leniter alis 1, 34.

ALACER 6, 24. Et adhortatio in vicem
totam alacri clamore pervasit aciem.

ALACRITAS 2, 10. Clamor Romano-
rum, alacritate perfecti operis (*rupti pontis*)
sublatus.

ALARIS 10, 40. Cohortes alares, *i. e. pe-
ditatus sociales.*

ALARIUS 40, 40. Alarii equites, post-

15

quam Romanorum equitum tam memorabile facinus videre. Vid. *Virgil. Æn.* 11, 604. [*Ubi Servius:* ALA CAMILLÆ. Equitatus. *Alæ* autem dicuntur equites, quod alarum vice pedestrem exercitum tegunt. *Conf. Cincium ap. Gell. N. A.* 16, 4.]

ALBANUS mons 1, 3. *Is, qui postea Albanus dictus est.*

ALBUM 9, 46. Fastos circa forum in albo proposuit. *Conf.* 1, 32.

ALBUS 40, 51. Columnasque circa poliendas albo locavit.

ALEA 31, 35. Tam celerem aleam universi certaminis timens. Aleam belli, tutam fore ratus 37, 36. In dubiam imperii servitiique aleam imus 1, 23. Se, — duos simul filios non commissurum in aleam ejus, qui proponeretur, casus 40, 21. In aleam tanti casus se regnumque daret 42, 50. Ne summam rerum in non necessariam aleam daret 42, 59.

ALERE 34, 9. bellum se ipsum alet. (*De sumtibus in bellum faciendis.*) Rumores credulitate vestra ne alatis, quorum auctor nemo exstabit 44, 22. Alitus atque educatus 30, 28. Vid. *Feritas.*

ALES 1, 34. Eam alitem (*aquilam*) venisse.

ALIAS 2, 22. Numquam alias ante publice privatimque. Vid. *in v.* adverbia. Rationes *alias* reposcito, *nunc* auctoritate veteris imperatoris contentus eris 44, 36.

ALIBI 2, 23. Exprobrantes suam quisque alius alibi militiam. [Vid. *Circa.*] Nolle alibi, quam in innocentia, spem habere 7, 41. *i. e. in alia qua re. Conf.* 2, 39. 30, 35. 43, 9. Non parvo numero inter *auctores* discrepat. *Alibi* decem millia — alibi — alibi — invenio 29, 25.

ALIENARE 44, 27. Gentium regem sibi alienavit. Quæ res utique alienaret plebem periculosissimo tempore 2, 30. *Conf.* 30, 24. Ira alienavit a dictatore militum animos 8, 35. Ne quis quem civitatis mutandæ caussa suum faceret, neve alienaret 41, 8. *i. e. mancipio daret. Conf.* 25, 36. Alienatus ad libidinem animo 3, 48. *Nisi legendum* alienato, *ut est in edd. quibusdam, it.* ab libidine *i. e. ob libidinem, aut,* libidine, *absolute.* Galli — velut alienata mente, vana incassum jactare tela 10, 29. *i. e. consternati.* Hostes simul ignis, clamor, cædes, velut alienatos sensibus, nec audire nec providere quidquam sinunt 25, 39. Junonis — iram ob spoliatum templum alienasse (*scil. ei*) mentem 42, 28. Alienato ab sensu animo 2, 12. Prius quam alienarentur omnia 21, 60. *i. q. desererentur.* Pars insulæ, velut munitissima, prodita atque alienata 24, 22. *i. e. relicta.*

ALIENIGENA 3, 10. Pericula a conventu alienigenarum prædicta. *Conf.* 1, 50. Exercitus alienigena 26, 13. *It.* 29, 10. *Fratri* — summa vi restitisse, *alienigenis* bene parto eo (*regno*) cedere 42, 50.

ALIENUS 5, 5. Necessitate imposita ex alieno prædandi, *scil.* solo. *Sic* hosticum *dicitur.* Vid. *Infra in h. v.* Non alienus sanguine regibus 29, 29. *i. q. propinquus, cognatus.* Sacerdotium — genti conditoris haud alienum 1, 20. Quem (*hostem*) tempus deteriorem in dies et locus alienus faceret, sine præparato commeatu, etc. 7, 12. *Suo* maxime tempore et *alieno* hostibus 42, 43. Ut memores rerum humanarum et suæ fortunæ moderarentur, et alienam ne urgerent 37, 35. *i. q. aliorum.*

ALIMENTUM 35, 23. Addidit alimenta rumoribus adventus Attali, etc.

ALIO 7, 18. Plebem nusquam alio natam, quam ad serviendum. Si nullus alio sit, quam ad Romanos, respectus 42, 46. Alio, ratus, spectare Pythicam vocem 1, 56.

ALIOQUI *it.* ALIOQUIN 35, 21. Saxum ingens, sive imbribus, sive motu terræ leviore, quam ut alioqui sentiretur, labefactatum, etc. *Conf.* 8, 9. Decio caput jecinoris a familiari parte cæsum aruspex dicitur ostendisse : alioqui acceptam diis hostiam esse 8, 9. [*Conf.* 7, 19.] Tumulum — tutum commodumque alioquin, nisi quod — cepit 30, 29. Mors Marcelli quum alioqui miserabilis fuit, tum quod, etc. 27, 27.

ALIQUANDO 45, 23. Nulla enim est civitas, quæ non et improbos cives aliquando habeat. *i. q. interdum.* Ne quid prætermitteretur, quod aliquando factum esset 31, 9. Pro *olim.* Quia aliquando, nihil cum populo agi, utile futurum erat 1, 19.

ALIQUANTO plus 3, 9. *i. e. multo. Conf.* 1, 13. Victorque Romam ad majus aliquanto certamen redit 5, 29. Aliquanto augustior humano visu 8, 9.

ALIQUANTULUM muri discussit 21, 12. [21, 28. *codd. inter* aliquantum *et* aliquantulum *fluctuant.*]

ALIQUANTUM tenebant loci 37, 32. *i. e. plurimum. Conf.* 41, 17. Vide *B. Patruum ad Sueton. Jul.* 86. Aliquantum temporis ad fugam præceperunt 30, 8. Aliquantum iræ lenierat voluntaria deditio 28, 21. *Conf.* 29, 18. *et* 35. Trepidationis aliquantum edebant 21, 28. [*Al.* trepidationem. *Quod Ernestio, ut conjicio, haud videtur displicuisse. Et est sane quo hanc lectionem defendas : sed præstat genitivus.* Vid. *Drakenborch. ad h. l.*] Aliquantum altitudinis excitata mœnia 29, 18. Pro *ad aliquantum.*

ALIQUANTUS 29, 35. In aliquantum maris spatium extenditur. *Conf.* 38, 27. Vid. *Drakenborch. ad* 21, 28.

ALIQUIS 38, 30. Ut aliquâ liberum ad mare haberent aditum. *i. e. aliqua via, aliqua ex parte. Conf.* 10, 5. 26, 27. Aut ipse occurrebat, aut aliquos mittebat 34, 38, *i. e. alios v. alios quos. Conf.* 35, 19. Aliquid improvisum 27, 4. *Conf.* 34, 3. Philippi regnum officere aliquid videtur

16

libertati vestræ 31, 29. Aliquo tempore anni 5, 2. Pro *alio quo, i. e. hieme.* Vid. *quos laudat B. Patruus ad Tacit. A.* 1, 4. [*Clav. Ciceron. h. v.*]

ALIQUISQUAM *it.* ALIQUISPIAM 41, 6. *Vos etiam Ciceroni usurpata.* Vid. *Drakenborch. ad h. l. it. Clav. Ciceron. in h. v.*

ALIQUO 1, 21. Inferre se aliquo. *Vid.* quo. Dare nomina aliquo 1, 11. *h. e. inter eos, qui proficisci s. deduci in eum locum volint.* Conf. 1, 8. 6, 22. 31, 34.

ALIQUOTIES 29, 18. Aliquoties jam inter se signis conlatis concucurrerunt.

ALITER 8, 7. Nec aliter, quam in se quisque destrictam cernentes securim — — quievere. Negabant se aliter ituros, quam si etc. 3, 51.

ALIUNDE 24, 45. Qui aliunde stet semper, aliunde sentiat, infidus socius, vanus hostis. *i. e. qui ab alius partibus stet, etc.*

ALIUS 28, 35. Aliis atque aliis de causis. Nec deinde alios atque alios mittendo tentare eum destitit 43, 23. Quippe qui alii super alios trucidentur 1, 50. Alia super alia 3, 56. Vinci animos, ubi alia vincantur 21, 12. *i. e. muri, munimenta, arces.* Simul desperatione alia salutis 44, 10. *i. e. alius salutis s. alio modo sui servandi.* In eum campum via *alia* per cavam rupem, Romani, demisso agmine, quum ad *alias* angustias protinus pergerent 9, 2. *i. q. alteras, angustias illis contrarias.* Inter primos, quorum concursus alios exciverat, atrox prœlium fuit: alia multitudo etc. 7, 26. *i. e. reliqua.* conf. 1, 12. 3, 17. 5, 55. 6, 1. 7, 19. 9, 4. 24, 1. 40, 12. 41, 8. *et mox.* Aliaque sanctitate et gravitate vitæ hujus matronalis facinoris decus ad ultimum conservavit 38, 24. *cf. cap. 26. et quæ modo laudavimus. male igitur Drakenborchius, cum Burmanno, legit* reliquaque. Donec — statum alium ejus regni formando composuissent 45, 16. Hæc aliaque dicendo 29, 1. Hæc aliaque vociferantes 5, 2. *Ubi Drakenborch. legit,* taliaque. Aliud Antiocho juris statuistis, alio ipsi utimini, 35, 16. Alius exercitus 21, 27. *i. q. reliquus.* — Equitatus 37, 43. — Senatus 27, 11. Alia superbia 1, 57. *i. q. cetera superbiæ argumenta.* Quo *aliæ* partis hominibus animus accederet 24, 27. 'Αρχαϊσμῶς *dictum.* [Vid. *Laurenberg, Antiquar. p.* 19. *b.*] *Sic.* 22, 59. *Pro* nulli umquam civitati *est in quibusdam libris* nullæ. [*Laurenberg. ibid. p.* 300. *a.*] Nihil aliud quam etc. 31, 24. Pro *nihil aliud fecit, quam, ut etc. conf.* 6, 40. Quibus quid aliud quam admonemus? 4, 3. *conf.* 6, 41. Quid est aliud dicere, quod petunt alii etc. 6, 40. Quid est dicere aliud, quia etc. *ibid.* Alius alii exprobrantes 31, 18. Virgis cædi (*scilic.* alii), alii securi subjici 3, 37. [*Ad morem Græcorum, sic omittentium* ὁ μὲν *etc. sequente* ὁ δὶ *etc.*]

ALLABI 23, 16. Angues duo ex occulto allapsi.

ALLATRARE 38, 54. Qui vivo quoque eo allatrare ejus magnitudinem solitus erat.

ALLEGARE 36, 11. Quum patrem primo allegando, deinde coram ipse rogando fatigasset. *i. e. agendo per amicos. Nam privatim allegari homines dicuntur, publice legari.*

ALLEGERE 10, 6. Ut, quum quatuor augures — essent — quinque augures allegerentur *i. e. insuper crearentur, collegæ novi veteribus.*

ALLICERE 1, 47. Allicere donis juvenes.

ALLIGARE 7, 24. Vulnus alligatum, *i. q.* obligatum, *deligatum.* Auxilio incertum finem habituro alligari 37, 26. Fœdere iniquo alligata (*civitas*) 35, 46. *Forte:* illigata. [*Sed vid. Drakenborch.*]

ALLOQUIUM 1, 34. Et ipse fortunam benigno alloquio — adjuvabat. Alloquia sermonem eliciunt 9, 6. *i. e. consolationes.* Ut alloquio leni perlicerent hostes ad dedendam urbem 25, 24.

ALLUERE 24, 33. Achradina, cujus murus *fluctu alluitur.* [*Plin. Epist.* 2, 17, 5.]

ALLUVIES 1, 4. *Aqua super ripam egressa. Itaque cum Gronovio forte melius legeris* eluvies.

ALPES. *Vid.* infamis. *conf. Virgil. Eclog.* 10, 47. *Æn.* 10, 13.

ALTARE, vid. Ara. Altaria *cum foculo commutantur* 2, 12.

ALTER 31, 21. Pars — altera pro *altera* — *altera.* Alterum tantum 10, 46. *conf.* 1, 36. 8, 8. 45, 40. Portaque altera (*alia*) egressus 9, 36. (*De castris*) *conf.* 10, 2. Altera castra Rom. 10, 39. Altera metu dedita hosti; pertinacior in repugnando telis obruta et confixa est 24, 33. Pro *altera pertinacior. Alibi etiam omittitur. Alter numeralibus additum modo pro* primo, *modo pro* secundo *accipiendum videtur. Sic* 33, 21. Attalus *dicitur* altero et septuagesimo anno mortuus. [Vid. *Clav. Ciceron. v.* alter.] Consulum (*alter*) Sulpicius in dextro, (*alter*) Pœtelius in lævo cornu consistunt 9, 27. *conf.* 22, 40. Prœlium fuit, quale inter fidentes sibimet ambos exercitus, *veteris perpetuæque alterum gloriæ,* alterum nuper nova victoria elatum 3, 62. *Drakenborchius caussa subintelligit. Sed non opus est ellipsi. Melius ab* alterum *pendere genitivi dicantur. Sic* 3, 38. *Imperioque inhibendo acriter in paucos præferocis* animi. *conf.* 3, 72. Altera (*pars juventutis*) in regionem, qua effusa populatio nunciabatur: altera, ne cui prædonum obvia fieret, altero itinere ad stationem navium ducta etc. 10, 2. Pro alio. *Sed Drakenborchio placet emendatio Burmanni* avio legentis, *referentisque huc locum Suetonii in Augusto. Immo magis huc pertinet illud Taciti Ann.* 2, 15. Avia Oceani: *ad quem locum vide B. Patruum.*

*Apud Livium autem* 41, 14. *Est :* devio saltu. Melius peribimus, quam sine alteria vestrûm viduæ aut orbæ vivemus 1, 13. [Vid. *ad Plin. Epist.* 1, 7, 3.]

ALTERCATIO 38, 32. Magna ibi non disceptatio modo, sed etiam altercatio fuit. Res diu ducta per altercationem 4, 53. *cf.* 35, 17. Quum res a perpetuis orationibus in altercationem vertisset 4, 6. *conf.* 8. 33. *Nempe altercatio proprie est, quum alternis loquuntur. Inde autem facile rixæ et contentiones oriuntur.* Cum altercatione congressi certamine irarum ad cædem vertuntur 1, 7. Altercatio inter pullarios orta 10, 40.

ALTERNUS metus 26, 25. Pro *mutuo metu. conf.* 33, 26. Alterni versus 4, 53. *i. e. qui per vices canuntur.* Rogando alternis suadendoque 2, 2. Alternis pæne verbis Manlii factum laudantem 8, 30. *i. e. iterum iterumque laudentem.*

ALTITUDO 4, 6. Hanc modestiam æquitatemque et altitudinem animi ubi nunc in uno inveneris, quæ tum populi universi fuit. *i. q. magnitudinem.* Vid. *Stupere.* Ad id fore altitudinem, — ut per præcipitia et prærupta salientes fugerent 27, 18.

ALTUM 44, 10. Nec minus, quam in altum magnitudine Atho mons, excurrit. pro *cælo.*

ALTUS 9, 7. Ingentem molem irarum ex alto animi cientis indicia esse. *Alto animo s. animi opponitur summo vel imo animo ; nisi meram taciturnitatem eo significari malis.* Vid. *B. Patruum ad Taciti A.* 3, 44. Ipse ad altiora et non concessa tendere 4, 13. *Sic Sueton. Jul.* 26. altiora jam meditans. Excelsa et alta sperare 1, 34. *nisi legendum cum Cel. Schellero* ex alite. Gener inde ob altam indolem provecto annis ascitus 21, 2.

ALVEUS 21, 26. Alvei informes. Vid. *Virgil. Æn.* 6, 412. Fluviatiles naves ad superanda vada stagnorum apte planis alveis fabricatæ 10, *Conf.* 23, 34. Allia Crustuminis montibus præalto defluens alveo 5, 37. Amnemque — multorum dierum opere exceptum novo alveo avertit 41, 11. Quia sicco alveo transiri poterat 44, 32. Vid. *Torrens.*

ALUMNUS 21, 43. Alumnus prius amnium vestrum quam imperator.

AMARE 1, 23. Si nos dii amant. Ut amans 38, 24.

AMATOR 39, 42. Ut obsequium amatori venditaret. (*de scorto.*) Amator indulgens 39, 43.

AMBAGES -5, 15. Qui per ambages de lacu Albano jaceret. *scil. verba, sermones.* Per ambages effigiem ingenii sui (*baculum*) 1, 56. Haud per ambages 1, 55. Sexto, ubi, quid vellet parens, quidve præciperet, tacitis ambagibus patuit 1, 54. *i. e. non verborum, sed factorum ambagibus.* Ambages mittere 6. 16. Vix pueris dignas ambages senes ac consulares fallendæ dei exquirere 9, 11. Quum adversus id

quoque misceri ambages cerneret 44, 27. *conf.* 9, 37.

AMBIGERE haud nihil 1, 3. Regni certamine ambigebant fratres 21, 31. Pauca de jure civitatum, de quibus ambigeretur, disseruit 35, 33. Id, de quo verbis ambigebatur etc. 21, 10. Quemadmodum nec nunc sperare regnum, nec ambigere (*certare*) umquam de eo forsitan debeam, quia minor sum etc. 40, 15.

AMBIGUUS 40, 8. Haud ambiguus *res. i. e. unus heres imperii regii ; sine dubio rex futurus.* vid. *Dubius.* Ambiguo favore gratiam victoris spectare 21, 52. *h. e. qui utrique parti ita præstatur, ut neutri plus aut minus tribuatur negaturve.*

AMBIRE 2, 3. Tamquam ad id, quod agi videbatur, ambientes.

AMBITIO 43, 11. Commeatibus vulgo datis per ambitionem. *h. e. ad gratiam a militibus ineundam, eamque nimis captandam. conf. cap.* 14. Sed ne id, quod placebat, decerneret in tantæ nobilitatis viris, ambitio obstabat 5, 36. *Senatorum hæc ambitio erat, quibus jus erat sententiam in senatu dicendi ; i. e. studium benevolentiæ et gratiæ. conf.* 29, 16. Obnoxios imperatores tradi licentiæ atque avaritiæ militari : in uno nimis se per ambitionem peccare 45, 36. *Verissima est Gronovii emendatio sic legentis :* ultro nimis sæpe per ambitionem peccari. *Scil. ab imperatoribus, qui nimis indulgeant militibus, eorumque favorem et gratiam summa ope et intempestive captent.* Vide *Gronovium ad h.l.* Ergo virum, cetera egregium, sequuta, quam in petendo habuerat, etiam regnantem ambitio est 1, 35. Ambitio exarsit 3, 35. Quod jus sibi pridie per ambitionem dictum non esset 3, 47.

AMBITIOSE 1, 35. Petisse ambitiose regnum. *i. e. arte ac studio.* Satis ambitiose partem utramque fovendo 38, 32. *i. e. demerendæ utriusque gratia, præter decorum quidem, honestisque artibus neglectis.*

AMBITIOSUS 2, 27. Patres mollem consulem et ambitiosum rati. *cf.* 43, 14.

AMBITUS 27, 27. Multos circa unam rem ambitus fecerim, si, quæ de Marcelli morte variant auctores, omnia exsequi velim. *i. e. excessus, digressiones.*

AMBO in casu quarto 3, 62. Amborum 3, 59.

AMBURERE 43, 13. Ita, ut nihil ejus (*hastæ*) ambureret ignis. *Vid.* ardere, flamma. *conf. Virgil. Æn.* 2, 682. *Sqq.*

AMBUSTUS damnatione alterius 22, 35. Ambustus prope evasit. *ibid.* Vid. *Semiustus.* Ambusti homines jumentaque — obruerant itinera portarum 30, 6. Vid. *Afflatus.*

AMENS invidiâ 8, 31. Amens, agitantibus furiis etc. 1, 48.

AMENTIA 3, 47. Tanta vis amentiæ verius, quam amoris, mentem turbaverat. *conf.* 23, 9.

16

AMICITIA ac societas 7, 31. Responsum senatus amicitiæ Samnitium memor. *ibid. h. e. in Samnites.* Amicitia familiaris 1, 34. Amicitiæ fœdus 42, 12. *Conf.* 43, 6. Amicitia interior 42, 17. Cum quibus — hospitia amicitiasque de industria junxerat 1, 45. Amicitias immortales, inimicitias mortales debere esse 40, 46. Quæ (*urbes*) in amicitia cum fide permanserant 43, 21. Ex quo in amicitiam populi R. venerit 22, 37. Qui per multos annos in amicitia Rom. fuerant 10, 45.

AMICTUS 45, 7. Pullo amictus illo Perseus ingressus est castra. *Grævius ad Flor.* 4, 2. *Legi vult* cum filio. Vid. *Gronov. ad h. l.*

AMICULUM 27, 4. Reginæ (*dona tulere*) pallam pictam cum amiculo purpureo. Matrem familiæ tuam purpureum amiculum habere non sines? 34, 7.

AMICUS 7. 30. Quod Samnites priores amici sociique facti sunt. Socio atque amico regi 37, 54. *Sciendum autem est, socium plus esse, quam amicum. Etenim, qui socius erat, idem erat amicus; sed non omnis amicus erat socius, qui habebatur singularis honos, non ille omnibus attributus.* Eique (*Antigono*) ea fides, nequaquam amicum Persea, inimicissimum fecerat 40, 54. Quam gravis aut amicus aut inimicus pop. Rom. esset 45, 8.

AMITTERE 7, 13. Ad Alliam fusæ legiones, eamdem, quam per pavorem amiserant patriam, profectæ postea ab Veiis, virtute recuperavere. *cf.* 9, 12. Non reliquiae victores, sed amisisse victi patriam videbimur 5, 53. Si exercitum amisisset 8, 33. *i. e. infelicissime pugnasset. conf.* 3, 30. Ne tanta ex oculis manibusque amitteretur præda 30, 24. *conf.* 29, 31. *Præcipue vero* 31, 18. *Ubi simpliciter dictum est :* hominum prædam omnem amisit : *eodem sensu ; neque enim jam facta erat.* Vid. *Omittere.* Amissa (*incendio*) restituit opera 5, 7. *Reddidere* igitur patriam, et victoriam, et antiquum belli decus *amissum* 5, 51. *pleonasmus scriptoribus brevitatis vel amantissimis usitatus.* Masinissam saucium prope e manibus inter tumultum amisit 29, 32. Amissa omni de se potestate 27, 3.

AMNIS 1, 4. Nec adiri usquam ad justi cursum poterat amnis. *Opponitur* effuso lenibus stagnis. Vid. *Stagnum.* Amnis navium patiens 21, 31. Inflati amnes (*ab continuis imbribus*) tenebant 40, 33. Flumen Allia — Tiberino amni miscetur 5, 37. Ostium amnis 44, 45. Navem eamdem secundo amni Scodram demisit 44, 31.

AMŒNIOR cultus 4, 44. (*Vitio datus Virgini Vestali.*) Vid. *Cultus.*

AMŒNITAS 23, 4. Illecebræ omnis amœnitatis maritimæ terrestrisque. (*De cultu ac victu*).

AMOLIRI 25, 36. Quum amolita objecta onera armatis dedissent viam. Amolior et amoveo nomen meum 28, 28.

AMOR 9, 18. Quid, si vini amor indies fieret acrior?

AMOVERE 5, 51. Sacra in ruina rerum nostrarum alia terræ celavimus, alia, avecta in finitimas urbes amovimus ab hostium oculis. Vid. *Incommode.* Quantum e cœtu congressuque impotentium dominorum se amovissent 3, 38. Non vis hiems ab urbe circumsessa semel amovere possit 5, 6. Melius visum, bellum ipsum amoveri 5, 35. Amotus terror 6, 16.

AMPLECTI 25, 32. Totius simul Hispaniæ amplecti bellum. Campi quoque partem, ubi eques tenderet, amplectebantur 44, 5. *Conf.* 21, 31. Montes — muroque insuper amplexi 41, 18. Amplexus regni nomen 9, 34. *i. e. urgens r. n. et affectans regnum.* Perseo regium nomen omni vi amplectente 45, 4. *i. e. retinente.* Quod autem istud imperium est, decemviri, quod amplexi tenetis 3, 52. Quâ terrarum ultimus finis Rubrum mare amplectitur 43, 9. *cf. cap.* 29. Casus — trepidantes alios — saxa, quibus adhærebant, manibus amplexos, trucidat 5, 47.

AMPLEXUS 36, 17. Quid deinde aberit, quin ab Gadibus ad mare Rubrum Oceano fines terminemus, qui orbem terrarum amplexu finit etc. — *Virgil. Æn.* 1, 287. *Imperium Oceano, famam qui terminet astris.*

AMPLIARE reum 44, 4. *i. e. judicium ejus differre.* Bis ampliatus tertio absolutus est reus 43, 2. *cf.* 4, 44.

AMPLISSIMI ludi 2, 27. *Alias : apparatissimi, magnifici.* Amplissima vestis 27, 51. (*De matronis in gratulatione.*)

AMPLITUDO 39, 48. Quæ augendæ amplitudinis ejus caussa facta erant. (*De Demetrio legato.*) Amplitudo urbis (*Capuæ*) 7, 30.

AMPLIUS 1, 18. centum amplius post annos. Duas amplius horas 25, 19. Pugnatum amplius duabus horis 27, 12. Paullo amplius integræ naves 37, 24. Ubi quinque millium armatorum, non amplius, relictum erat præsidium 40, 31. Vid. *Plus.* Negabant unam cellam amplius, quam uni deo rite dedicari 27, 25.

AMPLUS 5, 16. Amplum donum. *i. q. magnificum.* Auctiorem amplioremque esse (*majestatem*) 4, 2. Sacrificium amplius solito apparari jussit 45, 28. Porsena, tum regem esse Romæ, tum Etruscæ gentis regem, amplum Tuscis ratus 2, 9. *i. e. honorificum.* Habitumque formamque viri aliquantum ampliorem augustioremve intuens 1, 7. Quibus (*præmiis*) ampliora homines ne a diis quidem immortalibus optare solent 21, 43. Donaque amplissima, cum sella curuli et eburneo scipione 42, 14.

AN *sine prægresso* utrum 4, 55. Consules ambo profecti sint, — an alter ad comitia habenda substiterit, incertum diversi auctores faciunt.

Anceps 37, 11. tela ancipitia *i. e. ab utraque parte missa.* Agitatio anceps telorum armorumque 1, 25. In eos ancipites ad ictum utrimque conjiciebant hastas 30, 33. *Illud* utrimque *pleonastice additum est.* Ita muniebant, ut ancipitia munimenta essent, alia in urbem — versa, aliis frons in Etruriam spectans 5, 1. Anceps acies 5, 41. Anceps Mars 7, 29. 21, 1. Anceps prœlium 2, 62. Animum inter Fidenatem Romanamque rem ancipitem gessisti 1, 28. Anceps odium 27, 17. *Scil. transfugarum, i. e. contractum tam apud eos, ad quos accesserant, quam apud illos, quos deseruerant.* Anceps sententia 21, 3. Anceps oraculum 9, 3.

Ancilia 1, 20. Cœlestiaque arma, quæ ancilia appellantur.

Androgynus. Vid. *Duplicare.*

Anfractus 44, 4. Levis armatura etiam per anfractus jugi procurrere.

Angere 21, 1. Angebant ingentis spiritus virum Sicilia Sardiniaque amissæ. Vid. *Mœrere.* Hæc — quum indignitate angerent consulis animum 2, 7. Neque ipsos modo, sed parentes cognatosque eorum ea cura angebat 29, 1.

Angor 5, 48. Quorum intolerantissima gens humorique ac frigori assueta, quum æstu et angore vexata etc. *h. e. Æstu angorem ac prope suffocationem efficiente.*

Anguis. Vid. *Jubatus.*

Angulus 29, 5. Si Pœnus sub angulo Alpium quietus se contineat.

Angustiæ 28, 1. Impediebant autem et asperitates viarum, et angustiæ saltibus crebris — inclusæ. Nullis neque temporis neque juris inclusum (*Hannibalem*) angustiis 24, 8.

Anima 21, 58. Quum jam spiritum intercluderet, nec reciprocare animam sineret. Ubi fervore atque æstu anima interclusa — exspirarent 23, 7.

Animadversio 21, 18. Nostra — hæc quæstio atque animadversio in civem nostrum est.

Animadvertere *Præfat.* Utcumque animadversa aut existimata erunt. Se patrio jure in filium animadversurum fuisse 1, 26. Juratus senatus decerneret, qui eam rem quæreret animadverteretque 42, 21. Si senatus, — quid in prætura juraverit P. Licinius, animadvertendum esse censeat 42; 32.

Animal 9, 14. Cædunt — servos, liberos, puberes, impuberes, homines jumentaque nec ullum superfuisset animal, ni etc.

Animare 29, 17. Quemadmodum Locrenses in vos animati sint.

Animus 27, 17. Corpus dumtaxat suum ad id tempus apud eos fuisse: animum jam pridem ibi esse, ubi jus ac fas crederent coli. *cf.* 1, 58. 7, 12. 9, 9. Quibus fors corpora dedisset, darent animos 1, 9. Vitruvio nec — sana constare mens, nec, ut longius a castris dimicaret, animus suppetere 8, 19. Quum consuli duplicatæ vires, Pœno recens victoria, animo esset 29, 36. *i. e. animum adderet, spem augeret.* Quum animi eis accessissent 44, 29. Prædonum magis, quam hostium animi inventi 7, 27. Quid eam vocem animorum non plebi Romanæ, sed Volscis — allaturam? 4, 2. Etruriæ animi 5, 5. *Conf.* 25, 8. 27, 20. Animos ad spem certaminis facere 37, 37. Quamvis suspectos infensosque inter se jungebant animos 2, 39. Ne alibi, quam in armis, animum haberent 10, 20. Juvenis ardentis animi 1, 46. Ut sub ejus obtentu cognominis liberator ille populi Romani animus latens opperiretur tempora sua 1, 56. Vetustas res scribenti — antiquus fit animus 43, 13. Suopte igitur ingenio temperatum animum virtutibus fuisse opinor 1, 18. gratorum certe nobis animorum gloriam dies hæc dederit 22, 29. Nec ad mortem minus animi est, quam ad cædem 2, 19. Bello finem se auctoritate sua imposituros esse; itaque ipsi quoque reges æquos adhiberent animos ad pacem accipiendam 44, 29. Animos ad non parendum addebat 41, 10. *Conf.* 42, 50. Vid. *Fiducia.* Uno animo vivere Macedonum et Illyriorum regem 42, 26. Nulli civilis animus neque legum, neque libertatis æquæ patiens 45, 32. Neque bello eum invadere animo (*scil. in*) habuit 44, 25. Vid. *Habere.* Vid. in vv. *accendere, altus, bonus, distendere, gerere, pendere, præsagire, regalis, regius, reparare, specimen, stupere, suspensus.*

Annales 4. 34. Quidam annales retulere. In annales referri 43, 13. Omnes prope annales Fabium dictatorem — rem gessisse tradunt 22, 31. Huic pugnæ equestri rem — mirabilem certe adjiciunt quidam annales 23, 47.

Annectere 21, 28. Resolutis, quibus leviter annexa (*ratis*) erat, vinculis.

Anniti 27, 14. Pœnis ad obtinendum hesternum decus annitentibus. Et se id anniti, ut etc. 22, 58. Patres — non temere pro ullo æque annisi sunt 2, 61 Certantem secum ipsum annisurum, ut etc. 6, 6. *Conf.* 1, 9. Debellatumque mox fore, si anniti paullulum voluissent 23, 13. *Conf.* 21, 8. 35, 5. Si porro annitantur 6, 35. Metello maxime annitente 30, 27.

Anniversaria arma 4, 45, *i. e. bella quotannis instaurari solita.*

Annona 7, 31. Urbs maxima — uberrimus ager marique propinquus, ad varietates annonæ horreum populi R. fore videbatur. Nihil mutavit annona 5, 12. *i. e. pretium frumenti non mutatum est. Hæc dicitur* 2, 34. Annona vetus. Conditiones laxandi annonam *ibid. et cap.* 52. Laxior annona *dicitur.* Vid. *Levare* it. *exardescere.* Nullum momentum annonæ fecisset 4, 12. Utantur annona, quam furore suo fecere 2, 34. Vectigal etiam novum ex salaria annona statuerunt 29, 37. *Ex quo loco intelligitur, licet* annona *de pretio frumenti præcipue dicta sit, ut ipsum frumentum adeo illa voce indicari capisset ; eamdem tamen subinde primo significatu adhiberi consuevisse.* Huc pertinet locus 33, 44. In quo diserte, præter copiam frumenti, annona tolerabilis rerum aliarum nominatur. Præcesse annonæ 2, 27.

ANNUERE 7, 30. Annuite — nutum nomenque vestrum invictum Campania. Annuentibus ac vocantibus suis, favore multorum addito animo (*e palude*) evadit 1, 12.

ANNULUS 1, 11. Gemmati magna specie annuli. Annulis aureis positis 43, 16. *Conf.* 9, 7.

ANNUNCIARE 24, 10. Miranda et prodigiosa, quo magis creduntur, eo plura annunciantur.

ANNUS 3, 6. Agebatur anni principium Kalendis Sextilibus. Vid. *Solidus.* Annibal, annorum ferme novem 21, 1. Observando tempore anni 5, 6. Non pugnandum cum infesto tempore anni 43, 22. Et jam anno in magistratu erat 25, 16. Tres in anno stati dies 39, 13. Matronæ annum, ut parentem, eum luxerunt 2, 7. Quorum annos in perpetua potestate, tamquam regum, in Capitolio numeratis 6, 41. (*De tribb. plebis.*) Annus circumactus 6, 1. *De magistratus extraordinarii munere, quod, dum annus civilis exisset, nec vero ab ejus principio, administratum erat.* Circumegit se annus 9, 18. Numerarentur duces eorum annorum, quibus plebeiorum ductu et auspicio res geri cœptæ sunt 10, 7. Sollicitus annus prodigiis 10, 31. Multiplici clade fœdatus annus 3, 32. Annus imbellis 10, 1. *Omnino sciendum est, de annis a Livio, tamquam personis, poëtico more, omnia dici. Sic funestus annus, tristis etc. sæpius occurrit.*

ANNUUS 40, 46. Vectigal annuum decretum est. *int. de omnibus ejus anni vectigalibus.* Dimidium ex vectigalibus ejus anni tribuitur 44, 16. Annua æra habes, annuam operam ede 5, 4. Bis, quæ annua merebant legiones, stipendia feci 42, 34. Viginti duo stipendia annua in exercitu emerita habeo *ibid.*

ANQUIRERE de perduellione 6, 20. *i. e. diligenter quærere, inquirere, percunctari, quæ est propria hujus verbi significatio.* [Vid. *Diligentissimus Otho in Gifan. Observ. L. L. p.* 32. *s.*] Capite anquisitum ob rem bello male gestam de imperatore nullo ad eam diem esse 8, 33. Quam capitis anquisissent 2, 52. *Conf.* 26. 2. Quum tribunus bis pecunia anquisisset 26, 3.

ANTE rem 9, 40. *i. e. prælium commissum.* Ante signa circaque 9, 32. Velut si ante Romana mœnia pugnemus 21, 41. Ante præoccupare 31, 20. *Sic cap.* 32. Prius præcipere. Ante annis octo 40, 52. *Ibi Drakenborchius* annos *vel* annis ante

octo *legi vult. Sane hoc usitatius. Sed nihil tamen impedit, quo minus ante præponatur. Ita post paucis diebus est* 2, 31. *it.* 40, 57. *Similiter* causæ ignominiæ *pro* ignominiæ causæ, ergo. 40, 41. *Ratio ducta est e Græco sermone. Xenophon* quidem, *Memorab. Socr.* 4, 7. *Dixit* Ἴνᾳ πρεσίας. *Idem in Hierone* [11, 10.]*, nisi me omnia fallunt,* Ἴναιν ἀσφαλείας. Anno jam ante 3, 51. Si quando umquam ante alias, tum etc. Vid. *in v. Adverbia.* Comitia in ante diem tertium, Nonas Sextiles, Latinos in ante diem tertium Idus Sextiles edixit 41, 16. Tanto ante alios miserandi magis, qui umquam obsessi sunt, quod etc. 5, 42. *Conf.* 41, 28. Ne proderent patriam tyranni *ante* satellitibus, et *tum* corruptoribus exercitus 24, 32. *i. q. olim.* Peditum agmen in ripa, elephantos ante quadraginta disposuit 21, 5. *i. q. in anteriore parte. conf.* 28, 33.

ANTECEDERE 2, 6. Valerius quadrato agmine peditem ducit; Brutus ad explorandum cum equitatu antecessit. Antecedente fama 5, 37.

ANTECONVECTUM 5, 26. Quum frumentum copiæque aliæ ex anteconvecto — suppeterent.

ANTEFACTA 37, 53. Vos modo id decere, et conveniens esse antefactis, dicent.

ANTEFIXA 26, 23. Victoria, quæ in culmine erat, fulmine icta decussaque a Victorias, quæ in antefixis erant, hæsit, *i. e. statuæ deorum ad marginem templorum in fastigiis positæ.* Jam nimis multos audio Corinthi et Athenarum ornamenta laudantes mirantesque et antefixa fictilia deorum Ro; manorum ridentes 34, 4.

ANTEIDEA 22, 10. Si anteidea senatus populusque jusserit fieri, ac faxit, eo populus solutus liber esto. *In formula rogationis: in alia orationis forma hoc verbum non magis occurrerit, quam* clepere, *quod in eadem hac formula legitur.*

ANTEIRE 38, 51. Si ab annis septemdecim ad senectutem semper vos ætatem meam honoribus vestris *anteistis*, ego vestros honores rebus gerendis *præcessi. i. e. leges annales in me neglexistis.* Ubi, anteire primores civitatis, vident 1, 59.

ANTEPILANI 8, 8. Hoc triginta manipulorum agmen antepilanos appellabant, quia sub signis jam alii quindecim ordines locabantur.

ANTESIGNANUS 27, 18. In eos velites, antesignanique ex uni primi agminis erant. *Hic distingui videntur antesignani ab his, qui primi agminis erant: quod secus videtur Cel. Strothio ad* 22, 5.

ANTEVENIRE 42, 66. Consul anteveniens extemplo prœlium conservit.

ANTIQUITUS 9, 29. Jam inde antiquitus.

ANTIQUARE 22, 30. Plebiscitum, quo oneratus magis, quam honoratus sum, primus antiquo abrogoque. Imperiosum du_ cem et malignam antiquando' rogationem, quæ de triumpho ejus ferretur, ulciscerentur 45, 35. conf. 6, 39. it. 40. Profertur tempus ferundæ legis, quam, si subjecta invidiæ esset, antiquari apparebat 4, 58. conf. 5, 30. it. 55.

ANTIQUUS 3, 68. Patrum vestrosque antiquos mores vultis pro his novis sumere. Mihi vetustas res scribenti — nescio quo pacto antiquus fit animus 43, 13. Antiqua patria 3, 58. Ad ea facienda (se, Antiochum) in antiquum venisse 33, 14. Gronovius et alii hunc locum corruptum esse dicunt. Ille sic legendum putat: ad ea redigenda in antiquum jus venisse. Enimvero ad ea facienda genuinam lectionem esse, mihi quidem tota oratio regis clamare videtur, in qua, manifeste data opera, urbum faciendi sæpe repetitum est: in eaque repetitione tam mira elegantia est agnoscenda. Deinde antiquum, substantive acceptum, cum vehisse conjungatur, intellecto solo, dominio etc. Hoc non solum dictioni Livianæ non repugnat, (nemo enim ignorat, pacatum, hosticum Livio dici pro agro, solo etc.) verum etiam ipso ejus usu confirmatur. Namque 5, 33. Ult. ex antiquo etiam absolute dicitur, subintellecto angulo, sinu, loco, solo patrio etc. Sensus ergo hic est. Romanis inquirentibus et, quid mihi faciendum esset, et quid ego in Asia facerem, quæ jure belli Seleuci facta erant, sed postea a majoribus meis neglecta, ad ea facienda, nec negligenda, et usurpatoribus eripienda, in antiquum (scil. dominium) veni. Ita sensus hujus loci non emendati ille ipse est, salva quidem latinitate, qui per emendationem Gronovianum ei inferebatur. · His parantibus antiqua fœderum ordiri, meritaque in populum Rom. etc. 36, 27. i. e. initium facientibus a mentione antiquorum fœderum etc. Tanta utilitate fides antiquior fuit 7, 31. i. e. carior. Id antiquius consuli fuit 3, 10. Claudiæ genti jam inde ab initio nil antiquius in rep. patrum majestate fuisse 6, 40. conf. Virgil. Æn. 7, 708. Longeque antiquissimum ratus 1, 32. h. e. quod maxime curæ cordique est. conf. 9, 31.

ANTISTES 9, 34. Quod antiquissimum sollemne — ab nobilissimis antistitibus ejus sacri ad servorum ministerium religiosus censor deduxisti. conf. 1, 7. Assiduæ templi antistites 1, 90.

ANXIUS vicem suam 8, 35. Vid. Sollicitus. — gloria ejus 25, 40. — invidia 9, 46. — inopiæ 21, 48. — curis 21, 2. Anxiæ curæ 1, 56. Anxius desiderio filii 40, 54.

· APERIRE 1, 8. Locum asylum aperire. i. e. ut sit asylum. Fundamenta templi aperire 1, 55. h. e. terram effodere ad fundamentum jaciendum. Ne, ignorando regem, semet ipse aperiret (Mucius), quis esset 2, 12. f., quis esset, est glossema. [Non puto. Immo est græcismus: qualia illa, scis me, ni sim etc.] occasionem aperuere ad invadum 4, 53. conf. 9, 37. Quum incale-

scente sole dispulsa nebula aperuisset diem 22, 6. conf. 26, 17. it. 29, 27. Vid. Intt. ad Virgil. Æn. 1, 155. I. q. ostendere. Sic Virgil. Æn. 1, 107. Terram inter fluctus aperit. Ubi lux fugam hostium aperuit 27, 2. Si qui motus occasionem aperiret 9, 27. Nec comprimi tumultus aperirique error poterat 26, 10. Quum jam appropinquantium forma, lemborum, directæque in se proræ, hostes appropinquare aperuissent 44, 28. Qui, Europa omni domita, transgressi in Asiam incognitum famæ aperuerint armis orbem terrarum 42, 52. Præmissis, qui repurgarent iter — præsidio esse saltum aperientibus jubet 44, 4.

APERTE ac propalam claves portarum reposcunt 24, 38. Quum Fidenæ aperte descissent 1, 27.

APERTUS 30, 26. Italia aperta. (de importatione frumenti.) Ipse eodem aperto itinere per medios montes duxit 31, 2. Luce prima subiit tumulos, ut ex aperto atque interdiu viam per angustias facturus 21, 32. Apertæ naves ad tuendos maritimos agros comparatæ 31, 22. Naves leviores apertæ 32, 21. i. e. speculatoriæ. Oppos. tectæ et constratæ. Vid. Infra. in v. navis. Quo apertior aditus ad mœnia esset, omnia ædificia — circumjecta muris incendit 9, 28. Peloponnesus — nulli apertior et opportunior, quam navali bello 32, 21. Via patens apertaque 9, 2. Corpora aperta jaculo 25, 16. Castra locis apertis posuit 34, 46. alibi: in aperto 22, 4. conf. 43, 18. Apertos circa campos ad dimicandum esse 38, 41. Quid rem parvam et apertam magnam et suspectam facimus ? 41, 24. Aperti clamores 2, 27.

APEX 6, 41. Cuilibet apicem dialem imponamus. Vid. Ruben. Elect. 2, 25.

APIS 4, 33. Fumone victi — velut examen apum, loco vestro exacti, inermi cedetis hosti.

APISCI 4, 3. Si dignus summo honore erit, apiscendi summi honoris, stare urbs hæc non poterit. Vid. Drakenborch. ad h. l.

APOCLETI. Vid. Delectus.

APPARARE 6, 21. Apparatum eo anno bellum est. Ad hostes bellum apparatur 7, 7. Bellum armaque vi summa apparari jubent; si quo intentius possit, quam T. Quinctio consule apparatum sit 4, 1.

APPARATE ludi facti 31, 4.

APPARATUS supplicii 28, 29. Dimissus auxiliorum apparatus 9, 7. Nec tantis apparatibus elatus de inferendo bello agitat 9, 29. conf. 10, 38. Oneratum fortunæ apparatibus suæ (Darium) 9, 17. Macedonas (arma habere) prompta ex regio apparatu etc. 42, 52. Apparatus oppugnandarum urbium 5, 5. Ab apparatu operum ac munitionum nihil cessatum 21, 7.

APPARERE 4, 60. Consilium specie prima melius fuisse, quam usu appariturum. Simul libertas ab impotentibus tyrannis apparuisset 25, 28. Quum appareret ædi-

23

libus 9, 46. *Sermo est de eo, qui scriptum fecerat, s. scriba. Dicuntur autem ministri* apparere *magistratibus, atque inter eos etiam scribæ sunt referendi.* Collegis novem singuli accensi apparebant 3, 33. Et apparebat (*imminebat*) atrox cum plebe certamen 2, 28. Apparuit causa plebi 2, 30. *i. q. manifesta erat.*

APPARATOR 1, 8. *Generis nomen, quo* lictores *etiam comprehenduntur.* Apparitores ludi 44, 9. *Haud dubie cum viris doctis legendum* ludi apparatiores. *i. e. magnificentiores.*

APPELLARE 1, 40. Quum regem appellarent. *i. e. adr. provocarent.* Tribunos pl. appello et provoco ad populum 8, 33. *conf.* 2, 19. 9, 26. 26, 3. 27, 3. 42, 32. Quis vos appellare potest? 9, 9. *i. e. ut debitores.* quid ego te appello, qui te captum victori — restituis? Populum Romanum appello 9, 11. *conf. c.* 34. Flebiliter nomine sponsum mortuum appellat 1, 26. Non necquidquam isti, unum Demetrium filium te habere, (*scil.* dicunt *es sq.* appellant) me subditum et ex pellice genitum appellant 40, 9.

APPELLATIO provocatioque 3, 56. In præsidia adversariorum, appellationem et tribunicium auxilium, patricii confugerunt 9, 26. Appellatio collegæ (*decemviri*) 3, 36.

APPELLERE 8, 3. In Italiam classem appulisse constat. *it.* 28, 42. *conf.* 42, 18. *Etiam* classe appellere *defendit Gronovius ad* 30, 10. Classis Octavii Samothracam est appulsa 45, 5. Naves ita appulsæ ad muros, ut pro aggere ac pontibus præbere ascensus possent 30, 10. *conf.* 44, 44.

APPENDIX Etrusci belli 9, 41. Vid. *Accessio.* Quæ ipsa propinquitate regionis velut appendices majoris muneris essent 29, 27. Carpetanorum, cum appendicibus Olcadum — centum millia fuere 21, 5.

APPETERE 1, 8. Munitionibus alia atque alia appetendo loca. *i. e. occupare ædificandi, ampliandi caussa.* Veios fata appetebant 5, 19. *i. e. terrebant s. manebant, scil. adversa.* Quum jam id tempus anni appeteret 34, 13. *cf.* 22, 1. 10, 21. 29, 10. Consularia comitia appetebant 41, 28. Nox jam appetebat 8, 38. *conf.* 5, 44. 10, 42. Velle eum vobis amicum esse, qui vos appeteret 7, 30.

APPLICARE fortunæ consilia 32, 21. Leucas — colli applicata verso in orientem 33, 17. Cornelius eidem flumini castra applicuit 32, 30. Romani sinistrum (*cornu*) ad oppidum applicarent 27, 2. Per stabilem ratem — acti in minorem applicatam transgressi sunt 21, 28. Dum corporibus applicantur armaque armis jungunt 28, 27. Quocuaque littore applicuisse naves hostium audissent 44, 32.

APPONERE 37, 4. Scalæ appositæ. Statio, quæ portæ apposita erat 34, 5. Moderatorem et magistrum consilibus appositum 2. 18. (*dictatorem*). Ut Potitii ad tempus præsto assent, iisque exta apponerentur,

Pinarii extis adesis ad ceteram venirent dapem 1, 7.

APPROPERARE 4, 9. Cœptumque opus adeo approperatum est. Quæ (*res*) summa ope approperata erat, ne impediri posset 28, 15. *conf.* 27, 25.

APPROPINQUARE 40, 58. Nequidquam ad juga montium appropinquantes.

APRICI colles 21, 37. *Oppos.* prærupti montes.

APTARE 9, 31. Ut quisque se aptaverat armis. Ut vix ad arma 'capienda aptandaque pugnæ competeret animus 22, 5. *conf.* 5, 49.

APTATUS 21, 27. Paratas aptatasque habebat pedes lintres.

APTE 28, 1. Numidas partim in insidiis (et pleræque cavæ sunt viæ sinusque occulti) quacumque apte poterat, disposuit. *Nisi legendum* arte *s.* arcte. Capiti apte (*pileum*) reponit 1, 34. (*aquila.*)

APTUS 10, 25. Profectus apto exercitu, et eo plus fiduciæ ac spei gerente, quod non desiderata multitudo erat etc. *i. e. forti ac laudis cupido.* [*immo* apto paratoque ad expeditionem.] In quod genus pugnæ minime apti sunt 38, 21. Quâ aptissimum ad loci naturam erat 44, 3. Lenibus remediis aptior 2, 23. (*consul.*) Apta dies sacrificio 1, 45.

APUD 41, 9. Prætor — qui esset apud forum. [*Hæc si manus Livii est,* apud *pro* in *ponitur.* Vid. *Ind. ad Terent, v. apud. Imitati sunt in hoc Latini Græcos, Sophocl. Trachin.* 371. πρὸς μέσῃ ἀγορῇ *pro quo mox* 423. ἐν μέσῃ ἀγορῇ. *Sic ibid.* 524. τηλαυγεῖ παρ' ἰχθύι.] Seditio militum cœpta apud Sucronem 28, 29. (*urbe Hispan.*) Si apud principes quoque haud satis prospere esset pugnatum 8, 8. *pr. a.* Apud præoccupatos Locrensium clade animos nullum misericordiæ locum habuerunt 29, 22.

AQUA levata vento, quum super gelida montium juga concreta esset, tantum nivosæ grandinis dejecit, etc. 21, 58. Aquæ cælestes 4, 30. *Conf.* 5, 15. Multis et aliis auctum aquis (*flumen*) 44, 31. *i. e. rivis et fontibus.* Aquarum magnitudo 30, 26. Prope rivos aquarum 5, 44. Aqua *in formula deditionis; vid.* 9, 9. Vid. *Abscindere, Adducere,* Tiberis.

AQUARI 44, 40. Flumen erat haud magnum propius hostium castris, ex quo et Macedones et Romani aquabantur.

AQUATIO 30, 29. Castra longinquæ aquationis. Amnem — qui — aquationem Istris præbebat, — avertit 41, 11. Provisa aquatio 44, 39.

AQUILO 36, 42. Ubi primum aquilones cecidere. Aquilone in septemtrionem verso 37, 12.

ARÆ *et* ALTARIA *promiscue dicuntur* 10, 38. Quam — aram — maximam vocet tuoque ritu colat 1, 7. Ara condita atque dicata *ibid.* Ara sacrata 40, 22.

ARARE 43, 6. Quamquam sterilem

teffam arent, ipsosque etiam agrestes peregrino frumento alerent etc.

ARATRUM 42, 2. Quâ induceretur aratrum.

ARBITER 27, 28. Sine arbitro agere. i. e. suo arbitratu. Arbitros ejicit 1, 41. Interpres arbiterque concordiæ civium 2, 33.

ARBITRIUM salis vendendi 2, 9. i. e. merces vel pecunia vectigalis, quam socii solvebant reipublicæ ob jus monopolii, vel vendendi per ipsos solos. Arbitria agere 24, 45. Vid. Gronov. Obs. 4. p. 175. In arbitrium crudele ac superbum venire 30, 12. Quinctio liberum arbitrium pacis ac belli permissum 32, 37. In senatus arbitrio se fuisse, et in potestate populi futurum 10, 24. Prætores consuli in eligendo arbitrium fecerunt 43, 15. Liberum arbitrium 4, 43. Pro suffragio. Qui se arbitrio vestro eximat 6, 41. (electioni.) Ipsum nullum, præterquam suæ libidinis arbitrio, finem facturum 42, 23. Arbitria fortunæ 10, 24. de sorte.

ARBOR 24, 3. Locus ibi, frequenti silva et proceris abietis arboribus septus. Sic 1, 24. Herba graminis dicitur; sic Sueton. Oct. 94. Arbor palmæ. Arbor infelix 1, 26. Scil. e qua nocens suspendatur, aut ipsa crux; nisi malis ad distinctionem veterum, in felices et infelices arbores, per se sic dictas respicere.

ARCA 40, 29. In altera (arca) Numam Pomp. sepultum esse.

ARCANUS 23, 22. Si quid unquam arcani sanctive ad silendum in curia fuerit.

ARCERE 10, 23. Virginiam — matronæ — sacris arcuerant. De arcendis aditu finium regibus Macedonum 42, 6. Arceamus transitum hostis 26, 41. Pro transitu hostes, ut et emendarunt nonnulli. Falso. Transitus hostis significat hostes transeuntes. Sic fuga pro fugientibus Livio dicitur. Vid. Infra in h. v. Ad eundem modum Cicero Epp. Div. 6, 20. Cur adventibus te offeras pro adventibus. Ad arcendos commeatus præsidii Romani 26, 20. Quod eos neque portæ neque muri hostium arcuerant 8, 29. i. e. non deterruerant, quin expugnarent.

ARCESSERE 32, 32. Factio arcessit Romanos. i. e. effecit seilitione sua, ut Romani ad se opprimendam accurrerent. Arcessere quietem silentio 21, 4. It. molli strato ibid.

ARCHIPIRATA 37, 11.

ARCTATUS 45, 36. In præmiis, in honoribus omnia arctata.

ARCTUS 39, 32. Quia plus quam unum ex patriciis creari non licebat, arctior petitio quatuor petentibus erat. i. e. minori cum spe. Arcti commeatus 2, 34. Ne in arcto res esset 26, 17. Multiplicatis in arcto ordinibus 2, 50. Cæduntur in portis suomet ipsi agmine in arcto hærentes 34, 15. Vid. Virgil. Æn. 11, 879. sq. id. Custodire.

ARCUATUS currus 1, 21. i. q. adopertus tectus.

ARCUS solem tenui linea amplexus est 30, 2. Arcus interdiu sereno cœlo super ædem Saturni in foro Romano intensus 41, 21.

ARDERE 26, 27. De incendio pluribus simul locis circa forum orto. Præneste ardentes lapides cœlo decidisse 22, 1. i. q. candentes. Ardentibus siti faucibus 44, 38. It. arere dicitur. Ardens amore, 3, 44. Ardere cupiditate ulciscendi 29, 6. Ardens animus 1, 46. In civitate ira odioque ardente 9, 10. Quum — cuncta bello arderent 26, 13. Hispaniam arsuram bello 28, 24. Ardere bello Africam 28, 44. Quieto exercitu pacatum agrum, qui paullo ante ingenti tumultu arserat, peragravit 43, 4. Conticescit furor, quo nunc omnia ardent 2, 29. Non exacta satis allegoria. Debebat esse strepunt aut simile quid. Anni principia statim seditione ingenti arsere 6, 31. Oculos sibi Romanorum ardere visos, 7, 33. Servio Tullio — caput arsisse ferunt 1, 39. Vid. Amburere. Aluistis ergo hoc incendium, quo nunc ardetis 21, 10.

ARDOR 6, 13. Vultum hostis ardore animi micantem ferre non potuit. Forsitan etiam ardoris aliquid ad bellum armaque adversus — regem — inventurum 1, 53. Tantus fuit ardor armorum, adeo intentus pugnæ animus etc. 22, 5. Et militum quidem is erat ardor, ut jam inde cum scalis succedere ad muros vellent 8, 16.

ARDUUS 8, 16. Quia id arduum factu erat. Altitudo loci et munimenta defenderunt, quæ nulla ex parte adiri, nisi arduo ac difficili ascensu, poterant 25, 13.

AREA libera a ceteris religionibus 1, 55. h. e. in qua nullum aliud templum sacratum est.

[ARERE. Vid. Ardere.]

ARGENTARIÆ scil. tabernæ 9, 40. Domini argentariarum. Conf. 40, 51.

ARGENTARII 7, 12. Iidem qui mensarii h. e. qui privatim rem nummariam tractabant, pecunia permutanda, vendenda, usuris locanda etc. Sed alia ratio est mensariorum, qui vel triumviri vel quinqueviri vocabantur. Hi utique argentarii honestiores erant, quum, velut extraordinarii magistratus, pecuniæ publicæ curam haberent. Vide Dukerum ad illum locum, ubi quinqueviri ex hoc genere nominantur.

ARGENTATUS 9, 40. Argentatis (militibus) linteæ candidæ. Sic dicebantur præcipue a clipeis argento insignibus.

ARGENTEUS 10, 39. Auream olim atque argenteam Samnitium aciem — occidione occisam. Præcedunt hæc verba: et per picta atque aurata scuta transire Romanum pilum etc.

ARGENTUM infectum 34, 10. Conf. 36, 40. Argentum factum signatumque 26, 47. Argenti — pondo — signati argenti numerus 38, 38. Argentum Oscense 34, 10. Nummi

24

*Oscæ urbis Hispaniensis.* Conf. 40, 43. *Ubi* (auri) *signati Oscensis nummi memorantur.* Argentum Illyrium 45, 43. *Nummi in Illyrico cusi.* Argentum bigatum 33, 37. *Nummi bigis insignes.* Decem talentis argenti acceptis 22. 31. *Conf.* 44, 23. *Virgil. Æn.* 5, 112. Vid. *Talentum.* Nihil inter se et argento parata mancipia interesse 41, 6.

ARGUERE 1, 28. Nec ea culpa, quam arguo, omnium Albanorum est. Quem aliquanto ante desisse scriptum facere, arguit Macer Licinius 9, 46. Si coram eum arguere *(accusare)* vellent 43, 5.

ARGUMENTARI 39, 36. Nec, jure, an injuria cæsi sint, argumentari refert. *i. e. inquirere, constituere.*

ARGUMENTUM 7, 2. Qui *(Livius)* ab *saturis ausus est primus argumento fabulam serere. i. e. cœpit scribere carmina in scenis agenda, quæ uno argumento tota constarent, inter seque partibus omnibus cohærerent, non varias res, ut saturæ, miscerent.* Vide *B. Patruum ad Cicer. Or. pro Cœlio cap.* 27. Vid. *Serere.* Fabulam apud ipsum auctorem argumenti peragit 3, 44. *i. e. rem narrat ex fictione auctoris.* Quod etsi jure non fiat — tamen argumentum esse, non haberi pro sacrosancto ædilem 3, 55. *Pronum fuerit* argumento *legere; sed hujus quoque constructionis plura exempla collegit Drakenborch. ad* 24, 8. Literæ — ad senatum missæ — argumentum fuere, minime cum eo *(dictatore)* communicantis laudes 8, 30. *Conf.* 5, 47. Argumento sit clades Romana 5, 44. *Conf.* 39, 51.

ARMA 1, 25. Ubi primo statim concursu increpuere *arma,* micantesque fulsere *gladii* etc. *Sub illis intelligenda est species armorum ea, quæ ad tegendum corpus pertinet;* Vid. 1, 43; *sub his tela, quæ alibi* 1, 44. *It.* 30, 11. *Ab armis distinguuntur. Clarissimus eam in rem locus est* 45, 39. *Ubi arma* detracta corporibus hostium *dicuntur: quæ sunt, uno verbo, spolia.* Conf. 30, 31. Tunc Mamertinorum periculum et nunc Sagunti excidium nobis justa ac pia *induerunt arma.* Vid. *in v.* aptare. *Denique* arma cælestia *dicuntur* ancilia 1, 20. *Sunt clipei.* Vid. *Ancilia.* — Porro 8, 20. *Congesta hostilia* arma concremata esse *narrantur. Hi autem sunt clipei e crate lignea, vimine, corio confecti, cui crati deinde æs inducebatur.* Conf. 1, 37. *Ubi fluitantia arma (in flumine) memorantur.* Vide *Ill. Heynium ad Virgil. Æn.* 1, 118. Nec sine armorum sonitu 33, 45. Armorum habitus 22, 16. Conf. 24, 30. Agitatio anceps telorum armorumque 1, 25. Arma viris in arma natis auferre 9, 9. Arma virosque ad bella pollicentes 8, 25. Per arma, per viros late stragem dedere 8, 30. Si viri arma illa habuissent, quæ in portis fuere nostris, capi Roma me consule potuit? 3, 67. *Conf.* 30, 30. Trepidamque turbam

suorum arma ordinesque relinquere 2, 10. Arma curare et tergere 26, 51. Arma aptare 5, 49. Nos — vilia hæc capita luendæ sponsionis feramus, et nostro supplicio liberemus Romana arma 9, 9. *i. e. exercitum Romanum.* Nulla usquam apparuerunt arma 41, 12. *i. q. armati.* Vid. *Ardor.* Auxiliis levium armorum — hostem cohibendum 22, 3. *(armatorum.)* Legiones in armis decurrerunt 35, 35. *i. e. armatæ.* [Sic *Græci* ἐν ὅπλοις *pro* ὁπλῖται.] Quæ *(Sophonisba)* regem nobis socium alienasse, atque in arma egisse præcipitem dicatur 30, 14. Ab externis armis otium fuit 3, 14. Arma deos prius, quam homines violatura, adversus Samnites vobis negamus 7, 31. *i. q. auxilium, armatum.* Romana arma movebantur 21, 5. Adversus Samnites — mota arma 7, 29. Nec erat ea tempestate gens alia, cujus secundum Gallicos tumultus arma terribiliora essent 9, 29. Arpini repente pro Romanis adversus Karthaginiensem arma verterunt 24, 47. *Conf.* 9, 16. Æquorum jam velut anniversariis armis assuerat civitas 4, 45. *i. e. quotannis Æquico bello* a. c. *Omnino hanc ob caussam arma dicuntur pro bello, quia olim perpetuus miles non fuit, nec arma prius, quam sub initium belli sumebantur, tractabantur, etc. Itaque pace —* armis sibi opponuntur 5, 35. Neque in eum agrum — hostilia arma inferrent 7, 31. Velut si servos vestros arma repente contra vos ferentes 21, 41. Prohiberi extra fines efferre arma 42, 23. Ut adversus injusta arma pio justoque se tutarentur bello. *Ibid.* Justum est bellum — quibus necessarium; et pia arma, quibus nulla, nisi in armis, relinquitur spes 9, 1. Arma cuncti spectant et bellum 9, 10. Omnes Etruriæ populi — ad arma ierunt 9, 32. *Conf.* 42, 2. *Sic Cicero* ad saga ire *dixit.* Arma primo quoque tempore fieri in ea gente 42, 8. *Forte legendum:* arma quoque imperare fieri in ea gente. *Nimirum, quia non indigna illa gens, partim tutela benigna, partim fiducia facili videretur.* Arma ad cœlum tollens *(Romulus),* Jupiter, tuis, inquit, etc. 1, 12. *Alias manus tolli a precantibus dicuntur.* Arma his imperata, galea, clipeum, ocreæ, lorica, omnia ex ære 1, 43. Vid. *Virgil. Æn.* 2, 734. Versicolori veste pictisque et auro cælatis refulgens armis 7, 10. Vid. *Refulgere.*

ARMAMENTA tollere 21, 49. Demere *ibid. i. q. fundere.*

ARMAMENTARIUM 42, 12. Arma vel tribus tantis exercitibus in armamentaria congessisse. [Vid. *Artifex.*]

ARMARE 9, 35. Quibus *(saxis)* eos affatim locus ipse armabat. Multitudo facibus maxime armata 5, 7. Claudii sententia consules armabat in tribunos 4, 6. *i. e. Claudius consulibus arma capienda censebat.* Crudeli decreto — dextram patris in filiam armaverit 3, 57. Sententia —

plebem ira prope armavit 2, 35. Legum quoque latores adversus tantum apparatum adversariorum et ipsi causam plebis ingentibus animis armant 6, 38. Muri reficiebantur propugnaculisque armabantur 30, 9.

ARMATURA *levis ab equitatu semper distinguitur. v. c.* 28, 14. Levis armaturæ juvenes 44, 2. Armaturæ leves in cornua deductæ 21, 55. *Conf.* 22, 18. Manipuli levis armaturæ 31, 42.

ARMATUS 22, 37. Levium armatorum auxilia. *Gronov. conjicit* armorum. *Immo conf.* 43, 18. *Ubi sunt* duo millia levium armatorum. Armatis corpus circumsepsit 1, 49. *i. e. satellitibus armatis.* Armati — togati 9, 25. Ornati armatique ad edictum aderant 27, 18.

ARMATUS *(substantivum)* haud dispar 38, 3. Relicto — omni graviore armatu 36, *b. Conf.* 37, 40. *et* 41. Armatus Creticus 42, 55.

ARMENTA 22, 17. Accensis cornibus *armenta* — velut stimulatos furore agebat *boves. Sic proprie; dicuntur enim ab erando. Conf.* 1, 7. Ex loco infesto agere porro armentum occepit 1, 7.

ARRECTUS 21, 35. Ut pleraque Alpium ab Italia, sicut breviora, ita arrectiora sunt 21, 35. *i. e. prærupta.* Arrecti ad bellandum animi 8, 36. *It. cap.* 37. a. ad bellum a.

ARRIDERE 41, 20. Vix notis familiariter arridere.

ARRIGERE 45, 30. Libertas præter spem data arrexit, *scil.* animos Macedonum.

ARRIPERE 2, 54. Tribunus plebis consules abeuntes magistratu arripuit, *i. e. reos fecit, ad populi judicium vocavit.* Arreptus a viatore 6, 16. Subinde arreptus a P. Numitorio Sp. Oppius invidiæ proximus 3, 58. *Scil. in vel ad quæstionem, avide quidem et cupide. Hæc enim vis inest verbo arripiendi.* Tarquinius medium arripit Servium 1, 48. Uno aut altero arrepto, quieturos alios 2, 23. *Conf.* 3, 56. Ille enimvero — impedimentum pro occasione arripuit 3, 35. Proximum signiferum, manu arreptum, secum in hostem rapit 6, 8. Arrepto repente equo *ibid.*

ARROGARE 7, 25. Cui dictatorem arrogari haud satis decorum visum est patribus. *i. e. addi vel potius apponi.*

ARS 1, 15. Nulla arte adjuti. *i. e. stratagemate.* Sub Hannibale magistro omnes artes belli edoctus 25, 4. *Conf.* 7, 14. Disciplina militaris — in artis perpetuis præceptis ordinatæ modum venerat 9, 17. Rudes artium homines 1, 7. Ut urbanis artibus opes augeret, quando belli decus penes alios esset 9, 42. Nec, quum quæreretur gener Tarquinio, quisquam Romanæ juventutis ulla arte (an? parte) conferri potuit 1, 39. Græcarum artium opera 25, 40. Ars hæc erat, ne semel ipse creare posset 3, 35. Quod ministerium fuerat,

*(coquus)* ars haberi cœpta 39, 6. Patrem lanium fuisse ferunt, ipsum institorem mercis, filioque hoc ipso in servilia ejus artis ministeria usum 22, 25.

ARTIFEX 6, 36. Artifices jam tot annorum usu tractandi animos plebis. Tegulas relictas in area templi, quia reponendarum nemo artifex inire rationem potuerit, redemtores nunciarunt 42, 3. *De architecto, fabro murorum.* In armamentario multis talium operum *(tormentorum machinarumque)* artificibus de industria inclusis 29, 35. Multi artifices ex Græcia venerant 39, 22. *i. e. histriones, scenici artifices. Conf.* 5, 1. 7, 2. 41, 20. *Ea observatio debetur magno Dukero.* [*Græce* τεχνῖται. Vid. *Wesseling. ad Diodor. Sicul. T.* 1. *p.* 251. *T.* 2. *p.* 484.] Sic — tamquam artifices improbi, opus quærunt : qui et semper ægri aliquid esse in republica volunt, ut sit, ad cujus curationem a vobis adhibeantur 5, 3. *Nimirum hic medicos lucri cupidos intelligendos esse, nemo abnuerit.*

ARVA 2, 14. Convecto ex propinquis ac fertilibus Etruriæ arvis commeatu.

ARX Romæ Capitoliumque 5, 47. *Arx est pars altera montis, in quo est Capitolium.* De arce capta Capitolioque occupato 3, 18. *Conf.* 4, 2. Arx Romana 1, 12. — Capitolina 6, 20. Arx inter omnia in immanem altitudinem edita 45, 28. Pro capite atque arce Italiæ, urbe Romana — bellum geratur 22, 32. Quæ visa species — arcem eam imperii caputque rerum fore portendebat 1, 55. *Conf.* 44, 31. Janiculum quoque adjectum, non inopia loci, sed, ne quando ea arx hostium esset 1, 33. Ipsam arcem finitimorum, Campanos, adorti 7, 29. Ad caput arcemque regni Pergamum ducit oppugnandam 37, 18. In montes novam coloniam, quæ arx in Pomptino esset, miserunt 2, 34. Arx illa est spei salutisque nostræ 7, 34. *(cacumen)* consulatum esse arcem libertatis 6, 37. Tribunicium auxilium et provocationem — duas arces libertatis tuendæ 3, 45. Ubi Hannibal sit, ibi caput atque arcem totius belli esse 28, 42. Fugâ Tibur, sicut arcem belli Gallici, petunt 7, 11. Tu, patria, ferrum, quo pro te armatus hanc arcem hostium inii, quando parens extorquet, recipe 23, 9. *Sic dedit hunc locum Cel. Strothius ex auctoritate optimorum codicum. Si vera hæc lectio est,* arx hostium, *postulante contextu, et usu loquendi Liviano suadente, pro Hannibale accipienda est. Sed tum etiam pro* inii *legendum fuerit* petii.

ASCENDERE 10, 7. Qui curru aurato per urbem vectus in Capitolium ascenderit. Usque ad nos contemtus Samnitium pervenit, supra non ascendit 7, 31. In tribunal ascendunt 2, 28. In concionem ascendit 3, 49. *Conf.* 5, 50. *Ad Gitanas* — quum *ascenderent* 42, 38.

ASCENSUS 9, 24. Hos quidem ascensu vel tres armati quamlibet multitudinem arcuerint. Gradibus—ascensum ab Tiberi in emporium fecerunt 41, 27. Saxo ascensu æquo 5, 47. i. e. (si modo substantivum est) qua parte facilis, nec nimis molestus, opportunus ascensus esset. Sic noster 26, 3. Et tempore et loco æquo instructos milites duxit. Nam hic quoque æquus improprie accipi debet.

**Asciscere** 6, 40. Ex quo asciti sumus simul in civitatem et Patres. Sane improprie dictum, etiam, si acciturum legitur. Vid. Drakenborch. ad h. l. Ne quid divini juris, negligendo patrios ritus, peregrinosque asciscendo turbaretur 1, 20. Se proconsulem a Benevento asciturum 24, 19. Hic locus fugit Drakenborchium: in quo loco haud dubie legendum est acciturum. Gener inde — provecto annis ascitus 21, 2. Plebem — parto auxilio imperium quoque ascituram 4, 25. De plebe magistratus, majores certe, sibi vindicatura.

**Ascribere** 31, 49. Colonos Venusiam ascripserunt.

**Asianus** 31, 2. Curæ Asianam rem senatui fore.

**Asper** 22, 59. Asperrimus ad conditionem pacis scil. subeundam. Conf. 2, 27. Vid. Exasperare.

**Aspere** 3, 50. Nihil placet aspere agi.

**Aspergere** 23, 30. Ut patrem quoque (mors filii) suspicione aspergeret. Vaccam æneam — ab agresti tauro — initam ac semine aspersam 41, 13.

**Asperitas** 43, 21. Propter angustias viarum et asperitatem. Quos et ipsos locorum asperitas hostiliter vexavit 44, 5.

**Aspernari** 9, 41. Pacem petentes, quod uti ea, quum daretur, noluissent, aspernatus, etc. i. e. precibus eorum locum non reliquit. Vid. Aversus. [In edit. Drakenborch. Hic et alibi adspernatus: quæ ratio non probanda. Vid. I. M. Heusingeri Observat. Antib. p. 327. sq.]

**Aspicere** sociorum res 39, 48. Ad res aspiciendas 42, 5. Sic pluribus aliis locis est pro usitatiori inspicere. Vid. Interpretes ad h. l. Bœotiam atque Eubœam aspicere missi 42, 37. Similiter 42, 42. Ad visendas Larissam, etc. In Bœotia aspiciendæ rea 42, 67. Ubi vulgo legitur adipiscendæ, quod nihili esse Drakenborchius docet. Ut nemo eorum forum aut publicum aspicere vellet 2, 7. (præ pudore.)

**Asportare** 2, 4. Quod spatium ad vehicula comparanda a consulibus sumsissent, quibus regum asportarent res, omne id tempus cum conjuratis consultando absumunt.

**Aspretum** 9, 35. Aspreta erant strata saxis.

**Assensus.** Vid. Fremitus. It. Murmur.

**Assentatio.** Vid. Inflatus.

**Assentire** 41, 24. Quum iidem huic orationi, qui litteris regis assentirant, assentirentur. Nisi cum Freinshemio legendum: assensi erant, aut cum Dukero assenserant. [Dura sane activi et deponentis conjunctio ideoque viris doctis jure suspecta visa. De forma activa assentire. Vid. Drakenb. ad 39, 52.] Quum de aliis rebus assentire se veteribus Gabinis diceret, etc. 1, 54. Omnes assensi sunt partibus dividundis 25, 30. i. e. ut suus cuique locus tuendus assignaretur. Sequuntur enim regiones et stationes.

**Assequi** 33, 8. Nondum assequuta parte suorum. Ut imperia consiliaque, velut sorte oraculi missa, sine cunctatione assequeretur 26, 19.

**Asserere** in servitutem 3, 44. i. q. vindicare. Verbum juris Romani, etiam in alteram partem notum, quum liberali caussa aliquem manu asserere significat. Ex usurpata libertate in servitutem velut asserendi erant 3, 18. In his —, quæ asserantur in libertatem, etc. 3, 45.

**Assertor** puellæ 3, 17. i. e. sibi vindicans eam in servitutem. Conf. cap. 58.

**Asservare** (hostem) 29, 9. Ne auctore quidem asservato 6, 30. i. e. retento eo, a quo certiores facti, vel potius decepti fuerant. Vitruvium in carcerem asservari jussit 8, 20. Quisque ea (sacra) locus fideli asservaturus custodia esset 5, 40. Demetrius dissimulanter asservari jussus 40, 23.

**Assidere** 26, 20. Assidendo diutius arctiorem annonam sociis, quam hosti faciebat. (de oppugnatione.) Intactis assideret (gens) muris 21, 25.

**Assiduus** 1, 21. Deorum assidua insidens cura. Pro assidue, de more Livii. Flamen Jovi assiduus 1, 20. Assiduus templi antistites 1, 20. Cujus (portæ) assiduus custos semper aliquis ex magistratibus erat 34, 9. Assiduus in oculis hominum fuerat 35, 10. Veiens hostia, assiduus magis quam gravis 2, 48. Duo assidua bella insequens annus habuerat 4, 49. Assiduis concionibus prohibendo consularia comitia 4, 25.

**Assignare** 28, 42. Patere, nos omnia, —tuo consilio assignare, i. q. tribuere, accepta referre. Ne unius amentiam civitati assignaret 35, 31. Neve censor ei equum publicum assignaret 39, 19. Nempe, quia et honori ille quidem, sed tamen idem et oneri erat. Quum repente, quibus census equester erat, equi publici non erant assignati 5, 7. Equiti certus numerus æris est assignatus ibid. Quem cuique ordinem assignari (al. attribui) e republica esset, eum assignare 42, 33.

**Assimulare** 26, 19. Multa alia ejusdem generis, alia vera, alia assimulata, admirationis humanæ in eo juvene excesserant modum.

**Assolere** 37, 14. Sacrificio, ut assolet, rite facto. Scil. fieri. conf. 1, 28. 5, 52. 23, 31. 40, 54.

**Assuefacere** 22, 12. Assuefaciebant

territum pristinis cladibus militem minus jam tandem aut virtutis aut fortunæ *pœnitere* suæ. Operi, aliisque justis militaribus ita assuefecit, etc. 24, 48. *al.* opere. *Omnino dubium est, per omnia exempla utriusque constructionis, tertiusne casus an sextus genuina lectio sit.* Vid. *Interpr. ad h. l. it. ad* 31, 35. *Cicero quidem et ipse cum casu sexto jungit hoc verbum.* Vide *Clavem Ciceron. in h. v.*

ASSUESCERE 31, 35. Genus pugnæ, quo assuerant. *Conf.* 2, 2. *Ubi est :* assuesse. Caritasque ipsius soli, cui longo tempore assuescitur 2, 1. Quidquid tribunus pleb. loquitur — assuestis audire 5, 6.

ASSUETUDO 27, 39. Duodecim annorum assuetudine perviis Alpibus factis. *Conf.* 44, 5.

ASSUETUS *cum casu secundo* 38, 17. Romanis Gallici tumultus assuetis. Hannibale, duce acerrimo, assuetum 21, 16. Sardis facile vinci assuetis 23, 40. Assueta oculis regio 5, 54. *i. e. notissima.* Assuetior montibus (*Hispanorum cohors*) 22, 18. Gelonem — inde a puero in omnia familiaria jura assuetum 24, 5. *Si quidem sana lectio est, ac non potius* assumtum *legendum : quod etiam placet Ruhnkenio V. Cel. ad Velleium* 2, 29.

ASSUMERE 1, 54. In eo sibi præcipuam prudentiam assumere. In societatem consilii avunculi assumunt 2, 4. Conscii assumti *ibid.* Ne qui (*socii*) postea assumerentur 21, 19.

ASSURGERE 9, 46. Quum — consensu nobilium adolescentium, qui ibi assidebant, assurrectum ei non esset. Colles assurgunt 22, 4. *Gronovio non displicet* adinsurgunt, *optimorum codicum auctoritatem sequuto ; at displicet Drakenborchio, quem vide.*

AST 10, 19. Bellona, si hodie nobis victoriam duis ; ast ego templum tibi voveo. *i. q. tum vero. In reliqua oratione prosaica* ast *dicitur eodem modo, eleganter quidem, jungiturque inprimis cum* ego, tu, *et similibus. Conf.* 1, 28. 3, 31. 9, 8. Quodsi nihil cum potentiore juris humani relinquitur inopi ; at ego ad deos vindices intolerandæ superbiæ confugiam 9, 1. *Conf.* 36, 7. At tu pater deûm hominumque 1, 12. *Conf.* 1, 41. Si tua re subita consilia torpent, at tu mea sequere 1, 41. Si vos urbis — nulla cura tangit ; at vos veremini deos vestros 3, 17. Sin collega quid aliud malit ; at sibi Volumnium darent adjutorem 10, 26.

ASTRINGERE 39, 1. Inops regio, quæ parsimonia astringeret milites.

ASTUS 35, 14. Perplexum Punico astu responsum. Astu magis, quam vera virtute 42, 47. *De bello.* Vid. *Calliditas, Dolus, Versutia.*

ASYLUM 1, 8. Asylum aperit. Eo — turba — avida novarum rerum perfugit.

ATENIM pauci quidem sunt, sed vigentes,

---

etc. 21, 40. *Particula sæpe inserviens objectionibus. Conf.* 4, 4. 37. 53. — [Vid. *Ast.*]

ATER 22, 10. Si atro die faxit insciens, probe factum esto. *Conf.* 6, 1.

ATQUE 26, 39. Ille atque præceps cum armis procidit ante proram. *i. e. continuo, statim.* Atque ille lacrimabundus, etc. 3, 46. Punica religione servata fides ab Hannibale est ; atque in vincula omnes conjecit 22, 6. *Conf.* 27, 21. *Ubi* Vid. *Drakenborch.* Non petentem atque adeo etiam absentem creatum credidere quidam 10, 5. Ne Virginio commeatum dent, atque etiam in custodia habeant 3, 46. Pro *atque adeo, quin immo.* Submoverique atque in castra redigi 26, 10.

ATROCITAS 25, 8. Hujus atrocitas pœnæ duarum nobilissimarum in Italia Græcarum civitatium animos irritavit.

ATROX 4, 3. Quod adeo atroces (*Patres*) in has rogationes nostras coorti sunt. Atrox imperium (*Manlii*) 8, 7. Atrox visum id facinus Patribus 1, 26. Non alia ante pugna atrocior fuit 1, 27. *Conf.* 42, 7. Non atrocius — consulem in se sæviturum 42, 8.

ATTENDERE 10, 4. Jubet peritos linguæ attendere animum, pastorum sermo agresti an urbano proprior esset.

ATTENTATUS 23, 15. Quem consensus attentatæ defectionis — ad transfugiendum stimulabat.

ATTENUARI præsidii (*in arce*) vires, 25, 11. Attenuata omnium rerum inopia (*multitudo*) 45, 11. Attenuatæ sortes. Vid. *in v.* sors.

ATTINERE 3, 36. Nec attinuisse demi securim, quum sine provocatione creati essent, interpretabantur. *Conf.* 2, 41. 6, 23. *it. cap.* 38. Quod ad provincias attineret 42, 10. Me victoribus mitti attinere puto 23, 13.

ATTINGERE 3, 19. Qui — Latinos, ne pro se quidem ipsis — attingere arma passi sumus. Quos (*populos*), si Vestinus attingeretur, omnes habendos hostes 8, 29, *i. e. bello.* Invitus ea, tamquam vulnera, attingo ; sed nisi tacta tractataque sanari non possunt 28, 27.

ATTOLLERE 22, 26. Ad consulatus spem quum attolleret animos. Vid. *erigere, conf.* 6, 18.

ATTONITUS 39, 15. Vino, strepitibus clamoribusque nocturnis attoniti. Novitate ac miraculo attoniti 1, 47. *Conf.* 2, 12. 5, 46. Ut magna pars integris corporibus attoniti considerent 10, 29. Nisi — hunc belli terrorem, quo nunc vos attoniti estis, transtulero 3, 68. Nocturno pavore attoniti 7, 36. A · pavore eo, quo attonitus fuerat, recepto animo 44, 10. Majestate petentium, religione etiam attoniti homines patricios omnes — creavere 5, 14. Paullisper alter alterius conspectu admiratione mutua prope attoniti conticuere 30, 30. *Conf. Virgil. Æn.* 8, 152.

ATTRECTARE 28, 24. Insignia summi imperii, fasces securesque, attrectare ausi. *i. e. usurpare, sibi præferri jubere.* Vid. *Admovere.*

ATTRIBUERE 40, 51. Opera ex pecunia attributa divisaque inter se hæc confecerunt. *i. q. destinata. Vox propria in hoc genere. Conf. cap.* 46. Ab juventute, quæ præsidio ejus loci attributa erat 24, 21. *Conf.* 42, 33. Dolopes — vestro decreto patri attributi meo 42, 41. *Conf.* 41, 6. Vid. *Contribuere.* Eique *(pontifici)* sacra omnia exscripta exsignataque attribuit 1, 20.

AVARE 21, 1. Quod superbe avareque crederent imperitatum victis esse. Quo crudelius avariusque in Græcia bellatum 43, 4.

AVARITIA *cum* LUXURIA. *Præf. i. e. cupiditas habendi, unde profusioni locus sit, rapinæ, furta,* etc.

AUCTIO 2, 14. Gratiam muneris magis significante titulo, quam auctionem fortunæ regiæ.

AUCTIOR 3, 68. Ex illis concionibus numquam vestrûm quisquam re, fortuna, domum auctior rediit. Memor generis, quod amplissimum acceptum majus auctiusque reliquit posteris 4, 19. Auctiorem *(majestatem senatus)* amplioremque esse 4, 2. Quando res Romana in dies melior atque auctior fieret 25, 16.

AUCTOR 2, 54. Auctor facinori non deerat. *i. q. hortator.* Principes et auctores transcendendi Alpes 40, 53. Ejus rei auctores affinesque 38, 31. Urbem auspicato, diis auctoribus in æternum conditam, etc. 28, 28. Suæ quisque fortunæ auctorem domi exspectent 22, 55. *i. e. nuncium.* Quæ *(res)* consulem — auctorem — desideraret 4, 13. *i. e. indicem.* Quarum legum auctor fuerat, earum suasorem se haud dubium ferebat 6, 36. Criminum auctores delatoresque 45, 31. Consules quum ad Patres rem dubiam sub auctore certo detulissent 2, 37. Auctor gravis 1, 16. *Cui fides haberi potest. Conf.* 5, 2. *Oppos.* levis nec satis fidus. Quin, omissis ira et spe, fallacibus auctoribus, nos ipsos nostraque omnia cognitæ permittimus fidei 7, 40. Fabium auctorem habui 22, 7. Auctores sunt in utrumque 10, 25. Pacis per omnem Apuliam præstandæ populo Rom. auctores 9, 20. *Qui promittit, se pacem præstiturum.* Auctores sumus *(spondemus),* tutam ibi majestatem Romani nominis fore 2, 48. Ne privatam quidem rem agere *(feminam decet)* sine auctore 34, 2. *i. e. sine tutore.* Multitudini concitatæ, quæ ferme auctoribus similis esset, non subtraxisse se ducem 7, 14. *Conf.* 2, 54. Si Patres auctores fierent 1, 17. *It.* 22. *Conf.* 2, 54. *It.* 56. Auctoribus, qui aderant, ut sequeretur 3, 44. *Absolute, pro quum quidem suaderent, qui aderant,* etc. Auctore Fabio consule 24, 43. *i. e. ex senatusconsulto, quod in ejus sententiam factum erat.*

AUCTORATUS 37, 10. Pignore velut auctoratus proditor. *i. q. emtus.*

AUCTORITAS senatus 4, 57. *i. e. consilium, cui lubenter ac verecunde obsecundatur.* Vid. *Clav. Ciceron. in h. v. Conf.* 42, 11. Responditque ita ex auctoritate senatus consul 7, 31. Imperio, non populi jussu, non ex auctoritate Patrum dato 26, 2. Ut per auctoritatem civitatium earum suæ preces nuper repudiatæ faciliorem aditum ad senatum haberent 36, 3. A. *e. intervenientibus, agentibus, commendantibus.* Extracta res per aliquot dies auctoritatibus seniorum 23, 6. Auctoritate magis, quam imperio, *(ea)* regebat loca 1, 7. Hospitam, principem auctoritate et opibus Delphorum 42, 15. Bello finem se auctoritate sua imposituros 44, 29. Vid. *Majestas, it.* parere.

AUCTUS 4, 2. Cujus rei præmium sit in civitate, eam maximis semper auctibus crescere. Uti — eaque vos (*Dei Divæque*) omnia bene juvetis : bonis auctibus auxitis : salvos, etc. 29, 27.

AUDACIA vecors 28, 22. *Conf.* 44, 6. Ipso miraculo audaciæ obstupefecit hostes 2, 10.

AUDACITER se laturum fuisse de abrogando Q. Fabii imperio 22, 25. *Conf.* 40, 55.

AUDACTER 9, 34. Quem clavi figendi, aut ludorum caussa, dictatorem audacter crees ? Audacter commissum pertinaci audacia — corrigere 44, 4.

AUDAX consilium 25, 38. Consilium temerarium magis, quam audax 25, 37. Quo audacior res erat 26, 38.

AUDERE 23, 14. Capitalem fraudem ausi. Bene ausus vana contemnere 9, 17. Pleræque per vim audebantur 39, 8. Audeantur infanda 23, 9. Nec nunc illi, quia audent, sed, quia necesse est, pugnaturi sunt 21, 40.

AUDIENTIA 43, 16. Audientiam facere præconem jussit.

AUDIRE 1, 41. Interim Servio Tullio jubere populum dicto audientem esse. Nec plebs nobis dicto audiens atque obediens sit 5, 3. Si prætori dicto audiens non esset 29, 20. Consules senatui dicto audientes 4, 26. Si me audiatis 9, 9. *Simpliciter dictum pro si me auctorem suasoremque sequamini.* Auditis hostium copiis 42, 52. Quum hæc dicerentur audirenturque 9, 7. Ante ora sua audivere 42, 61. Litteræ consulum ingenti lætitia et in curia et in concione auditæ 10, 45. *Conf. cap.* 24. Tantum Camillus auditus imperator terroris intulerat 6, 2. *i. e. ipsum nomen Camilli.* Nec ob id quemquam fulmine ictum audimus 45, 25. *i. q. audivimus, cognovimus.* Quum ex obviis *auditum,* postero die omnem exercitum — proficisci, non metu modo omni — *liberavit* eos, sed lætitiam ingentem *fecit* 28, 26. *i. e. auditio s. quod ex obviis auditum erat, etc. id, ea*

*res — liberavit — fecit.* Audito, Macha-
nidam, fama adventus sui territum, refugisse
Lacedæmonem 28, 7. *(Ablativus absolutus.)*
Veluti si sensisset, auditas preces 1, 12.
Quidquid tribunus pl. loquitur — assuestis
audire 5, 6. Audi, Jupiter; audite, fines;
audiat fas 1, 39. Non eis animis audiebantur, qui — flecti possent 42. 48. Auctores
signa relinquendi — non uni aut *alteri militi,*
sed universis exercitibus, palam in concione audiuntur 5, 6. *Si quidem* uni etc.
*ad* audiuntur *referri potest,* ac *non potius ad*
auctores.

AVEHI 9, 27. Avectus *(equo)* ab suis,
nondum conserentibus manus ad clamorem
ab sinistra parte prius exortum. Heren-
nius domum e castris est avectus 9, 4.
*Gronov.* revectus. Vid. *Amovere.*

AVERE 45, 39. Omnium oculi conspicere urbem eum ingredientem avent.

AVERRUNCARE 10, 22. Quorum *(prodigiorum)* averruncandorum caussa supplicationes — senatus decrevit. Quum averruncandæ deûm iræ victimas cædi 8, 6.

AVERSARI 8, 7. Extemplo filium *(consul)* aversatus.

AVERSUS 37, 7. Virum sicut ad cetera
egregium, ita a comitate, quæ sine luxuria
esset, non aversum. *i. q. alienum.* Quum
aversis auribus pauca loquuti essent 38, 33.
Pro *apud multitudinem* iratam. Aversus a
proposito 2, 8. In aversam incursando
aciem 3, 70. Castris se tenebant tam ancipiti periculo aversi 2, 45. Circumvecti
ab urbe ad aversam insulæ 37, 26. Per
aversa urbis 5, 29. Aversa porta 10, 34.
*Conf. Virgil. Æn.* 2, 453. Velut aversis
jam diis, aspernantibusque placamina iræ
7, 3. Belloque averso ab hostibus, patriam suam cepissent 3, 50. Aversi omnes
ad Tarquinium salutandum 1, 50. Aversos
boves — caudis in speluncam traxit 1, 7.

AVERTERE 7, 16. Primo quoque impetu
avertere hostem. *Conf.* 42, 59. In fugam
averterunt classem 22, 19. Dissipatos in
*fugam* averterunt 31, 15. Mille acies,
graviores, quam Macedonum atque Alexandri, avertit, avertetque 9, 19. *Simpliciter dictum pro vicit. conf. cap.* 39, *it.* 27,
1. Ut nec vobis — averteretur a certamine animus 1, 28. Eoque id laudabilius
erat, quod animum ejus tanta acerbitas patria nihil a pietate avertisset 7, 5. Trepidi
magistratus — avertunt animos a spe recuperandæ arcis 9, 24. *Conf. Præfat.* A
ceteris, velut ab ignotis capitibus, consulis
liberi omnium in se averterant oculos 2, 5.
*Conf.* 24, 5. In comitiorum disceptationem
ab lege certamen averterant 3, 24. *Conf.
cap.* 58. Nec jam possidendi_publicis
agris contentos esse, nisi pecuniam quoque
publicam avertant 6, 14. Quum avertere
eam prædam vellet 1, 7. *Conf. Virgil.
Æn.* 1, 472. 8. 208. 10, 78. Amnem —
multorum dierum opere exceptum novo
alveo avertit 41, 11. Avertere quidam se-

natores Karthaginienses Magonem in Hispaniam 23, 32. *i. e. ablegandum eo censuere.* Tota in se averterat castra 6, 23.
*h. e. A Camillo averterat, et in se conver-
terat.* Quum — ab hominibus ad deos
preces avertisset 6, 20. Avertendo noxam
ab coacta in auctorem delicti 1, 58. Aver-
tentem causam doloris etc. 6, 34.

AUFERRE 1, 58. Tarquinius — pestiferum hinc abstulit gaudium. *(de-expugnata
Lucretiæ pudicitia.) Omnino auferri dicuntur, qui affectibus, aut quacunque ratione transversi rapiuntur, neque rationem
ducem sequuntur, atque ita delinquunt,*
Vid. *Clav. Ciceron. in h. v.* Abstulerunt
me, velut de spatio, Græcæ res immistæ Romanis, 35, 40. *De narrationibus per excess-
sus, excursiones.* Vento — celeriter e conspectu terræ ablati sunt 29, 27. Ut, quod
a nobis ablatum sit, in Italia tamen imperium maneat 23, 5. Vid. *Ablatus.* Eo plus
vereor, ne abstuleritis observantibus etiam
oculos 6, 15. *Hoc proverbio indicantur,
qui vafricie sua et calliditate acutissimos
quosque vincunt et decipiunt.* Vid. *Intt. ad
h. l.* Auspicia — a Patribus — aufert 6,
41. Auferte imperium indignis 3, 67. Prorsus auferri a primoribus ad plebem summam
imperium 4, 1. Sacra publica a cæde, ab
incendiis procul auferre 5, 39. Cupidissi-
misque arma ablaturum fuisse militibus 8,
31. Auferat omnia irrita oblivio, si potest
28, 29. Quidquid hinc aut illinc communis
Mars belli aufert 7, 8, *de prælio.*

AUGERE 29, 25. Ad immensam multitudinis speciem auget. Bonis auctibus
auxitis 29, 27. Te mihi mater — aucturum
cœlestium numerum cecinit 1, 7. Auget
Esquilias 1, 44. Augere in majus 29, 3.
Malum malo augere filii 7, 4. Aucta fami-
liaritas 1, 39. Auxere vim morbi 3, 6. Ad
plebem aucta invidia 10, 46. Vid. *Auctus.*

AUGUR in locum ejus inauguratus 30, 26.
Augur creatus 25, 2. *Conf.* 4, 4. *Proprie
cooptari dicuntur.*

AUGURATO 1, 18. Romulus augurato
urbe condenda regnum adeptus est.

AUGURATUS 8, 5. Peregrinos consules
— in tuo, Jupiter, augurato templo — visurus es?

AUGURIUM 1, 6. Ut Dii, quorum tutelæ
ea loca essent, auguriis legerent, qui nomen
novæ urbi daret. Accepisse id augurium
læta dicitur Tanaquil 1, 34. *It.* 10, 40.
*De occinente corvo ante prælium.* Augurio
animorum suorum lætabantur 45, 1. Auguriis auspiciisque 26, 41. Ab numero
avium, quæ augurio imperium portenderant 1, 8. Augurium ex arce capiat 10, 7.
Priori Remo augurium venisse fertur 1, 7.
Nunciato augurio *ibid.*

AUGUSTUS 1, 29. Augusta templa. Templum augustissimum 42, 3. *It. cap.* 12.
Fanum augustum 38, 13. Augusti tota
*(insula)* atque inviolati soli 45, 5. Habitum formamque viri aliquantum ampliorem

augustioremque humana intuens, 1, 7. *Paullo post :* te aucturum cælestium numerum. *Conf. cap.* 8. Species viri majoris, quam pro humano habitu, augustiorisque 8, 6. Conspectus ab utraque acie aliquanto augustior humano visu 8, 9. Ornatus habitusque humano augustior 5, 41. *Scil. quia est Jovis.* Quum cetero habitu se augustiorem, tum maxime lictoribus duodecim sumtis, fecit 1, 8. Quæ augustissima vestis est thensas ducentibus 5, 41. *h. e. toga picta et tunica palmata.* Vid. *Ruben. R. Vestiar.* 1, 21. *It. Scheffer. R. Vehic.* 2. 24. Ut primordia urbium augustiora faciat *Præfat.*

AVIDE 26, 97. Temere potius, quam avide, credideritis. Avidius vino ciboque corpora onerant 41, 2.

AVIDITAS ingenii humani 28, 38. *i. e. avaritia.* Aviditate rapiendi occasionem triumphi 31, 48.

AVIDUS 22, 21. Avida in novas res ingenia. Turba — avida novarum rerum 1, 8. Avidæ in direptiones manus 5, 20. Dictatorem avidum pœnæ (*scil. sumendæ)* venire 8, 30.

AVIS, *vid.* æstivus *it.* sangualis. Tuis jussus avibus 1, 12. *i. e. auspicato.*

AVITUS 1, 6. Avitum malum. *i. e. aut, quod ipsorum avo nocuerat, aut, quod in avi fratre fuerat. Ergo proprie accepta vox.*

AVIUS 9, 19. Avia commeatibus loca gravis armis miles timere potest. Vid. *Patruum ad Tacit. Annal.* 2, 15.

AVOCARE 1, 6. Quum pubem Albanam in arcem præsidio armisque obtinendam avocasset. *i. q. Sevocare partem populi a magistratibus seditionis caussa : sive, ut Gronovius item explicat : avertere a cognoscendo vero periculo, ne auxilium, quo maxime debebat, ferat.* Parte tribunorum exercitusque ad Volscum avocata bellum, 4, 61.

AVOLARE 1, 57. Citatis equis avolant Romam. Vulgo *advolant. Sed illam lectionem recte tuetur Drakenborchius, quem vide.*

AURA 21, 54. Quidquid auræ fluminis appropinquabant, afflabat acrior frigoris vis. Jam aura, non consilio, ferri, famæque magnæ malle, quam bonæ esse 6, 11. Aura favoris popularis 22, 26. *De præsidio aspirantis ad summos honores.* Vid. *Virgil. Æn.* 6, 817. Africanum cognomen militaris prius favor an popularis aura celebraverit etc. 30, 45. *De gratia plebis, sine respectu ad comitia.* Circumspectare tum patriciorum vultus plebeii, et inde libertatis captare auram etc. 3, 37. Afris, gente ad omnem auram spei mobili atque infida 29, 3. Levi aura spei objecta, 42, 39.

AURATUS 40, 34. Quæ prima omnium in Italia statua aurata est. *Enimvero signa aurata jam* 38, 35. *It.* 39, 37. *Commemorantur.* In curru scandentes Capitolium, auratos purpuratosque etc. 45, 39. Minucius bove aurato extra portam trige-

minam est donatus 4, 16. *Bos auratus, si quidem genuina lectio est, pro bove auratis cornibus accipiatur.* Sic 7, 37. Eximioque uno albo, opimo, auratis cornibus *(bove)* donat. *Conf. Virgil. Æn.* 5, 366. *Similiter* aurati milites *Livio* 9, 40. *Dicuntur, h. e. qui sunt scutis auratis insignes, sive, ut ipse dicit,* cælati auro et argento. Vid. *Clipeum, et conf. Virgil. Æn.* 5, 312. *Idem noster* 45, 39. Auratas legiones *dixit.* Laureatæ legiones *ibid. Lictores laureati ad eumdem modum apud Ciceronem dicuntur a fascibus laureatis ; ut alia similia taceam. Sed merito tamen pro spuria lectione habetur. Jac. Gronovii emendatio* bove et prato *legentis arridet plerisque viris doctis. Est autem* pratum *i. q. ager, prædium.*

AUREUS 10, 39. Auream olim atque argenteam aciem—occidione occisam. Anguem jubatum aureis maculis sparsum — adparuisse 41, 21.

AURIS 6, 40. Omnia semper, quæ magistratus ille dicet, secundis auribus, quæ ab nostrûm quo dicentur, adversis accipietis? *Conf.* 42, 28. *It.* 45, 31. Adversis auribus militum 41, 10. Superbæ aures 24, 5. Ad occupatas jam aures sollicitatumque jam animum quum venisset 45, 19. Eas conditiones imperator vix auribus admisit 30, 3.

AURORA 1, 7. Ad primam auroram.

AURUM 41, 20. Templum laqueatum auro. *i. e. Cujus laqueata tecta inaurata erant.* Aurum signatum Oscense 40, 43. Vid. *Argentum.* Virginem auro corrumpit Tatius 1, 11. (*bestechen.) paullo post :* aurea dona. Pictisque et auro cælatis armis refulgens 7, 10.

AUSPEX 42, 12. Celebratas esse utrasque nuptias gratulatione doniaque innumerabilium legationum, et velut auspicibus nobilissimis populis deductas esse. Vid. *Clav. Ciceron. in h. v.*

AUSPICARI 4, 6. Quod auspicari, tamquam invisi diis immortalibus, negarentur posse. *i. q. auspicia habere, capere, concipere.* Vid. *Cap. Eod. It.* 22, 1.

AUSPICATO 5, 52. Urbem auspicato inauguratoque conditam habemus. *i. e. Auspiciis ante captis.* Urbem auspicato, diis auctoribus in æternum conditam 28, 28. Nec auspicato nec litato instruunt aciem 5, 38. *Conf.* 1, 36. *It.* 6, 41.

AUSPICATUS 26, 2. Sollemne auspicatorum comitiorum in castra et provincias—transferri.

AUSPICIUM 6, 41. Auspiciis hanc urbem conditam esse. *i. e. auspicato.* Auspicio *(absolute)* 22, 42. Pro *in auspicio.* Pullarium in auspicium mittit 10, 40. Incertis auspiciis 8, 30. *It.* dubiis *ibid. cap.* 34. Circa summum culmen hominis auspicium *(alitem, aquilam)* fecisse 1, 34. Colluvionem gentium, perturbationem auspiciorum publicorum privatorumque afferre 4, 2.

Auspicium patricium et plebeium 10, 8. Cujus ductu auspicioque vicissent 8, 31. *(de magistro equitum.)* Cujus auspicia pro vobis experti nolite adversus vos velle experiri 7, 40. Quod nemo plebeius auspicia haberet 4, 6. *i. e. jus auspicia capiendi.* Non edicta imperatorum, non auspicia observentur 8, 34. *i. e. non expectentur.* De religionibus atque auspiciis 6, 41. Vid. *Augurium.*

Aut 44, 6. Aut Jovis templum, aut oppidum tenet. pro *partim — partim.* Quam ob noxam Romanorum, quod aut meritum 6, 40. Pro *aut quod meritum ; nisi malis cum Dukero* autem. Aut cederent, aut sperent 21, 30. *Sic Virgil. Æn.* 2, 664. *Hoc* erat *alma parens, quod me per tela, per ignes* Eripis. [*Diversa ratio loci Virgiliani.*]

Auxilium 31, 32. Magna auxilia. *(De populis integris)* sub umbra auxilii 32, 21. *Conf.* 7, 30. Auxilia elephantorum 31, 36. Loci auxilium 33, 9. Quibus auxilii latio adversus consules esset 2, 33. Noxæ damnatus donatur populo Romano, donatur tribuniciæ potestati, precarium, non justum auxilium ferenti 8, 35. Auxilium Romanum 34, 12, *i. e. quod Romani afferunt.* Adeo finitimorum odia longinquis coëgerant indigere auxiliis 2, 34. *i. q. auxilio.* De mittendis Veios auxiliis 5, 5. *i. e. militibus auxiliaribus.* Si ostenderitis auxilia vestra 7, 30. Dimissus auxiliorum apparatus 9, 7. Karthagini supremo auxilio effuso adesse videbatur præsens excidium 30, 32. Tam parvus animus tanti populi est, ut semper vobis auxilium adversus inimicos satis sit ? 6, 18. *i. e. ut contenti sitis, si tribb. pl. vos defendant contra patricios, nec certamen subeatis, nisi hoc, ut contendatis, quantum eorum esse debeat in vos imperium, non, ut plane vos ab eorum tyrannide liberetis.*

Baliares 28, 37. *Vid.* funda *et conf. Virgil. Georg.* 1, 309.

Balinea 23, 18. *i. q. balnea.*

Barbarus 31, 29. Cum alienigenis, cum barbaris æternum omnibus Græcis bellum est eritque. *Int. dè Romanis. Item Galli barbari dicuntur* 6, 42. *Vicissim si non Græci, Dassaretii certe a Romanis barbari vocati* 31, 33. Quædam *(oppida)* deserta, in montes propinquos refugientibus barbaris, inveniebantur.

Basilica 40, 51.

Bellare 8, 39. Bellum bellare. Bellatum cum Gallia eo anno circa Anienem — inclitamque in ponte pugnam 6, 42. *Conf.* 9, 41. *It.* 10, 30. Quod in Italia bellabatur 29, 26. Cui bellandum erat adversus Gentium 44, 29. Si bellare mallet 42, 59. *(Si bellum paci præferret.)* Non intelligunt, se hominis res gestas, et ejus invenia, cum populi, jam octingentesimum bellantis annum, rebus conferre 9, 18. Quo crudelius avariusque in Græcia bellatum 43, 4. Delecta, an voluntarii pro Samnitibus adversus Romanus bellassent 9, 42. *Conf.* 7, 29. Ne quis, quoad bellatum esset, tributum daret 6, 31. *i. e. debellatum, bello finis impositus esset.* Vide *B. Patruum ad Tacit. Hist.* 2, 40.

Bellator 1, 59. Romanos homines, victores omnium circa populorum, opifices ac lapicidas pro bellatoribus factos. Nec illi terra, nec Romanus mari bellator erat 7, 26. Latinus viribus ingens bellatorque primus 8, 8. *i. e. rei militaris peritus.* Samnites eo anno imperatorem C. Pontium, Herennii filium, habuerunt, patre longe prudentissimo natum, primum ipsum bellatorem ducemque, 9, 1.

Bellicosus annus 10, 9. *Opponitur anno imbelli* 10, 1. Cepisse enim eos non Romam — sed, quod multo bellicosius erat, Romanam virtutem ferociamque 9, 6. *i. q. fortius.*

Bellicum *substantive pro signo tuba dato ad excitandos milites, ut prælio se accingant :* ubi primum bellicum cani audissent 38, 18.

Bellicus 30, 5. Fortuitum, non hostilem ac bellicum, ignem rati esse.

Belligerare 21, 16. Cum Gallis tumultuatum verius quam belligeratum.

Bellua 29, 17. Pestis ac bellua immanis. (*Scylla.*) Volo ego illi belluæ (*Gallo*) ostendere etc. 7. 10.

Bellum *olim* duellum *dicebatur.* 1, 32. Bellum purum piumque *i. e. justum.* Quem (*Perses*) non justum modo bellum adparare regio animo, sed per omnia clandestina grassari scelera latrociniorum ac veneficiorum 42, 18. Ne quid divini humanive obstet, quo minus justum piumque de integro ineatur bellum 9, 8. [*Vid. Arma.*] Ejus demum animum in perpetuum vinci, cui confessio expressa sit, se neque arte, neque casu, sed collatis cominus viribus justo ac pio bello esse superatum 42, 47. Bellum alere ac fovere omnibus consiliis 42, 11. Bellorum iræ residuæ 1, 30. Belli gloria 3, 68. *It.* terror *ibid.* Bello vincere 2, 7. *i. e. debellare, profligare bellum, pacis leges dare.* Opponitur acie vincere, it. prælio. Hannibal fassus in curia est, non prælio modo se, sed bello victum 30, 35. Uno prælio victus, bello victus esset 9, 19. Is bello quoque bonus habitus (*Sempronius*) 30, 1. Hac expeditione — motum latius erat, quam profligatum bellum 9, 37. Quum collegæ novum bellum Sallentini hostes decernerentur 9, 42. *It. cap.* 31. Etruria novum bellum. *i. q. provincia, fines, intra quos bellum gerendum erat.* Ante portas est bellum ; si inde non pellitur, jam intra mœnia erit, et arcem et Capitolium scandet, et in domos vestras vos persequetur 3, 68. Quum pacis auctor a turbatoribus belli premeretur 2, 16. *i. e. ab auctoribus belli. Nam* turbare bellum est turbando bellum efficere. *Ducta est e Græco sermone hæc forma dicendi. Demosthenes de Cor.* 50. *Dicit* τιμάντων τὸν πόλεμον. *Similia sunt Polybii* 4, 14. συντιθέξαι πόλεμον 15, 2. *It.* συγχίαι πόλεμον. Vide *Lexicon Polybianum B. Patrui. Huic posteriori plane respondet*[?] *Livianum* coquere bellum 8, 3. *Non igitur audiendi sunt emendatores ; nec lectio Gronovii, probata Drakenborchio,* bello, *necessaria est. Etenim ut nihil dicam de eo, quod inter omnia exempla, quæ tertium casum loco secundi substantivis jungere dicuntur, non reperiatur ullum, quod non idem referat verbum dativum asciscens ; ut certe ambiguum sit, unde pendeat dativus ; ut igitur de hoc nihil dicam, quod sane poteram vel maxime urgere : profecto idonea ratio reddi potest, cur* ¡ belli *dixerit Livius, etiamsi poterat abesse. Nempe oppositionem* auctoris *et* turbatorum *perfectam reddere volebat; ut pacis vocabulo* belli *voæ responderet. Ita enim demum huic loco ad elegantiam nihil deest. Atque etiam similes formæ dicendi non modo apud nostrum, sed alios etiam occurrunt.* Concitor belli 29, 3. *It.* vulgi 45, 10. *Dicitur :* vulgi turbator 4, 2. Machinator belli 1, 28. Belli victor 45, 36. Summotor aditus 28, 33. Irritare pugnam 3, 66. *Alia. Similiter Tacitus Ann.* 4, 67. Suspicionem et credendi temeritatem turbabat. *Apud Ammianum* concitor turbarum, *it.* Tumultus, turbator otii, *et multa similia occurrunt.* Vid. *Glossarium nostrum in h. v. Ceterum Plutarch. Public. p.* 108. πολεμοποιοὺς καὶ στρατωτικοὺς *illos belli turbatores appellat.*

Viamque per devios saltus Romano bello fecisse 10, 24. *i. e. quod a Romanis in Etruria gerebatur, superatis quidem difficultatibus, quæ cominus rem geri cupientibus objectæ fuerant.* Hæc eos in Etruria jactantes (*Samnites*) molientes bellum domi Romanum urebat 10, 17. Diu meditatum Philippo primo, deinde et Persi, Romanum bellum, omnia ut instructa præparataque essent, effecerat 42, 52. *i. e. bellum cum Romanis gerendum. conf.* 8, 3. Bella trium regum 45, 14. *i. e. cum tribus regibus.* Reliqua belli perficere 26, 1. (*Reliquiæ alias dicuntur.*) Flagrante bello Italiæ 31, 11. *Nisi malis cum Drakenborchio* Italia. In Italiam post Cannensem pugnam bellum segnius esset 23, 35. *i. e. adversus.* Vide *Drakenborchium ad Epit. libri* 21. Tranquillis rebus fama Gallici belli pro tumultu valuit, ut dictatorem dici placeret 8, 17. Bellum indico facioque 1, 32. Ex bellis bella serendo 21, 10. Bellum comparare 39, 28. — tractare 5, 12. — cohibere 9, 29. — molliter et per dilationem gerere 5, 5. Bellum obire 5, 52. — perpetrare 44, 32. — sumere 1, 42. Belli ratio sumendi 38, 19. Bellum trahere 9, 27. — apertum 2, 16. *it.* Suspectum *ibid.* conf. 37, 30. *Ubi artificiis et*

strategematibus opponitur. Justa belli species 40, 6. *Opponitur simulacro belli, it. decursui et simulacro ludicro pugnæ* 40, 9. Etiamsi non bello fiat infestus (*saltus*) transitu difficilis 44, 6. *i. e. usu artis bellicæ, objiciendis difficultatibus.* Bellum armaque 4, 1. *It.* bellum et arma 1, 27. *It.* arma et bellum 9, 10. Acrius de integro obortum est bellum 21, 8. (*oppugnatio.*) Ubi primum conserendi manum cum hoste data occasio esset, aut victoria egregia, aut morte inituros bellum 44, 34. *i. e. prælium.* Vid. *Cort. ad Sallust. Catil. cap.* 9. Quantum belli eæ provinciæ haberent 41, 8. Provinciæ, quæ in bello erant, decretæ 41, 9. In bello — in pace 5, 52. Servatam bello patriam iterum *in pace* haud dubie servavit 5, 49. *Sic :* bello se devovere 10, 28. Utrius fortunæ consulem ad bellum mittant 42, 49. Bello suo defungi 25, 35. *i. e. partem belli sibi attributam feliciter perficere.* Suo proprio occupati bello 27, 10. Alienæ sortis victor belli 9, 42. Tanti belli victor 45, 36. Ita bello et pace quæri, ut inter omnes conveniat etc 42, 50. *Drakenborchius de conjectura legi vult :* ita bello pacem præferri etc. Vid. quærere. Lydii — ab Rhodiis bello vexabantur 41, 25. Belli domique 3, 43. *Alibi, v. c.* 1, 34. Bello domique. *Sed vide ad h. l. Drakenb.* Navale bellum 5, 6. *It.* maritimum 7, 26. Bella pedestria 24, 48. Belli apparatus magnificus 29, 22. Nec Scipio ullo tempore hiemis belli opera remiserat, quæ multa simul undique eum circumstabant 30, 3. Bellum numero hostium ingens, certamine haud sane asperum fuit 5, 22. Discrimen ultimum belli 44, 23. Bellum infestissimum 9, 12. — internecivum 22, 58. Vid. *Ardere.* Patres — bello inexpiabili se persequuturos 4, 35. [*Græcorum* πόλεμον ἄσπονδον.] Falsum testem, qui dicendæ causæ innoxio potestatem ademisset, justo ac pio bello persequebatur 3, 25. Vid. *Mars.*

BENE tutus a perfidia 28, 44. *i. e. valde tutus.* Ne ferrum quidem ad bene moriendum oblaturus est hostis 9, 3. conf. 22, 50. *Virgil. Æn.* 2, 511. Vide *Cuperi Obs.* 1, 8. *et voc.* turpiter. Si hoc bene fixum omnibus destinatumque in animo est 21, 44. Si sui bene crediderint cives 1, 50. Bene ausus vana contemnere 9, 17. Atqui bene habet, si ab collega litatum est 8, 9.

BENEFACTA 25, 31. Non plura — benefacta Hieronis, quam — maleficia eorum etc. Priorum nostrorum benefactorum cumulus hoc, quod nunc cessatum in officio est, expleat 45, 24.

BENEFICII et maleficii occasione omissa 9, 12. Vos potius beneficio vestro occupate eam (*Capuam*), quam illos habere per maleficium sinatis 7, 30. Beneficio ac maleficio abstineri 5, 3. *h. e. eo, quod bene factum foret.* Beneficia gratuita esse po

puli Romani : *(sine redemtione)* pretium
eorum malle relinquere in accipientium
animis, quàm præsens exigere 45, 42.
[*Fœdo typothetæ errore in editione Ernestii
tertia pro beneficia legitur veneficia.*]
Quum obnoxium vitæ beneficio senatum
multo sibi magis, quam plebi, fecisset 23,
4. *i. e. quo vita servata est alteri.* Certamen sine effectu in beneficio apud primores
Patrum relinquere 4, 7. *i. q. pro beneficio
imputare.* Tribuni militum crearentur,
quæ antea dictatorum — fuerant beneficia
9, 30.

BENIGNE arma capere 3, 26. *i. e. libenter. Alibi significat largiter, e græce
ἀφϑϑόνως. Oppos.* maligne. *Horat. Serm.*
2, 6. *Neque illi sepositi ciceris, nec longæ
invidit avenæ.* Vid. *Comiter.* Benigne
polliceri 6, 6. *i. q. prolixe, liberaliter. Sic
bene polliceri Sallustio dicitur* 13. *Cat.
cap.* 41. *conf.* 9, 30. Benigne alloqui 1,
28. Nusquam legatio benigne audita est
1, 9. Venientem Volsci benigne excepere,
benigniusque in dies colebant 2, 35. Vid.
*Blande.* Benigne concessa præda 9, 31.
Commeatus benigne advexere 9, 32. *conf.
cap.* 6. Ædes, quæ ipsum comitesque ejus
benigne reciperent 45, 44. *i. e. laxe, commode.* Vid. *Gratia.*

BENIGNUS 42, 38. Thessalis benigna
materia gratias agendi Romanis pro etc.
*h. e. copiosa.* Neque illis sociorum comitas
vultusque benigni et alloquia non modo
sermonem elicere etc. 9, 6.

BESTIA 7, 4. Ne mutes quidem bestias
minus alere ac fovere — si quid ex progenie sua parum prosperum sit. *i. e. im-
manes bestias. Nisi vero mutas referendum
ad superiora* infacundior — lingua im-
promtus. [*Nec hæc placet ratio, neque
altera. Mutus hic est epitheton ornans,
augensque vim oppositionis. Cicero Epist.
ad Q. Fratrem* I. 1, 8. Est autem non
modo ejus, qui sociis et civibus, sed etiam
ejus, qui servis, qui mutis peculibus præsit,
eorum, quibus præsit, commodis utilitatique
servire.] Feras bestias, cæco impetu ac
rabie concitatas, si ad cubilia et catulos
earum ire pergas, ad opem suis ferendam
avertas 26, 13. Nondum hac effusione inducta, bestiis omnium gentium circum
complendi 44, 9

BIBERE 40, 47. Ut bibere sibi juberet
dari.

BIDUUM tempus petere 27, 24.

BIFARIAM 10, 21. Jam castra bifariam
facta esse, quia unus locus capere tantam
multitudinem non possit. Divisis bifariam
copiis 25, 32. *i. e. duobus exercitibus ex
uno factis.* Bifariam dividunt copias 41,
19. Gemina victoria duobus bifariam
prœliis parta 3, 63.

BIGATUM. Vid. *Argentum.*

BILIBRIS farris sperasse libertatem se
civium suorum emisse 4, 15. Vid. *Selibra.*

BIMENSIS 45, 15. Anni et bimensis

tempus prorogaretur. *Gruterus conjicit
VI. mensium i. e. justum censuræ tempus.*

BIMESTRE stipendium 9, 43.

BIPALME spiculum hastili semicubitali
infixum erat 42, 65.

BIPARTITO 40, 32. Equites bipartito
in eos emissi.

BLANDE 1, 22. Excepti hospitio ab
Tullo blande ac benigne; comiter regis
convivium celebrant.

BLANDIMENTA plebi — ab senatu data
2, 9.

BLANDIRI 21, 1. Hannibalem pueriliter
blandientem patri — ut duceretur in Hispaniam. *i. e. per blanditias potentem a
patre, ut etc.*

BLANDITIÆ 1, 9. Accedebant blanditiæ
virorum, factum purgantium cupiditate
atque amore. Blanditiis satis potentibus
ad animum amantis 30, 7. Non facile erat
— circumvexso dies noctesque muliebribus
blanditiis, liberare animum 24, 4. Vid.
*Caritas.*

BLANDUS 23, 18. Otium consuetudine
in dies blandius. An blandiore in publico, quam in privato, et alienis, quam vestris, estis 34, 2. *De feminis. conf. Cicer.
Verr.* 3, 26. Nam blanditiæ feminis
maxime et meretricibus tribuuntur.

BONUM 4, 15. bona vendere atque in
publicum redigere, *h. e. redactam e venditis pecuniam. Eo sensu apud Tacitum
Annal.* 2, 48. Sunt bona petita in fiscum.
*Sic N. T. Matth.* 26, 9. [*Immo confe-
rendum Græcorum ἀγαϑά.*] Congestis in
eum omnibus humanis a natura fortunæque
bonis 30, 1. *conf.* 3, 12. *paullo ante* munera *dicuntur.* Vid. *Congerere.* Inter cetera sollemnis manet bonis vendendis, bona
Porsenæ regia venundari 2, 14. *h. e: inter
ceteros ritus auctionum publicarum, est
etiam hic, ut, quæ primum a præcone ve-
nalia prædicantur, appellentur bona Porsenæ.* Vjd. *Plutarch, in Public. p.* 107.

BONUS 4, 2. Pace boni. *i. e. reipublicæ
administrandæ periti. Omnino enim bonus
dicitur, qui in suo genere præstat, excellit,
utilis est.* Pace belloque bonus 4, 3.
Bello quoque bonus 30, 1. Vid. *Congerere.*
Pecori bonus *(mox)* alendo 23, 81. Cum
eo hoste res est, qui nec bonam nec malam
ferre fortunam potest 27, 14. Ut bona mens
suis omnibus fuerit 39, 16. *i. e. ne particeps illius furoris sint.* Raro simul hominibus bonam fortunam bonamque mentem
dari 30, 42. Uti bonum animum haberet
8, 32. Bonorum optimus 29, 14. Bona
pax 8, 21. *Oppos.* obnoxia. Vid. *Infra
in h. v. conf.* 30, 21. Is alteri populo cum
bona pace imperitaret 1, 24. Bonum
caussæ 3, 72. *i. q. bonitas, justitia.* Quin
etiam bono fuisse Romanis adventum eorum
constabat 7, 12. *i. q. pro bono cessisse s.
bono cessisse. De utraque forma vide B.
Putruum ad Suetom. Tit.* 7. Ut pro bonis
et fidelibus sociis facerent 24, 48. Cam-

pani — haud parva — accessio bonis rebus vestris in amicitiam venimus vestram 7, 30. Vid. *Res.* it. *facilis.* Quibus *(militibus)* boni tribuni plebis quum stipendium extorquere voluerint 5, 5. *Ironice intelligendum.* Sic 21, 10. Legatos — bonus imperator vester in castra non admisit; jus gentium sustulit.

Bos femina 25, 12. Bos alenda publice data 41, 13. Bovem in Sicilia loquutum 24, 10. *Alii in genere sequiori. conf. Virgil. Georg.* 1, 478. Auratus bos *vid.* auratus. *it.* eximius. Captus pulchritudine boum 1, 7. Quum actæ boves quædam — mugissent 1, 7. Ante omnes Lælium præfectum classis, et omni genere laudis sibimet ipse æquavit, et corona aurea ac triginta bubus donavit 26, 48. Consul — tribunum decem bubus aureaque corona donat 7, 26. Præter militaria alia dona, aurea corona eum et centum bubus, eximioque uno albo opimo auratis cornibus donat 7, 37.

BRACHIUM *munitionis genus prominens et procurrens* 4, 9. Ex alia parte consul muro Ardeæ brachium injunxerat, qua ex oppido sui commeare possent. *Sic ἐπίλη apud Polyænum, p.* 84. *Edit. Maasvic, dicuntur. Talia brachia, præsertim naturalia,* linguæ *dicuntur.* Qui *(murus)* brachiis duobus Piræeum Athenis jungit 31, 26. [*ἐπίλη Græcorum.*] Muro brachium injungere, *item* immittere 4, 28. *It.* obiicere 22, 52. Superato brachio in urbem penetrat 38, 5. Degressus ad imam partem castrorum, veluti per devexum in mare *brachium* transitum tentaturus 44, 35. Vide *Lucan.* 3. 385. *Schellerus in Lex. citat* brachium fluminis.

BREVIS 21, 35. Ut pleræque Alpium ab Italia sicut breviora, ita arrectiora sunt, *i. e. minus alta.* Aut omnia breviora aliquanto fuere, aut etc. 21, 15. *i. e. brevioribus s. parvis temporum intervallis deinceps consequuta, facta. Notum enim est, omne parvum breve dici,* et contra. Brevissimi temporis impetus 5, 6.

BUCCINA 26, 15. Ut ad tertiam buccinam præsto essent. *Pro sonitu ejus, signo per eam dato, classico.* Vid. *Supra in v.* bellicum.

BUCCULA 44, 34. Alii galeas bucculasque tergere. *Bucculis buccæ tegebantur eranitque galearum partes.*

BULLA 26, 36. Ita ut annulos sibi quisque, et conjugi et liberis et filio bullam — relinquant.

BUSTUM 5, 48. Jam pigritia singulos sepeliendi promiscue acervatos cumulos hominum urebat, bustorumque inde Gallicorum nomine insignem locum fecere.

CADERE 1, 56. Velut si prolapsus cecidisset. *conf.* 5, 21. Prolapsaque in vulnus moribunda cecidit 1, 58. Scipionem Cn. filium, ejus, qui in Hispania ceciderat 29, 14. *conf.* 21, 7. Casurumque inter

signa Samnitium potius etc. 10, 35. Si — regnum — præceps inde porro ad servitia caderet 1, 40. Amnis cadit in sinum maris 38, 4. Non tibi — ingredienti fines ira cecidit 2, 40. Venti vis omnis cecidit 26, 39. *it.* 36, 49. Ventus, premente nebula, cecidit 29, 27. Cadente Euro 25, 27. Ut cuique *(sors)* ceciderit 2, 12. Si quid adversi casurum foret 35, 13. *conf.* 22, 40. Quid casurum fuisset 38, 46. Quum, quæ tum maxime acciderunt, casura præmoniens etc. 36, 34. Dolore tantæ ad irritum cadentis spei 2, 6. Irrita promissa ejus caderent 2, 31. Haud irritæ cecidere minæ 6, 35.

CADUCEATOR 26, 17. Hasdrubal, ne in arcto res esset, caduceatorem misit, qui promitteret etc. *conf.* 31, 38. 44, 46.

CADUCEUS 44, 45. Oratores cum caduceo ad Paullum misit.

CÆCATUS 44, 6. Quorum nihil quum dispexisset cæcata mens subito terrore etc.

CÆCUS 9, 5. Belluarum modo cæcos in foveam missos. *i. q. improvidos, incautos.* Ni desperata venia hostes cæcos in supplicia eorum ageret 9, 14. Non cæcis ictibus procul ax improviso vulnerabantur etc. 34, 14. Cæcus ad has belli artes 21, 54. Cæcæ exsecrationes 40, 9. *i. e. irritæ, sine effectu.* Sic *Virgil. Æn.* 4, 209. *Cæcique in nubibus ignes terrificant.* In Achæia cæcum erat crimen, nullis eorum litteris inventia 45, 31. *i. e. incertum; neque enim litteris coargui poterant; nihilque noxæ perspiciebatur.* Festinatio improvida est et cæca 22, 39. Qui *(hostes)* cæci novissima in pondere auri fœdus ac fidem fefellerunt 5, 51.

CÆDERE 32, 12. Cædentes spoliantesque cæsos. Cæsum aliquem agere 2, 36. *i. e. agere, ut cædatur, s. cædendo agere.* Hastilibus cædentes 35, 5, *i. e. petentes et ferientes, scil. punctim, non cæsim.* Consulem exercitumque cæsum 22, 56. *i. e. pulsum cum magna cæde.* Vide *E. Patruum ad Sueton. Vespasian.* 4. Legiones nostras cæcidere 7, 30. Nudatos virgis cædunt securique feriunt 2, 5. Placuit averruncandæ Deûm iræ victimas cædi 8, 6. Capite velato victimam cædat 10, 7. *(de pontifice.)* Postquam, cervice cæsa, fusus est cruor 8, 7. Avem sangualem — sacrum lapidem rostro cæcidisse 41, 13. Latius, quam cæderetur *(murus)*, ruebat 21, 11.

CÆDES 3, 10. Multi exsulum cæde sua fœdavere templum. De stupro infando Lucretiæ et miserabili cæde 1, 59. Quum cædes et incendia circum Anienem flumen fecissent 2, 64. Equites — magnam cædem edidere 40, 32. Cum multa cæde prœlium inire 21, 12. *(active intell.)* Justa cæde conficere hostem 6, 13. *i. e, prœlio pedestri. Opponitur enim* terrori equestri.

CÆLARE 9, 40. Calvam *(capitis præcisi)* auro cælavere 23, 24. *i. e. auro cælato distinguere.* Scuta — auro — argento cælaverunt 9, 40. Pictisque et auro cælatis armis refulgens 7, 10.

**Cælestis.** Vid. *Cælestis.*

**Cælum.** Vid. *Cælum.*

**Cærimonia** 1, 20. Cœlestes cærimoniæ. *it.* feciales 9, 11. Virginitate aliisque cærimoniis venerabiles ac sanctas *(sacerdotes — Vestales)* fecit 1, 20. Cum quanta cærimonia non vestros solum colatis Deos etc. 29, 10. *i. e. sanctitate.* Omnes cærimonias polluimus 6, 41. *(De contemtis et translatis auspiciis.) Omnino sacra intelliguntur.*

**Cæsaries** 28, 35. Præterquam quod suapte natura multa majestas inerat, adornabat promissa cæsaries etc. Vid. *Virgil. Æn.* 1, 590.

**Cæsim** petere hostem 22, 46. *Oppos.* punctim. *conf.* 7, 10.

**Cætrati,** quos peltastas vocant 31, 36. *conf.* 44, 32. *et Intt. ad Virgil. Æn.* 1, 490.

**Calculus** 5, 4. Si ad calculos eum respublica vocet. *i. e. ad rationem reddendam.*

**Calidus** 22, 24. Calidiora consilia. *i. e. temeraria et præcipitia.* [*Græcorum* θερμὸς, θερμουργὸς *etc. Conf. Wakefield. Del. Traged. T.* 1. *p.* 401. *T.* 2. *p.* 359.]

**Caligo** occæcaverat diem 33, 7. Noctem insequentem eadem caligo obtinuit 29, 27. *Præcedunt:* a meridie nebula occepit. *sequuntur:* sole orto est discussa.

**Calliditas** 42, 47. Hæc Romana esse, non versutiarum Punicarum, neque calliditatis Græcæ, apud quos, fallere hostem, quam vi superare gloriosius fuerit. Vid. *Astus.*

**Callidus** 38, 44. Callida malitia inimici.

**Callis** 22, 14. Per æstivos saltus deviasque calles exercitum ducimus, conditi nubibus silvisque. *conf.* 44, 36. *Virgil. Æn.* 4, 405. *in genere masculino.*

**Calor** 2, 5. Ut mediis caloribus *(i. q. æstate)* solet.

**Calumnia** 39, 4. qualem calumniam ad pontifices attulerit. Nisi velut accusatores calumniam in eum jurarent, ac nomen deferrent 33, 47.

**Calumniari** 42, 42. Qui calumniando detorquendoque suspecta et invisa efficeret.

**Campester** 10, 2. Agri campestres, *i. e. regio campos habens herbidos ac fertiles. conf.* 40, 37. 53. Campestres vici 40, 58. Campestrem urbem, non flumine, non mari septam 23, 45. Campestre oppidum 27, 37. — iter 21, 32. — certamen 32, 7. *de comitiis; unde etiam* gratia campestris 7, 1. *dicitur.* A campestri aditu castra posuit 40, 22. Campester hostis, gravis armis, statariusque 22, 18. Campestres barbari 39, 53.

**Campus** terrenus omnis operique facilis 33, 17. Puro ac patenti campo 24, 14. In æquo campi 5, 38. Campus herbidus aquosusque 9, 2. Campi frumenti ac pecoris et omnium copia rerum opulenti 22, 3. Campus Martius 1, 44. *scil. qui postea sic appellatus est. conf.* 1, 16. Humilibus per omnes tribus divisis forum et campum corrupit 9, 46.

**Canali** uno discretæ *(ædes sacræ)* 23, 31.

**Candela** 40, 29. Duo fasces candelis involuti. *i. e. funiculis pice vel cera illitis.* Vid. *Duker. ad h. l. Pighius suspicatur* scandulis.

**Candidatus** novus 39, 32. *i. e. qui nondum petiit honores. Dictus, ut notum est, a toga candida. Huc pertinet locus ille vexatus* 4, 25. Placet tollendæ ambitionis causa tribunos legem promulgare, ne cui album in vestimentum addere petitionis liceret caussa. *i. e. album addere vestimento. Neque enim hæc constructio inusitata est.* Vid. *Supra in v.* addere.

**Candor** 9, 40. Candore tunicarum fulgentem aciem. Candida veste et paribus candore armis insignes *ibid.*

**Canere** 1, 45. Cecinere vates, idque carmen etc. Te mihi mater, veridica interpres Deûm, aucturum cælestium numerum cecinit 1, 7. Cujus tantæ dimicationis vatem — Q. Fabium haud frustra canere solitum 30, 28. Semel bisne signum canat in castris 27, 47. Classicum apud eos cecinit 28, 27. Inde signum observare jussit, ut pariter — referrentque pedem, si receptui cecinisset 3, 22. *scil.* signum. *Possis etiam sic: si receptui (imperator) canendum jussisset.*

**Cantare** ad manum 7, 2. *Dicitur de histrionibus, quum recitantes s. cantantes illud ipsum exprimunt, quod ab saltatoribus gesticulando significatur.*

**Cantherium** in fossa 23, 47. *Proverbium adhiberi solitum, quum quis admonendus visus esset, ne alium ex se crescere pateretur, uti vitis crescit supra cantherium, i. e. adminiculum, quod in fossa, quæ juxta vitem erat, defigebatur.* Vide *Gronov. ad h. l. Qui proprie ac simpliciter accipiunt hæc verba, his obstant præcedentia verbis ferocior quam is. In eo enim erat ferocia, quod improprie, et per audacem translationem perspicuis illis et planis verbis Taurea usus est. Nec vero obstat interpretationi Gronovianæ, quod proverbii vim Taureæ verba, ipso Livio auctore, postea demum sortita sunt. Sufficit enim, ferociam istam verborum, s. insolentiam dictionis, futuro proverbio occasionem dedisse: id quod usu venit in omnibus proverbiis, quæ sunt paucarum vocum et perspicuarum: quæ quidem proverbii vim numquam obtinuissent, nisi singularis earum usus, per eventorum opportunitatem, incidisset. Sed nolo, neque Gronovium plane defendere, neque Cel. Strothium refutare. Longum foret, omnia persequi.*

CANTICUM 7, 2. Livius — dicitur, quum sæpius revocatus vocem obtudisset, petita venia puerum ad canendam ante tibicinem quum statuisset, canticum egisse aliquanto magis vigente motu, quia nihil vocis usus impediebat.

CANTUS 38, 17. Ad hoc cantus inchoantium prœlium et ululatus et tripudia, et quatientium scuta in patrium quemdam morem horrendus armorum crepitus. *conf.* 21, 28. *it.* 10, 26. Cantus tubarum 25, 24. Descripto jam ad tibicinem cantu 7, 2.

CAPERE conatus ad erumpendum 9, 4. *Conf.* 3, 5. Ad inaugurandum templa capiunt 1, 7. Prospectu in urbem agrumque capto 1, 20. Tum sibi quisque dux adhortatorque captus ad rem gerendam 22, 5. Capere impetum 2, 65. *Nostri: ausholen, ansetzen. Nisi vero pro impetu capto legatur impetu facto, quod est utique Livio usitatum.* Capere flaminem 27, 8. *Alias de virginis Vestalis electione proprie dicitur.* Velut aventem sese, ne Capua in oculis ejus caperetur 6, 12. *Conf.* 3, 50. Mœnia — — scalis capiuntur 42, 63. Ut inde tempore capto abirent *ibid.* Quem *(senatum)* qui ex regibus constare dixit, unus veram speciem Romani senatus cepit 9, 17. *i. e. intellexit, agnovit.* Nec fas fuit, alium rerum exitum esse, velut somnio lætiore, quam quod mentes eorum capere possent 9, 9. Cujus magniloquentiam vix curia paullo ante ceperat 44, 15. *Quum quidem modum nimis excederet, ut ferri vix posset.* Neve cui Patrum capere eum magistratum *(trib. pleb.)* liceret 2, 32. Ædilitatem suarum gentium viris campestri gratia ceperunt 7, 1. *i. e. effecerunt, ut iis daretur.* Capta eo prœlio tria millia, etc. 22, 49. Pro *in eo prœlio.* Se foris pro libertate et imperio dimicantes domi a civibus captos et oppressos esse 2, 23. Amore captivæ victor captus 30, 12. Ne quo errore milites caperentur 8, 6. Captus pulchritudine boum 1, 7. Bove eximia capta de grege *ibid.* Dulcedine potestatis ejus *(trib. pleb.)* capti 5, 6. Ne illæ magis res nos ceperint, quam nos illas 34, 4. Ubi senatum metus cepit 23, 14. *Sic* de pavore 23, 20. De luctu 25, 22. De libidine 1, 57. De cupidine 1, 16. De oblivione 27, 13. De admiratione 44, 12. Captarum pecuniarum ab regibus Illyriorum suspicione infamis 42, 45. Quum obsessa ab armatis templa augusta præterirent ac velut captos relinquerent 1, 29. Capti auribus et oculis metu omnes torpere 21, 58. Pedibus captus 43, 7. Captus omnibus membris 2, 36. Capi luminibus 9, 29. Velut mente capta 39, 13. Quæ *(virgines)* alienata mente simul luctu metuque, velut captæ furore, etc. 24, 26. Victus necessitatibus temerarium capit consilium, ut nocte Indibili obviam iret 25, 34. *i. q. exsequitur, vel potius, exsequutus est.* [immo init.] Etenim

capit *pro* cepit, *forte librariorum vitio, obtinet.* [*Non puto.*] Montes proximos fuga capiunt 9, 43. Consules — exercitum a M. Popillio ceperunt 42, 22. Pœnæ capiendæ ministerium 2, 5.

CAPESSERE fugam 9, 39. Bellum 26, 25. Pugnam 2, 6. Rempublicam 3, 69. Quam potissimum capesseret viam 44, 2. Partem secum capesserent decoris 9, 40. *(verba ducum in prœlio milites adhortantium.)*

CAPILLUS 39, 1. In Herculis æde capillum enatum. *De singulis generibus pilorum accipi potest. Sic apud Suetonium Ner.* 1. *de barba dicitur, quod negebat Burmannus.* Vid. *B. Patruum ad illum locum.*

CAPIS 10, 7. Cum *capide* ac lituo, *capite* velato, victimam cædat. *vas pontificale.* Vid. *Gell.* 12, 1.

CAPITAL 24, 37. Præsidio decedere apud Romanos capital esse. *Vulgo legitur capitale. Est scilicet* capital *communism ejusmodi, quod cum pœna capitis conjunctum est.*

CAPITALIS res 3, 13. — Noxa 3, 55. Capitalia aussi plerique 26, 40.

CAPITOLIUM 1, 9. *Per σφέλαυψε dictum de monte Tarpeio.*

CAPITOLINUS 6, 17. Quem *(Manlium)* prope cœlestem, cognomine certe Capitolino Jovi parem, fecerint.

CAPTARE libertatis auram 3, 37. Captata occasio est, quum, etc. 38, 44. Captatum tempus 4, 36. *It. de* tempestatibus 5, 6. Liberam Minucii temeritatem se suo modo captaturum 22, 28. Bœotorum gentem captatam Philippo 42, 12. *(i. e. ad fœdus invitatam.)* Silentio facto, pluribus locis aure admota sonitum fodientium captabant 38, 7. Inde consilium ex re natum, insidiis ferocem hostem captandi 2, 50. Proditor enim ac prope hostis habitus, dum inter se duo reges captantes fraude et avaritia certant 44, 24. Nequidquam inter se captati, nihil præter infamiam movere 44, 25.

CAPTATOR 3, 33. Ut plebicola repente, omnisque auræ popularis captator evaderet pro truci sævoque insectatore plebis.

CAPTIVUS 32, 26. Captiva aliquot nationis ejus ex præda emta mancipia. Captivorum pecoribus per triduum exercitum aluit 21, 33. *Nisi vero legendum captivis pecoribus.* Vide *Intt. ad h. l.* Captiva pecunia 1, 53. Si spreta gloria fuisset captivæ pecuniæ in ærarium illatæ 10, 46. Captivum aurum argentumque 45, 40. Captiva signa in unum locum conferri jussit 7, 37. Captiva navigia 10, 2. *It.* naves captivæ 26, 47. — Corpora 31, 46. *Sic Virgil. Æn.* 10, 520. Captivus sanguis. Captiva carpenta 33, 23. — Multitudo 7, 27. — Arma 9, 40. Captivum frumentum 21, 33. — solum 5, 30.

CAPTUS oculis 22, 2. *Vere cæcus.* Vide *Duker. ad h. l. alias de usu defectu dici-*

*tit, v. c. 2, 36.* Captus omnibus membris. *Is enim pedibus uti iterum didicit.* Vide *Pord.* Ager ex hostibus captus 4, 48. Captorum *(captivorum)* habitu vultuque 9, 7. Damnatus pecuniæ captæ ab rege 38, 56. Manifestum autem esset, pecunias captas 48, 2. Res similes captis magis mentibus quam conscelestatis 8, 18. *i. e. insanis.* Vid. *Capere.*

CAPUT velare 1, 18. *Proprie erat augurum in auguriis capiendis.* Caput jecinoris 8, 9. In jecinore caput non inventum 41, 14. [*Alii alio modo definiunt, ut videatur incertum, quid in disciplina augurali sic vocarint.* Scheffer. ad Jul. Obsequent. *p. 68. Oudend.*] Tegumenta capitis 22, 1. Consules, velut deliberabundi, capita conferunt 2, 45. *Al. conserunt: de judicibus proprie dicitur.* Conjuratio in tyranni caput facta 24, 5. Tergo ac capite puniri 3, 55. Qui juniorum non convenisset,—caput Jovi sacratum esset 10, 38. Sacrandoque cum bonis capite ejus, qui etc. 2, 8. In hæc vilia capita sævitis 25, 6. *Oppos. tribuni militum.* Conf. 9, 9. Inde labi cœpit (*quæstio*) ad viliora capita 9, 26. *Oppos.* clara nomina reorum. Capita vilissima 24, 5. *i. e. tenuissimi homines.* Ignota capita 3, 7. Conf. 2, 5. Caput noxium 10, 40. — innoxium 42, 8. — Clarum 1, 41. Capita conjurationis 9, 26. Caput rerum in omni hostium equitatu Manissam fuisse 28, 35. Vid. *Arx.* In capita 32, 17. *Cum distributivo.* Treceni nummi in capita statutum est pretium. *Sic sæpius, etiam ubi in singulos dictum est, et similia* 34, 50. 42, 4. In eos, qui capita rerum erant, animadversum 28, 16. Conf. *cap.* 40. In caput consilii, in ducem incurrere (*invidiam*) 8, 31. Capita nominis Latini 1, 52. (*principes*) jam caput fieri libertatem repetentium, si se plebs comitem senatui det 3, 38. Omnem iram hostium nostris capitibus excipientes 9, 8. Centum — capitum humanorum abducerentur 45, 34. Libera servaque capita 29, 29. Conf. 40, 37. Capita *sequente masculino* 10, 3. Capitaque conjurationis virgis cæsi ac securi percussi. Conf. 39, 44. Capita Romana 32, 52. Caput rei Romanæ Camillus 6, 3. Corpori valido caput deerat 5, 46. (*dux belli*) magnumque Deorum numen ab ipso capite (*rege*) orsum 1, 23. Esse — aliquod caput (*regem*) placebat 1, 17. Ubi Hannibal sit, ibi caput atque arcem hujus belli esse 28, 42. Ad Scodram — id quod belli caput fuerat 44, 31. Caput belli (*Perseus*) 45, 6. Opp. accessio, *quod vid.* tres validissimæ urbes Etruriæ capita 10, 37. Conf. 27, 18. Caput Thessaliæ (*Larissa*) 42, 47. *Id. de Leucadio* 36, 11. Castellum — quod caput ejus regionis erat 21, 33. Caput ejus regionis 10, 40. (*Cornum*) Caput ipsum belli Roma 26, 7. Pro capite atque arce Italiæ, urbe Romana bellum geratur 22, 32. Caput orbis ter-

rarum *Roma dicta, ab Hannibale scilicet* 21, 30. Vide *Ruben. Elect.* 1, 25. et *conf. Virgil. Æn.* 8, 65. In Italiam, ubi belli caput rerumque summa esset 27, 20. Perusia, Cortona — quæ ferme capita Etruriæ populorum — erant 9, 37. Caput Samnitium 9, 31. Urbem — caput ejus gentis 21, 5. Conf. *cap.* 6. Brevi caput Italiæ omni Capuam fore 9, 10. Capuam, quod caput, non Campaniæ modo, sed — Italiæ sit, etc. 23, 11. Capita regionum, ubi concilia fierent 45, 29. Caput belli Præneste 6, 29. Conf. 44, 31. Urbs, caput insulæ 22, 20. Caput partis ejus Lucanorum 25, 16. Quod (*Feii*) tum caput omnium curarum publicarum erat 5, 8. Id caput (*Antium*) eas vires belli esse 3, 10. Hic Capitolium est, ubi quondam capite humano invento responsum est, eo loco caput rerum summamque imperii fore 5, 54. Conf. 1, 55. et *Intt. ad Virgil. Æn.* 1, 444. *It.* 9, 448. Caput rerum Romam esse 1, 45. Caput aquæ Ferentinæ 1, 51. *i. e. fons.* Conf. 37, 18. Summa papaverum capita 1, 54. Capite anquirere 8, 33. *It.* capitis 2, 58. Ea (*mulcta*) in caput vertit 5, 2. *i. e. mortem attulit.* Virginius capitis diem dicit 3, 11. Quoad vel capitis vel pecuniæ judicasset privato 26, 3. Caput patrimonii 6, 14. *De fundo primario.* De capite (*sorte*) deducite, quod usuris pernumeratum est 6, 15. Conf. *cap.* 35.

CARCER. Vid. *Condere.* it. *Domicilium.*

CARDO *pro loco opportuno* 37, 54. Quidquid intra eum cardinem est. Creati duumviri navales erant, qui tuendam Anconam, velut cardinem, haberent 41, 1. Ut promontorium iis Minervæ, velut cardo, in medio esset 40, 18.

CARINA 28, 8. Navium carinis positis.

CARITAS Syracusanorum, non odium 25, 28. *i. e. adversus Syracusanos.* Succedenti tantæ caritati Hieronis 24, 5. *h. e. Hieroni tam caro.* Conf. 7, 40. Vid. *Blanditia.* Ingenita caritas liberûm 8, 7. (*adversus liberos*) ingenita erga patriam caritas 1, 34. Caritate domini 1, 51. *i. q. quia amabant dominum.* Caritas ipsius soli 2, 1. Conf. 5, 42. Ni caritas reipublicæ vinceret 2, 2. *i. e. dicere cogeret.*

CARMEN rogationis 3, 64. *i. q. formula.* Conf. 1, 24. *Sic μέλος et ἔπος Græcis dicitur de oratione prosaica.* Vid. *Cuper. Obs.* 1, 10. — Vid. *Præfari.* Sine carmine ullo, sine imitandorum carminum actu, ludiones ex Etruria acciti, ad tibicinis modos saltantes, haud indecoros motus more Tusco dabant 7, 2. Carmen dirum 10, 38. — Exsecrabile 31, 17. — Furiale 10, 41. Carminis horrendi lex 1, 26. Invento carmine in libris Sibyllinis 29, 10. *De certo aliquo loco istorum librorum.* Carmina vero in universum dicuntur tidem libri. *v. c.* 38, 45. Cecinere vates — idque carmen, etc. 1, 45. *Paullo post:* responsum. Hæc ubi ex Græco carmine (*re-*

*sponso Delphico)* interpretata recitavit 23, 11. Carmina a militibus in imperatorem dicta 39, 7. *In sensu bono. Sæpius enim joculariter et petulanter, in pompa triumphali, canebant, etiam, quæ imperatorem læderent, licentia tum militibus concessa: quod ipsi Jul. Cæsari accidit.* Vid. *Ap. Sueton. Jul. cap.* 51. Ovantesque moris sui carmine 10, 26.

CARNIFEX 2, 56. Non consulem, sed carnificem ad vexandam et lacerandam plebem, etc. *Conf. cap.* 35. *it.* 42, 23.

CARNIFICARE 24, 15. Neminem stantem jam vulnerari hostem, carnificari jacentes, et in dextris militum pro gladiis humana capita esse.

CARNIFICINA. Vid. *Ergastulum.*

CARNIS 37, 3. Quod Laurentibus *carnis,* quæ dari debet, data non fuerat. (*in casu recto*) [Vid. *Voss. de Anal. L. I. c.* 35. p. 545. *L. II. c.* 8. *p.* 699.]

CARPENTA Gallica 31, 21.

CARPERE postremum agmen 31, 40. *i. e. crebris assultibus cædere, impressionem facere. Conf.* 27, 46. Carpere agmen 22, 32. — extrema agminis 6, 32. — Novissimos 8, 38. Carpi parvis quotidie damnis vires 9, 27. Hostes carpere multifariam vires Romanas 3, 5. Carpere in parva certamina summam belli 3, 61. In multas parvasque partes carpere exercitum 26, 38. Paullum obtrectatio carpsit 45, 35. Soli Ætoli id decretum — clam mussantes carpebant 33, 31. Milites — dictatorem sermonibus carpere 7, 12. *Conf.* 44, 38.

CARPTIM 22, 16. Ad lacessendum hostem carptim et procursando recipiendoque sese pugnavere. Carptim aggrediendo 44, 41.

CASSE ne tempus tereretur 24, 36. *i. q. frustra. Vox alibi non occurrens.* Vide *Drakenb. ad h. l.*

CASTELLANI 38, 45. *Qui habitant in castellis, s. viculis montanis, editis.* Castellani agrestes 31, 27. — Agreste genus *ibid.*

CASTELLATIM dissipati 7, 36. (*per castella*).

CASTELLUM 10, 46. Castella, locis sita munitis, expugnavit. Castella vicique 33, 36. Elephanti castellorum procul speciem præbebant 28, 14. Castellum omnium scelerum 3, 57. (*tribunal Appii.*) Castellum inops 22, 59. Locum quoque editum capiunt, collatisque eo catapultis ballistisque ut castellum in ipsa urbe, velut arcem imminentem haberent, muro circumdant 21, 11.

CASTIGARE 30, 15. Quod tristiorem rem, quam necesse fuerit, fecerit, leniter castigat. *Cf.* 36, 31.

CASTIGATIO 36, 9. Revocati — castigationibus principem ad perseverandum in proposito. *Cf.* 31, 46.

CASTIGATOR lacrimarum atque inertium querelarum 1, 59.

CASTIUS eum sacra privata facere 10, 7.

CASTRA legionum 29, 35. *It.* navalia

*ibid. Cf.* 44, 39. Castra castris collata 10, 32. *Cf.* 4, 27. 23, 28. Septimis demum castris ad radices montis pervenit 40, 22. Secundis castris pervenit 44, 7. *Cf. ibid. cap.* 46. Qui ante, castra, non urbem, (*Romam*) positam in medio — crediderant etc. 1, 21. Castra sunt victori receptaculum, victo perfugium 44, 39. Vid. *seqq.* patria, etc. Cum ovante gaudio turma in castra, atque inde ad patrem tendit 8, 7. Castra removere 9, 24. — Pro ferre 30, 29. Vid. *Referre.* — Conferre cum hoste 26, 12. — Castris conjungere 3, 69. Qui tractus castrorum quæque forma esset 3, 28. Exercitu instructo paratoque in urbe castra habere 6, 6. *Opponitur hic exercitus alii, qui urbi manibusque præsidio sit. Sunt igitur illa castra improprie intelligenda.*

CASTRENSIS 44, 35. Multo iniquioribus animis a castrensi consilio auditi sunt. Vid. *Triumphus.*

CASUS 23, 29. Suo casu absumi. *i. e. fato mori.* In casum irrevocabilem se daret 42, 62. Rem in casum ancipitis eventus committant 4, 27. Nec committendum, ut in aleam tanti casus se regnumque daret 42, 50. In hoc casu, quo infeliciter incidit, ut etc. 38, 49. Hoc quoque ludibrium casus ediderit fortuna 30, 30. *i. q. casum ludicrum.* In casum venire summæ dimicationis 22, 32. *it.* universæ dimicationis. *cap.* 31. Seu casu seu necessitate 45, 8. Casus longioris pugnæ 9, 27. *i. e. quos afferre solet longior pugna.* Regna et imperia sub casibus multis esse 42, 50. *i. e. conversionibus rerum et vicissitudinibus obnoxia.* Obsessæ regio præsidio urbis casum miserando 27, 17. Quod belli casus ferunt 8, 31. *Cf.* 42, 50. Cujus casus prolapsi quum proximos sterneret 5, 47. Pecora prædantibus aliquoties, velut casu incidissent, obviam acta 2, 50. Casus maritimi 42, 52.

CATARACTA dejecta 27, 28. *i. e. operculum, vel tabula, quæ demittatur, ad aditum obstruendum.*

CATENA. Vid. *Conjicere.* In catenis Romam miserunt 29, 21.

CATERVA 3, 37. Eorum catervæ tribunalia obsederant.

CATERVATIM 44, 41. Adversus catervatim incurrentes Romanos — ire cogebantur.

CAVARE 44, 35. Medium spatium torrentis, alibi aliter cavati, paullo plus quam mille passus patebat.

CAVERE 24, 9. Optimum visum est, ad Hannibalem mitti legatos, caverique ab eo, ut receptus Croto Bruttiorum esset. Et pacti, qui Samnitium forent, ut cum singulis vestimentis emitterentur. Hi omnes sub jugum missi. Sociis Samnitium nihil cautum. Ad 7000. sub corona veniere 9, 42.

CAVILLARI 5, 15. Cavillantes in sta]

tionibus—milites Romanos Etruscosque.
*Cf.* 39, 13.

CAVILLATIO 42, 32. Inter consules
magis cavillatio, quam magna contentio,
de provincia fuit.

CAUSSA 34, 22. Caussas belli habere.
Cum Perseo socii vestri oppugnati, alii
interfecti reguli principesque gentium aut
populorum, caussa belli vobis fuere 45, 22.
Morbum caussam esse, cur abesset 38, 52.
*Nonnulli legunt* caussae. *Cf.* 22, 8. *Ubi*
caussa *pro ipso morbo, vel potius pro nova*
*offensiuncula valetudinis imbecillae dicitur.*
Quibus neque vacatio justa militiae, neque
morbus caussa fuisset 24, 18. Quibus aut
emerita stipendia, aut morbus caussae essent,
quo minus militarent 34, 56. Vim morbi
in caussa esse, quo serius perficeretur 40,
26. Hæc ea caussa est, ut veteres cloacæ —
privata passim subeant tecta 5, 55. Per
caussam recognoscendi nomina captivorum
22, 6. Per caussam renovati ab Æquis
belli 2, 32. Per hanc caussam Thracibus
ablegatis 44, 44. *Sic sæpissime pro, sub*
*hoc prætextu.* Vid. *Species, Titulus.* Cognitiones capitalium rerum sine consiliis
per se solus exercebat, perque eam caussam
occidere — poterat 1, 49. Caussam mortis
legatis fuisse 4, 17. Bellum, non unde
plerique opinantur, nec ab ipso Perseo,
caussas cepit 39, 23. Inter eum et tribunos
cognita caussa 29, 19. Hæc in posterum
caussa jurisque dictio — consuli decreta
est 41, 9. *i. e. cognitio caussæ, ut caussæ*
*apud eum dicantur.* Patri—remissa caussæ
dictio est 7. 5. Multo majorem caussam
Antiochum, quam Ætolos, esse 36, 41.
*Ita etiam cum de singulis, atque adeo de*
*universis populis, quibuscum bellum geren-*
*dum sit, a Livio dicitur.* Quasdam civitates dissentientes in caussam deductas
esse 42, 38. Nec enim in caussa ipsorum,
sed in populi Rom. clementia spem salutis
positam esse 36, 27. *i. e. in bonitate ac*
*justitia caussæ.* Quum parum precibus,
parum caussa proficerent 8, 32. De rebus
singulis in breve coactae caussae 37, 47. *(de*
*compendiis argumentorum int.)* Qui apud
multitudinem sua caussa loquitur 3, 68.
Vid. *Infra in v.* publicus. P. Manlius
deinde dictator rem in caussam plebis inclinavit 6, 39. Libertatis caussam defendere 39, 24. *i. q. libertatem ipsam ejusque*
*partes, jura.* Hanno unus — caussam fœderis —egit 21, 10. *i. q. suasit, ut pax cum*
*Romanis coleretur.* Quid enim aliud esse
caussæ credamus 7, 13. Unius tantum
criminis, ni judicem dices, te ab libertate
in servitutem contra leges vindicias non
dedisse, in vincula te duci jubeo 3, 56.
*Criminis scil.* caussa *vel* nomine, *ut sit*
*hic sensus: unius tantum criminis caussa,*
*quod scilicet vindicias ab libertate in servi-*
*tutem contra leges dedisti, in vincula te duci*
*jubeo, ni judicem dices, te ab libertate in*
*servitutem contra leges vindicias non de-*

*disse.* Vide *Duker. ad h. l.* Mortis caussa
patris sui 41, 28. (Ἰ**ⲛⲋ**.) Mitius tamen
decreverunt caussa Marcelli 26, 32. Caussa
expiandæ violationis ejus templi 31, 12.
Ne quis — convenisse caussa sacrorum velit
39, 14. Caussa ignominiæ, uti semestre
stipendium in eum annum esset ei legioni,
decretum 40, 41. De pecunia finitur, ne
major caussa ludorum consumeretur 40, 44.
*In his locis vox* caussa *genitivis postponenda*
*erat. Eodem modo Græcorum* ἵⲛⲋⲁ *inter-*
*dum collocatum reperitur.* [*It.* χάⲣⲛ, *quod*
*Abreschius Diluc. Thucyd. Auctar. p.* 420:
*comparat cum illo Suetonii Aug. c.* 24.
Causa detrectandi sacramenti.]

CAUSSARI 23, 8. Patre animi quoque
ejus haud mirabilem interturbationem caussante. Consensum Patrum caussabantur,
quo per contumeliam consulum jura plebis
labefacta essent 3, 64. *i. e. falsam pro vera*
*caussa, prætextum afferebant.* Caussatus
de privati portenti procuratione 5, 15.
Caussando corrumpi equos inclusos in insula 28, 35.

CAUSSARII senioresque 6, 6. *Valetu-*
*dinis caussa missi, aut immunes militiæ.*

CAUTUS 38, 25. Parum cautus adversus
colloquii fraudem. Ad propius præsen-
tiusque malum cautiores esse 24, 32.

CAVUS 7, 34. Cava vallis. *it.* cavæ
viæ 26, 10. Murum ab imo ad summum
crebris cubitalibus fere cavis aperuit 24, 34.
Cava *it.* cavæ *i. q. foramina, cavernæ.*
*Hæc autem cava erant cubitalia, h. e. cu-*
*biti magnitudinem habebant.* Vide *Dra-*
*kenborch. ad h. l.*

CEDERE 2, 33. Ut nisi fœdus cum Latinis — monumento esset, — Postumum Cominium bellum gessisse cum Volscis, memoria cessisset. *i. e. excessisset, plane igno-*
*raretur.* Insignique inter conspecta cedentium pugnæ terga 2, 10. *i. e. fugientium.*
Postquam non cessere nec publicæ tempestati, nec suæ invidiæ 4, 55. Tribuni cessere
nocti, timentes consulum arma 3, 17. *i. e.*
*nocturno periculo se subducere. Cf. cap.*
60. Conjuges liberosque eorum in custodiam dedit: prædæ alia militum cessere
43, 19. Idem aurum ex hostibus captum
in paucorum prædam cessisse 6, 14. Captiva corpora Romanis cessere 31, 46. Quo
ab Tullo res omnis Albana cum colonis
suis in Romanum cesserit imperium 1, 52.
Rebusque suis omnibus Lavinium translatis civitate cessit 2, 2. Currum ei cessuri
45, 39. *(triumphum)* Siciliâ sibi omni
cedi 24, 6. Cedentibus invicem appellatione decemviris 3, 34. Alienigenis bene
parto eo *(regno)* cedere 42, 50. *Sic et*
concedere *dicitur, v. c.* 22, 25. Quo jam,
tamquam trans Iberum agro, Pœnis concessum sit. Vid. *Concedere.* Quum jam
ex re nihil dari posset, fama et corpore,
judicati atque addicti, creditoribus satisfaciebant, pœnaque in vicem fidei cesserat
6, 34. Auxerat id maxime animos, quod,

ignari, loco iniquo, non hosti, cessum velut fugientes ac territos, terribiles ipsi, sequuti fuerant 8, 38. Nolle ominari, quæ captæ urbi cessura forent 23, 43. *i. e. eventura. In malam partem dictum. Alias et in alteram partem, absolute quidem, dici solet.* Vid. *Drakenborch. ad 2, 44.*

CELARE 5, 51. Sacra, in ruina rerum nostrarum, alia terræ celavimus, alia etc. *ex more Græcorum, qui ponunt Dativ. pro Ablat. et Accus.* Vid. *Drakenb. Similiter:* it clamor cœlo. *Alii tamen præferunt* terra. Conscios celabat 24, 5. *i. e. eorum nomina reticebat.*

CELEBER 25, 12. Vulgo apertis januis in propatulis epulati sunt, celeberque dies omni cærimoniarum genere fuit. Mænii celebre nomen laudibus fuit 4, 53. Quorum celebre per Hispaniam responsum ceteros populos ab societate Romana avertit 21, 19.

CELEBERRIMUS 4, 54. Quum et spiritus plebes sumsisset et tres ad popularem caussam celeberrimi nominis haberet duces.

CELEBRARE 2, 42. Celebrabant tribuni popularem potestatem *(suam)* lege populari *i. e. jactabant, et illustri documento probare, scil. populari lege, volebant, quam esset popularis.* Virginii patris sponsaque Icilii populare nomen celebratur 3, 44. Celebrante populo diem triumphavit 10, 37. Frequentiaque urbana celebrare actiones et resistere conspirationi patriciorum possint 5, 11. Tribuni — legem omnibus concionibus suis celebrabat 3, 31. Nisi in trajectu forte fluminis prohibendo, aliquarum navium concursum in majus (ut fit) celebrantes, navalis victoriæ vanum titulum appetivere 4, 34. Cum his *(pastoribus)* seria ac jocos celebrare 1, 4. *i. e. sæpe operam dare rebus seriis ac ludicris.* Publicum gaudium privatis studiis celebratum est, 10, 45. Celebrandarum cantu epularum caussa 9, 30. Parvo intervallo ad respirandum debitoribus dato, postquam quietæ res ab hostibus erant, celebrari de integro jurisdictio 6, 32. Majore quam solita, frequentia prosequentium consulem celebratum 44, 22. Et Scipio dux, partim factis fortibus, partim suapte fortuna quadam ingentis ad incrementa gloriæ celebratus 29, 26. Vid. *Inimicitia.*

CELEBRATIO. Vid. *Supplicatio.*

CELER 9, 32. Ubi celeriora quam tutiora consilia magis placuere ducibus. *Cf.* 22, 38. [*Herodotus p.* 596. γνοὺς ὡς ταχύτερα αὐτὸς ἢ σοφώτερα ἐργασάμενος ἦν. Vid. *Quæ monuimus ad Longi Pastor. p.* 374.] Nimis celeri desperatione rerum 21, 1.

CELERITAS 41, 10. In provinciam — præcipiti celeritate abit.

CELERITER 45, 1. Nuncii — quanta potuit adhiberi festinatio, celeriter Romam quum venissent.

CELLA 27, 25. Negabant unam cellam amplius, quam uni deo, rite dedicari. *Est*

autem cella, antiquitus quidem, ædicula uni simulacro destinata, quod alias delubrum dicitur. Cella Jovis 5, 50.

CELOCES 37, 27. Apparuit inde, piraticas celoces et lembos esse. *Cf.* 21, 17. *Erant autem celoces naves breviores, ob celeritatem insignes, eædemque quæ* celetes. Vide *Cel. Ruhnkenium ad Vellei 2, 73.*

CELSUS 7, 16. Celsique et spe haud dubia feroces in prœlium vadunt. Celsus hæc corpore, vultuque ita læto, ut vicisse jam crederes, dicebat 30, 32. *i. e. capite sublato, erecto, obstipo, unde spiritus et fiducia apparent. Cicero etiam de animo dixit Tusc. 5, 14.*

CENSERE 1, 52. Se utilitatis id magis omnium caussa censere, ut renovetur id fœdus. Sententia — censendo, quoscumque magistratus esse, qui senatum haberent, judicabat 3, 40. *i. e. in hanc sententiam, SCtum perscribendum videbatur. Opponitur enim auctori nullius SCti faciendi.* Quum in senatu vicisset sententia, quæ censebat etc. 2, 4. De bonis regiis, quæ reddi antea censuerant 2, 5. Pro *reddenda esse.* Bellum Samnitibus Patres censuerunt 10, 12. *scil. indicendum, aut inferendum esse.* Adeo stolida impudensque postulatio visa est. censere, ne in Italiam transmittant Galli bellum 21, 20. *i. q. suadere, vel potius, interpellare.* Nunc quoque arcessas censeo omnes navales terrestresque copias 36, 7. Censeo *in tali contextu omissum* 21, 10. *ult.* Undecim millibus hæc classis censebatur 1, 42. Censendo finis factus est 1, 44. Millia octoginta eo lustro civium censa dicuntur *ibid. cf.* 9, 19. Eos, ubi proximo lustro censi essent, censeri jusserunt. et eos — censendi jus factum est 45, 15. Cives suos Romæ censos plerosque Romam commigrasse etc. 41, 8.

CENSOR. Vid. 42, 3. *Med.*

CENSORIUS. Vid. *Nota.*

CENSURA tristis 39, 41. *i. q. libera,* severa et fortis, uti paullo ante dicta erat. Moribus quoque regendis diligens et severa censura fuit 41, 27. In equitibus recensendis tristis — atque aspera censura fuit 43, 16. *Opponitur censura mitis* 38, 28. Summaque invidia omnium ordinum solus censuram gessit 9, 34. Flavium dixerat ædilem forensis factio, Ap. Claudii censura vires nacta, qui senatum primus libertinorum filiis lectis inquinaverat 9, 46.

CENSUS 1, 42. *De sorte ipsa bonorum cujusque classis. Ceterum intelligenda sunt ibi omnia ad normam assium libralium.* Censu perfecto 1, 44. Vid. *Descriptio.* A censu senatum legit 34, 51. *alias:* ex censu 26, 35. Summam aliorum Campanorum etiam census distinxerunt 26, 34. *i. e. multitudinem, turbam; ut sit hic sensus: reliqui Campani, in quos singulos non decretum erat, secundum census puniti sunt, secundum census de iis statutum est.* Duo-

41

decim coloniarum, quod nunquam ante factum erat, — censum acceperunt 29, 37. *cf.* 39, 44. Censui censendo diem dicere 43, 14. *i. e. agendo, æstimandisque civium fortunis et facultatibus.* In censum referre *(Cato)* viatores jussit *(nimis pretiosus res)* 34, 44. Octuplicatoque censu etc. 4, 24. Vid. *Octuplicatus.* Censum agere 40, 46. Id est *(esse)* civitatem libertatemque etipere; non, ubi censentur, staire, sed censu excludere 45, 15.

CENTUM *cum genetivo* 45, 34. Centum quidquaginta capitum.

CENTURIÆ 26, 18. Ad unum omnes non centuriæ modo, sed etiam homines. *Híc centuriæ pro tribubus, ut alibi, positæ sunt. Ceterum homines centuriis oppositi intelligendi sunt de omnibus omnino omnium ordinum omnisque sexus hominibus.* Quum ceteri centurias non explessent 37, 47. Vid. *Intt. ad 3,* 64. Centuria Veturia 26, 22. *Hoc autem est nomen tribus. Dici vero centurias pro tribubus et contra, docent Intt. ad* 26, 18.

CENTURIARE 25, 15. Eam *(juventutem)* ex industria centuriaverat armaverataque ad tales casus *t. e. in centurias, quæ sunt peditum, descripserat. Equites enim decuriantur. cf.* 22, 38. *it.* 29, 1. Vid. *Convenire.* Semiorum cohortes factæ, libertinique centuriati 10, 21.

CERA 1, 24. Ut illa prima postrema ex illis tabulis cerave recitata sunt. *t. e. ex codice tabularum ceratarum.*

CEREMONIÆ cœlestes 1, 20. Ceremoniæ auspiciaque 22, 9. Cum quanta ceremonia non vestros solum colatis deos etc. 29, 18. Ceremoniæ feciales 9, 11. Virginitate aliisque ceremoniis venerabiles ac sanctas *(virgines Vestales)* fecit 1, 20.

CERCURI 23, 34. *Genus navium Asiaticarum earumque prægrandium.* [*Hæc est Nonii Marcelli p.* 533. *explicatio : dubito, an vera.* In Livio quidem 33, 19. *Cercuri cum lembis* ( *Idem Nonius p.* 534.: Lembus, navicula brevis piscatoria.) *conjunguntur. Sic et Suidas T.* 2. *p.* 300. : Κέρκουρος, τὸς εἶδος. Κέρκουρος καὶ μυοπάρωνς (*Nonius p.* 531.: Myoparo est navicula piratarum.) καὶ λέμβος εἶδη πλοίων. *Hinc lusus Rufini in Analect. Brunck. T.* 2. *p.* 349. *ai quem Scholiast. in Cod. Vatic.*: Εἰς ἱνάξων Αἰμῶν καὶ Κέρκουρον. ἰστι ἢ ταῦτα ἱνόματα μικρῶν παφλίων, τῶν παρ' ἡμῖν σανδαλίων. *cf. Ducang. Glossar. Gr. v.* κάρκοι, καρκίον, σάνδαλις *etc.*]

CERNERE 7, 14. Quamquam rem bonam exemplo haud probabili actam cernebat. *i. e. judicabat.* Cujas *(fænoris)* cernendi quum ratio quæreretur 35, 7. *Vulg.* coërcendi. *At illa lectio haud dubie præferenda. Est enim cernere f. i. q. inspicere.* Vid. *Intt. ad h. l.* Neminem, quum suffragium ineat, satis cernere, cui imperium, cui exercitum permittat 26, 2. Nec, pro quibus meritis, pro qua munificentia tan-

tum ei tribuatur, cernere 42, 12. Priusquam id sors cerneret 43, 12. *i. q. decerneret. Sermo autem est de provincis.* Quum — hereditatem regni creverit, quæque procurator tenuerat, pro domino possederit 24, 25. Vive et spirante me hereditatem meam ambo spe et cupiditate improba crevistis 40, 8. Quum litteras ab rege Perseo per ignobiles tres legatos cerneret 45, 4.

CERTAMEN 31, 14. Navalia certamina pro *præliis. Ita et* 40, 48. Contracto certamine *intelligendum. Circa* jacentis Galli corpus, contracto certamine, pugna atrox concitatur 7, 26. Ingens fuit cum hoste certamen, non segnius inter dictatorem et magistrum equitum 9, 40. Sed ad erumpendum etiam in stationes operæque hostium animus erat : quibus tumultuariis certaminibus haud ferme plures Saguntini cadebant, quam Pœni 21, 7. Transire cum Publilio certamen 9, 12. Tanto irarum certamine 9, 39. *cf.* 1, 7. In ipso certamine pugnæ 36, 19. *Sic* certamen verborum linguæque 10, 22. Certamen laboris ac periculi 28, 19. Certamen amicitiæ, benevolentiæ 37, 53. Certamen bonæ artis ac virtutis *ibid* 54. Certamen conferendi est ortum 4, 60. *i. e. æmulatio in conferenda pecunia.* Nihil neque apud duces, neque apud milites remittitur a summo certamine animi 6, 24. Nec certamen juris, sed vim quæri appareret 21, 6. *i. e. de jure.* Patrum — animos certamen regni ac cupido versabat 1, 17. Certamine accenso 1, 57. *(de uxoribus.)* Regni certamine ambigebant fratres 21, 32. Omnia intempestive agendi certamine erat 45, 21. Magno certamine cum prætore habito tenuerunt caussam 39. 3. Pravum certamen notarum inter censores 29, 37. Miscente Perseo inter Dardanos Bastarnasque certamina 41, 19. Video — differri adversus nos certamen 3, 54. *cf.* 6, 18. In aliena urbe cum patribus serere certamina 2, 1. Certamina · domi finita 2, 55. *i. q. seditiones domesticæ.* Vide *Intt. ad h. l.*

CERTARE 9, .46. Contumacia adversus contemnentes · humilitatem suam nobiles certavit. Vid. *Pn. voc. sequ. it. in v.*emulcta. Provocatione certato 1, 26. De provocatione certatum ad populum est *ibid.* Odiis etiam prope majoribus certarunt, quam viribus 21, 1. *Virgil. Æn.* 2, 30. hic acie certare·solebant. Vid. *Intt. ad h. l.* Certare oratione 21, 11.

CERTATIO 25, 4. Omissa mulctæ certatione, rei capitalis diem Postumio dixerunt. *cap. præced. est* certare mulctam. A. *e. de* mulcta. Quo magis, spatio interposito, ab impetu ad consultandum advocabantur, eo plus abhorrebant a certatione animi 2,57.

CERTE quidem vos estis Romani, qui etc. 45, 22. *cf.* 2, 1. Mœnibusque se certe, si non armis, ab hoste videbantur defensuri 32, 54.

CERTUS 5, 33. Si quidquam humanorum

certi est. Legatorum paullo ante verba ad certum redegisse 44, 15. Certum atque decretum est, non dare signum 2, 45. Certa — sorte senatus consultum factum est 36, 2. *i. e. posteaquam sorte, sortitime, decretum est.* Breviore intervallo certiora intuentes 10, 35. Consternatio — certior res 29, 6. Adversus hostem, nec spe, nec animo certiorem 29, 6. *i. q. nec firmiorem nec fortiorem.* Ut quibus pro spe certum esset 40, 28. Ut semel dedere terga, etiam certiorem capessere fugam 9, 39. Donec ad certum dirigatur, vanusve hic timor noster, an etc. 41, 23. Id parum certum est, solamne, an ab omnibus — adjutam 5, 85. Certum habeo, te imprudentia labi 36, 28. Vid. *Intt. ad h. l. cf. 5, 3.*

CERVIX 35, 11. Equi sine frenis, deformis ipse cursus rigida cervice et extento capite currentium. Etsi bellum ingens in cervicibus erat 22, 33. Quum in cervicibus sumus 44, 39. Tamquam ferentibus adhuc cervicibus jugum, sub quo emissi essent 9, 6. Cervicibus eorum praepotentem finitimum regem imposuisse 42, 50. Regno prope per largitionis dulcedinem in cervices accepto 4, 12.

CERVOS 44, 10. Munimenti lignei genus. Vid. *Jul. Cæs. B. Gall.* 7, 72.

CESSARE 1, 46. Spernere sororem, quod virum nacta muliebri cessaret audacia. *i. q. non uteretur.* Antiochus, ne cessaret per hibernorum tempus etc. 36, 5. Ne nunc quidem aut in ducibus, aut in militibus vestris cessat ira deæ 29,18. Nec ullam erat tempus, quod a novæ semper alicujus cladis spectaculo cessaret 5, 42. Ab apparatu operum ac munitionum nihil cessatum 21, 7. Priorum nostrorum benefactorum cumulus hoc, quod nunc cessatum in officio est, expleat 45, 24. Se nullo usquam cessaturum officio 42, 6. Non cessari a sacrilegiis 31, 12.

CESTROSPHENDONÆ 42, 65. Maxime cestrosphendonis vulnerabantur. hoc illo bello novum genus teli inventum est. ["Κέστρος in v. l. dicitur etiam esse teli genus: quod κέστρος a Suida appellatur, et κέστρος ab Hesychio, qui dicit esse ἀμυντήριον ἐπλον. Unde κεστροσφενδόνη apud Livium, idem quod κέστρος, ut patet ex utriusque descriptione, apud Livium lib. 42., circa finem, et apud Suid. in κέστρος: quam confer." *Hæc H. Stephan. in Thesaur. L. Gr. T. 2. col.* 275. *D.*]

CETERA acies 6, 8. Conspectu suo proelium restituit, ostentans vincentem ceteram aciem. Cetera deprecatio 42, 48. [Vid. *Clav. Ciceron.*] Quod satis in usum fuit sublato, ceterum (*spartum*) omne incensum est 22, 20. Soluta ab ceteris (*scilicet hominibus*) rate 21, 28. Cetera classis fugerunt 35, 26. Ceteri Patrum 6, 40.

CETERUM neminem, majore cura occupatis animis, verum esse præjudicium rei tantæ affere 3, 40. *i. q, alioqui. alias.* [Vid. *Gifan. Observat. L. L. p. 58. Altenb.*]

Consules exitu anni non consulibus ab se creatis — ceterum dictatori etc. 9, 21. *illud ceterum, quia non præcedit, ut subinde, eleganter pro particula adversativa positum est. cf. 9, 26. 42, 26.*

CETRATA cohors 31, 36. πλτασταί.

CIBUS 24, 16. Stantes cibum potionemque, quoad stipendia facient, capturos esse. *Intelligendum de cœna ; nam prandium omnes capiebant stantes. v. Lips. milit. Rom.* 5, 16. Cibo victuque fraudari 2, 35.

CICATRIX 29, 32. Ubi primum ducta cicatrix, patique posse visa jactationem etc. *i. e. obducta.* [*Proprie dicitur cicatricem ducere.* Vid. *Rhodii Lexic. Scribon. p.* 361. *a. Pro eo in Celso legas cicatricem inducere, ad cicatricem perducere. Loca collegit laboriosissimus Matthiæ in Lexic. Celsian. p.* 76. *b. c.*]

CIERE pugnam *principes dicuntur* 9, 22. *i. e. initium pugnandi facere. cf.* 1, 12. Ciere seditiones 4, 52. — proelium 4, 33. — memorandum proelium 7, 33. —bellum 5, 37. —tumultum 28, 17. Qui tantas jam nunc procellas, proelia atque acies jactando inter rogatos ciet 22, 39. Quid vanos tumultus ciemus? 41, 24. Ab ultimis subsidiis cietur miles 9, 39. *A. e. arcessitur in primam aciem. cf.* 28, 27. Simul ad arma ceteros ciens 3, 47. Non homines tantum, sed — foedera et deos ciebamus 22, 14. *i. q. commemorabamus.* Triumphum nomine ciere 45, 38. *Iŏ Triumphe! exclamare.* Multitudo omnis, sicut natura maris, per se immobilis est ; venti et auræ cient; ita aut tranquillum, aut procellæ in vobis sunt 28, 27. Ciere ingentem irarum molem ex alto animo 9, 7. Qui patrem ciere possent, id est, nihil ultra quam ingenuos 10, 8. *it.* 9, 8.

CILICIUM 38, 7. Ciliciis praetentia.

CINCTUS 8, 9. Incinctus cinctu Gabino. *Idem dicitur* Quirinalis. *cf.* 5, 46.

CINGERE 23, 28. Equites cornua cinxere. Unus ex purpuratis latus cingebat 32, 39. Hispano gladio accinctus 7, 10. Alibi 40, 13. Gladiis accincti *dicuntur.* Contra ibid. *cap.* 7. ferro succincti.

CIRCA 1, 4. Venando peragrare circa saltus. *i. e. saltus, qui circa sunt. Sic* 29, 29. Agros circa vastavit. *it.* 1, 17. Circa civitates. *h. e. quæ circa erant sitæ, vicinas. conf.* 9, 15. 21, 7. *Similiter* 2, 23, alibi militia *dicitur pro militia alibi facta.* Angulus muri erat in planiorem patentioremque, quam cetera circa, vallem vergens 21, 7. Tanta circa (*scil. Hannibalem*) fuga ac trepidatio fuit, *ibid.* Romulus legatos circa vicinas gentes misit 1, 9. *h. e. ad vicinas gentes, quæ circa erant, s. omnes deinceps.* Literis circa praefectos missis, 42. 51. Extemplo et circa praetorem ad civitates missi legati tribunique, qui suos ad curam custodiæ intenderent 21, 49. *Circa praetorem, explicante Gronovio, sunt,*

43

*qui circa prætorem erant. Forte ita dixit Livius, ut vitaretur tædium legentibus e repetitione* ũ *qui ; præsertim quum illud* qui *copulam* que *præcedere voluisset.* Circa Padus amnis 21, 43. *Nisi legend. cum Gronovio* contra *; quemadmodum haud dubie legendum est; sequitur enim* a tergo, *et præcesserant hæc :* dextra lævaque duo maria claudunt. Campus ante montibus circa septus erat 28, 33. Ante circaque velut ripa præceps oram ejus omnem cingebat 27, 18. Frumento undique circa ex agris convecto 42, 56. Omnia contra circaque hostium plena erant 5, 37. Ante signa circaque omnes ceciderant 9, 32.

CIRCUIRE I, 9. Ipse Romulus circuibat docebatque etc. Vid. *Circumire.*

CIRCULUS muri exterior 36, 9. In circulis conviviisque celebrata sermonibus res est 34, 61. *Conf.* 44, 22.

CIRCUM 42, 45. Legatio in Asiam et circum insulas missa. Qui primo tribunicios homines — circum se ostentaverant plebei 3, 37.

CIRCUMVAGERE 42, 42. Circumagetur hic orbis. Jam magna parte anni circumacta 26, 40. Circumactus est annus 6, 38. Circumactum solstitium 44, 36. Qui *(annus)* solstitiali circumagitur orbe 1, 19. Circumactis decem et octo mensibus 9, 33. Circumegit se annus 4, 18. Nobis — in apparatu ipso, ac tantum inchoantibus res, annus circumagitur 24, 8. Prius se æstas circumegit, quam sex. 23, 39. Circumagenti se ad dissonos clamores — hosti undique objecerat victorem peditem equitemque 4, 28. Ut, altero ab tergo se ostendente bello, circumactus ad interiorem regni partem tuendam, nudare aliqua parte transitus Enipei cogeretur 44, 35. Vixdum induciarum tempore circumacto 27, 30. *i. e. exeunte, peracto. Etenim in his nihil respicitur eo, ut, quod circumagi dicatur, in se, tamquam circulus, redeat, id quod de integro anno rectius dici et potest, et solet.* Alieni animi momentis circumagi 39, 5. *i. e. in aliorum gratiam, prout animati sunt, mutare se.* Repente intorta navis in proram circumagebatur 28, 30. Spatium circumagendi signa, vertendique aciem a castris in hostem fuit 10, 36. *Conf.* 26, 8. Ut circumagi signa obvertique aciem viderunt in hostem 6, 24. Ab rapido cursu circumagendo equo effusus 10, 11. *Sic proprie dicitur. Sic enim* 8, 7. Circumactis equis. Perseus extemplo circumagit aciem 42, 64. In quo exercitu milites, consul, et imperator rumoribus vulgi circumagatur, ibi nihil salutare erat 24, 34.

CIRCUMARARE 2, 10. Agri, quantum una die circumaravit, datum.

CIRCUMCOLERE 5, 33. Qui sinum circumcolunt maria.

CIRCUMDARE exercitum castris 3, 28. Ex composito armata circumdatur Romana legio 1, 28. Hostia itineri circum-

data 40, 13. *De sacrificio lustrali.* Jam se ad prohibenda circumdari opera Æqui parabant 3, 28. *i. e. circumdanda, vel potius, circumdari cœpta.* [*Errat Ernestius. Est i. q. Æqui se parabant, ut opera circumdari prohiberent. Omnino vix intelligo, cur* VV. DD. *(Neque enim solus Ernestius hic æstuat) hunc locum pro difficili habuerint.*] Oppidum corona circumdatum 4, 47. Ac nescio, an majora vincula majoresque necessitates vobis, quam captivis vestris, fortuna circumdederit 21, 43. Hinc patre, hinc Catulo, lateri circumdatis 30, 19. *Similiter latus alicujus* claudi, *etiam* cingi *dicitur, vel ab uno.* Vid. *cingere.* [*Similiter Græci* στρατηγει *de uno ; quem tamen illius verbi usum parum probarunt, qui accuratius loquerentur.* Vid. *Lucian. T. 3. p.* 566. *ibique Græv. et Hemsterhus. ad Aristoph. Plut. p.* 332. *b.*]

CIRCUMDUCERE 10, 29. Præfectis equitum jussis ad latus Samnitium circumducere alas. Haud dubia res visa, quin per invia circa, nec trita antea, quamvis longo ambitu, circumduceret (*i. e. circumducere deberet. Sic Gronov.)* agmen 21, 36. Circumducto agmine 29, 33. Suo jussu circumduci Albanum exercitum, ut Fidenatium nuda terga invadant 1. 27. Pars, devio saltu circumducta, ab tergo adgrederetur 41, 19.

CIRCUMFERRE bellum 9, 41. *i. e. plures deinceps populos bello petere. Conf. cap.* 45. Vicatim circumferentes bellum 10, 17. Circumferendo passim bello 9, 41. Circumferendo bello ad singulas urbes 9, 45. Circumferens inde minaciter truces oculos ad proceres Etruscorum 2, 10. *Conf.* 5, 41. Circa ea omnia templa Philippum infestos circumtulisse ignes 31, 30. Legati SCtum. Thebis primum recitatum, per omnes Peloponnesi urbes circumtulerunt 43, 17. Satiatis vino ciboque poculum idem, quod mihi datum fuerit, circumferetur 26, 13. Clamor circumlatus exterruit 2, 50. *i. q. undique sublatus.*

CIRCUMFUNDERE 22, 7. Circumfundebantur obviis sciscitantes. Hannoni Afrisque se circumfudere 29, 34. *Conf.* 10, 36. 28, 26. Qui *(locus)* præbere ipse prospectum quum ad urbem (Karthaginem) tum ad circumfusum mare urbi posset 30, 9. Circumfusa multitudo in concionis modum 2, 28. Circumfusa turba lateri meo 6, 15. Ibi ea, quæ convenerant, circumfuso agmine equitum, facta 44, 23. Consuli Lacuino Capuam prætereunti circumfusa multitudo Campanorum est 26, 27. Circumfusæ undique voluptates 30, 14.

CIRCUMJICERE 36, 9. Circumjectus munitionis brevior orbis. Ædificia circumjecta muris 9, 28.

CIRCUMINJICERE 25, 36. Si quo modo posset vallum circuminjicere.

CIRCUMIRE 42, 37. Lentuli in Cephal-

44

leniam missi, ut — omnque maris — circumirent. *Mox :* Marcio et Atilio Epirus etc. Circumeundæ adsignantur. *Paullo post :* Lentuli, circumeuntes Peloponnesi oppida etc.—*Ibidem :* Inde Bœotiam atque Eubœam adspicere jussi. Circumire ibi et prensare homines *8, 47.* Hæc prope concionabundus circumibat homines *ibid.* Quibus *(cornibus)* circumibantur 41, 26. Vigiliæ acerbius et diligentius circumitæ sunt 45, 87. Vid. *circuire.*

CIRCUMLIGARE 21, 8. (*Ferrum)* stuppa circumligabant, lipiebantque pice.

CIRCUMLUERE 25, 11. Quo (*mari*) in peninsulæ modum pars major *(arcis)* circumluitur.

CIRCUMMITTERE 29, 33. Quo (*tempore)* pervenisse jam circummissi videri poterant. Veiens, multitudine abundans, qui inter dimicationem castra Rom. aggrederentur, post montes circummisit 4, 18. *Conf.* 2, 50. 40, 22. Scaphas circummisit, ut ex navibus gubernatores — convenirent 29, 25.

CIRCUMPADANI campi 31, 35.

CIRCUMSCINDERE 2, 55. Eo infestius circumscindere et spoliare lictor. *i. e. lacerare vestem.*

CIRCUMSCRIBERE 45, 12. Virga, quam in manu gerebat, circumscripsit regem.

CIRCUMSEDERI urbem Rom. ab invidia et odio finitimorum 6, 6. *Conf.* 9, 2. Non facile erat — circumserao nisi posse muliebribus blanditiis, liberare animum 24, 4. Circumsessum Capitolium 5, 53. *i. q. obsessum.* Opem non circumsessis modo, sed etiam circumvallatis ferret 25, 22. *Conf.* 9, 42. *it.* 42, 65. Quales (*belluæ)* fretum quondam — ad perniciem navigantium, circumsedisse fabulæ ferunt 29, 17. *i. e. obsedisse.*

CIRCUMSEPIRE 1, 49. Tarquinius — armatis corpus circumsepsit.

CIRCUMSIDERE 9, 21. Plistiam ipsi, socios Romanorum, — circumsidunt. Mox Karthaginem circumsidebunt Romanæ legiones 21, 10. . Victores circumsidunt urbem — vi expugnaturi 41, 19. *Conf.* 42, 56.

CIRCUMSISTERE 10, 19. Digredientes jam consules legati tribunique — circumsistunt. *Conf. cap.* 20. *Ult. it.* 1, 28. 2, 2. 23. Turnum ex somno excitatum circumsistunt custodes 1, 51.

CIRCUMSONARE 3, 28. Clamor hostes circumsonat. Dum ad circumsonantem undique clamorem flectere cornua et obvertere ordines volunt 27, 18.

CIRCUMSPECTARE 26, 18. In magistratus versi circumspectant ora principum. *Conf.* 3, 37, 38. 25, 36. Circumspectantes defectionis tempus 21, 39. Quousque me circumspectabitis ? 6, 18. Cunctati aliquamdiu sunt, dum alius alium, ut prœlium incipiant, circumspectant 2, 10.

CIRCUMSPECTUS 10, 34. Unde in omnes partes circumspectus esset. Ut distineret regem ab circumspectu rerum aliarum 44, 35.

CIRCUMSPICERE 37, 41. Ne ex medio quidem cornua sua circumspicere poterant, nedum extremi inter se conspicerentur. Autumno tecta ac recessum circumspicere, 5, 6.

CIRCUMSTARE 8, 32. Legati circumstantes sellam. *Conf.* 25, 34. Quem tres Curiatii circumsteterant 1, 25. Duo celeberrimi nominis duces circumstare urbem Romanam 27, 40. Simul duobus circumstantibus urbem bellis 3, 38. Quum tanti undique terrores circumstarent 6, 2. *Conf. cap.* 9. Ancepsque terror circumstabat 21, 28. *Conf.* 42, 65. Nec Scipio ullo tempore hiemis belli opera remiserat, quæ multa simul undique eum circumstabant 30, 3.

CIRCUMVADERE 9, 40. Is novus additus terror, quum ex parte utraque circumvasisset aciem. *Conf.* 34, 21. Profectique ad classem immobiles naves — circumvadunt 10, 2.

CIRCUMVALLARE 10, 35. Casurum inter signa Samnitium potius, quam circumvallari castra Romana videat. *Conf.* 43, 19. Ut tunc saltem opem non circumsessis modo, sed etiam circumvallatis ferret 25, 22. *Mox :* priusquam clauderent Capuam operibus.—*Cap. eod. ult. :* Capuam jam duplici fossa valloque cinctam.

CIRCUMVECTARE 41, 17. Qui Ligurum oram, maritimum quoque terrorem admoventes, circumvectarentur.

CIRCUMVEHI procul castra jubet specularique 27, 47. *Conf.* 10, 29. Circumvectus Brundisii promontorium 10, 2. *Conf.* 44, 28.

CIRCUMVENIRE 10, 2. In medio circumventi hostes. Ita cæsa ab tergo legio, atque in medio, quum hostis undique urgeret, circumventa 10, 26. Ut tantis circumventam terroribus expediret rempublicam 2, 24. *Conf.* 28, 22. Falsis criminibus — circumventum — arguens 4, 21. An placeret fœnore circumventam plebem 6, 36.

CIRCUS 9, 42. Concilium populorum omnium habentibus Anagninis in circo, quem maritimum vocant. Actum de imperio Marcelli in circo Flaminio est 27, 21. Quum per circum reveheretur ad foros publicos 45, 1. Vid. *Plin.* 34. 5. *It. Drakenborch. ad* 29, 37. Scenicos ludos per quatriduum, unum diem in circo fecit 42, 10. Vid. *Ludi.*

CISTOPHORI 37, 46. *Nummi Asiatici genus.* Vid. *Clav. Cicer. in h. v.* [*Eckhelius in Doctr. Num. Vet. Vol.* 4. *Cap.* 18. *Pag.* 352. *sqq. copiose agit de numis cistophoris. Add. Raschii Lexic. Univ. R. Numar. T.* 1. *P. poster. p.* 552. *sq.*]

CITARE 2, 29. Citari nominatim unum ex iis, qui in conspectu erant, dedita opera jubent. *Scilicet proprie de delectu adhibetur vox citandi, quod est, nomen alicujus per praeconem pronunciare, ut adsit et respondeat.* Patres in curiam per praeconem ad regem — citari jussit 1, 47, Vid. *Vocare.* Conf. 3, 38. Quum senatus in forum citari coeptus esset 1, 48. *Sic, non in foro, legendum censet Dukerus* 27, 24. Senatum extemplo citaverunt eo ordine, qui ante — fuerat, 9, 30. Quum citatos decurrere hostes vidisset 2, 10. *i. q. accelerare.* Citatisque equis nuncium ad patrem perferunt 3, 46. Ferunt citati signa, nec signiferos armati morantur 41, 3.

CITATISSIMO agmine 22, 6.

CITIUS 8, 32. Vitam sibi eripi citius, quam gloriam rerum gestarum, posse. *i. q. prius, antea.*

CITRA 10, 25. Ad castra — pergit. paucis citra millibus lignatores ei cum praesidio occurrunt. *Absolute pro, citra castra.*

CITRO 29, 33. Data ultro citroque fide. *(de foedere.)* Ut obsides ultro citroque darentur 44, 23.

. CITUS 33, 48. Nocte via cita regionem quamdam agri Vocani transgressus, *i. e. itinere celeriter facto.*

. CIVICUS 1, 40. Non modo civicae, sed ne Italicae quidem stirpis.

CIVILIS exercitus 42, 35. — Clamor 3, 28. *i. e. popularium.* Karthaginiensi nihil civilis roboris est ; mercede paratos milites habent 28, 44. [*Graecorum* πολιτικὴ δύναμις, πολιτικαὶ στρατιῶται, στρατιωτικὴ στρατεύεσθαι.] Neque magistratum continuari satis civile esse 27, 6. Consilium non civilis exempli 7, 5. Nulli civilis animus neque legum, neque libertatis aequae patiens 45, 32. Sermo minime civilis 6, 40. *i. e. arrogans.* Si quidquam in vobis non dico civilis, sed humani esset 5, 3. Civile jus, repositum in penetralibus pontificum evulgavit 9, 46.

CIVILITER 33, 46, Horum *(judicum)* in tam impotenti regno, neque enim civiliter nimiis opibus utebantur, Praetor etc.

CIVIS Romanus, si sit ex plebe, praecisa consulatus spes erit 4, 3. *Hic aut* civi Romano *legendum, aut intelligendus* ei *videtur.* [*Pusillum negotium, comma, quantas turbas dedit! Junge*; Civis Romanus si sit etc. *ut in Sallustio* : Huic quia etc.] *Sic Sallust. B. Cat.* 11. *Huic, quia bonae artes desunt, dolis ac fallaciis contendit.* Quibus quid aliud, quam admonemus *nos cives* eorum esse 4, 3. *Nisi legendum cum aliis* concives. *Sed hanc emendationem Drakenborchius rejicit, quum sit ea vox sequioris aetatis.* [*Cf. Nolten. Antibarbar. col.* 476, *sq.*] *Sed tamen apud Ciceronem est etiam* conservus. Res tuas tibi non solum reddent cives tui 2, 2. *Concives, populares, conf.* 45, 22. Neque civibus satis laetus adventus ejus fuit, nec hostibus quidquam attulit terroris 8, 36. *Hic cives pro popularibus latiori significatione accipiendi ; neque enim milites tantum legionarii intelligendi videantur,* Quid

quid civium domi, quidquid in exercitu sit 1, 25. Inter cives Romanos et peregrinos 22, 35. *E glossa esse* Romanos *ut existimemus, tum usus loquendi suadet, tum quorundam librorum, et Pighii emendantis, auctoritas ; praesertim quum non in formula sollemni, sed e persona Livii dicatur. In decretorum formulis, in quibus usus linguae publicus dominatur, talia saepius abundare constat.*

CIVITAS 3, 47. Quum civitas in foro expectatione erecta staret. Vid. *Erigere.* *it.* agmen *et* viritim. Civitas Romana 9, 45. Pro *jure civitatis.* · Civitas sine suffragii latione 9, 43. Populus — quia maluerunt, quam civitatem, suas leges redditas *ibid.* Civitatem dare plebi 1, 28. *Conf.* 8, 14. Claudiam certe gentem — in civitatem accepimus 4, 3. Aucta civitate magnitudine urbis 1, 45. Armari civitatem defendique 4, 2. Ausi sumus — quaeque civitas 37, 54. Moesta itaque civitas in campum descendit, atque in magistratus versi circumspectant ora principum 26, 18. Civitatem libertatemque eripere *(de vi censoria)* 45, 15. *i. e. Jus Quiritium ; nam vulgarem libertatem non amittebant.* Vid. *Clav. Cicer. in v.* libertas. Civitas gravis 34, 17. *i. q. valida, potens opibus.* Bergistanorum civitatis septem castella defecerunt 34, 16. *Civitas h. l. ut alibi saepius, pro populo dicta est. Etiam nomina regionum saepenumero pro incolis dicuntur. v. c.* 39, 48. Messene desciverat a concilio Achaico. *it.* 8, 11. Latium Capuaque agro mulctati. Multarum circa civitatum irritatis animis 1, 17. *Conf.* 24, 9. Nequaquam tamen ea nocte — similis illi, quae ad Alliam tam pavide fugerat, civitas fuit 5, 39. Cujus civitatis eam *(bovem)* civis Dianae immolasset 1, 45. Spectaculo intenta civitas erit 2, 37. Neque validiores opibus ullae inter se civitates genteseque contulerunt arma 21, 1.

CLADES captae urbis 5, 21. Binaque castra clade una deleta 30, 6. Plus populationibus, quam praeliis cladium fecit 8, 2. Magna clade eos castigavit iter asperius et exercitatior hostis 39, 1. Quod agri est inter — omni clade belli pervastat 22, 4. Multiplex clades, cum duobus consulibus duo consulares exercitus amissi 22, 54. Nulla profecto alia gens tanta mole cladis non obruta esset *ibid.* Si sua temeritate contractae cladi superesset 25, 19. Plus eo anno domi acceptum cladis ab consulibus ac dictatore, quam ex victoria eorum bellicisque rebus foris auctum imperium Patres credebant 8, 12. Cujus repentinae cladis ne caussa dubia esset 2, 36. *(mortuo filio.)* Quantam excitatura molem vera fuisset clades 28, 24. *(Mors Scipionis.)* Tum privatae quoque per domos clades vulgatae sunt 22, 56. A clade dextrae manus 2, 13. Nullis occurrentibus tantae cladis *(pestilentiae)* caussis 6, 20.

Clades Sinopensium 49, 9. *Licet accipiatur a nonnullis pro ea, quam dederunt; Drakenborchio tamen placet Jac. Gronovii ad Pomp. Melam propositæ sententiæ subscribere, ut intelligatur accepta clades.* Illos repeterent animos Quirites, quos recenti clade accepta habuissent 5, 11. *Hic delendum videtur accepta. Contra omissa est vocula itaque a principio hujus periodi; idque de more Livii factum.* Vid. *Pernicies.*

CLAM 5, 36. Nec id clam esse potuit. soli Ætoli id decretum clam mussantes carpebant 33, 31.

CLAMARE 29, 1. Per urbem Saturnalia die ac nocte clamatum. *Videtur legendum cum Gronovio clamata. Sic dicitur Livio clamari, item cieri triumphus.* Vid. *Cieri.*

CLAMITARE 1, 9. Identidem — Talassio ferri clamitatum. Ad arma, et, pro vestram fidem, cives! clamitans 9, 24. Conclamare *unitatius in hoc genere.* Vid. *Infra in h. v.*

CLAMOR 10, 5. Concitatior accidens clamor ab increscente certamine. Aperti clamores 2, 27. Alacer clamor 6, 24. Ex pavido clamore fugientium 41, 11. His inter se vocibus concitati clamore renovato inferunt pedem 7, 8. Clamore et ab alia circumstantium turba multiplici adjecto 37, 41. Castra Gallorum — clamore invadunt 5, 45. *Sic et provolare, it. procurrere jungitur.* Vid. *Drakenborch. ad h. l.* Clamor indicium primum fuit, quo res inclinatura esset. excitatior crebriorque ab hoste sublatus; ab Romanis dissonus, impar, segnius sæpe iteratus, incerto clamore prodidit pavorem animorum 4, 37.

CLANDESTINUS 42, 16. Per omnia clandestina grassari scelera latrociniorum ac veneficiorum. In æde Æsculapii clandestinum eos per aliquot noctes consilium principum habuisse 42, 24.

CLANGOR 1, 34. Super — carpentum cum magno clangore voli●●, etc. (*de aquila.*) Clangore eorum (*anserum*) alarumque crepitu excitus M. Manlius 5, 47.

CLARIGATIO 8, 14. Ut ejus, qui cis Tiberim deprehensus esset, usque ad mille pondo clarigatio esset. *i. e. ut tanta pecunia mulctaretur. Alibi est denunciatio clara voce facta, v. c. in belli indictione, quum res repetitæ, nec redditæ essent. Alii aliter explicant hanc vocem. Nec mirum. Ipsi Quinctiliano obscurior et ignotior ea videbatur.* Vid. *Intt. ad illum locum.*

CLARUS *proprie dicitur Latinis, qui gloria dignus est. Ea autem non venit, nisi a rebus præclare gestis.* Sic 9, 17. Nam ea quoque (*opera militaria*) haud minus clarum eum (*Alexandrum*) faciunt. *Conf.* 42, 8. Ut alios reges claros decessque emittam 9, 17. *Itaque etiam consules clarissimi vocabantur.* Vid. *Cic. de Or. 2, 37. it. gloria clariores. Sed tamen subinde etiam in partem deteriorem clari dicuntur, v. c. apud nostrum 7, 31.* Luxuria super-

bisque clarus. (*populus Campanus.*) *Nisi vero cum Bauero Exc. Liv. p. 260. leg.* elatus. [*Præstat in illo contextu clarus, mediæ vox significationis, ut Græcorum σεμνότης.*

CLASSICUM apud eos cecinit 28, 27. *Est autem classicum omne signum tubis datum exercitui, sive ad concionem excitantur milites, sive vigiliæ indicantur, etc.* Vid. *Virgil. Georg. 2, 539.*

CLASSICUS 21, 61. Classici milites navalesque socii.

CLASSIS 1, 1. Ab Sicilia classe Laurentem agrum tenuisse. *i. e. oram maritimam adiisse; nisi vero legendum cum Jac. Gronovio: ab Sicilia errasse ac L. a. tenuisse.* Et impari maritimis viribus haud facilis erat in insulam classi accessus 28, 7. Cetera classis fugerunt 35, 26. Multi voluntarii nomina in classem dederunt 28, 45. Ut eodem tempore exercitus ostenderetur et classis 26, 42. *Solet exercitus a Livio classi opponi, ut ille significet terrestres, hæ navales copias.* Ut classem — duceret in Ligurum oram 40, 26. Cui classis provincia erat 42, 48. *Conf.* 44, 1. Quinqueremes ad navium classem — — additæ 22, 37. Vid. *Gronov.* Quum classis Rom. Cenchreis staret 41, 24. Ibi stetit classis 42, 48. Vid. *Stare.* Classis ornandæ reficiendæque causa 9, 30. Classibus quoque ad Fidenas pugnatum 4, 34. *Non equites, ut nonnullis placet, intellexisse videtur Livius, sed classes, quæ vulgo dicuntur; id quod ex refutatione ejus patet. Conf. Virgil. Æn. 2, 30. ad q. l.* Vid. *Intt.* Vid. *Lembus.*

CLAUDERE 23, 2. Claudam in curia voc. *Conf. cap. sequ. ubi est: clausos omnes in curiam accipite.* Clausæ hieme Alpes 27, 36. Vid. *Virgil. Æn. 2, 111.* Rivus præaltis utrimque clausus ripis 21, 54. Clauderent Capuam operibus 25, 22. Clausi undique commeatus erant, nisi quos Pado naves subveherent 21, 57. Dextra lævaque duo maria claudunt, nullam ne ad effugium quidem navem habentibus 21, 43. Forum porticibus tabernisque claudendum 41, 27. Horum ferocia vocem Evandri clausit 44, 45. Insula ea sinum ab alto claudit 30, 24.

CLAUDICARE 22, 39. Si altera parte claudicet respublica *i. e. majus incommodum acceperit. Sic fere Cicero Epp. Div. 13, 10. si quid forte titubatum fueris. Vide tamen, quæ Gronovius ad h. l. pro verbo claudere disputat.*

CLAUDUS 37, 24. Hostes claudas mutilatasque naves apertis navibus remulco trahentes. *i. e. quibus remi detersi vel defracti ab altera parte erant, ut non nisi ab una parte agere possent.*

CLAUSTRA 9, 32. Ab oppugnando Sutrio, quæ urbs socia Romanis, velut claustra Etruriæ erat, ingens orsi bellum. Apparebat, claustra Ægypti teneri, ut, quum vellet, rursus exercitum induceret 45, 11. Quum ea loca *(Nepete ac Sutrium)* opposita Etruriæ, et velut claustra inde portæque essent 6, 9. *Conf.* 44, 7. Ante ipsa Tempe in faucibus situm Macedoniæ claustra tutissima præbet 42, 67. Primi omnium Thraces haud secus, quam diu claustris retentæ feræ, concitati cum ingenti clamore in dextrum cornu — incurrerunt 42, 59.

CLAUSUS 42, 14. Nihil, præterquam fuisse in curia regem, scire quisquam potuit : eo silentio clausa curia erat.

CLAVUS 7, 3. Ut, qui prætor maximus sit — clavum pangat. Fixa *(fixus)* fuit. — Eum clavum, etc. *Nempe* pangere *et* figere *clavum prorsus idem est ; quemadmodum hæc verba, etiam quum de aliis rerum generibus sermo est, commutari solent. Conf.* 9, 28. *et* 34.

CLEMENS 8, 31. Inclinaturam ad clementiorem sententiam animum. *Alii* mitiorem : *quod est utique usitatius, v. c. de pœnis* 1, 28. Clemens legis interpres 1, 26. Vid. *Cœlum.*

CLEMENTER 29, 2. Hostico, tamquam pacato, clementer ductis militibus.

CLEMENTIA 45, 4. Ut se suaque omnia in fidem et clementiam populi Rom. permitteret. *Henr. Steph. Schediasm.* 4, 8. *p.* 22. Clientelam *legendum putat.* Vid. *Duker. ad h. l. conf.* 36, 27. Clementia concordiam ordinum stabiliri posse 3, 58.

CLIPEATI. Vid. *Aglaspides.*

CLIPEUM *pro* CLIPEUS 1, 43. *Conf.* 35, 41. *it.* 38, 35. Vid. *Æratus, et conf. Virgil. Æn.* 10, 271. Arma, clipeus sarisæque illis, Romano scutum, majus corpori tegumentum 9, 19. *Conf.* 8, 8. Clipeaque de columnis — demsit 40, 51. Clipea inaurata in fastigio Jovis ædis posuerunt 35, 10. *Conf.* 25, 39.

CLIVUS 21, 32. Erigentibus in primos agmen *clivos* apparuerunt imminentes *tumulos* insidentes montani.

COACERVARE 5, 39. Armorum cumulos coacervare. Ex hostium coacervatorum cumulis 22, 7. *Conf.* 20, 39. Vid. *Acervare,* item *Cumulus.*

COALESCERE 1, 8. Coalescit multitudo in unius populi corpus. Coalescit res concordia 1, 11. — Regio pace nova 26, 40. Brevique tanta concordia coaluerant omnium animi 23, 35.

COARGUERE 31, 25. Id quidem coarguere Cycliadas prætor Achæorum nihil attinere ratus. Quo *(decreto)* maxime et refelli et coargui potest 39, 28.

CŒCUS. Vid. *Cæcus.*

CŒLUM 22, 1. Faleriis cœlum findi velut magno hiatu visum. *i*, e. *discessisse, ut Cicero dicit Div.* 1, 43. Cœli intemperies 8, 18. *Sic* palustre cœlum 22, 2. Uberrimo agro, mitissimo cœlo, clementibus accolarum ingeniis, omnis illa, cum qua venerant, mansuefacta est feritas 38, 17. *Conf. Virgil. Georg.* 2, 36. Cœlum, sub quo natus educatusque essem 5, 54. Quid

tandem est, cur cœlum ac terras misceant ? 4, 3. Portam et multis locis murum de cœlo tactum 29, 14. *Conf.* 26, 23. *Ubi vid. Drakenborch.* Fulmina jaci de cœlo 28, 27.

CŒLESTIS 9, 1. Quidquid ex fœdere rupto irarum in nos cœlestium fuit. *Conf.* 2, 36. Nec cœlestes modo defuerunt aquæ 4, 30. Cœlestia prodigia 1, 34. Quem prope cœlestem, cognomine certe Capitolino Jovi parem fecerint 6, 17.

CŒNACULUM super ædes datum est, scalis ferentibus in publicum obseratis, aditu in ædes verso 39, 14. *i. e. suprema contignatio ædium. Gr.* ὑπερῷον. Vide *B. Patruum ad Sueton. Aug.* 45.

CŒNUM 10, 15. Orare, ut ex cœno plebeio consulatum extraheret. *Conviciandi caussa sic dictum.*

CŒPISSE 28, 27. Tum *(imperator)* ita cœpit *scil.* dicere. Simul et cetera equestris pugna cœpit 2, 6.

CŒPTUS 24, 13. Cœpta maturare. *It.* enunciare 23, 35. *it.* impedire *ibid. cap.* 41. In cœpto perstare 42, 10. Ne audaci cœpto deessent 42, 59. Idque primam ad cœptam magnitudinem roboris fuit 1, 8. *De urbe ædificiis magis quam incolis abundante.* Conditores partium cœptæ urbis 2, 1. *Gronov. leg.* certe. *male.* Si — plebs — agitari cœpta esset etc. *Ib. Mox :* et in aliena urbe cum patribus serere certamina. *Hic cœpisset subintell. et ea cœpta esset repetendum. Ut hæc durities vitetur, pro cœpta esset leg. cœpisset.* Porta intus forisque pariter refringi cœpta 26, 46.

COERCERE 21, 31. Nullis coërcitus *(amnis)* ripis. Quibus *(operibus)* intra muros coërcetur hostis 5, 5. Sanctus et innocens *(Cato),* asperior tamen in fœnore coërcendo habitus 32, 27. Coërceri ab effuso studio nequiit 39, 32. *Ita* coërcitus miles *dicitur* 36, 24. *Pro retento a prædandi licentia.* Coërceri rabiem gentis non posse 41, 27. Per opportunas expeditiones coërcitis gentibus 31, 43.

CŒTUS 39, 14. Ne quid eæ conjurationes cœtusque nocturni fraudis importarent. Cœtus nocturni plebis suspecti patribus 5, 16. Cœtus indicere in domos tribunorum 4, 25. Civili quippe standum exercitu esse, quando socialis cœtus desereret 7, 25. Quantum a cœtu congressuque impotentium dominorum se amovissent 3, 38. Quod maximo cœtu Græciæ *(ludicrum)* celebraretur 27, 35. *Conf.* 9, 10. Quem *(Pythagoran)* juvenum æmulantium studia cœtus habuisse constat 1, 18. Qui rure et procul cœtu hominum juventam egisset 7, 5. Se — ab ludis — cœtu quodammodo hominum deorumque abactos esse 2, 37. Si cœtus et concilia et secretas consultationes esse sinas 34, 2.

COGERE 45, 41. Neque cogi pugnare poterat. *Ibid. paullo post ;* ad pugnam rege coacto. Caussam inaugurari coacti flaminis libens reticuissem 28, 8. Cogendum — fungi officiis 21, 63. Cogendis redire in colonias — consumsit 32, 26. Vos id cogendi estis 6, 15. *conf.* 4, 26. Ad cogendum senatum in curiam redit (*Tarquinius, interfecto Servio*) 1, 48. Senatum cogere 3, 39. Jure cogere 3, 38. (*de magistratibus.*) Sub jus judiciumque suum totam coëgit gentem 41, 22. Oppida vi atque armis coëgit in deditionem 43, 1. Ut castellum — aut auctoritate, aut armis cogeret jura antiqua pati 38, 13. Ne præfecti in oppida sua ad pecunias cogendas imponerentur 43, 2. *i. e. exigendas.* Cogere hostes in obsidionem justam 10, 45. In classem cogi 36, 3. *Oppos. vacatio rei navalis.* In provinciam cogere 45, 15. *i. e. ut ad exercitum irent. conf.* 43, 15. Vos in ordinem coactos esse, et rem ad seditionem spectare 25, 3. Vid. *Intt. ad h. l. conf.* 3, 51. Nimium in ordinem se ipsum cogere 3, 35. *i. q. humiliter petere decemviratum. De Appio.* Cogere numerum 32, 2. *i. q. supplere, novos colonos adscribere.* Ingens coacta vis navium est 21, 26. Coacto agmine procedebat 38, 18. *i. e. densatis ordinibus.* Agmine hominum coacto 42, 10. Substitit ad agmen cogendum 42, 64. *i. q. claudendum, tegentium. conf.* 44, 4. Feminæ ex propinquis urbibus coactæ cibaria in castra afferebant 44, 32. *Nisi potius, volente Drakenborchio, legendum* cocta. Potestatem — intra sex mensium et anni coëgisset spatium 9, 33. *i. q. coarctasset.* Saltus in arctas coactus fauces 22, 15.

Cogitatio 1, 6. Intervenit deinde his cogitationibus avitum malum, regni cupido. *i. e. institutis.* Averterent ab ira parumper ad cognitionem cogitationemque animos 3, 58. His curis cogitationibusque ita ab ineunte ætate animum agitaverat, ut nulla ei nova in tali re cogitatio esset 35, 28. *Int. exercitationes in usu rerum bellicarum comparando, meditando quidem, commentando, etc.* Inter multas magnasque res, quæ — occupabant cogitationes hominum 27, 3. Totus in Persea versus cum eo cogitationes ejus rei dies ac noctes agitabat 40, 5. *i. e. deliberatio, consultatio.*

Cognatio 26, 33. Affinitatibus pleroque et propinquis jam cognationibus ex connubio vetusto junctos.

Cognitio vacantium militiæ munere post bellum differtur 4, 26. *i. e. de his, qui parum legitimam caussam habuerant militiæ se subducendi. conf.* 42, 32. Cognitiones capitalium rerum sine consiliis per se solus exercebat 1, 49. Cognitio inter patrem et filium 1, 50. Vis hanc formulam cognitionis esse? 40, 12.

Cognitor 39, 5. Alienarum simultatum cognitorem fieri. *i. e. mandatas simultates tamquam procuratorem exercere. Alias* cognitoris *esse dicitur, ut præsentium mandata, non absentium, accipiat.*

Cognoscere 2, 40. Dein familiarium quidam, qui insignem mœstitia inter ceteras cognoverat Veturiam. *i. q. agnoverat.* Quod (*pecus*) domini cognovissent 24, 16. Cognoscendi, conquirendi, repetendique jus esto 38, 38. *Scilicet cognosci dicuntur, quæ in propatulo sunt, quæque domini sua esse probant. Similiter* 10, 20. Accitique edicto domini ad res suas noscendas recipiendæque. *conf.* 26, 30. Vid. *Etiam infra in v.* noscere. Gallos, novam gentem, pace potius cognosci, quam armis 5, 35. Cognito ei extemplo haud minor ab adversariis verecundia, quam ab suis silentium datum 7, 40. Cognito, vivere Ptolemæum 33, 41. (*absolute.*) *conf.* 44, 28.

Cohibere hostem ab effusa prædandi licentia 22, 3. Vid. *Coërcere.* In comparando cohibendoque bello 9, 29.

Cohonestare 25, 16. Quod unum reliquum fortuna fecerit, id cohonestent virtute. Quod consilium dispensandæ cohonestandæque victoriæ imperatoribus majores dederunt 38, 47.

Cohors extraordinaria 34, 47. *It.* 40, 27. *i. e. alaris.* Certe *in posteriori loco* alaris *est intelligenda.* Vide *Gronovium ad h. l.* Cohors 27, 14. *Scil. sociorum. Opponitur enim* manipulo, *qui est legionis.* Vid. *ad Tacit. Annal.* 1, 8.

Coire 9, 26. Qui usquam coissent conjurassentque adversus rempublicam. *conf.* 39, 41. *Quamquam in posteriori loco de candidatis se invicem dejicientibus sermo est.* Neque se conglobandi coëundique in unum datur spatium 6, 3. Coëuntibusque Etruscis 2, 50. *i. q. in orbem euntibus ad includendos hostes.* Quo signo coirent inter se 7, 37. (*scilic. dissipati.*)

Coitio 7, 32. Non factionibus modo, nec per coitiones usitatas nobilibus. Vid. *Drakenborch. ad* 2, 28. *Ubi pro in* mille curias concionesque *legi vult in m. c.* coitionesque ; *sane admodum eleganter.* Absterrendo singulos a coitionibus consiliisque 2, 35. *conf.* 3, 65. Coitiones honorum adipiscendorum caussa factas 9, 26. Dejectique honore per coitionem duobus Quinctiis 3, 35.

Colere 21, 26. Colunt autem circa utramque ripam Rhodani. *i. e. habitant.* Quæ tum familiæ maxime inclytæ ea loca colebant 1, 7. Agrum non coluit, et culta (*f.* arva) evastata sunt bello 3, 5. [*Vulgata bene habet.*] Antrona voluntate colentium recepit 42, 67. [Colere *absolute pro* habitare. *Gifanius in Observat. L. L. p.* 68. *Altenb. laudat Liv.* 24, 49. Extremi prope Oceanum adversus Gades colunt.] Colebanturque religiones pie magis quam magnifice 3, 57. Quam — aram — maximam vocet tuoque ritu colat 1, 7. Apud quos juxta divinas religiones humana fides colitur 9, 9. Dii, qui hanc urbem, qui hos sacratos lacus colitis 24, 38. Vid. *Incolere.* Divi divæque, qui maria terrasque colitis

29, 27. Incertum, cuta gentis, an ut adversaretur Scopæ, parum donis cultus 31, 42. Donis colere 40, 57. Sociis cum fide cultis 44, 1. Coli honoribus muneribusque 45, 20. Beneficium acceptum colamus oportet 7, 30. *i. e. agnoscere, tueri.* Incertum, qua fide culturus, si perinde cetera processissent, pacem cum Romanis fecit 8, 17.

COLLABI 29, 18. Quum subito (*mœnia*) collapsa ruina sunt.

COLLATIO 4, 60. *Æs* grave plaustris quidam ad ærarium convehentes, speciosam etiam collationem faciebant. *conf. 6, 14.*

COLLAUDARE 1, 52. Collaudatisque, qui Turnum novantem res pro manifesto parricidio merita pœna affecissent, etc.

COLLEGIUM 10, 26. Quonam modo se oblivisci P. Decii per tot collegia experti posse? *h. e. quem toties collegam habuisset. Est ergo* collegium *pro collegarum vinculo ac necessitudine dictum.* Sic 4, 17. ex collegio prioris anni *accipiendum. conf. 5,* 18. 10, 24. Decium, expertum mihi concordi collegio virum—mecum consulem faciatis 10, 13. *Conf. cap. 22. et 24.* Capitolinos ludos sollemnibus aliis addidimus; collegiumque ad id novum — condidimus 6, 52. Pro collegio pronunciant 4, 26. *i. q. ex decreto collegii;* cap. 53. *dicitur; ex* collegii sententia. Mercatorum collegium instituere 2, 27. Collegium prætorum 22, 10. *Nisi leg.* pontificum. Vid. *Inst. ad h. l.*

COLLIGARE 1, 26. i, lictor, colliga manus.

COLLIGERE 2, 50. Cogebantur breviore spatio et ipsi orbem colligere. Ut fama elementiæ — colligeretur 21, 48. Priusquam colligerentur animi 10, 41. Collecta juvenum manu 1, 5. Paucitatem inde hostium colligentes 7, 37.

COLLIS 22, 4. Deinde paullo latior patescit campus, inde colles assurgunt. Saluberrimi colles 5, 54. (*de urbe* Roma) Sepultus in eo colle, qui nunc est pars Romanæ urbis, cognomen colli fecit 1, 33. Quod inter Palatinum Capitolinumque collem campi est 1, 12. In sacrum *montem aliosque colles* 2, 34.

COLLOCARE 44, 37. Paullus, postquam metata castra impedimentaque collocata animadvertit, etc. Vid. *Constituere.*

COLLUCERE 38, 6. Tota collucente flammis acie. *Similiter* Virgil. *Æn.* 4, 667. *Sacrasque videbis* Collucere *faces, jam fervere littora flammis.*

COLLUM 4, 53. Quum paucis appellantibus tribunum collum torsisset, metu ceteri sacramento dixere.

COLLUVIO 26, 40. Mixti ex omni colluvione exsules. *cf. 3, 6.* Colluvio omnium gentium 22, 43. Colluvionem gentium — (*Canuleium*) afferre, ne quid sinceri, ne quid incontaminati sit 4, 2. Ne cui in colluvione rerum (*consules*) majestatem suam contumeliæ offerrent 3, 11.

COLONIA 10, 1. Soram atque Albam coloniæ deductæ *cf.* 9, 28. *Ubi vid. Intt. ll.* 9, 46. Antium nova colonia missa 8, 14. Illud agitabant, uti colonia Aquileia deduceretur; nec satis constabat, utrum Latinam, an civium Romanorum, deduci placeret 39, 55. Si coloniæ abducerentur 9, 4.

COLONUS 27, 38. Maritimi coloni. Militibusque colonis imperatis 41, 5. Coloniis *legi vult cum Dujatio Drakenborchius.* Ut — coloni eo præsidii caussa scriberentur 4, 11. Si et ipsi ascribi coloni vellent 1, 14. Vicit tamen sententia, ut mitterentur coloni 9, 26. Ut qui (*Fidenates*) coloni additi Romanis essent 1, 27. *Nimirum, qui beneficio victorum non expelluntur sedibus suis, hi sunt eorumdem coloni. Hoc sensu Fidenates paullo ante* colonia *Romana vocati sunt.*

COLUMEN 6, 37. Consulatum superesse plebeiis: eam esse arcem libertatis, id columen. Unum hominem caput columenque imperii Romani esse 38, 51.

COMA. Vid. *Rutilatus.*

COMES 22, 60. Si nemo tantæ virtutis exstitisset comes. *i. e. si nemo melius consuluisset tam bene meritis usque prosperasset.*

COMINUS 27, 18. Ad cominus conferendas manus. Collatis cominus viribus 42, 47. Undique ex insidiis barbari a fronte ab tergo coorti, cominus, eminus petunt 21, 34. Aliquoties exercitus Latinus cominus cum Romanis signa contulerat 1, 33.

COMISSARI 40, 7. Quin comissatum ad fratrem imus? *cf. cap.* 9. Per quam (*Indiam*) temulento agmine comissabundus incessit 9, 17. Epulantesque cum carmine triumphali ac sollemnibus jocis, comissantium modo currum sequuti sunt 3, 39.

COMISSATIO 1, 57. Regii juvenes interdum otium conviviis comissationibusque inter se terebant.

COMISSATOR 40, 9. Aperienda nimirum nocte janua fuit et armati commissatores accipiendi

COMITAS 9, 42. Benignitatem per se gratam comitate adjuvabat. *cf. cap. 6.*

COMITATUS 28, 22. Magnum etiam comitatum, quia paucis parum tutum fuerat, transgredientem fines — interfecerunt (*de majori numero militum.*)

COMITER 9, 43. Legatis eorum comiter munera missa. Sociis et amicis et alia comiter atque hospitaliter præstare Romanos 45, 19. Munera ex instituto data utrisque, aliaque hospitalia comiter conservata 42, 24. *cf. Intt. ad* Virgil. *Æn.* 1, 198. Privata hospitia habebant; ea benigne comiterque colebant 42, 1. Elicuit comiter sciscitando 6, 34. Vid. *Elicere.* Victor maritus comiter invitat regios juvenes 1, 57. Qui (*ludi*) quotannis comiter Apollini fiant 25, 12. *Nisi* communiter *legendum videatur cum* Sigonio;

*Gravii explicatio valebit accipientis pro magna benignitate, secunda omnium voluntate lubenter, non gravate, liberaliter.* Excepti hospitio ab Tullo blande ac benigne, comiter regis convivium celebrant 1, 72.

COMITIA interim in foro sunt 8, 17. Comitia pontifici maximo creando 25, 5.— ferendæ legis 45, 35.—consuli surrogando 3, 19.—tribunicia 6, 39.—prætoria Bœotorum 42, 43. Comitiis prætorum perfectis 24, 9. —habitis 31, 7. *i. e. dum habentur comitia.* Comitia falsi testis *scil. caussa* 3, 29. *h. e. quibus judicatur falsus testis.* Omniumque earum rogationum comitia— differunt 6, 37. Tantumque Flavii comitia (*quibus Fl. electus est*) indignitatis habuerunt, ut etc. 9, 46. Comitiorum sors 3, 64. *i. q. munus sorte datum.* — disceptatio 3, 24. *i. e. de comitiis.*—militarium prærogativa 3, 51. Vid. *Gronov. Obs.* 4, 1. *p.* 17. Vid. *Auspicatus.*

COMITIUM 10, 24. Fabius nihil aliud precatus populum, quam ut—litteras audirent, comitio abit.

COMMEATUS 1, 57. In iis stativis—satis liberi commeatus erant. Secum cum tam frequentem ad signa sine ullo commeatu fuisse 3, 24. Commeatus frumenti 28, 4. —maritimi 5, 54.—subvehebantur 9, 15. *cf. cap.* 43. *It.* 22, 16. Commeatus ex montibus invecti erant 9, 13.—advectus 22, 22. *it.* advecti 9, 32. Convecto commeatu 2, 14. Multitudo sua commeatibus gravis 7, 37. Commeatibus vulgo datis per ambitionem 43, 11. In commeatus mittebantur 7, 39.

COMMEMORARE 27, 4. Ad commemorandam renovandamque amicitiam missi.

COMMENDABILIS 42, 5. Nec ullo commendabilem merito præferebant.

COMMENTARIUM 42, 6. Eumenes rex, commentarium ferens secum, quod de apparatibus belli omnia inquirens fecerat.

COMMENTARIUS 1, 60. Duo consules— ex commentariis Tullii creati sunt. *i. e. ex formula imperii regundi, descripta fortasse, quam ei in animo esset imperio se abdicare.* Missisque Larissam ad commentarios regios comburendos 33, 11. *h. e. libros acta publica continentes.* Si non ad fastos, non ad commentarios pontificum admittimur 4, 3. Quod ex aliis gentibus principum literæ deprehensæ in commentariis regiis habebant, in Achæis cæcum erat crimen 45, 31.

COMMENTUM 1, 19. Sine aliquo commento miraculi. Sicut pleræque commenta mortalium, etc. 44, 41.

COMMERCIUM 5, 15. Jam per longinquitatem belli commercio sermonum facto. Commercium linguæ 9, 36. *cf.* 1, 18. Sic vos interdicitis Patribus commercio plebis 5, 3. Commercium—juris præbendi repetendique sit 41, 24. Neque connubium neque commercium agrorum ædificiorumque inter se placere cuiquam extra fines

regionis suæ esse 45, 29. Ut demerum equorum iis commercium esset 43, 5. *i. e. jus emendi.* Neque Thraces commercio faciles erant 40, 58.

COMMIGRARE 41, 8. Cives suos, Romæ censos, plerosque Romam commigrasse. Lucumo — Romam commigravit 1, 34. *Cf.* 5, 53.

COMMINARI 10, 39. Comminandoque magis quam inferendo pugnam. *cf.* 42, 7. Comminatique inter se 44, 9.

COMMINATIO 26, 8. Abscedi a Capua terrerique et circumagi ad nutus comminationesque Hannibalis, flagitiosum ducebat.

COMMINISCI 26, 27. Per iram hæc levitatem ex re fortuita crimen commentum. Vectigal (*ex salaria annona*) commentum — credebant 29, 37.

COMMITTERE 30, 14. Te existimo—in Africa te ipsum spesque omnes tuas in fidem meam commisisse. Rem in casum ancipitis eventus committunt 4, 27. In aciem, qua pugnandi arte Romanus excellat, commisen res 3, 2. Segnitia Græcorum non committentium se in aciem 7, 26. *cf.* 53, 11. Duos simul filios non commissurum in aleam ejus, qui proponeretur, casus 40, 21. Utrum respublica in discrimen committenda fuerit 8, 32. Nec se tamen æquo loco hosti commisit 5, 18. *cf.* 27, 25. Persequutis hostibus nusquam se æquo certamine committentes 3, 49. Bellum prospere commissum 8, 25. *i. e. inchoatum.* Nos (*decuit*) commissum ac profligatum (*bellum*) conficere 21, 40. Supererat nihil aliud in temere commisso, quam in Macedoniam ad Dium per medios evadere hostes 44, 6. Commisso spectaculo 2, 36. Commissis operibus 36, 7. *i. e. conjunctis.* Sic supra cap. 4. per nondum commissa inter se munimenta urbem intravit. Quo minus in civitatem obligatam sponsione commissa—redeant 9, 11. *h. e. cui necessario satisfaciendum erat, quoniam alter conditionem expleverat.* Cædicius negare, se commissurum, cur sibi aut Deorum aut hominum quisquam imperium finiret, etc. 5, 46. Nisi quod commisimus, ut quisquam—superesset 25, 6. Quæ Philippi — — bello adversus populum Romanum commisissent 42, 38.

COMMODARE 40, 57. In omnem eventum consilia commodabantur. *Haud dubie i. q. accommodabantur.* Ut reipublicæ, ex qua crevissent, ad tempus commodarent 23, 48.

COMMODE 10, 19. Ab neutra parte satis commode (*exercitus*) instructi fuerant. Si satis commode valeret 42, 38. Quæ (*vehicula*) eum Brundisium commode perveherent 43, 8. Commodius — et ex propinquo dicamus invicem audiamusque 32, 32.

COMMODITAS itineris 1, 33. Mare vicinum ad commoditates, nec expositum, etc. 5, 54. Quum commoditas juvaret 4, 60. *i. e. partim utilitas, opportunitas, ple-*

*bem delectabat, partim, etc.* Vid. *Gronov. ab h. l.*

COMMODUM 10, 25. Si per commodum reipublicæ posset, Romam venisset. Ubi copias per commodum exponere posset 42, 18.

COMMODUS 30, 19. Sperans leniorem in navigatione, quam in via, jactationem vulneris fore, et curationi omnia commodiora. Quod commodum est populo accipere 6, 40. Ut hiberna commoda omnes haberent 42, 67.

COMMOTIUS ad omnia turbanda consilium 6, 14. *i. q. vehementius, atque adeo efficacius ad turbas movendas. Præter caussam, opinor, hæsit in h. l. Cel. Strothius. Non succurrebat ei, verborum passivorum participia, quæ sint eadem adjectiva, præsertim, ubi per gradus incrementa ceperint, sensu activo sæpissime dici. Sunt enim instar deponentium, et vicem sustinent adjectivorum nominum in bilis exeuntium; quemadmodum exemplis multis probat Jac. Frider. Heusingerus ad Ciceronem de Off.* 1, 17. 9. *Unum hunc locum adscribamus: nihil autem est ꞡ nabilius,* nec *copulatius,* quam morum similitudo bonorum. Vid. *Intt.* ad 5, 48. *it.* ad 26, 22. Vid. *Cortius ad Sallust. Bell. Cat.* 10, 5. [*Add. Bauer. ad Sanct. Minerv. T.* 1. *p.* 142. *Perizon. p.* 159.]

COMMOVERE 9, 40. Junius commovit hostem—quum intulisset signa, turbavit ordines et haud dubie impulit aciem. Pudor deinde commovit aciem 2, 10. Clamore renovato commovent aciem, tum rursus impetu capto enituntur atque exsuperant iniquitatem loci 10, 29. *it.* 9,27.

COMMUNICARE 4, 56. Si quando promiscui honores, communicata respublica esset, tum se animadversuros, etc. 4, 56. *i. e. administratio reipublicæ cum plebeiis communicata.* Cum quibus spem integram communicati non sint 4, 24. Pro *communicaverint.* Vid. *Lips. ad Tac. Annal.* 1, 5.

COMMUNIRE 4, 1. Volscos Æquosque ob communitam Verruginem fremere. Communitis castris 2, 32. Is opportunus visus locus communiendo præsidio 2, 49. Quum eodem quo constiterant loco castra communissent etc. 21, 32. Castra propius hostem movit rex, et a quinque millibus passuum communiit 42, 58.

COMMUNIS 6, 40. Hoccine est, in commune honores vocare, ut duos plebeios consules fieri liceat, duos patricios non liceat?

COMMUNITER omnia amplectar 29, 17. *i. q. hactenus dictorum summa hæc est.* Ex duodecim populis communiter creato rege 1, 8. Communiter bellum parant 1, 10. Ex ea (*pecunia*) communiter locarunt aquam adducendam, fornicesque faciendos 40, 51. Communiter ambo exercitus lustraverunt 41, 18. Communiter ab utrisque petiit, abstinerent bello 42, 5.

COMPACTO 5, 11. Compacto eam rem et communi fraude patriciorum actam *h. e. ex composito.*

COMPAR connubium 1, 9. — Latinorum postulatio 23, 6. Milites militibus — tribuni tribunis compares collegæque 8, 6. Compari Marte concurrere 36, 44. Quam compar consilium tuum parentis tui consilio sit, reputa 28, 42.

COMPARARE 8, 6. Comparant inter *se,* ut etc. *i. e. convenit inter eos, pacti sunt.* Consules inter se comparaverunt, ut Claudius comitia perficeret etc. 25, 41. Prætores ita comparaverunt inter se, ut etc. 40, 47. Inter se comparaverunt — utri obsidenda Capua, utri etc. 26, 8. *cf.* 3, 41. 41, 6. Cum tribunis plebis actum est, ut comparent inter se, aut sorte legerent, qui duo cum prætore ac legatis irent 29, 30. Comparare provincias inter se, aut sortiri 33, 43. Senatusconsultum inde factum est, ut consules inter se provincias Italiam et Macedoniam compararent, sortirenturve 42, 31. Comparando hinc, quam intestina corporis seditio similis esset etc. 2, 32. *i. e. comparatione demonstrando.* Numitori — comparando (*comparanti*) — tetigerat animum memoria nepotum 1, 5. priore consulatu inter se comparati (*consules*) 10, 15. *i. e. qui una consules fuerant.* Ne male comparati sitis 40, 46. *i. q. collegæ facti.* Erexerant omnium animos Scipio et Hannibal, velut ad supremum certamen comparati duces 30, 28. *i. e. destinati, creati.* [*immo composili.*] In comparando cohibendoque bello 9, 29. *cf.* 32, 28. Ad iter se comparare in diem posterum jubet 28, 33. Sex tribunos ad intercessionem comparavere 5, 6. Adversus veterem — imperatorem comparabitur 24, 8. Adversus quam (*familiam*)tribunicium auxilium vobis comparastis 9, 34. Utrum exercitus exercitui, an duces ducibus — comparari 28, 28. Ita comparatum est 4, 46. *i. e. compositum per legatos arbitros.* Judicia apud sese more majorum comparata de iis, qui etc. 45, 5. Quum ita comparatum (*institutum*) a majoribus sit 9, 34. Arma, milites, classem ejus rei caussa comparasset 42, 30. Ut Romani tempus ad comparandum habeant 35, 45. *scil.* copias. Dicitur autem hac *significatione comparandi verbum absolute, v. c.* 42, 52. Vid. *Gronov. ad* 38, 12. Legati Romani in Bœotiam comparati sunt 42, 43. *Comparare legatos quin eodem jure dici possit, quo, comparare consules etc. dubitari nequit. Sed tum necesse etiam fuerit, ut electio pariter locum hubeat. Hoc autem loco iidem, qui apud Persea fuerant, comparati dicuntur. Quid? si ergo legatur;* comparaverunt *scil.* iter. *Sic Cicero pro Mur.* 9. quo intendit *scil.* iter.

COMPARATIO 6, 30. Provincia sine sorte, sine comparatione, extraordinem data. Comparatio veneni 4, 17.

COMPARERE 6, 1. Conquiri, quæ comparerent, jussit. *i. q. quæ imperassent.* Si quid (*sui*) non compareret, repeteret 29, 21. *i. e. reperiretur.* Ut, si nequeant omnia, saltem, quæ compareant cognoscique possint, restitui dominis jubeant 26, 30. *cf.* 27, 24. In secunda omnia comparuisse 27, 26.

COMPEDES Græciæ 32, 37. *de urbibus quibusdam, quæ omnem Græciam in officio retinerent.*

COMPELLARE 10,28. Patrem nomine compellans. Fama erat, prohiberi a patronis, nobiles ac potentes compellare 43, 2. *i. e. accusare.* Pro cunctatore segnem, pro cauto timidum — compellabat 22, 12. *i. q. vituperabat, increpabat. cf.* 9, 40. Ne compellatæ a consule viderentur 34, 2.

COMPELLERE 1, 33. Omni bello Latino Medulliam compulso. Cujus vi atque injuriis compulsi — sacrum montem cepistis 9, 34. Hostem prœlio uno fugatum compulit in naves 10, 2. Victique Dardani compelluntur in urbem 41, 19. Si agendo armentum in speluncam compulisset 1, 7. Pecoris vim ingentem in saltum avium compulsam esse 9, 31. Si qua res te ad pacem compellet 35, 19.

COMPENDIUM 8, 36. Nec ira magis publica, quam privatum compendium in hostem acuebat.

COMPERIRE 31, 39. Nondum comperto, quam regionem hostes petissent etc. (*absolute.*) Hanc gentem Clusium, Romamque inde, venisse comperio 5, 35. Non prius profectum ab Ardea, quam comperit legem latam 5, 46. Sed certis quoque indiciis compertum se habere 3, 48. *cf.* 29, 18. Quæ se absente acta essent, se quoque, ut illos, famâ comperta habere 1, 7. Comperta oculis 29, 21. *cf. cap.* 18. Comperta et explorata 42, 13. Quos sacrilegii compertos in vinculis Romam misisset 32, 1. Vid. *egerere.* Filium juvenem nullius probri compertum etc. 7, 4. *it.* stupri 22, 57.

COMPETERE 22, 5. Ut vix ad arma capienda aptandaque pugnæ competeret animus.

COMPETITOR 6, 41. Qui certos sibi uni honores inter dimicantes competitores æquum censeat esse.

COMPILARE 43, 7. Templa omnibus ornamentis compilata.

COMPLECTI 44, 1. Vires populi R. jam terrarum orbem complectentis. Permixtos dextras jungere ac complecti (*scil. sc.*) inter se lacrimantes milites cœpisse 7, 42.

COMPLERE 9, 24. Fuga cuncta complentur. Omnia fuga et terrore complet 34, 9. Maria terrasque inani sonitu verborum complevit 35, 48. Qui (*Hannibal*) senex vincendo factus, Hispanias — monumentis ingentium rerum complesset 30, 28. Ut classis Romana sociis navalibus — compleretur 24, 11. Completis ripis obviam effusa multitudine 45,35. Metu, ne complerentur(*nimis onerarentur*) navigia 41, 3. Quæ (*legiones*) — naufragorum trepidatione passim natantium flumen compleverunt 42, 61. Bestiis

omnium gentium circum complere 44, 9. Ut dodrantem ex Privernati complerent 8, 11. Vix unius horæ tempus utrumque curriculum complebat 44, 9. Nocturnum erat sacrum, ita, ut ante mediam noctem compleretur 23, 35.

COMPLEXUS 2, 40. Quum ferret matri obviæ complexum.

COMPLORARE 22, 53. Desperatam comploratamque esse rempublicam. Complorare vivos mortuosque 5, 39. *cf.* 37, 7.

COMPLORATIO 3, 47. Quum — lamentabilisque eum (*Claudium*) mulierum comploratio excepisset. *cf.* 26, 29. *it.* 40, 9. 41, 11. Fletusque ab omni turba mulierum et comploratio sui patriæque etc. 2, 40. Movet feroci juveni animum comploratio sororis in victoria sua 1, 26.

COMPLORATUS 22, 55. Ut comploratus familiarium coërceant. Justoque comploratu prosequerentur mortuos 25, 26. Comploratum prope conjugum ac liberorum nostrorum exaudire 23, 42.

COMPLURA 40, 51. Complura sacella publica. Eadem tempestas — fulminibusque complura loca deformavit 40, 45.

COMPONERE 10, 41. Dira exsecratio ac furiale carmen detestandæ familiæ stirpique compositum. Oratio ad conciliandos plebis animos composita 1, 35. Fuit autem Scipio non veris tantum virtutibus mirabilis, sed arte quoque quadam ab juventa in ostentationem earum compositus 26, 19. Turbatus seditione res — composuit 4, 10. Donec — statum alium ejus regni formando composuisset 45, 16. Si pax componi nequisset 30, 40. Dies composita gerendæ rei est 25, 16. *i. e. de qua convenerat.* Cum summa concordia (*duces*), quos dimitterent, quoque retinerent milites, composuerunt 40, 40. Composito jam cum — consilio 3, 53. Quæ composita erant 25, 9. — ex composito *ibid. item* 1, 9. 40, 48. *cf. Virgil. Æn.* 2, 129. Ut domi compositum cum Marcio fuerat 2, 37. *i. q. ex composito.* Pugna composita 28, 22. *i. e. quæ fit confertim, densatis ordinibus. vid.* incompositus. Stabant compositi suis quisque ordinibus 44, 38. (*ante pugnam.*)

COMPORTARE 36, 2. eidem prætori mandatum, ut — id (*frumentum*) ad mare comportandum devehendumque in Græciam curaret.

COMPOS 4, 40. Simul corpore atque animo vix præ gaudio compotes. Tum patriæ compotem me numquam siris esse 1, 32. Bellicæ quoque laudis consulatus compotem fecerat 30, 1. Juberentque — spei conceptæ — compotem populum Rom. facere (*effective*) 29, 22. Prædæ ingenti compotem exercitum — reducunt 3, 70. Nec multitudine compotum (*scil. talium spoliorum*) ejus doni (*scil. Jovi oblati*) vulgari laudem 1, 10.

COMPRECATIO 39, 15. Quum *sollemne carmen precationis,* quod præfari — magistatus solent, peregisset consul ita cœpit: nulli umquam concioni — non solum apta, sed etiam necessaria *hæc sollemnis deorum comprecatio* fuit. Vid. *Virgil. Æn.* 11, 301.

COMPREHENDERE 26, 27. Argentariæ, quæ nunc novæ appellantur, arsere. Comprehensa postea privata ædificia etc. *inf.* igni. Comprehendi Virginium jubet (*Appius*.) 3, 48. Vid. *Intt. ad* 29, 20. Ut naves onerariæ comprehensæ Lilybæum omnes traherentur 29, 24. Illos (*interfectorum*) fugientes lictores comprehendunt 1, 41. *cf.* 21, 2. Comprehensis servis 1, 51.

COMPRENDERE 30, 10. Easque ipsas (*naves*) — malis antennisque de nave in navem trajectis, ac validis funibus, velut uno inter se vinculo illigatis, comprendit. Ut — ne comprenso indicium emanaret, occiderint comitem 42, 16.

COMPRIMERE 7, 13. compressio, quod aiunt, manibus sedere. Triarii consurgentes, ubi in intervalla ordinum suorum principes et hastatos recepissent, extemplo compressis ordinibus etc. 8, 8. Vi compressa Vestalis 1, 4. Quum — rex pergeret Romam ad comprimendos motus 1, 60. Ad comprimendam seditionem 2, 23. *cf.* 3, 38. 41, 27. Ut compresso spectantes jam arma Etruriæ populos etus Romani nominis comprimeret 10, 18. *cf.* 29, 3. Comprimi et sedari exasperatos Ligures 42, 26. Quam (*multitudinem*) corpora conjuratorum eo metu compresserunt etc. 24, 24. *conf. cap.* 31. Eaque rogatione novorum maxime hominum ambitionem, qui nundinas et conciliabula obire soliti erant, compressam credebant 7, 15. Famam captæ Karthaginis compresserunt 26, 51. Vid. *supprimere.* Vix temperavere animis, quin extemplo impetum facerent: compressique a Cædicio etc. 5, 45. *i. q. repressi, retenti.*

COMPROBARE 24, 48. Si imperatores sui non comprobassent factum. Omnium assensu comprobata oratio 5, 9. Tot annorum silentio ita vivo eo comprobatum sit fœdus, ut ne mortuo quidem etc. 21, 19. Ut comprobaretur prior legatio Marcii 42, 47. Vox nimis vero eventu comprobata 40, 37.

CONARI 45, 23. Celerem et supra vires audacem esse ad conandum. Fluctuante rege inter spem metumque tantæ rei conandæ 42, 59.

CONATUM 21, 50. Statum deinde insulæ et Karthaginiensium conata exposuit. Ut Persei conatis obviam iret 42, 11.

CONATUS 3, 5. Multis sæpe frustra conatibus captis. *conf.* 9, 4. *it.* 21, 29. Forte ita tulit casus, ut Genucius, ad hostes magno conatu profectus, in insidias præcipitaret 7, 6. Conatu tam audaci, trajiciendarum Alpium, et effectu 21, 39.

CONCEDERE 2, 60. Postquam conces-

sum propemodum de victoria credebant. *conf.* 4, 6. Increpans quidem, victos tandem quoque Martios animos Romanis, debellatusque, et concessum propalam de virtute ac gloria esse 22, 12. Quod majestati ejus viri concessissent 6, 6, *i. q. cessissent.* Quo jam tamquam trans Iberum Agro concessum sit 22, 25. Cedendoque in angulum Bruttium cetera Italia concessum 28, 12. *conf.* 5, 39. Mox in deditionem concesserunt 39, 2. *conf.* 42, 53. *it.* in ditionem 38, 16. Siciliam nimis celeri desperatione rerum.concessam 21, 1. Metusque concessam barbarus ratus 28, 18. *i. e. urbe ab hostibus cessum esse.* Concessumque in conditiones 2, 39. In hanc sententiam — concesserunt 39, 36. Se collegæ honores præmiaque concessurum verecundia ætatis ejus majestatisque 10, 24. Edessa quoque et Beroea eodem concesserunt 45, 29. *i. e. eidem regioni annumeratæ sunt.* Quia in Africam sequuturos abnuentes concesserant (*confugerant*) in Junonis Laciniæ delubrum 30, 20.

CONCELEBRARE 1; 9. Indici deinde finitimis spectaculum jubet: quantoque apparatu tum sciebant, aut poterant, concelebrant, ut rem claram exspectatamque facerent. Quantum militaribus studiis Venus ullam concelebrari potest 8, 7.

CONCENTUS, tubarum ac cornuum 9, 41.

CONCIDERE 10, 29. Ut magna pars integris corporibus attoniti conciderent. Accesserat ad religionem, quod — consul, ex monte Albano rediens, concidit: et, parte membrorum captus etc. 41, 16. Non imponi cervicibus tuis onus, sub quo concidas 24, 8.

CONCIERE 1, 59. Concientque miraculo, ut fit, rei novæ atque indignitate homines. *conf.* 4, 55. *it.* 29, 1. Obscuram atque humilem conciendo (*concientes*) multitudinem 1, 8.

CONCILIABULA 7, 15. Qui nundinas et conciliabula obire soliti erant. Qui — in pagis foriisque et conciliabulis omnem copiam ingenuorum inspicerent 25, 5. *conf.* 39, 14. Hoc edicto literisque censorum per fora et conciliabula dimissis etc. 43, 14.

CONCILIARE 29, 11. Ut ex dignitate populi R. adirent eas terras, ad quas concilianda majestas nomini R. esset. Et ipsa deformitas Pleminii memoriaque absentis Scipionis favorem ad vulgum conciliabat 29, 22. Nunc misericordia vestra conciliati, auxilioque in dubiis rebus defensi, beneficium quoque acceptum colamus oportet 7, 30. Conciliata clementiæ fama 21, 60. Flore ætatis — Hamilcari conciliatus 21, 2.

CONCILIUM *proprie de cœtu audientium dicitur, quemadmodum contra consilium est consultantium. Sæpenumero autem hæc vocabula confusa sunt a librariis.* Vid. *Gronov. ad* 44, 2. [*Claw.*

Ciceron. in v. consilium. Aliter Gifan. in Observ. L. L. p. 86. Altenb. quem vid. et in Collect. Lucret. in v. concilium.] De concilio autem Livius modo ut de loco, modo velut de societate loquitur. Illuc pertinent hæc; concilium relinquere; item concilio excedere 32, 22. Huc illud: concilium inclinaverat ad jubendam societatem]Romanam ibid. ib. concilium legatis dederunt 43, 17. Vocata ad concilium multitudine 1, 8. Concilium magno cum tumultu advocatur, 1, 51. Frustra sæpe concilio advocato 6, 35. Concilia populi 1, 36. Publicum concilium 2, 28. Antiates colonos passim concilia facere 3, 10. Concilio plebis dimisso 38, 53. Concilio Argis agitato 42, 17. Nisi cum vexillo, in arce posito, comitiorum causa exercitus eductus esset, aut plebi concilium tribuni edixissent, 39, 15. Hæc sunt comitia tributa, illa centuriata. Et concionis diserte mentio facta est. conf. 6, 20. 42, 16. Diophanem concilium Achæorum extemplo sibi præbere jussit 36, 31. i. e. convocare, ut adire et verba facere posset. Argis præbitum est iis concilium 42, 44. Permixtum senatui populi concilium 31, 14. Bœotico concilio discusso 42, 44. Bœotorum quoque se concilium arte distraxisse 42, 47. Concilia privata principum 4, 48. Absterrendo singulos a coitionibus conciliisque 2, 35. Vid. cœtus. Dum hostes, operati superstitionibus, concilia secreta agunt 10, 39. Adagniniis — concilia communibusque ademta 9, 43. Ideo nos ab sede piorum cœtu concilioque abigi 2, 38. Quod earum (Camenarum) ibi concilia cum conjuge sua Egeria essent 1, 21.

CONCINNAR 9, 32. Concinuntque tubæ, ac signa inferuntur. Ubi signa concinuissent, 30, 5. Faxo, ne juvet vox ista veto, qua nunc concinentes collegas nostros læti auditis 6, 35.

CONCIO 8, 32. Ex curia in concionem itur. Vid. prosilire. Plebem Brutus ad concionem vocat 2, 2. In concionem quoque (consulem) produxerunt (tribb. pl.) 41, 7. Locrensium deinde concionem habuit 29, 21. Concione extemplo advocata 8, 31. De castris. conf. 3, 7. Populus in concionem advocatus 42, 32. conf. 4, 1. ult. Quum dies alicui nobilium dicta, novis semper certaminibus conciones turbaret 3, 66. Supplicatio pro concione populi indicta 45, 2. conf. 7, 10. Nunc in mille curias concionesque disperam et dissipatam esse rempublicam 2, 28. Nisi cum Drakenborchio legas coitionesque. (conf. 2, 35. ubi hæc: absterrendo singulos a coitionibus conciliisque.) Enimvero, quemadmodum curiæ improprie dictæ sunt; ita alterum substantivum, illi junctum, et ipsum ex eo genere placuerit Livio nascere est. Hæ autem non sunt coitiones, sed conciones. Et alibi etiam noster, con-

cionem improprie dixit. v. c. 4, 12. tela in domum Manlii conferri, eumque conciones domi habere. Quamquam hic quoque, si Gronovium audias, coitiones legendum. Sed nullo exemplo probavit, a Livio usplam dictum esse coitiones haberi. conf. 2, 33. ubi sunt: cœtus nocturni conjurationesque. Concionem adeo sævam atque acerbam apud milites habuit etc. 27, 13. Concionem liberam et moderatam habuit 24, 22. In concionem vestram precemi 2, 67. Vid. ascendere. Quum circumfusa turba esset, prope in concionis modum 2, 28. conf. cap. 28. Concio togata et urbana 45, 37.

CONCIONALIS senex 2, 72. i. e. Qui assiduus est in concionibus et rumores captet, ut habeat, unde, circumforaneus, plebem agitare possit. [Vid. Stroth. ad h. l.]

CONCIONARI 39, 16. Jam huic diurna legitime ab consule vocata, per nocturna concio esse poterit, nunc illi vos singuli universos concionantes timent. i. e. in concione stantes. Ut regem Rom. concionantem audirent 1, 28. Hæc prope concionabundus circumibat homines 3, 47. conf. 14, 14. Hæc velut concionanti Minucio circumfundebatur etc. 22, 14.

CONCIPERE 5, 17. Magistratus — Latinas sacrumque in Albano monte non rite concepisse. Nova atque integra concipere auspicia 22, 1. Concipere mente 1, 36. Animo 9, 18. Hoc spe concipere, audacis animi fuisse: ad effectum adducere virtutis et fortunæ ingentis 22, 33. Conceptumque ipso motu multo majorem ignem ferret 21, 8. Concipere jusjurandum 1, 32. Nisi in quam ipse concepisset verba, juraret 7, 5. præ in ea v. q. l. e. j. Populus in foro votum concepit 41, 21.

CONCIRE 25, 19. Ipse aliquantum voluntariorum in itinere concivit. Tumultuosius, quam allatum erat, cursus hominum, affligentium vana auditis, totam urbem conciverat 26, 9. Ne cui fraudi esset, concisae milites aut plebem ad repetendam per secessionem libertatem 2, 58. Per legatos concieret homines ad arma 31, 3. Qui in his provinciis bellum concivissent 41, 8. Etruria concita in arma 10, 21. Non miseriis, sed licentia, tantum concitum turbarum 2, 29. Quas (simultates) sibi ipse — conciverat 1, 60.

CONCITARE se in fugam 22, 17. Plane Græcum ἰγκώνᾳϑα- His inter se vocibus concitati — clamore renovato inferunt pedem 7, 8. Etruriam omnem adversus nos concitare voluerunt 5, 4. Etruscum bellum pro Veiente concitatum 5, 5. Domi plus belli concitari, quam foris, 4, 2. Ad concitandum inde adversus regem exercitum 1, 59. Crescebat tumultu concitato turba 38, 33. Multitudinem fallaci spe concitari 6, 15. ⸿ In diversum iter equi concitati 1, 28. Adversos concitant equos 8, 7. Concitant equos permittuntque in hostem 3, 61. Quanta maxima celeritate potest, concitat naves 36, 44. *conf.* 30, 25. Ad emittenda (*tela*) cum procursu, quo plurimum concitantur tela, spatium habebant 34, 39.

CONCITATIO 9, 7. Concitationem animorum (*iram*) fregit adventus exercitus, etiam iratis miserabilis.

CONCITATIOR accidens clamor 10, 5.

CONCITATORES turbæ ac tumultus 25, 4. *conf. Cæsar Bell. Gall.* 8. 38.

CONCITOR belli 37, 45. *conf.* 29. 3. Concitores vulgi 45, 10.

CONCLAMARE mortuos 4, 40. Et ex mœstis paullo ante domibus, quæ conclamaverant suos, procurreretur in vias 4, 40. Conclamant vir paterque 1, 58. Ad quorum casum quum conclamasset gaudio Albanus exercitus 1, 25. Id modo a multitudine conclamatum est 3, 50. Quum vidiassent procul venientem hostem, ad arma conclamaverunt 41. 26. Conclamatum tamen celeriter ad arma est etc. 7, 12. Conclamatum inde ad arma 10, 32. *conf.* 3, 50. *Virgil. Æn.* 7, 460.

CONCLAVE 39, 14. Ut comprehensos libero conclavi ad quæstionem servarent.

CONCOQUERE 4, 15. Ut, quem senatorem concoquere civitas vix posset, regem ferret. Concocta consilia sunt, 40, 11. *i. q. cocta.* Vid. *Clav. Cicer. in h. v.*

CONCORDIA 4, 43. Mediis concordiam copulare. Inter se ipsi de reconcilianda concordia agebant : quæ novo facinore discussa ras veteres etiam iras excitavit 41, 25. Interpres concordiæ 2, 33. *h. e. quo interprete concordia restituta est.* Censores fideli concordia senatum legerunt 40, 51. Quorum perpetuam vitæ concordiam mors quoque miscuit 40, 8.

CONCORS 4, 2. Ne secum quidem ipse concors. Sic *Cicero Off.* 1, 1. Si sibi ipse consentiat. Vid. *Cel. Ruhnken. ad Vellei.* 2, 63. Non modo commune, sed concors etiam regnum duobus regibus fuit 1, 13. Concors et e republica censura fuit 42, 10. [*conf.* condere.]

CONCREMARE 3, 53. Vivosque igni (*se*) concrematuros. *conf.* 8, 30. 9, 12. Non omnia concremari tecta 5, 42. Qui domos super se ipsos concremaverunt 21, 14. Puteolis duas naves fulminis ictu concrematas esse 41, 9.

CONCREPARE 28, 8. Ubi hostium arma concrepuissent. *conf.* 6, 24. Exercitus gladiis ad scuta concrepuit 28, 29.

CONCUBITUS 4, 2. Ut ferarum prope ritu vulgentur concubitus plebis patrumque.

CONCUBIUS 25, 9. Hannibal concubia nocte movit.

CONCUPISCERE 1, 56. Neque in animo suo quidquam regi timendum neque in fortuna concupiscendum relinquere statuit. Tribunos plebis concupistis 3, 67.

CONCURRERE 24, 15. Quibus quum Numidæ impigre concurrissent. Herminius

concurrit ex insidiis 2, 11. *i. e. quum procurrisset ex ins. concurrit.* Priusquam — concurreretur 10, 40. (*de prælio*) *conf.* 8, 8. 44, 38. Quum infestis cuspidibus concurrissent 8, 7. Aliquoties jam inter se signis collatis concurrunt 29, 18. Metu ignis adversi regiæ naves, ne prora concurrerunt, quum declinassent etc. 37, 30. Rudibus inter se in modum justæ pugnæ concurrerunt 26, 11. Vid. *decurrere.* Concursum — ad curiam esse, prensatasque exeuntium manus 4, 60. Vid. *scapha.*

CONCURSARE 4, 6. Concursare toto foro candidati cœpere.

CONCURSATIO incerta nunc hos, nunc illos sequentium 5, 40. *conf.* 9, 24. Concursatio in obscuro incidentium aliorum in alios incertum fecerat, an etc. 41, 2.

CONCURSATOR pedes 31, 35. Levis et concursator hostis 27, 18. *Oppos.* Statarius, *qui in ordinibus stat certo loco.*

CONCURSUS 32, 30. Ferre concursum. *Sane duriuscule dictum. Forte igitur legend.* occursum. Primus concursus *Livio dicitur. Sed,* concursum primum non ferre, *id vero insolentius.* Concursus hominum in forum ex tota urbe concitatæ multitudinis fieret 2, 56. *Hic aut tollenda prorsus concitatæ* multitudinis *videntur, aut ad tempestatem rejicienda. Sequuntur enim hæc :* sustinebat tamen Appius pertinacia tantam tempestatem. Equitatus, qui a lævo cornu brevi spatio disjunctus in subsidiis fuerat, extra concursum, primo spectator certaminis etc. 42, 59. Ita ut vix concursus navium inter se vitarent 29, 27.

CONCUTERE 33, 19. Ab contemtu concussi tum regni. *Ita enim, non concessi cum textu vulgato legendum videtur. Est autem* concutere *i. q. profligare, labefactare, gravibus damnis afficere.* Vid. *Gronov. ad h. l.* Concusso jam et pæne fracto Hannibale 28, 44.

CONDENSUS 26, 5. Minore conatu, quam condensam aciem irrupissent, in castra irrupturos. Condensa arboribus (*valkis*) 25, 39. *i. e. condensis* [*Sic plene. Alibi simpliciter densus. Tibull.* 4. 3, 7. Quis furor est, quæ mens, *densos* indagine *colles* Claudentem, teneras lædere velle manus. *Quem locum Huschkius in Epist. Crit. ad Santen. p. 96. Laudans bene comparat Græcorum* λασύς. *Id et ipsum nunc simpliciter dicitur, nunc adjuncto dativo,* λασύς ὕλη, ὕδρει, χίονι etc.]

CONDERE jura 3, 33. Carmen 31, 12. Insidias 10, 4. Ara condita atque dicata 1, 7. Aram condidit dedicavitque 28, 46. Condere in custodiam 3, 23. In carcerem 26, 16. *conf.* 29, 22, 30, 21. 45, 42. In vincula 26, 34. *conf.* 23, 38. Idque conditum lustrum appellatum, quia is censendo finis factus est 1, 44. Uno animo, uno consilio legatis senatum, equites recenseatis agatis censum, lustrum condatis 40. 46. Collegiumque ad id novum condidimus 5,

52. Inter principia condendi hujus operis 1, 55. *Int. de iis, quæ antecedunt ædificationem. Similiter* condenda urbs *Præf. int. de tempore ante originem urbis.* Condita *autem ibid. i. q. antequam condi cœpta esset.* Vid. *Cuperi Obs.* 2, 9. Urbem novam, conditam vi et armis, jure eam legibusque ac moribus de integro condere parat 1. 19.

CUNDICERE 1, 32. *i. q. denunciare cum rerum repetitione.* Vid. *Gronov. Obs.* 1, 1.

CONDITIO 37, 45. Quas pares paribus ferebamus conditiones, easdem nunc victores victis ferimus. Pacemque cum eo conditionibus fecerunt 23, 7. *i. e. sub his, s. sequentibus, conditionibus.* conf. 9, 15. Conditionibus sedatæ discordiæ 6, 42. Conditionem filiæ quærendam esse 3, 45. *i. e. sponsum.* Cujus conditionis iniquitatem ita non sum recusaturus, si vos quoque accipitis etc. 42, 41.

CONDITOR 5, 24. Sicinium — conditorem Veios sequantur, *i. e. auctorem consilii Veios transmigrandi. Nisi malis de instauratione Veiorum intelligere, quum quidem, migratione facta, velut Roma Nova fieret.* Sic *Græci κτίστην dicunt.* Vid. *Sueton. Aug.* 98. Casa conditoris nostri 5, 53. Conditores partium cœptæ urbis 2, 1. Conditorem Romanæ libertatis 8, 34. Conditorum (*conservatorum*), parentum, deorum — numero nobis eritis 7, 30. Conditor omnis in civitate discriminis ordinisque 1, 42. Legum latorem conditoremque Romani juris 3, 58. Maximi sacerdotes conditoresque ejus sacri 39, 17.

CONDONARE 3, 12. Pater — sibi ut condonarent filium, orabat *i. e. sua caussa absolverent.* Potius unum tot Claudiis deprecantibus condonarent, quam etc. 3, 58.

CONDUCERE auxilia 30, 21. *conf. cap.* 7. Ad conducenda viginti millia peditum 23, 13. Publicani se conducturos præbenda professi erant 34, 6. *i. q. redemerunt.* Conducerent ea lege præbenda, quæ ad exercitum — opus essent 23, 48.

CONDUCTIO. Vid. *affinis.*

CONFERRE 4, 4. Cur enim non confertis, ne sit connubium divitibus et pauperibus *i. e. una, vel insuper, fertis hanc legem etc.* Quos eodem audita Cannensis clades contulerat 23, 17. *i. e. simul eumdem in locum detulerat.* Quo se fusa acies contulerat 9, 16. Utrum castra castris conferrent 23, 28. *conf.* 8, 23. Conferendo cum hoste castra 26, 12. Ad conferenda propius castra 2, 30. Primus omnium consul invadit hostem ; et, cum quo forte contulit gradum, obtruncat 7, 33. *Alibi, v. c.* 10, 43. Manum conferre. Neque validiores opibus ullæ inter se civitates gentesque contulerunt arma 21, 1. Pes cum pede collatus 28, 2. *conf.* 10, 29. Ubi hærere jam aciem collato pede videris 6, 12. *conf.* 7, 33. Aliquoties jam inter se signis collatis concurrunt 29, 18. Romanus conserere pugnam et ex propinquo vires conferre velle 21, 50. Nec, quum

quæreretur gener Tarquinio, quisquam Romanæ juventutis ulla arte conferri potuit 1, 39. Haud ignotas belli artes inter se conferebant 21, 1. Conferebant Patres animum Scipionis præsagientem in ejusdem spei summam 29, 10. *i. e. idem sperabant de bello propter animum Scipionis etc.* Ut eo minus tributi plebes conferret 5, 20. Karthaginis expugnationem in hunc annum contuli 27, 7.

CONFERTIM 21, 8. Quo acrius et confertim magis utrimque pugnabant etc. [ *Sic in editt. Gronov. et Crever. Sed Drakenb.* conferti. Confertim *Livio de hac re non insolens.* 31, 43. Confertim et pugnant et cedunt.]

CONFERTUS 10,29. Quum Galli structis ante se scutis conferti starent. Conferta tota urbe deorum immortalium templa 45, 2. Naves confertæ 37, 11.

CONFESSIO 1, 45. Ea erat confessio caput rerum Romam esse. Confessio culpæ 21, 18. *conf.* 36, 27. Confessionemque factam, populi, quam consulis, majestatem vimque majorem esse 2, 7. *conf.* 9, 2. *it.* 28, 40. 42, 47. Confessionem cedentis ac detrectantis certamen pro victoria habui 21, 40.

CONFESTIM 1, 12. Ut Hostus cecidit, confestim Romana inclinatur acies. Confestim rex his ferme verbis Patres consulebat 1, 32. Confestim Turno (*Tarquinius*) necem machinatur 1, 51. *it. eod. cap. ult.* Delata confestim materia omnis infra Veliam 2, 7. Victores confestim circumsidunt urbem 41, 19. Confestim et universæ copiæ sequebantur 44, 3.

CONFICERE 1, 25. Alterum Curiatium conficit. *conf.* 42, 16. Conficere saucium. Confecta provincia 28, 28. *conf.* 27, 5, 40, 28. 41, 12. Provinciam ingenio ferocem, rebellatricem confecisse 40, 35. Ne deessent officio, confecisse 43, 6. Commissum ac profligatum (*bellum*) conficere 21, 40. Comitia confecta 41, 17. Unde eam pecuniam confici posse? 4, 60. Conficere delectum 25, 5, *it.* milites 29, 35. Ut ad penates hostis sui nuptiale sacrum conficeret 30, 14. Proximis censoribus adeo omnibus notis ignominiisque confectos esse 22, 61. Prævalentis populi vires se ipsæ conficiunt *Præfat.* Ut fessos confectosque aggrediantur 1, 23. Confectaque paucitas oppidanorum opere, vigiliis, vulneribus 5, 3. *conf. cap.* 10. Conficere legitima suffragia 9, 34. *i. e. explere.*

CONFIDERE 2, 45. Consules magis non confidere, quam non credere suis militibus. *Vid.* credere. Neque milites alio duce plus confidere 21, 4. Fidei regum nihil sane confisus 39, 53. *conf.* 40, 12. Hispanis populis — documentum Sagunti ruinæ erunt, ne quis fidei Romanæ aut societati confidat 21, 19. Minucium confidere brevi — meritum triumphum postulaturum atque impetraturum esse 36, 40. *i. e. certo postu-*

57

*latuum.*]. Agros etiam confiderunt se a populationibus tueri posse 44, 13. Sic ap. *Quinctilianum, in Declam. est* diffidisset [p. 556. *Burm.*] : *ubi vide tamen Intt.*

CONFLARI 5, 50. Ex quo (*auro*) summa pactae mercedis Gallis conferet. Vide *Oudendorpium ad Sueton. Jul.* 20. [*It. Clav. Cicer. in A. v.*]

CONFINGERE 40, 42. Ne crederent confictis criminibus in se.

CONFLAGRARE 24, 26. Ne se innoxiam invidia Hieronymi conflagrare sinerent. Ubi conflagrassent Sidicini, ad nos trajecturum illud incendium esse 7, 30.

CONFLARE 3, 36. Judicia domi conflabant, pronunciabant in foro. Incendium senfiatum 26, 27.

CONFLICTARI 40, 22. Multis — difficultatibus conflictatus.

CONFLIGERE. *Vid.* acies.

CONFODERE 24, 7. Ut (*res*) confoderetur aliquot — vulneribus.

CONFOSSUS 5, 11. Et tamen eos, tot judiciis confossos praedamnatosque, venire ad populi judicium.

CONFRAGOSUS 5, 26. Asperis confragosisque circa, et partim arctis, partim arduis viis. *conf.* 21, 32. Ardua et aspera et confragosa via 44, 3.

CONFRINGERE 26, 46. Caedendo confractis foribus.

CONFUNDERE 7, 12. Nec in circulis modo fremere, sed jam — in unum sermones confundi. *conf.* 40, 46. Confundi jura gentium rebantur 4, 1. [*Graece συγχεῖσθαι.*] Signaque et ordines peditum atque equitum confundit 9, 27.

CONFUSUS atque incertus animi 1, 7. *conf.* 6, 6. Vide *Drakenborch. ad* 26, 18. Confusa ex recenti morsu animi 6, 34. Fremitus — universorum voces — confusae in unum orationem interpellarunt 40, 46. Quum, in quae (*templa*) referri (*aurum*) oporteret, confusa memoria esset 5, 50. Confusum suffragium 26, 18. Confuso vultu 41, 15.

CONGERERE 1, 11. Eo scuta illi (*in illam*) pro aureis donis congesta. Beneficiis etiam suis, ingentia quae in eum congesta erant etc. 42, 11. Bello quoque bonus habitus ad cetera, quibus nemo ea tempestate instructior civis habebatur, congestis omnibus humanis a natura fortunaque bonis 30, 1. Omnea vastati agri periculorumque imminentium caussas in se congestures 3, 38.

CONGIARIA 37, 57. In hunc maxime, quod multa congiaria habuerat, — favor populi se inclinabat.

CONGLOBARE 10, 5. In ultimam castrorum partem conglobantur. In forum ac propinqua foro loca conglobati redibant 5, 41. Pulsi — et fuga conglobati 44, 31. Eos ex variis caussis fortuna similis conglobaverat Agathyrnam 26, 40. Circa se

conglobatos erumpere jubet 29, 23. *conf.* 9, 23. *it.* 27, 14.

CONGRATULARI 3, 54. Congratulantur libertatem concordiamque civitati restitutam.

CONGREDI 1, 7. Cum altercatione congressi, Neque hostem acriorem bellicosioremque secum congressum 21, 16. Ducem Lucanorum cominus congressum obtruncat 8, 24. Nusquam acie congresso hoste 7, 32.

CONGREGARE 7, 1. Palatos Gallos per Apuliam congregari.

CONGRESSUS 7, 40. Jam duces, jam milites utrimque congressus quaerere ad colloquia.

CONGRUERE 9, 2. Sermo inter omnes congruit. Congruentia ad consulem afferentes 9, 31. Congruentia — omnia criminibus ab Eumene allatis referebat 42, 17. Omnium sententiae congruebant 26, 3. Tempus ad id ipsum congruere 1, 5. Ad metam eamdem solis — congruerent 1, 19. Ubi responsa aruspicum insidenti jam animo tacitae religioni congruerunt 8, 6. Latinos — lingua, moribus, armorum genere, institutis ante omnia militaribus, congruentes *ibid.* Motus congruens 7, 2.

CONJECTARE eventu rem 5, 21. Conjectando rem vetustate obrutam 29, 14. Conjectare iter 21, 35. *i. e. iter facere ex conjectura.* Si ex eo — — quid sentiant, conjectandum sit etc. 40, 36.

CONJECTURA est mentis divinae 10, 29. *i. e. conjectura assequi licet, quid dii sentiant.*

CONJECTUS 7, 6. Conjecta terra, quum pro se quisque gereret, explere potuisse. Priusquam ad conjectum teli veniretur 2, 31. Quum undique ex altioribus locis in cavam vallem conjectus esset 25, 16.

CONJICERE 1, 12. Mettus in paludem sese conjecit. *i. q. conjectus est; neque enim ipse conjecerat sese in paludem, sed* strepitu sequentium trepidante equo, *oblatus eo fuerat.* Qui Q. Pleminium in catenas conjicerent 29, 21. Id vos sub legis superbissimae vincula conjicitis 4, 4. Omnem forensem turbam in quatuor tribus conjecit 9, 46. Eo descensum est, ut ex quatuor urbanis tribubus unam palam sortirentur, in quam omnes, qui servitutem servissent, conjicerent 45, 15. In eam legationem Mnesilochus, et qui ejus factionis erant, de industria conjecti 36, 12. Conjicere in tempus aliquod crimina 3, 34. *i. e. dicere, quo tempore facta sint.* Militum, in unum vigilem conjicientium culpam 5, 47. Vid. *Sors.*

CONJUNCTIM 6, 40. Ut rogationes — omnes conjunctim accipiatis.

CONJUNGERE 8, 16. Finitimis arma conjunxerant. Tecta conjuncta muro portisque 22, 20. Ut neque interiore parte aedificia moenibus continuarentur, quae nunc vulgo etiam conjungunt 1, 44. Ne conjungi amplius ullo consensu Macedonibus possent 42, 47.

CONJURARE 22, 38. Sua voluntate ipsi inter se equites decuriati, centuriati pedites conjurabant. i. e. una jurabant. conf. 36, 25. Ut consul, quos præter milites socioque navales conjuratos haberet, dimitteret 45, 2. Non convenit adhuc inter interpretes, quinam illi, præter milites, conjurati fuerint; nam si vel maxime de voluntariis capiantur, sunt tamen, quæ contra dici possint. Vid. Duker. ad h. l. Conjurati in proditionem 9, 25. conf. cap. 26.

CONJURATIO de bello 6, 2. Conjurationes circa Campaniam passim factæ 9, 25. conf. 32, 26.

CONNITI 10, 33. Clamore sublato connisi primo resistunt. Undique omnes connisi hostem avertunt 3, 63. conf. 31, 21. Cannisusque — primos omnium portam intravit 41, 4. Ad ultimum omnibus copiis connisus Ancus acie primum vincit 1, 33. Conniterentur modo uno animo omnes invadere hostem 9, 31.

CONNUBIUM ii. CONUBIUM 4, 5. Conubii societas. Conf. cap. 6. Ceteris Latinis populis conubia commerciaque et concilia inter se ademerunt 8, 14. Vid. Spanh. Orb. Rom. p. 360. conf. 9, 43. ult.

CONQUERI 8, 33. Quum maxime conquereretur apud Patres vim atque injuriam dictatoria. Filius — transfugit ex composito Gabios, patris in se sævitiam intolerabilem conquerens 1, 53. Crudelitatem patris conquerens 40, 24.

CONQUESTU libero coortæ voces sunt 8, 7.

CONQUIESCERE 1, 47. Nec nocte, nec interdia virum conquiescere pati. Non manen, non stirpem ejus conquiescere viri 31, 10.

CONQUIRERE 22, 59. Consulem — conquisitum sepultumque quidam auctores sunt. conf. 25, 22. it. 29, 16. Triumviri bini; qui sacris conquirendis — alteri, etc. 25, 7. Pecuniam omnem conquisitam in thessuros Proserpinæ referri jussit 29, 18. Pontifex maximus piacula iræ Deûm conquirere jussus 40, 37. Vid. Conquisitio.

CONQUISITIO piaculorum 7, 3. Vid. Conquirere. — Militum 23, 32. It. ingenuorum 25, 5. Conquisitio intentissima 39, 35. (etiam de dilectu) conf. 29, 34.

CONQUISITOR 21, 11. Qui duo populi — retentis conquisitoribus — oppressi celeritate Hannibalis omiserunt mota arma. i. e. qui milites imperatos exigunt et contrahunt. conf. 30, 7.

CONSALUTARE 1, 7. Utramque regem sua multitudo consalutaverat. Cap. præc. est : salutare.

CONSCELERARE 40, 8. Conscelerare aures paternas. i. e. inquinato narrationibus improbis. Se, ut consceleratos contaminatesque ab ludis — abactos esse 2, 37. conf. 2, 12.

CONSCENDERE 31, 29. In Siciliam con-

scenderunt. i. e. naves, quibus porgatur in Siciliam. Postquam conscendisse suas vidit 37, 11. Simpliciter dictum pro conscendisse naves, classem. Sic 22, 19. 44, 32. Qui Rhodum irent — Thessalonica conscendere jussi 44, 22.

CONSCIENTIA virium 8, 4. Conscientiâ periculi culpa contracti 2, 2. — Sibimetipsi exsilium conscioscentes 29, 36. — Quid abesset virium 3, 60. — Quid se meritos scirent 18, 19. Conscientia violatæ per sociorum injuriæ Romanæ amicitiæ 35, 12. conf. 21, 63. Cum conscientia egregie sæpe repetiti regni paterni 29, 33. Consilia seducta a plurimorum conscientia habere 2, 54.

CONSCISCERE 1, 32. Senatus consensit, conscivit. i. q. decrevit. Tusci — consciverant bellum 10, 18. i. e. una, eodem tempore, decreverant. it. 41, 8. Ubi quidem Drakenborchius legi vult conscivissent. Vid. Gronov. ad 21, 8. conf. 33, 49. Pro conscitu-rum leg. conciturum probante Dukero et Cronovie. Sed vide B. Patruum ad Sueton. Claud. 38. cf. 9, 26. Ubi hæc sunt : more haud dubie ab ipsis conscita. Conscisoere sibi exsilium 10, 17. conf. 24, 26. Conscientia sibimetipsi exsilium conscioscentes 29, 36. Ut deseroremus penates nostros exsilium-que ac fugam nobis ex eo loco conscisceremus, etc. 5, 53. Communi consilio aliquot circa urbes conscivisse fugam 10, 34. Facinus in suos fœdum ac ferum consciscunt 28, 22. Appius sibi mortem consci-vit 3, 58. Corrupto pecunia Theodo, — ut renunciaret populo, Evandrum sibi ipsum mortem conscisse 45, 5.

CONSCIUS 9, 26. Et omnes antesnim vitæ vos conscios habeo.

CONSCRIBERE 36, 24. Conscriptæ conditiones. Neme novæ societatis aut novi fœderia, quo nos temere illigemus, conscribendi est auctor 41, 24. Vid. Fœdus. Eodem tempore et centuriæ tres equitum conscriptæ sunt 1, 13. Conscripta consignataque 29, 12. Conscriptos, videlicet, in novum senatum appellabant lectos 2, 1. conf. 1, 35.

CONSECRARE 23, 10. Diem adventus ejus (Hannibalis) consecrate. Tuumque caput (Appi) sanguine hoc consecro 3, 48. Vid. Sanguis. et conf. Virgil. Æn. 12, 949. Consecrare origines suas ad Deos auctores referre Præfat. Circa murum locus, quem incondendis urbibus quondam Etrusci — certis circa terminis inaugurato consecrabant 1, 44. In urbis incremento semper, quantum mœnia processura erant, tantum termini hi consecrati proferebantur ibid. Gracchi bona consecravit, quod — se in ordinem coëgisset 43, 16.

CONSECTARI 21, 43. Pecora consectando nullum emolumentum tot laborum periculorumque vestrorum vidistis. Lupus — magno consectantium tumultu evasit 41, 9. Quo longius iter in castra erat, eo plures fessos consectandi hostibus copia fuit 43, 10.

CONSENESCERE 35, 34. Ne insontem indemnatum consenescere in exsilio sinerent. *i. e. Gronovio explicante, se cum tædio et senio sustentare. conf.* 9, 19. Se — circa Casilinum, Cumasque, et Nolam consenuisse 30, 20. Adde, quod — Alexandro — alieno in agro bellanti exercitus consenuisset 9, 19. Jam animum quoque patris consenuisse in affecto corpore 9, 3. Consenuisse jam secum et rogationes promulgatas et vim omnem tribuniciæ potestatis 6, 29. Vid. *Senescere.* Quæ (*lex*) promulgata consenuerat 3, 31. Cum mortali corpore uno, civitatis, quam immortalem esse deceat, pati consenescere vires 6, 23.

CONSENSUS 8, 35. Tribunos — liberavit onore *consensus* populi Romani, ad preces et obtestationem *versus etc. i. q. populus consentiens.* Consensu in posterum diem concio edicitur 24, 37. *Nisi legendum cum Gronovio :* consensa — concio. Vide *ipsum ad* 9, 7. *Fortasse* consensu *dictum est hoc loco pro* omnibus, communi suffragio. *Sic* 3, 38. Quum et ipsi *consensu* invisum imperium — interpretarentur. *conf. cap.* 35, 36. Quem consensus attentatæ defectionis — ad transfugiendum stimulabat 23, 15. *i. e. quod ipse consenserat in etc.* Haud dubio consensu civitatis 9, 7. Bellum erat consensu fieri solitum 1, 32. Ne conjungi — consensu Macedonibus possent 42, 47.

CONSENTIRE 8, 6. Consensit et senatus bellum. *Nisi vero cum Drakenborchio* fieri *suppleamus. conf.* 1, 32. Extemploque sine ulla publica auctoritate consensum in omnem foram luctus est 9, 7. Adversus consentientes nec regem quemquam satis validum, nec tyrannum fore 34, 49. Nulla re, quam celeritate tutior, quod undique abierat, antequam consentirent 23, 29. *i. e. in se conspirarent.* Consentio consciscoque 1, 32.

CONSEPTUM 10, 38. Ea legio linteata ab integumento consepti — appellata est (*substantive dictum.*)

CONSEPTUS locus cratibus pluteisque 10, 38. In locum saxo conseptum 22, 57.

CONSEQUI 41, 10. Claudius prope consecutus est litteras suas. *i. e. prope eodem tempore, quo litteræ redditæ essent, advenit.* Qui missi ab Tarquinio fugientum consequuti erant 1, 48. Prius — quam alter — consequi posset 1, 25. (*absolute.*) Medium se consequuturum consilii viam 24, 45.

CONSERERE 10, 24. Quam arborem conseruisset, sub ea legere alium fructum. Conserta (*exodia*) fabellis Atellanis 7, 2. Sicubi conserta navis esset 21, 50. *sc. ad pugnam.* Haud ignotas belli artes inter se, sed expertas primo Punico conserebant bello 21, 1. Levis armatura etiam per amfractus jugi procurrere, et ab lateribus cum levi armatura conserere, per iniqua

atque æqua loca pugnam petere 44, 4. *Pro conserere* manus *vel* pugnam, *cujusmodi quid excidisse putant Dukerus et Creverius. Equidem nihil abesse putem ; quum* manus *aut simile quid ex sequenti* pugnam *commode repeti possit. conf.* 26, 39. *Quamquam hoc loco* conferebat *cum Gronovio Creverius legit. Omnino de verbo* conserendi *vide Init. ad* 21, 8. Consertis manibus 1, 25. Qua parte copiarum (*equestri*) conserendi manum fortuna data est 21, 41. Quam impias inter nos conseramus manus 7, 40. Ultimus conserto prœlio excedebat 21, 4. *f.* confecto. *conf. Virgil. Æn.* 2, 398.

CONSERVARE 38, 11. Imperium majestatemque populi Romani gens Ætolorum conservato sine dolo malo. *i. e. pareto, fidem servato. Ex formula fœderis dictum.* Vid. ¹*Duker. ad h. l. it. Clav. Ciceron. in v.* conservare.

CONSESSOR 34, 54. Cur dives pauperem consessorem (*in ludis spectandis*) fasti diret ?

CONSIDERATIUS 4, 45. Bellum utinam, qui appetunt, consideratius concordiusque, quam cupiunt, gerant.

CONSIDERATUS 22, 39. Tardum pro considerato vocent.

CONSIDERE 30, 2. Terra campestri agro in ingentem sinum consedit. Quum Sufetes ad jus dicendum consedissent 34, 61. *Omnino de judicibus proprium verbum, v. c.* 26, 48. *Ubi quidem recuperatores intelligendi sunt.* Examen apum in arbore prætorio imminente consederat 21, 46. Ad eos, qui consederant in insidiis, perlatâ 10, 4. Dictator Rom. haud procul inde ad confluentes consedit in utriusque ripis amnis 4, 17. *i. e. castra posuit.* Positiisque sedibus consederunt 42, 39. In sede considere mea ? (*regia*) 1, 48. Vid. *Sedes.* Quum Tarquiniis forte consedisset 1, 34. Introductum in tabernaculum adversus advocatos in consilium considere (*Persea*) jussit 45, 7. Triarii sub vexillis considebant 8, 8. Quum jam consedisset ferocia ab re bene gesta 42, 62. *conf. cap.* 61.

CONSIGNARE *vid.* Conscribere. *conf.* 23, 38.

CONSILIUM 2, 44. Diu sustentarum id malum, partim Patrum consiliis, partim patientia plebis etc. Tum ex consilio Patrum Romulus legatos etc. 1, 9. Id erat sanctius apud illos consilium, maximaque ad ipsum senatum regendum via 30, 16. Consules consilia principum domi habere 4, 6. *conf.* 9, 15. 41, 1. Dimissa concione consilium habitum 9, 15. Solitudinem curiæ, paucitatemque convenientium ad publicum consilium respexerunt 23, 22. *i. e. Senatum. Alibi :* consilium orbis terrarum. Consilium militare 8, 6. *Constabat illud legatis tribunisque militum et centurionibus primi pili.* Vid. *Gronov. ad* 44, 2. Consilium castrense 44, 35. In

caput consilii, in ducem incurrere 8, 31.
Cum eo consilio prætorem cognoscere 29,
20, (de legatis) conf. cap. 21. Consilio
advocato 43, 22. Consilio propinquorum
adhibito 2, 36. Publicum consilium —
nulla de re neque convocati, neque consulti fuerant 24, 22. Fortunam in consilio
habere 36, 8. Non suæ fortunæ consilium
25, 38. Consilium cepit, transfosso pariete iter in urbem patefacere 44, 11. Prius
Locros ire, quam Messanam, consilium erat
29, 20. Quamquam ad bellum consilia
erant destinata 42, 48. Impetu magis, quam
consilio 42. 29. Consilio tali animum adjecerunt 35, 38. Consilium spei non audacis modo, sed etiam impudentis 35, 34. Ab
amore temerarium atque impudens mutuatur consilium 30, 12. conf. 24, 5. Impotentibus instructi consiliis 3, 36. Vid. struere.
Consilia calidiora 22, 24. Si tua, re subita,
consilia torpent 1, 41. Commotius ad
omnia turbanda consilium 6, 14. Consilium de iis Karthagini erat 28, 26. Absentis collegæ consilia omnibus gerendis
intererant rebus 10, 39. Cognitiones capitalium rerum serie consiliis per se solus
exercebat 1, 49. Quot res, quam inutiles
sequantur illam viam consilii 5, 5.
CONSIMILIS 33, 28. Consimili animo
avertendi ab se criminis caussa in concionem progressus.
CONSIPERE 5, 42. Non mentibus solum consipere, sed ne auribus quidem atque oculis constare poterant. Vulg. concipere, scil. mali magnitudinem. Vid.
Bauer. p. 201, qui emendat consistere.
CONSISTERE 21, 49. Constitit terrestre
bellum ad Trebiam. i. q. substitit. Hannibal consistere signa jubet 21, 32. Consistere signa in radicibus collium, ac revocare in ordinis militem cœperant 28, 15.
Constitit utrumque agmen, et prœlio sese
expediebant 21, 46. Sic regii constiterant
42, 58. De acie instructa. Paullo ante:
proximi cornibus constiterant regii equites.
Qui circa cum constiterant 41, 2. Ut,
unde orta culpa esset, ibi pœna consisteret
28, 26.
CONSOCIARE 1, 45. Quum consensum
deosque consociatos laudaret mire Servius.
Vos cum Mandonio — consilia communi-
castis, et arma consociaturi fuistis 28, 28.
cf. 8, 14. Patria quid de vobis meruerat,
quam cum Mandonio et Indibili consoci-
ando consilia prodebatis? 28, 27. In omnia belli pacisque se consociaverat consilia
42, 29. Regnum consociant, imperium
omne conferunt Romam 1, 13. Itaque rem
inter se centum Patres — — consociant 1,
17. Caritasque ipsius soli — animos eorum consociasset 2, 1. Cum iis, qui ad se
tuendos convenissent, omnia sibi et esse
consociata, et ad ultimum fore 23, 44. Nihil sibi cum eo consociatum, nihil fœdera-
tum hosti cum hoste 25, 18. Nec erat aut
civis aut externus, cum quo furorem suum

consociarent 28, 25. Rem consociatam
Aristoni incaute aperit 34, 24. i. q. compositam.
CONSOLARI 45, 41. Hanc cladem domus meæ vestra felicitas et secunda fortuna
publica consoletur.
CONSORS etiam censoris fuerat 41, 27.
i. e. qui communi adhuc patrimonio frue-
bantur. Vid. Col. Ruhnkenium ad Vellei. 1, 10.
CONSORTIO 40, 8. Sociabilem consorti-
onem inter binos Lacedæmoniorum reges.
cf. 6, 42. Vocabulum rarius. Ipse tamen
Cicero Off. 3, 6. Eo usus est. [Ad. q. l.
Vid. Heusingeros. Usi sunt et alii. Cf.
Laurenberg. Antiquar. in h. v.]
CONSORTIUM 4, 5. Si in consortio, si in
societate reipublicæ esse — licet.
CONSPECTUS 27, 27. In collem aperta
undique et conspecta ferebat via. cf. 10,
40. it. de statione 34, 30. Conspecta mors
ejus fuit, quia publico funere est elatus 30,
45. Supplicium conspiciundum eo, quod
pœnæ capiendæ ministerium patri de liberis consulatus imposuit 2, 5. Conspectior — plebes — turba, quam dignitate
conspectior 22, 40. cf. 6, 15. Nec ipsius
tantum, patris avique, quos sanguine ac
genere contingebat, fama conspectum eum
efficiebat, sed etc. 45, 7. Extra ordinem
etiam in acie locati, quo conspectior virtus esset 7, 7.
CONSPECTUS 25, 16. Locus a conspectu
amotus. cf. 9, 28. Unde conspectus in Capitolium non esset 6, 20. cf. Virgil. Æn.
2, 461. Sex pulvinaria in conspectu fuere
22, 10. Quum in conspectu locorum con-
sultaret 40, 21. cf. 29, 27. Quia bellum ei
majus in conspectu erat, quam quantum
esse famæ crediderat 10, 25. Uti me a
conspectu malorum, quæ nostra tot per annos vidit ætas — avertam Præfat. Hiero-
nymus — primo statim conspectu, (i. e.
quum primum prodiret, conspiceretur) omnia quam disparia essent, ostendit 24, 5.
Quo longissime conspectum oculi ferebant
1, 18.
CONSPICARI 2, 20. Conspicatus ferocem juvenem.
CONSPICERE 21, 4. Equi conspicie-
bantur. i. e. insignes erant. cf. 39, 6.
Quum inter se conspecti essent 33, 6.
Pro quum a se invicem etc. cf. 22, 4. Quem
Conspectus ab utraque acie
aliquanto augustior humano visu 8, 9.
Maxime conspectus ipse est, curru equis
albis juncto urbem invectus 5, 23. i. e. in
oculos incurrit, oculos in se convertit. cf.
10, 7. Conspici se pugnantem egregium
ducebat 31, 24. Quid te ut regium juvenem conspici sinis? 1, 47. Quos quum et
a Patribus collaudari, et a militari ætate
tamquam bonos cives conspici vulgus hominum vidit 4, 60. Factum, quod — in
Fabio non minore ostium admiratione,

quam vestra, conspectum est 5, 52. Opus, vel in hac magnificentia urbis conspiciendum 6, 4. *i. q. visu dignum.* Tumultus hosti conspectus 22, 24. Relictis ibi in statione conspecta. utrimque cohortibus 34, 30. Conspectus elatusque supra modum hominis privati 4, 13. *i. e. ingerens et conditans se oculis hominum. cf.* 5, 28.

CONSPICUUS 1, 34. Romanis conspicuum eum novitas divitiaeque faciebant.

CONSPIRARE 3, 66. Non in praesentis modo temporis eos injuriam conspirasse. Si tribuni eodem foedere obligatos se fateantur tollendae appellationis caussa, in quam conspirasse decemviros criminati sint 3, 56.

CONSTANS 10, 37. Hujus anni parum constans memoria est. Constanti vultu graduque 5, 46. [*Vid.* constare.] Constans pax 6, 26. *i. e. vera, in qua nihil reperitur, quod belli speciem habeat.*

CONSTANTIA 42, 62. Quum consultarent, Romana constantia vicit in consilio.

CONSTARE 1, 30. Non constat pugna hostibus. *i. e. non possunt praelium continuare ob turbatos ordines.* Prius quam totis viribus fulta constaret hostium acies 3, 60. *i. q. consisteret.* Constare res incipit ab eo tempore 10, 26. *i. e. certa esse.* Non mentibus solum consistere (*al.* concipere), sed ne auribus quidem atque oculis satis constare (*Romani*) poterant 5, 42. Vitruvio nec, ut vallo se teneret — sana constare mens, nec, ut longius a castris dimicaret, animus suppetere 8, 19. Nec animum ejus regis constare satis visum 44, 20. Constat idem omnibus sermo 9, 2. *i. e. non discrepant a se invicem, nec alio tempore aliud dicunt.* Non color, non vultus ei constaret 39, 34. [*Vid.* constans.] In omnibus, quae ipsius potestatis fuerant, fides constitit praetoria 37, 52.

CONSTERNARE 37, 41. Haec velut procella — ita consternavit equos etc. *i. e. feroces reddidit. Sic proprie dicitur. Itaque* 34, 2. *post consternationis vocabulum adhibet Livius* concitare. Pecorum in modum consternati 38, 17. Repente in fugam consternati 10, 43. *cf.* 38, 46. *Sic Tacitus Hist.* 3, 79. *Foeda* fuga consternari *dixit.* Ubi vero corruit obrutus (*Decius*) telis, inde jam haud dubie consternatae cohortes Latinorum fugam ac vastitatem late fecerunt 8, 9. Multitudinem conjuratorum ad arma consternatam esse 7, 42. *i. e. erectam, incitatam. cf.* 10, 44. *it.* 21, 24. Consternati delectus acerbitate 21, 11. Tumultu sanos etiam consternante animos 8, 37. Coriolanus, prope ut amens, *consternatus ab sede sua,* quum ferret matri obviae complexum 2, 40. *Sic interpungendum putem. Vulgo* ab sede sua *referuntur ad* ferret; *neque eum id ferente, neque natura rei. Idem*

enim est, ac si dixisset *Livius:* metu quippe impatiens.

CONSTERNATIO muliebris 34, 2. (*De furore, seditione.*)

CONSTERNERE mare classibus 35, 49. Tempestas aliquot signa constravit 40, 45. *i. e. dejecit.* Constratae naves 35, 46. Ratem, pontis in modum, humo injecta, constraverunt 21, 28.

CONSTITUERE 36, 25. Tempus in posterum diem constituitur. Constituit agmen ibid. *i. e. sistere gradum jussit.* Paullisper novitate rei constituit signa 23, 10. *cf.* 34, 20. Metarentur frontem castrorum, et impedimenta constituerent 44, 36. *cap. sequ.* collocare. Ubi quem constituisset Romanos 9, 24. (*De transfuga Romanos in arcem opprimendam ducente.*) Fortuna — populi Romani, quo diuturnius Servii regnum esset, constituique civitatis mores possent 1, 48.

CONSTRINGERE 34, 3. Quibus omnibus constrictas (*mulieres*) vix tamen continere potestis.

CONSTRUERE 1, 26. Horatiae sepulchrum — constructum est saxo quadrato.

CONSTUPRARE 29, 17. Constuprant matronas, virgines, ingenuos, raptos e complexu parentum. *Cf. Virgil. Æn.* 2, 403. *sq.*

CONSTUPRATOR 39, 15. Simillimi feminis mares, stuprati et constupratores.

CONSUL declaratus 26, 39. *it.* 40. Consul 38, 35. Dicitur, qui ante aliquot annos consul fuerat. *Vid. Peris. Animadvers. hist. p.* 307. Consul 31, 49. *Proconsul intell.* Consules centuriae dixerunt 24, 9. *it.* 27, 6. Potestas consules faciendi 4, 1. Consules 5, 2. Pro *si consules essent:* quidnam illi *consules* dictatoresve facturi essent. Consules, regia potestas 8, 32. *cf.* 4, 2. Consules — respondit 4, 6. *i. e. unus de consulibus.* Exercitus consulis 46, 11. *cf. cap.* 14. *ubi haec sunt:* incertis commeatibus per ambitionem imperatorum ab exercitu abesse. *Drakenborchius igitur supra legi vult* imperatoris. Utrius exercitus sit consul 21, 48. Utrius mentis, utrius fortunae consulem ad bellum mittant 42, 49.

CONSULARIS 4, 8. Rem operosam ac minime consularem suo proprio magistratu egere. Cum exercitu justo consulari 10, 25. Vid. *Justus.* [3, 29.] Consulares faces 2, 54. — leges 3, 55. Vid. *Instit. ad h. l.* Auspiciis ementiendis — et consularibus aliis impedimentis retenturos se in urbe 21, 63. Donec consularem animum incipias habere, legatus his legionibus praeeris 3, 29.

CONSULARITER 4, 10. Vitaque omnis consulariter acta.

CONSULERE 2, 26. Delatam (*rem*) consulere ordine non licuit. *cf. cap.* 26. Vid. *consultare.* Ignorare videmini mihi, Quirites, non, utrum bellum an pacem habeatis, vos consuli 31, 7. Motique ira *numinis* caussam nullam aliam vates canebant, publice privatimque, *nunc extis, nunc per aves consulti* 2, 42. Deumque consuluit auguriis 1, 20. Ut trepidarent magis, quam consulerent 21, 16. i. e. *bene rem gererent, consulto agerent.* Cogor, vestram omnium vicem — unus consulere 25, 38. Se in omnia simul consulere plebem 6, 39. Nihil salutare in medium consulebatur 26, 12. cf. 24, 22. In humiliores libidinose crudeliterque consulebatur 3, 36. Consulere crudeliter in deditos victosque 8, 13. In secundis rebus nihil in quemquam superbe ac violenter consulere decet 45, 8. Ut quidquam de se gravius consulerent 26, 33. De nullis enim, quam de vobis, infestius aut inimicius (*al.* iniquius) consuluerunt 26, 29. Multique erant, qui mollius consultum dicerent, quod legum ab iis latarum auctores fuissent 3, 59. *Nisi vero* consultum *pro SCto accipiatur.* Perinde ut eveniret res, ita communicatos honores pro bene aut secus consulto habitura (*civitas*) 7, 6.

CONSULTARE 5, 5. Ad eam rem consultandam. *cf.* 1, 21. *it. cap.* 53. Dum senes ab domo ad consulandum arcessunt 9, 9. Omnes, quid opus facto sit, consultant 6, 19.

CONSULTATIO 36, 7. Circa hanc consultationem disceptatio omnis verteretur. Utra societas sit utilior, eam longe minorem, ac levioris momenti consultationem esse 24, 28. Ea modo, qua irent, consultatio fuit 9, 2. Per aliquot dies ea consultatio tenuit, ne non reddita (*bona*), belli caussa, reddita, belli materia et adjumentum essent 2, 3. *Egregia breviloquentia.* Vid. *cœtus.*

CONSULTE 22, 38. Quæ caute atque consulte gesta essent.

CONSULTUM 10, 39. Approbare collegam consulta referens (*nunctus*) i. e. *consilium confligenti cum hoste.*

CONSULTUS 25, 16. Ab occultis cavendum hominibus consultisque. *Possis etiam* consulta occulta *intelligere.* Callidos sollertesque juris atque eloquentiæ consultos — urbi ac foro præsides habendos 10, 22. Consultissimus vir — omnis divini et humani juris 1, 16.

CONSULTUS collegæ 3, 62. *Ad eundem modum* Ciceroni *dicitur* plebiscitus *Epp. Att.* 4, 2. *it.* peccatus *Verr.* 2, 78. *Drakenborchio tamen magis arridet* consulto, *quod ponitur pro* consilio. Vid. *Gronov. Obs.* 2, 21.

CONSUMERE 25, 7. Quæ (*ædes*) incendio consumtæ fuerant.

CONSUMMARE 28, 17. Jam Africam magnamque Karthaginem, et in suum decus nomenque, velut *consummatam* ejus belli gloriam, spectabat. *cf.* 29, 23. *Cel. Ruhnkenius ad Vellei.* 2, 29. *legi vult* consummandam: *quam correctionem nemo improbaverit.* Ceterum hoc vocabulum est

ex *iis, quæ* Livii *auctoritatem primam habent. Sequentia ævi auctores tanto sæpius illud usurparunt.*

CONSURGERE 8, 7. Quum prior ad ferandum ictum Manlius consurrexisset. Subito ex insidiis consurgitur 2, 50. Consurrexit consul, et jussis sedere aliis, progressusque etc. 45, 7. Senatum, eo die forte cœnantem in Capitolio, *consurrexisse et petisse,* ut inter epulas Graccho filiam Africanus desponderet 38, 57. Suis sociorumque viribus consurgere hostes ad bellum 10, 13. Ubi triarii consurrexerunt integri 8, 10. cf. *cap.* 8. Ad suam gloriam consurgentes alios lætum (*se*) adspicere *ibid. i. q. paullatim accedere.*

CONTACTUS præda alicujus 2, 5. i. e. *particeps prædæ, impio quidem modo.* Bonaque (*Sp. Mælii*) contacta pretiis regni mercandi publicarentur 4, 15. i. e. *polluta, infecta.* Contacti sacrilegio 29, 8. *it. cap.* 18. societate belli 31, 8. Rabie 4, 9. *it.* dies contactus religione 6, 26. *Vid.* Contingere.

CONTACTUS ægrorum vulgabat morbos 25, 26. cf. 4, 30. Vid. *Virgil. Georg.* 3, 566. Procul terræ contactu 27, 35.

CONTAGIO 28, 34. Quum, velut contagione quadam pestifera, — castra quoque Romana insanierint. Ut seditionibus primum urbs Romana, deinde, velut ex contagione, castra impleantur 5, 6. cf. *cap.* 12. Tusci — consciverant bellum: traxerat contagio proximos Umbriæ populos 10, 18. Contagione quadam rapto gaudentes 29, 6. Ne cujus facti dictive contagione præsens violer 2, 37. Ne quid ex contagione noxæ remaneat penes nos 9, 1. *i. e. societas. cf. cap.* 34. Contagio criminis. Vos contagione insanistis 26, 27. Ea contagione, velut tabes, in Perrhæbiam quoque id pervaserat malum 42, 5.

CONTAMINARE, 29, 18. Nefanda præda se ipsos ac domos contaminare suas. Qua (*lege*) contaminari sanguinem suum Patres confundique jura gentium rebantur 4, 1. Vid. *inquinare.*

CONTAMINATUS 2, 37. Se ut consceleratos contaminatosque ab ludis — abactos esse. *cf.* 4, 4. partemque sanguinis ac cædis paternæ cruento vehiculo, contaminata ipsa respersaque, tulisse ad penates suos virique sui (*fertur*) 1, 48. contaminata omni scelere mens 40, 13.

CONTEGERE 26, 25. Eos uno tumulo contegerent, adhiberentque humatis titulum etc. Contectus locus linteis 10, 38. Spoliisque contectum juvenis corpus 8, 7. Vid. *Virgil. Æn.* 11, 79. Omnia contecta nebula 40, 22.

CONTEMNERE multitudinem 44, 27. i. e. *non requirere.* Neminem se plebeium contemturum, ubi contemni desiissent, 4, 35. *Contemnere se, Dukero explicante, hoc loco est : abjecte et humiliter de se sentire, animum demittere, indignum se ho-*

*noribus judicare*, *cf.* 22, 34. Omnia audentem contemnet Hannibal 22, 39. Nondum adeo hiberno contemto mari 38, 41. *i. e. quod non timetur, suspectum habetur.* Parva ista non contemnendo majores nostri maximam hanc rem fecerunt 6, 41. *cf. Virgil. Æn.* 10, 737. Vid. *præfulgere.*

CONTEMTIM 9, 41. Magnifice de se ac contemtim de Romanis loquentes. Contemtim primo Marcius audiebat minas tribunicias 2, 35. Adversus ea quum contemtim tribuni pl. rem nihilo segnius peragerent 6, 38. *i. e. cum contemtu Camilli. Hanc Drakenborchii explicationem probavit ad h. l. Col. Strothius, quem vide.*

CONTENTIO 6, 41. Quæ propria deorum immortalium contemtio atque injuria est.

CONTEMTOR 44, 22. Nemo tam famæ contemtor est, cujus non debilitari animus possit. Vid. *Virgil. Æn.* 7, 648.

CONTEMPLARI 30, 36. Ab contemplato situ Karthaginis — Uticam — rediit.

CONTENDERE 32, 5. Eleis Alipheram contendentibus numquam eam urbem fuisse ex Triphylia. *i.e. affirmantibus, asseverantibus.* Illud alterum pro me majoribusque meis contendere ausim 6, 40. Contendantque, et animis et corporibus suis virilem patientiam inesse 5, 6.

CONTENTIO 39, 39. Maxima ex omnibus contentione. *i. e. præ omnibus competitoribus.* Ex rei privatæ contentione 43, 16, *i. q. de re privata.* Contentio libertatis dignitatisque 4, 6. (*de libertate etc.*) Magnisque contentionibus obtinuit, ne (*rogatio*) perferretur 41, 6.

CONTENTUS 5, 4. Adversariorum certe orationibus contentus essem. *i. e. ipsæ adversariorum objectiones satis multa mihi contra eosdem disputandi argumenta suppeditarent.* Loquacitatem suam contineat: nos castrensibus consiliis contentos futuros esse sciat 44, 22.

CONTERRERE, 24, 12. Major solito apparatus præcipue conterruit Campanos. *cf.* 3, 11. *it.* 10, 28. Conterritus periculo 2, 12. Eos — multitudo ingens pacem poscentium primum seditioso clamore conterruit 2, 39. Qua re irritavit magis, quam conterruit, animos barbarorum, 40, 39.

CONTICESCERE 22, 55. Ubi conticuerit tumultus. *cf.* 2, 55. Jam hic, quo nunc omnia *ardent, conticescet* furor 2, 29. Ut inter strepitum tot bellorum conticescerent actiones tribuniciæ 4, 1.

CONTINENS 45, 29. Quod (*Pæonia*) continens esset finibus suis. Continens agmen 27, 51. *cf.* 2, 50. *it.* 8, 8. 24, 16. jam continens agmen migrantium impleverat vias 1, 29. Continens labor (*oppidanos*) conficiebat 42, 54. Donec continenti velut ponte (*ratibus junctis*) agerentur

21, 28. Continentes ruinæ 21, 8. Continens imperium usque ad nos habebitis 7, 30. Continentia itinera 38, 15. Timorique perpetuo ipsum malum continens fuit 5, 39. *i. e. sine mora malum sequutum est illum timorem.* Quod quidem continens memoria sit 5, 34. *i. q. memoria contineat.* Primum continentis 35, 43. *i. e. prima continens terra.* Qui propiores continenti littori erant 44, 28. *Sic Horatius Carm.* 2, 18, 22. Continentem ripam *dixit.* [*cf. Bauer. ad Sanct. Min. T. II. p.* 108.] Continens regio 33, 18. *i. q. continentis regio, et sic legi volebat Dukerus. cf.* 32, 33.

CONTINENTER 25, 7. Biduum continenter lapidibus pluit.

CONTINERE 44, 33. Quia nullos apertos evergerent rivos, occultos continere latices, quorum venæ in mare permanantes, undæ miscerentur. *Dukero et Drakenborchio legendum videtur* contineri. Ad continendos proprio bello Tiburtes consulari exercitu jusso manere 7, 11. Consul, non tam armis, quam judiciorum terrore, Etruriam continet, 29, 36. Oppida — magis metu quam fide, continebantur 30, 20. *cf.* 39, 28. Quos (*animos*) metus hostium disciplinaque militaris continuerat 1, 19. Nauticos — in navibus — continuit 29, 25. (*scil.* disciplina.) Continuit ceteros in armis 9, 41. Comitia curiata, quæ rem militarem continent 5, 52. Jactandis gravius in continendo ungulis 21, 36. Romanum fœdus, quo nostra omnia continentur 41, 23. Ut omni ope a seditione milites contineant 3, 50.

CONTINGERE 24, 22. Quicumque aut propinquitate, aut affinitate, aut aliquibus ministeriis regiam contigissent. Ut quisque tam fœde interemtos aut propinquitate, aut amicitia contingebat 25, 8. Quos sanguine ac genere contingebat, 45, 7. Quos in aliqua sua fortuna publicæ quoque contingebat cura 22, 10. Quæ (*auspicia*) ut primum contacta sint ab eo, a quo nec jus, nec fas fuerit 7, 6. Contacturum funebribus diris signa hostium 10, 28. (*Decium*) *vid.* admovere. *it.* tangere. *cf. Virgil. Æn.* 2, 239. In saltu Vescino Falernum contingente agrum 10, 21. Romanos nihil (*consultatio*) contingit 34, 22. Quæ (*caussa*) nihil eo facto contingitur 40, 14. Quos aliqua parte suspicio favoris in regem contigerat 45, 31. Terram osculo contigit 1, 56. Ut contacta regia præda spem in perpetuum cum his pacis (*plebs*) amitteret 2, 5. Vid. *contactus.*

CONTINUARE mœnibus ædificia, 1, 44, *i. e. ad muros usque exstruere.* Ingens cupido agros continuandi 34, 4. *i. e. coëmendi* (*non simpliciter, sed proximos quosque agros.*) Nec per honorum gradus — nobiles homines tendere ad consulatum, sed, transcendendo media, summa imis continuare 32, 7. *int. de extremis honoribus, quum per saltum ascenditur*. Transcendere festinat ordinem ætatis *Livius alibi, quamquam de Demetrio, Philippi filio, dicit* 40, 11. Ei sicut priore anno populus continuaverat consulatum, ita senatus in insequentem annum prorogavit imperium 9, 42. Nec ante continuando abstitit magistratu, quam obruerent eum male parta — imperia 9, 34. continuata funera, 1, 46. *i. e. plura deinde consequuta.* nocte ac die continuatum incendium fuit 26, 27. Aliis somno mors continuata est 41, 4. Continuatur paci externæ discordia domi 2, 54. *i. e. statim sequuta est.*

CONTINUATIO 41, 15. In quibus peragendis continuatio ipsa efficacissima esset. Vid. *tenor.*

CONTINUUS 10, 31. Quæ continua (*bella*) per quartum jam volumen agimus. Continua regna 1, 47. Triumphi — ex Hispania duo continui acti 41, 7. Prioribus continuis diebus 42, 58. Ut proximis casis injectus ignis haesit, extemplo proxima quæque et deinceps continua amplexus, totis se passim dissipavit castris 30, 5.

CONTRA 1, 16. Petens precibus, ut contra intueri fas esset. *cf.* 9, 6. Ni venire *contra* exercitum dictatoremque *adversus se* M. Valerium Corvum dictum audissent 7, 39. Mænio contra vociferante 4, 53. *i. e. vicissim.* Patricii contra vi resistunt 3, 13. *al. vi contra vim. Sed Livianum hoc esse, dubitant Initt. ad h. l.* Contra quam in navali certamine solet 30, 10. *cf. cap.* 19. Contra ea pro *contra* 2, 60. *cf.* 3, 57. *it.* 21, 20. 41, 24. 44, 43. Omnia contra circaque hostium plena erant 5, 37. *i. q. e regione.* Contraque castra Romana trans fluvium omnes consedere 24, 41. *i. e. ex adverso. cf.* 3, 26. 37, 15. Albanos contra legionem Fidenatium collocat 1, 27. Qui Parthorum quoque, contra nomen Romanum, gloriæ favent 9, 18.

CONTRAHERE ad colloquium dirimendarum simultatium causa est conatus 28, 18. Qui contraxerent eis cum Karthaginiensibus bellum 24, 42. *cf.* 5, 52. Pauci admodum patrum contracti ad consules 2, 23. Contrahit (*scil.* plurimos) non modo officii cura, sed etiam studium spectaculi 42, 49. Captivos contrahebant 37, 44. Contrahere caussam certaminis 22, 38. *cf.* 28, 26. *it.* 25. 34. Contracto certamine 40, 48. Fortuna, quæ plus consiliis humanis pollet, contraxit certamen 44, 40. contrahere necessitatem ad bellum 44, 27. Ut naves onerarias comprehensæ Lilybæum omnes contraherentur 29, 24. Incerti, morando, an veniendo, plus periculi contraherent, tandem in senatum veniunt 9, 23. Adjuvit in hoc eum res, seu casu contracta, seu consilio 45, 5. Vid. *infirmus.*

CONTRIBUERE 39, 26. Oppidum sibi eos contribuisse *i. q. attribuisse.* Vid. *supra in h. v.* Quæ tum contribuerat se Ætolis 38, 3. Corinthum iis contributuros in antiquum gentis concilium 32, 19. *cf.* 42, 37. Contribui in unam urbem 31, 30. Quia una (*urbs*) esset ex iis, quæ ad condendam Megalopolim ex concilio Arcadum contributæ forent 32, 5.

CONTROVERSIA 3, 40. Nemo, justine magistratus summas rerum præessent, controversiam fecerit. Agrum, qui in controversia erat, obtinuit 40, 34.

CONTROVERSIOSUS 3, 72. Ut sibi controversiosam adjudicaret rem.

CONTROVERSUS ager 29, 31. *i. e. finitimus, extremus. Opponitur enim* medio regno. Quum veluti in controverso jure esset, tenerenturne Patres plebiscitis 3, 55. Controversum auspicium 10, 42.

CONTUBERNIUM, 42, 11. Jam inde a puero, patris contubernio, Romanis quoque bellis, non finitimis tantum, adsuetum etc.

CONTUMACIA adversus contemnentes humilitatem suam nobiles certavit 9, 46.

CONTUMELIA 4, 4. In contumeliam ignominiamque nostram certare juvat. Morte amitti, melius ratum, quam contumelia, liberos 3, 50.

CONTUMELIOSUS 24, 5. Contemtus omnium hominum, superbæ aures, contumeliosa dicta, rari aditus etc.

CONTUNDERE 27, 2. Qui post Cannensem pugnam ferocem victoria Hannibalem contudisset. Contusi ac debilitati inter saxa rupesque 21, 40. Classis contusa 40, 52.

CONVALLIS 1, 13. In media convalle duorum montium.

CONVEHERE 24, 39. Frumentoque et commeatibus aliis in castra convectis. *Cf.* 25, 13. *et* 30. *al.* convectare. *Vid. Drakenborch. ad* 24, 36. Convecto ex propinquis ac fertilibus Etruriæ arvis commeatu 2, 14. Gladiorum ingentem numerum esse ad eum convectum 1, 51.

CONVENA 2, .1. Convenarum plebs. Majores nostri, convenæ pastoresque 5, 53.

CONVENIENS 45, 19. Gratulatio conveniens in ea victoria, quam ipse adjuvisset. Hunc tam superbum apparatum habitumque convenientes sequebantur contemtos omnium hominum, superbæ aures etc. 24, 5.

CONVENIRE 1, 3. Pax convenerat. *i. q. de pace. it.* 29, 12. Pax conventura. *cf.* 30, 3. *Sic Cicero Cluent.* 43. Judex nisi qui inter litigantes *convenisset.* Tempus et locus convenit 1, 24. Convenit pacto 24, 6. Quum de legibus conveniret, de latore tantum discreparet 3, 31. Quod cum consule convenerat 38, 11. Quæque, ut agerentur, convenerat 27, 15. Ut, in quam cuique feminæ convenisset domum, nuberet 4, 4. Convenit, jam inde per consules reliqua belli perfecta 9, 16. *i. e. conveniit inter auctores.* Ubi ad decuriatum aut centuriatum convenissent 22, 38. *Explicant haec vulgo sic, ut praefecturas eas dicant decuriarum et centuriarum. Sed id non sufficere Dukera videtur ad hunc locum satis intelligendum. Itaque emendando tollit ad et ita interpretatur: ubi convenissent, ut decuriarentur equites, aut centuriarentur pedites.* Cum quo forte Romam rediens ab nuncio uxoris erat conventus 1, 58. *It.* 42, 17. Convento C. Valerio legato, 45, 28. Convento Octavio 7, 5. Opus esse sibi domino ejus convento. Corinthum, ut ibi deponerentur obsides, convenitur 42, 5. Vid. qui.

CONVENTIO 27, 30. Quaedam parva contra fidem conventionis tempore induciarum facta.

CONVENTUM 22, 24. Dii testes atque arbitri conventorum.

CONVENTUS 51, 29. Praetor Rom. conventus agit. Scodrae — evocatis ex tota provincia principibus, conventum habuit 45, 26. *Scil. formandi status provincialis causa.*

CONVERTERE 45, 20. Rhodiorum maxime legati civitatem converterunt. *Simpliciter positum, pro in se convertereunt.* Reddita inclusarum ex spelunca boum vox Herculem convertit 1, 7. Convertit omnes substratus Numida 22, 51. Multitudine omni a vi et armis conversa 1, 21. Liberare animum et convertere ad publicam privatâ curam 24, 4. *i. e. Avertere a privata cura et convertere ad publicam.* [*Gronovius eique tacite assentiens Drakenb. privata habent pro neutro, explicantque sic; ita statuere de domo sua, ut praecipue reipublicae consuleret, et illius statum hujus commodo attemperaret. Sin Ernestii ratio praestat, cum Strothio legam a privata. Ellipsis praepositionis durior.*] Scipio dux — converterat animos 29, 26. *i. e. ceperat.* Ut comploratio eorum flebilesque voces et extemplo oculos hominum converterent etc. 26, 29. *i. q. vincerent.* Deponendoque tutelam ipse, quae cum pluribus communis erat, in se unum omnium vires convertit 24, 4. Quum conversis signis retro in urbem rediretur 8, 11. Facile ubiubi essent, se, qui equitatu et levi armatura plus possent, conversuros aciem 42, 57.

CONVICIARI 42, 41. Ut accusare potius vere, quam conviciari, videantur.

CONVICIUM 3, 48. Negat hesterno tantum convicio Icilii violentiaque Virginii etc.

CONVINCERE 26, 12. Ignorare se mulierem simulabat: paullatim dein convictus veris etc. Decretum igitur exemplo, ut, qui pro Perseo adversus Romanos dixisse quid, aut fecisse, convincerentur, capitis condemnarentur 45, 10.

CONVIVALIA ludionum oblectamenta addita epulis 39, 6.

CONVIVIUM 1, 57. Quas in convivio luxuque viderant tempus terentes. *Vid.* Circulus, it. comissatio.

CONVOCARE 7, 36. Ubi ad praetorium ventum est, consul classico ad concionem convocat. Collegarum quoque lictores convocat 3, 45.

CONVOLARE 3, 28. Tum vero ad sellas consulum propere convolavere minimus quisque natu Patrum.

COOPERIRE 4, 50. Ut tribunus militum ab exercitu suo lapidibus cooperiretur. Pomptinum omne velut nubibus locustarum coopertum esse 42, 2. Hi, cooperti stupris suis alienisque pro pudicitia conjugum ac liberorum vestrorum ferre decernent 39, 15.

COOPTARE 6, 40. Inter patricios cooptatus. Ab iis, qui creati essent, cooptari collegas juberet 3, 64. *cf.* 5, 10. *Vid. Duker. ad* 2, 33. De tribunis plebis cooptandis contentio fuit 5, 10. *cf.* 4, 16. Triumvir epulo cooptatus 40, 42. Camillos magistrum equitum cooptat 6, 38. Ut et veterem senatum tollatis et novum cooptetis 23, 3.

COOPTATIO 4, 4. Quam (*nobilitatem*) — non genere nec sanguine, sed per cooptationem in Patres habetis.

COORIRI 21, 32. Coorti in pugnam repente, *cf.* 7, 3. Velut tum primum signo dato, coorti pugnam integram ediderant 8, 9. Fama affertur, summa vi ad bellum coortos 4, 56. *cf.* 9, 37. Adversus quos infestior coorta optimatium acies — et proelium atrox, 4, 9. Omnibus in eum tribunis plebis coortis 7, 3. Ferociores — coorti — vociferari 3, 41. Foedum certamen coortum a satis miti principio 1, 6. Adeo atroces in has rogationes nostras coorti sunt 4, 3. Quum pars utraque acrior aliquanto coorta esset 6, 18. Adeo erat infensa coorta plebs 3, 35. Seditio intestina majore mole coorta 5, 12. it. coorta vis 3, 11. Subito coorta tempestas 1, 16. *Pleonasmus; nam vis celeritatis ipsi verba cooriri inest; praeterquam quod vehementiae significationem habet. cf.* 26, 27. [*Nec pleonasmum video, nec vehementiae significationem.*] Populo epoto, extemplo sensit. et mox, coortis doloribus, relicto convivio etc. 40, 24. Tum libero conquestu coortae voces sunt 8, 7.

COPIA 28, 21. Ludi funebres additi pro copia, et provinciali et castrensi apparatu. *Creverio e glossa insertum videtur apparatu. Dukerus autem legi vult: pro copia provinciali et castrensi apparatu. cf.* 36, 11. *it.* 27, 6. Omnium rerum parata expositaque copia 41, 2. Ut somni quoque Romanis copia esset 2, 64. Dimicandi cum hoste copia 9, 4. Ut quantae maximae possent peditum equitumque copiae in Siciliam trajicerentur 24, 35. Consulibus — pari numero copiam peditum, equitum, civium, sociorum, decretam 40, 44.

**Copiosus**, 9, 44. Ut stativa tuta copiosaque petiisse videretur. *i. e. quæ omnibus necessitatibus abundarent.* Non insertam simulacrum viri copiosi, quæ dixerit, referendo 45, 25. *i. q. eloquentiæ.*

**Coquere** cibaria 3, 27. *cf.* 45, 35. *it.* 29, 25. Impotentibus instructi consiliis, quæ secreto ab aliis coquebant 3, 36. Omnibus consultationibus inter se principes occulte Romanum coquebant bellum 8, 3, *cf.* 40, 11.

**Coquus** 39, 6. Coquus, vilissimum antiquis mancipium et æstimatione et usu, in pretio esse.

**Cor** 30, 44. Non læti, sed prope amentia malis cordis — risum esse. Adeo vestigia quoque urbis exstinguere, ac delere memoriam hostium sedis, cordi est 28, 90. Hic quoque efficiemus profecto, ne nimis acies vobis, et collata signa nobiscum cordi sint 8, 7. Quidquid aliud fecerit, quod cordi foret Masinissæ 30, 17. Eam *(sponsam suam)* tibi cordi esse 26, 50. Evenit facile, quod diis cordi est 1, 39. Quibuscumque diis cordi fuit, subigi nos ad necessitatem dedendi res, quæ a nobis ex fœdere repetitæ fuerant, iis non fuisse cordi tam superbe ab Romanis fœderis expiationem spretam 9, 1. ita votum Diis cordi fuit 10, 42. *cf.* 22, 1. *Omnino, quæ* diis placere, videri, *dicenda erant, ea Livius per hanc formam exprimit, et contra. Vide Drakenborch. ad 6, 9. Et Cel. Strothium ad 6, 90. cf. 9, 8. Et Virgil. Æn. 2, 660.*

**Corniculari** 10, 44. *i. e. Milites corniculo insigniti, quod quale fuerit, non constat. [Nulla ibi mentio corniculariorum. Livii verba hæc sunt:* Equites omnes, ob insignem multis locis operam, *corniculis armillisque argenteis donat.]*

**Cornu** 22, 16. Accensis cornibus. *Int. arida sarmenta, quæ cornibus præligata erant.* Nunc senescente exiguo cornu fulgere lunam 44, 37. *[Præstat senescentem, quod et aliis in mentem venisse video. Luna senescens exiguo cornu fulget.]* Ad eminentem ramum cornu alterum galeæ præfregit 27, 32. *i. e. altera pars extrema.* Promontoria, quæ cornibus objectis ab alto portum faciunt. *Similiter Virgil. Æn.* 1, 163. Insula portum efficit *objectu laterum etc. Dicitur autem* cornu *de extremitatibus multarum rerum, v. e. de tribunali, de subselliis etc. Vid. Drakenborch. ad* 25, 3. Equites in cornibus positi 9, 40. In dextrum cornu, Italicos equites, incurrerunt 42, 59. Dextrum cornu dictatoris acies 9, 40. In eo cornu *(dextro)* — ab sinistra parte 9, 27. His dextrum cornu datum, illi in sinistro consistunt 9, 40. Dictator dextro cornu adversus Faliscos, sinistro contra Veientem Capitolinus Quinctius intulit signa 4, 18. Dextro cornu Galli, sinistro Samnites constiterunt. Adversus Samnites Q. Fabius primum ac tertiam legiones pro dextro cornu; ad-

versus Gallos pró sinistro Decius quintam et sextam instruxit 10, 27. Lævo cornu *(cornui)* Cotys rex præerat 42, 59. [*Quid sibi voluerit vir doct., non exputo.* Cornui qui legat codex, nondum, opinor, repertus est. Vid. Voss. de Analog. L. 2. p. 765.] Neutrum iis cornu committere assi 32, 30. *h. e. non patiebantur, ut alterutrum cornu constituerent. (Francice* former dicunt.) *Itaque de loco videtur his quidem* cornu *accipiendum esse. Vide supra in v. ala.*

**Corona** 10, 7. Quos corona triumphali laureaque honoraritis. Legiones gramineam coronam obsidionalem — Decio imponunt, altera corona, ejusdem honoris index, a præsidio suo imposita est 7, 37. Corona modici circuli 38, 29. *i. e. non nimis ampla, magna.* Sicut coronatus laurea corona et oraculum adiisset, et rem divinam fecisset; ita coronatam navim ascendere, nec ante deponere eam *(coronam)* etc. 23, 11. *mos: se —coronam* Romæ in aram Apollinis deposuisse. Coronæ muralis 26, 48. Corona media est aggressus 37, 4. *cf.* 22, 44. *It.* 10, 43. Cinxit urbem. Corona eam *(urbem)* capere conatus est 43, 18. Oppidum corona circumdedit, ut simul ab omni parte mœnia aggrederentur 23, 48. Sub corona omnes venierunt 38, 29. *cf.* 9, 42. 41, 11. 42, 63.

**Coronatus** 10, 47. Coronati primum, ob res bello bene gestas, ludos Romanos spectaverunt. [Vid. *Corona.*]

**Corpus** 21, 18. Conjugum vestræque corpora ac liberorum vestrorum servat inviolata. *cf.* 9, 8. Transfugam — nihil aliud quam unum vile atque infame corpus esse ratus 22, 22. Corpora tantum atque arma eadem sunt. an, si eosdem animos habuissetis, terga vestra vidisset hostis? 27, 13. Corpus dumtaxat suum ad id tempus apud eos fuisse; animum jam pridem ibi esse, ubi jus ac fas crederent 27, 17. Invicti ad laborem corporis *(Papirius)* 9, 16. Quæ *(mulier)* quondam quæstum corpore fecisset 26, 33. Lineamenta corporis 26, 41. *Vid. Cic. Fin.* 3, 75. Captiva corpora Romanis cessere 31, 46. Qui liberum corpus *(Virginiam)* in servitutem addixisset 3, 56. *cf.* 5, 22. 6.13. 25, 25. 26, 34. 29, 21. Hostium corpora, *scil. cæsorum et mortuorum* 33, 8. Tot millia armorum detracta corporibus hostium. *it.* 32, 13. Corpora sociorum. *Virgil. Æn.* 1, 70. Disjice *corpora* ponto. *i. e. naufragos.* Devotis corporibus in hostem ruentes 9, 17. Quam *(multitudinem)* corpora conjuratorum eo metu compresserunt, ut etc. 24, 24. Corporibus subtractis 29, 36. *De voluntario auxilio:* Coalescere in populi unius corpus 1, 8. Sui corporis creari regem volebant 1, 17. *cf.* 4, 9. 6, 24. 26, 48. *it.* 6, 34. Sui corporis homines. Corpori valido caput deerat 5, 46. *i. q. dux exercitui collecto,*

Vid. *truncus.* Corpus nullum civitatis 26, 16. Ita unius eos corporis fore 38, 34. In corpus unum confusi omnes 34. 8. *de incolis diversarum regionum.* Corpus omnis Romani juris 8, 34. Vid. *egenus.*

CORRECTOR 45, 32. Quos ne usus quidem longo tempore, (qui unus est legum corrector) experiendo argueret.

CORRIGERE 43, 21. Acceptam in Illyrico ignominiam corrigere cupiens. *cf.* 5, 28. Quum priores decemviri appellatione collegæ corrigi reddita ab se jura tulissent 3, 36. Ægre correctus cursus 29, 27. *de navigatione.*

CORRIPERE 2, 28. Correpti consules etc. *i. q. reprehensi carpti.*

CORROGARE 43, 9. Auxilia ab sociis corrogando ad octo milia hominum vario genere armavit. *cf.* 33, 48. *it.* 39, 22.

CORRUERE 1, 25. Exspirantes corruerunt. Quo loco corruerat icta 1, 26.

CORRUMPERE 9, 46. Humilibus per omnes tribus divisis forum et campum corrupit. Vid. *inquinare.* Virginem auro corrumpit Tatius 1, 11. Vid. *emere.* Invidia vulgi — vanum ingenium dictatoris corrupit 1, 27.

CORRUPTELA 39, 10. Scire corruptelarum omnis generis eam officinam esse. *cf. cap.* 8. *it.* 39, 9.

CORRUPTOR 34, 32. Ne proderent patriam tyranni ante satellitibus, et tum corruptoribus exercitus.

CORTEX 5, 46. Impiger juvenis — incubans cortici secundo Tiberi ad urbem defertur.

CRAPULA 33, 48. Crapulæ pleni. *cf.* 29, 30.

CRASSITUDO 44, 11. Fornices, non ad eamdem crassitudinem — structos esse.

CRATERAM auream fieri placuit, quæ donum Apollini Delphos portaretur 5, 25. al. *crater.* al. *craterra.* Vid. *Intt. ad h. l.*

CRATES 1, 51. Ut indicta caussa, novo genere lethi, dejectus ad caput aquæ Ferentinæ, crate superne injecta saxisque congestis, mergeretur. *cf.* 4, 50. *Fuit supplicium apud Pœnos institutum.* Vid. *Ferrar. Elect.* 2, 7.

CREARE *de dictatore dicto* 2, 18. 4, 57. 6, 6. *Vid.* facere. *it. de magistro equitum* 4, 57. *it. de auguribus cooptatis* 4, 4. *cf.* 6, 41. 25, 2. *it. de interrege prodito* 4, 7. 5, 31. *it. de tribb. plebis* 2, 33. 5, 2. Quia soli centum erant, qui creari patres possent 1, 8. Collegam sibi comitiis centuriatis creavit P. Valerium 2, 2.

CREBER 28, 39. Tanta vis lapidum creberrimæ grandinis modo in propinquantem terræ classem effusa est. *cf.* 1, 31.

CREDERE 2, 45. Consules magis non confidere, quam non credere suis militibus. *i. e. consules in alienis a se, ut putabant, aversisque militibus, magis nullam confidentiam ponebant, quam quod de viribus eorum desperassent. cf. cap. eod.* Non credi militi arma. *Credimus illis,* inquit Nannius ad h.

l., *quos solvendo putamus: confidimus his, quorum benevolentia nos securos facit.* Quibus credidisse malis 42, 11. *i. q.* credere. Nec præsenti credere fortunæ 45, 8. Venerabilior divinitate credita Carmentæ matris 1, 7. Scipionem Hannibal — præstantem virum credebat 21, 39. Quod *(imperium)* si sui bene crediderint cives etc. 1, 50. Vid. *cupidius.*

CREDITUM 6, 35. Quam sorte creditum solvat. Justi crediti solutionem in # annorum pensiones distribuit 42, 5.

CREMARE 28, 19. Cremata et diruta urbe. Sacrumque id Vulcano cremavit 41, 12.

CREPIDO 27, 18. Eam quoque *(planiciem)* altera crepido haud facilior in ascensum ambibat *i. q. ripa.*

CREPITUS alarum 5, 47. *it.* armorum 25, 6. Quatientium scuta in patrium quemdam modum horrendus armorum crepitus 38, 17. Clamorem pugnantium crepitumque armorum exaudimus resides ipsi ac segnes 25, 6. Ululantes mulieres, cum crepitu undique æris 43, 10. Crepitus æris, qualis in defectu lunæ silenti nocte cieri solet 26, 5. Vid. *Sched. de diis Germ.* 1, 9, 170.

CRESCERE 32, 27. Crescentibus provinciis et latius patescente imperio. *cf.* 2, 14. Veiis interim non animi tantum in dies, sed etiam vires crescebant 5, 46. In tantas brevi creverant opes 21, 7. *(Saguntinorum.)* Crescit inopia omnium 21, 11. Cujus rei præmium sit in civitate, eam maximus semper auctibus crescere 4, 2.; Crescendique in curia sibi occasionem datam ratus est 1, 48. In invidia censores quum essent, crescendi ex his ratus esse occasionem 29, 37. Vid. *Crimen.*

CRIMEN 6, 14. Sermones pleni criminum in Patres. *i. e. criminationum. cf.* 40, 15. *et* 23. Regis criminibus *(criminationibus, regi factis criminibus)* omnibus locis crescere 1, 47. Criminique ei tribunus dabat 7, 4. Crimini subjecti 6, 21. Cæcum crimen 45, 31. Vid. *Cæcus.*

CRIMINARI 1, 54. Criminando alios apud populum. Non tamen admissum quidquam ab iis criminatum venio, sed etc. 2, 37.

CRIMINATIO 9, 26. Ut appareat, innocentia nostra nos, non majestate honoris, tutos a criminationibus istis esse. In quibus minus speciosa criminatio erat futura 1, 54.

CRIMINOSE agere tamquam accusatorem 40, 9. Interrogando criminose 38, 43. *i. e. ut crimen probabile fiat.*

CRIMINOSUS 8, 12. Criminosæ orationes.

CRINES passi 1, 13. *i. e. parum compositi, qui quidem lugentium ac supplicum sunt; sparsi autem vaticinantium et furibundorum.* Matronæ crinibus passis aras verrentes 26, 9. *cf.* 7, 40. 3, 7. *Virgil. Æn.* 1, 480. *it.* 7, 403. Solvit crines, et flebiliter nomine sponsum mortuum appellat 1, 26.

CRUCIATUS 29, 18. Servilibusque omnibus suppliciis cruciatos trucidando occidit.

CRUDELITAS 3, 53. Crudelitatis odio in crudelitatem ruitis. Deditos in fidem populi Romani omni ultimæ crudelitatis exemplo laceratos ac deletos esse 42, 8.

CRUDELIUS 31, 29. Relicta (Capua) crudelius habitanda. i. e. acerbior pœna hæc est, quod etc.

CRUENTARE 23, 9. Ut eam ipsam mensam cruentares hospitis sanguine.

CRUENTUS 8, 38. Cruentam illis prædam redde. i. e. prædantes interfice. Partemque sanguinis ac cædis paternæ cruento vehiculo, contaminata ipsa respersaque, tulisse ad penates suos virique sui 1, 48. cf. cap. sq. ubi est nefandum vehiculum.

CUBICULUM 3, 57. Virginem ingenuam — ministro cubiculi sui clienti dono dederit i. q. perductori.

CUBILE 30, 5. Multos in ipsis cubilibus semisomnos hausit flamma. Cubilia sunt lecti, cubicula autem loca, ubi sunt cubilia. Inter — inermes in cubilibus suis oppressos illa cædes edatur 25, 38. de tentoriis. Cubilia ferarum 26, 13. al. lustra.

CUBITALE 24, 34. Murum ab imo ad summum crebris cubitalibus fere cavis aperuit. Cava sunt foramina: cubitalia i. q. cubiti magnitudinem habentia.

CULMEN 1, 34. Circa summum culmen hominis (caput) auspicium fecisse. Detractum culmen templo 42, 3. A summo culmine fortunæ ad ultimum finem — stetit 45, 9.

CULTER 7, 5. Procul inde omnibus abire jussis, cultrum stringit. Mos: ferro intento.

CULTOR 24, 10. Præter assuetos collis ejus (Janiculi) cultores. Ac si insulis cultorum egentibus prædarentur 22, 31. Liberis cultoribus bello absumtis 28, 11. i. e. agricolis; nam sic absolute hoc vocabulum dicitur. Sed tamen 26, 35. sunt agri cultores. it. 2, 34. 40, 29. Inibanturque consilia in hibernis eodem scelere adimendæ Campaniæ Capuæ, per quod illi eam antiquis cultoribus ademissent 7, 38. Frequens cultoribus populus 21, 34. incolas quoque permultos, Gallos et Illyrios, impigros cultores, 45, 30. Vid. Drakenborch. ad 28, 28. Diligentissimus religionum cultor 5, 49. Fautor et cultor bonorum 9, 46. Fidissimus imperii Romani cultor (Hiero) 26, 32. cf. 25, 28.

CULTUS 10, 4. Sonum linguæ et corporum habitum et nitorem, cultiora, quam pastoralia, esse. Vid. Intt. ad 9, 13. Agrum non colit, et culta evastata sunt bello 5, 5.

CULTUS 1, 39. Quibus (artibus) ingenia ad magnæ fortunæ cultum excitantur. Intelligenda sunt de his, quæ principibus viris dignitatem et auctoritatem conciliant. Quem tam humili cultu educamus ibid. Filiam — omni liberali cultu habuit 45, 28. Sumtus in cultum prætorum facti 32, 27. Id (ingenium) exstinguere vita agresti et rustico cultu, inter pecudes habendo 7, 4. Ipsius etiam imperatoris non Romanus modo, sed ne militaris quidem cultus jactabatur: cum pallio crepidisque inambulare etc. 29, 19. Punicus cultus habitusque suspectos fecit legatos Hannibalis 23, 34. Incinctus Gabino cultu 10, 7. Cultus justo mundior 8, 15. — amœnior 44. de virgine Vestali. Nam colere se i. q. ornare, vestire. Ut — extrinsecus puri aliquid ab humano cultu pateret soli 1, 44. de pomœrio. Duræque cultus et aspera plaga est 45, 30. Si tamen est substantivum [Adscripsit Ernestius: " pr. cultui. Sic in eod. cap. facilis divisui."]

CUM 1, 32. Cum his. Gr. ἅμα τοῖσδε. Livius alias: simul hæc. Similiter 36, 5. Gratiam initam volebant cum eo, ut etc. 8, 14. Antium nova colonia missa cum eo, ut Antiatibus permitteretur etc. i. e. addito hoc, sub hac lege atque conditione. Castraque in campo locat, cum gravi edicto, si etc. 29, 21. Cum dono designavit 1, 10. i. e. præterquam quod ea arma Jovi donabat, etiam fines designavit; s. post donum. Cum quibus (rebus suis) periclitari nolebant 38, 25. cf. 27, 13. 42, 21. Cum hac, quæ nunc sollemnis est, licentia 9, 30. Fœdissimo cum eventu 8, 33. Cum qua (feritate) venerant 38, 17. cf. 6, 41. Cum quanta cærimonia — colatis deos 29, 18. Cum silentio auditi sunt 38, 10. i. e. benigne. Inde cum silentio in forum ducti 25, 9. i. e. tacite, clanculum. Qui te captum victori, cum qua potes fide, restituis 9, 11. i. e. fideliter. cf. 39, 39. Ad mille hominum, cum his Sempronio Blæso quæstore, amissum 31. Porcus cum humano capite 32, 9. 32. pacem cum precibus petendam 9, 16. Cum bona pace 1, 24. Vid. Drakenborch. ad 28, 37. Dux cum aliquot principibus capiuntur 21, 60. Pro dux et principes capiuntur. [Sic et Græci. Suidas T. 1. p. 525. : Αἴρας, τὸ χρυσόμαλλον δέρας, ἔσπερ ὁ Ἰάσων διὰ τῆς Ποντικῆς θαλάσσης σὺν τοῖς Ἀργοναύταις εἰς τὴν Κολχίδα στρατευόμενοι ἔλαβον. Vid. Ruhnken. ad Hymn. in Cerer. v. 499. et Stroth. ad Liv. 22, 21.] Negaretis hoc mihi cum diis immortalibus 7, 6. pro mihi et diis. Ita enim Livius solet copulam vitare. Quodsi nihil cum potentiore juris humani relinquitur inopi 9, 1. i. e. aversus potentiorem. Explorato deinde et cum cura coacto agmine procedebat 38, 18. i. q. diligenter. Sic 42, 20. ea omnia (sacra) cum cura facta 44, 1. quum — — equos cum cura inspexisset. ibid. sociis cum fide cultis. [i. e. fideliter. vid. de his omnino Otho in Gifan. Obs. L. L. p. 112. sq. add infra in v. cura.] 24. 31. Cum studio pro studiose. it. 29, 17. Cum bona venia pro benigne. Sed propemodum non minus sæpe desideratur illud cum apud Livium, v. c. 25, 22. Descendere in aciem copiis. it. 1, 14. Egressus omnibus copiis. (al. cum copiis 26, 41.) [De hac ellipsi vid. Perizon. ad Sanct. Minerv.

**4. 6. 16.]** In terras eum multis fortibus factis a vobis peragratas 26, 41. Vano cum incepto moenibus pepulissent Romanos 44, 31. *i. q. ita ut inceptum vanum, irritum redderetur.* Quodcumque sibi cum patria, penatibus publicis ac privatis juris fuerit, id cum uno homine esse 6, 14. Agnum eum ubere lactenti natum 27, 4. Cum clamore in forum curritur 2, 23. Naves cum commeatu in Africam transmiserunt 30, 24. Eo majore cum gaudio 1, 25. *Similia multa vide ap. Drakenborch. ad h. l.*

CUM maxime. Vid. *Quum m.*

CUMULARE 44, 19. In quam (*fossam*) compulsos ruina cumulant. *i. e. obruunt.* Locus strage semiruti muri cumulatus 32, 17. Arma cumulata in ingentem acervum 45, 33. Vid. *Acervus.* Aræ — honore, donis, cumulentur 8, 33. Accesserunt, quæ cumularent religiones animis 42, 20. *cf.* 3, 37. Ut aliud super aliud cumularetur familiæ nostræ funus 26, 41.

CUMULATUS 4, 60. Efficiebat multiplex gaudium cumulatioremque gratiam rei.

CUMULUS 22, 7. Ex hostium coacervatorum cumulis. Cumulus repente terræ eminens index operis oppidanis fuit 38, 7. (*effectus cuniculi*) *cf.* 44, 11. *alii legunt :* tumulus. Quia nusquam cumuli apparebant, quo regesta e fossa terra foret 44, 11. Armorum cumulos coacervare 5, 39. *cf. cap.* 48. Ut minus clarum (*triumphum*) de Samnitibus, ita cumulo Etrusci belli æquatum 10, 46. In hoc immenso aliarum super alias coacervatarum legum cumulo 3, 34;

CUNCTARI 22, 24. Sedendo et cunctando bellum gerere.

CUNCTATIO 5, 41. Major prope cunctatio tenebat, aperta, quam clausa, invadendi.

CUNCTUS senatus populusque 9, 6. Admiratione paventibus cunctis quum omnium in se vertisset oculos 7, 34. *Differunt autem* cuncti *ab* omnibus *sic, ut illic una* omnes *ac simul intelligantur, hic autem successionis aliqua significatio admixta sit.* Cuncta militaris disciplina 44, 1. Ingens assensus alacritasque cuncta approbantium fuit 3, 54. Cuncta ingentia, et quæ sine certamine maximo obtineri non possent 6, 35.

CUNEATUS 44, 4. Jugum montis in angustum dorsum cuneatum. Forma scuti — ad imum cuneatior, mobilitatis caussa 9, 40.

CUNEUS is hostium, qui — fecerat alacres gaudio — nunciantes discurrunt 25, 34. Quibus (*pilis*) plerisque in scuta, verutis in corpora ipsa fixis, sternitur cuneo 10, 29. Eo nisi corporibus armisque rupere cuneo viam 2, 50. *Similiter* 25, 3. Cuneo irrumpere 40, 40. Cuneo impressionem facere, *cf.* 22, 47. *ubi cunei descriptio legitur.*

CUNICULUS 38, 7. Agere cuniculum occultum, *cf.* 5, 19, *et* 21.

CUPERE 26, 7. Cujus rei semper cupitæ etc. Quum fortuna, qua quidquid cupitum foret, potentioris esset 3, 37.

CUPIDE 42, 13. Incertis jactata rumoribus, et cupidius credita.

CUPIDITAS 24, 28. Quo minus cupiditatis ac studii visa est oratio habere. *i. e. partium studii.* Quanto modestior illius cupiditas fuit 9, 34.

CUPIDO 21, 19. Populos ad cupidinem novæ fortunæ erexerunt. Quarum (*rerum*) immodica cupido inter mortales est 6, 35.

CUR 21, 43. Quid est, cur illi vobis comparandi sint ? Quam quidquam incidisse, cur non satis esset Etruriæ unus consularis exercitus 10, 18.

CURA *Præf.* omnis expers curæ. *i. e. metus, ne offendatur quisquam ; ita interpretante Creverio :* nisi forte metitus de amore patriæ capiatur, cui temporum injuria non satisfiebat. Positis omnium aliarum rerum curis 7, 39. Cura impensarum populi Romani 45, 3. *i. e. ad cavendum, ne Romanis nimia impensa faciendæ sint.* Defungi cura 5, 5. *de obsidione longinqua.* Tradamus — deos deorumque curam, quibus nefas est 6, 41. Obsidione delegata in curam collegæ 9, 13. Priusquam ea cura decederet Patribus 9, 29. Romanis — arcis Tarentinæ — cura esse 25, 15. Inerat cura insita mortalibus videndi congredientes nobilem regem etc. 42, 39. Ne fames quidem curam stimularet 25, 13. Ut ea res divinæ — cum cura fierent 23, 11. [*Vid. supra* cum.] Ne Syphacis quidem reconciliandi curam ex animo miserat 30, 3. Curam acuebat, quod etc. 8, 6. Custodiæ vigiliæque et ordo stationum intentioris ubique curæ erant 8, 8. Vid. *intentus.* Præda vasorum ex auro — — factorum ingenti cura in ea regia 45, 33. Anguis — regis non tam subito pavore perculit pectus, quam anxiis implevit curis 1, 56. Cura de eventu rerum domesticarum 2, 31. Pro cura *ventus rerum. Voluit haud dubie Livius vitare Genitivos, tanmemor alias ipse hujus diligentiæ usu.* Vid. *supra in* ad. Suum sororisque filios in eadem habebat cura 40, 4. Cura de minore filio 44, 42. Quid ita solus ego civium curam ago ? 6, 15. Tamquam de Samnitibus, non de se, curam agerent 8,3.

CURARE 2, 17. Interjecto deinde haud magno spatio, quo vulneribus curandis — satis esset. Si quis ægro, qui, curari se fortiter passus, cibi gratia præsentis aut potionis longinquum et forsitan insanabilem morbum efficiat 5, 5. Jumentum e manibus curantium elapsum 44, 40. Curare corpora 3, 2. *Scilicet* curare *est et* verbum mensæ *et* convivii. *cf.* 34, 16. Curati vino et cibo (*legati*) *i. e. excepti* hospicio benigno. *it.* 9, 37. Curati cibo corpora quieti dant. Prodigia curare 1, 20. *i. e. expiare.* Vid. *procurare.* Ut pro eo frumento pecunia Romæ legatis curaretur 44, 16. Jussus ab senatu bellum maritimum curare 7, 26. Quo quæque accuratius curantur, eo facilius loquacitare regiorum ministrorum emanent 44, 35.

CURATIO 2, 27. Cui curatio altior fastigio suo data esset. *de ædis Mercurii dedicatione.* vid. *procuratio.* Eamdem publice curationem agens 4, 13. Reliquum diei expediendis armis et curatione corporum consumtum 25, 38. Quum victor — inter primam curationem expiraverit 2, 20. *Est enim hoc verbum medicis proprium, it.* curare *et* cura. Vid. *Drakenborch. ad* 2, 17. Eumenes, aliquamdiu Æginæ retentus periculosa et difficili curatione, quum primum tuto potuit etc. 42, 18.

CURIA 3, 24. Curia mœsta ac trepida metu — consulem orare, ut etc. Frequentique tandem curia, non modo inter Patres, sed ne inter consules quidem ipsos, satis conveniebat 9, 38. Vid. *concio.*

CURRERE *luperci dicuntur* 1, [5]. *Nempe post cæsas hostias e Lupercali.* Vid. *de hoc sacro Plutarch. Romul. pag.* 81.

CURRICULUM 44, 9. Vix unius horæ tempus utrumque curriculum complebat. *i. e. cursum. Eodem sensu* curricula equorum 45, 33. *dicuntur.* vid. *Intt. ad locum superiorem.*

CURRUS 1, 28. Duabus admotis quadrigis, in currus earum distentum illigat Mettum.

CURSIM agmine acto, quum festinans ad opem ferendam, captam urbem audisset 27, 16.

CURSUS 9, 13. Strictisque gladiis cursu in hostem feruntur. Eo cursu hostes in proelium venerunt 31, 21. Quum improvidi effuso cursu insidias circa ipsum iter locatas superassent 2, 50. *i. e. cursim progrediendo.* Eo cursu se ex sacrario proripuerunt etc. 24, 26. Par numerus peditum, et ipsorum jungentium cursum equis etc. 44, 26. Nec adiri usquam ad justi cursum poterat amnis 1, 4. vid. *amnis.* Vagosque per vias omnes cursus (*Gallorum*) 5, 42. *Ægre* correctum (*classis*) cursum 29, 27.

CURULES equi 24, 18. *i. e. circenses in ludis circensibus votivis ab ærario præbendi.*

CUSPIS 4, 38. Sequimini pro vexillo cuspidem meam — vadit alte cuspidem gerens. Quum infestis cuspidibus concurrissent 8, 7. Cuspide uti et cominus gladio 30, 18.

CUSTODIA 5, 10. Custodiam urbis agere. Custodiæque et tabularum cura 4, 8. *i. e. ærarii custodiendi cura.* Quo quum — nimis soluta custodia processisset 45, 28. Libera custodia 24, 45. *Sc. quum interdiu jirodeunti captivo custos addebatur.* [φυλακὰ ἰλευθέρα, ἰλευθερία, ἔλευρος· ἐλευθέριος ἰλευθέρων. Vid. *Wessel. ad Diod. Sic. Exc. de Viri. et Vit.* p. 571. *eundemque cum Valesio* p. 581.] Loco potius quam homini cuiquam credendam custodiam (*Philopœmenis*) rati 39, 50. Nec — mittere nuncios ad Hannibalem per custodias tam arctas 26, 4. Interior custodia 23, 19. *i. e. arctior.* Ut in-

tentiore cum custodia asservarent 39, 19. Romanis — in custodiam civitatium divisis 43, 19. *nos :* conjuges liberosque eorum in custodiam dedit. Traditi in custodiam Rheginis 29, 21. Ubi primum degressos tumulis montanos, laxatasque sensit custodias 21, 32. Ut eum non sub hospitam modo privatorum custodia, sed publicæ etiam cura ac velut tutelæ esse vellent 42, 19. Signoque, quod imperii pignus custodia ejus templi tenetur 5, 52. Maximam ejus (*libertatis*) custodiam esse, si magna imperia diuturna non essent 4, 24. Una custodia fidelis memoriæ rerum gestarum (*litteræ*) 6, 1.

CUSTODIRE 25, 23. Qui ob id ipsum intentius custodiebantur. Ad custodiendum iter eorum (*legatorum Italia excedere jussorum*) missus 37, 49. Circumsessa castra et nocte custodita, ne quis elabi posset 9, 42. Per Latinos populos custodiendi dantur *ibid.* Regnum, quod a patruo tuo forti, non solum fideli, tutela ejus 'custoditum et auctum etiam accepi 4, 56. Maritimam oram L. Valerius viginti navibus longis custodiret 36, 2.

CUSTOS 44, 26. Pecuniæ, quam regni, melior custos. Custos corporis 24, 7. [σωματοφύλαξ.]

DAMNARE 7, 16. Stolo a — Lænate sua lege decem millibus æris est damnatus. Vid. *Cic. Verr.* 5, 69. *Tacit. Annal.* 4, 69. *Scilicet* damnare *et* condemnare *est etiam efficere, ut aliquis damnetur.* vide *Intt. ad* 7, 16. *it. B. Patruum ad Sueton. Tib.* 8. Respublica voti damnata 10, 37. *i. e. quæ templum ex voto exstrui jusserat.* vid. *votum.* Damnati proditionis 23, 17. Frusinates tertia parte agri damnati 10, 1. *al. mulctati, v. c.* 10, 8. Temeritatem (*deos immortales*) consulum ipsorum capitibus damnasse 27, 33. Capitalis pœnæ absentes eos decreto damnat 42, 43.

DAMNOSUS 45, 3. Bellum sumtuosum et damnosum Romanis. Omnibus malis artibus et reipublicæ et societatibus infidus damnosusque 25, 1. Damnosa, præpropera ac fervida ingenia imperatorum 27, 38. Et erat æris alieni magna vis, re damnosissima etiam divitibus, ædificando contracta 6, 11.

DAMNUM *pertinet ad rem familiarem, quum pignora capiuntur, mulcta exigitur etc.* 7, 4. Acerbitas in delectu non damno modo civium, sed etiam laceratione corporum lata etc. *conf. Cic. Or. Phil.* 1, 5. Quis autem umquam senatorem tanto damno coëgit? aut quid est ultra pignus et mulctam? Quid est tandem domi, unde ea (*damna*) expleatis 3, 58. Nullane hæc damna imperatoriis virtutibus ducimus? 9, 18. Carpi parvis quotidie damnis 9, 27. Damnum naturæ 7, 4. *int. de vitio naturali in filio Manlii.* Si non id, quod amittitur, in damno, quum omnia victoris sint, sed, quid-

71

quid relinquitur, pro munere habituri estis 21, 13.

DAPES 1, 7. Pinarii extis adesis ad ceteram venirent dapem. *int. de carnibus victimalibus.*

DARE pro *facere* 1, 25. Alterum intactum ferro corpus et geminata victoria ferocem in certamen tertium dabant. *Sic fere* obvium se dare *dicitur* — motus dare 7, 2. —impetus 2, 51. 3, 5, 4, 28. 9, 43. — daturos, quod Lars Tolumnius dedisset 4, 58. — dare sinum in medio 22, 47. — per arma, per viros late stragem dedere 8, 30. — dataque inter turbam via 3, 45. *Sic Virgilius Æn.* 1, 241.: Quem das finem, rex magne, laborum? posse quamvis languida mergi aqua infantes, spem ferentibus dabat 1, 4. Spiritus dabat, quod etc. 6, 18. Eum ipsum fortuna exactorem supplicii dedit 2, 5. Ingentem fugam stragemque dedissent 21, 32. Ad rem divinam et duas hostias majores dandas 25, 12. *i. e. faciendam.* Hæc loquutum exsequentemque dicta — sequuti dant impressionem 4, 28. *Non absimilis locus* 39, 2. Pacem dedit finitimis. *i. e. effecit, ut pax esset, ne a Liguribus infestarentur.* Pro *offerre, dare velle* 9, 40. uti pace, quum daretur, noluerant. — 31, 19. equites mille Numidae, quum duo millia daret, accepti. — 28, 5. Prout tempus ac res se daret. — 37, 53. Antiochus filiam suam in matrimonium mihi dabat. *i. e. dare volebat, collocaturus erat. Sic Virgilius [Æn.* 12, 393. *sq.*]: *Ipse suas artes, sua munera lætus Apollo Augurium citharamque dabat.* — Similiter 25, 12. Ad duas hostias majores dandas. [*Sic et Græci διδόναι, pro offerre.* vid. *Diodor. Sic.* 18, 60.] Ipsum (*Postumium*) se cruciatibus et hostium iræ offerre, piaculaque pro populo R. dare 9, 10. Pro *edere* 8, 24. Dictionem dare. *i. e. oraculum* (λόγιον). — 3, 61. Hæc ubi inter signa peditum dicta dedit. *cf.* 22, 50. — 31, 50. Munus gladiatorium dare. — 7, 11. Motus haud indecoros. — 25, 3. Testes dare. — 21, 43. Sæpe et contemptus hostia cruentum certamen edidit; *ubi quidem Drakenborchius* dedit *legi vult.* Pro *tradere* 1, 3. Dare ad posteros celebre nomen. — 2, 4. Datur sermo per civitatem. — 2, 25. Datur prædæ oppidum. *i. e. deprædandum traditur.* — 1, 29. Dare urbem excidio et ruinis. — 5, 52. Quid alia — cui oblivioni aut cui negligentiæ damus? — 41, 8. liberos suos — Romanis — mancipio dabant. — 6, 24. Temeritati me omnium potius socium, quam unius (*Camilli*) prudentiæ dedi. Pro *concedere* 40, 57. Iter dare. *i. e. transitus per fines suos concedere. conf.* 21. 20. — 8, 5. *ti.* 21, 12. Iter per regnum nostrum dedi. — 39, 28. Senatum dare legato. *i. e. aditum concedere. conf.* 41, 22. (εἰσάγειν). — 7, 20. Dare aliquem alicui. *i. e. precibus ejus aut gratia.* — 8, 33. Optione a senatu data. *Etiam sim-*

*pliciter positum* dare pro *concedere, indulgere, dicitur* 9, 30. *ult.* Quod nostræ ætati dii dederunt, ut videremus 1, 19. Quandoquidem, ut omnia unus Gabiis posset, ei dii dedissent.1, 54. *cf.* 30, 12. Lex sociis — dabat, ut cives R. fierent 41, 8. [*Vid. paullo post.*] Pro *dicere* 6, 26. Is datus erat locus colloquio. *Usitatius erat* dictus. *Itaque etiam sic legi volebat Gronovius. Sed dicitur tamen etiam* dare *hoc sensu.* vid. *Duker. ad Flor.* 3, 3. Pro *utcumque* dare 6, 26. Eventum precibus dare. *Non proprie accipiendum, ut sit idem, quod satisfacere, locum plane relinquere; sed est potius: decernere aliquid ad preces auditas, qualecumque tandem sit; ipse enim Livius addit, quem videbitur.* Pro *tribuere* 8, 26. Auctoribus hoc dedi, quibus dignius credi est. *i. e. tantum fidei, quantum merebantur, tribui. cf.* 3, 46. — 25, 12. Prætor is, qui jus populo plebeique dabit summum. *i. e. tribuet, reddet.* Pro *imponere* 22, 38. Se, quæ consilia magis res dent hominibus, quam homines rebus, ea ante tempus immatura non præcepturum. *i. e. res earumque necessitas imponant hominibus* etc. Pro *præmio dare* 41, 8. Lex — qui stirpem ex sese domi relinqueret, dabat, ut cives Romani fierent. *scil. ut præmium ποδώσειν.* [*Vid. supra.*] Pro *interponere* 8, 32. Ne id se gratiæ dare crederet, se jusjurandum *dare* paratos esse. — 30, 12. Obligandæ fidei dextram dare. Pro *destinare* 26, 41. Ea fato quodam data nobis sors est. *Sic Virgilius [Æn.* 4, 225.]: *fatisque datas non respicit urbes.* — 7, 3. Ludorum primum initium procurandis religionibus datum. Pro *donare* 27, 6. Signa ænea ad Cereris dedere. — 40, 37. Dona vovere, et dare signa inaurata; quæ vovit dedique. — 6, 41. Quia pecunias alienas, quia agros dono dant. — 3, 1. Triumviri agro dando. Pro *exhibere* 23, 30. Gladiatorum patria duo et viginti — in foro dederunt. Pro *occasionem suppeditare* 5, 26. Ni fortuna imperatori Romano simul, et cognitæ rebus bellicis virtutis specimen, et maturam victoriam dedisset. *i. e. virtutis specimen edendi occasionem dedisset, suppeditasset.* — 29, 24. Quæ prima dies cursum navibus daret. Pro *indulgere* 24, 45. Ut iræ magis, quam avaritiæ datum crederent homines. Pro *mandare, conferre* 9, 30. Et duo imperia eo anno dari cœpta per populum etc. — 7, 1. Plebes consulatum L. Sextio dedit. Pro *mittere* 9, 15. Quos (*equites*) pignora pacis custodiendos Luceriam dederant. Pro *impendere* 3, 69. Caussis eorum — bello perfecto se daturos tempus. Ruente saucio equo præceps ad terram datus haud multum abfuit, quin arcens opprimeretur 31, 37. Quam spe vana evectus in casum irrevocabilem se daret 42, 62. Tertium caussæ belli hujusce, ut Romanus Albano imperet, dabo 1, 25. *cf.* 22, 6. Flamen dialis, quod exta perperam dedisset, flaminio abiit 26, 22. Date frenos impotenti naturæ et indomito animali 34, 2. — dare vela (*scil.* ventis) 29, 27. Regem aut vivum aut mortuum in potestatem daturos 8, 24. *Etiam* in potestate *dici posse nonnulli contendunt ; certe et* in conspectu dare *supra observavimus.* In opus servile, prope in carcerem atque in ergastulum dederit (*filium*) 7, 4. In belluas strinximus ferrum. hauriendus aut dandus est sanguis 7, 24. Vindicias dare secundum libertatem 3, 44. *Verbum prætorium* pro *decernere.* *cf.* cap. 56. Prout tempus ac res se darent 28, 5. Vid. *Gronov. ad h. l.* Uni se ex Sabinis fors dare visa est privato consilio imperii recuperandi 1, 45. an locum, lautia, senatumque darent 45, 20. *i. e. dandum censeret.* *cf.* 26, 21. criminique ei tribunus inter cetera dabat 7, 4. *de accusatione.* Crimini maxime dabant, in Numitoris agros ab his impetum fieri 1, 5. Cui imperio videretur dato 28, 46. pro *imperio, cui videretur, dato.* [*Turbatus verborum ordo in editionibus. Legendum e codd. aut,* imperio, cui videretur, dato, *aut,* cui videretur, imperio dato. *Tales synchyses concoquere stomachi est durissimi.*]

DATIO, *simpliciter dicitur* 39, 19. *De potestate in rem familiarem. Nam dare in genere jurisconsultis est, per traditionem dominium transferre. Additur enim a Livio dationi* diminutio, *velut illustrandi caussa, quum sit hæc illius necessaria comes ; ut mirum sit, hic difficultates ab interpretibus tot ac tantas motas esse.* Vid. *Gronov. ad h. l.*

DATUM pro *dono, licet* donum *additum sit per appositionem* 22, 10. Datum donum duit populus Romanus Quiritium etc. Vid. *Class. Cicer. in h. v.*

DE tertia vigilia 9, 44. *it.* 40, 4. *h. e. simul ac duo quadrantes noctis exissent.* De die epulati 25, 23. [*Vid. ad v.* dies.] Dictator — primus de plebe dictus est 7, 17. Concessumque *ab* nobilitate plebi *de* consule plebeio ; a plebe nobilitati *de* prætore uno, qui jus *in* urbe diceret, *ex* Patribus creando 6, 42. Oppidum de Samnitibus vi cepit 10, 39. *cf.* 27, 1. De vestro impendatis 6, 15. De lucro tibi vivere me scito 40, 8. Legatis — de ea re trans Alpes missis 39, 22. De altero Masinissæ filio — literæ allatæ sunt 45, 14. Tamquam integra sit causa patriciorum de sacerdotiis 10, 8. *pro quod.* Qui de ceteris Maximo assensus, de Scipionis causa dissensit 29, 20. De se ingentia polliceri 1, 47. (*a sua parte.*) Qui de quacumque causa tum aspernati nostra auxilia estis 45, 23.

DEARMATUS 4, 10. Prælatisque spoliis, quibus dearmatum exercitum hostium sub jugum miserat.

DEBELLARE 9, 16. Aulius cum Ferentanis uno secundo prœlio debellavit. *cf.* 2, 26. *it.* 4, 58. 9, 4. 41, 26. Eum, quasi debellato, triumphare 26, 21. *Absolute dictum.* *Sic sæpissime, v. c.* 29, 32. *it.* 30, 8. Inde debellatum, veramque pacem — Celtiberos fecisse 40, 50. Ne absente eo debellaretur 41, 18. Neque prius, quam debellavero, absistam 44, 39.

DEBERE *omissum* 27, 20. Eundum Asdrubali fuisse in Italiam — exercitum ejus — imminutum Hispanis repleri militibus *sc. debuisse.* Vide *B. Patruum ad Xenoph. Mem. Socr.* 1, 5, 5.

DEBILITARE 21, 40. Contusi ac debilitati inter saxa rubesque.

DEBILITAS 2, 36. cunctantem — ac prolatantem ingens vis morbi adorta est debilitate subita.

DEBITUS 24, 25. At illos debitos jam morti destinatosque. *Sic Horatius :* debemur nos nostraque morti. Quum ut jus fasque erat, lacrimis non. minus, quam laudibus debitis, prosequutus tam memorabilem mortem esset 8, 10.

DECEDERE 26, 2. Prius — quam hostis ex Italia decesserit. Decedentem (*ex curia redeuntem*) domum — prosequuti sunt 2, 31. [*modo fuerat :* ita, curia egressus, dictatura se abdicavit.] Decedere provincia prætor jussus 39, 3. *cf.* 41, 10. Quod de provincia decessisset injussu senatus *sorte*. Romam ad destinatum omnium consensu triumphum decessere 8, 13, *cf.* 9, 16. *it.* 10, 46. Decedere officio 27, 10. *it.* de officio 8, 25. Decedere jure suo, 3, 33. — fide *84, 40.* *it.* 45, 19. — instituto 37, 54. — præsidio 4, 29. *cf.* 5, 6. *it.* 38, 39. *it.* de præsidio 36, 14. *it.* pugna 34, 47. Ex matutina statione ad meridiem decedi — jussit 44, 33. Nobis prius decedat timor, quam ultro aliis inferatur 28, 41. *cf.* 23, 26. Priusquam ea cura decederet Patribus 9, 29. De domesticarum rerum eventu nec Patribus nec plebi cura decesserat 2, 31. *Horatiana forma :* neque decedit ærata triremi, et post equitem sedet atra cura. Quantumcumque Antiocho virium decessisset, suo id accessurum regno 34, 16. *cf.* 3, 55. 26, 51. Quæstioni Campanæ materia decessit 9, 26. *Eleganter admodum ; etenim ante mentio facta erat conjuratorum, qui se ipsi interfecerant adeoque decesserant. Et dicitur alibi* decedere *simpliciter pro* mori. *v. c.* 1, 34. 9, 17. *it. cap.* 32. 40. 42. 42, 28. Ut ei nunciatum est, æstum decedere 26, 45.

DECERE 34, 58. Sic ut aut sola, aut prima certe, pensari decet principi terrarum populo et tanto regi. *Drakenborchius* principi *non ad* decet, *sed ad* pensari *refert, hac sententia :* decet pensari a principe. *Ac profecto negari nequit,* decere *alicui* aliquid, *hanc constructionem apud Livium non reperiri.*

DECERNERE 1, 23. Ineamus aliquam viam, qua, utri utris imperent — sine multo sanguine utriusque populi decerni posset. Lacessere ac trahere (*hostem*) ad decernendum 21, 41. Quando id bellum senatus decrevisset, quando id bellum populus Romanus jussisset? 41, 7. Bellum et senatus decresset, et populus jussisset 42, 36. Haud facile decerneres, utrum imperatori an exercitui carior esset 21, 4. Rem dubiam decrevit opportune vox emissa 5, 55. Primus clamor atque impetus rem decrevit 25, 41. Neque præ imbri satis decernere possent, qua suis opem ferrent 21, 56. Pacto inter se, ut victorem res sequeretur, ferro decreverunt 26, 21. *cf.* 39, 15. Acie decernere 2, 14. *it.* 36, 17. Decernite criminibus, mox ferro decreturi 40, 8. Ne id, quod placebat, decerneret in tantæ nobilitatis viris, ambitio obstabat 5, 36. pro *in tantæ nobilitatis viros.* *cf.* 28, 43. *it.* 26, 2. Vid. *Cel. Ruhnken. ad Vellei.* 2, 43. Decernere vindicias secundum servitutem 3, 47. *i. e. possessionem ejus, de cujus statu disceptatur, dare.* Certum (*mihi*) atque decretum est 2, 45. Ad purganda ea, quæ inimici decernerent 7, 18. *i. e. quæ pro certis ipsi affirmarent, et ab aliis credi vellent. Sæpius autem, et apud alios scriptores,* decernere *idem est, quod decernendum censere, decerni velle.* Sic est 4, 50. tribunis plebis — decernentibus *intelligendum.* Vid. *Int. ad 27,* 20. Ligures (*Liguria provincia*) ambobus consulibus decernuntur 42, 10. Decresset 2, 27. [42, 36. *conf.* 41, 7.] — decresse 3, 45.

DECERTARE 6, 3. Quibus animi in spe ultima obstinati ad decertandum fuerant. *i. e. ad mortem usque certare, nec prius desistere velle, quam vel victoria reportata sit, vel omnes occubuerint.* Vid. *infra in v.* obstinatus. *Eodem sensu* depugnare *de gladiatoribus dicitur. Alias autem* decertare *sæpius pro* certare *dici solet.*

DECIDERE 37, 26. Antiochus posteaquam a spe societatis Prusiæ decidit.

DECIDERE 29, 18. Naso — auribusque decisis exsanguis est relictus. Vid. *mutilare.*

DECIPERE 22, 4. Ab tergo et super caput decepere insidiæ. *cf.* 1, 9. Qui plus in eo, ne posset decipi, quam in fide Siculorum, reponeret 24, 37. *i. e. in providentia plus præsidii etc.* Per fas ac fidem decepti 1, 9. Jam semel in prima spe deceptos 36, 40. Me quidem quum ingenita caritas liberûm, tum specimen istud virtutis deceptum vana imagine decoris in te movet 8, 7. *pro* deceptæ : *ac sic fortasse legendum.* Vid. *specimen.* [*Vulgata bene habet. Virtus si vanâ decoris imagine decepta dici potest, quidni et virtutis specimen?*]

DECLARARE 9, 40. Quos populus — consulem alterum, alterum prætorem declaravit. *cf.* 24, 9. 28, 39. 40, 37. Declaratus rex Numa 1, 18.

DECLINARE 28, 3. Quantum in Italiam declinaverat belli. Ab auctoribus injuriæ ad vindices futuros declinant 21, 52. Si quo ego inde agmen declinare voluissem 1, 28. Obliquo monte ad se declinare et suo agmini conjungi 38, 20.

DECOQUERE 32, 2. Experientibusque pars quarta (*argenti*) decocta erat. Vid. *coquere.*

DECORARE 10, 7. Jovis O. M. ornatu decoratus. Rhodias parte prædæ et spoliis navalibus decoratas domum redire jubet 37, 31. Quem modo decoratum ovantemque victoria incedentem vidistis 1, 26. Nostris (*regiis*) decoratus insignibus 2, 6.

DECORUS 1, 42. Hunc ordinem ex censu descripsit vel paci decorum vel bello. Poëticis decora fabulis *Præfat.* Decorum erat tum ipsis capessere pugnam ducibus 2, 6. Quod et virginitati decorum — erat 2, 13.

DECRETUM 33, 16. Ut privatum decretum Romanæ societatis fieret. *Scil. quærendæ,* Jus eo die se non dicturum neque decretum interpositurum 3, 46. *cf. cap. præc.* In tanta fœditate decreti 3, 47. Quod gentis Manliæ decreto cautum est, ne etc. 6, 20. Vid. *tenere.*

DECUMUS ordo hastatus 42, 34.

DECURIATUS. *Vid.* convenire *ult.*

DECURRERE 6, 33. Impetus Tusculanorum decurrentium ex superiore loco sustinent. *cf.* 9, 4. Mettus Curtius ab Sabinis princeps ab arce decucurrerat 1, 12, *conf.* 2, 10. Mæander ex arce summa Celænarum ortus, media urbe decurrens 38, 13. Naves — in magnum portum Syracusas ex alto decurrere 24, 36. *conf.* 29, 27. Amnis in mare decurrit 21, 26. Ad mare decurrunt 41, 2. Decurritur ad leniorem verbis sententiam 6, 19. Omnium eo sententiæ decurrerunt 38, 8. (*de unanimi submissione.*) decurrebatur eo, ut etc. 31, 20. *al. descendebatur. dicitur de facilitate in concedendo. cf.* 26, 18. Eo decursum esse, ut a populo crearetur, qui pro dictatore esset 22, 31. Trepidi patres ad duo ultima auxilia, summum imperium, summumque ad civem, decurrunt 6, 38. Ordinatosque proxime morem Romanum, instruendo et decurrendo signa sequi, et servare ordines docuit 24, 48. Armatum exercitum decucurrisse, cum tripudiis Hispanorum, motibusque armorum et corporum suæ cuique genti assuetis 25, 17. Vid. *Virgil. Æn.* 11, 186. *it.* 188. Terrestrem navalemque exercitus non instructos modo, sed hos decurrentes, classem in portu, simulacrum et ipsam edentem navalis pugnæ, ostendit 29, 22. Simulacrum decurrentis exercitus 44, 9. *De ludis circensibus.* In armis decursum est 26, 51. *Omnino tum in hoc et superioribus locis, tum alibi* decurrere *curiose distinguitur a* concurrendo, *vel rudibus, ut est illic, vel simpliciter, ut tamen aciei mentio fiat.*

*v. c. 46, 6.* Mos erat lustrationis moro peracto exercitum *decurrere,* et divisas bifariam duas acies *concurrere* ad simulacrorum pugnas. *cf. cap. sequ. ii.* 23, 35. *et* 35, 35. *Scilicet hic quoque verbi decurrere e stadio petiti significatio intelligenda est, quippe præter exercitationem in armis movendis, tractandis; præcipue agitatio corporum, in incedendo, in gradu militari, multiplici illo, exercendo declaratur; ut compari talis decursio cum pyrrhicha apud Suetonium sæpius commemorata (v. c. Claud.* 1.) *possit.* Vid. *Decursus.* Concurrere *autem, vel simpliciter positum (e. g.* 10, 40.) *dicitur de contentione et dimicatione, ipsoque conflictu, vel vero bellico, vel simulato. Ita Horatius :* Concurritur, horæ momento aut cita mors venit aut victoria læta. *Nec vero proprius hic mos decurrendi Romanis fuit ; quemadmodum e locis supra laudatis plane intelligi potuit.*

DECURSUS 44, 9. Quum alios decursus edidissent motas etc. *conf.* 42, 52. Et decursu et simulacro ludicro pugnæ 40, 9. *Nonnumquam addit Livius, intra quantum spatium decursum fuerit* 40, 7. Legiones in armis quatuor millium spatio decurrerunt. *Vere autem exercitum fuisse militem decursu fatigatumque, intelligetur ex* 42, 52. Mota parumper acies, non justo decursu tamen, ne statim tantum in armis viderentur. *Eadem Suetonio dicitur (Ner. cap.* 7.) decursio. Vid. *Lips. ad Tacit. Annal.* 2, 55. Ne subito ex collibus decursu Albanorum intercluderentur ab oppido 1, 27. Oppidum — — in Thessaliam opportunum Macedonibus decursum (*præbet*) 42, 67.

DECUS 9, 22. Fratri præcipuum decus ulti Samnitium imperatoris dederunt. Ut urbanis artibus opes augeret, quando belli decus penes alios esset 9, 42, *i. e. imperium bellicum.* Decus mulieribus 1, 58. *pudicitia.* Ubi non sua decora eum a tanta fœditate supplicii vindicaret 1, 26. Publica decora 2, 13. — militiæ 2, 28. Levasse humano superpositum capiti decus 1, 34. (*pileum.*)

DECUTERE 25, 7. Turres non ictas modo fulminibus, sed etiam decussæ. In æde Concordiæ Victoria, quæ in culmine erat, fulmine icta decussæque 26, 23. Summa papaverum capita dicitur baculo decussisse 1, 54. Pinnas mœnium decussas repetüit 44, 8. Vid. *discutere. conf.* 40, 45.

DEDECUS 3, 51. Dedecora militiæ objiciebantur *i. q. res in bello parum prospere gestæ. cf.* 9, 31.

DEDERE se ad aliquem 27, 15. — ad necem 9, 4. qui se dediderant in arbitrium ditionemque populi Rom. Fulvio Proconsuli 26, 33. *cf.* 7, 31. 42, 8. Patrum auctoritati se (*tribumi pl.*) dediderunt 9, 19. Victa — Messene bello exposcentibus Achæis noxios dedidit 39, 50. A quibus mox ipsi trucidandi populo Rom. dede-

rentur 24, 30. Auctores belli — — dedidimus 9, 1. Dederi 1, 32. Vid. *Deditus.*

DEDICARE ædem dei 2, 27. *U.* deo 2, 21. *conf.* 28, 46. Multa alia sacrificia locaque sacris faciendis — dedicavit 1, 21. *i. e. constituit, instituit. Tiberius quidem apud Suetonium obscœnam tabulam dicitur in cubiculo dedicasse, i. e. de sententia Gronovii ad Livii* 7, 3. Statuisse, suspendisse. *Sed ad illum superiorem Livii locum quod attinet, videri posset etiam* σύλληψις *statuenda esse, ut ne referri quidem ad se invicem sacra dedicare debeant. Juncta enim sunt loca sacris faciendis ; et loca potissimum dedicari dicuntur i. e. destinari.* Juno — quam insigni — celebrique dedicata est die 5, 52.

DEDITICII, *qui sponte sua ditionis aliena facti sunt* 7, 31. Itaque populum Campanum urbemque Capuam, agros, delubra deûm, divina humanaque omnia in vestram P. C. populique R. ditionem dedimus, quidquid deinde patiemur, dediticii vestri passuri. *conf. cap.* 38.

DEDITIO ad Romanos 8, 25. Quia nec deditio tuta ad tam infestos videbatur 28, 22. Viso statim hoste prope in voluntariam deditionem concessissent 28, 7. Vid. *Drakenborch. ad* 39, 2. *conf.* 42, 53. In deditionem venerunt 9, 20. *conf.* 40, 33. In deditionem accepit 23, 30. *conf.* 33, 20. 42, 53. — In ditionem accipere *non item dicitur. Sed tamen* in jus ditionemque recipere 21, 61. Opulenta duo oppida vi atque armis coëgit in deditionem 43, 1. Hispanos — in deditionem compulit 34, 16. Oppugnando ad deditionem subegit 9, 41. Pecuniam imperat populis omnibus suæ deditionis 28, 28. *rectius* ditionis *legitur, etiam a Drakenborchio.*

DEDITUS 1, 9. Quum — deditæ eo (*ad spectaculum*) mentes cum oculis erant. Deditam lanæ — inveniunt 1, 57. Dedita opera 2, 29.

DEDUCERE *proprie i. q. e loco superiori in inferiorem ducere ; sed est etiam, ubi contrarium significatum habet. Sic* 1, 18. Deduci in arcem *legitur. — Consules porro* deduci *dicuntur ab his, qui domum eos, honoris caussa, comitabantur, aut inde foras prodeuntes. In collibus autem et editioribus urbis partibus habitabant principes civitatis. Atque etiam pompa triumphalis in Capitolium deduci dicitur. Nam de ea quidem, qui viam alicui monstrat in locum superiorem* 32, 11. *Est etiam* deducere *; nisi cum Gronovio legas* educturum. *Sed debebant ab eo exempla Liviana afferri, quibus doceretur, ita legi posse. Enimvero, quæ nude posuit exempla, quibusque inductus emendavit, ea Virgiliana sunt ; quibus addi ex eodem genere potuisset : aram cœlo educere. Et ad hanc notulam quatuor versiculorum Drakenborchius ad* 12, 50. *et ipse similiter emendans, provocat, tamquam ibi ex consuetudine Livii demonstratum esset,* educere *de mole, turri*

75

*etc. dici.* In subjectum viam campum deduxit 2, 38. Duci se extemplo ad consules jubet, deductusque traditurum urbem promittit 9, 24. (*de transfuga.*) Ab Argis ceterisque oppidis præsidia omnia deducerentur 34, 35. Quod — finibus Attali exercitum deduxisset 32, 27. Macedonas in societatem belli — censeo deducendos *esse* 36, 7. Quasdam civitates dissentientes in causam deductas 42, 38. Gesturum se illis morem posteroque die in aciem deducturum 3, 62. *Usitatius* educere *in a: vid. Intt. ad h. l.* Instruunt aciem deductam in cornua 5, 38. Vid. *Diducere.* Sollemne ab ipso, cui fit, institutem Deo, ab nobilissimis antistitibus ejus sacri ad servorum ministerium — deduxisti 9, 34. Ipsa vestigia quærentem dominum eo deductura erant 1, 7. Exercitus — deductus in campos 1, 28. Exercitu mature in hiberna — deducto 43, 9. Inter ceteros, quos virtutis causa secum ex provincia ad triumphum deducebat, deductus suam 42, 34. Quum — in hospitale cubiculum deductus esset 1, 58. Naves — deducere ex navalibus 41, 9. Non in loca iniqua incaute (*se*) deductum 26, 3. Suessa et Pontiæ — coloniæ deductæ sunt 9, 28. Aquileia colonia Latina eo anno in agro Gallorum est deducta 40, 34. Ut Latinæ duæ coloniæ, una in Bruttios, altera in Thurinum agrum deducerentur 34, 53. Vid. *Drakenborch. ad* 39, 44. *Omnino* deducere *verbum proprium est in hoc genere; id quod vel ex* 34, 45. *Intelligi potest, ubi sexies, parvis intervallis, idem vocabulum repetitum legitur. conf.* 9, 46. De capite deducite, quod usuris pernumeratum est 6, 5. *i. e. detrahite.* Deducere candidatum (35, 10.) *quid sit, doceat Clavis Cicer. in h. v.* Celebratas esse utraque nuptias gratulatione donisque innumerabilium legationum, et velut auspicibus nobilissimis populis deductas esse 42, 12. Uni nuptam, ad quem virgo deducta sit 10, 23. *Sic proprie dicitur; sed et in deteriorem partem, quemadmodum* perducere. Vid. *Drakenborch. ad* 26, 50. Deducti in comitio virgisque — cæsi de saxo dejiciuntur 25, 7. Vix deducta summa arena erat 44, 33. *scil. a scrutantibus aquam in monte.*

DEESSE 3, 50. Nec illius (*Virginii*) dolori, nec suæ libertati se defuturos. *h. e. se non neglecturos esse illius dolorem, sed ultoros; suam autem libertatem se adjuturos et asserturos.* Quod ubi accepit Hannibal, ne tempori deesset, dat signum ad trajiciendum 21, 27. Pro *ne tempus opportunum præterlabi pateretur.* Armatus intentusque sis, neque occasioni tuæ desis 22, 39. Immolanti caput jecinoris defuit 30, 2. *i. e. non apparuit.* Neque legi suæ latorem — — defore 3, 46. Ibi numquam causas seditionum et certaminis defore 45, 18.

DEFECTIO 28, 26. An plurium sup-

plicio vindicanda tam fœdi exempli defectio magis, quam seditio, esset. Adparet, haud parvas vires defectionem habuisse 7, 42. In defectione totam Italiam esse 23,12.

DEFENDERE 39, 24. Quia libertatis causam defendissent ab regio præsidio. Quam vi se defendisset 1, 5. Quod me armis adversus — socium — defenderim 42, 41.

DEFENSARE 26, 45. Mœnia ipsa sese defensabant. *Drakenborchius malebat* defendebant.

DEFERRE 5, 25. Aurum et omnia ornamenta sua in ærarium detulerunt. Vid. *Drakenborch. ad* 29, 39. *alias* deferre ad ærarium *de singulis proprie dicitur.* Vid. *Referre.* In ærarium ad quæstores delaturus 40, 41. Conjunctis exercitibus dictator ac magister equitum castra in viam deferunt; qua Hannibal ducturus erat 22, 15. Fuga regem eo defert 36, 20. *tropo sumto a tempestate, qua* delati *navigantes dicuntur v. c. ad scopulos.* In campos delata acies 9, 37. Delata confestim materia omnis infra Veliam 2, 7. *Deferuntur* (*in lembum*) quæ ad usum necessaria erant. *Defertur* et pecunia, quanta clam *deferri* poterat 45, 6. Ruinaque tota prolapsa acies in præceps deferri 5, 47. *conf.* 44, 5. Ad unum omnes Numæ — regnum deferendum decernunt 1, 18. *conf.* 28, 27. Literæque ei datæ sunt — in Hispaniam — deferendæ 40, 41. Soli non habebant super capita delata scuta 44, 9. *f.* elata. [*Sic Drakenborchius, nulla notata lectionis varietate; ut nesciam, quid Ernestius sibi voluerit.*] Quasdam forma excellente — domos deferebant 1, 9. Qui captus omnibus membris delatus in curiam esset 2, 36. Eadem fortunæ pignora in discrimen detulisset 9, 18. Tibi lauream insignem deferre cupimus milites 7, 13. Deferre judicium conjurationis ad magistratus 24, 24. Delata res ad senatum 21, 6. *Nisi vero cum nonnullis* relata *malis, rectius quidem, nam* referre ad senatum *de consulto senatu dicitur;* deferre *autem, quam quid, ut innotescat senatui, commemoratur. Ceterum hæc duo sæpius a librariis confusa sunt.* Vide *Drakenborchium ad illum locum.* Consules quam ad Patres rem dubiam sub auctore certo detulissent 2, 37. Ad deferenda de Perseo crimina 42, 11. Pacem deferre hostibus 23, 13.

DEFICERE 31, 7. Numquam isti populi, nisi quum deerit, ad quem desciscant, non deficient. *Hæc non est defectio propria dicta, sed societas inita cum hostibus, a qua nullo fœdere arcebantur.* Ad spem amicitiæ Romanorum deficere 32, 5. Illis legibus populus Romanus prior non deficiet. Si prior defexit etc. 1, 24. Quod primus a patribus ad plebem defecisset 6, 20. Lunam defecturam esse 44, 37.

DEFIERI 9, 11. Numquamne causa desiet, cur victi pacto non statis?

DEFIGERE 21, 33. Utraque simul objecta res oculis animisque immobiles paramper eos defixit. *i. e. ut fierent immobiles.* Tacita mœstitia ita defixit omnium animos 1, 29. Quum stupor silentiumque inde ceteros Patrum defixisset 6, 40. *conf.* 3, 47. *Ubi vid. Drakenborch.* Defigi torpidum stupore ac miraculo 22, 53. Defixerat pavor cum admiratione Gallos 7, 10. Quum silentio defixi stetissent 8, 7. Vid. *Admiratio, Silentium, Superne.*

DEFLAGRARE 10, 44. Eodemque die Aquilonia et Cominium deflagravere. *conf.* 5, 53. Si decemviri finem pertinaciæ non faciunt, ruere ac deflagrare omnia passuri estis? 3, 52.

DEFLECTERE 39, 27. Philippum novam postea deflexisse viam, qua Maronitarum urbes agrosque amplectatur. *Scil. muniendo.*

DEFLERE 29, 4. In hæc deflenda prolapsos ab recenti nuncio animos.

DEFLORESCERE 6, 23. Cum corporibus vigere et deflorescere animos.

DEFLUERE 41, 15. Bovis sescenaris, quem immolavisset, jecur defluxisse. *h. e. in liquorem abiisse, secundum Gutherii interpretationem; quæ* defluendi *verbum, de sententia Perizonii, cum* diffluendi *voce confundit; quamobrem* diffluxisse *legi vult. Sed commodissime explicatur per* evanescere, perire, *quo sensu hoc verbum apud Ciceronem passim dicitur. Vide Clav. Cicer. Sic in victima Cæsaris, auctore Suetonio, idibus Martiis, cor non repertum est; nempe* defluxerat. *Nec quidquam equitis vulnere equo retardato, moribundus Romanus, labentibus super corpus armis, ad terram defluxit 2, 20.

DEFODERE 3, 33. Defosso cadavere domi apud P. Sestium.

DEFORE. Vid. *Deesse.*

DEFORMARE 9, 30. Deformatum ordinem prava lectione senatus. Tempestas — falminibusque complura loca deformavit 40, 45.

DEFORMATIO 9, 5. A consulibus abire lictores jussi, paludamentaque detracta — ut — ab illa deformatione tantæ majestatis — averteret oculos.

DEFORMIS 38, 52. Ut sub rostris reum (*Scipionem*) stare — populo Rom. magis deforme, quam ipsi, sit. Quod vix Albanorum oculi tam deforme spectaculum ferre possent 1, 26. Solum patriæ deforme belli malis 5, 49. Aliamque orationem, non tam honorificam audientibus, quam sibi deformem, habuisse 45, 44. *cf.* 34, 2. Deforme agmen 9, 6. *de inermibus et sub jugum missis.* Deformis turba, velut lixarum calonumque 41, 3. *Similiter Tacitus Annal.* 4, 20. Deforme obsequium *dixit pro servili, humili.*

DEFORMITAS 2, 23. Noscitabatur tamen in tanta deformitate. Ipsa deformitas Plemimii, memoriaque absentis Scipionis favorem ad vulgum conciliabat 29, 22.

DEFUGERE 5, 38. Circa ripam Tiberis, quo armis abjectis totum sinistrum cornu defugit. *i. e. fuga declinavit. Gronovius legi volebat* diffugit. *Illud melius, opinor.*

DEFUNGI 5, 5. Quanto est minus opera tueri facta, et instare et perseverare, defungique cura. *Eleganter hoc verbum subinde dicitur de incommodo levi vel jactura. Sic et* 29, 1. Defungi pœna levi. *it.* 2, 35. Adeo infensa erat coorta plebs, ut unius pœna defungendum esset Patribus. Vicisse Romanos defunctos consulis fato 10, 29. Defuncta civitate plurimorum morbis, perpaucis funeribus etc. 4, 52. Quonam modo enim Hasdrubalem ac Magonem, nisi defunctos suo bello, sine certamine adducere exercitum potuisse 25, 35. *Sic* 1, 25. Defungi prœlio.

DEGENER 25, 40. Mutinem sibi modum facere, degenerem Afrum imperatori Kàrthaginiensi, misso ab senatu populoque.

DEGENERATUM 1, 53. *Substantive i. q. animus degener:* Quin ea arte æquasset superiores reges, ni degeneratum in aliis huic quoque decori officisset.

DEGRAVARE 3, 62. Degravabant prope circumventum cornu. *i. q. opprimebant. cf.* 4, 33. Consul non ultra castra insequutus, quia et vulnus degravabat etc. 7, 24. *i. e. molestum erat et impediebat.*

DEGREDI ad pedes 29, 2. *De equitibus dicitur, quum descendunt equis, ut pugnam pedestrem capessant.* Alia in campum degressis supererat moles 7, 24. Degressus ex arce 5, 52. Degressum eum templo (*tribunali*) lætus senatus — circumfusi — prosequuti sunt 8, 35.

DEGRESSUS sociorum 1, 27. [*Sed ibi legitur* digressus: *quod non erat cur Ernestius mutandum censeret.*]

DEHINC 1, 59. Quacumque dehinc vi possum.

DEHISCERE 29, 2. Dehiscens intervallis hostium acies.

DEHONESTARE 41, 6. Famam, quod indignum sit, maculari dehonestarique.

DEJECTUS 9, 2. Angustias — septas dejectu arborum saxorumque ingentium objacentem molem invenere.

DEJICERE 23, 47. Equum in viam Claudius dejecit. *i. e. demisit e superiori loco.* Reum — de saxo dejecit 5, 47. Tribuni de saxo. Tarpeio dejecerunt 6, 20. Virgisque cæsi de saxo dejiciuntur 25, 7. Quæ Gallorum agmen ex rupe Tarpeia dejecit 7, 10. *Ex* tot castellis aliquando altioribus et munitioribus — priore anno *dejectos* 44, 35. Cum vento tempestas coorta signa ænea in Capitolio dejecit 40, 2. Dejiciunt se venti a montibus 29, 6. Prohibuit fœda tempestas cum grandine ac tonitribus cœlo dejecta 2, 62. Classis — fœda tempestate vexata ad Baliares insulas dejicitur 23, 34. *i. e. vi ventorum e cursu* depellitur. *cf. cap.* 40. Vide *Intt.* ad 44, 19. Gallus — in advenientis arma hostis vanum cæsim cum ingenti- sonitu ensem dejecit 7, 10. Elatam securim in caput (regis) dejecit 1, 40. Prætorio dejecto, direptis, quæ ibi fuerunt etc. 41, 2. Dejectis qui in præsidio erant 4, 53. Dejectis hostium præsidiis novum iter aperui 44, 39. cf. cap. 35. Dejectis hostium castris — prædamque ibi — vendiderunt 25, 14. De possessione imperii vos dejicere conatus 45, 22. Quum — inimicum, eo quoque anno petentem, dejecisset 38, 35. conf. 3, 35. Coïerantque candidati omnes ad dejiciendum honore eum 39, 41. i. e. petito honore. Se certo consulatu dejectum 40, 46. Quum dejecta in id sors esset 21, 42. Dejectus ad caput aquæ Ferentinæ crate superne injecta saxisque congestis mergeretur 1, 51.

DEIN non præcedente primum, aut simili quo 34, 9.

DEINDE paullo latior patescit campus, inde colles assurgunt 22, 4. In Æquis nihil deinde memorabile actum 3, 3. cf. 39, 22. Deinde postea 41, 24. Deinde postquam ibi nemo vindex occurrebat, tum vero — accessere 3, 66. Incipite deinde mirari 4, 49. i. e. post talia, his factis ; cum vi aliqua. Funera deinde duo deinceps collegæ fratrisque ducit 2, 47. Ne quis deinde (posthæc) Manlius vocaretur 6, 20.

DEINCEPS 5, 51. Horum deinceps annorum vel secundas res vel etc. i. e. hujus annorum seriei. Deinceps interreges 6, 5. i. q. ordine sequuti, non, postea, cf. 6, 29. it. 27, 39. Deinceps omnis exercitus jurat 2, 45. Populari omnem deinceps agrum jussit 21, 52. Deinceps et urbes regionis ejus idem faciebant 44, 31. Postea deinceps 45, 14. — inde deinceps 1, 44. — Deinceps inde 5, 37. Ut duo continua regna viro ac deinceps genero dedisset 1, 47. de duobus tantum.

DELABI 37, 34. Quum reciperet sese, in eo delapsum tumultu ex equo etc.

DELECTUS 38, 1. Cum delectis Ætolorum, quod concilium esset gentis. Alibi 35, 34. Vocantur apocleti. Ibidem Livius addit : ita vocant sanctius concilium ; ex delectis constat viris. Drakenborch. h. l. consilium legi vult. Cum delectis equitibus extraordinariis 42, 58. Dukero delectis suspectum videtur ; nam extraordinarii omnes sunt delecti. Forte de glossa est. Creverius legit : cum delectis equitibus ex extraordinariis, intelligitque λελεγμένους Polybii, i. e. ex extraordinariis delectos, qui semper in castris, in agmine consulibus præsto fuissent.

DELECTUS 43, 14. Prodire ad delectum. it. in delectu prodire ibid. In civitate ira odioque ardente delectus prope omnium voluntariorum fuit 9, 10. cf. 9, 42. Ubi voluntariorum nullus delectus fuisse dicitur. Vid. infra in v. voluntarius. Præter delectum eorum, quos in supplementum mitti oportebat — quatuor scriptæ legiones sunt, intraque undecim dies delectus est perfec-

78

tus 42, 15. it. confloere 25, 5. Vid. edicere. it. indicere. Ut delectum quam acerrimum habeant 2, 28. Neque eo minus aut hos aut illos in delectum militum dare 41, 9. Delectusque et justitium indictum 7, 6.

DELEGARE 29, 22. Patefacto dein scelere (Pleminium delegatum in Tullianum etc. sc. carcerem i. e. missum amandatum e. i. g. a. Delegata primoribus pugna 7, 8. Samniti — delegata pugna 10, 27. Nempe quum plures populi unis castris continerentur. Delegata obsidione in curam collegæ 9, 13. cf. 5, 20. Ut omne rei bene aut secus gestæ in Etruria decus dedecusque ad Volumnium sit delegatum 10, 19. i. e. delatum, rejectum, ei assignatum. cf. 21, 46. Vide B. Patruum in Excurs. ad Sueton. Tib. cap. 16. Ipsum dictatorem fugere invidiam ex eo criminaque. Eo delegasse ad senatum 5, 20. i. e. ideo dictatorem permisisse rem senatui. Fortunæ loci delegaverant spes suas 6, 28. Adversæ casibus incertis belli et fortunæ delegare 28, 42. Vid. Intt. ad h. l. Ministerii delegandi caussa 9, 29. de sacrificio. Omnino delectantur, præter Livium, alii latinitatis auctores usu hujus verbi tropico e re pecuniaria petiti, quum quidem a debitoribus non repræsentatur pecunia h. e. ex arca solvitur, sed per delegationem, h. e. per alios, ipsorum nomine. Vid. Clav. Cicer. in h. v.

DELENIMENTUM 4, 51. Aptissimum tempus erat — delenimentum animis Bolani agri divisionem objici. Vid. delinimentum.

DELENIRE eleganter habet significationem capiendi animi et corrumpendi suavitate aliqua, ut philtra. 7, 38. Capua instrumenta omnium voluptatum delenitos militum animos avertit a memoria patriæ. Vid. delinimentum. it. delinire.

DELERE 9, 45. Nomen Æquorum prope ad internecionem deletum. Ubi satis placuere vires, et jam miles quoque, ad delendam priorem ignominiam, hostem poscebat 39, 30.

DELIBARE 4, 12. Cur primus ac potissimus ad novum delibandum honorem sit habitus.

DELIBERATIO 1, 23. Fuerit ista ejus deliberatio, qui bellum suscepit (decisio.)

DELICTUM 8, 7. Nos potius nostro delicto plectimur, quam respublica tanto suo damno nostra peccata luat.

DELIGARE 8, 7. Deliga ad palum. Stabant deligati ad palum nobilissimi juvenes 2, 5.

DELIGERE 9, 26. Dictator deligendus exercendis quæstionibus fuit. i. q. eligendus, dicendus, quod proprium in eo negotio verbum est. conf. 3, 56. 29, 20. Quem ex collegis, optione a senatu data, socium sibi imperii delegerit 8, 33, conf. 24, 8. Centurionum robora ex toto exercitu delegit 24, 46. Vid. Drakenborch, ad. 9, 17. Quemcunque alium generum delegisset 1, 40.

DELINIMENTUM *prorsus idem sibi vult; quod delenimentum; eademque ratio est verborum* delinire *et* delenire. *Sonuda sunt Drakenborchii, discrimen inter hæc verba statuentis, adversante quidem linguæ natura. Nempe* delenimentum *placandi, mitigandi, significatum habere dicit ad* 7, 38. *Contra* delinimentum *obtinendi atque imbuendi sensum dare. cf. ad* 5, 31. *Parumque abhorruisse videtur ab hac opinione, ut a* delinere *(unde scilicet est* delitus) delinimentum *derivaret. Itaque quum id fieri non posse, dum animadverterunt ad* 39, 11. *Darai, in mentem ei venisset, a verbo* linire delinimentum *derivat; sed ipse agnoscit,* linire *esse verbum recentius. Nihilo tamen secius confirmat illud horum vocabulorum discrimen. Recte. Nam sic scilicet* intelligere *et* intellegere *differunt. Sed satis de argutiis. Unus Horatii locus refutat Drak. Carm.* 3, 1, 41. sqq. *Quodsi dolentem nec Phrygius lapis. Nec purpurarum sidere clarior* delinit *usu etc. Rectius paullo de de-* linimentis *sensit Duberus ad* 39, 11. *quem vide. cf. B. Patruus ad Tacit. Agric. cap.* 21. *ubi diserte* porticus et balnea et conviviorum elegantia, *tamquam delinimenta vitiorum commemorantur.* Hispala concubitu carere eum decem noctes non posse, illius excetræ delinimentis et venenis imbutum 39, 11. Illam furiam pestemque omnibus delinimentis animum suum avertisse atque alienasse 30, 13.

DELINIRE 4, 13. Largitiones frumenti facere instituit: plebemque hoc munere delinitam etc. Præda delinire popularium animos studebat 1, 57.

DELINQUERE 1, 32. Latini adversus populum Romanum deliquerunt.

DELUBRUM 30, 20. Multis Italici generis (quia in Africam sequuturos abnuentes concesserant in Junonis Laciniæ delubrum, inviolatum ad eam diem) in *templo ipso fœde interfectis. conf.* 29, 18.

DEMANDARE 8, 36. Curam eorum — legatis demandavit.

DEMERE 34, 54. Demptum ex dignitate populi, quidquid majestati Patrum adjectum esset. conf. 3, 33. Ut de stipendio equitum — æra demerentur 7, 41. cf. 3, 33. Clipeaque de columnis — demsit 40, 51. Vinctis quoque demta in eos dies vincula 5, 13. Deme terrorem Romanis 1, 12. Moderatio tribuni metum Patribus demsit 3, 59. Et prætori et consilio haud mediocre onus demtum erat de Scipione cognoscendi 29, 21. Ut — omnia invitis (sibi) jura imposita (a plebe) Patres demererent sibi 9, 34. Plus enim dignitatis comitiis ipsis detractum est — quam virium aut plebi additum est, aut demtum Patribus 2, 60. Eam se contumeliam injuriamque, ni sibi ab iis, qui fecerint, dematur etc. 8, 23. Et simul ex omnibus locis ad castra recipienda demandamque ignominiam rediri cœptum est, 41, 3. conf. 2, 6.

DEMERERI 8, 18. Demerendi beneficio tam potentem — civitatem.

DEMERGERE 2, 29. Totam plebem 'ære alieno demersam esse. Demersam partem a parte civitatis 6, 27. (per æs alienum.) Plebis, in fossas cloacasque exhauriendas demersam 1, 59.

DEMIGRARE 2, 10. Pro se quisque in urbem ex agris demigrant. Tardius ex agris demigrantes oppressi — perierunt 41, 18. Ocius demigrare Pydnam cogit 44, 6.

DEMINUERE 4, 24. Quanquam deminutum censuræ jus noluissent. Papirius nihil de ejus jure deminuturum 8, 34. Cædibus regis deminutum Patrum numerum ad trecentorum summam explevit 2, 1. Quam quod deminutum quidquam sit ex regia potestate 2, 1. Vid. *diminuere.*

DEMISSIOR 4, 44. Nihilo demissiore animo — caussa ipsa pro se dicta — damnatur.

DEMITTERE agmen 9, 2. scil. de monte. Sic et cap. 27. Oppos. erigere. Inclinavit sententia, suum in Thessaliam agmen demittere 32,13. Nisi legendum cum Gronovio demitteret. Principio levem armaturam demittit; deinde conferto agmine mittit equites; postremo, quum hostibus quoque subsidia mitti videret etc. 22, 28. Navem demissam secundo amni Scodram demisit 44, 31. Aquila suspensis demissa leniter alis 1, 34. De cœlo demissus 10, 8. Ancilia cœlo demissa 5, 54. Demissam jam in discrimen dignitas 3, 35. i. e. vacua, iterum aliis conferenda. Pleminius in inferiorem demissus carcerem est, necatusque 34, 44. Præsenti vultus demittere, tacita prætereuntes exsecrari 2, 58. Consul demissis in terram oculis, tacitus ab incertis, quidnam acturus esset, legatis recessit 9, 38. Vid. Virgil. Æn. 7, 249. it. defigere.

DEMOLIRI 42, 3. Quod, si in privatis sociorum ædificiis faceret, indignum videri posset, id Deûm immortalium templa demolientem facere.

DEMONSTRARE 28, 33. Dat, qui itinere eum cura demonstrent.

DEMORI 40, 19. Tantum hominum demortuum esse.

DEMOVERE 6, 32. Hostes gradu demoti. Quod demovendis statu suo sacris religionem facere posset 9, 29.

DENIQUE 5, 6. Ut *non obsidionis tædio, non* denique *regni quidquam apud eos novatum sit, non negata auxilia ab Etruscis irritaverint animos. Non plane inusitatum est, ne apud Ciceronem quidem,* denique *in enumerando poni secundo loco, quod rectius non nisi tertio membro præfigi solet; nisi vero plura tribus enumerentur. Hoc autem loco magis offendit* denique *alteri non adjectum, quod sequitur tertium* non. *Huc igitur denique illud rejiciendum videri possit. Forte librariorum vitio transpositio facta est. Qui* non civium, non denique hominum numero essent 4, 56. An credi posse, ullum populum, aut hominem denique etc. 3, 21.

DENOTARE 4, 55. Haud dubie Icilios denotante senatu.

DENSARE 44, 9. Sentis super capita densatis. *conf. Tacit. Annal.* 2, 14.

DENUDARE judicium suum 42, 43. *i. e. non obscure significare, quibus faveas.* Denudavit mihi consilium suum 44, 38.

DENUNCIARE terrorem 24, 37. *scil. factis.* Denunciare se Icilio similibusque Icilii, neque legi suæ latorem, neque decemviro constantiam defore 3, 46. Si leniter agendo parum proficerent, denunciarent Samnitibus, ut Capua — abstinerent 7, 31. Dictator — magistro equitum denunciavit, ut sese loco teneret 8, 30. Denunciare per vico urbesque, quæ viæ propinquæ sunt, cœpit, ut commeatus expedirent 44, 26. Legati — venerant, denunciatum Fabio, — ne saltum — transiret 9, 36. Denunciavit populo — Macedonum exercitum cæsum fusumque etc. 45, 1. *Rarius in bonam partem dicitur, ut* 45, 32. Ludicrum, quod ex multo ante præparato, et in Asiæ civitates, et ad reges missis, qui denunciarent etc.

DENUNCIATIO 2, 36. Primum honoris diem denunciationis ingentis terroris insignem fecere. Hæc directa percunctatio ac denunciatio belli, 21, 19. Cum Perseus — Græcas urbes, alias obsideret, alias denunciatione armorum terreret 45, 3.

DEPELLERE 23, 8. Nec eum — patria majestas sententiæ depulerat. Qui a singulis vobis vincula depuleram 6, 18. Depulsus magna spe 31, 25. *i. q. dejectus, destitutus.* Ea spe depulsus 41, 23.

DEPENDERE 42, 28. Mane ingressi cubiculum servi laqueo dependentem invenere.

DEPERIRE 27, 15. Ejus præsidii præfectus deperibat amore mulierculæ.

DEPLORARE 29, 31. Deplorabant ea apud Syphacem Karthaginienses. Deplorata spes est 26, 12. Quum — deploratum pæne Romanum nomen in concilio sociorum fidelium esset 9, 7. Jam enim agros deploratos esse 41, 6. *Forte legendum depopulatos.* [*Temeraria novandi libido! Vulgata longe efficacior.*] Suam quisque spem, sua consilia, communibus deploratis, exsequentes 5, 40. Quum sibi nihil vivi reliquum præterquam, linguam, ad deplorandas patriæ suæ calamitates, præfatus esset 43, 7.

DEPONERE 5, 2. Militem Romanum — ne hiemis quidem spatio — arma deponentem. Cœptum bellum — triennio prius depositum erat 31, 1. *cf.* cap. 31. Contentionem — tribunos — totam deposituros 4, 6. Secundum deposita certamina *ibid.* Causas certaminum deponere 32, 35. Corinthum, ubi deponerentur obsides, convenitur 42, 5. Ubi pecunia (*Persei*) deposita erat 44, 6. Eam pecuniam perfecta re daturum; interea Samothracæ in templo depositurum 44, 25. Ut plerique nobilium annulos aureos et phaleras deponerent 9,

46. *Vid. Virgil.' Æn.* 11, 89. Coronam Romæ in aram Apollinis deposuisse 23, 11. Vid. *Corona.* Deposito suo magistratu, modo aliorum magistratui imposito 4, 24. Deponere imperium 2, 28. (*De consulatu; quamquam Coss. delectum habebant.*)

DEPOPULARI 5, 4. Agros nostros millies depopulati sunt. *cf.* 10, 12. *it.* 22, 13. Veientes depopulatos extrema agri Romani 4, 1. Privernates — Norbam atque Setiam — incursione subita depopulati sunt 7, 42. Late depopulato agro 9, 36. Ex regno ejus omnes naves esse, quæ superimaris oram depopulatæ essent 40, 42. Questus, Alpinorum populorum agros sociorum suorum depopulatum C. Cassium esse 43, 5.

DEPOPULATIO 43, 23. Macedones ad depopulationem profecti.

DEPORTARE 43, 6. Se ad mare devecta habere (*frumenta,*) ut, quo senatus censuisset, deportarent. Pleminium legatum vinctum Romam deportari placere 29, 19. Et quem, si deportandus exercitus victor ex Africa esset, deportare 30, 40. *Scil. eum juberent. cf.* 39, 38. *Vid. Clav. Cicer. in* A. v. Ut Q. Fulvio decedenti de provincia deportare inde exercitum — liceret 40, 35. Ut — ipsique decedenti de provincia exercitum secum deportare liceret 41, 17. Si quando non deportati ex provincia milites ad triumphum sint, fremunt 45, 38.

DEPOSCERE 21, 6. Ad ducem ipsum, in pœnam fœderis rupti, deposcendum. Auctorem culpæ et reum criminis deposcunt 21; 10. Ad Clœliam obsidem deposcendam 2, 13. Asperrima quæque ad laborem periculumque deposcimus 25, 6. Si sint duæ roboris ejusdem in urbe gentes, deposcant, hæc Volscos sibi, illa Æquos 2, 49. *i. e. desumunt sibi bello petendos. Delectari videtur Livius hac voce, quæ in re gladiatoria proprie dicitur.*

DEPRAVARE 45, 23. Qui plebem nostram consiliis depravarent.

DEPRECARI 6, 21. Eaque cunctatio colonis spatium dederat deprecandi senatum. Quum ad pericula ejus deprecanda redisset 3, 58. Si quid scelerate in fratrem admisi, nullam deprecor pœnam 40, 15.

DEPRECATOR 44, 14. Iis pollicitum deprecatorem apud senatum futurum.

DEPREHENDERE 38, 21. Et erant deprehensi genere pugnæ, in quod minime apti sunt. Pro speculatore deprehensus 27, 11. Nisi gladiis deprehensis, cetera vana existimaturi 1, 51. Ut literæ legatis darentur, quæ deprehensæ rem coarguere possent 2, 4. Ne forte deprehensus a custodibus Romanis retraheretur ut transfuga etc. 2, 12. Ratus ad juvandas sociorum urbes longius ab castris abstractos deprehendi Romanos posse 42, 56.

DEPRENDERE 42, 17. Se daturum, quod nec in dando nec datum ullo signo deprendi posset (*de veneno.*) Quinqueremem satis credens deprensam rapido in freto, in adversum æstum reciprocari non posse 28, 30. Litteris ad Persea deprensis 42, 51. *i. e. interceptis.*

DEPRIMERE 3, 65. Æquari velle simulando ita se quisque extollat, ut deprimat alium. *cf.* 30, 36. *it.* 37, 53.

DEPUGNARE 9, 39. Acie depugnatum est. Depugnatumque haudquaquam certamine ambiguo cum Gallis est 7, 26. *et ibid.:* duorum militum eventum, interquos pugnatum est. *cf.* 10, 37.

DEREPENTE 21, 41. Experiri juvat, utrum alios derepente Karthaginienses per viginti annos terra ediderit. [*Editiones pleræque omnes, etiam Drakenborchiana,* repente: *idque præstat.* Derepente *in Livio alibi frustra quæras.*]

DERIDICULUM 39, 26. Alterum deridiculum esse, se reddere rationem etc. *i. q. valde ridiculum. Vox Tacito etiam aliquoties usurpata, v. c. Annal.* 12, 49. Pelignus ignavi animi, et deridiculo corporis juxta conspiciendus. *Sic* deparcus *etiam dictum est pro* admodum parcus. *Similiter* detegere, deamare (*quod occurrit etiam apud Terentium,*) adamare, *pro* accurate, *impense* legere, amare, *dicitur. Virgil. Æn.* 1, 157. Defessi Æneadæ. *it. ibid.* 106. Unda dehiscens, *Servio explicante* valde hiscens. *Sic* defatiscor *Plin. H. N.* 17, 2. *Vid. Gesner. in* defetiscor.

DERIVATIO 5, 15. Exsequebatur inde, quæ sollemnis derivatio esset. (*De lacu Albano rite emittendo.*)

DEROGARE 7, 6. Ubi certam derogat vetustas fidem.

DERUPTUS 21, 33. Deruptæ angustiæ. *it.* ripæ 37, 39. In derupta præcipitati 38, 2.

DESCENDERE 23, 29. Omnibus copiis in campum descensum est. Ad Alexandriam modicis itineribus descendit 45, 12. Qua descendere ad forum rex solebat 24, 7. *cf.* 34, 1. Arcem regium tenebat præsidium; neque ut descenderent inde — pelli potuerunt 32, 32. Samnites Tifata, imminentes Capuæ colles, quum præsidio firmo occupassent, descendunt inde quadrato agmine in planiciem, quæ Capuam Tifataque interjacet 7, 29. *Hinc, naturæ rei accommodate, sæpissime dicitur* in aciem descendere, *v. c.* 9, 14. *Plerumque certe ante pugnat tutiora, h. e. altiora, loca occupata et insessa fuere.* In ultimo etiam certamine, quum descensum in aciem est, 8, 8. In aciem armati descenditis 24, 8. Cui, (*Philippo*) si semel in caussam descenderit, nihil integri futurum sit 36, 7. Vid. *Deducere.* Non prius, quam deseri urbem videant, curam *in* animos Patrum descensuram 3, 52. Qui (*metus deorum*) quum descendere *ad* animos — non posset 1, 19. Descendere *ab* Janiculo 2, 14. Numquam propter me *de* cœlo descendent 6, 18. Per-

seus — in concionem processit — sed aliquoties dicere incipientem quum lacrimæ præpedissent; quia ipse dicere nequiit—— *de* templo descendit 44, 45. Locum, qui nunc septus descendentibus inter duos lucos est, asylum aperit 1, 8. Quum plebs in foro erecta exspectatione staret, mirari primo, quod non descenderet tribunus 2, 54. *Scil. in forum. Sic sæpissime, v. c.* 3, 48. Descendit ferrum in corpus 1, 41.

DESCISCERE 9, 16. Quibus invitis descitum ad Samnites erat. Quum Fidenæ aperte descissent etc. 1, 27. Qui a suis descissent 6, 35. Ne Karthaginiensium socii aut sollicitarentur ad defectionem, aut sua sponte desciscentes reciperentur 21, 19. Ad eos Murgantinos desciverunt terræ 26, 21.

DESCRIBERE 1, 32. Jus ab — Æquicolis descripsit. Descripto ad tibicinem cantu 7, 2. Frumentum ædiles curules quaternis æris vicatim populo descripserunt 30, 26. *i. e. diviserunt. Vid. Drakenborch. ad* 31, 34. Ad cursum lunæ in duodecim menses describit annum 1, 19. [Classes centuriasque et hunc ordinem ex censu descripsit 1, 42.] Regionatimque generibus hominum, caussisque et quæstibus, tribus descripserunt 40, 51. In quatuor urbanas tribus descripti erant libertini 45, 15. Legiones conscriptæ — legiones urbanas scripturum — Iis quindecim millia peditum et quingentos equites, pro numero cujusque juniorum, descripsit 34, 56. Quum eas legiones quatuor descripsissent 39, 38. *Vel potius de sententia Gronovii, Drakenborchio et Creverio probata:* in eas legiones. *Est autem* describere in legiones *i. q. tirones dispertiri per legiones easque supplere.*

DESCRIPTIO 4, 4. Census in civitate et descriptio centuriarum classiumque non erat.

DESECARE 42, 64. Spicas fascibus desecare. *i. e. de fascibus stramenti desecare spicas.* Desectam cum stramento segetem — fudere in Tiberim 2, 5.

DESERERE 5, 2. Hæc omnia in profano deseri placet sacra? *Perquam aspere dictum pro* relinqui. Auctores signa relinquendi et deserendi castra 5, 6. *f.* signa deserendi et relinquendi castra. *Sed tamen præcedunt hæc:* qui signa relinquit, aut præsidio decedit. Quos vires sanguisque desereret 25, 14. Qui aut citati non affuerant, aut vades deseruerant 39, 41. *i. e. sponsoribus suis in re capitali defuerant, nec ad caussam dicendam præsto fuerant, ut vadum fidem liberarent. Vid. Intt. ad h. l.* Ne sacra regiæ vicis desererentur 1, 20. Romanas legiones jam spes tota, nondum tamen cura deseruerat 1, 25. Ut non deûm aut belli deseramus curam 24, 8.

DESERTIO 41, 24. Cur exsecrabilis ista nobis solis velut desertio juris humani est. *Scilicet Achæi finibus suis interdixerant*

*Macedonibus. Hoc decretum eorum, humanitati contrarium, eleganter dicitur* desertio etc.

DESES 3, 68. Sedemus desides domi. *cf. cap.* 7. Nec rem Romanam umquam tam desidem fuisse atque imbellem 21, 16.

DESIDERABILIS 24, 5. Velut suis vitiis desiderabilem efficere vellet avum.

DESIDERE *Praef.* Labente deinde paullatim disciplina, velut desidentes primo mores sequatur animo; deinde ut magis magisque lapsi sint; tum ire cœperint præcipites. *Tribus gradibus hæc tria differunt. Sunt autem desidentes mores paullatim labi incipientes.* Terra — caverna ingenti desederat 32, 9. *Sic dicitur proprie de labe terræ. Vid. Drakenborch. ad h. l.*

DESIDERIUM 2, 2. Ne ubiubi regum desiderium esset, regem sacrificulum creant. *i. e. ne qua plebi occasio relinqueretur ministerii regis requirendi, quam deesset, qui vice ejus fungeretur.* Ut tædio præsentium consules duo tandem et status pristinus rerum in desiderium veniant 3, 37. Cibi potionisque desiderio naturali, non voluptate, modus finitus 21, 4. Desiderium parentum ac patriæ explere 1, 9. *h. e. efficere, ne quis eos desideret, eorumque operam suscipere.* Quæ vos, quum reliqueritis, macerent desiderio 5, 54.

DESIGNARE 1, 10. Designavit templo Jovis fines. *cf. cap.* 35. Quod ex ea tantum præda, quæ rerum moventium sit, decuma designetur 5, 25. Nulla ignaviæ nota leviore vos designari potuisse 24, 16, *i. e. insigniri, conspicuos reddi.*

DESINERE 42, 49. Ipsius Persei numquam, ex quo regnum accepisset, desitum belli exspectatione celebrari nomen.

DESISTERE 7, 40. Vos Romanus exercitus ne destiteritis impio bello?

DESPERARE 10, 14. Samnites, desperato improviso tumultu, quando in apertum semel discrimen evasura res esset, etc. Quia non desperabat voluntariam deditionem 23, 14. Desperato jam colloquio 42, 25.

DESPERATIO futuræ sibi postea fidei 3, 2. Siciliam nimis celeri desperatione rerum concessam 21, 1. A primis desperationis notis 40, 56. (*De moribundo Philippo.*) Desperatio rerum suarum 42, 30.

DESPICERE 44, 6. Ut despici vix sine vertigine quadam simul oculorum animique possit.

DESPOLIARE. Vid. *Dispoliare.*

DESPONDERE 1, 26. Quæ desponsa uni ex Curiatiis fuerat. Filiamque ei suam rex despondit 1, 39. Nec jam ipsi solum desponderant animos 3, 38. *cf.* 26, 7. *it.* 31, 22. Plebem secum trahere haud dubium consulatum spe et favore despondentem 4, 13. *i. e. spondentem, sibi destinantem.* Jam velut despondente fortuna Romanis imperium Orientis 26, 37.

DESPUI religio est 5, 40.

DESTINARE 9, 16. Parem destinant

animis Magno Alexandro ducem (*Papirium.*) *cf.* 28, 24. Si hoc bene fixum omnibus destinatumque in animo est 21, 44. Præter opinionem destitutam suorum hostiumque 28, 14. Sic, monente Duhero, apud Ciceronem Tuscul. 2, 2. Dicitur destinata sententia. Quem (*Scipionem*) modo civitas — ad imponendum Punico bello finem creavegrit consulem, spe destinaverit Hannibalem ex Italia detracturum etc. 29, 20. Quin Fabius omnium consensu destinatur (*consul*) 10, 22. Subsidiisque destinata impedimentis data, ne — in ea impetus fieret 23, 16. *Jac. Gronovio videtur destinatus pro assuetus dici; eorum Oratorie expungendum aut destinata aut data.* Ex his ducentos viginti quinque, qui omnium consensu destinabantur et infandæ colonorum cædis, et defectionis auctores, vinctos Romam deducunt 9, 24. *i. e. credebant omnes, utriusque facinoris reos illos esse.* *cf.* 8, 13. Animis auctorem destinabant cædis 33, 28. *cf.* 7, 33. Cui sortito provinciam, cui proficiscenti præangientibus animis victoriam triumphumque destinavimus 45, 39. Si Cretenses bene ac graviter destinarent, potiorem populi Romani, quam regis Persei amicitiam habere etc. 43, 7. *i. e. statuerent.* Quas urbes direpturos se destinaverant 24, 2. *i. e. constituerant.* Et stantes (*Galli*) quo densiores erant, hoc plura, velut destinatum petentibus, vulnera accipiebant 38, 26. *Scil. corpus petentibus Romanis, veluti scopus ferientibus esset.* Ad destinatum jam ante consilio 21, 34. *Vid. Intt. ad 38, 26. Quamquam ad bellum consilia erant destinata 42, 48.

DESTINATIO 32, 35. Nulli omnium placere, partium, quibus cessurus, aut non cessurus esset, (*Philippus*) destinatio. *i. e. attributio civitatum et regionum Græciæ.

DESTINATUS 8, 8. Qui tueretur eam ab uno destinato hoste.

DESTITUERE 1, 4. Quum fluitantem alveum — tenuis in sicco aqua destituisset. Ut quemque timentem altitudinem destituerat vadum 21, 28. In conspectum ferme Africæ prospero cursu vectum primo destituit ventus 30, 24. Ante tribunal regis destitutus 2, 12. Ante pedes destitutam caussam dicere jussit 23, 5. Duo in medio armati, spectaculi magis more, quam lege belli, destituuntur 7, 10. Cohortes extra vallum sine tentoriis destitutæ 10, 4. *Scil. contumeliæ causa.* *Vid. Clav. Cicer. in h. v.* Destituti ab unica spe auxilii in deditionem venerunt 40, 47. Quod morando spem destituerit 1, 51. *Vid. Intt. ad h. l.* Si destituat spes 1, 41. Quod defensores suos — in ipso discrimine periculi destituat 6, 17.

DESTRICTUS 8, 7. Destricta securis. *Al.* districta. *male. Minus proprie tamen et districtus de securi dicitur. cf. Bauer. ad h. l. Vid. Duker. ad Flor. 2, 2. it. Drakenborch. ad 27, 13.*

DESULTUDO armorum 1, 19.

DESULTUS 3, 38. Cur ex tanto intervallo rem desuetam usurparent.

DESULTOR 23, 29. Quibus, desultorum in modum, binos trahentibus equos inter acerrimam saepe pugnam in recentem equum ex fesso armatis transsultare mos erat. Nec, semel quadrigis, semel desultore misso, vix unius horae tempus utrumque curriculum complebat 44, 9.

DESUMERE 38, 45. Recto itinere duxisti exercitum ad eos, quos tibi hostes desumseras. i. e. bello petendos depoposceras. Duo, singuli singulos, sibi consules asservandos assidua opera desumunt 4, 55.

DETERGERE 42, 3. Magnum ornamentum se templo ratus adjecturum, si tegulas marmoreas essent, profectus in Bruttios, aedem Junonis Laciniae ad partem dimidiam detegit etc. Nimis detegendo cladem nudandeque 23, 5.

DETENDERE 41, 3. Nautici tabernacula detendunt.

DETERGERE 28, 30. Unius (triremis) praelata (quinqueremis Romana) impetu lateris alterius remos detersit. Asseribus falcatis detergebat pinnas 38, 5. i. e. defringebat.

DETERIOR 7, 13. Quem (hostem) tempus deteriorem indies et locus alienus faceret. optimum quemque — inhonoratos et deterioribus obnoxios silere 39, 27. Plebs ubique omnis ferme, ut solet, deterioribus erat ob regem Macedonasque inclinata 42, 30.

DETERMINARE 1, 18. Deos precatus regiones ab oriente ad occasum determinavit.

DETERRERE 22, 42. Quae ad deterrendos a cupiditate animos nunciata erant, ea accenderunt. Deterritis tribunis 10, 9. Absol. Intell. ut intercessione absisterent.

DETERRIMI mortalium 4, 3.

DETESTABILIS 23, 3. Ut supplicii sumendi vobis ex improbe ac detestabili senatu potestas esset.

DETESTARI 10, 41. Furiale carmen detestandae familiae stirpique compositum. In caput eorum detestari minas periculaque, qui id suasissent 39, 10. Quam (orbitatem) alii detestantur parentes 40, 56.

DETESTATIO 10, 38. Primoribus Samnitium ea detestatione obstrictis. Vid. exsecratio.

DETINERE 27, 12. Ut quam acerrimo bello detineret Hannibalem. i. e. moraretur et impediret, quo minus alio bellum transferre posset. Uni concionibus data nunc detinenda, nunc concienda plebs 4, 55.

DETORQUERE 42, 42. Qui calumniando omnia detorquendoque suspecta et invisa efficeret etc.

DETRACTATOR. Vid. detrectator.

DETRAHERE 22, 13. Irritat etiam de industria ducem, si forte ascensum tot in dignitatibus cladibusque sociorum detrahere ad aequum certamen possit. i. e. ad praelium in planicie locorum incundum cogere. Hannibalem ex Italia detractarum 29, 20. paullo post: ad Hannibalem detrahendum ex Italia. al. retrahendum. it. 30, 20. Haec accusans querensque (Hannibal,) ex diutina possessione Italiae est detractus. Regnum majestatem facilius ab summo fastigio ad medium detrahi etc. 37, 45. Frenos ut detrahant equis, imperat 4, 33. Nihil vulgatae opinioni, degressi inde, detraxerunt 40, 22.

DETRECTARE 38, 49. Nec quidquam aliud scit, quam detrectare virtutes, corrumpere honores ac praemia eorum. i. e. deterere, deque iis detrahere. Vide B. Patruum ad Cic. Phil. 10, 3. Eumaes summae rei discrimen haud dubie detrectante 37, 18. Sciscitandumque, num consulta detrectarent 3, 38. Scil. imperium, t. venire in senatum.

DETRECTATIO 44, 37. Quum sine detrectatione paratus pugnare eo die fuisset.

DETRECTATOR 34, 15. Cato ipse, haud sane detrectator laudum suarum etc. (Detractator Drakenb.)

DETRUDERE 9, 10. Jam impetu conabantur detrudere virum.

DETRUNCATA corpora brachiis abscisis 31, 34. Arboribus — dejectis detruncatisque 21, 37.

DETURBARE 10, 41. Deturbatisque Samnitibus, qui circa portam erant, muros occupavere. Alia multitudo peditum equitumque, deturbatis hostibus, montes sine duce cepere 41, 18. Deturbant nitentes per ardua hostes 25, 13. cf. 5, 47. Umbrae totum deturbat 5, 47.

DEVASTARE 22, 9. Marsos inde Marrucinosque et Pelignos devastat.

DEVEHERE 5, 54. Quo ex mediterraneis locis fruges devehantur. cf. 4, 52. it. 43, 5. et 45, 29. Sed, si nemo depoecat, devehendum in ultimas maris terraumque oras 21, 10. Mandatum, ut — id (frumentum) ad mare comportandum devehendumque in Graeciam curaret 36, 9. Sauciis — in oppidum — devectis 40, 38. Eosdem decem lembos, quos ante miserat, Antenor devehere Thessalonicam jussit 44, 29.

DEVENIRE 9, 31. Se nullam suam gloriam inde — quaerentem in eum locum devenisse. i. e. in locum undique montibus clausum.

DEVERSARI 44, 9. Ubi deversari portantes commeatus possent.

DEVERSORIUM 21, 63. Magis pro majestate videlicet imperii Arimini, quam Romae, magistratum initurum, et in deversorio hospitali, quam apud penates suos praetextam sumturum. Servum Turni agro corrupit, ut in deversorium ejus vim magnam gladiorum inferri clam sineret 1, 51. Ex sordido deversorio — in hoc squalore venimus in curiam Romanam Rhodii 45, 22.

DEVERTERE 44, 43. Simul in silvam ventum est, ubi plures diversæ semitæ erant — cum perpaucis maxime fidis via devertit. *Drakenborchius dedit* divertit. *male. Vid. Clav. Cicer. in h. v. it. Duker. ad* 45, 10.

DEVERTICULUM 9, 17. Nihil minus quæsitum a principio hujus operis videri potest, quam ut plus justo ab rerum ordine declinarem, varietatibusque distinguendo opere, et legentibus velut deverticula amæna, et requiem animo meo quærerem. Quum gladii abditi ex omnibus locis deverticuli protraherentur 1, 57.

DEVEXUS. Vid. *brachium.*

DEVINCERE 1, 28. Mettus Tullo devictos hostes gratulatur. *cf.* 8, 31. Consul alter Fabius prœliis primum parvis, postremo una insigni pugna — — Hernicos devincit 7, 11. Quem (*Darium*) — nihil aliud, quam bene ausus vana contemnere, incruentus devicit 9, 17. *cf. cap.* 40. Devictum et captum ingentis nominis regem 30, 17.

DEVINCIRE 40, 29. Arcæ — inventæ sunt, operculis plumbo devinctis.

DEVIUS 4, 19. Pars (*copiarum*) devio saltu circumducta ab tergo aggrederetur. *cf.* 35, 30. *it.* 44, 36. Nos hic pecorum modo per æstivos saltus deviasque calles exercitum ducimus 22, 14.

DEVOCARE 4, 39. Ab tumulo suos devocat, et in castra Romana penetrat. *cf.* 38, 16. Idemtidem Capitolium spectans Jovem deosque alios devocasse ad auxilium fortunarum suarum 6, 20.

DEVOLARE 2, 29. Devolant de tribunali.

DEVOLVERE 1, 47. Devolvere retro ad stirpem fratri similior, quam patri. Velut monte præcipiti devolutus torrens rapitur 28, 6.

DEVOVERE 8, 9. Agedum — præi verba, quibus me pro legionibus devoveam. *cf.* 9, 4. Pro republica Quiritium — legiones auxiliaque hostium mecum Diis Manibus Tellurique devoveo *ibid.* Utrius exercitus imperator legiones hostium superque eas se devovisset, ejus populi partisque victoriam fore 8, 6. Devotis corporibus in hostem ruentes 9, 17. Ancipiti Deûm iræ devotus 10, 39.

DEURERE 10, 4. Tecta semiruta vici deusti. *cf.* 39, 2. Hiems arbores deusserat 40, 45. Frumentaque deusta 40, 41.

DEUS Jupiter 31, 10. Si deos esse censes 9, 10. Vid. *Esse.* Mortale corpus Dei (*Herculis*) 36, 30. Per quidquid Deorum est 23, 9. Quidquid Deorum oculis, quidquid animo occurrit, precantur, ut etc. 2, 49. Dii patrii — publici penates 3, 17. *Quamquam Drakenborchius legit* dii vestri. Deos, inquit, immortales, milites, vestros publicos, meosque, ab urbe proficiscens ita adorari etc. 7, 40. Dii hospitales 39, 51. *it.* sociales 3, 18. *h. e. imita*

*societatis testes ac vindices dii.* Diique et homines Romani 5, 51. Dii publici privatique 5, 52. Dii cœlestes — terrestres — inferni 1, 32. Nequidquam deos fidemque invocantes 9, 12. Contemtus deorum hominumque 9, 34. Dii hominesque *dicuntur pro omnibus omnino, etiamsi res non magnopere ad deos pertineat. Hac ratione Dukerus* 3, 17. *Explicat, ubi dii hominesque armati opem ferre dicuntur. Gronovius autem emendatione medetur huic loco, quem parum sanum putabat. Ipse Cicero Epp Div.* 1, 9. diis hominibusque approbantibus *dixit pro nemine dissentiente, reprehendente. Vid. Manut. ad h. l. Idem Livius noster* 40, 12. *ita exprimit:* pene omnium deorum hominumque consensum collegit. Vid. *Visere.* Nullus locus in ea (*urbe*) non religionum deorumque est plenus 5, 52.

DEXTER 27, 48. Dextra acies *pro dextro cornu.* Media acies *paullo ante memoratur.* Dextra ala 31, 21. *Dicitur in comparatione cum absente alia, quæ sinistra intelligenda est. cf. cap.* 11. Rem per se popularem ita dexter egit 8, 36. *Adverbialiter dictum, ut alia adjectiva. Vid. Drakenborch. ad* 22, 12. Dextras fidemque dedere, mitte vere ac finire odium 40, 46. Vid. *Fides.* [*Fides* κατ᾽ ἐξοχὴν *de dextris junctis. Sic et Græci. Homerus Il.* Il. 341. *Et alibi:* δεξιαὶ, ἧς ἐπέπιθμεν. *Euripides Med.* 21. sq. : ἀνακαλῶ δὲ δεξιᾶς Πίστιν μεγίστην. *ad q. l. Vid. Porsonus.*] Vid. *Nudus.*

DEXTERITAS 28, 18. Tanta Scipioni ad omnia naturalis ingenii dexteritas.

DEXTRE 1, 34. Liberaliter dextreque obeunda officia.

DEXTRORSUS 6, 31. Sp. Furius, M. Horatius dextrorsus maritimam oram atque Antium, Q. Servilius et L. Geganius læva ad montes Ecetram pergunt.

DICARE 1, 20. Ad ea elicienda ex mentibus divinis Jovi Elicio aram dicavit. Tibique aram hic dicatum iri 1, 7. Sedemque ei se Divæ dare, dicare Capitolium, templum Jovis O. M. 22, 37. Id enim illi loco dicandum vates canebant 7, 6. (*de Curtii devotione*) Vid. *Condere.*

DICERE 1, 1. Cui Ascanium parentes dixere nomen. Ut exercitui diem primam quamque diceret ad conveniendum 42, 28. Locum se conciis dixisse 25, 16. *i. e. edixisse, indicasse.* Majora jam hinc bella — — dicentur 7, 29. *i. q. describentur.* Fulvius consul unus creatur — isque — Manlium — collegam dixit 37, 47. *i. e. renunciavit in comitiis a se habitis, ut recte explicat Gruchius, cf.* 7, 24. Iterum prærogativa suffragium init, creatique in ea consules Fabius — Marcellus. Eosdem consules ceteræ centuriæ sine variatione ulla dixerunt 24, 9. *cf.* 27, 6. Quum primo vocatæ Q. Fabium consulem dicerent omnes centuriæ 10, 15. Marcellum et Vale-

rium absentes consules dixerant 26, 22.
Nihil se mutare sententiæ, eosdemque
consules dicturos esse *ibid.* Velle se cum
majoribus natu colloqui, et ex auctoritate
eorum consules dicere *ibid. Conferantur
denique, quæ cap. eod. init. leguntur.* Fulvius, Romam comitiorum caussa arcessitus, quum comitia consulibus rogandis
haberet, prærogativa Veturia juniorum declaravit T. Manlium etc. Jussusque dictatorem dicere rei gerendæ caussa — dixit
Papirium, a quo Fabius — magister equitum est dictus 8, 29. Magistro equitum
dicto 6, 39. *cf.* 7, 26. Flavium dixerat
ædilem forensis factio 9, 46. Quas leges
pacis placeret dici 33, 12. Si quam noxam
suam reus dicere posset 8, 58. *i. e. si,
quamvis reus, culpæ se arguere posset.*
Orationem dicitur habuisse — quum se non
rem novam petere : quippe etc. 1, 35. pro
*potere diceret. cf.* 1, 47. *extr. it.* 48. *init.*
Perfusumque ultimi supplicii metu, mulcta
dicta, dimisit 9, 16. *cf.* 42, 9. *it.* 43, 16.
Consulis imperio dicto audientes futuros
sese dicerent 41, 10. Si prætori dicto audiens non esset 29, 20. Quibus *(ducibus)*
sacramento liberi vestri (*milites*) dicant 24,
8. Exauctorati, qui sacramento dixerant
41, 5. Dictu, quam re, facilius sit etc. 40,
35. Vid. *Dictum.*

DICTATOR, 6, 6. Qui se dictatorem jam
quartum creasset. *Cel. Strothius ad h. l.
aut legendum* imperatorem *aut certe intelligendum putat. Ac profecto, si dictator
proprie intelligatur, parum constare sibi
Livius videtur, qui sub finem ejusdem capitis
dixerit* Furium *sibi pro dictatore, seque
(Valerium) ei pro magistro equitum futurum ; id quod, sane speciose, Vir doctissimus pro confirmanda sua vel emendatione
vel explicatione dixit. Addi et illud poterat,
quod ipse Camillus sibi repugnare videatur,
qui, quum dictatorem se creatum i. l. dixisset, cap. sequ. hæc pronunciaverit ; an me,
quod non dictator vobis, sed tribunus signum dedi, non agnoscitis ducem? Sed
salva res est. Livius cum Camillo suo sibi
constat ; nec est nobis ad emendandi negotium confugiendum. Nimirum paullo ante
locum superius exscriptum hæc leguntur :
Senatus diis agere gratias, quod Camillus
in magistratu esset : dictatorem quippe dicendum eum fuisse, si privatus esset. Non
igitur dictus est, sed, uti cap. 7. Diserte
Camillus fatetur,* tribunus *mansit. Pronum
itaque fuerit, illud* creasset *accipere pro*
creandum *censuisset, creare voluisset. Ita,
non adversante usu loquendi, omnia sibi
constare mihi quidem videantur. Et illius
usus loquendi exemplum luculentum statim
subsequitur cap. 8. Ult. Ubi* victoriam
exspectaret *nemo aliter interpretabitur,
quam* exspectare consentaneum *esset, ex-
spectandam censeret e. i. g. a.* [Non per-
suadet Ernestius. Creasset *non potest esse
i. q.* creare voluisset. *Melius Strothius :*

— Alias *(nisi legas* imperatorem) vocabulum *dictatorem* non sensu proprio sumendum, sed ita, ut denotet eum, qui dictatoris
pæne potestate utitur.] Dictator — moderator et magister consulibus appositus 2,
18. Hoc — neque triste dictatoris imperium — injunxisse servitutis 5, 2. *i. q.
munus dictatoris.* Neu populus in se potissimum dictatorem et jus dictaturæ ex-
stinguat 8, 34. *Nisi cum Drakenborchio
legas* dictatore. Jovis Solisque equis æquiparari dictatorem in religionem etiam trahebant 5, 24. *Scil. quoad currum equis
albis junctum.* Donec ab novis consulibus
— nominatus dictator C. Pœtelius 9, 29.
Dictatorem quæstionibus exercendis dici
placuit 9, 26. Dictator Karthaginiensis
23, 13. In municipiis 8, 18. Dictatorem
facere 2, 21. Creare 2, 18. 6, 6. *it. cap.*
11. Legere 2, 18.

DICTATORIUS 7, 4. Summo loco natus
dictatorius juvenis. *i. e. filius dictatoris.*
Dictatoria majestas 8, 30. *cf.* 4, 14. *it.*
invidia 22, 26. Dictatorium fulmen in se
intentatum 6, 39.

DICTATURA popularis, et orationibus
in Patres criminosis, fuit 8, 12. *i. q. dictator.*

DICTIO 8, 24. Accito ab Tarentinis in
Italiam data dictio erat, caveret Acherusiam
etc. (*sortes Jovis Dodonæi.) Sic etiam dicere et dictum de oraculis proprie dicuntur.
Vid. Intt. ad h. l. conf. Virgil. Æn.* 7, 373.
[*Græcorum* λέγειν.] Patri — remissa caussæ dictio est 7, 5.

DICTITARE 3, 20. Quod sæpius Quinctius dictitabat. *cf.* 9, 18. *Admodum delectari Livium frequentativis sine vi, vel
hic locus, additumque sæpius docet. Vid.
Drakenborch. ad 8, 31. Sollicitant plebis
animos, hoc illud esse dictitantes etc. 5, 2.*

DICTUM 7, 33. Hæc dicta dederat,
quum equites consulis jussu discurrunt in
cornua. *cf.* 3, 61. Dicto paruit consul 9, 41.
Contra dictum suum 22, 25. *i. e. edictum.
cf.* 8, 34. Nec bene nec male dicta pro-
fuerunt ad confirmandos animos 23, 46,
*i. e. exhortationes — probra.* Vid. *dicere.*

DIDUCERE 6, 15. Quin eam (*turbam*)
diducitis a me singulis vestris beneficiis,
intercedendo, eximendo de nervo cives
vestros etc. *Nisi legendum cum aliis de-
ducitis aut seducitis, quod utique separare
significat.* Ut extenuatam mediam diductis
cornibus aciem Gallorum vidit 31, 21.
Vid. *Intt. ad* 5, 38. Diduxerant exercitus
26, 41. *Paullo ante :* tres duces discrepantes, prope ut defecerint alii ab aliis,
trifariam exercitum in diversissimas regiones distraxere.

DIES certandæ mulctæ 25, 3. *i. e. terminus, quem nos dicimus.* Exiit induciarum dies 4, 30. *cf. cap.* 58. *init. it.* 42,
47. pro *tempore.* Vid. 9, 34. Quum quidam pacis petitæ, alii induciarum (necdum
enim dies exierat) fidem opponerent 30, 24,

*Paullo ante* : per induciarum tempus. Ad stipendium, cujus dies exierat, poscendum **22, 33**. Initio igitur magistratus primum honoris diem — fecere 3, 36. Adparebatque (*a tribubus*) accipi legem : ille tamen dies est intercessione sublatus 10, 9. Constantiores nos tempus diesque facit **22, 39**. Multa diem tempusque adferre posse, quibus non amjssa modo recuperare, sed timendus ultro iis esse, quos nunc timeret, posset 42, 50. Vid. *Virgil. Æn.* 11, 425. Brevisque dies ad conveniendum edicta 41, 10. Quam insigni celebrique dedicata est die 5, 52. Regionem dierum plus triginta in longitudinem, decem inter duo maria in latitudinem patentem 39, 59. Pro *dierum itineribus.* Sic *Cicero Epp. Att.* 5, 16. Castra, quæ aberant bidui. Quotidie bis in die fœderis icti cum Romanis perlegendi 44, 16. *Drakenborchius deleto* quotidie *legit* bis in diem. *Eum vide ad* 5, 14. *It. Oudendorp. ad Sueton. Octav. cap.* 31. Post diem tertium ejus diei 27, 35. Vicit sententia, quæ diem non proferebat 41, 1. Quum is diem de die differret 25, 25. Diem de die prospectans, ecquod auxilium ab dictatore appareret 5, 48. In diem rapto vivit 22, 39. Mutabiles in diem caussæ 31, 29. Dies pecuniæ 34, 6. *i. e. dies solutionis ex ærario faciendæ.* Die aliquot horis superante 29, 7. Hora diei jam ad meridiem vergebat 44, 36. Quia serum erat diei 7, 8. Diemque præstituit, intra quam de conditionibus peractis responsum acciperet 45, 11. Supplicationem unum diem habere (*jussi*) 28, 11. Jamque aderat judicio dies 3, 37. Quem diem patrando facinori statuerat 35, 35. Diem finiri placuit 35, 7. Hic dies et Romanis refecit animos et Persea perculit 42, 67. *i. e. acta hujus diei. cf.* 9, 39. *it.* 28, 28. Vid. *Drakenborch.* Quorum nec virtutis nec fortunæ ullo die populum Rom. pœnituit 9, 18. Ubi id temporis visum, quo de die epulatis jam vini satias principiumque somni esset 25, 23. *cf.* 23. 8. [*Scriptor de Bello Hispaniensi cap.* 33. *pag.* 975. *ed. Oudendorp.:* Ipse de tempore cœnavit. *Longe frequentius hoc sensu* de die, *quod Latini videntur a Græcis sumsisse. Sic enim illi ἀφ' ἡμέρας dicunt.* Vid. *Vales. ad Diod. Sic. Excerpta p.* 577. *ed. Wessel.*] Insignemque (*diem*) rei nulli publice privatimque agendæ fecerunt 6, 1. (*Alliensem*). Diem festum per triduum agi 25, 23. *i. e. Dukero explicante, sollemnia plurium dierum.* Quum Patres clandestina denunciatione revocati ad diem certam essent 4, 36. Certus dies *non dicitur.* Vid. *Drakenborch. ad h. l.* Diem ad proficiscendum nuncius habuit, nocte rediit 10, 39. Diem ac noctem ire 27, 45. Quibus dies noctesque fugientibus per hos dies institistis 27, 13. Supplicatio pro cpncione populi indicta est, ex ante diem quintum Idus Octobres cum eo die in

quinque *dies* 45, 2. Vid. *extrahere, serva, tempus.*

DIFFERRE 34, 49. Qui male commissam libertatem populo Rom. sermonibus distulerint. *i. e. vulgaverint.* Vid. *Tacit. Ann.* 1, 4. Passim eos simul pavor terrorque distulerant 6, 42. Vid. *Gronov. ad* 4, 82. Differri non posse adeo concitatos animos, 7, 14. Dilatus per frustrationem 25, 25. Et ii repulsi, in spem impetrandi tandem aliquando honoris dilati 39, 32. *i. e. rejecti s. aliam petitionem jussi expectare. Sic et* 41, 8. Legatique ad novos magistratus dilati erant. *cf.* 26, 33. *it.* 31. Quum dilatum tempus injuriæ esset 3, 46. Differenteque (*absol.*) et tempore suo se indicaturum dicente 6, 14. Utrum præsens deditio eorum fieri possit, an in diem differatur 9, 9. Nec ultra ad arma ire dilaturum 42, 2.

DIFFICILIS 10, 34. Relicta, quæ migratu difficilis essent. Colloquentibus difficiles 3, 36. Hæsere animo tela haud difficili ex propinquo in tanta corpora ictu 27, 14. Difficile ad fidem est in tam antiqua re, quot pugnaverint etc. 3, 5. Adeo moderatio tuendæ libertatis, dum æquari velle simulando ita se quisque extollit, ut deprimat alium, in difficili est 3, 65.

DIFFICULTER 42, 54. Haud diffïculter. *pr. lubenter, alacriter.*

DIFFIDERE 24, 8. Cur Valerio non diffideretur.

DIFFINDERE 9, 38. Triste omen diem diffidit. *Alias* diremit. *Sunt etiam qui* diffudit *legant.*

DIFFUGERE 21, 26. Trepidique in vicos passim suos diffugiunt.

DIFFUNDERE 5, 54. Ventoque — diffusa flamma magnam partem urbis absumat.

DIGNATIO, 2, 16. Appius inter Patres lectus haud ita multo post in principum dignationem pervenit. *i. e. par illis dignitate factus est.* Vid. *Drakenb. an h. l.* Eos nos jam populi Rom. beneficio esse spero, qui sacerdotiis non minus reddamus dignatione nostra honoris, quam acceperimus 10, 7. *Sic fere Tacitus Mor. Germ.* 13. Magna patrum merita principis dignationem etiam adolescentulis assignant.

DIGNITAS 6, 41. De indignitate satis dictum est, (etenim dignitas ad homines pertinet) ; quid de religionibus atque auspiciis, quæ propria deorum immortalium contemtio atque injuria est, loquar? An dignitatibus suis virorumve 1, 13. *De mulieribus Sabinis.* Ibique ipse, ut loco dignitas fieret, habitat 1, 44. (*habitavit.*) Vid. *dignus.*

DIGNUS 23, 42. Si modo, quos ut socios haberes, dignos duxisti. Digni indignique pro omnibus *dicuntur* 24, 16. Vid. *Intt. ad h. l.* Digna res visa, ut simulacrum celebriti ejus diei — pingi juberet 24, 16. Ut ex eo donum aureum, dignum amplitodine templi ac numine dei ex dignitate populi Rom. fieret 5, 23. Dignam agro (*Campano*) urbem etc. 7, 38. Impetrataque pax, magis ut fessa tam diutino bello acquiesceret civitas, quam quod digni peterent 5, 23. Quibus si videretur digna causa, et Hannibali denunciarent etc. 21, 6. Vid. *Gronov. Obs.* 3, 8. Eam rem minus agro, quam dignum erat, talisse Romulum ferunt 1, 14. *i. q. æquum. Sic et verum pro æquo dicitur.* Vid. *infra in h. v.* Auctoribus hoc dedi, quibus dignius credi est 8, 26. Si quid ante admisissem piaculo dignam 40, 13. Celerius, quam dignum concordia fraterna erat, credidit 42, 16.

DIGREDI ex colloquio 35, 38. Inde varios vultus digredientium ab nunciis cernores, ut cuique aut læta aut tristia nunciabantur 22, 7. Priusquam inde digrederentur (*exercitus*) 1, 26. Priusquam digrederentur a Corcyra 42, 37. Ita digreditur Demetrius, cum infestioribus, quam si solus esset, præsidiis 40, 21. Et legati a Philippi colloquio ita digressi sunt, ut præ se ferrent etc. 39, 35.

DIJUNGERE 42, 46. Quod veterem amicitiam dijungeret sibi ab Romanis. Vide *E. Patruum ad Plin. Paneg. cap. 93.*

DILABI ab signis 23, 18. A stationibus 24, 46. *cf.* 6, 17. Dilapsi ab ordinibus hostes 37, 20. Turba ex eo loco dilabebatur, 6, 17. Dilapsa esse robora corporum animorumque 23, 45. Dilapsis ad prædam militibus 4, 55. Dilaberentur in oppida, situ urbium mœnibusque se defensuri 8, 39. *cf.* 9, 45. Nocte in sua quemque dilabi tecta 21, 32. Extemplo in vicos castellaque sua omnes dilapsi 40, 33. Istri — passim in civitates dilapsi sunt 41, 5. Qui superfuere prœlio, in oppida sua dilapsi sunt 41, 26. Alii alii in civitates suas dilapsi sunt 44, 43. Ædes Jovis dilapsa 4, 20. Qua dilabente (*nebula*) 41, 2. *it.* 21, 36. *de nive.*

DILATIO belli 9, 43. *it. cap.* 45. Propter necessariam fœderis dilationem obsides etiam sexcenti equites imperati 9, 5. Nec recipiente dilationem re 7, 14. Cum his molliter et per dilationes bellum geri oportet 5, 5. *In eod. cap. est:* per intermissiones has intervallaque. *Et paullo post:* si laxamentum dederis. Peropportuna mors Philippi fuit ad dilationem et ad vires bello contrahendas 40, 57. De obsidibus accipiendis sine dilatione agebat 44, 35.

DILUCERE fraus cœpit 8, 27. Dilucere, id quod erat, cœpit 25, 29. *cf.* 3, 16.

DILUERE 4, 14. Crimenque a Minucio delatum ad senatum diluendum. *Nisi legatur* deluendum *i. e.* solvendum. Non postulamus, ut extemplo nobis, ut de absente (*Pleminio*), ut indicta causa credatis. Veniat, coram ipse audiat, ipse diluat 29, 13. Qui, quæ Popillius objecerat, diluere utcumque conati sunt 45, 19.

DIMETARI locum castris 8, 38.

DIMICARE 8, 41. Dimicantes competitores. Ut pro sua quisque patria dimicent ferro 1, 24. Se, foris pro libertate et imperio dimicantes, domi a civibus captos et oppressos esse 2, 23. Absentem (*patrem*) de liberis dimicare 8, 44. *it.* de vita 24, 26. Ut in singulas horas capite dimices tuo 2, 12. Camillum de repulsa dimicare 6, 40. *i. e. repulsæ periculum adire.* Seditione inter ipsos dimicatum, quum alii ad ee, alii ad Eumenem civitatem traherent 39, 31. Sine ulla sede vagi dimicaremus, ut quo victores nos reciperemus 44, 39. *Sane impeditius dicta, nec tamen sine exemplis. Sensus hic est: dicite quæso, quo nos victores recipiemus, si sine ulla sede vagi dimicaremus.* Vid. *acies.*

DIMICATIO 1, 38. Dimicatio universæ rei. *i. e. de universa re.* Nisi hæc quoque pro patria dimicatio esset 3, 51. In casum universæ dimicationis non veniebant 22, 32. Non tutore igitur dimicationem, sed alia re, quam velocitate, tutantes se in castra refugerunt 31, 35. Quum dimicatio (*scil. de honoribus*) proposita sit 10, 24. Bellum — ingenti dimicatione geritur 25, 6.

DIMIDIUM militum, quam quod acceperat 35, 1. *Alii interpretes* tollunt *alii, hoc sublato, quos* legi volunt. *Eos vide ad h. l. it. ad* 45, 18.

DIMINUERE. Vid. *deminuere. Quod verbum Livio, in locis ibi laudatis, ex auctoritate codicum, ab interpretibus restitutum est.*

DIMITTERE *simpliciter dicitur sine mentione missorum* 39, 37. Per provincias dimiserunt censores, ut — referretur numerus. *Idem observare licet in verbo* mittendi *et* præmittendi. Vid. *Duker. ad h. l.* Ramille equitibus Magoni — dimissis 21, 54. *i. e. a Magone dimissis.* Maharbalem cum equitibus in agrum Falernum prædatum dimisit 22, 13. *Scil. quum in omnibus ejus agri partibus prædatum mitteretur.* Vid. *Drakenborchius ad* 4, 52. Ludi dimissi 33, 32. *it.* convivium dimissum 36, 29. Dimissus deinde auxiliorum apparatus, 9, 7. Aut eam (*quæstionem*) sibi esse desserendam, aut provinciam (*Sardiniam*) dimittendam 40, 43. Nec hæc tantum Perseo per avaritiam dimissa res — sed etiam Gentii regis parata societas, et tum Gallorum, effusorum per Illyricum ingens agmen oblatum avaritia dimissum est 41, 26. *Eleganter de occasione et opportunitate, quam quis e manibus elabi sinit, de quo etiam* amittere *dicitur.* Novem tribunorum auxilio vetiti caussam in magistratu dicere, dimissique fuerant 24, 43.

DIMOVERE 9, 29. Quod dimovendis statu suo sacris religionem facere posset. Secundum ea, quæ Burmannus ad Quintilian. *I. O.* 7, 3. *de discrimine verborum* demovere *et* dimovere *disputavit, rectius h. l.* demovendis *legeretur.* Multitudo ipse se sua sponte dimovit 3, 48. Nec tamen is terror — fide socios dimovit 22, 13.

DIRECTO (*adverb.*) 1, 11. Sunt, qui eam — directo arma petisse dicant. *i. e. disertis verbis ; quum quidem acceptis in arcem Sabinis mercedem proditionis reposceret. Oppos.* per ambages, circuitione. *Cic. Div. 2,* 61. Vid. *in v. sq.* [*it. Clav. Ciceron.*]

DIRECTUS 21, 19. Directa percunctatio ac denunciatio belli. In conspectu hostium acie directa 21, 47. *i. e. explicata, ordinata.*

DIREPTIO 44, 1. Direptiones sociarum urbium contra fœdus.

DIRIGERE 41, 23. Donec ad certum dirigatur, vanusne hic timor noster, an verus fuerit. *Nisi cum Creverio legendum* redigatur. Dirigere in pugnam naves 22, 19. *it.* equum 2, 6. *it.* in frontem 37, 23. Tullus adversus Veientem hostem dirigit suos 1, 27. Concitat calcaribus equum atque in ipsum infestus consulem dirigit 2, 6.

DIRIMERE infestas acies, dirimere iras 1, 13. *De mulieribus Sabinis.* Dirimere pugnam 27, 13. Urbs Vulturno amne dirempta 22, 15. Postquam in conspectu steterunt, dirimente amne etc. 42, 39. Quod vir talis etiam præcipuum apud hostes supplicium passurus esset ob iram diremtæ pacis 9, 8. *it. de prœlio* 37, 32. *De victoria* 7, 33. Duello magno regibus dirimendo 40, 52. Decemviros connubium diremisse, ne, incerta prole, auspicia turbarentur 4, 6. Si parum publicis fœderibus ruptis diremta simul et privata jura esse putet 25, 18. Publilius — loco opportune capto diremerat hostibus societatem auxilii mutui 8, 23. *i. e. eripuerat iis facultatem sibi invicem laborantibus succurrendi.* Qui se vidisse aut audisse quid dicat, quod auspicium dirimeret. *Ibid. i. e. irritum redderet. Sane rarius dictum.* Comitia tempestas diremit 40, 59.

DIRIPERE 37, 21. Et, quibus ante abstinuerant templis signisque — quum hostiliter diripuissent etc. *Sic et* 2, 14. Ea deinde, ne populo immisso diriperentur hostiliter, venisse. *Videri possit pleonastice dictum. cf. cap.* 17. *ubi est :* hostiliter depopulari. *Similiter* 26, 13. *Livius dixit :* inimice erumpere. *Enimvero* diripere *leniorem etiam significatum habet. Eleganter v. c. denotat* cupide emere. Vid. *Intt. ad Sueton. Jul.* 17. *et Octav.* 98. Diripi tecta 5, 41. Pergunt ad castra diripienda 37, 43.

DIRUERE 42, 15. Dextra pars labe terræ in aliquantum altitudinis diruta erat. *Forte cum Dukero legendum* derupta, *quem vide.*

DIRUS 40, 56. Cum diris exsecrationibus alterius (*Persei.*)

DISCEDERE de colloquio 32, 18. Discedere ab armis 9, 14. Ab signis 25, 20.

Cum Volscis æquo Marte discessum est 2, 40. Initium erat rixæ, quum discedere populum jussissent tribuni, quod patres se submoveri haud sinebant 3, 11. *Int. tributim discedere.* Ubi hæ sollicitudines, discessere 4, 52. Discessisse se a Perseo — quum sub ditione Persei et ante Philippi fuissent 43, 6. *i. q. descivisse, defecisse. it.* ab sua parte belli discedere 37, 26.

DISCEPTARE 5, 4. Quam orationem non apud vos solum, sed etiam in castris, si habeatur, ipso exercitu disceptante, æquam arbitror videri posse. Ubi apud consulem inter Achæos Lacedæmoniosque disceptatum est 38, 35. *i. e. litigatum. cf.* 26, 33. *Alii legunt* ad consulem : *quæ et ipsa forma Liviana est.* Vid. *Drakenb. ad* 7, 7. Sella eburnea posita jus dicebat, disceptabatque controversias minimarum rerum 41, 20.

DISCEPTATIO 38, 32. Magna ibi non disceptatio modo, sed etiam altercatio fuit. Quæ præsentis disceptationis essent 37, 56. *i. e. quæ facile et celeriter judicari et componi possent, in ipso loco, in re præsenti, atque adeo tantum in loco.* Disceptationem ab rege (*Perseo*) ad Romanos revocabant 41, 23.

DISCEPTATOR 8, 23. Nostra certamina — non verba legatorum, nec hominum quisquam disceptator, sed campus Campanus — et arma et communis Mars belli decernet. Disceptatorem ait se sumtum inter patrem et filium 1, 50. Ubi (*in senatu*) aliquos ego disceptatores, non tam æquos, quam te — habebam 42, 42.

DISCERE 10, 25. Donec vel ipse (*Fabius*) — Romam venisset, vel aliquem ex legatis misisset, a quo disceret senatus, quantum in Etruria belli esset. Ubi — quotidianâ miseriâ disceret etc. 7, 4.

DISCERNERE 28, 33. Quo propior Italiæ (*Philippus*) ac mari tantum Ionio discretus. Nec, qui potirentur, incertis viribus, satis discerni poterat 7, 9. *Sed Gronovius et Drakenborchius legi volunt* decerni. Discerne et dispice insidiatorem et petitum insidiis 40, 10.

DISCERPERE 45, 38. Eum non iisdem manibus discerpitis, quibus Macedonas vicistis ?

DISCIDIUM 25, 18. Manente memoria, etiam in discidio publicorum fœderum, privati juris. Vid. *Intt. ad h. l. inprimis* Gronov. *Nempe omnia huc redeunt, ut in* dissidio *sejunctionem, distractionem, in* dissidio *dissensionem agnoscamus.* [Vid. *Ruhnken. ad Muret. Orat. p.* 33.]

DISCIPLINA sapientiæ, quæ illius ætatis esse potuit 40, 29. Tetrica ac tristis disciplina veterum Sabinorum 1, 18. Juvenemque suis potissimum vestigiis insistere vellent, disciplinæque, in qua edoctus esset 24, 4. *scil. disciplina ad mores et instituta, non ad doctrinam, pertinet ;*

*nec obest huic explicationi* edoctus; *nam* doceri *etiam dicuntur* equo *et* armis. Vid. *docere.*

DISCORDIA 40, 8. Neque vos illorum *scelus,* similisque sceleri eventus, deterrere a vecordi discordia potuit. *conf.* 4, 26. Adeo duas ex una civitate discordia fecerat 2, 24.

DISCORS 4, 26. Ad alia discordes in uno adversus patrum voluntatem consensisse. *conf.* 9, 8. Civitas secum ipsa discors 2, 23.

DISCREPARE 8, 40. Nec discrepat, quin dictator eo anno Cornelius fuerit. *conf.* 25, 26. Id quod haud discrepat 9, 46. (*non in dubium vocatur.*) Discrepat inter auctores 22, 61. *it.* inter scriptores 38, 56. Non parvo numero inter auctores discrepat, 29, 25. Quum de legibus conveniret, de latore tantum discreparet 3, 31. Vid. *convenire.* Tres duces discrepantes, prope ut defecerint alii ab aliis, trifariam exercitum in diversissimas regiones distraxere 26. 41.

DISCREPATIO 10, 18. Piget tamen incertum ponere, quum ea ipsa inter consules populi Romani, jam iterum eodem honore fungentes, discrepatio fuerit.

DISCRIMEN Praef. Haud in magno equidem ponam discrimine. Dum, omisso sui alienique discrimine, in vacuo aedificant, 5, 55. Discrimine recte an perperam facti confuso, 1, 33. Omisso discrimine, vera an falsa jaceret, 6, 14. Salvo etiam tum discrimine divinarum humanarumque rerum 5, 40. Sine discrimine, Poenus an Hispanus esset 28, 3. Mediocre discrimen opinionis 5, 6. Servius conditor omnis in civitate discriminis ordinumque 1, 42. Quae in discrimine fuerunt, an ulla post hanc diem essent, 8, 35. Omnium igitur simul rerum — discrimine proposito 6, 35. In discrimine est nunc humanum omne genus, utrum vos, an Karthaginienses, principes terrarum videat 29, 17. Utrum respublica in discrimen committenda fuerit 8, 32. *conf.* 10, 97. Vid. *Virgil. AEn.* 10, 70. In discrimen magnae rei pugnare 26, 39. Adesse discrimen ultimum belli animadvertit 44, 22. Necdum discrimen fortuna fecerat 10, 28. Consilia magni discriminis 31, 32. Demissa jam in discrimen dignitas 3, 35. Quod defensores suos — — in ipso discrimine periculi destituat 6, 17. Quid in tanto discrimine periculi cunctaretur 8, 24. Vid. *detrectare.*

DISCRIMINARE 21, 4. Vigiliarum somnique nec die nec nocte discriminata tempora.

DISCURRERE 25, 9. Equitibus praecepit, ut discurrerent circa vias perlustrarentque omnia oculis, ne etc. Ad rapiendas virgines (*juventus Romana*) discurrit 1, 9. Circa deûm delubra discurrunt 26, 9. Discurrere ad arma : ac velut

accensi rabie discurrunt ad portas, et in hostem — incurrunt 25, 37. Ad suffragium ferendum in tribus discursum est 25, 2.

DISCURSUS 25,25. Stationes praesidiaque disposuit, ne quis in discursu militum impetus in castra fieri posset. *Int. praedae caussa facto.*

DISCUTERE 21, 12. Tribus arietibus aliquantulum muri discussit. *Drakenborchio placet* decussit, *ut alibi Livius, v. c. 32,* 17. Columna tota ad imum fulmine discussa 42,20. Discussa ea quoque (*disceptatio*) est constantiâ consulis 38, 13. Quae novo facinore discussa res veteres etiam imas excitavit 41, 25. Nisi discussa res per paucos Romanum imperium intentantes esset 42, 12. Periculum audacia discussit 2, 52. Ut eam rem quocumque discuteret modo 39, 10. Discusso Boeotico consilio (*s. consilio*) 42, 44. Tentatum — ut rogationem ferret — per intercessionem collegarum discussum est 4, 49. Unum — momento temporis discussurum illos coetus fuisse 2, 28. Sole orto est discussa (*caligo, nebula*) 29, 27. Vid. *concordia.*

DISERTE, 42, 23. Quo (*foederis capite*) diserte vetentur cum sociis populi Romani bella gerere.

DISJICERE 25, 14. Haec consilia ducis — clamor militum aspernantium tam segne imperium, disjecit. *Conf.* 3, 35. Ventus — nebula disjecta, aperuit omnia Africae littora 29, 27. Disjecta tempestate statua 38,56. *Forte* dejecta *scil. de basi. Ciceroni quidem dicitur* statua turbine dejecta. *Nisi vero membra statuae diffracta dispersaque intelliguntur. Sic enim* classis tempestate dijecta *dicitur* 21, 49. Africus — passim naves disjecit 30, 24. Multo et saevior et infestioribus locis tempestas adorta, disjecit classem 30, 32. In vasta urbe (*Crotone*) lateque omnibus disjectis moenibus raras et stationes custodiasque senatorum esse 24, 2. *i. e. in varias partes huc illuc procurrentia moenia. Quamquam ipse Livius explicat* 24, 33. Non diffidebant vastam disjectamque spatio urbem parte aliqua se invasuros ; *unde et patet, moenia esse ipsas aedes, non muros.* Vid. *disponere.*

DISJUNGERE 42, 46. Quod veterem amicitiam — disjungeret sibi ab Romanis.

DISPAR 1, 46. Ipsae longe disparas moribus. Primo statim conspectu, omnia quam disparia essent, ostendit 24,5. Haud dispar habitus animorum Karthaginiensibus erat 30, 26.

DISPELLERE 4, 33. Equitem passim liberi frenis dispulissent equi. *Vid. Gronov. ad h. l.*

DISPENSARE 27, 50. Dispensari laetitia inter impotentes ejus animos non potuit. Quem (*annum*) — intercalaribus mensibus interponendis ita dispensavit, ut etc. 1, 19.

DISPENSATIO 4, 12. Revolutus ad dispenationem inopiæ (*de angustiis rei frumentariæ*) *Conf.* 10, 11.

**Dispertitus** 22, 7. Tot in curas dispertiti eorum animi erant. Inde exercitum per oppida dispertit 29, 1.

**Dispersus** 2, 28. Dispersam et dissipatam esse rempublicam. Alæ equitum dispersæ toto campo 29, 32.

**Dispicere** 40, 10. Sed, ne sint cæcæ, pater exsecrationes tuæ, discerne et dispice insidiatorem et petitum insidiis. Quorum nihil quum dispexisset cæcata mens 44, 6. *Verbum proprium de cæcis.* Vid. *Clav. Ciceron. in h. v.*

**Dispoliare** 45, 36. Paullum tanti belli victorem dispoliari triumpho.

**Disponere** 42, 46. Quæ audisset quæque diuisset, ita disposita, ut superior fuisse in disceptatione videri posset. Dum captivos obsidesque et prædam ex consilio ejus disponeret 26, 51. Gracchus per dispositos equos die tertio Pellam pervenit 37, 7. Si, dispositis clientibus — disjicere rem possent 2, 35. Consilia in omnem fortunam ita disposita habebat 42, 29.

**Disquisitus** 8, 28. Quia, vitione creatus esset, in disquisitionem venit. *Conf.* 26, 21.

**Disserenare** 39, 46. Quum undique disserenasset. *Opponitur* tempestati.

**Disserere** 41, 6. Ad disserendas res, quas gessisset. *cf.* 5, 4. Quum de rebus ab se gestis disseruisset 36, 39. Canuleius pro legibus suis et adversus consules ita disseruit 4, 3. Vid. *edisserere*.

**Dissidium.** Vid. *discidium*.

**Dissimilis** 5, 5. Hæc sunt, tribuni, consilia vestra, non, hercule, dissimilia, ac si quis ægro etc.

**Dissimiliter** 27, 48. Velut incerti (*elephanti*), quorum essent: haud dissimiliter navibus sine gubernatione vagis.

**Dissipare** 2, 1. Dissipabatur discordia res nondum adultæ. In mille curias contionesque — dispersam et dissipatam esse rempublicam 2, 28. Collectis ex dissipato cursu militibus 2, 59. Dissipata passim fuga 26, 20. *cf.* 38, 27. In fugam dissipati sunt 6, 59. In medio secunda legio immissa dissipavit phalangem 44, 41. Incompositi longo agmine effusi, infrequentes, quum nocturnus terror dissiparet, ad urbem pervenerunt 43, 10.

**Dissolvere** 5, 6. Adeo quidquid tribunus plebi loquitur, etsi prodendæ patriæ dissolvendæque reipublicæ est, advuestis æqui audire. *i. e. corrumpendæ.*

**Dissonus** 30, 34. Dissonæ illis, ut gentium multarum discrepantibus linguis, voces. *Oppos.* Congruens clamor a Romanis. Per tot gentes, dissonas sermone moribusque 1, 18. Adeo nihil apud Latinos dissonum ab Romana re, præter animos, erat 8, 6.

**Distare** 58, 1. Sequi se, mille passuum intervallo distantes. Vid. *Cort. ad Sallust. Jugurth.* 23, 2. Distantes inter se modicum

spatium 2, 8. Denæm quandam annos urbe oppugnata est ob unam mulierem ab universa Græcia: quam procul ab domo? Quot terras, quot maria distans? 5, 4.

**Distendere** 2, 28. Ut distenderent hostium copias. Ut distenderent ab apertiore loco hostes 34, 29. Distendit ea res Samnitium animos 9, 12. Consules — velut in duo pariter bella distenderent curas hominum 27, 40. In currus earum distentum illigat Mettium 1, 28.

**Distinctus** 9, 19. Romana acies distinctior, ex pluribus partibus constans: facilis partienti, quæcumque opus esset, facilis jungenti.

**Distinere** 9, 16. Duæ factiones senatum distinebant. Duæ senatum distinebant sententiæ 5, 20. Quæ (*res*) distinere unanimos videbatur 7, 21. Potuisse ancipiti bello distinere regem 44, 30. Ut distineret regem a circumspectu rerum aliarum 44, 35. Ne quid meum vobiscum pacem distineat 2, 15. *i. q. impediat.* Ad omnia tuenda atque obeunda distineri cœpti sunt 61, 8. *i. e. impediti, quo minus omnia tueri atque obire possent.*

**Distinguere** 9, 17. Ut — varietatibus distinguendo opere — legentibus velut deverticula amœna — quærerem. Equitum ordines levis armatura interposita distinguebat 42, 58. Non distinguimus voluntatem a facto, omnes plectamur 45, 24.

**Distractus** 2, 57. Dum tribuni consulesque ad se quisque omnia trahunt, nihil relictum esse virium in medio, distractam laceratamque rempublicam magis, quorum in manu sit, quam, ut incolumis sit, quæri.

**Distrahere** 1, 28. Ita jam corpus passim distrahendum dabis. Bœotorum quoque se concilium arte distraxisse 42, 47.

**Distribuere** 2, 39. Aliasque, in quibus stationes vigiliasque esse placuerit, loca distribuentes. Misagenem Numidasque in hiberna in proximis Thessaliæ urbibus distribuit 42, 67.

**Distringere** 35, 18. [Hannibalem quoque sine mora mittendum in Africam esse, ad distringendos Romanos. Aliis placebat — — spopulatione maritimæ oræ distringere copias regias 44, 35.

**Ditare** 1, 57. Eaque ipsa causa belli fuit, quod rex Romanus tum ipse ditari — — tum præda delinire popularium animos studebat. Præmiis belli ditare socios 37, 54.

**Ditio** 33, 19. In ditione Ptolemæi esse dicuntur urbes, quæ cap. 20. Civitates sociæ appellantur. *conf.* 21, 60. 32, 20. *Contra* 21, 5. Ea gens in parte magis, quam in ditione Karthaginiensium erat. Vid. Æquus. *s. fœdus.* Civitates omnes, quæ defecerant, in ditionem redegit 26, 21. Vid. *Inst. ad A. l.* Omnibusque in ditionem redactis arma ademit 41, 19. In ditionem populi Romani deditus 7, 31. Vid. *supra in v. dedere. s. in v. deditio.* In jus ditionemque recipere 21, 61. Voluntate concesserunt in ditionem 30, 7. Ea quoque gens in ditionem venit 68, 21. Ligurum Ingaunorum omne nomen, obsidibus datis, in ditionem venit 40, 26. Ut decoris dedecorisque discrimen sub ditione ejus magistratus (*consorti*) esset 4, 8.

DIVA. Vid. *divus, divus.*

DIVENDERE praedam 1, 53. Vid. *Intt. ad h. l.*

DIVERBIUM 7, 2. Inde ad manum cantari histrionibus coeptum diverbiaque tantum ipsorum voci relicta.

DIVERSARI. Vid. *devorsari.*

DIVERSUS 42, 7. Ex diversa fuga in unum collecti. Diversi in omnes partes fugerunt *ibid.* Ad castra, ad silvas diversi tendebant 9, 37. Diversis ex Alpibus 30, 31. *i. q. alia atque alia ex parte Alpium.* Diversi Romani et rex Attalus oppugnabant 81, 46. *i. e. ab diversis partibus.* Periculosum esse, sive *juncti* unum premant, sive *si diversi* gerant bellum 10, 25. Auctores in diversum trahunt 25, 11. Hannibalem diversum Tarentinae arcis potiundae Capuaeque retinendae trahebant curae 26, 5. Diversi consules ad vastandos agros discedunt 10, 33. Tria diversa agmina discessere *ibid. i. e. in contrarias partes.* Diversa fere, cerva ad Gallos, lupa ad Romanos, cursum deflexit 10, 27. Diversa statuit signa 9, 21. *i. e. alia adversus urbem, alia in eos, qui liberare illam obsidione volebant.* Quum patres diversi ad sedandos tumultus secessissent 22, 55. Diversa montium 9, 3. Diversa inter se maria 40, 22.

DIVERTERE 38, 15. Volenti consuli causam in Pamphyliam divertendi oblata est. Ut sibi magistratus — locum publice pararet, ubi diverteretur 42, 1. Vid. *diverti* 44, 43.

DIVES 9, 40. Ditem hostem quamvis pauperis victoris praemium esse. Opulenta ac ditia stipendia 21, 43. Faecunditatem, quanta vel in diti domo satis esset 42, 34. Templum — nunc vestigiis revulsorum donorum, tum donis dives 45, 28.

DIVIDERE 25, 30. Quo intentius custodiae serventur, opportuna loca dividenda praefectis esse, ut suae quisque partis tuendae reus sit. Exercitum omnem passim in civitates divisit 23, 2. *it.* in hiberna 37, 45. Magna multitudo in custodias divisa 6, 2. Exiguo divisa freto Asia 38, 16. *conf.* 29, 17. Divisis bifariam copiis — ita inter se diviserunt, ut etc. 25, 83. Qui (*omnis*) ferme insulam *dividit* 24, 6. *i. e. in aequales partes.* Divisit — *in* singulos — tricenos aeris 40, 59. Et quoniam in dividendo (*pecuniam*) plus offensionum, quam gratiae erat, 50 talenta iis posita sunt in ripa diripienda 44, 45. Ereptum primoribus agrum sordidissimo cuique divisisse 1, 47. Romanis in custodiam civitatium divisis 48, 19. Vid. *forma.*

DIVINARE 8, 23. Neque augures divi-

nare Romae sedentes potuisse, quid in castris consuli vitii obvenisset. Certum habere, majores quoque, si divinassent, — non mitiorem in se plebem — — futuram, primo quamlibet dimicationem subituros fuisse potius, quam etc. 4, 2. Ut nihil boni divinet animus 3, 67. Quod mens sua sponte divinat, idem subjicit ratio haud fallax 26, 41. Neque se, neque quemquam alium divinare posse, quid in animo Celtiberi haberent, aut porro habituri essent 40, 35. Divinat etiam, quae futura fuerant, si Philippus vixisset, 41, 24.

DIVINATIO quaedam futuri 26, 14. Tacita divinatio, qualis jam praesagientibus animis imminentis mali esse solet 25, 35.

DIVINITUS 1, 4. Forte quadam an divinitus.

DIVINUS pro *vate* 1, 36. Agedum, divine tu, inaugura etc. Ut *ea* res divina supplicationesque — eum cura fierent 22, 11. Agentibus divina humanaque quae assolent, quum acie dimicandum est 9, 14. Vid. *supra in v.* deus. Divina humanaque quei pleni 10, 40. Vid. *apes.* Divinis humanisque obruti sceleribus 5, 19. *i. e. adeorum deos etc. conf.* 99, 18. Vid. *Cloe. Cicer. in h. v.* Apud quos juxta divinas religiones fides humana colitur 9, 9. Neque suum, neque publicum divinum pure faciet, qui esse devoverit 8, 10.

DIVISUS 45, 30. Quam divisui facilis (*Macedonia.*) Absentiumque bona juxta atque interemtorum divisui fuere 1, 54. Praedae ac divisui principum quibusdam et magistratibus erant (*vectigalia*) 22, 48.

DIVITIAE 1, 34. Divitiis potens. Vid. *potens.* Qui omnia prae *divitiis* humana spernunt 3, 26.

DIVORTIUM itinerum 44, 2. Ad divortia aquarum 38, 45. Vid. *Intt. ad* 21, 61. *conf. Virgil. Aen.* 9, 379.

DIURNUS cibus 4, 12. *i. e. quotidianus. Sic acta diurna dicuntur.*

DIUTINUS 6, 28. Ex diutina pace. *it.* diutina militia 5, 11. *it.* diutinum otium 25, 7. Vid. *Drak. ad* 28, 24. Vid. *inveteratus.*

DIVUS 23, 11. Se — his omnibus divis rem divinam fecisse. *Divi autem pro diis non tam poëtice dicuntur, quam potius ex more formularum antiquiorum. conf.* 8, 10. *Vid.* egredi *ut.* Roma — Diva 42, 6. Divi Novensiles, dii Indigetes, divi, quorum est — diique Manes 8, 9. Divi Divaeque — maria terraeque qui *colitis,* res pacor quaeoque 29, 27.

DOCERE 5, 15. Quod de lacu Albano docuisset *i. e. vaticinatus esset. conf.* 99, 1. Docendum cures (*vicarium militiae*) equo armisque *ibid.* Ipse Romulus circuibat, docebatque (*sc. Sabinos*) 1, 9.

DOCILE equorum genus 23, 29.

DOCTRINA 10, 40. Juvenis ante doctrinam deos spernentem natus. Auctorem doctrinae ejus (*Numae*) — Pythagoram edunt 1, 18.

DOCUMENTUM *Præf.* Omnia te exempli documenta, in illustri posita monimento, intueri. Audeat deinde talia alius, nisi in hunc insigne jam documentum mortalibus dedero 1, 28. *conf.* 28, 39. Si hic tibi dies satis documenti dederit 8, 35. *conf.* 24, 8. Documentum — statui oportere 24, 45. Ad Faleriorum Pyrrhive proditorem tertium transfugis documentum esset *ibid.* Documentum fidei 22, 39. Documentum humanorum casuum (*Perseus*) 45, 40. Satis ego documenti in omnes casus sum 30, 30. Turnus sui cuique periculi — recens erat documentum 1, 52. 10, 40. Nisi documentum sit adversus superbiam nobilium plebeiæ libertatis 9, 46. Tirocinium ponere et documentum eloquentiæ dare 45, 37. Aliena calamitate documentum datum illis cavendæ similia injuriæ 3, 50. Haud sane, cur ad majora tibi fidamus, documenti quidquam dedisti 24, 8. Hispanis populis — insigne documentum Sagunti ruinæ erunt, ne quis fidei Romanæ aut societati confidat 21, 19. Dejectum cum duce exercitum documento fuisse, ne deinde, turbato gentium jure, comitia haberentur 7, 6. Se documento futurum, utrum — — an etc. 3, 56. Ut terrarum orbi documento essemus 5, 51. Ad præcavendum simile utili documento sunt 24, 8. Quanta cura regum amicorum liberos tueatur populus Romanus, documento Ptolemæum Ægypti regem esse 45, 44.

DOLERE 5, 11. Qui accepta clade ad Veios doleant. *al.* cladem. Vid. *Drakenb.* *ab h. l.* Scipionem, quamquam parum injuriis civitatis suæ doluerit 29, 21.

DOLOR 3, 48. Muliebris dolor, quo est mœstior imbecillo animo. Injuriæ dolor — in Tarquinium eos stimulabat 1, 40. Nec satis quidquam justi doloris est, quod nos ad perseverandum stimulet 5, 4.

DOLUS 1, 5. Ita undique regi dolus nectitur. Consilio etiam additus dolus 1, 11. Sine dolo malo 1, 24. Fraude ac dolo 1, 53. [*Sic Græci jungunt ἀπάτη et δόλος.* Vid. *Herodot. p.* 687. 693. *conf. Dorvill. ad Chariton. p.* 392. *sq. ed. Amstel. Lennep. ad Phalar. p.* 222.] Per dolum ac proditionem 2, 3. Vid. *astus.*

DOMARE 7, 32. Qui omnia circa se — domita armis habeat. Domita ipsius fluminis vi 21, 30.

DOMESTICUS 9, 17. Vestigia recentia domesticæ cladis, ubi avunculus ejus — absumtus erat. Quin invidia regni etiam inter domesticos infida omnia atque infesta faceret 1, 42.

DOMICILIUM 3, 57. Et illi carcerem ædificatum esse, quod domicilium plebis Rom. vocare sit solitus.

DOMINARI 8, 31. Victorem velut in capto exercitu dominantem (*Papirium.*) Dominari jam in adversarios vultis 3, 53. Dominans longinquitate potestas 9, 33. *de*

censura quinquennali, quæ justo major, non civilis videbatur, sed regia.

DOMINATIO 3, 39. Quanto ferocior dolor libertate sua vindicanda, quam cupiditas injusta dominatione, esset. Regibus exactis, utrum vobis dominatio, an omnibus æqua libertas parta est? 4, 5. Acrius crederem vos pro libertate, quam illos pro dominatione, certaturos 6, 18.

DOMINUS 31, 29. Quum dominum Romanum habebitis. *Sic Virgil. Æn.* 4, 214. Dominum Æneam in regna recepit. Dominorum invitatio 23, 8. *de convivio, cujus exhibitor* dominus *dicitur, etiam* rex. Se dominum vitæ necisque inimici factum 2, 35. Quid si domini milites imperatoribus imponantur 45, 36·

DOMUS 3, 5. Domos remissas cohortes. Domos circumlatæ querelæ 26, 29. Invitati hospitaliter per domos 1, 9. Gregatim quotidie de foro addictos duci, et repleri vinctis nobiles domos 6, 36. Multæ et claræ lugubres domus 3, 32. In domos atque in tecta refugiebant 26, 10. Quos hieme saltem in domos ac tecta reduci oporteat 5, 2. Tantus terror — incessit, ut — suas quisque abirent domos 2, 7. Dilabi domos 44, 45. *it.* discurrere 39, 16. *it.* reduces domos 27, 53. Vid. *Drakenborch. ad* 29, 27. Aditus in domum familiarior 24, 5. *Paullo ante :* regia. Ploratus mulierum non ex privatis solum domibus exaudiebantur 26, 9. Abesse ab domo 5, 6. *conf.* 8, 32. *it.* 9, 9. Sic enim domo mandatum (*legati Campani*) attulerant 7, 31. Nec ab domo quidquam mittebatur, de Hispania retinenda sollicitis 28, 12. *Domo pro civibus h. l. dictum est ; refertur enim eo* sollicitis. In senatu quoque agitata est summa consiliorum, ut inchoata omnia legati ab domo ferre ad imperatores possent 45, 16. Ver primum ex domo excivit 45, 34. Domo profugus 1, 34· Rex in domum se recepit 44, 45. Duobus e filiis, quos, duobus datis in adoptionem, solos nominis, sacrorum, familiæque heredes retinuerat domi 45, 40. Publicis pariter privatisque consiliis bello domique interesset 1, 34.

DONARE 24, 30. Bona locupletium donata *scil. militi.* Si innocentem absolvere nollent, pro nocente (*scil. sibi*) donarent 2, 35. *conf.* 3, 12. Noxæ damnatus donatur populo Rom. donatur tribuniciæ potestati 8, 35. *i. e. in populi gratiam absolutus est.* Vid. *dare* et *condonare. conf. Gronov. Obs.* 3, 12.

DONARIUM 42, 28. Donaque circa omnia pulvinaria dari, si resp. decem annos in eodem statu fuisset. Ita, ut censuerant, in Capitolio vovit consul ludos fieri, donariaque dari.

DONATIO 3, 37. Bonorum donatio æqui domini supplicium. Secundum consulis donationem legiones gramineam coronam obsidionalem, clamore donum adprobantes, Decio imponunt 7, 37.

Donec pro *quamdiu* 4, 2. Donec honorati seditionum auctores essent, non futuram finem. *conf.* 21, 10. 25, 11. 27, 38. Vid. *Drakenborch. ad* 1, 7. Donec in castris esset 2, 24. *pr. quamdiu.* Donec perventum est *Præfat.* Vid. *Bauer. Exc. Liv.* 1. *pag.* 5. Moveri vetuisse puerum, donec sua sponte experrectus esset 1, 39. *ad q. l.* Vid. *Bauer. p.* 54.

DONUM 42, 61. Dona—dono dabat. *Aut dona videtur delendum aut pro dono dabat legendum* donabat. Vid. *Donarium. conf.* 3, 57. *Ceterum* dona dare *usitatius est Livio, quam* donum dare. Vid. *Drakenborch. ad* 5, 28. Quia pecunias alienas, quia agros dono dant 6, 41. Virginem—ministro cubiculi sui clienti dono dederit 3, 57. Magnis proficiscentem donis prosequitur 42, 67. Præfectos—insignibus donis donat 29, 35. Laudatusque ibi magnifice et donis donatus 38, 23. *conf.* 25, 18. Regionum principes donis coluerat 40, 57. Coronam auream Jovi donum in Capitolium mittunt 2, 22. *alibi, v. c.* 7, 38. Coronæ aureæ donum. Quæ (*cratera*) donum Apollini Delphos portaretur 5, 25. Patricium magistratum plebi donum fieri vidimus 3, 67. [Vid. *Bauer. ind. ad Exc. Liv. in v.* donum.] Octies extra ordinem donatus, donaque ea gerens in conspectu populi etc. 3, 58. Donum veneno illitum 5, 2. Spolia in æde Jovis—cum sollemni dedicatione dono fixit 4, 20. Dictator coronam—in Capitolio Jovi donum posuit *ibid. conf.* 7, 38. Tabulam donum Jovi dedit 41, 28. Donumque—Jovi—coronam—tulere parvi ponderis 3, 57. *i. q. attulere, obtulere.* In urbium donis 41, 20. *i. e. quæ urbibus dedit.* [*Usus genitivi, ex more Græcorum, compendiarius. Similiter* 35, 48. Maledicta—Romanorum—Quintii. *i. e. m. in Romanos, in Quintium conjecta.*] Vid. *Amplus. Traducere.*

DORSUM 1, 3. Quæ (*urbs*) ab situ porrectæ in dorso urbis Longa Alba appellata. *de monte, ut omnia, quæ de corpore humano dicuntur, ad montem translata sunt, caput, latera, viscera, pedes etc.* [*Sic et Græci: ῥάχις etc.*] Petillius adversus Balistæ et Leti jugum, quod eos montes perpetuo dorso inter se jungit, castra habuit 41, 18. Jugum montis, in angustum dorsum cuneatum 44, 4.

DOS 26, 50. Super dotem, quam accepturus a socero es, hæc tibi a me dotalia dona accedent. Gloriam belli, qua velut dote Hannibal concilietur 35, 42.

DROMADES 37, 40. Cameli, quos appellant dromadas. Vid. *Bochart. Hieroz. P. I. L. II. cap.* 4. *Diodorus Sic.* tradit Lib. XIX. p. 683. *eos uno die M D. stadia emetiri.* [*κάμηλοι δρομάδες, ἱππάρχαι.* Vid. *Wesseling. ad Diod. Sic. T.* 2. *p.* 347.]

DUBIE 1, 9. Haud dubie ad vim spectare res cœpit *i. q. aperte, manifeste.* Tur-

bavit ordines et haud dubie impulit aciem 9, 40. In Dinomenem, jam haud dubie obstantem, tela conjiciuntur 24, 7. Quum haud dubie fortuna hostium esset 27, 49. Eumene summæ rei discrimen haud dubie detrectante 37, 18. *Nostri: schlechterdings.* Tum demum haud dubie victos Celtiberos 40, 50.

DUBITARE 5, 3. Id—desisse dubitari certum habeo. Si fortuna dubitabit 21, 44. *Similiter Tacitus* (*Annal.* 2, 80.) *de prælio dicit:* non ultra dubitatum *i. e. haud dubius prælii exitus fuit. Quid si legatur* titubabit? [*Non necesse. Bene Bauerus:* Dubitat fortuna, incerta est victoria, immo vix obtinenda; inclinat ad hostes.]

DUBIUS 8, 32. An auspicia repetenda, ne quid dubiis diis agerem. *i. e. incerta eorum voluntate ac benevolentia.* Dubios sententiæ patres fecerat 33, 25. *Sic* dubius animi, consilii etc. *dicuntur.* Vid. *Drakenborch. ad h. l. it. ad* 34, 43. Quid ad deliberationem dubii superesse? 45, 19. Dubii socii suspensæque ex fortuna fidei 44, 18. Gens dubiæ ad id voluntatis 9, 15. Una sententia dubia est, ut gravior ait 45, 34. *i. e. magis dubia, quam ut gravior sit.* Bellum cum haud dubiis hostibus gerendum 37, 49. Haud dubii Galli 38, 17. *i. e. genuini, nondum degeneres.* Haud dubius rex 1, 42. Milites veteres, periti hostium bellique, haud dubiam pugnam fecerunt 34, 17. *i. e. victoriam celerrimam dederunt.* Ut haud dubius prætor esset 39, 39. *h. e. ut haud dubie prætor futurus esset.* Sextium haud pro dubio consulem esse 6, 40. Sequitur annus haud dubiis consulibus 4, 8. *Opp. cap. eodem:* quorum de consulatu dubitatur. *Similiter* haud ambiguus rex *dicitur* 40, 8. Non dubius, quin exui castris potuissent 31, 42. Haud dubius, quin——junxisset 42, 14. Haud dubium erat, expugnari potuisse 38, 6. Ut in dubio ponerent, utrum id matronæ sua sponte, an nobis auctoribus fecissent 34, 5. Quum haud cuiquam in dubio esset 2, 3. Haudquaquam dubius, opprimi Romanos posse 31, 24. *cf.* 6, 14.

DUCERE 1, 23. Ducit, quam proxime ad hostem potest. Fama ducentis ad Stratum Persei 43, 23. Consulique Fabio, imis montibus ducenti——acies hostium instructa occurrit 9, 35. Fabius, medius inter hostium agmen urbemque Romam, jugis ducebat 22, 18. Tullus—contra hostes ducit 1, 27. Parabat ducere in Illyricum 44, 30. Ut classem——duceret in Ligurum oram 40, 26. Protinus ad castra hostium ducere debuisse 31, 38. Qui in triumpho ducti erant 45, 42. Et vos Gentium, quam Persea, duci in triumphum mavultis 45, 39. Ducendo ex plebe 4, 4. *de connubio.* Virginem ego hanc sum ducturus, nuptam pudicamque habiturus 3, 45. Interea juris sui jacturam assertorem non facere, quin ducat puellam, sistendam que promittat 3, 45. Duetum se ab creditore non in servitium, sed in ergastulum et carnificinam esse 2, 23. Quum in jus duci debitorem vidissent, undique convolabant 2, 27. Eximendo de nervo cives vestros, prohibendo judicatos addictosque duci 6, 15. Ibid. cap. 14 : centurionem — judicatum pecuniæ quum duci vidisset. Tutela deinde nostræ duximus, quum Africo bello urgeremur 21, 41. i. e. ad tutelam nostram pertinere existimavimus, s. in tutela nostra (sse) esse. Nullam hæc damna imperatoriis virtutibus ducimus 9, 18. Faceret, quod e republica fideque sua duceret 25, 7. Quod se magistrum equitum duxerit, ac non accensum dictatoris 8, 31. Ut civitatem — violari ducerent nefas 1, 21. Nullam profecto, nisi in concordia civium, spem reliquam ducere 2, 32. Is (Brutus) ab Tarquiniis ductus Delphos 1, 56. Pueriliter blandientem patri Amilcari, ut duceretur in Hispaniam 21, 1. Quæ mactum docturi erant 1, 44. i. e. ædificaturi. Sic Virgil. Æn. 1, 423. Pars ducere muros. Vallum fossamque, ingentia utramque rem operis, per tantum spatii duxerant 5, 5. In tumulo — — vallum ducere cœpit 7, 23. Primum vexillum triarios ducebat 8, 8. Honesta loca ducere 42, 34. de primariis centurionibus, alibi, v. c. 3, 44. Honestum ordinem ducere. Vid. Ordo. Si leniter ducta res sine populari strepitu ad consules redisset 3, 41. i. e. protracta. Et in ducendo bello sedulo tempus terere 22, 23. Vid. Bauer. 2, pag. 55. cf. terere. Ad majora initia rerum ducentibus fatis 1, 1. Ad quam (immortalitatem) eum sua fata ducebant 1, 7. Agentem te ratio ducat, non fortuna 22, 39. Cicatrix ducta 29, 32. De vulnere, quod eiusdum coire cœpit. al. obducta.

Ductor itineris hujus 1, 28. Ne quis, ubi tribunus militum fuisset, postea ordinum ductor esset 7, 41. Qui haud dubie primus omnium ductor habeatur 10, 21. i. e. peritissimus dux bellicus. Cui, si Karthaginiensium ductor fuisset, nihil recusandum supplicii foret 22, 61.

Ductus auspiciumque 28, 38. P. Scipioni tribuitur, qui auspicia non habuit. Ut, qua virtute rempublicam ab infestissimis hostibus defendissent, eadem se, cujus ductu auspicioque vicissent, ab impotenti crudelitate dictatoris tutarentur 8, 31. Etiam hic ductu auspicioque improprie capiendum. Est enim oratio Fabii, magistri equitum. Similiter cap. 33. magister equitum vocatur imperator. Feroces infelici consulis plebeii ductu fremunt 7, 6. Paulle ante: suis auspiciis. Auspicio, imperio, felicitate ductuque ejus 40, 52.

Duellum 22, 10. Pro bello in formulis rogationum, aliusque generis, sæpius dicitur. cf. 36, 2. Puro pioque duello quærendas (res) censeo 1, 32. Victoriæque

94

duelli populi Romani erit 22, 11. Duello magno regibus dirimendo 40, 52.

Dulcedo 6, 41. Tanta dulcedo est ex alienis fortunis prædandi. i. q. cupiditas. Dulcedo invasit — plebeios creandi 5, 18. Dulcedine potestatis ejus (tribunus. pleb.) capti 5, 6. i. q. amore. Ob interpellatam dulcedinem iræ 9, 14.

Dum annexum particulis, adjectivis etc. v. c. haud dum 10, 6. it. cap. 25. cf. 20, 11. — nolluædum 7, 33. cf. 3, 50. 9, 12. — nihildum 24, 20. it. cap. 40. — agitedum 3, 68. Dum intentus in eum se rex totus averteret 1, 40. ad q. l. Vid. Bäuerus pag. 57. Dum sic, aliquot spectatis paribus, affectos dimisisset 21, 43. ubi cf. Bauer. pag. 38. [Vertisime vir egregius: Audacter reponendum, cum. Pænitet, in contextum non receplusse.]

Dunne pro dummodo non 32, 24. Dum ne quis in eorum numero esset. Vid. Drakenborch. ad 28, 40.

Duntaxat 10, 25. Quatuor millia — peditum et sexcentos equites duntaxat scribere in animo est.

Duo 28, 25. Post duorum imperatorum, duorumque exercituum stragem. Repetitione hac similibusque delectatus est Livius, v. c. 29, 5. 28, 28. 43, 25. Ut duo (duos) viros ædiles ex Patribus dictator populum rogaret 6, 42. cf. 8, 3. Ubi duæ simul acies timendæ essent 2, 45. In Hispaniis duabus 40, 44.

Duplicans 27, 11. Græcos sermo facilior ad duplicanda verba. i. e. componenda, v. c. androgynus. cf. cap. 37. Novus veteri exercitus jungitur et copiæ duplicantur 7, 7. Quum consuli duplicatæ vires, Pœno recens victoria animo esset 29, 36.

Duplicarii 2, 59. Ad hoc centuriones duplicariosque, qui reliquerant ordines, virgis cæsos securi percussit. Secundum Varronem duplicarii sunt, quibus ob virtutem duplicia dabantur cibaria. cf. 24, 47. Vid. Intt. ad supra l. l.

Duplus 29, 19. Duplamque pecuniam in thesauros reponi.

Durare 1, 9. Hominis ætatem duratura magnitudo erat. Vix durate quisquam intus poterat 38, 7. cf. 10, 46. it. 5; 2. et cap. 6. Vid. Infra in v. pellis.

Durare 21, 11. Cæmenta non calce durata. Scutale, crebris suturis duratum 38, 29. Ab duratis usu armorum — pulsi 7, 29. Ipsi — tot subacti atque durati bellis 42, 52. Adversus omnia humana mala sæpe ac diu duratum 23, 18. Duratus (exercitus) omnium rerum patientia, quæ vix fides fiat homines passos 20, 28. Duratos eos tot malis exasperatosque excepit terra 38, 17.

Durus 27, 48. Durum in armis genus. i. e. bellicosum. Dura ibi prœlia aliquot facta 40, 16. Nisi malis cum Gronovio dubia. Frigida hæc omnis, duraque cultu et aspera plaga est 45, 30.

Dux 21, 60. Dux cum aliquot principibus capiuntur. Illis non decem loco-

rum, non exploratorum fuisse 9, 5. vid.
ducitur. Sub hoc sacramento — hos duce
— ubi arma esse sciam, huc veniam, tote
orbe terrarum quaerensaliquosRomanishos-
tes 25, 19. Non suffecturam ducem unum et
exercitum unum 10,25. Alterutrum commode
poterat abesse. Sed vide ad duo paullo ante a
nobis dicta; it. infra in v. pleba. Quin duces,
sicut belli, ita insatiabilis supplicii futuros
fuisse 9, 14. Numerarentur duces eorum
armorum, quibus plebeiorum ductu et auspicio res geri coeptae sunt 10, 7. Quales-
cumque duces habuistis 6, 18. de tribb. pl.
Meliorem pacis, quam belli, habetis ducem 7, 40. Dux semestris 21, 43.

Eccvm autem aliud minus dubium 7, 35.
ad transitum faciendum cum aliqua vi.

Eoqvis homo ex quinque et triginta tribubus ad Hannibalem transfugerit 23, 12.
pro an vel unus homo etc. Ecquemadmodum
inde in apertum mare evasuras 25,11. cf. 31,
40. Ecquod feminis quoque asylum aperuisset 1,9. cf. 2,11. Ecquid sentitis, Quirites,
quantum —— paremus nefas 3,59. Ecquid
milites ex formula paratos haberant 27,10.
Ecquid auxilii in vobis est? 40,40. Interrogat, ecquid ipsis quinque millibus, quod
convenisset, numeraret 44,27. Ecquid ita
non adiisent magistratum 42, 26. i. q. quid
ita, cur. Omnino ecquid simpliciter interrogat. cf. 4, 3. Plura exempla vide apud
Drakenborchium ad 27, 10.

Edere comedere, devorare 45,39. Epulas senatus, quae — in Capitolio eduntur,
— turbaturi estis. Aurum in Capitolio
corvi non lacerasse tantum rostris crediti,
sed etiam edisse 30, 2. Ad exta, sacrificio
perpetrato, angues duo, ex oculto allapsi,
edere jecur 25, 16. vid. adedere, esse.

Edere 39,54. Fluvius in amnem editur.
Maeander in sinum maris editur 38, 13.
Partum — edidisse 1, 39. Experiri juvat,
utrum alios repente Karthaginienses per
viginti annos terra ediderit 21, 41. Novam
insulam e mari editam 39, 56. Cuniculus
— armatos repente edidit 5, 21. Plura
facinora in se victi ediderunt, quam infesti
edidissent victores 81, 18. Velut tum primum signo dato coorti pugnam integram
ediderunt 8, 9. Ut — Romani — novum
de integro proelium inclusi hostium vallo
ediderint 24, 16. Memorabile illud edidit
proelium 25, 38. Ut — clara ipsorum ducum (fortuna) ederet funera 9, 22. Quum
majorem in angustiis trepidantium edidissent caedem 31, 24. cf. 10, 45. it. 28, 33.
Equites, bipartito in eos emissi, magnam
caedem edidere 40, 32. Trepidationis aliquantum edebant 21, 26. i. e. commove-
bant. Tumultumque inter se majorem,
quam in proelio edentibus 36, 19. Saepe et
contentus hostis cruentam certamen edidit 21, 43. Annua aera habes, annuam
operam ede 5, 4. i. e. praesta. Quaeque
populus Karthaginiensis in civitatem nos-

tram facere molitus est, ea ut mihi populoque Rom. in civitatem Karth. exempla
edendi facultatem detis 29, 27. Decemviri
jussi adire libros edidere 40, 45. i. e. inde
renunciavere. Ad rumores hominum de
unoquoque legum capite edito 3, 34. vid.
Bauer. pag. 180. qui emendat editos. bene.
Ut decemviri scriptum ediderunt 42, 2.
Quia ita ex fatalibus libris editum erat 32,
10. Quae precationes editae ex fatalibus
libris: scent 42, 2. i. e. praescriptae. Ad
votas olvenda diis, munusque gladiatorium
— edendum 28, 21. Iis editis imperiis
29 25. (jussis.) Dona data Masiniss.
mandataque edita 31, 19. Edita tribunis
— quae agerentur 45, 34. Quia ederet,
quid fieri vellit etc. 40, 40. Editis hostium
consiliis 10, 27. i. e. enunciatis, proditis (de
transfugis). Editi Dii, quibus sacrificaretur 7, 6. cf. 30, 2. 40, 45. it. 41, 13. Vox
horrenda, edita templo cum tristibus minis
6, 33. cf. 2, 7. Editi testes 25, 3. vid. testis.
Dies edita Flacco est, qua successor esset
venturus 40, 39. Coelius triplicem rei
gestae ordinem edit 27, 27. Pluribus tamen auctoribus filium ediderim 1, 46. i. e.
non pro depote, sed profilio regis declarave-
rim. Auctorem falso Pythagoram edunt
1, 18. it. 46. L. Tarquinium Priscum edidere nomen 1, 34. Eorum nomina ad se
ederentur 43, 14.

Edicere exploratoribus jussis, quae
comperta afferrent 30, 5. i. q. referre pronunciare. Pro concione praedam captas
urbis edixit militum fore 21, 11. Praedam
omnem edixerat militibus 8, 36. Quo die
ad conveniendum edixerat novis militibus
22,12. i. e. ut convenirent. vid. Virgil. Aen.
10, 258. In Sedetanum agrum, quo edictum erat, convenerunt 27, 1. Supplicatio
populo edicta est 32; 1. it. 21, 62. Novemdiale sacrum. Edicto, ne quis injussu
pugnaret 5, 19. (absolute) edictoque, ut,
quicumque ad vallum pergeret — pro hoste
haberetur 10, 36. consules ex SCto edixerunt, ut, qui — nautam unum cum sex
mensium stipendio daret 24, 11. Edixerunt, Ligures ab Anido montibus descendere 40, 38. Sic 37, 49. hortatur — petere.
Comitiis deinde diem edixit 31, 49. Sic
legi vult auctoritate codicum Drakenborchius. Vide eumd. ad 3, 37. Sed dicit
tamen Livius et indicere consilio diem 27,
30. it. 36, 6. Quamquam etiam dies edicta,
sed simpliciter, occurrit 33, 14. Omnibus
ad diem edictam paratis. Eadem ratio est
delectus, qui et edici 2, 55. it. 25, 57. et indici 5,19. dicitur. Justitium etiam edicere
atque indicere occurrit 3, 3. 4, 26. vide
Intt. ad. h. l. it. B.Patruum ad Cicer. Phil.
5, 12. Jubent acciri omnes, senatumque
in diem posterum edicunt 3, 38.

Edictum 1, 27. Ex edicto bellum gerere. Forte legendum: ex indicto. vid.
Bauer. p. 42. Dictatoris edictum pro numine semper observatum 8, 34. Hodie

quoque consules creetis —— ad quorum edictum conveniant 24, 8. Edictum proconsulis ex .SCto propositum 26, 12. *cf.* 24, 11. Profecti duo (*legati*), ut ipsi edicto evocarent 45, 31. *cf.* 8, 35. Oblitus itaque imperii patrii, consulumque edicti 8, 7. Cum gravi edicto, si quis miles — secum extulisset, quod suum non esset 29, 21. Ex itinere præmittere edictum, quo comitia consulibus creandis ediceret 35, 24. Concioni deinde edicto addidit fidem, quo edixit ne etc. 2, 24.

EDISCERE 23, 28. Quum — edidicisset, quemadmodum tractandum bellum in Hispania foret.

EDISSERERE 27, 7. Productus in concionem Lælius eadem edisseruit. *cf.* 5, 4. *ubi tamen Drakenborchius disserere exhibuit.* Quum agi, non, quemadmodum agantur, edisseri oportet 44, 41.

EDISSERTARE 22, 54. Neque aggrediar narrare, quæ edissertando minora vero fecero.

EDITIO 4, 23. In tam discrepanti editione. *i. q traditione, memoria. Præcedunt hæc verba:* Valerius Antias — consules in eum annum edunt.

EDITUS 2, 50. Duxit via in editum leniter collem.

EDOCERE 32, 26. Senatu vocato edoctoque etc. Quum omnia ordine edocuisset 24, 24. *cf.* 27, 39. *it.* 37, 25. Potitii, ab Evandro edocti, antistites sacri ejus — fuerunt 1, 7. Ut idem pontifex edoceret 1, 20. Juvenemque suis potissimum vestigiis insistere vellent disciplinæque, in qua edoctus esset 24, 4. *ad q. l. vid. Bauer. pag.* 104. Edoctus tandem deos esse 29, 18. Ut, tot cladibus edocti, tandem deos et jusjurandum esse crederent 30, 37.

EDUCARE 1, 39. Quem tam humili cultu educamus.

EDUCERE 23, 6. Missumque lictorem, qui ex urbe educeret eos, atque eo die manere extra fines Romanos juberet. Educere (*ex urbe*) in castra 4, 5. *cf.* 3, 68. in aciem (*exercitum*) educit 1, 23. *cf.* 21, 60. *it.* 27, 2. Romani consules prius, quam educerent in aciem,—immolaverunt 8, 9. Prius, quam educeret in aciem, — talem orationem exorsus est 21, 33. Paucis adhortatus milites, tribus simul portis (*castrorum*) eduxit 41, 26. Educto exercitu ex hibernis 40, 39. Consules exercitum scribere, armare, educere, placet 9, 8. *vid. Drakenb. ad* 9, 12. Ingressum eum curiam quum prætor inde eduxisset 27, 8. Neque consules ab urbe exercitum educerent 3, 21. Ut denorum equorum iis commercium esset; educendique ex Italia potestas fieret 43, 5. *i. e. exportandi.* Vid. *commercium.* Ad id dati duces Galli, educunt inde — ferme supra parvæ insulæ circumfusum amnem 21, 27. *Vid. Bauer. pag.* 22. Ipse legiones e castris educit, et agmine quadrato ad hostem ducit 31, 37. Nisi quum,

vexillo in arcem posito, comitiorum causa exercitus eductus esset 39, 15. In domo a parvo eductum 1, 39. Pro *educatum. Vid.* disciplina *ad* 24, 4. *Ubi pro* edoctus *sunt qui* eductus *legant.* [*Vid. Bauer. Exc. Liv.* 2, *pag.* 104.] Me, in prætorio patris — prope natum, certe eductum 21, 43.

EFFATUS 1, 24. Longo effata carmine. Et tacendo forsitan — haud minus, quam celanda effando, nefas contrahi 5, 15. Sed fanum tantum, id est, locus templo *effatus,* sacratus fuerat 10, 37.

EFFECTUS 44, 41. Sine ullo effectu evanescunt. Ne sine ullo effectu ætas extraheretur 32, 9. *cf.* 18, 1. Postquam ad effectum operis ventum est 21, 7. *i. e. quum opus efficere vellent.* Conatu tam audaci trajiciendarum Alpium et effecta 21, 39. Opera erant in effectu 31, 46. *De oppugnatione urbis.* Plurimum ad effectum spei 21, 57.

EFFERARE 1, 19. Efferatos militia animos. *Vid. Bauer. pag.* 28. Inter tot tam efferatarum gentium arma 21, 9. *Al.* effrenatarum. Hunc (*militem*) natura et moribus immitem ferumque insuper dux ipse efferavit 23, 5. Efferavit ea cædes — omnes ad exsecrabile odium Romanorum 33, 29. Promissa barba et capilli efferaverant speciem oris 2, 23. Naturâ immitis (*Appius*) et efferatus hinc plebis odio etc. 2, 29.

EFFERRE 30, 5. Signa efferri sunt cœpta. *cf.* 40, 25. Signa canere ac vexilla efferri e castris jussit 10, 29. *cf.* 27, 2. Prætor signa extra urbem efferre jubet 29, 21. Prohiberi — extra fines efferre arma 42, 23. In quo diserte prohiberi eum, extra fines arma efferre 42, 25. Quæ Locris in templo Proserpinæ tacta, violata elataque inde essent 29, 20. Si quis miles aut in urbe restituisset, aut secum extulisset, quod suum non esset 29, 21. Efferre ex hibernis frumentum 31, 33. Deam de nave accipere et in terram elatam tradere ferendam matronis 29, 14. *paullo post:* extulit in terram *scil. de navi.* Extulit eum plebs sextantibus collatis in capita 2, 33. *i. e. efferendum sepeliendumque curavit, sumtibus suppeditatis.* Meo unius funere elata populi Rom. esset respublica 28, 28. Periculumque ingens manet — ne libera efferatur respublica 24, 22. *cf.* 31, 29. Ut funere ampliore efferretur 3, 18. Elato et extorri ejecto ipso populo 31, 29. Hoc me in pace patria mea extulit 35, 19. *Vid. Bauer. ad h. l. pag.* 240. Corvus e conspectu elatus 7, 26. *it.* pulvis elatus 4, 33. Efferri ad justam sui fiduciam 27, 8. Nec cohibendo efferentem se fortunam, quanto altius elatus erat, eo fœdius corruit 30, 30. Vid. *flatus.* Scuto super caput elato 10, 40. Messium impetus per stratos cæde hostis — extulit ad castra 4, 29. Legatum longius extulit cursus 3, 5. *Vid. Intt. ad* 4, 33.

EFFICAX ad eventum 10, 39. Quæ maxime ad muliebre ingenium efficaces preces sunt 1, 9. Rem ad multitudinem imperitam, et illis seculis rudem, efficacissimam, Deorum metum injiciendum ratus est 1, 19. Ab frequentibus Samnitium populis de fœdere renovando legati, quum senatum humi strati movissent, rejecti ad populum haudquaquam tam efficaces habebant preces 9, 20.

· EFFICERE 3, 62. Id consilii animique habiturus sum, quod vos, milites, mihi efficeritis. Quæ scribentis animum — sollicitum efficere possit *Præfat.* Secuta ex omni multitudine consentiens vox ratum nomen imperiumque regi effecit 1, 6. Unde consulares exercitus satis firmi ad tantum bellum efficerentur 23, 25. *Vid. Intt. ad h. l.* Ad duo millia ferme boum effecta 22, 16. *i. q. collecta, confecta.*

EFFIGIES 26, 41. Quemadmodum nunc noscitatis in me patris patruique similitudinem oris vultusque, et lineamenta corporis; ita ingenii, fidei, virtutisque exemplum expressam ad effigiem vobis reddam etc. [*v.* exemplum.] Per ambages effigiem ingenii sui (*baculum*) 1, 56. Effigies, immo umbræ hominum, etc. 21, 40.

EFFLAGITARE 3, 60. Efflagitatum ab ducibus signum pugnæ accepere. Quod — non a tribb. pl. umquam *agitatum*, non suis sermonibus *efflagitatum* (*esset*) 4, 60.

EFFODERE 22, 3. Signum effodiant, si ad convellendum manus præ metu obtorquerint.

EFFRENATUS 37, 41. Hæc velut procella — ita consternavit equos, ut repente velut effrenati, passim incerto cursu ferrentur. Id cum majore vi equorum facietis, si effrenatos in eos equos immittitis 40, 40. [Vid. *effrenus.*] Quo impunitior sit, eo effrenatiorem (*libidinem Appii*) fore 3, 50. Libertas effrenata et præceps 34, 49. *h. e. quæ effrenatos homines efficit, et ad perniciem præcipitat.* Vid. *efferare.*

EFFRINGERE 1, 29. Effractis portis, stratisve ariete muris, aut arce vi capta. Per effractam portam urbem ingreditur 24, 46. *Paullo ante est:* moliri portam.

EFFRENUS equus 4, 33. *Præcesserant hæc:* frenos ut detrahant equis, imperat. *paullo post:* liberi frenis equi. [Vid. *effrenatus.*]

EFFUGERE 22, 33. Adeo — nullius usquam terrarum rei cura Romanos, ne longinqua quidem, effugiebat. *h. e. a Romanis negligebatur, s. per oblivionem omittebatur.* Et propinquæ clade urbia ipsi, ne quid simile paterentur, effugerunt 36, 25. *i. e. et Lamiaci tum excidium effugerunt, quia urbs propinqua Heraclea excisa erat ante, quam in deditionem venissent.* Quum e carcere nocte effugisset 37, 46. Nolani per aversam partem urbis via Nolam ferente effugiunt 8, 26.

EFFUGIUM 23, 1. Ni — naves piscato-

riæ pleræque conspectæ peritis nandi dedissent effugium. Nullam ne ad effugium quidem navem habentibus 21, 43.

EFFULGERE 28, 15. Qualis (*sol*) inter graves imbre nubes effulget. *Dicitur hoc verbum de iis, quæ subito fulgent.* Tres simul soles effulserunt 41, 21. Nec ipsius tantum, patris avique, quos sanguine ac genere contingebat, fama conspectum eum efficiebat (*Persea*), sed effulgebant Philippus ac Magnus Alexander etc. 45, 7.

EFFUNDERE 31, 44. Atheniensium civitas, cui odio in Philippum per metum jam diu moderata erat, id omne in auxilii præsentis spem effundit. *Non satis respondent sibi* moderari *et* effundere. Quantumcumque virium habuit, in certamine primo effundit 10, 28. Ut — portis omnibus sese effunderent 26, 5. *cf. cap.* 10. *et* 19. Certaminis studium effudit equitatum 30, 11. *i. e. effecit, ut prorumperet et impetum faceret.* Per caput equi effusus 27, 32. *cf.* 22, 3. Ab rapido cursu circumagendo equo effusus 10, 11. Supremo auxilio effuso 30, 32. Revocato ab effusa cæde equite 42, 65. In nocturno effuso tam late incendio 30, 5. Tiberis effusus lenibus stagnis 1, 4. Mantuæ stagnum effusum Mincio amni cruentum visum 24, 10. Quum improvidi effuso cursu insidias circa ipsum iter locatas superassent 2, 50. Effusos sequentes equites — revocato ab cumdedit peditibus 21, 55. *Forte* effuse sequentes *legendum.* *it.* 31, 37. *ubi* effusi pugnantes *leguntur.* *Sed* effusi *simpliciter* 10, 19. *pro* fugientibus *dicuntur.* vid. *fuga.* Effusos egerat Romanos 1, 12. Equites hostium — effusi castris 38, 20. Gallorum, effusorum per Illyricum, ingens agmen 44, 26. Si qua licentia populando effusus exercitus 9, 31. *cf.* 22, 3. Ad preces lacrimasque effusus 44, 31. Præda impletos, in tantam licentiam socordiamque effusos etc. 25, 20. Effusus in Venerem 29, 23. Pars principum ita in Romanos effusi erant, ut auctoritatem immodico favore corrumperent 42, 30.

EFFUSE 40, 48. Ut — ad castra effuse fugerent. Effuse sequentes barbaros conspexit *ibid.* *it.* 43, 23. Effuse persequi. Effusius, ut sparsis hostibus fuga, prædati sunt 34, 6. Effuse populari 41, 10. Quum agros eorum effuse vastarent 44, 30. Nisi ubi effuse adfluant opes 3, 26.

EFFUSIO 44, 9. Nondum hac effusione inducta. (*de ludis circensibus apparatissimis.*)

EFFUSISSIMUS. Vid. *habena.*

EGENTISSIMUS 1, 47. Instituisse censum, ut insignis ad invidiam locupletiorum fortuna esset, et parata, unde, ubi vellet, egentissimis largiretur.

EGENUS 9, 6. Omnium egeni corpora humi prostraverunt, Vid. *Bauer. ad h. l. pag.* 281.

EGERE 3, 56. Rapique in vincula egentem jure libertatis, qui liberum corpus in servitutem addixisset. Sanguinis se Æquorum non egere 3, 28. Ac si insulis cultorum egentibus prædarentur 29, 31.

EGERERE 4, 22. Humanæ opes egestæ a Veiis. Prædam ex hostium tectis egerentem (*victorem*) 6, 3. *cf.* 9, 31. *it.* 25, 25. Pecuniam ex ærario scribæ viatoresque ædilitii clam egessisse per indicem comperti 30, 39.

EGO 6, 7. Vos in me nihil, præter me ipsum, intueri decet. Cur ego — — video — ? Egone has indignitates — patiar — ? Tarquinium regem qui non tulerim, Sicinium feram? 2, 34. *Ubi* vid. *Bauer. pag.* 116. [*Bene docentem, ego illud non de uno eo, qui illic loquatur, sed, per solvem vehementiorem, de omnibus civibus, quocumque tempore vixerint, intelligi; quod in omni lingua solemne sit.*] Ad illa mihi pro se quisque acriter intendat. *Præf. Illud* mihi *eleganter abundat.* Vid. *mihi.*

EGREDI urbem 3, 57. *cf. cap.* 68. *it.* 25, 3. 29, 6. Egressus navem 45, 13. Egressis urbem Albanis 1, 29. Consul e curia egressus 2, 48. Magistratus eorum e curia egressi 7, 31. Per medias hostium stationes egressus 5, 46. Egredi inde in pacata sociorumque populi R. fines Samnitem prohiberent 10, 32. Quantum in altitudinem egrediebantur 40, 22. *cf.* 26, 44. In vadum egressum eminus veruto — transfigit 8, 24. Vestitu forensi ad portam est egressus 32, 47. *i. e. egressus domo perexit.* Egredimini extra portam 3, 68. Qua noctis hora, quaque porta et quam in viam egressurus 9, 16. Venientibus Capuam cunctus senatus populusque obviam egressi 9, 6. Se oraculo (*Delphico*) egressum extemplo his omnibus Divis rem divinam ture ac vino fecisse 23, 11.

EGREGIE 9, 26. Rei facti adversus nobilium testimonia egregie absolvuntur. Manlium egregie litasse 8, 9. Qui equitatum hostium egregie vicissent 21, 40.

EGREGIUS cetera 1, 32. Senatus 2, 49. Egregium par consulum 27, 34. Conspici se pugnantem egregium ducebat 31, 24. *i. e. non velut unum de grege, sed insignem.* Victoria egregia parta 2, 47. Vir bello egregius 5, 47. Juvenis bello egregius 7, 6.

EJICERE 7, 39. Nervos conjurationis ejectos arte consulis cernentes. *Non placent interpretationes τὦ ejectos ipsis earum auctoribus. Itaque videtur exsectos cum Putecno legendum, h. e. incisos. Ita etiam tropus continuatur: quamquam Livius non semper in troporum continuatione sui memor est; uti modo ad v. effundere, alibique passim observavimus.* Ambo se foras ejiciunt 1, 40. Si qua (*porta*) forte se in agros ejicere possent 6, 3. *cf. cap.* 9. Pars velis datis ad Chium naves ejecere 44, 28. (*De fuga navali.*) Naves ejectæ *scil. per tempestatem* 32, 41. Classis postero die fœ-

dissima tempestate lacerata, amnesque naves — — in litora nostra ejectæ sunt 29, 18. Bis ex cursu Dyrrachium ejectæ 44, 19. *Drakenborchius et Gronovius legi volunt* rejectos. *Illud proprie dicitur de iis, qui sunt tempestate ablati, eo quidem, ubi nondum fuerant, nec quo tetenderant. Sic Virgil. Æn.* 4, 373. Ejectum littore egentem Excepi etc. *Hoc autem loco sermo est de bis retro Dyrrachium, unde solverant, delatis.* E senatu ejecti sunt 44, 19. *alias* moti senatu, *quod proprie dicitur. it.* ejeci de senatu 40, 51. Septem e senatu ejecti sunt 45, 15. De senatu ejecerunt 41, 26. Patriæ meique (*memoriam*) ejeceritis ex animis vestris 28, 28.

ELABI 8, 7. Manlii cuspis super galeam hostis Metii trans cervicem equi elapsa est. Anguis ex columna lignea elapsus 1, 56. Avide ruendo ad libertatem in servitutem elapsos juvare nolle 3, 37.

ELANGUESCERE 1, 46. Ut elanguescendum alicui ignavia esset, Differendo elanguit res 5, 26.

ELEGANS 44, 9. Ex parte elegantioris exercitii quam militaris artis, proplorque gladiatorium armorum usum.

ELEGANTER 35, 31. Ex principibus unus, magnæ tum ob eleganter actam vitam auctoritatis. *i. e. prudenter et cum dignitate.* Neminem elegantius loco cepisse (*de duce bellico*) 35, 14. *i. e. prudentius, magis scite. Similiter Tacitus Vit. Agric. cap.* 22. *non alium ducem opportunitates locorum sapientius legisse.* Elegantius facturos dixit, si judicio Patrum, quam si sorti etc. 37, 1. *Sic sæpe Cicero.*

ELEPHANTI 27, 49. *Eorum* rectores *et* magistri. Vid. *Indus.* Elephanti castellorum procul speciem præbebant 28, 14.

ELEPHAS 44, 5. Solido procedebat elephas in pontem. [*Ibidem et* elephanti.] In dextrum cornu — — elephantes inducti 44, 41. [Vid. *Drakenborch. ad* 31, 36, 4.]

ELEVARE 9, 37. Samnitium bella extollit, elevat Etruscos. *cf.* 43, 11. *it.* 44, 44. Multitudinis noxam elevabat 45, 10. Cujus (*Catonis*) auctoritatem, perpetuo tenore vitæ partam, toga candida elevabat 37, 57. *cf.* 6, 23. Elevabatur index indiciumque 26, 27. *i. e. minuitur ejus fides. cf.* 28, 43. *it. cap.* 44.

ELICERE 1, 20. Ad ea elicienda ex mentibus divinis Jovi Elicio aram in Aventino dicavit. Quæ ætas formaque misericordiam elicere poterat 8, 28. Ellci posse ratus ad equestre certamen Romanos 49, 64. Ad colloquium vatem elicuit 5, 15. Neque illis sociorum comitas — — sermonem elicere etc. 9, 6. Elicuit comiter sciscitando, ut fateretur etc. 6, 34. Arcana ejus elicuit 40, 23.

ELIDERE 21, 45. Caput pecudis saxo elisit. *i. q. percussit.* Elephanti — — exeuntes obterebant elidebantque 44, 42.

ELIGERE 28, 19. Ab hac cohortatione

ducis incitati scalas electis per manipulos viris dividunt. *alibi :* delecta juventus. Loca pacata me ad hibernacula electurum 40, 35. *cf.* 35, 7.

ELINGUIS 10, 19. Quod ex muto atque elingui facundum etiam consulem haberent.

ELUCTARI 24, 26. Tenentibusque, quum tot se tam validæ eluctandæ manus essent, sese eripuerunt.

ELUDERE 2, 45. Adeo superbe insolenterque hostis eludebat. *i. e. irridebat. cf.* 9, 2. *it, cap.* 6. Jamque adeo licenter eludebant, ut ad mare devectam prædam venderent mercatoribus 29, 31, Ex eo ira regi mota, eludensque artem etc. 1, 56. Ita rogatio de Liguribus arte fallaci elusa est 42, 22. Laborem irritum eludentes 9, 2. Tum vero eludi atque extrahi se multitudo putare 2, 23. Eludant nunc licet religiones 6, 41. Quorum (*deorum*) eluditur numen 9, 11. *i. e. pace non servanda.* Satis illum diu per licentiam eludentem in sultasse dominis 1, 48. Elusamque suam legationem esse 5, 37. Ut consuli non minore arte ad suos eludendos, quam ad hostes, opus esset 44, 36. Nec fas fuit, alium rerum exitum esse, quam ut illi, velut somnio lætiore, quam quod mentes eorum capere possent, nequidquam eluderentur 9, 9. Nos omnibus contumeliis eludunt 7, 13. Bellum quiete, quietem bello eludere 2, 48. *cf.* 44, 36. Quum velocitate corporum, tum armorum habitu, campestrem hostem, gravem armis statariumque pugnæ genere facile elusit 22, 18. Eludere miraculis fidem 26, 11. *i. e. miraculorum fidem irritam reddere, atque etiam tollere.* Si, quemadmodum Q. Fabius meas res gestas in Hispania elevavit, sic et ego contra gloriam ejus eludere etc. 28, 44. *paullo plus videtur, quam elevare; nimirum deprimere et ad contemtum adducere. Ceterum aut et aut contra delendum videatur.* Vid. *mœrere.*

EMANARE 29, 24. Periculum erat, ne vera eo ipso, quod celarentur, sua sponte magis emanarent. *cf.* 8, 3. *it.* 44, 35. Bello denique perfecto, quæque dicta ab rege, quæque responsa essent, emanavere 42, 14. Ne comprenso indicium emanaret 42, 16. Multis emanabat indiciis, neque fratrem etc. 8, 24. *cf.* 7, 89. *it.* 40, 54. *ad q. l.* vid. *Bauer. p.* 812.

EMANCIPARE 7, 6. Quod mille jugerum agri cum filio possideret, emancipandoque filium fraudem legi fecisset.

EMENDABILIS 44, 10. In rem emendabilem visus lapsus esse.

EMENTIRI 1, 8. Qui — natam e terra sibi prolem ementiebantur. *cf.* 9, 18. *it.* 25, 3. Vanitas ementiendæ stirpis 9, 18. Auspiciis ementiendis 21, 63.

EMERE 36, 11. Princeps civitatis emtus donis. Neque Bastarnæ emto contenti esse poterant 40, 58. *i. q. præda promissa.* Arcem jam scelere emtam Sabini habent 1, 12. Cato atria duo — et

quatuor tabernas in publicum emit 39, 44. *cf.* 44, 16.

EMERERE 25, 6. Nemini spes emerendi stipendia ademta.

EMERGERE 1, 13. Ubi ex profunda emersus palude equus Curtium in vado statuit. *cf.* 22, 3. Ægre in apertos campos emersit 21, 25. *scil. e saltibus.* Sub assistentibus glebis pisces emersisse 42, 2, donec luna in suam lucem emersit 44, 37. Cujus populi vis atque virtus non obruta sit Cannensi clade, ex omni profecto servitia fortunæ emersuram esse 25, 38. Emersisse civitatem ex obnoxia pace 9, 10. Quantum vixdum e naufragiis prioris cladis cladisque emergentes paremus nefas! 5, 52. Velut emerso ab admiratione animo 8, 7.

EMERITUS 37, 4. Qui emerita stipendia sub imperatore P. Africano habebant. *cf.* 39, 38. *it.* 42, 34. Ut Æbutio emerita stipendia essent 59, 29. *h. e. ut vacationem militiæ haberet, velut emeruisset stipendia, præmii quidem loco.* Non juniores modo, sed emeritis etiam stipendiis — ad nomina danda præsto fuere 3, 57. *i. e. ii, qui stipendia, emeruerant. Sic* 9, 28. magno natu *i. q. senex. Similiter circa prætorem, ut supra notavimus, sunt prætoris comites e. i. q. a.*

EMENTIRI *passive* 48, 21. Itinere ingenti emenso. *cf.* 21, 30. Pæoniam inde et Thraciam, pugnando cum ferocissimis gentibus, emensi has terras ceperunt 38, 17. .

EMICARE 44, 10. Saxis tormento emicantibus. *i. e. erumpentibus, prosilientibus.* Scaturigines turbidæ et tenues emicare, dein liquidam multamque fundere aquam cœperunt 44, 33. *i. e. cum vehementia propullulare.*

EMINERE 2, 5. Eminet patrius animus inter publicæ pœnæ ministerium. *i. e. conspicitur, quamvis oppressus.* Vid. *Virgil. Æn.* 6, 821. Eminet in omnium vultu pigritia ac desperatio 21, 35. Tantum eminebat peregrina virtus 5, 36. Eminent privata studia inter honores publicos 2, 10. Ita, ut per costas ferrum emineret 8, 7.

EMITTERE 1, 58. Moriere, si vocem emiseris. *ibid. cap.* 54. Nullam eum vocem emisisse. Vox cœlo emissa 5, 31. Ex lacu Albano aqua emissa *ibid. Verbum proprie in hoc genere usurpatum; nam et emissarium est canalis illi negotio destinatus.* Ut Ætolorum auxiliares sine fraude emitterent. *i. e. sine noxa exire paterentur. cf.* 24, 47. Et cohortes invicem sub signis, quæ cuneum Macedonum — vi perrumperent, emittebat 32, 17. *Et paullo post :* pilis emissis. *cf.* 33, 86. *It.* 34, 14. Equites in hostem emisit 4, 16. *it.* 6, 13. Equitum turmæ emissæ. Hastam in fines eorum emittebat 1, 32. Inde (*e jugis*) milites (*prædam facturos*) emisit 9, 56. Sub quo (*jugo*) emissi essent 9, 6. *ad q. l.* Vid. *Bauer. pag.* 282. *cf. cap.* 42. *it.* 8, 29. Veniam dedimus precantibus; emisimus ex obsidione 21, 41. *paullo ante*: ab Eryce duodevicenis denariis æstimatos emisistis. Emissus hostis de manibus 21, 48. *al. e manibus.* Libraque et ære liberatum (*Manlius*) emittit 6, 14. Quos Ti. Sempronius ad Beneventum manu emiserat 24, 18.

- EMOLLIRE 37, 41. Humor arcus fundasque — emolliera. *Sic Ovidio Heroid.* 4, 91. *dicitur* arcus mollis.

EMOLUMENTUM 5, 4. Nusquam nec opera sine emolumento, nec emolumentum ferme sine impensa opera est. Nullo publico emolumento 6, 39. Nullum emolumentum tot laborum — vidistis 21, 43.

EMOVERE 6, 38. Plebem emovere de medio (*per lictores*) *it.* 25, 1. multitudinem e foro. Plures, quam a superioribus, et senatu emoti sunt, et equos vendere jussi 45, 15. Neque enim (*censorem*), si tribu movere posset — ideo omnibus quinque et triginta tribubus emovere posse *ibid. Paullo post removere dicitur.* Vid. *movere, removere.* Emotis curia legatis 30, 23. Pestilentia ex agro Romano emota 41, 21. Nequidquam emotus ultra juga Tauri montis 38, 12. *cf.* 28, 34. *Sic et* evolvere *dicitur, ut suo loco monuimus.*

EMPORIUM 41, 27. Emporium lapide straverunt, stipitibusque sæpserunt. In portu emporium brevi perfrequens factum, omniaque hinc in castra supportabantur 41, 1. [Vid. *Gifan. Observat. in L. L. pag.* 167. *ed. Altenb.*]

- EMUNIRE 21, 7. Murus supra ceteræ modum altitudinis emunitus erat. *cf.* 26, 40. Locus, saxo quadrato septus atque arcis in modum emunitus 24, 21.

- EN umquam 24, 14. Pro *ecquando, umquamne. cf.* 4, 3. 7, 10. 10, 8. 30, 21. Vid. *Virgil. Eclog.* 1, 68. En umquam futurum, ut congredi armatis cum Samnite liceat? 9, 10.

ENARE 44, 28. Pars eorum, qui propiores continenti littori erant, in Erythræam enarunt.

ENARRARE 27, 50. Neuter animi habitus satis dici enarrarique potest.

ENASCI 43, 13. Palmam in area enatam. *cf.* 32, 1. *it.* 42, 2.

ENECARE 21, 40. Effigies, immo umbræ hominum, fame — squalore enecti etc. *i. e. enectis similes. Similiter* exanimes *dici solent.* Vid. *infra in h. v.*

ENERVARE 23, 18. Enervarunt corpora animosque. Ademtis maritimis civitatibus enervatam tyrannidem 35, 12. Enervatum (*Darium*) fortunæ suæ apparatibus 9, 17.

ENIM 7, 32. Patricius enim eras *pro at enim vero. Sic etiam Græcis* γὰς *objectionibus servit.* Vid. *Bauer. Exc. Liv.* 1, *pag.* 231. Tum Metilius, id enim ferendum esse negat 22, 25. *pro autem, vero, sed cum vi aliqua.* Vid. *ad h. l. Bauer. pag.* 54. Diis quoque enim, non solum hominibus, debetur 45, 39. *Sic, tertio loco a principio pe-*

riodi, *rarius occurrit.* Eo quoque enim mittendos fore legatos 36, 27. Enim minor res est 23, 45. *vulg.* en nunc. Vid. *Init. ad·h. l. it. ad* 34, 32. *Rectissime Cel. Strothius illo in loco enim restituit.*

ENIMVERO tum Latini gaudere facto 2, 22. *Auget ea particula quocunque modo.* Enimvero manifesta res visa 1, 51. *Affirmandi caussa positum. cf.* 24, 31. Enimvero non ultra contumeliam Romanus pati posse 2, 45. *Indignationem h. l. indicat. cf.* 10, 35. Tum enimvero deorum ira admonuit 2, 36. Ille enimvero, quod bene vertat, habiturum se comitia professus 3, 35. Quæ ubi objecta spes est, enimvero indignum facinus videri 6, 14. Id enimvero (*scilicet*) periculum erat, ne Romanos Rhodii contemnerent 45, 23.

ENISE 26, 47. Si ad ministeria belli enise operam navassent. *cf.* 28, 35. *it.* 31, 11. *it.* enisius 39, 1. Enise adjuti a gente Thessalorum 42, 38.

ENIXO studio 42, 3. Sensit ergo eventus virtutis enisæ opem 6, 24.

ENITERE 22, 27. In tantum suam felicitatem virtutemque enituisse! In eo bello et virtus et fortuna enituit Tullii 1, 42. Dum nullum fastiditur genus, in quo eniteret virtus 4, 3.

ENITI 2, 65. Tum rursus impetu capto enituntur atque exsuperant iniquitatem loci. *Locus plane exhibens significationem propriam vocis* enitendi; *ascensu enim qui pervadunt aliquo, hi* enituntur. Vid. *obniti.* Nec stirpes circa, radicesve, · ad quas pede aut manu quisquam eniti posset, erant 21, 36. Ipse cum rostratis, per adversos fluctus ingenti labore enisus, Apollinis promontorium tenuit 30, 24. Apud eum (*maritum*) plures enisa partus 40, 4. Omni gratia, omni ope enitendum fore Rhodiis, ut etc. 42, 46. Vix, si simplum ex formula imperetur, enisuros 29, 15.

ENIXE 4, 26. Utrimque enixe obeditum dictatori est. *cf. cap.* 41. Enixe operam dedisse, ut etc. 6, 40.

ENSIS. Vid. *dejicere.*

ENUBERE 4, 4. Neque vestras filias sororesque enubere sinendo e Patribus. *cf.* 10, 23. *it.* 39, 19.

ENUMERARE 3, 58. Qui, septem et viginti enumeratis stipendiis etc.

ENUNCIARE 39, 10. Coacta (*Fecenia*) caritate ejus silenda enunciasset. *Sermo est de secretis sacrorum Bacchanalium; tanto major est hujus loci proprietas.* Vid. *nunciare* et *obnunciare. cf.* 10, 38. 23, 35. 25, 13.

ENUPTIO gentis 39, 19. *i. q. e gente, cujus liberta esset. Paullo post:* utique et in genuo nubere liceret.

Eo 1, 11. Eo scuta illi pro aureis donis congesta. *i. q. ideo. cf.* 2, 48. Hamilcarem eo perisse lætatus sum, quod etc. 21, 10. Ubi spectaculi tempus venit, dediteæque eo mentes essent 1, 9. *Nisi cum Cel. Schellero* ei *legatur.* ·Eo difficilior oratio erit, quod — futura sint 37, 53. Adderet ´eo triginta naves 27, 32. Eo impendi laborem, unde etc. 4, 35. Samnitium legiones (eo namque omnem belli molem inclinaturam censebant) occurrunt 7, 32. Quantum procederet longius a Thessalia, eo majorem rerum omnium inopiam sentiens 44, 27. In haud magna oppida — eo et commeatus comportabant 25, 27. Eo *omnium v. c.* 25, 38. Quo audacius erat, magis placebat.

EODEM 1, 5. Sciscitandoque eodem pervenit. *Significatio propria locum non habet. Itaque legendum videtur cum Creverio* eo demum. Additi eodem haud ita multo' post novi cives 1, 33. Edessa quoque et Beræa eodem concesserunt 45,´29. *i. q. eidem regioni annumeratæ sunt.*

EPOTUM poculum 40, 24.

EPULÆ 45, 39. Epulas senatus, quæ — in Capitolio eduntur, — turbaturi estis? Ut vino epulisque sopitos hostes aggrederetur 8, 16. *cf.* 23, 18.

EPULARI 44, 31. Cum prætore eo die honorifice est epulatus. Prædam (*pecorum*) divisit ad epulandum militibus 42, 56.

EPULUM 41, 28. Cum visceratione epuloque.

EQUES 28, 9. Illum equitem sex dierum spatio transcurisse longitudinem Italiæ. *i.e. equo iter facientem. cf.* 26, 2. Equites virique 21, 27. *i. q. equites et pedites.* Vid. *ad h. l. Bauer. pag.* 22. Non plus triginta millibus hominum, et quatuor millibus equitum 9, 19. Vid. *homo.* Non pediti solum cedere, sed ne equitem quidem sustinere peditis præsidio audentem 30, 11. *cf.* 9, 13. Vid. *frenatus.* Prætor suos equites catellis ac fibulis donavit 39, 31. Equitem ad pedes deducere 4, 40. *i. e. pedestri militia fungi jubere.* Equites extraordinarii sinistræ alæ 40, 31. Vid. *alarius.* Neminem, nisi equitem, atque eorum ipsorum primores, id gerere insigne 23, 12. Eques citato equo nunciat regi 1, 27. Equites enim illi (*Romanis*) principes juventutis, equites seminarium senatus 42, 61. Jubellio — summo equiti provocanti summus Romanus eques Asellus Claudius est oppositus 24, 8. Equites illustres 30, 18. *i. e. nobiles, sive genere, sive opibus, sive virtute, sive quacumque alia re, quæ præ ceteris claros illos et insignes fecerat.*

EQUESTER terror 27, 42. *i. e. ab equite incussus.* Equestris a tergo tumultus 27, 1. *Quædam edd. veteres habent* equestres, *quod factum videtur ex* equester, *idque sane restituendum. Similiter* equestris terror *in vulgatis fuit cap.* 42. *Drakenborchius e vestigiis optimi codicis restituit* equester, *ut ante placuerat viris doctis. Ad eumdem fere modum peccatum est in voce* celebris. Vide *B. Patruum ad Tacit. Annal.* 2, 88. Ubi primum fremitum equestrem audivit 40, 31. Equestris procella 10, 5. *cf.* 30, 18. Equestria arma 35, 23. — — scuta 43, 6.

EQUIDEM *alii, quam primæ, personæ jungi Livio Drakenborchius dicit ad* 5, 54. *Sed non affert exempla ; modo amandat lectorem ad alias animadversiones, ad* 8, 20. *It.* 34, 5. *Ubi non magis exemplorum quidquam aut aliarum auctoritatum reperitur.* Vid. *Clav. Ciceron. et qui ibi laudantur.* [Vid. *Baueri Ind. ad Exc. Liv. h. v.*]

EQUITATUS pro *ordine equestri* 39, 44. In equitatu recognoscendo L. Scipioni Asiageni ademtus equus. *it.* 38, 28. In equitatu recensendo mitis admodum censura fuit.

EQUUS tenax 39, 25. Sic *Ovid. Amor.* 3, 4, 13. *Equum contra sua frena tenacem dixit.* Equis virisque — immensum obtinentes loci 5, 37. Ad alium virorum, equorum armorumque sonum disposita in muris Campanorum imbellis multitudo — tantum edidit clamorem etc. 26, 5. Vid. *arma.* Illa petentibus data, ut denorum equorum iis commercium esset, educendique ex Italia potestas fieret 43, 5. Vid. *commercium.* Curules equi 44, 18. *i. e. circenses, qui in votivis circensibus adhiberentur. Sic Dukerus ad h. l. explicat.* Nobiles equi 45, 32. *it. cap. sequ.* curricula equorum.

ERGASTULUM 2, 23. Ductum se ab creditore, non in servitium, sed in ergastulum ac carnificinam esse. In carcerem atque in ergastulum 7, 4.

ERGO 25, 12. Victoriæ, non valetudinis, ergo. *cf. cap.* 7. *it.* 2, 19. 22, 38. Honoris ergo 1, 18. Virtutis ergo 25, 7. Ejus rei ergo 40, 52. Cujus rei ergo 41, 28. Itaque ergo 1, 25. Vid. *itaque.*

ERIGERE 7, 29. Ut in hanc magnitudinem, quæ vix sustinetur, erigi imperium posset. Erigendæ ex tam gravi casu reipublicæ 6, 2. Agrarii se in spem legis erexerant 3, 1. Multos — populos ad cupiditatem novæ fortunæ erexerunt 21, 19. Sensim ad montes succedit. inde, ubi satis subisse sese ratus est, erigit totam aciem 1, 27. Dolonibus erectis 36, 44. *i. e. sublatis, ut ibidem dicitur.* Ut hastas equites erigere jubeat 1, 27. Quum scalas ad mœnia erexisset 32, 14. *Virgil. Æn.* 11, 442. Hærent parietibus scalæ. Erigere agmen in adversum clivum 9, 31. In colle — aciem erexit 10, 26. *al.* in collem. Semitam angustam et arduam erectam ex oppido in arcem ostendisset 9, 24. *cf. cap.* 43. Quum plebs in foro erecta exspectatione staret 2, 54. *alias* suspensa : *sed illud lætius. Interdum tamen utrumque junctim dicitur, v. c.* 1, 25. Erecti suspensique. Quum civitas in foro exspectatione erecta staret 3, 47. Erecta civitas in exspectationem belli 21, 20. Quum hæc exprobrando hosti Marcellus suorum militum animos erigeret 23, 45.

ERIPERE 23, 45. Ubi ille meus miles est, qui erepto ex equo C. Flaminio consuli caput abstulit ? *Locus obscurior.* Senatus — consulem — jussit — coloniam ex hostibus eripere 41, 14. *cf.* 5, 51. *it.* 8, 33. Per amfractus montis ignotos sequentibus sé eripuit 28, 52. Jure an injuria eripiéndos esse reös 2, 54. *i. e. legibus solvendos, periculo subtrahendos.*

ERODARE 1, 20. Unde in eos sumtus pecunia erogaretur. Vid. *Bauer. ad h. l. pag. 30.* Argentumque pro eis debitum — tardius erogaretur 22, 23.

ERRABUNDUS 1, 29. Nunc errabundi domos suas, ultimum illas visuri, pervagaréntur.

ERRARE 31, 12. Fœda omnia et deformia errantisque in alienos fœtus naturæ visa.

ERROR 31, 33. Parum gnarus *(Philippus)*, quam partem petisset consul, alam equitum ad exploratidum — misit. Idem error apud consulem erat. *i. q. ignoratio, inscienlia.* Qui nodum hujus erroris exsolvere possit 40, 55. Sequitur hunc errorem alius error, Cursorne Papirius — an etc. 9, 15. *i. e. dubitatio, ut quod e particulis ne et an intelligitur. cf. cap.* 45. Vestigia in omnes æque ferentia partes primo errorem faciebant. *il.* 27, 47. Castra nihil aucta errorem faciebant. Per tortuosi amnis sinus flexuosque errorem volvens haud multum processit *ibid.* Et, mutando nunc vestem, nunc tegumenta capitis, errore etiam sese ab insidiis munierat 22, 1. *i. e. fraude s. errore insidiantibus offuso.* Ne quo errore milites caperentur 8, 6. Quum nocturnus error dissiparet 43, 10.

ERUBESCERE 10, 8. Noli erubescere — collegam in sacerdotio habere, quem etc. Cui ipsi quoque se comparare erubuissent 45, 35.

ERUDIRE 42, 52. A pueris eruditi artibus militiæ, tot subacti atque durati bellis.

ERUMPERE 7, 21. Curæ erumpebant in certaminibus. *cf.* 36, 7. Cum erumpentibus a porta Lacedæmoniis prœlium commiserunt 34, 26. In palatos populatores quum erupissent — armati etc. 43, 23. Per hos, qui inordinati atque incompositi obstrepunt portis, erumpamus 22, 50. Rem ad ultimum seditionis erupturam 2, 45. Quoties in obsidentes, quam inimice eruperimus 26, 13. Circa se conglobatos erumpere jubet 29, 33. *i. q. adgredi, adoriri. Ita et eruptio 38, 13. De impetu facto eruptio. cf.* 9, 37.

ERUPTIO 25, 36. Si diem proferimus, et hesternæ eruptionis fama contemni desierimus etc. Oppidani depulsi muris ad portam tuendam concurrunt, eruptionemque repentinam in hostes faciunt 42, 54. Eruptiones in opera crebro faciebant 42, 63. Ne sustinere primam eruptionis procellam — possent 43, 10. Vid. *erumpere.*

ESCENDERE 8, 33. Ex curia in concionem itur, quo — magister equitum quum escendisset ; deduci eum de rostris Papirius in partem inferiorem jussit. Ubi illud signum defossum erit, eo magistratum Romanum escendere fas non esse 8, 10. *al.* descendere. Jussus e nauticis unus escen-

dere in malum 30, 25. Consuli ad quadrigas mittendas escendenti. Vid. *Sueton. Ner.* 22. *Salmas. ad Solin. p.* 647. Usque ad nos contemtus Samnitium pervenit, supra non escendit 7, 30.

ESSE 9, 4. Quum diu silentium fuisset. *i. q. obtinuisset.* Quam extra urbem triumphi caussa esset 40, 43. Edictum imperatoris erat, ipsum militaturum, qui ita non fecisset 29, 1. Prætor in Hispania fuerat 41, 27. *i. e. sorte ei provincia hæc evenerat ; quam non adiit.* A quo *(dictatore)* provocatio non est 2, 29. *i. q. non conceditur ; a quo provocare non licet.* Transitum ea non esse 21, 32. *i. q. dari, fieri posse.* Ut tot cladibus edocti, tandem Deos et jusjurandum esse crederent 30, 37. *i. q. vim habere, validum esse.* Est cœleste numen ! es, magne Jupiter ! 8, 6. Si Deos esse censes 9, 11. Deos tandem esse, et non negligere humana 3, 56. Qua tanta clade edoctus tandem Deos esse superbissimus rex etc. 29, 18. Vid. *deus.* Fides ea est, me vera loqui 21, 13. *h. e. id fidem facit, probat, me v. l.* Sunt, qui eo die magno prœlio pugnatum auctores sint 42, 66. *cf.* 6, 20. Quod quidem continens memoria sit 5, 34. pro *contineat.* Unus cum insignibus imperii et lictoribus *(interrex)* erat 1, 17. Quidnam se futurum esset 33, 27. *Pro de se, ut nonnulli legi volunt. Illud ἀσχαῖος dicitur, ut apud Terentium sæpius.* Divi quoque in eo *(responso oraculi)* erant 23, 11. *Scil. nominati.* Quæ verbo objecta verbo negare sit 42, 41. *ex more Græcorum dictum.* Sic 44, 39. Quanto facilius abire fuit *pro* licuit. Famæ magnæ malle quam bonæ esse 6, 11. Perbrevis ævi Karthaginem esse 28, 35. Hominum, non caussarum toti erant 3, 36. Unius hominis esse 6, 14. Rari aditus *(scil. decemviri)* erant 3, 36. Omnis senatus Hannibalis erat 21, 11. Quia Perseus magis auræ popularis erat 42, 30. *i. e. Perseo favebatur vulgo.* Plebs novarum rerum tota esse 23, 14. Quia ea regio præsentis erat copiæ, non perpetuæ 22, 15. Quod adeo toti plebis fuissent *(consules)* 3, 59. Suarum rerum esse, amissa publica 3, 38. Qui Macedonum phalangis erant 42, 61. Esse legitimorum stipendiorum 23, 25. Nimium in ordinem se ipsum cogere, et vulgari cum privatis, non tam properantis abire magistratu, quam viam ad continuandum magistratum quærentis, esse 3, 35. Non esse modestiæ populi Rom. id postulare 6, 39. Ita irritata militum animis subdere ignem ac materiam seditioni, non esse ætatis, non prudentiæ ejus 8, 32. Si Claudiæ familiæ non sim 6, 40. Cujus *(Æmilii)* tum fasces erant 8, 12. Prætor, cujus Sicilia provincia erat 24, 6. Tuæ potestatis semper tuaque omnia sint 22, 39. Ipsos — suæ potestatis fore 36, 27. Non esse potestatis suæ 31, 45. Me haud pœnitet eorum sententiæ esse 1, 8. Ea civitatis Rhodiorum essent 57, 55; *h. e. et parerent.* Qui Samnitium forent 9, 42. *Opp. socii Samnitium.* Dolopes numquam Ætolorum fuerant, Philippi erant 38, 3. Quæ partis Ætolorum maluerant esse 36, 42. Præter Capitolium atque arcem omnia hæc hostium erant 6, 40. Ut aut amicorum aut inimicorum Campani simus 7, 30. Alterius *(consulis)* morièntis prope totus exercitus fuit 22, 50. *i. e. favit ei, adhæsit, eum, imitatus est.* vid. *Bauer. ad h. l. pag.* 70. Eorum hominum Attalus erat 45, 19. Alipherám — quod suorum fuisse finium satis probabant, restituit 28, 8. Quæ *(eruptio)* quum iræ magis inconsultæ, quàm veræ fiduciæ virium esset 42, 54. Manlianæque imperia non in præsentia modo horrenda, sed exempli etiam tristis in posterum essent 8, 7. Custodiæ vigiliæque et ordo stationum intentioris ubique curæ erant 8, 8. Pars altera regiæ adulationis erat 42, 30. Qui fideles nobis socii, qui dubii suspensæque et fortunæ fidei — viderentur 44, 18. Quindecim oppida, hominum viginti millia esse dicebantur, quæ se dediderant 32, 29. Æquandæ libertatis hoc est 2, 32. *i. e. valet; vim habet, ad æquandam libertatem. Forma Livio frequens.* cf. 38, 50. Vid. *Drakenborch. ad* 5, 2. Scipionem — et rempublicam esse gratiæ referendæ 28, 25. Et concordiæ et libertatis æque minuendæ esse 34, 54. *cf.* 27, 7. Quorum tutelæ ea loca essent 1, 6. Petere, ut eum non sub hospitum modo privatorum custodia, sed publicæ etiam curæ ac velut tutelæ vellent esse 42, 18. Quæ restinguendo igni forent 30, 6. Ut contra eo violentior potestas tribunicia impediendo deleretur esset 6, 31. *Quamquam nunt, qui legant delecta. Eadem variatio est in forma dicendi: æs solvendo esse* 31, 13. *quum et meltus et usitatius sit æri solvendo esse. Idem enim est, quod sufficere æri solvendo. Similiter* triumviri monetales *rectius dicuntur, uti convenit inter viros doctos, æri flando feriundo, quam ære f. l. Nam hæc quidem forma antiquior est. Comparetur cum loco superiori* 10, 5. Satis fretus esse etiam nunc tolerando certamini legatum etc. *cf.* 30, 9. Ut divites conferrent, qui oneri ferendo essent 2, 9. Sitne aliquis plebeius ferendo magno honori 4, 35. *cf. cap.* 43. *i. q. sufficere.* Ne classi hostium prædæ ac præmio esset 31, 28. Vel hic dies argumento erit 39, 51. Quod etsi non jure fiat; tamen argumentum esse etc. 3, 55. *Sic et documento it.* documentum esse. vid. *Drakenb. ad* 7, 6. Neutra res mihi nec gloriæ nec crimini sit 40, 15. *it.* curæ 10, 28. — divisui 1, 54. — honori 4, 2. Ut ad omnes conatus regis impedimento esset 44, 46. *cf.* 35, 38. Quæ ne in potestatem quidem populi Rom. essent 2, 14. Portus in potestatem Locrensium esset 24, 1. Ad id fore altitudines — ut etc. 27, 18. Ut, quæ in naves imposuissent, ab hostium tempestatisque vi publico periculo essent

23, 49. Cognitis mox, quæ nosci prius in rem esset 44, 19. Prætores trahenda re esse 24, 27. *Sic ære solvendo esse, ut supra notavimus. Itaque non adstipulor Dukero* in trahenda r. e. *legenti.* In oculis exemplum erat Fabius Valerio 8, 35. Quæ in discrimine fuerunt, an ulla post hanc diem essent *ibid.* In pace esse 23, 42. *cf.* 31, 29. *it.* in bello. Civitatem in lætitia, victoria, supplicationibus ac gratulationibus esse 8, 33. In invidia esse 29, 37. *it.* in rixa 40, 14. Quæm, Publilium avocari ab spe capiendæ in dies urbis, haud e republica esset 8, 23. *cf. cap.* 33. *ad quem locum* vide *Drakenborchium.* Ut, si vita longior contigisset, magni justique regis in eo indolem fuisse appareret 35, 18. *Pro futuram fuisse.* Ut, si antiqua civitatis fortuna esset, haud dubie arma extemplo capturi fuerint 38, 31. *i. q. fuisset. cf. cap.* 43. Qui sibi quum in pace essent, imperataque a prioribus consulibus fecissent, et eadem præstare obedienter M. Fulvio parati essent, bellum illatum questi etc. Et difficilior facta oppugnatio erat 34, 29. *Pro esset.* vid. *quos laudat Arntzen. ad Plin. Pan.* 8. *it. Cel. Ruhnken. ad Vellei* 2, 32. Opus esse sibi domino ejus convento, ait; nunciaret, T. Manlium, L. filium, esse 7, 5. *pro adesse [non puto.]* Apud Patres plebemque longe maximo honore Servius Tullius erat 1, 40. Galli, duobus lateribus satis fidentes invia esse 38, 21. Vid. *Bauer. ad h. l. pag.* 266. [*Prior Baueri ratio durissima; multo lenior altera.*] Est aliquis 6, 41. *Si cum interrogatione;* ergo *supplendum. Alias ironice accipiendum est.* Esse, quod eosdem reficerent tribunos plebis 6, 39. Hoc illud *esse — quod æra* militibus sint constituta 5, 2. Quid esse aliud, quam minari se proditurum patriam 2, 7. *Pro quid id esse aliud etc. cf. cap.* 4. *it.* 6, 4. Id est, civitatem libertatemque eripere 45, 18. *Legend.* esse. Ubi publicanus est *ibid.* cap. 18. *pr.* esset.

Esse pro edere 23, 9. Ut sacratis dementis essemus.

Et 2, 18. Valerium, spectatæ virtutis et consularem virum. *Sæpius enim et jungit diversos casus atque etiam diversas constructiones, veluti* 36, 31. Quinctio occurrit; et, quum caussas oppugnationis exponeret, castigatum leniter — dimittere exercitum jussit etc. Manus tollere undique multitudo, et se quisque paratum ad spondendum Icilio ostendere 3, 46. et *h. l. pro* id est *accipi debet.* Vid. *Drakenborch. ad h. l.* Pro cunctatore segnem *et (hoc est)* cauto timidum — compellabat 22, 12. *Sed* vid. *Bauer. ad h. l. pag.* 51. Reliquorum sui moris et copia Græcorum artificum 41, 20. Pro *reliquorum spectaculorum Syriaci moris,* hoc est, *copia Græcorum artificum.* Sed et injuriæ dolor — et quia graviorum Servio occiso etc. 1, 40. *i. e. non solum — sed etiam — præterea.* Militares homines et stipendia justa, et corpora *et* ætate *et* assiduis laboribus confecta habere 42, 33. *Pr.* partim — partim — . Et *sæpius omissum.* Vid. *Drakenborchium ad* 3, 68. it. 6, 39. Et *sæpius, inter duo substantiva, omissum.* vide *eumdem ad* 1, 59. *it. Cel. Ruhnkenium ad Vellei* 1, 4. Res est præterea et immensi operis — et quæ ab exiguis profecta initiis — et legentium plerisque etc. *Præf. cf.* 6, 19. *ult. Contra, præsertim in formulis sollemnibus, et omittitur, v. c.* 1, 24. Ut illa palam prima postrema — recitata sunt. Quum hostis alienigena in Italia esset, et Hannibal hostis 26, 13. *pro* et quidem, *ut Livius ipse* 45, 39. *et quidem* non homines tantum, sed Deos etiam suo˙ honore fraudaturi. *cf.* 45, 25. *ult.* Splendidiore nunc eos catena et multo graviore vinctos esse 35, 38. *videtur* et *h. l. pro* sed *vel* at *positum, aut sic fortasse legendum.* Vid. *Bauer. Exc. Liv.* 2, *pag.* 39. Sic 1, 37. montes Sabini petebant, et pauci tenuere. *Item* 44, 26. ipse (*Perseus*) equos — donum principibus ferre, et parum auri, quod inter paucos divideret, multitudinem credens trahi spe posse. Vide *B. Patruum ad Tacit. Mor. Germ. cap.* 3. Et (*at*) a tergo fauces saltus occupatæ etc. 35, 11. Et Onesimum — in senatum introduxit 44, 16. pro *tum vero.* Quod et ita credebat futurum, jam etiam volebat 42, 15. Sed, ut et numero etiam, non animis modo valeatis 21, 54. Quod et juniores non responderent, 43, 14. Nam ut, quia eumdem et suæ potestatis, quem libertatis omnium, finem cernebant, Patrum auctoritate se dediderant 6, 19. *Utrumque* et *hoc loco haud dubie pro* etiam *dictum.* Quum pridie, quam legati ad Tarquinios proficiscerentur, et cœnatum forte apud Vitellios esset, conjuratione ibi, remotis arbitris, multa — egissent: sermonem eorum ex servis unus excepit etc. 6, 6. *pro* etiam. *Quamquam languidum hoc esse, omninoque illud* et *tollendum videtur Cel. Schellero.* Et quia — futurus erat, tum — facturus videbatur 1, 40. *pro* et — et *vel* tum — tum. Vide *Cel. Strothium ad* 21, 36. Repente strepitus ante curiam lictorum submoventium auditur, *et ipse* infensus aderat, postquam comperit profectum ex castris etc. 8, 33. Quia nimis compar Latinorum quondam postulatio erat, *Cœlius*que *et* alii id — prætermiserant scriptores etc. 23, 6. *Et* ex propinquo dicamus invicem audiamus*que* 32, 32. *pro* et — et. Vixdum ad consulem se pervenisse, *et* audisse oppidum expugnatum 43, 4. *pr.* quum jam audissent etc. Adeo universos omnia *et* huic tribuere, et illi *vero* negare 45, 19.

ETENIM *sæpe Livio omittitur, v. c.* 1, 7. Priusquam populus etc. *Reddunt enim rationem hæc verba. Eadem ratio est* rũ enim, *quod post* adeo, *tantum, ita desiderari solet.*

ETIAM 45, 38. Quid etiam dicitis mi-

litiæ? aliquis ẹest Romæ etc. *pro enim, uti Gronovius legit, aut* tandem. Etiam atque etiam considerea, quo progrediare 3, 45. Quibus (*literis*) etiam atque etiam monet eum 29, 24. Etiam atque etiam videte — — ut etc. 36, 28. Moneri eum tautummodo jussit, ut etiam atque etiam curaret, ut etc. 41, 19. Ne Virginio commeatum dent, atque etiam (*adeo*) in custodia habeant 3, 46. Etiam tum 21, 36. *ad q. l.* Vid. *Bauer. pag.* 33. Etiam nunc 3, 46. Vid. *adhuc.*

EVADERE 10, 1. Dum evadere (*e specu*) tendunt. Ille quidem, adnuentibus ac vocantibus suis, favore multorum addito animo, evadit, 1, 12. Quod e tanto periculo evasisset 29, 24. Etiam *it.* periculo 21, 33. Raptim angustias evadit 21, 32. *cf.* 2, 65. *it.* 38, 2. Evaserunt extra vallum 41, 26. Qui terrores tamen eo evasere, ut etc. 2, 42. Inter præsidia ejus saltum ad Petram evasi 45, 41. *cf.* 2, 65. *it.* 7, 36. In Dinomenem — tela conjiciuntur, per quæ tamen, duobus acceptis vulneribus, evasit 24, 7. Super castra hostium cum suis turmalibus, ita evasit, ut vix teli jactu ab statione proxima abesset 8, 7. Scaphis (*e classe*) haud secus quam naufragos milites sine armis cum ingenti tumultu in terram evasisse 29, 27. Per præruptum — saxum in Capitolium evasit 5, 46. Ut in muros evaderet miles 2, 17. *it.* in mœnia 10, 17. Juvenis evasit vere indolis regiæ 1, 39. Vereor, ne hæc quoque lætitia luxuriet nobis ac vana evadat 23, 12.

EVANESCERE 2, 48. Nimia gloria luxuriare et evanescere vividum quondam illud Kæsonis ingenium. Qui postquam evanuit rumor 44, 31. Experiendo, — — sine ullo effectu evanescunt 44, 41.

EVASTARE 5, 5. Agrum non coluit, et culta evastata sunt bello. *cf.* 37, 19. Evastatum Samnium 8, 37. *cf.* 10, 15. *it.* 28, 44. Vid. *Drakerborch. ad* 32, 33. Quosdam vicos etiam evastarunt 40, 22. Dolopes a te ipso evastati sunt 42, 40. Vid. *pervastare.* Simul ut Sinticen evastaret 44, 46.

EVEHERE 1, 48. Ut in collem Esquiliarum (*curru*) eveheretur. Resolutis oris in anchoras evehuntur 22, 19. Ubi in altum evecti sunt 21, 50. *cf.* 25, 27. *it.* 28, 30. Evecti Ægæo mari Delum trajecerunt 44, 28. Incaute se evehentes Masinissam excipiebat 29, 34. Pro *evectos, i. e.* prorumpentes. Spe vana evectus 42, 62. Inter dicendi contentionem inconsultius evectus projecit 35, 31.

EVELLERE 33, 5. Juvenes connisi arborem unam evellebant. Qua evulsa portæ instar extemplo patebat, nec in promtu erat, quod obmolirentur.

EVENIRE 7, 6. Genucio consuli ea provincia sorte evenit. Sic *sæpissime. Etiam simpliciter* evenire *dicuntur* provinciæ, *v. c.* 9, 41. *it.* 26, 1. 40, 43. Legiones urbanæ 23, 25. Vid. *obvenire. it.*

*obtingere*. Si cetera prospera evanissent 21, 21. *it.* prosperi quidquam 29, 18. — prospere 9, 19. Forte ita evenit, ut etc. 1, 7. Si — adversa pugna evenisset 8, 31. Propter prodigia, quæ evenerant 40, 59.

EVENTUS, 28, 6. Ad spem eventus respondit. Incertus fortunæ eventus 42, 49. Senait ergo eventu virtutis enisæ opem 6, 24. Tanto magis intentum in universum eventum belli curæ angunt 32, 5. Pari — periculo gloriæque eventu 9, 40. In eventu ejus urbis 36, 9. Pro *in eventu obsidionis ejus urbis*. Quinam eventus Romanis rebus, si cum Alexandro foret bellatum, futurus fuerit 9, 17. Duorum militum eventus 7, 26. *in altero mortem denotat, in altero victoriam.* Vulgus aliud armatorum, velut delegata primoribus pugna, eventum suum in virtute aliena ponit 7, 8. Ut nostro duorum jam hinc eventu cernatur, quantum eques Latinus Romano præstet 8, 7. Decii eventus 10, 29. Impiorum fratrum eventus 45, 19. *it.* exitus Persei *cap. eod.*

EVERGERE 44, 33. Quia (*montes*) nullos apertos evergerent rivos.

EVERTERE 6, 14. Se militantem, se restituentem eversos penates — obrutum fœnore esse. Veniam civitati petebant, civium temeritate bia jam ante everæ 30, 16. *i. e. ita fractæ, ut propemodum eversa videretur.* Exercitus, multa ante parta decora aut cumulaturi eo die, aut eversuri 30, 32.

EVIDENS numen — rebus affuit Romanis 5, 51. *pr.* evidenter. Vid. *præsens.* Rem evidentem pro dubia quærendam 39, 34. *cf.* 44, 41. Super tam evidentem tristia ominis eventum 41, 18. Neque vlla evidentior caussa victoriæ fuit 44, 41. Evidentissimum id fuit, quod etc. 8, 9.

EVIDENTER 42, 29. Cotys Thrax, Odrysarum rex, evidenter Macedonum partis erat.

EVINCERE 10, 17. Evicit omnia assuetus prædæ miles. Evicit miseratio superbiam 9, 6. Evicerunt (*Patres*), ut Camillus crearetur 9, 26. Evincuntque instando, ut litteræ sibi ad Tarquinios darentur 2, 4. In hanc sententiam ut discederetur, juniores Patrum evincebant 3, 41. *Similiter Græcis* μάχισθαι *de omni contentione animi ac vehementiore studio dicitur.*

EVOCARE 1, 55. Unumque eum deorum non evocatum sacratis sibi finibus. Alios (*deos*) votis ex urbe sua evocatos 5, 21. Multitudine opificum ad spem prædæ evocata 4, 9. *cf.* 8, 3. *it.* 23, 43. Evocati litteris imperatoris 45, 31. *it.* edicto *ibid. Hi opponuntur illis, quos* præsentes evocabant (*legati*) *ibid.* Evocavit virum e curia 1, 48. Evocatus a viatore 41, 15. Perseus evocato Evandro judicium subeundi nullo pacto auctor esse 45, 5. pro *sevocato ; atque ita etiam Drakenborchius conjicit legendum esse.* Tanti regis ac ducis mentio (*Alexander M.*) quibus sæpe tacitis

cogitationibus volutavit animum, eas evocat in medium 9, 17.

EVOLVERE 44, 8. In mare evolvendo terram. (*de fluvio.*) Incubantes publicis thesauris ex præda clandestina evolvas 6, 15. *i. q. vi dejicias. Ita fere apud Tacitum. Annal.* 13, 15. *dicitur: evolutum eum sede patria rebusque summis.* Anguis immanis concubitu conceptum (*Alexandrum M.*) et in cubiculo matris ejus persæpe visam prodigii ejus speciem, interventuque hominum evolutam, atque ex oculis elapsam 26, 19.

EVULGARE 9, 46. Civile jus, repositum in penetralibus pontificum, evulgavit.

Ex 4, 2. Alia ex aliis bella serere. Alia ex eis edita etiam in vulgus 8, 1. *i. q. præter ea.* Ex ante convecto 4, 22. *it.* ante præparato 26, 20. Ex ante diem quintum idus Octobres cum eo die in quinque dies 45, 2. Si ex nullius injuria quidquam ei datum vellet populus Rom. 45, 44. *i. q. cum nullius injuria.* Ex India elephanti 35, 32. *h. e. Indici.* Fons ex opaco specu 1, 21. Nicomedi ex ea summa munera dari censuerunt, ex qua Masgabæ — data essent 45, 44. Munera mitti legatis ex binis millibus æris censuerunt — — vasa argentea quinque ex viginti pondo etc. 43, 5. Ver primum ex domo excivit 45, 34. Fidum e servis vocat 30, 15. Ex injuria insaniens exercitus 7, 39. *i. e. propter acceptam injuriam. cf.* 9. 24. Agro ex hostibus capto 3, 68. Ex hostibus eripere 41, 14.

EXACERBARE 8, 33. Infestius Papirium exarsurum, agitatum contentione ipsa exacerbatumque. Ut recenti aliqua ira exacerbarentur animi 2, 35. His simul inflatus exacerbatusque 6, 18.

EXACTORES regum Junii Valeriique, 9, 17. Exactor supplicii 2, 5. Operis plus, quam antea, fecisti, quum ipse imperator et exactor circumires 45, 37.

EXACTUS, 2, 40. Exacta ætate. *i. q. in senectute.* Q. Fabius Maximus moritur, exactæ ætatis 30, 26.

EXÆDIFICARE 30, 1. Ut Genuam — a Magone dirutam exædificaret. *cf. cap.* 3. *it.* 1, 56.

EXÆQUARE 23, 35. Vetus miles tironi, liber voloni sese exæquari sineret. *cf.* 37, 29. *it.* 45, 38. Quod unum exæquandæ sit libertatis 3, 39. Ut pandere aciem et exæquari cornibus hostium, quibus circumibantur, possent 41, 26.

EXÆQUATIO 34, 4. Hanc — ipsam exæquationem non fero, illa locuples.

EXAMEN 42, 10. Locustarum tantæ nubes a mari vento repente in Apuliam illatæ sunt, ut examinibus suis agros late operirent. Vid. *Virgil. Georg.* 4, 230. [Vid. *apis.*]

EXANIMARE 7, 36. Torpidos somno insuper pavore exanimat. Postremo lux adpropinquans exanimare 5, 39. Exanimati omnes tam atroci imperio 8, 7. Deditio exanimatorum corporum 9, 1. Tacta de cœlo multa — et duo vigiles exanimati 28, 7. Taurum cum quinque vaccis uno ictu fulminis exanimatos 42, 20.

EXANIMIS 8, 89. Corpus Bruti exanime. ib. 25, 26. Jacerentque strata exanima corpora: His confirmatur, quod vulgo dicunt; eum dici exanimem, qui sit vere mortuus; præsertim quum Livius exanimium semianimiis usurpare soleat; vid. 3, 18. Pugno lotum à Kæsone cecidisse semianimem. cf: 9, 16. Differt ab exanimatus, auctore Servio, quod idem sit cum timens, pavens. Enimvero ipse ille Servii Virgilius Æneid. 4, 672. Audiit exanimis, inquit, trepidoque exterrita cursu Unguibus ora soror fœdans, etc. Exanimes vice unius 1, 25. Gronov. vicem.

EXARDERE et EXARDESCERE 10, 23. Exardet altercatio in contentionem animorum. Tanta exarsit ambitio, ut etc. 3, 35. In perniciosam — — seditionem exarsuri 40, 35. Quarum (injuriarum) incremento bellum exarsit 40, 58. Inde gravius de integro bellum exarsit 41,25: Novum atque atrox prœlium ex tam segni repente exarsit 27, 2. Adeo exarserant animis 3, 39. cf. Virgil. Æn. 8, 219. Plebes ad id maxime indignatione exarsit 4, 6. cf. 8, 33.

EXASPERARE 38, 17. Duratos eos tot malis exasperatosque accepit terra. Exasperato fluctibus mari jactari cœperunt 37, 18. Vid. Virgil. Æn. 3, 285. Exasperavit animos ferocia animi Harpali 42, 14. cf. 28, 25. Exasperati Ligures 42, 26. i. e. ad iram vindictamque incitati.

EXAUCTORARE 8, 34. Immemores sacramenti, licentia sola se, ubi velint, exauctorent. cf. 29, 1. Omnes milites exauctorati domum dimitterentur 32, 1. Exauctoratus (exercitus) morte ducis 25, 20. Exauctorati, qui sacramento dixerant 41, 5.

EXAUDIRE 5, 52. Propter cœlestem vocem exauditam. pro simplici auditam. cf. cap. 50. ubi est audita. Non tam perpetuæ orationes, quam altercatio, exaudiebantur 8, 33. cf. 9, 11. it. 10, 40. Vid. Drakenborch. ad 8, 56. Plorarus mulierum non ex privatis solum domibus exaudiebantur 26, 9. cf. cap. 18. Ut hostes exaudirent 1, 27. Vocésque iram miserabiles exaudiebantur 1,29. Nèque decretum exaudiri consulis præ strepitu et clamore poterat 2, 27. Ubi omnibus simul pronunciaretur, quod fieret, neque omnes exaudirent, etc. 44, 33.

EXAUGURARE fana sacellaque statuit 1, 55. i. e. religione liberare augurato.

EXCEDERE 2, 37. Ut urbem excederent Volsci. cf. 23, 1. it. 24, 3. Curiam excessit 45, 20. Jussis excedere e templo 29, 19. Præsidio excessere 22, 17. Primi omnium Macedones, regium præsidium, metu excesserant 42, 67. Ultimus conserto prœlio excedebat 21, 4. Non — Publicolarum vetustum familiæ nostræ cognomen

memoria excessit 7, 32. Excedere paullulum ad enarrandum 29, 29. i. q. digredi, digressionem facere. Ad Patrés etiam et ad publicam querimoniam excessit res 25, 1. i. e. initium fuit publicæ quoque de ea conquerendi. Quum libertas non ultra vocem excessisset 3, 41. Quo ultra iram — ejus excessuram fuisse, quam ut etc. 8, 33. Vid: procedere. Ne in altercationem excederet res 33, 35. Excedit pugna in annum sequentem 21, 15. h. e. eo demum anno facta est: it. 30, 26. insequentia excedunt in eum annum, quo etc. i. e. facta sunt sub initium ejus anni.

EXCELLENS 1, 9. Quædam forma excellente — domos deferebant. Excellens matronarum studium 5, 52. Vestitus nihil inter æquales excellens 21, 4.

EXCELSUS 1, 34. Excelsa et alta sperare.

EXCERNERE 28, 39. Ex captorum numero excretos Saguntinos in patriam remisit. Vid. Drakenborchius ad h. l. Omnem forensem turbam excretam in quatuor tribus conjecit 9, 46.

EXCERPERE 24, 18. Nomina omnium ex juniorum tabulis excerpserunt. i. e. expunxerunt, deleverunt.

EXCETRA 39, 11. Hispalæ concubitu carere eum decem noctes non posse, illius excetræ delinimentis et venenis imbutum. Proprie idem est, quod hydra, eoque continuata allegoria spectat.

EXCIDERE 21, 42. Ubi cujusque sors exciderat. Vid. Drakenborch. ad h. l. [ Sic Græci ἐκπίπτειν dicunt. Schol. ad Aristoph. Equit. 1034. χρησμὸς γὰρ ἐξέπεσεν τοῖς 'Αθηναίοις ὃς ἔρα δεῖ etc. Vid. Wessel. ad Diodor. Sic. T. 1. p. 266. T. 2. p. 319.] Quod primum sorte nomen excidit 23, 3. i. q. exiit, dictum est. Excidere etiam sævientes quidam in flumen (e ratibus) 21, 28. Karthaginem atque Hannibalem excidisse de memoria 29, 19.

EXCIDERE 9, 16. Excide radicem hanc — incommodam ambulantibus. Ut senatum ad excidendum Antium hortaretur 6, 9.

EXCIDIUM 9, 45. Movet plerosque vastatio futura agrorum, ac deinceps cum levibus præsidiis urbium relictarum excidia.

EXCIERE, 7, 11. Ne nimis multum magnumque censerent, tumultum exciere in hostium portis.

EXCIPERE 41, 12. Amnem, — multorum dierum opere exceptum novo alveo avertit. Navium agmen, ad excipiendum adversi impetum fluminis parte superiore transmittens 21, 27. Ipse hasta innisus se in pedes excepit 4, 19. Oppos. subjicere se in equum. Hostibus deditos omnem iram hostium nostris capitibus excipientes 9, 8. Fabius — bellum ad Sutrium excepit 9,33. i. e. suscepit, accepit. Vide B. Patruum ad Sueton. Jul. 73. Motis Patribus alter consul — Fulvii caussam excepit 38, 43. Sermonem eorum ex servis unus excepit

2, 4. Legem — quum ab tribunis parati consules, unius ex collegio proditione, excepissent 4, 50. Ni ex subsidiis tertia decima legio, in primam aciem inducta, prœlium dubium excepisset 30, 18. Integri pugnam excipiunt 38, 22. *quum quidem in locum repulsorum succedunt.* Exceptus clamor ab aliis 24, 31. *i. q. repetitus, continuatus.* Amensu populi excepta vox consulis, 8, 6. Ad excipiendas voces speculator ex conviviis Persei missus quum incautior obversaretur, exceptus a juvenibus forte triclinio egressis male mulcatur 40, 7. Servitute excepti 33, 22. *i. q. liberati, exemit.* Id se tantum orare, ut in amicitiam populi Romani *reciperentur,* et, si pax cum Perseo fieret, *exciperentur, ne* in regiam potestatem *reciperentur* 45, 6. Hostium magna vis excipiebatur, nec jam egredi extra munimenta castellorum audebant 34, 13. *i. e. intercipiebantur. cf.* 9, 31. *tt.* 10, 20. Lacetanos auxilium finitimis ferentes nocte, haud procul jam urbe, quum intrare vellent, excepit insidiis 21, 61. Ne qua fraus hostilis vagos exciperet 5, 41. Perinde ac si omnes candidati essent, cuncta experientes, non homines modo, sed deos etiam excipiebant: in religionem vertentes comitia biennio habita 5, 14. *Videtur idem esse quod aggredi et quasi venari. Nam Græci quidem θηρᾷν sic dicunt.* Inopia — eum excipiebat 21, 48. *cf.* 23, 18. Villium, in Macedoniam quum venisset, atrox seditio militum — excepit 32, 3. Excepit — eunt lentius spe bellum 1, 53. [*Bauerus in ind.:* ei oblatum est; secutum est alias ejus occupationes.] Quum — lamentabilis eum mulierum comploratio excepisset, 3, 47.

Excire 1, 18. Quæ fama in Sabinos, aut quo linguæ commercio quemquam ad cupiditatem discendi *(Pythagoras)* excivisset. *i. e. excitasset et ad se allexisset.* Primos excivere Albanos 1, 28. *(præcones)* Homines, qui sequi possent, sedibus excibat 32, 13. Omne Hernicum nomen, omnis militaris ætas excitur 7, 7. Principibus coloniæ Romam excitis 3, 4. *i. q. accitis.* Indignitas rei, magis quam periculum, consulum alterum ab urbe excivit 3, 2. Tumultum excivisse 3, 39. Nunciata ea clades Romam majorem, quam res erat, terrorem excivit 10, 4. Plurimo igitur clamore inde ad tantæ rei miraculum orto excitos reges 1, 39. Clamore ad tam atrox facinus orto excitus Appius 3, 48. Dii prope ipsi exciti sedibus suis 31, 14. Ad primam auroram somno excitus 1, 7.

Excitare 38, 3. Materia ad aggeres excitandos et cetera opera. Vid. *turris.* Ad aliquantum jam altitudinis excitata erant mœnia, quum subito collapsa ruina sunt, 29, 18. Trepido nuncio excitatus 1, 48. Ignominiæ, non honoris caussa me primum excitatum jussumque dicere etc. 3, 3. Per unam *(portam)* præsidium

Romanum clamore excitatum irrumpit 9, 24. Accepta itaque res sœpitusque usurpando excitata 7, 2. [*Vid. Bauer. ad h. l. et in ind. h. v.*] Consul Romanos, ut tota excitaret, equitum paucas turmas extra ordinem immisit 10, 36. *i. q. ut res ad prœlium veniret.*

Excitatior crebriorque *(clamor)* ab hoste sublatus 4, 37.

Exclamare 4, 38. Magna voce exclamasset, ut equites ex equis desilirent. *cf. cap.* 33. Vid. *personare:*

Excludere 10, 29. Ex parte editum, quod satis esset loci modico sacello, exclusit. *i. e. secrevit.* Brachio objecto, flumine eos exclusit 22, 52. *i. e. fluminis copiam, usum, iis ademit.* Urbs contra exclusa maritimis commeatibus 25, 11.

Excruciare 40, 23. Extemplo diu excruciatus — in tormentis moritur.

Excurrere 1, 15. Belli Fidenatis contagione irritati Veientium animi — in fines Romanos excucurrerunt. *Haud dubie διωλίσθη oratio.* Excurrentibus in publicum pavidis 9, 24. *i. e. festinanter domo prodeuntibus.* Ab intimo sinu peninsula excurrit 26, 42. Excurrente in altum, velut promontorio, Attica terra 36, 15. *alias: procurrere, extendi. cf.* 44, 11. Vid. *eminere.*

Excursio 10, 1. Ex spelunca quadam excursiones armatorum in agros fieri. *cf.* 29, 1. Per excursiones ab stationibus — multa levia commissa prœlia sunt 32, 10. Tumultuosæ excursiones 30, 8.

Excusare 26, 22. Oculorum valetudinem excusavit. *i. e. rogavit, ut nulla eam ob caussam ratio sui in comitiis haberetur.* Atilium ætatem excusantem Romam miserunt 22, 40. *cf.* 23, 8. Quum excusaretur, solum vertisse exsilii caussa 3, 13.

Excutere 8, 7. Equus — excussit equitem. Cur, quod in sinu vestro est, excuti jubetis potius, quam ponatis 6, 15.

Exedere 37, 27. Exesæ fluctibus rupes.

Exemplar. Vid. *Interpr. ad* 24, 8.

Exemplum *Præfat.* Documenta omnis exempli. Exemplaque hæc pro documentis habenda 25, 33. Lacus Trasimenus et Cannæ tristia ad recordationem exempla, sed ad præcavendum simile quiddam documento sunt 24, 8. In oculis exemplum erat Fabius Valerio legato 8, 35. Vir exempli recti 3, 44. Formant se homines in regis, velut unici exempli, mores 1, 21. Exemplum in rem aliquam 27, 6. Exemplo in perpetuum victa tribunicia potestas 2, 44. Pessimo exemplo publico 4, 4. In alienæ sortis exemplo 21, 43. Exemplo haud salubris sententiæ 2, 29. Exemplo eorum clades fuit 9, 45. Exemplum arcendis sceleribus 2, 5. Primum ultimumque illud supplicium apud Romanos exempli parum memoris legum humanarum fuit 1, 28. Triste exemplum, sed in posterum salubre juventuti, erimus 8, 7. Huic

107

vestro' exemplo quantum debeatis 37, 54.
*i. e. constantiæ vestræ.* [*Melius Bauerus in
ind. h. v.:* quid facere vos oporteat, illo
exemplo edito, a vobismet proposito, ne
ab eo deficiatis, neve parum vobis conste-
tis.] Virtutis exemplum expressam ad
effigiem vobis reddam 26, 41. *Hic est exemplum ein Original, quod dicunt. Sed
sic videtur legendum:* virtutis effigiem expressam ad exemplum etc. *uti præclare
vidit Cel. Ruhnkenius ad Rutilium Lupum
de Figuris p.* 108. Magna exempla, ut
alios reges claros ducesque omittam, casuum humanorum 9, 17. Nobilia maxime
sortis mortalium exempla spectemur 45,
41. Omnia exempla belli edita in se 38,
43. *i. e. genera malorum bellicorum, in-
commodorum etc. Vid. Gronov. ad* 29, 27.
Deditos in fidem populi Rom. omni ultimæ crudelitatis exemplo laceratos ac deletos esse 42, 8.
EXERCERE 28, 27. Non, quo verba potius, quam res, exercuerim. Vid. *Gronov.
Obs.* 2, 3. Experiri animum et virtutem
exercere 25, 6. Ad id maxime animum
exercuerat 35, 27. Cognitiones capitalium
rerum per se solus exercebat 1, 49. Monumentum navalis pugnæ eo die, quo pugnatum est, quotannis sollemni certamine
navium, in flumine oppidi medio, exerce-
tur, 10, 2. In minime pertinaci genere
pugnæ sic fortuna exercuit opes 9, 22.
Nunc bello exercentes, nunc in pace miscentes ritus suos 45, 30. Fœdeque in captis exercuere victoriam 6, 22. *it.* iram *ibid.*
Promulgata lex exercuit civitatem 3, 14.
Vectigal exercentibus dimidium ejus impositum, quod pependissent regi 45, 29.
*Hic exercentes simpliciter pro metalla ex-
ercentibus dicuntur.*
EXERCITATUS bello 27, 44. *cf.* 36, 17.
Asperius paullo iter in Thracia et exercitatior hostis 39, 1.
EXERCITIUM 44, 9. Ex parte elegantioris exercitii, quam militaris artis, propiorque gladiatorium armorum usum.
EXERCITUS præses provinciæ 23, 48.
Mandata exercitus edit 5, 46. Exercitus
tiro 21, 43. Exercitus justus consularis
10, 25. *cf.* 9, 43. Pars exercitus cum omni
equitatu 30, 36. *it.* 40, 52. *Quemadmodum
autem in his locis* exercitus *pedites significat;
ita alibi, v. c.* 29, 22. *it.* 32, 21. classi *oppositus denotat exercitum terrestrem.* Exercitus
navalis 42, 56. *alibi distinguitur* exercitus
*a* classe, *v. c.* 26, 42. vide *supra in v.*
classis. Exercitus integer intactusque 10,
14. Prœlium fuit, quale inter fidentes sibimet ambo exercitus, veteris perpetuæque
alterum gloriæ, alterum nuper nova victoria elatum 3, 62. Exercitum salvum atque
incolumem plenissimum prædâ domum
reportavit 41, 28. Exercitu indicto 41, 14.
Samnitium exercitus — — aciem instruit
7, 37. Propter quam duo exercitus Aventinum insedistis 9, 34. Fulvium Quiritium

Romanorum exercitum, honeste genitos,
liberaliter educatos, servilibus vitiis imbuisse 26, 2. De exercitu Marcelli, qui
eorum ex fuga Cannensi essent 23, 25.
Ita pedestri exercitu ornato distributoque,
equitum ex primoribus civitatis duodecim
scripsit centurias 1, 43. *de populo exercitus
h. l. capiendus, qui stipendia facere debet.
Sermo enim est de censu. cf.* 39, 15. *ubi
etiam exercitus ile comitiis centuriatis dicitur:* nisi quum — comitiorum causam exercitus eductus esset. *Vid. Gronov. Obs.*
1, 1. Cum ingenti clientium exercitu
3, 14.
EXHAURIRE 31, 38. Quum paucis diebus hostes, exhausto circa omni agro, ad
ultimum inopiæ venturos sciret. Diripi
tecta, exhaustis injici ignes 5, 41. Exhaustis tectis ignem injecit 10, 44. Urbium opes exhaurire 34, 13. Quum tantum laboris exhaustum sit 5, 5. Multis
terra marique exhaustis laboribus 26, 31.
Quantum rursus sequendo eo — — exhauriendum laboris erat 44, 39.
EXHORRESCERE 8, 35. Ni tristia edicta
(*dictatoris*) exhorruisset. *paullo ante:* trux
dictatoris ira.
EXIGERE domo 39, 11. *it.* e campo 3,
61. Cerva — e montibus exacta 10, 27.
Elephantos igni e castris exactos 26, 6. Medio inter duas acies campo exiguntur quadrigæ 37, 41. *i. e. abiguntur.* Exigere
fructus agrorum 34, 9. *i. e. vendere.* — jusjurandum 38, 39. *Gr.* λαβεῖν ὅρκον —
sarta tecta acriter et cum summa fide
29, 37. Censorem — cui sarta tecta exigere sacris publicis, et loca tuenda, more
majorum traditum esset 42, 3. Ædilibus,
velut publicum exigentibus opus 6, 4.
Exacta acerbe munia militiæ 45, 36. Nolite ad vestras leges et instituta exigere,
quæ Lacedæmoniorum sunt 34, 31. Difficile ad fidem est — quot pugnaverint ceci-
derintve, exacto affirmare numero 3, 50.
*Virgil. Æn.* 1, 309. Sociisque exacta referre. Mulctaticia pecunia, quam exege-
runt pecuariis damnatis 10, 23. Exactæ
binæ tunicæ in militem 9, 41. Hæc exi-
gentes prius turba fugientium civium,
deinde hostes oppressere 22, 49. *h. e.
agentes sermone, colloquentes.* (ἐξηγεῖσθαι)
[*Vid. Bauer. in ind. h. v.*]
EXIGUUS 7, 4. Si quid exiguum in eo
(*ingenio*) naturalis vigoris sit. Exigua
initia *Præfat.* Exiguum spatii vallum a
vallo aberat 22, 24.
EXILIUM. Vid. *exsilium.*
EXIMERE 1, 50. Quia ea res exemisset illum diem *scil. rei agendæ aut perficiendæ, ut
nihil confici posset.* [*Vid. Clav. Ciceron. h. v.*]
Adventus Marcelli — moram certaminis
hosti exemit 9, 43. Biennio exemto 9, 44.
*scil. seriei annalium.* Festinatio curam
exemit vicos dirigendi 5, 55. Eximendo
de nervo cives vestros 6, 15. Eximere religionem 4, 31. *simpliciter pro animis re-*

*ligionem eximere.* Non noxæ eximitur Fabius 8, 35. Quod Saguntum restituerint, civesque Saguntinos servitio exemerint 28, 39. Dædala et quædam alia parva castella obsidione exemerunt 37, 22. *cf.* 6, 24. *it.* 9, 21. Ut se reum — crimine eximerent 6,24. Ut Syracusas oppressas ab Karthaginiensibus in libertatem eximerent 31, 29.

Eximie legatis eorum pollicitus erat 42, 29.

Eximius 7, 37. Et præter militaria alia dona, aurea corona eum et centum bubus, eximioque uno albo opimo, auratis cornibus donat. *Sacrificale verbum, ut et egregius. Græcorum ἐξαίρετος.* Vid. *Homer. Il.* 2, 227.] Bovem eximium Marti immolavit 7, 37. Aversos boves, eximium quemque pulchritudine, caudis in speluncam traxit 1, 7. Bove eximia capta de grege *ibid.* Vid. *Virgil. Æn.* 7, 783. Tu unus eximius es, in quo hoc præcipuum ac singulare valeat 9, 34. *i. q. exemtus.* Quanta eximia celeritate poterat 42, 15. Eximia corporis magnitudine — Gallus 7, 9. Uni invideret, eximio simul honoribus atque virtutibus 6, 11.

Exinanire 5, 20. Exhaustis atque exinanitis tributo tot annorum succurri.

Exinde 1, 28. Exinde, duabus admotis quadrigis, in currus earum distentum illigat Mettum. *pr. deinde, posthæc.* Prætores exinde facti etc. 42, 9. [Vid. *Drakenborch. ad h. l. et Nolten. Lexic. Antibarb. col.* 526. *sq.*]

Exire 9, 34. Te, nec quod dies exit censuræ, nec, quod collega magistratu abiit, nec lex, nec pudor coërceet. Vid. *Drakenborch. ad* 7, 37. Si induciarum dies exisset 42, 47. Vid. *Induciæ.* Quod tardius ab urbe exisset 10, 37. Ut, qui eorum vellent, exirent ab Capua 25, 22. Extra vallum exire jussi 9, 5. Quibus redeuntibus — — obvius exierat 41,25. Ut sibi magistratus obviam exiret 42, 1. Consul in aciem exibat 35, 4. An jam memoriâ exisse 6, 37. Opinio sine auctore exierat 3, 36. Esquilinæ sors exiit 45, 15. [Vid. *Drakenborch. ad* 21, 42.]

Existimare *Præfat.* utcumque animadversa aut existimata erunt. *ad q. l.* Vid. *Bauer. pag.* 4. Tamen, nisi gladiis deprehensa, cetera vana existimaturi 1, 51.

Existimatio 4, 41. Non militis de imperatore existimationem esse, *i. e. judicium.* Existimatio communis omnibus est 4, 20. *cf.* 23, 47.

Exitiabilis tyrannus 29, 17. Exitiabile bellum 30, 7. Vid. *Intt. ad* 27, 23.

Exitialis 40, 54. Qui Romam legati fuerant, litteræque exitiales Demetrio sub nomine Flaminini adtulerant.

Exitium 5, 40. Qui captæ urbis non superesse statuerant exitio.

Exitus 9, 37. Ad portarum exitus. Obsistentibus ad exitum Celtiberis 41, 26. Quum exitus haud in facili essent 3, 8.

Seræ spei exitum exspectare 5, 6. An exitum Cassii Mæliique exspectem? 6, 18. *in partem deteriorem dictum.* Vid. *Intt. ad* 5, 27. Vid. *Eventus.* Exitu rei imposito 43, 17. *it.* 33, 41. Ut nullus exitus imponeretur sermonibus. Disceptatio sine exitu fuit 32, 40. *alias :* sine effectu. Jam ætas in exitu erat 27, 4. Jam in exitu annus erat 44, 17. Ea omnia quam diis quoque invisa essent, sensurum (*Perseа*) in exitu rerum suarum 44, 1. Qui Veientium exitum, quam Capenatium pacem mallent 5, 27. *i. q. exitium.* Vid. *Eventus.*

Exlex 9, 34. Te unum exlegem esse.

Exodia 7, 2. [Vid. *Stroth. ad h, l.*]

Exolescere 2, 52. Quum — patris — favor hauddum exolevisset.

Exoletus 2, 35. In exoleto jam vetustate odio. Res aut nova, aut, vetustate exemplorum, memoriæ jam exoletæ 37, 1.

Exonerare 10, 21. Parte curæ exonerarunt senatum — consulis litteræ. Exonera civitatem vano forsitan metu 2, 2. Liberata atque exonerata fide mea 42, 13. Exonerata plebs 10, 6. *scil. coloniis deductis.* Exonerare prægravante turba regnum cupiens 5, 34. Quæ legatio peropportuna visa ad multitudinem inconditam ac tumultuosam exonerandam ducesque ejus ablegandos. *Per hypallagen dictum. Sic Virgilius : onerantque canistris ingens argentum.*

Exordiri 2, 56. Ipse in accusationem Appii, familiæque superbissimæ ac crudelissimæ in plebem Rom. exorsus, quum etc. Ibi in concionis modum orationem exorsus 2, 38. Talem orationem exorsus est 21, 39. Longiorem exorsis orationem (*legatis*) 32, 37.

Exordium 1, 38. Cujus exordium operis Sabino bello turbatum erat. (*de muro.*)

Exoriri 9, 29. Belli fama exorta. Eum sibi carnificem novum exortum 2, 35. Urbis nostræ clades nova num ante exorta est etc. 5, 51. Ibi ingens hostium exercitus itinera occultus insederat, et — repente exortus — invadit 9, 31. *cf.* 27, 27. Tum insidiatores exorti saxa duo ingentia devolvunt 42, 15. Tot bella repente alia ex aliis locis exorta 31, 40.

Exornare 41, 20. Delon aris insignibus statuarumque copia exornavit.

Exortus 21, 30. Quum ab occasu solis ad exortus intenderent iter.

Expedire comitia 4, 55. Delectum *ibid.* naves 42, 27. Commeatus 9, 17. 44, 26. Exercitum 6, 3. *scil. sarcinis depositis.* Reliquum diei expediendis armis et curatione corporum consumtum 25, 38. Arma expedirent milites animosque ad supremum certamen 30, 32. Virgæ securesque — expedirentur 3, 36. Expediri virgas et secures jube 3, 45. Classem expediri jussit 29, 22. Prœlio se expediebat (*agmen*) 21, 46. *it.* ad prœlium 2, 55. Denunciatque Gallis, ut se ad prœlium

expediant 5, 49. Multa, quæ impedita
naturâ sunt, consilio expediuntur 25, 11.
Nostrum exercitum eadem, quæ impedi-
ent, fortuna expediret 9, 9. Ut tantis
circumventam terroribus expediret rempublicam 2, 24. Vicarium tibi (*militi
futuro*) expediam 29, 1. Quia — expediebat simulare 9, 14. Quoties patribus
expediat 6, 15. Quia nec ipsis, nec civitati eorum fallere Romanos expediebat
25, 7. Appellati tribuni medio decreto jus
auxilii sui expediunt : in vincula conjici
vetant etc. 3, 13.

EXPEDITIO 28, 32. Quod ad expeditionem attineat, quæ instet, immemorem
esse rerum suarum gestarum, qui id bellum ducat. *Contra pro justo prælio dicitur* 27, 27. Ipse cum promtissimis juvenum prædatum atque in expeditiones iret
1, 54. Datur negotium militibus, quos
miserant expeditionis ejus comites, ut eum
opportuno adorti loco interficerent 8, 43.

EXPEDITUS 9, 31. Expeditæ legiones.
*paullo post :* sarcinas in medium conferunt. Tridui iter expeditis erat 8, 9. (*de
legatis.*) Iter expeditum primo per Epirum
habuit 42, 55. Expedita via 44, 43.

EXPELLERE 41, 3. Ab littore naves in
altum expellunt. Vid. *Efferre*. Qui nos
extorres expulit patria 2, 6. Avidosque
cædis milites e castris hostium imperio ac
minis expulissent 9, 14.

EXPENSUS 6, 20. Quibus sine fœnore
expensas pecunias tulisset.

EXPERGISCI 1, 41. Nunc expergiscere vere-

EXPERIMENTUM 42, 17. Primus ipse
veneni experimentum.

EXPERIRI 1, 36. In augurio rem expertus. Cujus auspicia pro vobis experti
nolite adversus vos velle experiri 7, 40.
Experimini modo et vestram felicitatem,
et me, ut spero, feliciter expertum 6, 18.
Itaque servorum modo præter spem ma-
numissorum licentiam vocis et linguæ
experiri 39, 26. Suspicari de præterito
quam re ipsa experiri est melius 3, 19.
Quæ (malum) ratio est, expertis alia experiri 5, 54. [*Locus paullo impeditior vario-
que modo explicatus.* Vid. *Bauer. pag.*
221.] Experti a Gallica clade 9, 41.
Quas (*insidias*) feliciter experti erant 10, 4.
Servitudinis indignitatisque homines expertos adversus notum malum irritatos
esse 24, 22. Vid. *Drakenborch. ad* 40, 8.
Ulli viro acri experientique animus esset
6, 34. pro *experto.* Judicium populi
experiri 3, 56. (*in caussa defendenda.*)
Toties cum ipso Quinctio disceptando
satis expertum esse 35, 45. Belli artes
inter se — expertas conferebant 21, 1.

EXPERS regiæ prædæ 45, 34. Ne quis
expers sceleris esset 2, 6. it. certaminis 4,
9. Expers legum 3, 56. i. g. contemtor
legum, exlex. Periculi magis præsentis,
quam curæ expertes 1, 25. Expertes artis
ludicræ 7, 2.

EXPETERE 1, 32. Regem Romanum
deos facere testes, uter prius populus res
repetentes legatos aspernatus dimisisset, ut
in eum omnes expetant hujusce cladis
belli. *i. e. immittant.* Vid. *Bauer. ad h. l.
p. 33. it. cap. sq.* in omne nomen Albanum
expetiturum pœnas ob bellum impium.
*Atque etiam simpliciter expetere pœnas
dicit Livius* 6, 29. Adeste dii testes fœderis, et expetite pœnas, debitos simul
vobis violatis, nobisque per vestrum numen deceptis. Quippe rempublicam, si a
volentibus nequeat, ab invitis jus expeti-
turam 3, 40. Non Romanos habeo, ad
quos confugiam ; perisse expetant, quis
tuis injuriis doleo etc. 40, 10.

EXPIARE piaculo 37, 45. cf. 28, 27. Vid.
*piaculum.* Prodigium expiatum 41, 13.
Prodigia expiari — placuit 42, 2. Ex-
piatæ religiones 31, 12. Filium expiaret
pecunia publica 1, 26. Fana omnia, quod
ea hostes possedissent — expiarentur 5, 50.
Expiandæ etiam vocis nocturnæ — mentio
illata *ibid.* Expiatum est, quidquid ex
fœdere rupto irarum in nos cœlestium fuit
9, 1. Ad collegium pontificum relatum
de expiandis, quæ Locris in templo Proserpinæ tacta, violata, elataque inde essent
29, 20. Ad ea expianda nihil ultra, quam
ut ludi instaurarentur, actum est 40, 59. Ut
tamen expiarentur legatorum injuriæ regis-
que cædes 1, 14. *Hæc est civilis expiatio,
quæ flebat fœdere ad compensandas injurias pertinente.* cf. 9, 1. *ubi est* fœderis
expiatio. *cf. cap.* 15.

EXPIATIO 9, 1. Tam superbe ab Romanis fœderis expiatiopem spretam.

EXPILARE 31, 15. Quæstionem de ex-
pilatis thesauris haberi etc.

EXPLANARE 25, 12. Ad id carmen ex-
planandum (*erat enim perplexius scripturæ
genere, ut paullo ante dictum erat*) diem
unum sumserunt.

EXPLERE 2, 1. Ad trecentorum (*Patrum*) summam explevit. Quia tricenos
dies singulis mensibus luna non explet
1, 19. Qui non explebant plus quam quingentorum omnes numerum 42, 51. Loricæ
thoracesque mille amplius summam explebant 42, 61. Antea trina loca cum contentione summa explere solitos 5, 2. (*de
tribunis militum consulari potestate*) Fulvius consul unus creatur, quum ceteri centurias non explessent 37, 47. *i. e. non justum numerum centuriarum in suffragiis
tulissent, h. c. dimidio majorem.* cf. 3, 64.
Legiones — eodem supplemento explevit
1, 30. Quid est tandem domi, unde ea
(*damna*) expleatis ? 3, 68. Parentum etiam
patriæque expleat desiderium 1, 9. Factis
simul dictisque odium explet 4, 32. Occasio cupiditatis explendæ 7, 30. — *de ira*
ibid. Non se animosque tantum, sed etiam
milites præda expletorum 43, 10.

EXPLICARE 2, 59. Quum maxime agmen e castris explicaretur. cf. 10, 20.

Fluctuansque animo, ut tereret tempus, ordines explicat 1, 27. Satis explicatis ordinibus 3, 60. *it.* de acie 7, 28. In aggere murisque explicat copias 4, 27.

EXPLORARE consilia 9, 28. Per legatos idemtidem omnia explorabantur 35, 28. Ad liquidum explorare veritatem 35, 8, Explorato sequi 27. *absolute dictum. it.* ire 23, 43.

EXPONERE commeatus 26, 9. *i. e. ex urbibus destinatum in locum deportare ad usum iter facientium.* Exponere copias e navibus 82, 17. Tegulae expositae de navibus 42, 3. Dum expono exercitum in Africa 28, 44. *Contra* exponere in terram *dixit Livius* 34, 8. Nec expositum (*locum*) nimia propinquitate ad pericula classium externarum 5, 54. Vid. *Bauer. ad h. l. pag.* 221. Libertatem expositam ad injurias Masinissae 42, 28. Imperiis deûm propalam expositis 6, 6. Exposito, quid pararet 44, 35.

EXPOSCERE 1, 16. Pacem precibus exposcunt, uti volens propitius suam semper sospitet progeniem. Pacis deûm exposceudae caussa 7, 2. Quum — concursusque matronarum in templum Dianae — ad opem exposcendam fieret 44, 44. Finem pesti exposcunt 3, 7. Quod deos immortales inter nuncupanda vota expoposci 7, 40. Opem ab ducibus exposcunt 9, 2. *cf.* 22, 43. *ubi est de militibus* exposcere stipendium. Precibus plebem exposcentes 2, 35. Si ego injuste impieque illos — — dedier — mihi exposco 1, 32.

EXPOSTULARE 22, 33. Missi — et alii (*legati*) in Ligures ad expostulandum, quod Poenum opibus auxiliisque suis juvissent.

EXPOSTULATIO 42, 42. Quae vix querela et expostulatione dignae sint. *conf.* 35, 17. *ibique Bauerus pag.* 237.

EXPRIMERE 3, 28. Ut exprimatur tandem confessio, subactam domitamque esse gentem etc. Vid. *Exemplum.* Nunc ab nobis et confessio culpae exprimitur, et, ut a confessis, res extemplo repetuntur 21, 18. Expressaque necessitas obsides dandi Romanis 2, 13. Qua (*superbia*) sponsionem istam expresserunt nobis 9, 9. Quibus expressum invitis existimabatur, ut — Romanis adjungerentur 42, 46. *cf. cap. sq.*

EXPROBRARE 23, 45. Quum, haec exprobrando in hostem, Marcellus suorum militum animos erigeret. *conf.* 9, 6. Neque enim exprobranda apud memores sunt 5, 44.

EXPROBRATIO 23, 35. Ne qua exprobratio cuiquam (*scil. facta*) veteris fortunae discordiam inter ordines sereret.

EXPROMERE 45, 37. Cujus vitia vitae tot horis expromi non possent (*ab accusatore.*)

EXPUGNARE 1, 59. Brutum ad expugnandum regnum vocantem. *i. e. ejiciendos reges.* Ferox expugnato decore muliebri 1, 58. Summa vi expugnatum esse, ut —

tribuni crearentur 4, 25. Expugnare fames 6, 18. *i. q. facere, ut famere liberentur* etc. Ipsas expugnare quaestiones omni ope annisi sunt 9, 26. *i. e. impedire, quo minus fierent.* Quid enim, si hoc expugnaverint, non tentabunt? 34, 2. Fabii caesi ad unum omnes, praesidiumque expugnatum 2, 50. Philippum et Nabin expugnatos, se tertium pati 37, 25. *i. q. de victos.*

EXPUGNATOR 6, 22. Ibi eum expugnatores coloniae — fidentes militum numero — opperiebantur.

EXQUIRERE 24, 9. Ne quis aut in exemplum exquireret (*i. e. ad quod tamquam exemplum rei provocaret*) aut suspectum cupiditatis imperii consulem haberet, Quum filius aliique principes percunctando exquirerent 9, 3. (*de Pontio.*) Vix pueris dignas ambages senes ac consulares fallendae fidei exquirere 9, 11.

EXSAEVIRE 30, 39. Dum reliquum tempus exsaeviret. *Similiter Virgilius: dum pelago desaevit hiems.*

EXSANGUIS 29, 9. Ipsum — hostiliter lacerant, et prope exsanguem — relinquunt. *cf. cap.* 18. *it.* 32, 3. Ipse prope exsanguis, quum semianimi regio comitatu domum se reciperet — interficitur 1, 48. *cf. cap.* 41. *it.* 4, 19. 23, 15.

EXSATIARE 9, 1. Quorum saevitiam non mors noxiorum, non deditio exanimatorum corporum, non bona sequentia domini deditionem exsatient. Exsatiati cibo vinoque 40, 28.

EXSCENSIO 8, 17. Qui duo populi adversus regem, exscensionem a Paesto facientem, signis collatis pugnaverunt. *i. e. e navi descendentem. Eodem modo* exscendere *dicitur. Vid. Gronov. ad* 8, 17. *cf.* 27, 5. 28, 8. 29, 28. 44, 10.

EXSCINDERE 28, 44. An tuos (*fines*) uri, exscindi videas. *it. de urbibus* 44, 27.

EXSCRIBERE. Vid. *Exsignare.*

EXSECRABILIS fortuna 28, 34. Odium 9, 26. *cf.* 26, 13. 27, 17. *it.* carmen 3, 17. *i. e. formula devotionis. cf.* 31, 17. *it.* dies exsecrabilis 22, 30. Exsecrabilis desertio juris humani 41, 24. Vid. *Desertio.*

EXSECRARI 5, 11. Qui illo die non caput, domum, fortunasque Virginii — sit exsecratus detestatusque etc. Deos hominesque accusantem (*Hannibalem*) in se quoque ac suum ipsius caput exsecratum 30, 20. *conf.* 9, 5. *it.* 10, 28. *ult.* Exsecrare nunc cupiditatem regni, et furias fraternas concita 40, 10.

EXSECRATIO 10, 38. Jurare cogebatur diro quodam carmine in exsecrationem capitis, familiaeque et stirpis composito. *Paullo post:* detestatio. *Item cap.* 39. Jurisjurandi adversus foedera suscepti exsecrationes horrens. Diram exsecrationem in populares, obtestationem, quam sanctissimam potuerunt, adversus hospites, composuerunt 26, 25. *conf.* 28, 22. *it. infra in v.* obtestatio. Ut neque lamentis, neque exsecrationibus parceretur 8, 7. Ne sint cæcæ — exsecrationes tuæ 40, 10. Curiæque et vigiliis ——exstinctum esse cum diris exsecrationibus alterius 40, 56.

Exsequi 1, 59. Me—Tarquinium— ferro, igni, quacumque dehinc vi possim, exsequuturum. *i. q. persequuturum, ul- turum.* Iis publici privatique doloris exsequendi jus potestatemque ex duobus noxiis capitibus datam ab se 5, 11. Deorum hominumque simul violata jura exsequemur 3, 25. *cf. cap.* 13. Itaque exsequebantur quærendo, ubi tantæ rei furtum occultaretur 6, 14. Exsequentes quærendo a consule legati 9, 16. *it.* sciscitando 25, 29. Exsequebantur deinde quærentes 41, 7. Quum filius aliique principes percunctando exsequerentur 9, 3. Exsequendo subtiliter numerum 3, 5. Neque ego exsequi possum, nec vobis operæ est audire singula, quæ passi sumus 29, 17. Suam spem, sua consilia — exsequentes 5, 40. Ad ministeria exsequenda 29, 25. *pr.* jussa. Non segniter imperium exsequuturos 40, 40. Nec sibi rem exsequi tam atrocem per consules superiorum annorum licuisse 3, 13. *i. q. judicio persequi.* Formulam juris exsequendi constituendam esse 39, 26.

Exsignare 1, 20. Eique sacra omnia exscripta exsignataque attribuit.

Exsilium 3, 10. Exsilio et relegatione civium ulciscentes tribunos. Quid est aliud, quam exsilium intra eadem mœnia, quam relegationem pati ? 4, 4. Relegatus in exsilium 25, 6. Exsilii caussa solum verterunt 8, 58. Exsiliumque ac fugam nobis ex eo loco conscisceremus 5, 53. Revocatus de exsilio 5, 46. Quid attinet cuiquam exsilium patere, si nusquam exsuli futurus locus est ? 42, 41. Qui exsilio multarentur 42, 43.

Exsistere 2, 32. Si quod — bellum exsistat. *i. e. subito oriatur.* Qui, signo dato, simul omnes e latebris exsisterent 25, 21. Si exsistat hodie ab inferis Lycurgus 39, 37. Ne quis tam dementis imperii conscius exsisteret 44, 10. Dictis captivorum fides exstitit 10, 34. *Al. constitit* Qua induceretur aratrum sub exsistentibus glebis pisces emersisse 42, 2. *Sic etiam Plinius* 17, 15. *Sed idem alibi* exstare de *hac re dixit. Itaque Dukero placet* exstantibus. *Sed vide Clav. Ciceron. in v.* exsistere. *Exsistentes glebæ sunt erigentes se sublatu aratri et eminentes. Ceterum vivunt sub terra* pisces, fossiles dicti. *Vid. Dausqu. de terra et aqua cap.* 9. *p.* 185. *sq.* [*Quid audio ? Vivunt sub terra pisces fossiles ? Immo diu est, cum vivere desierunt.*]

Exsolvere nodum erroris 40, 55. Fidemque publicam impendio privato exsolvit 22, 23. *cf.* 3, 19. Exsolvamus religione populum, si qua obligavimus 9, 8. *cf.* 29, 18. Nullam scelere religionem exsolvi 2, 32. Exsoluti religione animi 8, 9. Citati

nimis callidi exsolvendi jurisjurandi interpretes 24, 17. *et paullo post :* solutum quod juraverant, rebantur. Quod fallaci reditu in castra jurejurando se exsolvisset 22, 61. *it.* religione. *Vid. Drakenborch. ad* 7, 3. Exsolutus legum vinculis 4, 13. Exsolvi plebem ære alieno posse 6, 14. Non id tempus esse, ut merita tantummodo exsolverentur 2, 29.

Exsors Punicæ amicitiæ 23, 10. *it.* culpæ 22, 44.

Exspectare 5, 6. Pati tædium, et quamvis seræ spei exitum exspectare. Sua tempora exspectare 4, 7. Nihil minus, quam hostem aut prœlium eo die exspectantes 22, 19. *i. q. timentes.* Ut rem claram exspectatamque facerent 1, 9.

Exspectatio 42, 2. Quum bellum Macedonicum in exspectatione esset. Quum plebs in foro erecta exspectatione staret 2, 54. Quum civitas in foro exspectatione erecta staret 3, 47.

Exspirare Vid. *Anima.* Exspirantes corruerunt 1, 25.

Exstare 22, 2. Elephanto—quo altius ab aqua exstaret, vectus. *It. sine præpos. cap. eod.* Quod exstaret aqua. Maceria erat ab læva semitæ paullum exstans a fundamento 42, 15.

Exstinguere 23, 22. Vocem silentio omnium exstinguendam esse. Veritatem laborare nimis sæpe, aiunt, exstingui nunquam 22, 39. *i. q. plane opprimi.* A stirpe exstincta gens 9, 34. *it.* 9, 29. Cum stirpe exstingui. Quem ille obrutum ignem reliquerit, ita ut toties novum ex improviso incendium daret, eum se exstincturum 10, 24. *de bello.* Quum vinum animos, et nox, et mixti feminis mares, ætatis teneræ majoribus, discrimen omne pudoris exstinxissent 39, 8.

Exsudare 4, 13. Id unum dignum tanto apparatu consiliorum et certamine, quod ingens exsudandum esset, præmium fore. Ut ad æstatem rursus novus de integro his instituendis exsudetur labor 5, 5.

Exsul 3, 15. Exsules servique ad quatuor millia hominum, *alias : transfugæ, fugitivi.* Exsule advena ortus 1, 34.

Exsultatio 7, 10. Non cantus, non exsultatio armorumque agitatio vana etc.

Exsuperare 44, 18. An jam omnes angustias exsuperatæ, et in æqua loca pervenissent. Omnes Tarquinios superbia exsuperat 3, 11. *cf.* 28, 43. *it.* 7, 24.

Exsurgere 6, 4. Roma quum frequentiâ crescere, tum tota simul exsurgere ædificiis. Malebant — decemviros voluntate abire magistratu, quam invidiâ eorum exsurgere rursus plebem 3, 41. Quum — novam repente aciem exsurgentem, auctam numero, cernebant 8, 8.

Exsuscitare 21, 3. Ne quandoque parvus hic ignis incendium ingens exsuscitet.

Exta adesa 1, 7 [*ad q. l. Bauer. in*

ind.: ". Sunt carnes victimarum, quibus vescerentur convivæ; non, quod Diis offerretur et redderetur; sed tamen pars et reliquiæ victimarum. Ita Virg. Ge. 2, 396. *In verubus torrebimus exta*: nempe quibus vescamur, non, quæ Numini reddantur."] Vid. *apponere, edere.* it. trunca et turpia 27, 26. Si extis eadem, quæ somno visa fuerant, portenderentur 8, 6. Quum — intentius exta reserata servarentur 25, 16. Quod exta perperam dederat 26,23. Cruda exta, cæsa victima, uti mos, in mare porricit 29,27.

EXTARIS olla 25,16. *Ubi exta coquuntur, ut ipse Livius alibi dixit. Sed hoc loco adhuc dubia lectio est. Vid. Gronov. ad h. l. Drakenborchius conjecit:* exta prosecta servarentur. [*Extaris olla ex Salmasii emendatione in textum immigravit: multum dubito, an jure. Vid. Stroth. ad h. l.*]

EXTEMPLO a vestibulo curiæ — — inquit 1, 48. Se oraculo egressum extemplo his omnibus Divis rem divinam ture ac vino fecisse 23, 11.

EXTENDERE se supra vires 34, 4. *De imitando sumtu.* Extendere omnes imperii vires consules delectu habendo jussit 7, 25. Quum ad noctem pugnam extendissent 27, 2. In Asiam quoque cognitionem extendere 45, 31. In Africam quoque spem extenderunt (*duces bellici victores*) 24, 48.

EXTENTISSIMUS 21, 32. Castra, inter confragosa omnia præruptaque, quam extentissima potest valle locat.

EXTENUARE 5, 37. Extenuantes famam belli. it. extenuatæ vires 22, 8. Sortes extenuatæ s. extæniatæ [*quod Lipsii commentum est, non probandum illud*] 21, 62. i. e. *attenuatæ, minores, exiliores factæ, quod male ominatum erat. Vid. Salmas. ad Solinum pag.* 487. [*Vid. Stroth. ad h. l.*]

EXTERIOR pars castrorum 3, 28.

EXTERNUS 2, 45. Externa et domestica odia certare in animis. i. e. *hostium et civium. Sic* timor externus 2, 39. *est, quum timentur externi. Similiter* 3, 10. Terror externus. it. cap. 16. ibid. peregrinus. Reliquum anni quietum ab urbanis motibus et ab externis mansit 3,72.

EXTERRERE 2, 50. Clamor circumlatus exterruit. Periculo suo te exterret 40, 12. Hoc velut domestico exterritus visu 1, 56. Novo bello exterriti 5, 35. Exterritus subitæ rei miraculo 7,39.

EXTOLLERE 28, 31. Defectionem sociorum in majus verbis extollentes. Vid. *fortuna.*

EXTORRIS 5, 30. Ne exsulem, extorrem populum Romanum ab solo patrio ac diis penatibus in hostium urbem agerent. Ne se ortum, ejusdem sanguinis, extorrem, egentem etc. 2, 6. Qui nos extorres expulit patria ibid. Extorre hinc (*Hispania*) omne Punicum nomen. 26, 41. Extorri ejecto ipso populo 31, 29. Hoc sedibus suis extorre agmen in præsidium incidit

32, 13. Extorres inopia agrorum profecti domo — has terras ceperunt 38, 17. Nudatus ad extremum opibus extorrisque regno 42, 50. Brevi extorres regno Ptolemæum et Cleopatram Romam venturos 44, 19. Is tum, amisso exercitu, extorris regno, in parvam insulam compulsus etc. 45, 4. *Totum hunc locum Cerda ad Virgilium Æn.* 1, 384. *Comparat cum verbis:* ipse ignotus, egens etc. Cujus vi compulsi, extorres patria, sacrum montem cepistis 9, 34. Quod filium — extorrem urbe, domo, penatibus, foro, luce, congressu æqualium prohibitum in opus servile — dederit 7, 4.

EXTORQUERE 32, 38. In servilem modum lacerati atque extorti. *i. q. torti.* Ut potius, quam extorti morerentur, arma secum caperent 34, 25. Quomodo extorqueant, (*lege*) non, quomodo petant honores, quærunt 6, 41.

EXTRA quam si 38, 38. *Nostri: ausgenommen wenn.* [*Græcorum* ἐκτὸς ἢ μή.] Extra quam qui eorum, aut ipsi aut parentes eorum, apud hostes essent 26, 34. Extra illius ibid. pro *exceptis filiabus.* Extra ea cave vocem mittas 8, 32. Quum extra (*ad*) urbem triumphi causa esset 40, 43.

EXTRAHERE 28, 3. Ut in periculo essent, ne suspensi in murum extraherentur. Extractos deinde ad certamen fudisset 10, 15. Extrahebaturque in quam maxime serum diei certamen 10, 28. *Vid. dies.* it. serus. Ut extraheret rem in id tempus, quo etc. 40, 25. In noctem rem dicendo extraxit 45, 36. Vid. *absumere.* Quum pars major insequentis anni certaminibus extracta esset 36, 1. cf. 22, 18. Æstatis reliquum extraxit 22, 15. Fallaci deinde colloquio per speciem reconciliandæ pacis extractam tenuit, ut etc. 42, 52. Extrahere reliquum tempus ejus æstatis in animo habebat 44, 8. Milites extrahi rem criminantes 2, 31. cf. 23. 6. Velut ab inferis extracti 9, 6. Ut ex cœno plebeio consulatum extraheret 10, 15. Vulgus et extrahere (*Varronem*) ad consulatum nitebatur 22, 34. cf. 5, 12. Tum vero eludi atque extrahi se multitudo putare 2, 23.

EXTRAORDINARIUS 26, 18. Qui in locum duorum succederet, extraordinaria cura deligendum esse. Extraordinariæ cohortes 40, 27. it. extraordinaria porta ibid. i. e. *porta prætoria. Vid. Intt. ad l. l.* Cum delectis equitibus extraordinariis 42, 58. [Vid. *supra delectus.*]

EXTREMUS 35, 3. Extrema finium. Extrema agri Romani 4, 1. Quoties in extrema periculorum ventum 7, 29. Quæ captarum urbium extrema sunt, patiebantur 8, 25. Quum, super cetera, extrema fames etiam instaret 22, 6. Vid. *Bauer. ad h. l. p.* 47. Pro extrema spe dimicare 8, 17. Improbus homo, sed non ad extre-

mum perditus 28, 2. Ad extremum ápei
venit reus 43, 16. In extrema fronte 44,
9. *i. e. prima.* Ad extremum finem vitæ
perduxit 38, 58. Æstatis ejus extremo,
qua capta est Capua 26, 20. *Sic enim le-*
*gendum, non quo, ut est in editis plerisque.*
*Ita enim Livius alibi, v. c.* 27, 17. Æstatis ejus principio, qua hæc agebantur.
*cf.* 22, 19. *tt.* 28, 5. Neque ad extremum — dedi hostibus violarive posse 9,
8. pro *denique, postremo.*
EXTRINSECUS 7, 29. Belli autem causa
cum Samnitibus Romanis extrinsecus venit. Causa forte extrinsecus maturandæ
ejus (*defectionis*) intervenit 25, 7.
EXTURBARE 6, 21. Hæc nova injuria
exturbavit omnem spem pacis. Clamorem
repente oppidani tollunt, hostemque in
ruinas muri expellunt; inde impeditum
trepidantemque exturbant etc. 21, 9.
EXUERE se jugo 34. 13. *i, e. subducere.*
Redeuntes — assequuti agrestes exuerunt
prædā 9, 38. *tt.* hostem castris 2, 31. Id
(*œs alienum*) cumulatum usuris — se
agro paterno — exuisse 2, 23. Ipsine sibi
eum finxerint, metum et timore vano quietem exuerint, an etc. 38, 28.
EXULCERATUS 9, 14. Nec virtus modo
insita, sed ira etiam exulceratos ignominia
stimularet animos.
EXURERE 30, 26. Exustus ad solum
clivus. Exurebaturque amœnissimus Italiæ ager 22, 14. Exustus a rege ager
42, 26.
EXUVIÆ *spolia* 30, 20. Exuvias non
militum tantum, sed etiam imperatorum
portantem (*exercitum.*) *Paullo post :*
*fasces.*

FABREFACTUS 26, 21. Argenti ærisque
fabrefacti vis. *cf.* 87, 27.
FABULA 1, 11. Additur fabulæ, quod
vulgo Sabini etc. *i. e. narrationi, tradi-*
*tioni. Sic et Græci λόγον dicunt.* Ficta
fabula (sic diserte dixit A. *libr.* ad *He-*
*renn.* 2, 6.) *Solet a Livio per additamen-*
*tum aliquod indicari, v. c.* Præf. *poë-*
*ticæ fabulæ ;* tt. 3, 10. Fabula composita
Volsci belli ; *it.* 26, 19. Fama et vanitate et fabula par ; *it.* 3, 47. Notam judici fabulam petitor, quippe apud ipsum
auctorem argumenti peragit ; *it.* 48, 43.
Fabulæ Græcæ. *Licet enim. h. l. exempla*
*Græca intelligenda sint ; fidet tamen eis*
*et auctoritas, ea comparatione cum aliis*
*exemplis Græcis, h. e. aptioribus et veriori-*
*bus, derogatur.* Ab saturis ausus est primus argumento fabulam serere 7, 2. Vid.
*argumentum.*
FABULARI 45, 39. Quid Ser. Galba fabuletur — Ille nihil præterquam loqui, et
ipsum maledice ac maligne dixisse etc.
FACERE regium nuncium 1, 24. — patrem patratum *ibid.* — consulem 4, 1. —
dictatorem 2, 21. — duumviros 1, 26. —
tribunos milit. 42, 61. — prœlium 50, 8.

cf. 40, 34. — bellum 1, 38. — ædem 7,
28. — fanum 1, 43. — templum 48, 8. —
theatrum 41, 20. — exercitum 9, 41. —
sanguinem 2, 30. — ludos 40, 44. *it. cap.*
52, 42, 10. — sacrificium 1, 45. — sacra
1, 7. — religionem 9, 26. — auspicium
1, 34. — agmen 38, 33. — concilia 3, 10.
— comitia — 10, 5. — facinus 1, 41. —
scriptum 9, 46. — fœdus 1. 13. — fines
1, 18. Vid. *h. v.* Quid iste magistratus
in republica mali facere posset 9, 34.
Quo plus virium in senatu frequentia etiam
ordinis faceret 2, 1. *i. e. senatui vires fa-*
*ceret.* Pecunia a patre relicta animos ad
spem liberalioris fortunæ fecit 22, 26.
Quod (*Macedoniæ regnum*) — antiquos
animos regibus suis videatur facere posse
42, 30. Quales ex hac die experiundo
cognorit, perinde operæ eorum pretium
faceret 27, 17. *i. q. constitueret.* Quæ
(*gens*) aliis modum pacis ac belli facere
æquum censeret 9, 14. Mutinem sibi
(*Hannoni*) modum facere 25, 40. *i. e. sibi*
arroganter *imperare.* Longi erroris vobis
finem factum esse, 5, 3. Finem certaminum facerent 3, 31. Inde primum initium
mirandi Græcarum artium opera, licen-
tiæque huic sacra profanaque omnia spo-
liandi, factum est 25, 40. *Notetur cari-*
*tas constructionis cum verbo* facere, *licet*
que *adjectum sit.* Vid. *quæ supra diximus*
*ad roculam* et. Eos — censendi jus factum est 45, 15. Qui proconsularem imaginem tam sævam ac trucem fecerint 5, 2.
Parva ista non contemnendo majores nostri maximam hanc rem fecerunt 6, 41.
Quos reliquos fortuna ex nocturna cæde ac
fuga fecerat 9, 24. Magnas opes sibi ac
magnum nomen facere 1, 9. Ut fortunam
sibi ipse facturus videretur 39, 4. Alteri
ditionis alienæ facti 1, 25. Populi Romani jure belli factæ (*Thebæ*) 33, 13. Prodito hostibus Romano præsidio Luceria
Samnitium facta 9, 26. Ut se ipse suasque
omnia potestatis alienæ faceret 7, 31. *ad*
q. l. Vid. *Bauer. pag.* 261. Claves portarum custodiasque murorum suæ extemplo potestatis fecit 28, 2. Senatus populi
potestatem fecit 27, 8. (*vulg. populo*)
primæ regionis Amphipolim, secundæ
Thessalonicen — fecit 45, 29. Nos æqui
bonique facimus 34, 22. Ea peritis omnia
ejus vix fidem fecerint 21, 47. *i. q. proben-*
*tur.* Sacra Diis aliis Albano ritu facit 1,
7. *cf.* 5, 52. *tt.* 37, 3. Vid. *ritus.* Usui
magis, quàm ornamento in speciem facta
(*vasa*) 41, 18. Quas injurias sibi factas
quererentur, eas neque senatum, neque
populum Romanum factas velle 29, 19.
Nihil indignum in ils facturum 30, 25. pro
*in eos.* Nihil in se honorifice factum 42,
1. Factum de industria ad stultitiæ imitationem 1, 56. Tum demum palam facto
(*scil. eo*) et comploratione in regia orta 1,
41. *cf.* 22, 55. Ni moritur, neque suum
neque publicum divinum pure faciet 8,

10. Jovem testem facit, 1, 22. Fugam ac vastitatem late fecerunt 8, 9. Pocillum mulsi prius, quam temetum biberet, sese facturum. id votum diis cordi fuit 10, 42. Retulit (*dictator*) et senatusconsultum facit 5, 50. *i. e. affecit, ut stat.* Tum a consulibus abire lictores *jussi*, paludamentaque *detracta* tantam inter ipsos — miserationem *fecit* 9, 5. Vid. *Bauer. ad h. l. pag.* 280. Facere *omissum.* 6, 41. Quid igitur aliud, quam tollit ex civitate auspicia etc. pro facit, quam ut tollat etc. *Sic Gr. wuzit.*

FACESSERE 1, 46. A quo facessere jussa ex tanto tumultu, quum se domum reciperet. Facesse hinc Tarquinios 1, 47. Facesserent ex urbe, ab ore atque oculis populi Rom. 6, 17. it. 4, 58. Urbe finibusque.

FACIES *pro externa totius corporis forma et habitu* 6, 16. Et jam magis insignis et sordibus et facie rerum turba Manliana erat. Facie quoque noscitans 22, 6.

FACILE Nicomedis commendationem accipere 45, 44. *i. e. lubenter.* Qui omnes facile spem facerent, parvam Albam — — fore 1, 6. Quod in multitudine adversus paucos facile videbatur 31, 21. *cf.* 27, 42.

FACILIS divisui (*Macedonia*) 45, 30. Haudquaquam relatu scriptoribus facilia 1, 59. (*atrociora.*) Neque Thraces commercio faciles erant 40, 58. Facilis impetrandae veniae Claudius, Fulvio durior sententia erat 26, 15. Munitumque iter, quo faciliora plaustra minorque moles in transitu esset 25, 11. *cf.* 6, 11. Facile proelium 4, 57. Facilem jacturam esse seniorum — turbae 5, 39. In facili est exitus 3, 7. *cf.* 28, 34. Romana acies distinctior, ex pluribus partibus constans : facilis partienti, quacumque opus esset, facilis jungenti 9, 19. Faciles vincere ac vinci 7, 33. Faciles de alieno imperio spreto 6, 34. *Illud de vultetur dolendum.* Vid. *Intt. ad h. l.* Vestrae res meliores facilioresque erunt 23, 11. *i. e. melius ex sententia procedent, laetiores fient.* Nihil facilius scitu est 23, 13. Per facillimae custodiae pontem 41, 46. *i. e. qui facile custodiri potest.*

FACILITAS veniae 32, 14. Inexplicabili facilitate certatum est 37, 52. Facilitas censorum 40, 46. *Scil. quia in gratiam redibant volente populo.*

FACINOROSUS 1, 50. Seditiosus facinorosusque homo.

FACINUS 21, 52. Facinora infida. Postquam facinus facinorisque causam audivit 1, 7. Qui alienis manibus pessimum facinus fecere 1, 41. Ita Henna, aut malo aut necessario facinore retenta 24, 39.

FACTIO 32, 19. Principem *factionem* ad Philippum *trahentium* res. Neque se quisquam, nec factionis *suae* alium — — praeferre illi viro ausi 1, 18. Factile nobi-

lium 2, 27. Forensis factio 9, 46. it. 22, 39. opulentior.

FACTITARE 2, 2. Quia quaedam publica sacra per ipsos reges factitata erant.

FACTUM 1, 26. Recens meritum facto obstabat. *i. e. quominus id factum atros videretur. Sic Bauerus.* Facta fortia 29, 36. Quum adsidue (*a*) Pantaucho ad lacessendos hostili facto Romanos stimularentur 44, 27. Vid. *fatum.*

FACTUS 22, 52. Nam ad vescendum facto (*scil. argento*) perexiguo — utebantur.

FACUNDUS 28, 25. Ut ingenia humana sunt ad suam cuique levandam culpam nimio plus facunda. *Dukerus malebat foecunda, quod utique de ingeniis dicitur. Sed foecunda ad levandum dici, opinor, non potest.* Placuit igitur oratorem ad plebem mitti Menenium Agrippam, facundum virum 2, 32.

FALARICA 21, 8. Falarica erat Saguntinis, missile telum hastili abiegno, et cetera tereti, praeterquam ad extremum unde ferrum exstabat. Vid. *Virgil. Æn.* 9, 705.

FALLAX 42, 22. Ita rogatio de Liguribus arte fallaci elusa est. Inviolato fallaci nuncio 44, 27. Vid. *auctor.*

FALLERE 25, 23. Ne quid falleret tale admissum. *i. q. ne quo modo clanculum tale quid admitti posset.* Ne quis agrestium procul spectator agminis falleret 25, 9. *it.* 8, 20. Fallit hostis ad urbem accedens. *Plane Graecum* λανθάνει *προσιών. Eodem modo capiendum illud est :* fallit bis relata eadem res 29, 35. *cf.* 3, 8. it. 42, 64. Vid. *Drakenborch. ad* 41, 2. Tanto silentio in summum evasere, ut non custodes solum fallerent, sed etc. 5, 47. Qui caeci avaritia in pondere auri foedus ac fidem fefellerunt 5, 51. *Fortasse leg.* fefellerant. Neu fas, fidem, dextras, Deos testes atque arbitros conventorum fallat 29, 24. Per quos Deos foedus icturi essent, quum eos, per quos ante ictum esset, fefellissent 30, 42. Apud quos, fallere (*decipere*) hostem, quam vi superare, gloriosius fuerit 42, 47. Fallere autem nisi posse, si — — in custodiam ejus loci propugnatores urbis avertisset 44, 11. Non recipiente (*glacie*) vestigium, et in prono citius pede se fallente 21, 36. Vid. *Bauer. ad h. l. pag.* 32.

FALSO. Vid. *fingere.*

FALSUS vates 4, 46. Falsas esse litteras et a scriba vitiatas 40, 55.

FAMA 21, 10. Unde nec ad nos nomen famaque ejus accedere possit. Attulerat fama 39, 6. *it.* 1, 18. Fama tenet. *De traditione qualibet, etiam historicorum, dicitur hic et alibi apud Livium.* Tenet fama — — lupam — ad puerilem vagitum cursum flexisse 1, 4. Vulgatior fama est 1, 7. Vid. *frequentior.* Fama tenuit, quae propior vero est, haud plus fuisse medio 22, 19. Quamquam fama prius (qua incerta in majus vero ferri solent) præcepta res erat, tamen etc. 21, 32. Adversus famam rumoresque hominum si satis firmus steteris 22, 39. Nemo tam famæ contemtor est, cujus non debilitari animus possit 44, 22. Quæ fama in Sabinos, aut quo linguæ commercio, quemquam ad cupiditatem discendi excivisset 1, 18. Famam et ad alia bella et ad ceteros populos quærere 5, 6. cf. 2, 10. Magna famæ momenta in utramque partem fieri 24, 19. Damnum famæ 42, 60. Fama belli exorta 9, 29. Famam bellum conficere, et parva momenta in spem metumque impellere animos 27, 45. Ad famam populi Romani pertinere 10, 24. i. q. gloriam.

FAMES, 5, 6. Fame sitique tempus ipsum vincit atque expugnat (urbes). Præsidium Rom. — obsessum fame in deditionem acceperant 9, 31. Quem urgeat fames 6, 40. Quum, super cetera, extrema fames etiam instaret 22, 6.

FAMILIA 3, 53. Familia ad ædem Ceteris — venum iret. i. e. omnia bona, cujuscumque generis. Vid. heres. Familiam unam subiisse civitatis onus 7, 26. pro Fabia gente universa. Omnes (Fabii) unius gentis — ibant unius familiæ viribus etc. 2, 49. In exsecrationem capitis familiæque et stirpis 10, 38. Jussa — familiam in potestate habere 8, 15. i. e. prohibita manumittere servos, ut essent, ex quibus quæstiones haberi possent. Vid. Intt. ad h. l.

FAMILIARE bellum 2, 48. — Sacerdotium 9, 29. — fatum 10, 28. — ostentum 26, 6. Notitiamque eam brevi — — in familiaris amicitiæ adduxerat jam 1, 34. Quum quidam familiarium aquam ad restinguendum ferret 1, 39. i. q. servus. [οἰκεῖος.] Nota vox ejus et familiare jam signum 25, 9. i. q. solitum. Ut familiaris pæne orbitas ac solitudo frangit animum 26, 41. Tanto simul publico familiarique ictus luctu 27, 51. Jura familiaria 24, 5. h. e. familiaritatis s. familiarium, uti Romana origo dicitur pro Romanorum origine. Vid. Bauer. ad h. l. pag. 105. Familiaris pars in extis 8, 9. opponitur hostili. Familiare oculis gratumque id spectaculum (gladiatorum munus) fecit 41, 20.

FAMILIARITER 41, 20. Vix notis familiariter adridere.

FAMULUS 37, 9. Famuli matris deûm, alias Galli dicti, Ovidio Fast. 4, 185. dicuntur comites.

FANATICUS numine Deorum afflatus 37, 9. fanatici Galli. Viros, velut mente capta, cum jactatione fanatica corporis, vaticinari 39, 13. Fanatico instincta cursu 4, 33.

FANDUS 10, 41. Respersæ fando nefandoque sanguine aræ.

FANUM est apud nos Proserpinæ, de cujus sanctitate templi credo etc. 29, 8. it.

116.

l, 55. fana sacellaque. Inque ea pugna Jovis Statoris ædem votam, ut Romulus ante voverat: sed fanum tantum, id est, locus templo effatus, sacratus fuerat 10, 37. Vid. Kustner. Chrestom. Enn. pag. 80. Fanum — communiter a civitatibus Asiæ factum 1, 45.

FAR 2, 5. Seges farris matura messi — quem campi fructum etc.

FAS 2, 5. Audite fines, audiat fas. i. e. lex et voluntas divina. Audi, Jupiter — audite, fines — audiat fas 1, 32. Ut per omne fas ac nefas sequuturi vindicem libertatis viderentur 6, 14. Per fas ac fidem decepti 1, 9. Legatos, sicut fas jusque est, ad socios — mittemus 7, 31.

FASCES 9, 34. Fasces et imperium obtinuit. Fascibus secures illigatas præferebant 3, 36. Fasces candelis involuti 40, 29.

FASTI, 4, 3. Si non ad fastos, non ad commentarios pontificum admittimur. cf. 9, 46.

FASTIDIRE 2, 41. Quæ (plebs) cœperat fastidire, munus vulgatum a civibus isse in socios. Qui se inspici, æstimari fastidiat 6, 41. Dum nullum fastiditur genus, in quo eniteret virtus 4, 3.

FASTIGATUS 37, 27. Ipse collis est in modum metæ in acutum cacumen a fundo satis lato fastigatus. Fastigatam testudinem faciebant 44, 9.

FASTIGIUM 40, 2. Fastigia aliquot templorum, a culminibus abrupta, fœde dissipavit. i. e. statuas deorum, aut similia ornamenta summis tectis imposita. Suberat et altera inferior submissa fastigio planicies 27, 18. Cloacis e fastigio in Tiberim ductis 1, 38. i. e. per proclive. Vid. Intt. ad h. l. Propugnationibus muri fastigio altitudinis æquabantur 44, 9. Quum — pro fastigio rerum oratione etiam magnifica, facta dictis æquando, memorasset 6, 20. Submittendo in privatum fastigium, quo minus conspectus, eo solutior erat 27, 31. Ita fastigium dicitur 2, 27. de centurione primi pili; it. 3, 35. ejusdem fastigii cives dicuntur. Dictaturæ semper altius fastigium fuit 6, 38. Favere enim pietati fideique deos, per quæ populus Romanus ad tantum fastigii venerit 44, 1. conf. 42, 11. quorum beneficio in ea fortuna esset, supra quam ne optare quidem auderet. Vide stupere.

FATALIS hora ignominiæ 9, 5. it. 22, 53. dux belli. cf. 5, 19. 30, 28. Claudia familia tribunis ac plebi fatalis 9, 33. Termini fatales 38, 45. (mons Taurus) it. 5, 14. 42, 2. libri fatales. Velut fatalem cum. (Scipionem) ducem, in exitium suum natum, horrebant 30, 28.

FATERI 9, 4. Quoniam ne victi quidem ac capti fortunam fateri scirent, inermes — sub jugum missurum...

FATIGARE 22, 50. Dum prœlio, deinde ex lætitia epulis fatigatos quies nocturna hostes premeret. Vid. Intpp. ad Virgil.

*Æn.* 1, 316. Inducias biennii, quum per aliquot dies fatigassent singulos precibus, impetratæ 9, 20. Eum quum in senatu fatigassent interrogationibus tribuni plebis 41, 7. Fatigatus consul et contumeliis singulorum et multitudinis ludibriis 41, 10. Fatigato idem sæpe petendo senatu 42, 18.

FATILOQUUS 1, 7. Carmentæ matris, quam fatiloquam — miratæ hæ gentes fuerant.

FATUM, cujus lege immobilis rerum humanarum ordo seritur 25, 6. Inexsuperabilis vis fati 8, 7. Fato ingruente 5, 32. Nihil aliud opus esse, quam indici ostendique bellum : cetera sua sponte fata et Deos gesturos 2, 44. Vid. *Virgil. Æn.* 10, 113. Ignarus fati futurique, laus an pœna merita esset 8, 7. *al.* facti. *Id si verum, def.* que. Vid. *Bauer. ad h. l. pag.* 264. Ad majora initia rerum ducentibus fatis 1, 1. Quorum *(scilic. ducum bellicorum)* suo quisque fato, sine publico discrimine, viveret merereturque 9, 18. Accipere se omen impleturumque fata, ara condita atque dicata 1, 7. Alteruter consulum fata impleret 8, 6. *i. e. facere, ut prædictio eventum habeat, per devotionem quidem.*

FAUCES portæ 44, 31. — saltus 22, 4. — specus 10, 1. — portus 25, 11. *quæ ibidem dicuntur* claustra, item os. Obsistentibus ad exitum *(portarum in castris)* Celtiberis — — quia propter angustias non omnes in faucibus pugnare poterant Romani 41, 26. Utraque oppida in faucibus sunt, quæ Tempe adeunt 42, 54. Arctis faucibus 45, 28. *de Isthmo. it. de freto Gaditano* 28, 30. Aliasque urbes eos e faucibus Hannibalis ereptas populo Rom. restituisse 26, 2. Ardentibus siti faucibus 44, 38.

FAVERE 1, 25. Clamore, qualis ex insperato faventium solet, Romani adjuvant militem suum. *Verbum proprium de acclamatione in ludis.* Vid. *Bauer. ad h. l. pag.* 38. Pravo studio, quo etiam in certaminibus ludicris vulgus utitur deteriori atque infirmiori favendo· 42, 63. Quod, nihil in publicum secernendo, augenti rem privatam militi favit 7, 16.

FAVOR 4, 21. Favore nominis moturum se aliquid ratus.. *Eleganter pro favorabili nomine.* Et ipsa deformitas Pleminii, memoriæque absentis Scipionis favorem ad vulgum conciliabat 29, 22.

FAUSTUS 2, 49. Ut *(dii)* illud agmen faustum atque felix mittant.

FAX 4, 33. Ignibus armata ingens multitudo, facibusque ardentibus tota collucens, velut fanatico instincta cursu, in hostem ruit.. *Notentur ignes facibus adjuncti.* Omnis generis arma, cumulata in ingentem acervum — ipse imperator face subdita succendit 45, 33. Faces undique ex agris collectæ 22, 16. *pro lignis aridis, quæ ignem mox concipiunt.* Faces — per cælum — lapsæ sunt in Lanuvino 41, 21. Et facem Setiæ ab ortu solis ad occidentem

porrigi visam 29, 14. Juvenem, tamquam furiam facemque hujus belli 21, 10. Duas faces *(rogationes)* novantibus res ad plebem in optimates accendendam 32, 38. Illis nuptialibus facibus regiam conflagrasse suam 30, 13.

FECIALES cærimoniæ 9, 11.

FELICITAS 41, 16. Sua *(ducis)* virtute ac felicitate neminem jam cis Alpes hostem populi Romani. *Vid.* enitere. *it.* virtus.

FELIX 5, 24. Nulla felix arbor, nihil frugiferum in agris relictum. *i. e. fertilis.* Vid. *arbor.* Censura clara — memoriæ felicioris ad posteros, quod, etc. 9, 29. Donec, quam felices seditiones, tam honorati seditionum auctores essent 4, 2. Felix et fortis. Vid. *fortis.*

FEMINA 36, 24. Congregatis feminis puerisque et imbelli alia turba in arcem. *Sæpius conjunguntur feminæ puerique et opponuntur viris. Sic v. c.* 28, 19. non militaris modo ætas, aut viri tantum, sed feminæ puerique supra animi corporisque vires adsunt.

FERA. Vid. *mitescere.*

FERCULUM 1, 10. Spolia ducis hostium cæsi suspensa fabricato ad id apte ferculo gerens etc.

FERE *pro circiter* 1, 40. Post centesimum fere annum. *Hoc loco* fere *auget numerum, alias minuit. Itaque Dukerus volebat legi* ducentesimum.

FERIÆ *pro supplicationibus* 3, 5. His avertendis terroribus in triduum feriæ indictæ. *Nam tempore supplicationum ab opere cessabatur.* Ut per totam Italiam triduum supplicatio et feriæ essent 40, 19. Biduum ferias ac supplicationem se habiturum 41, 21. Vid. *supplicatio.*

FERIRE 2, 33. Cum Latinis populis ictum fœdus. ad id feriendum consul alter Romæ mansit. *cf.* 9, 4. *it.* 30, 43. Si prior defexit publico consilio, dolo malo; tu illo die, Jupiter, populum Romanum sic ferito, ut ego hunc porcum hic hodie feriam : tantoque magis ferito, quanto magis potes pollesque 1, 24. [*Statim sequitur :* id ubi dixit, porcum saxo silice percussit.] Ut cum ita Jupiter feriat, quemadmodum a fecialibus porcus feriatur 9, 5. Hostia feriendi — causa 22, 38. *(in prælio.)* Vid. *securis.*

FERITAS 38, 17. Belluas tantum recens captas feritatem illam silvestrem primo servare, deinde, quum diu manibus humanis alantur, mitescere ; in hominum feritate mulcenda non eamdem naturam esse.

FERME 1, 15. Hæc ferme Romulo regnante domi militiæque gesta. *Omnino* ferme *denotat sæpius præcipua et summa rerum capita.* Nec ferme res antiqua alia est nobilior 1, 24. His ferme verbis 1, 32. Quum eadem ferme de jure patrum ad plebis — disseruissent 10, 7. Summa omnium quadraginta millia armata fuere : quorum pars ferme dimidia phalangitæ sunt 49, " Obsitus palustribus herbis, et, quibus i ocuīta ferme vestiuntur, virgultis vepribusque 21, 54. i. e. plerumque, semper. cf. 9, 30. Vid. Burm. ad Phædr. 1, 13, 2. Ceterum parva quoque, ut ferme principia omnia, et ea ipsa peregrina res fuit, 7, 2.

FEROCIA 42, 9. Consul, qua ferocia animi usus erat in Liguribus, eamdem ad non parendum senatui habuit.

FEROCITER 7, 10. Strenue et ferociter facta. h. e. fortiter. Nec alium virum esse, cujus strenue ac ferociter facta in bello plura memorari possent 3, 47. Eo ferocius obequitare Samnites vallo 9, 22. cf. 2, 45.

FEROX 40, 4. Femina ferox. i. e. in rabiem versa. Recenti victoria feroces 39, 31. Ferox viribus (Cacus) 1, 7. Ferox ea parte virium 21, 54. i. e. equitatu. Ferocem faciebat belli gloria ingens 9, 56. Ferox adversus singulos 1, 25. (Horatius). Ut potuerim — — Patribus quoque ferox esse, non solum plebi 7, 40. Cum globo ferocissimorum juvenum 1, 12. Ferocissimus populus (Romanus) 1, 53. i. q. fortissimus. [Ideo ferox et fortis a librariis saepe confusa. Vid. Drakenb. Tom. 1, pag. 61.] Vid. rapidus.

FERRAMENTA 1, 40. Quibus consueti erant uterque agrestibus ferramentis etc.

FERRATUS 1, 32. Fieri solitum, ut ferialis hastam ferratam aut sanguineam praeustam ad fines eorum ferret.

FERRE 40, 49. Quum ferret passim cuncta atque ageret. Posterius de pecudibus, mancipiis, prius de alia praeda capiendum. cf. 8, 38. Vid. Drakenborch. ad 33, 13. Ferre, agere plebem plebisque res 3, 37. i. e. spoliare, expilare. Posse quamvis languida mergi aqua infantes, spem ferentibus (exponentibus) dabat 1, 4. Venationem ferre 25. 9. i. e. praedam venando captam ferre. Ferre in majus vero incertas res fama solet 21, 32. Ferre occultam fraudem 3, 25. i. e. lege ferenda intendere. Quum fraus a tribunis occulta in lege ferretur 3, 18. Nequivere tamen consequi, ut non aegerrime id plebes ferret ; jacere tamdiu irritas sanctiones, quae de suis commodis ferrentur : quum interim de sanguine et supplicio suo latam legem ferre. 4, 51. Conspectum oculi longissime ferunt 1, 18. Ut partem aliquam (pecuniae) praesentem ferret 44, 25. i. q. auferret, acciperet. Ut beneficio tuleris a me, quod minis nequisti 2, 12. i. q. accipias. Quum promptum hoc jus velut ex oraculo incorruptum pariter ab his summi infimique ferrent 3, 34. Ne id quidem ab Turno tulisse tacitum ferunt 1, 50. i. e. ne eo quidem accusationem suam Turno probavit, sed refutatus eo nomine atque reprehensus est. Ut tacitum feras, quod celari vis 3, 45. Iram haud clam ferre 31, 47. it. palam 2, 54. — aperte 28, 40. Eam modestiam ferre in urbem, 3, 54. Qui ipsam curam atque opem secum fere-

bant 5, 40. Ut me omnes — tuo sanguine ortum vere ferret 8, 7. Ut ipse fert 21, 41. (prae se fert.) Latum in plebem est 37, 11. Vid. rogatio. Ferre alicui judicem 3, 24. i. e. accusare. cf. 8, 33. it. 9, 1. Vid. judex. Tribunus plebis tulit, ut — coloniа etc. 32, 29. Latoque, ut solet ad populum, ut etc. 23, 14. (absolute.) Quum ceteri laetitia gloriaque ingenti eam rem vulgo ferrent 28, 17. Vulgoque Patres ita fama ferebant 23, 31. Ferte sermonibus et multiplicata fama bellum 4, 5. Eum laudibus ad coelum ferebant 9, 10. cf. cap. 33. Se quisque belli ducem potiorem ferre 4, 45. i. q. judicare. Dignus — quem — conditorem urbis Romanae ferrent 7, 1. Neque Samnitem certamen praesens, nec Romanum dilationem belli laturum 9, 43. i. q. toleraturum. Qui vestrûm primus — osculum matri tulerit 1, 56. paullo post : uter prior — matri osculum daret. Quum ferret matri obvius complexum 2, 40. Unam longe ante alias specie ac pulchritudine insignem a globo Talassii cujusdam raptam ferunt : multisque sciscitantibus, cuipam eam ferrent, identidem, ne quis violaret, Talassio ferri clamitatum 1, 9. Forte ita tulit casus 7, 6. cf. 3, 27. it. 42, 50. Quodcumque fert animus 30, 19. Quum priores decemviri — corrigi reddita ab se jura tulissent 3, 36. Quibus sine foenore expensas pecunias tulisset 6, 20. i. q. dedisset, easque in tabulas expensorum retulisset. Vid. Bauer. Exc. Liv. 1, pag. 227. Quod (tribunus) regibus ferre soliti erant, populo Rom. pendere 45, 18. Ferre caput lucundæ sponsionis causam 9, 9. i. e. afferre, scil. Samnitibus. cf. 4, 10. it. 10, 19. Iis trium conditionum electionem ferre 34, 19. cf. 2, 12. it. 21, 12. Ipse maximam partem earum ferret 2, 47. pro acciperet. cf. 6, 15. Ne id ipsum, quod consultationi reliquerant, pro praejudicato ferret 26, 2. Missusque, qui venenum ferret 39, 50. i. q. afferret. Etruscis se luctum lacrimasque ferre 6, 3. pro afferre, excitare. Qui (Decius) pestem ab suis aversam in hostes ferret. ita omnis terror pavorque cum illo latus signa prima Latinorum turbavit 8, 9. Alterum responsum salutem, victoriam, lucem ac libertatem (scil. feret): alteram — ominari horreo, quae ferat 7, 30. Si non perniciem nobis eum scelere ferunt 23, 9. Ferre signa in hostem 9, 23. al. inferre hosti. Signa ferri sunt coepta 30, 10. i. e. efferri e castris. Velut si servos videatis vestros arma repente contra vos ferentes 21, 41. Cura in hostem feruntur 9, 12. Elephanti jam in mediam peditum aciem sese tulerant 21, 55. pro irruerant. Viam ad mortem duae sunt ; qua quemque animus fert, effugite superbiam regiam 40, 4. cf. 38, 27. Si forte eo vestigia ferrent 1, 7. cf. 9, 45. Romanos ira eadem, quae per mediam aciem hostium tulerat, et in castra pertulit 9, 18. Extremos tamen pavor

— — in fugam, et quondam in hostem ipsum improvidos tulit 5, 45. Tribum ferre 2, 37. *i. e. suffragio tribus creari.* Cum gravi vulnere latum ex prœlio 33, 25. *i. q. elatum, quemadmodum Pightus legi volebat.* Illa finis Appio alienæ personæ ferendæ fuit 3, 36. Speciosum Græciæ liberandæ tulisse titulum 42, 52. *i. e. Romanæ sub prætextu liberandæ Græciæ cum patre suo bellum gessisse. cf.* 3, 56. Tamquam ferentibus adhuc cervicibus jugum, sub quo emissi essent 9, 6. *ad q. l. vid. Bauer. pag.* 282. Spolia in triumpho ferret 8, 30. Tulit in triumpho coronas aureas etc. 40, 43. Hæc tibi victor Romulus rex regia arma fero 1, 10. Aureum baculum — tulisse donum Apollini dicitur 1, 56. In Capitolium ad deos vestros dona ferentes 45, 39. Si nihil aliud ex eo certamine tulerit, illud certe laturum, ut etc. 10, 24. *i. q. referre.* Iæque juvenis — excenturione Latino victoriam tulit 8, 8. Gensque una populi Romani sæpe ex opulentissima — Etrusca civitate victoriam tulit 2, 50. Datum munus, ut machinas in bello ferrent 1, 43. *i. e. facerent, præberent; nec est necesse, ut cum Lipsio facerent legatur.* Ager Hispanis in Hispania — virtutis caussa latus est 23, 46. *cf.* 22, 10. *ubi vid. Intt.* Vos præcor, veneror, veniam peto, feroque, ut populo Rom. vim victoriamque prosperetis 8, 9. *i. q. rogoque. Sic Cel. Strothius interpretatur, Immo pr. auferre, obtinere, impetrare. Sic Heynius in Gott. Gel. Anz. St.* 177. *p.* 1793. *q,* 1785.

FERREUS 39, 40. Ferrei prope corporis animique esse.

FERRUM 22, 9. Tu, patria, ferrum — quando parens extorquet, recipe. Mille aliis nunc ferro, nunc morbo morientibus 28, 29. Ille ferro, quacumque ibat, viam facere 2, 48. Vid. *Virgil. Æn.* 10, 373. 514. Ferro via facienda est 4, 28. Ut pontem ferro, igni, quacumque vi possent, interrumpant 9, 10. Ferrum et ignis sæpe, quasi per speciem proverbii, junguntur. Vid. *Drakenb. ad h. l. cf.* 30, 6.

FERTILIS 45, 30. Pallenam, fertilem ac frugiferam terram.

FERVIDI animi vir 2, 52. Quum toto en bello dampnos, præpropera ac fervida ingenia imperatorum fuissent 27. 33.

FESCENNINUS versus 7, 2. Vid. *versus.*

FESSUS 9, 20. Populationibus fessi. Fessum militem prœliis operibusque habebat 21, 11. Interrogando axspectandoque responsum puncius fessus 1, 54. Fessus — malis præteritis instantibusque 2, 35.

FESTINATIO 49, 16. In primo congressu non temperavit, quin uxoris petendæ præmaturam festinationem fratri objiceret.

FIDELIS 22, 37. Quibus a bonis fidelibusque sociis bella juvari soleant. *Sic propria socii dicuntur. cf.* 9, 3. 39, 17. Vid. *fidus. it, fortis.* Censomes fideli concordia senatum legerunt 40, 51.

FIDELITER 41, 92. Secum quidem omnia illis integra esse, ad instituendam fideliter amicitiam.

FIDERE 24, 8. Cur ad majora tibi fidamus, Sive pestilentiæ — fidens 8, 29. Exercitu se egregio fidentem venisse 40, 47. Pedestri fidentem Marte 24, 48. *cf.* 8, 62. *it.* 33, 38, Fidens et animo et viribus 24, 8. Addidit ad aliam fidentis speciem 27, 2. *scil. victoria futura.* Nec vivere consulem satis fidebant 9, 38. Duobus lateribus satis fidentes invia esse 38, 21.

FIDES 1, 1. Fidem futuræ amicitiæ auxisse. Habita fides ipsam plerumque obligat fidem 22, 22. Sacratæ fide manus 23, 9. Per fidem violati colloquii 38, 25. *Pro per violatam fidem colloquii.* Paucæ horæ sunt, intra quas jurantes per quidquid deorum est, dextras dextris jungentes, fidem obstrinximus, ut sacratas fide manus, digressi ab colloquio, extemplo in eum armaremus? 23, 9. Vid. *Virgil. Æn.* 11, 292. Data dextra in id, quod petebatur, obligandæ fidei 30, 19. Dextras fidemque dedere, mittere vere ac finire odium 40, 46. In id data fides consuli est 39, 30. Fide sua obligata, pacato agmine transituros Bastarnas 40, 57. *cap. sequ. simplic.* data. Levissima fidei mutandæ ingenia 28, 44. Adeone est fundata leviter fides 2, 7. Sincera fide in pace Ligures esse 40, 34. *Sæpe sic Livius, v. c.* 39, 2. *it.* 44, 18. Vid. *fluxus.* Ubi fides iis non esset 21, 35. Vulgaris opinioni, qua creditur, Pythagoræ auditorem fuisse Numam, mendacio probabili adcommodata fide 40, 29. Ad fidem rei 92, 19. *i. e. ut probaret, cf.* 35, 41. Ad fidem pronius est 21, 38. *it. cap.* 34. Ad fidem promissorum obsides accipere. Ubi, quum Syracusas Capuamque captam, in fidem in Sicilia Italiaque rerum secundarum, ostentasset 26, 34. *i. e. ut crederentur res secunda esse in S. etc. Neque enim alia h. l. interpunctio toleranda, nisi, quæ verba in fidem sqq. dirimat a præcedenti captam. Nam, in fidem capere Livio non dicitur.* Missique ad regis ipsius firmandam fidem legati 23, 34, Verba sine fide rerum jactata 23, 34. Fides a consule 27, 5. *i. q. consulis.* In fidem consulis venerunt 10, 43. *it,* in fidem se permittere 36, 27. *i. e. dadere se.* Ismenias gentem Bœotorum in fidem Romanorum permitti æquum censebat 42, 44. Fide accepta sese tradiderunt 23, 19. *i. e. promissa tutela. Sic committere et permittere se fidei alicujus promisicue dicitur.* Vid. *Drakenb. ad* 6, 31. Se vitam fortunasque suas illorum fidei virtutique permittere. *Immo quia fortes ac fideles milites dicebantur, hæ potissimum forma dicendi Livius usus est.* Vitæ libertatisque fidem accipere 43, 18. *cf.* 43, 9. De pace cum fide agere 32, 33. *i. q. fideliter.* Quæ (urbes) in amicitia cum fide permanserant 48, 21. Sociis cum fide cultis 44, 1. Emissique cum fide incolumes ad Hannibalem venerunt 24, 27. Omnis e republica fide vestra faceretis 22, 39. *i. q. pro fide vestra, s. ex s. cum fide.* Fides humanarum irarum 8, 24. *h. e. qua credibile est homines irasci posse, aut solere.* Aurium fidei minimum credentes 33, 32. Prima fides — secunda fides 30, 15. *i. e. prima et secunda pars promissi.* Induciarum fidem ruperat 9, 40. *ea fides induciarum sancta dicitur* 8, 37. Virum bonum egregiumque socium Hieronem esse, atque uno tenore, ex quo in amicitiam populi Rom. venerit, fidem coluisse 22, 37. Altera rogatione Sextii fidem abrogari, cum qua omnis societas humana tollitur 6, 41. *i. e. quum debitores solvere non teneantur. cf. cap.* 11. *Ubi eodem sensu dicitur* fidem moliri. *i. e. labefactare.* Fides agi visa 7, 31. Apud quos juxta divinas religiones fides humana colitur 9, 9. Fidem pastorum nequidquam invocans 1, 7. Vid. *invocare.* Nequidquam deos fidemque invocantes 9, 12. *conf.* 29, 18. Pœnaque in vicem fidei cesserat 6, 34. Liberata et exonerata fide mea 42, 13. In publica fide pecuniam deponere 24, 18. Fide solvendi pariter omnibus — stipendii 28, 32. Nisi fide staret respublica, opibus non staturam 23, 48. *i. e. quia pecunia ei creditur.* Ni praestaretur fides publica 2, 28. (*promissa*). Missis, qui fidem venienti in castra ad Gracchum peterent 40, 49. *i. q. securitatem.* Vid. *fluxus. it.* suspensus.

FIDUCIA 30, 29. Hostis fiducia, quae non de nihilo profecto concepto est. Accensi, minimæ fiduciæ manus 8, 8. Populorum casibus cognita populi Romani clementia non modo spem tibi, sed prope certam fiduciam salutis praebet 45, 8. Quod fiduciæ plus animorumque esse Achæis ad non pascendum credebant 45, 31.

FIDUCIARIUS 32, 38. Optimum ratus (*Philippus*). Nabidi eam (*regionem*) — velut fiduciariam dare, ut victori sibi restitueret.

FIDUS 1, 11. Nihil fidum proditori. *i. e. tutum.* Nec ubi consisteret, nec, quid fidum respiceret, habenti 27, 12. Fidiora haec genera hominum fore ratus 40, 3. Fidissimum annonæ (*Sicilia*) subsidium 27, 5. Pax fida 5, 4. Vid. *Drakenb. ad h. l. it. infra in v.* infidus. *cf. Bauer: Exc. Liv.* 1. *pag.* 182. Quem (*servum*) ex omnibus fidissimum domino credebat 33, 28. *Servi alias non* fidi, *sed* fideles *dicuntur ;* amici *autem* fidi. Vid. *Drakenborck. ad h. l.*

FIERI 5, 52. Aio Locutio templum — jussimus fieri. Quibus diis decemviri, ex libris ut fieret, ediderunt 37, 3. *de supplicatione. Omnino est illud vocabulum in re sacra usitatum.* Ibique, ut loco dignitas fieret, habitat 1, 44. Arma fieri — in ea gente 42, 8. Bellum fieri Æquis jussit 9, 45. *it.* de castris 10, 21. Ex mulctaticia pecunia — ludi facti 10, 23. Comitia centuriata — nisi ubi assolent, fieri possunt

5, 52. Fit fuga regis apparitorum atque comitum 1, 48. Eo vadimonia fieri jusserunt 23, 32. Fit mihi inopinatum 6, 40. *ita enim, non sit legendum videtur cum Drakenborchio, quum subjunctivi positi ratio nulla sit.* Karthaginiensium partis factos cernebant 24, 1. Difficilior facta oppugnatio erat, ni etc. 34. 29. Pro *facta fuisset.* Per quem populum fiat, quo minus legibus dictis stetur 9, 5. Quid deinde tam opimæ prædæ, tam opulentæ victoriæ spoliis fiet 45, 39. Quid nexis fieri placeret 2, 31. *cf.* 27, 16. Vid. *Intt. ad h. l.*

FIGERE 7, 3. Lex vetusta est — ut, qui praetor maximus sit, — clavum pangat. Fixa fuit etc. *i. e. dicata lex, uti paullo post dicitur, quod et ipsum suspendere,* figere *denotat. Vid.* dicare. *it.* clavus. *Vulgo tamen legitur* fixus, *ut ad clavum referatur. cf.* 9, 28. *Similiter Virgil. Æn.* 6, 622. *Fixit leges pretio atque refixit.* Supra valvas templi tabula cum titulo hoc fixa 40, 52. Spiculum inter aures equi fixit 8, 7.

FIGURA 29, 17. In hoc legato vestro nec hominis quidquam est, praeter figuram et speciem.

FILIA 38, 57. Minorem ex duabus filiis. *pro* filiabus. Vid. *Voss. Aristarch.* 4, 4. *At.* 24, 26. *est :* duabus filiabus.

FILIUS 4, 15. Eodemque anno sororis filios regis et liberos etc. *i. e. nepotes.*

FILUM 1, 32. Capite velato-filo. (*lana velamen est.*)

FINGERE 42, 2. Quum alii abesse eum, alii ægrum esse, falso utrumque, fingerent.

FINIRE 9, 33. Lege finitum censorum spatium temporis. Quinque dierum spatio finiebatur imperium 1, 17. Quot dicerentur (*vades*), permissum tribunis est, decem finierunt. Tot undique accusator vadatus est reum 3, 13. Signum contra, quo longissime conspectum oculi ferebant, animo finivit 1, 18. Finire locum, in quo dimicaturi essent 42, 47. Finire SCtorum, ne etc. 31, 48. — libidinem multiebrem 34, 6. — modum cibi potusque naturali desiderio, non voluptate 21, 4. Finita potestas 9, 34. *i. e. certo tempore spatio circumscripta.* Plus quam lege finitum erat 39, 17. De pecunia finitur, ne major etc. 40, 44.

FINIS 2, 30. Is finis populationibus fuit. Pro *populationum.* Finem sibi vitæ fecit 8, 56. Tandem longi erroris vobis finem factum esse 5, 3. Spei nostræ — finem imposuerimus 3, 4. Ne ad extremum supplicii finem tenderet 8, 32. Sine fine ulla quaestionis suæ jus esse 9, 26. (*i. e. infinitum.*) Vid. *Intt. ad* 4, 2. Nec novos statuere fines, sed veteres observari etc. 42. 24. Altera lege solitudines vastas in agris fieri pellendo finibus dominos 6, 41. *i. e.* agris, *prædiis.* Ne se quidem pacem, quam illi afferant, aspernari, si Gallia; egentibus agro, — partem finium concedant 5, 36.

Multam interest, alienos populere fines, an
suos uri, exscindi videas 28, 44. Urbem,
templa, delubra, fines, aquas, Samnitium
esse 9, 9. *in formula deditionis dicta. Ceterum hic fines pro agris, terra, in sensu
proprio accipiendi.* Sic 1, 32. Legatus ubi
ad fines eorum venit. Campanus fines 9,
6. *h. e. Campani agri finis. neque enim
h. l.* agrum, *ut alias, quum pluralis ponitur,
sed terminum significat. Alibi Livius:* extrema agri Romani 4, 1. *Eodem significatu finis absolute dicitur* 38, 15. *Nulla
legatio* ad finem *præsto fuerat. cf.* 4, 58. *it.*
10, 35. Vid. *Auvius.* Cujus ingentem modum possidere privatos, paullatim proferendo fines, constabat 42, 1. Ab Utente
flumine usque ad Athesim fines habuere
5, 35. Scipioni non temporis, sed rei gerendæ fine, donec debellatum in Africa
foret, prorogatum imperium est 30, 1.
Utrum majores vestri omnium magnarum
rerum et principia exorsi ab diis sunt, et
finem eum statuerunt 45, 39. Inter eos
fines, (*in sensu augurali*) quos feci 1,
18.

FINITIMUS 5, 6. Utrum tandem finitimi
(*scil. populi*) populum Roman. eum esse
putent etc. *Contra* 8, 72. Assignaturos
putarent finitimos populos — finitimis externisque. *conf.* 4, 3. *ad quem locum vide
Drakenborchium.* Indici — finitimis (*scil.
populis*) spectaculum jubet 1, 9.

FIRMAMENTUM 29, 2. Dum cedenti duodecimæ legioni — tertiam decimam legionem ex subsidiis in primam aciem firmamentum ducit.

FIRMARE præsidiis aciem 9, 17. Multitudinem non vallo, non stationibus firmatam 10, 43. *i. e. tutam præstitam.* Non
tamen pro firmato jam stetit magistratus
ejus jus 4, 7. Quum plebem hinc provocatione, hinc tribunicio auxilio satis firmassent 3, 55. Cum potentissimo populo
per ingens beneficium perpetuam firmare
pacem amicitiamque 9, 3.

FIRMUS 2, 5. Firma area templis ac
porticibus sustinendis. Adversus famam
rumoresque hominum si satis firma ateteris 22, 39. Exercitus satis firmi ad tantum bellum 23, 25. *it.* præsidium firmum
9, 44.

FIXUS 9, 7. Fixos in terram oculos. (*præ
pudore.*)

FLAGITATOR 2, 45. Centurio erat — inter primores pugnæ flagitator. Ipse quoque triumphi ante victoriam flagitator 8,
12.

FLAGITIUM 42, 60. Consul moveri flagitio timoris fatendi. Neque manere in
jugo inopi, neque regredi sine flagitio, atque etiam periculo 44, 4.

FLAGRARE 2, 23. Civitas secum ipsa
discors, intestino inter Patres plebemque
flagrabat odio. Tantum, ut procul abesset,
curabat, interim velut ab incendio flagrantis iræ; — se defensurus 40, 56. Juvenem

flagrantem cupidine regni etc. 21, 10. Flagrantissimo æstu 44, 36.

FLAGRUM 28, 11. Cæsa flagro est Vestalis virgo.

FLAMEN dialis, quod exta perperam dederat, flaminio abiit 26, 23. *cf.* 1, 20. Flamen dialis inauguratus est 41, 28. Vid.
*apex.*

FLAMMA late fusa 10, 43. Ignibusque
in proxima tecta conjectis effusa flamma
primo veluti sparsa pluribus locis reluxit,
dein per continua serpens uno repente omnia incendio hausit 30, 6. Multos in ipsis
cubilibus semisomnos hausit flamma 30,
5. Quæ minime densæ micabant flammæ
22, 17. Flammam ei (*Marcio*) concionanti fusam e capite, sine ipsius sensu,
cum magno pavore circumstantium militum 25, 39. Vid. *Virgil. Æn.* 2, 682. Flammam invidiæ adjecerunt edicto 43, 16.

FLATUS 45, 8. Cujus animum nec prospera (*fortuna*) flatu suo efferet, nec adversa infringet.

FLEBILITER nomine sponsum mortuum
appellat 1, 26.

FLECTERE 1, 48. Flectenti carpentum
(*Tulliæ.*) pro *flectere jubenti.* Vid. *Bauer.
ad h. l. pag.* 68. Flexit viam Brutus—ne
obvius fieret 1, 60. Ad Privernum flexit
iter 8, 19. *it.* 35, 31. Ex Gabino in Tusculanos flexere colles 3, 8. *scil. iter, viam.*
Flectit paullulum in clivos agmen 9, 35.
Animos flecti quam frangi, putabat quum
tutius, tum facilius esse 2, 23. *Scilicet
lenibus illud verbis, hoc acrioribus remediis,
et adhibita quasi vi, intelligendum est.*
Comparando hinc, quam intestina corporis
seditio similis esset iræ plebis in Patres,
flexisse mentes hominum 2, 32.

FLEXUS 22, 12. In aliquo flexu viæ.
Confragosa loca implicatasque flexibus
vallium vias 32, 4.

FLORERE 26, 3. Florens tum et fama
rerum gestarum, et propinqua spe Capuæ
potiundæ. Ad florentes Etruscorum opes
confugiunt 1, 2. En umquam ille dies
futurus esset, quo vacuam hostibus Italiam
bona pace florentem visuri essent 30, 21.
Florere præterea juventute, quam stirpem
longa pax ediderit, florere opibus regni,
florere etiam ætate 42, 11.

FLOS Achæorum juventutis 32, 25. *cf.* 7,
7. Hæc prima frons in acie (*hastati*) florem
juvenum pubescentium ad militiam habebat 8, 8. In flore virium se credens esse
42, 15. Cui detractum foret omne, quod
roboris, quod floris fuerit 27, 44. Medio
juventæ robore ille, (*Perseus* 30 *annorum*)
hic (*Demetrius* 25 *annorum*) flore 40, 6.
Florem ætatis ejus fructum adventicium
crediti ratus 8, 28. Florem ætatis — quem
ipse patri Hannibalis fruendum præbuit
21, 3. (*de abusu ejus nefando.*) *conf. cap.* 2.

FLUCTUANS et instabilis acies 9, 35. *cf.*
6, 24.. *it.* 8, 39. Fluctuanti similis acies
erat 6, 12. Signa fluctuantia 29, 2. *Ipse*

191

*copiae dicuntur, in quas impressio facta est.* cf. 30, 34. Fluctuaneque animo, ut tereret tempus, ordines explicat 1, 27. Fluctuante rege inter spem metumque tantae rei econando 42, 59. Fluctuantes et imbutos Persei consiliis 42, 26. *Ceterum notandum est, Livium, praeter hoc participium, quod videri possit activae vocis esse, nihil ejus in hoc verbo magnopere usurpare, semperque deponentialiter omnia dici.* Sic 39, 13. Fluctuatus animo est. cf. 28, 33. Celtiberi parumper incertis animis fluctuati sunt 40, 32.

FLUCTUATIO animorum 9, 35.

FLUCTUS 24, 38. Cujus murus fluctu alluitur. *cap. sequ. est :* mari alluitur.

PLUERE 24, 10. Fontem sub terra tanta vi aquarum fluxisse etc. In Tiberim, tenui fluentem aqua 2, 5. Vid. *Tiberis.* Fluentes luxu ab duratis usu armorum in Sidicino pulsi agro 7, 29. *i. e. molles.* Gallorum corpora intolerantissima laboris atque aestus fluere 10, 28. Fluere lassitudine vires 7, 33. Fluunt sudore et lassitudine membra 38, 17. Fluentemque tabem liquescentis nivis ingrediebatur 21, 36. Nimio luxu fluentibus rebus mollitiaque sua 7, 32. *i. e. labantibus. Vid. Gronov.* ad 27, 17.

FLUIDUS 24, 47. Mollia et fluida corpora Gallorum, et minime patientia sitis.

FLUITANS 1, 4. Quum fluitantem alveum, quo expositi erant pueri, tenuis in sicco aqua destituisset.

FLUMEN, quod medio oppido fluxerat, extra frequentia tectis loca praeterfluebat 24, 3. Ad excipiendum fluminis impetum 21, 27. Vid. *B. Patruum ad Tacit. Annal.* 2, 16. Fluminis pontem petentes 23, 24. Vid. *brachium.*

FLUVIATILIS 10, 2. Fluviatiles naves ad superanda vada stagnorum apte planis alveis fabricatae.

FLUVIUS 1, 3. Pax ita convenerat, ut Etruscis Latinisque fluvius Albula, quem nunc Tiberim vocant, finis esset. cf. *Virgil. Eol.* 1, 62.

FLUXUS 40, 50. Veramque pacem, non fluxa, ut ante, fide Celtiberos fecisse.

FOCULUS. Vid. *Altare.*

FODERE 8, 10. Hastis ora fodere. *i. e. ferire, vulnerare.* Vid. *Drakenborch. ad h. l.* Aversos (*elephantes*) sub caudis — fodiebant 21, 55.

FOEDATUS 3, 62. Multiplici clade foedatus annus, foedati agri 3, 26. *scil. populatione.*

FOEDE 9, 43. In captivorum corpora militum foede saevitum. Multis hominibus jumentisque foede amissis 22, 8.

FOEDITAS 1, 26. Ubi non sua decora eum a tanta foeditate supplicii vindicent. In tanta foeditate decreti 3, 47.

FOEDUS annus seu intemperie coeli, seu humana fraude fuit 8, 18. Duo simul mala ingentia exorta, fames pestilentiaque, foeda

homini, foeda pecori 6, 28. Foedi agminis miserabilem viam 9, 5. Visu, quam dictu foediora 21, 32. Tempestates foedae fuere 25, 7. Classis postero die foedissima tempestate lacerata 29, 18.

FOEDUS 7, 30. Non enim foedere Samnitium, ne qua nova jungeretis foedera, cautum est. *i. e. f. cum Samnitibus.* Qui rerum divinarum foedera, humanarum fidem socialem sanctissimam habeatis 24, 31. Sanctum foedus 41, 19. Foedus violati hospitii 1, 9. *Pro foedus hospitii violatum, per hypallagen.* [Vid. *Stroth.* ad 1, 1. 4, 8.] Quidquid ex foedere rupto irarum in non coelestium fuit 9, 1. Foederis expiatio ibid. Ad scribendum amicitiae foedus adduci potuisse 42, 12. *mos :* foedus incisum literis esse. Vid. *conscribere.* Vetustior foederis memoria 1, 24. *i. q. vetustioris foederis memoria.* Ut publicum quoque foedus privato (*nuptiis*) adjiceretur 29, 23. In vestro foedere erat, ut etc. 39, 36. Pacem foedusque petentes 9, 37. Foedere negato, inducias biennii impetrare 9, 20. Non foedere pax Caudina, sed per sponsionem facta est 9, 5. *Interdum tamen sponsio pro foedere dicitur. Omnino quidem sciendum est, non raro dici foedus de omni consensu aut decreto ex plurium sententia facto. Audiatur ipse Livius :* ubi semel decretum arit, omnibus id, etiam quibus ante displicuerit, pro bono atque utili foedere defendendum 39, 20. *Nisi vero cum nonnullis pro foedere legi malis fore. Comparetur ergo alius locus, v. c. 22, 38.* Id ex voluntario inter ipsos foedere a tribunis ad legitimam jurisjurandi adactionem translatum. *cf. 3, 56. qid. aequus.* Foedera quietum 21, 10. *i. e. perpetua futura. Oppes. rupta foedera.* Appium et legum ex parte, et civilis et humani foederis esse 3, 57. Ad *foedus ex societate* cum Annibale faciendum 34, 6. Vid. *Bauer. ad h. l. pag.* 107. Quod adesse foederi sancito cum Gentio societatis volebat rex 44, 23. His conditionibus paratum esse ad foedus cum coss. ferire 9, 4. Sub umbra foederis 8, 4. Si foedus est, si societas aequatio juris est ibid. Karthaginienses foedere illigatos silere 42, 23. Quodsi tribuni eodem foedere obligatos se fateantur tollendae appellationis causa, in quam conspirasse decemviros criminati sint 3, 56. *Nisi vero cum Duhero recte, opinor, causa deleatur.*

FOENEBRIS 7, 21. Novi consules foenebrem quoque rem, quae distinere unanimos videbatur, levare aggressi, solutionem aeris alieni in publicam curam verterunt. Leges foenebres 35, 7.

FOENERARE 7, 42. Ne foenerare liceret. Alii foenerari : *nil differt.*

FOENUS anciarium 7, 16. *Quam in centenos asses uncia datur fenoris nomine. Vid. Tacit. Annal.* 6, 16. Foenus liberum 35, 7. *i. e. legibus non definitum.* Propior dolor plebi foenoris ingravescentis erat 7,

21. *Vid. infra in v. mergere. u. obnoxio.* Injusto foenore gravatum æs alienum 42, 5. Ut ipse foenore levetur 6, 39. Dum tam potentem haberet (*plebe*) ducem foenoris expugnandi 6, 18. *cf. cap.* 39. *Vide R. Patruum ad Sueton. Jul.* 27. Foenore circumventam plebem 6, 36. Foenore trucidare plebem 6, 37. *Vid. Salmas. ad Scrv. Hist. Aug. T.* 1. *p.* 557. Sanctus et innocens (*Cato*) asperior tamen in foenore coërcendo habitus. Fugatique ex insula foeneratores etc. 32, 27.

FŒTUS. Vid. *Obscœnus.*

FOLLIS 38, 7. Folle fabrili flando assenderunt.

FONS 42, 19. Juventutem, ut jam Macedonia deficiat, velut ex perenni fonte unde hauriat, Thraciam subjectam esse. Vid. *Perennis.*

FORAS versa vestigia 1, 7. Vid, *Vestigium.*

FORE 30, 2. Quo missuri classem Karthaginienses forent. — forent passuri 26, 26. — expulsurus foret 25, 24. — casurum foret 35, 13. Quæ omnia, si tamen populo feret, in capita noxiorum versura 45, 10. Bello intestino cum fratre eum exitum fore, ut victor — nequaquam par Antiocho futurus esset 45, 11.

FORENSIS factio 9, 46. Omnem forensem turbam exemptam in quatuor tribus conjecit *ibid.*

FORIS 1, 14. Hærens in terga Romanus, priusquam fores portarum objicerentur, velut agmine uno irrumpit. Forem ex æde Lunæ – raptam tulit 40, 2.

FORMA urbis occupatæ, quam divisæ similis 5, 55. Forma excellente (*virgines*) 1, 9. Puellæ infelicem formam deplorant 3, 48. Ex omni colluvione et confusione in aliquam tolerabilem formam redigende (*civitatis*) 34, 51. Intentam formis, quas in pulvere (*Archimedes*) descripserat, ab ignaro milite, quis esset, interfectum 25, 31. Habitum formamque viri aliquantum ampliorem augustioremve humana intuens 1, 7. Sardiniæ insulæ forma (*illud donum*) erat, atque in ea simulacra pugnarum picta 41, 28. Nequaquam eadem est tum rei forma (*conditio*) apud Romanos 41, 2.

FORMARE in suos mores alium 3, 36. Quum ipsi se homines in regis, velut unici exempli, mores formarent 1, 21. Formatis omnibus domi et ad belli et ad pacis usus 1, 45. *Bauer. p.* 63. firmatis *legit.* [*Non necesse; etsi non ignoro, sæpissime confusa firmare, formare, cum compositis.*] Donec statum ejus regni (*Macedonici*) formando composuisset 45, 18. Ad cunctam militarem disciplinam ab effusa licentia formato milite 44, 1.

FORMIDO 30, 28. Has formidines agitando animis ipsi curas et metus augebant etc.

FORMIDOLOSUS 3, 3. Id erat formidolosissimum hosti, quum velut victos inse-

quuti novam repente molem exsurgentem auctam numero cernebant.

FORMULA 42, 57. Ex formula milites accipere a sociis, h. e. ex lege fœdëris. *cf.* 97, 10. Lampsacenos in sociorum formulam referre Q. Mænius prætor jussus 43, 6. Senatus in formulam sociorum eam referri jussit 44, 16. Formula juris ac ditionis 26, 24. Urbem ne quam formulæ sui juris facerent 38, 9. Hac formula dicta in Illyrico 45, 26. *De divisione terrarum.* Divisæ itaque Macedoniæ partium usibus separatis, quantæ universos tenent Macedonas, formula dicta, quum leges quoque se daturum ostendisset 45, 30. Formula cognitionis 40, 12. *Ad cujus præscripta judicium dirigi debet a judicibus, ut, quid cognoscendum judicandumque sit, ex eo intelligant, quippe in quam judicium dabatur a prætore.*

FORNICATA via 22, 36. *Per quam ex urbe in campum Martium descendebatur. Vid. Intt. ad h. l.*

FORNIX 36, 23. Fornices in muro erant apti ad excurrendum. *cf.* 44, 11. Pilis fornices — — locaverunt imponendos 40, 51.

FORS 26, 12. Quidquid fors belli tulisset. Quibus fors corpora dedisset, darent animos 1, 9. Uni se ex Sabinis fors dare viam est privato consilio imperii recuperandi 1, 45. Forte quadam utili ad tempus, ut comitiis præesset, potissimum M. Duilio sorte evenit 3, 64. *cf.* 1, 4. *et Virgil. Æn.* 1, 377. Vid. *sors.* Quæ fors immoderata, tempus ac necessitas fecerint, iis se modum impositurum 23, 23. Magna pars sorte, ut in quem quæque inciderat, raptæ 1, 9. Pars forte, pars consilio oblati 9, 31. In quo tum magistratu forte Brutus erat 1, 59. Forte quadam divinitus 1, 4. Si quæ (*injuria*) forte aliquando fuerunt 5, 3. Forte ita evenit, ut etc. 1, 7. Forte ita inciderat, — — fortuna — populi Romani ne etc. 1, 46. Forte temere 2, 31. *conf.* 25, 38. *u.* 10, 35. 23, 3. 41, 2.

FORSAN 3, 47. Quem decreto sermonem prætenderit, forsan aliquem verum auctores antiqui tradiderint. (*Potius usitatius.*)

FORSITAN 5, 52. Forsitan aliquis dicat. Quod quosdam forsitan moveat 9, 9. Forsitan et publica, sua certe liberata fide 9, 11. Et forsitan — — simul Punico Romanoque obrutus bello esset 9, 19.

FORTIS 7, 40. Nondum erant tam fortes ad sanguinem civilem. *De seditionum et conjurationum studiosis.* Romam vos expugnaturos, si quis duceret, fortes lingua jactabatis 23, 45. Et facere et pati fortia Romanum est 2, 12. Facta fortia 29, 36. Regnum, quod a patruo tuo forti, non solum fideli, — accepi 40, 56. Fortes et felices (*Fabii*) 2, 49. Eleganter; *nam singulos ante Livius dixerat duces esse potuisse magnorum exercituum; et duces bellosi fortes ac felices proprie dicebantur;*

123

*milites autem fortes et fideles. conf.* 39, 32. Claudius felicitatem virtutemque collegæ — æquavit secundis aliquot prœliis. Vid. *ductus.*

FORTITER 5, 5. Curari se fortiter passus. (*sensu medico.*) Reliqui quid esset, nisi ut fortiter moriatur 45, 5.

FORTUITO. Vid. *temere.*

FORTUNA 23, 5. Variante fortunæ eventum. Incertus fortunæ eventus 42, 49. Vid. *labare.* Habuisset tanto impetu cœpta res fortunam 24, 34. Suapte fortuna quadam ingentis ad incrementa gloriæ celebratus 29, 6. *inde* 23, 2. *fortunæ tribuitur* indulgentia. Ille primum dies fortuna veteri abundantes Etruscorum fregit opes 9, 39. Quibus (*artibus*) ingenia ad magnæ fortunæ cultum excitantur 1, 39. Quos fortuna non æquarent 45, 32. Humili fortunæ ortus 9, 46. Ut agentem te ratio ducat, non fortuna 22, 39. Quando in eam fortunam veni, ut etc. 40, 56. Serenitas fortunæ 42, 62. Fortuna et extollere animos, et minuere potuit 7, 8. Qua parte copiarum conserendi manum fortuna data est 21, 41. Raro simul hominibus bonam fortunam bonamque mentem dari 30, 42. Vid. *Virgil. Æn.* 11, 306. Cum eo hoste res est, qui nec bonam nec malam fortunam ferre potest 27, 14. Vid. *Virgil. ibid.* Fortuna belli 44, 7. Nec præsenti credere fortunæ 45, 8. Vid. *vesper.* Cujus animum neque prospera (*fortuna*) flatu suo efferet, nec adversa infringet 45, 8. Quippe imperium agebatur in tam paucorum virtute atque fortuna positum 1, 25. Fortuna, quæ plus humanis consiliis pollet 44, 40. Ut insignis ad invidiam locupletiorum fortuna esset, et parata, unde egentissimis — largiretur 1, 47. Quum fortuna, qua quidquid cupitum foret, potentioris esset 3. 37. Ut, quæ sub ditione ejus, urbes nullius liberæ civitatis fortunam secum mutatam vellent 42, 5. Fortuna per omnia humana, maxime in res bellicas potens 9, 17. *cf.* 4, 57. *it.* 5, 19. 8, 29. De ipsius Macedoniæ possessione certamen fortunam indixisse 42, 52. Fortunam perbene fecisse, quando etc. 45, 3. Fortuam totius rei principia sequuturam ratus 44, 31. Consilia in omnem fortunam ita disposita habebat 42, 29. Ne fortuna mea desit, videte 6, 18. Quum ex summo retro volui fortuna consuesset 45, 41. Commoti Patres vice fortunarum humanarum 7, 31. Cyrum — quid — nisi longa vita, vertenti præbuit fortunæ 9, 17. *cf.* 8, 30. Invitum se gravioris fortunæ conditioni illigantem 36, 11. Oneratum fortunæ apparatibus suæ (*Darium*) *ibid.* Nunc oneratum vestris fortunis hostem abire finitis 3, 68. Ausi sunt quidam amicorum consilium dare, ut secunda fortuna in conditione honestæ pacis uteretur potius, quam etc. 42, 62. *Ibid.* ita tum mos erat, in adversis vultum secundæ fortunæ gerere, moderari animos in secundis. Idem-

tidem Capitolium spectans Jovem deosque alios devocasse ad auxilium fortunarum suarum 6, 20. Omissa defensione, quæ non difficillima esset apud haud ignaros fortunarum humanarum necessitatumque 9, 8. Tanta dulcedo est ex alienis fortunis prædandi 6, 41. Ex illis concionibus numquam vestrûm quisquam re, fortuna, domum auctior rediit 3, 68. Vid. *fateri.* vid. *bonus.* *it.* fastigium.

FORTUNATE 10, 18. Quam quod — quidquam ibi scite aut fortunate gestum sit.

FORUM 9, 40. Aurata scuta dominis argentariarum ad forum ornandum dividerentur, inde natum initium dicitur fori ornandi ab ædilibus, quum thensæ ducerentur. Filium juvenem nullius probri extorrem urbe, domo, penatibus, foro, luce, congressu æqualium prohibitum 7, 4. *cf. Cic. Or. pro Roscio Amer. cap.* 15. Humilibus per omnes tribus divisis forum et campum corrupit 9, 46. Quæstorium forum 41, 2. (*in castris.*) In pagis forisque et conciliabulis 25, 5. Scaphas circummisit, ut ex navibus gubernatoresque et magistri navium et bini milites in forum convenirent ad imperia accipienda 29, 25. *i. e. in locum prope navalia, ubi copia rerum omnium ad navalem usum pertinentium in promtu erat. Etiam taberna ibi fuisse dicuntur.* Vid. *Scheffer. de militia nav. vett.* 1, 4. p. 215.

FORUS 1, 35. Loca divisa patribus equitibusque, ubi spectacula sibi quisque facerent; fori appellati. *i. q. sedilia.* Vid. *Virgil. Æn.* 6, 412. Viam e foro boario ad Veneris, et circa foros publicos — faciendam locaverunt 29, 37. Vid. *Duker. ad h. l.* Quum per circum reveheretur ad foros publicos, laureatas tabellas populo ostendit 45, 1.

FOVERE 29, 31. Adhuc teneras et fragiles ejus vires esse, vixdum coalescens foventis regnum. Ut præsens suas res foventibus adderet animum 24, 36. *i. e. amicis.* Quas (*res*) fovit tranquilla moderatio imperii, eoque nutriendo perduxit, ut bonam frugem libertatis maturis jam viribus ferre possent 2, 1. Statuerat, utram foveret partem 42, 29.

FRAGOR rupti pontis 2, 10.

FRANGERE 2, 40. Fletus ab omni turba mulierum ortus — fregere tandem virum. Non ita fracti animi civitatis erant, ut non sentirent etc. 45, 25. Athenis, in civitate fracta Macedonum armis 9, 18. *cf. cap.* 39. Romanum, quem Caudium, quem Cannæ non fregerunt, quæ fregisset acies? 9, 19. Fractos bello invenisset hostes 9, 19. Concitationem animorum fregit adventus 9, 7. Concitatos animos flecti, quam frangi etc. 2, 23. Non — frangere audaciam vestram, sed differre in majorem gloriam atque opportunitatem, volui 25, 38. Ut frangendi carceris fugiendique hul ... ?! occasionem 29, 22. Vid. *spiritus.*

FRATER 28, 35. Gratias de fratris filio remisso agit. *Idem autem Masinissa* 27, 19. *Hujus Massinæ avunculus dicitur. Fuerunt igitur, qui legi vellent sororis filio. Sed. vide Jac. Gronov. ad posteriorem locum.* Pro fratre germano, non patruele 35, 10. Vid. *Intt. ad h. l.*

FRAUDARE 36, 40. Ut suæ victoriæ fructu se defraudaret, *cf.* 2, 10. *it.* 42. Plebs fraudari sollemni honore supremum diem tanti viri noluit 2, 61. *cf.* 4, 12. *it.* 5, 47. Fraudans se ipse victu suo 2, 10. Cibo victuque fraudari 2, 35.

FRAUS 1, 24. Quod sine fraude mea populique Rom. Quiritium fiat, facio. *h. e. sine damno meo, quod malitiosa formulæ interpretatione creari possit.* Ut, qui civis Campanus ante certam diem transisset, sine fraude esset 26, 12. Si fraude incendium ortum sit 5, 54. Fraus fidem sibi in parvis præstruit 28, 42. *i. e. homo fraudulentus.* Mentem a fraudibus abstinerent 39, 15. *libidines h. l. sunt intelligendæ.* Si vitandæ, non ferendæ fraudis caussa hoc consilii capimus 24, 39. *i. q. cladis bellicæ, quæ fit insidiis.* Ne fraudi secessio esset 7, 41. Ne, non venisse, fraudi esset 1̅, 47. Quum feræ bestiæ cibum ad fraudem suam positum plerumque aspernentur ac refugiant 41, 23. Fraude ac dolo 1, 53. Ibi non bello aperto, sed suis artibus, fraude (*i. e. simulata societate*), deinde insidiis (*i. e. strategematibus*) est prope circumventus 21, 34. Ipsam se fraudem — detegere 44, 15.

FREMERE 3, 38. Hæc fremebat plebes. — fremit senatus 8, 13. Patres — erecti gaudio fremunt 6, 6. — gaudio alacres fremunt 10, 14. Qua (*inopia*) ipsi inter se fremere soliti erant 25, 28. Volscos — ob communitam Verruginem fremere 4, 1. Patres — non pro communicatis, sed pro amissis honoribus fremere 4, 54. *i. e. tamquam amissi jam sint.* Fremebant, se — domi a civibus captos et oppressos esse 2, 23. *Querebantur.* Fremere juventus, nondum debellatum cum Volscis esse 4, 58. Militibus, castra urbemque se oppugnaturos, frementibus, ni copia pugnæ fiat etc. 4, 18. *minantibus.* Falsas esse, et a scriba vitiatas (*literas*), signumque adulterinum, vulgo in regia fremebant 40, 55.

FREMITUS consuetos castrorum 9, 45. *i. q. strepitus.* Fremitus hinnitusque equorum 2, 64. Ubi primum fremitum equestrium audivit 40, 31. Fremitus in curia est ortus 23, 31. Vid. *lacerare.* Fremitus deinde universi senatus ortus 4, 48. *conf. cap.* 54. Quum in circo ludi fierent, murmur repente populi tota spectacula pervasit — dein fremitus increbruit: postremo clamor plaususque — est exortus 45, 1. *cf.* 40, 46. 42, 53. *init.* vid. *murmur.* Admirantium circa fremitus 26, 22. Ingentem ea res fremitum tota Macedonia fecit 40, 3. Fremitu hominum · trepidantium (ut in tali tumultu) exaudito 31, 24. *i. e. strepitus ab*

iis motus, qui celeriter apparatus faciunt ad amoliendam expugnationem, sive oppressionem potius improvisam. Quum fremitus aperte esset 4, 50. Quum fremitus post eam vocem ortus, et tandem sedatus esset 39, 26. Vid. *Intt. ad Virgil. Æn.* 1, 559.

FRENARE 26, 29. Ne quis timore frenari eos dicere posset, quo minus de eo libere querantur etc. Ubi demersis navibus frenassent claustra maris 37, 15.

FRENATUS 21, 44. Generosissimarum gentium equites frenatos et infrenatos etc.

FRENDENS gemensque ac vix lacrimis temperans 30, 20. Vid. *Virgil. Æn.* 10, 718.

FRENUM 39, 25. Ut equum tenacem, non parentem, frenis asperioribus castigandum esse. Date frenos impotenti naturæ et indomito animali 34, 2. Vid. *Intt. ad Virgil. Æn.* 1, 53. Ni unius amici prudens monitio velut frenos animo ejus, gestienti secundis rebus, imposuisset 45, 19.

FREQUENS ad signa fuit 3, 24. *De uno Kæsone dictum.* Frequentior fama 2, 32. Vid. *fama.* Quod filium frequentiorem prope cum illis, quam secum, cernebat 39, 53. Ad frequentiores consultatio dilata est 35, 7. *Haud dubie senatus intelligitur.* Ab frequentibus Samnitium populis — legati 9, 20. Itinera quam maxime frequentia occupare jubet 25, 9. Frequens castellum 43, 19. *i. e. incolis. cf.* 21, 34. *Frequens cultoribus locus.* Frequens tectis urbs 1, 9.

FREQUENTARE 7, 30. Vobis Capua urbs frequentabitur. Novos colonos — adscribere et omni modo (*Lysimachiam*) frequentare 32, 38. *i. e. frequentem incolis reddere.*

FREQUENTIA omnium generum multitudinis prosequente 7, 30. Ne quid per frequentiam juvenum eorum, in quibus omnes vires plebis essent, agi de commodis eorum posset 5, 2. *h. e. quum frequentes essent, in eorum frequentia.* Vid. *Drakenborch. ad h. l. Nisi potius legendum* infrequentiam. [*Illud præstat.*]

FRETUM manu perfossum 33, 17. *Isthmus intelligendus.* Obrui Ætnæ ignibus, aut mergi freto, satius illi insulæ esse, quam velut dedi noxæ inimico 26, 29. *Pro mari.* [*Quidni fretum Siculum intelligimus, quod* κατ' ἐξοχὴν *fretum dici, multi docuerunt?* vid. *Clav. Cicer. in Ind. Georg. v.* Fretense mare.]

FRETUS 6, 13. Multitudo hostium, nulli rei, præterquam numero, freta. *Legendum* nulla re. *Id Intt. ad h. l. et ad* 4, 37 *Abunde probaverunt.* At tu fretus armis animisque etc. 6, 29. Vid. *Virgil. Æn.* 11, 463. Ut inter militares viros, et factis potius, quam dictis fretos 10, 24.

FRONDOSOS ramos per terram trahebant 10, 41.

FRONS castrorum 44, 36. — frons — munimentorum — in Etruriam spectans 5, 1.

Prima fronte valli ac fossa perducta est 44, 37. Instruit aciem consul arcta fronte ad naturam et angustias loci 36, 18. Impulsa frons prima 6, 13. *i. e. acies prima.* Fronte in aequali concursum est 10, 19. Æqua fronte ad pugnam procedebat 36, 44. Vid. *aequus.*

FRUCTUS ex agris vectandos 21, 63. Quem campi fructum quia religiosum erat consumere etc. 2, 5. Quia propter populationes agri non fructu modo caruerit 2, 23. Emere ea, ex fructibus agri ab se dati quam sibi provenirent 45, 13. In tantas brevi creverant opes, seu maritimis, seu terrestribus fructibus 21, 7. Ex fructu metallorum 45, 40. Fructui sibi rempublicam esse 5, 4. *De stipendiis militaribus.* Omnium sibi laborum periculorumque—nequaquam tantum fructum esse, quam capere Syracusas potuisse 25, 31.

FRUGES 45, 30. Pars prima Bisaltas habet — et multas frugem proprietates. Vid. *severe.*

FRUGIFERUM Praefat. Fertilem se frugiferam terram 45, 30.

FRUI 22, 14. Res fruenda oculis. *i. e. juvunda adspectu.* Ut agrum Campanum censores fruendum locarent 42, 19. Fruantur, utantur annona 2, 34. *Si quidem vera lectio.* Ne super impunitatem etiam praemio sceleris frueretur 40, 56. Florem aetatis—quem ipse patri Hannibalis fruendum praebuit 21, 3. *De nefanda libidine.*

FRUMENTARIUS 4, 12. Criminando inde et objiciendo irae populi frumentarios. *De hoc genere mercatorum insidiose vide Drakenborchium ad h. l.*

FRUMENTUM 33, 42. Ædiles curules — tritici decies centum millia binis aeris populo diviserunt. *Omnino tenendum est, frumenti, salis item saepenumero ita mentionem fieri, ut modius aut simile quid intelligi debeat. cf.* 42, 6. *it.* 23, 21. [Vid. *Schwebel. ad L. Bôs. Ellips. Gr. pag.* 191.] Frumentum peregrinum 42, 6. Triginta dierum frumentum militi datum 43, 1. Inde framento complurium dierum sumto 43, 18.

FRUSTRA, 2, 31. Neque frustrabor ultra cives meos, neque ipse frustra dictator ero.

FRUSTRARI 7, 38. Optimum ratus, differendo spem, quandocumque vellent, consilii exsequendi, militarem impetum frustrari. *al.* frustrare. Vid. *Drakenborch. ad h. l. et ad* 1, 17. Cloelia — frustrata custodes 2, 18. *cf. cap.* 31. Nisi me frustrantur oculi 2, 40. Frustrantibus nos falsa et inani spe 23, 18. Incerta — lux — tum quoque frustata Romanos 41, 2.

FRUSTRATIO 27, 47. Tantae rei frustratione Hannibalem elusum.

FUGA explicatur 1, 30. *i. q. fugientes. Eodem modo fuga dissipari dicitur. it.* 3, 69. Agrestium fuga *pro agrestibus fugientibus.* Infert pavides fuga in mediam

eandem 4, 33. Fuga effusa 1, 27. *it.* longinqua 6, 42. — trepida 27, 18. — diversa 42, 8. An longiorem intenderent fugam 7, 37. Quae *(fuga)* ubi immensa ac sine spe erat 22, 6. Fugam ac vastitatem late fecerunt 8, 9. Nihil movetur fugae 9, 39. Fuga Tibur, sicut arcem belli Gallici, petunt 7, 11, *cf. cap.* 27. Latiusque fuga manasset 27, 14. Exsiliumque ac fugam nobis ex eo loco conscisceremus 5, 53. Anguis — quum terrorem fugamque in regiam fecisset 1, 56. *Bauer. pag.* 77. *emend.* in regia. Pavor fugaque armatos cepit 31, 2. Eo major tum fuga pavorque in urbe fuit 29, 28. *i. e. trepidatio tua urbe cum pavore discurrentium.* Eam quoque se illis fugam clausurum 27, 16. *de loco, per quem fuga dabatur, accipiendum.* Si alia fuga *(detrectatio, vacatio)* honoris non esset 3, 67.

FUGACIUS 28, 8. Vix rationem iniri posse, utrum ab se audacius, an fugacius ab hostibus geratur bellum.

FUGARE 2, 6. Veientes, vinci ab Romano milite assueti, fusi fugatique. *cf.* 38, 17.

FUGAX 30, 28. Fugacissimus dux (*Hasdrubal.*)

FUGERE 9, 44. Memoriae fugerit in annalibus digerendis, an etc. *i. e. fugeritne e memoria.* Provoco ad populum, eumque tibi fugienti exercitus tui, fugienti senatus judicium, judicem fero 8, 33. *i. q. contemnenti.* Quem tibi tuarum irarum, quem meorum suppliciorum judicem feram, neminem, neque populum, neque privatum, fugio 9, 1. Cerva fugiens lupum 10, 27. *cf.* 38, 38. Vid. *Intt. ad* 38, 17. Agmenque fugientium ab signis 5, 6. Vid. *signum.*

FUGITIVUS 30, 43. Naves longas, elephantos, perfugas, fugitivos — tradiderunt. *h. e. servos, qui a dominis Romanis confugerant ad Karthaginienses.*

FULCIRE 3, 60. Prius quam totis viribus fulta constaret hostium acies. Quia nullis recentibus subsidiis fulta prima acies fuit 9, 32. His eum fultum societatibus atque amicitiis etc. 42, 12.

FULGERE 9, 40. Ut acies sua fulgeret novis armorum insignibus. Micantes fulsere gladii 1, 25. *de vibratione accipiendum. Sic poëtae tremulos splendores dicunt.* Candore tunicarum fulgentem aciem 10, 39. Marcellum, fulgentem tum Sicilia domita — consules dixerunt 26, 22.

FULGOR 21, 43. Demto hoc uno fulgore nominis Romani, quid est, cur illi vobis comparandi sint?

FULGUR 40, 58. Neque enim imbre tantum effuso, dein creberrima grandine obruti sunt, cum ingenti fragore coeli tonitribusque et fulguribus praestringentibus aciem oculorum etc.

FULMEN dictatorium in se intentatum 6, 39. Quod duo fulmina domum meam perculerint 43, 41. *inf. de duobus filiis morte ereptis.* Vid. *incendium.* Sed fulmina sic etiam undique micabant, ut peti viderentur corpora 40, 58. Vid. *contremere.*

FUMARE 22, 14. Villasque passim incendiis fumabant. *cf.* 10, 11. Propter quem deûm delubra pateant, aræ sacrificiis fument etc. 8, 33. In civitate fracta Macedonum armis, cernente tum maxime prope fumantes Thebarum ruinas 9, 18.

FUMUS 4, 33. Fumone victi — velut examen apum loco vestro exacti, inermi cedetis hosti ?

FUNALE 42, 65. Funda media duo funalia imparia habebant. *Quid ? si scutalia legamus.* Vid. *infra in h. v.*

FUNDA 28, 37. Fundis, ut nunc pulsimum, ita tunc solo eo telo utebantur. nec quisquam alterius gentis unus tantum ea arte, quantum inter alios omnes Baliares excellunt. Funda mare apertum incessentes exercebantur 38, 29.

FUNDAMENTUM 1, 12. Tuis jussus avibus hic in Palatio prima urbi fundamenta jeci. *de hac constructione vide Drakenborchium ad 3, 46.*

FUNDARE 40, 58. Inque eorum agro sedes fundare Bastarnis. Adeone est fundata leviter fides 2, 7. Regnum eorum novum, nullis vetustis fundatum opibus etc. 45, 19.

FUNDERE 35, 1. Si vi fudisset cecidissetque hostes. Ut funderent ipso incursu Aricinos 2, 14. Eos ipsos, non signum certum, non ducem sequentes, fundit Romanus, fugatos eques persequitur 9, 37. *cf. cap.* 22. *et* 44. Cædunt pariter resistentes fusosque 9, 14. *cf. cap.* 16. *ubi est fusa* acies. Agmenque fugientium ab signis — fusum ac per agros trepida fuga palatum est 7, 8. Longe ac late fuso agmine immensum obtinentes loci 5, 37. Late fuso terrore belli 29, 35. De jugis, quæ ceperant, funduntur 9, 43. *i. q. dejiciuntur.* Qua (*dextra*) Gallos fudi a delubris vestris 6, 16. Simul inconditis inter se jocularia fundentes versibus 7, 2. Vid. *flamma.*

FUNESTUS 4, 20. Funesti annales *h. e. pestis tempore scripti.* Fœdum (*ei*) nuncium intuitum, funestaque familia dedicare eum templum non posse 2, 8. Gravem præda (*hostem*) eoque impeditiore agmine incedentem aggressus, funestam ei populationem fecit 3, 3.

FUNGI 1, 41. Per speciem alienæ fungendæ vicis. *i. e. per caussam mandatæ jurisdictionis.* Spes facta — militiæ fungendæ potioribus ducibus 24, 21. *cf.* 3, 36. *it.* 8, 33. Quum suam vicem functus officio sit 1, 9. Vid. *vicis.*

FUNUS 28, 28. Meo unius funere elata populi Rom. esset respublica ? Vid. *efferre.* Ne liberorum quidem funeribus Libitina sufficiebat 41, 21. Vid. *Libitina.* Quantum militaribus studiis funus ullum concele-

brari potest 9, 7. Pro portione ex multitudine alia multa funera fuisse 7, 1.

FUR 3, 58. Inter fures nocturnos ac latrones.

FURCA 1, 26. Sub furca vinctus. — *caesus* 2, 36.

FURERE 8, 31. Et nunc id furere, id ægre pati. Oculos sibi Romanorum ardere visos — vesanosque vultus et furentia ora 7, 33. *i. e. ferocissime pugnantium ora.* Agrariæ legis tribuniciis stimulis plebs furebat 2, 54. Vid. *insanire.*

FURIA 1, 47. His muliebribus instinctus furiis *i. q. sermonibus insanis.* Agitantibus furiis sororis ac viri 1, 48. *cf. cap.* 59. Exsecrantibus, quascunque (*Tullia*) incedebat, invocantibusque parentum furias viris mulieribusque 1, 59. Hunc juvenem tamquam furiam facemque hujus belli odi 21, 10.

FURIALIS 7, 17. Quod sacerdotes eorum facibus ardentibus anguibusque prælatis incessu furiali militem Rom. insueta turbaverunt specie. Dira exsecratio ac furiale carmen, detestandæ familiæ stirpique compositum 10, 41.

FUROR 2, 29. Jam hic, quo nunc omnia ardent, conticescet furor. *i. q. seditio. cf.* 25, 4. Furores tribunicii 4, 2. Quæ (*virgines*) alienata mente simul luctu metuque, velut captæ furore, eo cursu se ex sacrario proripuerunt etc. 24, 26. Idem furor Cretenses lacerabat 41, 25.

FURTIM 39, 4. Per infrequentiam furtim senatusconsultum factum. Profectum clam, furtim, haud aliter, quam si exsilii caussa locum vertisset 21, 63.

FURTIVUS 43, 39. An noctu, tamquam furtiva, in ærarium deportabuntur ? *scil. signa aurea, marmorea, eburnea etc.*

FURTUM unius diei 26, 51. Ubi tanta rei furtum occultaretur 6, 14. Hostem — ultimam spem furto insidiarum tentantem 9, 31. Quod ut furto fefellerant, ita propalam, tenentibus superiora cacumina hostibus, non poterant 44, 6. Obsides pignus futuros furto et fraude agendæ rei 43, 10. Furto eos (*obsides*) subduxistis 9, 11.

FUSTUARIUM meretur, qui signa relinquit aut præsidio dedecit 5, 6. Vid. *Dut. ad h. l.* [*In his Strothius:* " Fustuarium supplicium secundum Polybium Lib. VI. cap. 35. Ita peragebatur, ut Tribunus militem, qui illud commeruerat, fuste tangeret modo ; quo facto omnes milites circumstantes reum fustibus ac lapidibus petebant, donec necaretur, quod tantum non semper fieri solebat."]

FUSUS 38, 21. Detegebat vulnera eorum, quod nudi pugnant, et sunt fusa et candida corpora, ut quæ numquam nisi in pugna nudentur etc. *i. q. mollia.*

GABINUS cinctus 8, 9. Incinctus cinctu Gabino. Ad id faciendum (*sacrificium*) Fabius Gabino cinctu, sacra manibus getres, quum de Capitolio descendisset etc. 5, 46.

GÆSUM 9, 36. Iere pastorali habitu, agrestibus telis, falcibus gæsisque binis armati. Leves autem, qui hastam tantum gæsaque gererent, vocabantur 8, 8. Sub lævo humero summum pectus gæso ictum est 26, 6. *Fuit genus hastæ Gallis usitatum.*

GALLI sacerdotes magnæ matris Deûm. Vid. *Famulus.*

GANEA 26, 2. In ganea lustrisque senectutem acturum.

GAUDERE 22, 9. Ubi satis quieti datum, præda ac populationibus magis, quam otio aut requie, gaudentibus. Hæc ad ostentationem scenæ gaudentis miraculis aptiora 5, 21.

GAUDIUM magna clade fœdatum 7, 34. Gaudium salubre corpori 37, 37. *de reddito Scipioni filio.* Publicum gaudium privatis studiis celebratum est 10, 45. Certatim Patribus plebique manare gaudio lacrimæ 5, 7. Cum ovante gaudio turma 8, 7. Vid. *lætitia.* Ne sincero gaudio frueretur 44, 44.

GAZA 25, 25. Donis ex Hieronis gaza ab Epicyde donatus. *i. e. ex pretiosa supellectile.* Trepidans gazam in mare dejici jusserat 44, 10. Gaza regia in eo loco erat 44, 46.

GELIDA montium juga 21, 58. *it.* 5, 13. Hiems gelida et nivosa.

GELU 21, 40. Præusti artus — membra torrida gelu. *i. e. ad agendum inhabilia.*

GEMINARE 45, 13. Litteræ allatæ, quæ victoriæ lætitiam geminarent. Geminata urbe 1, 13. Geminata victoria 1, 25. Philippo redintegratus est luctus geminatusque 40, 55.

GEMINUS 1, 5. Audissetque geminos esse fratres. Gemina victoria duobus bifariam prœliis parta 3, 63. De Gallis Tiburtibusque geminum triumphum egit 7, 11.

GEMITUS vulnerum ictusque corporum aut armorum 22, 5.

GEMMATUS 1, 11. Gemmati magna specie annuli.

GENERATIM 5, 52. Ne omnia generatim sacra omnesque percenseam deos. *i. e. secundum sua genera, κατὰ γένη.* Quæ haud dubie major aliquanto summa ex numero plaustrorum ponderibusque, auri, argenti, generatim ab ipso scriptis (*Valerio Antiate*) efficitur 45, 40. *i. e. omnibus in unam summam collectis.*

GENITUS 40, 9. Me subditum et pellice (*ex p.* genitum appellant.

GENS 9, 27. Potitia gens, cujus ad aram maximam Herculis familiare sacerdotium fuerat. Vos solos (*patricios*) gentem habere 10, 8. Confundi jura gentium rebantur 4, 1. *de connubiis patriciorum et plebeiorum. Paullo post* colluvio gentium *dicitur.* Vid. *Drakenborch. ad h. l.* Jura

gentium hominumque 4, 4. — jura gentium 5, 4. Cujus populi ea cujusque gentis classis fuerit 7, 26. Nullam in terris gentem esse, nullum infestiorem populum nomini Romano 26, 27. *cf.* 45, 30. Inter multas regum gentiumque et populorum legationes 45, 19. Principesque gentium aut populorum 45, 22. Opulentissima in terris gens 1, 7. Ferocissimæ gentium 42, 52. Non gentes modo Græciæ, sed etiam civitates 42, 5. Quod Labeatium gentis munitissima longe est (*Scodra*) et difficilis aditu 44, 31. Medeonem, Labeatium gentis urbem, profectus 44, 32. Nondum hæc effusione inducta, bestiis omnium gentium (*ex omnibus partibus, populis, orbis terrarum conquisitis*) Circum complendi 44, 9. Massyli ea gens vocatur 24, 48. *Sic et cap.* 57. Rutuli, gens præpollens. Vid. *Init. ad superiorem locum.*

GENTILES 3, 58. Sordidatus cum gentilibus clientibusque in foro prensabat singulos.

GENTILICIUS 5, 52. An gentilicia sacra (*penatium privatorum*) ne in bello quidem intermitti, publica sacra (*penatium publicorum*) et Romanos deos etiam in pace deseri placet?

GENU 43, 2. Nisi genibus a senatu petierunt, ut etc. Ad preces lacrimasque effusus, genibus prætoris accidens, in potestatem sese dedit 44, 31.

GENUS 4, 9. Virginem plebeii generis maximæ forma notam petiere juvenes. *i. e. ordinis.* Genus patricium 6, 34. Inter id genus *ibid. absolute pro, quamvis ex eo genere, ordine, esset.* Ab nullo genere non summum periculum est 34, 2. *i. e. ab utroque sexu. Nam paullo ante hæc sunt: * virorum omne genus. Nunc jam vobis Patribus vobisque plebeii promiscuis consulatus patet; nec generis, ut ante, sed. virtutis est præmium 7, 32. Sui generis hominem (*Varronem*) — vulgus et extrahere ad consulatum videbatur 22, 34. Dum nullum fastiditur genus, in quo eniteret virtus 4, 3. Quam (*nobilitatem*) non genere, non sanguine habetis 4, 4. Donec Pinarium genus fuit 1, 7. *paullo ante* familia. Datum hoc nostro generi (*genti Deciæ*) est etc. 10, 28. Pœni ipsi, materno genere 24, 6. Genus militare 24, 32. *pro militibus. Sic et* 34, 27. Genus agreste *dicitur.* Milites Italici generis 42, 47. Mixto generi hominum 42, 51. Regii generis ferebatur *ibid.* Ferox genus, nullam vitam rati sine armis esse 34, 17. *de Hispanis omnibus cis Iberum habitantibus.* Bellicosum utrumque genus 44, 11. Macedonum genus omne nomenque 31, 44. *ita* 30, 12. *Dicitur* genus Numidarum *cf.* 8, 29. Ut pleraque ejus generis ingenia sunt 8, 24.

GERERE 39, 54. Neque illos recte gessisse. *Sic in plerisque editionibus. Solet autem* gerere *simpliciter poni pro* agere. *v. c.* 40, 57. *Sed Drakenborchius tamen h. l.* fecisse *recepit. Putat enim Livium ad illam formulam* recte atque ordine facere *respexisse.* Ubi inconsultius, quam venerat, se gessit 41, 10. Ubi res ferro geratur 10, 39. Missilia, quibus eminus rem gererent 9, 35. *cf.* 21, 5. Trigemina spolia præ se gerens 1, 26. *paullo post* super humeros. Spolia ducis hostium cæsi suspensa fabricato ad id apte ferculo gerens, in Capitolium adscendit 1, 10. Neque eam voraginem conjectu terræ, quum pro se quisque gereret, expleri potuisse 7, 6. *pro* ingereret. Gerere saxa munientibus in muros 28, 19. Viginti omnino legionibus, et centum sexaginta navibus res Rom. eo anno gesta 30, 2. Paludatus ab urbe profectus est. Semper quidem ea res cum magna dignitate ac majestate geritur; præcipue tamen etc. 42, 49. Hæc, ut in secundis rebus, segniter otioseque gesta 23, 14. Res nihilominus ab legatis gerebantur 28, 22. Neque id tam dignum ira erat, quam quod, extra necessitates belli, præcipuum in Romanos gerebant odium 28, 22. Cur enim adversus externos tantum animorum geritis? 6, 18. Adeo infractos gererat animos 7, 31. Profectus apto exercitu, et eo plus fiduciæ ac spei gerente etc. 10, 25. Vultum secundæ fortunæ gerere 42, 62. *Vid. Intt. ad Virgil. Æn.* 1, 209. Cum fortuna mutabilem gerentes fidem 8, 24. Appius jam inde antiquitus insitam pertinaciam familiæ gerendo, solus censuram obtinuit 9, 29. *cf. cap.* 34. *ubi est* censuram gerere. — Imperia gesta *ibid.* Tribunatu ante gesto, triumviratibusque, nocturno altero, altero coloniæ deducendæ 9, 46. Hæc inter duorum ingentium bellorum curam gerebantur 9, 30. *de rebus ad religionem pertinentibus.*

GERMANITAS 40, 8. Subituram vobis aliquando germanitatis memoriam. (*ἱμυτάτρυ* erant) *cf.* 41, 27.

GESTARE 27, 48. Intolerantissima laboris corpora vix arma humeris gestabant.

GESTIRE secundis rebus 45, 19.

GLADIATORES, quod spectaculum inter epulas erat, eo ornatu armarunt 9, 40. Gladiatorum munus Romanæ consuetudinis 41, 20. Munera gladiatorum 41, 28.

GLADIATORIUM 44, 31. Vix gladiatorio accepto. *i. e. mercede gladiatorum.*

GLADIATORIUS 28, 21. Gladiatorium spectaculum fuit non ex eo genere hominum, ex quo lanistis comparare mos est, servorum, quive venalem sanguinem habent.

GLADIUS 45, 19. Advertæque gladii regnum in dubium adductum esse. Vid. *cingere.*

GLAREA 41, 27. Censores vias sternendas silice in urbe, glarea extra urbem substruendas marginandasque — locaverunt. *cf.* 21, 31. *ubi sunt* glareosa saxa.

GLEBA 4, 11. Nec ulli — gleba ulla agri assignaretur. Vid. *existere.*

GLISCERE 27, 2. Novum in occulto gliscens per indicium protractum est, faciunus. *i. q. crescens.* Gliscente indies seditione 6, 14. *cf.* 42, 2. *it.* 2, 23. *de invidia.* Vid. *accendere.* Ne glisceret, prima negligendo, bellum 2, 19. *cf.* 29, 3.

GLOBOSUS 38, 29. Saxis globosis, quibus ferme arenæ immistis strata littora sunt, funda mare apertum incessentes.

GLOBUS 1, 5. Non cum globo juvenum, (neque enim erat ad vim apertam par) sed, aliis alio itinere jussis certo tempore ad regiam venire pastoribus, ad regem impetum facit: et a domo Numitoris alia comparata manu etc. *cf. cap.* 9. In eum, hæc gloriantem, cum globo ferocissimorum juvenum Romulus impetum facit 1, 12. Et circa eum aliquot hominum — constituisset globus 2, 29. Globus mulierum circumstantiumque advocatorum 3, 47. Extrema concio et circa Fabium globus increpabant inclementem dictatorem 8, 32.

GLOMERARE 1, 31. Haud aliter, quam quum grandinem venti glomeratam in terras agunt, crebri cecidere cœlo lapides.

GLORIA 22, 39. Gloriam qui spreverit, veram habebit. *i. e. vanam gloriam.* Gloriæ pars virilis 6, 11. Pari periculo gloriæque eventu 9, 40.

GLORIARI 27, 17. Propiorque excusanti transitionem ut necessariam, quam glorianti eam, velut primam occasionem raptam. In eum hæc gloriantem — impetum facit 1, 12. Cupiditas gloriandi de me 38, 49.

GNAVITER bellum gerere 30, 4. Ibi aliquamdiu nec cessatum ab armis est, nec gnaviter pugnatum 10, 39. Sed, quod volebant, non quam maturato opus erat, gnaviter expediebant 24, 23. Bene ac gnaviter destinarent potiorem populi Rom. quam Persei amicitiam habere 43, 7.

GNAVUS 3, 41. Gnavum in malitia ingenium.

GRADUS 9, 40. In submotos gradu illato. Pleno gradu ad castra hostium tendunt 9, 45. Aciem instructam pleno gradu in hostem inducit 4, 32. *cf.* 34, 15. *Medius autem videtur plenus gradus fuisse inter gradum militarem et cursum.* Modicus *dicitur* 30, 5. Militaris *autem* pressus *vocatur* 28, 14. Ingenti gradu pontem obtinere, 2, 10. *i. e. habitu pugnaturi adversus aggredientem. Homerus: μακρὰ βιβάς.* Obnixos vos stabili gradu impetum hostium excipere 6, 12. Primus omnium consul invadit hostem, et cum quo forte contulit gradum, obtruncat 7, 33. Quantumque Romana se invexit acies, tantum hostes gradu demoti 6, 32. *cf.* 9, 29. Gradu moverunt hostem 7, 8. Conando agendoque jam eo gradum fecisse plebeios, unde — pervenire ad summa possent 6, 35. Ex ædilitate gradum ad censuram fecit 27, 6. Graduque eo jam via facta ad consulatum videbatur 6, 42. Primoribus equestria gradus lectis, 2, 1. Ut vetustate et gradu

honoris nos præstent 7, 30. (*tamquam ve-*
*tustiores socii atque amici*) si gradum, si
caritatem filii apud te haberem 40, 9.

GRÆCIA major 31, 7. Pro *Magna
Græcia.*

GRAMEN 1, 24. *voc. generale* verbenam
*comprehendens et significans.* Vid. *herba.*

GRAMINEUS. Vid. *corona.*

GRASSARI 3, 44. Se jure grassari, non
vi. *cf.* 10, 14. Consilio grassandum *pro
simpl. utendum. Proprie de eo, qui gradu
magno contendit ac festinat, ut in hoc:*
Nobiles homines in possessionem agri
publici grassari 6, 5. Ut in te hac via
grassaremur 2, 12. Sed plebi creverant
animi; et longe alia, quam primo institu-
erant via grassabantur 2, 27. Etiam apud
vos (*Romanos*) audivi, qui assentando multitudini grassarentur: et necessisse aliquando a vobis plebem, nec in potestate
vestra rempublicam fuisse 45, 23. *simpliciter dictum.* Per omnia clandestina grassari scelera latrociniorum ac veneficiorum
42, 18.

GRATARI 9, 43. Invicem inter se gratantes. Vid. *Virgil. Æn.* 4, 478. Tecum
triumphantes urbem inire; tuum sequentes
currum Jovis O. M. templum gratantes
ovantesque adire 7, 13. *ult.*

GRATIA 30, 21. Nec esse, qui diis
grates agendas censeant. adeo ne advenientem quidem gratiam (*praesentia beneficia*)
homines benigne accipere, nedum ut præ-
teritæ satis memores sint. Aurum — gratia rei accepta, non accepisse populum
Romanum 22, 37. Scipionem — et rempublicam esse gratiæ referendæ 28, 25. Ut
in tempore et bene cumulatam gratiam
referant 24, 48. Vid. *referre.* Pro eo gratiam repetere 1, 47. Hominum, non cau-
sarum, toti erant; ut apud quos gratia
vim æqui haberet 3, 39. *i. e. partium studium.* Ne quid gratia momenti faceret
43, 12. Quem triumphum magis gratiæ,
quam rerum gestarum magnitudini datum
constabat 40, 59. Notos gratia eorum,
turbam indignitas rei virgini conciliat 3,
44. Ad gratiam ac libidinem 9, 30. Jus
gratiæ non dare 42, 24. Familia per gratiam Romanorum potens 23, 1. Quid
aliud, quam, nusquam gratia stabili —
præda victoris erimus 32, 21. *de concordi
societate.* Dicendi gratia, quæ vellet, facta
3, 41. *i. q. copia facultate.* Siculi — multa
de Hieronis regis fide perpetua erga populum Rom. verba fecerunt, in gratiam publicam avertentes, Hieronymum ac postea
Hippocratem — invisos fuisse sibi 26, 30.
*i. e. volebant ea re gratiosam nationem
suam apud Romanos efficere, ut de iis bene
meritam.* Suam gratiæ reservari eam (*rem*)
36, 5. *i. q. suo beneficio.* Suam gratiam
— in obsidione liberanda facturus 36, 23.
Plebes — ædilitatem Cn. Quinctio Capitolino et P. Cornelio Scipioni, suarum, gentium viris, gratia campestri ceperunt 7, 1.

Legati gratia quanta esset apud imperatorem 29, 19. Id integra sua gratia eum
facturum 40, 29. Ne cujus, nisi temporis,
gratia regi fieret 42, 6. Sed meliori ac
fideliori amico, in gratiam levium et inuti-
lium sociorum, injuriam eos facturos esse
39, 26. *Sæpe sic Livius, etiam* in honorem
8, 14. — professi se pugnaturos in gratiam
ducis 28, 22. — quorum in gratiam Saguntum deleverat Hannibal *ibid. cap.* 39.
Vid. *Intt. ad h. l.* In magnam gratiam
petentis concessit 42, 43. Nec cum gratia
ab consule profectum (*Eumenem*) in Asiam
44, 18. Omnium igitur tibi — quæ impie
nefarieque per biennium alia super alia es
ausus, gratiam facio, 3, 56. *i. q. ignosco. cf.*
8, 34. Se quoque in gratia reconcilliatæ
pacis posse uti 44, 14. *i. e. Romanos quoque se et opera sua uti in tali re, et in concilianda pace, aut nunc, aut alio tempore,
posse, quemadmodum nunc Perseus utatur.*
Qui — cibi gratia præsentis — longinquum — morbum efficiat 5, 5. Perinde
ac reipublicæ gerendæ, ac non solvendæ
religione, gratia creatus esset 7, 3. Duarum rerum gratia 29, 17. (*causa.*) Cui et
palam facti parricidii gratia obnoxius erat
40, 56. Vid. *gravate.*

GRATIFICARI 21, 9. Ne quid pars altera gratificari pro Romanis posset. *Nisi
vero cum Drakenborchio emendatum veli-
mus:* populo Romano. Ut, quod populi
sit, populus jubeat potius, quam Patres
gratificentur 10, 24. Gratificantes ducibus
3, 27.

GRATIOSUS 43, 14. Ante emerita stipendia gratiosa missio. *i. e. quæ gratiæ
captandæ caussa, per ambitionem, datur.*

GRATUITUS 3, 35. Haud gratuitam in
tanta superbia comitatem fore. Satis superque gratuiti furoris in multitudine credentes esse, largitiones temeritatisque invitamenta horrebant 2, 42. Voluntaria et
gratuita opera 28, 21. — spes 38, 24.
Gratuita crudelitas 3, 37. — pax 38, 59.
Gratuita parricidia 1, 47. — beneficia
45, 42.

GRATULARI 45, 14. Gratulatum quoque
satis suo ac patris nomine esse. *scil. Mas-
gabam.* Gratulati deinde victoriam sunt
45, 13. Communis legatio de victoria
gratulatum venit *ibid.*

GRATULATIO 4, 24. Cum gratulatione
ac favore ingenti populi domum est reductus. *i. q. gratiarum actione.* Tum patuere, facta gratulatione, omnia in urbe
templa; supplicationesque in triduum decretæ 30, 40. *Arridet Drakenborchio emendatio Gronovii:* patuere faciendæ gratula-
tioni. Inter aliam gratulationem, ut publicum quoque foedus privato (*nuptiis*) adjiceretur etc. 29, 23.

GRATUS 32, 8. Quod rex Attalus — Romanos juvisset, id gratum senatui esse. *i. q.
pro eo gratias illi a senatu deberi; id vo-
luptatem efferre senatui. nec aliter illud*

gratum esse *vult supplicari* Drakenborchius, *si vel maxime* fore *legatur*. Nec in vulgus, quam optimo cuique gratiorem (*actionem*) 9, 33. Gratæ in vulgus leges 2, 3. Is adolescens ita loquutus est, ut, quæ rebus grata erant, gratiora verbis faceret 45, 18.

GRAVARI 21, 23. Quos et ipse gravari militia senserat. Quum eum cibo vinoque gravatum sopor oppressisset, 1 7. *Vid. Virgil. Æn.* 2, 265. Gravatis omnibus vino somnoque 25, 34. Quum injusto fœnore, gravatum æs alienum, ipsis magna parte concedentibus, qui onerarant, levaset 42, 5. Qui quum haud gravati venirent 3, 4. *Gronovius cum Creverio legi vult* gravate. Non gravabor reddere dilatæ pugnæ rationem 44, 38.

GRAVATE 21, 34. Reguli Gallorum — haud gravate ad Pœnum venerunt. (χαλεπῶς) Gravate et in magnam gratiam petentis concessit 42, 43.

GRAVATIM 1, 2. Haud gravatim socia arma Rutulis junxit.

GRAVIS 21, 5. Agmen grave præda. Gravem jam spoliis multarum urbium exercitum trahens 30, 9. Gravis armis miles 9, 19. Gravis somno 4, 37. *cf.* 7, 39. *it.* 29, 34. vino et somno graves. Gravis auctor 1, 16. *Oppos.* auctor levis nec satis fidus 5, 15. Quum vir gravissimus consul M. Porcius, non auctoritate solum, quæ tacita satis momenti habuisset, sed oratione etiam longa et accurata insectatus sit rogationem nostram 34, 5. *cf.* 2, 32. *Vid. Intt. ad Virgil. Æn.* 1, 151. Una (*sententia*) dubia est, ut gravior sit 45, 24. *i. e. majorem auctoritatem habeat. Sic Drakenborchius. Creverius autem in hunc modum: etiamsi severior, durior sit.* Quamquam jam ætate et viribus erat gravior 2, 19. *it.* 9. 3. Gravis annis. *cf.* [7, 39.] 12, 10. Quibus ætas ad militandum gravior esset 3, 27. Centurionibus imperant, ut graviores ætate milites binos in — jumenta — imponant 41, 3. Propter effusos sumtus, — qui graves non modo Italiæ — sed etiam provinciis externis fuerant 40, 44. Gravem atque opulentam, civitatem vineis et pluteis cepit 34, 17. *cf. cap.* 49. *i. q. validam. Græcis: βαρεῖα πόλις. vid. Duker. ad Flor.* 1, 3. [*Vid. Wesseling. ad Diodor. Sic. Tom.* 1. *p.* 806. *Tom.* 2. *p.* 630. *Nos: eine* wichtige *Stadt.*] Bellum — grave per se, oneratum Latinorum — defectione 6, 11. Tanta multitudo juniorum Romam convenit, ut gravis urbi turba insolita esse 43, 14. Gravis aut amicus aut inimicus populus Romanus 45, 3. Eumenes, quum tam multis gravis publice ac privatim sit 42, 41. Gravis — popularibus esse cœpit 44, 30. *i. q. infestus.* Ne graviores eos socios habeant, quam hostes Romanos 44, 26. Quod — graviorque Asiæ esset, quam Antiochus fuisset, 42, 14. *cf. cap.* 42. Gravis (*res*) genti fuerat opi-

bus superbiaque 5, 1. Cui (*Hannibali*) cedenti certamenque abnuenti gravis ipsa instaret 27, 4. *nisi cum Gronovio legas* gravius. Gravior ultor cædis 1, 40. Ubi omnis multitudo se effudisset, gravique jam in certamine esset, quam ut facile sustineri posset 29, 34. Mille acies graviores, quam Macedonum — avertit, 9, 19. Sibi quoque graviorem esse — filium 39, 53. *i. q. periculosiorem.* Qui si sedem eam tenuissent, graviores eos accolas Græcia habuisset, quam Asia Gallos habeat 41, 23. Libertati graves videri reges 33, 18. Anni tempus grave. *it.* locus gravis 37, 23. *i. e. perniciosæ valetudini. cf.* 3, 6. Tempore autumni, et locis natura gravibus 25, 26. Annus pestilentia gravis 10, 31. Multitudo sua commeatibus gravis 7, 37. Gravioris fortunæ conditio 36, 11. Grave erat in Æquos — proficisci 3, 69. Cognomen Imperiosi grave liberæ civitati 7, 4, *cf.* 42, 14. Ut non gravius accepturi viderentur, si nunciaretur, omnibus eo loco mortem oppetendam esse 9, 4.

GRAVITAS loci 25, 26. *De pestilentia. cf.* 23, 34. *Ubi est :* gravitas cœli aquarumque. Majestate, quam vultus gravitasque oris præ se ferebat 5, 41. *Notabile est, hic* gravitatem oris *dici in bonam partem, quum usitatius dicatur de graveolentia oris.* Vid. *Plin. H. N.* 28, 12. *ut* grave os *de fœdo spiritu oris.* Crudelitati quoque gravitatem addidit 24, 45. *Si vera lectio,* severitas *intelligenda est. Sed quoniam hic non est cumulatus crudelitatis, merito habuerunt h. l. pro* suspecto *Gronovius, ac nuper Cel. Strothius. Ille rapacitati, hic* aviditati *legi vult. Utrumque probarem, nisi* avaritia *præcederet. Quid? Si* pravitatem *legamus. Sensus enim postulat vocabulum, quod præternaturale quid insolentiamque denotat: quam significationem illi* verbo *vindicavit ipse Gronovius ad* 4, 30.

GREX 36, 40. Et cum captivis nobilibus equorum quoque captorum gregem traduxit. Pastoribusque rapta dividere: et cum his, crescente indies grege juvenum etc. 1, 4. Lucanos insidiis quærere locum. quos ubi respexit rex procul grege facto venientes etc. 8, 24. Quod e grege se imperatorum velut inæstimabilem secrevisset 35, 14.

GUBERNACULUM 4, 3. Ad gubernacula reipublicæ accedere eum patiemur. Quia ad gubernacula sedeant 24, 8.

GUBERNARE 44, 22. Si quem id facere piget, et otium urbanum militiæ laboribus præoptat, et terra ne gubernaverit. *i. e. qui* deest *Romæ mansurus est, is ne præscripta det bellanti mihi, aut mea instituta dijudicet.*

GUBERNATOR 45, 42. Gubernatoribus, qui in navibus fuerant, (*dedit*) duplex, magistris navium quadruplex.

GUBERNO 22, 6. Aut deficientibus animis hauriebantur gurgitibus, aut nequidquam fessi vada retro œgerrime repetebant. *de palude.*

HABENA 37, 20. Effusissimis habenis —— stationem hostium — invadit. Vid. *Virgil. Æn.* 12, 499.

HABERE 8, 6. Bene habet *scil. se. cf. cap.* 17. — ita res habet 22, 39. Atqui bene habet, — si etc. 8, 9. Ut nunc res se habet 5, 5. *cf.* 7, 13. *it.* 9, 7. . Ægre habuit, filium id pro parente ausum 7, 5. *i. q. tulit.* Dissimulare et tacite habere id patique statuerat 42, 16. At vos (*dii*) satis habeatis, vidisse nos sub jugum missos 9, 8. Neque bello eum invadere animo habuit 44, 25. *Contra* 33, 10. In animum habebat. [Vid. *animus.*] Magistrum equitum prope in custodiam habitum, 22, 25. [Vid. *Drakenborch. ad Epitom. Libri* 1. *ad Liv.* 1, 5. 5.] In custodia (*Virginium*) habeant 3, 46. Habere socios in ea fortuna, ut socii esse, quam cives malint 26, 24. *i. e. tam lene in eos imperium exercere.* conquisitionem militum habere 23, 32. *i. q. facere. cf.* 25, 5. Ut Fabius Etruriam extra ordinem provinciam haberet 10, 24. Aquillius Gallus Siciliam (*provinciam*) habuit 41, 15. Nec se tribunatum, nec illos ea, quæ promulgata sint, habituros 6, 39. Sub pellibus habendos milites esse 37, 39. Habendum illic utique exercitum 40, 35. Suum sororisque filios in eadem habebat cura 40, 4. Omni liberali cultu habuit 45, 28. Id (*ingenium*) exstinguere vita agresti et rustico cultu, inter pecudes habendo 7, 4. . Quod se in fabrorum ministeriis ac servili tamdiu habitos opere ab rege indignabantur 1, 57. Quodsi exemplum haberet bis eumdem ærarium relinquendi 29, 37. Ea fortuna, iis locis, quæ ante pacis mentionem habuimus, geramus bellum 9, 11. Qua Pœni haberent 30, 4. *scil. tecta, tentoria. Nisi forsitan* habitarent *legendum. Quamquam* habere *interdum pro* habitare *dicitur.* Ardeam Rutuli habebant 1, 57. Arcem jam, scelere emtam, Sabini habent 1, 12. Pars prima (*Macedoniæ*) Bisaltas habet 45, 30. Hoc minor census reliquam multitudinem habuit 1, 42. Nec ipsos modo Romanos sua divisa habere 4, 56. *nisi potius cum Gronovio legendum* divisui. Consularium comitiorum nulla mentio habita est 4, 25. *Sic* verba habere. Vid. *infra in* verbum. Familiam in potestate habere 8, 15. . *i. e. retinere, non manumittere.* Ubi — clausum lacu ac montibus et circumfusum suis copiis habuit hostem 22, 4. Dum accensum recenti amore Numidam habet 29, 23. Eodem anno familia ista consulatum, quo urbs hæc consulem habuit 7, 32. Aut plebs non est habenda, aut habendi sunt tribuni plebis 3, 52. Habet pœnam noxium caput 10, 40. Has Dea pœnas a templi sui

spoliatoribus habet 29, 18. Ferias ac supplicationem habere 41, 21. Vid. *supplicatio. it.* obsecratio. Ambitionem habere 1, 35. Vid. *ambitio.* Omnium actionum in senatu primam habuit pro victore populo retulitque 2, 31. Comitia — habita 6, 4. *cf.* 41, 28. *it.* 42, 8. *sic et* 42, 38. concilio habito. Consilium de Istrico bello quum haberet consul 41, 1. Eo majorem habebat difficultatem in subigendis hostibus 34, 18. . Eamdem (*ferociam*) ad non parendum senatui habuit 42, 9. Post publicam caussam privato dolore habito 2, 56. Apud præoccupatos Locrensium clade animos nullum misericordiæ locum habuerunt 29, 22. *i. q. invenerunt.* Semper pro indignissimo habuerant, se etc. 1, 40. Pro haud dubio habitum 8, 36. Neve ea cædes capitalis noxæ haberetur 3, 55. Animum ipse habent, 40, 5. Vid. *obses.* Animum habendum esse, quem habuerint majores eorum 42, 52. Magis et litteræ et verba legatorum benigne sunt audita, quam momentum ad mutandos animos habuerunt 42, 46. Rhodii maximi ad omnia momenti habebantur 42, 45. Vid. *congerere.* Vias latrociniis pascuaque infesta habuerant 39, 29. *i. q. effecerant. cf.* 10, 2. Templa æqualem turbam habuere 27, 51. *in gratulatione.* Extra prædam quatuor millia deditorum habita 7, 27. Plurimum ad effectum spei in celando incepto habuit Hannibal 21, 57. *i. e. posuit.* Pater eum expertem habebat omnium de rebus Romanis consiliorum 40, 5. pro *esse volebat, vel faciebat.* . Aliquem captum non extra vincula habere 2, 40. *i. e. non dimittere e vinculis.* Habent auxilii nihil sacratæ leges 2, 54. *i. q. dant, afferunt.* Habet venæ nihil lex, nihil laxamenti 2, 3. *i. e. nihil dat veniæ etc.* Habet (*pars montis*) iter 38, 22. *i. e. adiri potest.* Antiqua disciplina milites habuerat 45, 35. *h. e. coërcuerat, continuerat.* In armis eos habebant 10, 2. Si viri arma illa habuissent, quæ in portis fuere nostris 3, 67. Vid. *B. Patruum ad Tacit. Annal.* 2, 14. Stipendia justa habere 42, 33. *pr. meruisse. conf. cap. seq.* Pauca verba habita 10, 24. Legati — rejecti ad populum haudquaquam tam efficaces habebant preces 9, 20. Ex vano habere 27, 26. Vid. *haurire.* Pacem sibi habeat 9, 11. Equites impedimentaque præ se habens 44, 4. Utræque caussa tribunos plebis, utraque consules habebat 39, 38. *h. e. fautores habebat, vel adjutores.* Omnia fortunam habituram (*scil. in potestate,*) quæcumque temeritas collegæ habuisset 22, 27. Dextrâ levâque duo maria claudunt, nullam ne ad effugium quidem navem habentibus 21, 43. Vid. *Stroth. ad h. l. it. Bauer. pag:* 39. [*Contorta ratio .Strothii ; Baueri varia tentantis parum probabilis. Probabilius suspicere, post* claudunt *excidisse* it. *h. e. iter. quod scribendi compendium dici viæ potest*

132

*quoties librariis imposuerit.* De mendis *hinc ortis sæpe ad Livium Drakenborchius, velut ad Epitom. Libri* 57. *init. Ceterum* iter claudere *Livius et alibi dixit.* 39, 49. Turba conferta iter reliquum clauserat. *conf. infra* iter.]

HABILIS 24, 48. Rudem ad pedestria bella Numidarum gentem esse, equis tantum habilem. Vid. *Intt. ad Virgil. Æn.* 1, 318. Hispano cingitur gladio, ad propiorem habili pugnam 7, 10. Vid. *B. Patruum ad Tacit. Annal.* 2. 14. Brevitate habiles gladii 22, 46. Ingenium idem ad res diversissimas, parendum atque imperandum habilius 21, 4.

HABITARE 2, 62. Vicis frequenter habitabatur. *cf.* 9, 28. Vide *B. Patruum ad Tacit. Mor. Germ. cap.* 39. Arx procul iis, quæ habitabantur 24, 3. *cf.* 36, 22.

HABITUS pastorum 9, 2. *De vestimentis. it. cap.* 36. pastoralis. Incinctum Gabino cultu, super telum stantem, quo se habitu pro populo — devovisset 10, 7. Præter habitum vestitumque et sonum latinæ linguæ 29, 17. Habitus vestis 24, 5. — oris 21, 2. *conf. cap.* 4. *init.* — temporum 10, 46. — animorum 30, 23. *it.* 34, 48. *conf.* 44, 14. *ubi de indignatione dicitur.* — Armorum 9, 36. *it.* 22, 18. — pecuniarum 1, 42. — Italiæ 9, 17. Habitum formamque viri aliquantum ampliorem augustioremve humana intuens 1, 7. Species viri majoris, quam pro humano habitu, augustioris**que** 8, 6. Quum cetero habitu se augustiorem, tum maxime lictoribus duodecim sumtis, fecit 1, 8. Erat autem non admodum simplex habitus animorum inter Achæos 32, 19. *i. e. incerti animis erant, nesciebant, quid optarent, facerent, ob rationes in utramque partem permultas.* Ex præsenti potius, quam præterito habitu æstimat 32, 14. *i. e. animi ; de studio obsequendi.* Habitus novæ fortunæ, novique ingenii, quod sibi victor induerat 9, 18. Habitus gentium harum, tum magnitudine corporum, tum specie terribilis erat 22, 46. Moderandis ad civilem habitum honoribus 38, 57. *h. e. modum, honoribus non efferri, sed communem se tamen adversus omnes gerere.*

HÆRERE 29, 33. Ipse, qua intenderat, inter media tela hostium evasit — duæ turmæ hæsere *i. e. se non expediverunt e periculo.* Cæduntur in portis, suomet ipsi agmine in arcto hærentes 34, 15. Ubi hærere jam aciem collato pede videris 6, 12. Hærens in terga Romanus 1, 14. pro *in tergis, instans.* Injectus ignis hæsit 30, 5. Osculo hærens non ante precibus abstitit etc. 23, 9. Tyrannum reliquisse, non suæ solum patriæ gravem, sed omnibus circa civitatibus metuendum, hærentem visceribus nobilissimæ civitatis 34, 48. *Sunt, qui* in visceribus *legi velint. Sed utraque forma Liviana est. cf.* 33, 44. Vid. *Intt. ad illum locum.* Quum in hac

difficultate rerum consilium hærēr**ē**t, ac prope torpor torpor quidam occupasset hominum mentes 26, 36. Ne in turba quidem (*octo tribb. mil. cons. potestate*) hærere plebeium quemquam 5, 2. *De locis ultimis intelligendum.* Vid. *Drakenborch. ad h. l.*

HÆRES. Vid. *Heres.*

HÆSITARE 2, 5. In vadis hæsitantis frumenti acervos sedisse illitos limo. Hæsitantibus in responso — dictum 42, 26. Ubi ad pecuniæ mentionem ventum erat, hæsitabat 44, 25.

HANNIBAL 27, 16. Et Romani suum Hannibalem habent.

HASTA sanguinea præusta 1, 32. *in bello indicendo adhibita, ut terror injiceretur ; sive illa sanguine cruentata fuerit, sive e frutice sanguineo.* Vid. *Plin. H. N.* 16, 18. *Ammian. Marcellin.* 19, 1. Pontifices hastas motas nunciavere 40, 19. *Inter prodigia numeratur, ceterum hastæ Martis interpretibus videntur intelligendæ.* Ut contrario ictu per parmam uterque transfixus, duabus hærentes hastis etc. 2, 6.

HASTILE 21, 8. Missile telum hastili oblongo, et cetera tereti. *ad q. l. vid. Bauer. pag.* 9.

HAUD. Vid. *dubie.* — hauddum 10, 6. *it. cap.* 25. *cf.* 28, 2. — haud quaquam 8, 8. 10, 28. *it. cap.* 30. — haud minus 6, 42. — haud amplius 28, 2. — haud scio an 9, 15. Vid. *Drakenb. ad* 37, 54.

HAURIRE 31, 37. Profundo limo hausti sunt. Graves loricis aliisque tegminibus hausere gurgite 5, 38. Duobus in præaripidum gurgitem haustis 29, 32. Haurit incendium 5, 7. *i. e. absumit.* Vid. *incendium. it.* 30, 5. Flamma hausit. Cæsa aut hausta flammis quadraginta milia hominum sunt 30, 6. [*Paullo ante :* ignibusque in proxima tecta conjectis, effusa flamma primo veluti sparsa pluribus locis reluxit, dein per continua serpens, uno repente omnia incendio hausit.] Nihil haustum ex vano velim 22, 7. Uno alteroque subinde ictu ventrem atque inguina hausit 7, 10. Placari nequeunt, nisi hauriendum sanguinem, laniandaque viscera nostra præbuerimus 9, 1. Hauriendus aut dandus est sanguis 7, 24. Non agros inde populari, sed urbium opes haurire licebit 34, 13. Velut ex diutina siti meram haurientes libertatem 39, 26. *i. e. intemperanter utentes libertate.* Poculum impavide hausit 30, 15.

HEBETARE 30, 35. Si nihil aliud, vulneribus suis ferrum hostile hebetarent.

HEMERODROMOS vocant Græci ingens die uno cursu emetientes spatium 31, 24. *Item* speculatores. Vide *Dukerum ad h. l.*

HEPTERIS. Vid. *hæreris.*

HERBA pura 1, 24. *it.* herba graminis *ibid. Similiter* saxo silice *ibid. Scilicet* herba *dicitur de virenti germine fructicis cujuscumque.* Vide *Ill. Heynium ad Vir*

133

*gil. Eclog. 5, 26.* Jam -altæ in segitibus herbæ pabulum præbere poterant 23, 48. Non ad frumenta modo, quæ jam in hibernis erant 25, 15. *Valde arridet emendatio Jac. Gronovii* in herbis *legentis.*

HERBIDUS 23, 19. Herbidum terrenum. *i. q. terra herbis consita, obducta. cf.* 1, 7. *it.* 29, 31.

HEREDITAS 24, 25. Quum clausis Andranodorus Insulæ portis hereditatem regni creverit, quæque procurator tenuerat, pro domino possederit. Velut hereditatem gentis (*regnum*) scelere ac vi repetissæ 2, 3. Quanto cum periculo suo hereditas regni ventura esset ad Persea 40, 54.

HEREDITARIUS 3, 18. Populi colendi velut hereditaria cura etc.

HERES regni 1, 48. — nominis, sacrorum, familiæque 45, 40. Persea, quem populus Romanus prius pœnæ, quam regni heredem futurum sciebat, regem fecit 41, 23.

HEXERIS 37, 23. Tres hepteres et quatuor hexeres habebat. *Genera navium Græcis potissimum usitata, et a numero ordinum, quibus remi structi erant, cognominata. cf.* 29, 9.

HIBERNA agere 9, 28. Id (*pabulum*) convexit in Claudiana castra — ibique hiberna ædificavit 23, 48. Ut hiberna commoda omnes haberent 42, 67.

HIBERNACULA 5, 2. Quum spes major imperatoribus — in obsidione, quam in oppugnatione, esset; hibernacula etiam, res nova militi Romano, ædificari cœpta. *cf.* 30, 3. *it.* 22, 32. Hibernaculis communitis. Loca pacata me ad hibernacula lecturum 40, 35. Legionibus extemplo Pisas in hibernacula missis 42, 9.

HIBERNARE 10, 46. Exercitum in agrum Vescinum — hibernatum duxit. Demetriade (*Philippus*) hibernabat 40, 54. *in pace.* Vid. hiemare.

HIBERNUS 44, 46. In tumulo, vergente in occidentem hibernum.

HIC 42, 18. Hoc copiarum. *de supplemento* 9000 *militum,* — hoc servitutis 5, 2. — hoc solatii 30, 13. Lupercal hoc fuisse ludicrum ferunt 1, 5. *i. e. quod hodiernum in usu est. Similiter* 1, 42. tum classes centuriasque et hunc ordinem ex censu descripsit. *i. q. qui nunc quoque servatur.* Horum deinceps annorum vel secundas res, vel etc. 5, 51. *cf.* 4, 4. *nos :* proximorum. *male.* [*Sed vid. Nolten. Lex. Antibarb. col.* 1129.] Hac tempestate 1, 51. Neque eo minus aut hos, aut illos plus in delectum militum dare 41, 8. *debebat esse se.* Hæc taliaque vociferantes 5, 2. — hæc aliaque dicendo 29, 1. Vid. *Intt. ad illum locum.* Arcem ab his iisdem Sabinis auro captam recepistis 3, 17. Hæc licentia 25, 40. *pro hujus temporis licentia. Sic* 6, 4. opus vel in hac magnificentia urbis conspiciendum, Vide *Gronovium ad illum locum.* Hoc illud est præcipue in cognitione rerum sa-

lubre — — omnis te exempli documenta — intueri *Præfat.* Hoc illud esse dictitantes, quod etc. 5, 2. *Sic Virgil. Æn.* 4, 675. *Hoc illud germana fuit ?* [Vid. *Drakenberch. ad l. l.*] Hic is est, qui nihil memorabilius toto tempore hibernorum gesserit 36, 17. Nec cum his primum Etruscorum, sed multo ante cum iis, qui inter Apenninum Alpesque incolebant, sæpe exercitus Gallici pugnavere 5, 33. Et mittentibus et missis ea læta expeditio fuit. Nam et *illis,* quod jam diu cupiebant, novandi res occasio data est ; et *hi* sentinam quamdam urbis rati exhaustam, lætabantur 24, 29. *Manifeste hi relatum ad remotius. cf.* 30, 30. *et ad h. l. Bauer. pag.* 163. [Vid. *Cort. ad Plin. Epist. pag.* 80.] Quandoque hicce homines injussu populi Rom. etc. 9, 10. Vid. *Drakenb. ad h. l.* Hoccine patiendum fuisse 6, 17. Hiccine fuerit Ascanius 1, 3. *it.* hiscine 7, 13. — huicne 38, 49.

HIC Capitolium est, *ubi* quondam, capite humano invento, responsum *est, eo loco* caput rerum fore 5, 54. Ubi hic curiam obsederitis 3, 68. Hic Postumius accensus ira 39, 13. pro *tum, tunc.* Hinc jam non, quod factum est, defensurus sum 45, 23. *Haud dubie cum Drakenborchio legendum* hic jam. Pro *nunc, hoc tempore.* Vid. *hinc.*

HIEMARE 5, 2. Consiliumque erat, hiemando continuare bellum. Vid. *hibernare.*

HIEMS 5, 2. Ne hiemi quidem aut tempori anni cedere. *cf. cap.* 10. *et* 13. hiems gelida et nivosa. Vid. *Cuperi Obs.* 1, 10. Vid. *sævus.*

HINC jam non, quod factum est, defensurus sum 45, 23. *Sed Drakenborchius legi vult :* hic jam : *quæ particula de tempore præsenti dicatur, uti* hic tum *de præterito.* Vide *eumd. ad* 3, 28. Liberi jam hinc populi Romani res — peragam 2, 1. Majora jam hinc bella — dicentur 7, 29. Ego jam hinc prædico, me etc. 40, 35. Quum plebem hinc provocatione, hinc tribunicio auxilio satis firmassent 3, 55.

HIPPAGOGUS 44, 28. Quinque et triginta naves, quas hippagogos vocant.

HISCERE 9, 4. Nec consules aut pro fœdere tam turpi, aut contra fœdus tam necessarium hiscere possent. *cf. cap.* 6. Non hiscere quemquam præ metu potuisse. Nec adversus dictatoriam vim aut tribuni plebis, aut ipsa plebs, attollere oculos aut hiscere audebant 6, 16. Nemo adversus præpotentes viros hiscere audebat 45, 26. Hiscere eum nequisse 10, 19. *i. e. mutum et elinguem fuisse.*

HISPANIA terra 38, 58. Quum per aliquot annos in terra Hispania, adversus multos Pœnorum Hispanorumque et duces et exercitus nominis Romani famam auxissent. *more poëtarum dictum.* Vid. *infra in* v. terra.

HISTRIO 7, 2. Vernaculis artificibus,

quia hister Tusco verbo ludio vocabat nomen histrionibus inditum.

HODIEQUE 1, 26. *Pro hodie quoque, quod et ipsum latine dicitur.* Vid. *Intt. ad 5, 26.*

HOMO 1, 39. *Hominibusque priscis Latinis etc. Non mere formularia hæc ratio dicendi est.* Nam 23, 31. *legitur : quorum* hominum essent. *pro cujus populi cives fuissent. cf.* 4, 4. *it.* 9, 26. Gentis suæ homines 21, 30. Capitolium tamen atque arcem diique et homines Romani tenuerint 5, 51. Nec dii nec homines aut ipsam — a crudelitate regia vindicant 1, 4. Veniam erroris hominibus adolescentibus darent 2, 18. *cf.* 28, 40. Militares homines 42, 33. nemo hominúm, nemo deorum verecundiam habeat 8, 34. *i. q. plane nullius rei v. h. Vid.* deus. *it.* visere. De hominibus raptis pecoribusque abactis 39,47. *Non servi modo, ut nonnulli volunt, sed liberi etiam videntur intelligendi. Nam Philippus erat omnibus gravis accola.* Accolas sibi quisque adjungere tam efferatæ gentis homines horrebant 10, 10. Ut hi homines Romanis restituerentur 9, 30. *Illud hi Drakenborchio dolendum videtur, quum homines sufficiant. Solet præterea* homo *interdum dici pro hic, is etc. quemadmodum vir, et i. q. a.* Vid. *Burm. ad Phædr.* 2, 5, 19. Si quidquam sceleris, quod homo in homines edere potest, in nos prætermisit 29, 18. Promiscue acervatos cumulos hominum urebant 5, 48. Vexillum centum octoginta sex homines erant 8, 8. Supra duodecim millia hominum cæsa duobus præliis 24. 41. *cf.* 37, 47. *it.* 39, 1. Non plus triginta millibus hominum et quatuor millibus equitum 9, 19. Raptim eductis hominibus atque equis — nihil caloris inerat 21, 54. Jura gentium hominumque 4, 4.

HONESTARE 26, 5. Ingens corpus erat (*Naevius*) et arma honestabant.

HONESTUS 36, 40. Satis honestam honoratamque imaginem fore. Quia deus auctor culpæ honestior erat 1, 4. Honestum ordinem ducere 3, 44. Vid. *ordo.*

HONORARE 10, 7. Quos corona triumphali laureaque honoraritis.

HONORATUS 40, 54. Honorati Philippi amici. *alias : purpurati.* Donec, quam felices seditiones, tam honorati seditionum auctores essent 4, 2. Maximum (*sibi onus*) tam honoratorum collegarum obsequia injungi 6, 6. Vid. *honestus.* Vir honoratissima imaginis 3, 58. Honoratissimum decretum 27, 10. *i. q. honorificentissimum.*

HONORIFICE 44, 31. Cum prætore eo die honorifice est epulatus. Quum — nihil in se honorifice — factum a Prænestinis esset 42, 1.

HONORIFICUS 33, 20. Honorifica in se decreta responsaque. Nec admodum in virum honorificam (*causam doloris*) 6, 34,

---

HONOS 39, 29. Medius tamen honos Manlio habitus, ut ovans urbem iniret. *i. e.* ovatio. prohibitus — ne ovans rediret, quum ab senatu impetrasset, privatus urbem ingrediens, mille ducenta pondo argenti, triginta pondo ferme auri in ærarium tulit 39, 7. *Hic igitur ultimus honos militaris fuit, imperatoribus reducibus e bello habitus. Sunt tamen, qui triumphum in monte Albano, inferiorem quippe ovatione, secundum a triumpho justo locum occupasse dicant. cf.* 33, 27. Sede honoris sui anxius invidia inimicos spectavit 9, 46. *e sella curuli : nam ædilis erat.* Fabium, ea ætate, atque eis honoribus, Valerio subjectum 10, 13. *i. q. tam honoratum, tot tantisque honoribus functum.* Ego nos jam populi Romani beneficio esse spero, qui sacerdotiis non minus reddamus dignatione nostra honoris, quam acceperimus 10, 7. Non tam ad honorem ejus factum, quam ad consulum ignominiam 2, 27. Romanorum autem honoris causa Persam Rhodiis restitutam 32, 34. Ad honores pervenire 22, 26. *Ubi vulgo legebatur* ad honorem. *quod minus usitatum est.* Occurrit tamen etiam ap. *Nostrum, v. c.* 22, 7. Beneficioque ejus populi non intermissus honos deûm immortalium esset 5, 50. Se id honoris deûm immortalium causa libenter acturos, ut ædiles fierent 6, 42. Ut — diis immortalibus honos haberetur 42, 9. *conf.* 40, 35. Aræ — honore, donis cumulentur 8, 33. Est apud te virtutis honos 2, 12. *i. e. præmium. cf.* 45, 22. Prærogatio imperii — et acto honore triumphus 8, 26. Deque præda, manubiis spoliisque honorem habetote 23, 11. Ipso Hannibale omnium rerum verborumque honore exsequias celebrante 25, 17.

HORA fatalis ignominiæ 9, 5. Unaque hora quadringentorum annorum opus excidio se ruinis dedit, 1, 29. *pro parvo temporis spatio.* Momento unius horæ cæcus 7, 16. *cf.* 25, 28. Vid. *momentum.* Horæque momento simul aggerem ac vineas, tam longi temporis opus, incendium hausit 5, 7. Subiretque cogitatio, jam illa momento horæ arsura omnia, et ad sineras redituræ 25, 24. Hora diei jam ad meridiem vergebat 44, 36.

HORRENDUS 9, 36. Silva — invia atque horrenda. Lex horrendi carminis erat 1, 26.

HORRENS 44, 41. Cujus (*phalangis*) confertæ, et intentis horrentis hastis, intolerabiles vires sunt.

HORREUM 34, 4. Eo plus horreo, ne illos magis res nos ceperint, quam nos illas. Horreo dicere 7, 40.

HORREUM populi Romani (*Campaniæ*) 7, 31.

HORRIDUS 9, 40. Horridum militem esse debere ; non cælatum auro et argento, sed ferro animisque fretum. Is (*Menenius Agrippa*) prisco illo dicendi et horrido

123

modo nihil aliud, quam hoc narrasse fertur 2, 32. Horrida et atrox videbatur Appii sententia 2, 30.

HORROR 39, 8. Nec is, qui aperta religione, propalam et quæstum et disciplinam profitendo, animos horrore imbueret. *i. q. metu religionis.* Vid. *perfundere.*

HORTAMEN 10, 29. Decii eventus, ingens hortamen ad omnia pro republica audenda.

HORTAMENTUM 7, 11. Pugnatum in conspectu parentum conjugumque ac liberorum. Quæ magna, etiam absentibus, hortamenta animi, tum subjecta oculis, simul verecundia misericordiaque militem accendebant.

HORTARI 43, 19. Hortarentur in amicitiam jungendam. Quum et caussa eos sua et fortuna hortaretur, ut — peterent 37, 49. *Fortasse legendum :* hortaretur petere. Vid. *Intt. ad h. l.*

HORTATIO 40, 4. Poris quidem ad hortationem remigum nautarumque intentus erat.

HORTUS 1, 54. In hortum ædium transit.

HOSPES 45, 31. Qui se propalam per vanitatem jactassent, tamquam hospites et amicos Persei.

HOSPITALIS hostis 25, 18. Ne hospitali cæde dextram violet *ibid.* Hospitale jus 45, 20. Nec hospitale quidquam pacatamve satis prius auditum 21, 20. *conf.* 42, 45. Deversorium hospitale 21, 63. *i. e. apud hospitem.* Justis omnibus hospitalibus, privatisque et publicis funguntur officiis 9, 6. Munera ex instituto data utrisque, aliaque hospitalia comiter conservata 42, 24.

HOSPITALITER 1. 9. Invitati hospitaliter per domus. Nec sibi, aut venientibus, aut manentibus, quidquam hospitaliter aut benigne factum 42, 25. Sociis et amicis et alia comiter atque hospitaliter præstare Romanos, et etc. 45, 20.

HOSPITIUM 1, 45. Cum quibus publice privatimque hospitia amicitiasque de industria junxerat. Cum Cæretibus hospitium publice fieret 5, 50. Per quosdam privatis hospitiis necessitudinibusque conjunctos 8, 3. Gens antiquior originibus urbis hujus, hospitio deorum immortalium sancta 9, 34. (*Potitii ac Pinarii, qui cum Evandro Herculem hospitio exceperant.*) Ne jura hospitii secum — initi — fallat 29, 24. Hospitium perfamiliare 25, 28. Hospitium publicum 45, 22. Ædes liberæ hospitio datæ 42, 6. Divisique in hospitia 2, 14. *Ipsæ ædes intelligendæ, ubi deverrentur. Sic* 33, 1. hospitium imperatoris. *cf.* 28, 26. Sociorum navalium neminem, præter magistros, in hospitia deduci æquum censere 43, 8.

HOSTIA 41, 16. Quia in una hostia magistratus — precatus non fuerat.

HOSTICUM 29, 2. Hostico, tanquam pacato, clementer ductis militibus. *cf.*

6, 31. *it.* 8, 34. *Sic* bellicum, cavum, eventum, *alia, Livio dicuntur.*

HOSTICUS 44, 18. Ne segnis sederit tantum in agro hostico.

HOSTILIS 2, 12. Hostilia audere. *it.* 3, 2. hostilia pati auctorque — arma capiendi adversus hostilia ausos 1, 59. *de Lucretia.*

HOSTILITER depopulari 37, 17. *it. cap.* 21. Diripere hostiliter. Multa alia castella — deleta hostiliter 9, 38. Quos et ipsos — locorum asperitas hostiliter vexavit 44, 5.

HOSTIS alienigena 29, 10. Vid. *hospitalis.* Hostis publicus (*Mantius*) 6, 19. Campestrem hostem, gravem armis, statariumque 22, 18. Vid. *movere.* Ego pacem, quam hosti tibi remittendo pactus sum, non habeam 9, 11. Vid. *ad h. l. Bauer. pag.* 291. [*Dubitari nequit, quia J. Fr. Gronovius jure correxerit:* hos tibi r. *quod et Bauero placet.*] Hostis populo Romano 21, 1. Adversus latronum magis, quam hostium, excursiones 35, 7. *Similiter* bellum *et* latrocinium *sibi opponuntur.* Id erat formidolosissimum *hosti,* quum velut victos *insequuti,* novam repente aciem — cernebant — 8, 8. Hostis pro hospite 1, 58.

HUC 7, 34. Dum huc illuc signa vertunt. *al.* huc illucque. Quum huc atque illuc signa transferrent 5, 8. Adde huc populationem agrorum 7, 30.

HUMANUS 5, 33. Si quidquam humanorum certi est. Deos tandem esse, et non negligere humana 3, 56. Multa — admirationis humanæ in eo juvene modum excesserant 26, 19. *i. e. virtutum, quæ in homines cadunt.* Tam et hoc gentes humanæ patiantur æquo animo *Præfat.* Si quidquam in vobis, non dico civilis, sed humani esset 5, 3. Vid. *divinus.*

HUMILIS 3, 53. Satis superque humilis est, qui jure æquo in civitate vivit, nec inferendo injuriam, nec patiendo. Qui est hodie in civitate tam humilis, cui non etc. 6, 41. Loco non humili solum, sed etiam sordido ortus 22, 25.

HUMILITER 24, 25. Aut servit humiliter, aut superbe dominatur. Vid. *superbe.*

HUMUS 21, 28. Quam (*ratem*) — pontis in modum, humo injecta constraverunt.

JACERE 30, 10. Quum maxime vallum Romani jacerent. Quum rudera milites religione inducti jacerent 26, 11. *cf.* 3, 18. Vide *Dukerum ad illum locum.* Signa ademta signiferis in hostes jecerunt 34, 46. Inter quos, quum omisso discrimine, vera an vana jaceret, thesauros Gallici auri occultari a Patribus jecit 6, 14. *i. q. dicerent. int. verba.* Vid. *Bauer. ad h. l. pag.* 235. *Sic* 5, 15. Quisnam is esset, qui per ambages de lacu Albano jaceret. Nisi expromeret propere, quas insidiarum sibi missas per ambages jaceret 2, 12. Multo plura præsens audivit, (*crimina*) quam in absentem jacta erant 43, 8. In novitatem generis originisque qua falsa, qua vera jacere 2, 45. Fescennino versu similem incompositum temere ac rudem alternis jaciebant 7, 2. Lapides pluere et fulmina jaci de cœlo 28, 27. Jactæ sunt pacis conditiones 38, 25. Vid. *jactare.*

· JACERE 10, 35. Se quidem omnia expertos, sed militum jacere animos. *cf.* 9, 6. *ubi tamen vulg.* habet tacere. Spolia jacentis hostium exercitus peditibus concessit 44, 45. *i. q. cæsi.*

JACTARE 9, 12. Arma jactari cœpta. *i. q. abjici.* Ramosque oleæ supplices jactantes 45, 25. Nec vexationem vulneris in via jactanti (*propter asperitatem*) ultra patiens 21, 48. Quo, jactati tempestate pugnæ, receptum haberent 44, 39. Ibi jactantem sese scorto inter cetera retulisse 39, 43. Jactantibus non obscure Gallis, haud magna mercede se adduci posse etc. 5, 48. Jactatur in conditionibus pacis 2, 13. *i. q. commemoratur.* Ita infecta pace, ex colloquio ad suos quum se recepissent, frustra verba jactata renunciant 30, 31. Incertis jactata rumoribus 42, 13. Hanc — jactari magis caussam, quam veram esse etc. 5, 53. Multæ et pravæ disceptationes jactabantur 39, 48. Jactata res ad populum erat 10, 37. *i. q. rejecta.*

JACTATIO 21, 26. Necdum satis refectis ab jactatione maritima militibus. Hanc levitatem ac jactationem animi neque mirabantur etc. 24, 6.

JACTITARE 7, 2. juventus — inter se more antiquo ridicula intexta versibus jactitare cœpit.

JACTURA 5, 39. Facilem jacturam esse seniorum. Levem ex comparatione priorum ducere recentem equitum jacturam 22, 8. *i. q. vilem.*

JACTUS 30, 10. Ex rostratis Pœni vana pleraque (utpote supino jactu) tela in superiorem locum mittebant. Ut vix teli jactu a statione proxima abesset 8, 7. *cf.* 26, 40. *ubi est* ictus teli. Vid. *Intt. ad h. l.*

JACULARI 42, 54. Sed probris quoque in ipsum Macedonasque procacibus jaculati sunt. *Si quidem lectio sana. Fortasse cum Gronovio* joculati sunt *legendum.*

JACULATORES pedites 42, 57. Funditores jaculatoresque 42, 58.

JAM inde ab initio 1, 2. *cf.* 2, 65, *it.* 4, 36. 6, 40. Suo jam inde vivere ingenio 3, 36. *cf.* 36, 17. Gens jam inde nullâ — inferior 21, 31. *cf.* 9, 16. Quum in conspectu jam castra, jam Aquiloniam habuissent 10, 43. Jam hic, quo nunc omnia ardent, conticescet furor 2, 29. *pro statim, ut sæpius, junctum quidem futuro.* Si jubeat eo dirigi, jam in portu fore omnem classem 29, 27. Jam plebs, præterquam quod consulum nomen — ne tribu-

nicium quidem auxilium quærebat 3, 34 *pro prætersea.* Jam tum, quum ipse ibi cum collega etc. 10, 21. Vid. *Virgil. Georg.* 1, 45. Jam primum omnium 1, 1. jam omnium primum 5, 51. — jamjam primum 42, 11. *nisi legendum* tamquam. *Ceterum illud* jam primum *eleganter servit transeundi facilitati.* Vid. *Drakenborch. ad* 9, 17. Qui jam nunc · sanguine meo sibi indulgeri æquum censet 40, 15. Vid. *Virgil. Æn.* 6, 799. *Plin. Epist.* 10, 57. — nunc jam 7, 32. *cf.* 2, 54. *it.* 3, 40. Philippo jam pridem hosti 36, 14. *cf.* 9, 25. Ego jam hinc prædico, me etc. 40, 35. Jam *otiose positum* 34, 2.

JANUS dexter 2, 49. Jani *nominantur transitiones perviæ, ut explicat Cicero de nat. deor.* 2, 27.

IBI ira est suppressa 2, 35. *pro, ea re.* Ibi animum parem tantæ potestati esse 4, 13. *i. e. in eo viro.* In eo (*fratre majori*) ubi præsidium esse oportebat, ibi exitium est 40, 14. *Bauerus ad h. l. pag.* 307. *pr.* in eo *legi vult* nunc. *Male.* Ne speraret ibi (*apud milites*) fructum gratiæ, ubi non (*de quibus non bene*) meruisset 45, 35. Auctores sumus, tutam ibi (*in manibus Fabiorum*) majestatem Romani nominis fore 2, 48. Regia ibi (*ea*) Pyrrhi fuerat 38, 9. Ibi, dum — nullo satis digno moræ pretio tempus terunt, emissus hostis de manibus est 21, 48. Ibi plurimum profectum est 3, 14. *pro tum quidem. Sic et* ibi vero 3, 69. *it. cap. sq.* In senatum ubi ventum est, ibi vero in Quinctium omnes versi 3, 69. *cf. cap. sq.* Excitis ad se principibus, ibi agere — cœpit, ut etc. 39, 30. Imperium ibi esse, ubi non esset libertas 3, 38. Si vim afferre conaretur, ibi quoque se haud impares fore 3, 49.

ICERE 21, 18. Quod — Consul primo nobiscum fœdus icit.

ICTUS 5, 21. Repentino icti furore. *it.* 26, 20. cladibus. Turres ictæ fulminibus 25, 7. *i. q. tactæ.* Fulmine icti 40, 58. In turba ictus Remus cecidit 1, 7. Ictus clavâ *ibid.* Mortifero vulnere ictus 9, 19. Adversum femur graviter ictus (*Hannibal*) cecidit 21, 7. Ictus Hannibal uno adverso 37, 4. *i. e. fractus.* Scuta galeæ que ictæ 9, 35. Ibi haud secus, quam pestifero sidere icti, pavebant 8, 9. Nova re consules icti 27, 9. Conscientia ictus 33, 28. *it.* 34, 17. *i. q. permotus, admonitus.*

ICTUS 30, 10. Gravior ac pondere ipso libratior superne ex onerariis ictus erat. Non cæcis ictibus procul ex improviso vulnerabantur, sed pede collato tota in virtute ac viribus spes erat 34, 14. Ad iterandum ictum 8, 7. *conf. Tacit. Annal.* 2, 14. Ut extra ictum teli essent 34, 28. Ut sub ictum venerunt, telorum etc. 27, 18. Gemitus vulnerum ictusque corporum aut armorum 22, 5. Ictus mœnium cum ter-

ribili· sculta editi 88, 5. Naves fulminis
ictu concrematas esse 41, 9.

IDEM 27, 9. Idem socios consensisse
omnes. Idem deinceps omnis exercitus
in se quisque jurat 2, 45. Unde quum
eadem reverti posset ad suos 3, 70. *i. q.*
*per eamdem viam. Sæpius commutatum*
*cum eodem.* Vid. *Drakenb. ad* 32, 14.
Idem certaminis 10, 34. — damni 35, 42.
*Itidem* igitur omnes sumus: et quum *ea-*
*dem* omnia in hoc bellum afferamus, quæ
in priora attulimus. *eumdem* eventum belli
exspectemus 6, 7. In eadem mecum Africa
geniti 30, 12.

IDEMTIDEM, ne quis violaret, Talassio
ferri, clamitatum, 1, 9. *cf.* 10, 19. *it.* 5, 39.
Ipse idemtidem belli auctor esse 1, 54.
Quum idemtidem legem Æmiliam recitaret
2, 33. Idemtidem scribebant 33, 45. Quum
idemtidem species et umbræ insontis interemti filii agitarent 40, 56.

JECUR 41. 14. In jecinore caput non
inventum. Bovis sescenaris, quem immolavisset, jecur defluxisse 41, 15.

. JEJUNA fessæque corpora Romanis et
rigentia gelu torpebant 21, 54.

IGITUR *a principio periodi* 2, 48.

. IGNARUS 21, 22. Quod haudquaquam
ignarus erat, circumitam ab Romanis
eam (*Hispaniam*) legatis ad sollicitandos
principum animos. Ignari venisse dictatorem 3, 36. Oppressit igitur necopinantes
ignarosque omnes Perseus 40, 57. Ignarus
urbis 1, 35. (*Numa*). — consilii 1, 58.
Apud haud ignaros fortunarum humanarum necessitatumque 9, 8. Miraculo
ignaris moris pertinacia Romanorum esse
42, 62. Quod iter petiturus esset, ignarus
44, 2.

IGNAVIA 1, 47. Quod istic cum ignavia
est scelus.

. IGNAVUS 3, 67. · Quem tandem ignavis-
simi hostium contemsere? Quando nec
fossa valloque ab ignavissimo ad opera ac
muniendum hoste clausi essent 9, 4.

IGNIS 3, 53. Vivosque igni concrematuros minabantur. *cf.* 6, 33. Arma sub-
dito igne concremavit 8, 30. Ignibus armata ingens multitudo, facibusque ardentibus tota collucens 4, 33. Facibus ardentibus plurimum simul ignem conjecerunt 23, 37. Philippum et ignes ab Oreo
editi monuerant, sed serius Platoris fraude
e specula elati 28, 7. Quem ille obrutum
ignem reliquerit, ita ut toties novum ex
improviso incendium daret, eum se exstincturum 10, 24. *de bello.* Nequandoque
parvus hic ignis (*Hannibal*) incendium
ingens exsuscitet 21, 3. Et Syphacem et
Karthaginienses, nisi orientem illum ignem
(*Masinissam*) oppressissent, ingenti mox
incendio — arsuros 29, 31.

IGNOBILIS 10, 20. Infrequentia armatis
signa egressa, prædam prædasque custodes
exire, ignobile agmen, et sua quemque molientem etc. Reditum ignobilem in pa-

triam — — eos sibi fecisse 40, 39. Ignobili atque inhonesta morte — occubuit 29,
18. Lævum cornu ignobiles tenebant Hispaniæ populi 39, 2. Ignobilis urbs 25, 1.
*it. cap. eod.* ignobilia oppida.

IGNOBILITAS 44, 30. Hoc propter ignobilitatem paternam minus suspecto etc.

IGNOMINIA 26, 1. Additum etiam utrorumque ignominiæ est, ne in oppidis hibernarent etc. Servate modo, quos ignominia
irritaveritis 9, 3. vid. *infra in v.* injungere.
In contumeliam ignominiamque certare
juvat 4, 4. vid. *levare.*

IGNOMINIOSUS 2, 38. Quid eos, qui
huic ignominioso agmini fuere obvii, ex-
istimasse putatis?

IGNORARE 21, 40. Ne genus belli, neve
hostem ignoretis. Pugnantibus cum exercitu — — ignoto adhuc duci suo, ignoma-
tique ducem 21, 43. [Vid. *ignotus.*] Quousque tandem ignorabitis vires vestras,
quas natura ne belluas quidem ignorare voluit? 6, 18. Ignorando regem 2, 12. *pr.*
*non internoscendo.*

IGNOTUS 5, 39. Ignotæ situs urbis. *pro*
*ignotus s. v.* vid. *Bauer. ad h. l. pag.* 195.
Ignotis, quæ occulte acta erant 44, 27.
Per ignotas ea tempestate terras, ignotiora
maria 1, 56. Haud ignotas belli artes inter
se, sed expertas primo Punico conferebant
bello 21, 1. Procedam acie adversus ignotos inter se ignorantesque 21, 43. [Vid.
*ignorare.*]

ILLAC fuga et cædes vertit, ubi sacram
Dianæ feram jacentem videtis. hinc etc.
10, 27.

ILLACRIMARE 45, 4. Ipse illacrimasse
dicitur sorti humanæ. Qui morti innocentis, qui meo infelici errori unus illacrimasti
40, 56.

ILLE *relatum ad propiores* 24, 29. Nam
et illis — quod et hi etc. *conf.* 30, 30. *it.*
30, 53. vid. *hic.*

ILLIBATUS 3, 61. Eo imperium illi-
batum referrent. Illibatis viribus 42, 30.

ILLIC 2, 48. Respublica et milite illic
(*in bello contra Veientes*) et pecunia vacet.

ILLICERE lucro mercatorem 10, 17.
Invexisse in Galliam vinum, illiciendæ
gentis caussa 5, 33.

ILLICO 39, 15. Quod ad multitudinem
eorum attinet, si dixero, multa millia hominum esse, illico necesse est, exterre-
amini, nisi adjunxero, qui qualesque sint.

ILLIGARE 5, 27. Illigatæ post tergum
manus. In currus earum distentum illigat
Mettium 1, 28. Illigari gentem Romano
bello 21, 25. *conf.* 32, 21. Familiari amicitia illigatum alicui esse 32, 22. Non iis
conditionibus illigabitur pax 33, 12. Quo
(*fœdere*) nos temere illigemus 41, 24.
Karthaginienses fœdere illigatos silere 42,
23. Ut sociali fœdere se cum Romanis
non illigarent 45, 25. Invitam se gravioris
fortunæ conditioni illigantem 36, 11. *De*
*alia collocanda regi Antiocho.*

188

**ILLITUS** 5, 2. Donum inimicorum venene illitum fore. Faces tædamque et malleolos stuppa illitos pice parari jubet 42, 64. Vid. *Assitare*.

**ILLUSTRIS** 29, 34. Karthaginiensium equites — et divitiis quosdam et genere illustres. vid. *eques*. Illustri quidem viro, tamen plebeio 6, 34. Viri illustres 33, 36. *it.* homines 41, 25.

**IMAGINARIUS** 3, 41. Neque enim sibi privatos, aut in curia aut in concione posse obstare; neque se imaginariis fascibus eorum cessuros esse. *i. q. non legitimis.*

**IMAGE** 1, 34. Nobilis una imagine Numæ. Vir honoratissimæ imaginis 3, 58. Te — patris imago — creat vocatque regem 1, 47. Clarum hac fore imagine Scaptium: populum Rom. quadruplatoris et interceptoris litis alienæ personam laturum 3, 72. *Hic imago non tam pro nobilitate, quam pro splendore, ea meritis in rempublicam collecta, posita videtur.* His quoque imaginibus juris spretis 41, 8. *i. e. quæ per speciem juris jactantur.* Quidnam illi consules dictatoresve facturi essent, qui proconsularem imaginem tam sævam ac trucem fecerint 5, 2. *i. e. mentes tribunorum militum consulari potestate.* Vid. *titulus*.

**IMBELLIS** 22, 39. Imbellem pro perito belli vocent. Imbelles hostes 1, 12. Imbellem Asiam quæsisset, et, cum feminis sibi bellum esse, dixisset 9, 19. Incondita inermisque multitudo, mixta imbelli turba 32, 13. *i. e. feminæ, infantes etc.* Ut ubi feminæ, puerique, et alia imbellis turba permixta esset 38, 21. Nec rem Romanam umquam tam desidem fuisse atque imbellem 21, 16. Imbellem annum agere 10, 1. *cf.* 4, 20. *it.* 9, 45. Imbelle triennium ferme pestilentia — fuit 4, 20.

**IMBER** ingentibus procellis fusus 6, 32. Tantus repente effusus est imber, ut etc. 42, 63. Imbres continui campis omnibus inundantes 8, 24. Imber continens per noctem totam usque ad horam tertiam diei insequentis tenuit 23, 44. Inter alia prodigia et carnem pluit: quem imbrem etc. 3, 10. Imbri lapidavit 43, 13. *i. e. pluit imbri lapides. cf.* 30, 38. Tandem eam nubem cum procella imbrem dedisse 22, 30. *cf.* 6, 8. Imbre conquiescente 24, 47.

**IMBIBERE** 2, 58. Nec ulla vi domari poterant; tantum certaminis animis imbiberant. Neque immemor ejus, quod initio consulatus imbiberat, reconciliandi animos plebis etc. 2, 47.

**IMBUERE** 4, 31. Colonorum cæde imbutis armis. Ea pietate omnium pectora imbuerat 1, 21. Imbutus uterque quadam admiratione alterius 21, 39. Imbutum jam a juventa certaminibus plebeiis 5, 2. Malo tirocinio imbuendum Samnitem 9, 42. Fulvium Quiritium Romanorum exercitum, honeste genitos, liberaliter educatos, servilibus vitiis imbuisse 26, 2. Qui hinc integri et sinceri Romam eunt — imbuti

illinc et infecti Romanis delenimentis redeunt 40, 11. Rhodios — imbutos Persei consiliis 42, 26. Inter novitatem successoria, quæ noscendis prius, quam agendis rebus imbuenda sit 41, 15.

**IMITARI** 7, 2. Sine imitandorum carminum actu. *i. e. sine histrione, qui saltando et gesticulando ea, quæ pronunciabantur, exprimeret. vide Dukerum ad h. l.*

**IMMATURUS** 1, 26. Abi hinc cum immaturo amore ad sponsum.

**IMMEMOR** 1, 34. Qui quum ignorarem, nurum ventrem ferre, immemor in testando nepotis, decessisset. *i. e. non cogitans de nepote.* Immemor ambiguitatis verbi 41, 16. Quia ira et indignatio immemores prædæ fecit 41, 4. Omnium immemor difficultatum 9, 31. *scil. imminentium.* Immemor armorum 2, 39. *i. q. pacis studiosus.* Immemor suæ libertatis 3, 20, *h. l. qui non curat libertatem adipisci.* Qua sibi, qua quietis immemor nox traducta est 9, 2. *Poëtice. vid.* memor. *it.* responsum.

**IMMENSUS** 5, 37. Equis virisque longe ac late fuso agmine immensum obtinentes loci. Ad immensum multitudinis speciem auget 39, 25. Quæ *(fuga)* ubi immensa ac sine spe erat 22, 6.

**IMMIGRARE** 39, 14. Ut aliquam ædium partem vacuam faceret, quo Hispala immigraret. Nec in quam *(rempublicam)* tam seræ avaritia luxuriaque immigraverint *Præfat.*

**IMMINERE** *viciniam, tum ex plano, quam ex alto, item cupiditatem et exspectationem exprimit.* Carcer imminens foro 1, 33. — imminentia muris ædificia 2, 33. Imminet arbor prætorio 3, 25. — arx mari 24, 3. *cf.* 4, 59. Imminet mari is locus 41, 1. Imminens *(mons)* super Demetriadem 44, 13. Imminenti mole libertati 6, 19. Vid. *Bauer. ad h. l. pag.* 233. Imminentis spei majoris honoris 4, 25. Imminere in occasionem 25, 20. Imminere animo in propinquam victoriam 30, 28. Peritus rerum popularium imminensque ei potestati 3, 51. Defectioni Campanorum imminentes admoturos castra 8, 22. Gens semper infestissima Macedoniæ temporibusque iniquis regum imminens 40, 57.

**IMMINUERE** 3, 38. Neque animis ad imperium inhibendum imminutis.

**IMMISCERE** 4, 4. Ne affinitatibus, ne propinquitatibus immisceamur, cavent. Karthaginienses Romanique pariter variis casibus immixti. *i. e. fortunæ consortiones experti.* Qui sortem omnem fortunæ regnique sui cum rebus Romanis immiscuisset 45, 14. *i. e. conjunxisset.* Quum se immiscuissent colloquiis montanorum 21, 32. Nam et primus *(Calpurnius)* hostem percussit, et ita se immiscuit mediis, ut vix, utrius partis esset, nosci posset 39, 31. *vid. Virgil. Æn.* 2, 396. Niveæque cœlo prope immixtæ 21, 32.

**IMMITTIS** diu cædes pariter fugientium

ac resistentium armatorum atqne inermium fuit 4, 59. Naturâ immitis (*Appius*) 2, 29. *Sic Virgilius*: immitis Achilles. Quum — — perstaret in incepto immitis animus 8, 33. Hunc, natura et moribus immitem feramque, insuper dux ipse efferavit 23, 5. Vid. *mitescere*.

IMMITTERE 40, 48. Armaturam levem immittendo in stationes. *Etiam* mittere *hoc sensu*, permittere *item dicitur*. Id cum majore vi equorum facietis, si effrenatos in eos equos immittitis 40, 40. *paullo ante:* permittite equos in cuneum hostium. Et me vel devovere pro populo Romano legionibusque, vel in medios me immittere hostes paratus sum 9, 4. In equum (*Decius*) insiluit, ac se in medios hostes immisit 8, 9. Concitatam remis navem, quanto maximo impetu poterant, in terram quum immisissent 30, 25. Nec ullo (*Saguntinorum*) pedem referente, ne relicto a se loco hostem immitteret 21, 8. Magna vis hominum simul immissa 2, 5. *scilic. in segetem desecandam*. Præ densitate arborum, immissorumque aliorum in alios ramorum 40, 22.

IMMO 26, 30. Maneant immo, — ut coram his respondeam etc. *cf.* 35, 49. *it.* 38, 43. Immo contra ea 41, 24.

IMMODERATUS 3, 9. Quippe duos pro ano domino acceptos immoderata infinita potestate.

IMMODESTE. Vid. *in. v. sq.*

IMMODICE 22, 27. Immodice immodesteque non Hannibale magis victo ab se, quam Fabio gloriari.

IMMODICUS lingua 22, 12. *vid. Bauer. ad h. l. pag.* 51: Immodicus magis in numero augendo 38, 23. Decreta immodica ad honores sociorum 31, 45. An hoc timemus, ne Hamilcaris filius nimis sero imperia immodica et regni paterni speciem videat 21, 3. Vid. *modicus*.

IMMOLARE *non de immolatione proprie dicta, quæ fit per molam salsam, sed de actu cædendi* 1, 45. Interea Romanus immolat Dianæ bovem. Eorum prodigiorum causa consules majores hostias immolarunt 41, 9. Romani consules prius, quam educerent in aciem, immolaverunt 8, 9.

IMMOLITUS 39, 44. Et quæ in loca publica inædificata immolitave privati habebant. ἄγαν πρότερον. dici debebat: immolita inædificatave. *nam moliri, s. fundamenta jacere, præcedit ædificationem, et dicitur alias submoliri.*

IMMORTALITAS 1, 7. Immortalitatis virtute partæ, ad quam eum sua fata ducebant, fautor.

IMMUNIS 38, 44. Portoriorum immunes. Immunis militiâ 1, 42.

IMMUTABILIS 22, 39. Eadem ratio, quæ fuit, futuraque, donec res eædem manebunt, immutabilis est.

IMPAR 22, 15. Omni parte virium impar. Par audacia Romanus, consilio et

viribus impar 27, 1. *Constructio Livio inprimis usitata. cf.* 6, 23. Videbam, quam impar esset sors, quum ille vobis bellum, vos ei securam pacem præstaretis 42, 13. Parat instruitque, quibus haud impar adoriatur hostes 5, 48. Quod juncta impari esset 6, 34.

IMPARTIRI 4, 54. Tandem aliquando impartiendos plebi honores.

IMPAVIDE 30, 15. Acceptum poculum, nullo trepidationis signo dato, impavide hausit.

IMPAVIDUS 42, 59. Ut usu belli et ingenio impavida gens turbaretur. Constanter impavidus mansit ad protegendum regem 42, 15.

IMPEDIMENTUM 8, 32. Quæ dictatori religio — impedimento ad rem gerendam fuerit. *Vid.* collocare. *it.* constituere.

IMPEDIRE 9, 9. Nostrum exercitum eadem, quæ impedierat, fortuna expediret. Invidiâ impedire virtutem alienam voluisse 8, 31. Vid. *expedire.*

IMPEDITUS saltus 9, 2. *i. e. saltus itineris impediti. conf.* 9. 19. Consul superior viribus, locis impeditior erat. omnia itinera obsepserant hostes 9, 43.

IMPELLERE 9, 27. Subsidiarias cohortes — in primam aciem extemplo emisit; universisque hostem primo impetu viribus impulit. *cf. cap.* 40.

IMPENDERE 6, 15. Sed quid ego vos, de vestro impendatis, hortor. *Sic Terent. Adelph.* 1, 2, 37. de meo.

IMPENDIO magis publico, quam jactura 7. 21.

IMPENETRABILIS. Vid. *Silex.*

IMPENSA 5, 4. Cui (*rei familiari*) gravis impensa non est. Privatamque publicæ rei impensam imposuerat 40. 51. Quia impensa pecuniæ facienda erat 44, 23. *Similiter* 1, 20. unde in eos sumtus pecunia erogaretur. Rebus ipsis meritisque et impensis officiorum ut superare possem, fortuna, tempora, Antiochus et bellum in Asia gestum præbuerunt materiam 37, 53.

IMPENSE 40, 35. In perniciosam, si quis impense retineret, seditionem (*milites*) exarsuri. Vid. *Duker. ad* 34, 15.

IMPENSIUS 4, 46. Certamina — multo impensius in castris accendi. Impensius his indignitas crescere, si etc. 1, 40.

IMPENSUS 2, 9. Quia impenso pretio venibat.

IMPERARE 33, 13. Quæ priore loco aut imperata a Romanis, aut postulata ab sociis essent, omnia se concedere. Hernicia — milites imperari 4, 26. *Sic* imperare frumentum 9, 43. — stipendium 29, 4. — pedites 38, 55. — decumas 42, 31. etc. Præter eum numerum militum, quem L. Quinctius in eam provinciam scripsisset, imperassetve etc. 36, 1. Consulibus designatis imperavit senatus, ut etc. 42, 28. Tribunis militum imperavit, ut sarcinas in unum conjici jubeant 3, 28. *cf.* 1, 27.

Nulla arma, nisi imperata a populo Rom. sumere 40, 34. Antiocho si Smyrna et Lampsacus imperata faciant 35, 17. i. q. ab Ant. imperata.

IMPERATOR 6, 29. Signum—Jovis Imperatoris in Capitolium tulit. Cujus rei vitium non in belli eventum—sed in rabiem atque iras imperatorum vertit 8, 30. i. e. dictatoris et magistri equitum, cujus posteriöris ductu auspicioque, inscio atque invito dictatore, vicerat exercitus. cf. cap. 31. Imperatoremque regem appellandum censuerunt 35, 45. Unum imperatorem in exercitu providere et consulere, quid agendum sit, debere 44, 34. mox: in quo exercitu milites, consul, et imperator rumoribus vulgi circumagatur, ibi nihil salutare esse.

IMPERATORIUS 10, 38. Qui juniorum non convenisset ad imperatorium edictum etc.

IMPERIOSUS 7, 40. Eodem (tenore) hæc imperiosa dictatura geretur. Cognomenque imperiosi grave liberæ civitati 7, 4.

IMPERITARE 21, 1. Quod superbe avareque crederent imperitatum victis esse. cf. 4, 5. it. 22, 41. Opulento tum oppido imperitans 1, 2. Decem imperitabant 1, 17. Fœdus ictum—est his legibus, ut, cujusque populi cives eo certamine vicissent, is alteri populo cum bona pace imperitaret 1, 24. Vicissitudo imperitandi 3, 39. de annuis magistratibus.

IMPERIUM 1, 7. Ita solus imperio potitus Romulus. paullo ante regnum vocabatur. Contra cap. 13. distinguuntur: regnum consociant, imperium omne conferunt Romam. Civitatem sine imperio, exercitum sine duce 1, 17. Quippe imperium agebatur in tam paucorum virtute atque fortuna positum 1, 25. Summum imperium 1, 4. de consulatu. alibi: regium. it. 4, 2. regiæ majestatis imperium. cf. 8, 32. Non vulgari modo cum infimis, sed prorsus auferri a primoribus ad plebem, summum imperium credebant 4, 1. Vid. deponere. Regium nomen (Tarquinium) in imperio (consulem) esse 2, 7. Imperia legum potentiora quam hominum 2, 1. Auctoritate magis, quam imperio (ea) regebat loca 1, 7. Imperio regere urbem 1, 5. cf. 8, 23. Paratus imperio 9, 36. i. e. ut pareat. Severum imperium 8, 6. pr. disciplina militari. conf. cap. sequ. Non segniter imperium (ducis bell.) exsecuturos 40, 40. Iis editis imperiis 29, 25. de duce bellico. Jus — magistratibus fuit graviorum in dies talis generis imperiorum 42, 1. i. e. imperandi iis jumenta. Continens imperium usque ad nos habebitis 7, 30. de loco. Ut nemo audeat in Hispaniam imperium accipere 26, 18. Quibus (auxiliis) traditum a Patribus imperium Hispaniæ repeti posset 28, 31. Imperium alicui jubere (scil. esse) 26, 41. Quod imperio ejus Gallia adeo frugum hominumque fertilis fuit 5, 34. Quæ in meo

imperio gesta sunt 29, 27. i. q. a me imperatore. Imperia gesta 9, 34. Pro imperio submovere 2, 56. Oppos. si vobis videtur, discedite, Quirites. Jam pro imperio Valerius discedere a privato lictores jubebat, quam etc. 3, 49. Titulus honoris (quod imperio, non populi jussu, non ex auctoritate Patrum dato Propraetor senatui scripserat) magnam partem hominum offendebat. Rem mali exempli esse, imperatores legi ab exercitibus etc. 26, 2. Hæc est prima mentio imperii ab exercitu delati. Similiter cap. 9. Proconsuli par cum consulibus in urbe imperium commemoratur; et 27, 7. imperium, non in annum, sed, donec revocaretur a senatu, decretum, dicitur. Ita provinciæ exercituumque in eum annum partita imperia 27, 7. Imperium ablatum ab tribunis suffragio populi creatis 28, 27. Quod autem istud imperium est, decemviri, quod amplexi tenetis? 3, 52. Imperia — tribuni militum — et duumviri navales 9, 30. Vid. magister equitum. Imperium populi Romani 28, 42. Vid. Drakenb. ad h. l. Una et viginti legionibus eo anno defensum imperium Romanum est 27, 22. Conservare imperium majestatemque populi Rom. sine dolo malo 38, 11. eorum est, qui inferiores se Romanis fœderis formula declarari passi sunt. Vid. conservare. conf. 8, 34. it. 35. Imperia deûm 8, 6. i. q. jussa per visum nocturnum.

IMPETRABILIS pax 37, 34. conf. 30, 16. — venia 42, 29. Triumphum impetrabilem faciebat 39, 29. Omnia et impetrabilia et tuta erant apud Romanos 25, 29. conf. 42, 29.

IMPETRARE 43, 23. Nec tamen impetrare ab animo posset, ut impensam in rem maximi ad omnia momenti faceret. Impetrato 9, 16. absolute. Sic cap. 29. et alibi sæpius.

IMPETUS 1, 5. Crimini maxime dabant, in Numitoris agros ab his impetum fieri, scil. diripiendi caussa. Ad regem impetum facit ibid. Ex transverso impetu (scil. a Sabinis mulieribus, raptis) facto 1, 13. Tentata res est, si primo impetu capi Ardea posset 1, 57. Multa secum volventi (Hannibali) subiit animum impetus, caput ipsum belli, Romam petendi 26, 7. Impetu potius bella, quam perseverantia, gerat 5, 6. Impetu magis, quam consilio 42, 29. Unius prælata impetu lateris alterius remos detersit 28, 30. Ad excipiendum fluminis impetum 21, 27. Capere impetum. Vid. capere.

IMPIGER 44, 30. Platorem occidit, et duos amicos ejus — impigros viros. [conf. 1, 34. mox: fortis ac strenuus vir.]

IMPIGRE 21, 57. Fama impigre — defensi praesidii. Ne Crustumini quidem — satis se impigre movent 1, 10. de bello gerendo. Impigreque omnes ad edictum dictatoris praesto fuere 3, 27.

IMPINGERE 27, 18. In aciem altiori superstantem tumulo impegere.

IMPIUS 9, 41. Vocis impiæ pœnas expetere, qua se urbem Romanam oppugnaturos minati sunt.

IMPLACABILIS 40, 46. Nisi forte implacabiles vestræ iræ implicaverint animos vestros.

IMPLERE mare fama nominis sui 1, 2. Punicum nomen maria terrasque fœda fuga impleturam 26, 41. Implere urbem lamentis 5, 39. *de mortuis. i. e. facere, ut impleatur, vel potius, caussam esse, cur etc.* Omnia delubra pacem deûm exposcentium — turba implebantur 3, 5. Jam continens agmen migrantium impleverat vias 1, 29. Centum viginti lictores forum impleverant 3, 36. Quum — montem Albani implessent 1, 33. *i. e. habitandum occupassent.* Impletæ cibis vinoque venæ 26, 14. Militemque præda implevit 7, 16. Implevere aures legatorum 45, 31. Alius ab alio impleti rumoribus 22, 7. Adolescentem suæ temeritatis implet 1, 46. *cf.* 3, 61. *it.* 10, 14. Hunc eximium florem juventutis eo etiam, quod, ut duplex acciperent stipendium. decreverant, spei animorumque implevere 7, 7. Accipere se omen impleturumque fata 1, 7. Vid. *fatum.* Impletas modis saturas, descripto jam ad tibicinem cantu 7, 2.

IMPLICARE 27, 43. Incertis implicantes responsis. Non tam in periculosam, quam longum morbum implicitum 23, 34. Intra castra quies necessaria morbo implicitum exercitum tenuit 3, 2. Longinquo, maxime quartanæ, implicabantur morbo 41, 21. Implicata acies 44, 38. Vid. *implacabilis.*

IMPLORARE 9, 4. A Veiis exercitum Camillumque ducem implorabunt. *i. q. arcessent.*

IMPLUVIUM 43, 13. Palmam enatam impluvio suo T. Manius Figulus nunciabat.

IMPONERE in capite 1, 18. Quid si domini milites imperatoribus imponantur? 45, 36. Præsidio Medione imposito 36, 12. *cf.* 31, 18. Se in præsidio impositum esse 24, 37. Coloniamque in Samnitium agro imposuerit 8, 23. *Nempe observandi, vigilandi caussa, ex instituto veteri prudentiæ Romanæ. cf.* 36, 12. Præerat huic arci Philodemus — ab Epicyde impositus 25, 25. Spei nostræ — finem imposuerimus — ipsa indignitas perseverantiam imponere debuit 5, 4. Ita enim et illis violandi supplices verecundiam se imposituros 36, 27. Imponere fraudi speciem juris 9, 11. Cum quibus bellum, cum quibus pacem habeamus, se modum imponere æquum censet 21, 44. Ipse alias claves omnibus portis imposuit 27, 24. Porta imposita *(muro)* 34, 9. Argentum in stipendium impositum 32, 2. *scil. unde stipendia dari possent.* Lepidus molem ad Tarracinam, ingratum opus, quod prædia habebat ibi, privatamque publicæ

. 142

rei impensam imposuerat 40, 51. *Aut sic, aut injunxerat legendum. Illud præfert Drakenborchius, et ita explicat: publica pecunia construxit opus, quod ipse aliique qui itidem ibi prædia habebant, privata impensa facere debuerant.* Pecunia in naves imposita 29, 18. Delecto milite ad naves imposito 22, 19. *Scilicet imponere simpliciter pro in naves imponere dicitur. Etsi enim diserte additum est ad naves, id ipsum tamen ad milites referri vult Gronovius, ut intelligantur milites ad naves pro militibus classiariis.* Qui ob ereptum censuræ regnum labem secundæ suæ dictaturæ imposuerint 4, 22. Mulcta in civitates imposita 10, 37. Vid. *frenum.*

IMPORTARE 39, 14. Ne quid eæ conjurationes cœtusque nocturni fraudis occultæ aut periculi importarent.

IMPORTUNUS 29, 17. Quæ crudelissimi atque importunissimi tyranni scelera in oppressos cives edunt. Importuni decemviri 5, 2.

IMPORTUOSUS 10, 2. Importuosa Italiæ littora.

IMPOTENS 6, 11. Vitio ingenii vehemens et impotens. *cf.* 25, 28. Impotentes tyranni. Impotentibus instructi consiliis 3, 36. *cf.* 7, 39. *it.* 30, 16. Impotens injuria 8, 28. *it.* 7, 41. Mandatum. *i. e. quod proficiscitur ab impotenti parumque moderato aut civili animo.* Impotens regnum 8, 5. — postulatum 7, 41. Pleminius impotens iræ 29, 9. *i. q. impatiens. conf.* 5, 37. Flagrantes ira, cujus impotens est gens. Suarum impotens rerum *(gens)* præ domesticis seditionibus discordiisque 9, 14. Impotens lætitiæ animus 27, 50. Ex insolentia, quibus nova bona fortuna sit, impotentes lætitiæ insanire 30, 42.

IMPOTENTIUS 27, 48. Impotentius jam regi, et inter duas acies versari velut incerti, quorum essent. *de elephantis.*

IMPRESSIO 9, 62. Quæ in sinistrum cornu Romanorum in ipso certamine impressionem facerent. *i. e. impetum ex propinquo.* Non ferentes impressionem Latinorum 8, 9. Celtiberi, ubi ordinata acie et signis collatis se non esse pares legionibus senserunt, cuneo impressionem fecerunt. quo tantum valent genere pugnæ, ut, quacumque parte perculere impetu suo, sustineri nequeant 40, 40.

IMPROBUS 45, 18. Improbum vulgus. *i. q. ingratum.*

IMPROVIDUS 22, 39. Festinatio improvida est et cæca. Quum præcipiti fuga per rupes præaltas improvidi sternerentur ruerentque 40, 58.

IMPROVISO oppressis nec animi satis ad resistendum, nec virium fuit 10, 32. Si nocte *improviso* valida manu adgressus *necopinantes* esset 44, 35. [*vid. Cic. Ferr. Lib. 2. cap. 74. et mox in v.* improvisus.]

IMPROVISUS 27, 42. Audendum aliquid improvisum inopinatum. *Alterutrum vide-*

tur a glossa venisse. [sed etd. v. improviso.
Cic. Verr. Lib. 2. cap. 28.]

IMPRUDENS 31' 14. Acarnanes duo juvenes, per initiorum dies, non initiati, templum Cereris, imprudentes religionis, cum
cetera turba ingressi sunt. Maris imprudentes 34, 9. i. q. expertes rei nauticæ.

IMPRUDENTIA eventus 4, 39. i. e. quod
non præviderant eventum. Excusata imprudentia de pace multis verbis disseruit
30, 37.

IMPUNE 3, 67. Ad mœnia urbis Romæ
impune armatos venisse.

IMPUNITAS 2, 1. Plebs — — aut libertatem, aut certe impunitatem adepta.

IMPUNITIOR 3, 50. Quo impunitior sit
(Claudii libido), eo effrenatiorem fore.

IN secundam aciem pugnare 30, 34.
Reddituri in Thessalonicam 40, 4. In unum
jam consilium 37, 31. i. e. unum hoc consilium sequutus. Id modo quæritur, si majori parti et in summam prodest 34, 3. In
reliquum curæ senatui rem Syracusanam
fore 26, 32. i. e. infuturum. Nec in præsens
modo, sed in venientem etiam annum 2,
42. In primum infestis hastis provolant
duo Fabii 2, 46. Pugna jam in manus venerat ibid. Sic is Græcorum in et ad significat. Vid. Gronov. ad h. l. Mutabiles
in diem causssæ 31, 29. Comitia in ante
diem — edixit 41, 16. cf. 43, 16. Parcere
victis in animum habebat 33, 10. Numquam ambigua fide in amicitiam populi
Romani fuerant 6, 2. In spem magis futuræ
multitudinis, quam ad id, quod tum hominum erat, muniret 1, 8. In quorum
(præmiorum) spem pugnarent 21, 45. Velut diis auctoribus in spem suam quisque
acceptis ibid. Duarum familiarum bona
in præmium data 4, 61. Quum omnia
justa in deditionem nostram perfecta erunt
9, 8. In hanc tam opimam mercedem —
— arma capite 21, 43. Mittendam in stipendium pecuniam 23, 12. Hannibali
quatuor Numidarum millia in supplementum mitterentur 23, 13. Traditi in custodiam Rheginis 29, 21. Priusquam populus suffragium ineat, in incertum comitiorum eventum Patres auctores fiunt 1, 17.
Viris in arma natis 9, 9. Tertiæ classis
in quinquaginta millium censum esse voluit 1, 43. h. e. usque ad summam quinquaginta millium. In utrumque auctores
sunt 10, 25. In regiam terror factus 1, 56.
pro in regia: dicit enim Livius, regem exterritum domestico visu. In Æolidem coloniæ 34, 58. scil. missæ, destinatæ etc.
Quæ in iram adversus hostem fuerunt (decreta) 31, 45. Ætolos — in seditionibus
suis non ab Romanis — præsidium petiisse 42, 12. Quum Tarentinorum defectio
jamdiu et in spe Hannibali et in suspicione Romanis esset 25, 7. In navis admi-
nistratione alia in secundam, alia in ad-
versam tempestatem usui sunt 34, 5. In
primo 2, 40. i. q. ab initio. similiter a pri-

mo dicitur. Vid. inprimis. Regia classis
septem — navium erat, in quibus tres hepteres 37, 23. i. q. et inter has. cf. 1, 36.
Eadem in militia (militiæ) sævitia Appii,
quæ domi 2, 58. Primo in conspectu 42,
57. pro ad primum conspectum. Ibi in
quiete utrique consuli eadem dicitur visa
species 8, 6. i. q. per quietem. Regionis
naturam ac nomina principum in populis
(populorum) accepere 9, 36. Si forte jam
satias amoris in uxore ex multa copia cepisset 30, 3. Quo tempore et in qua fortuna a populo Rom. defecerimus 26, 13.
Bonis in rebus utriusque populi 43, 6. i. e.
temporibus felicioribus. In variis volunta-
tibus 1, 17. i. e. quamvis essent variæ voluntatis. Torpescentne in amentia illa?
33, 9. h. e. quum te tam dementer facere
videbunt. In eo, ubi præsidium esse oportebat, ibi exitium est 40, 15. si quidem sanus locus. Omnia quidem ut posses in
nobis dii dederunt 30, 12. pro in nos.
cf. 5, 11. it. 26, 33. Qua ferocia animi
usus erat in Liguribus 42, 9. pro adversus
Ligures. cf. 6, 22. it. 28, 43. Quum consuli duplicatæ vires, Pœno recens victoria
(in) animo esset 29, 36. i. e. quum meminissent etc. Sed vulgata etiam explicari
potest, ut sit animum faceret. In mulcta
temperarunt tribuni 2, 52. i. e. per mulctam, s. in mulctam commutarunt pœnam
capitalem. Quæ (arma) in portis fuere
nostris 3, 67. pro ad portas. In Etruria
prorogatum imperium est 30, 40. pro in
Etruriam. Ut ipsi in privato animadverterent in eos 39, 18. pro privatim. Nihil
est aliud in re, nisi ut omnia negata adipiscamur 10, 8. i. e. nulla alia caussa est.
Ut sua unius in his (legibus latis) gratia
esset 2, 8. i. q. propter h. l. l. Pleminium
— in catenis Romam miserunt 29, 21.

INÆDIFICARE 1, 55. Ut libera a ceteris
religionibus area esset, tota Jovis templique
ejus, quod inædificaretur. cf. 43, 16. Nec
clausæ modo portæ, sed etiam inædificatæ
erant 44, 45.

INÆQUALIS 41, 20. Munificentia inæquali sese aliosque ludificari. Vid. ludificari. it. munificentia.

INÆSTIMABILIS 31, 34. Nihil tam incertum nec inæstimabile est, quam animi
multitudinis. h. e. quo confidere non licet.
nostri: vorauf. man nicht rechnen kann.
Vid. incertus. cf. Virgil. Æn. 2, 39. Id
vero inæstimabile gaudium fore 29, 32. h.
l. secundum litteram, quod ahunt, accipiendum. Quod e grege se imperatorum velut
inæstimabilem secrevisset 35, 14. Quando,
quod taciti indignarentur nobiles homines,
id æque novus competitor inæstimabili
perjurio incesseret 27, 57.

INAMBULARE 9, 16. Inambulans ante tabernaculum. Ibi inambulans tacitus (in
horto) summa papaverum capita dicitur
baculo decussisse 1, 54. Per muros inambulare senatores Nolanos jussit, et omnia

circa explorare, quæ apud hostes fierent
23, 43. Cum pallio crepidisque inambulare
in gymnasio 29, 19.

INANIMUS 21, 32. Animalia inanimaque
omnia rigentia gelu. Satiati cæde animantium, quæ inanima erant etc. 41, 18.

INANIS 33, 31. Litteras inanes vana specie libertatis adumbratas esse. *cf.* 34, 12.

INAUDITUS 5, 37. Invisitato atque in-
audito hoste ab Oceano terrarumque ultimis oris bellum ciente.

INAUGURARE 1, 6. Palatium Romulus,
Remus Aventinum ad inaugurandum templa capiunt. *i. e. augurandum, augurium
capiendum. cf. cap.* 36. *ubi* inaugura *i. q.
augurando constitue, assequere. s. ut Drakenb. interpretatur:* per augurium divinare *: licet* divine *immediate antecedat.* Vid.
*augur.* Centurias — sub iisdem, quibus
in auguræ erant, nominibus fecit 1, 43.
Qui secundo loco inauguratus erat 40, 42.
*Fortasse legendum:* creatus erat, *quod
verbum de rege sacrorum dicitur* 2, 2. *Videtur male repetitum esse a librariis ex antecedentibus.* Duumvirum navalem, quem
ut inauguraret etc. 40, 41. Flamen Dialis
inauguratus est Cn. Cornelius 41, 28. Flamen Martialis inauguratus est eo anno L.
Postumius Albinus 45, 15.

INAUGURATO 5, 52. Urbem auspicato
inauguratoque conditam habemus. *i. e. adhibitis auguribus, qui ex legibus disciplinæ
auguralis fines urbis definirent.* [*vid.* 1, 36.

INAURATUS 40, 37. Apollini — dona
vovere et dare signa inaurata : quæ vovit
deditque. Templum parietibus totis lamina
inauratum 41, 20.

INAUSPICATUS 7, 6. Num etiam in Deos
immortales inauspicatam legem valuisse ?

INCALESCERE 22, 6. Sole incalescente.
Incaluerant vino 1, 57.

INCASSUM 10, 29. Vana incassum jactare tela. Incassum missæ preces 2, 49.
[*De h. v. vid. Wakefield. ad Lucret. Lib.*
2. *v.* 1164.]

INCAUTIUS 21, 7. Dum murum incautius subit. Dum incautius ante signa obversatur 41, 18.

INCAUTUS ad credendum pavor 9, 12.
*i. e. qui in eo sibi parum caveret, quod cre-
deret.* Nunc ab secundis rebus magis etiam
solito incauti 5, 44. Quia, quod neglexeris,
incautum atque apertum habeas 25, 38.

INCEDERE 8, 8. Unoque continenti agmine in hostem incedebant. *cf.* 9, 21. Quacumque incessero in aciem hostium 7, 33.
Sabini usque ad portas urbis populantes
incessere 2, 63. Prima deinde luce castra
mota, et agmen reliquum incedere cœpit
21, 33. Segnius Hispanorum signa incedebant 28, 14. Per quam (*Indiam*) temulento agmine comissabundus incessit
9, 17. Quem modo decoratum ovantemque
victoria incedentem vidistis 1, 26. [*Compara Virgilianum:* quæ divûm incedo regina.] Nostris decoratus insignibus magni-

fice incedit 2, 6. Numquam exercitus neque minor numero, neque clarior fama et
admiratione hominum per urbem incessit
2, 49. Timorque in exercitu incederet 39,
24. Vid. *Gronov.* Graviorque cura Patribus incessit 4. 57. jussisque — religio
incessit, ab eis, quorum imminutum imperium esset, comitia haberi 8, 3. Tantus
gemitus omnium subito exortus est, tantaque mœstitia incessit, ut non gravius accepturi viderentur etc 9, 4.

INCENDERE 6, 33. Incensos ea rabie
impetus Tusculum tulit. *it.* incensus ira 2,
13. Incensus dolore, — odio iraque 2, 6
Tacita cura animum incensus 22, 12.

INCENDIUM 30, 6. Ignibusque in proxima tecta conjectis, effusa flamma primo
veluti sparsa pluribus locis reluxit, dein
per continua serpens, uno repente omnia
incendio hausit. Vid. *afflare.* Horæque
momento simul aggerem ac vineas, tam
longi temporis opus, incendium hausit 5,
7. Quum cædes et incendia circum Anienem fecissent 2, 64. Ubi conflagrassent
Sidicini, ad nos trajecturum illud incendium esse 7, 30. Aluistis ergo hoc incendium, quo nunc ardetis 21, 10. Velut ab
incendio flagrantis iræ — se defensurus
40, 56. Se populare incendium priori consulatu semiustum effugisse 22, 40. *alias :*
ambustus. Incendio alieni judicii — conflagrare 39, 6. *i. e. propter invidiam alieni
judicii condemnari et perire.* Vid. *ignis.*

INCENSUS *pro eo,* qui census non est] 1, 44.
— in populo per multos annos incenso
4, 8.

INCEPTUM 5, 11. Primo incepto. Non
venit ad finem tam audax inceptum 10, 32.
— irrito incepto 29, 35. *cf.* 9, 41. *it.* 25, 5.
Nebula matutina texerat inceptum 41,
2. Vano cum incepto mœnibus pepulissent Romanos 44, 31. Inceptum non succederet 42, 58. *Nisi legendum de conjectura Drakenborchii* inceptu *pro inceptui.*
Neque satis inceptis succederet 24, 19. Id
fœdum consilium tum incepto, tum etiam
exitu, fuit 26, 38. Et tutum vel incepto,
vel eventu se consilium adferre 35, 12. *ad
q. l. vid. Bauer. pag.* 231. Quum — perstaret in incepto 8, 33. *cf.* 32, 23.

INCEPTUS *Præfat.* Fœdum inceptu, fœdum exitu. Vid. *incipere.*

INCERTO *Adverb.* 28, 36. Multique ad-
nantes navibus, incerto præ tenebris, quid
aut peterent, aut vitarent, fœde perierunt.

INCERTUS 9, 24. Quæ (*nox*) omnia ex
incerto majora territis ostentat. In incertum (*sc. tempus*) creatus 4, 13. Incerti rerum omnium, suspensique de statu alterius
uterque consul ageret 9, 43. Æque ac venerant, omnium incerti legati Romam redierunt 35, 17. Incertus sententiæ 4, 57.
— incertus animi 1, 7. — incertis animis
fluctuans 33, 1. — incertus veri 4, 23. Incerti, manere eam an abire mallent 2, 32.

144

— incerti de fide sociorum 9, 6. Incerti, socii, an hostes, essent 30, 35. Incerta rerum multitudo 24, 24. Vid. *inæstimabilis*. Incertus trepidavit 33, 8. — incerta casuum 30, 30. Incerta proles 4, 6. *i. e. per connubium Patrum et plebis orta*. Incertus infans 31, 12. *i. e. ambiguo sexu, uti paullo post dicitur*.

INCESSERE 38, 29. Funda mare apertum incessentes exercebantur. *Hic reciproce verbum est intelligendum, ut sit aptum cū incessentes. nam passivum requirebat* incessendo. Vagosque — in viis lapidibus telisque incessebant 26, 10. *cf.* 9, 8. Pestilentia incesserat pari clade in Romanos Pœnosque 28, 46. Quando, quod taciti indignarentur nobiles homines, id æque nonus competitor inæstimabili perjurio incesseret 37, 57. *semper, translate quidem, dicitur in malam partem.* [*Fallitur*.] Timor deinde Patres incessit, ne etc. 1, 17. Timor incessit Sabini belli 2, 27. *absolute*. Tantus terror Tarquinium — incessit 2, 7. Tanta simul admiratio miseratioque viri incessit omnes 9, 8.

INCESSUS 21, 36. Tot hominum jumentorumque incessu dilapsa est *(nix). conf.* 10, 41. Inde terror maximus fuit, quod sacerdotes eorum, facibus ardentibus anguibusque prælatis, incessu furiali militem Romanorum insueta turbaverunt specie 7, 17. Ex transverso pulvis, velut ingentis agminis incessu motus apparuit 10, 41. Vid. *Virgil. Æn.* 9, 33. 11, 876. Vid. *propinquare*.

INCESTE 1, 45. Quidnam tu, hospes, paras — inceste sacrificium Dianæ facere. *i. e. parum caste, pure.*

INCESTUM 8, 15. Ab incesto id ei loco nomen factum. *i. e. stupro Vestalium.*

INCESTUS 45, 5. Judicia — more majorum comparata de iis, qui incestas manus intulisse intra terminos sacratos templi dicantur.

INCHOARE 3, 54. Ubi prima initia inchoastis libertatis vestræ. Novasque alias (*naves*) — Galli inchoantes cavabant ex singulis arboribus 21, 26. Sed mentio quoque inchoata affinitatis, ut rex duceret filiam Hasdrubalis 29, 23.

INCIDERE 28, 3. Incidentia tela. Metu, ne ambiguo ictu suis inciderent *(tela)* 30, 10. Sagunti ruinæ -- nostris capitibus incident 21, 10. Hi duo amnes confluentes incidunt Oriundi flumini 44, 31. Cum tanto pavore incidentibus vobis in vallum portasque 27, 12. Priusquam paventes portis inciderent 5, 26. Ne — timor in exercitum incideret 29, 24. Incidens portis exercitus 5, 11. Incidens principum foribus 9, 24. Huic timendo hosti utrum, quum declinarem certamen, improvisus incidisse videor, an occurrere in vestigiis ejus? 21, 41. Quod ubi cui militi inciderat 2, 27. Certamen consulibus inciderat,

uter dedicaret Mercurii ædem *ibid*. Quonam fato incidisset, mirari se etc. 3, 40. *pro accidisset*. Ibi si variaret, quod raro incidebat 1, 43. Forte ita inciderat, ne etc. 1, 46. Forte ita incidit, ut etc. 6, 34. Magna pars forte, ut in quem quæque inciderat, raptæ 1, 9. Vid. *casus*. Rem atrocem incidisse 1, 58. Transitu in Italiam Hannibalis, quantum terroris pavorisque, sese meminisse, quas deinde clades, quos luctus incidisse 30, 21. Incidunt aliorum peccata in unius suspectum ingenium 3, 11. Qui inciderant *(scil. in morbum)* 41, 21. Concursatio in obscuro incidentium aliorum in alios 41, 2. Triarii — — in hostem incidebant 8, 8. *al.* incedebant. Vid. *Bauer. in ind. h. v.*

INCIDERE 6, 39. Si spem honoris latoribus earum (*rogationum*) incidant. *cf.* 3, 58. *it.* 35, 31. Spemque extemplo inciderunt, capi primo impetu posse 44, 13. Quibus, longiorem exorsis orationem, brevis interrogatio — sermonem incidit 32, 37. Vid. *scribere.*

INCINCTUS cinctu Gabino 8, 9. *it.* cultu 10, 7. Vid. *Virgil. Æn.* 7, 612.

INCIPERE 9, 32. Exspectantes, ut ab adversariis clamor et pugna inciperet, et prius sol etc. Inde fœdum inceptu, fœdum exitu, quod vites *Præf.*

INCITARE 8, 33. His vocibus quum in se magis incitarent dictatorem. Eodem tempore et consules senatum in tribunum, et tribunus populum in consules incitabat 4, 2. Ad bellum atque arma incitantur 1, 27. Jam per se accensos incitabat animos 6, 18. Incitatus hibernis pluviis (*fluvius*) 44, 8.

INCLAMARE 1, 25. Exercitus inclamat Curiatiis, ut opem ferant fratri. Valerium magna voce inclamat 8, 9. Pastorum unus, — inclamat alios, cunctanter ab ruinis vici pecus propellentes 10, 4. *i. e. increpat.*

INCLEMENS 9, 34. Ne verbo quidem inclementiori a me appellatum vellem.

INCLEMENTER 32, 22. Murmur ortum aliorum cum assensu, aliorum inclementer assentientes increpantium. Vid. *murmur*: Nihil inclementer in Varronem dictum, nisi id modo 22, 38. Regem — accensum ira inclementer loquutum 42, 25.

INCLEMENTIUS 3, 48. Si quid inclementius in te sum invectus.

INCLINARE 29, 7. Fretum æstu inclinatum. *i. e. ubi rediis aqua ex alto versus terram.* In unum locum omnes se inclinant 2, 50. *scilic. ad perrumpendos ordines hostium.* Vid. *cuneus*. Prius sol meridie se inclinavit 9, 32. Nisi pars aliqua inclinaret ad respectum pristinæ societatis 35, 39. In liberis gentibus plebs — deterioribus erat ob regem Macedonasque inclinata 42, 30. In dites a pauperibus inclinata onera 1, 43. Omnia onera, quæ communis quondam fuerint, inclinasse in primores civitatis 1, 47. Philippus — ad fortunam inclinavit 23, 33. *scil. se.* Quâ fortuna rem daret, eâ inclinare vires 1, 27. In quos prærogativæ favor inclinavit 24, 8. Tribuni inclinatam rem in preces subsequuti 8, 35. Inclinatis semel in Apulia rebus 9, 20, *i. q. Romanis in Apulia victoribus.* Quo postquam fuga inclinavit 1, 27. Inclinavit sententia, suum in Thessaliam agmen demittere 32, 13. *cf.* 28, 25. In hanc sententiam maxime consul ipse inclinavit animos 8, 21. Dictator rem in caussam plebis inclinavit 6, 39. Inclinatæ vires 9, 19. *cf.* 3, 16. *it. cap.* 63. inclinatur Sabinis cornu.

INCLINATIO 44, 31. Adjuvante inclinationem animorum clementia in omnes et justitia prætoria. *cf.* 27, 17.

INCLITUS. Vid. *inclytus.*

INCLUDERE 24, 19. captivi — Romam missi, atque ibi in carcere inclusi sunt. Ætolorum utræque manus Heracleam sese incluserunt 36, 16. Pars Heracleæ incluserunt sese 36, 17. Nec ante vincere desierint, quam rubro mari inclusis, quod vincerent, defuerit 42, 52. Consuli primo tam novæ rei ac subitæ admiratio incluserat vocem 2, 2. *pr. occluserat.* Quum jam spiritum includeret, nec reciprocare animam sineret 21, 58. pro *intercluderet. sic ante Drakenborchium legebatur.* Includi vento in hostium ora 37, 24. Inclusa (*oratio*) libro quinto Originum Catonis 45, 25. *i. q. inserta.* Postremo inclusum (*scil. decreto*) 31, 44. *i. e. additum.*

INCLYTUS 39, 36. Inclytamque per gentes Lycurgi disciplinam sublatam. Quæ tum familiæ (*Potitii ac Pinarii*) maxime inclytæ ea loca colebant 1, 7. Inclyta justitia religioque — Numæ — erat 1, 18. Ad maxime inclytum in terris oraculum 1, 56. Inclytum templum 2, 8. Inclytas leges Solonia describere 3, 31. A patriciæ gentis viro et inclytæ famæ 6, 11.

INCOGNITUS 42, 52. Animum habendum esse, quem habuerint majores eorum; qui, Europa omni domita, transgressi in Asiam, incognitum famæ aperuerint armis orbem terrarum. Biduum ad recognoscendas res datum dominis: tertio incognita sub hasta veniere 5, 16.

INCOLA 4, 3. Tarquinium non Romanæ modo, sed ne Italicæ quidem gentis, Damarati Corinthii filium, incolam ab Tarquiniis — regem factum.

INCOLERE 1, 1. Qui iter mare Alpesque incolebant. *cf.* 5, 33. it. 21, 31. incolunt prope Allobroges. Qui eorum circa Macram fluvium incolebant 40, 41. Non — si non easdem opes habere, eamdem tamen patriam incolere 4, 3. Vid. *colere.* Piscibus atque avibus ferisque, quæ incolunt terras, iis fuat esca caro tua 25, 12. Ceterique dii deæque, qui Capitolium arcemque incolitis 6, 16. Jove ipso, qui

Capitolium incolit 8, 4. Plebi tamquam aliam incolenti urbem 6, 40.

INCOLUMIS 1, 3. Imperium ei ad puberem ætatem incolume mansit. *i. e. servatum est. refertur non tam ad imperium, quam ad heredem imperii.* Stante incolumi urbe 5, 53.

INCOMMODE 4, 8. Ne in parvis quoque rebus incommode adversarentur. Et ab his columnis, quæ incommode opposita videbantur, signa amovit 40, 51.

INCOMMODITAS 10, 11. Romæ, tum desiderio viri, tum incommoditate temporis, tristis nuncius fuit.

INCOMMODUS 2, 34. Incommodo bello in tam arctis commeatibus vexati forent etc. Romanos quoque — — non abhorrere a finiendo tam incommodo ac difficili bello 44, 25. Bellum grave atque incommodum Græciæ omni 45, 3. Nihil — quod incommodum plebi esset, scientes fecisse 6, 40. Naves — propugnatoribus incommodæ 30, 10. Periculosumque et viris et parentibus erat, moram incommoda severitate libidini regiæ fecisse 27, 31. Legatusque Romanus, ne alieno tempore incommodus obversaretur, Pergamum concessit 35, 15.

INCOMPERTUS 4, 23. Vetustate incomperta. Rem inquisitam, ne quid incompertum deferret ad consulem, detulit 10, 40.

INCOMPOSITUS 9, 36. Tumultuariæ agrestium Etruscorum cohortes — adeo incompositæ etc. Adversus ita incompositos eos venientes — — Romani eruperunt 40, 28. Incompositi, longo agmine effusi — — ad urbem pervenerunt 43, 10. Incompositos atque inordinatos fugant 41, 12. Nobis tunc repente trepidandum in acie instruenda erat, et incompositis concurrendum? 44, 38. Vid. *componere.* Qui non, sicut ante, Fescennino versu similem incompositum temere ac rudem alternis jaciebant 7, 2. *Fortasse compositum temere legendum; certe non improbat Drakenborchius.* Vid. *Bauer. ad A. l. pag. 254.*

INCONDITUS 29, 39. Sparsi et inconditi sine ordine. Duo millia plaustrorum, inconditam inermesque aliam turbam advenisse 25, 13. Incondita multitudo, turba immixta servili, variis vocibus personabat 43, 10. Acies incondita atque inordinata 44, 39. Exercitus novus atque inconditus 30, 11. Rex inconditæ barbariæ 30, 23. Syracusia nova pace inconditas componere res 26, 40. Dum turbata omnia nova atque incondita libertate essent 24, 24. Carmen — abhorrens et inconditum 27, 37. In eum milites carmina incondita — canere 4, 20. *cf.* 7, 10. Vid. *Virgil. Eclog.* 2, 4. Inter jocos militares, quos inconditos jaciunt 5, 49. Simul inconditis inter se jocularia fundentes versibus 7, 2. Incondito militari joco 7, 38.

INCONSTANTER 40, 55. Adductus primo ita negare inconstanter, ut etc.

INCONSULTE 42, 16 Aggressi facinus — ut inconsulte, ita audacter cœptum, nec consulte et timide reliquerunt. cf. 22, 43. Ne quid inconsulte ac temere fiat 2, 37. Quod (prœlium) ab Sempronio incaute inconsulteque commissum est 4, 37.

INCONSULTIUS quam voberat, se gessit 41, 10. Vid. negutias.

INCONSULTUS 22, 44. Inconsulta atque improvida pugna. it. largitio 5, 20. Ita inconsulta 42, 54. Eam non inconsultam audaciam fecit 44, 6. Inconsultum certamen 22, 7. — inconsultus pavor 22, 6.

INCONTAMINATUS. Vid. colluvio.

INCORRUPTUS 32, 32. Pro incorruptis restituere. i. e. ita, ut corruptionis vestigia nulla supersint. Quo genere (disciplina) bellum quondam incorruptius fuit 1, 18.

INCREBRESCERE 7, 12. Gallici usque belli fama increbrescebat. i. q. increbrescere, quod tamen, quia ducitur a casu obliquo crebri etc. minus probandum videtur. Rem ad triarios redisse — proverbio increbuit 8, 8.

INCREMENTUM 40, 58. Quarum (injuriarum) indies incremento bellum exarsit. In tantas brevi crescerent opes — seu multitudinis incremento etc. 21, 7. Quum hostium res tantis augescere incrementis cerneret 27, 17.

INCREPARE 1, 25. Increpuere arma. Si quid increpet terroris 4, 42. Si ab tergo aliquid tumultus increpuit 44, 41. Hæc indigna, miserandaque auditu quum — increpuissent 6, 27. Equitem clara increpans voce 1, 27. Himilco — locum Hannonis increpandi esse ratus etc. 23, 12. Etiam Deos aliqui verbis ferocioribus increpant 45, 23. Cunctantes arma capere increpabat 10, 35. Hæc exeuntibus in publicum pavidis increpans 9, 24. Simul verbis increpans transfigit puellam 1, 26. In Fulvii similitudinem nominis increpans 27, 1. Hæc Arleinus in regem Rom. increpans 1, 51. Qui maxime ignaviam increpant 2, 29. Dictator ad concionem advocatam increpuit 4, 32. i. q. cum magna indignatione loquutus est. Nihilo lenioribus — senatorum aliquot orationibus increpitus 42, 9.

INCREPITARE 36, 32. Quidam Achæorum — pertinaciam increpitabant prætoris. Quam verbis quoque increpitans adjecisset 1, 7.

INCRESCERE 1, 32. Ad terrorem increscentis audaciæ. Increscentemque fiducia sui vim 10, 14. Concitatior accidens clamor ab increscente certamine 10, 5. Quantum incresceret æstus 44, 35.

INCRUENTUS 8, 29. Haudquaquam tamen incruento milite suo. Nec incruentam victoriam retulit 4, 17. cf. 42, 66. Nec incruenta victoria fuit 42, 7. Quam

(Dorium) prædam verius, quam hostem, incruentus devicit 9, 17.

INCUBARE 21, 27. Castris suppositis incubantes flumen transavere. Incubaus cortici secundo Tiberi ad urbem defertur 5, 46. incubare publicis thesauris 6, 15. i. q. prendere, occultare, ut ad alios nihil inde perveniat.

INCULTUS 2, 34. Ex incultis per successionem plebis agris. incultaque omnia diutino dominorum desiderio domi invenerint 5, 10. Homines intonsi et inculti 21, 32.

INCULTUS 42, 12. Suos honores desertos per incultum ac negligentiam.

INCUMBERE 22, 2. Cumulatis in aquas sarcinis insuper incumbebant. Et suo et armorum pondere incumbere in hostem 30, 34. In eos (averso) transversi incumbentes tigni — injungebantur 44, 5. Ad id prope unum maxime inclinatis rebus incubuit 3, 16. Unum in locum totam periculi molem, omne onus incubuisse 27, 46. Quum suis, tum totius nobilitatis viribus incubuit, ut se cum Fabio consulem diceret 10, 15.

INCURIOSE 39, 3. Omnibus, pacis modo, incuriose agentibus, cf. cap. 32.

INCURRERE 26, 25. Incurrere ea gens in Macedoniam solita erat. Peditum signa cornibus incurrerent 28, 17. Levi armatura hostium incurrere 22, 17. Invidiam, tanquam ignem, summa petere, in caput consilii, in ducem incurrere 8, 31. Trepidi rerum suarum in — tribunos militares incurrunt 5, 11. i. q. in eos invehuntur, accusant eos.

INCURSARE 5, 31. Agros Romanorum incursavere. Agmen Romanum impune incursatum ab equitibus hostium 24, 41. Nec erant incursiones modo in agros, aut subiti impetus incursantium etc. 2, 30. In latera utrimque ab tergoque incursantes 22, 28.

INCURSIO 9, 44. In campum Stellatem — Samnitium incursiones factæ. Per expeditiones parvas, plerumque nocturnis incursionibus, tantam vastitatem in agro Sabino reddidit etc. 2, 26.

INCURSUS 2, 25. Primo statim incursu pulsi hostes. cf. 44, 4. Neque hostium ab tergo incursum vidit 3, 5.

INCUSARE 8, 23. Ultro incusabant injurias Romanorum. conf. 9, 11. Incusantes violati hospitii fœdus 1, 9. Ap. Claudium, quia dissuaserat legem, majore nunc auctoritate eventum reprehensi ab se consilii incusantem 7, 6. Neque desiturum ante invictum vestrum imperatorem incusare 23, 12. Incusaverat, bella ex bellis seri 31, 6. Alii ferocius incusarunt exprobraruntque 33, 33. cf. 40, 27.

INCUTERE 9, 41. Umbonibus incusaque alis sternuntur hostes. Vid. alas. Scipione eburneo in caput incusso 5, 41. Quem (metum) ut pluribus incuteret 1,

**49.** Pestem jam tenenti consuli foedum — nuncium incutiunt, mortuum ejus filium esse 2, 8. Terrorem ingentem incusserat plebi 6, 38, Tantaque admiratio singularum universarumque rerum incussa (*scilic. legatis*) 29, 22. Quia movendi inde thesauros incussa 'erat religio 29, 18. Religionem animo incussit 22, 42.

· INDAGO 7, 37. Quum praemissus eques velut indagine dissipatos Samnites ageret.

INDE *pro* deinde 1, 2. *b*, 39. 9, 10. 21, 11. 42, 55. Caussasque criminum ad plebem, seditionum inde ac legum novarum, praebituram, 5, 20. *Copulandi vim habet, ut et* deinde. Quum alii urbem tuendam, inde alii cedendum fortunae et tradendam urbem victoribus censerent 25, 15. *i. e. nunc tandem, post talem casum. Nisi pro* vicissim *accipiendum.* Inde rursus ipsa solitudine absterriti 5, 41, *i. e. ab ultimis tectorum, quae petierant.* Ab utra parte cedere Romanus exercitus coepisset, inde se consul devoveret 8, 6. *i. q. in ea parte, in eo exercitu. Similiter* 2, 32. Inde oriundus *pro ex ordine plebeio.* Licet — vastas inde solitudines facere, unde sociali egregio exercitu — usi estis 8, 18. Claustra inde portaeque 6, 9. *i. e. ab Etruria.* Inde cognomen factum Poplicolae est 2, 7. Vid. *Bauer. ad h. l.* pag. 94. Jam inde ab initio 1, 2. *cf.* 6, 40. Suo jam inde vivere ingenio 3, 36. Gens jam inde nulla — inferior 21, 31. Quum stupor silentiumque inde ceteros Patrum defixisset 6, 40. *Nempe ex stupore silentium. Sic Bauerus ad h. l.* Rege inde (*ex Sabinis*) sumto 1, 18. E qua regione abduxisset legiones, exemplo inde rebellatum, 40, 50. cedere inde, quantum posset : et inde una nocte etc. 25, 35. *Si modo alterum* inde *genuinum est.* Silentium inde aliquamdiu tenuit. dein etc. 3, 47. inde equitum certamen — dein etc. 21, 46. Vid. *deinceps.*

· INDECORUS 7, 2. Haud indecorus motus more Tusco dabant.

· INDEFENSUS 4, 28. Hic praebituri — vos telis hostium estis indefensi, inulti. *cf.* 22, 46.

INDEMNATUS 3, 56. Quem enim provocaturum, si hoc indemnato indicta caussa non liceat.

INDERE 1, 49. Cui Superbo cognomen facta indiderunt, inde cognomen familiae inditum, ut Annales appellarentur 40, 44.

INDEX 1, 19. Janum — indicem pacis bellique fecit. Altera corona, ejusdem honoris index 7, 37. *it. paullo post :* index omnium assensus.

INDICARE 4, 15. Propter pactionem indicatam recipiendorum in urbem regum a patre securi esse percussos. *Col. Bauerus legendum putat* initam. *Sane speciosse.* Vid. *Excerpta Liviana ab illo edita p. 234.*

INDICERE coetus in domum 4, 25. In agrum Pomptinum, quo a Volscis exercitum indictum audierat 6, 12. *cf.* 40, 21. Aquileiam indicto exercitu 43, 1. *cf.* 10, 38. Priusquam hi consules venirent ad exercitum, qui Pisae indictus erat 40, 41. Clam indicta sint, revocare indicere 41, 14. Exercitum indicere ad portam 6, 22. Tributum populo indicere 4, 60. Ante delectum indictum 3, 66. Vid. *edicere. Eodem modo justitium. it. comitia et* indici *et* edici *dicuntur.* Comitia decemviris creandis in trinum nundinum indicta 3, 35. Sibimetipse exsilium indixit 39, 52. Quae tum cecinerit divino spiritu instinctus, ea se nec, ut indicta sint, revocare posse 5, 15. *cf.* 22, 39. Indicta causa 3, 56. Me indicente 22, 39. [Vid. *Stroth. ad h. l.*] Sic *Jul. Cae. B. G.* 3, 26. Intritus *pro non tritus, affectus, fractus.*

INDICIUM, 39, 8. Falsi testes, falsa signa testimoniaque et indicia ex eadem officina exibant. *i. q. falsi indices.* Avertit ab consciis in insontes indicium 24, 5.

INDIDEM 22, 46. Civis indidem erat. *Particula Livio lubenter usurpata.* Additi erant Bruttiorum indidem perfugae 27, 12. *cf.* 25, 15. *it.* 28, 1. 39, 11.

INDIGENA 23, 5. Poenus hostis, ne Africae quidem indigena. (*Scil. sed alienigena Tyro oriundus.*) Vid. *Duker. ad Flor.* 2, 18.

INDIGETES Dii 1, 2. *Propter merita in coelum vocati ; quasi inde i. e. e terra geniti, s. indigenae.* χθόνιοι θεοί. *cf.* 8, 9. *Virgil. Aen.* 12, 794.

INDIGNARI coepit 32, 34. *Pro indignabundus dicere coepit.* Vid. *increpare ult. conf. Bauer. Exc. Liv.* 2, *pag.* 190. Quod quisquam indignari posset 1, 35. Imperiumque ibi esse, ubi non esset libertas, indignabantur 3, 38. *ad q. l.* Vid. *Bauer.* Adsentando indignandoque et ipse vicem ejus 40, 23. Vid. *abominari.*

INDIGNATIO 30, 11. Quum pulsos indignatio accenderet. *conf. Virgil. Aen.* 5, 455. Nec domi tantum indignationes continebant, 1, 10.

INDIGNE 4, 31. Quo minus regimen rerum ex notata indigne domo peteretur.

INDIGNITAS 1, 40. Impensius ei crescit indignitas. *h. e. res ei magis videtur indigna.* Si forte accensum tot indignitatibus cladibusque sociorum detrahere ad aequum certamen possit 22, 13. Illum, omnibus indignitatibus compulsum ad rebellandum, inter apparatum belli fato oppressum 42, 52. Coactus cum multa indignitate prensabat singulos 3, 12. *i. e. cum precibus et lacrimis.* De indignitate (*i. e. iniquitate et insolentia*) satis dictum est. etenim dignitas ad homines pertinet. quid de religionibus etc. 6, 41. Inde primum miseratio sui, deinde indignitas, atque ex ea ira animos cepit 5, 45. *Pro indignatione. cf.* 9, 46. Pleni irae atque in-

dignitatis animi 7, 7. *Scilicet non indig-*
*nari potest, nisi qui indignum quid vel ex-*
*pertus sit, vel viderit, e. i. g. a.* Tantumque Flavii comitia indignitatis habuerunt,
ut plerique nobilium annulos aureos et
phaleras deponerent 9, 46. Indignitate rerum 3, 38. *i. q. ob rerum indignitatem. Sic*
*fere* 6, 40. Præ indignitate rerum.,
INDIGNUS 22, 59. Indigni, ut a vobis
redimeremur. Non indigna pati 31, 30.
*i. e. quæ quis ex jure belli pati debet.*
INDIPISCI 26, 39. Quam quis indeptus
navem erat, ferrea injecta navi. *Eodem sig-*
*nificatu idem vocabulum occurrit* 28, 30. *ult.*
INDOLES animi ingeniique 9, 17. Mag-
na indoles in Lavinia 1, 30. *i. q. virtus.*
Tantam indolem tam maturæ virtutis umquam exstitisse 3, 12. Alta indoles 21, 2.
Cum hac indole virtutum atque vitiorum
triennio sub Hasdrubale — meruit 21, 4.
INDOMITUS 21, 20. Adeo ferocia atque
indomita ingenia esse.
INDUBITATE 33, 40. Quæ indubitate
Lysimachi fuerint. *Si quidem sanus lo-*
*cus. Vid. Drakenborch. ad h. l. it. Cff.*
*Ruhnken. ad Vellei.* 2, 60. *Haud dubie*
*aliud quid, quam* indubitate *illo in loco Li-*
*vius scripsit.*
INDUCERE 7, 16. Exercitum in agrum
Privernatum induxit. *cf.* 21, 5. Consules
ambo in Ligures exercitus induxerunt diversis partibus 40, 41. Quidam principum
postulare, ut præsidia in urbes suas inducerentur adversus amentiam eorum, qui
etc. 43, 17. Si reducendi ejus caussa exercitum *(in)* Ægyptum induxisset 45, 11.
Ad sinistram portam infrequentes videt :
eo — legionis principes — induxit 34, 15.
Quâ induceretur aratrum 42, 2. Pulvis-
que ex distantibus locis ortus velut nube
inducta omnia impleverat 1, 29. Nondum
hac effusione inducta, bestiis omnium gentium Circum complendi 44, 9. Illos —
patriam — — induxisse in animum, ut
superbo quondam regi — proderent 2, 5.
Simul copia materiæ (*ligni,*) simul facilitate operis inducti 21, 26. In agrum injuria possessum a portentibus inducatur 6,
39. *pro reducatur.* Hannibal elephantos
in primam aciem induci jussit 27, 14. Manipulos legionum principali via inducit 10,
33. Subsidiariis cohortibus in pugnam inductis 34, 15. Id quibus virtutibus inducti
ita judicarint 29, 14.
INDUCIÆ 44, 29. Inducias religione
loci præbente. Res est in induciis 7, 38.
*cf.* 9, 9. Quum (*Falisci*) in induciis essent 7, 38. Inducias temporis ejus, quod
petebant, a consule impetraverunt 37, 7.
Qui inducias tantum temporis petant 36,
55. *i. q. in tantum temporis ; nisi malis*
*cum Dukero* tanti temporis. Inducias in
triginta annos impetraverunt 9, 37. *conf.*
*cap.* 41. — induciæ annuæ *ibid.* Induciæ
biennii 9, 20. Pactæ induciæ 30, 29. Bellum indictum — tacitæ induciæ quietum

annum tenuere 2, 18. *conf. cap.* 64. *it.*23, 46.
*Sunt autem* tacitæ induciæ, *quæ quiescen-*
*tibus utrimque hostibus fortuito, non ex*
*pacto aguntur.* Necdum enim dies (*indu-*
*ciarum*) exierat 30, 24.
. INDUCTIO 44, 9. Horum inductio (*scil.*
*in circum ab apparitoribus facta*) in parte
similacrum decurrentis exercitus erat.
INDUERE 1, 56. Juvenis longe alius
ingenio, quam cujus simulationem induerat. Vid. *B. Patruum ad Tacit. Annal.*
1, 7. Si ex habitu novæ fortunæ, novique,
ut ita dicam, ingenii, quod sibi victor induerat, spectetur 9, 18. Adeoque novum
sibi ingenium induerat 3, 33. Non insidiatoris modo, sed latronis manifesti et
percussoris speciem induit 40, 12. *scil.*
*mihi. conf.* 21. 3. Quod mihi cum mea et
fides nomen (*patroni plebis*) induit 6, 18.
*i. q. imponit. Gr.* ἐνδυεσθαι. Longam in-
dutæ vestem 27, 37. Donec ipsa manibus
suis nefaria sibi arma — induerit 30, 13.
Induissent se hastis, nec confertam aciem
sustinuissent 44, 41. *i. q. implicuissent.*
INDULGENS 24, 25. Non ferme desunt
irarum indulgentes ministri.
INDULGENTIA 23, 2. Luxuriantem
(*Capuam*) longa felicitate atque indulgentia fortunæ.
INDULGERE 40, 5. Cui (*odio Philippi in*
*Romanos*) Perseus indulgeret *b. e. quod*
*ille irritabat, alebat.* Qui jam nunc sanguine meo sibi indulgeri æquum censet
40, 15. Indulgere licentiæ militum
29, 19.
INDURATUS 30, 18. Lentior, ut vides,
fit pugna : et induratus præter spem re-
sistendo hostium timor : ac ne vertat in
audaciam, periculum est.
INDUS 34, 14. *Sic vocabatur magister et*
*rector elephanti, licet Indus non esset.*
INDUSTRIA 1, 9. Ludos ex industria
parat Neptuno. Ex industria factus ad
imitationem stultitiæ 1, 56. De industria
1, 45.
INENARRABILIS labor 44, 5.
INENARRABILITER 41, 15. Inenarrabiliter jecur omne absumtum.
INERS 24, 18. Additumque inerti censoriæ notæ triste senatusconsultum. *Si*
*inerti est a Livio, significat haud dubie :*
*quæ nihil damni aut molestiæ afferebat, ha-*
*bebatque nihil aliud præter ignominiam*
*levem, ut docet Cicero in Cluentiana. Com-*
*parentur, quæ ad voc. seq. dicta sunt. Hic*
*pensitatis vix desiderabitur alia lectio.* Vide
*tamen Cel. Strothium ad h. l.* Brutus, castigator lacrimarum atque inertium querelarum 1, 59. Quis — vel iners atque imbellis, fortissimum virum non vicerit
44, 38.
INERTIA 33, 45. Et inertia operis, nec
sine armorum sonitu excitari posse, *ad q.*
*l. Vid. Bauer. pag.* 209. *Sic Ciceroni di-*
*citur* inertia laboris *Or. pro Q. Roscio cap.*
8. [*Vereor ut locus Ciceronianus, quo jam*

*Doctitius usus est, Liviano a viris doctis haud temere tentato nuptias ferat. Haud displicet Baueri* torpere; *perplacet Rubenii* sopiri.]

INESCARI 22, 41. Velut inescatam meritatem ferocioris consulis — esse. Et quum feræ bestiæ cibum ad fraudem suam positum plerumque aspernentur et refugiant, nos, cæci, specie parvi beneficii, inescamur 41, 22.

INESSE 9, 16. Præcipua pedum pernicitas inerat. *Scil. Papirio Cursori.* Inerat cura insita mortalibus videndi congredientes nobilem regem etc. 42, 39. Inter quæ maxima inerat cura duci 23, 35. Jacula — præfixa ferro, quale hastis velitaribus inest 26, 4.

INEXPERTUS 6, 18. Iram accenderat ignominia recens in animo ad contumeliam inexperto. Novam inexpertamque eam potestatem (*tribunor. pleb.*) eripuere patribus nostris, ne nunc, dulcedine semel capti, ferant desiderium 3, 52. *Vid. Virgil. Æn.* 4, 415. Exercitum in tectis habuit adversus omnia humana mala sæpe ac diu duratum, bonis inexpertum atque insuetum 23, 18.

INEXPIABILIS 4, 35. Bellum inexpiabile *i. e. culpa belli contracti inexpiabilis.* [*Græcorum* πόλεμος ἄσπονδος.] Cur quidem nos inexpiabile omnium soli bellum adversus regnum Macedonum geramus 41, 24. Inexpiabile odium 2, 17. *al.* inexplicabile. *Vide B. Patruum ad Tacit. Annal.* 3, 73. [*Clav. Ciceron. v.* inexplicabilis.]

INEXPLEBILIS 28, 17. Unus, qui gesserat, inexplebilis virtutis veræque laudis.

INEXPLICABILIS 40, 33. Inexplicabiles continuis imbribus viæ tenebant.

INEXPLORATO procedere 38, 18. *it.* proficisci 21, 25. *cf.* 6, 30. *it.* 27, 26.

INEXPLORATUS 43, 4. Vicina etiam inexplorata erant.

INEXPUGNABILIS via, 31, 39. Ibi alto atque munito loco arcem inexpugnabilem fore 2, 7. Quarum (*urbium*) plerasque, munitionibus ac naturali situ inexpugnabiles, fame sitique tempus ipsum vincit atque expugnat 5, 6. Quum et loco et præsidio valido inexpugnabilis res esset, abstitit incepto 42, 67.

INEXSUPERABILIS via fati 8, 7. *i. q. ineluctabilis.*—ripa 44, 35. Inexsuperabiles Alpes 5, 34. *it.* paludes inexsuperabilis altitudinis 44, 46. *cf.* 42, 54. *it.* 43, 18. Voluntati quidem et studio in colendis vobis adjicere (etenim inexsuperabilia hæc erant) nihil potui 37, 53.

INFABRE 36, 40. Vasis non infabre suo more factis.

INFACUNDUS 7, 4. Infacundior et lingua inpromptus.

INFAMIA 22, 39. Si te neque collegæ vana gloria, neque tua falsa infamia moverit. Invidiam infamiamque ab Lucretio averterunt in Hortensium etc. 43, 4. Ita,

nequidquam inter se captati, nihil præte infamiam movere 44, 25.

INFAMIS auctor deserendæ Italiæ post Cannensem cladem 27, 11. Infames Karthaginienses 34, 62. Multis cædibus infamem, nec ullo commendabilem merito 42, 5. *conf.* 10, 2. Transfugam, sine magnæ rei proditione venientem ad hostes, nihil aliud, quam unum vile atque infame corpus esse ratus 22, 22. Infames nuptias petisse 36, 13. (*e Græcia.*) Jam Romæ etiam sua infamis clades erat 9, 7. — infamis cunctatio 22, 15. Vidisse sponsione infami obligatos 9, 8. Ob infamem et invidiosam senatus lectionem 9, 29. Quum rem invisam infamemque cernerent 25, 2. Quorum mors infamem annum pestilentia fecerit 8, 18. Infames frigoribus Alpes 21, 31. Vid. *Alpes.* Aliquanto magis infamis mors Pisonis (*tamquam non naturalis*) cœpit esse 40, 37.) Captarum etiam pecuniarum—suspicione infamis 42, 45. Cunctationem suam infamem apud socios esse 42, 57. Quæ colloquia occulta et legationes infames quidem erant 44, 24.

INFANDUS 23, 9. Ne ante oculos patris facere et pati omnia infanda velis. Oratio habita — — de stupro infando Lucretiæ et miserabili cæde 1, 59. Priusquam infanda merces perficeretur 5, 49.

INFECTUS 38, 1. Infecta pace dimissi. *cf.* 8, 37. — infecta re 5, 4. *cf.* 42, 16. Bello infecto repente omisso 8, 12. In quæ (*castra*) infecta victoria, sicut pristino die, vos recipiatis 9, 23. *i. q. æquo Marte.* Omnia pro infecto sint 9, 11. Argentum infectum 34, 10. *Oppos. signatum.*

INFELICITAS 40, 55. Infelicitatem suam in liberis graviorem, quod alter perisset, censebat.

INFELICITER 2, 35. Haud facile credebant, plebem suam impelli posse, ut toties infeliciter tentata arma caperent. Locorum magis præsidio adversus infeliciter expes tam vim, quam armis, se defensuri 41, 18

INFELIX. *Vid. supra in v.* arbor. Puell infelicem formam deplorant 3, 48. Su infelix erga plebem Romanam studium, 56.

INFENSUS 2, 34. Adeo coorta erat sensa plebs. *pro* infense. *Id est more Gr corum Livius facit sæpissime, ut adject adverbiorum loco adhibeat. Vid. Dral borch. ad h. l.* Infensus ira 1, 53. accusator apud judices infensos deerat 46. Huic infensus crudelitati Junius 9. Tum et oppugnantibus animus crevi infensius hostes pro vallo pugnaban 18. *Nisi legendum cum Dukero* impen *aut cum Perisonio* intentius.

INFERNI dii 24, 38. Diique omnes lestes, vosque terrestres, vosque infes 39.

INFERRE 1, 13. Ausæ se inter tel lantia inferre, *cf.* 9, 27. Patres circ plebem inferentesque se in circulos mones tempori aptos serere 3, 17. Quum corpora nuda (*sua, virgis mulcata a se*) intulissent in civium coetum 8, 27. Quum se in mediam concionem intulisset 5, 43. Quo magis se hostis inferebat 2, 50. i. q. *aggredi*. Ex loco superiore, qui prope suâ sponte in hostem inferebat, impetu facto, strage ac ruina fudere Gallos 5, 43. *absolute*. Inferre se hostibus 2, 30. i. q. aggredi. cf. 6, 12. Dum se — in mediam dimicationem infert 3, 5. Obsidio urbi infertur 5, 29. In eum agrum qui — hostilia arma inferrent 7, 31. Qui incestas manus intulisse intra terminos sacratos templi dicantur 45, 5. Moram suam hesternam velut deorum quadam providentia illatam etc. 1, 51. Duplex inde terror illatus Romanis 9, 21. cf. 6, 12. — timor 28, 21. — metus *ibid. cap.* 44. Clamore renovato inferunt pedem 7, 8. Inferre pugnam 10, 41. — vallum usque ad stationem 8, 38. — Scalas ad moenia 32, 24. — mentionem 38, 34. cf. 3, 43. it. 4, 1. — sermonem 49, 11. — fraudem 27, 28. Quas (*naves*) trepidatio in vada intulerat 10, 2. Quod (*flumen*) — mari Adriatico infertur 41, 31. Infert in mediam caedem pavidos fuga 4, 33. Victorem hostem signa in perculsos inferentem 9, 27. Trepidantibus inferunt signa Romani 3, 18. Ut signa in urbem inferrent 44, 12. Tum illam tempestatem coortam, quae ad Antiochum eos, sicuti in scopulum, intulisset 38, 10. cf. 28, 30. Donec impetu illati ab suis excluduntur 4, 39. Velut vecordes illati 9, 23. *Simpliciter dictum*. Vid. *Examen*.

INFESTIUS exarsurum, agitatum contentione ipsa, exacerbatumque 8, 32. *Paullo post*: et ipse infensus aderat. Vid. *Inimice*. De nullis enim, quam de vobis, infestius aut inimicius consuluerunt 28, 29.

INFESTUS 1, 23. Infesto exercitu in agrum Albanum pergit. *Proprie dictum; nam infestus i. q. aggressor.* In Postumium — equum infestus admisit 2, 19. Infestis signis consistere 2, 30. Quum infestis cuspidibus concurrissent 8, 7. Infestissimum bellum 9, 12. it. ira infesta 7, 30. Infesta civitas 3, 24. i. q. *discors*. Infestam effecerat (*regionem*) 34, 62. i. e. *infestis armis occupaverat*. Regio infesta ab Samnitibus 10, 46. t. e. *infestata. Sic et* 6, 5. Multo eum infestiorem agrum ab nobilitate esse, quam a Volscis fuerit. v. hostiliter. Si ora Italiae infestior hoc anno, quam Africae, fuit 24, 8. Tum vero in dies infestior Tullii senectus, infestius coepit regnum esse 1, 47. Adeo infestum omnem Romanum agrum reddidit 2, 11. Ex loco infesto agere porro armentum occepit 1, 7. Saltus, etiamsi bello non fiat infestus, transitu difficilis 44, 6. Qua (*nocte*) fugam infestam Samnitibus — fecit 10, 44. Inter omnia inimica infestaque 22, 39. Consul — nulli fugientium infestus agmini 22, 49. *Nisi legendum cum aliis aut* immistus*, aut*

ingestus, aut insertus. *Vid. Bauer. ad h. l. pag.* 69. Ex familia infestissima Patribus 4, 54. Infestam senatui plebem ratus etc. 28, 2. Animi regno infesti 1, 57. Bonis, tergo, sanguini civium infestus 3, 57. Perosus decemvirorum scelera, et ante omnes fratris filii superbiae infestus 3, 58. Ne causam diceret adverso senatu, infestiore populo 42, 22. Non pugnandum cum infesto tempore anni 42, 22.

INFICIARI 40, 55. Alii tormenta etiam inficiantem perpessum affirmant. Quum interrogati non inficiarentur 43, 7.

INFICIAS ire 6, 40. Neque nego neque inficias eo. Vid. *negare*.

INFIDUS 1, 14. Infida societas regni. i. e. *partim tuta ; nam ipsorum concors regnum fuit, quemadmodum ipse Livius dixit.* Sub specie infidae pacis 9, 45. Suspectaque ei gens erat, quum ob infida multa facinora, tum — ob recentem Boiorum perfidiam 21, 52.

INFIMUS 8, 2. Precibus infimis petiere, ut etc. conf. 29, 30. Urbes quoque, ut cetera, ex infimo nasci 1, 9. Vid. *nix*.

INFINITIVI *in eadem periodo stili relatioi verbo finito juncti* 2, 5. Legati alii alia moliri — consilia struere — et nobilium adolescentium animos pertentant.

INFINITUS 3, 9. Infinita potestas. *de consulatu.* Vid. *Inti. ad h. l.*

INFIRMITAS 45, 19. Infirmitate aetateque Eumenis.

INFIRMUS 7, 30. Quam (*amicitiam*) si secundis rebus nostris petissemus : sicut coepta celerius, ita infirmiore vinculo contracta esset. Vid. *vinculum*.

INFIT 1, 23. Ibi infit Albanus.

INFIXUS 29, 18. Religio infixa animis.

INFLAMMARE 10, 2. Vicos expugnant, inflammant tecta. Ad haec quum inflammarentur animi 4, 56. Inflammatus ita 2, 6.

INFLARE spem alicujus 35, 42. Inflavit ad intolerabilem superbiam animos 45, 31.

INFLATUS amnis aquis 21, 19. cf. 23, 19. it. 40, 38. Inflati vano nuncio 24, 32. i. q. *irati*. His simul inflatus exacerbatusque 6, 18. Intempestiva jactatione severitatis inflatus 29, 37. Filia Hieronis, inflata adhuc regiis animis, ac muliebri spiritu 24, 22. Tanta sua clade jam inflatos excidio coloniae Romanae augere hostium animos 31, 10. Opinionibus inflato animo 6, 11. it. 24, 6. inflatus assentationibus.

INFORMIS 21, 32. Informia tecta imposita rupibus. Alvei informes 21, 26.

INFORTUNIUM 1, 50. Nullam breviorem esse cognitionem, quam inter patrem et filium — ni pareat patri, habiturum infortunium esse.

INFRA 39, 43. Tum illam infra eum accubantem negasse, unquam vidisse quemquam securi ferientem etc.

INFRACTUS 38, 14. Oratio submissa et infracta. Si ille praepotens opibus popu-

Ina — adeo infractos gereret animos 7, 31. Nihil infractus ferox Appii animus 2, 59.

INFRENATUS 37, 20. Non stratos, non infrenatos magna pars habebant equos. *i. e. frenatos, quod negligentia addita et contextus docet, quum alibi infrenatus idem sit quod non frenatus, ut vel ex locis subjectis patet.* Generosissimarum gentium equites frenatos et infrenatos 21, 44. *Intelliguntur haud dubie* Numidæ, infreni, *qui Virgilio dicuntur.* Eos ipsos (*equos*) non sternere, non infrenare aut ascendere facile poterant 37, 20. Vid. *frenatus.*

INFREQUENS exercitus 43, 11. Stationes infrequentes relictas 7, 37. Agmenque fugientium ab signis, quum præter mœnia eorum infrequentia conspecta signa essent etc. 7, 8. *i. e. quæ sequerentur pauci milites. Ceterum vide, quæ notavimus ad v.* signum. Incompositi, longo agmine effusi, infrequentes 43, 10. Infrequentia armatis signa egressa 10, 20. Infrequentes jam in regia 40, 8. *i. e. qui non sæpe regiam adeunt.* Qua infrequentissima urbis sunt 31, 23. *Opponuntur ibidem* frequentia ædificiis loca.

INFREQUENTIA 7, 18. Per infrequentiam comitia nihilo segnius perficiunt. Per infrequentiam senatus 2, 23.

INFRINGERE 8, 39. Hoc demum prœlium Samnitium res ita infregit, ut omnibus conciliis fremerent etc. Cujus animum nec prospera fortuna flatu suo efferet, nec adversæ infringet 45, 8. Infractis omnibus hastis 40, 40.

INFULÆ 25, 25. Legati cum infulis et velamentis venerunt. Claris insignibus, velut infulis velatos, ad mortem destinari 2, 54. Tota multitudine cum infulis obviam effusa 45, 26.

INFUSUS 37, 30. Si qua (*navis*) concurrerat, obruebatur infuso igni. *Scil. a navibus ignes præ se portantibus.*

INGEMISCERE 21, 53. Quantum ingemiscant patres nostri, circa mœnia Karthaginis bellare soliti, si videant nos, progeniem suam etc. *Vid. quæ notavimus nos in Glossario Ammianeo ad h. v.* Ingemiscere filii desiderio 40, 54.

INGENERARE 5, 27. Quam (*societatem*) ingeneravit natura.

INGENITUS 8, 7. Ingenita caritas liberûm. Ne in metu quidem feritatis ingenitæ obliti sæviunt in prædam 41, 18.

INGENIUM luxuriare gloria 2, 48. *i. q. evanescere, corrumpi. cf.* 42, 30. *ubi est:* ingenium ventosum. Vanum ingenium dictatoris corrupit 1, 27. Placidum quoque ingenium tam atrox injuria accendisset 3, 45. Levissima fidei mutandæ ingenia 28, 44. Inter tam mobilia ingenia 43, 22. Inter mitiora hominum transibat ingenia 27, 39. Ingenium liberius, quam virginem decet 4, 44. Quin — invisimusque præsentes nostrarum ingenia 1, 57. Vegetum ingenium in vivido pectore vige-

bat 6, 22. Præceps, ingenio in iram est 23, 7. Ut usu belli et ingenio impavida gens turbaretur 42, 59. Habitu — novi — ingenii, quod sibi victor induerat 9, 18. Consilio haud abhorrente ab ingeniis hominum, eos aggrediuntur — vino onustos sopiunt 9, 30. Mago risu circumstantium in tam rudibus et moris omnis ignaris ingeniis 40, 47. Ingenio suo vehemens imperium 2, 30. Ingenia artificum 31, 26.— locorum 28, 12. Provinciam ingenio ferocem rebellatricem confecisse 40, 35. Suopte igitur ingenio temperatum animum virtutibus fuisse opinor 1, 18. Seo jam inde vivere ingenio cœpit 3, 36. Numquam ingenium idem ad res diversissimas, parendum atque imperandum, habilius fuit 21, 4. Vid. *cælium, mitis, stupere.*

INGENS 4, 6. Quum Canuleius victoria de patribus et plebis favore ingens esset. Sic 42, 12. Ingens auctoritate *dicitur.* Latinos (*primipilus*) viribus ingens bellatorque primus, 8, 8. *vid. Virgil. Æn.* 1, 99. Ingens inde haberi captivus vates cœptus 5, 17. Insignem dolorem ingenti comprimi animo 9, 38. Ingens ad incrementa gloria 29, 26. Ingens vis morbi 2, 36. — clades 24, 8. De se ingentia polliceri 1, 47. Ingens — magnum — maximum 6, 8. Devictum et captum ingentis nominis regem 30, 17.

INGENUUS 10, 8. Qui patrem ciere possent, id est, nihil ultra, quam ingenuos.

INGERERE 2, 65. Saxa objacentia pedibus ingerit in subeuntes. *cf.* 9, 35. Glandes et sagittas, simul et jacula ingerebant 36, 18. Vocis verborumque, quantum voletis, ingerent, et criminum in principes, et legum aliarum super alias ex concionum 3, 68. *vid. Bauer. Exc. Liv.* 2, *pag.* 237. Ingessissetque probra M. Junio, quod se etc. 41, 10. In Galbam — probra ingerere 45, 36.

INGRATUS 1, 26. Tristis ingratique ad vulgus judicii auctor. Quæ et quanta decora fœda cupiditas regni non ingrata solum, sed invisa etiam reddiderit 6, 20. Molem ad Terracinam, ingratum opus, quod etc. 40, 51.

INGRAVESCERE 10, 21. Avertit ab eis curis senatum Etruriæ ingravescens bellum.

INGREDI 21, 56. Aliis timor hostium audaciam ingrediendi flumen fecit, transgressique in castra pervenerunt. Ingredi hostium fines 9, 8. In Samnium jam ingressum revocari 8, 23. In urbem est ingressus 4, 41. Ingressus in castra ab direptione abstrahere non poterat 38, 27. Vix in ea, quibus fidit, ingredientem 45, 28.

INGRESSUS 24, 34. Eadem caussa ad subeundum arduum aditum, instabilemque ingressum præbebat.

INGRUERE 41, 21. Pestilentia ingruerat in boves. ·Eadem in illos ingruit fortuna, quæ nuper nos afflixit 26, 41. Ceteræ belli clades, quæ in nos — ingruerunt 28, 44. Ni eadem vis mali in hostes ingruisset 29, 10. Neque duorum modo monita, ingruente fato, spreta 5, 32.

INHABILIS 44, 28. Inhabile navium genus. Regia (navis) una inhabilis prope magnitudinis, quam sexdecim versus remorum agebant 33, 30. Quorum telum inhabile ad remittendum imperitis est 24, 34. Multitudinem — ad consensum inhabilem fore 26, 16.

INHÆRERE 27, 42. Equites tergo inhærebant. Qua inhæserant vinculis membra 1, 28.

INHIBERE 3, 38. Neque animis ad imperium inhibendum imminutis. i. q. adhibendum. cf. cap. 59. it. 36, 28. 3, 50. [vid. Bauer. Ind. ad Exc. Liv. h. v.] Consuli se, damnum aliamque coërcitionem — detrectantibus militiam inhibenti, auxilio futuros esse 4, 58. Inhibito salubriter modo nimiæ potestatis 3, 59. nisi fortasse legendum potestati. vid. Intt. ad h. l. it. Bauer. pag. 161. Quod permixto cum hostium navibus inhibere sæpe tela cogebant 30, 10. Neque retro navem inhiberent 26, 39.

INHONESTUS 29, 18. Ignobili atque inhonesta morte occubuit.

INHONORATUS 10, 24. Posteaquam ipsa virtus pervicerit, ne in ullo genere hominum inhonorata esset. cf. 37, 54.

INHORRERE 8, 8. Haud secus quam vallo septa inhorreret acies.

INHUMANUS 1, 48. Fœdum inhumanumque inde traditur scelus. Inhumana crudelitas 21, 4.

INJICERE 5, 27. Tanta mutatio animis est injecta. Etiam absolute dicitur idem 26, 36. Tanto certamine injecto. it. 32, 30. Tumultus anceps injectus. Vultis hoc certamen uxoribus vestris injicere? 34, 4. vid. Drakenborch. ad 2, 64. Vinculumque ingens immodicæ cupiditatis injectum est 10, 13.

INIMICE 26, 12. Quoties in obsidentes, quam inimice eruperimus. De nullis enim, quam de vobis, infestius aut inimicius consuluerunt 28, 29. alii : iniquius.

INIMICITIA 27, 35. Inimicitiæ autem nobiles inter eos erant. Inter hos viros nobiles inimicitiæ erant, sæpe multis, et in senatu, et ad populum atrocibus celebratæ certaminibus 40, 45. Quum sint nobilissimæ sibi cum consule inimicitiæ 39, 4. Quam is eas inimicitias impotenti ac prope regia ira exerceret ibid. Non tam, quia paternæ inter eos inimicitiæ erant, quam ipsorum odiis inter se accensæ 44, 24.

INIMICUS 35, 12. Tam inimici infestique erant Romanis. Videtur potius, auctoribus codicibus, legendum : tam inimice infesti. [Sed vid. locum statim laudandum, it. s. inimice.] Inter omnia inimica

infestaque 22, 39. Naturâ inimica· inter se esse liberam civitatem et regem 44, 24. Inimicæ regibus familiæ 29, 22. cf. 39, 47.

INIQUE an jure occidissent, quos occiderant 39, 48.

INIQUITAS 9, 38. Septam (gentem) non hostium magis armis, quam locorum iniquitatibus esse.

INIQUUS ascensus 44, 33. — iniqua via 9, 27. — iniquum pondus 5, 48. Ubi quid iniqui esset 5, 47. præcedit : ascensu æquo. Temporibusque iniquis regum imminens 40, 57. Tributum iniquo suo tempore imperatum 2, 23.

INIRE bellum cum aliquo 31, 5. cf. 36, 1. — magistratum 40, 35. Triumphantes victore cum exercitu urbem inierunt 3, 24. cf. cap. 13. Quia in urbem non inierat 24, 9. Ne idem convivium ineat 4, 4. Occidendi sui consilium me inisse 40, 12. Aut victoria egregia, aut morte memorabili inituros bellum 44, 34. leg. c. aliis finituros, aut debellaturos, quod ex bellum inituros fieri facile potuit. Ne jura hospitii — secum — initi — fallat 29, 24. Vaccam æneam — ab agresti tauro — initam ac semine adspersam 41, 13.

INITIARE 39. 9. Bacchis eum se initiaturam. Ritu quodam sacramenti vetusto velut initiatis militibus 10, 38.

INITIUM ordiundæ rei Præf. Initium primum 6, 12. cf. 21, 20. Ubi prima initia inchoastis libertatis vestræ 3, 54. Initia erant, quæ primo paucis tradita sunt etc. 39, 8. de sacris nocturnis. Haud parvo initio minuere jus libertatis 23, 10. Quod tribuni militum initio anni fuerunt 4, 7. Claudiæ genti jam inde ab initio nil antiquius in republica patrum majestate fuisse 6, 40.

INJUNGERE munus 3, 35. — injuriam 3, 65. — onus 26, 35. — pœnam 38, 8. — laborem 5, 4. — stipendium 42, 50. Neu Fabiæ genti eam injungeret ignominiam 8, 32. nisi legend. inureret. vid. Intt. ad h. l. cf. 9, 3. Venisse tempus ratus, per ultimam necessitatem legis agrariæ Patribus injungendæ 2, 43, nostri : aufdringen, aufswingen. Opere ac vineis demum injunctis muro 10, 34. cf. 4, 10. Agger injunctus muro 43, 19. de oppugnatione urbis. Vid. incumbere.

INJURATUS 10, 41. Pariter jurati injuratique fugiunt. cf. 2, 46.

INJURIA raptarum 1, 13. — legatorum violatorum 44, 30. Injuria muliebris 26, 49 : i. e. quæ infertur formosis mulieribus. Similiter 4, 1. Injuria agri abjudicati. — ibid. cap. 33. Scelus legatorum interfectorum. [cf. Virgil. Æn. 1, 27.] Ante regiam injuriam [, 59. Si ex nullius injuria quidquam ei (Prusiæ) datum esse vellet 45, 44. Quæ propria deorum immortalium contemptio atque injuria est 6, 41. Pertinaces ad obtinendam injuriam 29, 1. i. q. ad retinendum id, quod injuria possederant. Injuria judicii 4. 10. *i. e. per judicium facta.* Omnis injuriae insons 41, 24. Etsi minus injuriae vestrae, quam meae calamitatis meminisse juvat 5, 54. Pertinet ad me major injuriae pars · 1, 10. *cf.* 3, 44. Cui ex injuria insanientis exercitus causa recte committatur 7, 39. *vide Cel. Strothium ad h. l.* Sine damno injuriaque agrorum, per quos iter etc. 41, 22.

INJURIUS 43, 5. Indicta causa damnari absentem — injurium esse (*injustum.*).

INJUSSUS 3, 62. Populus injussu et altero die frequens iit supplicatum. *cf.* 7, 12. *it.* 9, 46. Jussu injussu imperatoris pugnent 8, 34. *cf.* 10, 4. Injussu meo Albani subiere ad montes 1, 28. Jurejurando — adacti, jussu consulum conventuros, neque injussu abituros 22, 38. Injussu imperatoris, scaphis, haud secus quam naufragos, milites sine armis cum ingenti tumultu in terram evasisse 29, 27. Ita enim obstinatos esse milites, ut — injussuque abituri inde essent, si non dimitterentur 40, 35.

INJUSTUS 7, 29. Samnites Sidicinis injusta arma — — quum intulissent. Foenus injustum 42, 5.

INNARE 21, 26. Nihil, dummodo innare aquae et capere onera possent, curantes.

INNAVIGABILIS Tiberius 5, 13.

INNITI 4, 19. Hasta innixus. Cuspide parmaque innixus 6, 7. Scuta innixa humeris 3, 8.

INNOCENTIA 2, 3. Periculosum esse, in tot humanis erroribus, sola innocentia vivere. *i. q. innocenter.* Rigidae innocentiae (*Cato erat*) 39, 40.

INNOXIUS crimine 4, 4. *Similiter* 7, 10. In Faliscos eodem noxios crimine vis belli conversa est. — insons crimine 4, 15. Innoxia ad imum labebantur 44, 9. *i. q. sine damno.*

INNUBERE 1, 34. Tanaquil, summo loco nata, et quae haud facile iis, in quibus nata erat, humiliora sineret ea, quae innupsisset. (*Bauerus in ind. h. v.:* pro, quibus, in quae, in quam domum.]

INNUERE 3, 4. Respondeamusque Romanis, nos, ubi innuerint, posituros arma.

INOPIA 4, 12. Dispensatio inopiae. *i. e. frumenti, cujus copia vix modica erat.* Inopia agrorum 23, 17. Inopia omnium rerum attenuata 45, 11. — cibi 5, 47. Janiculum quoque adjectum, non inopia loci, sed etc. 1, 33. *i. e. non, quod angustior esset.*

INOPINATUS 6, 40. Neque novum neque inopinatum mihi sit.

INOPS 44, 4. Neque manere in jugo inopi. *Supra:* via inope aquarum. *it.* 22, 39. Castellum inops. — inops consilii 26, 18. *cf.* 23, 7. *it.* 44, 2. *Virgil. Aen.* 4, 300. Inops animi. Inopi tum urbe a longinqua obsidione 2, 14. (*de commeatu.*) Quamvis inopem parvumque collem, 5, 42.

154

Coacti inopes (*parum potentes*) ad opulentiorum auxilium confugere 7, 29. Quod si nihil eum potentiore juris humani relinquitur inopi, at ego ad Deos — — confugiam 9, 1.

INORDINATUS 40, 28. Dispersi, inordinati errabant. Incompositos atque inordinatos fugant 44, 12. *vid.* inconditus. *it.* incompositus.

INPRIMIS 5, 68. *i. q. ab initio.* Opponitur enim deinde. *Similiter* in primo *dici supra notavimus.*

INPROMTUS 7, 4. Infacundior et lingua inpromptus.

INQUIETUS 1, 46. Uxore Tullia inquietum animum stimulante. *cf.* 3, 40. Inquieta nox 5, 42. Vid. *tranquillus.*

INQUINARE 29, 37. Foedum certamen inquinandi famam alterius. Senatum primus libertinorum filiis lectis inquinavit 9, 46. Vid. *contaminare.*

INQUIRERE 40, 30. Inquisitum missi de iis, quorum etc. Quin Romam quoque et ad principum quosdam inquirendos ventum est 9, 25. *de conjurationibus.*

INQUIT 9, 9. pro inquis, quod *Drakenborchius praeter causam recepit. Optimi enim scriptores sic dicunt. cf.* 34. 5. *fortasse etiam* 6, 40. [*ubi vid.* Stroth.] *it.* 27, 7. — pro inquiunt 34, 3. Ut auro et purpura fulgeamus, inquit. *Gr. φησὶ. vid. Drakenb. ad h. l. Nec mirum, numeros in h. v. confundi, id quod et in aliis fit, v. c. age pro agite. cf.* 29. (Agitedum *occurrit* 5, 52.) *Sic* 4, 6. Consules — — respondit. — *Saepius etiam* inquit *omittitur. vide Drakenb. ad* 9, 1. Inquit *pr.* precatus est 1, 12. Romulus — Jupiter, inquit, tuis jussus avibus etc.

INSANABILIS 1, 28. Nunc quoniam tuam insanabile ingenium est, at tu etc. Nihil certe insanabile, nec quod bello et armis persequendum esse censeatis commisi 42, 42.

INSANIA 7, 2. Quam ab sano initio res in hanc vix opulentis regnis tolerabilem insaniam venerit.

INSANIRE 7, 39. Cui ex injuria insanientis exercitus causa recte committatur. Consul demum coepit *furere* — hic, — priusquam castra videat, aut hostem, *insanit* 22, 39.

INSANUS, *ut improbus, pro permagno dicitur.* 32, 17. Trepidationem insanam praebere. *Sic* 30, 39. Insani montes dicuntur.

INSCIENS 7, 5. Inscientibus cunctis cultro succinctus ad — tribunum pergit.

INSCIENTER a Graeco inflata (*tuba*) 23, 10.

INSCIENTIA 26, 2. Multos imperatorum temeritate atque inscientia exercitum in locum praecipitem perduxisse. *cf.* 22, 25. *it.* 3, 33. *ubi tamen* inscitia *est in plerisque.*

INSCITIA 6, 30. Ab ducibus utrobique

prodita temeritate atque inscitia res. cf.
7, 34.

INSCIUS 1, 54. Cum inscia multitudine,
quid ageretur. Haud inscium ejus dimicationis 3, 48. Insciis adversariis 3, 49.
i. q. non observantibus. Foedus, quod nobis insciis icit 21, 18.

INSCULPERE 2, 33. Foedus — columna
aenea insculptum.

INSECTARI 3, 65. Insectandis Patribus
— tribunatum gessit. Quo minus insec-
tanti me magistro equitum — imperium
mecum aequaretur 28, 40. cf. 2, 27.

INSECTATIO 21, 47. Sine insectatione
hostis. Insectatio principum 22, 34. Inde
illam absentis insectationem esse natam
1, 51.

INSECTATOR 3, 33. Pro truci saevoque
insectatore plebis.

INSEPULTUS 1, 49. Romulum quoque
insepultum perisse. Nec satiatus vivorum
poena insepultos projecit 29, 9. Eorum
strages per omnes vias insepultorum erat
41, 21.

INSEQUENS 9, 42. In insequentem annum. cf, 9, 33. Eodem tenore duo insequentes consulatus gessi 7, 40. Insequentes
consules 9, 28.

INSEQUI effusos 10, 19. — promovent —
signa, insequitur acies ornata 10, 40. cf.
24, 16. Insequutosque, qui — dicerent 3,
50. i. q. sequutos, subsequutos.

INSERERE 27, 23. Minimis rebus prava
religio inserit deos. Factionibus inserere
publicam auctoritatem 33, 47. Dum suas
quisque nunc querelas, nunc postulationes
inserit 35, 17. ad quem locum vid. Bauer.
pag. 287. Nihil patricium magistratum
inseram concilio plebis 6, 38.

INSERVIRE 45, 37. Parum avaritiae suae
inservitum censent.

INSIDERE 1, 21. Deorum assidua insidens cura. Vid. assiduus. Insidens animo
tacita religio 8, 6. Omen laetum insidebat
animis 45, 1. Virgo insidens equo 2, 13.
In urbe insidentem tabem crescentis in dies
foenoris pati 7, 38. Imminentes tumulos
insidentes montani 21, 32. Omnes saltus
insidere praesidiis statuit 44, 2. Silvestri-
bus locis insidere 9, 24. Insessis omnibus
viis 9, 15. cf. 25, 13. Fugientes eos persequentes effusius in vallem insessam ab
hostibus praecipitant 43, 23. Porsena Janiculum insedit 6, 40. cf. 9, 25. it. cap. 31.
et 34. Quae (castella) validis praesidiis insedissent 44, 35.

INSIDERE 3, 63. Eunt agmine ad urbem
et Aventinum insidunt.

INSIDIAE 9, 31. Furto insidiarum. Ut
ad hostes magno conatu profectus in insidias praecipitaret 7, 6. Vid. fraus.

INSIDIARI 23, 35. Huic Gracchus insi-
diandum tempori ratus. Quum ipse — per
occulta cum suis colloquia dies noctesque
insidietur; ultro mihi non insidiatoris modo, sed latronis manifesti et percussoris,

speciem induit 40, 12. ad q. l. vid. Bauer.
pag. 301. [Praestat interpunctio Gronoviana, quam Bauerus adscivit.]

INSIGNE 2, 7. Submissa insignia imperii. i. e. fasces. Et hoc insigne regium
(fasces) in orbem, suam cujusque vicem,
per omnes iret 3, 36. Demto capitis insigni, purpura atque alio regio habitu aequa-
verat ceteris se in speciem 27, 31. cf. 24, 21.
Nec vestis habitu, nec alio ullo insigni
differentes a ceteris civibus 24, 5. i. e. diademate, satellitibus e. t. g. a. Ut in fortunae pristinae honorumque aut virtutis insignibus morerentur 5, 41. Magno natu
quidam cum omnium malorum suorum insignibus se in forum projecit 2, 23. Ut
acies sua fulgeret novis armorum insignibus 9, 40. Tunicaeque pictae insigne dedit
1, 20. Nostris (regiis) decoratus insignibus
2, 6. Sacerdotes — suis insignibus velatos
2, 39. Insignia ordinis libertini 45, 44. In
praetoria nave insigne nocturnum trium lu-
minum fore 29, 25.

INSIGNIS vestis 1, 20. de praetexta. Insignia spolia 10, 39. — insigne nomen 29,
14. it. 6, 18. ad q. l. vid. Bauer. pag. 232.
— insignia dolor 9, 38. — insignior contumelia 4, 4. nisi cum Drakenborchio leg.
insignitior. [Cf. Parei Lexic. Critic. pag.
617. a.] Insignis calamitas 2, 23. Insigne
maxime fuit 9, 38. (quod consul vulneratus
erat.) Magis insignis sordibus et facie
reorum turba Manliana erat 6, 16. Quorum fluitantia arma — insignem victoriam
fecere 1, 37. i. e. significavere. Marcellus — collaudata gente — insigne adversus
Persea odium Romanorum fecit 42, 6. i. e.
maxime declaravit. Diemque — duplici,
clade insignem — Alliensem appellarunt
insignemque rei nulli publice privatimque
agendae fecerunt 6, 1. cf. 2, 40. Annus insignis incendio ingenti 30, 26. Insigne
(genus Fabium) spectaculo erat 2, 46. poterat illud insigne abesse, ut abent supra
cap. 5. Nihil in eo triumpho magis insigne fuit 40, 59. de eo, quod non in oculos
cadit, quum tamen sermo sit de pompa triumphali. An castigandum ac vexatione
insigne faciendum fuisse 7, 4. i. e. conspicuum, sensu malo. Insignis ad victoriam
locupletiorum fortuna 1, 47. In — ad
memoriam insigne est 24, 49.

INSIGNIRE 4, 29. Postumius nulla tristi
nota est insignitus. Nempe non Postumi-
ana, sed Manliana imperia dicta sunt.

INSIGNITIOR ignominia 7, 15. — contumelia 4, 4. [Vid. ad v. insignis.] — insignitius nomen 7, 6. Quo insignitius omissa
res Aemilio exprobraretur 8, 13.

INSILIRE 8, 9. Armatus in equum insiluit, ac se in medios hostes immisit.

INSIMULARE 3, 40. Quod — ante idus
Maias decemviros abiisse magistratu insi-
mulent. Facinus insimulati falso crimine
senatus 6, 16. conf. 4, 56. it. 28, 43. Neque
aliud quam patientia, aut pudor, quod le-

gato peperciaset, insimulari possit 29, 20.
Eumenes — mactatus, quem insimulet,
piget referre 42, 40. Postremo, quum suspectum se esse cerneret, et proditionis interdum crimine insimulari, ad Romanos
transfugit 44, 16.

INSINUARE 9, 2. Eadem, qua te insinua-
veris, retro via repetenda. *i. e. intraveris.*
Romani, quacumque data intervalla essent,
insinuabant ordines suos 44, 41. Fraudis
quoque humanæ insinuaverat *(se)* suspicio
animis 40, 37. [Vid. *Parei Lexic. Critic.
pag.* 617. b.]

INSISTERE 22. 51. Ad spolia legenda
— insistunt. Sensitque acies, æquo se jam
institiæe loco 9, 31. Bellum ipsis institit
mœnibus 2, 51. Quibus dies noctesque
fugientibus institistis 27, 13. Fatebatur
quidem peccatum, quod pridie non institisset victis 42, 60. In statione severius et
intentius institiasti 45, 37. Cuinam rei in-
sisteret 37, 60. Dicitur Servilius — insti-
tisse filio, ut etc. 4, 46. *i. q. suasisse.*
Orare insistunt 8, 35. *cf.* 24, 26. Institit
deinde reputare secum ipse 30, 12. *cf.* 25,
19. *it.* 35, 11. Agrum — institit vastare
40, 39. Promissis enim ingentibus præmiis
petere institit ab eo rex 42, 17. Ad regem
accurrit, et monere institit 42, 59. Vestigiis institit sequi 27, 2, *cf. cap.* 12. Prope
vestigiis abeuntium insistebat 25, 33. *cf.* 5,
30. *it.* 24, 4. Iter, quod insistis 37, 7.

INSITUS 42, 39. Inerat cura insita mortalibus videndi congredientes etc. Insita
hominum libidine alendi de industria rumores 28, 24. Nec virtus modo insita, sed
ira etiam exulceratos ignominia stimularet
animos 9, 14.

INSOCIABILIS et indomita gens 37, 1.
Omni generi humano insociabiles erant
27, 39.

INSOLENTER 23, 36. Ab re bene gesta
insolenter lætum exercitum tironum etc.

INSOLENTIA 23, 18. Avidius se Pœni
ex insolentia voluptatibus immerserant.
*i. e. quia insolitæ ipsis fuerant.*

INSOLITUS 10, 28. Insolitos ejus tumultus Romanorum conterruit equos. *i. e.
insuetos.* [*Græca constructio. Sic et insuetus. vid. infra h. v. it. Cic. ad Attic.* 2,
21.] uibus insolita atque insueta sunt
38, 17Q

INSOMNIUM 25, 38. Scipiones me ambo
dies noctesque curis insomniisque agitant,
et excitant sæpe somno. *cf. Virgil. Æn.* 4,
386. *it. Liv.* 40, 56.

INSONS 34, 32. Insontes publici consilii.
*i. e. non particeps mali consilii publici. cf.*
32, 49. Omnis injuriæ insons (*Perseus*)
41, 24.

INSPECTATA spolia Samnitium, et decore ac pulchritudine paternis spoliis —
comparabantur 10, 46.

INSPERATUM 9, 7. Tamquam in patriam
revertentes ex insperato incolumes. *cf.* 1,
35. *ibique Bauer. pag.* 38, *it.* 2, 35.

INSPICERE res sociorum (*per legatos*)
21, 6. *Formula sollemnis.* Vid. *aspicere.*
Inspecto ære alieno 6, 27. *i. e. tabulis, ad
cognoscendum æs alienum.* Duûm mensium spatium consulibus datum est, ad inspiciendam legem 3, 25. Decemviri libros
inspicere etc. 40, 37. Est aliquis, qui se
inspici, æstimari fastidiat 6, 41. *de patriciis
honorum candidatis. Sic Cic. Phil.* 11.
visæ te inspiciamus a puero? Qui (*triumviri*) omnem copiam ingenuorum inspicerent 25, 5. Suisque capti oppidi signum
ex muro tollunt : quod ubi dictator inspexit etc. 4, 34. *i. q. agnovit.* [*Sic nonnulli codices ; sed plerique cum editionibus*
conspexit ; *quod probandum.*]

INSTABILIS pedes, ac vix vado fidens
21, 5. — ingressus 24, 34. — acies 9, 35.
Instabilem per se ac male hærentem (*arborem succisam*) 23, 24.

INSTAR parvum 28, 17. *Instar est modus rei quilibet, unde etiam de parvo dicitur.
Sic Cicero Off.* 3, 3. minimi momenti instar
dixit. [Vid. *Clav. Ciceron. h. v.*]

INSTARE 2, 43. Aut, si nihil aliud, instare instructos. *pro stare.* Ut vero jam
equitum clamor exire jubentium instabat
1, 29. Eo intentius Romanus undique instat capi stationes 32, 11. Ni cedenti in-
staturum alterum timuissent 10, 36. Bellum, quod instaret 31, 43. *i. e. præsens s.
urgens. it.* 28, 38. Sic et hiems instare
*dicitur* 36, 10. *Quidquid enim initium cepit
et adhuc durat, id* instare *dicitur* 5, 6. *nisi
malis cum Dukero* obstare. [*Græcorum
ἐνίσταται.*] Vid. *fames.*

INSTAURARE 10, 29. Novam de integro
velle instaurare pugnam. Instauramus novum de integro bellum 37, 19. Instaurat
cum victoribus certamen 27, 14. Quoties
sacra instaurarentur 5, 52. Ædiles — ludos Romanos diem unum instaurarunt 27,
6. Sic 31, 4. Instauratum biduum *dicitur.
conf.* 32, 30. ludi in singulos dies instau-
rati 27, 21. Ludi forte ex instauratione
magni Romæ parabantur. Instaurandi
hæc causa fuerat 2, 36. Pontificibus,
quia non recte factæ Latinæ essent, instauratis Latinis, placuit Lanuvinos, quorum
opera instauratæ essent, hostias præbere
41, 16.

INSTAURATIO sacrorum auspiciorumque
renovatio 5, 52. Ludi — ex instauratione
magni Romæ parabantur 2, 36.

INSTERNERE 34, 7. Equus tuus speciosius instratus erit, quam uxor vestita. *vid.
instratus.*

INSTIGARE 1, 47. His aliisque increpando juvenem instigat.

·INSTINCTUS 5, 15. Quæ tum cecinerit
divino spiritu instincta. *cf.* 1, 47. His
vocibus instincta plebes etc. 6, 14. Vid.
*furia.*

INSTITOR 22, 25. Ipsum institorem mercis, filioque hoc ipso in servilia ejus artis
ministeria usum.

INSTITUERE 4, 4. Institutum est, ut (quæstores) fierent. Nec amissa modo restituit opera, sed nova etiam instituit 5, 7. Ita vobiscum amicitiam institui par est 7, 31. Montanos instituit oppugnare 28, 46. ¡ INSTITUTUM 6, 10. Cur per eos annos militem ex instituto non dedissent? cf. 42, 24. ¢. 26. Munera legatis ut ex instituto mittenda curaret, C. Papirio prætori mandatum 45, 13.

INSTRATUS 21, 54. Armatos déinde (pedites) instratisque equis (paratisque equites) signum exspectare. Vid. Insternere.

INSTRUCTUS 1, 54. Dictis factisque ad fallendum instructus. Impotentibus instructi consiliis 3, 36. Instructumque (Numam) non tam peregrinis artibus, quam etc. 1, 18. Equis armisque instructi atque ornati 29, 1. Instructus dimicationi 1, 15. fortasse per σύλληψιν, quia sequitur intentusque, quod tamen ipsum jungi solet τῷ ad. Porta ballistis scorpionibusque instructa 26, 6. Ut prætor ædes instructas locaret, ubi filius regis — — habitare possent 42, 10. f. instruendas. [Non necesse.] Is (Sempronius) bello quoque bonus habitus ad cætera, quibus nemo ea tempestate instructior civis habebatur, congestis omnibus humanis a natura fortunæque bonis 30, 1.

INSTRUERE 39, 31. Priusquam se jungere atque instruere possent. Insidiis instruendis locus 6, 23. Ni — suo quamque (navem) ordine in frontem instruxisset 37, 29. Relicto hostibus ad instruendum contra spatio 9, 37. i. e. ad aciem instruendam. Etiam Gronovius et Creverius legunt ad instruendam. Sic instructus 3, 8. dicitur pro militibus ejus in acie collocatis. Hannibal ad terrorem primum elephantos — instruxit 30, 33. Instruere agrum 6, 5. Sic apud Ciceronem est : emit hortum instructum. i. e. cum instrumento : inventarium. nostri vocant. vide Plin. Epp. 3, 17. [Liv. 42, 19. ædes instructæ, meublirt.]

INSTRUMENTUM 30, 10. Agilis et nautico instrumento apta et armata classis.

INSUESCERE 5, 6. Ad disciplinam certe militiæ plurimum intererat, insuescere militem nostrum, non solum parata victoria frui.

INSUETUS 6, 34. Quum ad id, moris ejus insueta, expavisset minor Fabia. Insueti fœtus 28, 27. i. q. præternaturales. Insuetorum ad tale spectaculum 41, 20. cf. 10, 35. Insueta vinci — civitas 4, 31. Insueta liberæ civitati species 30, 37. it. 3, 52. — solitudo. Insueta omnia oculis auribusque 45, 29. Ut quibus insuetus liberalior victus esset 41, 2. Insuetus ad stabilem pugnam 31, 25. Ita se a pueris insuetos 24, 48. Vid. Horat. Sermon. 1, 4. 105.

INSULTARE 1, 48. Satis illum diu per licentiam eludentem insultasse dominis. Sibi ultro per contumelias hostem insul-

tare 3, 61. Tribb. plebis velut ab se victæ reipublicæ insultarent 5, 7. Amicæ ac fideles potius ea, quæ peritura essent, absumerent manus, quam insultarent superbo ludibrio hostes 28, 22.

INSUMERE 10, 18. Malle frustra operam insumtam, quam quidquam incidisse, cur etc.

INSUPER 21, 1. Stipendio etiam insuper imposito. Hæc pacta : illa insuper, quam quæ pacta erant, facinora Campani ediderunt 23, 7. Additaque alia insuper ignominia 2, 2. Auferte imperium indignis : et si id parum est, insuper pœnas expetite 3, 67. Malum malo augere filii, et tarditatem ingenii insuper premere 7, 4. Alius insuper tumultus ex arce auditur 21, 14. Jam sua sponte infestum Persi senatum insuper accenderunt 42, 25. Cumulatis in aquas sarcinis insuper incumbebant 22, 2. Humusque insuper injiciebatur 44, 5. Tutandique pontis causa castellum insuper imponunt 21, 45.

INSUPERABILIS. Vid. Inexuperabilis.

INTACTUS 21, 36. Intacta nix. i. q. nondum trita, calcata. Intactis assidere muris 21, 25. i. e. ita, ut eos non tangas. Ne ab exercitu integro intactoque opprimerentur 10, 14. Intactum ferro corpus 1, 25. Intacti bello fines Romani 3, 26. Jacentis inde corpus, ab omni alia vexatione intactum, uno torque spoliavit 7, 10. Sacrilegas admovere manus intactis illis thesauris 29, 18. Lupus, integer et intactus 10, 27. Nullum erat genus hominum in castris intactum cupiditate pugnæ 10, 40. Vir haud intacti religione animi 5, 15. Intacta invidiâ media sunt 45, 35. Vid. Tangere. it. contingere.

INTECTUS 27, 3. Tecta militariter coëgerat ædificare — stramento intecta omnia etc.

INTEGER 2, 5. Integra res refertur i. e. tamquam integra, ut jam sit integra, de integro. Velut tum primum signo dato coorti pugnam integram ediderunt 8, 9. In integro res est 3, 10. Ut uni sors (prætura) integra esset, quo senatus censuisset 42, 28. i. e. nondum assignata provincia. Priusquam alio de integro fœdere obligarentur 38, 33. Inde gravius de integro bellum exarsit 41, 25. Rursus novus de integro labor 5, 5. cf. cap. 17. Ad integra omnia Veios migrare 5, 35. Ut omnia integra et libera Fabio servarentur 10, 25. Aliud integer populus, fautor et cultor bonorum, aliud forensis factio tenebat 9, 46. Ut silentes integram plebem in concionem sequerentur 24, 24. i. e. incorruptam seditione, non turbulentam. Puram alteram (concionem,) integrioris indicii, et a favore et odio 45, 37. Integri, recentes, instructi (milites) 35, 29. Oppos. vulnerati. Forte is integer fuit 1, 25. i. q. non vulneratus. integerrimi diutina pace populi 6, 7.

INTEGERE 7, 33. Quum loci altitudine

157

tum valle etiam integri Romanos. 1. q. tegi. Donec nebula saltum omnem camposque circa intexit 66, 17.

INTEGRARE lacrimas 1, 29. — pugnam 3, 70. — seditionem 5, 25. — caedem 9, 42. — fugam 26, 15. Novam integrant pugnam 7, 7.

INTEGUMENTUM 10, 38. Ea legio litenta ab integumento consepti, quo saerata nobilitas erat, appellata est. Lanaque cum integumentis, quae Jovi opposita fuit, decidit 40, 59.

INTEMPERANS 24, 25. Qui avidos atque intemperantes plebeiorum animos ad sanguinem et caedes irritent.

INTEMPERANTIA 25, 42. Provectos deinde est intemperantia linguae in maledicta. Violentiam insitam ingenio intemperantia vini accendebat 44, 30.

INTEMPERANTIOR 26, 26. Quia is augendo eo non alius intemperantior est.

INTEMPERANTIUS cedentes sequutus 23, 1. Libertate intemperantius invectus in regem 42, 14.

INTEMPERIES coeli 8, 16. Ex verna primum intemperie variante calores frigoraque 22, 2. Annona propter aquarum intemperiem laboratum est 3, 31.

INTEMPESTIVE 45, 21. Tum inter praetorem tribunosque omnia intempestive agendi certamen erat.

INTEMPESTUS 37, 14. Nox intempesta. cf. 38, 5 it. 40, 9.

INTENDERE 7, 28. Nox interdiu visa intendi. Primis se intendentibus tenebris 1, 57. An longiorem intenderent fugam 7, 37. opp. castra petere. Totum in Hispaniam — intendebant bellum 21, 5. cf. 28, 41. Intenderant eum ad cavendi omnia curam tot auditae proditiones 24, 37. Omnium eo curae sunt intentae 9, 31. In cetera adeo nihil ob id intenta cura est 25, 9. In quos crimen intendebatur 9, 26. Manu obtinendum, quod intenderes 3, 11. Intendere aliquem ad custodiae curam 21, 49. 1. q. hortari ad intentiorem custodiam. Pugnam in omnes partes parem intendere 2, 50. In minime gratum spectaculum animo intenduntur 1, 25. Oppidum — vineis oppugnare intendit 41, 11. Vid. Arcus.

INTENTARE manus in — 3, 47. — arma 6, 27. Virgas et secures victoribus intentari 8, 33. Dictatorium fulmen in se intentatum 6, 39. Gladii plerisque intentati 9, 6. cf. 6, 39. Nisi discussa res per paucos, Romanum imperium intentantes, esset 42, 12. 1. e. ad terrorem ostentantes. Vid. Triumphus.

INTENTIUS 25, 30. Quo intentius custodiae serventur. Eo intentius instabant tribuni 3, 32. Si quo intentius (bellum — opparari) possit, quam etc. 4, 1. Dum opera interdiu fiunt intentius, quam nocte custodiuntur etc. 5, 7.

INTENTUS 7, 5. Super lectum stans ferro intento. Fortasse legendum intentato.

[Optime habet vulgata. Plinius Ep. 3, 9, 21. in jugulum innocentis quasi telum aliquod intendere.] Intenta cum 25, 9. it. cap. 22. intentissima. Custodiae vigilesque et ordo stationum intentioris ubique cum erant 6, 8. Ab urbe commeatus intentiore, quam antea, subvehi cura 5, 7. Delectus consules multo intentiorem, quam alia, curam habebant 42, 32. In cetera adeo nihil ob id intenta cura est, ut cetera etc. 25, 9. In omnem occasionem intenti 41, 9. Intentus adversus omnes motus Philippi 24, 10. Equitem intentus ad primum initium moti certaminis tenens 6, 12. Ad famam intentus hostium 9, 41. Intentiores ad respectum castrorum — quam ad proelium, starent 9, 27. Intentiesque — in Aquilonem quam ad Cominium 10, 39. Spectaculo intenta civitas erit 2, 37. Intentus recipiendo exercitui esse 10, 42. Ut semper intenti paratique essent 30, 10. Vid. B. Petr. ad Tacit. Annal. 2, 17. Intentiore delectu habito 8, 36. — custodia 32, 26. Intentiores utrimque custodiae esse 5, 47. Intentissima conquisitio 29, 35.

INTER proelium 4, 19. Pro, dum praeliantur. Sic 21, 1. Inter African motum — trepidationem 5, 50. — dimissionem 4, 18. — certamen commissum 24, 30. — noctem 39, 29. — fluctuantem aciem 6, 24. — ipsum pugnae tempus 36, 29. — magnorum intervalla bellorum 39, 1. Inter manus auferri 3, 13. 1. q. per manus, plurium manibus. Inter cetera etiam vigiliis confecti 36, 36. 1. e. praeter. Ut feroces et inquieti inter socios, ignavi et imbelles inter hostes essent 26, 2. Ambusti potentia viri tum inter sui corporis homines, tum etiam ad plebem etc. 6, 34. mox: inter id genus: absolute pr. quum illius generis esset. Quum exsereretur inter equites 10, 11. 1. e. exercitio equestri faceret. Inter purpuram atque aurum 9, 17. 1. e. insignem purpura atque auro, scil. Darium. Literaeque inter se nondum satis noti — et auxerant inter se opinionem 21, 39. Eos inter se — partes regni rapuisse 2, 6. Inter verbera et cruciatus 1, 26. Modo inter illa pila et spolia hostium ibid. Inter fugae pugnaeque consilium oppressi 1, 27. Inter quos 6, 14. omisso erat. Vid. Intt. ad h. l. Inter lignarios 35, 41. Vid. infra in v. lignarii.

INTERAMENTA navium 28, 45. vulg. Armamenta. Vid. Intt. ad h. l.

INTERCALARE 9, 9. Hanc jam ut intercalatae poenae usuram habeant. 1. q. in diem differre. Sic ipse Livius paullo post. Hoc anno intercalatum est 43, 11. Intercalatum eo anno: postridie Terminalia intercalares fuerunt 45, 44.

INTERCALARES Kalendae 43, 11. Vid. Clav. Ciceron. in h. v. Quem (annum) — intercalaribus mensibus interponendis, ita dispensavit, ut etc. 1, 19. Postridie Terminalia intercalares fuerunt 45, 44.

INTERCEDERE 34, 1. Intercessit res parva dictu, quæ studiis in magnum certamen excesserit. Huic rogationi — collega intercessit 41, 6.

INTERCEPTOR 8, 72. Interceptoris litis personam ferre. *i. e. qui id, de quo lis est, inter alios ad se trahit, inque suam rem avertit.*

INTERCESSIO. Vid. *Provocatio.*

INTERCESSOR 9, 41. Popularis jam esse dissuasor et intercessor legis agrariæ cœperat.

INTERCIDERE 26, 9. Propter intercisos pontes. Vid. *interrumpere.*

INTERCIDERE 9, 8. Credo, quia nulla gesta res insignem fecerit consulatum, memoriâ intercidisse. Litterarum inprimis habita cura, ne interciderent 2, 4. Nullo inter arma corporaque vano intercidente telo 21, 8. *cf.* 3, 10. *it.* 38, 29. Inter traditionem imperii, novitatemque successoris — sæpe bene gerendæ rei occasiones intercidere 41, 15.

INTERCIPERE 9, 43. Opportuna loca hostes inter consulum castra interceperunt. Ne suum munus intercipi ab alio patiantur 39, 27. Sardiniam inter motum Africæ fraude Romanorum — interceptam 21, 1. *cf.* 26, 51. Legatus deinde insidiis tribunorum interceptus etc. 29, 18. Medio itinere intercepto 25, 39. *Nisi malle cum Oudendorpio intersepto, qua voce Livius hoc sensu utitur* 6, 9. *cf.* 8, 25. *it.* 24, 23. *vide Dukerum ad illum locum.* Ager — interceptus judicio infami 4, 11. *i. q. ereptus, occupatus.*

INTERCLUDERE 1, 27. Intercludi ab oppido. *conf.* 34, 39. Quod interclusi a patria obsidebantur 5, 42. Circumventos interclusosque ab suis vociferans 3, 70. Ne interclusus exercitus tam infesto saltu, coortis undique Tuscis — opprimeretur 9, 37. Quum interclusissent trifariam exercitum a mutuo inter se auxilio 8, 24. Locum occupasse, ut tribunos a plebe intercluderet 25, 4. Injectis tapetibus in caput faucesque spiritum intercluserunt 40, 24. *vid. supra in v.* anima. Dicenti hæc lacrimæ simul spiritum et vocem intercluserunt 40, 16. Premendo præsidiis angustos saltus eorum, commeatus interclusit 40, 41, Cervis etiam objectis, ut viam intercluderet 44, 11.

INTERCURRERE 5, 19. Ipse (*Camillus*) interim Veios ad confirmandos militum animos intercurrit. Littore nunc Heracleum, nunc Phillam intercurrebat 44, 2.

INTERCURSARE 21, 35. Jam segnius intercursantibus barbaris. *i. q. incursantibus.*

INTERCURSUS 2, 29. Consulum intercursu rixa sedata est. Periculumque intercursu filii — propulsatum 21, 46. Ut pedes Romanus repentino per turmas suas viam dantes intercursu stabilem aciem fecit 30, 11.

INTERDICERE 5, 2. Sic vos interdicitis patribus commercio plebis. *ad q. l. vid. Bauer. pag.* 181. Feminis dumtaxat purpuræ usum interdicemus 34, 7. *Bauerus tamen legi vult usu.* Anagnitis — et magistratibus, præterquam sacrorum curatione, interdictum 9, 43. *i. e. ne magistratus haberent.*

INTERDICTIO finium nostrorum 41, 24.

INTERDIU *Gronovio explicante est quasi* interim dum diust. *Eum vide ad* 29, 14. Nocte et interdiu 8, 24. *it.* 30, 4. *pro noctu: quæ quidem oppositio foret accuratior. Atque sic etiam Livius dixit* 27, 45. Interdiu an noctu. Nec nocte, nec interdiu 1, 47. Interdiu noctuque 6, 18. Interdiu — nocte 21, 32.

INTEREQUITARE 6, 7. In equum insilit, et, ante signa obversus in aciem, ordines interequitans etc. *cf.* 34, 15.

INTERESSE 10, 39. Absentis collegæ consilia omnibus gerendis intererant rebus. Id modo in decreto interfuit 28, 9. *scil. alter cum exercitu, alter sine exercitu accitus per decretum.* Quid interfuisse inter Ti. Sempronium 26, 2. Ad disciplinam certe militiæ plurimum intererat 5, 6. Quo (*certamine*) vinceret, an vinceretur, haud multum interesset 8, 7.

INTERFARI 3, 47. Appius interfatur, *Eleganter ; jus enim dicebat. Respici videtur ad antiquam dicendi rationem* jus fari. Interfante ipso Decio 7, 36. Quos (*legatos*) dicere exorsos consul interfatus etc. 36, 27. Prope dicentem interfatus Romanum Phæneas 36, 28. *Sic Virgil. Æn.* 1, 384. *sq.* nec plura quærentem Passæ Venus, medio sic interfata dolore est.

INTERFICERE 21, 41. Licuit — clausos — fame interficere. Nihil tamen palam gravius pronunciatum de eo est, ut dolo potius interficeretur 40, 24. *de morte per venenum.* Quadraginta pedites interfecti 42, 60. *i. e. in prælio cecidere.*

INTERFULGERE 28, 23. Aurum argentumque cumulo rerum aliarum interfulgens.

INTERJACERE 8, 7. Spatio, quod vacui interjacebat campi, adversos concitant equos.

INTERJECTUS 9, 13. Interjecta inter Romam et Arpos. *scil. loca cf.* 21, 45. *it.* 34, 28.

INTERIOR custodia 28, 19. *i. q. arctior, diligentior.* — amicitia 42, 17. Quo interiores (*naves*) ictibus tormentorum essent 24, 34. *Ad nostræ militiæ linguæque rationem est : unter die Canonen. Eodem pertinet :* interior periculo vulneris 7, 10. *i. e. tutus, quia nimis propinquus est infestanti se.* Interiora regni 42, 39.

INTERJUNGERE 22, 30. Dextræ interjunctæ.

INTERLITUS 21, 11. Cæmenta non calce durata erant, seu interlita luto.

INTERLUCERE 1, 42. Interlucet ordinibus aliquid inter dignitatis fortunæque gradus. Duos soles visos, et nocte interluxisse 29, 14.

INTERLUERE 41, 23. Quantum interluit fretum ?

INTERMISCERE 4, 56. Turbam indignorum candidatorum intermiscendo dignis. Tumultumque prœlio ipso terribiliorem intermixti agmini præbebant 10, 20. Intermixti turmis eorum Cretenses 42, 58.

INTERMISSIO 5, 5. Per intermissiones intervalloque. Vid. *dilatio*.

INTERMITTERE 24, 35. Intermissa custodiis loca. *cf.* 38, 38. per intermissa, ut tunc erant, mœnia urbem intrarint 34, 37. *vid. cap. sq.*

INTERMORTUUS 37, 53. In ipsa concione intermortuus haud multo post exspiravit.

INTERMURALIS 44, 46. Divisa est (*urbs*) intermurali amni, et eadem ponte juncta.

INTERNATUS 28, 2. Angustiæ et internata virgulta ordines dirimebant, et singuli binique, velut cum paribus conserere pugnam cogebantur.

INTERNECIO 36, 34. Ad internecionem venire. *it.* 9, 26. Ad internecionem cæsi. Mutuis cædibus ad internecionem adducturus videbatur gentem 41, 25. Nomen Æquorum prope ad internecionem deletum 9, 45. Ad internecionem omnes perierunt 25, 26. *de pestilentia*. Quum ad internecionem Romani imperii pugnatum ad Cannas sit 23, 12.

INTERNECIVUS 9, 25. Perinde ac si internecivo bello certasset. Non internecivum sibi esse cum Romanis bellum 22, 58.

INTERNUNCIARE 42, 39. Paullisper internunciando cunctatio fuit.

INTERPELLARE 9, 41. Ut clamor sua sponte ortus loquentem interpellaverit ducem. Stupro interpellato 3, 57. Quod vivo Philippo exspectatum, morte ejus interpellatum est, id post mortem Philippi futurum 41, 23.

INTERPONERE 35, 35. Qui suum consilium meo interponet. *i. q. opponet. cf. cap.* 48. Meas opiniones, conjectando rem vetustate obrutam, non interponam 29, 14. Ni tribuni plebis se interposuissent 27, 6. Jus eo die se non dicturum neque decretum interpositurum 3, 46. *Atqui jam decreverat. Ergo effective illud interponere intelligendum.* [Vid. *Stroth. ad h. l.*] Sponsio interponeretur 9, 9. Intercalaribus mensibus interponendis 1, 19. Spatio interposito 5, 5. Equitum ordines levis armatura interposita distinguebat 42, 58. Vid. *intermiscere.* Hac interposita nocte 44, 39.

INTERPRES arbiterque concordiæ 2, 33. — pacis 21, 12. *Gr. μεσίτης.* Interpres exsolvendi jurisjurandi 24, 18. Veridica interpres deûm 1, 7. Clemens legis interpres 1, 26. Carminum Sibyllæ ac fatorum populi hujus interpretes 10, 8.

INTERPRETARI 1, 28. Neque recte an perperam interpretor. Pomœrium, verbi vim solam intuentes, postmœrium interpretantur case 1, 44. Medio responso spem ad voluntatem interpretantibus fecerat 39, 39. Hæc ubi ex Græco carmine interpretata recitavit 23, 11. *cf.* 45, 29.

INTERQUERI 32, 35. Ætolorum principes alii interquesti sunt etc. *nisi cum Creverio legere malis* leniter questi sunt. *Nam apud Polybium hæc leguntur:* ηχέως και πολιτικῶς μεμφόμενοι. *Atque etiam, qua statim sequuntur:* alii ferocius incusarunt exprobraruntque, *egregie illam emendationem confirmant. Sic et infra cap. 38.* Antiochus leniter alloquitur castigatque.

INTERREGNUM initum 10, 11. Vid. *intervallum.*

INTERREX 3, 40. Patricios coire ad interregem prodendum. *cf.* 6, 41. Patricii interregem creavere 4, 7. *cf.* 5, 31.

INTERROGARE 8, 32. Ad hæc, quæ interrogatus es, responde. extra ea, cave, vocem mittas. Hannibal nominatim interrogatus sententiam 36, 7. *cf.* 37, 14. Neminem unum civem tantum eminere debere, ut legibus interrogari non posset 38, 50. *i. e. accusari, in judicium vocari.* Nomen deferret, et legibus interrogaret 45, 37.

INTERROGATIO 18, 21. Ut ipse (*consul*) benigna interrogatione mitius responsum eliceret. Eum quum in senatu fatigassent interrogationibus tribuni plebis 41, 7.

INTERRUMPERE 2, 10. Ut pontem ferro, igni, quacumque vi possent, interrumpant. Vid. *intercidere.* Aciem hostium interrupit 44, 41. Connubia patrum et plebis interrupit 9, 34. Turbatæ legiones sunt, prope interrupta acies 40, 40. Interrumpi tenorem rerum 41, 15.

INTERSCINDERE 28, 7. Chalcis, quamquam ejusdem insulæ urbs est, tamen adeo arcto interscinditur freto, ut ponte continenti jungatur etc.

INTERSEPIRE 1, 27. Id factum magnæ parti peditum Romanorum conspectum abeuntis Albani exercitus intersepsit. Intersepientibus* cuniculum — nunc ciliciis prætentis etc. 38, 7. Incendio intersepti ab hoste 42, 63. Interseptis itineribus 6, 9. Vallo urbem ab arce intersepire statuit 25, 11. Nunc prœliis lacessendo, nunc operibus intersepiendo quædam 34, 40. *cf.* 24, 23. *it.* 31, 46. Vid. *Drakenborch. ad* 6, 3.

INTERTRIMENTUM argenti supplere 32, 2. *scil. quod decoquendo argento perierat. cf.* 34, 7.

INTERTURBATIO 23, 8. Patre animi quoque ejus haud mirabilem interturbationem caussante.

INTERVALLUM 23, 29. Quinque millium intervallo castra distantia habuere. Jussis legionis hastatis — sequi se mille passuum intervallo distantes 32, 1. Annuum intervallum regni fuit 1, 17.

Intervenire 1, 6. Intervenit deinde his cogitationibus avitum malum,. regni cupido. *i. e. accessit. neque enim impedimento locus fuit.* cf. 3, 45. it. 9, 14. Mihi quiritanti intervenisses 40, 9. *i. q. succurrisses.* Quæ *(concordia)* ne perpetua esset, ordinum magis, quam ipsorum inter se certamen intervenisse 10, 24. Huic orationi Servius quum intervenisset 1, 48. Ni scelus intestinum liberandæ patriæ consilia agitanti intervenisset *ibid.* Deliberationi de maxima quidem illa, sed tamen parte civitatis, metum pro universa republica intervenisse 2, 24.

Interventus 23, 41. Ne cujus interventus cœpta impediret. cf. 3, 45.

Intervolitare 3, 10. Quem imbrem ingens numerus avium intervolitando rapuisse fertur.

Intestinus 34, 25. Ad externum terrorem intestina etiam seditio accessit. Et bellum Volscum imminebat, et civitas, secum ipsa discors, intestino inter Patres plebemque flagrabat odio 2, 23.

Intexere 7, 2. Juventus — ipsa inter se more antiquo ridicula intexta versibus jactitare etc.

Intimus 34, 47. In intima finium. Emporium — in intimo sinu Corinthiaco retractum 36, 21.

Intolerabilis 27, 19. Regium nomen, alibi magnum, Romæ intolerabile esse. cf. 30, 35.

Intolerandus 10, 16. Dimicare pro salute sua, non de intolerando Italiæ regno, cogant. Vindices intolerandæ superbiæ 9, 1. Quum omnibus intolerandis patientiæ humanæ cruciatibus laceraretur 24, 5.

Intolerantior 9, 18. De Alexandro, nondum merso secundis rebus, quarum nemo intolerantior fuit.

Intolerantissimus 10, 28. Gallorum — corpora intolerantissima laboris atque æstus fluere. cf. 27, 48. Quorum intolerantissima gens, humorique ac frigori assueta 5, 48.

Intonare 3, 6. Quum hæc intonuisset *(Appius)* plenus iræ.

Intonsus. Vid. *incultus.*

Intorquere 25, 16. Paludamento circum lævum brachium intorto. Aut contra enitentes vortice intorti affligebantur 21, 58. Ut fugientem navem videres retro vortice intortam victoribus illatam 28, 30.

Intra decimum diem quam Pheras venerat 36, 10. Intra dies sexaginta quam in provinciam venit 43, 9. Simul cum his intra portas compelluntur 7, 11. Qui intra præsidia Romana fuerant 25, 24. Modo intra sepulchra Curiatiorum 1, 26.

Intrabilis 22, 19. Os *(amnis)* intrabile.

Intrare 3, 51. Porta Collina urbem intravere. Ubi rursus silvæ intratæ etc. 21, 25. Intrantibus fines Romanis 6, 25.

Priusquam hostium intraret agrum 34, 6. Intrare domum 6, 34. Intranti vestibulum in ipso limine etc. 30, 12.

Intrepide 23, 33. Ibi intrepide Xenophanes, legationis princeps,— ait etc.

Intro vocatæ tribus 40, 42. Ut quæque intro vocata erat centuria 10, 13. cf. cap. 24.

Introducere 40, 25. In Ligures excitum introduxit. *i. q. in fines Ligurum.* cf. 41, 10. *forma dicendi Livio, quod sciam, alibi non usurpata ; sed inducere, traducere exercitum dici ab eo solet, sine mentione finium.* Exercitum omnem in urbem introduxit 40, 33.

Introferre 43, 7. Quorum legatio ipso introitu, ob id, quod Mictio princeps eorum pedibus captus lectica est introlatus, ultimæ necessitatis extemplo visa res.

Introire 30. 43. Ut sibi in urbem introire — liceret. cf. 42, 22.

Introitus. Vid. *introferre.*

Intromittere 24, 13. Sex millia peditum — qui præsidio senatui essent, Nolam intromisit. Ne quod præsidium intromitti posset 44, 12. *de oppugnatione.* Legati ab rege Perseo venerunt ; eos in oppidum *(Romam)* intromitti non placuit 42, 36. vid. 41, 27.

Introrsum in media castra *(hostem)* accipiunt 10, 33.

Introrsus 25, 21. Nihil introrsus roboris ac virium esse.

Intueri 6, 14. Non enim jam orationes modo M. Manlii, sed facta, popularia in speciem, tumultuosa eadem, qua mente fierent, intuenda erant. *pro intuendum erat. Nisi cum Gronovio* tumultuosa eadem, qua mente fierent intuenti, erant, *legendum videatur.* Intuentibus cunctis ad finiendum cum Antiocho bellum 36, 45. In hostiam itineri nostro circumdatam intuens 40, 13. Omnia te exempli documenta — intueri *Præfat.* Deos patrios, patriam ac parentes, quidquid in exercitu est, illorum tunc arma, illorum intueri manus 1, 25. Non Veios tantum, nec hoc bellum intueri, quod instat ; sed etc. 5, 6. Intuemini horum deinceps annorum — secundas res — 5, 51. Accusatores de plebe, patricium reum intuebuntur 6, 19. Eundem vigorem in vultu vimque in oculis, habitum oris lineamentaque intueri 21, 4. *i. q. agnoscere, l. læti observare.*

Intus 24, 10. Lanuvii in æde intus Sospitæ Junonis. *Illud in suspectum est interpretibus. merito. nam intus ædibus dicitur in inscriptionibus.* Intus pro cubiculo cepit Oudendorpius. Quæ sinu exiguo intus inclusæ essent 25, 11. Intus cellam ædis Fortis Fortunæ 27, 11. Ne frumenti quidem aut ullius alterius rei copia intus erat *(Uscanæ),* ut in necopinata obsidione 43, 18.

Intutus 5, 45. Castra Gallorum, intuta neglectaque ab omni parte nacti, clamore invadunt. Et ipsæ minus metum fecerant expertis a Gallica clade, quam intutam urbem (*Romam*) incolerent 9, 41.

INVADERE habenis quam effusissimis 37. 20. Stantes et ad ictus expositos — hastati — invadunt 9, 35. Vid. *vadere*. Non diffidebant, vastam dijectamque spatio urbem parte aliqua se invasuros 24, 33. Regnum scelere partem invasit 40, 57. Ingens terror Patres invasit 9, 38. Nec major in corpus meum vis morbi, quam in vestras mentes, invasit 28, 29. Dulcedo invasit (*quos?*) proximis comitiis tribunorum militum plebeios creandi 5, 13. *cf.* 28, 20. *ad quem locum vide Gronovium.*

INVALIDUS 5, 38. Multosque imperitos nandi, aut invalidos, graves loricis alliisque tegminibus hausere gurgites. Stationes invalidas esse pro castris 41, 2. *i. q. infrequentes.* Sic 7, 37. Consul palatos per agros cum vidisset hostes, stationes infrequentes relictas etc. Invalidus exercitus 41, 6.

INVEHERE 22, 5. Terræ motus mare fluminibus invexit. Aliis, quæ fert temere flumen, eodem invectis 2, 5. Nulla cum arte earum, quas multas ad animorum corporumque cultum nobis eruditissima omnium gens invexit 39, 8. *aut nobis detendum videtur, aut invenit legentium.* [*Hujus criseos rationem ego quidem non intelligo.*] Nuper divitiæ avaritiam — invexere *Præfat.* Quacumque equo invectus est 8, 9. Absterruitque effuse invehentem sese hostem 30, 11. *Locutio ab equitibus translata ad omnem exercitum et pedites. cf.* 5, 8. *it.* 6, 32. *Etiam sine sese* 31, 35. Invehebant se hostes, et in partibus extremis jam pugnabatur 40, 39. Carpento in forum invecta (*Tullia*) 1, 48. Invecta corpori patris nefando vehiculo filia 1, 59. Triumphans urbem invehitur 2, 31. Triumphans urbem *est* invectus 40, 43. Claudius equo sine militibus inveheretur 28, 9. *de ovatione.* Eo (*in stationem*) invectam classem subire adverso flumine jussit 10, 2., *cf.* 25, 11. Corinthium sinum invectus 44, 1. Ut classis invehatur hostium littoribus 44, 2. Ferociter in absentem Tarquinium erat invectus 1, 56. Si quid inclementius in te sum invectus 3, 48. Libertate intemperantius invectus in regem 42, 14.

INVENIRE 1, 58. Se — sua præsentia ardoris aliquid ad bellum — inventurum. *i. q. excitaturum.* Quod quibusdam in annalibus invenio 9, 15. *Sic sæpissime.* Vid. *Intt. ad h. l.* Aditum sibi ad obsides Tarentinos invenit 25, 7. Arca (*e terra protracta*) inanis inventa 40. 29.

INVENTOR 2, 56. Ut inventor legis Volero, sic Lætorius — auctor, quum recentior, tum acrior erat.

INVENTUM 7, 3. Eoque Minervæ templo dicatam legem, quia numerus Minervæ inventum sit. *i. e. excogitatus sit a Minerva.*

162

INVETERASCERE 39, 39. Jam inveterascebat, et non modo cetera, sed ne in proximam quidem noctem ubi satis tuto custodiretur, expediebant.

INVETERATUS animus diutina arte atque usu belli 42, 11.

INVICEM 2, 12. Non prædo, nec populationem invicem ultor. *vid. infra in v.* vicis. Cohortes invicem sub signia 39, 17. *Forsitan idem cum paullo ante præcedentibus:* conferri pluribus introrsus ordinibus acie firmata. Jussi invicem (*in vicem*) dicere 1, 40. Ex propinquo dicamus in vicem, audiamusque 52, 52. His invicem (*mutuis*) sermonibus — nox traducta est 9, 3. Pugna cum vulneribus et cæde invicem militum nautarumque oritur 41, 3.

INVICTUS 9, 16. Invicti ad laborem corporis esse. Invicti a cupiditatibus et rigidæ innocentiæ 39, 40. Natum numenque vestrum invictam Campanis 7, 30. Sed invicta sibi quædam patientissima juti imperii civitas fecerat 6, 16.

INVIDERE 10, 24. Invidisse Decium concordibus collegiis tribus. *it.* 38, 47. honori. Non inviderant laudes suas mulieribus viri Romani 2, 40. Victoria, cui nec Deus nec homo quisquam invideat 5, 27. Invisum imperium 3, 38. *de decemviratu.*

INVIDIA 3, 31. Invidiam, tamquam ignem, summa petere. Vid. *interim.* Invidia conflagrare 24, 26. — anxius invidia 9, 46. — invidia divitiarum 10, 3. — in invidia esse 29, 37. Aggravantibus summam etiam invidiam ejus tribunis plebis 6, 27. *pro re invidiosa.* Flammam invidiæ adjecere edicto 43, 16. Sub aliena invidia (*male*) regnare 24, 25. *i. e. ita, ut alter invidiam mali regni sustineat.* Haud ignari, quanta invidiæ immineret tempestas 3, 38. Decemviralis invidia 3, 43. Ad id, quod doles, quod invidiam urit, neverteris 40, 14. Invidia adversus Romanos 42, 12.

INVIDIOSUS 6, 40. Quod illi volunt invidiosius esse.

INVIDIOSUS 9, 29. Ob infamem et invidiosam senatus lectionem verecundia victus. *Invidiosa lectio est, quæ censoribus multum invidiæ s. odii conflaverat.*

INVIOLATUS 3, 34. Neu potestas tribunicia, inviolata ipsa, violet intercessione sua Rom. imperium. Sub tutela inviolati templi 2, 1. Vid. *sanctitas.*

INVISERE 1, 57. Quin — invisimus præsentes nostrarum ingenia. Domos ac re invisere suas 3, 2.

INVISITATUS 4, 33. Inaudita ante id tempus invisitataque. *Pluribus locis hoc vocabulum confusum est cum inusitatus.* Vid. *Drakenborch. ad* 5, 34. Gens invisitata 5, 17. *i. e. antea non visa.*

INVISUS 6, 20. Obstinatis animis triste judicium invisumque etiam judicibus factum. Ubi vita invisa esset mea 28, 27. Et omnia quam diis quoque invisa essent, sen rerum (*Perses*) in exitu rerum suarum 44, 1. Vid. *Ingratus*.

INVITAMENTUM 2, 42. Largitiones temeritatisque invitamenta horrebant.

INVITARE 1, 9. Invitati hospitaliter per domos. Utrumque in hospitium invitat 28, 18.

INVITATIO 23, 39. Deinceps invitatio benigna et hospitalis fuit. *cf.* 40, 7.

INVIUS 23, 17. Per vias inviaque in urbes Campaniae perfugerunt. Ruunt caeci per vias, per invia 36, 23. Per invias atque ignotas rupes iter fugae non expedientes 38, 2.

INULTUS 3, 38. Quum hominum atque pecudum inulti praedas egissent. *cf. cap.* 51. Haud inultum interfecere 3, 48.

INUNDARE 24, 38. Hennensium sanguine Henna inundabitur. Qua fluvius Arnus per eos dies solito magis inundaverat 22, 2. Imbres continui campis omnibus inundantes 8, 24.

INVOCARE 9, 12. Nequidquam deos fidemque invocantes. Fidem pastorum nequidquam invocans 1, 7. Incumentes violati hospitii foedus, Deumque invocantes 1, 9. Invocatique ultores parentum Dii 1, 59. Fidem datam Deosque testes nequidquam invocantes 41, 25.

INVOLVERE 1, 21. Manuque ad digitos usque involuta.

INURERE 9, 3. Vivet semper in pectoribus filorum quidquid istuc praesens necessitas inusserit. Vid. *macula*.

INUSITATUS 5, 35. Quum formas hominum inusitatas cernerent. *cf.* 5, 37. 45.

INUTILIS 29, 1. Segnes atque inutiles milites. *it.* 30, 20. Inutilis militum turba. Rogationes — seu utiles seu inutiles sunt 6, 40. Ne inutili pudore suam ipse causam damnaret 3, 70. Quot res, quam inutiles sequantur illam viam consilii 5, 5. Qui consensus interdum privatis inutilis esset 3, 33. Documento fuere, quam plurium imperium bello inutile esset 4, 31. *i. q. damnorum, Gr.* ἀλυσιτελής. Vid. *Bauer. Exc. Liv.* 1, *pag.* 184. Dum meliorem ex ducibus inutilem vulnus faceret 21, 53. Inutilia impedimenta 38, 15. Orationem habuit — — inviam senatui inutilemque sibi ac civitati suae 42, 14.

INUTILITER 3, 51. Responsumque, quamquam non inutiliter, feruito tamen magis consensu, quam communi consilio esse.

JOCARI 32, 34. Jocatus in valetudinem oculorum Phaeneae.

JOCULARI 7, 10. Inter carminum prope modum incondita quaedam militariter joculantes.

JOCULARIA 7, 2. Incondita inter se jocularia fundentes versibus.

JOCUS 1, 4. Seria et jocos celebrare. Postquam lege hac fabularum a risu ac soluto joco res avocabatur etc. 7, 2. *Vid.* *inconditus*. it. *serio*.

Irae 1, 10. Per se ipsum. *i. e. pro se ipso, solus.* — ipsa per se 37, 26. — per se ipse 1, 49. Ipse sponte sua 10, 25. (*idem per idem dictum.*) Ipse *pro is* ipse 5, 43. *ubi vide Gronovium. it. pro ego* ipse 1, 17. 6, 88. 29, 10. 31, 17. 34, 52. 40, 4. — ipse (*Quinctius senatui oppositus*) 32, 37. — ipse (*Syphax oppos. gregi nobilium Numidarum*) 30, 13. Navis tantum jactura facta est, incolumes ipsi evaserunt 30, 25. *i. e. nautae, vectores.* [*Sic et Graeci* αὐτός *in oppositione dicunt.*] Agassam urbem, tradentibus sese ipsis (*incolis*) recepit 44, 7. Mox et ipse aderat 21, 38. Vid. *ad h. l. Bauer. pag.* 24.

IRA praedae amissae 1, 5. *ubi* ob iram praedae amissae *i. q.* ob praedam amissam. Vid. *Bauer. ad h. l.* — vulnerum 8, 29. — dictatoris creati 4, 56. — corruptae uxoris 6, 33. — diremtae pacis 9, 8. — finitae potestatis 9, 34. — domini interfecti 21, 2. — fugae 27, 7. — provinciae ereptae 37, 51. — metu quaestionum iraque 4, 50. Ob interpellatam dulcedinem irae 9, 14. — ira tumere 31, 8. Ab ira inter conditiones pacis interfectae stationis 24, 30. Metu, ne, seli crimini subjecti, piacula irae Romanorum dederentur 6, 21. Ira infesta 7, 30. — pervida 9, 18. — memor 9, 29. Tanto irarum certamine 9, 39. *cf.* 1, 7. *it.* 9, 1. Irarum speique pleni 2, 45. Ultra humanarum irarum fidem 6, 24. Senescente invidia molliebantur irae 29, 22. Cujus rei vitium non in belli eventum, — sed in rabiem atque iras imperatorum vertit 8, 30. Iras differre 4, 30. *i. e. vindictam.* — Sic iram abstinere ab aliquo *Livius dixit.* Iras dirimere 1, 13. *i. e. iratos.* Eo iraram processerat, ut etc. 41, 23. In haec (*corpora*) ferrum, in haec iras acuant 9, 9. Non ferme desunt irarum indulgentes ministri 24, 25. Plenior aliquanto animorum irarumque 6, 18. Velut ab incendio flagrantis irae — se defensurus 40,56. *cf. Virgil. Æn.* 12, 831. irarum tantos volvis sub pectore fluctus. Mollirent modo iras 1, 9. Quum minimum irarum inter nos illosque relinqui velim 8, 20. Veniam irarum coelestium, finemque pesti exposcunt 3, 7. Expiatum est, quidquid ex foedere rupto iram in nos coelestium fuit 9, 1. Quae (*preces*) deorum iras placant 8, 33. Vid. *Intt. ad Virgil. Æn.* 1, 11. Placamina irae (*scil. divinae*) 7, 8. Piacula irae Deûm conquirere 40, 37. Placandae civium irae 25, 6. Vid. *permulcere.*

IRATUS 2, 45. Iratos invocat deos. *cf.* 5, 11. Diis magis iratis, quam hostibus, gesturos bellum 3, 2. Hostium se telis potius, quam suffragiis iratorum civium, caput objecturum 22, 40.

IRE 1, 15. Quique cum eo equis ierant. Iret — sublimis curru multijugis equis 28, 9. Quo pedibus ab Tarracone itineribus magnis ierat 26, 17. *i. e. per terram continentem. Opponitur: navibus ire.* Quam maximis itineribus isset 8, 30. Prædatum enim tantummodo pleræque classes ierant 29, 25. Cum classe Pisas ire 41, 17. In eamdem sententiam ibat 1, 32. In unam omnes sententiam ierunt 42, 3. *sine mentione discessionis.* In sententiam ejus pedibus irent 9, 8. Munus vulgatum a civibus isse in socios 2, 41: Ire in Capitolium 3, 17. *i. e. aggredi, oppugnare, ad Herdoniam depellendum.* Ut iret ad oppugnandam patriam 28, 19. Ad arma ire 9, 32. — hostem — 42, 49. Adversus — — *ibid.* Sensit, in se iri, Brutus 2, 6. Quin imus — ipsi cum equitibus paucis exploratum ? subjecta res oculis nostris certius dabit consilium 27, 26. Vid. *Virgil. Æn.* 11, 389. *cf.* 1, 57. Quin conscendimus equos etc. In dubiam imperii servitiique aleam imus 1, 23. Ire in certamen 3, 39. *de contentione senatoria.* Ad pedes pugna ierat 21, 46. Scipionem per Boiorum — agros populantem isse 34, 48. Ne eodem itinere eat 4, 4. Convocatos milites monuit, via omnes irent 25, 9. *i. e. ea, qua omnes commeare solent, via regia, ut alibi dicitur.* Adeo in alteram caussam — collega — præceps ierat 2, 27. Neque nego, neque inficias eo 6, 40: Abi hinc cum immaturo amore ad sponsum — Sic eat, quæcumque Romana lugebit hostem 1, 26. Suas quoque veteres injurias ultum irent 2, 6.

IRRELIGIOSUS 5, 40. Irreligiosum ratus, sacerdotes publicos sacraque populi Rom. pedibus ire ferrique.

IRREVOCABILIS 42, 62. Quam — spe vana evectus, in casum irrevocabilem se daret.

IRRIGARE 7, 3. Circus Tiberi superfuso irrigatus.

IRRIGUUS 10, 2. Quod transgressis stagna ab tergo sint, irrigua æstibus maritimis.

IRRISUS 7, 10. Linguam etiam ab irrisu exserentem etc.

IRRITAMENTUM 40, 27. Quibuscumque irritamentis poterat, iras militum acuebat. *cf.* 30, 11.

IRRITARE magis, quam decernere pugnam 28, 33. *i. e. lacessere magis ad pugnam, quam pugnam vere conserere.* Multarum circa civitatum irritatis animis 1, 17. Non negata auxilia ab Etruscis irritaverint animos 5, 6. *i. q. eripuerint.* [*Immo sensu vulgari capiendum.*] Qui avidos atque intemperantes plebeiorum animos ad sanguinem et cædes irritent 24, 25. Irritatis in posterum diem animis 44, 4. Quibus misericordia opus erat, iram et odium irritarent 38, 49. *cf.* 29, 16. Remedio irritatur seditio 6, 16. Irritare feritatem barbarorum 28, 33.

IRRITUS 28, 29. Aufert omnia irrita oblivio. *i. e. ut irrita et quasi infecta esse videantur.* Omissa irrita re 2, 7. Dolore tanto ad irritum cadentis spei 2, 6. In spem irritam frustra tempus terere 22, 20, Capitumque irrita quassatio 22, 17.

IRRUMPERE 1, 47. Stipatus agmine armatorum in forum irrupit.

Is 1, 19. Urbem novam, conditam vi et armis, jure eam — parat. [*Vid. Stroth. ad h. l. Abundantia Latinis scriptoribus cum Græcis communis. De Græcis vid. Porson. præfat. ad Euripid. Hecub. pag. XIII. Ferenda talis negligentia, inprimis si sensum illustrat verborum; non pro eleganti venditanda.*] Florem ætatis — quem ipsi patri Hannibalis fruendum præbuit, justo jure eum a filio repeti censet 21, 3. Quos dicere exorsus consul interfatus — — redire Hypatam eos — — jussit 36, 27. Eum postulare, ut sibi dedatur, 23, 10. Eorum, quæ objecta sunt mihi, partim ea sunt 42, 41. Quæ publica vectigalia locassent, ea rata locatio ne esset 43, 16. *pro eorum.* Id multo, quam de navali victoria, lætius fuit 37, 33. Quandoquidem, ut omnia unus Gabiis posset, ei dii dedissent 1, 54. *pro sibi. cf.* 31, 11. Si quid ei ad firmandum augendumque regnum opus esse judicasset, enise id populum Rom. merito ejus præstaturum. Quum appareret ædilibus, flerique se pro tribu ædilem, videret, neque ejus (*suum*) accipi nomen, quod etc. 9, 46. *vid. Bauer. ad h. l.* Ea postulavit, ut etc. 3, 53. *i. e. talia.* Ea belli gloria est populo Romano, ut etc. *Præfat. ad g. l. vid. Bauer.* Gens, ut in ea regione atque in ea ætate, divitiis præpollens : eaque ipsa causa belli fuit etc. 1, 57. Eique ea fides nequaquam amicum — fecerat 40, 54. Latio is status rerum erat 8, 13. *i. q. tam tristis.* Iis auspiciis 8, 61. *pro tam lætis, tam bonis.* Ea ætate consulatum adeptus eram 7, 40. *h. e. tam provecta ætate.* Non ea regum æmulatio 44, 25. *pro non tam parva.* Non eis animis audiebantur, qui aut duceri aut flecti possent 42, 48. Moverunt eo maxime senatum, demonstrando maris terrarumque regionis ejus situm 32, 37. Ceteros accolas fluminis Hannibal et eorum ipsorum quos sedes tenuerant, simul perlicit donis ad naves 21, 26. *pro et quos eorum ipsorum sedes etc.* Quorum eorum ope ac consilio Veliterni — populo Rom. bellum fecissent 8, 37. *i. e. quorum ex Tusculanis* (*antea nominatis*). Extra quam qui eorum aut ipsi aut parentes eorum apud hostes essent 26, 34. Aliorum, qui non comparebant, quando quisque eorum inventus fuerit 38, 11. Qui eorum circa Macram fluvium incolebant 40, 41. *cf.* 5, 41. *it.* 34, 35. Apud eorum quem manumitteretur 41, 9. *pro apud quemcumque eorum.* Apparebat æquasse eum Appii odium 2. 27. *i. e. ejus odium. vid. Bauer. Exc. Liv.* 1. *pag.* 102. [*Breviloquentia etiam in Græcis scriptoribus sat frequens, cujus ratio librarios et editores sæpe fefellit.*] Quod ego fui ad Trasimenum — id tu hodie es 30. 30. *pro qualis — talis.* Quod nondum factum est — ea fieri oportet 4, 5. Vestram misericordiam vestrumque auxilium — — qui *eam* implorantibus aliis etc. 7, 30. *f. leg.* ea. Bonaque ut iis, quidquid ejus recuperari possit, reddantur 42, 8. Quod ejus (*agri*) publicum populi Rom. esset 31, 4. — quod ejus *(pecuniæ)* in publicum relatum non est 38, 54. *pro quantum ejus, quoad etc. Sic sæpissime.* Pro eo, ut ipsi ex alieno agro raperent agerentque, suas terras sedem belli esse viderunt 22, 1. Quid esse *(id esse)* aliud, quam mirari 4, 2. *cf. cap.* 4. Dubiæ ad id *(ad huc)* voluntatis 9, 15. Ut ad id *(tempus)* venerit exercitus subsidio missus 4, 58. His ita in senatu ad id, quæ cujus provincia foret, decretis 36, 2. Quod id temporis venisset 1, 50. *pr. tam sero.* Quid se id ætatis sollicitassent 10, 24. *pro tam senem.* Id consilii animique habiturus sum, quod vos mihi effeceritis 3, 62. Quum remisso, id quod erepturi erant, ex SCto Manlius vinculis liberatur 6, 17. *pro eo quod, quemadmodum ante Drakenborchium legebatur. Sed vide Cel. Strothium ad h. l.*

ISTIC 7, 40. Quocumque istic loco, seu volens, seu invitus, constitisti etc. Quod istic cum ignavia est scelus 1, 47. *i. q. in te, qui scelus* (*parricidium*) *commisisti.*

ISTINC 7, 40. Istinc signa canent, istinc clamor prius incipit — si dimicandum est.

ISTUC 28, 36. Ne istuc Jupiter O. M. sirit. *pro istud.* Quidquid istuc præsens necessitas inusserit 9, 3.

ITA regem obtruncant 1, 5. *pro tum vero.* Iter per se ipsum nomen Cæninum etc. 1, 10. *i. q. itaque propterea. cf.* 2, 54. Pax ita convenit 1, 3. *i. e. his legibus. it.* 24, 19. Non ita ægram esse civitatem 3, 20. *pro non tam parum ægram.* Ita gratiam inire, ut etc. 1, 17. *h. e. ea moderatione, tam caute ac prudenter cf.* 4, 7. Ita elatus, ut nullum ferox verbum excidat 26, 19. Ita fama variat, ut — tamen — omnes tradant 27, 27. Ita indulgere iræ, ut potior sit sanctitas 23, 3. *cf.* 5, 12. Ita pacem negare, ut non statim bellum incipiat 24, 28. Ita admissi milites a Pœnis capti, ne senatus tamen iis daretur 22, 61. *i. e. admissi illi quidem, sed senatus iis non datus. Et talia fere præcedentia sunt omnia.* Ita in Africam transmissurus fuit Sempronius, si collega ad arcendum Italia Pœnum suffecisset 21, 17. *pro tum demum* — *si etc. cf.* 1, 8. 4, 3. 21, 13. 24, 37. 26, 24. 29, 3. 30, 37. 36, 4. Plures ita, si præcipuam operam navassent, potentes sese in suis civitatibus fore rati 42, 30. Ex Etruria haud ita multum frumenti advectum est 4, 12. *pro haud valde multum.* — nec ita multo post 10, 12. — non ita multo post, 35, 11. — haud ita multo post 40, 37. Romanam amicitiam, sicut minoribus viribus, quam Massilienses, pari colebat fide 34, 9. *pro ita pari colebat fide; quoniam sicut præcedit. cf.* 9, 17. Ea et

singula intuenti et universa, sicut ab aliis regibus gentibusque, ita ab hoc quoque facile præstant. *in quo loco illud* ita *auctoribus codicibus delendum est: Ita* — *quemadmodum* dum 6, 15. Hæc ita precatus 8, 9. *pleonast.*

ITALIA. Vid. *terra.*

ITAQUE cautum est 3, 30. *pro atque ita.* — et vestram itaque etc. 8, 13. Itaque ergo 1, 25. *cf.* 9, 31. *it.* 28, 12. 39, 25. *gratus utique Livio pleonasmus.* Quum C. Mucius — cui indignum videbatur — — itaque — ratus etc. 2, 12.

ITER 32, 24. Per apertum recenti strage iter invadere. Progressus modicum iter 33, 6. Unius diei progressus iter 44, 2. Iter fugæ non expedientes 38, 2. Ut iter præparatum fugæ haberent 39, 51. — pronunciatum iter 30, 10. Iter expeditum primo per Epirum habuit, deinde asperi ac prope invii soli 42, 55. Ut iter populo esset 39, 44. Turba conferta iter reliquum clauserat 39, 49. Hoc flumine Perseus septum iter hostis credens 44, 8. *pro hosti, quemadmodum Creverius malebat. Sed illud quoque bene et ex more Livii dictum-* Novo periculoso itinere 43, 1. *Vid. Drakenb. ad* 1, 14. Quum maximis itineribus isset 8, 30. Ne eodem itinere eat 30, 10. Incerti, quam in partem intenderent iter 10, 43. Quod iter petiturus esset, ignarus 44, 2. Septem millia itineris erant 30, 5. *i. q. iter septem millium.* Pons sublicius iter pæne hostibus dedit 2, 10. *i. q. aditum.* Qui summovendo iter ad prætorium facerent 45, 7. *pro aditum.* Quantum pati viæ per vulnus poterat itineribus extentis 30, 19. Jussi duces itineris ita dividere viam etc. 44, 35. Aliis alio itinere jussis certo tempore ad regiam venire pastoribus 1, 5. In diversum iter equi concitati 1, 28. Transfosso pariete iter in urbem patefacere 44, 11. Ingens iter agminis erat, sed metus urgebat 32, 13. Itinera 26, 10. *de plateis urbis Romæ. Sic* 30, 6. Itinera portarum. Eorum ambitione artibusque fieri, ut obseptum plebi sit ad honorem iter 4, 25. Plebi ad curules magistratus iter obsepsit 9, 34. Vid. *divortium.* it. *obliquus.*

ITERARE 8, 7. Ad iterandum ictum. Iterare pugnam 1, 12.

ITERUM 23, 32. Revocatus præco — iterum renunciaret eadem. Et cum is iterum sinu effuso, bellum dare, dixisset etc. 21, 18. *ad q. l. vid. Bauer. pag.* 18.

ITIDEM 29, 16. Altera itidem res — relata — est. *al.* item.

JUBATUS anguis 41, 21. *Vid. Intt. ad Virgil. Æn.* 2, 206.

JUBERE 27, 16. Interroganti scribas — jussit. *conf. Bauer. Exc. Liv.* 2, *pag.* 246. Hastatis jussit 30, 34. *cf.* 42, 28. Cui — magistratus creare — jussum erat; *nisi cum Creverio legas* creari. Quis legati, nullo in præsentia responso dato, Chalcidem se sequi jusserunt 42, 43. Collaudato Evandro, signa referri, peditumque agmen redire in castra jubet; equitibus receptui canere 42, 59. Imperium alicui (esse) jubere 28, 41. Jussit, ut 32, 16. cf. 9, 2. i. 25, 8. Quum, exponerent in consilio, jussisset 44, 2. Duci se extemplo ad consules jubet 9, 24. de transfuga. Campani jubentes, quae opus essent ad bellum, imperare (Romanos) 23, 5. Populus jussit de bello 32, 45. Quod bellum senatus Perseo jussisset 42, 32. id explicat Duherus de senatusconsultio, post jussum illum populi (88, 45.) factis. Id modo sciscerent juberentque, ut senatus decerneret etc. 1, 17. Quando id bellum senatus decrevisset, quando id bellum populus Romanus jussisset? 41, 7. Jubere regem 1, 22. conf. cap. 17. — Dictatorem 10, 11. — duumviros 9, 30. i. q. creare, s. sancire, ut creentur. Transire in Epirum est jussus, et circa Apolloniam copias continere 35, 24. i. e. ex Epiro progressus, prouti jussus fuerat, circa etc. Hannibali jam terra appropinquanti jussus e nauticis unus escendere in malum 30, 25. i. e. ab Hannibale jam terra appropinquante jussus etc. Itaque, ni propere fit, quod impero, vinciri vos jam jubeo (jubebo). Adferrique catenas et circumsistere lictores jussit 36, 28.

JUCUNDUS 3, 51. Nec mihi filia inulta honorem ullum jucundum esse patitur. Quod nobis non fructu jucundius est, quam ultione 28, 39.

JUDEX 3, 44. Notam judici (Appio) fabulam peragit. Quod his temporibus nondum consulem judicem, sed praetorem appellari mos fuerit 3, 55. Vid. ad h. l. Bauer. pag. 156. Accusatorem eumdem capitis sui ac judicem esse 3, 32. Ferre alicui judicem 3, 24. alibi, v. c. 3, 56. dicere. Quem tibi tuarum inarum, quem meorum suppliciorum judicem feram 9, 1. · JUDICARE 38, 60. Tantum auri argentique judicatum esse. — pecuniae 6, 14. i. q. mulctatum. cf. 23, 14. Quod vel capitis vel pecuniae judicasset 26, 3. Perduellionem alicui judicare 1, 26. i. e. perduellionis reum judicare. Quem extra culpam belli esse, ipsum Vitruvium judicasse 8, 19. Nempe judicare dicitur eleganter de his, qui facto aliquo praejudicium de re faciunt, et ex eo dant aliis aestimandi copiam. Vid. Intt. ad h. l. Judicati atque addicti 6, 34.

· JUDICIUM 35, 41. Judicia in foeneratores severe facta. cf. 2, 52. Menenio diem dicunt — eum oppresserunt — quum capitis anquisissent etc. Quae sui judicii videri possent 3, 36. Et obstinatis animis triste judicium, invisumque etiam judicibus, factum 6, 20. Prius, quam judicium de eo (Pleminio) populi perficeretur 29, 22. Sub jus judiciumque suum totam coëgit gentem 41, 22.

· JUGUM 10, 37. Quod captivos sine pactione sub jugum misisset. cf. 3, 25.

unde intelligatur, quomodo jugum factum sit. Jugum accipere 1, 50. Sub jugum abituros (victos) 3, 28. Sub jugum missus 2, 34. metaphor. pro oppressus. Sub jugo montis 22, 18. — collis 31, 29. — Alpium 21, 35. Sub hoc jugo dictator Aequos misit ibid. Jugis ducebat 22, 18. i. q. per juga ducebat exercitum. Per Isthmi jugum navibus traductis Aeginam trajiciunt 42, 16.

JUMENTA 42, 1. Legati — singula jumenta per oppida — imperabant. Hinc originem cursus publici ducit Spanhemius de V. et P. N. diss. 12. pag. 582. Is, qui jumenta agebat 1, 48. de carpento Tullia. Quibus praeter equos, ceterorum jumentorum calonumque turba abesset 7, 37. Pecora jumentaque torrida frigore 21, 32.

JUNGERE affinitatem cum aliquo 1, 1. Neque enim foedere Samnitium, ne qua nova jungeretis foedera, cautum est 7, 30. Foedus cum eo amicitiamque junxit 24, 48. Per hos juncta societas Annibali a Syracusano tyranno 24, 6. Is princeps junctae cum Illyriis legationis datus est 44, 23. Cum impari jungi 1, 46. de matrimonio. Haud dubius, quin Eumenes civitatem quoque suam Persei criminibus junxisset 42, 14. Non dubia spe, quum juncti essent, debellari posse 25, 35. de conjunctione exercituum. Si se rursus tres exercitus ad tres duces junxissent 25, 37. Decem millia equitum, par numerus peditum, et ipsorum jungentium cursum equis, et in vicem prolapsorum equitum vacuos capientium ad pugnam equos 44, 26. Ut non petisse Saguntinos, sed rerum serie, finitimis domitis gentibus, jungendoque, tractus ad id bellum videri posset 21, 5. Jungere ratibus flumen 21, 47. Romani ponte Ticinum jungunt 21, 45. Junctum vehiculum 34, 1. scil. equis. Naves junctae aliae binae ad quinqueremes 34, 34. Vallo ac fossa ita jungere parat (ea omnia) 38, 4. Servati tamen regni, quum juncta pietati sit, potiorem laudem fuisse 45, 19.

JUNIORES dicti sunt tempore census primi a septimo decimo aetatis anno ad sextum et quadragesimum 1, 43. cf. 4, 5.

JUPITER Feretrius 1, 10. a feriendo. Vide Plutarch. Romul. pag. 27. — Stator 1, 12. a sistendo. Vide Gronov. Obss. 4, 14. — Imperator 6, 29. triumphansque signum Praeneste devectum Jovis Imperatoris in Capitolium tulit. Numina Jovis Romani 8, 6. Es, magne Jupiter ibid. Virgil. Aen. 1, 241. quem das finem, rex magne, laborum? Ibid. v. 380. ab Jove summo. ubi est in var. lect. ab Jove magno. Vid. sacrare.

JURARE 2, 45. Idem deinceps omnis exercitus in se jurat. Per milites juratos in consulis verba 7, 16. Vid. Intt. ad Tacit. Ann. 1, 7. Nisi, in quae ipse concepisset verba, juraret 7, 5. Jurati consores coloniarum 29, 15. Juratus senatus 42, 21. Ex animi mei sententia — ut ego rempublicam — non deseram 22, 53. *pro ut ego jure, me etc. Solet autem hoc verbum in tali formula omitti.*

JUREJURARE 41, 15. Praetores ambo in eadem verba jurejurarent. *Verbum analogia certe non contrarium.*

JURGARE 8, 33. Haec simul jurgans, querens — plurimis cum lacrimis agebat.

JURGIUM 8, 40. Claudii — oratio fuit magis precibus quam jurgio similis. Lacessitus jurgius multorum 42, 23.

JURISDICTIO 41. 9. Haec — causae jurisque dictio — consuli decreta est. Inter cives et peregrinos jurisdictio 42, 18. *cf.* 28, 10. *it.* 41, 27.

JUS patrium 1, 26. *Jus vitae ac necis in liberos ex lege Romuli.* Quodcumque — populus jussisset, id jus ratumque esset 7, 17, *cf.* 31, 32. Notitiamque eam brevi apud regem, liberaliter dextreque obeundo officia, in familiaris amicitiae adduxerat jura 1, 34. *ad q. l.* Vid. *Bauer. pag.* 52. [*Bene habet vulgata; etsi, quod Bauero placuit, non caret librorum auctoritate. Vellem docuisset vir optimus, quo pacto notitia,* LIBERALITER DEXTREQUE OBEUNDO OFFICIA, *in familiaris amicitiae adduxisse jura dici possit.*] Nullum hospitale jus in iis (*legatis*) servandum 45, 20. Quodcumque sibi cum patrie, penatibus publicis et privatis juris fuerit, id cum uno homine esse 6, 14. *i. q. patriae debuerit etc. id nunc uni debere.* Quodsi nihil cum potentiore juris humani relinquitur inopi, at ego etc. 9, 1. *i. e. nihil praesidii in jure humano adversus potentiorem. Est autem jus humanum idem quod jus societatis humanae, ut loquitur Cicero de Off.* 1, 8. Quidquid sancti amoenive circa urbem erat, incensum est, dirutaque non tecta solum, sed etiam sepulchra: nec divini humanive juris quidquam prae impotenti ira est servatum 31, 24. Numa — auctor divini juris 1, 42. Auctores fuere contra jus gentium caedis impiae legatorum nostrorum 5, 4. Periti religionum jurisque publici — suffectum consulem negabant recte comitia habere posse 41, 18. Manente memoria, etiam in discidio publicorum foederum, privati juris 25, 18. Jure belli liberum te, intactum, inviolatumque hinc dimitto 2, 12. *Sic* 1, 1. duobus omne jus belli Achivos abstinuisse. Jus publicum vanum 45, 18. *i. e. jus, ex quo aerarium reditus metallorum et agrorum capit.* Vid. *Creverium ad h. l.* Jus de tergo ac vita 2, 29. Ager juris sui 29, 31. Jura dedit (*populo*) 1, 8. *i. q. leges.* Vid. *sanctus.* — jura statuenda 9, 20. Aliud Antiocho juris statuistis, alio ipsi utimini 35, 16. Commercium juris praebendi repetendique 41, 25. Bello superatae (*civitates*) — in antiquum jus repetit 35, 16. *cf.* 33, 33, *it.* 34, 57. Jus consulere 39, 40.

pro de jure consulere. Jus gratiae non dare 42, 24. Duae (*praetura*) jure Romam dicendo 42, 28. *cf.* 3, 46. Novum jus tentatum 34, 42. *de jure civitatis petito per fraudem.* Vendere jure praedae 38, 24. Hodieque in legibus magistratibusque rogandis usurpatur idem jus, vi adempta 1, 17. *i. q. consuetudo.* Vid. *Bauer. ad h. l. pag.* 35. Ad jus regni quidquam, praeter vim, habebat 1, 49. Eos — censendi jus factum est, 45, 15. Quum id nec consulis jus esset, nec illis etc. 9, 2. *f. leg.* consuli. [*In vulgata nihil est quod offendat.*] Jus persolvere 1, 32. — postulare 5, 36. Eum (*Servium Tullium*) jura redditurum, obiturumque alia regis munia 1, 41. Quo pacto jus nostrum adipiscamur 1, 32. Se — omnibus summis infimisque jure aequasse 3, 24. Optimo jure 9, 34. Vid. *Stroth. ad h. l.* Extra jus foederis esse 39, 9. *i. e. non esse participem foederis.* Nisi illi cogantur in jus judiciumque populi Rom. 38, 39. Sub jus judiciumque suum totam coëgit gentem 41, 23. Sub jus judiciumque regis venisse 39, 24. Ad jus Antiocho inferendi belli aliquantum adjecisse 35, 51. Quod populus in se jus dederit, eo consulem usurum 3, 9. Decessitque jure suo 3, 46. *conf.* 3, 33. In jus ditionemque recipere 31, 61. *Contra* 39, 33. *hae duo, semper a Livio conjuncta, dirimuntur juris aut ditionis. Itaque Drakenborchius recte ac recepit, praesertim codicibus adjutus.* Tamen raptus in jus ad regem 1, 26. In jus duci 2, 27. Vocat puellam in jus — — ad tribunal Appii perventum est 3, 44. Quum res peragi intra privatos parietes nequisset, ventum in jus est 4, 9. *Jus belli.* 1, 1, 2, 12. 2, 16. 3, 71. 5, 27. 8, 1. 9. 4. 9, 1. 3, 11. 21, 6. 10. 13. 18. 19. 24, 33. *Jus feciale.* 1, 32. 9, 9. 11. *Jus gentium.* 1, 14. 2, 4. 4, 1. 4, 17. 12. 32. 5, 4. 36. 51. 6, 1. 17. 7, 6. 37, 3. 5. 6. 9, 10. 11. 21, 10. 25. *Jus publicum.* 2, 55. 3, 32. 34. 39. 58. 63. 64. 67. 69. 4, 8. 15. 5, 25. 6, 14. 27. 38. 7, 6. 17. 8, 14. 9, 1. 20. 36. 10, 7. 23, 5. 10 24, 1.

JUSJURANDUM patrare 1, 24. — dare 41, 8. Jurisjurandi adversus foedera suscepti exsecrationes horrens 10, 39. Se jusjurandum dare paratos esse, non videri e republica etc. 8, 32. *i. e. jurejurando affirmaturos esse.* Milites tunc — jurejurando ab tribb. militum adacti — nam ad eam diem nihil praeter sacramentum fuerat 22, 38. *hoc ergo voluntarium fuisse, illud necessarium, dicitur.* Vid. *Intt. ad h. l.* Vid. *adigere.* Ut fides ac jusjurandum — civitatem regerent 1, 21. Suumque jusjurandum per suum dictatorem suosque sacerdotes peregerunt 1, 24. Paucis verbis carminis concipiendique jurisjurandi mutatis 1, 32. Populum — jurejurando adegit, neminem Romae passuros regnare 2, 1. *cf. cap.* 2. Nec interpretando sibi quisque jusjurandum et leges aptas faciebat, sed suos potius mores ad ea adcommodabat 3, 20. Fœdus clandestinum inter ipsos jurejurando ictum, ne comitia haberent 3, 36. Tribunos vetere jurejurando plebis — — sacrosanctos esse 3, 55. Per legatos ultro citroque missos jurejurando inter se obligati 5, 6. Adigebatur jurejurando — non enunciaturum 10, 38. *cf.* 21, 1. Nullum jusjurandum, nulla religio 21, 4. Jurisjurandi solvendi caussa quam in castra redisset 22, 58. Quod fallaci reditu in castra jurejurando se exsolvisset 22, 61. Citatosque singulos jurejurando adigam etc. 24, 16. Nimis callidi exsolvendi jurisjurandi interpretes 24, 18.

Jussus 29, 21. Jussu aut voluntate Scipionis facta esse.

Justitia 42, 30. Justitiâ imperii Romani capti.

Justitium in tumultu 3, 5. — omnium rerum 26, 26. — remittitur 10, 21. Justitium servatum 3, 5. — remissum *ibid.* Silentium omnium rerum ac justitio simile otium fuit 7, 1. Exercitu deleto justitium indictum 10, 4. Vid. *edicere.* Justitium in foro sua sponte cœptum prius, quam indictum 9, 7. Delectusque et justitium indictum 7, 6.

Justius 44, 7. Cujus culpæ reus nemo justius, quam ipse, fuisset. *pro verius, rectius.*

Justus 21, 3. Justo jure aliquid repetere. Precarium, non justum auxilium ferenti 8, 35. Justum tempus comitiorum 5, 9. Si justa aut si vera pugna esset 22, 28. Justum servitium 41, 6. *i. e. verum.* Justiore altero deinde prœlio vincuntur 5, 49. Justum bellum 29, 31. *opponitur furtivis excursionibus et latrocinio aperto.* Quippe quem non justum modo adparare bellum regio animo, sed per omnia clandestina grassari scelera latrociniorum ac veneficiorum cernebant 42, 18. Justum piumque bellum 9, 8. Distractos passim justis quondam hostibus populi Romani pacatis servire 42, 8. Justa arma 38, 22. *i. e. legionum arma, quæ opponuntur velitum armis.* Ut — ad subita rerum duo justi scriberentur exercitus 9, 43. *i. e. consulares.* Atque etiam 10, 25. exercitus justus consularis *diserte dicitur. Nisi vero* consularis *e glossa illatum sit.* Ab justo exercitu justa irâ facta 6, 31. *de populationibus gravioribus.* Justi ducis speciem nactus 25, 1. *i. q. legitimi.* Justine magistratus summæ rerum præessent 3, 40. Omnia justa in deditionem nostram perfecta erunt 9, 8. Operi aliisque justis militaribus ita assuefecit, ut brevi rex non equiti magis fideret, quam pediti, collatisque æquo campo signis justo prœlio Karthaginiensem hostem superaret 24, 48. Non vigiliarum ordinem, non stationes justas esse 25, 38. Justa funebria 1, 20. Justis omnibus hospitalibus, privatisque

et publicis funguntur officiis 9, 6. Propter mundiorem justo cultum 8, 15. *cf.* 22, 59.

Juvare 28, 38. Diis bene juvantibus. *Sic* 1, 37. vento juvante. Quas (*urbes*) sua virtus ac dii juvent 1, 9. Omnia, quibus a bonis fidelibusque sociis bella juvari soleant 22, 37. Quum commoditas juvaret 4, 60. *i. e. fructus, utilitas delectaret.* Vid. *Gronov. ad h. l.* Occasionem juvandarum ratione virium trahendo bello quærebat 6, 23.

Juvenalis 40, 14. *i. q. juvenilis.* [Vid. *Parei Lexic. Crit. pag.* 653. *Drakenb. ad* 37, 20.]

Juvenilis 1, 57. Ab nocturno juvenili ludo in castra redeunt. (*de Tarquiniis, Collatino etc.*)

Juvenis 1, 56. *Dicitur, cui sunt duo adolescentes filii. cf.* 2, 2. *it.* 10, 14. *ubi tribuni militum juvenes dicuntur.* Vid. *Intt. ad Virgil. Æn.* 1, 321. Juvenes senioribus oppositi 1, 43. *pro juniores; atque ita legendum Drakenborchius conjiciebat. Sed et Græcis Latinisque hic mos, ut comparativos et positivos jungant, quam quidem illi horum vim habent.*

Juventa 40, 6. Medium robur juventæ. *i. e. ipso Livio explicante, ætas triginta annorum.* Quin, si vigor juventæ inest, conscendimus equos etc. 1, 57. Ut qui rure et procul cœtu hominum juventam egisset 7, 5. *Vid.* cæsaries. *it.* flos.

Juventus lecta 28, 46. — principes juventutis 6, 13. *de Latinis.* Equites enim illis principes juventutis, equites seminarium senatus 42, 61. *Contra* 2, 12. *pedites videntur intelligendi esse.* Vide *Drakenborch. ad h. l.* Peregrina juventus, Latini Hernicique 5, 19. Juventus — fundentes — cœpere 7, 2. Ex multa juventute regi pedites conscripsit 24, 48. Suos — juventute armis Samnites juviuae 9, 25. Quod roboris in juventute erat 35, 38. *i. e. milites, exercitus.* Erant in Romana juventute adolescentes aliquot etc. 2, 3. Juventus militaris 5, 39. In posterum salubre (*exemplum*) juventuti (*exercitui*) erimus 7, 8. Florere — (*Perusa*) juventute, quam stirpem longa pax ediderit 42, 11.

Juxta se conjuges liberosque vexari 41, 6. Absentium bona juxta atque interemtorum 1, 54. Adjectique pœnæ ceteri juxta insontes 24, 5. Juxta invia ac devia 21, 33. *i. e. pariter, æque.* Juxta obsidentes obsessosque inopia vexavit 9, 13. Juxta hieme atque æstate 5, 6. Per dubios infestosque populos juxta intentus ad Hasdrubalem pervenit 23, 28. Omittendam rem parvam ac juxta magnis difficilem 24, 19. Apud quos juxta divinas religiones fides humana colitur 9, 9. *i. g. proxime d. r.* Juxta eam rem ægre passi — quam quum consulatum vulgari videreat 10, 6. Navalesque socii juxta effusi ac si insulis etc. 22, 31. Juxta — atque 3, 33. Juxta-vicinitatem 39, 9. *i. e. propter vicinitatem, per occasionem vicinitatis.* Vid. *Bauer. ad h. l. pag.* 275.

LABARE 2, 39. Postquam apparuit, labare plebis animos, *i e. inconstantes fieri.* Ut primum labare animum regis sensit 40, 54. Suberat tamen quædam suspicio animis, labare fidem sociorum 32, 30. Quod labare iis adversus Pœnum fidem senserat 27, 1. Qui sociorûm ad eam-diem firmi steterant, tum labare cœperunt 32, 61. Sustinuisse labantem fortunam populi Romani 26, 41. Sicubi populo Rom. sua fortuna labet 42, 50. Labans disciplina 36, 6. *i. e. laxior, deficiens paullatim.* memoria labat 5, 18. *i. e. vis memoriæ deficere incipit.*

LABES 42, 15. Labe terræ in aliquantum altitudinis diruta erat. Eam labem civitatibus opulentis repertam (*seditionem.*) 2, 44. *i. e. ruinam, perniciem.* Hujus mali labes ex Etruria Romam, velut contagione morbi penetravit 39, 9. Qui ob ereptum censuræ regnum labem secundæ dictaturæ suæ imposuerint 4, 32. In se receptam labem, quæ Evandri fuisset 45, 5. *i. e. sacrilegium.*

LABI 41, 21. Faces per cœlum lapsæ sunt in Lanuvino. *Labente* deinde *paullatim* disciplina, velut *desidentes* primo mores — *magis magisque lapsi* sint, tum *ire* cœperint *præcipites* Præfat. *i. e. sensim in deterius abire.* Inde labi cœpit (*quæstio*) ad viliora capita 9, 26. Labi inter media consilia 9, 12. *h. e. inter duo extrema, suspensum esse.* Misericordia se in speciem crudelitatis lapsum 3, 50. In rem emendabilem visus lapsus esse 44, 10.

LABOR 4, 35. Romanos per tot annos terra marique tanta pericula ac labores exhausisse. Quod Antiochi bella terra marique laboribus periculisque omnibus interfuerit 39, 27. Militiam in opere ac labore — sub pellibus durare 5, 2. Quum primum pati laborem viæ potuit 37, 45. Ubi suorum plurimum laborem vident 4, 38. *i. q. ubi suos præcipue laborare h. e. infeliciter pugnare vident.* Operis labore fessus (*exercitus*) 21, 27. Fessi labore viæ 44, 3. Inenarrabilis labor 44, 5.

LABORARE 22, 39. Veritatem laborare nimis sæpe, aiunt, exstingui numquam. *i. e. obscurari, opprimi.* Numquam ab equite hoste, numquam a pedite, numquam aperta acie, numquam æquis, utique numquam nostris locis laboravimus 9, 19. *ubi vid. Bauer. pag.* 298. Inde, rem ad triarios rediisse, quum laboratur, proverbio increbuit 8, 8. Quod civitas fœnore laborabat 35, 7. Romæ simul delectu, simul tributo conferendo laboratum est 5, 10. Adeo in quæ laboramus sola crevimus 7, 25.

LACER 1, 28. Lacerum in utroque curru corpus — (*equi*) portantes.

LACERARE 26, 35. Plebem Rom. perdendam lacerandamque sibi consules sumsisse. Tormentis quoque quum laceraretur 21, 2. Quum omnibus intolerandis patienti æ humanæ cruciatibus laceraretur 24, 5. Diditos in fidem populi Romani omni ultimæ crudelitatis exemplo laceratos ac deletos esse 42, 8. Regionatim commerciis interruptis ita videri lacerata, tamquam animalia in artus — — distracta 45, 30. Classis lacerata tempestate 29, 18. Idem furor et Cretenses lacerabat 41, 25. Dum ad se quisque opes rapiunt lacerantes viribus 45, 9 *de iis, qui distraxerunt regnum Alexandri M. post ejus mortem. Gronovius autem ad Ovid. Metam.* 1, 626. vicibus *i. e. per vices.* vid. *Bauer. ad h. l. pag.* 329. Principum orationibus lacerari 29, 19. Laceratus probris in senatu 31, 16. Multo infestius singuli universique (*senatores*) præsentem (*censorem*) lacerare 42, 3. *præcedit:* fremitus in curia ortus. Ibi quum laceratus jurgiis multorum esset 42, 22. Lucretium tribuni plebis absentem concionibus adsiduis lacerabant 43, 4. In concionibus lacerarent, rogationemque promulgarent 41, 6.

LACERATIO 7, 4. Acerbitas in delectu, non damno modo civium, sed etiam laceratione corporum lata. Captivos cum fœda laceratione interficiunt 41, 18.

LACESSERE 33, 28. Numquam, si conscius esset, oblaturum se multitudini, mentionemve cædis, nullo lacessente, facturum fuisse. Lacessere mentionem rei temere actæ 40, 54. Levis armatura — promtissimum genus ad lacessendum certamen 44, 4.

LACRIMARE 43, 13. Triduum ac tres noctes (*Apollo*) lacrimavit.

LACRIMARI gaudio 27, 17. *Similiter* cap. 19. effusæ gaudio lacrimæ.

LACTENS 37, 3. Nocte lactentibus rem divinam fecerunt. Lactens *ex auctoritate Serpii est, cui lac præbetur*; lactans *contra, quæ lac præbet. Sed tamen agnus cum* ubere lactenti *natus memoratur* 37, 4. *Ceterum lactentes hostiæ majoribus, quæ non amplius crescunt, opponuntur* 22, 1. *cf.* 25, 12.

LACUS 5, 16. Cave in mare manare suo flumine sinas. (*lacum Albanum.*) Lacus sternendos lapide — locaverunt 39, 44.

LÆTE id ingenium tutores atque amici ad præcipitandum in omnia vitia acceperunt 24, 4. *Alii ea ætate, id ingenium etc. legi volunt*; *alii aliter.* vid. *Intt. ad h. l. non neglecto Cel. Strothio, qui ea ætate in textum recepit, neque tamen constituit, ea ætate sitne de tempore, historice quidem, accipiendum, an pro ea ætate puerum, id etc. Quid? si legatur:* Eam ætatem, id ingenium. Vid. *quæ supra in v. ætas notarimus.*

LÆTITIA victoriæ 45, 13. — luxuriosa 2, 21. *i. e. abusum potestatis efficiens.*

LÆTUS 1, 13. Ex bello tam tristi læta repente pax. *pro læta et repentina pax.*

*Nam paullo ante erat:* repentina quies. Haudquaquam tam victoria laetum, quam quod etc. 9, 23. Laeta alieno crimine oratio 4, 40. Laeto conditionem accipienti 29, 1. Ingenia incolarum latrocinio laeta 28, 29. Ut quiete et pabulo laeto reficeret boves 1, 7 Vid. *sacrificium.*

LÆVUS 32, 29. Minucius in laeva Italiae ad inferum mare flexit iter.

LAMENTABILIS 3, 47. Quam — lamentabilis eum mulierum comploratio excepisset.

LAMENTUM 8, 7. Ut neque lamentis neque exsecrationibus parceretur.

LAMINA 41, 20. Parietibus totis lamina inauratum. (*templum.*)

LAMNA 23, 19. Tria signa cum titulo lamnae aerea inscripto.

LANA 1, 57. Lucretiam — deditam lanae — inveniunt. *pro lanificio.* Lana alba velatis capitibus 24, 16. Lanaque cum integumentis, quae Jovi opposita fuit, decidit 40, 59. Vid. *velamen.*

LANGUIDUS 1, 4. Posse quamvis languida mergi aqua, spem ferentibus dabat.

LANIENA 44, 16. Lanienasque et tabernas conjunctas in publicum emit.

LANISTA 35, 33. Quam populum Rom. cum Antiocho, lanistis Ætolia, non sine motu magno generis humani et pernicie Graeciae dimicare. *i. e. auctoribus, incitantibus.* vid. *Clav. Ciceron. in h. v.*

LAPICIDA 1, 59. Romanos homines, victores omnium circa populorum, opifices ac lapicidas pro bellatoribus factos.

LAPIDARE 27, 37. De coelo lapidaverat. Imbri lapidavit 30, 38. *i. e. pluit imbre lapideo. cf.* 43, 13.

LAPIDATUM 29, 10. Propter crebrius eo anno de coelo lapidatum. *i. q. lapidatio, lapidum veluti grando. cf.* 42, 2.

LAPIS 29, 1. Ardentes lapides coelo decidisse. *Drakenborchius legi malebat* lampades. Lapis sacer 41, 13. *sunt, qu statuas deorum intelligant; alii de ceteris lapidibus religiose cultis capiunt; Drakenborchius denique de lapide caelitus lapso et cap. 9. memorato. Media sententia tutior videtur.* Sacrumque iis lapidem, quam matrem Deûm esse incolae dicebant, tradidit, ac deportare Romam jussit 29, 11. Lapides missiles 1, 43. Ad lapidem octavum viae, quae nunc Appia est, perveniunt 7. 39.

LAQUEATUS 41, 20 Templum laqueatum auro.

LAR 26, 25. Eum ne quis urbe, tecto, mensa, lare reciperet. Idem dedicavit aedem Larium Permarinûm in Campo 40, 52.

LAREM partiendo praedam 21, 5. — gratiam referre 38, 8.

LARGIOR 24, 46. Imber — sonituque primo largioris procellae strepitum molientiam portam exaudiri prohibuit.

LARGIRI 1, 54. Apud milites vero obs-

undo pericula ac labores, pariter praedam munifice largiendo *cf.* 6, 2.

LARGITIO 1, 54. Largitionis inde praedaeque et dulcedine privati commodi sensus malorum publicorum adimi. Largitio cedit in gratiam tribunorum 4, 44. Largitio aedilitia 25, 2. *de ludis ab aedilibus edi solitis munerum nomine.*

LARGITOR praedae 9, 42. *De duce liberali.* A minime largitore duce 6, 2. *Sermo est de concessa praeda.* Largitor voluntarius repente senatus factus 6, 15.

LASCIVIA 23, 11. Lasciviam a vobis prohibetote. *i. e. irreligiosam Latitium. Nisi vero hac oraculi potius dictio est, ut alia ejusdem loci forma, et carminis Graeci potius quam Livii.* Militam lascivia in consulem (*ovantem*) 4, 53.

LASCIVIRE 27, 4. Lascivientium piscium modo exsultasse. (*anguis.*) Otio lascivire plebem 2, 29. Lascivire magis plebem, quam saevire 2, 22.

LATE depopulato agro 9, 36. Per arma, per viros late stragem dedere 6, 30. Terrorem late agrestibus injicere 25, 9. Longe ac late fuso agmine 5, 37. Fugam ac vastitatem late fecerunt 8, 9. Nec ullo ante bello latius inde actae praedae 2, 60. Hac expeditione motum latius erat, quam profligatum, bellum 9, 37. Latius patefacta (*acies*) 9, 27. *i. q. rari ordines.* Occupari latius imperii fines volebat 1, 55.

LATEBROSUS locus 21, 54. Erat in medio rivus, praealtis utrimque clausus ripis, et circa obitus palustribus herbis, et, quibus inculta ferme vestiuntur, virgultis vepribusque, quem ubi ad equites quoque tegendos satis latebrosum locum circumvectus ipse oculis perlustravit.

LATER 44, 11. Fornices, non ad eamdem crassitudinem, qua veterem muram, sed simplici laterum ordine structos esse.

LATERE 24, 5. Consciorum nemo aut latuit aut fugit. *i. e. latebras quaesivit in amicorum aedibus etc. cf. Sueton. Jul.* 1.

LATEX 44, 33. Quorum (*laticum*) vena in mare permanantes undas miscerentur.

LATINE 40, 42. Cumanis eo anno petentibus permissum, ut publice latine loquerentur. *Osce antehac loquuti videntur, quippe qui regione Oscorum continebantur. Aliter Lipsius de pronunciatione Linguae Lat. pag.* 15. *qui putat graece loquutos, et h. l. ad publica negotia refert. Sed Dukerro verbum loqui obstare videtur.* Vid. *Schmid. Giss. über das Privilegium lateinisch zu reden.* 1786, 8. *et* (*ut*) praeconibus latine vendendi jus esset *ibid.*

LATIO auxilii 2, 33. — suffragii 9, 43. *cf.* 45, 15.

LATITUDO 5, 54. Etruria tantum terra marique pollens, atque inter duo maria latitudinem obtinens Italiae. Quanta bellua latitudo est 44, 5.

LATIUM Capuaque agro mulctati 8, 11.

LATOR plebisciti 9, 50. — si inter accipiandas de suis commodis rogationes, spem honoris latoribus earum incidant 6, 39. Legum latores 3, 31. Legum latorem conditoremque Romani juris jacere vinctum 3, 58.

LATRO 35, 7. Latrones et hostes sibi invicem oppositi. cf. 40, 27. — latrones et prædones iidem 34, 32. Tamquam a latronibus redemtus 2, 34. Vid. fur.

LATROCINIUM 8, 34. Latrocinii modo cæca et fortuita pro sollemni et sacrata militia sit. Latrocinii magis, quam belli more 21, 35. cf. 29, 6. it. 33, 29. Latrocinium maritimum 40, 42. de populatione oræ maritimæ. cf. 10, 2. Finitimum populum nefario latrocinio Samnitium peti 7, 30. Per omnia clandestina grassari scelera latrociniorum ac veneficiorum 42, 18.

LATUS 23, 46. Ager — virtutis causa latus datus est. Acerbitas in delectu non damno modo civium, sed etiam laceratione corporum lata — invisa erat 7, 4. [Immo lata hic participium est, ad acerbitas referendum, ut bene nuperus editor Gothanus.] Latius regnum opulentiusque, quam accepisset, facturum 24, 49. Latior et re et personis quæstio 9, 36. Latiorem — transitum ostendere 21, 27. ad q. l. vid. Bauer. pag. 22.

LATUS 24, 25. Avertit ab consciis in insontes indicium — ab latere tyranni, quorum etc. i. e. in insontes quosdam eorum, qui essent ab latere tyranni, s. familiares ejus. Patriciis juvenibus sepserant latera 3, 37.

LAUDATOR 2, 47. Idem in utroque laudator. i. e. utriusque.

LAUREA 23, 11. Coronatus laurea corona. Videntur esse repetita verba antistitis sacrorum. Lauream insignem deferre 7, 13. ut milites imperatori cupiunt.

LAUREATUS 45, 1. Laureatæ litteræ. Vid. litteræ. — tabellæ laureatæ ibid. i. e. litteræ rerum lætarum nunciæ. vide Salmas. ad Lamprid. Alex. Sev. cap. 38. Laureatæ legiones 45, 39.

LAUS certaminis 1, 57. i. e. quam quis habet ex aliorum de se certamine. Vitiatam memoriam funebribus laudibus reor 8, 40. i. q. laudationibus. Mænii celebre nomen laudibus fuit 4, 53. Diis immortalibus laudes gratesque egit 26, 48.

LAUTIA. Vid. locus.

LAUTUMIÆ 32, 26. Triumviri carceris lautumiarum intentiorem custodiam habere jussi.

LAUTUS pure 39, 9. i. e. pura lotus aqua, auctore Festo.

LAXAMENTUM 7, 38. Laxamento cogitationibus dato. Leges — nihil laxamenti nec veniæ habere, si modum excesseris 2, 3. Si laxamentum dederis 5, 5. scil. obsessis. cf. 43, 18. Si quid laxamenti a bello Samnitium esset 9, 41. Ne quid laxamenti sit Samnitibus ad subsidia — mittenda 10, 39. cf. 2, 24. ibique Bauer. pag. 106. Minusque laxamenti daretur iis ad auxilia Hannibali submittenda 22, 37.

LAXARE 32, 5. Philippum, quantum ab assiduis laboribus itinerum pugnarumque laxaverat animus, tanto magis intentum etc. Annona haud multum laxaverat 23, 20. scil. se. s. laxata erat. cf. 26, 20. Contra active 9, 34. conditiones laxandi annonam. Laxare elatum pedem ab stricto nodo 24, 7. Laxatæ custodiæ 21, 32. i. q. intermissæ, sublatæ, vid. custodia. it. arctus.

LAXE vincire 9, 10.

LAXIUS 28, 24. Quod in hostico laxius rapto suetis vivere arctiores in pace res erant.

LAXUS 10, 5. Qua satis laxo spatio equi permitti possent. In quo negligentius laxior locus esset 24, 8. Urbi cum pace etiam laxior annona rediit 2, 52. Laxiorem diem dare 39, 17. i. e. terminum, quem nos dicimus longinquiorem.

LECTIO 9, 29. Ob infamem et invidiosam senatus lectionem. Deformatam ordinem prava lectione senatus ibid. cap. 30. Vid. inquirere.

LECTISTERNIUM 5, 13. Lectisternia tunc primum in urbe facto. Eorumque monita lectisternium fuit 7, 2. cf. cap. 27. Lectisternium — iisdem, quibus ante, placandis habitum est diis 8, 25. cf. 22, 10. In quibus (fanis) lectisternium majorem partem anni esse solet 42, 30. cf. 36, 1. etenim non in omnibus templis habebantur. In foris publicis, ubi lectisternium erat, deorum capita, quæ in lectis erant, averterunt se 40, 59.

LECTUS 39, 6. Luxuriæ — peregrinæ origo ab exercitu Asiatico invecta in urbem est. ii primum lectos æratos, vestem stragulam pretiosam etc.

LEGARE 1, 3. Numitori, qui stirpis maximus erat, regnum vetustum Silviæ gentis legat. Juste pieque legatus (nuncios) venio 1, 32. Ab frequentibus Samnitium populis de fœdere renovando legati 9, 20. Consulem legari ad id bellum 36, 1. Suspecti et ministri facinoris — qui Romam legati fuerant 40, 54.

LEGATIO decreta necdum missa 21, 6. Neque colloquium postea Philippo dedit, neque legationem aliam, quam quæ omni Græcia decedi nunciaret, admissurum dixit 32, 37. Legationes deinde ceteræ in senatum introductæ auditæque 28, 39. Nec Hannibali — operæ esse legationes audire 21, 9. Legatio erat minime in partem aliam liberi aut simplicis animi 36, 5. A multis legationibus protinus in via aditus 26, 51. cf. 1, 9. it. 4, 58. 5, 37. 32, 1. Legationem renunciare 23, 6. h. e. quid gestum sit in legatione. cf. 31, 17. Ut legatio renunciari ab Roma posset 26, 35. cf. 9, 4. Ut duo legationem referrent 24, 48. cf. 7, 32. Theodotum — in eam legationem miserunt 45, 25. — in eam legationem profecti 21, 63. In hanc legationem missi etc. 42, 36. i. e. missi legati, qui hæc nuncia-

*rent, quæ ante dicta erant.* Huic tam perplexæ legationi, quia non satis in promptu erat quid responderet, legatos se missurum ad eos dixit, qui de iis, quæ — loquerentur 36, 5. Quum major frequentiorque legatio itura sit 5, 5. Omnis turba, non habitantium modo Lilybæi, sed legationum omnium ex Sicilia 20, 26. Mitis legatio 5, 36. *pr. mandatis.* Vana atque irrita legatio fuit 21, 10.

LEGATUS primi principis 26, 6. Scipionem — a fratre — cui — legatus in Africam iret 38, 58. Et tu, L. Minuci, donec consularem animum incipias habere, legatus his legionibus præeris 3, 29. *i. e. tamquam legatus. vid. Drakenborch. ad h. l.* Legatos — pacis petendæ oratores — miserunt 36, 27.

LEGERE *de virgine Vestali* 1, 3. *cf. cap.* 20. — *de Pontifice ibid. cf.* 42, 28. *it.* 43, 11. — *de Saliis* 1, 20. Ut dii — auguriis legerent, qui nomen novæ urbi daret 1, 6. *conf. cap.* 18. Ex his rogationibus legere, quas etc. 6, 40. Quibus legendi, quid mallent, copia non fuerit 9, 45. *i. q. optandi, eligendi.* Quod adversus se dux potissimum lectus esset 21, 39. Dux ad ultimum belli legitur 1, 54. Legere equites 29, 32. — milites 37, 51. — senatum 40, 51. *cf.* 2, 1. 40, 46. 43, 15. Qui senatum primus (*Appius,*) libertinorum filiis lectis, inquinaverat 9, 46. Decium, qui sacra — faceret, — legi rite non potuisse 10, 7. *scil. pontificem, augurem. conf.* 45, 44. Lectus a Sempronio princeps in senatu 27, 11. Conscriptos videlicet in novum senatum appellabant lectos 2, 1. Legere in Patres 1, 49. Consules duos legatos — ex senatu legere 29, 20. Dictator magistrum equitum sibi legit M. Æmilium Paullum 10, 3. Supplemento in alias (*legiones*) lecto 24, 44. Loca pacata me ad hibernacula lecturum 40, 35. Spoliis lectis 8, 7. Spoliisque ejus legentem Galli agnovere 5, 36. Arma legere 41, 12. Vid. *cremare.* Legentes oram 44, 10. Cujus imaginis titulo consulatus censuræque et triumphus æquo animo legetur, si auguratum et pontificatum adjeceritis, non sustinebunt legentium oculi? 10, 7.

LEGIO Romana 40, 36. — Tusculana 3, 18. Licere consuli — quem velit ex legione Romana scripta, devovere 8, 10. Id præcipue provinciæ Macedoniæ datum, quod quum alterius consulis legionibus quina millia, et duceni equites ex vetere instituto darentur in singulas legiones, in Macedoniam sena millia peditum scribi jussa; equites treceni equaliter in singulas legiones 42, 31. Legiones quarternûm millium 6, 22. *cf.* 28, 28. — Karthaginiensium 26, 6. — Samnitium 7, 32. — Gallorum 38, 17. — Latinæ 6, 32. — Etruscæ 2, 45. — Caudinæ 9, 12. *i. e. Samnitium ad Caudium castra habentes.* — Macedonicæ 44, 1. *i. e. Romanæ in*

*Macedonia.* Legiones *decretæ commemorantur sine imperii mentione* 26, 1. Legiones — compulsos 4, 19. *cf.* 28, 28. Legiones auratæ 45, 39. Legione classis — præmissa 22, 57. Legio linteata, ab integumento consepti, quo sacrata nobilitas erat, appellata est 10, 38. Legiones peditum 42, 61. Legio exercitusque populi Romani Sardiniam subegit 41, 28.

LEGIONARII equites 35, 6. *cf.* 27, 11. Vid. *eques.*

LEGITIMUS 9, 9. Verba legitima dedentium urbes. Legitimus honor 33, 25. *i. e. legibus concessus.*

LEMBUS 24, 40. Lembi biremes. Lembum armatum ad pertrahendam eam navim miserunt 40, 4. Præfectos classis cum quadraginta lembis — — Tenedum mittit 44, 28. Fama lemborum vastantium oram maritimam 44, 30. Classis lemborum 45, 10. Statione submotos hostium lembos *ibid.*

LEMNISCI 33, 33. *i. e. vittæ, quæ sunt in honoribus deorum usitatæ. vid. Clav. Ciceron. in h. v.*

LENIRE 2, 45. Diem tempusque forsitan ipsum lenturum iras. *cf.* 40, 7. *it. de seditione* 5, 24. *cf.* 38, 24.

LENIS clivus 6, 24. *cf.* 29, 33. Omnia fastigio leni subvexa 25, 36. Decurritur ad leniorem verbis sententiam, vim tamen eamdem habentem 6, 19. Vid. *Tiberis.*

LENITER demissa aquila 1, 34. Leniter editus collis 2, 50. Castigando increpandoque plus, quam leniter agendo 27, 9. — acerbius leniusve egerunt 39, 25. *cf.* 2, 61. Si leniter agendo (*i. e. precibus*) parum proficerent 7, 31. Nimis leniter latam suam injuriam ratus 29, 9. *Drakenborch. edidit leviter. Utrumque bene latine dicitur.* — leniter queri 26, 21.

LENTE 10, 5. Quamquam lente procedunt, jam tamen ad impetum capiendum, equiti utique, modicum erat spatium.

LENTUS 6, 8. Ut in eo tam lentæ spei victoriam exspectaret. *cf.* 5, 5. nec ipsi lentiorem spem facimus. *i. e. nec ipsi in caussa sumus, ut lentius eveniat id, quod speramus.* Excepit — eum lentius spe bellum 1, 53. Si etiam res lentior sit 5, 6. *Opp. paratæ victoriæ.* Hannibalem lenti spectamus 22, 14. *Proprie lenti spectare dicuntur, qui spectaculo non concitantur in iram, ejusque indignitate non commoventur ad vindictæ cupiditatem. Nam omnino lentus est tardus in sentiendo eo, quod iram, odium commorere potest; unde etiam lentitudo ita dicitur. Exempla Ciceroniana vide in Clave Cic.*

LETUM oppetere 45, 26. Invidia rei oppressum periisse tradunt; alii alio leto 2, 40. Per omnes vias leti interficere 31, 18. Novo genere leti 1, 51. Tum me Jupiter O. M. domum, familiam, remque meam pessimo leto afficiat 22, 53.

LEVAMEN 6, 35. Cujus levamen mali plebes — nullum speraret.

LEVARE 24, 29. Levaverunt modo in praesentia velut corpus aegrum, quod mox in graviorem morbum recideret. Vis morbi levata 4, 25. Quum vis morbi nec humanis consiliis nec ope divina levaretur 7, 2. Atqui non indignitas rerum sponsionis vinculum levat 9, 9. *i. q. laxat.* Sic laxe vincire *cap.* 10. Levarique quamprimum regionem suam tanta urgente hominum turba cupiebant 21, 26. Levatum annuum vectigal 45, 30. *(dimidium soliti.)* Quum injusto foenore gravatum aes alienum — levasset 42, 5. Levare foenus 6, 27. — foenebrem rem 7, 21. Ut ipse foenore levetur 6, 39. Levare religione animos 21, 62. Vid. *religio.* — publica cura annonam 4, 13. Levata ignominia 4, 43. *cf.* 45, 15. *de Censore.* Levatur dedecus judicii 3, 72. *i. e. minuitur, tollitur.* Levasse humano superpositum capiti decus, ut divinitus eidem redderet 1, 34.

LEUCASPIS 44, 41. Secundam legionem L. Albinus consularia ducere adversus leucaspidem phalangem jussus: ea media acies hostium fuit. *conf. Virgil. Æn.* 6, 334.

LEVIS 5, 15. Auctor levis, nec satis fidus. Simultas cum familia Barcina leviorem auctorem faciebat 23, 13. [*vid. Stroth. ad* 6, 24.] Levissima mutandae fidei ingenia 28, 44. Levis auctoritas 21, 10. *cf.* 26, 22. Extollere candidatorum levissimum quemque humillimumque 3, 35. Leves autem, qui hastam tantum gaesaque gererent, vocabantur 8, 8.

LEVITAS 31, 33. Quos (*transfugas*) levitas ingeniorum, ad cognoscendas hostium res, in omnibus bellis praebet. Velocitate corporum ac levitate armorum 25, 9.

LEVITER 29, 9. Neglectam ab Scipione et nimis leviter latam suam injuriam ratus. Vid. *fundare.*

LEX 2, 1. Imperia legem potentiora, quam hominum. Leges rem surdam, inexorabilem esse 2, 3. Id vos sub legis superbissimae vincula conjicitis 4, 4. Lex regia 34, 6. *pro una de legibus ab aliquo regum Romanorum latis. cf.* 6, 1. duodecim tabulae et quaedam regiae leges. Sanciendo novam legem, ne quis — crearet 3, 55. *i. e. quae vetaret, ne quis etc. cf.* 4, 24. Legibus dictis stare 9, 5. Quando lege agi posset 9, 46. Quum — privatis lege dicendi locus esset 45, 36. Sollemne auspicatorum comitiorum in castra et provincias, procul ab legibus magistratibusque ad militarem temeritatem transferri 26, 2. Vid. *sacratus.* Lex horrendi carminis erat 1, 26. Lex sacrata militaris 7, 41. Legem dein de sociis — tulit SCto, et edixit etc. 41, 9. *Paullo post :* ad legem et edictum consulis SCtum adjectum est. *Vid.* inclytus. *it.* interrogare.

LIBARE diis dapes 39, 43. Libatoque jocinore intactos angues abiise 25, 16. Nusquam ante libatis viribus Italiam aggrediendam 21, 29.

LIBELLUS 29, 19. Libellis palaestraeque operam dare. *Libelli per contemtum dicuntur de libris Graecorum et doctrinae graecae, quae etiam ab Scipione in castris tractabatur.*

LIBENTIUS. Vid. *potius.*

LIBER 3, 10. Libri per duumviros sacrorum aditi. *i. e. Sibyllini, nuspiam ante memorati.* Libri aditi, quinam finis — a diis daretur 10, 47. *scil. unde intelligeretur etc.* Ibi ex libro vetere linteo lecto sacrificatum 10, 38.

LIBER 42, 6. Ædes liberae hospitio datae. Liberas aedes conjurati — imminentes viae angustae, qua descendere ad forum rex solebat, sumserunt 24, 7. Admonitio libera 44, 36. Libera fide 30, 4. *i. e. liberatus.* Totam hiemem liberam habere in apparatus 37, 8. *cf.* 22, 4. *it.* 33, 3. Libero mendacio abutebatur 35, 12. Vid. *abuti.* Liberum foenus 35, 7. *i. e. legibus non circumscriptum.* Libero conclavi ad quaestionem servarent 39, 14. Karthago libera cum suis legibus 37, 54. *Gr.* ἐλευθέρα αὐτόνομος. *cf.* 25, 16. Liberi ac suis legibus viventes 25, 23. *it.* 30, 37. *copula tamen omissa.* Liber jure belli 2, 12. *i. q. a jure. sequitur enim intactus inviolatusque. vid. Bauer. ad h. l. pag.* 100. [*Ernestius Strothium sequitur. Laudo. Baueri explicatio durior.*] Praedaque omnis, praeter libera corpora, militi concessa est 6, 12. Libera custodia. Vid. *custodia.* Eques corpore armisque liber 21, 5. *i. e. exstans ex aqua.* Nec deductis praesidiis spei liberam vel obnoxiam timori sociorum relinquere fidem 26, 38. Liberum fingenti (*ad fingendum*) colloquium 30, 30. Quod (*crimen*) quia testem habere non posset, liberius fingenti sit 26, 38. *Similiter* 9, 12. Facilis jungenti Rom. acies, facilis partienti *dicitur.* Animus religione liber 2, 26. *h. e. qui non movetur ostentis, et similibus, ut propterea aliquid timeat.* Liberum arbitrium 4, 43. *pro suffragio. Et est in eodem capite liberum suffragium.* Quinctio liberum arbitrium pacis ac belli permissum 32, 37.

LIBERALIS 23, 46. Ob — spem liberalioris militiae. *i. e. quia sperabant meliori se imperio apud Romanos usuros esse.* Ut quibus insuetus liberalior victus esset 41, 2.

LIBERARE 27, 37. Mentes religione liberatae. Senatus nec liberavit ejus culpae regem 41, 19. Nisi oculos quoque liberassent ab tanti memoria decoris 6, 20. *i. e. removissent ab oculis, quod in memoriam revocare decus illud, et impedire posset, quo minus ea vero judicaretur. Sic alibi* (6, 16.) lingua et animi liberari *dicuntur.* Vid. *lingua.* Quum augurato liberaretur Capitolium, Juventas Terminusque etc. 5, 54. *scilic. a religione templorum. Similiter e contextu alibi debet aliquid suppleri.* Libraque et aere liberatum emittit 6, 14.

LIBERATOR 1, 56. Ut sub ejus obtentu cognominis liberator ille populi Rom. animus opperiretur tempora sua. Liberatorem urbis lætæ castra accepere 1, 60. Deos atque homines obtestantem, ut M. Manlio, liberatori suo, parenti plebis Romanæ, gratiam referant 6, 14.

LIBERI 1, 12. Ne se sanguine nefando soceri generique respergerent : ne parricidio macularent partus suos, nepotum illi, liberûm hi progeniem *pro liberis ipsis*. Cum liberis adolescentibus 2, 6. Morte amitti — liberos (*Virginiam*) 3, 50. Quanta cura regum amicorum liberos tueatur populus Romanus, documento Ptolemæum Ægypti regem esse 45, 44.

LIBERTAS patrum 6, 26. *i. q. fortitudo*. Libertas animusque 2, 56. *h. e. animi libertas*. In libertate esse 42, 42. — in, libertatem asserere 3, 45. — vindicare *ibid. vid. in his vv. it. in* æquus. Libertatem aliorum in suam vertisse servitutem 2, 3. Metusque omnis et periculum libertatis — in creditores a debitoribus verterat 2, 27. Vid. *Bauer. ad h. l. pag.* 108. Libertate intemperantius invectus in regem 42, 14. Conditor Romanæ libertatis 8, 34. Vid. *Clav. Ciceron. in h. v. ult.*

LIBERTINUS 43, 12. Mille socii navales, cives Romani libertini ordinis. *Locus clarus ad intelligendum discrimen libertinorum et libertorum.* Liberos suos quibusquibus Romanis in eam conditionem, ut manumitterentur, mancipio dabant, libertinique cives essent 41, 8.

LIBERTUS 45, 44. Pileatum, capite raso, obviam ire legatis solitum, libertumque se populi Romani ferre ; et ideo insignia ordinis ejus gerere.

LIBIDO 1, 57. Mala libido Lucretiæ per vim stuprandæ. Quorum in regno libido solutior fuerat 2, 3. Non omnibus delendi urbem libido erat 5, 42.

LIBITINA 40, 19. Ut Libitina tunc vix sufficeret. *i. e. ii, qui funera facienda redimere solebant ; sicut Horatius dixit* Libitinæ quæstum. *cf. ibid. cap.* 21. Ne liberorum quidem funeribus Libitina sufficiebat 41, 21.

LIBRA 3, 26. Coronam auream libram pondo. *scil. habentem cf.* 4, 20. Libraque et ære liberatus 6, 14. *i. e. per manumissionem justam libertatem accepit.*

LIBRAMENTUM 24, 34. Gravi libramento plumbi recellente ad solum. Arietem admotum, libramento plumbi gravatum, ad terram urgebant 42, 63.

LIBRATUS 30, 10. Gravior ac pondere ipso libratior — superne — ictus. *i. e. rathelior. cf.* 42, 65. Librata quum sederit (*glans*) 38, 29. Librare *eleganter dicitur, præsertim apud poëtas, pro ei, quo ferire velis, aliquo motu vim majorem addere, ut alte attollendo, torquendo, circumagendo. Hinc in l. c.* glans *dicitur* librari, *quum circumacta funda nisum majorem accipit.*

Vid. *sedere.* Librata ponderibus pila 7, 23. (*e loco superiori emissa.*)

LICENTIA 3, 37. Malle licentiam suam quam aliorum libertatem. Eam tum, æquato jure omnium, licentiam quærentes, libertatem aliorum in suam vertisse servitutem inter se conquerebantur 2, 3. Tantum licentiæ sumsisse 6, 40. Vid. *exauctorare.* Cum hac, quæ nunc sollemnis est, licentia 9, 30. Si qua licentia populando effusus exercitus 9, 31. Ad cunctam militarem disciplinam ab effusa licentia formato milite 44, 1. Muliebria jura, quibus licentiam earum alligaverint majores nostri 34, 3. Satis illum diu per licentiam eludentem insultasse dominis 1, 48.

LICERE 3, 50. Si liberæ ac pudicæ vivere licitum fuisset. Neminem eorum pat Italiam ire liciturum 42, 38. *vid. infra in* v. nemo *ult.* [Licet *cum infinit. pass. vid.* arctus. *cf. Ernest. ad Ciceron. Epistol. ad App. pag.* 76.]

LICTOR 26, 15. Præconi imperavit, ut lictorem lege agere juberet. Lictor proximus 24, 44. *qui antecedit proxime magistratum. Sic etiam Cicero dixit Verr.* 5, 54. Vid. *paludatus.*

LIGNARI 40, 25. Ne — pabulatum lignatumque milites irent.

LIGNATOR 10, 25. Lignatores ei cum præsidio occurrunt — lignatum se ire — habetis affatim lignorum. Redite et vestite vallum. *cf.* 25, 34. Legionem tertiam, quæ pabulatores et lignatores tueretur *etc.* 41, 1.

LIGNARII 35, 41. Et iidem porticum extra portam trigeminam inter lignarios fecerunt. *Recte cepit Creverius inter lignarios de loco sic dicto ab ejusmodi opificibus. Melius tamen adhuc, opinor, B. Patruus illa verba intelligi volebat de negotiatoribus eo genere. vide Clav. Cicer. in v.* falcarius.

LIMEN 2, 48. Jussi armati postero die ad limen consulis adesse, domos inde discedunt. Limine curiæ continebatur senatus 5, 7. Nunc in liminibus starent, nunc errabundi 25, 1, 29. Quiftitium fidem implorante Valerio a curiæ limine 3, 41. Matronæ nulla nec auctoritate, nec verecundia, nec imperio virorum, contineri limine poterant 34, 1. *i. e. domi.* Intranti vestibulum in ipso limine Sophonisba —occurrit 30, 12.

LIMES 22, 12. Inde Præneste ac transversis limitibus in viam Latinam est egressus. *cf.* 31, 24. *it.* 32, 13. .

LIMUS. Vid. *hæsitare.*

LINEAMENTUM 21, 4. Habitum oris lineamentaque intueri. Similitudo oris vultusque et lineamenta corporis 26, 41.

LINERE 21, 8. Id (*ferrum*), sicut in pilo, quadratum stuppa circumligabant, linebantque pice.

LINGUA 6, 16. Et linguam et animos liberaverat hominum. *pro linguas. cf.* 22, 45. *it.* 32, 21. Linguâ promptus hostis 2,

45. *h. e. male dicax, qui acerbe provocave-*
*rat.* Quo linguæ commercio 1, 18. In altum lingua excurrens 27, 31. (*eine Erd-*
*zunge*) *cf.* 44, 1. Vid. *nox in Glossario Am-*
*miáneo, ad h. v.* Eminet — in altum lingua, in qua sita est 44, 11. Vid. *excurrere.*

LINTEATUS. Vid. *legio.*

LINTEUM 10, 38. Ibi.— locus est, conseptus cratibus pluteisque et linteis contectus etc.

LINTEUS 9, 40. Linteæ candidæ tunicæ.
Ibi ex libro vetere linteo lecto sacrificatum
10, 38.

LIQUERE 1, 46. Regis filius nepósve fuerit, parum liquet.

LIQUESCERE 21, 36. Per fluentem tabem liquescentis nivis ingredi.

LIQUIDO 39, 47. Nihil horum neque
Demetrium docere dilucide, nec se satis
liquido discere ab eo senatus quum cerneret posse.

LIS 28, 4. Secundum eam (*partem*) litem
judices dare, quæ magis popularis aptiorque
in vulgus favori conciliando esset. Vid.
*Gron. ad h.l.* Voluntatis nostræ tacitæ velut
litem æstimari vestris in nos sermonibus
45, 24. vid. *supra in* v. *æstimare.*

LITARE 27, 23. Consules religio tenebat,
quod, prodigiis aliquot nunciatis, non facile
litabant. *i. e. bona exta reperiebant.* Manlium egregie litasse 8, 9. Nec auspicato
nec litato instruunt aciem 5, 38.

LITATIO 41, 15. Usque ad litationem
sacrificari jussit. *i. e. plurimas deinceps vic-*
*timas cadere, donec bona exta reperiantur ;*
*quod quum tamen non fit,* non litasse *dici-*
*tur.* Sine litatione cæsæ hostiæ 27, 23.
*i. e. extis lætis non inventis.*

LITTERÆ 1, 7. Evander — venerabilis
vir miraculo litterarum, rei novæ inter
rudes artium homines. Quod parvæ et
raræ per eadem tempora litteræ fuere, una
custodia fidelis memoriæ rerum gestarum
8, 1. *i. e. breviora et minus obvia quævis*
*monumenta litterarum. cf.* 7, 3. Etruscis
litteris innutritus erat, linguamque Etruscorum probe noverat 9, 36. Lex vetusta
est priscis litteris verbisque scripta 7, 3.
Litteræ consulum a Gallia allatæ 32, 1.
Litteræ auditæ 10, 45. *i. e. recitatæ.* An
— appellatio — ostentata tantum inanibus
litteris, an vere data sit 8, 56. Litteræ —
ad senatum — missæ argumentum fuere
minime cum eo (*dictatore*) communicantis
laudes 8, 30. Litteræque Romam extemplo scriptæ 41, 16. Litteræ paucorum versum 41, 24. *vid. exitialis. it. scribere.*

LITTUS 44, 28. Qui propiores continenti
littori erant.

LITUUS 10, 7. Si conspiciatur cum capide ac lituo. Vid. *aduncus.*

LIXA 21, 63. Lixæ modo, sine insignibus, sine lictoribus, profectum etc. *pro*
*homine cujuscumque sortis vilioris.*

LOCARE 2, 50. Quum improvidi effuso
cursu insidias circa ipsum iter locatas su-

perassent. *cf.* 29, 2. Antepilani — quia
sub signis jam alii quindecim ordines locabantur 8, 8. Locatus in urbe (*dux*) 29,
38. *in partem deteriorem dictum. nisi vero*
*cum Mureto leg.* togatus. *Sequitur enim*
armatus. Ut agrum Campanum censores
fruendum locarent 42, 19. *cf.* 27, 11. Ut
bene locatus, mansit in ea familia aliquamdiu honos 2, 42. Locare agrum frumento
27, 3. *i. e. pro vectigali frumentario.* Æ-
des Salutis a censore locata est 9, 43. Junoni templum locavit 5, 24. *i. e. exstruen-*
*dum curavit.* Is erat, qui ipse eam ædem
voverat — locaveratque idem ex senatusconsulto 40, 34.

LOCATIO 45, 18. Locationes prædiorum
rusticorum. *Creverius putat intelligendam*
*eam esse de prædiis, quæ proprium fuissent*
*regum Macedonicorum patrimonium, eaque,*
*olim locata a regibus, Romanos vel vendi-*
*disse postea, vel donasse.*

LOCUPLES 9, 9. Samnitibus sponsores
nos sumus, rei satis locupletes. Ut omnes locupletes reducam 10, 25. *scil. milites*
*e bello.*

LOCUS 1, 1. Urbi locum quærere. Urbi
condendæ locum elegerunt 5, 54. Propinquitas loci — stimulabat 1, 15. *int. de*
*ipsa urbe* Romana. Eo loco, quæ ante
pacis mentionem habuimus, geremus bellum 9, 11. Profecti ex loco (*castris relictis*)
27, 27. Ex omnibus locis deverticuli 1, 51.
*i. e. habitationibus, partibus, angulis.* Quacumque ibant, equis virisque longe ac late
fuso agmine immensum obtinentes loci 5,
37. Ita natus est locus 9, 2. *Sic* 22, 38.
Natura regionum. Boii locum insidiis
quærentes 35, 4. Locum seditionis quærere 3, 46. Ab ipsis datum locum seditionis esse 3, 50. Utique numquam nostris
locis laborávimus 9, 19. Avia commenta-
bus loca gravis armis miles timere potest
*ibid.* Nullo verius, quam ubi ea cogitentur,
hostium castra esse 28, 53. *pro nullo loco*
*verius etc.* [*vid. Strothius ad h. l.* Primo
impetu locos omnes, præter arcem, cepere
24, 2. (*loca*). In loca tuta evasere 28, 11. *i.*
*e. munita.* Vid. *Mediterraneus.* Stabilis ad
insistendum locus 44, 5. *opp. saltus etc.*
Dum vix locis, quibus vicerant, credunt 9,
9. Loca detestabilia esse, neque in iis
quidquam postea poni dedicarique placere
eorum, quæ in loco puro poni dedicarique
fas esset 31, 44. Sarta tecta exigere sacris
publicis et loca tuenda more majorum
traditum esset 42, 3. *loca simpliciter dicta*
*esse pro publicis seu communibus, ut Cicero*
*vocat Epp. Div.* 13, 1. *non videtur Dukerô.*
*cf.* 26, 32. *it.* 27, 5. Locum publice pararet, ubi diverteretur 42, 1. *Sic Virgil. Æn.*
1, 365. Devenere locos, ubi etc. *Cf. Intt. ad*
*h. l.* Vid. *ubi.* Locus inde Intiaque legatis
præberi jussa 28, 39. *i. e. hospitium sine*
*impensa assignandum, cum instrumento do-*
*mestico ceterorumque vel donorum vel hono-*
*rum generibus legato haiberi volitis. cf.* 30,

175

17. ad hoc ædes liberæ, loca, lautia legatis decreta. Nec ii (*adolescentes*) tenui loco orti 2, 3. Vid. *humilis*. Loco pelli *dicuntur patricii* 10, 8. *Hic locus intelligendus in universum de sacerdotio*. *Verba ipsa hæc sunt* : [et nunc tribuuus — quinque augurum loca, quatuor pontificum adjecit, in quæ plebeii nominentur : non ut vos, Appi, vestro loco pellant, sed, ut adjuvent vos homines plebeii divinis quoque rebus procurandis, sicut in ceteris humanis pro parte virili adjuvant. Vide *B. Patruum in Actis Eruditorum ad a.* 1741. *pag.* 195. Paucis suffragio populi relictis locis 9, 3. Honesta loca ducere 42, 34. *de centurionibus. al. ordines*. Omnibus locis crescere 1, 47. *i. e. apud omnes favorem sibi, cum successu, conciliare, sibi factionem facere.* Quid jam integri esse in corpore loci ad nova vulnera accipienda 4, 58. Communia res per hæc loco est pejore 3, 68. Vid. *status*. Missis ad consules nunciis, quo loco res essent 2, 47. *.i. e. quales.* Numquam fore in præoccupatis beneficio animis vero crimini locum 6, 20. Apud præoccupatos Locrensium clade animos nullum misericordiæ locum habuerunt 29, 22. In quo negligentiæ laxior locus esset 24, 8. Locum adversæ factioni dederunt ad Popillium — arcessendum 43, 22. Quando verba vana ad id locorum fuerint 9, 45. *i. q. ad hoc usque tempus. cf.* 25, 19. *it.* 43, 5. Temeritatem, præterquam quod stulta sit, infelicem etiam ad id locorum fuisse 22, 38. [*ubi vid. Stroth.*] Quia consules, ubi summa rerum esset, ad id locorum prospere rem gererent etc. 25, 22. Vid. *istic*.

Locusta. Vid. *examen.*

Longe alia omnia inquirenti comperti sunt 23, 43. Jam sciunt, longe aliud esse etc. 1, 12. Equitum peditumque idem longe primus erat 21, 4. Bello — longe primus 3, 27. Genere fama, divitiia longe primus 29, 28. Longe plurimos hostium occidit 41, 4. Unam longe ante alias specie ac pulchritudine insignem — raptam ferunt 1, 9. Longe ac late fuso agmine 5, 37.

Longinquitas 10, 31. Quinam sit ille, quem non pigeat longinquitatis bellorum scribendo legendoque, quæ gerentes non fatigaverunt? Qui quinquennalem ante censuram et longinquitate potestatem dominantem, intra sex mensium et anni coëgisset spatium 9, 33.

Longinquus 2, 34. Adeo finitimorum odia longinquis coëgerant indigere auxiliis. Longinqua cura 22, 33. *i. e. cura rei procul remotæ.* Ne longinquam militiam non paterentur Falisci 4, 18. *i. e. longam.* Sic 6, 42. Fuga longinqua *dicitur.* [Vid. *Drakenb.* ad 1, 31, 5.] Et aut tempore longinqua, aut præceps periculo victoria esset 9, 24.

Longus 6, 32. Longa societas. *it.*

28, 44. — oratio. Nec in longum dilata res 5, 16. Sic *Liv.* : in æternum urbe condita. *conf. Virgil. Æn.* 10, 740. Ferrum autem tres longum habebat pedes 21, 8. *i. q. in longum, uti vulgo legitur, h. e. in longitudinem, quemadmodum alibi in latum, in altum etc.*

Loquacitas 44, 35. Quo quæque accuratius curantur, eo facilius loquacitate regiorum ministrorum emanant.

Loqui 36, 5. Legatos se missurum ad eos dixit, qui de iis, quæ ad illos æque communiter pertinerent, loquerentur. *i. e. cum iis agerent, consultarent.* Introducti ad senatum ita locuti traduntur 5, 27. Quum aliquamdiu secrèto loquuti essent 32, 35. Morem magis — loquendi cum sociis servastis, — quam convenienter ad præsentem fortunæ nostræ statum locuti estis 23, 5. Ne singulas loquar urbes 5, 54. *i. e. commemorem. cf.* 5, 5. Cumanis permissum, ut publice Latine loquendi jus esset 40, 42.

Loricæ thoracesque 42, 61.

Lubricus 44, 9. Testudini injecta (*tela*) imbris in modum lubrico fastigio innoxia ad imum labebantur. *Opp. stabile solum, quod vid.*

Lucrum 40, 8. De lucro tibi me vivere scito. Vid. *meritus. it. Clav. Ciceron. in h. v. conf. Terent. Pharm.* 2, 1, 16. Lucris meritis 23, 11. *pr. prædâ, manubiis, spoliis.*

Luctari in pestilenti atque arido circa urbem solo 7, 38. *de agricolis.*

Luctatio tetra 21, 36. *De iter facientibus per Alpes.*

Lucubrare 1, 57. Lucretiam — nocte sera deditam lanæ inter lucubrantes ancillas — inveniunt.

Lucus ibi, frequenti silva et proceris abietis arboribus septus, læta in medio pascua habuit 24, 3. *Illud interius spatium videtur lucus dictum fuisse.* Visi etiam audire vocem ingentem ex summi cacuminis luco 1, 31. *conf.* 2, 7. Vid. *Virg. Georg.* 1, 476. Sub. lucum pabulatum — quidam dilapsi fuerant 25, 39. *nisi vero cum Gronovio et Creverio lucem legas.*

Ludere 44, 18. Ludis circensibus — ursos et elephantos lusisse. Quidam ludere eum simpliciter, quidam haud dubie insanire aiebant 41, 20.

Ludi Romani scenici 31, 4. — ludi Romani in circo scenæque 33, 25. *Quia ludi Romani tantum sunt Circenses, non scenici; scenici item scenaque tantum ad ludi referri debet.* Vid. *circus*. Ludi Taurilia 39, 22. *Sic Latinis dicitur v. c.* ludi Consualia 1, 9. ludi Cerealia 30, 39. [Vid. *Intt. ad.* 1, 9, 6. *Ita et Græci. Pausanias Lib.* 5. *cap.* 16. αἱ δὲ αὐταὶ τιθέασι καὶ ἀγῶνα Ἡραῖα. ibid. δεύμην δὲ καὶ τὸν ἀγῶνα ἱστορέκασιν ὑπ᾽ αὐτῶν Θῖναι τὰ Ἡραῖα. Vid. *Benil. ad Aristoph. Plut. v.* 583.] — amplissimi ludi 2, 37. Se ab' ludis, festis diebus, cœtu quodam hominum deorumque, abactos esse *ibid.* Ludosque — fecit 40, 52. Ludis *absolute pro tempore ludorum* 2, 36. *cf.* 27, 36. *it.* 32, 36.

LUDIBRIUM casus ediderit fortuna 30, 30. Velut ad ludibrium stolidæ superbiæ 45, 3. Ad ludibrium casuum humanorum 45, 21. Legati — — per ludibrium auditi dimissique etc. 24, 6. Nec dubie ludibrio esse miserias suas 2, 23. Ludibrio fratris Remum novos transiluisse muros 1, 7. Ne in ora hominum pro ludibrio abiret 2, 36. Ludibrium verius, quam comes (*Brutus*) 1, 56. *i. e. qui ludibrio habetur. Sic* 9, 11. Ludibria religionum. Vid. *eludere.* Ludibrium oculorum specie terribile ad frustrandum hostem commentus 22, 16. Ludibria oculorum auriumque credita pro veris 24, 44.

LUDICRA ars 7, 2. Expertes artis ludicræ. [45, 32.]

LUDICRUM 1, 5. Huic deditis ludicro, quum sollemne notum esset etc. Turbato per metum ludicro 1, 9. *de ludis, raptu Sabinarum caussa, paratis. Cap. eod.* spectaculum, ludi *etc.* Ludicro circensi ad usum belli verso 44, 9. *conf.* 45, 32. *ult.*

LUDIFICARI 27, 46. Ludificatus hostem omnibus artibus belli. *cf.* 1, 50. *it.* 44, 36. Munificentia inæquali sese aliosque ludificari 41, 20. *cf.* 22, 39. *it.* 23, 47.

LUDIFICATIO hostis 22, 18. — plebis 6, 27. Ea ludificatio veri et ipsa in verum vertit 26, 6. *cf.* 7, 39.

LUDIO 7, 2. Quia hister Tusco verbo ludio vocabatur. Convivalia ludionum oblectamenta addita epulis 39, 6.

LUDUS 26, 50. Si frui liceret ludo ætatis. (*de voluptate Venerea.*) Ab nocturno invenili ludo in castra redeunt 1, 57. In ludo — militari — comiter facilis vincere ac vinci vultu eodem 7, 33. Postquam lege hac fabularum ab risu ac soluto joco res avocabatur, et ludus in artem paullatim verterat etc. 7, 2. Alios concessum ludum et lasciviam esse credere 39, 15. Vid. *Drakenborch. ad* 1, 5. Næ tibi — ludus et jocus Hispaniæ tuæ videbuntur 28, 42.

LUERE 1; 26. Ut cædes manifesta aliquo tamen piaculo lueretur. Luere deditionem 9, 9. — temeritatem temeritate alia 30, 15. — pecunia 30, 37. Qui capite luerent 9, 5. Vilia hæc capita luendæ sponsionis feramus 9, 9. Potius — quam respublica tanto suo damno nostra peccata luat 8, 7. Ne, quod piaculum commiserunt, non suo solum sanguine, sed etiam publica clade luant 29, 18.

LUGUBRIS domus 3, 32. *i. e. quæ in luctu est. Sic et funesta domus dicitur.*

LUMEN rebus dubiis 1, 39. *h. e. auxilium, præsidium. Sic Homerus φάος [Greek] [Vid. lux.]* Appium — luminibus captum 9, 29.

LUNA. *Vid.* cornu, deficere, emergere, pernox, senescere.

LUPA 10, 23. Ad ficum Ruminalem simulacra infantium conditorum urbis sub uberibus lupæ posuerunt. Vid. *Virgil. Æn.* 8, 632.

LUPERCAL hoc ludicrum 1, 5. *de ipso ludicro. Itaque legendum videbatur Creverio* Lupercale.

LUPUS 3, 66. Occæcatos lupos intestina rabie opprimendi occasionem esse *i. e. raptores.* In alios lupi superne ferrei injecti 27, 3. (*machinæ genus.*)

LUSTRALE sacrificium 1, 28. *procul dubio idem fuit cum suovetaurilibus.*

LUSTRARE 35, 9. Novemdiale sacrum factum, et supplicatio indicta est, atque urbs lustrata. Vid. *perlustrare.* Exercitum omnem suovetaurilibus lustravit 1, 44. Lustratus et expiatus sacro 40, 13.

LUSTRUM 24, 43. Ne lustrum perficerent (*censores,*) mors prohibuit P. Furii *alibi* lustrum facere *et* condere. Vid. *Drakenborch. ad* 1, 44. Delphis Apollini pro me, exercitibusque et classibus lustra sacrificavi 45, 41. Campana luxuria, vino et scortis, omnibusque lustris per totam hiemem confectos 23, 45.

LUSUS 40, 14. Qua lætitia, quo lusu apud me celebratum hesternum convivium sit. Ut nudi juvenes, Lyceum Pana venerantes, per lusum ac lasciviam currerent 1, 5. Pars in juvenales lusus lasciviamque versi 37, 20.

LUX 38, 36. Quod luce inter horam tertiam ferme et quartam tenebræ obortæ fuerant. *cf.* 25, 35. Si luce palam iretur 22, 24. Luce orta postero die 9, 36. — postero die luce prima *ibid.* — vixdum luce certa 9, 42. *cf.* 9, 30. — turbida lux 10, 33. *it. cap.* 41. Perlucens jam aliquid, incerta tamen, ut solet, lux etc. 41, 2. Pugnatum ad lucem 3, 28. *i. e. sub initium diei.* In noctem imminentem aciem instruitis. Longiore luce ad id certamen, quod instat, nobis opus est, 3, 2. Lucis vobis hujus partem — adimant 4, 3. Alterum responsum salutem, victoriam, lucem ad libertatem (*feret*) 7, 30. [Vid. *lumen.*] Lux quædam affulsisse civitati visa est 9, 10.

LUXURIA *Præf.* Nec in quam civitatem tam seræ avaritia luxuriaque immigraverint.

LUXURIARE 3, 33. Læta — principia magistratus ejus nimis luxuriavere. *i. e. adeo sunt læta, ut bonum eventum sperare non liceat.* Vereor, ne hæc quoque lætitia luxuriet nobis ac vana evadat 23, 12. Nimia gloria luxuriare et evanescere vividum — ingenium 2, 48. Luxuriantem (*Capuam*) longa felicitate atque indulgentia fortunæ 23, 2.

LUXURIARI 1, 19. Positis externorum periculorum curis, ne luxuriarentur otio animi, quos metus hostium disciplinaque militaris continuerat.

LUXURIOSUS 9, 21. Patribus nimis luxuriosa ea lætitia fuit: plebi, cui ad eam diem summa ope inservitum fuerat, injuriæ a primoribus fieri cœpere. Convivium — ut in civitate atque etiam domo luxuriosa, omnibus voluptatum illecebris instructum 23, 8.

LUXUS 7, 29. Campani magis nomen ad præsidium sociorum, quam vires, quum attulissent, fluentes luxu ab duratis usu armorum in Sidicino pulsi agro etc. Quas in convivio luxuque cum æqualibus viderant tempus terentes, 1, 57. *nisi vero cum Gronovio leg.* luxuque.

LYMPHATICUS 10, 28. Ita victorem equitatum velut lymphaticus pavor dissipat.

LYMPHATUS 7, 17. Et tunc quidem velut lymphati et attoniti munimentis suis trepido agmine inciderunt.

MACERARE 5, 54. Quæ vos, quum reliqueritis, macerent desiderio. *i. e. angant.*

MACERIA 42, 15. Maceria erat ab læva semitæ paullum exstans a fundamento. Maceriam ægre transgressus 45, 6.

MACHINAMENTUM 24, 34. Turres contabulatas machinamentaque alia quatiendis muris portabant

MACHINARI 1, 51. Tarquinius — confestim Turno necem machinatur.

MACHINATIO 37, 5. Et quum quaterentur muri, nihil adversus tale machinationis genus parare, aut comminisci oppidani conabantur. *cf.* 24, 19. *it.* 25, 11.

MACHINATOR 1, 28. Mettius idem hujus machinator belli.

MACTARE 10, 28. Jam ego (*Decius*) mecum hostium legiones Telluri ac diis Manibus mactandas dabo. *conf. Tacit. Annal.* 9, 13.

MACTI virtute — milites Romani este 7, 36. *Quasi magis aucti. Olim, secundum Priscianum, etiam mactus dicebatur, sed apud Livium et alios, ex illo numero, nonnisi* macte *in usu est. v. c.* 2, 12. 4, 14. 7, 10. *diciturque in laude rei bene actæ.* Vid. *Virgil. Æn.* 9, 641.

MACULA 3, 58. Ne Claudiæ genti eam inustam maculam vellent. Vid. *aureus.*

MACULARE 1, 18. Ne parricidio macularent partus suos. *i. e. cædibus officerent, ut parricidarum progenies posteri dici possent,* Famam. quod indignum sit, maculari dehonestarique 41, 6.

MADERE sudore 44, 38.

MAGIS malle 22, 34. Vid. *Drakenborch. ad* 9, 7. *ubi est magis tristior. cf. ea quæ ad v.* potius *notavimus, it. ad* similis. Magis *pr.* eo magis. Vid. *eo.* Magis *eo more Græcorum eleganter omittitur,*

sequente quidem quam 23, 43. — malis rei se, quam nullius, turbarum ac seditionum duces esse volunt 3, 68. Vid. *Duker. ad h. l. conf.* 4, 2. — multiplex quam pro numero damnum 7, 8. *nisi vero* multiplex *pro* comparativo *positum dicamus. Sæpius ita* Tacitus — Contra *illud quam post magis etiam omitti solet. v. c.* 6, 28. Quanto magis Alliensi die Alliam ipsam, monumentum tantæ cladis, reformidaturos, *pro* quanto magis, quam Alliensem diem *etc.* [*Nodum, Ernesti, in scirpo quæsivit. Quis te docuit, in tali structura verborum quam* OMITTI ?]¹

MAGISTER regii pecoris 1, 4. Vid. *Virgil. Georg.* 2, 529. — militia 22, 23. — rei militaris 24, 48. — navium 29, 25. — elephantorum 37, 41. — sacrorum aut sacerdos 39, 18. — morum 24, 25. Sociorum navalium neminem, præter magistros, in hospitia deduci etc. 42, 8. Magistri equitum majus, quam tribuni consularis imperium esse 6, 39. — *magister equitum dicitur* imperator 22, 11. — magistrum equitum, quam consularis potestas sit etc. *ibid.* Magister equitum dictus 7, 26. — dictatori additus *ibid. cap.* 12. — nominatus 8, 33. — præposito in urbe L. Papirio Crasso magistro equitum 8, 36. *pro nominato et præposito etc.* Tutores ac magistri (*regis impuberis*) 24, 25. Stultorum iste (*eventus*) magister est 22, 39.

MAGISTRATUS ineundi idibus Maiis 3, 36. *antea mense Sextili. Causam et tempus mutationis vide ap. Dionys. Halicarnass. lib.* 10. *p.* 678. Ii omnes magistratum idibus Martiis inierunt 40, 35. Ex templo novos tribunos militum creandos esse, qui Kalendis Octobribus magistratum acciperent 5, 9. *extra ordinem factum, necessitate urgente.* Ad tribunum Celerum, in quo tum magistratu forte Brutus erat 1, 59. Inferioris juris magistratus 5, 49. Simultates pro magistratu exercere 39, 5. *i. q. in magistratu.* Magistratuum libri, quos linteos in æde repositos Monetæ Macer Licinius citat identidem auctores etc. 4, 20. *cf.* 39, 52. Qui eos magistratus gessissent, unde in senatum legi deberent 22, 49. Magistratus in coloniis municipiisque 34, 6.

MAGNIFICE 7, 32. Adhortandi causa magnifice loqui. *conf.* 21, 41. Campani, etsi fortuna præsens magnifice loqui prohibet 7, 30. Magnifice de se ac contemtim de Romanis loquentes 9, 41. — magnifice respondit 25, 22. Nisi magnifice instaurarentur ludi 2, 36. Laudatusque ibi magnifice et donis donatus 25, 18. Consulibus in senatu et apud populum magnifice collaudatis 7, 11. Nostris decoratus insignibus magnifice incedit 2, 6.

MAGNIFICENTIA 1, 57. Exhaustus magnificentia publicorum operum. Ita factum est, ut non magnificentissimum tem-

tum, sed prudentiam in dandis spectaculis
— — admirantur 45, 32.

MAGNIFICENTIUS 42, 62. Neque finiri
bellum magnificentius etc.

MAGNIFICUS 1, 10. Factis vir magnificus. *i. e. egregius, splendidus. alias enim*
factis magnificus *pleonasmum habet.* Res
gestæ magnificæ senatui visæ 26, 2. Belli
apparatus magnificus 29, 22. Funere
magnifico elatus 41, 16. Magnificum id
Syphaci visum 28, 18. *i. q. honorificum.*
Qui audiendus dumtaxat magnificus adhortator sit, verbis tantum ferox, operum
militarium expers 7, 82. Inter cetera
magnifica promissa pollicitus 23, 10.

MAGNILOQUENTIA 44, 15. Qua audita
re, principem legationis, cujus magniloquentiam vix curia paulio ante ceperat,
corruisse.

MAGNITUDO 1, 8. Idque primum ad
cœptam magnitudinem roboris fuit. *de*
*urbe minus habitata.*

MAGNOPERE 8, 26. Nulla magnopere
clade accepta. Nec aliud magnopere, ne
victos crederes, fecisse Romanos, nisi
quod etc. 40, 50.

MAGNUS 28, 17. Magna Karthago. Tam
adversæ, quam secundæ res per ipsum
amicosque ejus magnis sermonibus celebrabantur 35, 2. Verba magna, quæ rei
augendæ caussa conquirantur, et hæc et
alia esse scio 34, 5. Homo magno natu
10, 38. *cf.* 21, 34. *it.* 26, 49. Magno illi
ea cunctatio stetit 2, 36. *interdum additur*
*substantivum omissum. v. c.* 3, 60. haud
scio an magno detrimento certamen staturum fuerit. Ingens — magnum — maximum 6, 6. Vid. *Jupiter.*

MAJESTAS 2, 36. Verecundia tamen
majestatis (*Jovis*) magistratuum timorem
vicit. *proprie i. q. sanctitas: deinde dici-*
*tur de magna dignitate, etiam de summa*
*potestate.* Majestas dictatoria 8, 30. —
Consulis 3, 10. — consularis imperii 3, 6.
*cf.* 9, 5. — senatus 8, 34. *cf.* 4, 2. 10, 37.
Patrum 2, 27. *conf.* 6, 40. — imperii 8,
35. *cf.* 22, 42. — patria 8, 7. *cf.* 23, 8.
— petentium (*honores*) 5, 14. Majestas
Macedonum regum 42, 5. *conf. cap.* 12.
*ubi* auctoritas *præcedit.* Apud Græciæ
atque Asiæ civitates vereri majestatem
ejus omnes 42, 12. Majestas earum gentium (*patriciarum*), inter quas nos esse
voluistis 6, 40. Ipsius viri majestas nullius
honoris fastigium non æquabat 7, 22. *de*
*privato eodemque plebeio. — de tribunis*
*militum conv. potest.* 6, 6. Qui neo publica
majestate in legatis — motus esset 2, 40.
Majestate etiam, quam vultus gravitasque
oris præ se ferebat, simillimus diis 5, 41.
Ne majestatem nominis Alexandri sustinere non potuerit populus Rom. 9, 18.
Majestatis et pudoris verecundia (*adversus*
*fæminas*) 34, 2. Jus et majestatem viri
retinere in sua matrefamilias *ibid.* Imperium majestatemque populi Rom. gens

Ætolorum conservato sine dolo malo 38,
11. Paludatus ab urbe profectus est,
semper quidem ea res cum magna dignitate ac majestate geritur; præcipue tamen
etc. 42, 49. Regiæ vir (*Antigonus*) majestatis 40, 54.

MAJOR 1, 32. Natu majores. *i. q. sena-*
*tus.* Major Græcia 31, 7. *pro Magna*
*Græcia.* Quæ (*fama*) incerta in majus
vero ferri solent 21, 32. More majorum
42, 2.

MALE arma sustinere 1, 25. *i. q. ægre,*
*vix satis.* Male partam victoriam male
perdiderunt 8, 9. *cf. cap.* 34.

MALEDICTA ab stirpe ultima orsus;
servum, servaque natum etc. 1, 47.

MALEFICIUM 7, 20. Ut sua vetera beneficia, locata præsertim apud tam gratos,
novis corrumperent maleficiis. *Ibid.* Movit populum non tam causa præsens, quam
vetus meritum, ut maleficii, quam beneficii, potius immemores essent. Vide
*beneficium.* Beneficii et maleficii occasione omissa 9, 12. Quemadmodum servis
suis vetant domini quidquam rei cum
alienis hominibus esse, pariterque in iis
beneficio ac maleficio abstineri æquum
censent 5, 8. Vos potius, Romani, beneficio vestro occupate eam (*Capuam*),
quam illos habere per maleficium sinatis
7, 30.

MALIGNE 3, 63. Gemina victoria, duobus bifariam prœliis parta, maligne senatus in unum diem supplicationes consulum
nomine decrevit. *pro parce nimis. cf.* 39, 9.

MALIGNITAS conferendi ex privato 34,
34. *i. q. quum parce nimis conferunt. cf.*
10, 46. Malignitatia auctores quærendo 5,
22. *i. q. malignos suasores.*

MALLE 22, 34. Qui magis vere vincere, quam diu imperare malit. Vide
*magis.* Qui se bene mori, quam turpiter
vivere maluit 22, 50. Inter quos me ipse
in re dubia poni malim 29, 25. *pro velim.*
Seu Attum Clausum, seu Ap. Claudium
mavultis 10, 8. (*dubium erat nomen.*)

MALUM *interjectio,* in *imprecationibus*
*usurpatur, v. c.* 4, 49. Malum quidem
militibus meis, nisi quieverint! — *it.* 5, 54.
quæ, malum, ratio est etc.

MALUM 7, 4. Manlium malum malo
augere filii, et tarditatem ingenii insuper
premere. Victi malis — dediderunt sese
36, 9. Auditis — sicut servis malum mi-
nantem militibus? 4, 49. Prædæne inter
ceptorem fraudatoremque etiam malum
minari militibus? 4, 50.

MALUS in circo instabilis in signum Pollentiæ procidit, atque id dejecit 39, 7. *ad*
*quem locum vide Gronovium.*

MALUS 27, 14. Cum eo nimirum —
hoste res est, qui nec bonam nec malam
ferre fortunam potest. Tarquinium mala
libido Lucretiæ per vim stuprandæ capit
1, 57.

MANRA 1, 4. Eam (*lupam*) summissas

N 2

179

infantibus adeo mitem præbuisse mammas, ut etc. conf. *Virg. Æn.* 8, 632. [ *Græci uno verbo : μαστὸ διέχων.*]

MANARE suo flumine in mare. Vide *lacus.* — sanguine 23, 31. *cf.* 27, 23. Manantia sanguine spolia 40, 39. Romam ia metus manavit 9, 43. *scil. e castris.* Manavit enim hæc quoque, sed perobscura fama 1, 16. Manat tota urbe rumor 2, 49. Latiusque fuga manasset, ni etc. 27, 14.

MANCIPIUM 3, 48. I, inquit, lictor, submove turbam, et da viam domino ad prehendendum mancipium. Mancipia argento parata 41, 6. [*ἀργυρώνετοι.*] Liberos suos — in eam conditionem, ut manumitterentur, mancipio dabant 41, 8.

MANCUS 8, 31. Quod — non inermes, non manci milides fuerint. *cf.* 7, 13.

MANDARE 39, 16. Senatus quæstionem extra ordinem de ea re mihi collegæque meo mandavit. *cf. cap.* 14. Quum id (*bellum*) alteri extra sortem mandetur 10, 24.

MANDATUM 1, 56. Perfectis patris mandatis. Quum legati ab senatu cum litteris aut scriptis mandatis venirent 39, 33.

MANERE his bellum 1, 53. Vid. *Clav. Ciceron. in h. v.* Non manebit extra domum patris sponsa Icilii 3, 45. *i. e. non pernoctabit. cf.* 44, 38. Profectus inde magis, quia manere non poterat, quam etc. 43, 21. *pro subsistere.* Sic *et* 5, 55. hic manebimus optime. Qui nudus atque inermis hostem maneat, ei mortem — patiendam esse 10, 35. *pro exspectet.* Et ipse hostium adventum, elatus successu, mansit 42, 66. *forte leg.* ad hostium adventum — m. [*Vulgata non solicitanda. conf.* 10, 35.] Ut ad exercitum (*Scipio*) maneret 29, 20. *i. q. imperator maneret.* Quod in rebus dubiis — in fide mansissent 31, 2. *cf.* 40, 35. *it.* 45, 31. *Sic et in fœdere, amicitia, victoria, induciis, pace manere dicuntur. v. c.* 30, 32.

MANES 3, 40. Orantis per sui fratris — Manes. Manesque Virginiæ — — per tot domos ad petendas pœnas vagati, nullo relicto sonte tandem quieverunt 3, 58. Non Manes, non stirpem ejus conquiescere viri 21, 10.

MANIFESTUS 40, 9. Rem pro manifesto habere. *scil. negotio.* Sic *et* 1, 3. rem pro certo affirmare. *cf.* 27, 1. *it.* 33, 6. Non insidiatoris modo, sed latronis manifesti et percussoris speciem induit 40, 12.

MANIPULATIM 8, 8. Quod antea phalanges similes Macedonicis, hoc postea manipulatim structa acies cœpit esse.

MANIPULUS ejus signi 27, 14. Vide *signum.* Manipuli (*legionis*) *ibid.* — proximarum stationum 7, 26. — antesignanorum 30, 33. Manipulorum turba 6, 16. — seditio 8, 16.

MANSUEFACERE 3, 14. Permulcendo tractandoque. Mansuefecerant plebem. Uberrimo agro, mitissimo cœlo, clementibus accolarum ingeniis, omnis illa, cum qua venerant, mansuefacta est feritas 38, 17.

MANSUETE 3, 29. Adeo tum imperio meliori animus mansuete obediens erat, ut etc.

MANSUETUS 3, 16. Mansuetum id malum, et per aliorum quietem malorum semper exoriens. Ut imperium mansueto permitteretur ingenio 2, 30.

MANUBIÆ 29, 8. Qui cum magno piaculo sacrilegii sui manubias retulit. Aquamque ex manubiis Antium ex flumine Loracinæ duceret 43, 4.

MANUMITTERE 43, 3. Eorumque si quos manumisisset. *h. e. quod dorum matres, quippe captivæ, servilis conditionis fuissent, atque ipsi adeo servi essent, quoniam partus ventrem sequitur. Vide Spanh. O. R. 2, 22. it. Duberum ad h. l.* Liberos suos — — in eam conditionem, ut manumitterentur, mancipio dabant 41, 8. Manu mittere *divisim dicitur, atque etiam interjecta voce. v. c.* 41, 9. civitatis mutandæ caussa manu non mittere. *Sic et* 24, 18. *dicitur* manu emittere.

MANUPRETIUM. Vide *in voc. sequ.*

MANUS 6, 12. Conserere manus. *cf.* 9, 27. *it.* 21, 29. — manum conserere 21, 39. *cf.* 25, 11. *it.* 27, 33. — manum conferre 10, 43. Omnes (*legati*) manus ad consules tendentes — procubuerunt 7, 31. *Vid.* tendere. *it.* fides. Supinas manus ad cœlum ac Deos tendentes 26, 9. Vid. *Virgil. Æn.* 3, 176. *it.* 4, 205. Quoties in conciliis voces, manus ad cœlum porrigentium auditas 30, 21. Nempe æquis manibus hesterna die diremistis pugnam 27, 13. Compressis, quod aiunt, manibus sedeas 7, 13. Quum tantum belli in manibus esset 4, 57. *i. e. instaret, immineret.* Pugna jam in manus, jam ad gladios venerat 2, 46. Ubi ad manum venisset hostis 2, 30. Neque suum cuique jus modum faciebat, sed virium spe et manu obtinendum erat, quod intenderes 3, 11. Emittere hostem e manibus 22, 3. — de manibus 21, 48. — manibus 44, 36. Saucium prope e manibus inter tumultum amisit 29, 32. Quod Romanis ad manum domi supplementum esset 9, 19. Nihil est in manu ejus 32, 24. *i. e. potestate.* Ut sua cuique respublica in manu esset 26, 8. In nullius manu erat 39, 9. (*liberta patrono mortuo.* Manus pretium *it.* manupretium *vel* manipretium 34, 7. in auro vero, in quo præter manus pretium nihil intertrimento fit, quæ malignitas est? Inde ad manum cantari histrionibus cœptum 7, 2. Postea credo additas moles, manuque adjutum 2, 5. *Oppos. nativa.* Cum purpuratorum et satellitum manu 42, 51. Collecta juvenum manus 1, 5. Accensos, minimæ fiduciæ manum 8, 8. Missæ *mille* sagittariorum ac funditorum, aptam *manum* adversus Balliares ac Mauros 22, 37. Quæ manus

160

— traducta — — agros nudare populando potuit 44, 27. *ante :* viginti millia. *Vid.* admovere. *it.* feritas.

MAPALIA 29, 31. Cum mapalibus pecoribusque suis persequuti sunt regem. *alias :* magalia.

MARCERE 23, 45. Sed, qui pugnent, marcere Campana luxuria, vino et scortis, omnibusque lustris per totam hiemem confectos.

MARCESCERE otio situque civitatem 33, 45. *cf.* 35, 35. — equitem desidia 28, 35.

MARE liberum 25, 11. *de commeatibus.* — navibus e mari fines eorum vastari 38, 32. Tuendam viginti navibus mari superiore (*supero*) Anconam 41, 1. Vid. *major.* Quum primum æstu fretum inclinatum est, naves mari secundo misit 29, 7. Tenedum placido mari quum trajeciissent 44, 28. *Vid.* abscedere. *it.* exasperare.

MARGINARE 41, 27. Censores vias sternendas silice in urbe, glarea extra urbem substruendas marginandasque primi omnium locaverunt.

MARGO 44, 33. Ubi fessi sint, innisos pilo, capite super marginem scuti posito, sopitos stare. *i. e.* ora.

MARITIMUS 29, 28. Maritimi agri. — provincia maritima 37, 2. Cupidus maritimi oppidi potiundi 23, 15. *al.* marini. Maritimum terrorem admoventes 41, 17. *de circumvehendo littore.* Maritima Ætoliæ vastare 38, 7. Urbes maritimæ 42, 18. Oppugnaturus Neapolim, ut urbem maritimam haberet 23, 1. Vid. *amœnitas.*

MARITUS 27, 31. Vagabatur enim cum uno aut altero comite per maritas domos dies noctesque. *i. q. in quibus degunt matrimonio copulati.*

MARS 10, 28. Quamquam communis adhuc Mars belli erat. *cf.* 5, 12. *it.* 7, 8. 42, 49. — Marte verso 29, 3. — æquato 1, 25. — æquo 2, 6. Necdum discrimen fortuna fecerat pedestri fidentem Marte 24, 48. Suo alienoque Marte pugnare 3, 62. *i. e. quum equites etiam pedestri militia funguntur.* Adeo varia belli fortuna ancepsque Mars fuit 21, 1. Jane, Jupiter, Mars pater, Quirine, Bellona etc. 8, 9. Mars alter 21, 10. *i. e.* Hamilcar. Martis viri 38, 17. *vel potius, volente Dukero,* Martii viri, *quemadmodum et* Martia gens Romani *vocantur.*

MAS 27, 37. Incertus (*infans*) mas an femina esset. *Sic et* 18, 11. *alibi est* masculus 31, 12.

MATARIS *vel* materis 7, 24. Lævo humero matari prope trajecto. *lanceæ genus apud Gallos.*

MATER 1, 56. Quod ea (*terra*) communis mater omnium mortalium esset.

MATERFAMILIÆ 34, 2. — materfamilias justa (*oppos.* pellici) 39, 53.

MATERIA *pro ligno, quo in extruendis ædibus, navibus etiam, utuntur* 6, 2. *cf.* 26,

9. *it.* 28, 45. — viridis 29, 1. Materiam res gerendi non habuit 45, 12. Ut magis dux, quam materia seditioni deesset 26, 35. Ut collegæ materia ad omnem laudem esset 6, 22. Erat etiam major orationi materia 35, 12. Nihil materiæ in viro, neque ad cupiditatem, neque ad audaciam esse 1, 46. Vid. *benignus.*

MATERIES 1, 39. Materiem ingentis publice privatimque decoris (*Servium Tullium*) omni indulgentia nostra nutriamus.

MATRIMONIUM 4, 4. In quam cuique feminæ convenisset domum, nuberet; ex qua pactus esset in domo, in matrimonium duceret. Ut et juventus matrimonia, et urbs sobolem haberet 18, 5. *i. e. uxores.* Vid. *B. Patr. ad Tacit. Annal.* 2, 13.

MATRONALIS 38, 24. Sanctitate et gravitate vitæ hujus matronalis facinoris decus ad ultimum conservavit.

MATURARE 9, 32. Consultando, maturarent, trahereutne bellum. Quod nisi omni vi perficere maturasset 29, 12. Ut maturaret venire 34, 46. — instruere 44, 36. Julius maturare est jussus 39, 45. Maturavit collegæ venire auxilio 9, 43. Illud non succurrit, vivere nos, quod maturrimus proficisci ? 2, 38. Una — — subsidii spes erat, si consules maturassent in provinciam ire 40, 26. Censu perfecto, quem maturaverat etc. 1, 44. Quo facto maturata est seditio 2, 32. Maturare nuptias 29, 23. *Sic Virgil. Æn.* 1, 137. Maturate fugam etc. Ut innoxio fratri per eundem te maturet perniciem 40, 12. Ita facto maturatoque opus esse 1, 58. Maturato opus esse, ut etc. 3, 27.

MATURUS 27, 45. Ut illis faustum iter, felixque pugna, matura ex hostibus victoria esset. *cf.* 5, 26. Matura expugnandi spes 32, 18. — seditio 2, 63. Tantam indolem tam maturæ mihi virtutis umquam extitisse 3, 12. Maturiora messibus Apuliæ loca 22, 43. *i. e. ubi messes citius maturæ fiunt.* Divisum pariter in venas maturum confecto cibo sanguinem 2, 32. Vid. *fovere.*

MAXIME in hanc sententiam loquuti sunt 7, 30. Maxime gravissima omnium res 41, 23. *sed improbant hanc formam interpretes ad h. l. vide Clav. Ciceron. in h. v. it. Cel. Ruhnken. ad Vell.di* 2, 27. Additum deinde omnium maxime tempestivo principum in multitudinem munere, ut etc. 4, 59.

MAXIMOPERE 42, 57. Maximopere indigne ferentes, non latam Phereis opem.

MAXIMUS 23, 30. Ne domus quidem Hieronis tota — Gelo maximus stirpis — ad Pœnos defecit. Quam (*aram*) opulentissima olim in terris gens Maximam vocet 1, 7. Vid. *Virgil. Æn.* 8, 271. Ita maxima sunt adepturi, ut nihil ne pro minimis quidem debeant 6, 41. *ad q. l. vid. Bauer. pag.* 250. Multoque id (*bellum*) maximum fuit 1, 11. Ut, quantæ maximæ possent, cópiæ trajicerentur 24, 85. Imperat equitibus, ut — — in hostes, quanto maximo possent tumultu, incurrant 42, 7. Thessalorum equitatus, inclinata re, maximo usui fait 42, 59.

MEDERI 8, 36. Rem per se popularem ita dexter egit, ut, medendis corporibus, animi multo prius militum imperatori reconciliarentur.

MEDICAMENTUM 8, 18. Sequuti indicem, et coquentes quasdam medicamenta, et recondita alia, invenerunt.

MEDITARI 40, 15. Tempus ad meditandum, et componendam orationem, sumsissem. al. meditandam.

MEDITERRANEA insulæ (Siciliæ) 25, 25. — urbs 32, 21. — regio 25, 9. — loca 6, 54. conf. 5, 54. Oppidum — plus quam mediterraneum, celebre ac frequens emporium 38, 18. Terrestrium certaminum arte quemvis clarorum imperatorum æquabat — mediterraneus homo 35, 26.

MEDIUS 5, 54. Regionum Italiæ medium — locum. In medio umbilico Græciæ 41, 23. In medio 9, 2. (de loco) vid. Bauer. ad h. l. pag. 274. Altera arx urbis media est 28, 6. — media urbis 26, 40. Medius honos 39, 29. i. e. oratio. vid. honos. [Vid. mos 26, 21.] Medium erat in Anco ingenium et Numæ et Romuli memor 1, 32. Medius omnium rex erat 42, 58. scil. in acie, in relatione ad cornua. Medius inter hostium agmen urbemque Romam jugis ducebat 22, 18. Per medios hostes perrumpere 38, 41. Medium se gerendo, nec plebis vitavit odium, nec apud Patres gratiam init 2, 27. Inter quæ (consilia) se mediâ (vid) lapsos victoriæ possessionem pace incerta mutasse 9, 12. Medium visum, ut ovans urbem iniret 26, 21. [Vid. antea 39, 29.] .Quin illi, remittendo de summa quisque juris, mediis copularent concordiam 4, 43. Vid. Intt. ad h. l. Appellati tribuni medio decreto jus auxilii sui expediunt 3, 13. — media oratio 10, 15. cf. cap. 26. In medium consulere 24, 22. Oppos. sua consilia sejuncta habere a publicis. Laudemque conferentes potius in medium, quam ex communi ad se trahentes 6, 6. cf. 2, 57. In medium evocat (cogitationes) 9, 17. Si non in medio ponitur 40, 11. h. e. si non in me nominatim aut in fratrem confertur. Vid. Bauer. ad h. l. p. 299. Regni crimen in medio (scil. intuebuntur) 6, 19. De medio adjicere aliquem (judicem) 26, 48. i. e. qui medius et neutrius partis sit. Delectumque nihilo accuratiorem, quam ad media bella 5, 37. i. e. mediocria. Sic et 2, 49. Nihil medium, — — sed immensa omnia volventes animo. cf. 6, 14. — intacta invidia media sunt 45, 35. Medium maxime et moderatum utroque consilium Virginii habebatur 2, 30.

MELIOR 8, 21. Pars melior senatus ad meliora responsum trahere. nisi vero legatur cum Dukero pars mitior, aut cum Drakenborchio ad molliora; certe hæ emendationes explicationum loco esse possunt. Major pars meliorem vicit 21, 4. Non utique iis melias fore, quam qui eas (Alpes) primi pervias fecissent 39, 54. h. e. eandem infelicem fortunam experturos. Quis ad tolerandum laborem melior 9, 19. Melior bello 24, 8.

MEMBRA 1, 28. Qua inhæserant vinculis membra. Parte membrorum captus 14, 16.

MEMINI 10, 29. Torpere quidam, et nec pugnæ meminisse, nec fugæ. Si belli hostes meminissent 41, 3. Quod solos obtrectasse gloriæ suæ — meminerat 36, 34. Qui meminisset se esse prisci Tarquinii filium 1, 47. Qui eum non Hieroni tantum, sed Pyrrhi etiam regis, materni avi, jubebant meminisse 24, 6. Meminerant se victos fugatosque 41, 18.

MEMOR 1, 28. Exempli parum memoris legum humanarum. Responsum senatus amicitiæ Samnitium memor 7, 31. vid. ad h. l. Bauer. pag. 261. Utriusque rei memor 26, 8. i. e. utramque respiciens. Nec minus regni sui firmandi, quam augendæ reipublicæ, memor 1, 35. Memores fugæ 41, 4. Ne tum quidem memores pacis 41, 11. Promissiouum in futurum memores 31, 46. Memor vox libertatis 3, 36. h. e. oratio, quæ digna est homine libero et nihil timente. Oratio memor majestatis Patrum 3, 69. Ætolos aut moris Romanorum memores (memorem Gronov.) aut sibi ipsis convenientem sententiam dixisse 33, 12. Memori deûm ira 9, 29. i. q. quum dii factas sibi a Potitiis injurias ulcisci voluissent. [Virgil. Æn. 1, 4.]

MEMORARE 26, 41. Jam quid hoc bello memorem?] Videtur, cum Gronovio quidem, aut hoc de bello legendum, aut hoc bellum. Sic certe 34, 16. eos — consul sine memorando prœlio in potestatem redegit.

MEMORIA 10, 37. Hujus anni parum constans memoria est. Habet hoc nulla memoria annalium 22, 27. Vid. repetere. Proditum a proximis memoriæ temporum illorum scriptoribus 29, 14. Censura clara — memoriæ felicioris ad posteros, quod etc. 9, 29. Hoc posteris memoriæ traditum iri 3, 67. Postumum Cominium bellum gessisse cum Volscis memoria cessisset 2, 33. i. q. excidisset, oblivioni traditum esset. Quorum, vetustate, memoria abiit 2, 4. Memoria pessimi proximio anno exempli 2, 45. Ne Tarentinæ quidem arcis excidit memoria 27, 3. i. e. cura, et ad eam recipiendam intentio. Similiter arcipienda videantur 4, 21. it. 8, 11. Nec ullius vetustior fœderis memoria est 1, 24. pr. vetustioris. Non obversatam esse memoriam noctis illius etc. 6, 17. Vid. confundere.

**MENDACIUM.** Vid. *abuti*.

**MENS** 1, 20. Ad ea elicienda ex mentibus divinis, Jovi Elicio aram — dicavit. *conf. Virgil. Æn.* 2, 170. aversa deæ mens. Cujus mens nihil præter publicum commodum videt 3, 68. — sana mens 9, 9. Animos, qui nostræ mentis sunt, eosdem in omni fortuna gessimus, gerimusque: neque eos secundæ res extulerunt, nec adversæ minuerunt 37, 45. *Videri possit* nostri moris *legendum esse, sec. cap.* 36. ignarus et animi Scipionis et moris Romani. *Sed obstat quodammodo locus antea, e libro nono, 'laudatus.* Nisi Dii mentem regi ademissent 44, 6. Dii immortales et vestris et hostium imperatoribus mentem ademerunt 9, 9. Potiundæ sibi urbis Romæ modo mentem non dari, modo fortunam 26, 11. Raro simul hominibus bonam fortunam bonamque mentem dari 30, 42. Quem scire mortalium, utrius mentis, utrius fortunæ consulem ad bellum mittant? 42, 49. Prædonum potius mentem, quam hostium, dedit 3, 7. Vobis (*dii*) dent mentem, oportet, ut prohibeatis 6, 18. Precatusque esse, ut quam mentem sibi Capitolinam arcem protegenti ad salutem populi Romani dedissent, eam populo Romano in suo discrimine darent 6, 20. Tanta vis amentia verius, quam amoris, mentem turbaverat 3, 47. *conf. Virgil. Æn.* 4, 203. amens animi. Mens ipsa trajiciendi, nulli ante eo bello duci tentata 29, 26. Vid. *Gronov.* Somnio lætiore, quam quod mentes eorum capere possent 9, 9. Quotiescumque patria in mentem veniret 5, 54. *Bauer. legi vult* patriæ. *Vid.* alienare. *it.* dispicere.

**MENSA** 41, 20. Vasa aurea mensæ unius. *i. e. abaci ornandi.* Sacratæ mensæ 23, 9. Hospitalis mensa 23, 9.

**MENSARII** 7, 21. Quinqueviris creatis, quos mensarios ab dispensatione pecuniæ appellarunt. *cf.* 26, 36. Vid. *argentarius*.

**MENSIS** 5, 52. Si non voluntate mansimus in Capitolio per tot menses obsidionis? Is mensibus suis dimisit legionem 40, 41.

**MENSTRUUM** 44, 2. Consul, menstruum jusso milite secum ferre, profectus etc.

**MENTIO** 4, 1. Et mentio, primo sensim illata a tribunis, ut — eo processit deinde, ut etc. *conf. cap.* 59. Secessionisque mentiones ad vulgus militum sermonibus occultis serentem 3, 43. Incidit mentio de uxoribus 1, 57. De Hernicorum defectione agitata mentio 7, 1. Sed mentio quoque inchoata affinitatis, ut rex duceret filiam Hasdrubalis 29, 23.

**MENTIRI** 10, 40. Pullarius auspicium mentiri ausus etc. *Sæpius adhuc* ementiri *Livius hoc sensu dicit. vid. supra in h. v.*

**MERCARI** frumentum 4, 52. Hannibalem transitus quosdam pretio mercatum.

**MERCATUS** frequens 1, 30. *Aut, quo*

frequentes conveniunt, aut meretrices accipiendus pro mercatoribus.

**MERCENARIUS** 30, 8. Quem, bene meritum de se et gente sua, mercenariis armis in Africam oppugnatum venissent.

**MERCES** spreti numinis 2, 36. *pr. pœna.* Stipendium — pensum — ea merces induciarum fuit 9, 41. Priusquam infanda merces perficeretur 5, 49. Quibus merces navatæ in unum diem operæ libertas futura erat 24, 14. Vid. *Intt. ad h. l.* it. ad 30, 38. In hanc tam opimam mercedem — arma capite 21, 43. Modo ne juvaret bello Romanos —, modo pacis patrandæ cum Romanis paciscebatur mercedem 44, 25. Apparebat in omnibus, mercedem multitudinis timere 44, 27.

**MERERE** 5, 7. Tum primum equis merere equites cœperunt. Vid. *Bauer. ad h. l. pag.* 189. *conf.* 31, 45. *it.* 32, 9. Ut ii omnes, quos censores notassent, pedibus mererent 24, 18. Affirmantibus, qui una meruerant, secum eum tum frequentem ad signa sine ullo commeatu fuisse 3, 24. Sub Hasdrubale imperatore meruit 21, 4. Bis, quæ annua merebant legiones, stipendia feci 42, 34. Virginius, quia in Capitolio non fuit, minus supplicii, quam Ap. Herdonius meruit? 3, 19. Qui tantum gloriæ — meruit 2, 1. Patria quid de vobis meruerat 28, 27. Apollini, republica vestra bene gesta servataque, lucris meritis donum mittitote 23, 11.

**MERERI** 2, 23. Hæc se meritos, dicere etc. Vid. *Bauer. ad h. l. pag.* 104. [*conf. Heusing. Observat. Antibarb. pag.* 414. *sq.*] Magna operæ pretia mereri 21, 43. Fustuarium meretur 5, 6. *e. i. meritus esse creditur. Nam dicitur meveri etiam in partem deteriorem.*

**MERGERE** 6, 14. Mergentibus semper sortem usuris. *metaphora ducta a navigio et fluctibus. Mersam et obrutam fœnore partem civitatis in libertatem ac lucem extrahentem 6, 17. De Alexandro nondum merso secundis rebus 9, 18. Vino somnoque verisimile esse mersos jacere 41, 3. *i. q. sepultos, ut Virgilius dicit. Idem Æn.* 9, 315. Somno vinoque per herbam Corpora fusa vident. Quo avidius ex insolentia in eas (*voluptates*) se merserant 23, 18. Mersis in effossam terram capitibus 22, 51. *i. e. immersis, insertis.*

**MERIDIANUS** 29, 35. Vallis meridiana.

**MERITUM** 40, 15. Nullo meo in se merito. (*in sensu deteriori*.) Quod ob meritum nostrum succensuistis — nobis 25, 6. Si qua præterea vellent imperare, præstaturum merito populi Romani 43, 3. pro — meritis bello 39, 27.

**MERUS** 39, 26. Ex diutina siti meram haurientes libertatem. *Forma dicendi intemperantiam indicans; quia non meram frugales homines, sed* mixtum *bibere consueverant.*

**MET** 3, 57. Quum suamet plebi jam

nimia libertas videretur. Suomet ipsorum certamine, 5, 38.

META solis 1, 19. *i. e. temporis punctum,
a quo et solaris anni et lunaris cursus coepti
sunt una, et in quod rursus simul exeunt.*

METALLA 42, 12. *Pro metalli fodinis.*
Praeter annuum, quod ex metallis regiis
capiat, vectrigal 39, 24. *cf.* 42, 52. *it.* 45,18.

METARI 1, 10. Quas (*regiones*) modo
animo metatus sum. Triumviri (*coloniæ
deducendæ*) agrum metantes 21, 25. *i. q.
assignantes.* Secundis castris pervenit ad
Dium : metarique sub ipso templo, ne
quid sacro in loco violaretur, jussit 44, 7.
Imperat, metarentur frontem castrorum 44,
38. — Postquam metata castra impedimentaque collocata animadvertit *ibid. cap.*
37 *cf.* 27, 48. — cum ipsum, in quo con-
stiterat, locum castris dimetari jussit 8, 38.
*Scilicet* metari *idem est, quod* metas *statuere, et designare fines; a quo differt*
metiri *sic, ut mensuram modumque colli-
gendi negotium declaret.*

METIRI 3, 54. Odium in se aliorum
suo in eos metiens odio. Tantus acervus
fuit, ut, metientibus dimidium super tres
modios explesse, sint quidam auctores
23, 12. *absolute.*

METUERE 32, 31. Ita ut tentare spem
certaminis metuerent. *i. q. non auderent.*
Simul tantam in medio crescentem molem
sibi ac posteris suis metuebant 1, 9. Metuens deorum 22, 3. — ab Hannibale
metuens 23, 36.

METUS nullus in propinquo . 31, 23.
*i. e. caussa metus.* Metus ab cive et ab
hoste 2, 24. Metus ab Romanis, timor a
principibus 45, 26. *cf.* 25, 33. Plebs —
soluta regio metu 2, 1. *i. e. quæ non subesset regum imperio.* Metu, ne ambiguo
ictu suis inciderent (*tela*) 30, 10. Metum
injecit imperata recusandi 39, 37. Parvo
metu admoto 40, 55. Metus urbes in deditionem dedit 33, 38. Quum — exercitus — omnia metu armisque tenerent 28,
43. Urbes metu subactæ in deditionem
*ibid.* Non vero tantum metu (*signa clamorque*) terruere Samnitium animus 10,14.
*Drakenborchio videtur addi debere: sed*
etiam vano : *quod tamen in sequentibus
intelligi potest.* Deliberationi — metum
pro universa republica intervenisse 2, 24.
Quæ (*juventus*) inter tales metus detrecta-
tionem militiæ etc. 3, 69. *Sic* spes, mentiones, *alia pluraliter a Livio dicuntur.*

MEUS 7, 40. Meum factum dictumve
consulis. Si quibus tuorum meis criminibus apud te crescere libet 35, 19. *i. e.
mihi afflictus.*

MICARE 1, 25. Micantes fulsere gladii.
*conf. Virgil. Æn.* 7, 743. Hostis urgere
scutis, micare gladiis 4, 37. Quatere alii
pila, alii micare gladiis, mucronemque
intueri 44, 34. Qui ferrum ante oculos
micare cerneret 7. 5. Non pro mœnibus
modo tela micare 21, 7. Quâ nunc erectæ

micant hastæ 7, 33. Vultum hostis ardore animi micantem ferre non potuit 6,
13. Fulmina etiam sic undique micabant
40, 58. Quæ minime densæ micabant
flammæ 22, 17.

MIGRARE 10, 34. Relicta, quæ migratu difficilia essent.

MIMI 2, 29. Pulset tum mihi lictorem.
(*eleganter abundat.*) Tum mihi undique
clamore sublato turbam invadite. Vid.
*ego.* Duas mihi aliquis conciones parumper faciat 45, 37.

MILES 27, 9. Ubi nec miles, qui legeretur — esset. Colloquutusque cum legatis de ratione belli gerendi, ut veterum
militum verba audivit etc. 24, 48. Milites
argentati — aurati — cælati auro 9, 40.
Vid. *auratus. Sic est apud Virgilium :*
cristatus Achilles. Milite atque equite,
scire, nisi Romano Latinique nominis,
non uti populum Romanum 22, 37. *h. e.
pedite atque equite.* — ut militi, occupato
stationibus vigiliisque et opere, eques —
frumentum veheret 9, 13. *vid. Gronov. ad*
26, 19. *it.* 28, 1. Adeo duorum militum,
eventum, inter quos pugnatum erat, utraque
acies animis perceperat 7, 26. Classici milites navalesque socii 21,61. — miles ac navales socii 22,11. Milites (*gregarii*) militibus,
centurionibus centuriones — — iisdem præsidiis, sæpe iisdem manipulis permisti fuerant 8, 6.

MILITARE 5, 3. Quum æra militanti-
bus constituta sunt. Sub quibus (*auspiciis*) militatis 28, 27.

MILITARIS 5, 19. Animadvertere militari more. *de decimatione Gruterus intelligit. cf.* 7, 47. Militares homines 42, 33.
Celebrata inconditis carminibus militaribus — victoria 10, 3. Lex sacrata militaris 7, 41.

MILITARITER 27, 3. Milites — in
portis murisque sibimet ipsos tecta militariter ædificare. Oratio incomta fuisse dicitur; ceterum militariter
gravis, non suis vana laudibus, non crimine
alieno læta 4, 41. Inter carminum prope
modum incondita quædam militariter joculantes 7, 10.

MILITIA 8, 34. Latrocinii modo cæca
et fortuita pro sollemni et sacrata militia
sit. Magister militiæ 22, 23. — disciplina
5, 6. Peritus militiæ 8, 8. Perennem
militiam facere 5, 2. Sub assidua militia
fuerat 42, 52. *Ibid.* Progeniem ediderat,
cujus magna pars matura militiæ esset.
Segni fungebantur militia 26, 21. . Resque
militiæ ita prospere gererentur 5, 12.
Lege sacrata, quæ maxima apud eos vis
cogendæ militiæ erat, delectu etc. 4, 26.
*i. e. cogendorum militum, cogendi exer-
citum.* Procul ab domo militiam esse
28, 12. *bellum s. milites.* Spes facta —
militiæque fungendæ potioris ducibus 24,
1. Ut non quietior populus domi esset,
quam militiæ fuisset 1, 38. *cf.* 10, 8.

MILLE·nova consilia 35, 42. *i. e. plurima. cf.* 3, 14. *it.* 9, 19. Mille fere passuum inter urbem erant castraque 23, 44. *pro passus aut erat. nisi vero cum Gronovio subintelligas* campi. Millia, *ubi sermo est de passibus, absolute ponitur, v. c.* 10, 25. Vid. *passus.* Plus mille capti 24, 41. — *Nota numeri millenarii* (M) *omissa. vid. Gronov. ad* 34, 10. Stipendium præterea iis coloniis, in millia æris asses singulos imperari 29, 15. *i. e. in singula millia. cf.* 22, 36. *it.* 30, 17. Duo millia relicti 37, 39. *similiter:* armati duo millia missi *cap. sequ.* Millia talentum 37, 45. *i. e. millia talenta quolibet anno.*

MILLIES 5, 4. Agros nostros millies depopulati sunt. *pro sæpissime.*

MINACITER fremunt 2, 6. Circumferens inde truces minaciter oculos etc. 2, 10. Prohibentibus minaciter decemviris 3, 39. Multo minaciter magis, quam suppliciter 2, 23.

MINÆ vinculorum et mortis 1, 44. Inter tantas fortunæ minas 2, 12. Quippe minas esse consulum, non imperium 2, 29. *ad q.l. vid. Bauer. pag.* 111. Minæ terribiles 6, 42.

MINAX 1, 14. Cum parte majore atque omni equitatu profectus — tumultuoso et minaci genere pugnæ, adequitando ipsis prope portis, hostem excivit.

MINIME 31, 8. Ut quisque minime multa stipendia haberet. *cf. ibid. cap.* 57. *et* 58.

MINIMUS 33, 6. Non minima Ætolorum opera. *i. e. eximia.* Ut nihil, ne pro minimis quidem, debeant 6, 41. *ubi vid. Bauer. pag.* 250. Minimum pedibus itineris confectum 44, 5. *cf.* 27, 15.

MINISTER cubiculi 3, 57. *i. q. paullo ante* minister libidinis. Non ferme desunt irarum indulgentes ministri, qui etc. 24, 25.

MINISTERIUM pœna publicæ 2, 5. *vid. Drakenborch. ad* 8, 40. Ministerii delegandi caussa 9, 29. *de sacrificio. cf.* 1, 7. Aquila — velut ministerio divinitus missa 1, 34. Ministeria nautica 22, 19. *i. q. socii navales.* Ministerium restituendorum domos obsidum mihimet deposco ipse 22, 22. *i. e. negotium.* Adhibitis ad ministerium dapemque Potitiis 1, 7. Quod se in fabrorum ministeriis ac servili tamdiu habitos opere ab rege indignabantur 1, 57.· Adsuetos ministeriis talium facinorum 42, 15. Ad ministeria exsequenda 29, 35. *pr.* jussa. Vid. *ars.*

MINITARI 2, 12. Quum rex — circumdari ignes minitabundus juberet. *cf.* 39, 41. Minitans patriæ, hostilesque jam tum spiritus gerens 2, 35.

MINOR 1, 21. Omnium tamen maximum ejus operum fuit, tutela, per omne regni tempus, haud minor pacis quam regni.

MINUS dimidium 23, 19. — si qui vos minus hodie decem tribunos plebei feceritis 3, 64. *intell. quam. Sic* 10, 25. *it.* 24, 16. Minusque ac minus — conveniebat 26, 17. Rorarios, minus roboris ætate factiasque 8, 8. Non minus tribus puberibus præsentibus 1, 32. Amici forsitan pariter ac nunc, subjecti atque obnoxii minus essemus 7, 30.

MINUTUS 21, 52. Consul alter, equestri prœlio uno et vulnere suo minutus, trahi rem malebat.

MIRABILIS 9, 18. Quo sint mirabiliores, quam Alexander — nemo plus quam annum consulatum gessit. Scipio non veris tantum virtutibus mirabilis 26, 19. *cf.* 28, 12. Mirabilior inventor ac machinator bellicorum tormentorum operumque 24, 34. Prodigium visu eventuque mirabile 1, 39.

MIRACULUM 2, 10. Ipso miraculo audaciæ obstupefecit hostes. *pro audacia admirabili. cf.* 5, 46. Gallos quoque velut obstupefactos miraculum victoriæ tam repentinæ tenuit 5, 39. Stupentibus miraculo rei, unde novum in Bruti pectore ingenium 1, 59. Miraculo litterarum venerabilis Evander 1, 6. *h. e. quia litteras, rem admirabilem, attulerat.* Veræ gloriæ ejus etiam miracula addunt 25, 39. Miraculo esse Romanis 1, 27. Eximere miraculo rem 5, 15. — mihi — miraculo fuit 6, 12. Novitate ac miraculo attoniti 1, 47. Veluti flammas spirantium *(boum)* miraculo attoniti 22, 17. *cf.* 25, 9. Ea res barbaros miraculo terruit abscisæ aquæ 41, 11. Miraculo ignaris moris pertinacia Romanorum esse 42, 62. Sine aliquo commento miraculi 1, 19. Miraculum nominis 27, 19. *i. e. regium nomen.* Vid. *stupere.*

MIRARI 26, 22. Eludant nunc antiqua mirantes. *Scilicet promiscue fere mirari et* admirari *usurpantur.* Quam *(Carmentam)* miratæ hæ gentes fuerant, 1, 7. Mirante consule, quod morarentur 38, 10. *nisi legas cum Gronovio* quid. Mirabundus unde 25, 37. *pro requirebat, unde etc. cf.* 3, 38. *it.* 26, 15. *vid. Bauer. Exc. Liv.* 1, *pag.* 144.

MIRUM quantum illi viro — fidei fuerit 1, 16. *cf.* 2, 1.

MISCERE omnia flamma ferroque 1, 29. — certamina 2, 19. — cœlum et terras 4, 3. *vid. Intt. ad Virgil. Æn.* 1, 133. *sq.* — miscendo consilium precesque 2, 9. Anceps prœlium miscetur 28, 30. Miscente Perseo inter Dardanos Bastarnasque certamina 41, 19. Tumultum in concione miscentes 8, 32. Ad seditiones in iis *(villis)* miscendas 35, 13. Homines mixti ex colluvione omnium gentium 30, 35. *cf.* 22, 43. *it.* 26, 40. Mixtique etiam ab Ardea Rutulorum quidam generis 21, 7. Ne gravarentur homines cum hominibus sanguinem ac genus miscere 1, 9. Si coalescere si jungi miscerique vobis privatis necessitudinibus possunt 4, 5. Agitandum

185

aliquid miscendumque rati 35, 12. *i. e. turbandum.* Misceri ambages 44, 27. Vid. *ambages.* Quum pavorem mixtum admiratione patri injecisset 40, 8. Miscende humana divinis *Praefat.* Severitatem miscendam comitati, 8, 36. *ubi tamen Gronovius* comitate *legi volebat.* Haec quamquam partim vera, partim mixta, eoque similia veris jactabantur etc. 29, 30.

MISER 39, 43. Unum ex illis miseris (*capitis damnatis*) attrahi jussum, securi percussisse. *paullo post:* mactatam victimam humanam.

MISERABILIS 9, 5. Foedi agminis miserabilem viam. Consulem invenerunt — maxime miserabilem bonis sociis 23, 5. Miserabilis Tarentinorum servitus *ibid. cap.* 7. — miserabile supplicium 8, 5. *cf.* 9, 2. Cui morte filiae causa mortis indignior ac miserabilior esset, 1, 59. Ceteraeque, quae in tali re muliebris dolor, quo est maestior imbecillo animo, eo miserabilia magis querentibus subjicit 3, 48. Adventus exercitus etiam iratis miserabilia 9, 7. Nullo suorum alio comite, qui socius calamitatis miserabiliorem eum faceret 45, 7. Miserabilis legatio 41, 6.

MISERABILITER 26, 3. Id quum per litteras miserabiliter pro fratris capite scriptas petisset. *cf.* 45, 42. Miserabiliter rogitantes 3, 52.

MISERARI 33, 48. Saepius patriae, quam suorum eventus miseratus. Miserantes eum 2, 23. Modo miserarentur, quod etc. 9, 8. Tanto ante alios miserandi magis 5, 42.

MISERATIO 9, 8. Tanta simul admiratio miseratioque viri incessit omnes. Conspectus aliorum mutua miseratione integrabat lacrimas 1, 29. Tantam id inter ipsos — — miserationem fecit, ut etc. 9, 5.

MISERERE 2, 5. Miserebatque non poenae magis homines, quam sceleris, quo poenam meriti essent.

MISERERI 27, 33. Deos immortales miseritos nominis Romani. *cf.* 22, 55.

MISERIA haec et metus crapulam facile excusserunt 40, 14. *i. e. conditio periculosa, periculum capitis.*

MISERICORDIA 24, 26. Ad misericordiam mutati animi.

MISSILE *pro telo* 26, 6. — missilia tela 28, 19. *Oppos.* saxa. *cf.* 6, 13. *it.* 9, 35. — missiles lapides 1, 43. Missili trajectus cecidit 41, 18.

MISSIO 41, 20. *De ludis gladiatoriis.* — gratiosa 43, 14. (*militaris, ambitiosa.*)

MISSITARE 9, 45. Missitaverant simul cum iis Samniti auxilia.

MITESCERE discordiae intestinae metu communi, ut sit, coeptae 5, 17. Ut feras quasdam numquam mitescere, sic immitem, implacabilem ejus viri animum esse 33, 45. Vid. *feritas.*

MITIGARE 2, 57. Quod ejus opera mitigata discordia esset. Jam admodum mitigati animi raptis erant 1, 10. Mitigandum ferocem populum armorum desuetudine ratus, 1, 19. Quid enim ultra fieri ad placandos deos mitigandosque homines potuit 9, 1.

MITIS 21, 20. Ne illi quidem ipsi (*Hannibali*) satis mitem gentem fore. Mitis ingenii juvenis 1, 46. vid. *ingenium.* Eam (*lupam*) summissas infantibus adeo mitem praebuisse mammas 1, 4. Foedum certamen coortam a satis miti principio 1, 6. Mite imperium (*Servii*) 1, 48. Mitis legatio 5, 36. Mitis victoria 7, 19. Mitiores placuisse poenas 1, 28. Si divinassent — non mitiorem in se plebem, sed asperiorem — — futuram 4, 3. Neque in hos meos et patriae meae milites mitior, quam etc. 7, 40. Uberrimo agro, mitissimo coelo etc. 38, 17.

MITIUS 26, 32. Mitius tamen decreverunt Patres causa Marcelli.

MITTERE 3, 29. Sub hoc jugo dictator Aequos misit. Contra, *paullo ante:* sub jugum abituros. Causas stipendiis missorum cognoscebant 43, 15. *scil. emeritis, ea conjectura Gronovii, i. e. qui missi erant hoc praetextu, quasi forent emeritis stipendiis.* vid. *Intt. ad h. l.* Lucris meritis donum mittitote 23, 11. Signum mittendis quadrigis dare 8, 40. — quadrigis missis (*in certamen*) consul currum conscendit 45, 1. Desultore misso 44, 9. In medios me mittere hostes paratus sum 9, 4. Adversus Gallum — provocantem — Manlium — misere majores nostri 24, 6. Utrius fortunae consulem ad bellum mittant 42, 49. Ut (*dii*) illud agmen faustum atque felix mittant (*scil. in bellum*) 2, 49. Pullarium in auspicium mittere 10, 40. *Similiter* in suffragium mittere *saepius dicitur.* Misso caduceatore — velle se de pace agere 27, 18. *pro qui diceret, velle etc.* Misso repente senatu se ex curia proripuit 8, 30. Ita praetorium missum 21, 54. *al.* dimittere. *Sic* principia (*concio*) missa *dicuntur.* Legati missi orare consulem 38, 8. Missi legati tribuniciae, qui spes ad curam custodiae intenderent; ante omnia Lilybaeum teneri 21, 49. Litterae missae, ut dictatorem comitiorum causa diceret 8, 23. Alios super alios nuncios mitterent, praemi sese 23, 7. Vicit tamen sententia, ut mitterentur coloni 9, 26. Miserat ad legatum Rom. traditurum se urbem 34, 29. *al. legunt* miserat nuncium ad etc. *Sed vide Intt. ad h. l.* Quem (*flaminem*) neque mittere ab sacris neque retinere possumus, ut non etc. 24, 8. Mittere e manibus hostem 32, 9. Pueros in profluentem aquam mitti jubet 1, 4. Belluarum modo caecos in foveam missos 9, 5. Mitti eum se jubere 38, 60. *pro dimitti e vinculis. cf.* 3, 11. Ne Syphacis quidem reconciliandi curam ex animo miserat 30, 3. *Perizonius legi volebat* amiserat. Mittere vere ac finire odium 40, 46. Quum mittere amleges dictator juberet 6, 16. *pro omittere.* — *it.* 34, 59. Vocem supplicem mittere 3, 12. *pro emittere, quod vide.* Si quis memorem libertatis vocem — mislaset 3, 36. Vox ex eo missa ore 8, 56. Extra ea cave ocem mittas 8, 32. *it. cap.* 33. Incassum missae preces 2, 49. Vox coelestis ex Albano monte missa 1, 31. *in re tali proprium vocabulum, it. de auspiciis, de fulminibus, de interrunciis divinis etc.* Tum peregit verbis auspicia, quae mitti vellet 1, 18.

MOBILIS 6, 6. Actum ad frequentiorem jam populum, mobilioremque ad cupiditatem. Is risus stimulos parvis mobili rebus animo muliebri subdidit 6, 34. Nimio plus, quam velim, nostrorum ingenia sunt mobilia 2, 37. Nec Popillius securior, quam debebat esse, inter tam mobilia ingenia erat 43, 22. Vid. *nobilis.*

MODERARI animos in secundis 42, 62. Jura infimis summisque moderando 4, 10. moderatu difficilis 4, 27. Suae fortunae moderarentur, et alienam ne urgerent 37, 35. *cf.* 4, 7. *it.* 31, 44.

MODERATOR 2, 23. Curiamque, ipsi futuri arbitri moderatoresque publici consilii, circumsistunt.

MODESTIA 5, 6. Apud hostes tanta modestia est, ut non obsidionis taedio, non denique regni, quidquam apud eos novatum sit. *Opp.* seditio. — modestia militaris 28, 24.

MODESTIUS certe daturos eos 42, 23. *Oppos. libidinis arbitrium.*

MODESTUS 9, 34. Quanto modestior illius cupiditas fuit.

MODICE vinosi 41, 4. — privatus modice locuples 38, 14. Libertatem, quae media est, nec spernere modice, nec habere sciunt 24, 25. Id quamquam haud modice Hannibal cupiebat 23, 36. Puerum, vixdum libertatem, nedum dominationem modice laturum 24, 4.

MODICUS 29, 29. Contentusque nomine modico tutoris. Quae (*opes*) apud milites plebemque plus quam modicae erant 21, 2.

MODO *de tempore quinque et viginti annorum* 22, 14. vid. *Gronov. Obss.* 4, 18. Et modo postulat, ut secum stemus, modo ne intersimus etc. 32, 21. *Illud* modo *pro* tantum *positum est, licet hoc alterum sequatur. cf.* 9, 8. *ibique Bauer. pag.* 285. Nunc — modo 8, 32. *pro modo* — modo.

MODULARI sonum vocis pulsu pedum 27, 37.

MODUS 26, 48. Rem sine modo ac modestia agi. Quae immoderata fors, tempus ac necessitas fecerint, iis se modum impositurum 23, 23. Quum decemviri nec irae nec ignoscendi modum reperirent 8, 40. — nullus modus caedibus fuit 9, 25. *cf.* 23, 25. Quodsi modum in insequendo habuissent etc. 31, 37. Quae (*gens*) aliis modum pacis ac belli facere aequum censeret 9, 14. Modum imponere prosperae pugnae 31, 38.

Suum cuique jus modum facit 3, 11. Superare humanarum virium modum 4, 58. Conspectus elatusque supra modum hominis privati 4, 13. Cibi potionisque, desiderio naturali, non voluptate modus finitus 21, 4. Alteram (*legem*) de modo agrorum, ne quis plus quingenta jugera agri possideret 6, 35. Cujus (*agri*) ingentem modum possidere privatos, paullatim proferendo fines, constabat 42, 1. Dum ne cui major — agri modus esset 26, 34. Quatientium scuta in patrium quemdam modum 38, 17. Circumfusa multitudo in concionis modum 2, 28. Advenit eum peditum omnibus copiis, non itineris modo, sed ad conserendum extemplo proelium instructie armatisque 27, 48. *cf. cap.* 4. *it.* 21, 33. Disciplina militaris — in artis perpetuis praeceptis ordinatae modum venerat 9, 17. Impletas modis saturas — — motusque congruenti peragebant 7, 2.

MOENIA continuare. *it.* conjungere moenibus aedificia 1, 43. *illud est: post moenia aedificare, nullo intervallo; hoc : in muris ipsis. cf.* 29, 18. Validum oppidum moenibus erat 43, 19. — moenia ipsa sese defensabant 26, 45. — moenia coloniae 27, 38. Moenibus urbis Romae excederent 42, 48. Qui una secum urbe, intra eadem moenia viveretis 4, 3. Nullae eum urbes accipiunt, nulla moenia 22, 39. Circumdare moenia armatis 33, 38. *i. e. opera, munimenta obsidendis.* Per quas (*vineas*) aries moedibus admoveri posset 21, 7. *paullo post :* procul muro. Muro circumdare templum voluerunt ; ad aliquantum jam altitudinis excitata erant moenia, etc. 29, 18. *vid.* Romanus. [*it.* disjicere.]

MOERERE 28, 8. Philippus moerebat quidem et angebatur, quum ad omnia ipse raptim isset, nulli tamen se rei in tempore occurrisse, et rapientem omnia ex oculis elusisse celeritatem suam fortunam.

MOESTITIA. Vid. *indignitas.*

MOESTUS 1, 58. Moesta tanto malo (*Lucretia.*) Nequaquam — publica calamitate moesti Patres 7, 6. Moestior ibi fortuna publica, quam sua 5, 43.

MOLES 8, 29. Cui major moles rerum imposita erat. Omni belli mole in unum ducem exercitumque inclinata 30, 21. Eo namque omnem belli molem inclinaturam censebant 7, 32. *cf.* 10, 14. Minor moles belli 21, 41. Quanta rerum moles 7, 29. (*de bellis.*) Versari media in mole pugnae 7, 32. Majore mole pugnae 8, 13. *i. e. certamine. nisi vero cum aliis de apparatu intelligere malis. cf.* 6, 3. *it.* 19. *et* 25, 12. Multas passim manus (*Aequorum*) quam magnam molem unius exercitus rectius bella gerere 3, 2. Quum major domi exorta moles coëgit acciri Romam 6, 14. *de seditione.* Simul tantam in medio crescentem molem (*rempublicam Romanam*) sibi ac posteris suis metuebant 1, 9. Quum tanta moles mali instaret 5, 37. *conf. Vir-*

*gil. Æn.* 5, 790. De imminente mole libertati agitat 6, 19. *ad q. l.* vid. *Bauer. pag.* 233. Ingentem molem irarum ex alto animo cientis indicia esse 9, 7. — moles discordiarum 4, 43. Hispani, sine ulla mole, in utres vestimentis conjectis — flumen tranavere 21, 27. Gallus, velut moles superne imminens 7, 10. Munitumque iter, quo faciliora plaustra minorque moles in transitu esset 25, 11.

MOLIMEN 2, 56. Res — suo ipsa molimine gravis.

MOLIMENTUM 5, 22. Motam certe sede sua parvi molimenti adminiculis. Eo minoris molimenti ea claustra esse 37, 14.

MOLIRI montes sede sua 9, 3. — portas 23, 18. — anchoras 28, 17. *cf.* 6, 33. Signum, omni vi moliente signifero, convelli nequire 22, 3. Dum cultores agri altius moliuntur terram 40, 29. Alia præsidia molitur 1, 41. Multa, quæ non vi, non dolo, Philippus, omnia expertus, potuisset moliri, admirando rerum successu tenuisse 42, 11. Etruriam omnem adversus nos concitare voluerunt, hodieque id moliuntur 5, 4. Bellum aperte moliri 2, 6. Affecta labore et vigiliis corpora ex somnis moliebantur 36, 24. *contra Virgilius: corripit e somno corpus.* Molientem hinc Hannibalem 28, 44. *de fuga. conf.* 37, 11. — dum moliuntur a terra naves 28, 8. Ad eumdem modum *Virgilius: Quin etiam hiberno moliris sidere classem.* Non contentus agrariis legibus, quæ materia semper tribunis plebi seditionum fuisset, fidem moliri cœpit 6, 11. *i. q. labefactare.*

MOLITIO 33, 5. Quum castra his (*arboribus*) ante objectis sepsissent, facilis molitio eorum valli erat.

MOLLIRE 21, 55. Oleoque per manipulos, ut mollirent artus, misso. Mollirent modo iras 1, 8. Senescente invidia, molliebantur iræ 29, 22. Obsecundando mollire impetum aggrediuntur 3, 35. *de ambitu impediendo.*

MOLLIS 5, 6. Adeone effeminata corpora militum nostrorum esse putamus, adeo molles animos, ut hiemem unam durare in castris, abesse ab domo non possint. Patres mollem consulem et ambitiosum rati 2, 27. Quæ perculsos adverso prœlio Romanos molliores factura sit ad paciscendum 42, 62. Mollia et fluida corpora Gallorum 34, 47.

MOLLITER et per dilationes bellum geri oportet 5, 5. Æque segniter molliterque cohortem totam Syracusarum amœnitate frui 29, 19.

MOLLITIA ξ, 6. Nec se patrocinium mollitiæ inertiæque mandasse tribunis. *cf.* 7, 32.

MOLLIUS abnuere 30, 3. — consulere 30, 7. *Oppos.* durius consulere. vid. *Intt. ad* 8, 21. Nihil enim segnius molliusve — acturos 2, 28. Multique erant, qui mollius consultum dicerent, quod etc. 3, 52.

MOMENTUM 2, 7. Levi momento fama pendet. *i. e. levi et parva caussa mutatur.* Ex parvis rebus sæpe magnarum momenta pendent 27, 9. *cf.* 32, 17. Puncto sæpe temporis maximarum rerum momenta verti 3, 27. Plus ea oratio momenti ad incitandos ad bellum habuit 35, 25. Haud parvum et ipsi tuendæ Africæ momentum adjecerunt societatem etc. 29, 23. Quamquam magno momento rerum in Africa gerendarum magnæque spe destitutus erat etc. 29, 24. Quum rerum humanarum maximum momentum sit, quam propitiis rem, quam adversis agant diis 9, 1. Nullum momentum ad vincendum homini ab diis— acrius datum est 21, 44. *i. e. incitamentum.* Vid. *acer.* In occasionis momento, cujus prætervolat opportunitas 25, 38. Quod animos ex tam levibus fortunæ momentis suspensos gererent 4, 32. Ut pater in se minimum momentum ad favorem conciliandum esset 21, 4. *ad q. l.* vid. *Bauer. pag.* 5. *cf.* 28, 18. Nullum momentum in solis per se Gallorum copiis fore 38, 11. *cf.* 29, 12. — momenta levium certaminum 9, 1. — parva levium certaminum ex tuto cœptorum 22, 12. Primo concursu haud majore momento fusi Galli sunt, quam ad Alliam vicerant 5, 49. *Sequuntur hæc:* justiore altero deinde prœlio etc. Quid deinde restaret, — si neque ex equis pepulissent hostem, neque pedites quidquam momenti facerent? 7, 8. Ne quid momenti gratia faceret 43, 12. Si — ipsa — nullum momentum in dando adimendoque regno faceret 1, 47. Juvenem egregium, instructum naturæ fortunæque omnibus bonis, maximum momentum rerum ejus civitatis, in quamcumque venisset 3, 12. Bono imperatori haud magni fortunam momenti esse 22, 25. Rhodii maximi ad omnia momenti habebantur 42, 45. *i. e. eorum exemplum alii sequuturi erant.* Nullum momentum annonæ fecisset 4, 12. *i. e. pretium non mutasset. cf.* 28, 13. Magis et litteræ et verba legatorum benigne sunt audita, quam momentum ad mutandos animos habuerunt 42, 46. *conf.* 39, 29. Momento unius horæ cæsus 7, 16. *cf.* 9, 16. *it.* 35, 28. Momento temporis 2, 28. *i. q. celerrime.* Horæque momento simul aggerem ac vineas, tam longi temporis opus, incendium haussit 5, 7. Momento cepit 21, 14. Vid. *hora.*

MONERE et obtestari *sæpius jungi solent, v. c.* 10, 19. Quidquid — res monuisset subiti consilii capere 35, 35. Monita mens divinitus 26, 19. *ubi v. Bauer. pag.* 133. [Mota *Bauero probatum jam Perizonio in mentem venit, sed necessarium non puto. vid. in v. monitus. Ibidem ante per videtur excidisse ut.*] — a pullario monitus 8, 30. *Verbum proprium de prodigiis, præsagiis, oraculis, somniis etc.*

MONITIO 45, 19. Unius amici prudens monitio,

Monitus 5, 51. Non ante cepit finem (*Veiens bellum*) quam monitu deorum aqua ex`lacu Albano emissa est. *prodigium, quum lacus Albanus sine causa intumuerat.* conf. *cap.* 15. Simulat sibi cum Dea Egeria congressus nocturnos esse : ejus se monitu, quæ acceptissima Diis essent, sacra instituere 1, 19. Deûm monitu quæri cœptum 7, 6.

Monopodia et abacos Romam advexerunt 39, 6.

Mons 22, 18. Sub jugo montis. — montes perpetui 9, 2. Ibi superantem insanos montes, multo et sævior et infestioribus locis tempestas adorta disjecit classem 30, 39. Jovique Latiari sollemne sacrum in monte faceret 21, 63. *scil. Albano, de hac non inusitata Livio ellipsi* vid. *Intt. ad h. l.* In sacrum montem aliosque colles 2, 34. Vid. *collis.*

Montanus 21, 32. Imminentes tumulos insidentes montani.

Monumentum 1, 45. Cornua monumentum ei fuere miraculo. Omnis te exempli documenta, in illustri posita monumento, intueri *Præfat.* Templum — quod monumentum sit posteris, tua præsenti ope servatem urbem esse 1, 12. . Monumentoque locus est 1,`48. Locusque idem in uno homine et eximiæ gloriæ monumentum et pœnæ ultimæ fuit 6, 20. Ut Jovis templum — monumentum regni sui nominisque relinqueret 1, 55. Monumentum pugnæ 1, 13. *de cognomine, quod in memoriam pugnæ loco alicui inditum erat.* cf. 10, 2. Culti neglectique numinis tanta monumenta 5, 52. Quanto magis Alliensi die Alliam ipsam monumentum tantæ cladis reformidaturos 6, 28. cf. 26, 41. Monumentis ingentium rerum complere (*orbem terrarum*) 30, 28. Id quod ex monumentis orationum patet 9, 18. Ut testata sacratis monumentis essent 26, 24. Vid. *sacratus.*

Mora segnis 34, 9. — segnis diu mora offendebat 37, 26. Romanis quoque — suspecta esse jam segnis mora ejus desierat 25, 8. In mora esse 3, 34. *i. e. impedire.* Mora, qua trahebant bellum 9, 27. Eximere certaminis moram hosti 9, 43. cf. 22, 12. Longam venire noctem ratus, quæ moram certamini faceret 3, 2. Nullam dimicandi moram facturus 21, 32.

Morari 8, 35. Quum se nihil morari magistrum equitum pronunciasset etc. *Forma dicendi in absolvendo usitata.* cf. 4, 42. Se ipsam plebem et commoda morari sua 6, 39. . Morari ab itinere quidquam hostem 23, 28. Ne quis — liberos ejus (*debitoris*) nepotesve moraretur 2, 24. *i. q. appellaret, vexaret.* Vid. *Bauer. ad h. l. pag.* 107. Moratus sit nemo, quominus etc. 9, 11.

Morator publici commodi 2, 44. *conf.* 21, 47. *it.* 24, 21. .

Moratus 26, 22. Multitudinem melius moratam — fieri posse. *conf.* 45, 23.

Morbus 2, 52. Morbo absumtum esse.

— aliis nunc ferro nunc morbo morientibus 28, 28. Fessi morbis ac longitudine viæ 37, 33. Corpora morbis levavit 7, 3. *de pestilentia.* Insanistis — nec major in corpus meum vis morbi, quam in vestras mentes invasit 28, 29. .

Mori morbo 28, 28. — ne ferrum quidem ad bene moriendum oblaturus est hostis 9, 3. Ut in fortunæ pristinæ honorumque aut virtutis insignibus morerentur 5, 41. Moriturum affirmans 21, 12. *pr. interfectum iri.* Armati nullum ante finem pugnæ, quam morientes fecerunt 21, 14. *ad q. l.* vid. *Bauer. pag.* 17.

Mors haud dubie ab ipsis conscita 9, 23. Ictus clava morte occubuit 1, 7. Ignobili et inhonesta morte — occubuit 29, 18. Aliis somno mors continuata est 41, 4. Morte sola vinci 7, 33. *i. e. mortem appetentes vinci.* .Ipsa lux — omni morte tristior fuit 9. 6. Cum vinculorum minis mortisque 1, 44. *mors civilis intelligenda, h. e. capitis deminutio, secundum Dukeri interpretationem, cui favet Dionys. Halicarnass.* 4, 164.

Morsus 6, 34. Confusam eam ex recenti morsu animi quum pater forte vidisset etc.

Mortales 1, 9. *de omnis generis et sexus utriusque hominibus.* Imperator Samnitium multique alii mortales et castra utraque capta 9, 44. Æneæ ultimum operum mortalium 1, 2. *ejus scilicet, qui mox inter divos referendus erat.* Itaque etiam de Romulo 1, 16. *scripsisse putat Livium Crevierius :* his mortalibus (*pro' immortalibus*) editis operibus. Quas tempora aliqua desiderarunt leges, mortales, ut ita dicam, et temporibus ipsis mutabiles esse video 34, 6.

Mortifer 6, 40. Ut si quis ei, quem urgeat fames, venenum ponat cum cibo ; et aut abstinere eo, quod vitale sit, jubeat, aut mortiferum vitali admisceat. Mortifero vulnere ictus 9, 19.

Mos et lex confunduntur 32, 25. *alibi, v. c.* 30, 33. *it.* 32, 34. *probe distincta.* Facere sibi morem 35, 35. — in morem venire 42, 21. Cum moribus notis facilius se communicaturum consilia 10, 22. *i. e. cum collega commodo.* Etsi omnis divini humanique moris memoria abolevit 8, 11. Disciplina militaris ad priscos redigeretur mores 8, 6. *i. e. ad severitatem pristinam.* Moris antiqui memores 42, 46. — artes Romanæ *ibid.*

Motus 9, 27. Ut inde ex propinquo, si qui motus occasionem aperiret, Capuam Romanis eriperent. cf. 6, 22. — motus Africæ 21, 1. cf. 1, 59. Reliquum anni quietum ab urbanis motibus et ab externis mansit 3, 72. Nec absoni a voce motus erant 7, 2. — motus congruens *ibid.* — haud indecori motus *ibid.* — canticum egisse aliquanto magis vigente motu *ibid.* Vid. *decursus.*

Movere 1, 55. Movent dii numen ad indicandum etc. *i. e. dii declarant volunta-*

*tem ac providentiam suam, ut intelligatur*
*etc.* Adeo nihil motum ex antiquo probabile est 34, 54. Juventas Terminusque —
moveri se non passi 5, 54. Quia movendi
inde thesauros incusas erat religio 29, 18.
Quod sacri thesauri moti, violati essent 29,
19. Terra movit in foris publicis 40, 59.
*sine casu adjecto dicitur. conf.* 5, 25. 21,
32. 22, 1. 23, 1. Terra dies duodequadraginta movit 35, 40. Movebant sese ad
bellum 23, 32. Adversus Samnites — mota
arma 7, 29. Quandocumque se (*Æqui*
*Volscique)* moverint 7, 30. Cupidissimis-
que arma ablaturum militibus, ne, se absente, *moveri* possent 8, 31. arma? *an mi-*
*lites?* Gradu movere hostem 7, 8. — movere e castris 1, 5. *idem movere simplici-*
*ter positum significat. v. c.* 38, 41. Vid.
*Drakenborch.* ad 10, 4. Hannibalem exercitumque castris non movisse 26, 9. *Sic*
movere senatu, tribu eto. *dicitur.* ... *re*
tribu *proprie dicitur, v. c.* 44, 16. *At etiam*
45, 15. Tribu remoti *dicuntur. it. ibid.*
senatu emoti. *vid.* removere. *it.* emovere.
Obstinatos (*hostes*) movere in fugam 7, 33.
*cf.* 4, 28. — nihil movetur fugæ 9, 39. —
hostes in Samnio moverentur 8, 35. Nec
vis tantum militum movebat 6, 8. *i. e. per-*
*cellebat.* Si occæcatus ira infestam multitudinem in se pravo certamine movisset 8,
32. Hac expeditione motum latius erat,
quam profligatum, bellum 9, 37. Ne qui
modo moverent 21, 52. *i. e. si modo quieti*
*essent.* Intoleranda vis æstus per utraque
castra omnium ferme corpora movit 25,
26. *de pestilentia.* Moti homines sunt in
eo judicio etc. 1, 26. *ubi vid. Bauer. pag.*
40. Motis semel in religionem animis 21,
62. *i. e. quam semel opinione religionis im-*
*buti essent.* Movere societatem publici
consilii 4, 31. — nihil movere quemquam
3, 2. Actionem movere 5, 24. *h. e. inci-*
*pere communicare cum populo, scil. de*
*sede imperii Veios transferendi.* Qui
(*tumultus*) nullam gratiam ad Macedonas,
odium ingens ad Philippum movit 36, 8.
Quum sensisset ea moveri 1, 17. *i. e. pa-*
*rari, incipi.* *Sic* 2, 58. omnes sua sponte
motam remittere industriam. *h. e. cœptam.*
Ex ea tantum præda, quæ rerum moventium sit 5, 25. *scil. se. h. e. mobilium.*

Mox 3, 37. Exspectabant, quam mox
consulibus creandis comitia edicerentur.

Mucro 2, 12. Qua per trepidam turbam cruento mucrone sibi ipse fecerat
viam. Mucrone subrecto 7, 10.

Mulcare 3, 11. Qui obvius fuerat,
mulcatus nudatusque abibat. Mulcati virgis 26, 12. *nisi cum Gronovio legas* mul-
tati, *aut cum Creverio* mulctati. — naves
mulcatæ 28, 30. Inter se mulcati ipsi virgis 8, 27.

Mulcere 25, 38. Et ipso mulcente et
increpante Marcio. *Gronovio placebat* in-
culcante. Vid. *feritas.*

Mulcta 10, 37. Mulcta præsens. Mul-

tam certare 25, 3. *i. q. de mulcta certare.*
*Clav. Ciceron. in v.* multa. Mulctam ei
se dicere 42, 9. *cf.* 25, 3.

Mulctare 10, 22. Bono mulctata. —
exsilio mulctare 31, 19. *conf.* 42, 43. —
capite 4, 14. Fabius aliquot matronas ad
populum stupri damnatas pecunia mulcta-
vit 10, 31. A. *e. effecit accusatione, ut a ju-*
*dicibus mulctarentur.* Agri parte mulctatis
in centum annos induciæ datæ 1, 15. *cf.* 3,
67. Agri parte cedendum, si mulctarent
42, 50.

Mulctaticia pecunia 10, 22. *cf.* *cap.*
31. *it.* 24, 16.

Muliebris 1, 57. Muliebre certamen.
*i. q. de mulieribus.*

Multifariam 10, 31. *cf.* 3, 50. *it.* 21,
8. Interrupta multifariam acie 44, 41.

Multijugus 28, 9. Multijugis equis.

Multimodus 21, 8. Oppidani ad omnia
tuenda atque obeunda multimoda arte des-
tineri cœpti junt. *ut add. ante Drahen-*
*borchianam.*

Multiplex quam pro numero damnum
7, 8. *pro magis m. q. p. n. d.* Multiplex
clades, cum duobus consulibus duo consulares exercitus amissi 22, 54. Multiplex
cædes utrimque facta 22, 7. *ad quem locum*
*vid. Bauerus pag.* 47.

Multiplicare 37, 54. Quarum (*pro-*
*vinciarum*) unaquælibet regi adjecta multiplicare regnum Eumenis potest *i. q. au-*
*gere. cf.* 45, 13. *ubi regnum a populo Rom.*
partum auctumque et multiplicatum *dici-*
*tur.* Multiplicatis summis honoribus 9,
26. *h. e. pluribus iisque summis honoribus*
*functus.* Multiplicata servitus 1, 17. *de*
*interregno.* Multiplicatis in arcto ordinibus 2, 50. Hæc per se ampla, pleraque
multiplicata verbis regis 42, 61).

Multiplicatio augurum et pontificum
10, 6.

Multitudo 2, 45. Imperitæ multitudini nunc indignatio, nunc pudor, pectora
versare. Abundante Laviali multitudine 1,
3. Asperiorem domando multitudinem fecisse 3,69. Omnis multitudo in unum quum
convenisset, frequenti agmine petunt Thessaliam 32, 12. *cf.* 26, 6. Cetera multitudo
9, 39. *de militibus, quibus in ancipiti prælio*
equites, *ut pedites, succurrerant.* Ad multitudinem castigationem satis esse 26, 26.
*militibus duces seditionis sequutis.* Quum
— discedere senatum ab se vetuisset, stipatus ea multitudine etc. 6, 15. *Ergo de*
*senatu multitudo dicta. cf.* 1, 7. *ubi de as-*
*sectis dicitur.* Vocata ad concilium multitudine 1, 8. Simul multitudo illa non
secum certari viderint, et ex advocatis judices facti erunt etc. 6, 19. Multitudinem
credens trahi spe posse 44, 26. Vid. *quo-*
*tidianus.*

Multo 1, 11. Bellum multo maximum.

Multus 3, 60. Multa dies. — ab sole
orto in multum diei stetere in acie 27, 2.
*cf.* 9, 44. *it.* 10, 52. — ad multum diei

29, 45. Multa nocte solitus erat movere castra 35, 4. Multa jam edita cæde 5, 21. Magnitudine imperii, quo multam quondam Europæ, majorem partem Asiæ, obtinnerant armis 31, 1. Multum et consules se abstinebant 3, 11. Si forte jam satias amoris in uxore ex multa copia cepisset 30, 3. Haud multum infra 5, 37. *pro multo.*

MUNDUS 8, 15. Vestalis suspecta propter mundiorem justo cultum.

MUNDUS 34, 7. Munditiæ et ornatus et cultus, hæc feminarum insignia sunt: his gaudent et gloriantur: hunc mundum muliebrem appellarunt majores nostri. *Latiore significatu* mundus *hoc loco dicitur; alias enim separatur certe a vestimentis. cf.* 32, 40.

MUNIA 1, 42. Belli pacisque munia, non viritim, ut ante, sed pro habitu pecuniarum fierent. *cf.* 36, 31. *it.* 44, 41. Exacta acerbe munia militiæ 45, 36.

. MUNICIPIA *a via publica dicta* 26, 8. Appiæ municipia; *et distinguuntur ab his,* quæ propter eam viam sunt. Municipium Latini nominis 40, 18.

MUNIFICE 1, 54. Prædam munifice largiendo. Si quid deest, munifice augebant 2, 2. Rem Romanam omni tempore ac loco munifice adjuvisse 22, 37.

MUNIFICENTIA. Vid. *ludificari.*

MUNIFICUS 4, 60. Ut nemo pro tam munifica patria, donec quidquam virium superesset, corpori aut sanguini suo parceret.

MUNIMENTUM 9, 37. Quod sine munimento consederant. Ita muniebant, ut ancipitia munimenta essent, alia in urbem — versa, aliis frons in Etruriam spectans 5, 2. Quæ munimenta inchoaverat, permunit 30, 16. Nec vi nec munimento capi poterat 10, 9. Munimentis, quibus sepienda urbs erat, jam operibus, quæ admovere muris parabat 38, 5. vid. *sepire.* Ob insignem munimento naturali locum 24, 39. Id munimentum (*Horatium Coclitem*) illo die fortuna urbis Romanæ habuit 2, 10. Quomodo tribuniciam potestatem, munimentum libertati, rem intermissam reparârent 3, 37. Sine ullo terrestri aut maritimo munimento 41, 2.

· MUNIRE 1, 8. Crescebat interim urbs, munitionibus alia atque alia appetendo loca, quum in spem magis futuræ multitudinis, quam ad id, quod tum hominum erat, munirent. *i. e. habitationi apta redderent.* Palatium primum — muniit 1, 7. Muniendo fessi homines 21, 37. — ad rupem muniendam *ibid. i. e. perfodiendam, atque ita viam muniendam.* Per munita pleraque transitu fratris ducebat 27, 39. Ibi alto atque munito loco arcem inexpugnabilem fore 2, 7. *cf.* 5, 39. Munitum situ naturali oppidum 44, 31. Nimis undique eam (*libertatem*) minimis quoque rebus muniendo 2, 2.

MUNITIO 5, 5. Munitiones non in urbem modo, sed in Etruriam etiam spectantes.

MUNITOR 7, 23. Ab hastatis principibusque, qui pro munitoribus intenti armatique steterant, prœlium initum. *cf.* 5, 19.

MUNUS 34, 49. Ut populus Rom. dignis datam libertatem, ac munus suum bene positum sciret. Omnium maxime tempestivum in multitudinem munus 4, 59. Nuptiale munus 30, 15. (*venenum*) — munera, quæ legati ferrent regi, decreverunt 30, 17. *Sic sæpius, quam* munus, donum. Vid. *Drakenborch. ad* 5, 28. Datum (*iis*) munus, ut machinas in bello ferrent 1, 43. Ut suum munus tueretur 45, 11. In partes muneris sui benigne polliceri 6, 6. Munere vacare 25, 7. *i. e. onere militari, extra prœlium quidem.* Jam ad munera corporis senecta invalidum 6, 8. Abscedere muneribus militaribus 9, 3. ( — munia militiæ 45, 36.) — munera belli 23, 16. Munus gladiatorium 31, 50. — gladiatorum 41, 20. Munera gladiatorum eo anno aliquot parva alia data 41, 28.

MURMUR 3, 56. Inter concionis murmur. Secundum orationem prætoris murmur aliorum cum assensu, aliorum inclementer assentientes increpantium etc. 32. 22. *conf.* Virgil. *Æn.* 11, 296. Vide *fremitus.*

MURUS 1, 7. Ludibrio fratris Remum novos transiluisse muros. *Paullo post dicuntur mœnia. aut cespititia, aut vallum, aut latericii intelligendi, quippe quibus opponitur lapideus murus, a Tarquinio structus, h. e. saxie quadratis. cf. cap.* 36. Donec recessisset a muris hostis (*Hannibal*) 26, 10. Murum portasque de cœlo tactas *ibid. cap.* 11. Eo eventu pugnant, ut postremo portis muroque se contineret Campanus 25, 22. Quum octingentis annis sine muris fuisset libera urbs, muris velut compedibus circumdata a tyrannis 39, 37. *Muro* circumdare templum voluerunt. ad aliquantum jam altitudinis excitata erant *mœnia* etc. 29, 18. Ut nudare tegulis *muros urbis* ad tegenda hibernacula sua pateretur. referrique tegulas et resarciri *tecta* — jussit 45, 28. Vid. *ducere.*

MUSSARE 28, 40. *De indignatione tacita* — soli Ætoli id decretum clam mussantes carpebant 33, 31. — mussantesque inter se rogitabant 7, 35. Vid. *Virgil.* Æn. 12, 657. 718.

MUSSITARE 1, 50. Jam enim ita clam quidem mussitantes, vulgo tamen eum appellabant.

MUTARE 5, 30. Victrice patria victam (*urbem*) mutari. Inter quæ se media lapsos possessionem pace incerta mutasse 9, 12. Quod nec injussu populi mutari finibus posset. (*Camillus*) nec nisi dictator dictus etc. 5, 46. Civitate quum donarentur ob virtutem, non mutaverunt 23,

20. *i. e. non commutaverunt suam civitatem cum Romana.* Mores quidem populi Rom. quantum mutaverint 39, 51. *pro mutati sint.* Sic 5, 13. annona nihil mutavit. Adeoque — — animi mutaverunt, ut etc. 9, 12. Vid. *Init. ad Virgil. Æn.* 1, 104. [*it. Vechner. Hellenol. pag.* 70. *sq. edit. Heusinger.*] Rationem belli gerendi hosti mutare 32, 31. Ut nihil odor mutaret 3, 10. *scilicet* mutari *dicuntur corpora, quum putrefiunt.* Sicut in frugibus pecudibusque non tantum — quantum terræ proprietas cœlique — mutat 38, 17. *i. e. pervertit. cf. cap.* 46. multo ante et corpora et animi mixti ac vitiati sunt. *Dicitur enim verbum mutandi non raro in significatione graviori, etiam translata. Sic Virgilius: quæ mentem insania mutat: i. e. corrumpit.*

MUTILATUS 29, 9. Naso auribusque mutilatis. *cf. cap.* 18. naso auribusque decisis.

MUTUARI 30, 12. Ab amore temerarium atque impudens mutuatur consilium.

MUTUUS 7, 4. Ne mutas quidem bestias minus alere ac fovere, si quid ex progenie sua parum prosperum sit. Vid. *bestia.*

MUTUUS 8, 24. Mutuum inter se auxilium.

NÆ *scriptum olim etiam* Ne, *id quod magnæ confusioni locum dedit.* [*Conf. Parei Lexic. Crit. pag.* 776.] 26, 31. næ magis reipublicæ interest. *cf.* 9, 5.

NAM *connectendi caussa positum* 29, 8. nam avaritia ne sacrorum quidem spoliatione abstinuit. — *it. cap.* 89. nam quæ sibi crimini objiciantur. Vide *Dukerum ad Præfat. Flori.* Nam *Omissum.* Vid. *Bauer. Exc. Liv.* 1, *pag.* 25.

NAMQUE 9, 37. Vastationem namque sub Ciminii montis radicibus jacens ora senserat etc. *cf. cap.* 25. Prorogatæ namque consulibus jam in annum provinciæ erant 41, 6.

NANCISCI 5, 45. Castra Gallorum intuta neglectaque ab omni parte nacti clamore invadunt, *cf.* 24, 31. Quum prospera elatus re, tum spem etiam haud dubiam nactus etc. 35, 27. Artibus opes domi nactus 1, 50.

NARE 21, 28. Cum refugientem in aquam nantem sequeretur. Vid. *ad h. l. Bauer. pag.* 24. [*Vulgatam nolim cum Bauero solicitare. Participia sæpe ἀσυνδέτως junguntur.*]

NASCI 9, 2. Ita natus est locus. — loca nata insidiis 24, 4. *cf.* 5, 54. *it.* 36, 17. Dum quacumque conditione arma viris in arma natis auferre festinant 9, 9. Puero post avi mortem in nullam sortem bonorum nato 1, 34. Natus inter jura legesque 4, 15. *cf.* 10, 16. Natus ad corrumpendam disciplinam militarem 29, 19. *cf.* 39, 1. Nata in vanos tumultus gens 5, 38. Inde illam absentis insectationem esse natam

1, 51. Urbes quoque, ut cetera, ex infimo nasci 1, 9. Nati Carthagine, sed oriundi ab Syracusis, exsule avo, Pœni ipsi materno genere 21, 6.

NATURA 5, 27. Quam (*societatem*) ingeneravit natura, utrisque est eritque. *Natura h. l. non cujusque hominis ingenium, indoles, est, sed mater omnium rerum, quam Cicero dicit.* Juvenem egregium, instructum naturæ fortunæque omnibus bonis, maximum momentum rerum ejus civitatis 3, 12. Naturâ inimica inter se esse liberam civitatem et regem 44, 24. Locorum situs, natura regionum 22, 38. *alibi:* ita natus est locus. Vid. *locus.* [Natura maris *pro* mare. *v.* ciere. *Sic Græci φύσιν dicunt.*]

NATURALIS consulis Paulli, adoptione Africani nepos 44, 44.

NATUS 2, 22. Magno natu homo. *cf.* 2, 8. 10, 38. — natu major frater 3, 12. Natu *sæpius omittitur, etiam* τῷ maximus *et* minimus *jungendum, item* τῷ minor 1, 3. 6, 34. 29, 29. 38, 57. Majores natu 1, 32. *i. q. senatus. ubi vid. Bauer. pag.* 48.

NAVALIA 3, 26. Contra eum ipsum locum, ubi nunc navalia sunt. Quæ ad bellum opus essent, navalibus, armis 45, 23. *Cave conjunctim legas* navalibus armis. *nuspiam enim apud Livium arma talia occurrunt, sed auxilia navalia, uti paullo ante, in hoc ipso capite, ac similia.* Vid. *in voc. sequ.* Aliam (*porticum*) post navalia 40, 51. Ex veteribus quinqueremibus, in navalibus Romæ subductis 42, 27. Sub ipsis navalibus castra habere 44, 32. *Vid.* deducere. *it.* subducere.

NAVALIS 29, 35. Ibi copiæ omnes, præter socios navales, in terram expositæ. — classici milites navalesque socii 21, 61. Quas gentes nullæ umquam nec arte, nec virtute navali æquassent 35, 48. Forsitan etiam navalia castra, relicta cum levi præsidio, oppressuros 30, 9. Tamquam navale bellum tempestatibus captandis et observando tempore anni gerant 5, 6. Duumvirum navalem, quem ut inauguraret etc. 40, 42. Eodem decem navibus C. Furius duumvir navalis venit 41, 1. Navale prœlium 40, 52. Navalis triumphus 45, 42.

NAVARE 9, 16. Ut ad reconciliandum pacem consuli opera navaretur. *cf.* 25, 6.

NAUFRAGIUM 5, 52. Vixdum e naufragiis prioris culpæ cladisque emergentes.

NAVIGARE 44, 13. Eumenes ad consulem navigat, gratulatus, quod — — — Pergamum in regnum abit. Navem conscendit, et flumine Barbana navigat in lacum Labeatum 44, 31.

NAVIGIUM 44, 22. Qui in eodem velut navigio participes sunt periculi. Metu, ne complerentur navigia — — naves etc. 41, 3.

NAVIS 32, 21. Naves tectæ et leviores apertæ. *Illæ vocantur alias* -constratæ,

*v. c.* 33, 46. *hæ sunt eædem cum* specu-
latoriis. Quinque missæ a Prusia rege
tectæ naves 44, 10. Stantes in portu
Rhodias apertas naves Eudamumque præfectum earum, inviolatas, atque etiam
benigne appellatos dimiserunt 44, 28.
Sparsæ per Cycladas insulas naves *ibid.*
Cognito deinde, in latere altero quinquaginta onerarias suarum, stantibus in ostio
portus Eumenis rostratis — inclusas esse
*ibid.* Lumina in navibus singula rostratæ,
bina onerariæ · haberent 29, 25. Naves
longæ et rostratæ et quinqueremes 29, 26.
*it.* 21, 30. *omnes bellicæ sunt.* Quinqueremes naves 41, 9. Navis regia inhabilis
prope magnitudinis 33, 30. *cujusmodi
naves non nisi ad ostentationem exstrue-
bantur.* Naves, quas hippagogos vocant
44, 28. Vid. *Scheffer. de R. Nav.* 4, 1.
Navis maritima 21, 63. — naves fluviatiles
10, 2. — actuariæ 25, 30. Robore navium — Romani longe regios præstabant
37, 30. — virtus navium *ibid. cap.* 24.
Naves facere 35, 20. (*etiam* ædificare.
Vid. *Duker. Latin. ICtor. pag.* 68.) —
naves ornare jussus 37, 50. *i. q. instruere,
armare.* Navium agmen ad excipiendum
adversi impetum fluminis parte superiore
transmittens 21, 27. Naves paratæ fuerunt, quæ (*tegulas*) tollerent atque asportarent 42, 3. Naves in salo stantes 44, 12.
*conf. cap.* 28. Duumviri navales creati
— — navesque iis ornatæ sunt 40, 26.
Navem eamdem secundo amni Scodram
demisit 44, 31. Plaustris transveham naves haud magna mole 25, 11, *conf. Virgil.
Æn.* 2. 235.

Naviter. Vid. *gnaviter.*

Nauticus 30, 25. Jussus e nauticis
(*non* nautis) escendere in malum. *cf.* 28, 7.
*it.* 29, 25. Nautici tabernacula detendunt
41, 3. *Ibid.* nautæ opp. nauticis, *qui sunt*
milites. *Sic enim paullo post dicuntur.*
Nondum aut pulsu remorum strepituque
alio nautico exaudito 22, 19. — militum apparatu nautica ministeria impediuntur *ibid.*

Ne omisso: *quia verebantur* 2, 3. ne
non reddita (*bona Tarquinii*) belli caussa ;
reddita belli materia et adjumentum essent. Ne nunc 3, 52. *pro nedum :* ne
nunc, dulcedine semel capti, ferant desiderium. [Vid. *Parei Lexic. Critic. p.* 776.]
Et ne cui fraudi esset 3, 53. *pro, et postulabant, ne etc.* Ne quis magistratum sine
provocationem crearet : qui creasset, (*scil.
ut*) eum jus fasque esset occidi 3, 55. Viderent, ne magis etc. 35, 6. *fortasse legendum* magisne. Quæsivit ab eo, ne sibi
liceret ac suis vivere ? id quoque Graccho
permittente etc. 40, 49. *pr. num. Nisi
vero legas :* sibine liceret etc. *Sed Gronov. legit :* liberone sibi etc. Decii corpus
pus ne eo die inveniretur, nox quærentes
oppressit 8, 10. *Similiter* 34, 39. ne caperetur, caussa fuit. Satisne est, nobis
vos metuendos esse 3, 67. *pro nonne.* Ne

æquaveritis Hannibali Philippum, ne
Karthaginiensibus Macedonas : Pyrrho
certe æquabitis 31, 7. *pro licet non ; s. si
vel maxime concedam, non æquandum'
esse. cf.* 32, 21. Ne his debere impune
esse 33, 49. *pro ne his quidem. Ita et*
44, 36. neque enim ne his cunctationem
aperuerat suam. Ea, ne si utilia quidem
sint, fieri oportet 4, 4. *i. e. ea fieri non
oportet, si vel maxime utilia sint.* Ne
Tarentum quidem, non modo arcem etc.
25, 15. *i. e. nedum, multo minus arcem.*
Vid. *Intt. ad h. l.* Ne ut ex consueta
quidem asperitate orationis — aliquid leniret atque submitteret 2. 61. Ut ne morte
quidem Æneæ, nec deinde etc. 1, 3. *it.* 40,
35. ut ne efferendi quidem signa Romanis
spatium, nec ad explicandam aciem locus
esset. *ubi quidem Gronovius pro* nec *legi
volebat* nedum. *Est autem, ut e superiori
loco patet, non inusitatum Livio, quod
vulgatus exhibet.* Ut ne si bellum quidem
quis inferat, tueri me — liceat 42, 41. *pr. ut,
si b. q. inferat, ne tueri quidem etc.* Ne
quem vestrûm — judicatum addictumve duci patiar 6, 14, *pro, non committam, ut etc.'*

Nebula saltum omnem camposque circa intexit 26, 17. — nebula matutina texerat inceptum 41, 2. *Itaque et* 33, 7. Pro
detexerat *legendum videbatur Dukero* texerat ; *præsertim quum, ubi notio aperiendi
adjicienda esset nebulæ, huic* dispulsa, discussa, disjecta, *et similia addi solerent.*
Orta ex lacu nebula campo, quam montibus densior sederat, 22, 14. Vid. *dilabi.*

Nebulo 38, 56. Nebulonem modo,
modo nugatorem appellat.

Nec *pro non* 1, 23. Nec ita multo
post. *it.* 2, 22. — non sustinentes impetum 3, 22. *ubi variant libri in* nec. Sed
nec extra fretum Euripi etc. 31, 22. *pro
ne quidem.* Nec multi et incompositi 23,
1. *cf.* 7, 2. *it.* 42, 16. Nec libet credere,
et licet 4, 29. *i. e. et libet non credere, et
licet.* Sed neque vos tulissetis, nec nos
spopondissemus, nec fas fuit etc. 9, 9. Nihil ex ea familia triste nec superbum timebat 2, 30. *pro simplici particula copulativa aut disjunctiva. cf.* 4, 60. *Ita et*
neque dici solet. Nec dubie 2, 23. Nec
tamen ne ita quidem prius mittendum ad
etc. 22, 25. *ad q. l.* Vid. *Bauer. pag.* 55.

Necare 22, 57. Vestales — stupri
compertæ, et altera sub terra — ad portam Collinam necata fuerat, altera etc.

Necessarius 7, 26. Aqua etiam, præter cetera necessaria usui, deficiente.

Necessitas 9, 8. Apud haud ignaros'
fortunarum humanarum necessitatumque.
Belli necessitatibus (*bello necessario*) eam
patientiam non adhibebimus 5, 6. Hoc
audito, Perseus contraxisse eum necessitates ratus ad bellum utique cum Romanis
44, 27. *scil. iis faciendis, propter quæ bellum necessario gerere debeat.* Venisse
tempus ratus per ultimam necessitatem le-

gis agrariis Patribus iniungendae 2, 43. Expressaque necessitas obsides dandi Romanis 2, 13. Sive errore humano, seu casu, seu necessitate 45, 8.

NECESSITUDO 8, 3. Privatis hospitiis necessitudinibusque conjuncios.

NECESSUM 39, 5. Num omne id aurum in ludos consumi necessum esset.

NECOPINANTES ignarique 40, 57. Stationes duas necopinantes ab Istris oppressas 41, 7. Vid. improviso.

NECOPINATUS 2, 22. Volscos — necopinata res peroulit. conf. 9, 12. — ex necopinato 41, 5. Id cuique spectatissimum sit, quod necopinato viri adventu occurrerit oculis 1, 57. Legionibus necopinato pavore fusis 7, 6. Inter torpidos somno, paventesque ad necopinatum tumultum 25, 38. Non sustinuere impetum necopinatum hostes 40, 48.

NECTERE 27, 28. Ne cui dolus necteretur atque a Poeno. Ita undique regi dolus nectitur 1, 5. Et, qui ante nexi fuerant, creditoribus tradebantur, et nectebantur alii 2, 27.

NECUBI consistere coactis necessaria ad usus deessent 22, 2. cf. 25, 32. it. 38, 49.

NECUNDE 28, 1. Signa quam maxime ad laevam jubebat ferri, necunde ab stationibus Punicis conspiceretur.

NEDUM pro non tantum 10, 32. Ubi et intrare, nedum vastare — prohiberentur. Vid. Intt. ad h. l. cf. 45, 9. it. cap. 29.

NEFANDUS 1, 60. Nefandum vehiculum. i. e. per quod nefandum scelus commissum est ; quod nefando insidentis scelere actum est per parentis corpus. Resperae fando nefandoque sanguine arae 10, 41. Ne se sanguine nefando soceri generique respergerent 1, 13. Tot tam nefanda commissa (scil. esse) 29, 11. Vid. contaminare.

NEFARIUS 9, 34. Nisi rempublicam eo nefario obstrinxeris. Ita non poterat non dicere Livius, quia nefas ablativo caret.

NEFAS ab libidine ortum 3, 44. Ut per omne fas ac nefas sequutari vindicem libertatis viderentur 6, 14. Tradamus — deos deorumque curam, quibus nefas est 8, 41, cf. 4, 2.

NEFASTUS 8, 28. Ne qua terra sit nefasta victoriae suae. i. e. infortunata, infausta, quasi nefas sit, inde victoriam reportare. Vid. Intt. it. Cel. Strothium ad h. l.

NEGARE 6, 40. Neque nego, neque inficias eo. i. e. nequaquam nego. Multa in utramque partem de hac negandi formula Intt. disserunt, quos vide. Ipse Cicero Or. Rosc. Am. 42. dixit : non enim novi, nec scio. Quidni Livius in alteram partem simile quid dixerit? Vid. Strothius ad hunc locum. Negabat cessandum, et (scil. dicebat) utique prius configendum, quam etc. 35, 1. conf. 3, 48. [ibique Stroth.]

NEGLIGENTER 41, 18. Haud negligenter (studiose) corpus (occisi) occultavere. Exercitus imperatori erat negligenter adfuturus comitiis ferendae legis 45, 35.

NEGLIGENTIA 22, 9. Plus negligentia caerimoniarum auspiciorumque quam etc. i. e. omittendis, praetermittendis etc. Ab eadem negligentia, qua nihil deos portendere vulgo nunc credant 43, 13. pro levitate, improbitate. Gentium jus — a nobis — negligentia Deorum praetermissum 5, 51. Negligentiis laxior locus 24, 8.

NEGLIGERE 32, 11. Cur negligerentur, ignorabant. i. q. non considerentur. In parvis rebus negligens ultor, gravem se ad majora vindicem servabat 2, 11. Deos tandem esse et non negligere humana 2, 56. Per praeruptum, eoque neglectum hostium custodiae, saxum in Capitolium evadit 5, 46.

NEGOTIARI 32, 29. Negotiandi ferme causa argentum in zonis habentes in commeatibus (milites) erant.

NEGOTIUM 3, 4. Ut negotium daretur, videre ne etc. pro videndi. Nec intra muros quietiora negotia esse 5, 16.

NEMO Romanus 3, 60. cf. 5, 21. it. 8, 30. — miles Romanus 37, 53. — hostis 36. 40. — omnium 10, 26. — unus 9, 16. Apud neminem auctorem invenio 6, 20. Neminem neque populum, neque privatam fugio 9, 1. Ut nemo eorum generis ac sanguinis sui memor in acie esset, praesidio sociis, hostibus terrori essent 26, 2. cf. 2, 54. 3, 29. 9, 11. 24, 20. Neminem, — verum esse, praejudicium rei tantae afferre 3, 40. i. e. non aequum esse, ut quisquam etc. Simili modo vi neque saepius resolvendum est. Vid. verus. Neminem eorum per Italiam ire liciturum 42, 36. Si sana lectio, dissolvenda vox est : non quemquam — ire liciturum. Vid. Perizon. ad Sanctii Minerv. 3, 7, 4. Dukerus legi volebat nemini enim, probante quidem Drakenborchio. Neminem unum esse, cujus magis opera putet rem restitutam 3, 12. Eos inter se, quia nemo unus satis dignus regno visus sit, partes regni rapuisse 2, 6. Vid. unus.

NEQUAQUAM 3, 35. Nequaquam splendore vitae pares decemviros creat. Nequaquam perinde atque in capta urbe prima die aut passim aut late vagatus est ignis 5, 42. Nequaquam tantum publica calamitate moesti Patres, quantum etc. 7, 6. Eique ea fides, nequaquam amicum Persea, inimicissimum fecerat 40, 54. Ut appareret — nequaquam ex dignitate pari congredi regem cum legatis 42, 39. Nequaquam par Antiocho futurus 45, 11.

NEQUE pro particula copulativa. Vid. nec. — neque pro ne quidem 10, 42. Neque — neque — et haud 21, 1. — neque — etiam 27, 10. — neque — nec 9, 9. — neque — et 8, 12. — neque — et ita 23, 23. — neque — neque — atque 24, 40. Neque eo minus aut hos aut illos in delectum militum dare 41, 8. Neque nunciari admodum nulla prodigia in publicum 43, 13. Scilicet Latini interdum duplicem *negationem pro una ponunt.* Vid. *Intt. ad h. l. Itaque emendatio Gronovii* ulla *legentis non est necessaria.*

NEQUIDQUAM 5, 43. Per aliquot dies in tecta modo urbis nequidquam bello gesto. *i. e. frustra.* Bastarnas, nequidquam ad juga montium appropinquantes, 40, 58.

NEQUIUS 41, 7. Utrum susceptum sit nequius (*bellum*) an inconsultius gestum, dici non posse.

NERVUS ac vincula 6, 11. *cf.* 2, 24. Gladio nervos incidere 37, 42. Nervi conjurationis 7, 39. *i. q. auctores seditionis, qui paullo ante dicti erant, quippe in quibus omne robur exstaret.*

NESCIRE 2, 2. Ac nescio an modum excesserint. *pro nescio an non; habetque semper affirmationem, quæ sic modestius exprimitur.* cf. 3, 60. *it.* 23, 18. 37, 54. Nescire Tarquinios privatos vivere 2, 2, *i. e. non posse, non didicisse.* cf. 9, 3. Nescires, utrum inter decemviros, an inter candidatos (*Appium*) numerares 3, 35.

NESCIUS 43, 13. Non sum nescius.

NEU *præcedente* ut 2, 15. Sed ut in perpetuum mentio ejus rei finiretur, neu in tantis mutuis beneficiis invicem animi sollicitarentur. *cf.* 3, 44. *it.* 8, 39.

NEUTIQUAM 7, 12. Dictatori neutiquam placebat. *cf.* 4, 27.

NEUTRO 6, 38. Re neutro inclinata. *i. q. in neutram partem.* cf. 1, 25. *it.* 8, 1. Neutro inclinata spes 42, 7.

NEXUS 2, 23. Propter nexos ob æs alienum.

NEXUS 2, 23. Nexu vincti. *Nisi cum Sigonio legas* nexi, vincti; *quod probatur Salmasio de modo usurar. p. 637. Enimvero non differunt* nexi *a* vinctis. *conf. Bauer. ad h. l. pag. 104. Vid. 8, 28. ibique interpretes.* Sorte ipsa obruebantur inopes nexumque inibant 7, 19. *i. e. operas in servitute pro pecunia, quam debebant, præstabant.*

NI *in formulis sponsionum et ferendi judicii usurpari solitum. v. c.* 3, 57. Ni vindicias ab libertate in servitutem dederit. *cf. ibid. cap.* 24.

NIDOR 38, 7. Inde non solum magna vis fumi, sed acrior etiam fœdo quodam nidore ex adusta pluma, quam totam cuniculum complesset etc.

NIHIL, NIHILUM 8, 20. Nihil delectu opus est. *conf.* 1, 27. *it.* 53. *it.* 25, 7. — nihil est, quod exspectetis tribunos 2, 55. — nihil morem intermittere 5, 27. — nihil consulto collega 22, 45. — *Similiter:* nec vos — quod contendatis quidquam est 4, 4. Nihil patricium magistratum inseram concilio plebis 6, 38. [*ad q. l.* vid. *Stroth.*] Thebani *nihil* moti sunt, quamquam *non-nihil* succensebant Romanis 42, 46. — nihil infractus ferox Appii animus 2, 59. — si nihil morarentur 1, 53. Nihil aliud aversus 2, 8. *pro non ultra.* — nihil aliud

3, 19. *pro nulla alia re.* Nihil est aliud in re, — nisi ut omnia negata adipiscamur 10, 8. — *Similiter* 4, 4. quid enim in re est aliud, si etc. Nihilum deprecans, quin — — privatus in se iterum sæviret 8, 58. Nihil unum insigne 41, 20. — nihil sentire idem 4, 46. — nihildum 25, 20. De nihilo hostes corripi 34, 61. — hostis fiducia, quæ non de nihilo profecto concepta est 30, 29. — nihilo segnius 2, 47. Nihilo plus sanitatis in curia, quam in foro, esse 2, 29. Delectumque nihilo accuratiorem, quam ad media bella haberi solitus erat, — — habebant 5, 57. Nihilo ei pax tutior fuit 21, 2. Nihil aliud, quam admonere 4, 3. *pro nihil aliud facere, quam ut etc.* cf. 2, 49. *it.* 23, 3. 24, 36. Nihil minus, quam vereti 26, 20. Philippi præter legatum videmus nihil 32, 35. Quibus gentilibus nihil ad eam diem cum Romano populo fuerat 3, 25.

NIMIUS 10, 26. Et copiarum satis sibi cum Decio, et nunquam nimium hostium fore. Nimio plus 28, 25. — nimio major multitudo 29, 38. Nimio plus, quam velim, nostrorum ingenia sunt mobilia 2, 37. Nimius animi 6, 11. — imperii nimius 3, 26. et imperii nimium, et virum in ipso imperio vehementiorem rata. *Quamquam neutrum potius ibi esse plerique existimant, ut sit nimium imperium.* cf. 8, 9. *ubi* consulare imperium *dicitur* nimium.

NISI pro sed, *præcedente* non 24, 20. Vid. *Drakenborch. ad* 5, 51. Ubi spem nisi in virtute haberent 34, 16. *pro nonnisi.* Vid. *Gronov. ad h. l.* cf. *Intt. ad* 26, 21. Nisi, victores se redituros ex hac pugna, jurant 2, 45. *alii:* jurant. Sed sunt illa verba orationi obliquæ, tanquam parenthesis, eximenda. Nisi si quando a vobis arma acceperimus 6, 26. conf. 6, 28. *it.* 26, 3.

NITERE 9, 40. Nitentia (*arma*) ante rem, deformia inter sanguinem et vulnera. Galba nitens (*corpus*) et integrum denudet 45, 39. *Ironice.* Lucretius — recenti gloria nitens 3; 12.

NITI 28, 43. Quia super ceteros excellat, quo (*scil. honore*) me quoque niti non dissimulo. Barcinis nitentibus, ut etc. 21, 3. *i. q. postulantibus, agentibus etc.* Qui nitebantur perrumpere impetum fluminis 21, 28. Nisi genibus ab senatu petierunt, ut etc. 43, 2. conf. 44, 9.

NITOR 10, 4. Corporum habitum et nitorem, cultiora, quam pastoralia esse.

NIVALIS 21, 54. Erat forte brumæ tempus et nivalis dies in locis Alpibus Apenninoque interjectis. *Virgil. Æn.* 12, 702. Gaudetque nivali Vertice se attollens pater Apenninus ad auras.

NIVOSUS 5, 13. Insignis annus hieme gelida ac nivosa fuit. Aqua levata vento, quum super gelida montium juga concreta esset, tantum nivoso grandinis dejecit, ut etc. 21, 58.

Nix 5, 2. Militem Romanum in opere ac labore, nivibus pruinisque obrutum, sub pellibus durare etc. Secabant interdum etiam tum infimam ingredientia (*jumenta*) nivem 21, 36. *ad q. l. vid. Bauer. pag.* 33. *Vid.* Alpes. *it.* immiscere.

Nobilis 4, 28. Nobilior vir factis quam genere. — nobilia signa 26, 21. Centurionem, nobilem militaribus factis etc. 6, 14. Nobilis una imagine 1, 34. Nobilior alius Trasimeno locus nostris cladibus erit 22, 39. Ut in utramque partem arcendis sceleribus exemplum nobile esset 2, 5. — nobiles inimicitias 27, 35. — nobilissimae 39, 4. *i. q. notissimae.* — nobile scortum 39, 9. Nobiles equi 45, 32. Itineribus ac mutatione locorum nobiliorem (*alii: mobiliorem*) ac salubriorem (*exercitum*) esse 10, 25. *i. e. magis strenuum et tolerantem. Oppos.* agmen ignobile *ibid. cap.* 20. *h. e. fortitudinis immemor et praeda oneratum.*

Nobilitare 23, 47. Quum jam ante ferocibus dictis rem nobilitassent, infestis hastis concitarunt equos. *i. e. claram expectatamque fecissent. conf.* 1, 9.

Nobilitas 10, 7. Jam ne nobilitatis quidem suae plebeios poenitere. Nobilitatem et regnum (*Scipionum*) in senatu accusabant 38, 54. *i. e. auctoritatem immodicam.* Nobilitas rempublicam deseruerat, neque in senatum cogi poterant 26, 12. *Omnino saepius diversus numerus uno in loco eidem collectivo jungitur. Vid. Drakenborch. ad* 4, 16. Consulares et alii pari nobilitate adolescentes tribuni militum 44, 1. Nobilitatem — sinceram servare privatis consiliis non poteratis? 4, 4.

Nocere 9, 10. Ob eam rem noxam nocuerunt. — noceri enim ei, cui hac lege non liceat 3, 55. Secundum poenam nocentium 2, 5.

Noctu 6, 18. Interdiu noctuque. Vid. *nox.*

Nocturnus imber 21, 54. Nocturnus error. (*eos*) dissipavit 43, 10. — nocturna — trepidatio 10, 20. Jacere inter fures nocturnos ac latrones 3, 58. *conf.* 38, 59. — coetus 39, 15. Nocturni visus 8, 6.

Nodus 40, 55. Qui nodum hujus erroris exsolvere possit.

Nolle 9, 34. Nolo ego istam in te modestiam. *i. e. non postulo, exspecto, a te.* Nolle inultos hostes, nolle successum, non Patribus, non consulibus 2, 45. Vid. *auspicium.*

Nomen 5, 18. Me jam non eumdem, sed umbram et nomen P. Licinii relictum videtis. Elephanti in acie nomen tantum sine usu fuerunt 44, 41. Campani magis nomen ad praesidium sociorum, quam vires quum attulissent 7, 29. — nomina ducum 29, 1. *Oppos. veris et metuendis ducibus.* Quum tres celeberrimi nominis haberet duces 4, 54. *cf.* 27, 40. In tanti nominis regibus 44, 25. Devictum et captum

ingentis nominis regem, 30, 17. Nec diutius — quaestio per clara nomina reorum ꞏviguit 9, 26. Ne superesset (*Hasdrubal*) tanto exercitui suum nomen sequuto 27, 49. Vernaculis artificibus — nomen histrionibus inditum 7, 2. Nomen patrui Antigoni ferens 40, 54. Magnas opes sibi ac magnum nomen facere 1, 9. *conf. Virgil. Æn.* 9, 343. Nullum jam nomen esset populi Romani 26, 41. Quorum maximum nomen in civitatibus est suis 22, 22. Bellum magni nominis 31, 8. — nomen nobile bello 31, 18. Fulgor nominis Romani 21, 43. — primus Romani nominis 28, 32. — princeps Volsci nominis 2, 35. Ad delendum nomen Romanorum 21, 30. *al.* Romanum. *cf.* 3, 8. Volscum nomen prope deletum est. *cf.* 1, 10. Municipium Latini nominis 40, 18. Dum socii ab nomine Latino venirent 22, 38. Sociûm Latini nominis, quantus semper numerus 40, 36. Ita per se ipsum nomen Caeninum in agrum Romanum impetum facit ꞏ1, 10. Ingaunorum omne nomen, obsidibus datis, in ditionem venit 40, 28. Concitatur deinde omne nomen Etruscum, et, — perveniunt 7, 17. — omnes Hernici nominis 9, 42. — vestrum nomen 37, 54. *pro vos.* Fabium nomen, Fabia gens maxime enituit 2, 45. [Fabia gens *spuria videntur. Glossatoris, ni meus me sensus fallit, manum sapiunt.*] Hoc est nomen (*Appia gens*) multo, quam Tarquiniorum, infestius vestrae libertati 9, 34. Nomine increpare 7, 15. *Sic et* vocare, ciere, inclamare *dicuntur.* Ut Philippi statuae, imagines omnes, nominaque earum etc. 31, 44. *i. e. inscriptiones.* Quum ad nomen (*nominatim citatus in delectu*) nemo responderet 2, 28. Virgis caesis, qui ad nomina non respondissent 7, 4. Ad nomen singulis persolutum est stipendium 28, 29. Tarda nomina et impeditiora inertia debitorum 7, 21. Unius tantum criminis (*scil. nomine*) — in vincula te duci jubebo 3, 56. *Sic Dukerus, quem ad h. l. vide.*

Nominare 21, 16. Nominatae consulibus provinciae. *cf.* 44, 17. Quinque augurum loca adjecit, in quae plebii nominarentur 10, 8. — magistri equitum a te ipso nominati 8, 23. — dictator nominatus 9, 28. Hannibali imperatori parem consulem nomino 24, 8. Priusquam nominarentur (*accusarentur*) apud dictatorem 9, 26.

Nominatim 2, 28. Citant nominatim juniores. (*de delectu.*)

Nominatio in locum ejus (*pontificis*) non est facta 26, 23. *i. q. suffectio.*

Non 24, 20. Non — nisi *pro non — sed.* Injussu tuo, imperator, extra ordinem numquam pugnaverim, non si certam victoriam videam 7, 10. Non — sed 39, 28. *pro non modo, sed etiam.* Non decemviri tulerunt? 4, 4. *pro nonne. it.* 5, 52. Non in casis etc. Non loquor apud recu-

196

santem justa bella populum, sed tamen etc. 7, 30. *pro non quidem.* Non modo — sed etiam 24, 40. *pro non modo non — sed etiam.* Non modo — sed 1, 40. *pro non modo, sed etiam. cf.* 6, 7. *it.* 8, 20. Non Samnium modo, et Campanum 22, 25. *pro sed et C.* Non nisi — sed nisi 39, 28. *cf.* 28, 22. Non solum — sed 2, 2. *pro sed etiam. cf.* 3, 36. *it.* 28, 19. Non solum — sed ne — quidem 5, 42. *pro non solum non — sed ne — quidem. conf.* 5, 47. Non modo — sed ne quidem etiam 38, 58. Ne — quidem — non modo 25, 15. Non modo — nusquam, *ut sensus desideret aliud adhuc* non. 1, 40. Non modo civicæ, sed ne Italicæ quidem stirpis. *cf.* 4, 3. 6, 34. 9, 19. 22, 23. 24, 40. 39, 36. *Id fit e more linguæ latinæ. Sed tamen* 35, 46. *occurrit* non modo non — ne quidem. *cf.* 4, 3. *it. cap.* 35. *Hujusmodi loca obvia sunt interdum etiam apud alios scriptores, illam exquisitiorem formam alias constanter sequentes. Itaque videntur illa utique ad normam plerorumque corrigenda esse. Ceterum in omnibus his locis negationem habent membra posteriora, sive non modo, sive non solum præcesserit. Sed eodem sensu cædem particulæ accipiendæ sunt, si vel maxime diserta negatio absit membro posteriori. Sic* 3, 6. Non modo ad expeditiones, sed vix ad quietas stationes viribus sufficerent. *cf.* 7, 32. *vid. Drakenborch. ad* 25, 26. Non modo patrum quemquam, sed ne cognatos quidem aut affines, postremo ne fratres quidem etc. 6, 20. Non — tantum *sine membro posteriori* 10, 14. Non vero tantum metu (*signa clamorque*) terruere Samnitium animos. *ubi quidem Drakenborchius addendum censet:* sed etiam vano. *Plenæ orationis exempla sunt* 5, 3. *it.* 6, 39. Non senatum, non magistratus, non leges, non mores majorum, non instituta patrum, non disciplinam vereri militiæ 5, 6. *vid. Drakenborch. ad* 8, 34.

Nos 7, 30. Gentibus, quæ inter nos vosque sunt. Nos *pr. historicis Livio dicuntur. Præfat. ult. vid. Bauer. ad h. l. pag.* 6.

Noscere 10, 20. Accitique edicto domini ad res suas noscendas recipiendasque *i. e. recognoscendas. cf. cap.* 36. Clamore magis, quam oculis, hostem noscunt 10, 33. *cf.* 27, 46. Quæ nobilitata fama magis auribus accepta sunt, quam oculis noscuntur 45, 27. Græciæ civitatium instituta, mores, juraque noscere 3, 31. — hæc exploranda noscendasque esse 22, 55. — noscendisque singularum caussis 30, 24. *cf.* 27. 4. Inter traditionem imperii novitatemque successoris, quæ noscendis prius, quam agendis, rebus imbuenda sit, sæpe bene gerendæ rei occasiones intercidere 41, 15. Neque facile fuisse id vitium nosci, quum consul oriens nocte silentio diceret dictatorem 8, 23. *cf.* 6, 18.

Noscitare 2, 28. Noscitabatur tamen in tanta deformitate. *cf.* 22, 6. Noscitatis in me patris patruique similitudinem oris vultusque et lineamenta corporis 26, 41. Quia subjecti oculis imperatoris noscitari poterant 8, 32. Circumspectare omnibus fori partibus senatorem, raroque usquam noscitare 3, 38.

Nosse 5, 6. Nec finem ullum alium belli, quam victoriam noverit. *i. e. habere voluerit.* Nec ullum — certamen adversus Patres noritis 6, 18.

Noster 9, 19. Utique numquam nostris locis laboravimus. *i. e. opportunis.* [*vid. Bauer. ad h. l. pag.* 298.] Nostrum est — vestrum est 39, 6. *i. q. nostra culpa est etc.* Secunda nostra fortuna 5, 51. — tempore nostro adverso 31, 31. *vid. Drakenborch. ad priorem locum. it. infra in v.* suus. Nostram ipsorum libertatem subrui et tentari patimur 41, 23. Quorum (*deorum*) est potestas nostrorum hostiumque 8, 9.

Nota 4, 29. Imperioso — Manlio cognomen inditum; Postumius nulla tristi nota est insignitus. Ne qua inter colloquia insigni nota hæsitantes deprehendi possent 9, 36. Ad insignem notam hujus anni memoriæ proditum est 39, 50. Notæ secretæ 34, 61. *i. e. sermones non nisi cum uno habiti, qui, relati ab alio, argumenta sint, illum unum certa mandata dedisse, quibus alias non habita foret fides. vid. Duker. ad h. l.* Notæ censoriæ ternæ 24, 43. — nota ignominiæ 31, 44. — censores — senatum sine ullius nota legerunt 32, 7. — iners nota censoria. Vid. *iners.* Insignes notæ (*censoriæ*) fuerunt 41, 27. Adjectæ mortuo notæ sunt: publica una — — gentilicia altera 6, 20.

Notare 27, 8. Ut viseret agros cultaque ab incultis notaret. *Sic* 27, 47. Scuta vetera hostium notavit. *it. ibid.* notari oculis. Moderationis eorum (*decemvirorum*) argumentum exemplo unius rei notasse satis erit 3, 33. Vestigio notato humano 5, 47. Ne ducem circumire hostes notarent 7, 34. Notata locis temporibusque referre alicujus decora 21, 43. Aliis senatusconsulto notantibus præfectum 27, 25. *i. e. notandum lacerandumque consentibus. cf.* 21, 25. *it.* 25, 3. Neminem nota strenui aut ignavi militis notasse volui 24, 16. Neque ab altero (*censore*) notatum alter probavit 42, 10.

Notio 27, 25. Ad censores, non ad senatum notionem de eo pertinere dicentibus. *i. e. cognitionem.*

Notitia. Vid. *adducere.*

Notus 3, 44. Notos gratia eorum, turbam indigniam rei virgini conciliat. *i. e. qui Virginiam Iciliumque norant, fautores.* Exercitus nondum notus satis inter se 35, 3. Uterque inter se nondum satis noti (*duces*) 21, 39. Virginem plebeii generis, maxime forma notam, petiere juvenes

4, 9.  Vix notis familiariter adridere 41, 20.

NOVARE 1, 52.  Qui Turnum novantem res pro manifesto parricidio merita pœna affecissent. cf. 27, 24. it. 28, 36. — spes novandi res 29, 36.  Tribunis plebis, jam diu nullam novandi res causam invenientibus 5, 2.  Principes novandarum rerum 6, 18.  Præcipites ad novanda omnia agebat 42, 30. In tribunis militum novatum 42, 3.(in eorum electione.) In his nihil novatum, nisi quod etc. 45, 21.  Non — regni tædio quidquam apud eos novatum 5, 6.  Magister equitum et ipse novat pugnam equestrem 4, 38.  Alii ignarum (ferebant), belli quæ in dies fortuna novaret 44, 8.

NOVELLUS 2, 38.  Novella Romanis oppida adimuntur. i. e. nuper acquisita. — novelli Aquileienses 41, 5. i. q. coloni nuper eo deducti. cf. 39, 55.

NOVISSIME 10, 1.  Ita — duo millia armatorum, ruentia novissime in ipsas flammas — absumta.

NOVITAS 1, 34.  Romanis conspicuum eum novitas divitiæque faciebant.  Novitate ac miraculo attoniti 1, 47.  Novitas successoris 41, 15.

NOVUS 6, 40.  Neque novum neque inopinatum mihi sit.  Assuetis regio imperio, tamen novum formam terribilem præbuit tribunal 45, 29. i. q. invisitatum.  Galli nova re trepidi 5, 49.  Consuli primo tam novæ rei ac subitæ admiratio incluserat vocem 2, 2.  Novam in femina virtutem novo genere bonoris donavere 6, 18.  Novus veteri exercitus jungitur 7, 7.  Rursus novus de integro — labor 5, 5. cf. 10, 29.  Nova de integro pugna exorta est 22, 5. — novum de integro prœlium 24, 16. it. 30, 34.  Conscriptos — in novum senatum appellabant lectos 2, 1.  Si hoc modo — Furius recipere a Gallis urbem voluisset, quo hic novus Camillus — Italiam ab Hannibale recuperare parat, Gallorum Roma esset 22, 14. i. e. alter sospitator.  Ita Hannibalis nomen pro infestissimo inimico P. R. dicitur ap. Ciceronem Verr. 5, 19. it. Or. Phil. 18, 11.  Vid. Cel. Ruhnken. ad Velleii 2, 18.  In novissimos te recipito 7, 40.  Cum subsidiis ex novissima acie — ad præsidium collegæ missi 10, 29. cf. 31, 27. it. 42, 57.

NOX 9, 3.  Qua cibi, qua quietis, immemor nox traducta est.  Nocte deinde silentio — dictatorem dixit 8, 23. cf. 9, 38. — concubia nocte 25, 9.  Nox interdiu visa intendi 7, 28.  Nec nocte nec interdiu virum conquiescere pati 1, 47.  Ut — nocte ambo exercitus — suas quisque abirent domos 2, 7. Mos: silentio proximæ noctis.  De accipiendis clam nocte in urbem regibus 2, 3.  Non obversatam esse memoriam noctis illius, quæ pæne ultima atque æterna nomini Romano fuerit 6, 17.  Quid hoc noctis — venisti 40, 9. vid. intempestus. it. sublustris.

198

NOXA 27, 8.  In noxa esse paullo post dicitur scelus impium. cf. 32, 36. — noxam nocuerunt 9, 10. — noxæ eximere 8, 35. — dedi noxæ inimico 26, 29. i. e. in potestatem inimico ad nocendum.  Noxæ damnatus 8, 35. — quam ob noxam ? 7, 4. — neminem noxæ pœnitebit 2, 54.  Rempublicam non extra noxam modo, sed etiam extra famam noxæ conservandam esse 34, 61.  Quandoquidem nihil præter tempus noxæ lucrarentur 2, 59.  Reus haud dubius ejus noxæ 5, 47.  Sine quæso — noxam, cujus arguimur, nos purgare 25. 6.  Noxa liberati interfectores 45, 31.

NOXIA i. q. noxa, eodemque sensu usurpatur substantive 10, 19.  Desertori magis, quam deserto noxiæ fore.  Vulgo Grammatici noxam crimen, noxiam vero pœnam denotare putant.  Adhuc privatis noxiis — conjuratio sese impia tenet 39, 16.  Bauerus ad h. l. pag. 284.  Noxis legi vult, quod non est necesse.  Sive ullius eorum, quos oderat, noxia 41, 23. cf. 6, 28.  Vid. Duker. ad h. l.

NOXIUS 7, 20.  In Faliscos eodem noxios crimine vis belli conversa est. cf. 4, 15.

NUBERE 4, 4.  Ut, in quam cuique feminæ convenisset domum, nuberet.  Mamilio filiam nuptum dat 1, 49. cf. 23, 2.  Melius me morituram fuisse, si non in funere meo nupsissem 30, 15. — nuptam pudicamque habiturus 3, 45.  Quod juncta impari esset, nupta in domo, quam nec bonos nec gratia intrare posset 6, 34.  Duæ filiæ sunt : utræque jam nuptæ 42, 34.

NUBES locustarum 42, 10. — jaculorum 21, 55.  Vid. obruere.  Virgil. Æn. 10, 808. sq. sic obrutus undique telis Æneas nubem belli, dum detonet, omnem Sustinet.  Conf. idem Georg. 4, 60.  Rex contra peditum equitumque nubes jactat, et consternit maria suis classibus 35, 49.

NUDARE 3, 11.  Qui obvius fuerat, mulcatus nudatusque abibat.  Parietes postesque nudatos 38, 43.  Vid. Cic. Verr. 4, 56.  Nudatum tectum 42, 3. i. e. lignum, cui tegulæ imponuntur, id quod putrefaciendum declarat.  Nudare muros defensoribus 21, 11. — Saguntinis pro nudata mœnibus patria corpora opponentibus 21, 8.  Hostem nudatum urbibus 9, 31. i. e. cui urbes ademtæ.  Quum tuo exercitusque tui præsidio nudatam Italiam viderint 28, 42. cf. 30, 2.  Nudatis omnibus præsidiis, patefactisque bello etc. 44, 6.  Nudatus opibus (Perseus) 42, 50.  Apparatus belli — qui et vos instruet, et hostes nudabit 26, 43.  Omnium nudatos Manes, nullius ossa terra tegi 31, 30.  Nudari latera sua sociorum degressu 1, 27.  Vid. Virgil. Æn. 5, 586.  Non agros tantum nudare populando potuit, ne quos inde Romani commeatus exspectarent 44, 27.  Ætoli defectionem nudabant 35, 32. i. e. præ se ferebant.  Magis, ut nudaret animos — quam spe, impetrari posse 34, 24. — nec illi primo statim creati nudare, quid vellent 24, 26. Ne, pœnâ ejus, consilia adversus Romanos nudaret 40, 24. Quæ nondum animos nudaverat 33, 21. *i. e. aperuerat, patefecerat. Gronovius et Creverius, fortasse rectius,* nudaverit *legunt. Sed tamen Livius haud raro ita indicativos in oratione obliqua ponit. v. c.* 36, 39. 37, 52. 43, 1. 46, 29. Vid. *Duker. ad* 3, 2. Vid. *detegere.*

NUDUS 3, 19. Hic [negando bella esse, arma vobis ademit, nudosque servis vestris et exulibus objecit. Nuda corpora et soluta somno trucidantur 5, 45. Dextrasque nudas ostentantes, ut gladios abjecisse adpareret 28, 3. *conf. Virgil. Æn.* 11, 418. Inermes nudique sub jugam missi 3, 23. *cf.* 9, 15. militem se cum singulis vestimentis sub jugum missurum. *ef. cap.* 6. *vide* 45, 39. *et Drakenborchium ad* 3, 26. *Nempe tunica tantum vestiti dicuntur* nudi. *Eodem modo Græcorum* γυμνὸς *dicitur.* Suo jussu circumduci Albanum exercitum, ut Fidenatium nuda terga invadant 1, 27. In loco nudo atque inopi 28, 16. — colles nudi 27, 41. — via nuda et facilis *ibid. cap.* 42. Ut ne nudo quidem solo — alere se ac suos possent 26, 30. *cf. cap.* 35. Ad Lælium prædas ingentes ex agro inermi ac nudo præsidiis agentem 29, 4. Id, quod constat, nudum videtur proponendum 3, 47.

NUGATOR *i. q. homo nequam, auctore Festo* 38, 56. Nectationem modo, modo nugatorem appellat.

NULLUS 40, 40. Nullis castris eo die exercitus victor mansit. Nullo *simpliciter dictum pro* nullo loco 22, 53. *ad q. l. vid. Bauer. pag.* 73. [*cui non assentior* nullâ *corrigenti. Ipsa lectionis varietas arguit,* nullo *a Livii manu profectum esse.*] Nullus repente fui 6, 18. [*Græcorum* ὕδεὶς, *μηδὶς.*] In concordia ordinum nullos se usquam esse vident 3, 66. Nullasdum in Asia civitates socias habebat populus Rom. 29, 11. Nulledum certo duce 3, 30. Nullo patre natus 4, 8. *i. e. obscuro, ignoto patre ; quemadmodum Melchisedecus in N. T. vocatur* ἀπάτωρ καὶ ἀμήτωρ. Nulla rerum suarum non relicta inter hostes 8, 26. Philippi nullus usquam nec nuncius ab eo per aliquot horas veniebat 32, 35. *Dukerus legendum censet :* Philippus nullus usquam, nec *etc.* Nullis injuriis vestris — usquam æque quam munere — tribunos offensos 5, 3. *i. e. non æque offensos ullis injuriis etc.* Vid. *Drakenborch. ad h. l.*

NUMEN 1, 55. Movebant dii numen ad indicandam imperii Rom. molem. *i. e. annuerunt.* — numen deorum 8, 32. Evidens numen — rebus affuit Romanis 5, 51. Quorum (*deorum*) eluditur numen 9, 11. Hæc culti neglectique numinis tanta monumenta in rebus humanis cernentes 5, 52. Vindicasse ipsos (*deos*) suum numen, sua auspicia 7, 6. Numina Jovis Romani 18,

6. Quæ — præsentis deæ numine sæpe comperta nobis — referebantur 29, 8. In ducibus ipsis puniendis nullum deæ numen apparuit ? immo ibi præsens maxime fuit *ibid.* Dictatoris edictum pro numine semper observatum 8, 34. Annuite, patres conscripti, nutum numenque vestrum invictum Campanis 7, 30.

NUMERAR E 36, 21. Argenti bigati (*ovans*) præ se tulit centum triginta millia ; et extra numeratum duodecim millia pondo argenti. Libertatis autem originem inde magis — numeres 2, 1. *i. e. repetas æstimes.* Quorum annos in perpetua potestate, tamquam regum in Capitolio, numèratis 6, 41.

NUMERUS 9, 27. Et, majus quam pro numero auxilium, advenerant fortes viri. Hic hominum numerus 10, 38. (*de exercitu* 20,000 *amplius.*) Querentibus, ad numerum sibi colonos non esse 32, 2. *i. e. numerum colonorum legitimum.* Legatos e consularium numero mittendos ad eum senatus censuit 9, 38. Vid. *Gronov. Obs.* 1, 4. Quo magnum frumenti numerum congesserant Romani 21, 48. Certus numerus æris 5, 7. Quum — partem abesse numero sensisset 1, 7. *i. e. armento, gregi.* Ab Etruscis — — numerum (*lictorum*) quoque ipsum ductum 1, 8. Quum duumviris sacris faciundis adjectus est propter plebeios numerus 10, 8. Numerus Minervæ inventum 7, 3.

NUMQUID enim socordius ac segnius rempublicam administrati 6, 37. *Simpliciter interrogat, poniturque Livio pro* an. Vid. *ecquis.*

NUNC *addito* quum maxime 29, 17. Nunc in expeditione, nunc in acie 3, 12. *cf.* 28, 28. Nunc — modo 8, 32. *pro nunc — nunc.* Nunc jam nobis — vobisque — promiscuus consulatus patet 7, 31. *cf.* 5, 2. *it.* 10, 19. Vid. *Bauer. Exc. Liv.* 1, *pag.* 188.

NUNCIA 1, 34. Ejus dei nunciam (*aquilam*) venisse. Quæ (*vox*) nuncia cladis ante bellum Gallicum audita neglectaque esset 5, 50.

NUNCIARE 1, 7. Nunciato augurio. *verbum proprium in tali re. cf.* 10, 40. 32, 9. Prodigia — pluribus locis nunciata acciderunt 31, 12. Priusquam consules provincias sortirentur, prodigia nunciata sunt 41, 9. Vid. *annunciare.* Nunciat, quæ occulte facta sunt 4, 24. *Sermo est de arcanis, quæ et diserte commemorantur paullo ante. Ea autem proprie dicuntur* enunciari, *contra,* nunciari, *quæ audita aut visa sunt.* Nihil referre, ipsi coram, an ad præsidium nunciaretur 36, 3. *cf.* 38, 46. Nunciate regi vestro, regem Rom. Deos facere testes *etc.* 1, 22. *Sic Virgil. Æn.* 1, 137. regique hæc dicite vestro etc. Hæc nunciant domum Albani 1, 23. Nunciaret (*janitor domino suo*) T. Manlium — esse 7, 5. Tegulas relictas in area templi — — redemtores nunciarunt 42, 3. Nunciabant, agnum cum duobus capitibus natum 32, 9:

*quinam? pro vulgo nunciabatur.* Cum duobus consulibus exercitus amissi nunciabantur 22, 54. Hæc Rhodum nunciata; quæ per se tristia fuissent, quia majoris mali levatus erat timor — in gaudium re- nunciata verterunt 45, 25. nunciata *expli- cari debent per* nunciari *jussa, quoniam se- quitur* renunciata. *Ac ne sic quidem a fri- gido pleonasmo immunis locus videri potest, nisi post* nunciata *majorem interpunctionem facias.* Et ne ibi quidem nunciato, quo per- gerent, tantum convocatos milites monuit 25, 9. *absolute dictum, ut sæpius.*

NUNCIUS 44, 15. Rhodios nuncio in orbe terrarum arbitria belli pacisque agere. *In voc.* nuncio *Drakenborchius ironiam esse putat, quia* nuncio s. nunciis *facere in- stituerent, quod exercitibus obtinendum fo- ret. Enimvero Romani et ipsi per legatos, internuncios etc. talia tentarunt. Fortasse legendum* nunc. [*quod Perizonio in men- tem venit. Sed verissime Drakenborchius. Neque probaverim Gronovii* nunciis. *Ap- tior singularis, cum augeat contemtus acer- bitatem. Displicet Schelleri ratio.*] Re- missique nuncii ab eo ad principes — in Athamaniam se venturum 38, 1. *pro qui dicerent, in Athamaniam etc. Similiter* 2, 47. missis ad consules nunciis, quo loco res essent. *conf.* 3, 18. Vid. *Drakenborch. ad* 38, 1. Regius nuncius populi Romani Quiritium 1, 24. Ego sum publicus nun- cius populi Romani 1, 32. Cui rescribi nihil placuit; nuncio ipsius, qui litteras attulerat, dici etc. 42, 37. Trepidus nun- cius adfert, hostem magno agmine adesse 42, 57. Trepido nuncio excitatus 1, 48. Ne se — tam tristem nuncium fere ad Cin- cinnatum paterentur 4, 41. Ludis relictis domus magna pars hominum ad conjuges liberosque lætum nuncium portabant 45, 1.

NUNCUPARE 1, 3. Julia gens auctorem nominis sui nuncupat. Martem incertæ stirpis patrem nuncupat 1, 4. Qua (*voce)* laturos eo spolia posteros nuncupavit 1, 10. *i. q. prædixit.* Quæ (*vota)* pro repub- lica nuncupaverint tot consules etc. 10, 7. *i. e. susceperint, promiserint.* Quod Deos immortales inter nuncupanda vota expo- posci, ejus me compotem voti vos facere potestis 7, 40. Quibus (*Diis)* vota noncu- pavit 45, 39. Sicut verbis nuncupavi, ita — — devoveo 8, 9. Verba legitima dedentium urbes nuncupare 9, 9.

NUNCUPATIO 21, 63. Sollemnem voto- rum nuncupationem fugisse.

NUNDINÆ 7, 15. Qui nundinas et con- ciliabula obire soliti erant. *Cel. Strothius ad h. l.* nundinas *de locis accepit.*

NUNDINARI 22, 56. Pœnum — in cap- tivorum pretiis prædaque alia — nundi- nantem.

NUPER *de longiori tempore. Præfat. it.* 9, 34. *de spatio decem (sec. alios quinque) annorum.* — *et* 45, 39. *de triginta annorum spatio.* [Vid. *Clav. Ciceron. h. v.*]

200

NUPTIALIS 4, 4. Nemo invitam pac- tionem nuptialem quemquam facere coë- gisset. Ut — ad penates hostis sui nuptiale sacrum conficeret 30, 14. *cf. cap. sq.* nup- tiale munus — *de veneno.*

NUSQUAM 1, 38. Ubi nusquam ad uni- versæ rei dimicationem ventum est. Bel- lum nusquam alibi erat 39, 38. *cf.* 43, 9. Nusquam alio, quam ad vos, querelas de- tulimus 29, 17. De Scipione nusquam, ni- si in senatu actum 29, 22. Persequutis hos- tibus nusquam se æquo certamine commit- tentes 3, 42. *cf.* 45, 44. quum hostes exercitus nunquam eduxissent: *ubi quidem Duherus et Creverius* nusquam *legi volunt.* Nus- quam minus, quam in bello eventus re- spondent 30, 30. Nusquam inde Gallos longius vestigium moturos 44, 26. Nus- quam te vestigio moveris 21, 44.

NUTARE 4, 37. Nutant circumspectan- tibus galeæ, et incerti trepidant.

NUTRIRE 4, 52. Cura corporum nu- triendorum *i. e. fovendorum.* Materiem ingentis publice privatimque decoris omni indulgentia nostra nutriamus 1, 39. Vide *fovere.* Quod naturæ damnum utrum nu- triendum patri — an castigandum ac vexatione insigne faciendum fuisse 7, 4. *i. e. non fastidiendum, explicante Sigonio, aut, uti Gronovius volebat, remediis ac fo- mentis quasi adhibitis curandum.* Sorte quadam nutriendæ Græciæ datus 36, 35.

NUTUS 7, 30. Annuere nutum. *Ele- ganter; nutus enim fortunæ tribui con- suevit.* Vide *Numen.*

OB 43, 7. quorum legatio ipso introitu, ob id quod Mictio — pedibus captus lec- tica est introlatus etc.

OBÆRATUS 26, 40. Mixti ex omni col- luvione exsules, obærati, capitalia ausi plerique. *cf.* 6, 27.

OBARARE 23, 19. Quum hostes oba- rassent, quidquid herbidi terreni extra mu- rum erat, raporum semen injecerunt.

OBEDIENTER 8, 19. Se sub imperio populi Rom. fideliter atque obedienter futuros. *cf.* 5, 12. *it.* 42, 35. Vid. *Obnoxie.*

OBEDIRE 5, 3. Nec plebs nobis dicto audiens atque obediens sit. Utrimque enixe obeditum dictatori est 4, 26.

OBEQUITARE 9, 36. Obequitavit sta- tionibus hostium. *cf.* 30, 12.

OBEX 9, 2. Eam quoque (*viam*) clausam sua obice armisque inveniunt. Obices viarum 9, 3.

OBJACERE 2, 65. Saxa objacentia pe- dibus ingerit in subeuntes. Saxorumque ingentium objacentem molem invenere 9, 2.

OBJECTARE 9, 34. Contagio ejus, quod quærebat ipse, criminis objectata ab ini- micis est. *cf.* 6, 27.

OBJICERE 22, 34. Duas legiones hosti ad cædem objectas. Obtruncatoque prius armigero, qui se infesto venienti obviam objecerat, consulem lancea tranfixit 22, 6. *ubi vid. Bauer. pag.* 46. [*Durior illi visa constructio : vix jure, opinor.*] Hostium se telis potius, quam suffragiis iratorum civium caput objecturum 22, 40. Qui Decimio in auctoribus ad piaculum noxæ objiciendis adsensi sunt 45, 10. Quia eum objectum Romanis esse volebant 42, 5. *cf.* 34, 9. Pecunia omnibus contactis ea violatione templi furorem objecit 29, 8. *pro injecit. Sic :* religiones objectæ animo 41, 22. — quo *(die)* sibi eam mentem objecissent (*dii*), ut excidium patriæ fatale proderent 5, 15. *de divino monitu vel instinctu.* Quæ ubi objecta spes est 6, 14. Levi aura spei objecta 42, 39. Ab effusa fuga flumen objectum a tergo arcebat 1, 27. Brachio objecto flumine eos excludit 22, 52. Cervis etiam objectis, ut viam intercluderet 44, 11. Castellum loco edito contra arcem objecit 38, 4. — promontorium objectum 31, 46. Hujus in ostio sinus parva insula objecta ·ab alto portum ab omnibus ventis — tutum facit 26, 42. *Similiter Virgil. Æn.* 1, 160. insula portum efficit objectu laterum. Dum objectis foribus extremos suorum exclusere 5, 13. *cf.* 28, 6. Ubi conferti hastas ingentis longitudinis præ se Macedones objecissent 32, 17. *non transversæ, sed directæ, intelligendæ sunt.*

OBIRATUS 1, 31. Fortunæ, ut fit, obirati, cultum reliquerant deûm. Vid. *Gronov. ad* 42, 10. *ubi pro* ob ea irati *legi vult* obirati.

OBIRE 5, 52. Sollemne Fabiæ gentis obiit. *i. e. fecit. verbum proprium.* Ipse (*Numa*) plurima sacra obibat 1, 20. Consules obire tot simul bella 4, 7. Omnia militaria munera ipse impigre obiret 44, 4. Ibi inter se et regiones, quas obirent, et milites diviserunt 42, 37. Cum quibus (*legatis*) circumspicere et obire ad omnes hostium subitos conatus posset 31, 21. Ne ad omnia simul obire unus non posset 10, 25. Simul se cum illis obituros (*mortem*) 5, 39.

OBLIGARE 21, 21. Novis se obligat votis, si cetera prospera evenissent. Me vobis, priusquam provinciam aut castra viderem, obligavit fortuna 26, 41. Si quid est, in quo obligari populus possit, in omnia potest 9, 9. Habita fides ipsam plerumque obligat fidem 22, 22. Dextra data in id, quod petebatur, obligandæ fidei 30, 12. Fide sua obligata, pacato agmine transituros Bastarnas 40, 57. Nec moror, quo minus in civitatem, obligatam sponsione commissa — redeant 9, 11.

OBLIQUUS 5, 16. Per agrum Cæretem obliquis tramitibus transgressi. *i. e. transversis.* Tendere obliquo monte ad castra Gallorum visi sunt 7, 15. Obliquis itineribus agmen sequebantur 41, 2.

OBLITERARE 8, 71. Res vetustate obliterata. *cf.* 26, 41. — res obliterata 29, 35.

— præteritis silentio obliteratis 43, 2. — obliterata peccata 3, 59. Nondum obliterata memoria superioris belli 21, 29. Adversamque prospera pugna (*consul*) obliteravit 33, 36. Suo beneficio paternas simultates obliterans 41, 24. Non tamen obliterare famam rei male gestæ potuit 39, 20.

OBLITUS 9, 18. Et exercitum Macedoniæ oblitum, degenerantemque jam in Persarum mores adduxisset. Quamvis recentium fœderum et Deorum omnium oblitos, bellum gesturos 30, 23. Armorum hostiumque obliti 41, 2. Ne in metu quidem feritatis ingenitæ obliti 41, 18.

OBLIVIO 28, 29. Auferat omnia irrita oblivio, si potest.

OBLONGUS 21, 8. Missile telum hastili oblongo. *ad q. l. vid. Bauer. pag.* 9.

OBMOLIRI 33, 5. Qua (*arbore*) evulsa portæ instar exemplo patebat, nec in promtu erat, quod obmolirentur.

OBNASCI 23, 19. Inter obnatæ ripis salicta.

OBNITI 8, 38. In suo quisque gradu obnixi, urgentes scutis, pugnabant. Ibi Postumius, omni vi, ne caperetur, obnixus occubuit 23, 24. [*Gronov. et Drakenborchius* dimicans occubuit.] Obnisos vos stabili gradu impetum hostium excipere 6, 12. Stant obnisi Samnites 7, 33.

OBNOXIE 3, 39. Sed magis obedienter ventum in curiam est, quam obnoxie dictas sententias accepimus.

OBNOXIUS 9, 9. Obnoxia pax. *i. e. iniqua, in qua timor alterius relinquitur.* Quæ serva atque obnoxia fore, si nullus alio sit, quam ad Romanos, respectus 42, 46. Si reticeam, aut superbus, aut obnoxius videar 23, 12. Vestra obnoxia capita pro licentia Fabii objicite 8, 34. *i. e. ut sint obnoxia.* Subjecti imperio et obnoxii 37, 53. Obnoxia sunt bona creditæ pecuniæ 8, 28. Obnoxiam carnificis arbitrio ducere animam 6, 17. Tentari profecto patientiam, ut, si jugum acceperint, obnoxios premat 1, 50. Adeo obnoxios summiserant animos 6, 34. · Subjecti atque obnoxii vobis minus essemus 7, 30. Optimum quemque — inhonoratos et deterioribus obnoxios silere 39, 27. Cui et palam facti parricidii gratia obnoxius erat 40, 56. Obnoxios pedibus eorum subjecit 45, 31.

OBNUBERE 1, 26. Caput obnubito.

OBNUNCIARE 22, 42. Paullus obnunciari jam efferenti porta signa collegæ jussit. *Nempe consul consuli obnunciare potest, ut patet ex Ciceronis Or. Phil.* 2, 33. *i. e. auspicium triste nunciare, ad impediendum.* [*vid. Clav. Ciceron. h. v.*]

OBORIRI 21, 8. Acrius de integro obortum est bellum. Adventu suorum lacrimæ obortæ 1, 58. Lacrimæ omnibus obortæ, et diu mœstum silentium tenuit 40, 8. *Sic Virgil.* sinum lacrimis im-

plevit obortis. Proficiscentibus indignatio
oborta 2, 37. *i. q. indignari cœperunt.*
Tumultus ingens (*in castris*) oboritur 42,
58.

OBROGARE 9, 34. Obrogat antiquæ legi
nova. (*hodie vulgo:* derogat.) *Oppos.*
abrogare legem *i. e. prorsus tollere.* Vid.
*Drakenborch. ad h. l.*

OBRUERE 30, 6. Obruerant itinera
portarum. *i. e. obstruserant, moles et impedimenta objecerant.* Obruta urbs agmine
34, 5. *pro obsessa, vel potius circumdata.*
Obruti sunt insuper velut nube jaculorum
a Balearibus conjecta 21, 55. Vid. *Virgil.
Æn.* 2, 424. Divinis humanisque obruti
sceleribus 3, 19. Quam obruerent cum
male parta, male gesta, male retenta imperia 9, 34. Cujus populi vis atque virtus
non obruta sit Cannensi clade 25, 38. Se
mergentibus semper sortem usuris obrutum
fœnore esse 9. 45. Mersam et obrutam
fœnore partem civitatis 6, 17. *cf.* 35, 7.
Hanc tribuni orationem (*accusationem*) ita
obruit Marcellus commemoratione rerum
suarum, ut etc. 27, 21. *i. e. refutavit, irritam fecit.* Meas opiniones, conjectando
rem vetustate obrutam, non interponam
29, 14. *i. q. obliteratam.*

OBSCŒNUS 21, 12. Animalium obscœni
fœtus. *i. e. monstrosi, et propterea mali
ominis.* Vid. *Virgil. Æn.* 12, 876. Palam
ab suo comitatu et obscœnis illis viris
fremebant interfectum 33, 28. *paullo ante:*
prosequentibus mollibus viris, qui joci
causa convivio celebri interfuerant.

OBSCURUS *Præfat.* Si in tanta scriptorum turba mea fama in obscuro sit etc.
Vid. *officere.*

OBSECRARE 29, 15. Orare atque obsecrare, ut sibi senatum adire — liceret.
Senatu obsecrante, ne rempublicam in incerto relinqueret statu 5, 49.

OBSECRATIO 4, 21. Obsecratio a populo, duumviris præeuntibus, est facta.
Obsecratio in unum diem populo indicta
26, 23. Supplicationibus habitis jam et
obsecratione circa omnia pulvinaria facta
31, 9. *cf. cap.* 8. *Differunt, ut genus a
specie. Obsecratio autem fit avertendæ deorum iræ caussa.* Supplicationem obsecrationemque habendam 42, 20.

OBSECUNDARE 3, 35. Obsecundando
mollire impetum aggrediuntur. *i. e. blande
ac benigne cedendo.* Vid. *Gronov. ad 23,
14. cui loco hanc vocem restituendam censet.*

OBSEPIRE 4, 25. Obseptum plebi ad
honorem iter. Hæc (*familia*) plebi ad
curules magistratus iter obsepsit 9, 34.
Omnia itinera obsepserant hostes 9, 43.
Vid. *Intt. ad* 39, 1. Dolo viam obseptam
2, 6.

OBSEQUENTER 41, 10. Hæc collegæ
obsequenter facta.

OBSEQUIUM 29, 15. Quum interim boni
obedientesque socii, pro fide atque obsequio in populum Rom. continuis omnium annorum delectibus exhausti essent.
Maximum (*onus, i. e. honorem, sibi*) tam
honoratorum collegarum obsequio injungi
6, 6. *i. q. officio, humanitate, benignitate,
complaisance.*

OBSERARE 40, 7. Infamandæ rei causa
januam obserari jubet. *cf.* 5, 41. *it.* 39, 14.

OBSERVARE 3, 21. Se id suffragium
non observaturos. *i. e. electionem non
probaturos, auctores se non futuros, pro
nulla habituros.* Neque magis observaturos
diem concilii, quam ipse. qui indixerit,
observet 1, 50. Post illum observatum,
ut, qui ita liberati essent, in civitatem accepti viderentur 2, 5. Neque eos, quos
statuit, terminos observat 21, 44. Vid.
*terminus.* Nec novos statuere fines, sed
veteres observari, in animo habere 42, 24.
Negaverunt, eam lectionem se — observaturos 9, 30. Quum vacationes suas
quisque populus recitaret; nullius, quam
in Italia hostis esset — vacatio observata
est 27, 38. *i. e. locum habuit, pro valida declarata est.* Vid. *sacrosanctus.*
Non edicta imperatorum, non auspicia
observentur 8, 34. Bellum, tempestatibus
captandis et observando tempore anni,
gerant 5, 6. Vid. *præstigiæ.*

OBSES 43, 10. Nec obsides, pignus futuros furto et fraude agendæ rei, posceret.
Obsidem — se animum ejus habere, etsi
patri corpus reddiderit 39, 47. Nec obsidum nomine, (nam militari jussi sunt) et
tamen re ipsa, ut pignus fidei essent 40,
47. *Vid.* citro. *it.* deponere.

OBSESSOR 9, 15. Papirio quoque, qui
obsessor Luceriæ restiterat, brevi ad spem
eventus respondit.

OBSIDERE 29, 32. Faucibus utrimque
obsessis. Quum loca non iniqua esse
dicerent, præsidiis autem regia obsideri
etc. 44, 35. *paullo ante:* quæ validis præsidiis insedissent. — qui armati Aventinum
obsedissent 3, 50. — *etiam simpliciter dictum:* ad obsidendas angustias 21, 28.
Quum obsessa ab armatis templa augusta
præterirent 1, 29. Eorum catervæ tribunalia obsederant 3, 37. Obsessos primam
audierunt 9, 7. Quum obsideri aures a
fratre cerneret 40, 20.

OBSIDIO 5, 2. Spes major imperatoribus — in obsidione, quam in oppugnatione. — obsidio ubi infertur 6, 29. — in
obsidione erat 23, 37. — obsidio segnis 10,
9. Populationem in agris, obsidionem in
urbe exspecta 36, 14. *i. q. urbis.* Soluta
obsidio 42, 56. Atheniensium legati,
orantes, ut se obsidione eximeret 31, 14.
Vid. *solvere.* Ad Cupuæ liberandam obsidionem 26, 8. Vid. *absistere.*

OBSIDIONALIS. Vid. *corona.*

OBSISTERE 22, 60. Non enim modo sequi
recusarunt bene monentem, sed obsistere
ac retinere conati sunt. *cf.* 10, 19, *it. cap.*
43. Rogationi, qua se in ordinem cogi videbat, obsistere potuit 6, 38. Qui — hosti

obsistat 21. 41. (*obstet.*) Obsistentibus ad exitum Celtiberis 41, 26.

OBSITUS 1, 14. Partem militum locis circa densa obsita virgulta obscuris subsidere in insidiis jussit. Rivus — obsitus palustribus herbis 21, 54. Legati — obsiti squalore et sordibus 29, 16. — obsita erat squalore vestis 2, 23.

OBSOLESCERE 21, 52. Suspecta ei gens erat, ut alia vetustate obsolevissent, ob recentem Boiorum perfidiam.

OBSTARE 1, 26. Recens meritum facto (*scil. improbo*) obstabat. *i. e. impediebat, quo minus pœna dignum putaretur, vel puniretur.* Ne id, quod placebat, decerneret — ambitio obstabat 5, 36. Non præsentem solum dictatorem obstitisse rei bene gerendæ, sed absentem etiam gestæ obstare 22, 25. *i. e. verbis elevare, minuere.* Conferti in portis, obstando magis, quam pugnando, castra tutabantur, 40, 25.

OBSTINARE, 23, 29. Obstinaverant animis vincere aut mori. Ubi obstinatam (*Lucretiam*) videbat, et ne mortis quidem metu inclinari 1, 58. Quo terrore suam vicisset obstinatam pudicitiam velut victrix libido *ibid.* Obstinata oratio tribunorum 6, 40. Obstinato ad mortem animo 5. 41. *cf.* 6. 20. Quibus animi in spe ultima obstinati ad decertandum fuerant 6, 8. Nunc ita obstinatos animos esse, ut omnia ferre ac pati tolerabilius ducant 10, 11, *cf.* 3, 47. Obstinatum silentium 9, 7. Obstinatos claudere (*portas*), si exercitus admoveatur 9, 25. Obstinatos mori in vestigio quemque suo vidit 28, 22. *cf.* 7, 32. 9, 32. 42, 65.

OBSTREPERE 21, 56. Aut nihil sensere, obstrepente pluvia, aut — sentire sese dissimularunt *alii :* obstrepescente. Certatim alter alteri obstrepere 1, 40. Quum T. Otacilius ferociter — vociferaretur atque obstreperet 24, 9. Quum Claudio obstreperetur, audientiam facere præconem jussit 43, 16.

OBSTRINGERE 10, 41. His vinculis fugæ obstricti stabant. Nisi universam rempublicam eo nefario obstrinxeris 9, 34. *cf.* 10, 38. Obstringere perjurio non se solum suamque, caput, sed signa militaria et aquilas, sacramentique religionem 26, 48. Primoribus Samnitium ea detestatione obstrictis 10, 38. Quum me seu turpi seu necessaria sponsione obstrinxi 9, 8. Nulla sum tibi verecundia obstrictus 30, 31. Quæ autem ad sacra pertinebant, a pontificibus maxime, ut religione obstrictos haberent multitudinis animos, suppressa 6, 1. *nova h. l. significatione, quam explicat Cicero pro Mur. cap.* 11. Vid. *fides.*

OBSTRUERE 5, 1. Aliis (*munimentis*) frons in Etruriam spectans, auxiliis — obstruebatur. Quin hostes extracturi demersas moles sint, et minore molimento

aperturi portum, quam obstruatur 27, 15.

OBSTUPEFACERE 2, 10. Ipso miraculo audaciæ obstupefecit hostes. Nisi metus mœrorem obstupefaceret 25, 38. *i. e. sensum adimeret.*

OBSTUPESCERE 34, 27. Hoc terrore obstupuerant multitudinis animi ab omni conatu novorum consiliorum. Obstupuerant ad magnitudinem pristinæ ejus fortunæ virtutisque 39, 50.

OBTENTUS 1, 56. Ut sub ejus obtentu cognominis — animus latens opperiretur tempora sua.

OBTERERE 44, 22. Elephanti — exeuntes obterebant elidebantque 28, 23. Neque ex adverso tantum illati (*equites*) obvios obtrivere etc. 28, 23. *i. e. proculcare. cf.* 10, 28. 27, 41, 37, 44. Armis virisque ad obterendum — consulem concurrunt 9, 38. Implorare præsidium populi, qui omnia jura populi obtrisset, 3, 56. Hannibalis virtutem fortunamque extollit : populi Rom. obterit senescentem cum viribus majestatem 23, 43. Quum — Pœnus mancipia Romana, et ex ergastulo militem, verbis obtereret 24, 15.

OBTESTARI 23, 26. Quoad multum ac diu obtestanti (*Hasdrubali*) quatuor millia — in supplementum missi ex Africa sunt. Reprehensans singulos, obsistens obtestansque deûm et hominum fidem, testabatur, nequidquam deserto præsidio eos fugere 2, 10. *cf.* 10, 19. Morte me ut vindices ab Romanorum arbitrio, oro obtestorque 30, 12.

OBTESTATIO 26, 25. Diram exsecrationem in populares, obtestationem quam sanctissimam potuerunt adversus hospites composuerunt. *i. e. jusjurandum.* Vid. *Clavem Ciceron. in* obtestatio *ad locum est Or. pro Balbo.* Matronæ, quia nihil in ipsis opis erat, ad preces obtestationesque versæ, per omnia delubra vagæ etc. 27, 50.

OBTINERE 2, 10. Neque ille minus obstinatus ingenti pontem obtineret gradu etc. Quum pubem Albanam in arcem præsidio armisque obtinendam avocasset 1, 6. Possessum semel obtinerent imperium 3, 36. *i. e. obstinato retinerent. cf.* 4, 16. 7, 16. 26, 20. Privatus fasces et imperium obtinuit 9, 34. *i. q. in tenendo perseveravit. cf. cap.* 29. Judiciis etiam in pertinaces ad obtinendam injuriam redditis 29, 1. *i. e. ad recipienda, quæ per injuriam erepta erant, retinenda etc.* Vid. *Gronov. ad Tacit. Annal.* 2, 84. In senatu caussam obtinuere 8, 21. *alias :* tenere. Vid. *infra in h. v.* Magnisque contentionibus obtinuit, ne (*rogatio*) perferretur 41, 6. Ulteriorem ripam amnis armis obtinebant 21, 26. Quonam modo perpetua pace obtineamus 8, 13. Omnia circa Karthaginem obtineri armis 30, 29. *cf. cap.* 19. Omnia obtinet cædes, nec in ullam partem

tutum perfugium est 9, 43. *cf.* 5, 49.
Noctem insequentem eadem caligo obtinuit 29, 27. Etruria — latitudinem obtinens Italiæ 5, 54. Quum omnia non opes
magis Romanæ, quam beneficiis parta
gratia bona pace obtineret 8, 15.

OBTINGERE 6, 31. Aurelio Italia provincia obtigit. *Verbum proprium de sorte
provinciarum. paullo ante :* Macedonia
sorte evenit. *Eodem significatu* obvenire
*dicitur.*

OBTORPESCERE 22, 3. Si ad convellendum signum manus præ metu obtor-
puerint. Obtorpuerant quodammodo animi 32, 20. Ut obtorpuisse inops consilii.
videretur 44, 2.

OBTRECTATIO 2, 40. Adeo sine obtrec-
tatione gloriæ alienæ vivebatur. Vid.
*carpere.*

OBTRUNCARE 4, 46. Multique in ruina
majore quam fuga oppressi obtruncatique.
*cf.* 5. 16. *it.* 7, 29. Ita regem obtruncant
1, 5. Regem in prœlio obtruncat et spo-
liat 1, 10. Scribam pro rege obtruncat 2,
12. Barbarus eum quidam palam — —
obtruncavit 21, 2. Vid. *occutus.*

OBTUNDERE 7, 2. Quum sæpius revocatus (*in scœnam*) vocem obtudisset *i. e.
raucedinem sæpius cantando sibi contrax-
isset.* — obtusus vigor animi 5, 18. Ob-
tundendo, docendoque, quam ea res ipsis
patriæque salutaris esset, pervicit etc.
26, 38.

OBVENIRE 29, 34. Se in tempore pugnæ obventurum. *i. e. laborantium pugnam suscepturum. Ita et* occurrere *dici
solet.* Vid. *infra in h. v.* Ea provincia
Manlio obvenit 7, 16. Vid. *obtingere.* A.
Hostilio urbana, Ti. Minucio peregrina
obvenit 40, 35. Claudio Istria, Sempronio
Sardinia obvenit 41, 9. Cui Pisæ provincia obveniisset — ad comitia reverti jussit 41, 14. Consul, cui provincia Macedonia obveniisset 42, 18. Æmilio novum
bellum Etruria sorte obvenit 9, 31. *cf.*
10, 12.

OBVERSARI 31, 11. Magnam partem
eorum (*transfugarum*) palam Karthagini
obversari dici. Obversata vestibulo carceris mœsta turba 8, 16. Vagati in urbe,
obversatique prætorio erant 29, 24. — ob-
versatus eo die in foro 33, 47. *cf.* 38, 1.
Vid. *Gronov. Obs.* 3, 24. Ægro animi
eadem illa in somnis obversata species 2,
36. Non obversatam esse memoriam noctis illius etc. 6, 17. Ante oculos obver-
sabatur 34, 36.—dum incautius ante signa
obversatur 41, 18.

OBVERTERE 6, 24. Ut circumagi signa,
obvertique aciem viderunt in hostem. *cf.*
9, 21. — inde signa in hostem obvertit
*ibid. cap.* 35. Ante signa obversus in
aciem 6, 7. Obversis cominus ad ineundum prœlium armis 2, 10. Obversa in regionem Magnesiæ duobus imparibus pro-
montoriis 44, 11.

OBVIAM 31, 14. Civitas omnis obviam
effusa. — multitudo 45, 35. Venientibus
Capuam cunctus senatus populusque obviam egressi 9, 6. Qui se infesto venienti
obviam objecerat 22, 6. Vid. *objicere.*
Obviam eundum pravæ cupiditati 7, 9.
Me obviam ire crimini, et offerre me inimicis reum 9, 26.

OBVIUS 26, 25. Castra obvia hosti posuerunt. *nisi vero cum Gronovio legatur*
obviam. In obvio classi hostium esse
37, 28. Quos casus obvios obtulit 42, 63.
Effusa omnis obvia turba 44, 46. *Drakenborchio placet* obviam *legi.* In radicibus
Alpium obvius fui (*sine casu*) 21, 41.
Quibus redeuntibus — — obvius exierat
41, 25. Venienti agmini consulis obvius
fuit 44, 4.

OBVOLVERE 48. 12. Obvolutis capitibus se in Tiberim præcipitaverunt. *cf.*
23, 10.

OCCÆCARE 22, 43. Occæcatus pulvere effuso hostis. Caligo occæcaverat
diem 33, 7. Ira et pavore occæcatis animis 38, 21. — adeo occæcat adimos fortuna 5, 37. Spes cupiditati admota ita
occæcavit animum, ut etc. 42, 10. Ni
spes vana pacis occæcasset consilia 42,
43.

OCCASIO 4, 31. Locus ad occasionem
*i. e. rei feliciter gerendæ.* — occasio ad
rem gerendam 37, 26. — occasionem aperuere ad invadendum 4, 53. *cf.* 9, 27. Res
per occasionem gesta egregie est 7, 7.
*cap.* 6. *hæc sunt :* forte ita tulit casus. Per
occasionem partis alterius pugnam conserere 21, 8. *i. e. quum pars altera occasionem aut præbet, aut nanciscitur.* Per
occasionem fraude præparatam 37, 26.
Per istius legis occasionem 6, 41. Armatus intentusque sis, neque occasioni tuæ
desis, neque suam occasionem hosti des
22, 39. Occasionibus potius, quam virtute petere honores 6, 41. Antiochus
suam fore Ægyptum, si tum occasio esset,
censebat 33, 41. Numquam talem occasionem habituros, si eam prætermisissent
38, 33. Quia, si in occasionis momento,
cujus prætervolat opportunitas, cunctatus
paullum fueris, nequidquam mox omissam
quæras 25, 38. Occasionem bene gerendæ rei amisere 31, 36. Quoniam temeritate paucorum magnæ rei parta occasio
esset 10, 42. Occasionem ratus 21, 11.
*absol. pr. ne deesset occasioni oblatæ.*

OCCASUS 3, 52. Occasu urbis vultis
finiri imperium?

OCCIDENS. Vid. *hibernus.*

OCCIDERE 23, 24. Arbores levi im-
pulsu occidere. *i. q. concidere, labi; erunt
enim incisæ.* Aliique super alios et jumenta et homines occiderent 21, 35. Occidisse supra ducenta millia hostium —
ex quatuor consulibus duos occidisse 23,
11. Cum illo (*Servio*) simul justa ac legitima regna occiderunt 1, 48. Velut ad

spectaculum a fortuna positi occidentis patriæ 5, 42.

OCCIDERE 29, 18. Omnibus suppliciis cruciatos trucidando occidit. *cf.* 2, 51. 3, 10. 9, 37. 10, 39. Vid. *in voc. sq.* Occidi exercitus hostium 23, 12. Ad duo millia eorum M. Pinarius prætor in acie occidit 40, 34.

OCCIDIO 3, 28. Ne in occidione victoriam ponerent. *Etiam* occasio *dicitur, v. c. ap. Cicer. Or. Phil.* 14, 14. Quum duo exercitus eorum prope occidione occisi essent 28, 43. *cf.* 4, 58. *it.* 9, 38. 30, 32.

OCCINERE 6, 41. Si occinuerit avis. *i. q. cecinerit ; sed illud verbum de auspiciis proprie dicitur. cf.* 10, 40. *uit. Uterque locus docet, de læto augurio pariter* occinere *dici, ac de tristi : quod negabat Cel. Strothius ad superiorem illum locum. Ceterum nonnulli legunt* occinerit, *dissentientibus de formatione præteriti, Grammaticis.*

OCCIPERE 29, 27. A meridie nebula occepit. Ex loco infesto agere porro armentum occepit 1, 7. Delectum habere occipiunt 4, 55. Tarquinius regnare occepit 1, 49. Qui magistratum statim occiperet 3, 18. *cf.* 31, 50. Hi ex interregno magistratum occepere 6, 5. Extemplo magistratum occeperunt 3, 55. Collegam, qui extemplo magistratum occiperet, creavit, 41, 17.

OCCUBARE 1, 7. Cacus — morte occubuit. *Vid.* occumbere. *conf. Intt. ad Virgil. Æn.* 1, 547.

OCCULCARE 27, 14. Turbarunt (*elephanti*) signa ordinesque, et partim occulcatis, partim dissipatis terrore, qui circa erant, nudaverant una parte aciem.

OCCULERE 25, 8. Sylvâ prope viam sese occuluerunt. *cf. cap.* 16. *it.* 23, 22. Vid. *Virgil. Æn.* 1, 312.

OCCULTISSIME 9, 2. Castra, quam potest occultissime, locat. Quam occultissime trajecto amni 21, 27.

OCCULTUS 9, 31. Ingens hostium exercitus itinera occultus insederat. Legatum occupare montes jubet, occultumque id jugum capere, quod ab tergo hostibus foret 4. 32. — in occulta valle instructi 10, 14. Si valles occultiores insedissent etc. 21, 32.

OCCUMBERE 2, 7. Quod — matura gloria, nec dum se vertente in invidiam, mortem occubuisset, — ictus clava morte occubit 1, 7. *vid. Intt. ad* 26, 25. Ignobili atque inhonesta morte occubuit 29, 18. Proditos rati, qui pugnantes mortem occubuissent 31, 18. *Vid.* mors. *it.* occubare.

OCCUPARE 1, 38. Aream ad ædem in Capitolio Jovis — occupat fundamentis. Forma urbis occupatæ magis, quam divisæ similis 5, 55. *cf.* 6, 4. *vid. Tacit. Annal.* 15, 38. Occupare alicujus consilia 24, 7. — tempus occupandi res *ibid. cap.* 24. Quos forte armatos tumultus occupaverat

6, 3. Si occupasset obsidio Lacedæmonis exercitum 34, 33. Bru'us, illis luctu occupatis etc. 1, 58. Occupatus certamine est animus 22, 15. Ut quosque studium privatim aut gratia occupaverat 5, 8. Omnes deinde alias curas una occupavit etc. 29, 16. Quum, qui prior auctor tam sævi exempli foret, occupaturus (*Manlius*) insignem titulum crudelitatis fuerit 24, 18. Occuparent Patres ipsi suum munus facere 2, 48. *cf.* 1, 14. *it. cap.* 31. Occupavit tamen Scipio Padum trajicere 21, 39. Pro eo, qui occupasset aggredi, opus factum esse rati 44, 12.

OCCUPATIO 10, 45. Quæ (*Etruria*) — occupationem populi Rom. pro occasione rebellandi habuisset.

OCCURRERE 31; 29. Legati ad id concilium, occurrerunt. *pro venerunt.* — ad opem ferendam occurrunt 36, 24. Non alias ullum spectaculum tanta multitudo occurrit 45, 7. Ad primum adventum Romanorum occursurus 21, 16. *i. q. affuturus.* Huic (*concilio*) ut occurrerent 31, 28. *i. q. ad hoc c.* Quibus (*comitiis*) quia Æmilius occurrere non potuit 39, 6. *i. e. quæ obire nequiit.* Revocati ab suis neutri prœlio occurrerunt 10, 43. *cf.* 31, 29. Sed pudor, si irrito incepto abscederet obsidione, occurrebat 36, 33. *i. e. in mentem veniebat.* — quum præter vim et cædem nihil cuiquam occurreret 6, 19. *cf.* 5, 54. *it.* 25, 24. Occurrebat animis, quantos exercitus — tuerentur 23, 48. Huic timendo hosti utrum — improvisus incidisse videor, an occurrere in vestigiis ejus? 21, 41. *Drakenborchius* in *delendum censet, quoniam* 6, 32. *sequi* vestigiis *dicatur.*

OCCURSARE 2, 45. His freti occursant portis. *paullo ante :* obequitando castris provocandoque. Occursant (*Galli*) in ripam 21, 28. *nisi vero cum Gronovio legas* in ripa. [*Adscripserat Ernestius :* "*male. nam et* quo *et* ubi *occursarint, quæri dicique potest. Sic Bauerus.*"] Barbaris per calles notos occursantibus 38, 40.

OCCURSUS 5, 41. Vacuis occursu hominum viis.

OCIOR 7, 26. Romanorum cursus ad victorem etiam ocior fuit.

OCIUS 10, 40. Signa ocius proferri jubet. *cf. cap.* 5. Ocius demigrare Pydnam cogit 44, 6.

OCTOJUGES 5, 2. Nunc jam octojuges ad imperia obtinenda ire.

OCTUPLICATUS 4, 24. Mamercum — tribu moverunt, octuplicatoque censu ærarium fecerunt. *i. e. ut ei tributum pendendum esset ærario, octuplo majus eo censu, quem ante habuisset.*

OCULUS 26, 2. Ne Capua in oculis ejus caperetur. *cf.* 3, 57. Nisi oculos quoque hominum liberassent ab tanti memoria decoris 6, 20. Quo magis argui præstigias jubetis vestras, eo plus vereor, ne abstuleritis observantibus etiam oculos 6, 15.

Circumferens truces minaciter oculos 2, 10. Ante oculos habére urbem latam in triumpho suo 5, 30. Donec territum prodigii talis visu, oculisque simul ac mente turbatum, Valerius obtruncat 7, 26. Consul, demissis in terram oculis, tacitus ab incertis, quidnam acturus esset, legatis recessit 9, 38. Vid. *demittere.*

Odiosus 41, 6. Palam res odiosas fieri.

Odium anceps 27, 17. — inexpiabile 39, 51. — exsecrabile 9, 26. Civitas, secum ipsa discors, intestino inter Patres plebemque flagrabat odio 2, 23. Odiis majoribus certarunt, quam viribus 21, 1. Nec esse in vos, odio vestro, consultum ab Romanis credatis 30, 44. *i. e. quod vos odio persequantur.*

Offendere 2, 2. Quam nihil aliud offenderit. *h. e. invisum esset. Bauerus ad h. l. pag. 86. leg.* offenderet. Tamquam Atilius primo accessu ad Africam offenderit 28, 43. *i. q. infeliciter bellum gesserit. cf.* 35, 26.

Offensare 25, 37. Flere omnes repente et offensare capita.

Offensio 41, 24. Qui offensionem apud Romanos (*pr. Romanorum.*) timebant.

Offerre 1, 51. Oblato falso crimine. — oblata vani furti invidia 6, 16. Pœnam ejus *(Manlii)* oblatam prope oculis suis etc. 6, 20. Ne ferrum quidem ad bene moriendum oblaturus est hostis 9, 3. Donec ab Roma legati aut victoriam illis certam aut pacem offerrent 9, 9. Qui vestris studiis, quæ in campum ad mandandos, quibus velitis, honores *affertis,* moram ullam *offerret* etc. 21, 8. (*objiceret.*) Horum criminum vos reos in omnia sæcula offerte 8, 34. Concordiæ ducis exercitusque non ausi offerre se 2, 60. *h. e. concordes aggredi, iis obviam ire. cf.* 3, 50. Non satis audentibus singulis invidiæ se offerre 3, 50. Offerre errorem alicui 10, 14. — ultro offerre 39, 21. Palantes, veluti forte oblati, populatores Capenatis agri 5, 13.

Officere *Præfat.* Nobilitate ac magnitudine eorum, meo qui nomini officient, me consoler, *ubi tamen legitur a nonnullis* lumini, *quia proprie dicatur luminibus officere, i. e. ædificando prospectum ac lucem adimere. vid. Bauer. ad h. l. pag. 2. cf.* 2, 30. *it.* 4, 31. *it. in v.* obscurus. Id officere, id obstare libertati 2, 2. Vid. *degeneratum.*

Officina 6, 20. Ædes atque officina monetæ. *cf.* 7, 28.

Officium 8, 22. In officio Fundanos esse. (*fide.*) Functus officio 2, 36. *t. e. quum exposuisset, quæ a Jove monitus nunciare debuerat.* Liberaliter dextreque obeundo officia 1, 34. Officii cura (*scilic. in prosequendo*) 42, 40. Remissis quatuor triremibus — quæ officii caussa ab domo prosequutæ fuerant 26, 19.

Offundere 2, 49. Offusa oculis animoque religio. Incompositisque adversus equestrem procellam subitum pavorem offundit 10, 5. Terror oculis auribusque offusus 28, 29. — ne quis terror vobis offundatur 34, 6. Ut qui nihil minus eo die, propter offusam caliginem, quam prœlium exspectasset 33, 7.

Olea 45, 23. Ramosque oleæ supplices jactantes.

Omen concordia rei maxime in hoc tempus utili 5, 18. Qui (*dictator*) — omen plebeio consuli — dederit 6, 39. *i. e. creando.* Omen ad rem terra gerendam 31, 45. *i. e. omen æque minus felicis expeditionis terrestris.* In omen magni terroris acceptum 21, 63. *nisi cum aliis* ut omen *legas.*

Ominari 26, 18. Clamore ac favore ominati extemplo sunt felix faustumque imperium. *Contra* 3, 61. *in partem deteriorem.* Ac prope certa spe ominates esse homines, finem *esse* Macedonico bello, maturumque reditum cum egregio triumpho consulis *fore* 44, 22.

Omittere 44, 8. Ut qui, offerentibus sese rebus, omisisset e manibus ea, quæ mox repeti non possent. Omissis Sidicinis — Campanos adorti 7, 29. Ut neque omitterent eum (*hostem*) neque congrederentur 22, 12. Omissa dignitatis libertatisque memoria 23, 4. — omissa verecundia 23, 3. Omissis armis capessunt fugam 32, 8. — omiserunt mota arma 21, 11. — inter sarcinas omissas repente 8. 39. Omissa itaque spe per vim atque arma subeundi 5, 43. Vid. *occasio.* Omissis rebus aliis præ cura unius 3, 46. Omisso ad castra itinere 9, 35. Desertam omississque ab hominibus rempublicam 4, 43. Omissa irrita re 2, 7. Id quamquam omissum jam *es* omnium cura Latinorum — videbatur 1, 45. Armisque omissis saxa — amplexos trucidat 5, 47. Omisso sui alienique discrimine, in vacuo ædificant 5, 55. Omisso discrimine, vera an falsa jaceret 6, 14. Omisso bello 6, 15. Si in occasionis momento, cujus prætervolat opportunitas, cunctatus paullum fueris, nequidquam mox omissam (*al.* omissam) quæras 25, 38. Omittite Sagunti — mentionem facere 21, 18.

Omnia 30, 31. Omnia quæcumque. — primum omnium 6, 11. — omnium primum 24, 10. *cf.* 42, 1. *it.* 45, 13. — ultima pati 37, 54. In stationibus disponendis ad opportuna omnis urbis loca 3, 15. *i. q. totius.* Inde admiratione paventibus cunctis, quum omnium in se vertisset oculos etc. 7, 34. Prætorumque — — omnes interficiuntur 24. 32. [*Mira constructio. vid. I. F. Gronov. ad h. l. Drakenborchius diverso confundit. Conferre poterat* cunctus. *Sic et adversus junctum genitivo codices hic illic exhibent. Vid. Wesseling. ad Diodor. Sicul. init. it. ad Eclog. pag. 582.*] Ubi tantus pavor animis omnium est injectus 27, 9. *Alii leg.* hominum. *Sed quia, notante Gronovio ad* 9, 8. *nonnisi de uno genere hominum sermo est,* omnium *praeferendum videtur; quamquam eodem teneu subinde etiam homines dicuntur. vid. Crever. ad h. l.* Bona omnia populo Rom. Gracchoque ipsi precarentur 24, 16. Adeo in uno omnibus satis auxilii fuisse, nullam opem in tam multis esse? 6, 17. *conf. Virgil. Aen.* 5, 308. Haec suadeo, qui, ut non omnis peritissimus sim belli, cum Romanis certe bellare bonis malisque meis didici 36, 7. *f.* omnium. [*Haec qui Ernestio potuerit in mentem venire, partim intelligo.* Omne bellum *opponitur* Romano.] Quum experienda omnia ad ultimum — censuisset 42, 43. Omnes ipsi in hanc necessitatem venerunt 7, 30. *Creverio illud* omnes *delendum videtur; etiam Bauero ad h. l. pag.* 258.

ONERARE hostes 2, 65. *i. e. saxis dejectis retro urgere ex edito loco, s. opprimere.* Saltus regii castris oneratus 32, 11. *nisi cum Dukero, probante Drakenborchio, legas* occupatus. Nec his corporibus, quibus — non tueri patriam possent, oneraturos inopiam armatorum (*in Capitolio*) 5, 39. *aut* aggravare *intelligendum, aut* inopes. Assentatione immodica pudorem, onerare 31, 15. — collaudatos eos oneratosque ingentibus promissis 24, 13. — pari constate utrumque nunc laudibus, nunc promissis onerat 10, 14. *cf.* 32, 12. Collaudati oneratique promissis, jubentur, ut etc. 25, 8. Praemiorum ingentium spe oneratus 29, 32. In pretio salis maxime oneratae tribus 29, 37. — vino oneratos 9, 30. Oneratum fortunae apparatibus suae, praedam verius, quam hostem — incruentus devicit 9, 17. Ut suis ipse oneratus viribus ruat 6, 19.

ONERARIUS 25, 27. Qui onerarias retro in Africam repetere juberent. *scil. naves. cf.* 30, 10.

ONUS 21, 27. In quibus (*navibus*) equi virique et alia onera trajicerentur. Et praetori et consilio haud mediocre onus demtum erat de Scipione cognoscendi 29, 21. Ingens onus a populo Romano sibi injungi 6, 6, *i. e. honorem.*

ONUSTUS 29, 27. Salvos incolumesque, victis perduellibus victores, spoliis decoratos, praeda onustos triumphantesque, mecum domos reduces sistatis. *cf.* 1, 4.

OPACUS 3, 25. Quercus ingens arbor praetorio imminebat, cujus umbra opaca sedes erat. Pervenere deinde in tam opacum iter, ut, prae densitate arborum immissorumque aliorum in alios ramorum, perspici coelum vix posset 40, 22.

OPERA 21, 43. Opulenta et ditia stipendia facere, et magna operae pretia mereri. *vid. Küstner. Chrestom. Enn. pag.* 56. *alias* operae pretium *de ipsa re, cui haud frustra impensa opera est. Praefat. t.* 1, 24. Nec Hannibali — operae esse, e gationes audire 21, 9, *i. e. vacare, uti*

esse. — neque consulibus operae erat, id. negotium agere 4, 8. *cf.* 5, 15. *it.* 22, 17. — externorum inter se bella — persequi non operae est satis superque oneris sustinenti res a populo Rom. gestas scribere 41, 25. Non operae est, referre 1, 24. Castigati fortium statim virorum operam edebant 3, 63. Nemo ante me novus imperator militibus suis prius, quam opera eorum usus esset, gratias agere jure ac merito potuit 26, 41. Se suo sumtu operam reipublicae praebere 5, 4. Annua aera habes, annuam operam ede *ibid.* Nusquam nec opera sine emolumento, nec emolumentum ferme sine impensa opera est *ibid.* Aemilius serius biennio se consulem factum Fulvii opera ducebat 38, 43. *i. e. culpa. interdum enim* opera *et in malam partem dicitur. v. c.* 41, 16. (*Se*) videre lucem, forum, civium ora M. Manlii opera 6, 14. *nisi vero* opera *intelligantur.* [*Huic!*]

OPERARI 10, 39. Dum hostes, operati superstitionibus, concilia secreta agunt. *vid. Intt. ad Tacit. Annal.* 2, 14. Regem — operatum his sacris se abdidisse 1, 31. *cf.* 21, 62. *vid. Virgil. Georgic.* 1, 339. Quo (*tempore*) corpus addictum atque operatum reipublicae esset 4, 60.

OPERIRE 21, 61. Nix — plateos ac vineas Romanorum operuerat. Aediles plebis videre, ne qua sacra in operto fierent 39, 14. Multi saepe militari *segete* opertum — conspexerunt 21, 4.

OPEROSUS 4, 8. Rem operosam ac minime consularem suo proprio magistratu (*censore*) egere.

OPES 1, 4. Maximeque, secundum deorum opes, imperii principium. *i. q. secundum deorum imperium.* Jam deorum opes humanaeque consilia rem Romanam adjuvabant 5, 49. Deorum etiam adhibuerant opes 10, 38. *pro opem.* Hic omnes spes opesque sunt, quas (*quem exercitum*) servando patriam servamus 9, 4. In minime pertinaci genere pugnae sic fortuna exercuit opes 9, 22. Ut urbanis artibus opes augeret 9, 42. *i. e. factionem sibi majorem, auctoritatemque conciliaret. cf. cap.* 46. nec in curia adeptus erat — opes urbanas. *ibique Bauer. pag.* 300. Vid. *effuse.*

OPIMUS bos 7, 37. — campos opimos ad praedam petiere 31, 41. Opimum regnum 38, 8. — spolia opima 4, 20. *conf.* 1, 10. *i. e. ampla, gloriosa.* Vid. *infra in v.* spolium.

OPINARI 44, 22. Haec partim opinari, partim sperare possum.

OPINIO 28, 40. Duarum rerum subeundam opinionem esse. *i. e. judicium duplex.* Ne invidiae et ingrati animi adversus carissimum quemque civem opinionem habeat 45, 38. *i. q. ne pro invido et ingrato habeatur.* Opinio sine auctore exierat 2, 36. (*rumor.*)

OPIS 10, 29. Vix humanae inde opis videri pugna potuit. *cf.* 44, 7. Deorum ope, Valeri, opus est 8, 9. Tua præsenti ope (*Jovis*) servatam urbem esse 1, 12. Rem summa ope taceri jubent 1, 56. — summa ope petere 32, 21. *cf.* 3, 15. Vid. *Drakenborch. ad* 45, 13.

OPORTET 6, 18. Vobis (*dii*) dent mentem oportet, ut prohibeatis.

OPPERIRI 33, 14. Cum iis copiis dimissi, qui specularentur, quam in partem effunderent sese, opperiebantur. Ut — opperiretur tempora sua 1, 56. *conf.* 5, 6. *it.* 30, 10. Ibi stetit classis, simul opperiens, ut terrestres copiæ trajicerentur, simul ut etc. 42, 48. Exercitus — mercedem pactam opperiens 44, 26.

OPPETERE 9, 4. Ut non gravius accepturi viderentur, si nunciaretur, omnibus eo loco mortem oppetendam esse.

OPPIDO *pro valde* 39, 47. Pleraque oppido quam parva erant. Oppido adolescens sacerdos lectus 42, 28.

OPPIDUM *de urbe Roma, non quadrata tantum illa, quæ in monte Palatino circaque erat, sed de urbe* κατ᾽ ἐξοχὴν *appellata dicitur* 42, 36. eos (*legatos*) in oppidum intromitti non placuit. Vid. *Duker. ad* 35, 9. — lustrandum oppidum (*Romam*) supplicationemque obsecrationemque habendam 42, 20. Oppidum *et urbs de eodem loco, in eodem loco.* 31, 40. *cf.* 5, 29. *it.* 8, 29. — *de Sparta* 34, 41. Oppidum, quod causas belli esset 24, 42.

OPPLERE 22, 49. Quum — sedentem in saxo cruore oppletum consulem vidisset. — totam urbem opplevit luctus *ibid. cap.* 56.

OPPONERE 30, 10. Onerariarum quadruplicem ordinem pro muro adversus hostem opposuit. Munitiones non in urbem modo, sed in Etruriam etiam spectantes — opposuere 5, 5. Validamque stationem pro castris opponit 6, 23. *cf.* 10, 36. *it.* 23, 29. Vid. *Gronov. ad posteriorem locum. it. supra in v.* apponere. Lectis collibus ad tegendas insidias oppositis 25, 15. Et ab his columnis, quæ incommode opposita videbantur, signa amovit 40, 51. *i. e. obstantia, minus conspectas reddentia.*

OPPORTUNE 6, 36. Alia bella opportune quievere. *conf. cap.* 18.

OPPORTUNITAS 45, 30. Pars prima (*Macedoniæ*) habet — opportunitatem Amphipolis. — maritimas opportunitates ei præbent portus *ibid.* In occasionis momento cujus prætervolat opportunitas 25, 38.

OPPORTUNUS injuriæ 28, 19. *i. e. obnoxius. Similiter* 24, 24. his audiendis credendisque opportuna multitudo. Probabile erat, eam ætatem potissimum liberari ab hoste, quæ maxime opportuna injuriæ esset 2, 13. [*ad q. l. vid.* Stroth.] Opportuni propinquitate ipsa Macedoniæ sumus 41, 24. Consul — minime opportunus vir novanti res 4, 13. *i. e. parum idoneus, fortis, ad resistendum Mælio. Contra* 24, 37. Henna — præfectumque

præsidii haud sane opportunorum insidiantibus habebat. *Hic enim vigilantissimus ac fortissimus intelligi debet.* Frumentatum exeunti Hannibali diversis locis opportuni aderant 22, 32. Nocte an interdiu opportuniores (*stationes ac vigiliæ*) essent insidianti 30, 4. Exemplo fuit, collegas eumque intuentibus, quam gratia atque honos opportunior interdum non cupientibus essent 4, 57. *i. e. quanto facilius colligeretur atque attingeretur.* Alios sua ipsos invidia opportunos interemit 1, 54. Perculsos pavore rata, simul opportuniores, quod intenti quum maxime operi essent 7, 23. Oppidanos per muros, urbisque opportuna loca in stationibus disponunt 27, 28. Præsidio circa portas opportunaque mœnium dimisso 30, 12. Vid. *Gronov. ad* 25, 30. Sors opportuna fuit; P. Furius idem, cujus ea provincia fuerat, remaneret 42, 4. *i. q. ita opportuna fuit, ut eum remanere vellet.* [*Leg.* ut P. Furius etc. *Conjunctionem absorpsit verbum proximum.*]

OPPRIMERE 10, 32. Improviso oppressis nec animi satis ad resistendum, nec virium fuit. Oppressi celeritate Hannibalis omiserunt mota arma 21, 11. Si in præda occupati barbari subito opprimantur 41, 3. Ex improviso oppressi fuerant 23, 37. Sine tumultu rem omnem oppressere 2, 4. Ne naves minime navali prœlio aptæ opprimerentur 30, 10. *cf.* 9, 37. *it.* 37, 4. Ad opprimendum Gallicum tumultum 31, 11. *i. q. finiendum.* Quum eum cibo vinoque gravatum sopor oppressisset 1, 7. Plenos crapulæ eos lux oppressit 9, 30. — somno gravem Quinctium oppressum 7, 39. Quos non oppresserat ignis, ferro absumti 30, 6. — nisi quos cædes oppressit 25, 39. — ad arma trepidantes cædes oppressit 9, 37. Eum oppresserunt 2, 52. *i. e. falsa accusatione effecerunt, ut damnaretur. Sic et* 1, 51. oblato falso crimine insontem oppressit. — se eam quæstionem oppressurum exstincturumque 26, 15. *utrumque eleganter ab incendio ductum.* Ut eumdem terrorem, quo civium animos domi oppresserat, Latinis injiceret 1, 51. Mulieris pectore oppresso 1, 58.

OPPUGNARE 42, 32. Sine sorte se Macedoniam oppugnaturum — nec posse collegam, salvo jurejurando, secum sortiri. *nisi cum Rubenio, de sententia Creverii, legendum* optaturum. *Fortasse rectius legatur* occupaturum, *eodem sensu.* Ne obsessi modo ipsi atque oppugnati castra sua ultro oppugnemus 25, 38. Claram victoriam vincendo oppugnantes, non, sæviendo in adflictos, fieri 42, 8. Vide *aggredi.*

OPPUGNATIO 44, 13. Opera oppugnationum fieri cœpta. Vid. *obsidio.*

OPTABILIS 40, 56, Ut orbitas mihi, quam alii detestantur parentes, optabilis esse debeat.

OPTARE 4, 15. Cui tribunatus plebis magis optandus, quam. sperandus etc. Perdere prius, quam perire optantes 9, 14. Quibus ampliora homines ne ab diis quidem immortalibus optare solent 21, 43. *cf.* 28, 39. Permissoque, ut ex collegis optaret, quem vellet, contra spem omnium L. Furium optavit 6, 25. *Similiter Virgil. Æn.* 1, 425. pars optare locum tecto.

OPTIMUS 38, 15. Longe optimi bello regionis ejus. Haud parvæ rei judicium senatum tenebat, qui vir optimus in civitate esset. — Scipionem — judicaverunt in tota civitate virum bonorum optimum esse 29, 14. In civitatibus principes, optimum quemque, Romanæ societatis esse 35, 31. *i. e. optimatem.* Ut qui optimo jure rex Romæ creatus sit 9, 34. *Formula in creatione magistratuum et sacerdotum adhiberi solita. it.* optima lege. *vid. quos laudat Gronovius ad h. l.* Jupiter optimus maximus. Vide *Drakenborchium ad* 4, 2.

OPTIO 26, 29. Quum extra sortem collegæ optionem dari provinciæ iniquum fuerit. Si utique optio domini potioris daretur 42, 30.

OPULENTIA 10, 38. Et forte eodem conatu apparatuque omni opulentia insignium armorum bellum adornaverant. Epulæ quoque legationibus paratæ et opulentia et cura eadem 45, 32.

OPULENTUS 9, 36. Opulenta Etruriæ arva. — campi — frumenti ac pecoris et omnium copia rerum opulenti 22, 3. Prout res haud opulentæ erant 3, 57. *i. e. tenues, unde dona diis magnifica afferri non possent.* Genti opulentissimæ viris armisque 1, 30. *cf.* 9, 31. *it.* 28, 37. opulentior armis virisque insula. Opulento tum oppido imperitans I, 2. Opulentissima olim in terris gens 1, 7. Opulentus rex 45, 34. Minus opulento agmine 33, 41. (*de classe.*) Opulentior factio 32, 32. (*in seditione.*) Victor. opulentus rerum omnium copia 9, 36. Victorem opulentum prædæ exercitum reduxit 35, 1. Exercitum victorem opulentumque præda triumphans dictator Romam reduxit 4, 34. *cf.* 21, 5. Quid — tam opimæ prædæ, tam opulentæ victoriæ spoliis fiet? 45, 39. Castra opulenta, convecto ex propinquis — armis commeatu 2, 14.

OPUS *Præfat.* Ut orsis tanti operis successus prosperos darent. *Ibid.* res immensi operis. — in parte operis mei licet mihi præfari 21, 1. Quod sui maxime operis erat 38, 9. *it.* 36, 34. sui operis esse credens. Tamquam artifices improbi, opus quærunt 5, 3. Opere magno munitum (*emporium*) 21, 57. *cf.* 9, 2. Exhaustus magnificentia publicorum operum 1, 57. Opera urbana 1, 53. *de ædificiis.* Unaque hora quadringentorum annorum opus, quibus Alba steterat, excidio ac ruinis dedit 1, 29. Molem ad Terracinam, ingratum opus etc. 40, 51. Vallum fossamque, in-

gentia utramque. rem operis, per tantum spatii duxerunt 5, 5. Opera oppugnationum fieri cœpta 44, 13. Fessosque milites omnibus uno die belli operibus 26, 47. *cf.* 5, 5. Fessum militem prœliis operibusque habebat 21, 11. Operis labore fessus (*exercitus*) 21, 27. Quum diu fatigatus ibi prœliis operibusque essem 39, 28. Recentia in Illyrico hibernæ expeditionis opera 43, 19. *res gestæ.* Operis plus quam antea fecisti 45, 37. *de imperatore.* Viam objectis per omnes transitus operibus inexpugnabilem fecit 31, 40. Obsidendoque vi et operibus urbem expugnavit 10, 45. Opera et difficilia esse, et tempus datura, ad ferendam opem, imperatoribus suis 26, 45. Quod se in fabrorum ministeriis ac servili tamdiu habitos opere indignabantur 1, 57. Quod filium — in opus servile — dederit 7, 4.

OPUS 37, 18. Pararique, quæ ad transitum Hellesponti opus essent. *cf.* 45, 13. Ubi jus, ubi injuria opus sit 2, 3. Quæ curando vulneri opus sunt 1, 41. Si quid aliud opus esset 43, 6. Ita facto maturatoque opus esse 1, 58. Opus esse sibi domino ejus convento 7, 5. Nec dictatore umquam opus fore reipublicæ 6, 6. Quod cuique privatim opus sit, id modo accipi velint; opus esse nihil invidiosa continuatione honoris 6, 39. Ad consilium pensandum temporis opus esse 22. 51. — quanti argenti opus fuit 23, 21. *Sic etiam Cicero dixit.* [*Vid. Clav. Ciceron.*]

ORA superi maris 9, 2. *de tractu latiore, qui oræ adjacet. Sic Virgilius:* cui littus *arantem delimus.* Omnis regio ad Dium et Philam, oraque maris, — — oculis subjicitur 44, 3. Adjunctaque omni ora Græcorum inferi maris, a Thuriis Neapolim et Cumas 9, 19. Devehendum in ultimas maris terrarumque oras 21, 10. Oceani ora 28, 37. Ora Illyrici 33, 17. Sub Ciminii montis radicibus jacens ora 9, 37. Galli oram extremæ sylvæ quum circumsedissent 23, 24. *pro, oram extremam sylvæ q.c.* Velut propugnantes per oras extremæ testudinis 44, 9. Orasque et anchoras præcidunt 28, 36. *de funibus nauticis. cf.* 22, 19.

ORACULUM 9, 3. Quæ ubi tam discordia inter se, velut ex ancipiti oraculo, responsa data sunt etc. Ut imperia consiliaque, velut sorte oraculi missa, sine cunctatione adsequeretur 26, 19. Sæ oraculo egressum extemplo his omnibus divis rem divinam thure ac vino fecisse 23, 11. *de oraculo Delphico.* Vid. *uti.*

ORARE 28, 5. Auxilia regem orabant. — suppliciter vitam orabant 44, 42. Oravit etiam bona venia 7, 41. — oro vos 30, 37. *sine regimine positum. Sic* 4, 3. obsecro vos *dictum est.* Orare precibus 2, 2. *Sic* 1, 16. petere precibus. — morte me ut vindicet ab Romanorum arbitrio, oro obtenterque 20, 12. florerum dediisse (*Patres*) Prosia praecupti ac oranti 42, 12.

ORATIO rebus dubiis inventa est 8, 36. Oratio nequaquam ejus pectoris ingualique, quod simulatum ad eum diem fueral 1, 39. Media orationis studia hominum sedavit 10, 15. Mediam orationem habuit, ut nec augere nec minuere videretur belli famam 36, 26. Oratio incomta — militariter gravis 4, 40. Et res a perpetuis orationibus in altercationem vertisset 4, 6. *nempe altercatio est, quum alternis loquuntur. Sunt igitur perpetuae orationes, quae una continuatione recitantur. cf.* 8, 33. Oratio — nihil eorum est factum 36, 8. Adversariorum certe orationibus contentus eadem 6, 4. *i. e. vocibus, objectionibus, quae reddere ac retorquere attineret.* Scipio principum orationibus lacerari 29, 19.

ORATOR 1, 15. Pacem petitum oratores mittunt *i. e. legatos de pace petenda, qui et oratores pacis dicuntur* 9, 45. *etiam oratores pacis petendae cap.* 45. Legatos — pacis petendae oratores — miserunt 36, 27. Priusquam a Delphis oratores redirent 5, 16. *cf.* 38, 17. *u.* 37, 28. Vid. *ducere.*

ORBATUS 40, 11. Pater sensu, et filio solus orbatus. Vid. *solus.* Nullam — (rempublicam) incolumem esse orbatam publico consilio 28, 2.

ORBIS 34, 9. Totus orbis muri. *i. e. totus ambitus.* In orbem se tutari 4, 39. *i. q. facto orbe. u.* 28, 22. in orbem pugnantes. Quum — exercitus — senis horis in orbem succederet proelio 8, 4. — cogebantur breviore spatio et ipsi orbem colligere 2, 50. Quinque dierum spatio finiebatur imperium ac per omnes in orbem ibat 1, 17. Ut unus fasces haberet, et hoc insigne regium in orbem, suam cujusque vicem, per omnes iret 8, 36. Quam in exiguum orbem contracta castra essent 7, 37. Ut idem in singulos annos orbis volveretur 3, 10. Cum orbe terrarum bellum gerendum in Italia 21, 16.

ORBITA 22, 17. Rota una (*turris expugnandae urbi in aggere admovendae*) in altiorem orbitam depressa.

ORBITAS 26, 41. Ut familiaris paene orbitas ac solitudo frangit animum.

ORBUS 2, 47. Republica ex parte orba, amisso altero consule. — duo consules velut orbati rempublicam reliquerunt. Ne se — orbum liberis facerent 1, 28. Orba consilio auxilioque Gabina res regi Romano sine ulla dimicatione in manum traditur 1, 54.

ORDINARE 9, 17. Disciplina militaris — in artis perpetuis praeceptis ordinatae modum pervenerat. Scipio — voluntarios milites ordinavit centuriavitque 29, 1. Quoniam vos instructos et ordinatos cognosco 26, 48. Ordinata per hastatos triariosque pugna 22, 6. Armandi, ordinandi, et instruendi ejus artem ignaro 24, 48. Vid. *ornare.* Ordinare sese omnein exercitum velle 40, 80. Nec regii — cum ordinatis et certo incedentibus gradu, manus cohaerere audebant 42, 59.

ORDINARIUS 41, 18. Quando duo ordinarii consules ejus anni, alter morbo, alter ferro periisset, suffectum consulem negabant recta comitia habere posse.

ORDIRI 28, 19. Quod nunc ordiri pergam. Magisque principio sibi orsus bellum videbatur 33, 51. Initium ordiundae rei *Praefat.* — orsa opetis *ibid. pro cepto opere.* — ab Liguribus orsus est bellum 37, 59. Orsique bellum sunt ab repentina oppugnatione castrorum Romanorum 41, 26.

ORDO 8, 16. Consules ad senatum referunt, consensuque ordinis fides indici data. Aut hunc ordinem, aut illum magistratum tollendum esse 4, 2. Honestam ordinum ducere 3, 44. *i. e. superiori ab cujus centuriis ducem esse. Qui autem primi ordinis centuriones dicuntur primi ordines. eid. Intt. ad* 30, 4. — ordines duxisse aiebant 2, 28. Quia semper pares ordines duxerant 8, 8. Ne prohiberent consulem, quem cuique ordinem assignari e republica esset, eum assignare 42, 33. *Ibid.* id tantum deprecari, ne inferiores illis ordines — attribuerentur. Ordo militandi — mutatus 25, 6. (*degradatio.*) Pedestris ordinis se aiunt nunc esse, operamque reipublicae extra ordinem polliceri 5, 7. Tr — adversus edictum nostrum extra ordinem in hostem pugnasti 8, 7. Signaque et ordines peditum atque equitum confundit 9, 27. Decemviri querentes, se in ordinem cogi 3, 51. — alium in ordinem se ipsum cogere *ibid. cap.* 35. Longus post me ordo est idem petentium decus 2, 12. Multiplicatis in arcto ordinibus 2, 50. *i. e. brevioribus eamque ob caussam pluribus millitum seriebus, pro angustiis loci, factis, quum quidem toto agmine incedere non liceret. Opponitur* explicare ordinem 2, 46. *conf.* 1, 27. Comprehensis ordinibus — unoque continente agmine 5, 8. Caelius triplicem rei gestae ordinem edit: unam traditam fama; alteram etc. 27, 27. *notetur generum diversitas. Femininum haud dubie a Livio relatum fuit ad rem gestam.* Relatis ordine, quae vidissent, quaeque audissent 42, 25. Ordinemque omnem facinoris legatorum ministerique sui exposuit 40, 55. Dant ordine (*deinceps*) omnes fidem 1, 58. Suos imperatores recte et ordine et ex voluntate senatus fecisse 28, 59. Vid. *simplex.*

ORIGO 2, 14. Origo moris nata in bello, nec omissa in pace. *mira syllepsis!* Origo prima 7, 2. — originum memoriâ 36, 39. *de Iliensibus.* — Origines Catonis *permixtim citatae, quam multis annis post scriptae sint* 34, 5. Prima origines proximaeque originibus etc. *Praefat.* Lucerum nominis et originis caussa incerta est 1, 15.

(an? etymol.) [*Errat Ernestius*: eadem hominis *illum etymologiam spectat.*]

ORIRI 8, 38. Quum consul oriente nocte silentio diceret dictatorem. Ab orto usque ad occidentem solem 22, 7. Claudit omnes ab oriente sole in Macedoniam aditus 45, 30. Ne ab ortum, ejusdem sanguinis — perire sinerent 2, 6. *i. q. a se, Veientibus Tarquiniensibusque.* Ne orientem morem pellendi reges etc. 9, 9. Equotumque oriens pulvis 31, 46. *vid.* propius quare. Oriundi ab Sabinis 1, 17. *i. q. orti.* Alba oriundum sacerdotium 1, 20. Oriri *vintutem. Praefat.* — *dari novi* semper scriptores, aut — — credunt. *pro:* dum novi semper scriptores oriuntur, qui — credant. *vid. Bauer. ad h. l. Vid.* humilis. *it. nasci.*

ORNARE 1, 43. Ornato exercitu pedestri distributoque. *i. e. armis instructo.* Vid. *exercitus.* Ut ornari omnes copias — et decurrere jubeant armatas 40, 47. Quum arma, viros, equos cum cura inspexisset, ornato exercitu obviam venienti consuli processit 44, 1. *cf.* 29, 1. Magistratus mulis tabernaculisque, et omni alio instrumento militari ornabantur 42, 1. Qui suos ornati provinciis — aequum censebant 40, 35. *i. e. copiis, legatis, magistratibus in decerni.* Ut duumviros navales classis ornandae reficiendaeque causa idem populus juberet 9, 30. Duumviri navales creati — — navesque iis ornatae sunt 40, 26. Naves ornatas a Brundisio senatus censuit mittendas ad etc. 43, 9. Ut aurata scuta dominis argentariarum ad forum ornandum dividerentur 9, 40.

ORNAMENTUM 41, 18. Parietibus affigunt vasa omnis generis, usui magis, quam ornamento in speciem, facta.

ORNATUS 9, 40. Campani — gladiatores — eo ornatu armarunt. *Similiter* 7, 14. agasones, partim captivis, partim agrorum armis impenit. Paternis spoliis, quae nota frequenti publicorum ornatu locorum erant etc. 10, 46. Jovis O. M. ornatu decoratus 10, 7. *i. e. triumphani.*

ORTUS 40, 22. Quae caniculae ortu similia brumalibus erant. Tum solis ortus erat 42, 58.

OS 9, 10. Postumius in ore erat. *i. e. laudabatur.* Ne in ora hominum pro ludibrio abiret 2, 36. Vestras conjuges, vestros liberos traductos per ora hominum 2, 38. Maelium ab ore civium famem suis impensis propulsantem 6, 17. Quent — pater, vultusque et os ejus spectaculo esset 2, 5. Eo fuit habitu oris 21, 2. Eandem vigorem in vultu, vimque in oculis, habitum oris, lineamentaque intueri 21, 4. Et qui vicerant alacres, spoliis caesorum hostium humeris gerentes, ante ora sua adivere — et pedites etc. 42, 61. Quo ore ut Syracusas aut Romam ei ostendi posse 2, 6, 32. *quid audacia, impudentia.* In ore

Tiberis Ostia urbs condita est 1, 33. — os (*amnis*) intrabile 22, 19. Ante os ipsum portus anchoras jecit 25, 11. Speciem intuenti primo gemini portus in ora duo versu praebuerit 28, 6. Porta velut in ore urbis posita 31, 24. Os sperus, per quod oraculo utentid solicitatum deos descendunt 45, 27. *cf.* 10, 1. Ore (*dolii*) in cuniculum verso 38, 7.

[OSCINES. Vid. *argentum.*]

OSTENDERE 4, 59. Ab ea parte Fabius oppugnationem ostendit. *i. e. simulabat.* Quum duplex humerus Romulo se ostendisset 1, 7. Nec ostenderunt prius bellum, quam intulerunt 1, 11. Quorum ingentem multitudinem quum ostenderet subjecta late planities 9, 35. Decio caput jecinoris a familiari parte caesum aruspex dicitur ostendisse 8, 9. *t. q. retulisse, narrasse, vid. Bauer. ad h. l. pag.* 269. Suetem in se fratris, originem nepotum, ut geniti, ut educati, ut cogniti essent, eadem deinceps tyranni, seque ejus auctorem ostendit 1, 6. Aruspices responderunt, eo bello — victoriam ac triumphum ostendi 36, 1. Si quid melius fortuna ostendisset 36, 27.

OSTENTARE 9, 42. Prodigia coelestia prope quotidianas in urbe agrisque ostentantia minas. Ostentabatur in spem Pomptinus ager 6, 4. *i. q. saepius promittebatur, si quis quod inspiciebatur dividendi illius agri. Ceterum Dukera ad h. l. formis hero,* ostentare in spem, *non immerito suspecta est.* Appellatio provocatioque adversus injuriam magistratuum ostentata tantum inanibus literis, ab data sit 3, 56. Multiplicata merces ex praeda ostentatus 30, 22. mox ostentatur *his repetitum.* Spolia Curiatorum — ostentans 1, 26. (*indigitans.*) Decemviri, qui primo tribunicios homines, quia id popularis habebatur, circum se ostentaverant plebei, patriciis juvenibus saepserant latera 3, 37.

OSTENTATIO 7, 4. Cognomen Imperiosi — ab ostentatione saevitiae asscitum.

OSTENTATOR 1, 10. Factorum ostentator haud minor, spolia ducis hostium caesi — gerens etc.

OSTENTUM 36, 6. Matrem — pro pupillo eo procuratum familiare ostentum — dixisse ferunt.

OSTIUM fluminis 24, 40. — portus 25, 30. — Venediti foci. *cap.* 36. — etiam late res. Flaos Euphyri ostria 44, 6. Hujus in ostio sinus parva insula objecta ab alto 26, 42. Stantibus in ostio portus Romulis rostratis 44, 23. Lembis uvam in ostio amnis multitudine gravatum mersurit 44, 46.

ORTIVUS 40, 35. Odessaus provinciam Coss. habuerunt.

OTIUM consuetudine in dies blandius 22, 18. Ab seditionibus tribunis otium fuit 4, 35. — ab externis ferme bellis otium fuit 10, 1. Quum otium ad flumen esset, neutris lacessentibus 44, 46.

Ovans 1, 11. Duplicique victoria ovantem Romulum Hersilia conjux orat. *i. q. lætum.* Sic 8, 7. ovans gaudium *dicitur.* [*vid. Gesner. ad Claudian. XXII. de Laudib. Stilich. Lib. II. v.* 68.] Duplicique victoria ovantes Veios redeunt 5, 43. Romani ovantes ac gratulantes Horatium accipiunt 1, 25. *conf. cap.* 26. — læti ovantibus victoria obviam irent 27, 45. Tuum sequentes currum (*triumphalem*) Jovis templum gratantes ovantesque adire 7, 13. — ovantesque moris sui carmine 10, 26. Medius tamen honos Manlio habitus, ut ovans urbem iniret 39, 29. Quem modo decoratum ovantemque victoria incedentem vidistis etc. 1, 26. *conf. Virgil. Æn.* 2, 274.

Ovile 26, 22. Datum secreto in Ovili cum his colloquendi tempus. *i. e. in Septis, campi Martii loco, per comitia, suffragiis ferendis transeundo.*

Ovum 41, 27. Ova ad notas curriculis numerandis.

Pabulari 6, 30. Pabulatum cohortes misere. *cf.* 40, 25. *et.* 30.

Pabulator 10, 26. Circumventis pabulatoribus. *cf.* 27, 43. Pabulatores et lignatores 41, 1.

Pabulum 1, 7. Ut quiete et pabulo læto reficeret boves. Quum jam altæ in segetibus herbæ pabulum præbere poterant 23, 48.

Pacare 3, 17. Liberare ac pacare augustissimam illam domum Jovis etc.

Pacatus 40, 57. Fide sua obligata pacato agmine transituros. *cf.* 24, 20. — quieto exercitu pacatum agrum — peragravit 43, 4. — in pacato agro castra posuit 2, 39. *conf.* 36, 20. *it.* 37, 46. — nec diu in pacato mansit 23, 27. *Nisi vero cum Cel. Strothio legas* pacto. *Sane speciose. Sed tamen* pacatum *et ad alias res, quam ad* agrum, locum, *referri, et de* gentibus *etiam dici solet; id quod ex locis Livii, infra a nobis citatis, patet.* Vagi milites in pacato, in hostico — errent 8, 34. — Africam pacatam esse 28, 44. — pacato mari 24, 8. Agmine incauto, ut inter pacatos, ducebat 35, 4. *ut inter eos, qui sunt in pace. cf.* 28, 34. — pacatum ab se abisse 43, 5. — pacatis Liguribus 39, 12. Justa quondam hostibus populi Romani pacatis servire 42, 8. Pacatæ et sociæ civitates 43, 17. Quibus quum Philippus nihil pacati, nisi omnia permittentibus, respondisset 31, 17. *paullo ante:* paciscebantur autem etc. *Ergo Philippus respondit, de pacto Abydenis cogitare non licere.* Postquam nihil pacati referebant 43, 18. *Locus illi similimus.*

Pacificator 27, 30. Adhibitus ab Ætolis et ex finitimis pacificator Amynander etc.

Pacificare 5, 23. Inter hæc pacificatum legati a Volscis — venerunt. — nunc ad pacificandum bene atque honeste inter primos stabis, et colloquii hujus salutaris interpres fueris 7, 40. *cf.* 44, 35.

Pacisci 22, 53. Pacti, ut arma atque equos traderent etc. *de dedentibus sese sub certis conditionibus. Contra et de illis* pacisci *dicitur, qui duras conditiones aliis imponunt. cf.* 38, 9. *ad q. l. vide Perizonium.* Qui stipendium populo Romano dare pactus est 21, 41. *s.* coactus. Sic *Bauerus pag.* 37. [*sed prudenter addens: "* nemo tamen illud mutaret."] Pacti quinquaginta talentis pacem impetraverunt 38, 15. — hanc mercedem unam pro eo munere paciscor 26, 50. *cf.* 24, 49. Pacto inter se, ut victorem res sequeretur 28, 31. — Fidemque hodie pactæ pacis desiderat 31, 29. *cf.* 9, 11. *it.* 29, 12. Nisi cum deditis pacisci se pacem 40, 25. Principis filiam Etutam pacto fratri eum invidisse 44, 30. *alias feminæ* pactæ *dicuntur. vid. Cel. Ruhnken. ad Velleii* 1, 1.

Pactio 4, 4. Nemo invitam pactionem nuptialem quemquam facere coëgisset.

Pactum 9, 11. Quin tu — aut omnia irrita facis, aut pacto stas? Pacto convenit, ut — Himera amnis — finis regni Syracusani ac Punici imperii esset 24, 6. Pacto transitionis Albanorum 1, 27. Quonam se pacto paucos — crederet præsidio tam valido — vim allaturos 9, 16. Consulemus, quo pacto jus nostrum adipiscamur 1, 32.

Pæne 21, 40. Quum plures pæne perierint, quam supersunt. *vid. ad h. l. Bauer. p.* 35.

Pagatim 31, 26. Templa deûm, quæ pagatim sacrata habebant. *cf. cap.* 30. *vid. Clav. Ciceron. in v.* paganus.

Pagina 9, 18. Paginas in annalibus magistratuum fastisque percurrere licet.

Pagus 25, 5. In pagis forisque et conciliabulis.

Palæstra 29, 19. Libellis eum palæstræque operam dare.

Palam 6, 14. Ea res si palam fiat. *h. e. si thesaurus ille protraheretur.* — si luce palam iretur 22, 24. Celata morte — suas opes firmavit, tum demum palam facto etc. 1, 41. *Fortasse legendum* facta *scil. morte.* Sic 34. 44. Ea res indicio consciorum palam facta, delataque ad senatum est. Cui et palam facti parricidii gratia obnoxius erat 40, 56. Creditori rem palam populo solvit 6, 14. *Contra* 29, 19. Inscio avunculo clam. *vid. Intt. ad* 25. 18. Barbarus eum quidam palam — obtruncavit 21, 2. Auctores signa relinquendi — palam in concione audiuntur 5, 6.

Palari 7, 17. Multosque populatores agrorum vagos palantes oppressit. Qui a prœlio adverso aut clade captæ urbis palati fuerant 5, 46. Agmen fugientium fusum ac per agros trepida fuga palatum 7, 8. *cf.* 23, 40. Quum — — palantique passim vaga — raperent pecora 2, 50. Vagique per agros palantur 5, 44. Incursione ab oppidanis in palatos facta 5, 45. Aliquot palati milites agrestium concursu interfecti sunt 44, 30. In boves palatos ab suis gregibus inciderunt 22, 17.

PALLOR 2, 23. Fœdior corporis habitus pallore ac macie peremti. *Vix dici posse videatur* corpus pallore peremtum. *Proprie igitur* peremti *ad* macie *tantummodo referendum; ad* pallore *per* σύλληψιν.

PALMA 33, 35. Quæ cujusque stipitis palma sit. Palmam belli Punici patrati petis 28, 41.

PALUDAMENTUM 1, 26. Cognitoque super humeros fratris paludamento sponsi. *i. e. veste elegantiori militis honestioris. vid. Ferrar. R. Vestiar. P. 2. L. 3. c. 5.* Paludamento circum lævum brachium intorto 25, 16. *nempe id fieri solebat ante pugnam.*

PALUDATUS 45, 39. Consul, proficiscens, prætorve, paludatis lictoribus, in provinciam et ad bellum, vota in Capitolio nuncupat. *Haud dubie legendum cum Gronovio* paludatus cum lictoribus. Nero paludatus Pisas in provinciam est profectus 41, 5. Cn. Sicinius prætor, paludatus ex urbe profectus 42, 27.

PALUSTRIS 22, 2. Vigiliis tandem et nocturno humore palustrique cælo gravante caput etc. — palustris via *ibid. cap.* 9.

PANDERE 2, 30. Dum se cornua latius pandunt. — quia latius pandere aciem non potuit 28, 33. — postquam in patentiorem campum pandi agmen cœpit 22, 4. *cf.* 41, 26. Ubi primum e faucibus angustis panditur mare 28, 30. *de freto Gaditano.* His, quæ nunc panduntur, satis, 5, 16.

PANGERE . 7, 3. Ut, qui prætor maximus sit. — clavum pangat. Obsides dare pepigerant 43, 21. Ne antea quidem se aut de pace audisse aut inducias pepigisse 27, 30. — pacem 37, 19. — amicitiam 38, 9. — societatem 42, 40.

PAR 1, 5. Neque enim erat ad vim apertam par. — nequaquam par ad virtutem 26, 16. Non tulit populus nec patris lacrimas, nec ipsius parem in omni periculo animum 1, 26. Numquam plebem in parte pari reipublicæ fore 6, 37. Par utrumque (*al.* utrimque) prœlium fuit, 41, 26. Illum in rebus asperis unicum ducem ac parem quæsitum Hannibali 22, 26. *i. e. adversarium. cf.* 9, 17. *it.* 28, 49. *vid.* Gronov. *ad illum locum.* Hannibali imperatori parem consulem nomino 24, 8. Pari præsidio relicto Collatiæ ad portas 1, 59. *i. q. sufficiente, satis valido.* Quam par vestrum factum est, quod in obsidione nuper in — Fabio — conspectum est 5, 52. *scil. ei facto, quod etc. Nisi malis cum Creverio :* quam par vestro factum est, quod etc. *vid. Drakenborch. ad h. l.* Candida veste, et paribus candore armis in-

signes 9, 40. Fama — et vanitate et fabula par 26, 19.

PARARE consilium viribus 1, 8. *i. q. comparare, æquare.* Nec pax modo apud eos, sed societas etiam armorum parata est 21, 60. Legem — quum a tribunis parari consules unius ex collegio proditione excepissent. ipsi præoccupaverunt ferre 4, 30. Legem parabat ferre 38, 30. Argento parata mancipia 41, 6. *i. q. comparata.* Qui primo ab Roma magnis præmiis paratos gladiatores arcessere solitus erat etc. 41, 20. Ne ipsi posterive eorum uspiam pararent haberentve, nisi in Veiente — agro 26, 34. *de possessionibus.* Insuescere militem nostrum, non solum parata victoria frui etc. 5, 6. *al.* parta. Parantibus utrisque se ad prœlium 9, 14. — et jam nunc ita se parare Appium etc. 3, 40. Pararet se ad petendum (*consulatum*) 40, 37. Dum Romani parant (*scil. se ad bellum*) consultantque etc. 21, 7. Jussia ad iter (*scilic. se*) parare 42, 53. Res, non verba, ad purgandum sese paravit 29, 22. Consulibus Italiam Macedoniamque sortiri parantibus 32, 28. Parabat ducere in Illyricum 44, 30.

PARATUS *substant.* 10, 41. In oculis erat omnis ille occulti paratus sacri. *i. q. apparatus.*

PARATUS omni loco castris ponendis 33, 6. — plebs parata delectui 4, 6. — prædæ magis, quam pugnæ paratos esse 7, 16. — juventutem — in armis paratam imperio futuram 9, 36. Exercitus uti paratus esset, quo senatus censuisset 42, 35. Neque trajicientem et paratum trajicere 34, 60. — paratus confligere 22, 19. Quum sine detrectatione paratus pugnare eo die fuisset 44, 37. Oratione ad tempus parata — movisset 28, 43. *i. e. accommodata.* Relictis ruinis, in urbem paratam, Veios transmigrarent 5, 50. Ut, parvo metu admoto, paratum indicem esse adpareret 40, 55. Gentii regis parata societas 44, 26. *h. e. quæ iniri poterat.*

PARCERE 25, 25. Ut a cædibus et ab incendiis parceretur. *conf. Virgil. Æn.* 6, 854. Ut neque lamentis neque exsecrationibus parceretur 8, 7. Nulli deinde mortalium parci 5, 41. Plus parae parcendo victis, quam vincendo, imperium auxisse 30, 42. Parce, sis, fidem ac jura societatis jactare 34, 32.

PARENS 4, 3. Romulis parens urbis. Certare ausi sumus cum parentibus quæqua civitas et conditoribus suis 37, 54. *prius a posteriori explicatur. Sed vicissim* conditor *improprie dici solet. vid. supra in h. v.* Parens plebis Romanæ 6, 14.

PARENTARE 24, 21. Secundum Hieronymi cædem primo tumultuatum — vociferandumque ferociter, parentandum regi sanguine conjuratorum esse.

PARERE *alicujus dicto* 8, 4. Samnitium dicto pareamus. *Gronovius legi velebat*

Semaisibus, quia dicatur dicto alicui au‐
dientem esse. Enimvero, id si licuerit tentare,
actum utique fuerit de arbitrio usus loquendi.
vide Dukerum et Drakenborchium ad h. l.

PAREES 7, 34. Quenam modo isti ex
Sidicinis — victoriam pepererunt ? — vic‐
toria — quantam de Samnitibus — nemo
pepererat 10, 28. — illi malo partam vic‐
toriam male perdiderunt 9, 9. Ut Maximi
cognomen, quod tot victoriis non peperue‐
rat, hac ordinum temperatione pareret 9,
46. Sallentino agro pax parta 10, 2. —
pace terra marique parta 1, 19. Quoniam
temeritate paucorum magnae rei parta oc‐
casio esset 10, 42. Fortuna oblata est —
— huic urbi decus ingens belli ex hoste
communi pariendi 5, 44. Qui Sabini
etiam belli perfecti gloriam pepererant
3, 70. cf. 27, 45. Plebes consulatum
L. Sextio, cujus lege partus erat, dedit
7, 1. Quod diu parturit animus vester,
aliquando pariat 21, 18. Accessisse ad
vires eam, quae longo tempore, multis
magnisque meritis pareretur, auctoritatem
42, 11. al. pararetur. Amicitia meritis
parta 42, 46. Opima parta sunt spolia
1, 10. Majore, quam ex continenti, praeda
parta 22, 20. cf. 10, 39.

PARIES 44, 11. Transfossa pariete iter
in urbem patefacere. (de fornicibus urbia
muro septa) Vid. erigere.

PARITER ultimo (gentes) propinquis
38, 16. pro, quam s. ac propinqua. Ro‐
mani exercitus nec pariter ambo ducti 10,
19. i. e. dissimilibus imperiis regebantur.
Obeundo pericula ac labores pariter 1, 54.
Fabius pariter in suos, haud minus, quam
in hostes intentus, prius ab illis invictum
animum praestat 22, 15. vid. ad h. l. Bauer.
pag. 54.

PARMA 2, 6. Ut, contrario ictu per
parmam uterque transfixus, duabus hae‐
rentes hastis moribundi ex equis lapsi sint.
vid. Virgil. Æn. 9, 548.

PARMATUS 4, 29. Ut parmatis, novae
cohorti hostium, locus detur.

PARRICIDA 3, 50. Neu se, ut parricidam
liberûm, averserentur. (de interfectis a
patre filiis.)

PARRICIDIUM 44, 1. 'Orsus a parricidio
Persei, perpetrato in fratrem, cogitato in
parentem. Parricidium fratris 40, 24.
Funesta duo consulum praetoria, alterum
parricidio filii, alterum consulis devoti
caede 8, 11. Ne gratuita praeterita parri‐
cidia essent 1, 47. Coriolanum quondam
damnatio injusta, miserum et indignum
exsilium, ut iret ad oppugnandam pa‐
triam, impulit; revocavit tamen a publico
parricidio privata pietas 28, 39. Pro ma‐
nifesto parricidio 1, 59. (nefariorum rerum
molimina.) Vid. maculare.

PARS transitione fuga dissipati,
16. conf. 1, 53. 5, 38. 10, 2. Pars prae‐
sidio relicti 1, 59. Sic enim cum Gronovio
agendum. Magna pars forte, ut in quem

quemque incidisset, rapta 1, 2. Magna pars
in agrum Antiatem delati, — circumveni‐
untur 5, 45. Fossi deinde et Romam utra‐
que pars miserunt legatos, et inter se ipsi
de reconcilianda concordia agebant 41, 25.
Interdiu noctuque alii succedentes, pars
scalas muris, (pars) ignem portis inferrent
42, 18. Salet enim interdum omitti. Et
Volsci — magna pars et in ipso certamine,
et post in fuga caesi 6, 24. pro et Volscorum
— magna pars caesa. Pauci armis abjec‐
tis pars Tegeam, pars Megalopolim perfu‐
giunt 35, 36. conf. 9, 14. 30, 24. 44, 28.
Multitudo, pars procurrit in vias, pars in
vestibulis stat, pars ex tectis etc. 24, 21.
Equorum pars magna nantes etc. 21, 27.
Equi, pars in mari — absumpti, partim ner‐
vos succiderant in littore Macedones 44,
28. Debebat esse partis scil. eorum. Et
in eod. cap. est: pars eorum. Ea maxima
pars volonum erat 23, 35. pro ii maximam
partem volones erant. cf. 24, 16. Quod
senatus juratus, maxima pars, censeat 26,
33. pro maximam partem. Sunt etiam qui
legant quod senatus maxima pars censeat.
Etsi magna parti (senatus) urbs maxima,
— — horreum populi Romani fore vide‐
batur 7, 30. Pars major (scil. historia‐
rum) auctores sunt 30, 3. Ne quis tem‐
plum aramve injussu senatus, aut tribu‐
norum plebis partis majoris, dedicaret 9,
46. Multam quondam Europae, majorem
partem Asiae obtinuerant armis 31, 1. Ea
gens in parte magis, quam in ditione Kar‐
thaginiensium erat 21, 5. Ejus populi
partisque victoriam fore 8, 6. Profectus
ab urbe, utraque parte Tiberis, ratibus
exercitu — trajecto 7, 17. Descripta suis
quaeque partibus (castra) 21, 34. Haec
sunt partes ipsius areae, qua cohortes ten‐
dant, Graecis μέρη dicta. Quia post Tatii
mortem ab sua parte (Sabinorum) non
erat regnatum in societate aequa 1, 17.
In eo cornu (dextro) — ab sinistra parte
2, 27. Ut, ab utra parte (acie cornu) ce‐
dere Romanus exercitus coepisset, inde se
consul devoveret 8, 6. Demeram partem
a parte civitatis 6, 25. Ex eo tempore in
duas partes discessit civitas : aliud in‐
teger populus — aliud forensis factio te‐
nebat 9, 46. De decemviris sacrorum ex
parte de plebe creandis 6, 42. cf. cap. 37.
Horum inductio in parte simulacrum de‐
currentis exercitus erat, ex parte elegan‐
tioris exercitii etc. 44, 9. vid. Bauer. ad
h. l. pag. 319. Pro virili parte Praefat.
Haec forensa vulgo ad vires refertur. Falso.
Est enim de persona potius capienda, ut
sit ; quantum ad me pertinet, pro mea
parte. Sed conf. Bauer. ad h. l. pag. 2.
[Vid. virilis, et cf. Bauer. ad Sanct. Minerv.
T. II. pag. 157. sq.] In parte laboris ac
periculi esse 21, 1. Ut in parte praedae
essent 5, 46. (participes praedae fuerunt.)
Parum est, si, cujus pars tua nulla adhuc
fuit, in partem ejus venis, nisi partem

petendo totum trageris 6, 40. In partem prædæ suæ vocatos deos 5, 21. Neque enim mari venturum, aut ea parte belli dimicaturum, hostem credebant 21, 17. conf. cap. 22. i. e. eo genere belli. vid. Gronov. ad h. l. Per eumdem, qui ad dictaturam aperuisset viam, censuram quaque in partem vocari plebis volebat 7, 22. i. e. communicari cum plebe. Qui partis — Romanorum fuerant 45, 21. — qui partium regis fuissent ibid. Consules facere vestrarum partium 8, 67. Partim Samnitium — defecisse ad Pœnos 23, 11. Gr. ἀχαριστοῦ pro partem. conf. 36, 46. Hernicos ad partes paratos 8, 10. i. e. subornatos esse auctores falsi rumoris, ut ab optimatibus gratiam inirent. Ex omnibus partibus (in curia) postulabatur, ut Cos. eam rem ad senatum referrent 42, 3. Partem abesse numero (borum, gregis) 1, 7. Invalido exercitu et magna parte pestilentia absumpto 41, 5. Parte membrorum captus 41, 16. Qui exploratum in omnes partes dimissi erant 8, 7.

PARTICIPARE 2, 52. Juvit et Virginius collega, testis productus, participando laudes. cf. 3, 19.

PARTIRI curas in inferendum atque arcendum bellum 21, 21. Consules partiti provincias 9, 41. — inter prætores ita partita imperia 42, 21. P. et Cn. Scipionibus inter se partitis copias 22, 26.

PARTURIRE 21, 18. Quod du parturit animus vester, aliquando pariet.

PARVUS 40, 4. Apud eum plures anim partus.

PARUM 4, 7. Quod — parum recte tabernaculum cœpisset. i. q. vitiosa. Vid. recte. Templum — violare parum habuisse, nisi detexisset fœde 42, 3.

PARUMPER subsidiariis tutatus est locus 5, 38. cf. 10, 19. Primam periculi procellam — parumper sustinuit 9, 10. Averterent ab iis parumper ad cognitionem cogitationemque animos 3, 58. Celtiberi parumper incertis animis fluctuati sunt 40, 32. Duas mihi aliquis conciones parumper faciet 45, 37.

PARVUS 10, 45. Parvo admodum plures. i. q. paullo plures. Quod parvæ et raræ per ea tempora litteræ fuere 6, 1. Tam parvus animus tanti populi esse? 6, 18. Parvumque (Servium Tullium) ipsum servisse 1, 39. A parvo eductus ibid.

PASCERE 25, 12. Perduelles — qui vestros campos pascunt placide. Dum regiis stipendiis pastus obversaretur miles 24, 24. Milites — mittit, pecoraque diversos alium alibi — pascere jubet 9, 21. Pecora, quæ pastum propulsa essent 25, 6. Si pulli non pascentur 6, 41. Vid. Bauer. ad h. l. pag. 251.

PASSIM omnes clamoribus agunt 9, 45. — in omnes passim partes capessunt fugam 40, 32. — totis passim castris 30, 5. Multis passim agminibus per omnes vias

cum clamore in forum suscitus 6, 33. sid. diffugere. it. distrahere.

PASSUS. Vid. supra 8v e. crinis.

PASSUS 9, 21. Castra ut sex millia (scil. passuum) removerentur. Vid. Drakenborch. ad 6, 32. Vid. mille.

PASTOR. Vid. supra 8v v. agrestis.

PATEFACERE 7, 33. His omnia, quæ nunc erectæ micant hastæ, patefacta strage vasta cernetis. Latius patefacta acies 9, 27. Nudatis omnibus præsidiis patefactisque bello 44, 6. Transfosso pariete iter in urbem patefacere 44, 11.

PATER 22, 19. Patres conscripti senatores Karthaginiensium appellantur, multo quidem liberius et insolentius, quam cap. seq. dictator Karthaginiensis commemoratur. Ceterum de patribus Romanis, iisque, qui Conscripti erant. vid. 2, 1. 6. 9, 39. Patres certe ab honore — appellati 1, 9. Minimus quisque natu Patrum 3, 26. Patres Romani 6, 15. Sic dictator K. dixit. Patrum memoria institutum fertur 20, 42. Locus difficilis. vide Drakerum et Drakenborchium, qui ex persona Livii hæc dicta putant. Sed possunt etiam ad Catonis ætatem referri, ut tum patrum memoria institutum dicatur. — Nec minus difficilis alter 6, 5. hæccine fœdera Tullus Romanus rex cum Albanis patribus vestris, Latini, hæc L. Tarquinius vobiscum postea fecit; ubi patres videri possint majores esse, sed vero non sunt; intelligit enim patres eorum, quibuscum Tarquinius pacem fecit. — Omnino sciendum est, apud historicos augustiorem quodammodo ac certiorem senatum propriumque magis tribuendum esse verbis patrum memoria. Nam etsi, ut hoc loco, ita alibi non minus urgendis vos patrum, sed ambiguus videtur; eunctum utriusque tamen idem in oratoribus interpretandis facere licet. Interdum tamen apud nostrum etiam in contrariam partem pro justo brevioribus temporum spatiis dicitur patrum memoria, v. c. 31, 18. ubi septem anni intelligendi sunt; quemadmodum 3, 68. de proxima ætate; contra 4, 4. de duabus saltem ætatibus accipi debent. Tiberine pater — te sancte precor 2, 10. Vid. Virgil. Georg. 4, 369. conf. nivalis. Haud frustra, te patrem deûm hominumque hac sede sacravimus 8, 6. Mars pater 8, 9. Vid. Mars. At tu, pater deûm hominumque 1, 12. Sic genitor apud Virgil. Æn. 1, 155. ubi vid. Intt. Ludis mane servum quidam paterfamilias — sub furca cæsum medio egerat circo 2, 36.

PATERE aulli fraudis occasioni 24, 37. — patens vulneri equus 31, 39. Servis etiam regnum Romæ patere 1, 40. Quid vellet — tacitis ambagibus patuit 1, 54. plebeio homini vix ad tectum necessarium — suus pateret ager 6, 36. In patentem ad conspectum undique campum 10, 4. Angulus muri erat in planiorem patentioremque, quam cetera circa, vallem vergens

21, 7. Clausula latere urbis, quod in orientem patet, præfluens 44, 31. Solum infestum esse Macedoniæ latus, quod ab Illyrico pateret, cernens 43, 18. Inter legiones et ipsi patentes equiti relinquerent vias 29, 2. *paullo ante :* inter cornua et mediam aciem, intervalla patentia satis late fecerant. Via — patens apertaque 9, 2. Qua patere visum maxime iter 21, 28. Dierum plus triginta — patentem (*regionem*) 38, 59. *de itinere.*

PATERNUS 2, 58. Odisse plebem plus quam paterno odio. — plenus suarum, plenus paternarum irarum 2, 61. Non tam, quia paternæ inter eos inimicitiæ erant, quam ipsorum odiis inter se accensæ 44, 25. Vid. *Intt. ad h. i.* Paternum amicum et hospitem 42, 42. Pro paterno nostro hospitio 42, 40. *i. e. quod fuit nobis cum patre tuo.* Admonere paterni beneficii 1, 47. *a patre accepti.*

PAT.ESCERE 22, 4. Paullo latior patescit campus.

PATI 7, 1. Non patientibus tacitum tribunis. — tacite habere idque pati statuerat 42, 16. Hæc scelera — hæc dedecora pati parati estis 5, 53. Si qui minus patientes dedecoris sint, pro victimis immolari 39, 13. Captari ætetes et erroris et stupri patientes *ibid.* Neque legum neque libertatis patiens 45, 32. Ut bello ac pace pati legitima imperia possis 8, 35. — non ut ea (*bella*) a magistratibus sociis atque amicis paterentur 43, 8. Quum aquæ vim vehat ingentem, non tamen navium patiens est 21, 31. Ægre id Romana pubes passa 1, 9. Nec ultra, nisi regem — videbantur passuri 1, 17. In ægre Patres passos accipio 6, 39. Ut — tam et hoc gentes humanæ *patiantur* æquo animo, quam imperium *patiuntur* Præfat. Nec vitia nostra, nec remedia pati possumus *ibid.*

PATIENTIA 5, 6. Et animis et corporibus suis virilem patientiam inesse. Quum omnibus, intolerandis patientiæ humanæ, cruciatibus laceraretur 24, 5. Vid. *duratus.*

PATRARE 44, 25. Pacis patrandæ cum Romanis pacisceb atur mercedem. *cf.* 2, 26. *it.* 40, 52. *vid. Duker. ad h. l. Proprie* patrare *nihil aliud significat, nisi perficere ; uti vel e verbo* impetrandi *intelligitur, quod quidem honestissime dicitur. Itaque non mirum est, simplex verbum in utramque partem dici. Sic* bellum, facinus, jusjurandum, *alia* patrari *Livio dicuntur.* Ad jusjurandum patrandum, id est, sanciendum etc. 1, 24. Pater patratus *ibid.*

PATRIA 8, 5. Sit sane hæc patria potior, et Romani omnes vocemur. *i. e. sedes ac domicilium rerum et fortunarum nostrarum ; sæpius enim ab optimis quibusque scriptoribus* patria *sine respectu ad natales dicitur.* Devovisse eos se pro patria Quiritibusque Romanis 5, 41. Ut in sua sede maneret patria 5, 51. *pro populo Romano.*

Legiones eamdem, quam per pavorem amiserant patriam — virtute recuperavere 7, 13. Oppugnari atque capi (*patriam*) passurum 4, 2. *cf.* 5, 53. — materna patria 1, 34. Agique, tamquam cum patria, nobiscum, æquum censemus 5, 4. *h. l. senatus intelligendus est.* Deos patrios, patriam, ac parentes — illorum intueri manus 1, 25. Antiqua patria 3, 58. Vid. *castra.*

PATRICIUS, qui patrem ciere possent 10, 8. — patricia virgo 4, 4. Stipatus agmine patriciorum 6, 38. — caterva patriciorum juvenum 4, 14. *Patriciatus sub regibus debatur ex SCto, referente ad senatum rege ; posthæc facta lex curiata. Libera republica requirebatur SCtum et lex. Ex.* 6, 40. *adparet, ad patriciatum necessariam fuisse legem.* Vid. *progenies.*

PATRIMONIUM 6, 14. Fundum in Veienti, caput patrimonii, subjecit præconi.

PATRIUS 2, 5. Eminente animo patrio (*paterno*) inter publicæ pœnæ ministerium. Quod animum ejus tanta acerbitas patria nihil a pietate avertisset 7, 5. Restituerent in patrium ac legitimum regnum 38, 4. *i. q. paternum, avitum, quod a majoribus deinceps veluli per manus traditum fueret. vid. Dukerus ad h. l.* Oblitus — imperii patrii consulumque edicti 8, 7. *f.* paterni. *vid. Bauer. ind. in h. v. Enimvero* 7, 8. *legitur :* majestatem *patriam* veritus. Negligendo patrios ritus, peregrinosque asciscendo 1, 20. Vid. *penates.*

PATROCINIUM 5, 6. Nec se patrocinium mollitiæ inertiæque mandasse tribunis. Jam dictatorem profiteri patrocinium fœneratorum 6, 15. Hoc patrocinium receptæ in fidem et in clientelam vestram universæ gentis perpetuum vos præstare decet 37, 54.

PATRONUS 3, 29. Ut exercitus (*servatus a Cincinnato*) eum patronum salutaverit. Antiatibus — dati ab senatu ad jura statuenda ipsius coloniæ patroni 9, 20.

PAUCITAS 2, 64. Paucitas damno sentiendo proprior erat. Ut loco paucitatem suorum adjuvaret 9, 35. Quæ res et paucitatem eorum insignem — faciebat 2, 50.

PAVERE 7, 34. Admiratione paventibus cunctis, quum omnium in se vertisset oculos etc. Paventes adverso tumultu 21, 28. Paventesque ad necopinatum tumultum 25, 38.

PAVIDUS e somno 1, 58. — pavida consilia et imperia 44, 6. — clamor fugientium 41, 11. Restitit pavidus atque inhibuit frenos 1, 48.

PAULLATIM 21, 14. Circumfusa paullatim multitudine.

PAULLISPER 9, 8. Tentata paullisper intercessio est.

PAULLULUM 35, 5. Consul obtestabatur milites, ut paullulum anniterentur etc. Debellatumque mox fore, si anniti paullulum voluissent, rebantur 23, 13.

PAULLULUS 8, 11. Paullula via. — equi hominesque paulluli et graciles 35, 11.

PAULLUM editi loci 5, 38. — quum radices montis paullo plus, quam mille passuum ad mare relinquant spatium 44, 6.

PAVOR captæ urbis 8, 3. — nocturno pavore attoniti 7, 36. — pavore aliis in tanta clade torpentibus 24, 43. *vid.* lymphaticus. *it.* terror. Quos pavor pertulerat in sylvas 7, 15. Incautus ad credendum — pavor 9, 12.

PAX superba 9, 11. — infida 9, 45. — fida 5, 4. — si bonam pacem dederitis, et fidam et perpetuam 8, 21. — Italiam bona pace florentem 30, 21, — obnoxia 6, 28. Non fœdere pax Caudina, sed per sponsionem facta est 9, 5. Neque illi terra neque mari est pax 22, 39. Pace terra marique parta 1, 19. Satis explorata pace ejus anni 43, 9. Veramque pacem, non fluxa, ut ante, fide Celtiberos fecisse 40, 50. In locum pacis Gracchum adducturus 25, 16. *conf. cap.* 23. Medius maxime atque utrisque opportunus locus. (*ein ficherer, neutraler Ort.*) [*Sed vid. Stroth. ad priorem locum.*] Inventa pace deûm 6, 1. — quæ ad pacem deûm pertinebant 24, 11. — pacem deûm peti precationibus placuit 42, 2. *cf.* 6, 41. *i. e. benivolentia, favor.* vid. *venia.* Pacem fœdusque petentes 9, 37. — in pace fuit 39, 56. — in pace — in bello 5, 52. Romani pignus pacis ex fœdere restituerunt 2, 13. Pacis per omnem Apuliam præstandæ populo Rom. auctores 9, 20. — oratores pacis *ibid. cap.* 43. — pacem pacisci 29, 12. *it.* 31, 29. 40, 25. 44, 25. — patrare 40, 52. *conf.* 44, 25. Claudii pace et Valerii mortui loquar 3, 19. Pace dixerim deûm 10, 7, *sensu peculiari.* Is alteri populo cum bona pace imperitaret 1, 24. — classis bona cum pace accepta est 28, 37. — cum bona pace ad Alpes incolentium ea loca Gallorum pervenit 21, 32. *i. e. nemine impediente. cf.* 21, 24. Vid. *infectus.*

PECCATUM. Vid. *delictum.*

PECORA 1, 4. Ad pecora segnes. *h. e. in pascuis. Opponitur enim :* in stabulis, *ubi etiam pecora. Sequitur tamen venando* etc. *Forsitan sub* pecoribus *feræ intell. Sic Virg.* pecora inertia *opposuit* leoni. [*Ita poîtæ, non historici.*] Agrestis taurus, qui pecore aberrasset 41, 13. In vastis Lusitaniæ — montibus pecora consectando 21, 43. Pecora jumentaque torrida frigore 21, 32.

PECTUS 21, 54. Pectoribus tenus aucta (*aqua*) continuo imbri. Quibus (*cladibus et laboribus*) nequiverint tamen dura illa pectora (*Samnitium*) vinci 10, 31. Ea pietate omnium pectora imbuerat 1, 21. Ipsius regis non tam subito pavore perculit pectus, quam anxiis implevit curis 1, 56. Unde novum in pectore Bruti ingenium 1, 59. Oratio nequaquam ejus pectoris in-

geniique *ibid.* Pectus animorum iræque tacitæ plenum 7, 10.

PECUA captiva 26, 34. *cf.* 5, 48.

PECUARIUS 33, 42. Ædiles plebis — multos pecuarios ad populi judicium adduxerunt. *h. e. qui gregibus pecorum alendis quæstum facerent, sed e publicis, pro certo vectigali conductis, pascuis. cf.* 35, 10. vid. Clav. *Ciceron. in h. v.*

PECULATUS 33, 47. Isti, quos paverat per aliquot annos publicus peculatus. *paullo ante :* quantum peculatus averteret.

PECULIARIS 3, 19. De vestra plebe, quam partem, veluti abruptam a cetero populo, vestram patriam peculiaremque rempublicam fecistis.

PECULIUM 2, 41. Peculiumque filii Cereri consecravisse. *Drakenborchio videtur h. l. latiori sensu de toto patrimonio, nota alias etiam significatione, accipiendum esse.*

PECUNIA captiva 10, 46. — pecuniæ (*scil. debitæ*) judicatus 6, 14. Ante — quam reposita sacra pecunia in thesauris fuerit 29, 18. Dies pecuniæ 34, 6. *i. e. solutionis.* in eamdem diem pecuniæ — præbenda publicani se conducturos professi erant. Cetero (*auro*) usi sunt ad vestimenta præsenti pecunia locanda exercitui 27, 10. Ut pro frumento pecunia Romæ legatis eorum curaretur 44, 16. *propria in hoc genere forma dicendi, quum absens pecuniam per alium solvit.* Unde in eos sumtus pecunia erogaretur 1, 20. Vid. *erogare.* Pecunia in stipendium 23, 12. Negaverunt consulibus esse, unde milites pecuniamque darent 27, 9.

PECUS. Vid. *pecora.*

PEDES 28, 9. Etiamsi pedes incedat. *pro pedibus. Sic et equitem dici supra notavimus ad h. v.* Tria millia civium Romanorum, ducenti equites 40, 18. *pro tria millia peditum. Non raro autem omittitur.* Vid. *Drakenborch. ad* 40, 36. Non pediti solum cedere, sed ne equitem quidem sustinere, peditis præsidio audentem. Jam signa quoque legionum appropinquabant etc. 30, 11. *Manifeste h. l. pedites pro velitibus accipiendi sunt, quum legionariis opponantur. cf.* 33, 7. *it.* 14. *ubi* armatura levis *opponitur* equitibus, *iique sunt* pedites, *sed tidem* velites. Veteranus pedes 21, 44.

PEDESTER 7, 13. Pedestria stipendia. Pedestribus navalibusque copiis 37, 53. *Hic ipsa oppositio docet,* equites *etiam sub* pedestribus copiis comprehensos *esse. Similiter* pedibus *it h. e. navibus ire opponuntur, ut omnes modi terrestris itineris faciendi illic intelligantur, atque hinc illa superior forma haud dubie ducta est.* Vid. *Intt. ad illum locum.* Paucos dies — exercendis navalibus pedestribusque copiis absumsit 26, 51. Pedestris ordinis se nunc esse 5, 7. *i. e. milites legionarios esse, peditesque stipendia facere. Dukerus pedestrem ordinem pro ordine plebeio accipiendum putat.* Vid. *exercitus.* Sed habere hostem pedestri fidentem Marte: cui si æquari robore virium velit, et sibi pedites comparandos esse 24, 48.

PEDETENTIM 21, 28. Sed, pondere ipso stabiles (*elephanti*) dejectis rectoribus, quærendis pedetentim vadis, in terram evasere.

PEJUS 1, 47. Eo nunc pejus mutata est res.

PELLERE hostem 7, 8. cf. 40, 32. Ab sua parte Romanum pepulit 2, 6. Et primo adeo acriter invaserunt, ut antesignanos impulerint: quod ubi animadvertit, veritus, ne moti semel pellerentur 33, 36. Jam prope erat, ut sinistrum cornu pelleretur Romanis 40, 32. Vano cum incepto mœnibus pepulissent Romanos 44, 31. Ex equo tum forte Mettus pugnabat; eo pelli facilius fuit: pulsum Romani persequuntur 1, 12. Ubi Cilnium genus præpotens, — pelli armis cœptum 10, 3. Monebant etiam, ne orientem morem pellendi reges inultum sineret 2, 9. Se patrio regno, tutoris fraude, pulsos 1, 40. *i. q. privatos.* Pellendo finibus dominos 6, 41. Ipsorum quoque Lacedæmoniorum exsules permulti, tyrannorum injuria pulsi 34, 26. *pro expulsi. cf. cap.* 38. Vid. *Drakenborch. ad* 35, 37. Non mediocri cum Scipionis animum pepulit (*Syphax*) 30, 14. *i. q. commovit. eleganter. Similiter ibidem:* ipsum in Hispania juvenem nullius forma pepulerat captivæ. Vid. *Gronav. ad* 3, 2.

PELLICERE 3, 44. Hanc virginem adultam, forma excellentem, Appius, amore ardens, pretio ac spe pellicere adortus etc. Ut in societatem pellicerent 21, 12.

PELLIS 5, 2. Militem Romanum in opere ac labore, nivibus pruinisque obrutum, sub pellibus durare. Vid. *Intt. ad* 4, 1.

PELLITUS 33, 40. Profectus erat in Pellitos Sardos. *Inde sic nominati, quod barbarorum more pellibus vestium loco usi erant.* Vid. *Clav. Ciceron. in h. v.*

PELTA cætræ haud dissimilis est 28, 5. — peltastæ *ibid. conf. Intt. ad Virgil. Æn.* 1, 490. Vid. *cætratus.*

PENATES publici privatique 3, 17, Vid. *Clav. Ciceron. in h. v.* Dii te penates patriique — creat vocatque regem 1, 47. Partemque sanguinis ejus caedis paternae cruento vehiculo, contaminata ipsa respersaque, tulisse ad penates suos virique sui 1, 48. Ædes deorum penatium in Velia de cœlo tacta erat 45, 16. Ut — ad penates hostis sui nuptiale sacrum conficeret, 30, 11.

PENDERE 44, 27. Qui ea pependerant spe. *Drakenborchius ex ea legi vult. Enimvero etiam sine præpositione* 7, 10.

*leguntur hæc :* tot circa mortalium animis spe metuque pendentibus. — sollicitis ac pendentibus animi *ibid. cap.* 30. Vid. *Intt. ad* 4, 1. Qui ex vobis (*socii*) pendemus 42, 13. Adeo nihil tenet solum patriæ, — sed in superficie tignisque caritas patriæ pendet 5, 54.

PENDERE 45, 26. Vectigal dimidium ejus, quod regi pendissent. *Vossius Grammm.* 5, 26. *hoc loco utitur, ut ostendat, etiam dici posse pendi; sed Drakenborchio magis placet sententia Sigonii emendantis pependissent.* Pauperes satis stipendii pendere, si liberos educarent 2, 9. Stipendium exercitui Romano ab hoste in eum annum pensum 9, 41. Ut, quas quisque meritus est, pœnas pendat 23, 3. Si tum parum ignominiae pensum est 45, 23.

PENE. Vid. *pæne.*

PENES quos sunt auspicia more majorum? nempe penes Patres 6, 41. Ut penes eosdem pericula belli, penes quos præmia essent 2, 24. Semper ista audita sunt eadem, penes vos auspicia esse etc. 10, 8. Si penes Romanos victoria esset etc. 42, 29.

PENETRALIA 9, 46. Civile jus, repositum in penetralibus pontificum, evulgavit. Tradamus ancilia, penetralia etc. 6, 41. *ubi pignora imperii adservabantur, ancilia, palladium etc. scilic. in sacello ad templum Vestæ.* Prytaneum, id est penetrale urbis, ubi publice, quibus is honos datus est, vescuntur 41, 20.

PENETRARE in silvam 9, 35.

PENITUS 26, 28. Philippum — ad intima penitus regni abisse. Clamorque eorum penitus in regiam pervenisset 1, 40. In totam penitus aciem (*terror*) pervasit 8, 9.

PENSARE 22, 51. Ad consilium pensandum temporis opus esse. Quum ocula magis, quam ratione pensarent vires 30, 32. — pensare adversa secundis 27, 40. Quandoquidem honesta pensamus, sic, ut aut sola, aut prima certe pensari decet principi orbis terrarum 34, 58. Transmarinæ quoque res quadam vice pensatæ 26, 37. *i. q. jactatæ, ut modo in hanc, modo in alteram partem inclinaret pondus. Sermo est de vicissitudinibus fortunæ et nunciis ex utroque genere Romam perlatis.*

PENSIO 30, 37. Decem millia talentûm argenti, describta pensionibus æquis in annos quinquaginta solverent. *i. e. singulis annis tantumdem pecuniæ, velut ratam partem totius summæ.* Vid. *Intt. ad* 6, 35. *it. ad* 7, 27. Justi crediti solutionem in — pensiones distribuit 42, 5.

PENSITARE 4, 41. Ne ab se consularia consilia exquirerent, quæ pensitanda quoque magnis animis atque ingeniis essent.

PENSUM 4, 52. Quum principio statim anni, velut pensum nominis familiaeque, seditiones agrariis legibus promulgandis cieret. *Sic fere Cicero Phil.* 2, 44. *Anip.*

nii suorum tertiam poneionem diu dabere populo Romano, dieit, h. e. interfectionem mariti.

PENSUS 25, 15. Queis, neque quid acerpent, neque quid dicerent, quidquam umquam pensi fuisset. Id illi, cui nihil pensi sit, facile esse 42, 23. Versari inter se conjuges, liberosque suos, quibus nihil neque dicere pensi, neque facere 43, 7.

PENURIA hominum 6, 30. — mulierum 1, 9. — frumenti 4, 25. — omnium rerum 9, 12.

PER ludos 2, 18. i. q. ludis, tempore ludarum. Similiter: per inducias 30, 31. — per meridiam profecti 42, 64. Fortuna per omnia humana, maxime in res bellicas potens 9, 17. — per cruciatum et ad contumeliam 26, 13. — Vid. Drakenborch. ad 6, 12. Qua (contumelia) per nostram ignominiam ludos commisere 2, 38. pro cum. Similiter: vinci se per suum atque illorum dedecus patiebantur 3, 42. cf. 8, 61. — satin' per commodum omnia explorassent 30, 29. Legati — — per ludibrium auditi dimissique sunt ab quaerente per jocum Hieronymo 24, 6. Nihil enim per iram aut cupiditatem actum est 1, 11. Cum his molliter et per dilationes bellum geri oportet 5, 4. — nec ipsi per intermissiones has intervallaque lentiorem spem nostram facimus 5, 5. Recipi, nisi aliquanto post, per Antiochum, non potuit 33, 18. scil. quoniam impediebat, obstabat Antiochus. Demetrius per vinum, quod excluderetur, paulisper vociferatus 40, 7. h. e. quia ebrius erat. Ne quid per (propter) frequentiam juvenum — agi posset 5, 9. — per valetudinem id bellum exsequi nequierat 8, 19. Per hoc, ne quo errore milites caperentur, edicunt consules etc. 8, 6. i. q. propterea. Per causam renovati ab Æquis belli 2, 32. sub praetextu. Eodem sensu: per speciem reconciliandae pacis 42, 52. Si coarguatur ab alio, ac per se fatenti etc. 39, 12. i. q. sponte. Per fas ac fidem decepti 1, 9. Concordiam per aequa per iniqua civitati conciliandam esse 2, 39. i. e. quacumque modo, quantovis pretio. Per ego te — filii, quaecumque jura liberos jungunt parentibus, precor etc. 23, 9. [ad quem locum vid. Stroth. p. 234. Graecorum πρὸς οἱ θεῶν, πρὸς οἱ γόνων, a Porsono nuper Euripidi Med. 395. vindicatum. Compara Homar. Il. 22, 345. μή με, κύον, γόνων γανάζει, ubi miram Heynius ellipsin comminiscitur.] Jurantes per quidquid deorum est ibid. Jam per omnia ad dimicandum satis paratus 10, 39.

PERAGERE verbis auspicia 1, 18. i. e. pronunciare, declarare. cf. cap. 32. Sua item carmina Albani suumque jujurandum per suum dictatorem suosque sacerdotes peragerunt 1, 24. Liberi jam hinc populi Romani res — peragam 2, 1. Impletas modis saturas — peragebant 7, 2.

Peragere verum indicium 6, 16. Peragit deinde postulata 1, 32. Prinsquam aut illa postulatum perageret. aut etc. 3, 47. Sententiam igitur peragit, nullum placere senatusconsultum fieri 3, 40. conf. 39, 15. Sententiam de eo, de quo retulistis, paucis peragam 9, 8. Consul — Decii non coeptas solum ante, sed cumulatas nova —...ate laudes peragit 7, 37. Cui rata ista pax erit, quam — non jussu populi Rom. peregerimus 37, 19. Haud dubie cum Drakenborchio legendum pepigerimus. Vid. Intt. ad h. l. Vos autem, si reum perago, quid acturi estis 4, 42. h. e. si agentem me condemnabitur. Diebus peractis I, 39.

PERAGRARE 35, 12. Peragratusque orbis terrarum victoriis ejus gentis referebatur. Venaedo peragrara circa saltus 1, 4. Quieto exercitu pacatum agrum — peragravit 43, 4.

PERBENE detectam in Leontinis esse avaritiam et crudelitatem Romanorum 24, 32. — fortunam perbene fecisse, quando etc. 45, 3.

PERBREVIS 4, 1. In portu emporium brevi perbreve factum est. — perbrevis aevi Karthaginem esse 28, 35. Perbreve tempus regni ejus fuit 41, 20.

PERCELLERE 34, 15. Integri recentibus telis fatigatos adorti hostes primum acri impetu, velut cuneo, perculerunt. Quum scuto scutum imum perculisset 7, 10. Quo tantum valent genere pugnae, ut, quacumque parte perculere impetu suo, sustineri nequeant 40, 40. Aricinos res inopinata perculerat 9, 14. i. q. perturbaverat. In Veientem, alieno pavore perculsum, ferocius redit 1, 27. Omnibus perculsis pavore 1, 47. in foro. Ipsius regis non tam subito pavore perculit pectus, quam anxiis implevit curis 1, 56. Ingens pavor primo discurrentes ad suas res tollendas in hospitia perculit 2, 37. conf. 3, 38. Hic dies — Persea perculit, ut etc. 42, 67. f. leg. perpulit. [Noli tentare vulgatum. Rena sibi opponuntur: Romanis refecit animos, Persea perculit. Ceterum non nego, haec verba saepe confundi. Vid. Intt. ad 2, 30. 3, 38.] Primus adventus hostium perculit incolas loci: collectis deinde ex necopinato pavore animis etc. 44, 13. Perculsum jam fama hostem fundunt fugantque 9, 44. Suo ipse conatu perculsus praetor 44, 12. i. e. afflictus. Feciali Postumius genu femur perculit 9, 10. pro percussit; et fortasse sic legendum. Saepius enim haec duo, imprimis perculsus et percussus, confusa sunt a librariis. Quod duo fulmina domum meam per hos dies perculerint 45, 41.

PERCENSERE 6, 52. Ne omnia generatim sacra omnesque percenseam deos. Quod mihi percensenti propiores temporibus harum rerum auctores miraculo fuit 6, 19. Ita quum percensuisset Thessaliam

34, 52. *i. e. formulam regiminis dedisset ad censum, ex censu, a censu.*

PERCIPERE 7, 26. Adeo duorum militum eventum — utraque acies animis perceperat. Crebræque nunc querelæ, nunc minæ percipiebantur 2, 35.

PERCITUS 21, 58. Ingenium percitum ac ferox. *i. q. vehemens.* Percitum ira in patrem spes erat criminis aliquid novi deferre 7, 5. — percitus ira Camillus 6, 38.

PERCOMMODE 25, 25. Tumulus — percommode situs ad commeatus excipiendos.

PERCONTATIO 45, 8. Prima percontatio (*quæstio Paulli ad Persea*) fuit. Vid. *percunctatio.*

PERCUNCTARI 3, 48. Sinas hic coram virgine nutricem percunctari. — percunctantur obvios 22, 7. — percunctando exquirere 9, 3. — quum — percunctantes (*transfuga*) doceret *ibid. cap.* 24. *cf.* 40, 21. Legatos mittunt ad percunctandos Karthaginienses, publicone consilio Hannibal Saguntum expugnasset 21, 18. Ut consulem percunctaretur, liceretne — pugnare 23, 47. *i. q. consuleret.* Consules quum (*scil. in senatu*), quid ergo se facere vellent (*Patres*), percunctarentur 2, 28.

PERCUNCTATIO 24, 19. Directa percunctatio ac denunciatio belli. *i. e. quum quæreretur, bellumne mallent, an pacem.* Vid. *percontatio.*

PERCURARE 21, 57. Vixdum satis percurato vulnere.

PERCURSARE 23, 42. Jam ne manipulatim quidem, sed latronum modo, percursant totis finibus nostris negligentius, quam si in Romano vagarentur agro.

PERCUSSOR 40, 12. Non insidiatoris modo, sed latronis manifesti et percussoris speciem induit.

PERCUTERE 9, 25. Virgis in foro cæsi ac securi percussi. Vid. *Drakenborch. ad* 1, 27. Duo securi percussi viri insignes 45, 31. Porcum saxo silice percussit 1, 24. Ut — lictor — forem — virga percuteret 6, 34.

PERDERE 9, 14. Ne desperata venia hostes cæcos in supplicia eorum ageret, perdere prius, quam perire optantes. Per luxum atque libidinem pereundi perdendique omnia. *Præfat.* Quum — Saguntinos crudelius quam Pœnus hostis perdidit, vos socii prodideritis 21, 19.

PERDIFFICILLIMUS 40, 21. Viam exercitui nullam esse, paucis et expeditis perdifficillimum aditum.

PERDITUS 23, 2. Improbus homo, sed non ad extremum perditus. Quænam hostibus in perdita re consilia essent 5, 39. — vir unus res perditas restituit 25, 37. *cf.* 26, 6.

PERDOMARE 9, 20. Apulia perdomita. *cf. cap.* 41. — itaque ergo prima Romanis inita provinciarum, quæ quidem continentis

sint, (*Hispania*) postrema omnium, nostra demum ætate, ductu auspicioque Augusti Cæsaris, perdomita est 28, 12. Inopiaque omnium rerum eos perdomuit 40, 41. Multis secundis prœliis Sardos perdomuit 41, 17.

PERDUCERE 26, 2. Multos imperatores temeritate atque inscientia exercitum in locum præcipitem perduxisse. Forte vocatum perductumque in regiam vocari juberet 40, 55. *ad q. l. vid. Bauer. pag.* 312. *sq.* Prima frons valli ac fossa perducta est 44, 37. Oppugnatio ad mediam rursus noctem perducta est 36, 23. Orationibus in noctem perductis 38, 51. — ni altercationem in serum perduxissent *ibid. cap.* 50. Perductus est ad centum talenta 38, 14. *i. e. coactus est offerre etc.*

PERDUELLIO 1, 26. Qui Horatio perduellionem judicent secundum legem. *cf.* 2, 41. Vid. *Clav. Cicer. in h. v.* Et utrique censori perduellionem se judicare pronunciavit 43, 16. Vid. *Gron. ad* 23, 14. Perduellionis se judicare Cn. Fulvio 26, 3. *i. q. accusare. vid. Muret. Var. Lect.* 19, 16.

PERDUELLIS *pro hoste, ex usu antiquiorum temporum; quemadmodum et perduellio de omni facinore capitali dicebatur.* Divus extinguet perduelles vestros 25, 12. *cf.* 42, 20. — victis perduellibus (*Karthaginiensibus*) 29, 27. — perduelles superati Perseus et Gentius 45, 16. Vid. *Cic. Offic.* 1, 12.

PEREGRE 40, 19. Prodigia multa fœda et Romæ eo anno visa, et nunciata peregre. Alios peregre in regnum Romam accitos 2, 6. Peregre habitando 5, 52.

PEREGRINUS 42, 31. Jurisdictio inter peregrinos. — peregrinus terror 3, 16. — frumentum 2, 35.

PEREMTUS 2, 23. Fœdior corporis habitus pallore ac macie peremti.

PERENNIS 5, 2. Ut perennem militiam facerent *i. e. ut hiemando continuarent bellum.* Perennis aqua 1, 21. Juventutem — velut ex perenni fonte unde hauriat. Thraciam subjectam esse 42, 12. Copia, pluribus circumjectis fontibus, perennium aquarum 42, 54.

PEREQUITARE aciem 5, 28. — quum ea via longius perequitasset. *cf.* 23, 47.

PERERRARE 1, 58. Pererraturum se omne Latium.

PEREXIGUUS 7, 37. Nec procul ab hoste locum perexiguum — castris cepit. Nam ad vescendum facto perexiguo, utique milites, utebantur 22, 52. *scil.* argento.

PERFACILE 25, 86. In tumulum quidem perfacile agmen erexere.

PERFAMILIARIS 25, 18. Crispino Badius Campanus hospes erat, perfamiliari hospitio junctus. Brevi perfamiliaris haberi — est cœptus 42, 17.

PERFERRE 10, 2. Gravissimus navium non pertulit alveus fluminis. Perfertur ad urbem terror 3, 3. — quod ubi in totam concionem pertulit rumor 2, 54. — clamor in totam concionem perlatus 8, 32. Romanos ira eadem, quæ per medium aciem hostium tulerat, et in castra pertulit 9, 13. Præfecti classis id unius erat jus, ut agere de ea re sine rogatione ulla perlata posset 45, 25. Quas (*leges*) quum solus pertulisset 2, 8. Si hæ quoque leges centuriatis comitiis perlatæ essent etc. 3, 37. Rogationem pertulit 3, 54.

PERFICERE 9, 8. Justa omnia in deditionem perficere. *Videtur legendum aut :* in deditione *aut :* peragere in deditionem, *i. e. ut omnia redeant ad deditionem, et per eam perficiantur.* Perficere bellum 5, 4. *conf.* 1, 19. —lustrum 24, 43. — sacrificium 10, 38. — mandata 1, 56. — senatusconsulta 26, 99. — censum 1, 44. Prius, quam judicium de eo (*Pleminio*) populi perficeretur 29, 22. Prius, quam infanda merces perficeretur 5, 49.

PERFODERE 4, 22. Donec, perfosso a castris monte, erecta in arcem via est. Momento temporis parietes fornicam perfossi urbem patefecerunt 44, 11.

PERFREQUENS emporium 41, 1.

PERFRINGERE 4, 28. Ictus saxo, perfracto capite, acie excessit.

PERVUGA 30, 16. Et perfugæ et fugitivi. — perfugæ fugitivi captivique 38, 11. *ita ex formula fœderum dici consuevit. cf.* 31, 19. *ubi tamen extra talem formulam eadem occurrunt.*

PERFUGERE 28, 7. Quum in fidem Ætolorum perfugissent. Pars maxima incolumis Romam perfugere 5, 29. — eo turba omnis perfugit 1, 8. — ad Porsenam perfugerunt 2, 9.

PERFUGIUM in patris misericordia et justitia habeat 40, 10. *cf. cap.* 11. Perfugium sibi nusquam gentium esse.

PERFUNGI cura 26, 17. — auctores belli, quia vivos non potuimus, perfunctos jam fato, dedidimus 9, 1. *usitatius de lætioribus dicitur.* Nedum ego perfunctus honoribus certamina mihi cum adolescente proponam 28, 40.

PERFUNDERE religione animum 10, 38. — perfusus ultimi supplicii metu 9, 16. — perfusus horrore venerabundusque 1, 16. Quum perfusum fletu appareret omnibus, loqui non posse 40, 12. Quin tu ante vivo perfunderis flumine ? in infima valle præterfluit Tybris 1, 45. Vid. *Virgil. Æn.* 2, 719.

PERGERE 36, 42. Pergit protinus navigare Peloponnesum. — pergit ipse ire ad urbem oppugnandum 23, 28. — pergeret porro ire 21, 22. *cf.* 21, 30. *it.* 21, 2. Pergit inde infestus in agros Romanos 3, 6. *nonnulli codices præpositionem ignorant : quæ forma utique rarior et exquisitior est.*

PERGRANDIS 29, 29. Regnum ad fratrem regis Œsalcem, pergrandem natu — pervenit.

PERHORRIDUS 22, 16. Inter — saxa ac — arenas stagnaque perhorrida situ.

PERICLITARI 1, 49. Seu Patrum seu plebis animos periclitaretur *i. q. experiretur. Sic et* 6, 15. satis periclitatus voluntates hominum. Donec res suas, quibus periclitari nolebant — trajicerent 38, 25. *i. e. periculum adire.* Ne quis cum tota gente simul in rebus dubiis periclitari auderet 42, 21.

PERICULOSUS 10, 25. Periculosum esse — ne ad omnia simul obire unus non posset.

PERICULUM ipsum, discrimenque id poscere 3, 18. Quod defensores suos — — in ipso discrimine periculi destituat 6, 17. Periculum summæ rerum facere 6, 22. — universo periculo summa rerum committebatur 22, 12. *cf. cap.* 32. Pericula classium externarum 5, 54. *i. e. damna inde metuenda.* Postquam mœnibus jam Romanis, pulso hoste, periculum esse desierat 3, 23. Neque a penuria frumenti — periculum fuit 4, 25. Ut, quæ in naves imposuissent, ab hostium tempestatisque vi publico periculo essent 23, 49. *i. e. jactura ærarii esset. cf.* 25, 3. Id esse periculum, ne suas preces etc. 10, 7. *cf.* 45, 23. Vid. *procella.*

PERIMERE 1, 11. Sua ipsam peremtam mercede. Fœdior corporis habitus pallore ac macie peremti 2, 23. [ Vid. *Bauer. Ind. ad Exc. Liv. in v.* Syllepsis.] In rabiem et pudorem tam parvæ perimentis pestis versi 38, 21.

PERINDE 7, 5. Nec *perinde, ut* maluisset plebes—*ita* ægre habuit etc. Perinde ut eveniret res, ita communicatos honores pro bene aut secus consulto habitura 7, 6. Et, perinde quum alia specie, tum eminentibus—magnum terrorem præbebat 37, 40. Sed nec perinde Patres moti sunt 4, 37. *i. q. non tantopere.* Perinde ac debellatum in Italia foret 28, 38. Nequaquam perinde atque in capta urbe etc. 5, 42. Perinde ac reipublicæ gerendæ, ac non solvendæ religione, gratia creatus esset 7, 3. Perinde ac deberet 22, 37.

PERIRE *Præfat.* Per luxum atque libidinem pereundi perdendique omnia. Infelicitatem suam in liberis graviorem, quod alter perisset, censebat 40, 55. Vid. *ad h. l. Bauer. pag.* 313.

PERITUS 37, 20. Veterani omnes et periti belli erant. *cf.* 4, 17. Vid. *Drakenborch. ad h. l.* Per æque invia, sed assuetudine peritius, et meliore cum spe — degressi in campos 44, 5. Peritus militiæ 8, 8. Periti religionum jurisque publici 41, 18.

PERLABI 28, 11. In ædem Jovis foribus ipsis duo perlapsi angues.

PERLATUS 10, 21. Supplicatioque perlæta fuit.

PERLEGERE 38, 28. Censores — senatum perlegerunt. Princeps in senatu tertium lectus etc.

PERLEVIS 24, 34. Machinator bellicorum termentorum operumque, quibus ea, quae hostes ingenti mole agerent, ipse perlevi momento ludificaretur. Inclyti populi regesque perlevi momento victi sunt 21, 43.

PERLICERE 3, 44. Virginem—Appius amore ardens, pretio ac spe perlicere adortus etc. cf. 10, 11. it. 26, 7. —donis 21, 26. Modo minis, modo spe perlicere, ut etc. 45, 5. Victorem finitimorum omnium populorum in servitutem perlici posse 4, 15. Gentium quaeque regem, jam diu dubium, in societatem perlici posse 43, 18. —ad transitionem 24, 48. Ad belli societatem perlicere jussus 42, 37.

PERLITARE 41, 14. Bove perlitare jussus. i. q. litare. cf. cap. seq. it. 7, 8. Diu non perlitatum tenuerat dictatorem, ne ante meridiem signum dare posset (substantivoe.) [Vid. Stroth. ad h. l.] Primisque hostiis perlitatum est 36, 1. Qui se, quod caput jecinori defuisset, tribus bubus perlitasse negavit 41, 15.

PERLUCERE 41, 2. Qua (nebula) dilabente, ad primum teporem solis, perlucens jam aliquid, incerta tamen, ut solet, lux etc.

PERLUSTRARE 23, 46. Hunc Tuatea quum diu perlustrans oculis obequitasset hostium turmis etc. i. q. oculis quaerens. cf. 25, 9. Quum gregem perlustrasset oculis 1, 7.

PERMANARE. Vid. vena.

PERMANERE 40, 54. Unus incorruptus permanserat. de pertinaci constantia. Et, quantum ad Karthaginienses duces attinet, invictum (Atilium) ad ultimum permansisse 28, 43.

PERMARINUS 40, 52. Aedem (dedicavit) larium permarinum.

PERMISCERE 8, 6. Iisdem praesidiis, saepe iisdem manipulis permisti fuerant. Ad haec audienda quum circumfusa paulatim multitudine permixtum senatui esset populi concilium 21, 14. Vid. permixtus.

PERMISSIO 37, 7. Permissionem extra civium corpora fieri juberent. nempe in liberum arbitrium ejus, cui se dediderent.

PERMISSUS 38, 14. Permissu consulis. —Achaeorum ibid. cap. 34. cf. 3, 43. it. 5, 18. et 21.

PERMITTERE 8, 21. Se vitam fortunasque suas illorum fidei virtutique permittere. Eo se periculo posse liberare eos si se permittant sibi, et, certaminum in republica obliti, credant. Quum omnes victi metu permitterent etc. 23, 2. Ismenias gentem Boeotorum in fidem Romanorum permitti aequum censebat 42, 44. cf. 43, 4. —si in fidem Masiniseae sese permisisset 29, 30. — ipsos se in deditionem consulis caduceum praeferentes permisisse 8, 20. Haec una via omnibus ad salutem visa est, ut in fidem se permitterent Romanorum 36, 27. Neque enim liberum id vobis permittit Philippus (utrum bellum an pacem

232

habeatis) 31, 7. Reliqueris intervalla inter ordines peditum, qua satis laxo spatio equi permitti possent 10, 5. Equites per patentes in hostium acie vias permittere equos jubeat 29, 2. Detraxit frenos equi; atque ita concitatos valentibus permisit, ut sustinere eos nulla vis posset 8, 30. Permittite equos in cuneata hostium 40, 40. cf. 3, 61. it. 30, 11. Equi permissi 10, 5. —permissus equitatus 8, 70. i. q. immittitur. Quum aliquamdiu, hinc indulgentia, hinc modestia, inter permittentes id vicem non magis mutua, quam inexplicabili facilitate, certatum esset 37, 59. sui; quum uterque alterius arbitrio rem permitteret. Qui cum vexandis prioris anni consulibus permissurum tribunatum crederant 2, 56. i. e. eam licenter absumturum interiore suo ad etc. Numitori Albanae permissus re 1, 6. i. q. potestatem datus; cf. 4, 49. Cujus imperio consilioque summam reipublicae tuendam permiserant 42, 49. Per quos (legatos) senatui de vobis permittatis 36; 35. Atque arbitrium statuendi etc. cf. ibid. cap. 12. Permissum ipsi erat, faceret, quod e republica duceret etc. 24, 14. Vid. Drakenborch. ad 33, 44. Permissoque, ut etc. 6, 26. (absolute) cf. 38, 14. it. seq. Utraus — an 45, 5.

PERMIXTUS 27, 33. Provinciae non permittae regionibus, sed diversae extremis Italiae finibus. Permixtus, ubi e cuspide uti et cominus gladio posset, roboris majoris Romanae equites erat 39, 18. Vid. permiscere.

PERMULCERE barbam 5, 41. Ostiorum memoria patriae iras permulsit 7, 40. Ipsis placido sermone permulcentibus animos 28, 25. Ut sermone familiari minorem filium permulceret 40, 21.

PERMUNIRE 27, 12. Castra raptim ante noctem permunita. cf. 7, 16. it. 30, 16. Castris permunitis 44, 37.

PERNICIALIS 27, 33. Qua tabes (pestilentia) magis in longos morbos, quam in perniciales evasit.

PERNICIES 21, 35. Saltusque, haud sine clade, majore tamen jumentorum, quam hominum pernicie etc. Ubi vid. Butter. pag. 30. [cui, pernicis doleat, ego quidem non inveniar.]

PERNICITAS 9, 16. Praecipua pediti pernicitas inerat, quae cognomen etiam dedit. (Papirius Cursor.)

PERNICITER 26, 4. Eos singulos in equos suos accipientes equites assuefecerant, et vehi post sese, et desilire perniciter etc.

PERNIX 28, 30. Levium corporum homines et multae exercitationis pernicitem. —perniciissimum corpus 44, 34.

PERNOCTARE 27, 38. Et effusi coloniarum juniores jurejurando adacti, supra dies triginta non pernoctaturos se esse extra moenia coloniae suae etc. i. q. commoraturos, mansuros.

PERNOX lunæ 5, 28. n. 32, 11.

PERNUMERARE 28, 34. Dum imperatam pecuniam llergetes pernumerarent. cf. 6, 15. Quod usuris pernumeratum esset 6, 35.

PEROPPORTUNE ad præsentis quietem status 1, 49. In exeuntem e curia impetus factus esset, ni peropportune tribuni diem dixissent 2, 35.

PEROPPORTUNUS 10, 45. Nec populo R. magna solum, sed peropportuna etiam ea victoria fuit. Mors Hamilcaris peropportuna et pueritia Hannibalis distulerunt bellum 21, 2. Peropportuna mors Philippi fuit ad dilationem 40, 57.

PERORARE 21, 11. Quum Hanno perorasset etc.

PEROSUS decemvirorum scelera 3, 58. — plebs consulum nomen haud secus, quam regum, perosa erat 3, 34. (active accipiendum.)

PERPACARE 36, 49. Nedum enim omnia in Græcia perpacata erant

PERPAUCAS naves subductas esse 37, 11. cf. 4, 52. n. 3, 8.

PERPELLERE 9, 30. Accitos eos in curiam hortati sunt, uti reverterentur Romam: postquam perpelli nequibant etc. cf. 2, 51. Multitudinem perpulit, ut imperium regi abrogaret 1, 59. Sæpe iterando eadem, perpulit tandem, ut etc. 1, 45. Perpulerunt, ut ad arma conclamaretur etc. 5, 50. Obtestatus P. C. ne suum honorem pluris, quam concordiam civitatis, æstimarent, perpulit, ut id quoque ferretur 7, 41. Perpellit — ut legatos mittat 29, 23. Fama recens belli Gallici perpulit civitatem, ut Furius dictator — crearetur 6, 12. cf. 9, 24. et 31. Perpulere plebeii — ut Minucius præfectus annonæ crearetur 4, 12. cf. 5, 51.

PERPERAM 26, 23. Quod extra perperam dederat. cf. 1, 33.

PERPETI 40, 55. Alii tormenta etiam inficiantem perpessum adfirmant.

PERPETRARE 44, 37. Sacrificio rite perpetrato. cf. 23, 45. — perpetratis, quæ ad pacem deûm pertinebant 24, 11. — perpetrato bello 24, 45. cf. 28, 41. u. 44, 32. — pace perpetrata 33, 21. Rebus divinis rite perpetratis 1, 8. In monte sacrificio rite perpetrato 44, 22. Perpetrata cædes 45, 5. Vid. ad h. l. Bauer. pag. 323.

PERPETUUS 9, 17. Perpetuis præceptis artem ordinare. nostri: in systema redigere, in formam artis. Quod eos montes perpetuo dorso inter se jungit 41, 18. Saltus duo alti angusti silvosique sunt, montibus circa perpetuis inter se juncti 9, 2. Cujus ordinis languore perpetui jam tribuni plebis — lingua criminibusque regnarent 3, 19. Acciperent eam (Victoriam auream) tenerentque et haberent propriam et perpetuam 22, 37. Perpetuæ orationes. Vid. oratio.

PERFLEXE 30, 30. Non perplexe, sed palam revocant. cf. 6. 15. Nihil jam perplexe, ut ante, quum dubiæ res — erant, sed aperte pronunciatum 38, 34.

PERPLEXUS 38, 32. Perplexum responsum — perplexa legatio 36, 5. — perplexius (carmen) scripturæ genere 25, 12. Perplexum Punico astu responsum 35, 14.

PEROPULARI 34, 35. raoi sipus cum cædibus et incendiis perpopulari. — Infestius perpopulato agro Fregellano 26, 9. cf. 22, 3. et 9. Retro ad Istrum, perpopulati Thraciam — redierunt 44, 27.

PERPORTARE 25, 48. Naves onerarias — captivos Karthaginem perportantes.

PERQUAM paucis suffragio populi relictis locis 9, 30.

PERRARUS 29, 38. Quod tum perrarum in mandandis sacerdotiis erat. Vid. Ind. ad 6, 1.

PERROGARE 31, 23. Populi Achæorum, quum sententiæ perrogarentur. cf. 9, 19.

PERRUMPERE 1, 24. In medium agmen perrumpunt. — in urbem 10, 41. — in vestibulum perruperunt templi 3, 18. Qui quum sæpe conati nequissent perrumpere ad suos 4, 39. Perrumpere ordines hostium 9, 39. — impetum fluminis 21, 28. — cuneos 3, 10. — agmen 5, 30. — eadem qua transierant 4, 39.

PERSCINDERE 21, 58. Omnia perscindente vento et rapiente.

PERSCRIBERE 24, 18. Si quid emtum paratumque pupillis — aquæ flore perscribebatur. Pecunia dicitur perscribi, quum perscripturam ab argentariis alieno nomine solvitur. Vid. Clav. Ciceron. in h. v. it. Duker. ad h. l. Si res populi Romani perscripserim Præfat.

PERSECARE 40, 19. Id persecare novum prætorem, ne serperet iterum latius, Patres jusserunt. i. q. resecare, conficere.

PERSEDERE 45, 39. In equo dies noctesque persedendo.

PERSEGNIS 25, 15. Pedestre prœlium fuit persegne, paucis in prima acie pugnantibus Romanis.

PERSEQUI quærendo 3, 19, i. q. inclare. — reliquias belli 9, 29. Inter consules provinciis comparatis bello Græci persequendi Publilio evenerunt 8, 22. Apparuit, nihil per alteros state, quominus incepta persequerentur 6, 33. Se — persequi ingratos cives velle 2, 6. Mortem meam idem tu persequi non poteris 40, 11. i. e. ulcisci.

PERSEVERANTER 4, 60. Patres bene cœptam rem perseveranter tueri.

PERSEVERANTIA 5, 4. Indignitas perseverantiam imponere debuit. Impetu potius bella, quum perseverantia gerat ibid. cap. 6.

PERSEVERANTIOR cædendis in fuga fuit 5, 31. i. q. in cædendis fugientibus.

PERSEVERANTIUS 21, 10. Quo lenius agunt, segnius incipiunt; eo, quum cœperint, vereor, ne perseverantius sæviant. Tumultuarius exercitus acrius primo impetu, quam perseverantius pugnavit 41, 10.

PERSEVERARE 22, 38. Quo id constantius perseveraret. *pro, et ut in eo constantius perseveraret.* Vid. *Gronov. ad h. l.* Ferocior— *leveverandum* in bello faceret 6, 23. *conf.* 5, 4. *it.* 38, 42. Quod nos ad perseverandum stimulet 5, 4. *scilic. in bello.* Instare, et perseverare, defungique cura 5, 5. Perseveratum in ira est 2, 35. Qui in bene 6œpto perseverasset 45, 15. Aut, perseverantem, sub judicii tempus plebem offensurum 4, 44. *i. e. si perseveraret.*

PERSIGNARE 25, 7. Triumviri — sacris conquirendis donisque persignandis *i. e. donariis, quæ furtim subducta essent, colligendis et in tabula consignandis.*

PERSOLVERE jus 1, 32. Vid. *portio.*

PERSONA 3, 45. Si nec caussis, nec personis (*lex*) variet. Latiorque et re et personis quæstio fieri 9, 26. Ille finis Appio alienæ personæ ferendæ fuit 3, 36.

PERSONARE 3, 10. Tribuni coram in foro personare, fabulam compositam Volsci belli etc. His vocibus curia et forum personat 7, 6. Incondita multitudo — variis vocibus persanabat 43, 10. Id forte temere ab uno exclamatum totis passim personabat castris 41, 2.

PERSPICERE 40, 22. Ut præ densitate arborum, immissorumque aliorum in alios ramorum, perspici cœlum vix posset. Vid. *Drakenborch. ad 22, 6.*

PERSTARE 44, 33. Diem totum perstabant. In cœpto perstare 42, 10. — pertinacius in incepto perstabat 32, 23. — perstaret in incepto immitis animus 8, 33, *conf. cap.* 34. Vid. *Virgil. Æn.* 2, 650. In recusando perstabat 10, 13. — In societate Romana cum fide perstare 23, 14.

PERSTERNERE 10, 47. Ab ædilibus curulibus — via a Martis silice ad Bovillas perstrata est.

PERSTRINGERE 7, 25. Horror ingens spectantes perstringit, et — torpebat vox spiritusque.

PERSULTARE 44, 9. Haud secus, quam stabili solo persultabant. (*in testudine.*) Quam sæpe in agro eorum impune persultassent 34, 20. *i. e, prædas inde egissent, rapinas exercuissent.*

PERTÆSUS 3, 39. Nec nominis homines tum pertæsum esse. — decemvirorum vos pertæsum est *ibid. cap.* 67. Vid. *Drakenborch. ad illum locum.*

PERTENDERE 5, 8. Perpauci in majora castra, pars maxima atque ipse Sergius Romam pertenderunt.

PERTENTARE 27, 10. Pertentatis — coloniarum animis. *conf.* 2. 3.

PERTINACIA 2, 27. Nec çessisset pro-

vocationi consul — nisi ægre victa pertinacia foret etc.

PERTINAX sententia 4, 57. *h. e, in qua pertinaciter aliquis perseverat.* Quod pertinacius in armis fuerant 45, 27.

PERTINERE 1, 20. Pertinent sacra ad flaminem. *i. q. ejus curæ subjecta sunt.* Ad quos pertineat facinus 31, 12. A. *e. qui patraverint.* Pertinet ad plures exemplum, quam calamitas 26, 38. *h. l. i. q. nocet pluribus.* Exemplum pertinet ad Macedonas continendos 39, 26. *i. e. valet, vim habet.* Idque omen pertinuisse postea eventu rem conjectantibus visum ad damnationem ipsius Camilli 5, 21. *i. q. significasse.* Pertinet sensus in omnia 25, 24. *i. e. pervenit.* — Pertinet caritas reipublicæ per omnes ordines 23, 49. (*extenditur.*)

PERTRAHERE 30, 12. Vivus (*Syphax*) ad Lælium pertrahitur. *scil. captivus.* Ad pertrahendam eam navim 40, 4. *ubi Perixonius legi vult* retrahendam. Donec ad tumulos tegentes Romanum equitatum pertraxit 29, 34. In concionem quoque eos iisdem precibus pertraxerunt 45, 10. *cf.* 10, 19. In castra (*restitantem*) pertraxerunt 7, 39. Tribuni pleb. — in concionem pertracto, multis objectis probris, diem dixerunt 43, 8. Vid. *actuarius.*

PERVADERE 42, 5. Ea contagione velut tabes — id pervaserat malum. Postquam — Epicyden adesse, pervasit rumor 24, 31. Quum pervasisset castra rumor 5, 18. Non jam foro se tumultus continet, sed passim totam urbem pervadit 2, 23. Famæque ea forum atque urbem pervasisset 5, 7. Quum ex eo pavor ac trepidatio totam urbem pervasisset, alius insuper tumultus ex arce auditur 21, 14. Murmur repente populi tota spectacula pervasit 45, 1. Ad terga pugnantium pervasit 42, 7. Doridem cum exercitu pervasit 42, 13. Terror pavorque — in totam penitus aciem pervasit 8, 9. *Bauerus ad h. l. pag.* 270. [Vid. *Drakenb. Sapicor Livium scripsisse:* dein totam penitus aciem pervasit. *Ut syllabarum repetitio, id quod sæpe accidit, (velut in Platon. de Republ. Lib. II. Tom.* 6. *p.* 221. *ed.* Bipont. ubi leg. διὰ Θυτῶν καὶ διὰ ἐλσῶν) *vulgatam pepererit: nisi dicas, duas lectiones, deinde, dein, hic, ut alibi, commistas esse. Ceterum Livius dein adamat.* Vid. *Drakenborch. ad* 8, 3, 6.] Ut pervadere expeditus nuncius non posset 9, 43. *cf.* 26, 7. *it.* 28, 3.

PERVAGARI 26, 45. Piscatores — vadis pervagatos stagnum. Errabundi domos suas, ultimum *illud* visuri, pervagarentur 1, 29. *al.* illas. Vid. *Bauer. pag.* 47. Pervagati Samnium consules 10, 39. (*cum exercitibus*) ferox natio pervagata bello prope orbem terrarum 38, 17. Vid. *Cel. Ruhnken. ad Velleii* 2, 98.

PERVASTATIS passim agris 21, 7, *conf.* 8, 19 *it.* 10, 37. Quid tandem me facere decuit, quum Abrupolis fines mei regni usque ad Amphipolim pervastasset, multa libera capita, magnam vim mancipiorum, multa millia pecorum abegisset? 42, 41. Vid. *evastare.*

PERVEHERE 5, 40. Plaustro conjugem ac liberos vehens — virgines sacraque in plaustrum imposuit, et Caere — pervexit. *cf.* 44, 45. — tranquillo pervectus Chalcidem 31, 23. Vehicula Mictioni publice locata; quæ eum Brundisium commode perveherent 43, 8.

PERVELLE 8, 18. Illud pervelim — proditum falso esse, venenis absumtos.

PERVENIRE 5, 5. Ad finem operis tandem perventum. Necdum a singulis — pervenerant factiones 1, 17. *f.* evenerant. *Bauerus pag.* 24. *legi vult:* provenerant. [*quod placet. Ernestii conjectura non nauci est.*] Nisi Hispanorum cohors, ad id ipsum remissa ab Hannibale pervenisset 22, 18. *ubi cum Gronovio legendum* supervenisset. Equites — et elephanti — et tritici modiûm — millia ab rege Masinissa ad exercitum — pervenerunt 32, 27. Usque ad nos contemtus Samnitium pervenit, supra non ascendit 7, 30. Tertio demum die ad verticem perventum 40, 22.

PERVERSUS 21, 33. Perversis rupibus juxta invia ac devia assueti discurrunt. *infestas et incommodas Creverius interpretatur, laudans Virgilii Æneid.* 7, 584. *Sed vid. la Cerda ad hunc locum, unde sua sumsit Creverius. Equidem, dum auctoritatibus, pro genuina lectione, vindicetur, perversis, eo quidem significatu, quo accipi h. l. solet, etiam a Cel. Strothio, qui transversis, obliquis, interpretatur, vitiosam istam lectionem esse arbitror. conf. Bauer. ad h. l. pag.* 27.

PERVERTERE 21, 5. Ubi pedes instabilis, ac vix vado fidens vel ab inermi equite, equo temere acto, perverti posset.

PERVESTIGARE 31, 13. Locris sacrilegium pervestigatum a Q. Minucio erat, pecuniaque ex bonis noxiorum in thesauros reposita.

PERVICACIA 9, 34. Pervicacia tua et superbia coëgit me loqui. *in partem deteriorem h. l. pro pertinacia est accipienda, quum alias et in bonam partem dicatur.* vid. *Drakenborch. ad h. l.*

PERVICACIUS caussam belli quæri 42, 14.

PERVICAX 42, 62. Deos hominesque et moderationis Persei, et illorum pervicacis superbiæ futuros testes. Pugna tam pervicax multos absumserat 42, 7.

PERVIDERE 33, 5. Ut neque quæ cujusque stipitis palma sit, pervideri possit. *i. q. accurate discerni.*

PERVIGILIUM 23, 35. Castra Campana, ut in pervigilio neglecta, simul omnibus portis invadit.

PERVILIS 31, 50. Annona quoque eo anno pervilis fuit.

PERVINCERE 42, 45. Multis rationibus pervicerat Rhodios, ut — Romanam societatem — retinerent. *nisi legatur cum Drakenborchio* pervicerat, Rhodii ut etc. *i. e. persuaserat.* His orationibus pervicerunt, ut consules in senatus auctoritate fore dicerent se 32, 28. — instando stimulandoque pervincit, ut etc. 29, 31. *cf.* 2, 40. *it.* 4, 12. Horum parentes cognatique ægre pervicerunt, ut legati ad consulem Romanum mitterentur 23, 5. Fatigato sæpe idem petendo senatu tandem pervicerunt, ut etc. 42, 18. Postquam ipsa virtus pervicerit, ne in ullo genere hominum inhonorata esset 10, 24.

PERVIUS saltus 9, 43. — specus 10, 1. — ut pervium ordinem faceret 30, 10. Frontibus velut pedestris acies urgebat, perviæque naves pugnantibus erant 26, 39. *i. e. ordines navium laxi, ut transitus navibus aliis esset.*

PERURERE 24, 20. Perusti late agri. *cf.* 26, 13. Perusti artus, nive rigentes nervi 21, 40. vid. *præustus.*

PES cum pede collatus 28, 2. — pede collato pugnare 38, 21. *cf.* 10, 29. — ad pedes pugna ierat 21, 46. Pede presso eos, — — principes recipiebant 8, 8. Peditem ne ad pedes quidem degresso equiti parem esse 3, 62. Tuo consilio equitem ad pedes deduxerit 4, 40. Ad pedes descensum a Romanis 9, 22. Pedibus suis domum rediisse 2, 36. *Opp.* lectica delatus in curiam. Quum stipendia pedibus propter paupertatem fecisset 3, 27. Ut ii omnes, quos censores notassent, pedibus mererent 24, 18. Nec ullo (*Saguntinorum*) pedem referente, ne relicto a se loco hostem immitteret 21, 8. Minimum pedibus itineris confectum. plerumque provolventes se simul cum armis aliique oneribus, cum omni genere vexationis, processerunt 44, 5. Pedibus proficisci 26, 19. *h. e. in terra continenti. Opponitur:* navibus ire. Argos et Lacedæmonem — sub pedibus tuis relinquemus; quæ titulum nobis liberatæ Graeciæ servientes deforment? 34, 32. Obnoxios pedibus eorum subjecit 45, 31. In quam sententiam quum pedibus iretur 5, 9. Quum omnes — in sententiam ejus pedibus irent 9, 8. Vid. *inferre.*

PESSIMUM 2, 1. Quin pessimo publico facturus fuerit. *Sic etiam* 4, 4. *legendum videbatur Gronovio, non;* pessimo examplo publico. *Similiter Tacitus egregium* publicum *dixit. Apud nostrum* 4, 44. *hæc sunt:* ut in parcendo uni malum publicum fiat.

PESTIFERO sidere icti 8, 9. Tarquinius — mihi sibique — pestiferum hinc abstulit gaudium 1, 58. Adversus unum pestiferum civem 6, 19.

PESTILENS annua 4, 52. — gravis pestilensque omnibus animalibus ætas 5, 13. — in pestilente atque arido circa urbem solo luctari 7, 38. Ne improbum vulgus a

senatu aliquando libertatem salubri moderatione datam ad licentiam pestilentem
tumharet 45, 18. Pestilens collegæ munus
esse. agros illos servitutem iis, qui acceperint, laturos 2, 41. alibi venemo illitum
tale munus dicitur.

PESTILENTIA orta 9, 28. — sedata 7, 8.
— urens simul urbem atque agros 10, 47.
Ceterum pestilentia et pestis promiscue dicuntur 4, 25. cf. 25, 26. vid. Heyn. Opus-
cul. Vol. 3. Et loco gravi et tempore anni
(medium enim æstatis erat) ad hoc insolito
odore ingruere morbi vulgo : cujus pestilentiæ metu profecti etc. 37, 23. Exercitus, qui Arimini pestilentia adfectus erat
41, 5. Pestilentiâ, quæ priore anno in
boves ingruerat, eo verteret in hominum
morbos 41, 21.

PESTIS publica 8, 18. i. q. pestilentia, vel
potius venefichum sub nomine pestilentiæ.
Pestis ac bellua immanis 29, 17, i. e. bellua pestifera. — illam furiam pestemque
omnibus delinimentis animum avertisse atque alienasse 30, 13. Ad quam pestem fra-
gum (locustas) tollendam 42, 10. Terrorem
assiduum a Volscis fuisse, quam pestem
adhærentem lateri suo tot super alia aliis
bellis exhaurire nequisse 6, 10. Qui superessent pauci, si multiplici gravarentur
stipendio, alia perituros peste 23, 48. Qui
(Decius) pestem (cladem in prælio) ab suis
aversam in hostes ferret 8, 9. Ibant, unius
familiæ viribus Veienti populo pestem mi-
nitantes 2, 49. Ut alii alia peste (mortis
genere) absumti sint 25, 19. cf. 10, 28.
locumque eumdem suæ pestis et Gallorum
ac Samnitium fore. i. e. interitus. vid.
Virgil. Æn. 10, 54. In aliam fœdiorem
pestem incidebant 44, 49. Pestis anceps
35, 27. (de incendio castris illato.) vid.
Virgil. Æn. 5, 683.

PETERE 35, 10. In unum locum petebant ambo patricii; et rei militaris gloria
recens utrumque commendabat. de comitiis
consularibus. Ad pacem eum precibus petendam 9, 16. — precibus ab diis petitum
5, 18. Pacemque Deûm peti precationibus.— — placuit 42, 2. Ad pacem precibus petendam 42, 4. Petente Flacco pro
Ætolis (scilic. inducias) inducias datæ 36,
28. Diemque comitiis a — prætore urbano petiit 43, 16. Petere — se quoque
in gratiam reconciliatæ pacis posse uti
44, 14. pro petere, ut possit etc. Magis
tentata est triumphi spes, quam petita pertinaciter 28, 38. nisi, quoniam duriuscu-
lum est, spem petere, cum Dukero legere
malis petitus : quod tamen necessarium
non videtur. Græcia in servitutem petita
45, 22. Quod iter petiturus esset, ignarus
44, 2. in eod. capite est : viam petere.
vid. Intt. ad h. l. — petere cursum —
fugam 2, 23. — vallum 8, 38. Pulsumque
se inde Volscos — petiturum 1, 53. i. q.
non aditurum auxilii petendi causa. Vid.
virgo.

:226

PETITOR 3, 44. Notam judici fabulam
petitor, quippe apud ipsum auctorem argumenti, peragit.

PHALANGITÆ 37, 42.

PHALANX Macedonum gravis atque immobilis 32, 9. cf. 9, 19. — phalanx immobilis et unius generis 9, 19. cf. 8, 8. ipse
Livius interpretatur per cuneum 32, 17.
Cujus (phalangis) confertæ et intentis horrentis hastis intolerabiles vires sunt 44, 41.
Vid. leucaspis.

PHALARICA. Vid. falarica.

PHALERÆ 32, 52. Si quid argenti, quod
plurimum in phaleris equorum erat — omnis cetera præda diripienda data est. Vid.
Virgil. Æn. 9, 359.

PIACULARIS 29. 19. Sacrum piaculare
fieri, ita ut prius ad collegium pontificum
referretur, quod sacri thesauri moti, violati
essent, quæ piacula, quibus diis, quibus
hostiis, fieri placeret. Piacularia sacrificia
1, 26. Piaculare sacrum fecerunt 29, 21.
Ut — piacularisque Junoni fierent 42, 2.

PIACULUM 39, 47. Sine piaculo rerum
prætermissarum. Hinc sine piaculo in
hostium urbem — transferemur? 5, 52.
i. e. sine læsione sanctitatis deorum. Decius — — piaculum omnis deorum iræ 8,
9. Piacula iræ deûm conquirere jussus
40, 37. cf. 22, 9. Quam piaculorum magis
conquisitio animos, quam corpora morbi
afficerent etc. 7, 3. Vid. placamen. Piaculum hostiam cædi 8, 10. cf. 29, 8. et 19.
Ipsum (Postumium) se cruciatibus et hostium iræ offerre, piaculaque pro populo Rom.
dare 9, 10. cf. 8, 21. Ut cædes manifesta
aliquo tamen piaculo lueretur etc. 1, 26.
Ut luendis periculis publicis piacula simus
10, 38. Ne, quod piaculum commiserunt,
non suo solum sanguine, sed etiam publica
clade luant 29, 18. Quæ — sine piaculis
ingentibus expiari (non) possint 28, 27.
Si quid ante admisissem piaculo dignum
40, 13. Dea — a violatoribus (sui templi)
gravia piacula exegit 29, 18. Nisi aliquod
profecto nefas esse, quo, si interemus
spectaculo, violaturi simus ludos, piacu-
lumque morituri 2, 36. Auctoribus ad piaculum noxæ objiciendis 45, 10. Hæc —
legatio etiam insolentioris — legationis
satis magnum piaculum esset 44, 22. De-
dendum id piaculum (Hannibalem) rupti
fœderis 21, 10. i. e. ad expiandam violatio-
nem fœderis. vid. Bauer. ad h. l. pag. 11.
cf. 8, 9.

PIE 1, 29. Ita pie bellum indici posse.
i. q. legitime, sine violatione fidei. Magis
pie (ut frater) quam civiliter (leges respiciens) vim fecisse 38, 56.

PIETAS 44, 1. Favore pietati fideique
(adversus socios et amicos) deos, per quæ
populus Romanus ad tantum fastigii per-
venerit.

PIGNERARE 29, 36. Bona pigneranda
pœnæ præbebant. i. e. relinquebant, ut in
publicandis pœna numeretur. vid. Draken-

*borch.* ad 8, 35. Quum — quorum propinqui extra urbem interlusi ab hostibus erant, velut obsidibus datis, pigneratos haberent animos 24, 1.

PIGNUS 33, 22. Oppidorum ac vicorum falsas et in tempus simulatas, sine ullo pignore, deditiones factas esse. A. e. *non obsidibus datis, non traditis armis.* Romani pignus pacis (*Clœliam obsidem*) ex fœdere restituerunt 2, 13. Quos (*equites*) pignora pacis custodiendos Luceriam Samnites dederant 9, 15. Nec obsides, pignus futuros furto et fraude agendæ rei, posceret 43, 10. Ut, quodcumque superesset urbis, id pignus ad flectendos hostium animos haberent 5, 43. Adjicit ad pignus futuræ regi cum tyranno amicitiæ, filias — matrimonio jungere velle 32, 38. *nisi pignus capiatur de traditione Argorum, quod non probabile admodum est. Ceterum pro* ad *aut id mollius legeris, aut prorsus* ad *mutuleris.* vid. *Duker. ad h. l.* Pignora conjugum ac liberorum 2, 1. Fortunæ pignora 9, 18. *i. e. boni duces bellici.* Conditum in penetrali fatale pignus imperii Romani 26, 27. *int. Palladium.*. Quid. de æternis Vestæ ignibus signoque, quod imperii pignus custodia ejus templi tenetur, loquar? 5, 52. Dimissi circa domos apparitores, simul ad pignora capienda 3, 38.· *cf.* 37, 31. *it.* 43, 16.

PIGRITIA *et* PIGRITIÆ 6, 4. Pigritiâ ædificandi. *i. e. quod ædificare nollent.* Pigritiâ singulos sepeliendi promiscue acervatos cumulos hominum urebant 5, 48. Imminens nox — Romanis pigritiem ad sequendum locis ignotis fecit 44, 49.

· PILA 40, 51. Portus et pilæ pontis in Tiberim etc.

. PILA librata ponderibus figuntur 7, 23. Vid. *supra in v.* libratus.

- PILEATUS 33, 23. Magis in se convertit oculos Cremonensium — colonorum turba pileatorum, currum sequentium. *i. e. tamquam libertorum imperatoris.* cf. 45, 44.

PILENTUM 5, 25. Ut pilento ad sacra ludosque, carpentis festo profestoque uterentur (*matronæ.*)

- PINNA. Vid. *decutere.*

PISCIS. Vid. *sustetare.*

: PIUS 2, 38. Nisi aliquod profecto nefas esse, quo, si intersimus spectaculo, violaturi simus ludos — ideo nos ab sede piorum, cœtu concilioque (*ludis*) abigi. Decium consulem purum piumque deis immortalibus visum 10, 7. Quippe nec satis piam (*causam doloris*) adversus sororem nec etc. 6, 34. Adversus injusta arma pio justoque se tutarentur bello 42, 23. — justum piumque bellum·9, 8. vid. *Drakenborch. ad h. l.* Justum est bellum — quibus necessarium; et pia arma, quibus nulla nisi in armis relinquitur spes 9, 1. Vide *arma.*

PLACABILIS 4, 42. Hortensii placabile ad justas preces ingenium. Vid. *Cel. Ruhnken. ad Velleii* 2, 23.

PLACAMEN 7, 2. Ludi quoque scenici — inter alia cœlestis iræ placamina instituti dicuntur. *cf. cap. sequ.* velut aversis jam diis, aspernantibusque placamina iræ. Vid. *piaculum.*

PLACARE 8, 33. His vocibus quum·in se magis incitarent dictatorem, quam in magistrum equitum placarent. Ad placandos deos, mitigandosque homines 9, 1. *cf.* 8, 33. nec preces, quæ sæpe hostem mitigavere, quæ deorum iras placant. Placare Manes 1, 20.

PLACATUS 2, 60. Tum duci, tum — Patribus quoque placatior exercitus rediit.

PLACERE 33, 31.· Quum primum ei res suæ placuissent. *i. q. quum primum satis potens esset. vid. B. Patruus ad Tacit. Mor. Germ. cap.* 11. Ubi satis placuere vires 39, 30. *i. e. satis magnæ et idoneæ visæ sunt.* Placet hibernis locus 24, 20. *i. q. ad hiberna.* Tam bellum et fortia consilia placeant 9, 11. Togaque et forum placuere 22, 26. *i. e. rebus forensibus, caussisque agendis operam dedit. vid. Gronov. ad Tacit. Annal.* 2, 7. In omnibus circulis atque etiam, si diis placet, in conviviis sunt, qui exercitus in Macedoniam ducant 44, 22. *i. e. quod maxime stultum; solent enim hæc verba tronice dici. cf.* 4, 3. 6, 40. Neque illos recte fecisse — neque senatui placere, deditos spoliari 39, 54. *de senatus decreto.*

PLACIDE 33, 20. Animadvertit meridiana regione terrenos et placide acclivos ad quemdam finem colles esse. Vid. *pascere.* A quibus placide oratio accepta est 9; 3.

PLACIDUS 3, 15. Accipiunt civitatem placidiorem consules. Placidum quoque ingenium tam atrox injuria accendisset 8, 45. Vid. *mare.*

· PLAGA una (Materinam ipsi appellant) non continuit modo ceteros in armis, sed confestim ad certamen egit 9, 41. *plaga h. l. pro parte exercitus hostilis dicta est. Cel. Strothius* pagum *vel* tribum *interpretatur.*

PLAGULA 39, 6. Vestem stragulam pretiosam, plagulas — Romam advexerunt. *pro aulæis, tapetibus, accipiuntur a Dukero, quibus parietes et lecti cubiculares obducuntur. Apud Suetonium in Tito cap.* 10. *sunt dimotæ plagulæ in lectica; sed lecticæ tum non in usu videntur fuisse. Posiis huc commode referre locum Eutropii* 9, 12. *ubi lecticulæ pallia occurrunt. proprie plagulæ sunt segmenta lintei panni etc.*

PLANICIES·(*et* PLANICIA) submissa fastigio 27, 18. *i. e. mons declivior a fastigio, nec descensu abrupto, sed, qui sensim in planiciem abit. dum veniatur in æquum. Similiter* 25, 16. omnia· fastigio leni subvexa. Partem planiciæ aut Jovis templum aut oppidum tenet 44, 6.

· PLANUS 9, 26: Urbs sita in plano — a planioribus aditu locis 1, 33. Angulus muri erat ·in· planiorem· patentioremque, quam cetera circa, vallem vergens 21. 7. Omnia æqua ac plana erunt Romano in perfidum hostem pugnanti 9, 3. Nec cum quibus, nec quem ad finem consilia pervenerint, sat planum traditur 6, 18.

PLAUSTRUM 9, 30. In plaustra somno vinctos (*tibicines*) conjiciunt ac Romam deportant. Nec prius sensere, quam, plaustris in foro relictis, plenos crapulæ eos lux oppressit. Plaustris cum aqua sequentibus 42, 57. Plaustris transveham naves haud magna mole 25, 11.

PLEBEIUS 22, 34. Nec finem ante belli habituros, quam consulem vere plebeium, id est hominem novum, fecissent.

PLEBICOLA 3, 68. Assentatores publicos, plebicolas istos etc. *cf. cap.* 33.

PLEBISCITUM. *Dicitur etiam divisim* plebis scitum, *interjecta copula* que ; *item* plebisque scitus 27, 5.

PLEBS *it.* PLEBES 3, 14. Alloqui, plebis homines. *cf.* 8, 23. de plebe multitudo 5, 39. Vid. *Drakenborch.* ad 5, 12. *it. supra in v.* multitudo. *Honestius autem de plebe dicitur, quum sermo est de ordinum in republica diversitate, in primis, qua in magistratibus creandis huc respiciebatur. Nam qui ex ordine plebeio in senatum allecti erant, et ipsi de plebe dicuntur. v. c.* 6, 42. Sextius de plebe primus consul. *cf.* 7, 17. Marcius Rutilus dictator et censor primus de plebe. (*alibi, v. c.* 6, 37. *est etiam ex* plebe.) *Itaque et* plebeius consulatus *memoratur* 6, 39. *et* plebeii magistratus 6, 11. *Unde porro intelligitur.* plebeios et de plebe *nihil a se invicem discrepare. Antiquioribus autem temporibus, ut ultima repetamus, quum non nisi patricii senatores essent, quotquot* plebeii *erant, iidem etiam* de plebe *h. e. non senatores, nec patricii erant, et contra.* Vid. *Duker.* ad 39, 18. A plebe, consensu populi, consuliique negotium mandatur 4, 51. Prætor is, qui jus populo plebeique dabit summum 25, 12. Ea mihi, populo plebique Romano — bene verruncent 29, 27. Ut plebs ab optimatibus dissentirent 24, 2. Plebem suam impelli posse, ut arma caperent 2, 35. Non enim populi, sed plebis eum magistratum esse 3, 56. *vid. infra in v.* populus. Tribunus plebis tulit ad plebem, plebesque scivit 34, 53. Tribunus plebis plebem rogavit plebesque scivit 3, 55. Saginare plebem populares suos etc. 6, 17. *ad q. l. vid. Bauer. pag.* 230. Plebis ædificiis obseratis 5, 41. Si illa pastorum convenarumque plebs, transfuga ex suis populis etc. 2, 1.

PLECTI. Vid. *delictum.*

PLENUS 1, 14. Plenis portis effusi hostes. *i. e. ut portæ multitudine repleantur.* Pleno gradu ad castra hostium tendunt 9, 45. Vid. *gradus.* Eunt in pugnam irarum speique pleni 2, 45. — pleni adhortantium vocibus 1, 25. — ignominiæ cladisque pleni 4, 10. — pleni populationum 2, 43. — lacrimarum 7, 31. *it. cap.* 41. —

crapulæ 9, 30. — minarum iræque 6, 30. Vid. *Drakenborch.* ad 3, 25. Plenus iræ minarumque 6, 38. Omnia votorum lacrimarumque plena 7, 30. Plenior aliquanto animorum irarumque 6, 18. Exercitum — plenissimum prædæ domum reportavit 41, 38. Athenas, plenas quidem et ipsas vetustate famæ, multa tamen visenda habentes 45, 27.

PLERIQUE *pro multis* 10, 12. Eo anno plerisque dies dicta ab ædilibus. Vid. *Duker.* ad *Epit.* 34. *Id postea magis frequentatum est ætate argentea.*

PLERUMQUE 40, 46. Ex infestis hostibus plerumque socii fideles. *i. q. non raro.* Oppidum finium plerumque Persei 43, 10. Finis incliti per Europæ plerumque, atque Asiam omnem regni 45, 9. *adjective. nisi vero cum Dukero legas* pleræque.

PLORATUS 2, 33. Clamor inde oppidanorum, mixtus muliebri puerilique ploratu, ad terrorem, ut solet, primo ortu et Romanis auxit animum etc. Vid. *Drakenborch.* ad *h. l. it.* ad 26, 9.

PLUERE 3, 10. Inter alia prodigia et carnem pluit. Sunt, qui carne præferasit. Sic lapidibus pluit 1, 31. — terra pluit 34, 45. Vid. *sanguis. Etiam* pluvit *in aliis locis optimi codices exhibent.* Anaguiæ terra pluerat 45, 16.

PLURES Samnitium cecidere, plures Romani vulnerati sunt 9, 36.

PLURIMUS 41, 4. Longe plurimos hostium occidit. *al. leg.* plurimum — ubi plurimum belli fuerat 2, 31. — quam plurimum in celando incepto ad effectum spei habuisset 21, 57. Quod veteres centuriones quamplurimum ad id bellum scribi censuisset 42, 33. Plurimum audaciæ — plurimum consilii 21, 4. Plurimum periculi ac laboris 21, 7. Quorum secundum Ætolos plurima fuit opera in eo bello 36, 7. — plurima præda 10, 45. Plurimo — clamore — orto excitos reges 1, 39. Cœlum visum est ardere plurimo igni 3, 5. — facibus ardentibus plurimum simul ignem conjecerunt 22, 37. Cui plurimum (*simpl.*) vos, imperatori vestro, crederetis 7, 40.

PLUS 40, 2. Quam plus annum æger fuisset. *pro per annum amplius.* — paullo plus ducentos passus a castris Romanis 31, 34. Asseres — — desegebantur, distantes inter se paullo plus, quam quanta bellum latitudo est 44, 5. Nulla (*navis*) plus quam triginta remis agatur 38, 38. Plus tamen hostium fuga, quam prœlium absumsit 2, 42. Quingentos passus, non plus, a vallo aberant 40, 31. Se dies non plus undecim in ea provincia fuisse 41, 7. Plus mille capti 24; 41. *cf.* 42, 23. Parte plus dimidia rem auctam 29, 25. Qui (*annulorum aureorum*) tantus acervus fuit — haud plus fuisse modio 23, 12. Hæc ego, quo melior — — eo plus horreo 34. 4. Qui prædium — pluris sestertiûm 30 millium haberent 45, 15. Ne suum ho-

norem pluris, quam — — æstimarent 7,
41.

PLUVIA 21, 56. Aut nihil sensere obstrepente pluvia, aut — sentire se dissimularunt.

POCILLUM mulsi — sese facturum 10,
42. *i. e. sacrificandi caussa oblaturum ;
pro, pocillo facturum.*

POCULUM 40, 4. Haurite poculum, si
segnior mors juvat.

PŒNA 8, 30. Dictatorem avidum pœnæ
venire. *scil. sumendæ a magistro equitum.*
Has des pœnas a templi sui spoliatoribus
habet 29, 18. Pœnæ capiendæ ministerium 2, 5. (*supplicium.*) Hujus atrocitas
pœnæ duarum nobilissimarum in Italia
Græcarum civitatium animos irritavit 25,
8. Pœnaque in vicem fidei cesserat 6, 34.
Tantum pœnarum diis hominibusque dedimus 5, 51. *i. e. dii vindictam a nobis sumserunt, et nos pro injuria hominibus illata
puniti sumus. Neque enim eodem semper
modo hæc formula reddi potest.*

PŒNITENTIA 40, 54. Pœnitentiâ crudelitatis suæ. Pœnitentiæ relinquens locum
44, 10.

PŒNITERE 1, 8. Me haud pœnitet eorum sententiæ esse. *i. e. non dubito etc.*
Pœniteat nunc vos plebeii consulis 4, 3.
*i. q. pudeat.* — neminem noxæ pœnitebat
2, 54. Quem pœnitere votorum, quæ pro
republica nuncupaverint etc. 10, 7. Nec
aut eventus eorum Romanum, aut morse,
qua trahebant bellum, pœnitebat 9, 27.
Volumnium provinciæ haud pœnituit ;
multa secunda prœlia fecit 9, 42. Ut nos
cladium nostrarum non pœniteat 28, 39.
Quorum nec virtutis, nec fortunæ ullo die
populum Rom. pœnituit 9, 18. *cf.* 22, 12.
Quum jam virium haud pœniteret, consilium deinde viribus parat 1, 8. *Vid. Intt. ad
Virgil. Æn. 1, 549.* Quippe minime pœnitere se virium suarum, si bellum placeat
8, 23. *pro satis virium sibi esse etc. cf.* 4,
58. Quarum Rhodios semper non minus
puderet, quam pœniteret 45, 10. *Vid. pudere.* Ætolos quoque — si pœnitere possint, posse et incolumes esse 36, 23. Sub
haud pœnitendo magistro, ipso Anco rege
1, 35. Neque pudendum aut pœnitendum
eum regem Macedonibus — — fore censebat 40, 56.

POLIRE 40, 51. Columnasque circa poliendas albo locavit. *verbum proprium de
opere albario vel tectorio. Vide Cel. Ruhn-
henium ad Velleii 2, 22. conf. Kustn. Chrestom. Enn. pag.* 37.

POLLERE 1, 24. Quanto magis potes
pollesque. — qui (*populus*) certe unus plus,
quam tua dictatura, potest polletque 8, 33.
Qui (*Jupiter*) plus potest polletque 8, 7.
Nec arma modo, sed jura etiam Romana,
late pollebant 9, 20. Etruria terra marique
pollens 5, 54. Multum illi terra, plurimum
mari polleat 1, 23. Quandoquidem tantum
intercessionem pollere placet 6, 35. Quæ

(*fortuna*) plus consiliis humanis pollet 44,
40. Plurimum in bello pollere videntur
militum copia et virtus 9, 17. Vid. *potens.*

POLLICERI. Vid. *pollicitatio.*

POLLICITATIO 42, 38. Decepti pollicitationibus regis — pollicitatio benigna 31,
25. *Sic et* 9, 30. benigne polliceri.

POLLUERE 6. 41. Omnes cærimonias
polluimus. *cf.* 7, 2. — vulgata dein religio
a pollutis, nec matronis solum, sed omnis
ordinis feminis 10, 23. Polluta semel militari disciplina 8, 34. Sacram hanc insulam (*Samothracam*) et augusti totam atque
inviolati soli esse ? — cur igitur — pollutam homicida sanguine regis Eumenis violavit ? 45, 5. *i. e. polluit atque violavit.
nisi legatur cum Gronovio* pollutus. Hoc
(*connubium*) si polluit nobilitatem istam
vestram 4, 4. Quod genus ludorum ab
Oscis acceptum tenuit juventus, nec ab histrionibus pollui passa est 7, 2.

POMŒRIUM verbi vim solam intuentes,
postmœrium interpretantur esse etc. 1, 44.
Pomœrium profert *ibid.* Verberato vel
intra pomœrium, vel extra pomœrium 1, 26.

POMPA 2, 54. Consulares vero fasces,
prætextam curulemque sellam, nihil aliud,
quam pompam funeris putent. claris insignibus velut infulis velatas ad mortem destinari.

PONDO 8, 14. Usque ad mille pondo clarigatio esset. *i. q. mille æris, sive mille asses, qui tam libram pondo erant. Sic Dukerus.* Torquis aureus duo pondo 44, 14.
*Gronovius Pec. Vet. p.* 36. Duapondo *legi
vult. i. e. duas pondo libras. cf.* 21, 62. Donum ex auri pondo (*pondere librarum.*)
quadraginta Lanuvium — portatum est. *cf.*
28, 45.

PONDUS 5, 51. Qui (*hostes*) cæci avaritia in pondere auri fœdus ac fidem fefellerunt.

PONE 44, 16. Ædes P. Africani pone
Veteres ad Vortumni signum — in publicum emit.

PONERE 4, 20. Dictator coronam — in
Capitolio Jovi donum. posuit. *cf.* 26, 24.
32, 27. 42, 6. *vid.* donarium. *it.* sacratus.
Sacrum (*aurum*) omne judicatum et sub
Jovis sella poni jussum 5, 50. Qui ex fraterna cæde raptum diadema ad pedes victoris hostis prostratus posuerit 45, 19. In
prytaneum — vasa aurea mensæ unius posuit 41, 20. Tabula in ædem Matris Matutæ cum indice hoc posita est 41, 28. Aram-
que ibi posuit 10, 23. — in ædem Herculis
signum dei positum 38, 35. *cf.* 31, 44. Signa ænea quinque in ærario posuerunt 31,
50. *pro reposuerunt servanda. Hæc forma
usitatior est, quam casus quarti.* Statuamque auratam — patris Glabrionis posuit
40, 34. Legatorum — statuæ publicæ in
Rostris positæ sunt 4, 17. Cur, quod in
sinu vestro est, excuti jubetis potius, quam
ponatis 6, 15. *ubi vid. Bauer. p.* 223.

Principes ex eadem legione in subsidiis po- suit 40, 27. Modico præsidio in urbe po- sito 40, 29. Positisque sedibus consede- runt 42, 39. Velut ad spectaculum a for- tuna positi occidentis patriæ 5, 42. Ni abditi post tumulum opportune ad id posi- tum etc. 28, 13. *i. q. situm.* Navium ca- rinæ — quum esset positæ 28, 45. Vid. *carina.* In conspectu erant posita in plano (*castra*) 5, 28. In urbe alieno solo posita 4, 48. *i. q. statuta, constituta, condita. ita etiam historici, in tali re. loqui solent. cf.* 39, 27. Cum urbe simul positæ traditæque per manus religiones 5, 51. *i. e. constitutæ, sancitæ.* Sic poni *dicuntur* leges, mores etc. Qui de quæstione in eo posita sena- tum consuluisset 42, 22. Lati clavi, an- nuli aurei positi 9, 7. Vid. *annulus.* Pilis ante pedes positis, gladiis tantum dextræ armemus 6, 12. Piloque posito, stricto gladio in hostem impetum facit 7, 16. Cæ- tratos — hastis positis, quarum longitudo impedimento erat, gladiis rem gerere jubet 28, 8. *i. e. reclinatis, demissis, ut e Græco ναταβαλόντι Polybii vertendum fuisse putat Creverius. cf.* 35, 35. Tabulam posuisse, et jurasse (*Flavium, scribam*) se scriptum non facturum 9, 46. Posito bello 1, 52. Posi- tis externorum periculorum curis 1, 19. Positis omnium aliarum rerum curis 7, 32. Dii immortales ita vos potentes hujus con- silii fecerunt, ut, sit Latium deinde, an non sit, in vestra manu posuerint 8, 13. Inter quos (*auctores*) me ipse in re dubia poni malim 29, 25. Ut in dubio poneret, utrum — matronæ sua sponte, an nobis auctori- bus, fecissent 34, 5. — In incerto 4, 23. *pro reponere, relinquere.* Virtutem in su- perbia, in audacia, in contemtu deorum ho- minumque ponis 9, 34. Haud in magno equidem ponam discrimine *Præfat.* Quip- pe imperium agebatur in tam paucorum virtute atque fortuna positum 1, 25. In quo (*Papirio*) tum summa rei bellicæ po- nebatur 9, 38. Ad mœnia urbis venisse — in gloria ponebant 26, 37. In Romanos odit regnum posuerat præmium 41, 23. *i.q. proposuerat.* Si quis ei, quem urgeat fames, venenum ponat eum cibo 6, 40. *pro ap- ponat.*

Pons fluminis 23, 24. — Romani ponte Ticinum jungunt 21, 45. Ponte sublicio tum primum in Tiberi facto 1, 33. — Portum et pilas pontis in Tiberim (*locavit*) 40, 51. Per facillimæ custodiæ pontem effugium 44, 46.

Pontifex *pro Pontifice maximo* 31, 44. Vid. *Jac. Gronov. ad* 1, 32. Pontificum scita 1, 20. — scribæ 22, 57. — penetralia 9, 46. Vid. *Clav. Ciceron. in* A. v. Pon- tifices suffecti 25, 2. — ante hunc nemo — pontifex creatus fuerat, qui sella curuli non sedisset *ibid. cap.* 5. Vid. *legere.*

Populari 3, 6. Urbem Romanam su- bita deūm ira morbo populari (*passive dictum.*) Ut Africæ oram (*classis*) popu-

laretur 24, 8. Si qua licentia populando effusus exercitus 9, 31. Consul quum ali- quoties per omnem hostium agrum popu- labundus isset 8, 3. *cf.* 2, 63. *ü.* 25, 14.

Popularis *qui est ejusdem populi* 27, 27. tria millia mercenariorum militum, decem millia popularium cum castellanis agrestibus in armis habuit. — Karthagini- enses, duces suarum gentium inter popu- lares 30, 33. Saginare plebem populares suos 6, 17. *ad q. l. vid. Bauer. pag.* 230. Tribuni plebis popularem potestatem lege populari celebrabant 2, 42. Dictator — in actione minime popularis 22, 25. *Gro- novius malebat* populari. Consensu op- primi popularem virum 6, 20. — populare ministerium agro assignando sociis 4, 11. — populare ingenium 3, 17. *i. e. populo tractando, capiendo, aptum.* Quod popu- lari silentio rempublicam proderet 2, 27. Nihil minus populare, quam regnum 6, 19.

Populatio effusa 10, 2. — in agris 38, 14. *i. e. agrorum.* — populationibus fessi 9, 20. — populationum plenus 2, 43. *h. e. rerum populando congestarum.* Popula- tiones agri 2, 23. Adde huc populationem agrorum 7, 30. Vis Sabinorum ingens prope ad mœnia urbis infesta populatione venit 3, 26. Populatione maritimæ oræ distringere copias regias 44, 35. Quum populationem sepulchris diruendis exer- cuisset 31, 26. Non populationem, nec prædonum parvas manus — adesse 3, 3. Prædæ populationumque spes 22, 1.

Populator 3, 68. Nisi paucis diebus hos populatores agrorum nostrorum fusos fugatosque castris exuero. *cf.* 10, 21. *ü.* 22, 12. Ut obsidentibus frumentum po- pulatores agrorum præberent 5, 43. Orare —, ut præsidium adversus populatores mittat 44, 44.

Populus 2, 56. Non populi, sed plebis eum magistratum esse. — ea mihi populo plebique Romanæ — bene verruscent 29, 27. *cf.* 3, 19. — prætor is, qui jus populo plebeique dabit summum 25, 12. Inde se consul devoveret pro populo Romano Quiritibusque 8, 6. Populo Romano Qui- ritium 41, 16. Cujus populi ea, cujusque gentis classis fuerit 1, 26. — In omnibus Græciæ gentibus populisque 45, 31. Ne- minem neque populum neque privatum fugio 9, 1. Nec facturam æquæ Sam- nitium populum 7, 31. — ex omnium Samnitium populis 10, 14. — ab frequenti- bus populis 9, 20. *cf.* 21, 34. — perventum inde ad frequentem cultoribus alium, ut inter montana, populum. *ubi vid. Bauer. pag.* 29. Non ex eisdem semper populis exercitus scriptos, quamquam eadem sem- per gens bellum intulerit 8, 12. Adversus superbissimum regem ac ferocissimum po- pulum 1, 53. *ubi vid. Bauer. pag.* 73. Mille pondo auri pretium populi gentibus mos imperitari factum 5, 48. Omnium

actionum in senatu primam habuit pro
victore populo retulitque etc. 2, 30. Se
(tribunos plebis) ad populum laturos 10,
13. i. q. ad plebem. cf. 3, 19. it. 7, 42.
Frumenti vim binis æris in modios populo (plebi) diviserunt 31, 50. Concursus
populi, mirantium, quid rei esset 1, 41.
Tantæ urbis populus 45, 25. Vid. gens.

PORRIGERE 29, 27. Cruda exta victimæ in mare porricit. Vid. Virgil. Æn.
5, 238.

PORRICERE manus ad cœlum 30, 21.
Manus nunc in cœlum, nunc in patentes
terræ hiatus ad Deos Manes porrigentem
etc. 7, 6. Ratem unam — a terra in amnem porrexerunt 21, 28. In spatium ingens ruentem porrexit hostem 7, 10. eleganter prostravit, ad proceritatem hominis
simul exprimendam. Ab situ porrectæ in
dorso urbis 1, 3. in longitudinem extensæ.
Regio Pæoniæ, qua ab occasu præter
Axium amnem porrigitur 45, 29. Simul,
ne facile perrumperetur acies, dimidium
de fronte demtam introrsus porrectis ordinibus duplicat 33, 8. i. e. dimidio de
fronte demto introrsus porrectos ordines
duplicat. cf. 25, 21. Sinistro crure por-
recto 8, 8. Et facem Setiæ ab ortu solis
ad occidentem porrigi visam 29, 14.

PORRO 1, 7. Ex loco infesto armenta
porro agere occepit. — quum infensus iræ
porro inde abiturus videretur ibid. cap. 53.
Si — regnum — præceps inde porro ad
servitia caderet 1, 40. Æque adhuc
prosperum plebeium ac patricium (imperium) fuit porroque erit 10, 8. Divinare
— quid in animo Celtiberi haberent, aut
porro habituri essent 40, 36.

PORTA extraordinaria 40, 27. i. e. prætoria, ubi tendebant extraordinarii. — dextra
et sinistra principalis porta ibid. — quæstoria
ibid. — nocte per aversam portam silentio
excesserunt 10, 34. Vid. aversus. Porta
Collina urbem intravere 10, 51. — Capena
cum exercitu ingressus 26, 10. — Car-
mentali in urbem ductæ 27, 37. Portarum
exitus 9, 37. — turres 44, 31. — fores 25,
30. Vid. claustra. Plenis portis effusi
hostes 1, 14. — in ipsis portis hostium 21,
30. it. 54. Castra Romanorum oppugnare
simul omnibus portis adgressi sunt 40, 25.
Ante portas Karthaginis 30, 23. Vid.
fauces. it. murus.

PORTARE 45, 1. Magna pars hominum
ad conjuges liberosque lætum nuncium
portabant. Iis quoque (regulis) quæ darentur, portata 27, 4. Equestria hæc spolia, capta ex hoste cæso, porto 8, 7. Frumentum portari placere 36, 2. Frumento
portato ad exercitum in eum annum opus
esse 40, 35. Vid. vehere. Hoc copiarum
in Hispanias — portatum est 42, 18. Has
spes cogitationesque secum portantes 1,
34.

PORTENDERE 5, 15. Quidnam eo dii
portenderent prodigio. — aliud, magni-

tudinem imperii portendens, prodigium 1,
55. — quam sibi spem (oraculum) por-
tenderet 29, 11. Dii — auguriis auspiciisque — omnia læta ac prospera portendunt 26, 41. Ab numero avium, quæ
augurio regnum portenderant 1, 8. Qui
(Dii) clarum hoc fore caput divino quondam circumfuso igni portenderunt 1, 41.
Si extis eadem, quæ somno visa fuerant,
portenderentur 8, 6. Ab eadem negligentia, qua nihil Deos portendere vulgo nunc
credant 43, 13. Triste prodigium, occasum regni perniciemque gentis portendens
44, 37. Quo maturius fatis, ominibus,
oraculisque portendentis sese victoriæ
compotes fierent 29, 10. Ominatur, quibus quondam auspiciis patres eorum pugnaverint ad Ægates insulas, ea illis exeuntibus in aciem portendisse deos 30, 32.
Hic manifeste dicitur portendere auspicia,
quod negabat Dukerus. non bene. nam
portendere est ostendere.

PORTENTUM 6, 40. Hoc portenti non
fiat in urbe Romana, ut L. Sextium — —
consules videas ? Ne quis id pro portento
acciperet 44, 37. (defectionem lunæ.)

PORTICUS 40, 51. Porticum extra portam Trigeminam, et aliam post navalia
etc.

PORTIO 7, 1. Pro portione et ex multitudine alia multa funera fuisse. Quibus
aliquid novi adjectum commodi sit, eis
laborem etiam novum pro portione injungi 5, 4. i. e. pro commodi, stipendii
magnitudine. Æquis portionibus persol-
veretur 6, 35. Utilatius foret, pensionibus,
atque ita legendum videbatur Cujacio,
sed codices non addicunt ; nec est necessarium, quia pensiones tamen sunt por-
tiones æquæ, plerumque certe, summæ universæ.

PORTORIUM 32, 7. Portoria venalium
— item Castrorum portorium, quo in loco
nunc oppidum est, fruendum locarunt
Vid. Drakenborch. ad h. l. Portoria et
vectigalia 40, 51.

PORTUS 45, 30. Alii (portus) ad insulam Eubœam, alii ad Hellespontum opportune versi. Ex patenti utrimque coactum in angustias mare speciem intuenti
primo gemini portus in ora duo versi
præbuerit 28, 6. Ante os ipsum portus
anchoras jacit 25, 11. Portum et pilas
pontis in Tiberim (locavit) 40, 51. Ex
Italia profecti — — portum tenuerunt 44,
1. Castra munita, portus ad omnes casus
44, 39. i. q. perfugium. Vid. ostium. it.
statio.

POSCERE 1, 24. Sagmina te, rex, posco.
cf. 7, 34. Vid. exposcere. Privatis dictatorem poscere reum verecundiæ non fuit
9, 26. Arma, tela, frumentum, quæque
belli alia tempora poscent 6, 6.

POSSE 8, 33. Qui (populus) certe unus
plus, quam tua dictatura, potest polletque. Tantoque magis ferito, quanto ma-

gia potes pollesque 1, 24. Qui (*Jupiter*) plus potest polletque 8, 7. Deûm monitu quæri cœptum, quo plurimum populus Romanus posset 17, 6. Si aliquid possent Masinissæ honoris causa, et fecisse, et facturos esse 42, 24. Ab illis, etiam quæ non possint, tentari 9, 26. Quidnam se facere vellet, quandoquidem, ut omnia unus Gabiis posset, ei Dii dedissent 1, 54. Omnia ut posses in nobis, dii dederunt 30, 12. Tantum hæ peregrinæ voluptates ad extinguendum vigorem animorum possent; tantam contagio disciplinæ morisque adcolarum valet 38, 17. Concionem Argivorum postulabat rex, ut id sciri posset 32, 40. *pro sciretur, cognosceretur. Sic, pleonastice, sæpius dicitur.* Vid. *Gronov, ad 32*, 13. Deleri totus exercitus potuit 32, 12. *pro potuisset. cf.* 44, 27.

POSSIDERE 1, 46. Jam usu haud dubie regnum possederat *(Servius.)* Usu possidemini 6, 18. Vid. *usu.* Agrum — (*Masinissam*) vi atque armis possedisse 42, 23.

POST 41, 9. Postque ea. — postve eos censores 39, 3. Post paucis diebus 32, 5. *unitatius post casum ponitur hoc sensu. cf.* 40, 47. *et* 57. Post tertium diem 6, 1. *i. q. tertio die. Eadem ratione dicitur: ante diem tertium, v. c. Kalendas Octobres.* Hannibalem post paullo audistis 22, 60. *cf.* 5, 55. Jam nulla spe post (*posthæc*) relicta 8, 8. *de triariis pugnam, quam laboraretur, suscipientibus.*

POSTEA 41, 24. Legati deinde postea missi ab rege. Inde postea ad Demetriadem — sub ipsis mœnibus urbis colloquutus fuerat 44, 24. — postea deinceps 43, 14.

POSTERIUS 26, 34. Alios in vincla condendos, ac de his posterius consulendum. *pro posthæc.*

POSTERUS 1, 10. Nec irritam conditoris templi vocem esse, qua laturos ea spolia posteros nuncupavit. *i. q. futuros reges.*

POSTFERRE 3, 64. Qui libertati plebis suas opes postferrent.

POSTHABERE 7, 36. Qui (*Decius*) auctor omnia posthabendi — perpulit consulem, ut hostes — aggrederetur. *i. e. auctor erat, ut sine mora etc.*

POSTICUS 23, 8. Hortus erat posticis ædium partibus. *cf.* 40, 2. Per posticum ædium 45, 6.

POSTMODO 26, 29. Ut comploratio eorum flebilesque voces et extemplo oculos hominum converterent, et postmodo sermones præbuerint *cf.* 2, 24. *it.* 25, 38. Prope malebant. postmodo ipsos decemviros voluntate abire magistratu, quam etc. 3, 41.

POSTMODUM 2, 9. Hæc indulgentia Patrum asperis postmodum rebus — adeo concordem civitatem tenuit, ut etc. Sæpe ex injuria postmodum gratiam ortam 1, 9. Ne postmodum flecti precibus aut donis

regiis posset, jurejurando adegit 2,[1] 1. Timens consul, ne postmodum privato sibi eadem illa cum bonorum amissione — acciderent 2, 2.

POSTREMO 4, 14. Et primum circumspectans versari; postremo quum etc. — lacessere ad pugnam : primo obequitando castris provocandoque ; postremo etc. 2, 45. *pro, primo — deinde — postremo. Sic denique, etiam apud Ciceronem, pro secundo, deinde, quamquam rarius, reperitur.* Non modo patrum quemquam, sed ne cognatos quidem aut affines, postremo ne fratres quidem etc. 6, 20.

POSTREMUS 1, 24. Ut illa palam prima postrema — recitata sunt.

POSTULARE 5, 47. Prout postularet locus. — quæ belli usus postulabant 34, 6. Postulabantur ergo nobiles homines 9, 26. *i. q. accusabantur.* Ut virginem in servitutem assereret, neque cederet secundum libertatem postulantibus vindicias 3, 44.

POSTULATUM 3, 53. Quærentibus legatis, quæ postulata plebis essent, — ea postulavit, ut etc. Peragit deinde postulata 1, 32.

POSTULATUS 4, 9. Quum res peragi intra parietes nequisset, ventum in jus est. Postulatu audito matris tutorumque, magistratus secundum parentis arbitrium dant jus nuptiarum. *Sic apud Ciceronem reperitur peccatus.*

POTENS 21, 54. Rigere omnibus corpora, ut vix armorum tenendorum potentia essent. Neque pugnæ, neque fugæ satis potentes cæduntur 8, 39. Ut potentes rerum suarum atque urbis Pœnum inde pro Romanis acciperent 23, 16. Consules imperii potentes fecit, ut imperare militibus obsequentibus possent 22, 42. Dii immortales ita vos potentes hujus consilii fecerunt, ut etc. 8, 13. Juvenem jam esse dictitans Hieronymum ac regni potentem 24, 4. — potentes maris 27, 30. *Virgil. Georg.* 1, 27. Auctorem frugum tempestatumque potentem. *Idem Æn.* 1, 80. Nimborumque facis tempestatumque potentem. Una natura freti æstusque totius certaminis potens 28, 30. Utemini potentiore ad obtinenda ea, quæ vultis 6, 18. Ad id parum potentes erant, 9, 26. *scil. ut impedirent quæstiones.* Blanditiis, satis potentibus ad animum amantis 30, 7. Fortuna per omnia humana, maxime in res bellicas, potens 9, 17. Foris nobis, quam domi, feliciora potentioraque arma esse 31, 7. Vir impiger ac divitiis potens 1, 34. Ut non pater Tarquinius potentior Romæ, quam filius Gabiis esset 1, 54. Imperia legum potentiora quam hominum 2, 1. Cur ego plebeios magistratus, cur Sicinium potentem pollentemque video 2, 34.

POTENTATUS 26, 38. At ille quum ab re aversus, tum æmulo potentatus inimicus.

POTENTIUS 25, 1. Ubi potentius jam esse id malum apparuit.

POTESTAS 8, 33. Penes quem (*populum*) omnium rerum potestas esset. Omnium rerum vobis ad consulendum potestas est 8, 13. Se in potestate tot principum civitatis futuros 40, 46. *i. q. facturos, quæ ipsis placuissent.* Amissa omni de se potestate 8, 27. Senatus populi potestatem fecit 27, 7. *i. e. populo rem permisit.* Si Marcius dimicandi potestatem non faciat 9, 38. Claves portarum custodiamque murorum suæ extemplo potestatis fecit 43, 22. Familiam in potestate habere 8, 15. *h. e. non manumittere.* Castella integra in potestatem venere 9, 38. Quum — legatum æque sontem — in ea potestate reliquerit 29, 19. Imperia ac potestates 4, 54. Magistrum equitum, quæ consularis potestas sit 23, 11. Major potestas 6, 11. *i. e. dictatura.* Potestas sacrosancta (*tribunorum plebis*) 4, 44. conf. cap. 3. Neu potestas tribunicia — violet intercessione sua Romanum imperium 8, 34. Ante tribuniciam potestatem creatam 3, 2. conf. cap. 6. it. 4, 3. Omitto Licinium Sextiumque, quorum annos in perpetua potestate, tamquam regum in Capitolio, numeratis 6, 41. Dulcedine potestatis ejus capti 5, 6. Jure sacrosanctæ potestatis 29, 20. (*de prehensione*) potestas libera suffragii 30, 47.

POTIO 21, 4. Cibi potionisque desiderio naturali modus finitus. *cf.* 24, 16.

POTIOR 7, 27. Fides publica privatis difficultatibus potior ad curam senatui fuit. — omnium rerum potior cura 5, 25. *cf.* 4, 57. Se — multo, quam servum, potiorem 1, 48. — Neque ego potiorem quemquam ad ministeria facinorum — invenire potui 42, 41. Qua (*lectione*) potiores aliquot lectis præteriti essent 9, 30.

POTIRI 32, 13. Cymines atque Angeas primo impetu potiti sunt. Haud in dubia spe erant mature urbis hostium potiundæ 8, 2. Donec mari potiuntur hostes 25, 11. *i. q. mare teneant, ut in potestate habeant.* Spe potiundi ad pœnam corporis ejus amissa 40, 56. Omnes — id moræ, quod nondum pugnarent, ad potienda sperata rati — poscunt 21, 45.

POTISSIMUM 1, 34. Roma est ad id potissimum visa. *ad q. l. vid. Bauer. p.* 51. *cf.* 3, 67. Qua primum, qua potissimum parte opem ferrent 21, 11. Isque potissimum urbi præesset 24, 9. Quid dicere potes, cur te potissimum ducem Hannibali hosti opponant 24, 8.

POTISSIMUS 5, 12. Cur primus ac potissimus ad novum delibandum honorem sit abitus. *cf.* 26, 40. it. 8, 33.

POTIUS *Præfat.* Cum bonis potius ominibus — libentius inciperemus.

PRÆ 1, 6. Parvum Lavinium præ ea urbe, quæ conderetur, fore. *i. e. in comparatione ad illam urbem.* *cf.* 3, 26. Vix

præ strepitu audita lex est 10, 13. *i. q. propter.* *cf.* 9, 14. 31, 24. 45, 7. Postquam, omissis rebus aliis, præ cura unius, nemo adibat 3, 46. Quum præ indignitate rerum stupor silentiumque inde ceteros patrum defixisset 6, 40.

PRÆALTUS 10, 2. Ostium fluminis præalti. — per præaltas fluvii ac profundas voragines 22, 2. *cf.* 21, 54.

PRÆBERE 40, 54. Quum multa assoleat veritas præbere vestigia sui. Jam altæ in segetibus herbæ pabulum præbere poterant 23, 48. Præbet errorem, quod etc. 4, 61. *i. q. excitat.* — metum defectionis quum præbuissent 21, 11. *i. e. quum effecissent, ut metueretur, ne deficerent.* — terroris speciem mendacio haud vanam præbere 24, 30. Ea res tantum tumultum ac fugam præbuit 26, 10. *cf.* 10, 20. it. 25, 26. Macedonia maxime curam præbebat 43, 12. Persi — regi famam — bello clara Macedonum gens — — præbebat 42, 49. *scil. apud Romanos.* Is timor frequentem senatum magistratui præbuit 26, 13. Scenam ædilibus prætoribusque præbendam 41, 27. Triginta navibus Servilio præbitis 28, 10. *cf.* 24, 18. Se suo sumtu operam reipublicæ præbere 5, 4. Quod milites Romanos præbuisset ad ministerium cædis 45, 31. Qualem (*suppellectilem militarem*) præberi consulibus mos esset 30, 17. Commercium juris præbendi repetendique 41, 24. Exclusos Romanos præbuere hosti ad cædem 25, 15. Longa vita (*Cyrum*) vertenti præbuit fortunæ 9, 17. Præbituri vos telis hostium estis 4, 28. Desisse postremo præbere ad contumeliam os 4, 35.

PRÆCAVERE 3, 53. Decemviris quoque ab ira et impetu multitudinis præcavere jubentur. Auctor magis, — quam res, ad præcavendum vel ex supervacuo movit 2, 37. Satis undique provisum atque præcautum est 36, 17. *cf.* 22, 42. it. 24, 8.

PRÆCEDERE 22, 51. Cum equite, ut prius venisse, quam venturam, sciant, præcedam. *cf.* 38, 41. Ita, si ab annis septemdecim ad senectutem semper vos ætatem meam honoribus vestris anteistis, ego vestros honores rebus gerendis præcessi 38, 51. Is, ubi Rom. equites, insignemque inter eos præcedentem consulis filium, — cognovit 8, 7.

PRÆCEPS in occasum sol erat 10, 42. — præcipiti jam ad vesperum die 25, 34. *cf.* 4, 9. Adeo in alteram causam non collega solum præceps ierat etc. 2, 27. Tum ire cœperint præcipites (*mores*) *Præfat.* Si — regnum — præceps inde porro ad servitia caderet 1, 40. Præceps ad id certamen agitur 8, 7. Elephanti sicut præcipites per arctas vias magna mora agebantur 21, 35. *ubi vid. Bauer. p.* 30. Omnia in eo præcipitia ad exitium fuerunt 24, 7. — præceps ingenio in iram erat 37, 7.

Ruinaque tota prolapsa acies in præceps defertur 5, 47. In præceps dare rempublicam 27, 27. Nimiam (*libertatem*) et aliis gravem, et ipsis, qui habeant, effrenatam et præcipitem esse 34, 49. Quod defensores suos semper in præcipitem locum tollat, deinde in ipso discrimine periculi destituat 6, 17. Præceps periculo victoria 9, 24. cf. 4, 11. — præceps pavore fugientium agmen 22, 47. Præceps in provinciam abiit 41, 10. Præceps legatio 21, 18. i. e. *parum consulto missa.* Genus Numidarum in Venerem præceps 30, 11. Quod æs alienum — præcipites ad novanda omnia agebat 42, 30.

PRÆCEPTUM 9, 31. Postquam — ad signa undique coibant, et notis ordinibus in vetere disciplina militiæ, jam sine præcepto ullius sua sponte struebatur acies etc.

PRÆCERPERE 45, 1. Præcerptam tamen ejus rei lætitiam invenerunt.

PRÆCIDERE hastas 32, 17. — caput 23, 24. — anchoras 28, 36. — præcisis manibus 26, 12. Præciderant spem pacis 42, 50. — ne spem reditus præsiderent sibi 24, 31. cf. 3, 7. it. 29, 15. Non præciditur spes plebeio quoque, si dignus summo honore erit, apiscendi summi honoris 4, 3.

PRÆCINERE sacrificiis 9, 30. it. sacris *ibid.*

PRÆCIPERE 1, 7. Tempore illi præcepto, at hi numero avium regnum trahebant. Non præcipiam gratiam publici beneficii 6, 26. Nisi, antequam omnia præcipiant, divisus (*ager*) sit 6, 5. Dum ipse longius spatium fuga præciperet falsa imagine castrorum 22, 41. — iter præcipere 3, 46. i. q. *anteire.* cf. 31, 39. vid. *Virgil. Æn.* 10, 277. Aliquantum ad fugam temporis præciperunt 30, 8. Se, quæ consilia magis res dent hominibus, quam homines rebus, ea ante tempus immatura non præcepturum 22, 38. ipse tribus quinqueremibus Piræeum præcepit, accepitque naves ibi relictas 32, 16. Fama prius præcepta res erat 21, 32. Vid. *ante.* Ex eo, quod acciderat, spem futuri præcipientes 42, 61. cf. 7, 26. it. 31, 49. — ut præciperetur victoria animis 10, 26.

PRÆCIPITARE 23, 19. Præcipitasse se quosdam, non tolerantes famem, constabat. *scil. in fluvium, Dukero ita supplente.* Plurimi in fossam præcipitavere (*se*) occisique sunt 25, 11. Forte ita tulit casus, ut Genucius — in insidias præcipitaret 7, 6. Quum ad Cannas præcipitasset Romana res 27, 40. Dum bellum majore animo gerunt, quam consilio, præcipitavere in insidias 5, 18. Præcipitata raptim consilia 31, 32. — ad rempublicam præcipitandam 22, 12.

PRÆCIPUE 42, 31. Id præcipue provinciæ Macedoniæ datum etc. *viri docti* præcipuum *aut* præcipui *legi volunt. Sed nihil mutandum videtur. Sic enim* præ-

cipue *et* proprie reperitur, 2, 4. 25, 28. Proprie quidquam. Non, ut præcipue amici, sed ne præcipue inimici simus 41, 24.

PRÆCIPUUS 3, 14. Præcipuum quidquam gloriæ aut invidiæ. Præcipuum supplicium pati 9, 8. i. e. *præ ceteris.* Duobus fratribus regulis hæc (*numero*) præcipua 43, 5.

PRÆCLARUS 28, 28. — tot tam præclaris imperatoribus uno bello absumtis.

PRÆCO 6, 14. Caput patrimonii subjecit præconi.

PRÆCURSOR 26, 17. Prælia inter extremum Punicum agmen præcursoresque Romanorum fiebant i. q. *velites.*

PRÆDA belli, 2, 39. *de agro Folscio adempto.* — pecorum 9, 31. — hominum 31, 18. — prædæ abactæ hominum pecorumque 4, 21. cf. 2, 63. — quum prædam ex agris agerent 1, 1. cf. cap. 5. it. 3, 38. et 68. — præda populorum 9, 23. h. e. *in populis facta.* Quum avertere eam prædam (*boves*) vellet 1, 7. Captus nemo, quia ira et indignatio immemores prædæ fecit 41, 4. Prædam — divisit ad epulandum militibus 42, 56. Adde huc populationem agrorum, prædas hominum atque pecudum actas etc. 7, 30. Prædam omnem suo tantum militi dedit 3, 29. Præda opulenta 10, 39. — prædæ populationumque spes 22, 1. it. *cap.* 9. Legionem — prædæ sibi futuram 24, 36. — ut vindices prædarum prope ipsi prædæ fuerint 9, 36. — quum se suaque prædæ esse regi sineret 1, 56. — ne quis liberum corpus violaret, reliqua prædæ futura 25, 25. — datur prædo oppidum 2, 25. Præda vere futura, si belli hostes meminissent 41, 3. Quid aliud quam præda victoris erimus 32, 21. Desertaque prædæ injuriæ puella stabat 3, 48. Quem (*Darium*) prædæ verius, quam hostem incruentus devicit 9, 17. cf. *cap.* 40. Nihil aliud agens, quam ut, quanta maxima posset, præda ex victo Romanis reservaretur 44, 27. Res hostium in prædæ captas, quæ belli jure nostræ videbantur 9, 1. Argenti tulit ex præda — militibus ex præda 120 asses dedit 31, 19. Nefanda præda se ipsos ac domos contaminare suas 29, 18.

PRÆDAMNATUS 4, 41. Totam culpam ejus temporis in prædamnatum collegam transferentem etc. — tot judiciis confossos prædamnatosque venire ad populi judicium 5, 11. Prædamnata spe æquo dimicandi loco 27, 18. i. e. *abjecta, vel damnata, ut quidam libri habent.*

PRÆDARI 22, 3. Medio Etruriæ agro prædatum profectus. *Sic* precatum, *quod eid.* Quum — ipse cum promptissimis juvenum prædatum atque in expeditionet iret 1, 54. Imperarent, ut prædatum is agrum Campanum extemplo proficiscerentur 7, 31. Prædatum enim tantummodo pleræque classes ierant 29, 26

Cohortes in agro hostium prædatum misit 24, 20. *cf.* 9, 31. — per speciem prædandi ex hostium agro 24, 47. — tanta dulcedo est ex alienis fortunis prædandi 6, 41. *de agrorum divisione.* Exercitum prædabundum ad Anienem amnem pervenisse 2, 26.

PRÆDATOR 10, 2. Et in terra prosperum æque in palatos prædatores prœlium fuerat. *cf.* 4, 53. Gubernatores nautæque conquisiti, qui prædatores fuissent navibus 40, 28.

PRÆDES 22, 6. Prædibusque ac prædiis cavendum populo. *pleonastice dictum. vide B. Patruum ad Cic. Verr.* 1, 54. Prædibus acceptis, eo anno ædificia perfecturos 5, 55.

PRÆDESTINARE 45, 40. Quos prætextatos curru vehi cum patre, sibi ipsos similes prædestinantes triumphos, oportuerat.

PRÆDICARE 4, 53. Tum prædicans participem prædæ fore exercitum, quum militiam non abnuisset. *i. q. denunciare.*

PRÆDICATIO 4, 40. Quod in urbe nuper direpta — minus prædicatione tribuni prædæ fuerit.

PRÆDICERE 10, 14. Ad prædictas hostium latebras succedit. *i. q. ante dictas. cf. ibid. cap.* 41. *vid. Cel. Ruhnken. ad Velleii* 2, 21. Itaque monere, prædicere, ut pontem — interrumpant 2, 10. *i. q. imperare. cf.* 21, 10. *f. leg. præcipere.* [*Non opus mutatione. vid. Stroth. ad h. l. it. mos* prædictum.]

PRÆDICTUM 23, 19. Quia prædictum erat dictatoris, ne quid absente eo rei gereret. *i. e. imperium.* Velut ex prædicto ambo Scotussam petierunt 33, 6.

PRÆDISPOSITUS 40, 56. Nuncios prædispositos misit ad Peræum.

PRÆDIVES 45, 40. Perseus contra prædives bellare cum Romanis incepit. *cf.* 4, 13.

PRÆDIUM 45, 15. Et eos, qui prædium prædiave rustica pluris sestertiûm triginta millium haberent, censendi jus factum est.

PRÆDO 38, 40. Alibi prædo, alibi prædæ vindex cadit. *i. q. latro. cf.* 2, 12. 3, 3. 10, 2. 25, 8. 34, 21.

PRÆESSE 25, 16. Qui in Bruttiis præerat. *scil. exercitui. dicitur autem præesse, ut interesse, subinde sine casu adjecto.* Vid. *interesse.* Præesse annonæ 2, 27.

PRÆFARI 5, 41. Pontifice maximo præfante carmen. *i. e. verba præeunte.* — sollemne carmen precationis, quod præfari magistratus solent 39; 15. *cf.* 8, 9. *it.* 22, 1. Qui (Ætoli) pauca præfati etc. 33, 12.

PRÆFATIO 45, 5. Quum omnis præfatio sacrorum (*procul, o! procul este profani, aut simile quid*) eos, quibus non sint puræ manus, sacris arceat.

PRÆFECTUS 9, 20. Præfecti Capuæ creari cœpti: *Gronovius habebat* Capuam. A — præfecto urbis servata habitus 6, 29. *al.* urbi. *illam formam retinet Livius* 3, 3. *et* 24. *alibi.* Turmarum præfecti 8, 7. Navali prœlio adversus præfectos regis Antiochi 40, 52.

PRÆFEROX 3, 38. In paucos præferocis animi conatus etc. *cf.* 5, 36.

PRÆFERRE 8, 10. Et prælatas illæ facilitati submittentis se comiter respondebat. *nonnulli legunt* facilitate. Alii, se suosque mulcatos querentes, atroci responso judicium suum præferebant 8, 12. *i. q. præ se ferebant, declarabant; qualem essent sententiam dicturi.* Prætulit triumphi diem 39, 5. *i. e. præcepit, maturius destinato habuit.* Alia in speciem præferentes 42, 14. *i. q. præ se ferentes.* Præferens in vultu habituque insignem memoriam ignominiæ acceptæ 27, 34. *cf.* 7, 5. 37, 37. 39, 28. Prælati hostes insidias 2, 14. *h. e. prætergressi insidiantes, s. locum insidiarum.* Ut effusa fuga castra sua — prælati urbem peterent 5, 26. *i. q. præterlapsi.* Præter castra etiam sua fuga pavore prælati 6, 29. *cf.* 7, 24. *vid. Gronov. ad* 26, 30. Raptique gurgite, et in obliquum prælati 29, 32. Quum aliquas alto præferri onerarias naves ex specula significatum foret 44, 29. Neque captivi ulli ante currum ducti, neque spolia prælata 31, 49.

PRÆFERVIDUS 9, 18. Quid, si vini amor indies fieret acrior? quid, si trux ac præfervida ira?

PRÆFESTINARE 23, 14. Concedendo plebei senatum, ubi velint, defecturos se, ne deficere præfestinarent, effecisse.

PRÆFICERE 1, 19. Sacerdotes suos cuique deorum præficere. *i. e. constituere, qui deorum cultum curent. Similiter annonæ præfici dicuntur, qui curant et administrant.* [*Si tamen locus Livii sanus, nec cum Dukero corrigendum eorum* (*sacrorum.*) *Certe alterius locutionis ratio diversa.*] Præfeceruntque ludis ipsum imperatorem 34, 41. *i. q. præsidere, honoratissimo loco sedere voluerunt. apud Suetonium idem honos imperatoribus habitus dicitur ab iis, qui suis euntibus ludos ederent. Gr. προέδρια.*

PRÆFLORARE 37, 58. Gloriamque ejus victoriæ præfloratam ad Thermopylas esse. *i. q. præreptam.*

PRÆFLUERE 1, 45. Infima valle præfluit Tiberis. *i. q. præterfluit. cf.* 44, 31.

PRÆFRINGERE 37, 33. Ad eminentem ramum cornu alterum galeæ præfregit. *male alii legunt* perfregit. *cf.* 8, 10. Si quas (*hostes*) incidissent aut præfregissent 32, 17.

PRÆFULGERE 45, 43. Sicut præfulgebat huic triumphus recens; ita apparebat, ipsum per se intuentibus nequaquam esse contemnendum.

PRÆGELIDUS 21, 54. In locis Alpibus

Apenninoque interjectis, propinquitate etiam fluminum ac paludium praegelidis.

PRAEGRAVARE 7, 23. Praegravata inhaerentibus (*telis*) gerebant scuta. Exonerare praegravante turba regnum cupiens, 5, 34. *i. e. nimia.* Si summa petantur, et dantem et accipientem praegravatura 35, 42. *i. q. incommoda et noxia futura.*

PRAEGRAVIS 44, 4. Quum Romanus imperator, major sexaginta annis, et praegravis corpore, omnia militaria munera ipse impigre obiret.

PRAEGREDI 35, 30. Ubi ea (*castra*) sunt praegressi. *pro praetergressi, quae est lectio aliarum editionum.*

PRAEGUSTARE 40, 59. De mensa oleas praegustasse mures in prodigium versum est.

PRAEIRE 26, 27. Hac circumfusus multitudine — Romam praeivit. Obsecratio facta est, duumviris praeeuntibus 4, 21. *Scil. verba: quod alibi additur, v. c. 42, 28.* Praeunte verba Lepido, pontifice maximo id votum susceptum est. *cf. 9, 46.* Agedum, pontifex publicus populi Romani, praei verba, quibus me pro legionibus devoveam 8, 9. [*ubi vid. Stroth.*] Omnia, uti decemviri praeierunt, facta 43, 13. *i. e. praeceperunt, quemadmodum et legi volebat Duherus, quoniam hoc significatu nusquam praeire apud Livium occurreret.*

PRAEJUDICARE 26, 2. Ne id ipsum, quod consultationi reliquerant, pro praejudicato (*Marcius*) ferret. Praejudicatum eventum belli habetis 42, 61.

PRAEJUDICIUM 3, 40. Neminem — verum esse praejudicium rei tantae afferre. *i. e. aequum esse, a nemine, jurene sint magistratus, an minus, praejudicari. Sic optime Gronovius; alii aliter, sed contortissime. cf. 5, 11. it. 26, 29.* Habere eum — — legatorum in eam rem praejudicium, 39, 27.

PRAELIGARE 22, 16. Arida sarmenta praeligantur cornibus boum.

PRAELONGIS hastis velut vallum ante clipeos objecit 31, 39. *cf.* 22, 46. *it.* 37, 42.

PRAEMATURUS. Vid. *festinatio.*

PRAEMEDITARI 40, 23. Jam ante praemeditatis in Macedonia, quae ab Roma renunciarent. *Gronovius legi volebat praemeditati. Sic* 38, 3. *Enimvero passivum neminem offenderit.* [*Conf. Vechneri Hellenolex. pag.* 107. *edit. Heusinger.*]

PRAEMITTERE 44, 30. Praemissis ad Appium literis, ut se ad Genusuum opperiretur etc.

PRAEMIUM 9, 40. Ditem hostem, quamvis pauperis victoris praemium esse. A quibus capta belli praemia, Siciliam ac Sardiniam, habetis 21, 40. In Romanos odii regnum posuerat praemium 41, 23. Promittens, si sibi praemio foret, se Arpos proditurum esse 24, 45.

PRAEMOLIRI 28, 17. Praemoliendas sibi

ratus jam res conciliandosque regum gentiumque animos. *i. q. praeparandas, meditandas.*

PRAEMONERE 22, 18. Haec nequidquam praemonito magistro equitum, Romam (*Fabius*) est profectus. Quum aruspices, ad imperatorem id pertinere prodigium, praemonuissent 25, 16.

PRAEMORTUUS 3, 72. Scaptium ipsum id quidem, etsi praemortui jam sit pudoris, non facturum.

PRAEMUNIRE 5, 38. Non loco castris ante capto, non praemunito vallo, quo receptus esset.

PRAEOCCUPARE 29, 24. Avertit a vero falsis praeoccupando mentes hominum. — adeo unum gaudium praeoccupaverat omnium aliarum sensum voluptatum 33, 32. Ad praeoccupanda aliorum consilia 24, 7. — praeoccupati beneficio animi 6, 20. Praeoccupatos jam ab Hannibale Gallorum animos esse 21, 20. Apud praeoccupatos Locrensium clade animos nullam misericordiae locum habuerunt 29, 22. (*Plerumque cum suis.*) Praeoccupatis non auribus magis, quam animis 42, 14. Ad praeoccupandas in Boeotia res 42, 56. In eo enim victoriam verti, si et loca opportuna, et socii praeoccuparentur 35, 18. Ut omnia opportuna loca praeoccupari ante ab eo potuerint 42, 47. *cf.* 6, 12. Praeoccupatum inferiore loco succedens tumulum 22, 28. Legem — ipsi praeoccupaverunt ferre 4, 30.

PRAEOPTARE 9, 45. Suas leges Romanae societati praeoptaverint. — Punicam Romanae societatem — praeoptandam esse 23, 43. — otium urbanum militiae laboribus praeoptat 44, 22. *cf.* 28, 21. *it.* 29, 30. Nemo non illos sibi, quam vos, dominos praeoptet 29, 17.

PRAEPARARE 4, 57. Primoribus Patrum splendore gratiaque ad petendum praeparatis. *i. e. subornatis.* Alii jam ante ad hoc praeparati 1, 47. Clarissimis viris ex composito praeparatis ad petendum 5, 14. Ad nutum omnia, ut ex ante praeparato, fiunt 10, 41. *cf.* 28, 29. Ex multo ante praeparato 45, 31. Frumentum in decem annos praeparare 42, 12. *i. q. comparare, comportare.*

PRAEPEDIRE 7, 36. Torpidus somno insuper pavore exanimat; quo praepediti, nec arma impigre capere nec obsistere — poterant. *cf. ibid. cap.* 6. *et* 44. Pudor praepediebat 9, 6. Aliquoties dicere incipientem quum lacrimae praepedissent 44, 45.

PRAEPILATUS 26, 51. Praepilatisque missilibus jaculati sunt.

PRAEPOLLENS divitiis gens 1, 57. — virtute fortunaque quum sua, tum publica, praepollens 5, 34.

PRAEPONERE 27, 15. Blanditiis muliebribus perpulit eum ad proditionem custodiae loci, cui praepositus erat. Antipatrum

— in laevo (cornu) praeposuit 37, 41.
Agro dividendo dandoque — praepositi 40,
37.

PRAEPOTENS opibus populus 7, 31. —
rex 42, 50. — armis Romanus 9, 31. —
Cilnium genus praepotens, divitiarum invidia pelli armis coeptum 10, 3.

PRAEPROPERE 2, 45. Veiens hostis —
eo magis praepropere agere; lacessere ad
pugnam etc. cf. 22, 3. Raptimque omnia
praepropere agendo 22, 19

PRAEPROPERUS 22, 41. Temeritati consulis ac praepropero ingenio materiam
etiam fortuna dedit. i. q. praecipiti.

PRAERAPIDUS 29, 32. Duobus in conspectu hostium in praerapidum gurgitem
haustis etc.

PRAEROGATIVA 5, 18. Praerogativa tribunum militum non petentem creant.
Quum comitia consulibus rogandis haberet, praerogativa — declaravit 26, 22.
Praerogativae et primo vocatae omnes centuriae 10, 22. Ne comitiorum militarium
praerogativam urbana comitia, iisdem tribunis plebis creandis sequerentur 3, 51.
i. e. creationem superiorem, tamquam praerogativam, cujus suffragia cetera centuriae
solebant sequi. In Hasdrubalis locum,
haud dubia res fuit, quin praerogativam
militarem, qua — imperator — appellatus
erat, favor etiam plebis sequeretur 21, 3.
vid. ad h. l. Bauer. pag. 3.

PRAERUPTUS 38, 20. Si qua periculosa
et praerupta (loca) occurrant. Inter confragosa omnia praeruptaque 21, 32. Per
praeruptum — saxum in Capitolium evadit
5, 46.

PRAES. Vid. PRAEDES.

PRAESAGIRE 45, 39. Proficiscenti praesagientibus animis victoriam triumphumque destinavimus. Jam hoc ipsum praesagiens animo, praeparaverat ante naves
30, 20.

PRAESCISCERE 27, 35. Et praesciscere,
quam quisque eorum provinciam, quem
hostem haberet, volebant. pro praescire,
ex archaismo.

PRAESCRIPTUM 10, 22. Postridie ad
praescriptum consulis — comitia habita.

PRAESENS 1, 12. Tua praesenti ope servatam urbem esse. i. e. praestanti, efficaci.
Praesentibus ac secundis diis ire in proelium jubet 7, 26. paullo post: dii hominesque illi affuere pugnae. — praesentis
deae numen 29, 18. Amicitiam in perpetuum, auxilium praesens (in praesens) a
vobis petitum 7, 30. possis etiam interpretari: sine mora ferendum. vid. Bauer. ad
h. l. pag. 256. — minor in praesens cura 6,
27. ubi Gronovius legi vult minus praesens. Utrum praesens eorum deditio fieri
possit, an in diem differatur 9, 9. Adeo
injuriae Samnitium, quam beneficii Romanorum, memoria praesentior erat 8, 9. Id
vero haud secus, quam praesentem mercedem regni, aspernata plebes 2, 41. Ut

partem aliquam (scil. pecuniae) praesentem
ferret 44, 25. Cujus summae dimidium
praesens numeretur 38, 8. i. q. repraesentaretur. — praesens omne daturos 36, 4. —
praesentia talenta 37, 45. cf. 29, 16. it. 44,
27. Praesens pecunia 27, 10. — praesens
victoria 5. 27. i. q. haud dubia. Rerum
praesens effectus 44, 34. — praesenti admoto
terrore 45, 4. — praesentior res 2, 36. i. e.
magis urgens, periculosior. Qui in re praesenti fuerunt 40,29. de libris Numae e terra
effossis. In re praesenti cognoscere 42, 23.
— cur praesentes evocarent 45, 31. h. e.
ut praesentes essent. Hi pacti erant, eques
denos praesentes aureos, eques etc. 44, 26.
paullo post: quod praesens pepigissent.
Vid. absens.

PRAESENTIA 6, 26. Pacem in praesentia,
nec ita multo · post civitatem etiam impetraverunt. Lubenter uti Livium in praesentia, in oppositione etiam variarum particularum, postmodo, mox, item in perpetuum, in futurum etc. docuit ad h. l. Drakenborchius. In praesentia omnia praeter
bellum omitti placere 3, 40. Duplici
frumento in perpetuum, in praesentia singulis bubus — donati 7, 37. In praesentia — in posterum 8, 7. Nullo in praesentia responso dato 42, 43.

PRAESES 3, 7. Deserta omnia, sine capite, sine viribus, dii praesides ac fortuna
urbis tutata est. i. q. dii tutelares. Praesides provinciarum exercitus 23, 48. i. e.
defensores. — siccine vestrum militem ac
praesidem sinit is vexari? 6, 16. cf. 28, 42.
Juris atque eloquentiae consultos urbi ac
foro praesides habendos 10, 22. Dii immortales, imperii Romani praesides, 26, 41.
Sacrificio Minervae, praesidi arcis in urbe,
facto 45, 28.

PRAESIDERE 22, 11. Alii, ut urbi praesiderent, relicti. i. e. praesidio essent.
Nullus jam exercitus Samnio praesidet 10,
17. cf. 23, 32. Ad praetorem venerunt
praesidentem classi Brundisio Calabriaeque
circa littoribus 24, 40.

PRAESIDIUM 9, 45. Cum levibus praesidiis urbium relictarum. — praesidio excessere 22, 17. Praesidia dicuntur omnia
ea loca, ubi sunt milites Romani. Hinc
castra dicuntur praesidia. Praesidio loci
ejus relicto — legato cum classe instructa
paratque 24, 40. Stativum praesidium
pro castris 44, 50. cf. 41, 1. eodem sensu
10, 4. dicitur praesidium Romanum, i. e.
statio. — qui signa relinquit aut praesidio
decedit 5, 6. Cum praesidio legionis unius
Pisis praeerat 41, 11. — praesidio ejus loci
praerat 27, 42. Qui Luceriae in praesidio
erant 9, 15. Scipione in praesidio ibi relicto 29, 7. cf. 31, 16. Is opportunus visus locus communiendo praesidio 2, 49.
Fabii caesi ad unum omnes praesidiumque
expugnatum 2, 50. Liguatores ei cum
praesidio occurrunt 10, 25. Triarii — in
praesidio castrorum manere jussi 40, 27.

Nudatis omnibus praesidiis patefactioque bello 44, 6. Rhegium — in praesidium missa legio 28, 28. — praesidia summittere 32, 15. *i. q. auxilia in praesidium summittere.* Quatuor cohortes sociorum Latini nominis in praesidium Locros adduci 29, 19. Qui — praesidium eorum (*Samnitium*) in urbem acceperant 9, 16. In arcem praesidio armisque obtinendam 1, 6. Ubi navis intra praesidia sua fuisset 45, 23. In praesidia adversariorum, appellationem et tribunicium auxilium patricii confugerunt 9, 26. In ea (*lege*) firmum libertati fore praesidium 3, 45. Utrum sub illo praesidio (*Pleminio etc.*) Locros esse sinatis 29, 18. Praesidio esse saltum aperientibus 44, 4. Quove praesidio unus per tot gentes dissonas sermone moribusque pervenisset 1, 18. *i. e. quo retione, quo auxilio, quo duce.* Praesidia fortunarum et corporum 28, 32. *h. e. praesioca, uxores, liberi.*

Praestans 21, 39. Scipionem Hannibal — praestantem virum credebat.

Praestare invictum Romanum imperium 9, 17. *i e. promittere et spondere invictum semper fore.* Pacis per omnem Apuliam praestandae populo Rom. auctores 9, 20. Ni infrestaretur fides publica 2, 28. Quonam modo id praestaturus esset 9, 24. *cf.* 31, 11. Stipendium ejus anni exercitui praestarent 5, 32. *i. q. suppeditarent.* Regem excusavit, quod stipendium serius quoad diem praestaret 42, 6. Alia, quae imperarentur, praestare paratos esse. Milesii, nihil praestitisse memorantes, si quid imperare ad bellum senatus vellet, praestare se paratos esse, polliciti sunt 43, 6. Edixit militibus, ut silentium quieti nautis sine certamine ad ministeria exsequenda bene obedientes praestarent 29, 25. Transitum per Thraciam tutum et commeatus Bastarnis ut Philippus praestaret 40, 57. Ut vetustate et gradu honoris nos praestent 7, 30. *cf.* 3, 61. *it.* 44, 36. Proxenus tum causa, tum eloquentia praestare visus est 41, 25. Quantum numero, quantum genere militum praestarent tironibus 42, 52. Dico, quantum vel vir viro, vel gens genti praestat 31, 7.

Praestigia 8, 15. Quo magis argui praestigias jubetis vestras, eo plus vereor, ne abstuleritis observantibus etiam oculos.

Praestituere 10, 90. Praestituta die. *cf.* 3, 39. *it.* 6, 4. — nullo praestituto militiae tempore 23, 25. Diemque praestituit, intra quem de conditionibus peractis responsum acciperet 45, 11.

Praesto 27, 20. Ad jussa praesto esse jubet. Ad portas Camillo praesto fuere 5, 46. Ut Potitii ad tempus praesto essent 1, 7. Praesto est enim acerba memoria 25, 38.

Praestringere 40, 58. Fulguribus praestringentibus aciem oculorum.

Praestruere 28, 42. Praestruit sibi fidem fraus. *i. q. ante praeparat.*

Praesultare 7, 10. Quando adeo ferox praesultat hostium signis.

Praesultator 2, 36. Sibi (*Jovi*) ludis praesultatorem displicuisse.

Praetegere 44, 9. Praetecta (*scuta habebant*) pugnantium more. *nempe ut tegeretur corpus. Sed Drakenborchio et Duhero legendum videtur praetenta.* Vid. *Bauer. ad h. l. pag.* 330.

Praetendere legem postulationi suae 3, 45. *ibid. cap.* 47. Quam decreto sermonem praetenderit. *h. e. praetexerit, ut speciosum foret. cf.* 32, 28. Ubi decorum numen praetenditur sceleribus. *ibid. cap.* 16. Id ipsum argumenti praetendentibus (*legatis*) orationis 45, 42. — titulum praetendere belli 37, 54. *ubi vid. Bauer. pag.* 255. Id modo — intercessioni suae praetendebant 6, 36.

Praetentus 10, 2. Tenue praetentum littus esse. — armata acies toto praetenta in littore 22, 20.

Praeter 28, 41. Fines praeter Apollinis — templum superant. Qua ab occasu praeter Azium amnem (*Paeonia*) porrigitur 45, 29. Quum praeter moenia eorum infrequentia conspecta signa essent 7, 8. Praeterque aciem ipsam Gallorum — ad castra effuso cursu ferebantur 10, 29. Pacato mari praeter oram Italiae — vectae 28, 42. Ne quis praeter armatos violaretur 4, 59. *ubi Drakenborchio restituendum videbatur praeter armatus, ut praeter pro praeterquam acciperetur.* Vid. *ipsum ad* 5, 52.

Praeterequitare 3, 61. Jam fugam undique capessentes plerosque a castris avertunt, praeterequitantesque absterrent.

Praeterferri 21, 55. Simul latebras eorum improvida praeterlata acies est. Vid. *praeferre.*

Praeterfluere. Vid. *perfundere.*

Praetergredi 49, 54. Ne tentata quidem oppugnatione. praetergressus etc.

Praeterire 6, 40. Utrumque ex Patribus praeterire liceat. *de comitiis consularibus.* Retinuit quosdam Lepidus a collega (*censore*) praeteritos 40, 51. *h. l. quos voluerat in legendo senatu praeterire.* Vid. *Gronov. ad* 34, 1.

Praetermittere 5, 51. Quem vindicari deberet (*jus gentium*) eadem. negligentia deorum praetermissum. Coeliusque et alii id — praetermiserunt scriptores 28, 6.

Praeterquam hostili odio 30, 6. *pro praeterquam quod ex hostili odio. cf.* 10, 20. *Saepius enim illud quod desideratur.* Vid. *Drakenborch. ad* 22, 52. Vestalibus nempe una illa sedes est, ex qua eas nihil umquam, praeterquam urbs capta, movit 5, 52. *sed hic est haud dubie legendum praeter; quippe quod etiam adverbialiter dicitur.* (Vid. *omnino Drakenborch.*

*ad A. l.*] Nec ullius rerum suarum relicti, præterquam corporum, vindices 5, 42. Nihil præterquam vigilatum est in urbe 3. 26. Quum aliud, præterquam de quo retulissent, decemviri dicere prohiberent 3, 40. Adeo nihil, præterquam seditionem fuisse — — constat 7, 42. Omnium, præterquam multitudinis suæ — immemores 9, 35. Præterquam majestate potentium, religione etiam adioniti homines — creavere etc. 5, 14. Nec — quidquam est, præterquam ut — hominum numero simus 4, 4.

PRÆTERVEHI 21, 41. Quum præterveherer navibus Galliæ oram. — quam (*oram*) prætervecti fuerant. *cf.* 22, 20.

PRÆTERVOLARE 25, 38. In occasionis momento, cujus prætervolat opportunitas.

PRÆTEXTUS 36, 6. Sub levi verborum prætextu.

PRÆTOR *pro magistratibus omnium populorum. Sic* Atheniensium 31, 24. — Saguntinus 21, 12. — Bœotorum 42, 43. — Epirotarum 29, 12. — Prænestinus 9, 16. *ubi vide Drakenborchium.* Prætor urbis 31, 4. Vid. *Gronov. ad* 22, 33. — qui jus in urbe diceret 6, 42. Nisi quod, non patientibus tacitum tribunis, quod pro consule uno plebeio tres patricios magistratus curulibus sellis prætextatos tamquam consules sedentes, nobilitas sibi sumsisset, *prætorem* quidem *etiam jura reddentem, et collegam consulibus* etc. 7, 1. Prætor maximus 7, 3. *q. consul, ex antiquiori dicendi consuetudine.* Prætor in eam provinciam profectus erat 29, 21. *pro propraetore.* Vid. *Duker. ad* 39, 29. Consulente collegio prætorum 22, 10. Vid. *Drakenb. ad h. l.* Nos tamen minime decet, juventutem nostram, pro militari rudimento, assuefacere libidini *prætorum* 21, 3. *al.* imperatorum. Vid. *ad h. l. Bauer. pag.* 4.

PRÆTORIUM 26, 15. Dimittens prætorium, tribunis militum ac præfectis sociûm imperavit, uti etc. *Hi ergo, in primisque legati, sed et centuriones præcipui, in consilium adhiberi solebant.* — prætorium missum 21, 54. Tria prætoria circa Capuam erecta 25, 22. *i. e. tres exercitus ibi erant, quorum tentoria proprie dicuntur prætoria.* — in prætorio tetendere Albius et Atrius 28, 27. Vagati enim *in urbe (legati)* obversatique *prætorio* erant 29, 24.

PRÆVALERE *Præfat.* Prævalentis populi vires se ipsæ conficiunt. *cf.* 2, 55. *it.* 5, 15.

PRÆVALIDUS 26, 16. Quibusdam delendam censentibus urbem prævalidam etc. *cf.* 40, 47. *it.* 3, 48. Prævalidus juvenis 7, 5.

PRÆVEHI 9, 35. Equites Romani, prævecti per obliqua campi, quum se fugientibus obtulissent etc. Præter undecim fasces equo prævectus senex etc. 24, 44.

PRÆVENIRE 9, 23. Quo quum prior Romanus exercitus — magnis itineribus prævenisset. Prævenit inceptum eorum Marcellus 24, 13. Ut beneficio prævenirent desiderium plebis 3, 16.

PRÆVERTERE 24, 5. Fuga prævertere metum suppliciorum. Coactique novi consules omnibus eam rem præverti 8, 13. Nec posse — bello prævertisse quidquam 2, 24. *cf.* 9, 17. *ad quem locum vide Drakenborchium. it. Bauerum pag.* 106. Decemviros, quo cuique eorum videatur, exercitus ducere; neo rem aliam præverti 3, 40. Si Punicam Romano prævertisset bellum 9, 17. Vid. *Intt. ad Virgil. Æn.* 1, 317. Quos dicere exorsos consul interfatus, quum alia sibi prævertenda esse dixisset, rediv. — jussit 36, 27.

PRÆUSTUS 21, 40. Præusti artus, nive rigentes nervi. Membra torrida gelu etc. *al.* perusti. *quod vid. it.* hasta.

PRANDERE 9, 31. Ut prandeat miles, firmatisque cibo viribus arma capiat. Ut ante lucem viri equique curati et pransi essent 28, 14. *Sunt, qui curati ad equos, pransi ad vires referri volint, indignum esse rati, s iprandere dicantur equi. Enimvero utrumque maxime ad viros refertur, ad equos secundario, per σύλληψιν.*

PRATA 8, 19. Ædes fuere in Palatio ejus, quæ Vacci prata, diruto ædificio, publicatoque solo, appellata. *i. q. area, campus.* Vid. *Cic. Orat. pro domo cap.* 38. Ager — quæ postea sunt Muria prata appellata 2, 13. Prata Flaminia 3, 54.

PRAVUS 1, 53. Dux belli pravus. Si occæcatus ira infestam multitudinem in se pravo certamine movisset 8, 32. Præsidium ab Lysimachia — deduci pravo — consilio jussit 37, 31. *i. q. stulte, per imprudentiam.* — pravæ mentis homo 4, 49. Deformatum ordinem prava lectione senatus, qua potiores aliquot lectis præteriti essent 9, 30. *paullo post:* sine recti prævique discrimine.

PRECARI 35, 31. Nihil quemquam ab diis immortalibus precari posse, quod non Magnetes ab illis haberent. Consulibus designatis imperavit senatus, ut — hostiis majoribus rite mactatis, precarentur, ut etc. 42, 28. Deos - - ipsos ablatos esse ; parietes postesque nudatos, quos adorent, ad quos precentur et supplicent, Ambraciensibus superesse 38, 43. Legatos — ad socios — precatum mittemus, ne qua vobis vis fiat 7, 31. Sororem dedisse (*Persea*) Prusiæ precanti ac oranti 42, 12. Eam precari mentem hostibus, ut ne etc. 9, 14. *pro imprecari.* [Vid. *precatio.*]

PRECARIO 34, 62. Precario ab se iter per eam ipsum agrum, tamquam haud dubie Karthaginiensium juris, petisset.

PRECARIUS 8, 35. Donatur tribuniciæ potestati precarium, non justam auxilium ferenti. Non orare solum precariam opem, sed pro debita petere, 3, 47. Specie — æquum est fœdus : re apud Achæos precaria libertas, apud Romanos etiam imperium est 39, 37. *i. q. precario date.*

PRECATIO 9, 5. Ubi (*in fœdere*) precatione res transigitur. *pro imprecatione, æsque dira. cf.* 21, 45. [Vid. *precari.*] Inter precationem deûm 2, 8. *i. q. preces ad deos directas.* Pacemque deûm peti precationibus, quæ editæ ex fatalibus libris essent, placuit 42, 2.

PRECES 1, 16. Precibus pacem exposcere. *Sic et* petere, orare *junguntur* precibus. *v. c.* 5, 18. Eadem multis precibus orant 2, 2. Ad pacem cum precibus petendam 9, 16. — *sine præpositione* 43, 4. *Videtur hæc inprimis forma sollemnis et religiosa fuisse, eodemque modo sine emphasi dicta, uti* fraudem fraudare, servitutem servire, occidione occidi, *alia.* Preces suas acceptas ab diis immortalibus ominati 42, 30. Matronæ in preces et obtestationes versæ 27, 50. *it.* ad preces 8, 35. Efficaces habebant preces 9, 20. — infimæ preces 29, 30. Precibus infimis petiere 6, 2.

PREHENDERE 29, 21. Locrensibus se permittere, ut, quod sui quisque cognosset, prehenderet : si quid non compareret, repeteret. *cf.* 3, 11. Quemcumque lictor jussu consulum prehendisset 3, 11. *etiam* comprehendere *sic dicitur. vid. Drakenborch. ad h. l.* Ab lictore, nihil aliud quam prehendere prohibito, quam conversus in Patres impetus esset etc. 2, 29. Quum M. Claudius — iret ad prehendendam virginem etc. 3, 47. I — lictor — da viam domino ad prehendendum mancipium 3, 48.

PREHENSARE 1, 47. Circumire ac prehensare minorum maxime gentium Patres.

PREMERE 22, 12. Premendorumque superiorum arte — sese extollebat. *i. e. criminandorum et in invidiam adducendorum. cf. cap.* 59. *Gronovius, non male, sic volebat legi :* premendoque superiorem — sese extollebat. Venisse tempus premendæ plebis 2, 34. (*in angustiis frumenti.*) Manlium malum malo augere filii, et tarditatem ingenii insuper premere 7, 4. Premebat reum — crimen unum 3, 13. *i. e. maxime nocebat. cf.* 39, 40. Eques, luce demum ausus incursare in hostem, carpendo novissimos, premendoque iniquis ad transitum locis, agmen detinuit 8, 38. Dum — quies nocturna hostes premeret 22, 50. Ventus, premente nebula, cecidit 29, 27. Obsidione munitionibusque cœpti premi hostes 1, 57. Premendo præsidiis angustos saltus eorum 40, 41. Luceriam premendo 22, 14. *i. q. oppugnando.* Presso pede eos, retrocedentes in intervalla ordinum, principes recipiebant 8, 8.

PRENDERE 29, 20. Quem — prendere tribuni juberent. *cf.* 8, 33. *it.* 9, 34.

240

PRENSARE 4, 60. Concursum itaque ad curiam esse, prensatæque exeuntium manus, et Patres vere appellatos. *de gratias agentibus, non petentibus.* Vid. *prehensare.*

PRETIUM recte et perperam facti 5, 47. *per syllepsin dictum ; nam perperam factis pretia, h. e. præmia, non proponuntur.* Pretium recte facti triumphum haberet Paullus 45, 37. *pr. præmio.* Mille pondo auri pretium populi gentibus mox imperaturi factum 5, 48. Satis tamen ampla (*Sicilia et Sardinia recuperatæ*) pretia essent 21, 43. Capita hostium, pretia libertati facta 24, 15. Nullo satis digno moræ pretio tempus terunt 21, 48.

PRIDIE quam rogationis ferendæ dies adesset 22, 25. *vid. Gronov. ad* 23, 31. Pridie quam cum Antiocho rege in Asia pugnatum est 37, 56.

PRIMO 22, 43. Querentiumque annonam primo, postremo famem. *vid. postremo.* Primo quamlibet dimicationem subituros fuisse potius, quam etc. 4, 2. *i. e. in principio certaminum.* Quum primo vocatæ — consulem dicerent omnes centuriæ 10, 15.

PRIMORDIUM urbis *Præfat.*

PRIMORES 1, 1. Processisse Latinum inter primores. *i. q. in primam aciem. Ita et cap.* 12. ipse ad primores Romulus provolat. Primoribus equestris gradus lectis 2, 1. Neminem, nisi equitem, atque eorum ipsorum primores, id gerere insigne 23, 19. Primores equitum centurionumque 25, 6. Satis liberi commeatus erant : primoribus tamen magis, quam militibus 1, 57. Primores Patrum 1, 9. — primores duorum populorum 7, 8. Prorsus auferri a primoribus ad plebem summum imperium credebant 4, 1. *i. e. a patriciis.* Primore juventute conscripta 24, 20. Primores civitatis 1, 43. *e quibus* 12 *centuriæ equitum ab Servio Tullio delectæ.*

PRIMUS 2, 20. Provolant in primum. — nec sustinere frons prima tam longum certamen — potuisset 10, 14. — inter prima signa 10, 41. Arma signaque per turbidam lucem in primo apparebant 10, 41. *cf.* 25, 21. In primis parum proderat 3, 65. *i. e. iis, quibus primum auxilio essent.* In primo *sequ.* dein 2, 40. *vid. Gronov. ad* 10, 14. Primum ipsum bellatorem ducemque 9, 1. Equitum peditumque longe primus erat 21, 4. Prima hodierna luce 1, 16. Primisque hostiis perlitatum est 36, 1. Primus tumultus 1, 6. *pro initio tumultus. cf.* 10, 28. Intentus ad primum initium mox certaminis 6, 12. *Sic* prima origo *dicitur* 7, 2. Ut illa palam prima postrema — recitata sunt 1, 24. Ut exercitui diem primam quamque diceret ad conveniendum 42, 48. *vid. Drakenborch. ad* 4, 58. Primo quoque tempore 42, 8.

PRINCEPS 21, 4. Equitum peditumque idem longe primus erat : princeps in præ-

lium ibat, ultimus conserto prœlio excedebat. *cf.* 1, 11. *it. cap.* 26. princeps Horatius ibat. Princeps terrarum populus
*Prœfat.* Regionum principes donis coluerat 40, 57. Principes novandarum rerum 6. 18. Principes et auctores transcendendi Alpes 40, 53. Stationibus per principes regionum urbis dispositis 24, 21. *i.
e. per primarias regiones. Sic recte inter-
pretatus est Cel. Strothius.* Digna Romano
principe 45, 40. (*Æmilio Paullo.*) —
princeps civitatis 3, 1. — princeps *simpliciter dictus eodem sensu* 5, 30. — principes
plebis 6, 34. — principes coloniæ 3, 4. —
juventutis 6, 13. *de Latinis. cf.* 9, 25.
Princeps senatorum 40, 45. Equites enim
illis (*Romanis*) principes juventutis, equites seminarium senatus 42, 61. Jussis excedere e templo (*senatu*) legatis, non Pleminius modo — principum orationibus lacerari 29, 19. '(*scil. senatus.*) Princeps
tertiæ legionis 25, 14. *est idem, qui sequitur, princeps primus tertiæ legionis.* —
princeps primus centurio *ibid. Lipsius
autem cum Dukero legi malebat* princeps
primæ centuriæ, *aut* prioris centuriæ. *Sed
vulgata recte se habet, intelligiturque centurio primi principis, i. e. primæ centuriæ
principum. Sic Cæsar B. C.* 3, 64. omnibus primæ cohortis centurionibus interfectis, præter principem priorem. *vid. Salmas. de re militari pag.* 60. Quod princeps familiæ suæ ausus in regibus esset 3,
17. *h. e. auctor sui cognominis, Valerius
Publicola. vid. Gronov. ad h. l.* Sabinum
advenam principem nobilitatis vestræ —
illi antiqui patricii in suum numerum ac
ceperunt 10, 8. Lectus a Sempronio princeps in senatu 27, 11. Princeps legationis
7, 31. — qui tum princeps legatorum virtute atque honoribus erat 9, 4. Princeps
ætatis suæ belli domique 9, 34. Principium quoque signa 30, 34. *pro principum.
cf.* 36, 9. *it.* 37, 39. [*vid. Drakenborch. ad*
2, 27.]

PRINCIPALIS 10, 33. Manipulos legionum principali via inducit. — porta principalis dextra 4, 19. *cf.* 40, 26.

PRINCIPIUM 39, 31. Atrox in principio
prœlium fuit. — principio anni tribuni nihil moverunt 5, 26. Quod utroque anno
eadem curis (*Faucia*) fuerat principium 9,
38. Maximique secundum deorum opes
imperii principium 1, 4. In quos (*clivos*)
post principia integris ordinibus tutus receptus fuit 2, 65. *h. e. iis, qui post primos
ordines aciei erant. Aliter, contra quam
putabat Cel. Strothius* 7, 12. principia
*sunt accipienda. ibi enim ex adjecto præ-
torio intelligitur, opinor, de principiis castrensibus, prætorio vicinis, sermonem esse.*

PRIOR 4, 13. Prioris anni consules.
*i. q. proximi superioris.* Priores decemviri
3, 36. Quo die illum omnes centuriæ
priorem consulem dixissent 29, 22. *h. e.
qui primus ex duobus declaratus et renun-*

ciatus est. Quia Italiæ curæ prior potior-
que erat 23, 28. *etiam simpliciter* priorem
curam *pro* potiori *dixit noster. v. c.* 2, 48.
Quod adeo toti plebis fuissent (*consules,*) ut
Patrum salutis libertatisque prior plebeio
magistratui, quam patricio, curæ fuisset 3,
59. Equus, prioribus pedibus erectis etc.
8, 7. Si priore fœdere staret 21, 19. *vid.
ad h. l. Bauer. pag.* 19.

PRISCUS 8, 6. Disciplina militaris ad
priscos redigeretur mores. Homines prisci
Latini 1, 32. *in formula.*

PRISCUS *nomen proprium. vid. Bauer.
Exc. Liv.* 1, *pag.* 52.

PRISTINUS 9, 23. In quæ (*castra*) infecta victoria, sicut pristino die, vos recipiatis. *i. e. uno de superioribus diebus,
non proximo, ac ne proximis quidem.*

PRISTIS 44, 28. Adjectæ ad hunc numerum quinque pristes erant.

PRIVATIM infestus 9, 38. *i. q. privata
de causa.* Maximo privatim periculo 6.
39. Et privatim auspicia habeamus, quæ
isti ne in magistratibus quidem habent 6,
41. *nisi legas cum Creverio* privati. Privatim se tenere 23, 7. *i. q. in privato s.
domi.* Quod ad se privatim attineat 5,
30.

PRIVATUS luctus 5, 39. — dolor 2, 56.
*nempe privatis de caussis.* Privatum meritum 3, 63. — privata pietas 28, 29. —
in privato servari 32, 16. *Oppos. in publicum prodire.* Ut ipsi in privato animadverterent in eas 39, 18. — in publico —
*ibid. cf.* 36, 6. Proripere se ex privato 2,
24. Consules, in privato abditi, nihil pro
magistratu agere etc. 9, 7. Privatus, si
vis absit 3, 38. · *omnino privatus opponitur
magistratibus, omnis generis, etiam provincialibus, sacerdotibus item, flaminibus etc.
vid.* 5, 52. *it.* 38, 5. *quamquam ipsi sacerdotes sunt privati. vid. Cicer. Catil.* 1,
2. *Etiam magistratus, comparati cum regibus, subinde* privati *dicuntur.* [*Omnino
hujus vocis, ut Græcæ ἰδιώτης, sensus ex
oppositione intelligitur.*]

PRIUS 31, 3. Ne — auderet Philippus,
quod Pyrrhus prius ausus — esset. *i. q.
olim.* Prius sedendo ad Suessulam et tum
etc. 7, 37. — prius — deinde 22, 9. Prius
præcipere 21, 32. *Sic pluribus verbis compositis ex* præ *jungitur* prius, *v. c.* præme-
ditari 38, 3. — prævenire 9, 23. *alia. vid.
ante.* Meminisse eum debere prius, se
consulem P. R. quam fratrem P. Claudiã
esse 39, 32. *pro potius.* Priusque quam
Carthagine subveniretur 29, 25. Prius —
— nunc 37, 54. Quid ad ea responderet,
aut, si prius mallet, expromeret etc. 42, 24.

PRIUSQUAM complexum accipio 2, 40.
*vid. Drakenborch. ad* 9, 13.

PRIVUS 7, 37. Milites — singulis bubus binisque privis tunicis donati. Ut
privos lapides silices, privasque verbenas
secum ferrent etc. 30, 43.

PRO collegio decemvirorum 38, 36, *i. e.*

*ea auctoritate ac nomine collegii.* cf. 4, 26. — pro collegii sententia 4, 44. Pro pontifice 2, 27. *i. q. ut pontifex.* Pro imperio 1, 51. *ut rex.* Nihil pro magistratu (Caet.) agere 9, 7. Tribunus militum pro consule ad Veios fuerat 4, 41. *Sic* 10, 25. pro praetore. — quem relinqueret pro se 23, 27. *i. e. loco suo. sed possunt tamen illa* pro consule, pro praetore *nominative capi, si verbum finitum aequatur. vide H. Patruum ad Sueton. Jul.* 54. Ut pro rege, non pro obside, omnibus ordinibus fuerit 42, 6. Pro servis saltem ad hoc bellum emtis vobis simus 25, 6. Ut pro bonis et fidelibus sociis facerent 24, 48. *h. e. ita uti boni et fideles socii facere solerent.* cf. 35, 46. Haud pro dubio consulem esse 6, 40. *i. q. haud dubie, haud dubium etc.* Pro firmato stetit magistratus ejus jus 4, 7. *pro tamquam firmatum.* Pro victis abierunt 8, 1. — pro victis esse 10, 35. — pro hoste esse 43, 5. *vid. Drakenborch. ad* 8, 17. Patres contra, non pro communicatis, sed pro amissis honoribus fremere 4, 54. Ut nihil, ne pro minimis quidem, debeant 6, 41. *i. q. ne minimum quidem.* Eleganter. Sic Cic. Verr. 1, 45. pro praede. *vid. Clav. it.* pro bono facere, *pr.* bonum. Et loca sua et genus pugnae pro hoste fuere 39, 30. *i. e. hosti opportuna, faventia.* cf. 9, 24. Pro inopia commeatus 36, 7. *pro habita ratione commeatuum.* Ne cui vestrum majus id audaciusque consilium, quam aut pro memoria cladium nuper acceptarum, aut pro aetate mea, videatur 26, 41. Hernicum bellum nequaquam pro praesenti terrore ac vetustate gentis gloriae fuit 9, 43. Antiquos mores pro his novis sumere 3, 68. Fierique se pro tribu aedilem videret 9, 46. *i. q. a prima tribu.* Pro eo, ut ipsi ex alieno agro raperent agerentque, suas terras sedem belli esse — viderunt 22, 1. Neque se pro eo, quod — servassent exercitum — poenam ullam meritos esse 9, 8. Consederant utrimque pro castris duo exercitus 1, 25.

PROAVUS 34, 58. Seleucus, proavus ejus etc. *pro obavo. vid. Intt. ad h. l.*

PROBABILIS 7. 14. Quamquam rem bonam exemplo haud probabili aetam cernebat. Quod et virginitati decorum et consensu obsidum ipsorum probabile erat 2, 13. *i. e. probabatur.* Probabilis causa transitionis 6, 12.

PROBABILITER 42, 48. Et minime tamen probabiliter.

PROBARE villam publicam 4, 22. *de censoribus dicitur, quum a redemtoribus ea locationis formula extructam invenerunt.* cf. 45, 15. *it.* Cic. Verr. 1. 50. Neque ab altero (censore) notatum alter probavit 42, 10.

PROBE factum esto 22, 10. *formula in antiquis legibus saepe obvia. Sic recte atque ordine facere. Si is homo, qui devotus est, moritur, probe factum videri* 8, 10. *i. q. expiatio facta est.*

242

PROBATUM. Vid. comperire, jaculari, ingerere.

PROBUS 32, 2. Probum argentum. Sic *proprie dicitur. Oppos. adulterinum. hinc* numi probi sunt genuini. Vid. interverti mentum.

PROCACIUS 23, 24. Flagitatum stipendium procacius, quam ex more et modestia militari erat.

PROCAX 42, 54. Probris quoque in ipsum Macedonasque procacibus jaculati sunt.

PROCEDERE 1, 44. Et in urbis incremento semper, quantum moenia processuri erant, tantum termini hi consecrati proferebantur. Ante portam processerunt 35, 46. — quum stationes procederent 5, 48. *scil. in locum assignatum, explicante Drakenborchio, vel, ut Gronovio placebat, a fuga licet fama continuaretur.* Vid. *Burger. ad h. l. pag.* 210. [*Accedo Gronovio. Baueri interpretatio quaesitior.*] Navibus inde — processit 40, 41. Omnes exercitu obviam venienti consuli processit 44, 1. Universi (Patres) — procedere 2, 35. *patam deprecati sunt pro etc.* Instructis ordinibus — procedere in aciem 3, 9. Procedam acie adversus ignotos inter se ignotamesque 21, 43. Consules in sedem processere suam 2, 5. Hieronymum — quadrigisque etiam alborum equorum interdum ex regia procedentem etc. 24, 5. Quum in eontionem et consules processissent 4, 6. Legiones — ad prosequendos commilitones processerant 29, 26. Postero die in Elimaeam ad Haliacmona fluvium processit 42, 53. Jam et processerat pars major anni 3, 37. Quum anceps proelium in multam diei processisset 9, 44. — eoque in processit *ibid. cap.* 36. Nec ultra minas tamen processum est 3, 46. Velut Licinio processisset 2, 44. *pro feliciter cessisset.* — magisque ex sententia respublica vestra vobis procedet 23, 11. Ubi id parum processit 1, 57. Ne Eumeni quidem — quidquam satis procedebat 44, 13. Procedunt aera militibus 5, 7. *cf.* 25, 5. Procedunt stipendia militibus *it.* 27, 11. Similiter Cicero (Verr. 5, 9.) tibi ista laudatio procedat in numerum. Vid. Gronov. *ad* 5, 48. In multum viai processerat 27, 7. Vid. *mentio.*

PROCELLA 6, 33. Prosperae spei pugnam imber ingentibus procella fusus diremit. cf. 23, 44. Imber — sonituque primo largioris procellae strepitum molientium portam exaudiri prohibuit 24, 46. Haec velut procella 37, 41. *scil. telorum, praecidit enim:* tela ingerere. Primam periculi procellam — parumper sustinuit 2, 19. Qui tantas jam nunc procellas, proelia atque acies jactando inter togatos ciet 22, 39. Procellae tribuniciae 2, 1. — seditionum 28, 25. — procella eruptionis 48, 10. Procella equestri circumfundere 29, 2. cf. 10, 5. 66, 16. 35, 5.

PROCELLOSUS 28, 6. Venti ab utrisque

terrae praealtis montibus subiti ac procellosi se dejiciunt. — ver procellosum eo anno fuit 40, 2.

PROCERES 10, 28. Orat proceres juventutis, in hostem ut secum impetum faciant, i. e. equites. cf. 3, 61.

PROCIDERE 21, 14. Quassata turris prociderat. — Victoria — ad Victorias, quae in antefixis erant, haesit, neque inde procidit. cf. 31, 46. Tres deinceps turres, quantumque inter eas muri erat, cum fragore ingenti prociderant 21, 8. Secundum talem orationem universi rursus prociderunt, ramosque oleae supplices jactantes etc. 45, 25.

PROCLAMARE 23, 66. Proclamando pro sordidis hominibus eo usque adversus rem et famam honorum. Patre proclamante, se filiam jure caesam judicare 1, 26.

PROCONSUL de proprætore 31, 46. vide Duhreum ad b. l. it. ad 39, 29. de prætore 41, 15.

PROCONSULARIS 5, 2. Qui proconsularem imaginem tam saevam ac trucem fecerint. de tribunis militum consulari potestate.

PRAECUL 4, 16. Jamque haud procul seditione res erat. — nec procul seditione aberant 3, 39. Res repetentes legatos nostros haud procul afuit, quin violarent 5, 4. cf. 9, 2. Ut haud procul esset, quin Remum agnosceret 1, 5. Procul jaculari 37, 20. i. q. e longinquo. — muro urbis conjuncta procul videtur 44, 46. Pugnatum est haud procul radicibus Vesuvii 8, 8. procul muro 21, 7.

PROCULCARE 10, 36. Et turbatus eques sua ipse subsidia territis equis proculcavit.

PROCUMBERE 1, 7. Herculem — et ipsum fessum via procubuisse. Prosternunt corpora humi, sic ut passim procumberent 23, 21. Mos adulantium procubuerunt 30, 16. cf. 7, 31. Sub haec dicta lacrimantes (legati Karthaginienses) procubuerunt 42, 23. Male donatus aeger pondere superstantium in fossam procubuit 10, 28.

PROCURARE 10, 8. Divinis rebus procurandis. — ludorum primum initium procurandis religionibus datum 7, 8. — procurare prodigia 5, 15. conf. 41, 13. — familiare ostentum 26, 6. Ad haec constituenda procurandaque etc. 1, 21. Itaque in prodigium versa ea tempestas, procurarique aruspices jusserunt. simul procuratum est, quod etc. 40, 2. Ea (prodigia) Patres procurari, uti pontifices censuissent, jusserunt 41, 16.

PROCURATIO 4, 8. Speciosi ministerii procurationem intuentes. de præfectura annonæ. cap. 12. curatio ministerii dicitur.

PROCURRERE 30, 10. Quæ procurrere speculatoriæ naves in hostem possent. cf. 10, 36. Si ferocius procucurrissent 25, 11. Utrimque in pugnam procursum est 21, 6.

PROCURSARE 2, 51. Quid latrocinii modo procursantes pauci, recurrentesque tererent tempus.

PROCURSATIO 5, 19. A procursationibus — edicto, ne quis injussu pugnaret, ad opus milites traducti. Procursationes leviaque certamina vario eventu inita 23, 40.

PRODERE 2, 54. Desertam ac proditam causam publicam queri. — si quid projectis ac proditis ad inconsultam atque improvidam pugnam legionibus accideret 22, 44. — ne pravo cum collega certamine rempublicam prodat 10, 19. Sic explicandum est: prodere libertatem 2, 38. — disciplinam 2, 59. — salutem 9, 14. — publica 26, 56. Induxisse in animum, ut superbo quondam regi, tum infesto exsuli, proderent (patriam etc.) 2, 5. Tanto facinore in unicum relictum amicum, ab ipso per tot casus expertum, proditumque, quia non prodiderat, omnium ab se abalienavit animos 45, 6. Eodem anno Alexandriam proditum conditam 8, 24. scil. memoriae. Alia prodita dies ad frumentum majore apparatu petendum 25, 13. Interregem prodamus 3, 41. verbum sollemne de hoc genere electionis. cf. 6, 40. it. 5, 31. Prodendi exempli causa, ne quid usquam fidum proditori esset 1, 11. Quæ vox (cantherium in fossam) in rusticum inde proverbium prodita 23, 47.

PRODICERE 3, 57. Tribunus ei diem prodixit. alias proferre, ampliare. cf. 3, 61. — prodicta die 6, 20.

PRODICTATOR 22, 8. Quod numquam ante eam diem factum erat, prodictatorem populus creavit. cf. cap. 31.

PRODIGIUM 1, 31. Missis ad id visendum prodigium, in conspectu — crebri cecidere coelo lapides. — perita — coelestium prodigiorum mulier ibid. cap. 34. it. 55. Prodigia aliquot visa nunciataque sunt 26, 23. — nunciata acciderunt 31, 12. — hostiis majoribus procurata 26, 23. Prodigia — jam alia vulgata miracula erant 24, 10. Vid. suscipere. Propter prodigia, quae evenerant 40, 59. In prodigium versum est ibid. Prodigium expiatum 41, 13. Prodigia expiari, pacemque Deûm peti — placuit 42, 2. Neque nunciari admodum nulla prodigia in publicum, neque in annales referri 43, 13. Trahere in prodigium 44, 37. Vid. publicus.

PRODIRE 43, 14. Tu — ex edicto — censorum ad delectum prodito — in delectu prodibis.

PRODITIO 24, 45. Quumque res Romana contra spem votumque ejus velut resurgeret, turpius videatur novam referre proditionem proditis olim — ad Faleriorum Pyrrhive proditorem tertium transfugis documentum esset. Suis per speciem societatis proditionem reservat 1, 27. Per dolum ac proditionem prope libertas amissa est 2, 3.

PRODITOR 2, 59. Invectus haud falso in

proditorem exercitum militaris disciplinæ, desertorem signorum.

PRODUCERE 3, 64. Consules producti ad populum interrogatique. *cf.* 10, 26. Vid. *Duker. ad* 45, 2. Primores Patrum productos. interrogando de singulis, quæ ferebantur ad populum, fatigabant 6, 36. Eum quum in senatu fatigassent interrogationibus tribuni plebis — — de his, quæ in Istria essent acta, in concionem quoque produxerunt 41, 7. Omni genere honoris producere eum non destitit 40, 56. [*Græcorum προάγειν.*] Quum res prope ad interregnum producta esset 4, 25. *cf.* 7, 21. *ubi est* perduxit *eadem de re.* In æram noctis convivium productum 23, 48. *i. q. protractum. Sæpius en significatione hoc verbum commutatum cum* perducere. Vid. *Duker. ad* 38, 49.

PRŒLIUM 31, 2. In prœlio esse — prœlia facere 35, 1. — novale 40, 52. Manlius prætor secunda aliquot prœlia eum Lusitanis fecit 40, 34. Uno prœlio victus bello victus esset 9, 19. — profligato prœlio 28, 2. Quod nec in acie ancipiti usquam certaverant prœlio 5, 41. Dura ibi, prœlia aliquot facta 40, 16. *Gronovius malebat* dubia. In ipso itinere tumultuario prœlio conflixit. agminibus magis, quam acie pugnatum est 29, 36. Nonne intercursu matronarum inter acies duas prœlium sedatum est 34, 5. Fatigatio ipsorum equorumque, incerta victoria, diremit prœlium 31, 33. *de concursu alarum equitum.* Nusquam prœlium, omnibus locis cædes est 5, 45. *cf.* 1, 25. Equitem — redire in prœlium jubet 1, 27. *i. q. in aciem, ordinem.* Vid. *ad h. l. Bauer. pag.* 43. Defungi prœlio festinat (*Horatius*) 1, 25. *de pugna cum duobus adhuc Curiatiis.* Prœlio — signis collatis pugnasse 40, 50. Par utrumque prœlium fuit 41, 28.

PROFANUS 5, 52. Hæc omnia in profano deseri placet sacra. *cf.* 9, 9. *ubi* profani *et sacrosancti (tribuni plebis) opponuntur.* Interea dedite profanos nos, quos salva religione potestis 9, 9.

PROFECTIO tanti spectaculi 26, 26. *de classi.* Classico signum profectionis dedit 2, 59. *cf.* 9, 38. *it.* 10, 17. Ubi profectione hostium concessam victoriam videt 10, 12. *i. e. fuga.* Quem terrorem non pugnæ solum eventu, sed nocturna profectione, confessi sunt 7, 33. Si hæc profectio et non fuga est 2, 38. Huic tam pacatæ profectioni ab urbe regis Etrusci abhorrens mos etc. 2, 14.

PROFECTUS 1, 15. Ab illo profectu viribus datis tantum valuit etc. *i. e. principio.*

PROFERRE pomœrium 1, 44. — proferre inde castra Romanum 10, 33. — de proferendo exercitu agere 3, 20. Cujus (*agri publici*) ingentem modum possidere privatos paullatim proferendo fines, constabat 42, 1. Nunc signa extra vallum proferte 23, 29. — signa in aciem consul proferret

9, 43. Ut commeatus — *ex agris deviis* in viam proferrent 26, 8. Omnium rerum, etiam parvarum, eventus proferebatur in dies 10, 39. Si diem proferimus etc. 25, 38. Vicit sententia, quæ diem non proferebat 41, 1. *i. e. proferri nolebat.* — prolatæ in annum res 4, 25.

PROFESSIO 35, 7. Postquam professionibus detecta est magnitudo æris alieni.

PROFICERE 3, 61. Parvaque certamina in summam totius profecerant spei. — in summam belli profectum foret 31, 37. *cf.* 10. 14. *it.* 18.

PROFICISCI 2, 4. Consules — profecti domo sine tumultu rem omnem oppressere. *i. e. domo egressi ; neque enim Roma exierant.* — profecti ex loco 21, 27. Cum classe profectus [Karthaginem 25, 27. *cf.* 29, 27. Tarentum ad certiorem spem proditionis proficiscitur 24, 17. — in eam legationem profecti 21, 63. Grave erat, in Æquos — proficisci ? 3, 63. *i. e. ad bellum c. A. gerendum.* Ut prædatum in agrum Campanum extemplo proficiscerentur 7, 31. Consules — per Marsos Pelignosque profecti 8, 6. Qui obvios percunctando aliquos, profectos ex fuga, passim dissipatos, forte referant 22, 54. *ubi vid. Bauer. pag.* 75. Magnis copiis peditum equitumque profecti 2, 19. *pro cum m. c. Sic sæpissime.* Vid. *Intt. ad* 22, 9.

PROFITERI 3, 7. Voluntariam extra ordinem professis militiam. Profiteri patrocinium fœneratorum 6, 15.

PROFLIGARE 3, 50. Profligata res est. *i. q. maximam partem transacta, victa.* Hac expeditione consulis motum latius erat, quam profligatum bellum 9, 37. — bellum — commissum ac profligatum conficere 21, 40.

PROFUGUS 1, 1. Æneam ab simili clade domo profugum, sed ad majora initia rerum ducentibus fatis etc. *Sic Virgil. Æn.* 1, 2. fato profugus. Profugus domo 1, 34. (*patria.*)

PROFUNDERE 23, 20. In questus flebiles — sese in vestibulo curiæ profuderunt.

PROFUSE tendentibus suis in castra 10, 36.

PROGENIES nepotum 1, 13. A. *e. ipsi nepotes. cf. cap.* 16. — liberorum 45, 41. Sicinium, progeniem ejus, quem etc. 3, 54. *de uno homine rarius dicitur. apud Livium tamen adhuc aliquoties occurrit.* r. *c.* 9, 34. *it.* 21, 10. Patriciique progenies eorum (*Patrum*) appellati 1, 9. Macedonia progeniem ediderat 42, 52. Ne mutas quidem bestias minus alere ac fovere, si quid ex progenie sua parum prosperum sit 7, 4.

PROGNATUS deo 1, 40.

PROGREDI 38, 15. Progredienti præter paludes. Ad — urbem progressus omni exercitu civium etc. 28, 13.

PROHIBERE 31, 25. Agros sociorum populationibus prohibiturum. Prohibiti in æde Jovis vesci 9, 30. Jam se ad prohibenda circumdari opera Æqui parabant 3, 28. Imper — strepitum molientium portam exaudiri prohibuit 24, 46. Adversus ea, quæ concitaverint, armari civitatem defendique prohibeant 4, 2. Diique et homines prohibuere redemtos vivere Romanos 5, 49. Ab regina Romana *(captivam)* prohibitam — servitio partum Romæ edidisse 1, 39. Lasciviam a vobis prohibetote 23, 11.

PROJICERE 2, 23. Magno natu quidam cum omnibus malorum suorum insignibus se `in forum projecit. Quid in muliebres et inutiles se projecissent fletus 25, 37. Projecto lævâ scuto 7, 10. Projecto præ se clipeo 32, 25. *i. q. prætento.* Non esse tamen desertam omnino rempublicam neque projectum consulare imperium 2, 27. Projectis ac proditis ad inconsultam atque improvidam pugnam legionibus 22, 44. — insepultos projecit 29, 9. Nec continentia modo projectas oras prætervecta 22, 20. *i. q. prominentes, excurrentes in altum.* Pabulum lignaque projicere jubent — ex quibus (*jumentis*) onera dejecta erant 41. 3.

PROLABI 1, 56. Velut si prolapsus cecidisset. *cf.* 5, 21. — prolapsaque in vulnus moribunda cecidit 1, 58. Cujus casus prolapsi quum proximos sterneret 5, 47. Quod rem temeritate ejus prolapsam restituit 6, 22. Rem prope prolapsam restituit 45, 19. Quin disciplinam militarem, culpa tua prolapsam, pœna restituas 8, 7. Equus — quum prolapsum per caput regem effudisset 27, 32. In misericordiam prolapsus et animus victoriæ 30, 12. In hæc deflenda prolapsos ab recenti nuncio animos 29, 4. Adolescens cupiditate regni prolapsus 40, 23. Prolapsum clade Romana imperium 23, 5.

PROLATARE 2, 36. Cunctantem tamen ac prolatantem ingens vis morbi adorta est debilitate subita. — prolatandis comitiis 7, 21. Nihil prolatandum ratus, ne se quoque — cunctantem casus aliquis opprimeret 21, 5. Si ex hoc impetu rerum nihil prolatando remittitur 37, 19. *cf.* 27, 46.

PROLATIO 22, 13. Punicum abhorrens (*os*) ab Latinorum nominum prolatione. *cf.* 23, 5. Aruspices, in bonum versurum id prodigium, prolationemque finium et interitum perduellium portendi, responderunt 42, 30. *cf.* 31, 5.

PROLOQUI 4, 2. Audeat Canuleius in senatu proloqui. *cf.* 39, 15. Pontibus ac molibus ex humanorum corporum strue faciendis, et, quod proloqui etiam piget, vesci humanis corporibus docendo 23, 5.

PROMERE 30, 12. Apud ignaros regis casus, neque, quæ acta essent, promendo, nec minis — valuit etc. Quam promtum hoc jus velut ex oraculo incorruptum

pariter ab his summi infimique ferrent 3, 34. Vid. *promtus.*

PROMINERE 28, 43. Prominet maxima pars gloriæ cupiditatis in memoriam et posteritatem. *i. e. spectat maxima etc.* Penitus prominere in altum 37, 23. *de promontorio. cf.* 27, 48. — prominens acies 22, 47. *de cuneo.*

PROMISCUE 3, 47. Placet pecudum ferarumque ritu promiscue in concubitus ruere? Promiscue urbs ædificari cœpta 5, 55.

PROMISCUUS 34, 44. In promiscuo spectare ludos, *i. e. sine discrimine ordinum. cf.* 29, 17. Habuere et in promiscuo præterea pecuniam. ex ea communiter locarunt 40, 51. *cf.* 5, 13.

PROMISSA barba 5, 41. — multos mortales capillum ac barbam promisisse 6, 16. Promissa barba et capilli efferaverant speciem oris 2, 23. Vid. *cæsaries.*

PROMITTERE 10, 14. Pari comitate utrumque nunc laudibus, nunc promissis onerat. *cf.* 32, 11. promissis ingentibus oneratum.

PROMONTORIUM in altum excurrens 32, 23. — progressus signa Hannibal in promontorio quodam 21, 35. *i. e. in monte præalto et eminente. Sermo enim est de Alpibus.*

PROMOVERE 10, 4. Castra in agrum Rusellanum promovit. — vere primo in Vaccæos promotum bellum 21, 5. Agger promotus ad urbem 5, 7.

PROMTUS lingua 2, 45. — adolescens et consilio et manu promtus 2, 33. — non promtus ingenio tantum, sed usu etiam exercitatus 5, 3. *Etiam sine tali adjectione* promtus *ad ingenii laudes pertinet.* Vid. *Cel. Ruhnken. ad Velleii* 2, 75. Omnia cara in promtu relicta 22, 42. Promtiorem *(gentem)* veniæ dandæ 25, 16. Mœnia haudquaquam promta oppugnanti 23, 1. Cum promtissimis juvenum prædatum atque in expeditiones iret 1, 54. Levia armatura — promtissimum genus ad lacessendum certamen 44, 4. Vid. *promere.*

PROMULGARE 6, 39. Ab tribunis velut per interregnum concilio plebis habito, apparuit, quæ ex promulgatis plebi, quæ latoribus gratiora essent. Rogationemque promulgarent, ne etc. 41, 6. Tribunus pl. promulgavit, ut agrum Campanum censores fruendum locarent 42, 19. *Si sanus locus, quod Drakenborchio non videtur, notandus est, qui promulgandi verbum simpliciter dictum exhibeat.*

PRONUNCIARE 32, 25. Mos erat, comitiorum`die primo, velut ominis causa prætores pronunciare Jovem, Apollinemque et Herculem. additum legi erat, ut iis Philippus rex adjiceretur etc. Pullarius —tripudium solistimum consuli nunciavit. consul lætus auspicium egregium esse — pronunciat 10, 40. Consulti augures vitiosum videri dictatorem pronunciaverunt

8, 23. *cf.* 25,¨31. Prœlio in posterum diem pronunciato 24, 14. *i. a. promisso.* Vocatis ad concionem certa præmia pronunciat 21, 45. *i. q. proponit, pollicetur.* Pronunciatum iter 39, 10. *i. e. indictum. cf.* 4, 59. *it.* 27, 43. Quam in omnes more militari se animadversurum — pronunciasset 5, 47. Nihil tamen palam gravius pronunciatum de eo est 40, 24. Ea pronunciata Campanis 25, 22. *pr. denunciata.* Quum pronunciatum repente, ne quis præter armatos violaretur, reliquam omnem multitudinem voluntariam exuit armis 4, 59. *substantive.*

PRONUS 4, 59. Urbs prona in paludes. Pronior in vitia sua 22, 3. *h. e. qui facile ad id prolabitur et in agendo sequitur.* Proñius ad fidem 21, 28. *i. q. credibilius.* In hoc consilium pronior erat animus regis 42, 59. In vinum, in Venerem pronior es 45, 23.

PROPAGARE 23, 25. Consuli propagari in annum imperium. *alias :* prorogare, *idque, quoniam lege ad eam rem opus est, magis proprie dicitur. Sed nec desunt exempla verbi propagare similiter apud alios scriptores usurpati.* Vid. *Oudendorp. ad Sueton. Aug. cap. 23.* Eo bello terminos populi Romani propagari 36, 1.

PROPALAM minantes bellum 5, 36. — in vulgus 22, 12. — propalam duces loqui 10, 20. Propalam obviam ire cupiditati parum ausi 3, 35. Propalam licentiam suam malle, quam omnium libertatem 3, 37. Imperiis deûm propalam expositis 8, 6. Nunc propalam Macedoniam in servitutem petere 42, 52. Non eos tantum, qui se propalam per vanitatem jactassent *etc.* 45, 31. Vid. *factum.*

PROPATULUM 26, 13. Magno rogo in propatulo ædium accenso. *cf.* 24, 16. Vulgo apertis januis in propatulo epulati sunt 25, 12. Tota urbe patentibus januis, promiscuoque usu rerum omnium in propatulo posito 5, 13. *de lectisternio privato.*

PROPE 34, 38. Nox prope diremit colloquium. *Dukerus accipit pro* nocte propinqua, *atque ita scripsisse Livium putat. Drakenborchius* noctem exsistentem *interpretatur.* Quum pavida e somno mulier nullam opem prope, mortem imminentem videret 1, 58. Quum hostes prope ad portas essent 2, 24. Filii prope puberem ætatem erant 1, 35. Prope secessionem plebis res — venit 6, 42. *cf.* 26, 48. Quum circumfusa turba esset prope in concionis modum 9, 23. Ea majori gaudio, quò prope metum res fuerat 1, 25. *int. magis.* Vid. *propius.* Et jam prope erat, ut nec duci milites, nec militibus dux satis fideret 10, 18. *alibi : haud procul erat.* Ac prope fuit, ut dictator ille idem crearetur 2, 30. Jam prope erat, ut ne consulum quidem majestas coërceret iras hominum 2, 23. Jam prope erat, ut sinistrum cornu pelleretur Romanis 40, 32.

PROPEDIEM 1, 46. *it. cap.* 48. *de spatio* 25 *annorum.*

PROPELLERE 2, 11. Ut — pecus quoque omne in urbem compelleretur neque quisquam extra portas propellere auderet. *paullo post* expellere. Ad illecebras propulsa pecora 2, 51. — pecora, quæ pastum propulsa essent, ad urbem agere 25, 8. Alteram *(partem)* quum hostes propulsissent 41, 18.

PROPEMODO 24, 20. Quum propemodo muris accessisset.

PROPENSUS 43, 6. Æque propenso animo — præstaturum esse.

PROPERARE 39, 10. Vitricus ergo — pudicitiam, famam, spem vitamque tuam perditum ire hoc facto properat. Edictum — ut — — opemque ferre, quo postulent res, properent 38, 29. Properans — amnem trajicere 44, 43.

PROPERE 2, 28. Tum vero ad sellas consulum propere convolavere *etc. Sic ediderat Gronovius. Drakenborchio* prope *placebat.* Vid. *præpropere.* Servio propere accito 1, 41. Nisi expromeret propere 2, 12. Ni propere fit, quod impero, vinciri vos jam jubeo 36, 28.

PROPINQUARE 21, 46. Densior deinde incessu tot hominum equorumque oriens pulvis signum propinquantium hostium fuit. *conf. Virgil. Æn.* 9, 33.

PROPINQUUS 6, 18. In propinquum certamen aderat et Manlius. *i. e. imminens, instans.* Vid. *Intt. ad A. l.* — ex propinquis itineris locis 6, 25.

PROPIOR pugna 9, 35. *ubi cominus res geritur.* Propior petendo quam gerendo magistratui 3, 35. — propior excusanti se, quam glorianti 27, 17. — paucitas proprior damno sentiendo 2, 67. — propior dolor plebi fœneris ingravescentis erat.

PROPITIUS 39, 11. Quod probus adolescens (dii propitii essent) obscœnis — sacris initiari nollet. *Formula optantis ac bene precantis.* Tibetine pater, te sancte precor, hæc arma et hunc militem propitio flumine accipias 2, 10. Satis speraus propitiós esse Deos, quorum cultum ne mortis quidem metu prohibitus deseruisset 5, 46. Quam propitiis rem, quam adversis apud Diis 9, 1. In ea arce urbis Romanæ *(Victoriæ)* sacratam, volentem propitiamque, firmam ac stabilem fore populo Romano 22, 37.

PROPIUS esse in Asiam ex Græcia, quam ex Italia in Græciam trajicere 36, 41. Propius fastidium gloriæ senes sunt, quam desiderium 28, 40. Propius urbem 22, 5. — quo propius spem belli perficiendi sit 23, 12. — quo propius spem venerant 26, 37. — ut propius periculum fuerint, qui vicerunt 21, 1. *f.* propiores. *Sic Bauer. pag.* 2. — propiasque inopiam erant obsidentes, quam obsessi 25, 11. Propius montes consistunt 1, 27. Propius hostem 42, 58. Propius vero est 40, 50. Flumen erat haud magnum propius hostium castris, ex quo etc. 44, 40.

PROPONERE 9, 46. Fastos circa forum in albo proposuit. Signum pugnæ proposuit 7, 52. Propositum bello se fore ratus 28, 2. *instar scopi, quem non desinat petere Scipio. Sic Gronovius explicat.* Præmia atque honores, qui remanerent, ac militare secum voluissent, proposuit 23, 15. Servis quoque dominos prosequutis libertatem proponit 21, 45. *i. e. ostendit, præmii loco. cf.* 39, 17. Nedum ego, perfunctus honoribus, certamina mihi atque æmulationes cum adolescente florentissimo proponam 28, 40. Id, quod constat, nudum videtur proponendum 2, 47. *(narrandam.)* Omnium igitur simul rerum — discrimine proposito 6, 35.

PROPRÆTOR *de prætore* 40, 16. Vid. *Dukerus* ad 39, 29.

PROPRIE 25, 28. Neve alteri proprie sibi paciscerentur quidquam. Ut non plus sui roboris suarumque proprie virium in castris habeant 25, 33. *Oppos. auxilia.* Vestramque amicitiam ac societatem proprie non violavi 34, 32. A prudentibus, et proprie rei militaris peritis, et usu doctis, monendi imperatores sunt 44, 22. *i. e. præcipue.* Vid. *Cel. Ruhnken. ad Velleii* 2, 9.

PROPRIETAS 38, 17. Quantum terræ proprietas cœlique, sub quo aluntur, mutat. *i. e. clima, quod dicunt, et quæ sunt cum eo conjuncta. Gr.* ——. — multæ frugum proprietates 45, 30.

PROPRIUS 3, 70. Ni suo proprio eum prælio equites — exceptum aliquamdiu tenuissent. Quæ propria deorum — contemtio atque injuria est 6, 41. *i. q. ad deos pertinens.* Quo, bono publico, sibi proprias simultates irritavit 33, 46. Superbo decreto addidit propriam ignominiam 35, 33. Nunc proprii unius, et parvi ad tuendam Nolam præsidii præda sumus 23, 42.

PROPTER 9, 2. Castra propter aquam vallo circumdant. *al.* prope. *cf.* 28, 46. *ib.* 34, 32. Quum duumviris sacris faciundis adjectus est propter plebeios numerus 10, 8. *i. q. ut plebeiis etiam inter illos locus esset.*

PROPUGNACULUM 23, 18. Socii Romanorum propugnacula adversus vineas statuere etc. — telaque in propugnacula congerere cogebantur 24, 1. Firmissimo propugnaculo uti, quod litterarum nihil ad quemquam attulisset 34, 61. *i. e. defensionis hoc argumento etc.*

PROPUGNARE 26, 8. Legati pro vallo acriter propugnant.

PROPUGNATOR 9, 39. Cadunt antesignani : et, ne nudentur propugnatoribus signa, fit ex secunda prima acies. *cf.* 37, 11.

PROPULSARE 21, 46. Periculumque intercursu tum primum pubescentis filii propulsatum. Mælium ab ore civium famem suis impensis propulsantem 6, 17.

PRORA 44, 28. Concitatio remorum, directæque in se proræ. Vid. *spectare.*

PRORIPERE 8, 30. Misso repente senatu se ex curia proripuit. *cf.* 2, 24. *it.* 24, 26. Ex tota urbe proripientium se ex privato 36, 8. — accensus ira domo se proripuit 29, 9. Victum se sine prœlio clamitans proripuit 44, 6.

PROROGARE 26, 1. Prorogatum imperium est, atque exercitus, quos habebant, decreti. *conf.* 9, 42. vid. *propagare.* Prorogatæ namque consulibus jam in annum provinciæ erant 41, 6. Inter se sortirentur uter citeriorem Hispaniam prorogato imperio obtineret 42, 4.

PROROGATIO 42, 30. Prorogationem imperii portendi. *ubi quidem Perizonius Animadv. Histor. pag.* 229. *legendum esse docuit* propagationem, *quia decreti, aut legis nulla mentio esset, per quam fieret prorogatio ; itaque simpliciter continuationem intelligi.* vid. *Drakenborch. ad* 23, 27. *Ceterum* prorogatio imperii *prima memoratur* 8, 26.

PRORUERE 9, 14. Vellerent vallum atque in fossas protuerent. Quantum inter turres muri erat prorutum 37, 24. *conf.* 22, 5.

PRORUPTUS 44, 8. Et supra rupes ingentes gurgitibus facit, et intra prorupta, in mare evolvendo terram etc.

PROSCENIUM 40, 51. Theatrum et proscenium.

PROSECARE 5, 21. Qui ejus hostiæ exta prosecuisset, ei victoriam dari. vid. *Intt. ad Sueton. Octav. cap.* 2.

PROSEQUI 3, 52. Sequuta exercitum plebs — prosequuntur conjuges liberique *conf.* 27, 15. Qua frequentia omnium generum multitudinis prosequente nos illinc profectos? 7, 30. Quæ (*legationes*) et ad prosequendum Scipionem officii caussa convenerant, et prætorem provinciæ — sequutæ fuerant 29, 26. Præcipue tamen convertit oculos animosque, quum ad magnum nobilemque, aut virtute aut fortuna, hostem, euntem consulem prosequuntur 42, 49. Magnis proficiscentem donis prosequitur 42, 67.

PROSILIRE 5, 2. In concionem præsiliunt (*tribuni pl.*) sollicitant plebis animos. *conf.* 28, 14.

PROSPECTARE 24, 21. Pars ex tectis fenestrisque prospectant. *conf.* 22, 14. Stare omnem multitudinem ad portas, viam hinc ferentem prospectantes, certum habeo 7, 30. Classis — prospectantibus e terra — spectaculo erat 29, 26.

PROSPECTUS 22, 46. Ventus adversus Romanis ceortus, multo pulvere in ipsa ora volvendo prospectum ademit *conf.* 10, 32. Prospectu in urbem agrumque capto 1, 18. Oraque maris, late patente ex tam alto jugo prospectu, oculis subjicitur 44, 3.

PROSPECULARI 3, 43. Siccium — prospeculatum ad locum castris capiendum mittunt. *conf.* 33, 1.

PROSPER 7, 4. Si quid ex progenie sua parum prosperum sit. — cetera prospera evenissent 21, 21, *nisi legatur* prospere. Nec tamen illi umquam postea prosperi (*al.* prospera) quidquam evenit 29, 18.

PROSPERARE 8, 9. Uti populo Romano Quiritium vim victoriamque prosperetis.

PROSPERE 5, 51. Invenietis omnia prospere eveniase sequentibus deos, adversa spernentibus. *Creverius legit* prospera. Inter multa prospere gesta 42, 49. *conf.* 22, 28. *it.* 29, 30.

PROSPICERE 44, 16. Commeatus a prætore prospectos in hiemem habere. Ex speculis prospicerent adventantem hostium classem 21, 49.

PROSTERNERE 9, 6. Circa viam — omnium egeni corpora humi prostraverunt. Prosternunt corpora humi 38, 21. Qui (*motus terræ*) multarum urbium Italiæ magnas partes prostravit 22, 5.

PROTEGERE 22, 49. Ut alieno crimine innocentiam meam protegam. — fraudem audacia protegens 25, 5. Si fractæ essent opes Romanorum, quæ tum protegerent Karthaginienses, suam omnem Africam fore 42, 29. Pantaleon constanter impavidus mansit ad protegendum regem 42, 15. Sui protegendi corporis memor 2, 6. Unusquisque se non corpus suum, sed conjugem ac liberos parvos armis protegere putet 21, 41. Sibi Capitolinam arcem protegenti (*Manlio*) 6, 20.

PROTINUS 9, 28. Consules, egregia victoria parta, protinus inde — legiones ducit. Apparebat, non admissos protinus Karthaginem ituros 21, 9. Protinus in campum ex itinere profectus 24, 9. Auxiliis protinus per civitates Galliæ militibusque colonis imperatis 41, 5.

PROTRAHERE 27, 3. Novum in occulto gliscens per indicium protractum est facinus. Quum — protrahere inimicum mercede onustum — posset 44, 26. Ne damnatus auctorem se nefandi facinoris protraheret 45, 5.

PROTURBARE 5, 47. Jamque et alii congregati telis missilibusque maxis proturbare hostes, ruinaque tota prolapsa acies in præceps deferri.

PROVEHERE 40, 14. Illo etiam gaudio provehente. *scil. se. conf.* 7, 47. — provectus annis 21, 2. — paullulum ab suis equo provectus 8, 7. Hæc spes provexit (*se*), ut etc. 2, 50.

PROVENIRE 45, 13. Neque emere ea, ex fructibus agri ab se dati quæ ibi proveniant.

PROVENTUS 45, 41. Secundarum rerum velut proventus sequutus est. *Nempe proventus in bonam partem dicitur.* Gr. φυά.

PROVERBIUM 8, 8. Proverbio increbuit. Vid. *increbescere.*

PROVIDENS 25, 34. Dux cautus et providens Scipio.

PROVIDENTIA 30, 5. Seductos obtestatur, ut, quantum nox providentiæ adimat, tantum diligentia expleant curaque.

PROVIDERE 44, 35. Ubi, quid petatur, procul provideri nequeat. Providendum et præcavendum 24, 8. *cf.* 22, 42. — omniaque cauta provisaque fuerunt 22, 43. *conf.* 2, 34. Vid. *B. Patrusum ad Tacit. Ann.* 2, 14. Quantum decem hominum ingeniis provideri potuerit 3, 34. Providendum, ne quid — motus faceret 3, 49. Hæc cogitantem providere jubebat, ut aut ad pacem etc. 44, 24. Ut ordine ac sine tumultu omnia in agmine ad nutum imperiumque ducis fierent, providit 44, 33.. Provisa quatio 44, 39.

PROVIDUS 23, 35. . Nec eum provida futuri fefellit opinio. *Sic plane Horatius de formica :* incauta futuri.

PROVINCIA *proprie dicitur de finibus iis, intra quos bellum gerendum est.* 40, 1. consulibus nulla (*provincia*) præter Ligures, quæ decerneretur, erat. *conf.* 2, 40. *it.* 5, 12. — quam (*Africam*) nec senatus censuit in hunc annum provinciam esse etc. 28, 40. — velut Italia ei provincia decreta 21, 5. *conf.* 27, 21. Provinciæ, quæ in bello erant, decretæ 41, 9. Prætorum provinciæ in sortem conjectæ 30, 1. — consules inter se provincias partiti 9, 31. — provincia sine sorte, sine comparatione extra ordinem data 6, 30. Cui classis provincia evenerat 44, 1. *conf.* 42, 48. Prætoribus provinciæ decretæ : duæ jure Romæ dicendo etc. 42, 28. — juris dicendi Romæ provincia 39, 45. — ut Fulvio extra ordinem urbana provincia esset 24, 9. *conf.* 25, 3. *vid.* conficere. *it.* otiosus.

PROVOCARE 5, 3. Ne nos comitate ac munificentia nostra provocemus plebem. (*absolute.*)

PROVOCATIO non est longius ab urbe mille passuum 3, 20. Provocatio adversus magistratus ad populum 2, 8. Si a duumviris provocarit, provocatione certato 1, 26. *ad q. l.* vid. *Bauer. pag.* 40. — de provocatione certatum ad populum est *ibid.* Cum hoste per provocationem pugnavi 45, 39.

PROVOLARE 2, 46. In primum infestis hastis provolant. *conf.* 2, 20. *it.* 3, 62. — provolat eques atque infestis cuspidibus in medium agmen hostium ruit 10, 41. Ipse ad primores Romulus provolat 1, 12.

PROVOLVERE 24, 10. Fontem sub terra tanta vi aquarum fluxisse, ut serias doliaque, quæ in eo loco erant, provoluta velut impetus torrentis tulerit. Provolventes se simul cum armis etc. 44, 5.

PROXIME morem Romanum 24, 48. — proxime speciem 30, 10. *conf.* 2, 48. *it.* 21, 1. Ut fides ac jusjurandum proxime legum ac pœnarum metum civitatem regerent 1, 21. Vid. *proximus.*

PROXIMO *adverb.* 4, 23. Bellumque

348

tanto majore, quam proximo, conatu apparatum est. *Sunt tamen, qui* proxime *legi malint.*

PROXIMUS 2, 33. Cædeque in proxima urbis facta. *pro in proximis.* Proximo legum ac pœnarum metu 1, 21. Vid. *proxime.* Proximus invidiæ 3, 51. — qui proximi forte tribunali steterant 8, 32. — qui proximus eum forte steterat 29, 7. Ut quisque proximus ab oppresso sit 37, 25. Silentio proximæ noctis 2, 7. *h. e. proxime sequentis.* Post acceptam proximam pugnæ cladem 2, 51. *sic eod. capite :* hesterna felicitas pugnæ. Se — regem a proximis scelerata conjuratione pulsum 2, 6. Ut in tanto discrimine non et proximi vestem mutarent 6, 20. Proxima quæque tectorum 5, 41. Triduo proximo 29, 20.

PRUINÆ 5, 2. Militem Romanum in opere ac labore, nivibus pruinisque obrutum, sub pellibus durare. *cf. cap.* 6.

PRYTANEUM 41, 20. Prytaneum, id est penetrale urbis, ubi publice, quibus is honos datus est, vescuntur.

PSALTRIA 39, 6. Tunc psaltriæ sambucistriæque, et convivalia ludionum oblectamenta addita epulis.

PUBER 2, 50. Unum prope puberem ætate relictum. — jam filii prope puberem ætatem erant 1, 35.

PUBES 1, 9. Ægre id Romana pubes passa. — *paullo post :* juventus Romana. *conf. Virgil. Æn.* 1, 399. Quum pubem Albanam in arcem præsidio armisque obtinendam avocasset 1, 6. Ad hæc Albana pubes, inermis ab armatis septa — — silentium tenet 1, 28.

PUBESCERE 8, 8. Flos juvenum pubescentium ad militiam.

PUBLICANUS omnibus malis artibus et reipublicæ et societatibus infidus damnosusque 25, 1. — ubi publicanus est, ibi aut jus publicum vanum, aut libertatem sociis nullam esse 45, 18.

PUBLICARE 31, 13. Publicata pecunia. *i. e. in publicos usus confiscata.* Bona Claudii Oppiique tribuni publicavere 3, 58. In carcere necari, bonaque ejus publicari 29, 19. De Aventino publicando lata lex 3, 31. *i. q. ædificationibus destinando.*

PUBLICE vescuntur (*Prytanes*) 41, 20. *i. q. sumtibus publicis.* — nullo publice emolumento 6, 39. Exsulatum publice ire 5, 53. *de [toto populo Veios migraturo.* Cumanis — permissum — ut publice latine loquerentur, et præconibus latine vendendi jus esset 40, 42. Legatorum — statuæ publice in rostris positæ sunt 3, 17. *i. e. auctoritate publica.* *cf.* 2, 41.

PUBLICUM 2, 9. Arbitrium salis in publicum sumtum. Tabernas in publicum emit 39, 44. Bonisque eorum in publicum Ardeatium redactis 4, 10.

PUBLICUS 41, 6. Non publico tantum se premi imperio. *nisi cum Dukero legas* publice. Publica pœna 2, 5. *qua quis rei-*

*publicæ caussa afficitur.* — solicitudo 2, 41. *de republica.* — indignatio 3, 48. *De reipublicæ damno.* Publica decora 2, 13. *i. e. propter merita in rempublicam.* — consilia de voluntate senatus 1, 42. — post publicam caussam privatum dolorem habere 2, 56. Publicus pavor 5, 39. — publicum parricidium 28, 29. — incendium 5, 53. *de urbe a Gallis incensa.* — commodum 3, 68. *i. e. patriciis et plebeiis commune.* — malum publicum 4, 44. — pessimum publicum 2, 1. Hostis publicus (*Manlius*) 6, 19. Dum in eo publico essent 23, 49. *scil. ministerio, negotio.* Gr. λειτουργίαν. Ut, quæ in naves imposuissent, ab hostium tempestatisque in publico periculo essent 23, 49. Publicum et privatum jus 2, 55. — publicum servitium 1, 25. Venditisque ibi publiciis locis 41, 27. — ager publicus populi Rom. 40, 38. — quod ejus *(agri)* publicum populi Rom. esset 31, 4. Duo non suscepta prodigia sunt, alterum, quod in *privato loco* — — alterum, quod in *loco peregrino* — — *publicorum* prodigiorum causa etc. 43, 13. Ut veteres cloacæ primum per publicum (*sub stratis viarum publicarum*) ductæ, nunc privata passim subeant tecta 5, 55.

PUDERE 40, 8. Prope ut puderet regii nominis. *i. e· tamquam nimis augusti, quum sint vires inferiores regio fastigio.* Vid. *Bauer. ad h. l. pag.* 294. Neque pudendum aut pœnitendum eum regem 40, 56. Vid. *pœnitere.* Quarum non minus puderet quam pœniteret 45, 19. Pudendæ clades 25, 6. Pudet deorum hominumque 3, 19. Pudere se numeri sui nequidquam aucti 3, 31.

PUDOR 3, 44. Omnia pudore septa. (*de Lucretia*) *cf. cap. sq.* pudicitia saltem in tuto sit. Fecit pudorem recens ejus populi meritum morandi auxilii 3, 31. — quantum pudor populi Romani 44, 19. — quantus pudor esset obsideri 40, 27. Vid. *Virgil. Æn.* 5, 455. Pudor maritimæ ignominiæ 35, 27. (*ob cladem navalem*) — pudor intuendæ lucis 9, 7. — tantusque pudor regi pavoris ejus fuit 44, 10. Duos tamen cum eo pudor tenuit 2, 10. Pudor deinde commovit aciem *ibid.* Haud sine pudore certe fractum priore anno in se imperium repetiturum 6, 38. Pudor detrectandi certaminis 8, 7. Cum pudore summo in concionem vestram processi 3, 67. Bellum ingenti pudore nostro tractum 45, 39. — ne tibi pudori essem 40, 15. Vid. *præmortuus.*

PUELLA 29, 23. Blanditiis quoque puellæ adhibitis. (*de recens nupta.*)

PUER 8, 24. Minister ex regiis pueris. — Hannibalem (*scil. puerum*) annorum ferme novem pueriliter blandientem patri 21, 1. Pueri *pr.* liberis 40, 37.

PUERILITER 21, 1. Hannibalem — pueriliter blandientem patri Hamilcari etc,

PUGNA 28, 2. Pugnam conserère. — mediam tueri 22, 45. *i. e. aciem.* — pugnam pugnatam 6, 12. *cf.* 9, 37. — pugnam integram ediderunt 8, 9. — pugna haudquaquam ambiguæ victoriæ 10, 12. Circa jacentis Galli corpus contracto certamine pugna atrox concitatur 7, 26. Quia non cominus pugnam, sed procul locis oppugnandis futuram præceperat animo 38, 20. Vid. *propior.* Ordinata per hastatos triariosque pugna 22, 5. *i. q. acies. cf. cap.* 45. Pugna cum vulneribus et cæde 41, 3. Æquis manibus hesterno die diremistis pugnam 27, 13. Pugnam capessere 2, 6. (*de binis ducibus.*) Testes honestarum aliquot locis pugnarum, cicatrices adverso pectore, ostentabat, 2, 23. (*de uno centurione.*) Quo, jactati tempestate pugnæ, receptum haberent 44, 39. Primo stetit ambigua spe pugna 7, 7. *Vid.* moles. *it.* pervicax.

PUGNARE 31, 24. Conspici se pugnantem egregium. — fessi labore ac pugnando 21, 35. Duorum militum eventum, inter quos pugnatum erat 7, 26. — Postumii prius ductu ad Tifernum pugnatum 9, 44. Omnia æqua et plana erunt Romano, in perfidum Samnitem pugnanti 9, 3. Ne quis extra ordinem in hostem pugnaret 8, 6. *cf. cap. sq. it.* 3, 12. 25, 18. — in suas leges pugnatum esse 6, 39. — in nuda hostium latera pugnabat 27, 18. Adversus eos se pro alteris pugnaturos 9, 14. *cf.* 5, 8. Imperium dictitare spretum, tamquam non eadem mente pugnari vituerit, qua pugnatum doleat 8, 31. Prœlio — signis collatis pugnasse 40, 50. Etiamsi pugnando acie vicisset 44, 39.

PUGNATOR 24, 15. Fortissimus quisque pugnator esse desierat.

PUGNAX 22, 37. Pugnaces — missili telo gentes.

PULCHER 22, 30. Pulcherrimum ejus victoriæ fuit. Pulchrum videbatur, suos Romæ regnare 2, 6. Adesse finem regnis, rei inter Deos hominesque pulcherrimæ 2, 9.

PULCHRITUDO boum 1, 7. Unam longe ante alias specie ac pulchritudine insignem — raptam ferunt 1, 9.

PULLARIUS 10, 40. Pullarium in auspicium mittit.

PULLUS 6, 41. Si pulli non pascentur.

PULLUS 42, 2. Lana pulla terra enata. Vid. *amictus.*

PULSARE 2, 29. Pulset tum mihi lictorem.

PULVINAR 5, 52. Num alibi, quam in Capitolio, pulvinar suscipi potest. *i. e. lectisternium institui.* Supplicatio omnibus deis, quorum pulvinaria Romæ essent, indicta est 24, 20.

PULVINARIUM 21, 62. Corvum — in ipso pulvinario consedisse. *i. q. pulvinar.*

PULVIS 42, 58. Visus et plurium et propior solito pulvis trepidationem in castris Romanis fecit, Pulverem majorem quam pro numero excitabant. Insidentes mulis calones frondosos ramos per terram trahebant 10, 41. *Conf. Virgil. Æn.* 11. 876.

PUNCTIM magis, quam cæsim — petere hostem 22, 46.

PUNCTUM 3, 37. Puncto sæpe temporis magnarum rerum momenta verti.

PUNIRE 3, 55. Plebesque scivit, qui plebem sine tribunis reliquisset — tergo ac capite puniretur.

PUPILLARIS 24, 18. Pecuniæ quoque pupillares primo, deinde viduarum, cœptæ conferri.

PUPILLUS 26, 6. Matrem ejus quondam pro pupillo eo procurantem familiare ostentum. *paullo post* puer *dicitur.*

PUPPIS 30, 24. Onerariæ Karthaginem puppibus tractæ sunt.

PURE lautis corporibus, candida veste — venerabundi templum iniere 5, 22. — ni moritur, neque suum neque publicum divinum pure faciet, qui sese devoverit 8, 10. — pureque et caste a matronis sacrificatum 27, 37.

PURGAMENTUM 1, 56. Cloacamque maximam, receptaculum omnium purgamentorum urbis, sub terram agendam.

PURGARE 23, 24. Purgato inde capite — calvam auro cælavere. Ad purganda ea, quæ inimici decernerent 27, 20. *i. e. crimina, ob quæ decernerent, refellenda. cf.* 8, 23. — crimen purgatum est 38, 48. Vid. *suspicio.* Accedebant blanditiæ virorum, factum purgantium cupiditate atque amore 1, 9. Qui purgarent, nec accitos ab eo Bastarnas, nec auctore eo quidquam facere 41, 19. *i. e. qui dicerent excusandi caussa etc.* Velle quidem et laborare — regem, ut purganti, se nihil hostile dixisse aut fecisse, fides habeatur 42, 14. Ut innocentiam suam purgaret 9, 26. *i. q. purgando defenderet. cf.* 4, 25. Ut purgaret se, quod id temporis venisset 1, 50. Sine quæsto — noxam, cujus arguimur, nos purgare 25, 6. Nihil novi factum purgare 34, 5. *i. e. dicendo purgare.*

PURUS 24, 14. Puro ac patenti campo. — purum ab humano cultu solum 1, 44. Uti loco puro ac prodigia — procurarent 25, 17. *Opponitur* polluto. Duas mihi aliquis conciones perumper faciat — puram alteram, integrioris judicii, et a favore et odio, universo judicante populo Romano 45, 37. *Drakenborchius conjiciebat:* alteram integrioris judicii, et puram a favore et odio. Decium — purum piumque deis immortalibus visum, seque ac si T. Manlius — devoveretur 10, 7.

PURPURATI et propinqui regis 30, 42. *cf.* 31, 35. *it.* 44, 26. — honorati Phi-

lippi amici *vocantur* 40, 54. Cum purpuratorum et satellitum manu 42, 51.
Scandentes in Capitolium auratos purpuratosque 45, 39. (*de imperatoribus Ro-*
*manis. alibi de exterit.*)
PUTREFACERE 21, 37. Saxa infuso
aceto putrefaciunt. Nudatum tectum patere imbribus putrefaciendum 44, 3.

QUA 1, 44. Qua murum ducturi erant.
*i. e. qua parte, ubi. cf.* 5, 43. Evastatis
prius agris, — qua — diversa agmina iere
33, 29. *per quos. cf.* 45, 9. Retro, qua
venerat — regionem repetiit 40, 58. *unde.*
*cf.* 44, 2. Qua proxime itinera ad hostem ducerent 40, 21. *Gronoviana ha-*
*bet* quæ; *haud dubie operarum vitio;*
*nam ipse Gronovius alibi aliter h. l. lauda-*
*vit.* Qua quisque ducturus esset; summotis iis, quam potissimum peteret 44, 2.
*scil. e superiori* qua *repetendum est* viam.
*cf.* 9, 2. Nihil movebant, qua consules,
qua exercitum increpando 2, 45. *pro par-*
*tim — partim. cf.* 2, 35. *it.* 10, 38.
QUADRIGÆ alborum equorum 24, 5.
QUADRUPLATOR 3, 72. Populum R.
quadruplatoris et interceptoris litis alienæ
personam laturum.
QUÆRERE 9, 17. Nihil minus quæsitum a principio hujus operis videri potest,
quam ut — quærerem — ut quærere libeat
etc. Caussa seditionum nequidquam a Pœ-
telio quæsita 4, 12. Puro pioque duello
quærendas (*res repetitas, nec tamen red-*
*ditas*) censeo 1, 32. Difficilia loca, hosti
quæsita, ipsos tum sua fraude impediebant
9, 31. *cf.* 5, 54. Sibi gloriæ satis quæsitum esse 36, 40. *cf.* 7, 1. Eaque ipsa
affinitas haud spreta gratiam Fabio ad
vulgum quæsierat 6, 34. *i. e. conciliaverat.*
Nec huic tam pestilenti exemplo remedia
ulla ab imperatore quæsita sunt 2, 43. *i. e.*
*reperta.* Ut illa ignominia tribus exercitibus quæreretur, 25, 6. *i. q. afferretur.*
Imbellem Asiam quæsisset 9, 19. *h. e.*
*optasset.* Quem rogatione Petillia quærere vellent 38, 55. *i. q. quæstionem insti-*
*tuere, exercere. cf.* 42, 21. Quum quæstiones severius — exerceret, contagio ejus,
quod quærebat ipse, criminis objectata ab
inimicis est etc. 9, 31. *cf.* 32, 26. *it.* 45,
16. Senatus — jussit — consulem —
quærere et animadvertere in eos etc. 40,
53. Quæsivit ab eo, ne sibi liceret ac
suis vivere 40, 49. *Nisi fortasse, cum*
*aliis, legendum* anne, *vel etiam* num. —
quæro de te 8, 32. Nec a me nunc quisquam quæsiverit 9, 9. Quæro de te —
— existimesne etc. 40, 35.
QUÆSITOR 9, 26. Quæsitores idoneos
ejus criminis esse.
QUÆSTIO 39, 14. Quæstio consulibus
extra ordinem mandata. — quæstione habita 9, 16. — qui de quæstione in se posita senatum consuluisset 42, 22. Quum
(*dictator*) quæstiones severius, quam qui-

busdam potentibus tutum erat, exerceret
9, 34. Tribunis mil. de morte collegæ
per senatum quæstiones decernentibus tribuni pl. intercedebant 4, 50. Quæstio (*scil. in eos,*) qui ita non redissent —
prætori decreta 41, 9. *paullo post :* hæc
in posterum causa jurisque dictio — consuli decreta est. Reliquias Bacchanalium
quæstionis cum omni exsequutus est cura
39, 41.
QUÆSTORIUM forum 41, 9. *Dukero*
forum *suspectum est, et glossema videtur.*
*Schellus autem post* quæstorium *inter-*
*pungendum censebat. Atque illud quidem*
*verum est,* quæstorium *simpliciter dici a*
*Livio, v. c.* 10, 32. *Neque tamen absonum*
*videatur necesse est, utrum subintelligi de-*
*beat* tentorium *aut simile quid, adit fo-*
*rum. Est enim quæstorium pars castro-*
*rum, ubi quæstor suum tentorium habet,*
*haud procul prætorio. Inde porta quæsto-*
*ria dicitur* 34, 47. *cf.* 40, 27. *Eo minus*
*forum quæstorium offendere debebat.*
QUAM 35, 1. Ut vix dimidium militum, quam quod acceperat, successori
tradiderit. — dimidium tributi, quam quod
regibus ferre soliti erant, populo Rom.
pendere 45, 18. Mors, quam matura, tam
acerba 7, 1. Postero die quam venit 36,
39. *cf.* 29, 35. Homo non, quam isti
sunt, gloriosus 35, 49. Major, quam pro
numero, jactura 21, 59. Re majore, quam
quanta ea esset 30, 23. Si transire ad Romanos vellint et duplex stipendium accipere, quam quantum a Turdetanis pepigissent 34, 19. Quibus quid aliud, quam admonemus 14, 3. Vid. *alius.* Ipsorum,
quam Hannibalis, interesse 23, 43. *ent. ma-*
*gis. Sic* 29, 29. Jure gentis, quam auctoritate. Quam plurimis locis possent 31,
17. *i. q. quotquot locis.* Vid. *plurimum.*
Non tantum gaudii ab recenti metu attulerunt, quam averterunt famam 37, 51. Co-
gitaret populus Rom. potius, cum quanto
studio periculoque reditum in amicitiam
suam esset, quam qua stultitia etc. 8, 25.
Quandoquidem non facile loquor — quam
quod loquutus sum etc. 2, 56. *pro non*
*tam facile etc.* Quam, ne ante, quam etc.
21, 40. Vid. *Bauer. ad h. l. pag.* 85.
haud secus quam (*intell. si*) vallo septa
inhorreret acies 8, 8. Quod Antiocho quam
similem daret sedem 35, 15.
QUAMVIS 1, 4. Posse quamvis languida mergi aqua *i. e. valde, admodum,*
*cf.* 22, 8. Quæ hd usum quamvis longi
temporis sufficerent 38, 19. *pro quantum-*
*vis.*
QUANDO quod taciti indignarentur etc.
37, 57. *pro quandoquidem. conf.* 9, 8. *et*
40. Vid. *Drakenborchius ad* 40, 9. Futuros se, quando ita videatur, in potestate
Patrum adfirmant, 3, 52.
QUANDOCUMQUE se moverint 7, 30.
QUANDOQUE *pro quandoquidem* 9, 10.
*ult. — pro aliquando* 21, 3. *ult. — pro*

*quandocumque* 1, 81. *med.* Vid. *Gronov. ad* 1, 24. *Tacit. Annal.* 1, 6.

QUANDOQUIDEM 1, 54. Quidnam se facere vellet, quandoquidem, ut omnia unus Gabiis posset, ei Dii dedissent. Quandoquidem — est apud te virtuti honos etc. 2, 12. Quandoquidem — supplicii sui nulla mentio fieret 3, 54. Quandoquidem — nostra tueri — non vultis, vestra certe defendetis 7, 31. Quandoquidem — — extra ordinem in hostem pugnasti 8, 7. *al.* quandoque.

QUANTO jure potentior intercessio erat, tantum vinceretur 6, 38. ı

QUANTOPERE 4, 3. *init.* Vid. *Drakenborch. ad h. l.*

QUANTUM procederet longius, eo majorem etc. 44, 7. *Sic* 3, 15. *it.* 6, 34. Vid. *Intt. ad* 5, 10. Quantum in altitudinem egrediebantur, magis magisque silvestria et pleraque invia loca excipiebant 40, 22. quantum incresceret æstus, et vultus minus vigentes et voces segniores erant 44, 36. Quantum a mari recessisset, minus obvium fore 21, 31. Quantum — tanto magis 32, 5. — quantum quisque plurimum 30, 13. — quantum maxima voce potuit 7, 9. — quantum ad — duces attinet 28, 43.

QUANTUS 9, 37. Itaque, quantus non umquam antea, (*tantus*) exercitus ad Sutrium venit. Potius cum quanto studio — quam qua stultitia etc. 8, 25. Quanta maxima poterat vi 9, 10. *cf.* 24, 35. Quanto maximo possent tumultu 42, 7. Quanta eximia celeritate poterat 42, 15.

QUANTUSCUMQUE 32, 5. Data quantacumque quiete temporis. *Jac. Gronovius legi vult* quanticumque. *Sic* 27, 31. celebritatem quantæcumque victoriæ. Quod inter assiduas clades et lacrimas unum quantumcumque ex insperato gaudium affulserat 30, 10. *in partem deteriorem dictum.* Omnia adhuc, quantacumque petestis, obtinuistis 6, 18.

QUANTUSLIBET 9, 18. Quantalibet magnitudo hominis concipiatur animo.

QUASSARE 33, 17. Reficere quassata muri. —quassata turris prociderat 21, 14. Non sufficiebant — muri, quassatæque multæ partes erant 21, 8. Quassata fractaque arma 21, 40. Multæ quassatæ armamentisque spoliatæ naves 30, 39. *cf.* 37, 31. Secunda in Italia Siciliaque gesta quassatam rempublicam excepisse 27, 40.

QUASSATIO 22, 17. Capitum irrita quassatio.

QUASSUS 25, 3. In veteres quassasque naves paucis et parvi pretii rebus impositis. — quassi muri 26, 51.

QUATENUS vallum castrorum cingit 28, 39. — incerti, quatenus Volero exerceret victoriam 2, 55. Nec ullum, nisi quatenus imperari vobis sinatis, certamen adversus Patres noritis? 6, 18.

QUATERE 10, 41. Ubi se cuspidem

252

erectam quatientem vidissent. Quum equus — magna vi caput quateret 8, 7.

QUÆ 2, 42. Largitiones, temeritatisque invitamenta. *pro, hoc est, temeritatis invitamenta. vide supra in* et, *quod eamdem vim explicandi habet. vid. Drakenborch. ad* 7, 15. *it. B. Patruum ad Taciti Annal.* 2, 14. Oculisque simul ac mente turbatum 7, 26. — diique et homines 5, 51. Omnes legatique et tribuni 29, 22. Senatuique vobisque et sociis ac nomini Latino 31, 7. Quibus (*divis*) quoque modo supplicaretur 23, 11. Omnem enim sacram pecuniam, quæque apud Pleminium, quæque apud milites erat, conquisitam etc. 29. 21. Quique Campanorum, quique Hannibalis militum erant 24, 19. *pro et* — et. Quæque dicta ab rege, quæque responsa erant 42, 14. Filiamque ei suam rex despondit 1, 39. *i. q.* itaque. Adferrique catenas et circumsistere lictores jussit 36, 28. Oroandemque Cretensem — — appellat 45, 6. *ad q. l. vid. Bauer. pag.* 325. Tantoque consensu 1, 46. *pr.* tum vero.

QUERELA. Vid. *iners.*

QUERI 40, 54. Querenti querens et ipse aderat. Querendo indignandoque 2, 38.

QUERIMONIA publica 25, 1. Vid. *excedere.* Querimoniæ acceptæ cladis, 8, 1. Quum multæ antea querimoniæ ultro citroque jactatæ essent 7, 9.

QUESTUS flebiles 23, 20. — cum magnis fletibus questibusque 22, 61.

QUI *pro quomodo* 28, 43. Qui ego minus in Africam — trajicerem? Qui sibi minus privato ad concionem populum vocare liceat 3, 39. Qui vos minus hodie decem tribunos plebis feceritis *ibid. cap.* 64. Nam aliter qui credituros eos, non vana ab legatis super rebus tantis adferri? 2, 4. Qui enim convenire etc. 29, 20. Qui enim restitisset etc. 30, 10. Neque — videre, qui conveniat etc. 42, 50.

QUI 1, 43. Quibus equos alerent, viduæ attributæ. *i. q. quarum pecunia, sumtu. hinc licet explicare illud e XII. Tabb.* Ni solvendo fuerit, eum secanto. Qui vere nem æstimare velit 3, 19. *pro si quis.* Eventum senatus, quem videbitur, dabit 6, 26. *ad Græci sermonis formam pro* qui. *Sic* 29, 20. Quos iis videretur — *it.* 31, 3. quem videretur ei. Paullo ante lucem, quod æstivis noctibus sopitæ maxime quietis tempus est 9, 36. Ut in Tusculano animadverteretur, quorum eorum ope — bellum fecissent 8, 37. Qui — ad subita belli mitti posset 6, 32. *pro* quis. Et eorum ipsorum, quos sedes tenuerant, simul perlicit donis etc. 21, 26. *pro, et eos, qui eorum ipsorum sedes etc. s. et qui eorum — eos.* Quod res desideraret supplementi 43, 12. Quis deficientibus (*telis*) 30, 25. Rogitat, qui vir esset. Ubi nomen patremque ac patriam accepit 1, 7,

Ut, qui natus sit, ignoret, cujus sanguinis etc. 4, 2. His ita in senatu ad id, quæ cujus provincia foret, decretis 36, 2. Quâ (*ruina facta, l. via*) — utrimque in pugnam procursum est 21, 8. Quid de religionibus atque auspiciis, quæ (*quorum*) propria Deorum — contentio atque injuria est, loquar? 6, 41. Hæc Romana esse, non versutiarum *Punicarum*, neque calliditatis *Græcæ*, apud *quos*, fallere hostem, quam vi superare, gloriosius fuerit 42, 47. Quod quidam auctores sunt 30, 26. *pr.* cujus rei q. a. s.

QUIA 29, 6. Spes autem affectandæ ejus rei ex minima re affulsit, quia latrociniis magis, quam justo bello — gerebantur res. *Sic vulgo editur. Sed Drakenborchius illud quia vel quod, ut nonnulli dederant, recte expunxit. est enim Livio usitata illa ellipsis; eademque ratio est harum particularum, quæ vi enim. vid. supra in h. v.*

QUICUMQUE 1, 7. Quicumque alius transiliet mœnia mea. Sic eat, quæcumque Romana lugebit hostem 1, 26.

QUID 4, 5. Quid si non, quantum — bis jam experti essemus. *Haud dubie dictum pro quasi, atque ita fortasse legendum.* Nec a me nunc quisquam quæsiverit, quid ita spoponderim? 9, 9. *pro cur. cf.* 28, 43. *it.* 32, 21. Mirari Persea regem, quid in Macedoniam exercitus transportati essent 42, 36. Ne quid cederent plebi 3, 21. *i. q. ne cederent. Sic abundat sæpissime. v. c.* 3, 48. Si quid inclementius in te sum invectus. Ut hæc ara, quam illa, si quid potest, sanctius et a castioribus coli dicatur 10, 23. *pro si qua ratione fieri potest.* Quibus quid aliud, quam admonemus 4, 3. *pro quid aliud agimus, quam ut iis etc. vid. supra in* nihil. Quid est dicere aliud etc. 6, 40. Vid. *esse.* Quid ita? 41, 7. *cf. cap.* 24. *it.* 3, 40. 6, 15. 9, 9. 42, 40. Quid aut terrestribus aut navalibus copiis opus esset 44, 18. Quid eam vocem animorum, non plebi Romanæ, sed Volscis — allaturam? 4, 2. Ne quid novum (*novi*) 34, 3. *ad q. l. vid. Bauer. pag.* 218. Quid? dies qualis, quo etc. 40, 13. *ubi vid. idem pag.* 303.

QUIDEN 8, 33. Nam populi quidem — ne iram quidem umquam atrociorem fuisse etc. Semper quidem et alias frequens (*ludicrum*) 33, 31. *His nihil in sequentibus respondet. Solent autem tamen, attamen et similia post quidem desiderari.* Novo quidem et singulari genere odii 40, 12. *videtur h. l. legendum esse* quodam. *Neque enim substantivum præcedit, quo illud* quidem *referatur. ita demum eleganter in tali textu ponitur.* Si quidem nos, ne quum volueritis quidem, creare interdum poteritis 6, 41. Et quidem non homines tantum, sed deos etiam suo honore fraudaturi 45, 39. Vid. *et.* Non quidém Alexandro duce, nec integris

Macedonum rebus, sed experti tamen sunt Romani Macedonem hostem 9, 19. *ad q. l. vid. Bauer. pag.* 298.

QUIDQUAM 9, 8. Nec quidquam ex ea, præterquam corpora nostra, debentur Samnitibus. Nec aperti quidquam erat, quod peteret 31, 39. — prædæ nec erat quidquam *ibid.* 45. *vid. Intt. ad* 32, 37.

QUIDQUID 2, 35. Quidquid erat Patrum, reos diceres. — quidquid deorum est 3, 25. Quidquid deorum hominumque Romanorum esset 2, 5. Quidquid in exercitu sit 1, 25. *i. q. omnes milites.* Generosius in sua quidquid sede gignitur etc. 38, 17. *ubi vid. Bauer. pag.* 263. Quidquid — appropinquabant 21, 54. — quidquid ab urbe longius proferrent arma 7, 32. *vid. Intt. ad h. l. cf. Virgil. Æn.* 11. 292.

QUIES 8, 6. In quiete utrique consuli eadem dicitur visa species. *al. per quietem.* Vid. *somnus.* Gallis vix quietem ferentibus in mari 44, 28. Si qua ejus mali (*pestilentiæ*) quies veniat 3, 6. *cf. cap.* 16. per aliorum quietem malorum. Quies certaminum 21, 8. Ut me hesternæ quietis (*prœlio non commissi*) pœniteat 44, 38.

QUIESCERE 3, 36. Bella opportune quievere. — quiescunt Romana fœdera 21, 10. *i. e. non violantur.* Quiesse 3, 48.

QUIETUS 2, 34. Quieta omnia a bello. — ne tribunal quidem satis quietum erat 8, 32. Quieto exercitu pacatum agrum peragravit 43, 4. Quieto sedente rege ad Enipeum 44, 27.

QUILIBET unus ex iis, quos nominavi 9, 17. — unus Quiritium quilibet 6, 40. Vid. *unus.* Ancus — cuilibet superiorum regum belli pacisque et artibus et gloria par 1, 35.

QUIN 8, 4. Quid abest, quin — dicto pareamus. Vid. *abesse.* Quin supersint aliqui nuncii 27, 49. *pro immo potius.* Quum undique adclamassent, quin ederet, quid fieri velit etc. 40, 40.

QUINQUEREMES naves 41, 9.

QUINQUEVIRI mensarii et eorum negotia 7, 21.

QUINTANA 41, 2. Ad quæstorium forum quintanamque hostes pervenerunt.

QUIPPE qui mercenarios milites alant 26, 43. *cf.* 3, 11.

QUIRITATIO 33, 28. Fuga comitum et quiritatio facta, et tumultus tota urbe cum luminibus.

QUIRITES 8, 9. Respublica Quiritium. — pro patria Quiritibusque Romanis 5, 41. — pro exercitu populi Romani Quiritium 10, 28. — exercitus Quiritium Romanorum 26, 2. *cf.* 45. 37. Pro populo Romano Quiritibusque 8, 6.

QUIS 5, 40. Quisque ea locus fideli asservaturus custodia esset. *ad q. l. vid. Bauer. pag.* 198. *cf. id. ad* 32, 35. *pag.* 198.

QUISQUAM 5, 4. Nec satis quidquam

**233**

justi doloris est, quod nos ad perseverandum stimulet, *eleganter, ut alibi, abundat, fl. post* nullus, nemo, nihil *etc.* Nec quisquam unus malis artibus etc. 2, 9. *cf.* 32, 20. Adversus injuriam decreti quum multi magis fremerent, quam quisquam unus recusare auderet 3, 45. Quod quisquam indignari mirarive posset 1, 35. Cavete quisquam supersit, a quibus — via — timeri posset 24, 38.

QUISQUE 7, 32. Virtute sua quemque fretos ire in aciem debere. Amicis quisque suis — scribebant 23, 45. Dum ad se quisque opes rapiunt 45, 9. Ut quisque veniret, primores eorum excipiens quærendo etc. 2, 38. Primo quoque tempore 24, 11. *cf.* 42, 3. 18. In primam quamque diem 42, 10. Cujusque populi cives eo certamine vicissent 1, 24. *pro cujuscumque. vid. Bauer. ad h. l. pag.* 35. *cf.* 25, 99.

QUISQUIS 41, 8. Liberos suos quibusquibus Romanis — mancipio dabant. Quisquis magistratus eos ludos quando ubique faxit, hi ludi recte facti, donaque data recte sunto 36, 2. Quidquid postea viximus 25, 8.

QUO 40, 26. Si quo usui esse — exercitui posset. *i. e. quo modo. cf.* 4, 1. Quo tu meo imperio aprete — es? 6, 32. *i. q. quare. cf* 35, 38. Quo minus timoris ratio reddi poterat — majorem inferens metum etc. 26, 20. *pro eo majorem.* Quo minus credebant — exsecit ardor 3, 45. eo magis *in sequentibus desideratur.* Urbem — quo transmigremus 5, 54. Legiones scribi jussæ, quæ, si quo (*aliquo*) opus esset, educerentur 43, 12. Quo evasura res esset 30, 21. In concionem itur. Quo — quum escendisset 6, 88. *i. e. in tribunal.* Quo ultra iram violentiamque ejus excessuram fuisse 8, 33. Transferrent auspicia, quo (*ad quæ*) nefas esset 7, 6. Ex sociis circa populis, quo metato (*frumentum*) comportatum erat 25, 12.

QUOAD dedita arx est 26, 46. *pro donec.* Quod stipendium serius quoad diem præstarent 42, 6. *Viris doctis legendum potius videtur* quam ad. Quoad insequi potuit 2, 25. — quoad usque ad memoriam nostram tribuniciis consularibusque certatum viribus est 6, 38.

QUOD sine jactura fieri posset 26, 32. *pro quoad, uti et nonnulli legunt. cf.* 1, 24. 4. 44, 17. Quod ego fui ad T. Sempronium, id tu hodie es 30, 30. Quod nondum factum est — ea fieri oportet 4, 5. Gallograeci vero quod appellantur 38, 17. Quod quidem continens memoria sit 5, 54. Quod sui quisque cognosset 99, 21. Quod ubi videre ipsum Camillum 6, 8. *ita abundat, ut in* quodsi. Quod quum milites consulis imperio dicto audientes laeturos esse dicerent, quum is more majorum etc. 41, 10. *pro quum vero.* Quod manu, quod voce poterat 8, 39. *pro quantum. in repetitione est emphasis, studium atra expri* 

356

mene. Si quo minus inventum foret 31, 12. Nec quod ab hoste crudelius pati possent, reliqui quidquam fuit, quam quæ ab sociis patiebantur 32, 13. *illud quæ, ut alibi, prorsus abundat.* Quod duo fulmina domum meam per hos dies perculerint, non ignorare vos — arbitror 45, 41. *ubi vid. Bauer. pag.* 330.

QUOT 2, 12. Et subeunda dimicatio toties, quot conjurati superessent.

QUOTIDIANA multitudo 2, 27.

QUOTIDIE bis in die 44, 16.

QUUM Appius — jus de creditis pecuniis diceret 2, 27. *quo diceret. cf.* 4, 51. Quum ea non sua sponte pateret, et Tatium ex hoste regem factum 1, 35. *pro* tum *Tatium etc. vid. Cel. Strothium ad* 21, 36. Nunc quum maxime 26, 17. Vid. tum.

RABIES 22, 51. In rabiem irae versus. — rabies hostilis 29, 8. — impetum ibid. cap. 9. Fatalem rabiem temporis secuti 28, 24. Coërceri rabiem gentis non posse 41, 27.

RAMUS 23, 5. Aliosque per alium immissi radii locum ad inserendam umquam non relinquunt. *de vallo Romano. Sunt vallorum seu stipitum rami ea parte relicti et conserti.*

RAMUS 10, 41. Frondosos ramos per terram trahebant.

RAPERE 22, 99. In diem rapto vivit. Peregrinum frumentum — ab ore (*sibi*) rapi 2, 35. Ad rapiendas virgines discurrunt 1, 9. Ipsum (*ducem*) circumsistunt, insidentemque captum ad consulem Romanum rapiunt 10, 99. Tamen raptus in jus ad regem 1, 26. Ad Hasdrubalem citatum agmen rapiunt 25, 35. *cf.* 23, 86. Turbato mari rapitur vento navis 24, 8. Venandi studium ac voluptas homines per nives ac pruinas in montes silvasque rapit 5, 6. Ea (*cupiditas*) ad oppugnandam Capuam rapit 7, 80. Quod tantae rei fortunam ex oculis prope raptam amisisset 26, 7. Ob — arrogantiam eorum, victoriæ gloriam in se rapientium 38, 11. Eos inter se — partes regni rapuisse 2, 6. Rapiente fato Marcellum ad Hannibalem 22, 57. Qui adveniens castra urbesque primo impetu rapere sit solitus 6, 23. Rapte inter arma nuptiæ 30, 14. *i. e. festinatæ, præcipitatæ.*

RAPIDUS 22, 12. Ferox rapidusque in consiliis.

RAPTIM et avide 9, 35. *cf.* 26, 55. Præcipitata raptim consilia 31, 32. — raptimque omnia præpropere agendo 22, 19. Raptim mutatione in contrarium facta 5, 18. *de intemperie cæli.* In ignem, raptim ad id factum, conjicientes 21, 14. Raptim angustias evadit 21, 32. Raptim agitur agmen 7, 37. Vid. *mœrere.*

RARUS 6, 1. Quod parvæ et raræ per ea tempora litteræ fuere. *cf.* 7, 3. Vid. tæ-

*totæ.* Rara lanceis vulnera facta 31, 34. *i. q. pauciora.* Rara hostium apparebant arma 2, 50. — uri in confertos illati 23, 27. Raris ordinibus — constiterant 9, 27. *i. e. latius patefacta statii, evil. dextra pars.*

RATES 21, 47. Transire non potuit pontem, ut (*ut primum*) extrema resoluta erant, tota rate in secundam aquam labente. *i. e. toto ponte. Sic bene explicat Cel. Strothius, quem vide.*

RATIO 22, 39. Agentem te ratio ducat, non fortuna. Hæc — summa ratione acta 42, 46. Victus tamen ratione etc. 42, 60. Nullum scelus rationem habet 28, 28. Et impleret hominescertioris spei, quam quantam fides promissi humani, aut ratio ex fiducia rerum subjicere solet 26, 19. Ea ratione 34, 50. *i. e. secundum hanc computationem; sequentur enim hæc:* adjice nunc pro portione, quot verisimile sit totam Græciam habuisse.

RATUS 25, 12. Alterius (*carminis*) post rem actam editi cum rato auctoritas eventu. Sequuta ex omni multitudine consentiens vox ratum nomen imperiumque regi effecit 1, 6. Tantum pediti daturum fuisse credunt, et pro rata allis 43, 40. *i. e. duplex vel triplex iis, qui ordinarie stipendium duplex vel triplex peditis accipiebant.* Haud dubie videre aliqua impedimenta 44, 36. *scil. ratus.*

REÆDIFICARE 5, 53. Quia piget reædificare. *Drakenborchius edidit* ædificare.

RABELLARE 9, 12. Samnites simul rebellasse et vicisse crederent Romanum. *cf.* 4, 23. — Etruria rebellans 10, 31. Omnibus indignitatibus compulsum ad rebellandum 42, 52.

REBELLIO 2, 16. Ut diu nihil inde rebellionis timere possent. *cf. ibid. cap.* 16. ir. 8, 14. 9, 41. 25, 16. Audita rebellione Ligurum 41, 17.

REBELLIUM 42, 21. Qui deditis contra jus ac fas bellum intulisset, et pacatos ad rebellium incitasset.

RECELLERE 24, 34. Gravi libramento plumbi recellente ad solum.

RECENS ab excidio Sagunti Hannibal Iberum transiit 21, 15. Recens ad Regillum lacum accepta clades 2, 22. *t. q. recenter.* Senones, recentissimi advenarum 5, 35.

RECENSERE legiones 2, 39. — recensente consule biduo acceptam cladem 10, 36. Equites recenseatis 40, 46. In equitibus recensendis tristis admodum eorum atque aspera censura fuit 43, 16.

RECEPTACULUM 6, 33. Quæ (*urbs*) receptaculum eis adversæ pugnæ fuerat. *cf.* 8, 19. — ne receptaculo (*castella*) hostibus essent 9, 41. Servitiis ex Achaia fugientibus receptaculum Macedonia erat 41, 23. Castra sunt victori receptaculum, victo perfugium 44, 39.

RECEPTARE 5, 6. Neglectum Anxuri

praesidium — Volscos mercatores vulgo receptando — oppressum est.

RECEPTUS 27, 27. Nec receptum a tergo circumventi haberent. *cf.* 28, 23. *it.* 29, 7. Postquam ;receptus pulsis nullus erat 40, 32. Equitibus receptui (*jubet*) canere 42, 59. Neque receptus Romanis per Tempe in Thessaliam, neque commeatibus pervehendis eo patuisset iter 44, 6. Quo, jactati tempestate pugnæ, receptum haberent 44, 39. Vid. *portus.* Parva momenta levium certaminum ex tuto cœptorum, finitimo receptu 22, 12. Non tutissimus a malis consiliis receptus 28, 25. Unde receptum ad pœnitendum non haberent 42, 13. *cf.* 8, 2. Libenter se daturum tempus iis fuisse ad receptum nimis pertinacis sententiæ 4, 57.

RECESSUS 5, 6. Nec, sicut æstivas aves, statim autumno tecta ac recessum circumspicere.

RECIDERE 24, 32. In antiquam servitutem reciderunt. — ut in eam fortunam recideret 44, 31. *i. e. incideret.* Pleraque (*maleficia*) eorum, quo debuerint, recidisse 25, 31. — ex quantis opibus quo recidissent Karthaginiensium res 30, 42. Ne id Jupiter optimus maximus sineret, regiæ majestatis imperium eo recidere 4, 2. Se ex liberatore patriæ ad Aquilios Vitelliosque recidisse 2, 7.

RECIPERARE 7, 19. Anno — quinto tricesimo, quam a Gallis (*urbs Romana*) reciperata etc. Ut et urbs Roma per eum exercitum, qui ad Alliam Veios transfugerat, reciperaretur 25, 6.

RECIPERE in civitatem 2, 5. — inter signa et ordines 68, 9. — in deditionem 8, 13. — in jus ditionemque 21, 61. — in ditione 26, 41. — nomina 9, 26. Retentus — in recipiendis civitatibus Bruttiorum 23, 11. Urbem, nihil cunctatis, qui incolebant, primo adventu recipit 42, 53. Recepta ab hostibus Hispania 29. 20. Simul ex omnibus locis ad castra recipienda demendamque ignominiam rediri cœptum est 41, 3. In novissimos te recipite 7, 40. Intentus recipiendo exercitui esse 10, 42. *i. e. reducendo.* Vid. *Drakenborch. ad* 39, 23. Ut utrisque frequentiam recipere vastam ac desertam bellis urbem paterentur 24, 3. *i. q. recuperare. 'Fortasse scripsit Livius* reciperare. Non, quin breviter reddi responsum potuerit, non recipi reges etc. 2, 15. Si successisset cœptis, recepturum se afflictas res 25, 37. *Dukerus legi vult* refecturum. *non male, quoad sensum; sed reficere minus respondet* afflictis *h. e. projectis, proculcatis, ad terram adactis, inclinatis, quam* recipere, *i. e. suscipere, sublevare, erigere.* Re non ultra recipiente cunctationem 29, 24. Qui auspicio adest, si quid falsi nunciat, in semetipsum religionem recipit 10, 40. *i. e. auspicium sibi perniciosum reddit.* Ut respirandi superior locus spatium dedit, recipiendique a per vore tanto animum 2, 50. Perseus tandem a pavore eo, quo attonitus fuerat, recepto animo etc 44, 10. Jam non recipiebat se Romanus miles, sed immemor recentis ferociæ veterisque decoris, terga passim dabat, atque effuso cursu castra repetebat 6, 24. *cf.* 33, 18. Nullum spatium respirandi, recipiendique se, dedit 10, 28. Dictator — facturum, quod milites vellent, se recepit 7, 14. *i. e. promisit.* Si neque de fide barbarorum quidquam recipere aut adfirmare nobis potes 40, 35.

RECIPROCARE 28, 30. Quinqueremem satis credens deprehensam rapido in freto, in adversum æstum reciprocari non posse. Fretum ipsum Euripi non septies die — temporibus statis reciprocat 28, 6. Quum jam spiritum includeret, nec reciprocare animam sineret 21, 58.

RECITARE 28, 30. Censores senatum recitaverunt. *scil. e tabulis, in quibus senatum a se lectum scripserant* — ex scripto recitare 23, 11.

RECLAMARE 3, 26. Reclamantibus tribunis.

RECOGNITIO 42, 19. Quia per recognitionem consulis magna pars agri — recuperata in publicum erat.

RECOGNOSCERE 42, 8. Agris recognoscendis in Campania occupatus aberat. Ut ibi recognosceret socios navales 42, 31. *i. q. recenseret.* Recognoscere sua 5, 16. *i. q. noscere, cognoscere. paullo post :* incognita veniere. Vid. *supra in h. v.* Recognoscat, agedum, mecum, si videtur, quam multa pro hoste, et adversus nos fuerint 44, 38.

RECOLERE 27, 5. Desertam recoli tandem terram.

RECONCILIARE 8, 2. Amicitia de integro reconciliatur. — eam (*concordiam*) reconciliandam civitati esse 2, 32. Reconciliare pacem 9, 16. *cf.* 42, 46. — gratiam 41, 22. — cura reconciliandi eos in gratiam moratum esse 1, 50. Inter se ipsi de reconcilianda concordia agabant 41, 25. per speciem reconciliandæ pacis 42, 52.

RECONCILIATIO 40, 46. Quos conjunxit suffragiis suis populus Rom. hac etiam reconciliatione gratiæ conjungi a nobis sinatis.

RECONDITUS 8, 18. Medicamenta et alia recondita.

RECORDARI 6, 20. Populum — per se ipsas recordantem virtutes, desiderium ejus tenuit.

RECREARE 29, 18. Toto corpore laceratus, naso quoque auribusque decisis exsanguis est relictus; recreatus deinde legatus ex vulneribus etc.

RECRESCERE 26, 41. Nomini Scipionum, soboli imperatorum vestrorum, velut accisis recrescenti stirpibus.

RECRUDESCERE 6. 18. Recrudescente Manliana seditione. — recrudit pugna 10, 19.

RECTE restituito 28, 38. *i. e. sine fraude. cf.* 31, 35. — suos imperatores recte et ordine, et ex voluntate senatus fecisse 28, 39. Quod — qui comitiis eorum præfuerat, parum recte tabernaculum cepisset 4, 7. *i. e. vitio, vitiose.* Hi ludi recte facti, donaque data recte sunto 36, 2. Quia non recte factæ Latinæ essent 41, 16. Suffectum consulem negabant recte comitia habere posse 41, 18. *h. e. salva religione et jure publico.* Negabant unam cellam duobus recte dedicari 27, 25. *i. e. amplius quam uni deo ; quemadmodum ante Drakenborchium vulgo legebatur.*

RECTOR 4, 14. Qui tumultus — aut dictatoriam majestatem, aut Quinctium — rectorem reipublicæ quæsisset. *cf.* 27, 49.

RECTUS 34, 28. Recta acies. *Opponuntur* circumducto agmini. Ita rectis saxis, ut ægre expeditus miles demittere se posset 21, 36. *capite præcedenti est :* pleraque Alpium arrectiora. *cf.* 38, 20. ad septemtrionem arctas et rectas prope rupes. Quoniam recta consilia haud bene evenerant, pravis reconciliare popularium animos cœpit 1, 27. Sine recti pravique discrimine 9, 30.

RECUPERARE 25, 6. Illis arma tantum atque ordo militandi, locusque, in quo tenderent in castris, est mutatus ; quæ tamen. — uno felici prœlio recuperarunt.

RECUPERATOR 43, 2. Prætori — negotium datum est, ut in singulos, a quibus Hispani pecunias peterent, quinos recuperatores ex ordine senatorio daret etc. *cf.* 26, 48.

REDDERE 1, 66. Ex infimo specu vocem redditam ferunt. *de consulto oraculo.* Lanuvinis civitas data sacraque sua reddita, cum eo, ut etc. 8, 14. *i. q. relicta. Idem alibi sic de legibus dicitur.* Reddidere — antiquum belli decus amissum 5, 51. Connubiis redditis unam tandem hanc civitatem facitis 4, 5. *i. q. datis, concessis, de more illius ætatis. Sic* 3, 10. imperatori exercituique honos suus redditus. Res tuas tibi non solum reddent cives tui 2, 2. Ut parem dolorem hosti redderent 9, 21. — haud multo minorem, quam — acceperat, reddidit hosti cladem 24, 20. — terrorem 3, 60. — reddere eventus inceptis pares 2, 49. Simul est clamor auditus — — sed ne clamore quidem reddito etc. 5, 38. Se ipse convivio reddidit 23, 9.

REDEMTURA 23, 48. Qui redemturis auxissent patrimonia. *redemturæ dicuntur de iis, qui suscipiunt, certa mercede, ex pacto, ædificare, præbere exercitui necessaria etc. unde redemtores audiunt.*

REDIGERE 21, 9. Fusum fugatumque in castra redigunt. — submoverique atque in castra redigi 26, 10. *cf. cap.* 12. — turbam insequentium ferro et vulneribus in hostes redigant 37, 43. *i. q. circumagant.* Civitates omnes, quæ defecerant, in ditionem redegit 26, 21. — præda ad quæstorem redacta 5, 26. — quàntum, venditis omnibus bonis redigi non posset 38, 59. Omnibusque in ditionem redactis arma ademit 41, 19. Republica in tranquillum redacta 3, 40. Disciplina militaris ad priscos redigeretur mores 8, 6. Et, si id ante dubium fuisset, legatorum paullo ante verba ad certum redegisse 44, 15.

REDIMERE 26, 27. In publicum (*servi*) redemti ac manumissi sunt. — igitur victi captique ac redemti, tantum pœnarum diis hominibusque dedimus etc. 5, 51. Redimite armis (*tradendis*) civitatem 9, 4.

REDINTEGRARE 1, 12. Redintegrant prœlium. Redintegravit luctum in castris consulum adventus 9, 5. Vid. *geminare*. Redintegrata pace 2, 18. Redintegrata memoria fœdissimæ potestatis 3, 56. Redintegrato clamore 9, 35.

REDIRE 1, 41. Jam ad se redisse (*regem sopitum subito ictu.*) Res ad interregnum redit 1, 21. *i. e. venit*. Ex otio illo brevi multiplex bellum rediturum 3, 68. Quum dimisso exercitu urbem redisset 4, 29. *Sic certe optimi codices legi volunt.* Rursus ad antiqua reditum 2, 55. *cf.* 9, 24. *it.* 37, 7. Reditum in vestram ditionem 29, 17.

REDITUS in patriam ac parentes 9, 5. *nisi cum Creverio legas, rectius quidem*, ad parentes. Vid. *Intt. ad h. l.* Reditus metallorum 42, 52.

REDUCERE 43, 20. In Penestas rursus exercitum reducit. Si reducimus exercitum, quis est etc. 5, 5. Cilnio genere cum plebe in gratiam reducto 10, 5. Cum gratulatione ac favore ingenti populi domum est reductus 4, 24.

REDUX 29, 27. Præda onustos triumphantesque mecum domos reduces sistatis.

REFERRE 3, 55. Relatis quibusdam ex magno intervallo cærimoniis. *i. e. repetitis*, *restitutis.* Lex — ab toto relata collegio, novos aggressa consules est 3, 10. Quum, in quæ (*templa*) referri oporteret (*aurum*), confusa memoria esset 5, 50. Pecuniam omnem conquisitam in thesauros Proserpinæ referri jussit 29, 18. Si apud principes quoque haud satis prospere esset pugnatum : a prima acie ad triarios sensim referebantur. 8, 8. Nec ullo (*Saguntinorum*) pedem referente etc. 21, 8. Castra referre 4, 17. *opp. proferre.* Vid. *rursum.* Ne illud quidem refert (*i. e. discrimen facit*), consul, an dictator, an prætor spoponderit 9, 9. — relatu facilia 1, 59. — in censum referre 39, 44. Idem illud responsum retulit 37, 6. *i. e. repetiit. cf.* 9, 16. *it.* 26, 19. Missaeque de pace ad Marcium oratores atrox responsum retulerunt 2, 39. Neque tu istud umquam decretum sine cæde, nostra referes 3. 45. Apparitores — referunt, senatum in agris esse 3, 38. Legatione Romam relata 7, 32. *i. q. renuntiata.* Nec ullum factum contra utilitatem vestram vere referri posse 6, 40. *i. q. com-*

memorari. Non augendæ religionis causa, sed præsentis Deæ numine sæpe comperta nobis majoribusque nostris, referebantur 29, 18. Qui se Macedonum reges ex ea civitate oriundos referunt 27, 30. Ut in tempore et béne cumùlatam gratiam referant 24, 48. Rempublicam esse gratiæ referendæ 28, 25. Meriti gratiam retulisset 39, 13. *pr.* merito. Novum referre proditionem proditis olim 24, 45. *i. e. satis facere, gratum facere, proditis.* Ut nec triumviri accipiundo nec scribæ referundo sufficerent 26, 36. Retulisse dicitur Decius parentis sui speciem etc. 10, 7. *i. e. repræsentasse.* Ut ubi sim, quam qui sim, magis referat 2, 8. — id referre tantum, utrum — an etc. 8, 39. *cf.* 25, 16.

REPERTUS 5, 41. Velut ea demum intacta et referta prædâ.

REFICERE urbem 6, 1. *i. e. reædificare.* —eosdem tribunos refici 3, 21. *i. q. iterum creari. cf.* 6, 39. — prætor unus refectus — novi alii creati 24, 9. *cf.* 6, 39. *it.* 10, 13. *Similiter* 3, 10. reficere exercitus *i. e. novos scribere. cf.* 8, 36. Publice semper refectum 1, 26. (*sororium tigillum*). Quod inde refectum est (*pecuniæ*) 35, 1. *i. e. redactum est.* — quum divendenda præda quadringenta talenta argenti aurique recisset 1, 53. Tum refecta tandem spe, castra propius hostem movit 23, 26. Ut quiete et pabulo læto reficeret boves 1, 1. Refecti sunt militum animi 21, 25. — refectusque miles, hibernis itineribus affectus 22, 9.

REFORMIDARE 9, 34. Nisi universam rempublicam eo nefario obstrinxeris, quod ominari etiam reformidat animus. Vid. *Intt. ad Virgil. Æn.* 2, 12.

REFRAGARI 45, 40. Si aut non refragati honori ejus fuissent aut etc.

REFRINGERE 10, 43. Simul et refringebantur portæ. *cf.* 24, 30. *it.* 25, 9. — refracturosque carcerem minabantur 6, 17. Portula magna vi refringi cœpta 25. 24. *paullo post :* Hexapylo effracto etc. Adeo occæcat animos fortuna, ubi vim suam in gruentem rofringi non vult 5, 37. *i. q. frangi.*

REFUGERE 21, 28. Quum refugientem in aquam nantem sequeretur. *i. q. fugientem.* Ad Philippum captiva navis ex cursu refugit 23, 39. *cf.* 31, 36. Et subsidia armatorum, ad arcendas populationes missa, sæpius simulato, quam vero, pavore refugerunt 2, 50.

REFUGIUM 9, 37. Silvæ tutius dedere refugium. nam castra in campis sita eodem die capiuntur.

REFULGERE 7, 10. Corpus alteri magnitudine eximium, versicolori veste pictis que et auro cælatis refulgens armis. *Virgil. :* os humerosque deo similis — — claraque in luce refulsit.

REGALIS 27, 19. Regalem animum in se esse. *i. q. rege dignum.*

REGALITER 49, 51. Ipse centum hostiis sacrificio regaliter Minervæ — confecto etc.

REGERE 10, 13. Jam regi leges, non regere.

REGERERE 44, 11. Quia nusquam cumuli apparebant, quo regesta e fossa terra foret.

- REGIMEN 4, 31. Quo minus regimen rerum ex notata indigne domo peteretur. *i. e. rector. Sic explicat Drakenborchius.* Regimen totius magistratus (*decemviratus*) penes Appium erat 3, 33.

REGIO 3, 66. Populabundi regione portæ Esquilinæ accessere. — portis regione platearum patentibus 25, 25. Regionibus partiri imperium 27, 7. *i. e. secundum regiones in Italia etc.* In quatuor regiones divisa Macedonia 45, 29. *earum singulæ populos plures complectebantur. Sed regio tamen, et pars promiscue dicuntur eod. cap. ut et cap. sequenti.* Totam Asiæ regionem inaniora parere ingenia 45, 23. *conf. cap.* 80.

REGIONATIM 45, 30. Regionatim commerciis interruptis ita videri lacerata etc. Regionatimque generibus hominum, caussisque, et quæstibus, tribus descripserunt 40, 51.

REGIUS 4, 32. Regia pugna *i. e. cum rege.* — inimicitias impotenti ac prope regia ira exercere 39, 4. Justum adparare bellum regio animo 42, 19. *opp.* latrocinium *et* veneficium. Tulit et Romana regia (*domus*) sceleris tragici exemplum 1, 46. — per hujusce regiæ deos 30, 12. Vid. *adulatio.*

REGNARE 1, 17. Regnari tamen omnes volebant. *i. e. regium imperium conservari.* Regnatum Romæ ab condita urbe ad liberatam annos ducentos quadraginta quatuor 1, 60. Nec jam libertate contentos esse, nisi etiam regnent ac dominentur 24, 29. Quem privatum viribus et audacia regnantem videtis 3, 11. *cf.* 6, 40. *ubi de tribunatu dicitur.*

REGNUM consociant, imperium omne conferunt Romam 1, 13. — tenere 4, 3. — se patrio regno tutoris fraude pulsos 1, 40. — qui obstare regnum suum saluti civium nolit 5, 5. *i. q. qui rex esse amplius nolit etc.* Quod tribuni mil. in plebe Rom. regnum exercerent 5, 2. — non in regno populum Rom. sed in libertate esse 1, 40. *cf. ibid. cap.* 57. Horum in tam impotenti regno etc. 33, 46. Animi regno infesti 1, 57.

REGREDI 38, 4. Ne — regressus inde in tutum non esset. *al. in tuto. cf.* 21, 41.

REGULUS 29, 4. Mittique ad Syphacem legationes aliosque regulos — cœptæ. — et reguli quidam et tyranni 36, 48. *cf.* 27, 4. *it.* 28, 43. Brennus, regulus Gallorum 5, 38. Ita regulus (*Gulussa, Masinissæ filius*) Karthaginiensesque dimissi 42, 24. — responsum regulo (*Masgabæ, regis Ma*

sinissæ *filio*) est, 45, 14. *Sub finem tamen ejusdem capitis regis pro reguli accipi posse videatur. Ex his locis manifestum esse arbitror, non ipsos tantum reges, sed eorum liberos quoque regulos dictos esse.* Vid. *infra in v. rex.*

REJICERE 23, 8. Rejecta ab humero toga latus succinctum gladio nudat. Si, quod imperio consulari exsequendum esset, invidiam ejus consules ad senatum rejicerent 2, 28. Ad consules rejiciebant 42, 32. *scil. centuriones, vel, cognitionem de eorum caussa, vel, ipsi eo rejiciebantur. cf.* 9, 43. Vid. *Drakenborch. ad* 2, 22. Hæc legatio, totumque, quod ad Sardiniam pertinebat, ad novos magistratus rejectam est 41, 6. Senatus a se rem ad populum rejecit 2, 27.

RELANGUESCERE 25, 45. Ut tædio et impetus relanguescat regis, et Romani tempus ad comparandum habeant.

RELEGARE 25, 6. Nemo eorum relegatus in exsilium est. *ibid. paullo post:* non solum a patria procul Italiaque, sed ab hoste etiam relegati sumus. *cf.* 9, 26. *it.* 26, 2.

RELEGATIO 3, 10. Exsilio et relegatione ulciscentes tribunos. *cf.* 4, 4. Vid. *exsilium.*

RELIGARE 21, 28. Quam — pluribus validis retinaculis parte superiore ripæ religatam — constraverunt.

RELIGIO 5, 51. Cum urbe simul positæ traditæque religiones. *i. e. cærimoniæ, sacerdotes, loca sacra, sacrificia etc.* — nullus locus non religionum deorumque est plenus 5, 52. *cf.* 6, 5. — negligentiores publicarum religionum 5, 52. — quid de religionibus atque auspiciis loquar 6, 41. — apud quos juxta divinas religiones fides humana colitur 9, 9. — turbatis religionibus 8, 32. *i. e. non repetitis auspiciis, quum incerta essent,* dubiis diis, *uti paullo post Livius dixit.* — religionibus quibusdam animo objectis 41, 22. — ut his religionibus (*ritibus externis*) populum liberaret 25, 1. — et novas religiones excitabant in animis hominum prodigia ex pluribus locis nunciata 30, 2. Inclyta justitia religioque — Numæ — erat 1, 18. Periti religionum jurisque publici 41, 18. Pleni religionum animi 41, 16. Accesserunt, quæ cumularent religiones animis 42, 90. Nec in sacerdotibus tanta offusa oculis animoque religione motus esset 2, 40. (*de externo habitu sacerdotum.*) Nec tamen ludorum primum initium, procurandis religionibus datum, aut religione animos, aut corpora morbis levavit 7, 3. Vid. *levare.* Repetitum ex seniorum memoria dicitur, pestilentiam quondam clavo a dictatore fixo sedatam. Ea religione adductus senatus etc. *ibid.* Ne exercitus mitterentur, religio obstitit 4, 30. *cf. cap. seq.* — religio infixa animis 29, 18. — quæ dictatori religio impedimento fuerit 8, 32. — quos dam religio eeperit, ulterius quidquam eo die conandi 28, 15. — movendi inde thesauros incussa erat religio 29, 18. — collegam sufficere, censori religio erat 6, 27. *cf.* 2, 62. — ejus rei religio tenuit senatum 9, 30. *cf.* 43, 13. Quæ res postea religioni fuit 5, 31. *cf.* 41, 16. In religionem trahebant 5, 23. — in religionem moti animi 21, 62. — respublica in religionem venit 10, 37. Quod dimovendis statu suo sacris religionem facere posset 9, 29. — qui auspicio adest, si quid falsi nunciat, in semetipsum religionem recipit 10, 40. Ut religione obstrictos haberent multitudinis animos 6, 1. Quamquam haud sane liber erat religione animus 2, 36. — liberaret religione templum 45, 5. *i. e. violatione, profanatione.* — Punica religione servata fides ab Hannibale est 22, 6. Vid. *exsolvere.* Qui sacramenti religionem rupistis 28, 27. Solutis religione animis 36, 1. *i. e. posteaquam facta erant, per quæ diis satisfieret.* Vid. *induciæ. it. inviolatus. it. sanctitas.*

RELIGIOSIUS 10, 7. Castius eum sacra privata facere, et religiosius deos colere quam se?

RELIGIOSUS 5, 52. Transferri sacra religiosum fuit. *i. q. religio, nefas fuit.* cf. 2, 5. 3, 21. 6, 27. De diebus religiosis agitari cœptum 6, 1. *h. e. qui insignes essent rei nulli publice privatimque agendæ. Sic Livius ipse interpretatur.* Illum diem religiosum Karthaginiensibus ad agendum quidquam rei seriæ esse 26, 17. Quia dies forte, quibus ancilia moventur, religiosi ad iter inciderant 37, 33.

RELINQUERE 5, 40. Muliebris fletus et incursatio incerta — nihil, quod humanis superesset malis, relinquebant. *i. e. summam omnino miseriam exhibebant, referebant.* Non modo pacis, sed ne belli quidem jura relicta erant 24, 33. *i. q. servata, observata erant.* Certamen sine effectu in beneficio apud primores Patrum reliquere 4, 7. *h. e. pro beneficio imputavere.* Nec, deductis præsidiis, spei liberam vel obnoxiam timori sociorum relinquere fidem 26, 38. *egregia concinnitas.* Quæ Seleucus — per summum decus parta reliquerit 34, 58. *scil. regni sui hæredi.* Egregia spe futuri status fidissima gente relicta 43, 17. *i. q. in spe egregia.* Nisi quem hostis cædendo fessus reliquit 25, 6. Quum — legatum æque sontem — in ea potestate reliquerit 29, 19. Adduci posse, ut obsidionem relinquant 5, 48. Auctores signa relinquendi et deserendi castra 5, 6. Vid. *deserere.* Relicto ea (*Xycho*) custodibus 40, 55.

RELIQUIÆ cladis 22, 57. — pugnæ 5, 12. *i. e. qui e clade, e pugna, reliqui fuerant.* — persequi reliquias belli 9, 29. Ad Lychnidum protinus reliquias cladis reduxit 43, 10. Ligures, reliquiæ cædis, in montes refugerunt 41, 12. Reliquiæ direptæ fortunæ 26, 30. *i. e. fortunarum.*

*Sic proprie inprimis in re pecuniaria, de exigendis, dicitur.*

RELIQUUS 9, 16. Reliqua belli perfecta. — Agrigentum, quod belli reliquum erat 26, 40. — reliquum vitæ 39, 13. Quos reliquos fortuna ex nocturna cæde ac fuga fecerat 9, 24. Nec, quod ab hoste crudelius pati possent, reliqui quidquam fuit 32, 13. Ad, confirmandos in reliquum sociorum animos 36, 10. *i. e. in posterum.* cf. 23, 20.

REMANERE 9, 1. Remanet aliquid ex contagione noxæ. — quia remanendi in Græcia retinendique exercitus Argos et Nabim caussam facerent 34, 23.

REMEARE 9, 16. Nisi præsidio Samnitium interfecto aut tradito ad se (*legati*) ne remearent. Eodem remeante nuncio 9, 3.

REMEDIUM 2, 45. Simulationem intestinæ discordiæ remedium timoris inventum. — id remedium timori fuit 3, 3. Quum utrumque (*præfectum et leges*) ipsi pro remedio ægris rebus discordia intestina pétissent 9, 20. Remedio irritatur æditio 6, 16.

REMIGIUM classicique milites tranquillo in altum evecti 26, 51. *i. e. remiges.* cf. 21, 22. 33, 48. 37, 11.

REMITTERE 33, 6. Nuncios in castra remissos — opperientes. *i. e. dum nuncii eo missi redirent.* Legiones — armatæ remissæ in Samnium 23, 6. Ego pacem, quam hosti tibi remittendo (*scil. milites tuos*) pactus sum, non habeam? 9, 11. Ut memoriam simultatium patriæ remitteret 9, 38. *i. e. in gratiam patriæ earum oblivisceretur.* Sic 8, 35. ut sibi pœnam magistri equitum dictator remitteret. Si adhortator operis adesset, omnes sua sponte motam remittere industriam 2, 58. Justitium remittitur, quod fuerat dicem et octo, supplicatioque perlæta fuit 10, 21. Simul a religione animos remiserunt 5, 25. — spes remisit a certamine animos 9, 12. Illis nihil remiserat prior 3, 28. Nec Scipio ullo tempore hiemis belli opera remiserat, quæ multa sunt undique simul circumstabant 30, 3. A contentione pugnæ remiserant animos 5, 41. Ne bellum remitterent 30, 23. Remittentibus tribunis pl. 6, 36. *i. e. permittentibus; est enim* remittere *i. q. concedere de jure suo. sed vide Drakenborchium ad* h. l. cf. 2, 31. *vide Intt. ad Tacit. Annal.* 1, 8. Superatis, ubi primum (*scil. se*) remiserunt imbres, amnibus 40, 33. Suarum quoque rerum illis remisso honore 7, 11. *i. e. ut suas etiam laudes in illos transifunderet.* Remisso, id quod erepturi erant etc. 6, 17. *ad q. l. vid. Bauer. pag.* 231. Jus ipsi remittent 6, 18. Ad pecunias — — et frumentum pollicendum ad bellum. Omnibus gratiæ actæ, remissum omnibus 42, 53. *i. e. non acceptum.*

REMORARI 27, 12. Ne remorandi quidem caussam in Italia fore. *i. q. morandi.*

REMORDERE 8, 4. Libertatis desiderium remordet animos. *pro mordere, angere.* vid. *morsus. Sic Virgilius Æn.* 1,
261: *quando hæc te cura remordet. ad
quem locum vid. Interpretes.*

REMOVERE 9, 24. Castra ut (*ab urbe
expugnanda*) removerentur. Senatuscon-
sulto eos a republica remotos esse 5, 11.
Tribu remoti et ærarii facti 45, 15. *Ubi
Gronovius* moti, *alii* emoti *legi volunt.
Illud sane usitatius foret.* Vid. *movere.*

REMUNERARI 2, 12. Quasi remunerans
meritum.

RENATUS 6, 1. Velut ab stirpibus lætius feraciusque renatæ urbis. Renatum
bellum 9, 12.

RENITI 5, 49. Quum illi renitentes pac-
tos dicerent sese, negat eam pactionem ratam esse etc.

RENOVARE auspicia 6, 5. *Propter vitium aliquod, quo superiora auspicia irrita
facta sunt, denuo auspicari.* cf. 5, 18. *et* 31.
vid. *Drakenborch. ad* 8, 30. — foedus renovatum 9, 43. Renovato modica quiete
exercitu 36, 14. *i. q. recreato.* —quies —
renovavit corpora animosque ad omnia de
integro patienda 21, 21. Robur plenius
nitidiusque ex morbo velut renovatus flos
juventæ faciebat 28, 35. *vid. Intt. ad* 3,
51. Ipsis quoque tribunis, ut sacrosancti
viderentur — renovarunt 3, 55. Per causam renovati ab Æquis belli 2, 31. Vid.
*clamor.*

RENOVATIO 5, 52. Instauratio sacrorum
auspiciorumque renovatio.

RENUNCIARE 45, 25. Hæc Rhodum
nunciata — in gaudium renunciata verterunt. Ita renunciant legationem 23, 6.
*i. e. quid in legatione effecerint, narrant.*
*cf.* 9, 4. — hæc dicta legatis renunciataque
in concilium 29, 3. Legati, qui in Syria
fuerant, renunciaverunt 42, 6. Tribuni
quum ad deliberandum secessissent, victi
auctoritatibus principum, de integro agere
coeperunt, revocaturosque se easdem tribus
renunciarunt 45, 36. Qui (*magistratus*)
priusquam renunciarentur 5, 18. *de suffragio quidem prærogativæ.* Dictator comitia
consularia habuit, æmulumque — Valerium — consulem renunciavit 7, 26. vid.
*pronunciare.* Decreverunt societatem renunciare Achæis 38, 31. — societas eis et
amicitia renuncianda 36, 3. Ad res repetendas in Macedoniam renunciandamque
amicitiam regi missi 42, 25. Decemviri
(*adire libros jussi*) renunciarunt 42, 20. —
ver sacrum — quum — bon esse recte
factum renunciasset 34, 44. Hæc quum
renunciata essent etc. 36, 1.

REOR 1, 59. Haud temere esse rentur.
Quamquam filius ipse in primis jam animum quoque patris consenuisse in adfecto
corpore rebatur ; tamen etc. 9, 3.

REPARARE 3, 37. Quonam modo tribuniciam potestatem — rem intermissam,
repararent. Bellum ab Æquis reparari

coeptum 4, 45. *cf.* 30, 7. Hostes reparaverant animos 44, 38.

REPELLERE 25, 41. Qui Hannibalem
subnisum victoria Cannensi ab Nola repulisset. Et hi repulsi — dilati 39, 32. *Dicitur simpliciter de iis, qui irrito conatu
magistratus petierunt.*

REPENS 6, 42. Fama repens belli Gallici allata. — repens tumultus 21, 26. —
repens alia nunciatur clades 22, 8. *cf.* 1,
14. *it.* 10, 7.

REPENTE 21, 41. Utrum alios repente
(*al. derepente*) Karthaginienses — terra
ediderit. Ex bello tam tristi læta repente
pax etc. 1, 13. vid. *lætus.*

REPENTINUS et tumultuarius *exercitus*
41, 10. — repentina cohors *ibid. cap.* 1.—
repentina nobilitas 1, 34. Vid. *subitarius.*

REPERCUSSUS 21, 33. Quos (*clamores*)
repercussæ valles augebant.

REPETERE 5, 17. Auspicia de integro
repeterentur. *cf.* 8, 30. vid. *renovare.* Repetitum ex seniorum memoria dicitur 7, 3.
Memoria ex annalibus repetita 8, 18. Pro
eo gratiam repetere 1, 47. Res repetere 7,
32. *i. e. poscere, ut satisfiat, etsi nihil ablatum sit. alibi significat res vere ablatas
reddendas exposcere.* Qua coepisset ire
via, an eam, qua venisset, repetere melius
esset 35, 28. Qui onerarias retro in Africam repetere juberent 25, 27. *cf.* 22, 18.
Quid (*urbem*) repetiimus? 5, 52. — ad
Nolam armis repetendam 9, 28. — repetentes pugnam conspexit 37, 43. Bello
superatas (*urbes*) in antiquum jus repetit
35, 16. Haud sine pudore certe fractum
repetiturum ac se imperium repetiturum 6,
38. (*dictatorem iterum fieri.*) Alii deinde
repetiti ac trajecti sunt 21, 28. *i. q. reditum est ad ripam, unde trajiciendi essent*
etc.

REPLERE 24, 42. Brevi replevit exercitum. *i. e. supplevit ; præcedit enim
conquisitio militum. Nisi vero replere
simpliciter pro refocare, recreare, accipere
velis ; præsertim quum addiderit Livius :*
animosque ad tentandum de integro certamen fecit. *Est autem hæc exquisitior
significatio verbi* replere. *vid. Col. Ruhnken. ad Velleii* 2, 56. Assidentes curan-
tesque eadem vi morbi (*pestilentia*) reple-
tos secum traherent 25, 26. Repletas se-
mitas — puerorum et mulierum huc atque
illuc euntium 6, 25. — strage hominum armorumque insignium campi repleri 9, 40.

REPONERE 29, 19. Duplamque pecu-
niam in thesauros reponi. *cf.* 9, 46. Capiti
(*pileum*) apte reponit 1, 34. Acceptas litteras quum in gremio reposuisset 26, 15.
Qui plus in eo, ne posset decipi, quam in
fide Siculorum, reponeret 24, 37. In caritate civium nihil spei reponere 1, 49. In
quo aliquanto plus spei reposuitum 2, 39.

REPORTARE 38, 50. Qui confecta provincia exercitum reportasset. *cf. cap.* 49.

Exercitum salvum atque incolumem plenissimum præda domum reportavit 41, 28. Reportati sumus in Italiam 42, 34. *ibid. paullo ante :* quum in Italiam portati ac dimissi essemus. [*Scripsit Livius etiam hîc* reportati.]

REPRÆSENTARE 2, 36. Quum minas irasque cœlestes repræsentatas casibus suis exposuisset. *i. e. quæ statim rata factæ essent, eventum habuissent. Nam proprie* repræsentare *est idem quod præsenti pecunia, ex arca solvere. Et paullo ante legitur :* præsentior res erat. — et vera esse et apte ad repræsentandam iram deûm ficta possunt 8, 6.

REPREHENSARE 2, 10. Reprehensans singulos (*Horatius Cocles,*) obsistens, obtestansque etc.

REPUGNARE 29, 33. Pertinacior (*turma*) in repugnando telis obruta et confixa est. *i. q. pugnando, defendendo se.*

REPULSA 10, 37. Consul quum — videret — collegæ amicos, ad solatium æquatæ repulsæ sibi quoque negare triumpham etc.

REPURGARE 44, 4. Præmissis, qui·repurgarent iter. — *paullo post :* aperire saltum.

REPUTARE 1, 41. Qui sis, non unde natus sis, reputa.

REQUIETUS 44, 38. Militem, quem neque, viæ labor hodie, neque operis fatigaverit, requietum, integrum, in tentorio suo arma capere jubeas.

REQUIRERE 49, 5. Requisitus ad supplicium. Requisitos abire ex regno jussi 42, 41. Requisitos — — legatos ad se duci jussit 44, 32.

RES est — immensi operis — et quæ — creverit *Præfat.* ἀλογία, *illic est historia, hîc respublica.* vid. *Bauer. ad h. l.* — res populi Romani *ibid. i. q. historia, res gestæ.* — quum veterem, tum vulgatam esse rem — — aut in rebus certius aliquid *etc. ibid.* — magni discriminis res 25, 41. — haud magni certaminis *ibid.* — secundæ belli res 3, 9. — adversa belli res 10, 6. — res meliores facilioresque 23, 11. Quis enim rem tam veterem pro certo affirmet ? 1, 3. Ne quis ullam rem in bellum magistratibus Rom. conferret, præterquam quod senatus censuisset 43, 17. In rem emendabilem visus lapsus esse 44, 10. *nisi legendum cum Gronovio* in errorem. Nequaquam eadem est tum rei forma apud Romanos 41, 3. *belli, exercitus etc.* Ante rem nitent arma 9, 40. *i. e.* ante pugnam. — rem gerere ac tentare 23, 18. Quâ fortuna rem daret, eâ inclinare vires 1, 27. *i. e. occasionem transeundi ad hostes, aut manendi.* — summam rem complectar 34, 32. *i. e. summam rei.* vid. *summus.* Non tam magni momenti ad summam rem populi R. 33, 45. — res Romana 1, 23. *pro utilitate publica.* vid. *respublica.* Interpretando versa Romam res 9, 36. (*crimen et*

*quæstio.*) Dilata in speciem actione, re ipsa sublata 3, 9. *cf.* 39, 85. Quum ipsa res speciesque miserabilis erat 5, 40. Si spem pro re ferentes dimittant 36, 40. Rei capitalis diem Postumio dixerunt 25, 4. — ne mulieris libertinæ cum amatore sermonem in rem, non seriam modo, sed capitalem etiam verti vellet 39, 13. Quietæ externæ res Romanis essent 6, 42. — bonis rebus vestris 7, 30. — pro remedio ægris rebus 9, 20. — res Capuæ stabilitas Romana disciplina *ibid.* cf. 8, 27. Omnium rerum caussa vobis antiquandas censeæ istas rogationes 6, 41. *cf.* 36, 42. Trium rerum caussa 24, 8. Haud procul justo prœlio res erant 7, 14. Ab ducibus utrobique prodita temeritate atque inscitia res 6, 30. Ex ea tantum præda, quæ rerum moventium sit 5, 25. *int. se, i. e. mobilium.* — præda oppidi parvi pretii rerum fuit 21, 60. Inde rem creditori palam populo solvit 6, 14. *it. cap. eod.* ea res si palam fiat. *i. e. si thesaurus ille protraheretur.* Quum jam ex re (*familiari*) nihil dari posset 6, 34. Ut ea res divinæ supplicationesque — cum cura fierent 23, 11. Factis benignus pro re 7, 33. *i. e. prouti res vel patiebatur vel postulabat.* Nihil est aliud in re 10, 8. — quid enim in re est aliud ? 4, 4. Ea clades majorem, quam res erat, terrorem excivit 10, 4. Verbo socies, re vera subjectos imperio 37, 53. — pugnavimus verbo pro Sidicinis, re pro nobis 7, 30. Inter scriptores rerum discrepat 39, 56. — inter antiquos rerum auctores constat 7, 42. Res ad Patres redit 1, 32. *i. e. imperium in interregno.* — parva ista non contemnendo majores nostri maximam hanc rem fecerunt 6, 41. Prope secessionem plebis res terribilesque alias minas civilium certaminum venit 6, 42. — et res et gloria integra est 7, 13. Magna res — Chalcis et Euripus, ademta regi forent 31, 23. — tantis rebus sine caussa relictis 44, 7. *de locis opportunis, oppido munito, eoque ornatissimo ædificiis.* — vallum fossamque, ingentis utramque rem operis 5, 5. Multumque ab spe adeundi valli res Hernicis afuit 7, 7. Quæ cognosse in rem erat 22, 3.

RESARCIRE 45, 28. Referrique tegulas et resarciri tecta, sicut fuerant, jussit.

RESCINDERE pontem 2, 10. — dum alii pontem sublicium rescindunt. *Epitom. ejusd. libri : ubi vide Drakenborchium.*

RESCISCERE 41, 22. Certius aliquanto, quæ Karthagine acta essent, ab rege rescierant, quam ab ipsis Karthaginiensibus.

RESCRIPTUS 9, 10. Rescriptæ ex eodem milite novæ legiones. *pro iterum scriptæ.*

RESERARE 25, 16. Quum intentius exta reserata servarentur.

RESERVARE 25, 6. Nos vulgo homines laudabant, quod reipublicæ nos reservassemus. — in unum pugnæ laborem reservati 7, 7. Suis per speciem societatis proditionem reservat 1, 27. Melioribus meis vestrisque rebus reservate ista de me judicia 2, 51. Quorum cognitionem causae reservarat 43, 34.

RESIDERE 35, 38. Postquam resedit terror. Quin iram ejus, si qua ex certamine residet, simplicitate et hilaritate nostra lenimus? 40, 7. Longiore certamine sensim residere Samnitium animos 10, 28. Quum irae resedissent 2, 29.

RESIDES ipsi ac segnes, tamquam nec manus nec arma habeamus 25, 6. cf. 6, 28. Timere Patres residem in urbe plebem 2, 12.

RESISTERE 3, 13. Vi contra vim resistunt. — vix deorum opibus, quin obruatur Romana res, resisti posse 4, 43.

RESOLVERE 26, 15. Acceptas litteras, neque resolutas, quum in gremio reposuisset, praeconi imperavit, ut etc. Vixdum omnes conscenderant, quum alii resolvunt oras etc. 22, 12. conf. Virgil. Æn. 3, 276.

RESPECTARE 8, 39. Ubi respectantes hostium antesignanos, turbataque signa et fluctuantem aciem vidit. — respectans ad tribunal 3, 48.

RESPECTUS 8, 38. Urgentes scutis sine respiratione ac respectu pugnabant. Rex primo effuse ac sine respectu fugit 32, 12. — qui respectum habent 21, 44. i. q. receptum, qui a tergo tuti sunt. Si nullus alio sit, quam ad Romanos, respectus 42, 46. — ni respectus equitum sexcentorum — praepedisset animos 9, 14. Si aliquem respectum amicitiae eum habere cerneret 42, 37. Respectu rerum suarum 31, 46. — liberûmque suorum respectu 8, 28. cf. 2, 30. it. 9, 45. — sui aliquo respectu 42, 9. Nos omnium rerum respectum, praeterquam victoriae, nobis abscindamus 9, 23. Et in praesens tempus mitiores eos justioresque respectu populi Rom. habere se 45, 18. ex imitatione. Recepta (Capua) inclinatura rursus animos videbatur ad veteris imperii respectum 26, 1.

RESPERGERE 1, 13. Ne se sanguine nefando soceri generique respergerent.

RESPICERE 4, 17. Obstringi Fidenatium populum, ne respicere spem ullam ab Romanis posset, conscientia tanti sceleris voluisse. pro suspectare, sperare; nam ipse respiciendi gestum desiderium et confidentiam indicat. — subsidia, quae respicerent in re trepida ibid. cap. 46. Resperisse Hannibalem saepe Italiae littora etc. 30, 20. conf. Virg. Georg. 3, 228.

RESPIRARE 4, 25. Si plebi respirare ab eorum mixtis precibus minusque liceat. i. q. sine interpellatione consilia inire, agitare. Gallica acies nullum spatium respirandi recipiendique se dedit 10, 28. cf. 28, 31:

RESPIRATIO. Vid. paullo ante in v. respectus.

RESPONDERE 31, 5. Precationem ad-

misisse debet, aruspices respondere. verbum proprium in hac genere. His Capitolium est, ubi quondam capite humano invento responsum est, eo loco caput rerum summamque imperii fore 5, 54. Papirio brevi ad spem eventus respondit 9, 15. cf. 23, 6. — ad nomina non respondere 7, 4. de delectu. Quum ad nomen nemo responderet 2, 28. Nec absurde adversus utrosque respondisse visus est 35, 50. cf. 6, 32. it. 30, 31. Huic nuncio — nihil voce responsum est 1, 54.

RESPONSUM 1, 56. Neque responsa sortium (oraculi Delphici) ulli alii committere ausus. Dum haec geruntur, Q. Fabius Pictor legatus a Delphis Romam rediit, responsumque ex scripto recitavit 23, 11. Quum — legatis — triste responsum ab consule redditum esset 9, 16. — idem illud responsum retulit 27, 6. cf. cap. 28. — sine responso ac mentione facti sui legatos dimisit 9, 38. Responsum senatus, amicitiae Samnitium memor 7, 31.

RESPUBLICA it. divisim resque publica 8, 13. — reque de publica 22, 11. Resp. Quiritium 8, 9. Vide Quirites. — populi Rom, 3, 19. ex antiqua formula sic dicitur. cf. 28, 28. it. 45, 14. De summa rep. consultatum 26, 10. i. e. de universae reip. salute, et re, ex qua illa pendet. Quo die de provinciis et de rep. (consules) retulerunt 38, 42. de rep. universa, nulla re et parte nominatim. Ut sua cuique resp. in manu esset 26, 8. i. q. cives. cf. 45, 23. secessisse aliquando a vobis plebem, nec in potestate vestra remp. fuisse. Rempublicam egregie gerere 40, 40. de victoria. Cujus imperio consilioque summam rempublicam (bellum Macedonicum) tuendam permiserant 42, 49. vulgo permiserunt. [idque rectum. Livius universae loquitur, non de certo quodam bello.] Ut quatuordecim legionibus — centum navibus longis resp. administraretur 30, 41. i. e. bellum gereretur. cf. 10, 25. Concors et e respublica censura fuit 42, 10. Magisque ex sententia respublica vestra vobis procedet 23, 11. In mille curias concionesque — dispersam et dissipatam esse rempublicam 2, 28. i. q. populum Romanum, ordinem plebeium. Senatusconsulto eos ab rep. remotos esse, et recusantes abdicare se magistratu 5, 11.

RESPUBRE 42, 14. Omnis et defensio et deprecatio legatorum respuebatur.

RESTAGNARE 44, 6. Ostium late restagnans. i. e. latissimum, ut maris vel stagni similitudinem habeat.

RESTARE 9, 15. Qui obsessor Luceriae restiterat. i. q. manserat. cf. cap. 29. — unam sibi spem reliquam restare 10, 16. Summa vi restare nunciabantur 4, 58. i. e. resistere. — nunc paucis plures vix restatis 23, 45. — restantes ac circumventos occidit 6, 39. cf. 6, 39. it. 29, 2.

RESTINGUERE 26, 28. Rivique sanguinis flammam orientem restingueront. — quæ (*studia*) verecundia legum restinguenda ratus 10, 13.

RESTITARE 10, 19. Hæc monendo obtestandoque, prope restitantes consules in concionem pertraxerunt. *cf.* 7, 39. *it.* 30, 31.

RESTITUERE 25, 37. Res perditas restituit. Sospitesque omnes ad propinquos restituit 2, 13. *cf.* 24, 47. Ut interfecto Punico præsidio restituerent se Romanis 23, 7. *cf.* 31, 31. Ut se restituerent in patrium ac legitimum regnum 38, 1. — restituturumque se in antiquam formulam jurisque ac ditionis eorum 26, 24. Qui te captum victori — restituis 9, 11. Restitutus in patriam secum patriam ipsam restituit 7, 1.

RESUPINARE 4, 19. Assurgentem ibi regem umbone resupinat etc. *conf. Virgil. Æn.* 1, 476.

RETENTARE 10, 5. Quo magis festinantes videt dictator, eo impensius retentat agmen ac sensim incedere jubet.

RETICERE 3, 41. Ad Valerium, negantem se privato reticere, lictorem accedere jussit. *i. e. se jussu privati tacere. cf.* 21, 12.

RETINACULUM. Vid. *religare.*

RETINERE 37, 51. Consulem — ad sacra retinuerat — pontifex maximus. — quod sacris ut sollemne retentum sit 3, 39. Retinere Quinctium in senatu, ne frater quidem — si tum censor esset, potuisset 39, 42. *scil. retinent censores, quos non movent ordine.* Vid. *B. Patruus ad Sueton. Ner.* 37. Si ab hostibus metu retenti sumus 5, 52. *i. e. Capitolio inclusi.* — quem (*flaminem*) neque mittere ab sacris, neque retinere possumus, ut non deûm aut belli deseramus curam 24, 8. Retentus — in recipiendis civitatibus Bruttiorum 23, 11.

RETRACTARE 3, 49. Retractantem arripi — jubet. *i. e. semper se subducentem, non obsequentem.* — sequuta exercitum plebs, nullo, qui per ætatem ire posset, retractante 3, 52. *cf.* 2, 30. *it.* 37, 18.

RETRACTATIO 6, 28. Juniores Romani ad edictum, sine retractatione, convenere. *ante Drakenborchium legebatur* detrectatione. Vid. *Cic. Or. Philipp.* 14, 14.

RETRAHERE 30, 20. Qui, vetando supplementum et pecuniam mitti, jam pridem retrahebant. *cf.* 10, 25. Missique, qui sequerentur ab Terracina comprehensos omnes retraxerunt 2, 12. Retractus sinus 26, 42. Vid. *Drakenborch. ad h. l. Apul Virgilium quidem est reductus.* Ne ante fauces quidem saltus — sed intra penitus retractis castris 38, 17. Vid. *Intt. ad h. l.*

RETRIBUERE 2, 41. Pro Siculo frumento pecuniam acceptam retribui populo.

RETRO via repetenda 9, 2: *cf.* 22, 6. *et* 18. Vid. *repetere. conf. Virgil. Georg.* 1,

200. Cetera multitudo retro, quâ venerant, transdanubianam regionem repetiit 40, 58. Retro, qui poterant, nando repetentes terram, in aliam fœdiorem pestem incidebant 44, 42. Retro ad Istrum — redierunt 44, 27. Retro in sua castra rediit 23, 28. *cf.* 24, 20. Retro in castra sua se recepit 23, 36. *cf. cap.* 37. *et* 38. Retro — remissis — navibus 21, 10. Fugam magis retro, quam prœlium, spectante milite 8, 19. Retro revocanda et abdenda cupiditas erat 2, 43. Quum ex summo retro volvi fortuna consuesset 45, 41.

RETROCEDERE 8, 8. Si hastati profligare hostem non possent, pede presso eos retrocedentes in intervalla ordinum principes recipiebant.

RETUNDERE 2, 33. Non modo impetum erumpentium retudit, sed per patentem portam ferox irrupit. Liberandam omnem Græciam, si Ætolorum linguas retundere — vellent 33, 31.

REVEHERE 1, 35. Prædaque inde revecta. Equo citato ad urbem revectus 7, 41. *cf.* 2, 47. *it.* 34, 15. Spoliisque lectis ad suos revectus etc. 8, 7. Ne quis reveheretur inde ad prœlium 3, 70.

REVERERI 1, 48. Nec reverita (*Tullia*) cœtum virorum.

REVERTERE 7, 17. Præda ingenti parta victores reverterunt. *cf.* 26, 50. *it.* 41, 6.

REVICTUS 6, 26. Revicta rebus crimina. *i. q. convicta.* — noctis proximæ crimen facile revictum 40, 16.

REVOCARE 4, 35. Ad spem consulatus in partem revocandam. *i. q. vocandam. cf.* 25, 14. — ut ad sortem revocaret (*scil. destinationem provinciarum*) 10, 24. — disceptationem ab rege ad Romanos revocabant 41, 22. *i. e. rejiciebant. cf.* 10, 24. Cornelius — omnes duces — ad urbis præsidium revocabat 26, 8. *i. e. revocandos censebat.* — rursus ad Caudium revocavit 9, 27. Vid. *retro.* Revocatus de exsilio 5, 46. Si revocemur in suffragium 40, 46. Vid. *renunciare.* Quod, utcumque prætermissum, revocari non posset 44, 40.

REVOLVERE 4, 12. Ad dispensationem inopiæ revolutus. Eo revolvi rem 5, 11.

REUS fortunæ ejus diei 6, 24. — rei satis locupletes 9, 9. — reum qua infelicis belli, qua ignominiosæ pacis 9, 8. — ut suæ quisque partis tutandæ reus sit 25, 30. *i. e. loci a se non defensi reus fieri possit.* Rei ad populum — circumeunt sordidati 2, 54. — si reum perago, quid acturi estis 4, 42. — apud concionem prius reus agatur 45, 37. *cf.* 24, 25.

REX 2, 2. Quo adjutore reges ejecerat. *i. e. regium genus. cf.* 1, 39. — rex Gentius cum liberis et conjuge et fratre 45, 44. *paullo post reges appellantur.* [*Sic et Græci. vid. not. ad Euripid.* Hecub. *v.* 552. *ed. Lips.* 1803.] Quod Masinissam non appellasset modo regem, sed fecisset, restituendo in paternum regnum 30, 17.

Reges non liberi solum impedimentis omnibus, sed domini rerum temporumque, trahunt consiliis cuncta, non sequuntur 9, 18. Communes omnium regum hostes (*Romani*) 44, 24. Natura inimica inter se esse liberam civitatem et regem *ibid.* Regum viribus reges oppugnare *ibid.* Cursum — rex ille regum (*Agamemnon*) petlit 45, 27. Opulentus rex 45, 34. In custodiam — traditus, vix gladiatorio accepto decem talentis ab rege rex, ut in eam fortunam recideret 44, 31. Cujus regis genero hereditarii sunt relicti exercitus nostri, ejus filio parum mature serviamus 21. 3. (*tron.*)

RHODUS 44, 23. Rhodum proficisci, *sine præpositione. Contra cap. eod.* ab Rhodo.

RIGARE 5, 16. Emissam (*aquam*) per agros rigabis. *i. q. deducere. Sic dicitur* sacra litare, *pro sacris etc.*

RIGERE 21, 54. Tum utique egressis rigere omnibus corpora, ut vix armorum tenendorum potentia essent. *cf. cap.* 55.

RIGIDUS 35, 11. Cervix rigida. *de Numidarum equis.* Vid. *Clav. Cicer. in v.* obstipus. Invicti a cupiditatibus animi (*Cato*) et rigidæ innocentiæ 39, 40.

RIPA 35, 33. Super ripam Tiberis. *i. q.* ad *Tiberim. cf.* 32, 30. super ripas. — profectus adversa ripa Rhodani 21, 31.

RITE 27, 25. Neque enim duobus, nisi certis, deis rite una hostia fieri. Vide *Drakenborch. ad h. l.* Pecora in fanis trucidant verius, quam rite sacrificant 41, 18. Rebus divinis rite perpetratis 1, 8. Religione tactus hospes, qui omnia, ut prodigio responderet eventus, cuperet rite facta etc. 1, 45.

RITUS 5, 44. Sine stationibus ac custodiis ferarum ritu sternuntur. Placet pecudum ferarumque ritu promiscue in concubitus ruere? 3, 47. Quam — aram — maximam vocet tuoque ritu colat 1, 7.

RIVUS. Vid. *aqua.*

RIXA 40, 14. Quomodo fefellissent, et alieni, et mei, et maxime suspecti, quia paullo ante in rixa fuerant. Ab lictore nihil aliud quam prehendere prohibito, quum conversus in Patres impetus esset; consulum intercursu rixa sedata est 2, 29.

ROBUR 30, 2. Quod roboris ea provincia habuerat. *i. e. milites.* — robur omne virium 33, 4. *cf.* 22, 40. *it.* 24, 48. — id robur toto exercitu erat 39, 30. — id roboris in omni exercitu erat 27, 14. — quod roboris in juventute erat 33, 28. — cæsum in acie quod roboris fuit 9, 39. — robore juventutis suæ acciso 7, 29. — robur animi viriumque 23, 26. — neque his ipsis tantum umquam virium aut roboris fuit 21, 1. — graviorem armis peditem, quod virium, quod roboris erat etc. 21, 55. — senatus robur 5, 39. *i. q. fortissimi senatores.* Quos certatim nomina

dantes, si quorum corporis species roburque virium aptum militiæ videbatur, conscripserat 27, 46. Quorum (*militum*) robora ac vires etc. 21, 40. Ni extraordinariæ cohortes pari corporum animorumque robore se objecissent 7, 7. Robora militum ex duobus consularibus exercitibus electa 7, 12. — robora virorum 22, 6. *et* 54. — robora legionum 23, 16. — robora ex legionibus peditum 25, 6. *i. e. potiores milites legionarii.* — cohortes — lecta robora virorum 7, 7. Robore navium et virtute militum Romani longe regios præstabant 37, 30. Vid. *virtus.* Idque primum ad cœptam magnitudinem roboris fuit 1, 8. *de iis, qui ad asylum perfugerant.* Si sint duæ roboris ejusdem in urbe [gentes 2, 49. *de bello familiari Fabiorum.* In carcerem includatur et in robore et tenebris exspiret 38, 59. *nempe, ut Festus ait, malefici arcis robusteis olim inclusi fuerant, unde postea roboris nomen carceri mansit.* Vid. *rorarius.*

ROBUSTUS 38, 5. In arietes tollenonibus libramenta plumbi aut saxorum, stipitesve robustos incutiebant.

ROGARE 32, 26. Sacramento rogatos — sequi cogebat. *cf.* 40, 26. Quum plebeiis (*lege Licinia*) consulatos rogabatur 10, 7. *cf.* 8, 13. In legibus magistratibusque rogandis 1, 17. Ut duos viros ædiles ex patribus dictator populum rogaret 6, 42. Nunc rogari — ut populus consules creet 4, 2. *absolute.* Consules, — rogo, ne vobis, quom velitis, facere liceat 6, 40. *ubi vid. mox.* Comitia consulibus rogandis 38, 42. *cf.* 26, 22. — uni consuli rogando 23, 31. — rogando collegæ 22, 35. Livius — primus rogatus sententiam 37, 14. Ego hanc legem — — uti rogas, jubendam censeo 10, 8. Omnes — tribus, uti rogatæ, jusserunt 33, 25. Roganti Mettio, quid imperaret, imperat Tullus etc. 1, 26.

ROGATIO 33, 25. Ea rogatio in Capitolio ad plebem lata est. Rogationem pertulit 3, 54. Eo anno rogatio primum lata est — quot annos nati etc. 40, 44. Rogationemque promulgarent, ne etc. 41, 6. Rogatio — arte fallaci elusa est 42, 21. Quæ ex promulgatis plebi, quæ latoribus gratiora essent. nam de fœnore — rogationes jubebant etc. 6, 39.

ROGITARE 4, 58. Quid dari pro republica posset, rogitantes. *cf.* 8, 36. Rogitat (*interrogat*), qui vir esset 1, 7. A plerisque rogitantibus dimissi 1, 9.

ROMA — Diva 43, 6.

ROMANUS *pro Romanis. it. pro urbe Romana. vid. Drakenborch. ad* 3, 2. *it. ad* 9, 41. *it. pro ordine plebeio* 2, 27. Diique et homines Romani 5, 51. — nemo Romanus 8, 30. — pro patria Quiritibusque Romanus 5, 41. *vid.* nemo. *it.* Quirites. Viamque (*se*) per devios saltus Romano bello fecisse 10, 24. *i. e. ut Romani bellum gerere possent.* Romana moenia 21, 41. (*urbis R.*) *Virgil. Æn.* 1, 276. Mavortia moenia.

RORARII 8, 8. Rorarios, minus roboris ætate factisque.

ROSTRATÆ naves 44, 28. Vid. *navis. conf. Intt. ad Virgil. Æn.* 1, 35.

ROSTRUM 28, 30. Infesto rostro petere hostium navem. Vid. *sangualis.* Rostraque id templum (*suggestum*) appellatum 8, 14. Statuæ publice in Rostris positæ sunt 4, 17. *ubi tamen in promtu est, per προληψιν istum locum a Livio sic dictum esse.* Vid. *cædere.*

ROTARE 42, 65. Cum majori sinu libratum funditor habena rotaret.

RUBOR 4, 35. Minorem ruborem fore in juris iniquitate etc. — duas res ei rubori fuisse 45, 13. Si nomen hoc saltem ruborem incutere — possit 45, 37.

RUDERA 26, 12. Æris acervi, quum rudera milites religione inducti jacerent, vid. *Intt. ad h. l.*

RUDES 26, 51. Rudibus inter se, in modum justæ pugnæ, concurrerunt. Vid. *sudes.*

RUDIMENTUM primum puerilis regni 1, 3. — militare 21, 3. — adolescentiæ bello lacessentem (*Syphacem*) Romanos posuisse 31, 11.

RUDIS ad pedestria bella 24, 48. — ad artes oppugnandarum urbium 21, 25. — artium homines 1, 7. — ad spectacula 45, 32. — ad seditionum procellas 28, 25. *cf.* 10, 22. Scribendi arte rudem vetustatem superaturos *Præfat.* rudis *simpliciter positum* 1, 19. *vid.* incompositus. *it.* versus.

RUERE in vulnera 26, 44. — infesto agmine ruere ad urbem 3, 3. — pecudum ferarumque ritu promiscue in concubitus ruere 3, 47. — crebris motibus terræ ruere in agris nunciabantur tecta 4, 21. — itaque latius, quam cæderetur, ruebat (*murus*) 21, 11. — ruunt fugientes in castra 24, 16. Crudelitatis odio in crudelitatem ruitis 3, 53. — ruit reus 3, 11. *i. e. crimina et invidiam auget.* Ruere ad mortem 9, 4. Ut suis ipse oneratus viribus ruat 6, 19. (*Manlius.*) In aquam cæci ruebant 1, 27. Coelum in se ruere 40, 58. *de tempestate.* Vid. *porrigere.*

RUINA rerum nostrarum 5, 51. — strage ac ruina fudere Gallos 5, 43. — qui Cannensi ruinæ non succubuissent 23, 25. — cujus (*Camilli*) exsilium ruina urbis sequuta fuerit 25, 4. — per supinam vallem fusi sunt, multique in ruina majore quam fuga oppressi obtruncatique 4, 46. Ruinis templorum templa ædificantem 42, 3. Ut communi ruina patriæ opprimerentur 45, 26. In hac ruina rerum stetit una integra atque immobilis virtus populi Romani 26, 41. Inenarrabilis labor descendentibus cum ruina jumentorum sarcinarumque 44, 5. Ibi vero clamor jubentium referre signa ruinæ quoque prope similem trepidatio-

nem fecit 42, 66. Ruinaque tota prolapsa acies in præceps deferri 5, 47.

RUMOR 22, 39. Adversos famam rumoresque hominum si satis firmus steteris. Vid. *evanescere.*

RUMPERE pontem 7, 9. — mediam aciem 26, 5. — ordines 6, 13. — eo nisi corporibus armisque rupere cuneo viam 2, 50. — induciarum fidem ruperat 9, 40. — nec rupit tamen fati necessitatem humanis consiliis 1, 42. — si quis rumpet, occidetve insciens, ne fraus esto 22, 10. *i. e. lædet, corrumpet.* Sacramenti religionem rupistis 28, 27. Quidquid ex foedere rupto irarum in nos coelestium fuit 9, 1. Ducibus iisdem Diis, per quos priore bello rupta foedera sunt ulti 21, 10.

RUPES 32, 4. Nec altitudine solum tuta urbs, sed, quod saxo undique absciso, rupibus imposita est. Contusi ac debilitati inter saxa rupesque 21, 40. Ex rupe Tarpeia 7, 10. *alias* saxum. *Vid.* abscindere. *it.* perversus.

RUPTOR foederis humani 4, 19. *cf.* 1, 28. *it.* 25, 31. Cum foederum ruptore duce ac populo 21, 40.

RURSUM 30, 16. Ad Tuneta rursum castra refert.

RURSUS novus de integro labor 5, 5. — in Penestas rursus exercitum reducit 43, 20. Rursus Virginii Largiique exemplo haud salubres (*sententiæ*) 2, 30. Ut — eodem rursus in Græciam cum quinqueremibus remitteretur 42, 47.

RUTILATUS 38, 17. Promissæ et rutilatæ comæ. Vid. *ad h. l. Bauer. p. 262.*

SABURRA 37, 11. Onerarias ducere multa saburra gravatas atque eas in faucibus portus supprimere.

SACELLUM 1, 55. Ut libera a ceteris religionibus area esset — exaugurare fana sacellaque statuit. *cf.* 5, 40. Complura sacella publica, quæ fuerant occupata a privatis, publica sacraque ut essent, paterentque populo, curarunt 40, 51.

SACER lapis. Vid. *supra in v. lapis. conf. B. Patruum ad Tacit. Annal.* 2, 14. Qui tribunis pl. nocuisset, ejus caput Jovi sacrum esset 3, 55. *paullo post :* eum, qui eorum cuiquam nocuerit, sacrum sanciri. Arma lecta conjici in acervum jussit consul, sacrumque id Vulcano cremavit 41, 12. vid. *supra in v.* facere. *it.* obire. Ut volens propitius præbeat sacra arma pro patria — sese armantibus 24, 21. Ibi tum primum — sacrum Herculi, adhibitis ad ministerium dapemque Potitiis atque Pinariis — factum 1, 7. Hæc tum sacra Romulus una ex omnibus peregrina suscepit. *ibid.* Ne sacra regiæ vicis desererentur 1, 20. Ut, qui natus sit, ignoret, cujus sanguinis, quorum sacrorum sit 4, 2. Quæ sacrorum secum ferenda, quæ relinquenda essent. — sacerdotes publicos sacraque populi Rom. pedibus ire ferrique 5, 40. *int. vasa, utensi-*

*lla, simulacra templi etc.* Sacra in ruina rerum nostrarum, alia terræ celavimus, alia -etc. 5, 51. Tactis sacris (*Hannibalem*) jurejurando adactum 21, 1. vid. *tangere.* Sacra pecunia 29, 18. *de thesauris Proserpin æ spoliatis. conf. cap.* 21. Sacrum {*sacrum*) omne judicatum 5, 50. Equitumque sacræ alæ 42, 58. *Creverius putat esse regias, tuentes regis corpus, uti vocantur* 36, 40. *cf.* 42, 66.

SACERDOS 1, 19. Ejus (*lcæ Egeriæ*) monitu, quæ acceptissima diis essent, sacra instituere; sacerdotes suos cuique deorum præficere. *Dukero videtur hæc forma singularis esse. cf,* 5, 40. Sacerdotes publici — decemvir sacrorum et — pontifex 42, 28. — oppido adolescens sacerdos lectus *ibid. cf.* 40, 42.

SACERDOTIUM 9, 29. Potitii, gens, cujus ad aram Maximam Herculis familiare sacerdotium fuerat, servos publicos, ministerii delegandi caussa, sollemnia ejus sacri docuerat.

SACRAMENTUM 4, 53. Quum — nemo invitus sacramento diceret. *cf.* 2, 24. *it.* 25, 5. — omnes juniores sacramento adigit 9, 29. Quibus (*ducibus*) sacramento liberi vestri dicant 24, 8. Exauctorati, qui sacramento dixerant 41, 5. Milites — jurejurando adacti — nam ad eam diem nihil præter sacramentum fuerat 22, 38. *Nempe hoc voluntarium erat, illud necessarium, uti Sigonius explicat.* vid. *conjurare.* Obvios in agris sacramento rogatos arma capere et sequi cogebat 32, 26. *cf.* 35, 2. Ut — omnes minores quinquaginta annis sacramento rogaret 40, 26. Hoc sacramento initiatos juvenes milites faciendos censetis? 39, 15. *de Bacchanalibus.*

SACRARE 2, 8. Sacrandoque cum bonis capite ejus, qui etc. *i. e. certa formula caput, vitam et bona devovere, et addicere Telluri ac diis Manibus.* — caput Jovi sacratum 10, 38. — prædam — publicando sacrandoque ad nihilum redegisse 5, 25. Ea omnia imperator Vulcano sacrata incendit 30, 6. Haud frustra te patrem deûm hominumque hac sede sacravimus 8, 6. — sacratis finibus non evocatum Terminum 1, 55. — fanum tantum, id est, locus templo effatus, sacratus fuerat 10, 37. In ea arce urbis Romanæ sacratam, volentem propitiamque, firmam ac stabilem fore (*Victoriam*) populo Romano 22, 37. Quod (*templum*) primum omnium Romæ sacratum est 1, 10. Duabus aris ibi Jovi et Soli sacratis quum immolasset etc. 40, 22. Qui incestas manus intulisse intra sacratos terminos templi dicantur 45, 5. Sacratæ menses 23, 9. Hæc convenerunt, conscriptaque biennio post Olympiæ ab Ætolis, in Capitolio ab Romanis, ut testata sacratis monumentis essent, sunt posita 26, 24. — fœdus, quod in Capitolio, quod Olympiæ, quod in arce Athenis sacratum fuisset, irritum per illos esse 39, 33. Sedemque ejus

(*Fidei*) etiam in dextris sacratam esse 1, 21. — sacratæ fide manus 23, 9. vid. *fides.* Tribuniciæ potestatis sacratarumque legum oblitum 3, 17. *cf.* 9, 39. *it.* 36, 38. vid. *Clav. Ciceron. in Ind. legum.* Lex sacrata militaris 7, 41. Sacratos more Samnitium milites, eoque candida veste, et paribus candore armis insignes 9, 40. *cf.* 10. 38. — sacrata nobilitas *ibid.* Sacrata (*eloquentia Catonis*) scriptis omnis generis 39, 40.

SACRARIUM 1, 21. Et soli Fidei sollemne instituit. ad id sacrarium flamines curru arcuato vehi jussit etc. Iis ex obscœno sacrario eductis arma committenda? 39, 15. *de Bacchanalibus.*

SACRIFICARE 41, 16. Pecora in fanis trucidant verius passim quam rite sacrificant. *cf. cap.* 17. Ut id donum (*coronam*) in cella Jovis ponere et sacrificare in Capitolio liceret 44, 14. Donum pelvis aurea facta, lataque in Aventinum, pareque et caste a matronis sacrificatum 27, 37. vid. *lustrum.*

SACRIFICIUM 45, 27. Sacrificio Jovi Hercynnæque facto. Sacrificia læta 38, 1. Vid. *perpetrare.*

SACRIFICULUS 35, 48. Vota nuncupantem sacrificuli vatis modo in acie vidisse etc. Sacrificuli reges 5, 8. *it.* 6, 41. vid. *van Dalen Dissert. ad veter. Inscript. diss.* 2. Quia quædam publica sacra per ipsos reges factitata erant, ne ubiubi regum desiderium esset, regem sacrificulum creant 2, 2. [*ad q. l.* vid. *Stroth.*]

SACRIFICUS 40, 42. De rege sacrifico sufficiendo — contentio — fuit.

SACRILEGIUM 29, 8. Qui (*Pyrrhus*) cum magno piaculo sacrilegii sui manubias retulit. *cf.* 42, 8. Milites contactos sacrilegio furor agitat 29, 18. Apud se templa omnibus ornamentis compilata; spoliataque sacrilegiis C. Locretium navibus Antium devexisse 43, 7. *f. leg.* sacrilegis — navibus.

SACRILEGUS 29, 18. Ausi sunt nihilominus sacrilegas admovere manus intactis illis thesauris.

SACROSANCTUS 3, 55. Ipsis quoque tribunis, ut sacrosancti viderentur — renovarunt — hac lege juris interpretes negant quemquam sacrosanctum esse etc. — violaturosque denunciant sacrosanctam potestatem 4, 3. Jure sacrosanctæ potestatis 29, 20. Ut plebi sui magistratus essent sacrosancti 2, 33. Dedite profanos nos, quos salva religione potestis: dedetis deinde et istos sacrosanctos etc. 9, 9. *cf.* 3, 19. Qui (*coloni maritimi*) sacrosanctam vacationem dicebantur habere, dare milites cogebant 27, 38.

SÆVIRE ultra humanarum irarum fidem 8, 24. Vid. *fœde.* Nec in ullum ordinem sævitum 34, 44. *de censura.* In ea delubra, quæ sola religione tuta fuerint, sæviisse 31, 30. *i. q. vastasse.* In delectibus sævire solitos 2, 44. *i. e. nemini parcendo.* In corpus, in tergum sæviri 41, 6.

SÆVITIA 2, 56. Eadem in militia sævitia Appii, quæ domi, esse, liberior, quod
sine tribuniciis vinculis erat.

SÆVUS 28, 18. Sævis in alto jactatus
ventis. Ubi sæva orta tempestas est 24, 8.
Hiems eo anno nive sæva et omni tempes-
tatum genere fuit 40, 45.

SAGACITER 27, 28. Ibi duo duces sagaciter moti sunt, alter ad inferendam, alter ad cavendam fraudem. i. e. acute, ac
prope divinitus perspexere etc.

SAGINARE plebem populares suos, ut
jugulentur 6, 7. — saginatus nuptialibus
cœnis 36, 17. — quæ copia rerum omnium
saginaret 38, 17.

SAGITTA 38, 21. Cum aculeus sagittæ
aut glandis abditæ introrsus tenui vulnere
in speciem urit etc. ad q. l. vid. Bauer.
pag. 268.

SAGMINA poscere 1, 24. — ut privos lapides silices, privasque verbenas secum
ferrent : uti prætor Rom. his imperaret, ut
fœdus feririent, illi prætorem sagmina pos-
cerent 30, 43.

SAGULUM 7, 34. Sagulo gregali amictus.
— militari sagulo opertum — conspexerunt 21, 4.

SAL 2, 8. Salis quoque vendendi arbitrium — — ademtum privatis. ubi conf.
Bauer. pag. 96. Sale invecto uti vetuit
45, 29. mox ibid. salis commercium dedit.

SALARIUS 29, 37. Vectigal etiam novum ex salaria annona statuerunt. — salaria via 7, 9.

SALICTUM 25, 17. Quum forte inter
salicta innata ripis laterent hostes.

SALIRE 27, 18. Ad id fore altitudines,
— ut per præcipitia et prærupta salientes
fugerent.

SALTARE 7, 2. Ludiones — ad tibicinis modos saltantes haud indecoros motus
more Tusco dabant.

SALTATUS 1, 20. Canentes carmina
cum tripudiis sollemnique saltatu.

SALTEM 5, 38. Non deorum saltem, si
non hominum, memores.

SALTUS silvosus 9, 2. — periculosus 42,
55. — in arctas coactus fauces 22, 15. —
per saltus ignotæ antea viæ 39, 46. — per
invios montes vallesque saltus cum exercitu transgressus 40, 52. — saltu angusto
superatis montibus 43, 58. Interdiu — obsideri saltum 21. 32. paullo ante : clivi —
tumuli. Saltus Thermopylarum 36, 15. i. e.
fauces, aditus prope Thermopylas. — saltu
excedere 23, 11. i. q. aditu saltus. Per
æstivos saltus deviosque calles exercitum
ducimus 22, 14. cf. 44. 36. — peragrando
cacumina saltusque ibid. Restituat legiones intra saltum, quo septæ fuerant 9, 11.
— angustiæ saltibus crebris — inclusæ
22, 1.

SALUBRIS 2, 30. Salubres sententiæ.
Salubriora etiam credente (rege) militiæ,
quam domi, juvenum corpora esse 1, 31.
cf. 3, 7. — salubrior exercitus 10, 25.

SALUBRITAS 42, 54. Ad has opportunitates accedit summa salubritas et copia,
pluribus circumjectis fontibus, perennium
aquarum.

SALUM 44, 12. Naves in salo stantes.

SALUS 30, 8. Nec in fuga salus ulla os-
tendebatur locis ignotis. cf. 5, 38. — una
salus est, erumpere hinc atque abire 7, 35.
i. e. salutis via. Vix salute mutua reddita 10, 18.

SALUTARE. Vid. consalutare.

SALVUS. Vid. salvi'.

SAMBUCISTRIA 39, 6. Tunc psaltriæ
sambucistriæque et convivalia ludionum
oblectamenta addita epulis. [vid. Schweig-
häus. Emendat. in Suid. pag. 71. s.]

SANARE 2, 34. Domi sanata discordia.
Ne avocarentur animi a sanandis domesticis malis 6, 18.

SANCIRE 1, 24. Pater patratus ad jusjurandum patrandum, id est, sanciendum fit
fœdus. — sanguine Hannibalis sanciam
Romanum fœdus 23, 8. — sancta fides
(induciarum) 8, 37. — nisi capite ac sanguine fœdus cum hostibus sanxisset 25, 14.
Vid. sacer. Quum aut morte tua sanciendæ
sint consulum imperia etc. 8, 7. Sanciendo
novam legem 3, 55. — lex diligentius
sancta 10, 9. cf. 34, 7. — contra quem
sanctum legibus erat 30, 19. — caussa
nihil de hac re lege sanciendi 34, 4. In
omne tempus gravi documento sancirent,
ne etc. 28, 19. i. e. caverent. Quæ jurejurando, quæ monumentis litterarum in lapide insculptis in æternam memoriam
sancta atque sacrata sunt. ea etc. 39, 37.

SANCTE 2, 24. Quem nostri majores au-
guste sancteque consecraverunt. — ut hæc
ara sanctius et a castioribus coli dicatur
10, 23. Tiberine pater, te sancte precor
2, 10.

SANCTIO 4, 51. Jacere tamdiu irritas
sanctiones, quæ de suis commodis ferrentur. i. q. leges.

SANCTITAS templi insulæque inviolatos
præstabat omnes 44, 29. — quum creditæ
sanctitati assentirentur omnes 45, 4. de
asylis.

SANCTUS 3, 19. Et hi postulant, ut sacrosancti habeantur, quibus ipsi dii neque
sacri neque sancti sunt. Gens antiquior
originibus urbis hujus, hospitio deorum
immortalium sancta 9, 34. Templum sanctum omnibus circa populis 24, 3. Nec earum ipsarum (consultionum) sancta fides fuit
8, 37. Id erat sanctius apud illos consilium,
maximaque ad ipsum senatum regendum
vis 30, 16. Sic apud Virgil. Æn. 1, 426.
sanctumque senatum. Aurum vicesimarium, quod in sanctiore ærario ad ultimos
casus servabatur, promi placuit 27, 10.
Jura (multitudini) dedit, quæ ita sancta
generi hominum agresti fore ratus, si etc.
1, 8. Nulla umquam respublica — nec
sanctior, nec bonis exemplis ditior Præfat.
In qua (urbe) nec pudicitia nec libertas

sancta esset 3, 52. Sanctum fœdus 41, 19.

SANCTISSIMUS. Vid. obtestatio.

SANGUALIS 41, 13. Avem sangualem, quam vocant, sacrum lapidem rostro cecidisse.

SANGUINEUS. Vid. hasta.

SANGUIS 4, 2. Ut, qui natus sit, ignoret, cujus sanguinis etc. i. e. cujus generis, patricii an plebeii. — ne societur sanguis ibid. cap. 4. de connubio. — quam (sævitiam) in — sanguine ipse suo exerceret 7, 4. i. q. filio. Si quid in te nostri sanguinis est 8' 7. Ne se ortum, ejusdem sanguinis, extorrem etc. 2, 6. Sanguinis guttæ visæ sunt 34, 46. alias: sanguine pluit. Sanguis factus 35, 51. in bello — a cujus sanguine (nece) ordiens bellum 42, 15. — victores sanguinis cædisque ceperat satias 27, 49. Pugnatum ingenti cæde utrimque, plurimo sanguine 2, 64. — multo sanguine ac vulneribus ea Pœnis victoria stetit 28, 29. Ne se sanguine nefando soceri generique respergerent 1, 13. Invidiæ dandus est sanguis 3, 54. de metuendo supplicio. Vid. consecro. Vid. sudor.

SANITAS 2, 29. Nihilo plus sanitatis in curia, quam in foro, esse, i. q. sanæ mentis.

SANUS 3, 17. Hæc vobis forma sanæ civitatis videtur? Quam ab sano initio res in hanc vix opulentis regnis tolerabilem insaniam venerit 7, 2. Tumultu etiam sanos consternante animos 8, 27. i. e. bene sentientes, optimates.

SAPIENS hostis 22, 39.

SAPIENTIA nova 42, 46.

SARCINA 44, 38. Custodia sarcinarum. paullo ante: præsidio impedimentorum.

SARTA tecta exigere sacris publicis 42, 3. Vid. exigere.

SAT 6, 18. Sat planum traditur.

SATELLES 34, 41. Nabidis dominantis satellitem factum populum Rom. i. e. administrum potentiæ illius. Vid. Duker. ad h. l. Eorum concioni satellites armatos circumdedit 34, 27. Drakenborchius ad h. l. existimat, simpliciter pro armatis dictos esse, quoniam 1, 49. sit: armatis corpus sepsit, comparatque illos satellites armatos cum præsidio armato 40, 34. Stationibus armatis 32, 16. Satellites Hannibalis 23, 12. pro amicis, factione ejus.

SATIAS 80, 3. Si forte jam satias amoris in uxore ex multa copia cepisset. — vini satias 25, 23. — satias cædis. Vid. sanguis. cf. Bauer. Exc. Liv. 2, pag. 145. [Optimæ monetæ vox, sæpe tamen illa vulgatiori satietas cedere coacta, quod pulcre monuit Oudendorp. ad Appul. Metam.]

SATIATUS 29, 9. Nec satiatus virorum pœna insepultos projecit.

SATIETAS 8, 7. Si ad Regillum lacum ad satietatem vestram pugnavimus. Inimicos satietas pœnarum suarum cepisset 3, 59.

SATIN' 1, 58. Satin' salvæ? scil: res sunt. Satin' salva essent omnia 3, 26. [Vid. Sanct. Min. T. 2. p. 172. s. ed. Bauer.]

SATIO 32, 34. Curam impensamque sationis me præstaturum. i. e. plantationis.

SATIS admodum 34, 13. illud admodum videtur h. l. ita adjectum esse, ut alibi numeris, quum diligenter, non crassiori modo significantur. Itaque non opus est emendatione Drakenborchii ad hunc modum legentis. Satis adhuc in vastis — montibus — nullam emolumentum tot laborum periculorumque vestrorum vidistis 21, 43. pro satis diu etc. Ut semper vobis auxilium adversus inimicos satis sit 6, 18. Quibus non suæ redditæ res, non alienæ accumulatæ satis sint 9, 1. Satis esse Italiæ unum consulem 34, 43. Si ad arcendum Italiæ Pœnum consul alter satis esset 21, 17. Satis — militem ne tentando quidem certamini fore 9, 48. Satis ad perniciem fore rati 21, 33. Satisne est nobis vos metuendos esse? 8, 67. pro nonne satis est. Hujus formæ et alia exempla etiam apud Ciceronem occurrunt, sed non imitanda. Satis bonorum, satis superque vitæ (mihi) erat ibid. Satis superque humilis est 3, 53. Satis superque pœnarum habeo 28, 29. Satis superque oneris sustinenti 41, 25. Prætor Romanus, ubi satis tot dierum quiete credidit spem factam hosti, nihil se priorem motarum etc. 40, 31. Publilio triumphus decretus, quod satis credebatur, obsidione domitos hostes in fidem veniae 8, 26. i. e. quod sufficere credebatur ad impetrandum triumphum. Non ad præsidium modo tutandum Fabii satis erant 2, 49. cf. 26, 28. Controversia inde fuit, utrum populi jussu indiceretur bellum, an senatusconsultum satis esset 4, 30. Quibus non fuit satis, consulem spondere 9, 9. i. e. qui non acquieverunt in sponsione consulum. Senatus censuit, satis habendum, quod prætor jusjurandum polliceretur 40, 29. At vos (dii) satis habeatis, vidisse nos sub jugum missos 9, 8. Si scelus, libidinemque, et avaritiam solus ipse exercere in socios vestros satis haberet etc. 29, 17. Non portas claudere regi satis habuerunt 42, 54. Nec esse, quod quisquam satis putet, si etc. 6, 37.

SATISFACERE 32, 14. Quia ab satisfaciendi quoque cura imperata enise facere videt. i. e. gratiæ reconciliandæ caussa. Si satisfacere Karthaginienses populo Romano vellent 33, 49. ad q. l. vid. Bauer. pag. 213. Quum jam ex re nihil dari posset, fama et corpore judicati atque addicti creditoribus satisfaciebant 6, 34.

SATIUS 26, 29. Obrui Ætnæ ignibus, aut mergi freto, satius illi insulæ esse. i. q. utilius fore. cf. 3, 70. it. 5, 20. et 53. Perire namque semel ipsis satius esse, quam etc. 42, 23.

SATOR 21, 6. Qui litis erat sator. i. q. auctor.

SATURA 7, 2. Impletas modis saturas

peragebant. *h. e. fabulas non unius, sed mixti argumenti.*

SAXUM 1, 24. Porcum saxo silice percussit. *i. e. saxo duro, in aciem facto, extenuato.* Nunc tela, nunc saxa — ingerere 9, 35. Sepulchrum constructum saxo quadrato 1, 27. Contusi ac debilitati inter saxa rupesque 21, 40.

SCÆVOLÆ a clade dextræ manus cognomen inditum 2, 13. *a* snuis, *sinister.*

SCALA 8, 29. Oppida quoque vi expugnare adortus — scalis cepit. Vid. *erigere.*

SCANDERE Capitolium 1, 10. — jam intra mœnia erit, et arcem et Capitolium scandet 3, 68. *cf.* 4, 9. — in curru scandentes Capitolium 45, 39. *de triumphantibus.* Prope jam scandentem mœnia Romæ 30, 30. *Sic Gronov. et Crever.*

SCAPHA 44, 42. Quum scaphas concurrere undique ab navibus cernerent, ad excipiendos sese venire rati etc.

SCATURIGO 44, 33. Scaturigines turbidæ primo et tenues emicare, dein liquidam multamque fundere aquam — cœperunt.

SCELERATUS 8, 15. Viva (*Vestalis*) sub terram — defossa scelerato campo. credo, ab incesto id ei loco nomen factum. An bello persequuti sceleratam legionem, in potestatem nostram redactam tergo et cervicibus pœnas sociis pendere quum coëgissemus etc. 31, 31. Sceleratus vicus 1, 48. Scelerata conjux 1, 59. — — conjuratio 2, 6.

SCELUS legatorum interfectorum 4, 32, *i. e. ob legatos interfectos.* Divinis humanisque obruti sceleribus 3, 19. *i. q. in deos hominesque. cf.* 29, 18. Arcem jam scelere emtam Latini habent 1, 12. Fœdum inhumanumque inde traditur scelus 1, 46. Consules paratos esse duces prius adversus scelus civium, quam adversus hostium arma 4, 2. Hæc scelera, quia piget ædificare, hæc dedecora pati parati estis ? 5, 53.

SCENA 41, 27. Censores —locaverunt — scenam ædilibus prætoribusque præbendam. *i. e. apparandam, præparandam, in usus ædilium ludos, edituroum.*

SCILICET 7, 13. Scilicet, dictator, inquit, (*Tullius*) condemnatum se universus exercitus a te ignaviæ ratus, — oravit me etc. *principium orationis.*

SCINDERE 7, 37. Complendas esse fossas, scindendumque vallum, et in castra irrumpendum. *Verbum historicis optimis usitatum in hac re.* Pluribus remorum ordinibus scindentibus vortices 28, 30.

SCIPIO 30, 15. Masinissam — scipione eburneo — donat. ita omnes ei honores habiti, donaque quam amplissima data, cum sella curuli atque eburneo scipione 42, 14.

SCIRE 1, 39. Scire licet, hunc lumen quondam rebus nostris dubiis futurum, præsidiumque regiæ afflictæ. *Eodem consilio*

scilicet *dictum eodem modo construitur.* Itaque Drakenborchius scilicet *reponi vult : quod non est necessarium ; nam et alii* scire licet *dixerunt, inprimis* poëtæ, *quos in multis, ut notum est, Livius imitatur.* Fidenates — latini sciebant 1, 27. Nec satis scio, nec, si sciam, dicere ausim *Præfat.* Jam scirent, longe aliud esse, virgines rapere, aliud pugnare cum viris 1, 12. Major animus et natura erat, quam ut reus esse sciret. *i. e. posset. cf.* 1, 53. 9, 4. 24, 25. *Eodem modo* didicisse *dicitur.* Qui vincere bello sciret 45, 32. *posset, didicisset.* Quantoque apparatu tum sciebant aut poterant, (*ludos*) concelebrant 1, 9. Scituros, quod sine restituta potestate redigi in concordiam res nequeant 3, 52. *i. e. cognituros. Ceterum pro* quod *interpretes recte legi* volunt quam. *Vid. Bauer. ad h. l. pag.* 151. — inde scitum, legatos cum litteris captos 23, 39. Haud scio an magno detrimento certamen staturum fuerit 37, 54. *cf.* 9, 15. Vid. *nescire.* Nec quidquam scit, quam detrectare virtutes 38, 49. Libertatem, quæ media est, nec spernere modice, nec habere sciunt 24, 25. Scissem 3, 67. Id vanum nec ne sit, extemplo sciri posse 1, 51. Nihil — quod — scientes fecisse 6, 40. Ab iis certiora omnia de statu civitatium earum scituros 39, 27. Nihil facilius scitu est 23, 13.

SCISCERE 1, 17. Id modo sciscerent juberentque. *cf.* 42, 21. Nec recitari rogationes, nec sollemne quidquam aliud ad sciscendum plebi fieri passi sunt 8, 35. Nemo (*censorum*) id jus esse — scivit 9, 34.

SCISCITARI 1, 56. Cupido incessit animos juvenum sciscitandi, ad quem eorum regnum Romanum esset venturum. *de oraculo Delphico.* — Q. Fabius Pictor Delphos ad oraculum missus est sciscitatum, quibus precibus etc. 22, 57. — Lebadiæ quoque templum Jovis Trophonii adiit. ibi quum vidisset os specus, per quod oraculo utentes sciscitatum deos descendunt, sacrificio Jovi Hercynnæque facto etc. 45, 27. Sciscitatur consulis voluntatem 7, 26. — nuncium extemplo (*scil. ad consulem*) mittunt, quantæ secum peditum equitumque copiæ essent : sciscitatumque simul, utrum etc. 22, 51. — e suis unum sciscitatum Romam ad patrem mittit, quidnam se facere vellet 1, 54. Sciscitandoque eodem pervenit, ut haud procul esset, quin Remum agnosceret 1, 5. Multisque sciscitantibus, cuinam eam ferrent etc. 1, 9. Elicuit comiter sciscitando, ut fateretur 6. 34. Missi sumus — a gente nostra, qui sciscitaremur etc. 40, 47.

SCISSUS 1, 13. Scissa veste. *conf.* 3, 58.

SCITE 10, 18. Quam quod ductu consulis quidquam ibi satis scite aut fortunate gestum sit. Quam mallem — tu a me strenue facere, quam ego abs te scite loqui didicissem *ibid. cap.* 19.

Scitum 1, 20. Publica privataeque sacra pontificis scitis subjecit. Quo minus ferociter aliorum *(decemvirorum)* scitis adversarentur 3, 38. Scita plebis injuncta Patribus 3, 67. — et scito plebis prorogatum in annum imperium est 10. 22. — scitique plebis unus gratiam tulit 22, 26. Ut nullum de ea re scitum populi fieret 45, 25.

Scitus 25, 7. Comitia — de senatus sententia plebisque scitu sunt habita.

Scriba pontificis, quos nunc minores pontifices appellant etc. Vid. *Clav. Ciceron. in v.* pontifex. Quod scribam eum quaestor — in decuriam legerat 40, 29. Vid. *Drakenborch ad h. l. qui decernere non audet, qualis illa scribarum decuria fuerit. Fortasse fuit ordo scribarum, cujus mentio fit apud Ciceronem.* Vid. *Clav. Ciceron. in v.* scriba.

Scribere 21, 1. Bellum maxime omnium memorabile — me scripturum. Dum novi semper scriptores — — scribendi arte rudem vetustatem superaturos etc. *Praefat.* Congesta in ingentem acervum hostilia arma — concremavit — ne suae gloriae fructum dictator caperet nomenque ibi scriberet 8, 30. *i. e. in monumento inscriberet.* Boeotorum gentem, captatam Philippo, numquam ad scribendum amicitiae foedus adduci potuisse: tribus nunc locis cum Perseo foedus *incisum* literis esse 42, 12. Consules Fulvio — Postumio — ut summa vi fines hostium depopulentur, scribunt 10, 27. Literaeque Romam extemplo scriptae 41, 16. Sacrificatum est, ut decemviri scriptum edidérunt 42, 2. Scipionique scribendum, ne bellum remitteret 30, 23. C. Memmio collegae in Siciliam scriberet, ut eas etc. 42, 27. Inopia scripsit legem 34, 6. *i. e. caussa fuit scribendae legis.* Albam in Aequos sex millia colonorum scripta 10, 1. Ut praeter eum numerum militum, quem L. Quinctius in eam provinciam ex auctoritate senatus scripsisset imperassetve etc. 36, 1. Scribere legiones 9, 19. — supplementum — 37, 50. − exercitum 9. 8. — navales socios 35, 40. Ille exercitus Hispaniae provinciae scriptus 21. 40. Scribebantur — legiones quinis milibus peditum etc. 8. 8. Quatuor millia — peditum et sexcentos equites dumtaxat scribere in animo est 10, 25. Socios navales libertini ordinis in viginti et quinque naves ex civibus Romanis C. Licinius praetor scribere jussus 42, 27. Quod veteres centuriones quam plurimum ad id bellum scribi censuisset 42, 33. *pr. evocare.* Licere consuli — quum legiones hostium devoveat, non utique se, sed quem velit ex legione Romana scripta civem, devovere 8, 10. *illud scripta nisi corruptum, certe superfluum est.* Vid. *conscribere.*

Scriptor 21, 1. Rerum scriptores. Vid. *scribere.*

Scriptum facere 9, 46. *i. e. scribam esse.* Vid. *tabula.* — responsumque ex scripto recitavit 23, 11. Tabellas ei Popillius scriptum habentes tradit 45, 12. *Ursinus ad Polyb. Exc. Leg. 92. legendum censet* SCtum. *Sane speciose. Sed subsequens verbum circumscripsit tuetur, opinor, vulgatam lectionem. Etenim manifeste haec duo ad se invicem, eleganter quidem, referuntur.*

Scriptura 25, 12. Carmen — perplexius scripturae genere.

Scutale triplex, *pars funda, cui imponitur lapis mittendus ; nominaturque a figura rhombi* 38, 29. *paullo ante:* non simplicis habenae funda. *Nempe si triplex est scutale, etiam triplices sunt habenae, suturis aeque connexae et duratae ; singulis scutalibus una cum habenis ab utraque parte e corio sectis. — Hoc vocabulum B. Patruus meus Livio reddendum putabat* 42, 65. *ubi dicit : funda media,* duo funalia imparia habebant. *Et profecto aptum est scutale huic loco ; funalia autem commode intelligi nequeunt.*

Scutatus 8, 8. Manipulas leves vicenos milites, aliam turbam scutatorum habebat.

Scutum 6, 8. Arrepto repente equo cum scuto pedestri. Vid. *supra in v.* clipeus. — scutum Ligustinum 44, 35. Vid. *Lips. Milit. Rom.* 3, 2. Pedestre scutum capit 7, 10. Scuta equestria 43, 6.

Se 6, 42. Fuga se longinqua — ab hoste sese tutati sunt. *bis terre se positum. Alibi omittitur, v. c.* 6, 17. *Refracturosque (se)* carcerem minabantur. *Abundat etiam in illo per se, saepissime obvio. v. c.* 10, 1. solos per se Aequos ad bellum coortos etc. Dum dictator delectum per se Ardeae habet 5, 48. Paulli in domo, praeter se *(ipsum)* nemo superest 45, 41. *ad q. l. vid. Baurr. pag.* 332.

Secare 28, 32. Haud secus quam viscera secantem sua etc. *i. e. tristem vel maxime atque invitum.*

Secedere 2, 32. Injussu consulum in sacrum montem secessisse. *i. e. per seditionem reliquisse urbem, et a magistratibus defecisse* 42, 34. Tribuni ad deliberandum secedunt 45, 36.

Secernere 7, 16. Quod nihil in publicum secernendo *(ex praeda)* augenti rem privatam militi favit. Quem enim bonum civem secernere sua a publicis consilia? 4. 57. Mitti tamen ad principes eorum placuit. ut secernerent se ab Etruscis 6, 10. Quod e grege se imperatorum, velut inaestimabilem secrevisset 35, 14.

Secessio 2, 32. In Aventinum montem secessionem factam esse. *conf. cap. seq. it.* 3, 39. Secessio ab decemviris facta est, 3, 51. De secessione in domum privatam plebis 6, 19. Secessione facta 21, 14. *i. q. quum discessissent e senatu.*

SECLUSUS 29, 9. Ipsum ab suis interceptum et seclusum, hostiliter lacerant etc.

SECRETO 32, 35. Quum aliquamdiu secreto loquuti essent. *conf.* 40, 8. Dicit esse, quæ secreto agere de republica velit 2, 37. Quæ *(consilio)* secreto ab aliis coquebant 3, 36.

SECRETUS 1, 52. Ne ducem suum, neve secretum imperium, propriave signa haberent, miscuit manipulos ex Latinis Romanisque etc. Qui, per eumdem illum Hispanum secretus ab aliis ad Marcellum deductus — Achradinam redit 25, 30. *Gronovius secretim aut in secretum legi vult, probante Creverio. Mihi quidem neutrum necessarium videtur. Livius alibi plane sic loquitur, uti vulgata refert. v. c.* 6, 25. Secreti ab aliis ad tribunos adducuntur. Nec quidquam secretum alter ab altero haberet 39, 10.

SECTA 8, 19. Negant se pro Vitruvio sectamque ejus sequutis precatum venisse, sed pro Fundano populo. — quique meam sectam, imperium auspiciumque — sequuntur 29, 27. *conf.* 35, 49. *it.* 42, 31. Vellent juberentne, cum Antiocho rege, quique sectam ejus sequuti essent, bellum iuiri? 36, 1.

SECUBARE 39, 10. Vetat eam mirari, si per aliquot noctes secubuisset. *i. e. secum non cubuisset, ut quidam codices habent, ab concubitu ejus abstinuisset, item, foris cubuisset.*

SECULUM 9, 18. Quum ex hac parte secula plura numerentur, quam ex illa anni etc. *Secula pro ætatibus, generationibus accipienda sunt.*

SECUNDANI 41, 3. Egregiam gloriam legionis fore, si castra, metu secundanorum amissa, sua virtute recipiant.

SECUNDUM pœnam nocentium 2, 5. *pro post. Sic sæpius Livio dicitur. conf.* 1, 30. *it.* 9, 15. 24, 21. Vid. *Drakenborch. ad* 8, 10. Satis constabat, secundum eum exercitum, quem Magnus Alexander in Asiam trajecit, numquam ullius Macedonum regis copias tantas fuisse 42, 51. Maximique secundum deorum opes imperii principium 1, 4. Genucio — Mamercino, secundum consulibus 7, 3. Gens alia, cujus, secundum Gallicos tumultus, arma terribiliora essent 9, 29. *conf.* 24, 10. Eventus eorum comitiorum docuit, alios animos in contentione libertatis dignitatisque, alios, secundum deposita certamina, incorrupto judicio esse 4, 6. Secundum eam *(partem)* litem judices dare 23, 4. Ne — secundum judicium supplicii auctor esset 1, 26.

SECUNDUS 21, 47. Secunda aqua *i. e. quæ non ad ripas est, sed in medio gurgite.* Mare secundum 29, 7. — æstus secundus 23, 41. — secundus ad eventum 22, 9. Secunda iræ verba 2, 38. *i. e. quæ illam augent.* Non secundus auribus Patrum auditus est 42, 28. Omnia semper; quæ magistratus ille dicet, secundis auribus, quæ ab nostrûm quo dicentur, adversis accipietis? 6, 40. Et omnia, quæ arte belli, secunda suis, eligi — poterant, providit 5, 49. Præsentibus ac secundis diis ire in prœlium jubet 7, 26. Secundissimæ plebei leges 8, 12.

SECURIOR 9, 22. Securior *(dictator)* ab Samnitibus agere. *i. q. sine cura.*

SECURIS 10, 9. Virgis cædi securique necari. Nudatos virgis cædunt, securique feriunt 2, 5. Securim in caput dejecit, relictoque in vulnere *telo* etc. 1, 40.

SECUS 28, 32. Haud secus quam viscera secantem sua. *conf. cap.* 37. *it.* 22; 17, 23, 49. Haud secus, quam dignum erat 5, 36. Haud secus quam venerabundi intuebantur etc. 5, 41. Haud secus, quam *(intell. si)* vallo septa inhorreret acies 8, 8. Haud secus quam pestifero sidere icti, pavebant, 8, 9. Scaphis, haud secus quam naufragos — — in terram evasisse 26, 27. Quod haud secus factum improbabant boni, quam nemo facere ausurum crediderat 3, 35. Moderatum esse iræ, ne quid secus populo, aut senatui, scriberet 8, 33.

SECUS 26, 47. Liberorum capitum virile sectus *(virilem sexum)* ad decem millia capta. *i. e. secundum, qua virile secus. nam non nisi casus quartus in usu est.* Vid. *Intt. ad h. l.*

SED pro sed etiam. *Vid.* non modo. — *De illo ipso* sed etiam *omisso, quam* non modo *præcessisset, vid. ibid.* Sed enimvero, quum detestabilis altera res et proxime parricidio sit, quid ad deliberationem dubii superesse? 45, 19.

SEDARE lamentationem 25, 37. Sedabant tumultus, sedando interdum movebant 3, 15. — hac sedata contentione, alia — exorta est 39. 39. Ut vix a magistratibus — juventa sedaretur 21, 20. *i. q. ad modestiam revocaretur, coërceretur.* — prœlium sedatum est 34, 5. *i. q. finitum.* Sedato tandem fremitu responsum legatis est 21, 20. Pestilentiam quondam, clavo ab dictatore fixo, sedatam 7, 3.

SEDERE 3, 68. Sedemus desides domi. — compressis — manibus sedeas 7, 13. — qui sella curuli sedisset 30, 19. Nebula campo quum montibus densior sederat 22, 4. Ne ejus rei caussa *(Appius)* sedisse videretur 3, 46. *scil. juris dicundi caussa. proprium in hoc genere verbum est.* Ita in vadis hæsitantis frumenti acervos sedisse illitos limo 2, 5. Librata quum sederit glans 38, 29. *h. e. quum circumagenda funda glans hæret tenacius in scutali, ut inde certius evolet.* Sedendo expugnaturum se urbem spem Porsena habebat 2, 12. *conf.* 7, 37. *it.* 22, 58. Sedendo et cunctando bellum gerebat 22, 24. *de castris stativis.* conf. 9, 44. *it.* 10, 25. Quin sedendo superaturi simus eam,

qui senescat in dies 22, 39. Quieto sedente rege ad Enipeum 44, 27. Ne ferrum quidem ad bene moriendum oblaturus
est hostis : sedens bellum conficiet 9, 3.

SEDES *il.* SEDIS *in casu recto* 9, 46.
sede honoris sui *(e sella curuli)* anxius in-
vidiå inimicos spectavit. In regia sede
pro curia sedens 1. 47. *conf. cap.* 48. *ubi
est* considere. Se patria sui tenere sedem
*ibid.* Tenuit ales captam semel sedem *(in
galea pugnantis)* 7, 26. Generosius in sua
quidquid sede gignitur 38, 17. Vid. *proprietas.* In Italia bellum gerimus, in sede
ac solo nostro 22, 39. Patriam pulsam
sede sua restituisse 27, 34. Veios an Fidenas sedem celli carperent 4, 31. *cf.* 28,
44. Non motam Termini sedem 1, 55. *i. e.
templum. conf.* 4, 20. 5, 39. 38, 43. Num
montes moliri sede sua paramus? 9, 3.
Quas novas ipsi sedes ab se auctæ multitudini addiderunt 2, 1. Positisque sedibus
consederunt 42, 39.

SEDITIO 42, 5. Erant Ætoli — in seditionibus. — in seditione ipsi inter se sunt 36.
17. Seditionis comes 2, 23. *i. e. seditiosorum
vel socius vel adjutor.* Seditiones. id —
honori fuisse 4, 2. *pro eas. intell. ex sub-
stantivo* seditiones movere, *et huc referatur illud* id. Si vero ad externum bellum
domestica seditio *(discordia inter fratres)*
adjiciatur etc. 45, 19. Vid. *modestia.*

SEDITIOSE 4, 6. Quicumque aliquid
seditiose dixerat aut fecerat.

SEDITIOSUS 6, 20. Seditiosae voces.

SEDUCERE 2, 54. Seducta *(consilia)* a
plurium conscientia habere. *i. e. separata
et arcana.*

SEDULO 2, 38. Et eos ipsos sedulo audientes secunda iræ verba. *i. q. attente,
cupide.* Sedulo tempus terens 3, 46. Simul, quæ curando vulneri opus sunt — sedulo comparat 1, 41.

SEGES 23, 48. Altæ in segetibus herbæ. Desectam cum stramento segetem etc.
2, 5.

SEGNIS mora 34, 9. — navigatio 30, 10.
— obsidio 10, 10. — militia 26, 21. Romæ interim plerumque obsidio segnis et
utrimque silentium esse 5, 46. Nec Sagunti oppugnatio segnior erat 21, 12. Suspecta esse jam segnis mora ejus desierat
25, 8. Segnior ad alia factus consilia erat
44, 12. Segnior ad credendum 24, 13. —
non segnior discordia domi 2, 43. — segnior mors 40, 4. *per venenum.* — segnior
jam et infirmior 33, 2. *nisi legatur cum
Gronovio* senior. Segne imperium 25, 14.
— haud segne *(segniter)* tempus consumere 38, 22. — comitia nihilo segnius
perficiunt 7, 18. *pro nihilo minus.* Segnius socordiusque 40, 27. Egregie legiones,
nec segnius duæ alæ pugnabant 40, 40.
Segnius homines bona, quam mala sentire
30, 21.

SEGNITER 40, 40. Non segniter imperium exsequuturos. Vid. *molliter.*

272

SEGNITIES 31, 6. Ut de integro comitia rogationi ferendæ ediceret, castigaret-
que segnitiem populi.

SEGREGARE 1, 25. Ut segregaret pugnam eorum, capessit fugam. *pro segregaret eos, quibuscum pugnandum esset.*
Captivis productis segregatisque 22, 58.
*i. q. delectu facto.* Non segrego civitatis
caussm — a civibus nostris, et iis, quos,
ut traderemus vobis, adduximus 45, 22.

SELLA in comitio posita 6, 15. *i. e.
sella curulis. conf.* 3, 11. *vid. supra in vv.*
curulis *et* sedes. — qui sella curuli non
sedisset 25, 5. *h. e. qui magistratu majori
functus non esset.*

SELLULARIUS 8, 20. Opificum vulgus
et sellularii.

SEMEL 2, 45. Ut incitato semel militi
adderent impetum. *conf.* 10, 14. Ut exercitum Romanum — non vis hiemis ab
urbe circumsessa semel amovere possit 5,
6. Aut vitam semel, aut ignominiam finirent 25, 6. Tuam doleo vicem, cui ter
prodite patriæ sustinendum est crimen ;
semel — ; iterum — ; tertio etc. 23, 9. *i.
q. primum etc.*

SEMEN 3, 19. Loquaces, seditiosos, semina discordiarum, iterum ac tertium tribunos etc. *i. q. auctores.* Ipsa, regio semine orta 1, 47. Semina futuræ luxuriæ
39, 6. Cujus *(quæstionis)* residua quædam
velut semina ex prioribus malis jam priore
anno adparuerant 40, 19. Vid. *aspergere.*

SEMERMIS 27, 1. Diversis itineribus
semermes ad Marcellum — perfugerunt. *al.
semiermes.*

SEMESTRIS dux 21, 43.

SEMIANIMIS regius comitatus 1, 48.
Tollentes corpus semianime virginis 3,
57.

SEMIANIMUS 28, 23. Quum — in suc-
censum rogum semianima pleraque inji-
cerent corpora.

SEMIAPERTUS 26, 39. Paucos ex multis, trepida fuga incidentes semiapertis portarum foribus, in urbem compulit.

SEMICUBITALIS 42, 65. Bipalme spiculum hastili semicubitali infixum erat.

SEMIGERMANUS 21, 38. Obsepta gentibus Semigermanis.

SEMIGRAVIS 25, 24. Quia magna pars,
in turribus epulati, aut sopiti vino erant,
aut semigraves potabant.

SEMILIXA 28, 28. Sed illi primum, non
Atrium Umbrum semilixam, — ducem —
— sequuti sunt. *conf.* 30, 28.

SEMINARIUM 6, 12. Vix seminario exiguo militum relicto. Equites — seminarium senatus 42, 61.

SEMIPLENUS 25, 30. Ad Nasum armatos exponunt, qui, improviso adorti semi-
plenas stationes, et adapertas fores portæ
etc.

SEMIRUTUS 26, 32. Ubi semirutam ac
spoliatam patriam respexisset. *cf.* 5, 49.

SEMISOMNUS 9, 24. Fuga cuncta complentur portæque ab semisomnis ac maxima parte inermibus refringuntur. *cf.* 25, 39. *it.* 30, 5.

SEMITA 9, 24. Semitamque angustam et arduam erectam ex oppido in arcem ostendisset. Ubi (*in silva*) plures diversæ semitæ erant 44, 43. *Opp. viæ militari.*

SEMIUSTUS 22, 40. Se populare incendium priore consulatu semiustum effugisse. *al.* ambustus.

SEMPER *Præfat.* Novi semper scriptores. — seditionum semper auctores 5, 3. — avidam ulteriorum semper gentem 9, 38. — suos semper hostes 8, 1. Nec ullum erat tempus, quod a novæ semper cladis alicujus spectaculo cessaret 5, 42. Quod privatorum consilium ubique semper fuit 4, 4. Non ex iisdem semper populis exercitus scriptos, quamquam eadem semper gens bellum intulerit 6, 12. Qua (*mercede*) vos semper tribunos pleb. habeamus 6, 40.

SENACULUM 41, 27. Porticum ab æde Saturni in Capitolium ad senaculum, ac super id curiam. *Erat hic locus, non, ubi consessus senatus sollemnis obtineret, sed, ubi consisterent senatores ac sermones inter se conferrent.*

SENATOR 36, 3. Qui senatores essent, quibusque in senatu sententiam dicere liceret. *vid. Manut. de senat. Rom. cap.* 1. Quod ad statum Macedoniæ pertinebat, senatores, quos Synedros vocant, legendos esse, quorum consilio resp. administraretur 45, 32.

SENATUS *Romanus a Græcis ita intellectus, quasi Romæ aristocratia obtineret* 34, 31. Quum senatus quotidie esset 3, 51. Juventutem militarem senatusque robur in arcem — concedere 5, 39. Senatus, caput publici consilii *ibid.* vid. *sanctus.* Qui (*senatus*) cogitaverunt 4, 58. *vid. Drakenborch. ad h. l. qui plura exempla congessit.* A senatu petit, ut legatos in Macedoniam mitterent etc. 44, 18. Senatus juratus 26, 33. *nempe quum jurati, quod interdum fiebat, senatores dicerent sententias.* Recitato vetere senatu 23, 23. *i. e. vetere catalogo censorio.* Hæc — acta magna pars senatus adprobabat, veteres et moris antiqui memores negabant etc. 42, 47. Consuli a Patribus permissum, ut, quem videretur ex iis, qui extra senatum essent, legatum mitteret ad bellum regi indicendum 31, 9. *i. e. qui nondum senatores lecti essent, etsi jam magistratum minorem fortasse gesserant, item tribuni militum, præfecti, equites etc.* Denunciarent Samnitibus populi Rom. senatusque verbis 7, 31. Stabat cum eo senatus majestas, favor populi etc. 8, 34. Submota cetera multitudine, senatus Alorco datus est 21, 12. Senatus iis datus est 41, 6. Legatos ab rege Perseo venisse, iisque noctu senatum in æde Æsculapii datum esse 41, 22. Vid. *servator.*

SENATUSCONSULTA fiunt, neque tribuni legem eo anno ferrent etc. 3, 21. *Sæpius ut diserte adjicitur, quemadmodum Drakenborchius pluribus exemplis ad h. l. docuit.* Retulit et senatusconsultum facit 5, 50. *i. e. facit, ut in suam sententiam senatusconsultum fiat.* Qui per infrequentiam furtim senatusconsultum factum ad ærarium detulerit 39, 4. Ut senatusconsultum in se factum tolli juberent 42, 9. Senatus inde consulto 31, 5. *Sic* plebiscitum *dirimi supra docuimus, interposita quidem copula. vid. Gronov. ad 22, 26.*

SENESCERE civitatem otio 1, 22. — dilatione belli vires 9, 27. — senescit bellum 28, 36. *cf.* 30, 19. — fama 27, 20. — invidia 29, 22. — pugna 5, 21. — ne cunctando senescerent consilia 35, 12. — non esse cum ægro senescendum 21, 53. *de abstinentia a prælio.* Quo tum diutino (*otio*) senescere videbatur 25, 7. Hannibalem — et fama senescere et viribus 29, 3. — dubitas ergo, quin sedendo superaturi simus eum, qui senescat in dies ? 22, 39. Senescentibus vitiis, maturescente virtute 3, 12. Senescente exiguo cornu fulgere lunam 44, 37.

SENEX concionalis. *vid. supra in h. v.* Senes tribunicios non sine honore tantum, sed etiam sine spe honoris, relinquat 6, 39. *paullo ante :* consenuisse jam secum et rogationes promulgatas, et vim omnem tribuniciæ potestatis.

SENILIS 10, 22. Novo imperii socio vix jam adsuescere senilem animum posse.

SENIOR 2, 30. Curæ fuit consulibus et senioribus Patrum. *cf.* 3, 15. *contra et* juniores Patrum *commemorantur* 3, 41. Seniores in centuriis 1, 43. *nempe secundum censum Tullianum, qui erant emeritis stipendiis, ut militiæ vacationem haberent.*

SENIUM 7, 22. Nusquam acie congresso hoste, cum agris magis, quam cum hominibus, urendo populandoque (*consules*) gesserunt bella : cujus lentæ velut tabis senio victa utriusque pertinacia populi est etc.

SENSIM 10, 5. Quo magis festinantes videt dictator, eo impensius retentat agmen ac sensim incedere jubet. Sensim ad montes succedit 1, 27. Ilic primo sensim tentantium animos sermo per totam civitatem est datus 2, 22. Et mentio, primo sensim illata a tribunis, — eo processit deinde, ut rogationem novem tribuni promulgarent 4, 1. *i. e. occultis sermonibus. Sic ipse Livius* 3, 43.

SENSUS 3, 18. Præ ardore impetuque tantæ rei sensus non pervenit ad militem. Quo minor ab cuniculo ingruentis periculi sensus esset 5, 21. — ab sensu operis (*cuniculi*) hostes avertebat 4, 22. Partium (*scilic. urbis*) sensu non satis pertinente in omnia (*universam urbem*) 25, 24. Ut speculari abditos ejus sensus posset 40, 21.

SENTENTIA 22, 60. Quum sententiis

variaretur. — quum timor atque ira in vicem sententias variassent 2, 57. Nihil se, absentibus decem legatis, sententiæ habere. Romam eundum ad senatum iis esse 34, 25 Nec eum — patria majestas sententia depulerat 23, 8. Sententiam de eo, de quo retulistis, paucis peragam 9, 8. Sententiam igitur peregit, nullum placere senatusconsultum fieri 3, 40. Quum omnes — in sententiam ejus pedibus irent 9, 8. Vid. ire. In eandem sententiam ibat 1, 39. Quum vicisset sententia, quæ censebat 2, 4. Habeo, quid sententiæ dicam 23, 13. Loquutus in hanc fere sententiam 6, 40. Sententiam deinde atque trucem orationi adjecit 29, 19. Philippum, Antiochum, Persea, tamquam tres sententias, ponite 45, 24. Maxime tamen sententiam vertisse dicitur Ti. Græchus 48, 16. *vid.* traducere. *it.* transire.

SENTINA 24, 29. Sentinam quamdam urbis exhaustam. *i. e. fecem plebis.*

SENTIRE 9, 41. Nisi quod transitum exercitus ager senserat — vastationem sub Ciminii montis radicibus jacens ora senserat *ibid. cap.* 37. Sensit eventus virtutis enisæ opem 6, 24. Quæ quisque Persei bello privatim ac publice sensisset 45, 28.

SEORSUM cives sociique 22, 52. — seorsum in custodia habitus 9, 42.

SEPARARE 38, 43. Nihil est, quod se ab Ætolis separent. *i. e. non debebant postulare, ut melior ipsorum, quam Ætolorum, causa, conditio, esset.* Thessalorum omnis equitatus separatus erat 42, 55. *scil. per præsidia urbium.*

SEPARATIM 40, 47. Separatim eos ab illis se consulturos. Auctoresque et his separatim singulis fuerunt ad etc. 42, 44.

SEPELIRE 8, 24. Sepultumque Consentiæ, quod membrorum reliquum fuit. *i. q. concrematum; sequuntur enim hæc:* ossaque — ad hostes remissa. *alias hæc duo non confusa esse, Cicero docet de Legg.* 2, 22. *vid. Drakenborch. ad h. l.* Vid. arca.

SEPIRE 44, 39. Quum munimentis ea sepissent. *pro sepsissent.* Urbem ipsam sepiunt præsidiis 2, 10. — operibus ingentibus septa urbs est 5, 5. *de corona, qua circumdata erat urbs expugnanda. Sæpius dicitur, ubi defensionis mentio facta est.* — castraque tectis parietum pro muro septis 25, 25. Dextra montibus, læva Tiberi amne septus 4, 32. — restituat legiones intra saltum, quo septæ fuerunt 9, 11. Locum, qui nunc septus descendentibus inter duos lucos est, asylum aperit 1, 8. *i. q. septus obstat.* vid. *decernere.* Postquam omnia pudore septa animadvertorat 3, 41. Albana pubes inermis ab armatis septa 1, 28. — strage armorum septa est via 35, 30. Neque, an infestus is locus esset, septus undique, circumspiciendi spatium fuit 44, 5. Patriciis juvenibus sepserant latera 3,

57. Hoc flumine Perseus septum iter hostis credens 44, 8.

SEPONERE 42, 52. Se et pecuniam et frumentum, præter reditus metallorum, in decem annos sepovisse.

SEPTENTRIO a Macedonia objicitur 32, 13. *pro vento ab aquilone distincto. cf.* 28, 45. *vid. Gronov. ad illum locum.*

SEPULCRUM 1, 26. Horatiæ sepulchrum — constructum est saxo quadrato.

SEQUI 1, 8. Ab numero avium, quæ augurio regnum portenderant, eum æquutum numerum putant. *i. e. propter illum numerum totidem lictores sumsisse.* Omnia prospere evenisse sequentibus deos, adversa spernentibus 5, 51. Consules eum annum sequuti sunt 9, 30. Dictatoris acies alienam (*magistri equitum*) pugnam sequetur, non partem maximam victoriæ trahet? 9, 40. Sequitur errorem alius error 9, 15. Quot res, quam inutiles sequantur illam viam consilii 5, 5. Quique meam sectam, imperium auspiciumque sequuntur 29, 27. *vid. secta.* Virum sequuta — etiam regnantem ambitio est 1, 35. *i. e. non detrruit eum, etiam post comitia.* Patrem sequuntur liberi 4, 4. *i. e. jura et conditionem parentis habent, non matris.* Sequuntur bona deditionem domini 9, 1. — res sequeretur victorem 28, 21. — ager urbesque captæ Ætolos sequerentur 33, 13. Ut linguam, ut nomen sequuntos (*Tarentinos*) crederes 31, 7. *i. e. propter linguam communem, nomenque commune a nobis defecerunt.* Dictator ad confluentes consedit in utriusque ripis amnis, qua sequi munimento poterat, vallo interjosito 4, 17. Et alii pari nobilitate adolescentes — in Macedonicas legiones consulem sequuti sunt 44, 1. Evocati litteris imperatoris — qui Romam ad causam dicendam sequerentur 43, 31. Quos vincendo et victos sequendo priorem æstatem absumsistis 27, 13.

SEQUIUS 2, 37. Invitus, quod sequius sit, de meis civibus loquor. *i. e. quod honestum non sit, turpe sit.*

SERENITAS 42, 62. Modum imponere secundis rebus, nec nimis credere serenitati præsentis fortunæ, prudentis hominis et merito felicis esse.

SERENO per diem totum solem rubrum fuisse 31, 12.

SERERE 2, 1. In aliena urbe cum Patribus serere certamina. — ex bellis bella serere 21, 10. — civiles discordias 3, 40. — ab stationibus procurrantes certamina serebant 27, 41. cf. *Virgil. Æn.* 7, 339. In dies majora certamina serebat 40, 48. Cujus (*fati*) lege immobilis rerum humanarum ordo seritur 25, 6. *i. e. nectitur.* Serere fabulam argumento 7, 2. *i. e. construere fabulam continentem, perpetuam, cohærentem, unius quippe ejusdemque argumenti. Oppos. saturæ. vide B. Patruum ad Cic. Or. pro Cœl. cap.* 27. Vid. *argu-*

*montum.* Hinc occultis sermonibus serunt 7, 39. *cf.* 3, 43. — populares orationes serere 10, 19. Non sanguine humano, sed stirpe divina satum esse 38, 58.

**SERIO** 7, 41. Ne quis eam rem joco seriove cuiquam exprobraret.

**SERIUS** 1, 4. Seria ac jocos celebrare. — illum diem religiosum Karthaginiensibus ad agendum quidquam rei seriæ esse 26, 17. *cf.* 23, 7.

**SERMO** 34, 31. Pro patriæ sermone brevitatis. (*Laco dicit.*) Ferte sermonibus, et multiplicate fama bella 4, 6. Propter Macedonici maxime belli curam in sermonibus homines habebant, quos — consules — crearent 44, 17. Vid. *dare.*

**SERPERE** 28, 15. Ne latius, inclinatis semel ad defectionem animis, serperet res etc. Id (*quæstionem*) persecare novum prætorem, ne serperet iterum latius, Patres jusserunt 40, 19.

**SERVA** 3, 44. Serva sua natam servamque (*quoque*) appellans. *ad q. l. vid. Bauer. pag.* 140. Vid. *servus.*

**SERVARE** 34, 9. Et servabant vigilias et circumibant. — qui negligenter custodias servassent 33, 4. — ordinem laboria quietisque servarunt 26, 51. Quum ita priores decemviri servassent, ut unus fasces haberet 3, 36. Neque eum pro hoste, neque pro socio in præsentia habitum, libera custodia haud procul a castris placere in aliqua fida civitate servari per belli tempus 24, 45. Tarquinius diem quidem servavit 1, 50. *i. e. obiit, vel potius observavit. Sic alibi Livius.* Discriminaque rerum prope perditis rebus servabant 5, 46. Integerrimas vires militi servaret 10, 28. *i. q. reservabat.* Ut omnia integra ac libera Fabio servarentur 10, 23. Servatam deinde bello patriam iterum in pace haud dubie servavit 5, 49. Civis servandi causa 22, 38. (*in prælio*). De cœlo servare 1, 18. *dicitur de augurious proprie. vid. in Clave Cicer. de lege Ælia.*

**SERVATOR** 6, 17. Selibrisne farris gratiam servatori patriæ relatam? Deos servatores suos senatum appellasse 45, 44.

**SERVILIS** 3, 16. Multi et varii timores. Inter ceteros eminebat terror servilis. *i. e. periculum, quod civitati a servis timendum erat.*

**SERVIRE** 34, 50. Ne ipsis quidem honestum esse, in liberata terra liberatores ejus servire. Qui servitutem servissent 40, 18. *cf.* 45, 18.

**SERVITIUM** 2, 23. Ductum se a creditore, non in servitium, sed in ergastulum etc. *i. e. ad operas servorum ordinarias præstandas, atque etiam duriores, quæ pœnæ vim haberent.* Servitium justum (*plenum, verum*) 41, 6. Inopia servitiorum et pecore direpto 28, 11. *Sic pluribus locis servi dicuntur. v. c.* 32, 26. — servitia regum superborum 2, 10. Innumerabilem multitudinem liberorum capi-

tum in eis fuisse locis, quæ nunc, vix seminario exiguo militum relicto, servitia Romana ab solitudine vindicant 6, 12. Servitia maxime moriebantur 41, 21.

**SERVITUDO** 24, 22. Servitudinis indignitatisque homines expertos adversus notum malum irritatos esse.

**SERVITUS** 37, 60. Captivorum Romanorum atque Italici generis magnus numerus in servitute esse — dicebatur. *i. q. servi esse dicebantur. cf.* 34, 59. *it.* 43, 4. *Nam de discrimine inter formas dicendi in servitute esse et servum esse, Livius haud dubie non cogitavit. Id ICtis est relinquendum.* Regiam servitutem, collatam cum præsenti statu, præclaram libertatem visam 41, 6. Tutam servitutem se sub dominis Romanis, quam libertatem expositam ad injurias Masinissæ, malle 42, 23. Vid. *carnifex.*

**SERUS** 5, 6. Sera spes. *i. e. cujus sero venit exitus. vid. Bauer. ad h. l. pag.* 185. Improbum consilium serum, ut debuit, fuit 3, 46. Mille milites, quia serum auxilium post prœlium venerant 3, 5. *conf.* 31, 24. Pugna extrahebatur in quam maxime serum diei 10, 28. *vid. Virgil. Æn.* 12, 364. Quia serum diei fuerat 26, 3. *conf.* 7, 8. — in serum noctis convivium productum 33, 48. *mox:* id quod serum erat. *ubi vid. Bauer. p.* 2, 3. Vid. *lentus.*

**SERVUS** 29, 29. Octo millia liberorum servorumque capitum sunt capta. Servum, servaque natum — regnum occupasse 1, 47. *cf.* 4, 3. Corpori, quod servum fortuna erat, vim fecit 38, 24. Serva omnia et subjecta imperio 37, 54. — serva atque obnoxia 42, 46. Græciæ urbes servæ ac vectigales 34, 38. *cf.* 25, 31. Qui vestra necessaria suffragia pro voluntariis, et serva pro liberis faciat 6, 41. Vid. *serva.*

**SEU** — seu — et *sibi respondent* 30, 1. — sive timore ejus seu conscientia 9, 26.

**SEVERUS** 8, 6. Si quando umquam severo ullum imperio bellum administratum esset.

**SI** 10, 3. Si qua alia arte cognomen suum æquavit, tum maxime bellicis laudibus etc. Si quando umquam ante aliud sequente quum, *vel potius,* uti *Drakenborchius legi vult,* tum *: quod fere sequitur post* si umquam aut si quando umquam 32, 5. Ad Gossum castra movet, si potiri oppido posset 42, 67. *pro tentaturus, an etc. cf.* 29, 25. *et ulibi sæpe.* Tentata res est, si primo impetu capi Ardea posset 1, 57. Ab iis quæsivit, si æquam hominibus — imposuissent 29, 25. De gloria vix dicere ausim, si nos et hostes haud secus quam feminas — eludunt 7, 13. *pro quoniam. cf. ibid. cap.* 31. *it.* 30, 30. Si non ad fastos admittimur 4, 3. *pro etsi. cf.* 7, 10. *et* 39. *it.* 38, 57. Si aliquid possent Masinissæ honoris causa 42, 24. Si alia quem respectum amicitiæ eum habere cerneret *ibid. cap.* 37.

Sic Numitori ad supplicium Remus deditur 1, 5. *pro ideo, ea — propter. Eodem modo* ita *dicitur. vid. supra in h. v.* et sic ratum esset, si Patres auctores fierent 1, 17.

Sicubi loco cessum 7, 13. — *sicubi* est certamen, scutis magis, quam gladiis, geritur res.

Sicunde 26, 38. Nec consul Rom. tentandis urbibus, sicunde spes aliqua se ostendisset, deerat.

Sicut *sine sequente* ita 34, 9. Romanam aciem, sicut minoribus viribus, quam Massilienses, pari colebat fide. *cf.* 9, 17. *ad quem locum vide Drakenborchium. Contra, sequ.* sic. *v. c.* 28, 28. Illi, sicut Campani Capuam — sic Rhegium habituri perpetuam sedem erant. Fugâ Tibur, sicut (*velut, tamquam*) arcem belli Gallici, petunt 7, 11.

Sidere 26, 45. Quod per piscatores — nunc levibus cymbis, nunc, ubi eæ siderent, vadis pervagatos stagnum compertum habebat etc.

Sidus 8, 9. Pestifero sidere icti.

Signare. Vid. *signum.*

Significare 44, 29. Quum aliquas alto præferri onerarias naves e specula significatum foret.

Significatio 31, 15. Aut significationibusque acclamationibusque multitudinis, (*eam erubescere*) assentatione immodica pudorem onerantis.

Signum 2, 20. Dat signum, ut, quem suorum fugientem viderint, pro hoste habeant. *i. q. imperat. cf.* 4, 39. Perque totam aciem, Romanum legatum esse, signum datum est 5, 36. *ad q. l. vid. Bauer. pag.* 191. Uti tu signa nobis certa acclarassis 1, 18. Ferociter pro se quisque signum duces poscere 7, 32. — signum pugnæ proposuit *ibid.* — classicum apud eos cecinit, signum ab iis petitum est 28, 27. Signa canere jussit 10, 19. — signum aliis dari receptui, aliis cani jubentibus 4, 31. Ubi signa concinuissent 30, 5. *vid. Virgil. Æn.* 7, 637. Signa extra vallum proferte 22, 29. — ferri ac sequi armatos jubet 10, 5. — præ se ferri — jussit 34, 15. Ad ipsam urbem Romam signa ferri jussit 26, 13. Cui signa primum intulerat 2, 53. *cf.* 9. 27. Ut signa in urbem inferrent 44, 12. Infesta — signa ab Syracusis illata sunt huic urbi 34, 4. *ubi vid. Bauer. pag.* 219. Porta Collina urbem intravere sub signis 3, 51. Signis collatis 37, 21. *Fortasse legendum* convulsis. Versis signis fuga effusa castra repetunt 9, 35. Signi unius milites 25, 23. *i. e. manipuli. cf.* 27, 14. *it.* 33, 1. Inter signa et ordines recipere 33, 9. *i. q. in manipulorum et centuriarum intervalla.* — signaque et ordines peditum atque equitum confundit 9, 27. — non signa, non ordines, servent 8, 34. — signa hostium

turbare 9, 22. — signa perturbata, tota impulsa acies 24, 16. Infrequentia armatis signa egressa 10, 20. Segnius Hispanorum signa incedebant 28, 14. Diversa signa statuit 9, 21. *i. e. diversis locis præsidia imposuit.* Macedones et maxime omnium frequentes ad signa fuerant, et diu ancipitem victoriæ spem fecerunt 33, 15. Quid ante signa feroces prosiluissent 7, 8. Agmenque fugientium ab signis, quum præter mœnia eorum infrequentia conspecta signa essent, fusum, ac per agros trepida fuga palatum est 7, 8. *Hic locus varie tentatus a Viris doctis nondum satis explicatus est. Maxima difficultas est in vocula eorum. Neque enim adhuc indicari potuit, quo referretur. Omnia plana sunt, si legatur* Signinis. *Sic acutissime conjecit Reisius meus V. C. consentiente geographia et contextu flagitante.* Signinorum *mentio fit* 1, 56. 2, 21. 8, 3. Signa ænea ad Cereris dedere 27, 6. — his fornicibus signa aurata imposuit 31, 15. *sic, non,* ærata. *vid. et in v.* statua. Falsas etiam literas, signo adulterino signatas, reddiderunt regi 40, 23. Falsas (*literas*) esse, et a scriba vitiatas, signumque adulterinum, vulgo in regia fremebant *ibid. cap.* 55. Pecuniam signatam Illyriorum signo etc. 44, 27. Vid. *deserere.*

Silens 31, 38. Silenti agmine abiit. Tertia vigilia noctis silenti agmine ducam vos 25, 38.

Silentium 3, 41. Silentio Patrum fit delectus *i. e. silentibus Patribus, vel concedentibus, dicitur enim* silentium *de his, qui nihil suscipiunt, in suo quisque genere, nihil moliuntur. Sic* 37, 38. *leguntur hæc:* biduum deinde silentium fuit, neutris transgredientibus amnem. Armati cum silentio ad se convenirent 7, 35. Armati tenui agmine per silentium eo deducti 25, 23. Silentium omnium rerum ac justitio simile otium fuit 7, 1. Nocte silentio diceret dictatorem 8, 23. *cf.* 9, 38. Silentio noctis transductis copiis 42, 60. Silentio noctis ab Tibure agmine infesto profecti 7, 12. Tot annorum silentio 21, 19. Quum stupor silentiumque inde ceteros Patrum defixisset 6, 40. Quum silentio defixi stetissent 8, 7. Eo silentio clausa curia erat 42, 14. Præteritis silentio obliteratis 43, 2. Ad hæc Albana pubes — silentium tenet 1, 28. — Romana pubes — velut orbitatis metu icta, mœstum aliquamdiu silentium obtinuit 1, 16. *si modo vera lectio.*

Silere 27, 10. Ne nunc quidem post tot secula sileantur fraudenturve laude sua. Optimum quemque — inhonoratos et deterioribus obnoxios silere 39, 27. Karthaginienses fœdere illigatos silere 42, 23. *Oppon.* vi atque armis possidere.

Silex 1, 24. Porcum saxo silice percussit. Et in asperis locis silex sæpe impenetrabilis ferro occurrebat 36, 25. (*de*

*cuniculis in oppugnatione urbis munitæ.*)
Censores vias sternendas silice in urbe —
locaverunt 41, 27.

SILVESTRIS 44, 6. Saxorum ad manum
silvestrisque materiæ tantum erat, ut vel
murus objici, turresque excitari potuerint.

SILVOSUS 9, 2. Saltus duo alti angusti
silvosique sunt.

SIMILIS 3, 40. Similis precibus quam
jurgio. *i. e. similior.* Incendio similius,
quam prœlio territum 4, 33. *pro magis.*
Qui non — Fescennino versu similem —
jaciebant 7, 2. *pro versui. illud melius.*
Neque erat navali pugna similis 28, 30.
*nisi legatur cum aliis* navali pugnæ. Fiunt
omnia castris, quam urbi similiora 4, 31.

SIMPLEX 32, 33. Simplicem suam orationem esse. *i. e. quæ sine ambagibus rem
urgeret.* Erat autem non admodum simplex habitus animorum inter Achæos 32,
19. *i. e. variis difficultatibus impediti
erant, ut, quomodo se expedirent, nescirent.*
Quum in eo ne simplici quidem genere
mortis contenti inimici fuissent 40, 24.
*antea :* poculo epoto — torquebatur. Simplici ordine, quam poterant proxime littus
tenentes etc. 44,12.*i. e. singuli, scilic. lembi.*

SIMPLICITAS 40, 23. Quum simplicitatem juvenis incauti captaret. Quorum
sermo antiquæ simplicitatis fuit 40, 47.

SIMPLICITER 34, 57. Ignorare se, quidnam perplexi sua legatio haberet, quum
simpliciter ad amicitiam petendam —venissent.*i. q. quum non nisi ad etc.* Vid. *ludere.*

SIMPLUM 29, 15. Negare, tantum militum effici posse: vix, si simplum ex
formula imperetur, enisuros.

SIMUL 6, 1. Simul primum magistratu
abiit. *pro simul ac, simul ac primum :
quod adeo Ciceronianum est. v. c. Phil.
4, 1. it. Verr. 1, 13. it. 52.* Simul instrui
Sabini Romanam aciem videre 3, 62. *pro
simul ac. cf.* 4, 31. *it.* 8, 32. *vid. Intt. ad*
6, 1. Sacrificio rite perfecto, se et Cn.
Octavium, simul senatus censuisset, exituros esse 44, 19. *pr.* simulac. Simul
enim cessit possessione Dii, excitavit hostem, ut etc. 44, 8. Oculisque simul ac
mente turbatum 7, 26. Uni invideret,
eximio simul honoribus atque virtutibus
6, 11. Qui simul et onerarias caperet, et
tecta etc. 32, 18. *cf.* 26, 43. Ex quo asciti
sumus simul in civitatem et Patres 6, 40.
*cf.* 9, 8. Hiis simul inflatus exacerbatusque 6, 18. Tanto simul publico familiarique ictus luctu 27, 51. Simul lassitudine procedente jam die, fame etiam deficere 21, 54. Ut cresceret simul et negligentia cum audacia hosti 31, 36. Simul
cum gloria rei gestæ 8, 31. Velut diis
quoque simul cum patria relictis 1, 31.
Decemviri simul his, quæ videbant, simul
his, quæ acta Romæ audierunt perturbati
3, 50. *pro partim — partim. cf. ibid. cap.*
68. *it.* 31, 46. Adeo simul spernebant,
simul tantam in medio crescentem molem

sibi ac posteris suis metuebant 1, 9. [*ubi
conf. Strothius.*] Simul ut præsidium ejus
firmaret, simul ut militi frumentum —
divideret 44, 8.

SIMULACRUM 5, 41. Ad eos velut simulacra versi quum starent. *i. e. statuas
deorum obversi.* Herculis magnum simulacrum in Capitolio positum dedicatum-
que 9. 44. *i. e. statua colossea.* Non inseram simulacrum viri copiosi, quæ dixerit, referendo 45, 25. Simulacra pugnarum picta 41, 28. — navalis pugnæ 26, 51.
*cf.* 38, 26. Simulacrum decurrentis exercitus 44, 9.

SIMULATIO 1, 56. Juvenis longe alius
ingenio, quam cujus simulationem induerat. Imperii simulatio fuit 1, 68.

SIMULTAS 26, 27. Sibi privatam si-
multatem cum Campanis nullam esse.
*cf.* 9, 38. Simultas cum familia Barcina
leviorem auctorem faciebat 23, 13. Ab
ultoribus veterum simultatum, quas sibi
ipse cædibus rapinisque conciverat, est
interfectus 1, 60. Quid Perseus — omnis
injuriæ insons, suo beneficio paternas simultates obliterans, meruit ? 41, 24. Contrahere ad colloquium (*Hasdrubalem et
Scipionem*) dirimendarum simultatium
caussa est conatus 28, 18.

SINCERUS 30, 11. Sincerum equestre
prœlium. *i. e. merum, quum tantum equites
pugnant.* Ne sincero gaudio frueretur
44, 44. *i. q. pleno, liquido.* Arma quia non
sincera fide tradebant 39, 2. Nihil sinceri
(*in Appio*) esse 3, 35. Nobilitatem —
sinceram servare privatis consiliis non poteratis 4, 4.

SINE 9, 5. Se solos sine vulnere, sine
ferro, sine acie victos etc. Vid. *Drakenborch. ad* 7, 2.

SINERE 28, 28. Ne istuc Jupiter O. M.
sirit. Si ego — — —, tum patriæ compotem me numquam siris esse 1, 32.

SINGULI 42, 4. Diviserunt dena jugera
in singulos, sociis nominis Latini terna.
*civium Romanorum, qui sunt intelligendi
sub singulis, nulla mentione ante facta.*

SINISTER 9, 27. Sinistris — repentino
consilio Pœtelii consulis additæ vires.
*i. q. sinistro cornui, vel potius parti sinis-
træ, opponuntur enim dextræ parti.*

SINUS 6, 15. Cur, quod in sinu vestro
est, excuti jubetis potius, quam ponatis.
Qui nihil agenti sibi de cœlo devolaturam
in sinum victoriam censeat 7, 12. Scorti
in sinu consulis recubantis 39, 43. Sinus
Maliacus 37, 6. *pro terris adjacentibus.*
Vid. *ostium.*

SIS *pro* si vis 23, 47.

SISTERE 6, 29. Non prius se ab effuso
cursu sistunt. Fugamque fœdam siste 1,
12. Integræ vires sistunt invehentem jam
se Samnitem 10, 14. Non se civitatem
ægram esse, ut consuetis remediis sisti
possit. Dictatore opus esse reip. 3, 20. *cf.*
2, 29. *it. cap.* 44. Totam plebem ære

alieno demersam esse, nec sisti posse, ni
omnibus consularitur 2, 29. Se exercitumque suum gravi morbo affectari : nec sisti
potuisse, ni eadem vis mali, aut gravior
etiam, in hostes ingruisset 29, 10. cf. 45,
19. Vixque concordiâ sisti videbatur
posse : tantum superantibus aliis ac
emergentibus malis etc. 3, 16. Vid. *Gronov. ad 4, 19. qui et hanc formam ibi restituit, et primus recte explicavit.*

· SITELLA 25, 3. Sitellaque allata est,
ut sortirentur, ubi Latini suffragium ferrent. *nempe in hoc vas tabellæ conjicieban-
tur. cf.* 41, 18.

SITIS 39, 26. Insolenter et immodice
abuti Thessalos indulgentia populi Romani, velut ex diutinâ siti meram haurientes libertatem· Ardentibus siti faucibus 44. 38. Vid. *situs.*

SITUS est, quemcumque eum dici jus
fasque est 1, 2. *vid. Cicero de Legg.* 2, 22.
*ubi hoc vocabulum, tamquam proprium,
sæpius occurrit.* [*vid. Stroth. ad hunc Livii
locum.*]

SITUS 9, 24. Quum propter difficilem
urbis situm nec oppugnandi satis certa
ratio iniretur, et aut tempore longinqua,
aut præceps periculo victoria esset etc.
Vid. *Gronov. ad* 23, 26. Quarum (*urbium*)
pleræque, munitionibus ac naturali situ
inexpugnabiles, fame sitique tempus ipsum vincit atque expugnat 5, 6.

SITUS 33, 45. Marcescere otio situque
civitatem.

SIVE *sequente* seu, *quod eo refertur* 10,
14. Sive — seu — seu — 45, 8.

SOBOLES 16, 41. Nomini Scipionum
soboli imperatorum vestrorum, velut accisis recrescenti stirpibus.

SOCIABILIS. Vid. *consortio.*

SOCIALIS 7, 25. Civili quippe standum
exercitu esse, quando socialis cœtus desereret. *nisi cum Gronovio legatur* fœdus.
Unde sociali egregio exercitu — usi estis
8, 13. Quum. qui hostes numquam fuerint, ad amicitiam sociali fœdere inter se
jungendam coëant 34, 57. *i. e. æquo, societatem, quæ proprie dicitur, opponiturque
ditioni ac* fidei, in qua esse *populi subinde
dicuntur.*

SOCIARE 4, 4. Ne societur sanguis.

SOCIETAS 5, 20. Ejus doni societatem
sensuræ æqualiter omnium domos. Hernicia in societatem armorum assumtis 2,
22. Patara, caput gentis in societatem
adjungenda 37, 15. · Per hos juncta societas Annibali a Syracusano tyranno 24,
6. Ad *fœdus ex societate cum Annibale*
faciendum. *pacto* convenit, ut etc. *ibid.*
Publicanus, omnibus malis artibus et
reipublicæ et societatibus infidus damnosusque 25, 1.

SOCIUS 29, 17. Indignemini, bonis ac
fidelibus sociis tam atroces injurias fieri.
*Propria sociorum epitheta, eaque in laude,
sunt. cf.* 42, 6. *ubi de rege sermo est.*

278

Sociis cum fide cultis 44, 1. Qui fideles
nobis socii, qui dubii suspensaeque ex
fortuna fidei, qui certi hostes viderentur
44, 18. Nunciare, ni absistatur bello, per
utrum stetisset, eum non pro amico, nec
pro socio habituros esse 44, 19. Socios
Græcorum populorum 42, 60. *i. q. populos
Græcos.* In formulam sociorum eum referri jussit 44, 16. Ea mihi, populo plebique Romanæ, sociis nominique Latino
bene verruscent 29, 27. Ut decemviros,
qui decemviratum petissent, aut socii.
aut hi maxime oppugnarent 8, 40. *i. e. collegæ.* Socia nullius rei inter se (*multitudo*)
26, 16. Sociusve aut adfinis ejus conductionis esset 43, 16. Consciorum nemo,
quum diu socius consilii torqueretur, aut
latuit etc. 21, 5. Sociis et amicis et alia
comiter atque hospitaliter præstare Romanos — Rhodios non ita meritos eo
bello, ut amicorum sociorum numero habendi sint 45, 20. Socii navales 21, 49.
*remiges fuisse apparet ex cap. sq. init.*
Classici milites navalesque socii 21, 61. —
socii navales milites facti 26, 17. Socios
navales libertini ordinis in viginti et quinque naves ex civibus Romanis C. Licinius
prætor scribere jussus 42, 27. Socii 42, 3.
*simpliciter dicti pro operis, quæ in oneri-
bus navi inferendis adhibentur. Conf. Virgil. Æn.* 10, 299. Clades sociæ urbis 31,
24. Ut in ditione populi Romani civitates sociæ sint 41, 6. Vid. *scribere.*

SOCORDIUS res acta 1, 22.

SODALIS 2, 3. Æquales sodalesque
adolescentium Tarquiniorum. Sequebatur
turba, propria alia cognatorum sodalium-
que 2, 49.

SOL utrique parti obliquus erat 22, 26.
Ab orto usque ad occidentem solem 22, 7.
Vid. *oriens.* Ad primum teporem solis
41, 2.

SOLATIUM 25, 16. Egregium solatium
suæ morti inventurum. Ad solatium
æquatæ repulsæ 10, 87.

SOLERE 36, 23. Non laqueis, ut solet,
(*int.* fieri) exceptos declinabant ictus, sed
etc. Vid. *assolere. non videtur legendum
esse* solent.

SOLIDUS 4, 8. Ut eo magistratu parum
solidum consulatum explerent. A. *e. qui
per integrum annum duravit.* Desuntque
dies solido anno 1, 19. Non credere populum Romanum solidam libertatem re-
cuperatam esse 2, 2. Militia semestri
solida stipendia accipere 5, 4. *h. e. quibus
nihil detractum est, annuum.* Solido procedebat elephas in pontem 44, 5. *alibi* 44,
9. stabile solum.

SOLIFERREUM 34, 14. Emissis soli-
ferreis falaricisque. A. *e. e solido ferro
jaculis.*

SOLITUDO 5, 53. An malitis hanc solitudinem vestram, quam urbem hostium
esse ? Vid. *Intt. ad h. l. it. Bauer. in Exc.
Liv.* 1, *pag.* 219. [Solitudo magistratuum

— urbem per quinquennium tenuit 6, 25.
SOLITUS 3, 38. Solitum quidquam libere civitatis fieret. Plus solito convertarant in se civitatis animos 24, 9.

SOLIUM 44, 6. Lavanti regi dicitur nunciatum, hostea adesse, quo nuncio quum pavidus exsiluisset ex solio etc. *Solium est vas aquarium, alias et labrum dictum.*

SOLLEMNIS 2, 14. Inter cetera sollemnia manet bonis vendendis bona Porsenae regis vendendi. *h. e. inter ceteros ritus auctionum publicarum est etiam hic, ut, quod primum a praecone venale praedicatur, appelletur bona Porsena.* Sollemnis dies ineundis magistratibus 3, 36. Sollemnia senatusconsulta 9, 8. Sollemni carmine ludicrum indici solet 33, 32. Statum jam ac prope sollemne in singulos annos bellum timebatur 3, 15. Sollemne allatum ex Arcadia instituiae 1, 5. Sollemnis comprecatio 20, 15. In sollemnibus verbis habet — quod bene ac feliciter etc. 38, 48. Tradito servis publicis sollemni familiae ministerio 1, 7. Sacrificiis sollemnibus non dies magis stati, quam loca sunt 5, 52. — sollemnia ejus sacri 9, 29. Ne extis sollemnium vescerentur (*Pinarii*) 1, 7. *i. e. hostiarum in illis sollemnibus mactatarum.* Sollemne notum 1, 5. *nisi cum Burmanno ad Virgil. E. 5, 75. votum legi velis.* Cujus (*ei*) ad sollemne ludosque — venissent 1, 9. Et soli Fidei sollemne instituit 1, 21. — poenitet enim, quod antiquissimum sollemne, et solum ab ipso, cui sit, institutum deo, ab nobilissimis antistitibus ejus sacri ad servorum misterium religiosus censor deduxisti 9, 34. Occulta sollemnia sacrificia Jovi Elicio facta 1, 31. Sollemnia pro pontifice suscipere 2, 27.

SOLLICITARE statum quietum civitatis 21, 10. — pacem 34, 16. Ad sollicitandam omnium pacem 1, 21. *i. q. turbandam.* Gens Bastarnarum diu sollicitata etc. 40, 57.

SOLLICITUS 28, 19. Solliciti vicem imperatoris milites cf. cap. 48. Sollicito consuli, et propter itineris difficultatem, quod ingressus erat, et eorum vicem, quos etc. 44, 3. Cujus (*fortunae*) ne quod praetermitteret tempus, sollicitus intentusque erat, dum etc. 21, 53. cf. 28, 19. Circumspectans sollicitusque omnia 21, 34. Sollicitus annus prodigiis 10, 31. — sollicita nox fuit, jam invasurum castra Samnitem credentibus. ibid. cap. 35. Imperium, ut amplum judicio vestro, ita ipsa grave ac sollicitum (*mihi*) esse 25, 38. Quum — sollicitam hiemem egissent 29, 23. Sollicitum animal (*canes*) ad nocturnos strepitus 5, 47.

SOLSTITIALIS orbis 1, 19. *i. q. solaris.* — tempus solstitiale 35, 49. *i. e. media aetas, ubi quidem rara venatio; nam vetus et accurata latinitas unum tantum solstitium habet.*

SOLVERE 31, 13. Solvendo aere esse. Solvit crines et flebiliter nomine sponsum mortuum adpellat 1, 26. Primis tenebris solverat navem 45, 6. *i. q. deduxerat.* Tolerando paucos dies totam soluturos (*Campanos*) obsidionem 26, 7. *cap. seq. est:* liberare obsidionem. cf. 44, 13. Ut Bassanitas solveret obsidione 44, 30. Per inde ac reip. gerendae, ac non solvendae religione, gratia (*dictator*) creatus esset 7, 10. — solvendum religione populum 5, 23. cf. 8, 32. *alias:* exsolvere, liberare. *Op pos.* obligare. v. c. 9, 8. Regum primus traditum a prioribus morem, de omnibus senatum consulendi, solvit 1, 49. *i. q. sustulit.* Quantum in te fuit, disciplinam militarem — solvisti 8, 7. Neglecta magis omnia et soluta invenere 25, 29. cf. 8, 30. Nuda corpora et soluta somno trucidantur 5, 45. Ab risu et soluto joco res avocabatur 7, 2. *i. e. jocorum licentia.* Inter aurum accipiendum et spem pacis solutis animis 6, 11.

SOLUM stabile 44, 9. — nudum 26, 30. Solum patriae deforme belli malis 5, 49. Solo patrio, terraque, in qua geniti forent, pelli Romanos 21, 53. Vid. *sedes*. Excusati exsilii caussa solum vertisse 48, 2. Solum vertere exsilii caussa 3, 13. Solo aequare dictaturam et consulatus 6, 18. *de abrogandis vel coercendis hisce magistratibus.* Ut bellum audacter, velut per solum, ingrederentur 21, 28. *Bauer. pag. 25. emend. per solidum. male.* Iter expeditum primo per Epirum habuit, deinde asperi ac prope invii soli 42, 53. Vid. *pestilens.*

SOLUS 10, 1. Solos per se Aequos ad bellum coortos. Per se solus 1, 49. Et soli Fidei sollemne instituit 1, 21. *ad q. l. vid. Bauer. pag. 31.* Pater senex et filio solus orbatus 40, 11. *i. e. filio orbatus, eoque solo. vid. ad h. l. Bauer. pag. 300.*

SOLUTE ac negligenter agentes 23, 37.

SOLUTIO justi crediti 42, 5.

SOLUTUS 2, 3. Erant in Romana juventute adolescentes aliquot — quorum in regno libido solutior fuerat etc. Vide *luxus.*

SOMNIUM 9, 9. Nec fas fuit alium rerum exitum esse, quam ut illi, velut somnio laetiore quam quod mentes eorum capere possent, nequidquam eluderentur.

SOMNUS 5, 44. Nisi vinctos somno — trucidandos tradidero. cf. 8, 6. i. 9, 30. Somno gravis 7, 39. Nuda corpora et soluta somno trucidantur 5, 45. Aliis somno mors continuata est 41, 4. Quae somno visa fuerant 8, 6. In somnis obversata species 2, 36. Ad primam auroram somno excitus 1, 7. Quum — ex somno pleni crapulae surrexissent 33, 48.

SONARE 29, 17. Dies noctesque omnia passim mulierum puerorumque — ploratibus sonant.

SONITUS flammae 5, 49. — armorum 33, 45.

Sons 3, 58. Nullo relicto sonte.

Sonus 21, 28. Cum ingenti sono fluminis.

Sopire 9, 30. Vino oneratos sopiunt. Sopita maxime quies 9, 87. — humerus sopitus (saxo) 42, 15. — sopitum subito ictu 1, 41. — vulnere ac nihil sentientem 42, 16.

Sopor 1, 7. Quum eum cibo vinoque gravatum sopor oppressisset.

Sordere 4, 25. Adeo se suis etiam sordere. *i. e. a suis contemni.*

Sordes 29, 16. Obsiti squalore et sordibus.

Sordidatus 3, 47. Virginius sordidatus filiam suam obsoleta vesto in forum deducit. Sordidati rei non miseritos candidam togam invito offerre 27, 33. Commota plebs est, utique postquam sordidatum reum viderunt 6, 20. In itinere sordidata turba Ætolorum occurrit 45, 28.

Sordidus 1, 58. Ut in sordido adulterio (*Lucretia*) necata dicatur. Ereptum primoribus agrum sordidissimo cuique divisisse 1, 47. *vid.* deversorium. *it.* humilis.

Sors 26, 19. Ut imperia consiliaque, velut sorte oraculi missa, sine cunctatione adsequerentur. — responsa sortium 1, 56. (*de oraculo Delphico.*) vid. vox. — sortes extenuatæ. vid. *supra in h. v.* Prædaque eorum, iniquissima sorte, qui pugnæ non interfuerunt, facta est 38, 23. Sorte quadam nutriendæ Græciæ datus 36, 35. Certa sorte 36, 2. *i. e. facta sortitione, quum sua cuique provincia sorte obtigisset.* Quum — dejecta in id sors esset 21, 42. Italiam et Africam in sortem conjici volebant 30, 27. *cf.* 28, 38. *it.* 30, 1. Juri dicundo urbana sors 22, 35. *it.* jure dicundo 42, 28. Urbana et peregrina, quæ duorum ante sors fuerat 25, 3. Eum jus dicere Romæ (nam eam quoque sortem habebat) inter cives et peregrinos Patres censuerant 45, 12. Ut suæ quisque provinciæ sortem tueretur 10, 26. ut uni sors integra esset, quo senatus censuisset 42, 28. — quo senatus censuisset, sors evenit. *ibid. cap.* 30. Sorti Macedoniæ præcipuum datum. *ibid. cap.* 31. *i. e. provinciæ.* Cui ea provincia sorti evenit 4, 37. *alii :* sorte. Sic 9, 31. Æmilio novum bellum Etruria sorte obvenit. Ut cuique sors excidderat 21, 49. *i. q. exierat.* Esquilinæ sors exiit 45, 15. Fabius, alienæ sortis victor bello 9, 42. *i. e. in aliena provincia.* Quem animum in alienæ sortis exemplo paullo ante habuistis 21, 43. *de dimicatione gladiatorum.* Comitia suæ sortis esse 36, 6. *i. q. muneris.* — cujus sortis ea cura esset 39, 6. — ut comitiis præesset, potissimum M. Duilio sorte evenit 3, 64. *paullo post :* sors comitiorum. Quum sors prærogativæ Aniensi juniorum exisset 24, 7. *i. e. quum ei sorte hoc evenisset, ut prima rogaretur suffragium.* Nobis quoniam prima animi ingeniique negata sors est, secundam ad mediam teneamus 22, 29. *i. q. dos, indoles.* Natus in nullam bonorum sortem 1, 34. *i. e. partem*

hereditatis. Se —multiplici jam sorte exsoluta, mergentibus semper sortem usuris, obrutum fœnore esse 6, 14. *de summa pecuniæ sub usuris datæ.* Sortem aliam ferte, de capite deducite, quod usuris pernumeratum est. *ibid. cap.* 15. *ubi vid. Bauer. pag.* 227. An placeret, fœnore circumventam plebem, ni potius, quam sortem creditum solvat etc. 6, 36. *ad. q. l. vid. Bauer. pag.* 241.

Sortiri 42, 81. Ut consules inter se provincias compararent, sortirenturve. *cf.* 38, 35. Ut Furius et Servilius inter se sortirentur, uter etc. 42, 4. Cui sortito provinciam — — victoriam triumphumque destinavimus etc. 45, 89. Gentis Claudiæ, regnum in plebem sortitæ etc. 3, 58. Tectosagi mediterranea Asiæ sortiti sunt 38, 16. *i. e. habitanda acceperunt, sed sine sorte.*

Sospes 2, 49. Precantur, ut — — sospites brevi in patriam ad parentes restituant.

Spargere 33, 15. Ita se in fugam passim sparserant, ut ab ipsis agrestibus errantes circumvenirentur. Effusa flamma veluti sparsa pluribus locis 30, 6. Sparsi per vias speculatores 9, 23. Vid. aureus.

Spatium 5, 5. Vallum fossamque — per tantum spatii duxerunt. Toto quantum foro spatium est 1. 12. In promontorio, quod in aliquantum maris spatium extenditur 29, 35. Paullum sumeret spatii ad consultandum ab legatis 24, 22. *cf.* 2, 56. Ut rem in posterum diem differret, et iræ suæ spatium et consilio tempus daret 8, 32. Vix explicandi ordinis spatium Etruscis fuit 2, 46. Mille ducentæ togæ brevi spatio — missæ 29, 36. Militem ne hiemis quidem spatio — arma deponentem 5, 2. Majora jam hinc bella, et viribus hostium, et longinquitate vel regionum, vel temporum spatio, quibus bellatum est, dicentur 7, 29. *ubi vid. Bauer. pag.* 255. [*Sanissimus est hic locus. Negligit haud raro Livius in collocandis verbis ἀκρίβειαν illam, quæ viris doctis tantopere arridet. Conferantur, quæ vere monuit Crevevrius ad Præfat. not.* 5.] Ut — plenis annorum spatiis dies congruerent 1, 19.

Species 44, 6. Primam speciem appropinquantis terroris sustinuisset. *Drakenborchius conjicit :* prima specie adpropinquantis terrorem. *Sed nec hoc satis intelligi potest. Fortasse legendum :* vanam speciem. *Sustinere speciem terroris, recte dicitur. Apud ipsum Ciceronem Tuscul.* 2, 25. *hæc sunt :* doloris speciem ferre non possunt. Ne Hamilcaris filius nimis sero imperia immodica et regni paterni speciem videat 21, 3. *Bauer. pag.* 4. *leg.* specimen. *male.* In his (*Gallis*) nova terribilisque species visa est 21, 20. Justa belli species 40, 6. *Opponitur* simulacro belli. *cf. cap.* 9. Justi ducis speciem nactus 25, 1. (*præfectus sociûm.*) Pauci equites

Rom. (*amissi*) cruentæ maxime victoriæ speciem fecerunt 39, 31. *i. e. fecerunt, ut cruenta videretur.* A fallaci equitum specie agasonibusque excepti sunt 7, 15. Ab subornato ab se per fallaciam in tabellarii speciem 44, 44. Cœlius, ut abstinet numero, ita ad immensum multitudinis speciem auget 29, 25. Tormentis quoque quum laceraretur, eo fuit habitu oris, ut, superante lætitia dolores, ridentis etiam speciem præbuerit 21, 2. Speciem, quam quæsierat, hosti fecit 36, 10. Navium longarum species, quæ nullæ erant, visæ 24, 44. Lanuvii classis magnæ species in cœlo visæ dicebantur 42, 2. Misericordia se in speciem crudelitatis lapsum 3, 50. Adduxerant eum duæ in speciem honestæ res: una gratulatio — altera querimonia etc. 45, 19. Specie rixæ 1, 40. *i. q. in speciem rixantes.* vid. *Bauer. ad h. l. pag.* 57. Semper aliquam fraudi speciem juris imponitis 9, 11. Haud parva res sub titulo prima specie minime atroci ferebatur 2, 56. Ultro mihi percussoris speciem induit 40, 12. — per speciem comissationis occiderem? *ibid. cap.* 13. Per speciem tuendæ libertatis 45, 31. *cf.* 22, 25. — dilata in speciem actione, re ipsa sublata 3, 9. *cf.* 24, 12. — bellum in speciem caussæ jactatum 6, 11. Caussas in speciem iræ adversus Romanos eas, quas ante dixi, habentem — re vera etc. 36, 6. Ignibus in speciem factis 21, 32. Per speciem societatis 1, 27. — — captivorum redimendorum 44, 24. Alia in speciem præferentes 42, 14. Per speciem celebrandarum cantu epularum caussa iuvitant 9, 30. *aut* per speciem *aut* caussa *abundat ; fortasse ex glossemate.* Ingentisque mali non suspicionem modo, sed apertam speciem obversari ante oculos 2, 59. Ægro animi eadem illa in somnis obversata species 2, 36. *de Jove.* Species et umbræ insontis interemti eum diris agitarent 40, 56. Species viri majoris, quam pro humano habitu, augustiorisque 8, 6. *alias :* humana specie amplior. *cf.* 24, 10. Promissa barba et capilli efferaverant speciem oris 2; 23. Unus veram speciem Romani senatus cepit 9, 17. *i. e. veram dignitatem intellexit.* Ut speciem legationis adjiceret 32, 36. *i. q. amplitudinem.* Decem regum species erat 3, 36. Galeæ cristatæ, quæ speciem magnitudini corporum adderent 9, 40. *cf.* 10, 38. habitus gentium harum tum magnitudine corporum, tum specie terribilis erat 22, 46. Cujus triumpho longe maximam speciem captiva arma præbuere 9, 40. Admiratus et universam speciem castrorum, et descripta suis quæque partibus, tum tendentium ordine, tum itinerum intervallis 31, 34. Litteras ad nos cum muneris specie misit 41, 23. *nempe quia* ἰχθεῶν ὦχα ἄλοχα. Vasa omnis generis usui magis, quam ornamento in speciem facta 41, 18. — gemmati magna specie annuli 1, 11. Boves mira

specie 1, 7. Bos miranda magnitudine ac specie 1, 45. Unam (*virginem*) longe ante alias specie ac pulchritudine insignem — raptam ferunt 1, 9.

SPECIMEN 5, 26. Ni fortuna imperatori Rom. simul et cognitæ rebus bellicis virtutis specimen, et maturam victoriam dedisset. *i. q. speciminis edendi copiam fecisset. cf.* 28, 35. Id specimen mei dederam 7, 40. Si servantes antiquum specimen animorum Gallos vicissetis 38, 17. Me quidem — specimen istud virtutis, deceptum vana imagine decoris, in te movet 8, 7. *pr.* in te decepto. *Sic Bauerus. Possis etiam transponere :* in te deceptum v. i. d. movet. Vid. *decipere.*

SPECIOSIUS. Vid. *instratus.*

SPECIOSUS 1, 23. Si vera potius, quam speciosa dictu dicenda sunt. Quidam, in quibus minus speciosa criminatio erat futura, clam interfecti 1, 54. Speciosam — collationem faciebant 4, 60. Specioso titulo uti vos — Græcarum civitatum liberandarum 35, 16. Magis necessariam, quam speciosi ministerii procurationem intuentes 4, 8. *paullo ante dicitur ea res* operosa ac minime consularis. *cf. ibid. cap.* 60.

SPECTACULUM circi 7, 2. — locus in circo ipsi — ad spectaculum datus 2, 31. Vid. *forus.* Indici — finitimis spectaculum (*Consualia*) jubet 1, 9. Duo in medio armati, spectaculi magis more, quam lege belli, destituuntur 7, 10. Loca divisa Patribus equitibusque, ubi spectacula sibi quisque facerent 1, 35. *i. q. sedilia.* — murmur repente populi tota spectacula pervasit 45, 1. Longe maximum triumphi spectaculum fuit Cossus 4, 20. *i. q. maxime conspicuus.* Quid illud spectaculum maximum, nobilissimus opulentissimusque rex captus, ubi victori populo ostendetur? 45,39. *de Perseo rege.* Neque vinctus per urbem Rom. triumphi spectaculum trahar 26, 13. Ut hostium quoque magnificum spectaculum esset 10, 40. Quod vix Albanorum oculi tam deforme spectaculum ferre possent 1, 26. Studium spectaculi, ut videant ducem suum etc. 42, 49. Ne priore quidem (*bello*) ulla profectio tanti spectaculi fuit 29, 26. *de classe.* Triumphus spectaculo oculorum major, quam Africani fratris ejus fuit 37, 59. Inter primores genus Fabium insigne spectaculo exemploque civibus erat 2, 46. Vos omnibus — spectaculo abeuntes fuisse 2, 38. Quum inter omne tempus pater, vultusque et os ejus spectaculo esset 2, 5. Nec classis modo prospectantibus e terra, sed terra etiam omnis circa referta turba spectaculo navigantibus erat 29, 26. Equitibus ceteris, velut ad spectaculum, summotis 8, 7. Progredi præ turba occurrentium ad spectaculum (*Perseus*) non poterat 45, 7. *i. e. ut spectaretur.* Ad spectaculum scorti procacis 39, 43. *i. e. ut scortum spectaret, quod spectare voluerat.* Spectaculum Euripi 45, 27. Urbs (*Corinthus*) erat t.nc præclara ante excidium. arx quoque et Isthmus præbuere spectaculum 45, 28. *i. q. visu digna erant*.

SPECTARE 1, 2. Res ad vim spectat. — gentem ad rebellionem spectare 34, 56. — plebes ad defectionem spectare 23, 6. — ab scelere ad aliud mulier spectare scelus 1, 47. Nunquamne vos res potius, quam auctores spectabitis 6, 40. Alio ratus spectare Pythicam vocem 1, 56. Massesyli — in regionem Hispaniæ — spectant 28, 17. Arx orientem spectat 36, 38. *cf.* 5, 5. — sepulchrum dirutum prora spectat 30, 25. Deditionem spectare 6, 33. — defectionem 22, 22. — ut quosdam spectantes jam arma Etruriæ populos metus Romani nominis comprimeret 10, 18. — Italiam spectatum irent 28, 39. Arma cuncti spectant et bellum 9, 10. Jam Africam magnamque Karthaginem, et in suum decus nomenque velut consummatam ejus belli gloriam spectabat 28, 17. Ubi et alia quidem spectanda visa, et etc. 45, 28.

SPECTATISSIMUS 1, 57. Id cuique spectatissimum sit, quod necopinato viri adventu occurrerit oculis.

SPECTATOR 24, 34. Unicus spectator cœli siderumque (*Archimedes.*) Albanus exercitus, spectator certaminis 1, 28. Acrior virtutis spectator ac judex 42, 34.

SPECULA 29, 23. Speculis per promontoria omnia positis. Has naves per altum ferri quum ex specula signum datum Antenori esset 44, 28. Quum aliquas alto præferri onerarias naves ex speculis significatum foret *ibid. cap.* 29.

SPECULARI 9, 36. Speculatum se iturum professus, brevique omnia certa allaturum. Legati ad eum, per speciem pacis petendæ, speculatum venerunt 40, 25. Ut per omne obsequium insinuaret se in quam maxime familiarem usum, ut elicere omnia arcana, specularique abditos ejus sensus posset 40, 21. Ad visendum statum regionis ejus, speculandaque consilia Persei 42, 17. Legati venirent speculari dicta factaque sua 42, 25.

SPECULATOR 28, 2. Speculatores transfugarum dicta affirmantes. Speculatores mittendos censere, qui certius explorata referant 3, 40. Haud secus quam si speculator missus a vobis subjecta oculis referrem 42, 13.

SPECULATORIUS 30, 10. Speculatoriæ naves. *i. e. naves minores sine rostris.* *Etiam simpliciter* speculatoriæ *dicuntur* 32, 19.

SPECUS pervius 10, 1. — os specus — *it.* fauces. *ibid.* forum medium ferme specu vasto collapsum in immensam altitudinem dicitur 7, 6.

SPELUNCA Cæi 1, 7. Vid. *Virgil. Æn.* 8, 194.

SPERARE 29, 39. Ob hæc, quibus majam neque sperare, neque optare ab diis

immortalibus poteramus, gratias actum nos — Saguntinus senatus — misit. Excelsa et alta sperare 1, 34. Nisi hoc *speraremus*, in provinciam nos — ad grave bellum — *mitti*, et sanguine nostro — senatui *satisfacturos esse* 25, 6.

SPERNERE 10, 40. Ante doctrinam deos spernentem natus — conscientia spretorum deorum 21, 63. Spreta vox cœlo emissa 5, 51. *i. q. non procurata.* Iis quoque (*saxis injectis*) spretis 31, 39. *i. e. quum non timuissent.* Libertatem, quæ media est, neo spernere modice, nec habere sciunt 24, 25. *Gronov. legi vult* spernare. Polybius haudquaquam spernendus auctor 30, 45. *i. q. magni faciendus. Imperite enim huic formæ hoc in loco vim minuendi tribuerunt, quum augeat potius, vehementer interdum. v. c.* 4, 20. Jovem — Romulumque — haud spernendos falsi tituli testes, *i. e. reverendos vel maxime.* — præmia illa tempestate militiæ haudquaquam spernenda 10, 80. Si illi impune spretum imperium (*dictatorium*) fuisset 8, 30. Tam superbe ab Romanis fœderis expiationem spretam 9, 1. Ab eo quoque spretum consulis imperium est 41, 10. Quum prætor, spreturum eum literas suas, diceret 30, 24.

SPES 4, 36. Agri publici dividendi coloniarumque deducendarum ostentatæ spes. Has spes cogitationesque secum portantes, urbem ingressi sunt 1, 34. Nec usquam nisi in certamine spes 40, 32. — hic omnes spes opesque sunt 9, 4. Adeo accensæ sunt spes ad pellendos Sicilia Romanos 24, 35. Magis tentata est triumphi spes, quam petita pertinaciter 28, 38. Inde alia spes ab reo tentata est 26, 3. Quantum spes spopondisset 45, 19. — dolore tantæ ad irritum cadentis spei 2, 6. Levi aura spei objecta 42, 39. *vid. supra in* aura. Divinæ humanæque spei pleni 10, 40. *i. e. ex diis hominibusque.* Ut nullo bello veniretur ad exitum spei 5, 12. — quum plurimum in celando incepto ad effectum spei habuisset 21, 57. — parvaque certamina in summam totius profecerant spei 8, 61. Eo plus in ea, quorum usu calleret, spei mactus 35, 26. Si non ante abscedimus, quam spei nostræ finem captis Veiis imposuerimus 5, 4. Spem pro re ostentandam 34, 12. *i. e. quod* in speciem fuit, *uti cap. seq. Livius ipse dicit.* — vultis pro virtute spes gerere? 10, 17. Nullam alibi quam in semetipso cuiquam relictam spem 9, 23. Adjunctam civitatem (*Rhodiorum*) — nec terra nec mari spem relicturam Romanis 41, 23. *pr. nihil, quod sperari posset.* In Africam quoque spem extenderunt 24, 48. Posse quamvis languida mergi aqua infantes, spem erentibus dabat 1, 4. In rebus asperis et tenui spe 25, 38. In mala jam spe 23, 48. Spe vana evectus 42, 62. Velle, quid veri sit, scire, ut ex eo, uram spem sequatur, consilium capiat 24, 6. *i. e. societatem.* Quia ea pependerant spe etc. 44, 27. Spes cupiditati admota occæcavit etc. 43, 10. Nequidquam eos perditam spem fovere 22, 53. *cf. ibid. cap.* 48. Per cujus provinciam spem ceperat elabi tuto posse 40, 23. Spem ademit, eum, qui in Gallia esset, exercitum in Ligures traduci posse 40, 26. Quem — creaverit consulem, spe destinaverit, Hannibalem ex Italia detracturum 29, 20. Differre spem 7, 38. *pro exitu spei.* — præciderant spem pacis 42, 50. — spe omni reditus incisa 2, 15. Ut quibus pro spe certum esset 40, 26. Certa spes, satis sibi virium (*esse*) adversus duos exercitus 41, 10. Partim spe, partim metu, partim vi subegit 30, 9. Præmiorum ingentium spe oneratus 29, 32. Castelli oppugnandi spe — profectus 21, 57. Id quidem (*bellum*) spe omnium serius fuit 2, 3. *in partem deteriorem pro metu. cf.* 21, 6. In spe Hannibali fuit defectio Tarentinorum 25, 7. Qui (*exercitus*) in Liguribus in spe propinqua missionis erat 40, 36. Spe deinde magis, quam meritis electi 3, 54. Falsa spe excitus, fratrem — adventare 44, 31. Spe impetrari posse 34, 24. *absolute. cf.* 6, 9. *it.* 29, 20. 44, 28. Vid. *pendere.*

SPIRARE 3, 46. Inquietum hominem et tribunatum etiam nunc spirantem, locum seditionis quærere. Veluti flammas spirantium (*boum*) miraculo attoniti 22, 17.

SPIRITUS 5, 43. Spiritu divino tactus. Fracti simul cum corpore spiritus illi feroces 1, 31. — ingentis spiritus vir 21, 1. — idem in oratione (*Appii*) spiritus erat 2, 6. *paullo post:* accusatorio spiritu. Minitans patriæ hostilesque jam tum spiritus gerens 2, 35. Filia Hieronis, inflata adhuc regiis animis ac muliebri spiritu 24, 22. Quorum se vim ac spiritus et jam fregisse, et eo redacturum esse etc. 26, 24. Spiritus dabat, quod nec ausus esset idem in se dictator etc. 6, 18. Et ita viris exisque abundabat, ut spiritus possent facere 30, 11. Si cui honores subdere spiritus potuerunt 7, 40. Quum spiritus plebes sumsisset 4, 54. Quum jam spiritum includeret, nec reciprocare animam sineret 21, 58.

SPLENDERE 10, 24. Ut faveat Q. Fabii gloriæ, quæ modo non sua contumelia splendeat. Quem — aliena invidia splendentem vulgus et extrahere ad consulatum nitebatur 22, 34.

SPLENDOR 3, 35. Nequaquam splendore vitæ pares decemviros creat. Quibus splendore suo restituto etc. 44, 32.

SPOLIARE corpus cæsi hostis 7, 26. — Gallum cæsum torque spoliavit 6, 42. Jacentis inde corpus — uno torque spoliavit 7, 10. Ne vetere exercitu provincia spoliaretur 40, 35. Tunc Papirius redintegrata ira spoliari magistrum equitum ac virgas et secures expediri jussit — eo

infestius circumscindere et spoliare lictor 8, 32. *cf.* 2, 55.

SPOLIUM 1, 10. Spolia ducis hostium cæsi — regia arma — opima parta sunt spolia. *cf.* 4, 20. *it.* 23, 46. Spoliaque ea honestiora victori hosti, quam ipsis arma fuisse 10, 39. *i. e. picta atque aurata scuta, cristas, tunicas candidas etc.* Spoliis lectis 8, 7. Spolia per totum diem legerint 40, 50. Spolia jacentis hostium exercitus peditibus concessit 44, 45. Spoliis aliorum (*deorum*) alii colendi exornandique 42, 3. (*de tegulis.*)

SPONDERE 9, 9. Ea demum sponsio esset; quam populi jussu spopondissemus. — pacem spondere *ibid.* Hosti nihil spopondistis; civem neminem spondere pro vobis jussistis *ibid.* Spoponderunt consules, legati, quæstores, tribuni militum, nominaque omnium, qui spoponderunt, exstant 9, 5. Spondebantque animis — id (*bellum Punicum*) quod instaret, P. Cornelium finiturum 28, 38. *i. e. plane sibi aliisque persuadebant.*

SPONGIA pectori tegumentum 9, 40.

SPONSIO 9, 11. Quo minus in civitatem obligatam sponsione commissa — redeant. *vid. in* committere; *it.* spondere. Non fœdere pax Caudina, sed per sponsionem facta est 9, 5. — tam sponsiones, quam fœdera sancta esse *ibid. cap.* 9. *Ceterum alii scriptores, nominatim Cicero; quamquam in rhetoricis libris, hanc sponsionem fœdus appellant.* Non indignitas rerum sponsionis vinculum levat 9, 9. — vilia hæc capita luendæ sponsionis feramus *ibid.* Ut, si id factum negaret, ceteraque quæ objecisset, sponsione defenderet sese 39, 43. Quum me seu turpi seu necessaria sponsione obstrinxi 9, 8. Sponsione in amicitiam accepti 9, 41.

SPONSOR 9, 7. Nec ducibus solum atque auctoribus sponsoribusque pacis irasci.

SPONTE 10, 25. Romam ipse ad consultandum de bello rediit: sive ipse sponte sua — sive senatusconsulto accitus. *alterum* ipse *abundat: fortasse, vitio librariorum, mera prioris est repetitio.* Justitiumque in foro sua sponte cœptum prius; quam indictum 9, 7.

SPRETIO 40, 5. Ex composito sermones ad spretionem Romanorum trahebant: *spretionem tentant corrigere in* spem, *speciem,* mentionem *denique. Sed non sapit illud vocabulum corruptelam librariorum; et obvia sunt apud Livium alia ejusmodi duriora substantiva, ut* c. oratio, contemtio, ademtio.

SQUALOR 2, 23. Obsita erat squalore vestis, fœdior corporis habitus pallore ac macie peremti. — legati Locrensium obsiti squalore et sordibus 29, 16.

STABILIRE 36, 44. Demittere in aquam remos ab utroque latere remiges stabilendæ navis caussa jussit. Postquam res

Capua stabilitas Romana disciplina, fama per socios vulgavit 9, 20. *Oppos.* ægris rebus discordia intestina.

STABILIS pugna 28, 2. *cf.* 31, 35. — acies 30, 11. — militum virtus 6, 30. *vid. supra in v.* gradus. Cominus stabilior et tutior, aut parma, aut scuto Ligustino, Romanus erat 44, 35. Stabilis ad insistendum locus 44, 5. — stabile solum. *ibid. cap.* 9. *vid. solidus.* Per stabilem ratem 21, 28. Pondere ipso stabiles *(elephanti, in aqua)* — in terram evasere *ibid.* In ea arce urbis Romanæ sacratam *(Victoriam)* volentem propitiamque firmam ac stabilem fore populo Romano 22, 37. Unam *(societatem)* tum in terris, vel viribus, vel fide, stabilem 42, 45. Quanto minus quidquam in Africa Karthaginiensibus firmum ac stabile sit 28, 44.

STAGNUM 1, 4. Lenibus stagnis effusus fluvius. *h. e. ita, ut lenia stagna efficeret: quibus servari alveus cum pueris posset: quapropter* pius amnis *a poëtis vocatur.* Non inexplorata stagni vada 26, 48. — medio stagno evadere ad mœnia *ibid. cap.* 45. *pro, per medium stagnum. cf. cap.* 42. Instructi armatique intra portam, ad stagnum ac mare versam 28, 36.

STARE 37, 58. In Asia *(non in Græcia)* totius Asiæ steterunt vires, ab ultimi orientis partibus omnium gentium contractis auxiliis. Stantes et ad ictus expositos — hastati invadunt 9, 35. Quum in acie stare ac pugnare decuerat 22, 60. Nonum se annum jam velut in aciem adversus optimates stare 6, 39. Stantibus vobis in aciem armatis 24, 8. Haud impari stetere acie 26, 44. Eumenes rex Attalusque cum omni manu sua ab tergo inter postremam aciem ac vallum steterunt 42, 58. Diu pugna neutro inclinata stetit 27, 2. Primo stetit ambigua spe pugna 7, 7. Ita anceps dicitur certamen stetisse 8, 38. Ibi aliquamdiu atrox pugna stetit 29, 2. Intentiores ad respectum castrorum — quam ad prœlium starent 9, 27. Neque circa urbem tuta stari erat, nec ante hostium portus in salo stare poterant 37, 16. — stetit classis 42, 28. — naves stabant 36, 20. — classem in portu stare 37, 11. *Virgil. Æn.* 6, 902. anchora de prora jacitur, stant litore puppes. *Similiter:* statio male fida carinis. *Omnino de navali militia, pugnaque omnia prope dici, quæ de pedestri terrestrique dici solent, discere licet ex* 36, 44. Stantes in portu Rhodias apertas naves etc. 44, 28. Pro virtute tua fideque, qua una hoc bello respublica stetit 4, 40. *i. e. conservata est.* Ad hoc nos — viribus nostris, milite Romano, stetimus 28, 44. Regnum eorum novum fraterna stare concordia 45, 19. — stetit regnum puero tutela muliebri 1, 3. — stante incolumi urbe 5, 53. Hac arte in patria steti 5, 44. *i. q. salvus, incolumis fui.* Ut — magistratus eorum — stantibus

legatis *(Romanorum)* præfectos cohortium vocarent etc. 7, 31. *i. q. adstantibus, præsentibus.* Magna ejus diei — fama est, etiam vero stanti 10, 30. *i. e. non nimis credulo.* Quamquam vel iniquis standum est potius, quam impias inter nos conseramus manus 7, 40. Prioris decreto stare 3, 36. *i. q. contentum esse.* Quin tu — si deos esse censes, aut omnia irrita facis, aut pacto stas? 9, 11. Etsi prior fœdere staretur 21, 19. Fama rerum standum est 7, 6. *i. e. in ea acquiescendum.* Nunc, quando verba vana ad id locorum fuerint, rebus standum esse 9, 45. Quo satis certo auctore stetur 8, 40. Quæ pars major erit, eo stabitur consilio 7, 35. Per quem populum fiat, quo minus legibus dictis stetur 9, 5. Haud scio an magno detrimento certamen staturum fuerit 3, 60. Nec Scipioni stare sententia poterat 21, 29. *cf.* 30, 4. Postquam ipsi sententia stetit pergere ire, atque Italiam petere 21, 30. Quoniam per eum non stetisset, quin *(fides)* præstaretur 2, 30. Non per milites stetisse, ne vincerent 3, 61. *i. e. non culpa militum victoriam amissam. cf.* 2, 31. 8, 2. 9, 14. Capita nominis Latini stare ac sentire cum rege 1, 52. Stabat cum eo senatus majestas 8, 34. *cf.* 44, 14. Adeo non fortuna modo, sed ratio etiam cum barbaris stabat 5, 38. Si pro mea patria ista virtus staret 2, 12. *Vid. obnixus.*

STATARIUS 22, 18. Campestrem hostem, gravemque armis statariumque pugnæ genere facile elusit.

STATIO segnis 27, 48. *h. e. in qua fortitudinis nulla occasio est, quia nullus in eam impetus fit.* Stationes invalidas esse pro castris 41, 2. Tuta statio, 37, 16. *vid. stare.* Diurnæ stationes ac nocturnæ vigiliæ 9, 24. In stationem se prope perpetuam infestæ regionis, non in agros mitti rebantur 10, 21. Locum idoneum stativis delegit, ubi quum stationibus quieti tempus tererent 7, 26. Qui *(Horatius Cocles)* positus forte in statione pontis 2, 10. Ab ira inter conditiones pacis interfectus stationis 24, 30. Consul — quum vidisset — stationes infrequentes relictas 7, 37. Pythagoram cum auxiliaribus et equitatu stationem agere pro vallo jussit 35, 29. Dum — specularentur: moremque simul noscerent stationum vigiliarumque 30, 4. Stationem navium infestam hosti facere 31, 17. *cf.* 10, 2. *it.* 28, 6. *vid. Virgil. Æn.* 10, 297. Portum inclitum statione quondam mille navium Agamemnoniæ classis 45, 27. Classis Punica ad Uticam stationem habebat 30, 25. Statione submotos hostium lembos audivit 45, 10. Et visa interdiu classis erat, nec sine caussa electam urbem stationem apparebat 28, 36. *cf.* 31, 23.

STATIVUS 44, 40. Pro castris stativum erat præsidium. *i. q. statio. cf.* 41, 1. Stativa ponere 31, 35. — quietis stativis manserunt 39, 30. — stativa conjuncta classi 29, 34. In iis stativis, ut fit, longo magis, quam acri bello, satis liberi commeatus erant 1, 57.

. STATUA 40, 34. Statuamque auratam, quæ prima omnium in Italia statua aurata est, patri Clabrioni posuit. *Gronovius legi vult* statuta. — statua ejus indicio est Præneste in foro statuta 23, 19. Legatorum — statuæ positæ sunt 4, 17.

STATUERE 1, 13. Equus Curtium in vado statuit. Quia et locum haud facilem ad circumveniendum cepit, et diversa statuit signa 9, 21. His, ut assiduæ templi (*Vestæ*) antistites essent, stipendium de publico statuit 1, 20. Tempus inde statutum tradendis obsidibus etc. 9, 5. Statutus est comitiis dies 24, 27. Antiatibus dati ab senatu ad jura statuenda ipsius coloniæ patroni 9, 20. Ut statuisse non pugnare consules cognitum est 2, 45.

STATUS 27, 25. Ut hi ludi in. perpetuum in statam diem voverentur. Sacrificiis non dies magis stati, quam loca sunt, in quibus fiant 5, 52. In concione jurasse, se stato loco, statique diebus sacrificia habere 42, 32. Fretum ipsum·Euripi temporibus statis reciprocat 28, 6. — quod velut statum Favoniis tempus esset 37, 23.

. STATUS 21, 10. Quietæ civitatis status. *pro quietus.* Sic 3, 18. turbatæ urbis status. Quo statu res sit 22, 22. — quo statu esset respublica. *ibid. cap.* 24. — res vestræ in quo statu sunt 3, 68. Vid. *locus.* Si eodem statu respublica staret 30, 2. In hoc statu regum erant res 33, 41. Commonitosque, in quo statu rerum accepisset eos, et in quo relinqueret, dimisit 34, 51. Quo in statu provincia esset 35, 8. Nullius civitatis statum fortunatiorem beatioremve fore 24, 28. Quum — universa Græcia — egregie statu suo gauderet 34, 22. Equestrem procellam excitemus oportet, si turbare ac statu movere volumus 30, 18. *pro gradu. forma sumta e re gladiatoria.* Quod dimovendis statu suo sacris religionem facere posset 9, 29.

STERNERE 27, 47. Fessique aliquot somno ac vigiliis sternunt corpora passim. Sternite omnia ferro 24, 38. — strati cæde hostes 4, 29. — tot Romanas acies fusas strataeque esse 23, 42. *cf.* 9, 37. *it.* 10, 41. Hæc omnia strata humi erexit ac sustulit 26, 41. Stratis ariete muris 1, 29. Cujus casus prolapsi quum proximos sterneret 5, 47. Collecta humi pila, quæ strata inter duas acies jacebant 10, 29.

STIMULARE 1, 12. Ira, et cupiditate recuperandæ arcis stimulante animos. Tum actas viresque, tum avita quoque gloria animum stimulabat 1, 22. Cupido imperii duos — populos ad arma stimulat 1, 23. Injuriæ dolor in Tarquinium ipsum magis, quam in Servium, eos stimulabat 1, 40. Animos eorum nunc ira in hostes stimu-

lando (*Gronov.* stimulanda) accendit 21, 11. Consulem — ne sincero gaudio frueretur, cura de minore filio stimulabat 44, 44.

STIMULUS 2, 54. Agrariæ legis tribuniciis stimulis plebs furebat. Acriores quippe æris alieni stimulos esse 6, 11. Hæc non hostili modo odio, sed amoris etiam stimulis, amatam apud æmulum cernens, quum dixisset 30, 14. Is' risus stimulos parvis mobili rebus animo muliebri subdidit 6, 34.

STIPARE 42, 39. Magnus comitatus fuit regius, quum amicorum, tum satellitum turba stipante. Stipatus agmine armatorum 1, 47. Appius stipatus patriciis juvenibus 3, 56.

STIPENDIARIUS 8, 8., Postquam stipendiarii facti sunt. *de militibus, qui stipendia mererent; nam antea milites gratuitam operam navabant reipublicæ.* Civitates — stipendiarias nobis ac vectigales esse 31, 31. *de discrimine inter stipendiarias, h. e. tributarias civitates ac vectigales vid. Clav. Ciceron. in v.* stipendiarius.

STIPENDIUM 3, 68. Quum stipendia nobis consulibus — faciebatis. *improprie pro militare; nam illis temporibus stipendia militi nondum solvebantur.* In stipendia sua (*militum*) impensas facere 4, 60. — si quis in militare stipendium tributum non contulisset *ibid.* His — stipendium de publico statuit 1, 20. Opulenta vos ac ditia stipendia facere et magna operæ pretia mereri 21, 43. Ubi — nec pecunia quæ daretur in stipendium, esset 27, 9. — stipendium militi præstare 28, 34. Mittendum igitur supplementum esse, mittendam in stipendium pecuniam frumentumque tam bene meritis etc. 23, 12. Regem excusavit, quod stipendium serius quod diem præstaret 42, 6. Militia semestri solidum stipendium accipere 5, 4. *it. cap.* 5. — finitum stipendiorum tempus 24, 18. Stipendia pedestria facere 7, 13. — multa stipendia habere 31, 8. *i. e. meruisse, multos annos interfuisse militiæ.* — plurimorum stipendiorum milites 29, 1. *cf.* 26, 28. Viginti duo stipendia annua in exercitu emerita habeo 42, 34. Ducere exercitum æqualem stipendiis suis 30, 28. Caussas stipendiis missorum cognoscebant 43, 15. *scil.* emeritis : *quod excidisse putat Gronovius.* Quæstores ab auguribus pontificibusque, quod stipendium per bellum non contulissent, petebant 33, 42. *pro tributo.* Stipendium, collatum a populo in publicum, quod ejus solutum antea non esset, solveretur 39, 7. *locus ambiguus ; nam neque de stipendio militari, neque de tributo civili accipi commode potest.* Vid. *emerere.*

STIPES 41, 27. Stipitibusque sepserunt.

STIPS 5, 25. Nihil de collatione — stipis verius, quam decuma. *respicitur ad stipem deorum.* *i. e. voluntariæ potius collationis æ tenuis, ut in sacris, quam legitimæ.* *vid.* Gronov. *de Sestert.* 4, 11. *it.* Cuper. Obs. 3, 4. Ut populus per eos ludos stipem Apollini, quantam commodum esset, conferret 25, 12.

STIRPS *tt.* stirpis *in casu recto, et* stirpes. Sic *in bonis* codd. Livii *reperitur.* *vid.* Drakenborch. *ad* 9, 34. *differt autem a genere.* *uti pars a toto ; quemadmodum fere* familia *et* gens. — nondum exoleta stirpe gentis 37, 8. *quamquam hic ad indolem conditorum gentis fortasse respectum est.* Martem incertæ stirpis patrem nuncupat 1, 4. Regiam stirpem apud se educari 1, 5. Non modo civicæ, sed ne Italicæ quidem stirpis 1, 40. Quem paullo ante cum egregia stirpe conspexissent 1, 26. Ibi quoque peregrina stirpe oriundus erat 1, 34. Qui stirpem ex sese domi relinquerent 41, 8. Eumenis — nullam stirpem liberûm habentis 45, 19. In exsecrationem capitis familiæque et stirpis 10, 38. Ut ad tertiam stirpem possessio ejus (*regnum*) descenderit 33, 21. *i. e. ad nepotes.* Florere (*Persea*) juventute (*exercitu,*) quam stirpem longa pax ediderit 42, 11. Velut ab stirpibus lætius feraciusque renatæ urbis 6, 1. Virorum omne genus in aliqua insula, conjuratione muliebri, ab stirpe sublatum esse 31, 2. — a stirpe exstincta est gens 9, 34. *conf.* 34, 2. cum stirpe exstincti *ibid.* *cap.* 29. Vosque, Dii, testes facio, me L. Tarquinium Superbum, cum scelerata conjuge et omni liberorum stirpe, ferro, igni, quacumque dehinc vi possim, exsequuturum 1, 59.

STOLIDE 25, 19. Id non promissum magis stolide, quam stolide creditum est. Stolide ferox viribus suis 7, 5. Stolide lætus 7, 10.

STOLIDUS 28, 21. Major usu armorum et astu facile stolidas vires minoris superavit. — ut stolidam fiduciam hosti augeret 34, 46. Adeo stolida impudensque postulatio visa est 21, 20. Velut ad ludibrium stolidæ superbiæ 45, 3.

STRAGES 40, 2. Multis sacris profanisque locis (*tempestas*) stragem fecit. Per arma, per viros late stragem dedere 8, 30. — strage armorum septa est via 35, 30. *conf.* Virgil. *Æn.* 9, 781. Ita effuso agmine per stragem corporum armorumque evasere 2, 59. *conf.* 9, 40. Tantoque majorem stragem edere, quam inter hostes (*elephanti*) ediderant 27, 14. Raptum ex ipsa ruinæ strage congestis saxis 42, 63. Ruinæ similem stragem eques, quacumque pervaserat, dedit 4, 33. Impetu facto strage ac ruina fudere Gallos 5, 43. Eorum (*servitiorum*) strages per omnes vias insepultorum erat 41, 21. (*de pestilentia.*)

STRAGULAS 39, 6. Vestis stragula pretiosa. Quum tibi viro liceat purpura in veste stragula uti etc. 34, 7.

STRAMENTUM. Vid. *seges.*

STRENUUS 8, 29. Gens lingua magis strenua, quam factis. *vid.* Intt. *ad* Virgil. *Æn.* 2, 17.

STREPERE 25, 25. Quum omnia terrore ac tumaltu streperent. Strepunt aures clamoribus plorantium sociorum, sæpius nos, quam deorum invocantium opem 22, 14.

STREPITUS 39, 15. Visu, strepitibus, clamoribusque nocturnis attoniti. Ut inter strepitum tot bellorum conticescerent actiones tribuniciæ 4, 1.

STRICTUS 22, 51. Quos stricta matutino frigore excitaverant vulnera. *i. e. contracta.* *alias arte* stringi *vulnera dicuntur, h. e. alligari, deligari.* Strictis rubis vixere 23, 30. *i. e. foliis inde strictis.*

STRIDOR 44, 5. Qui (*elephanti*) ubi ad invia venerant, dejectis rectoribus, cum horrendo stridore pavorem ingentem, equis maxime, incutiebant.

STRIGOSUS 27, 47. Strigosiores equi. *i. q. macilenti.*

STRINGERE 7, 40. Vos prius in me strinxeritis ferrum, quam in vos ego. Cultrum stringit 7, 4. *mox :* ferro intento.

STRUERE 2, 41. Consulem periculosam libertati opes struere. Clam recuperandi regni consilia struere 2, 3. Quum Galli structis ante se scutis conferti starent — pila in testudinem hostium conjecta 10, 29. Armatosque omnes in campo struxit 42, 51.

STRUES 23, 5. Pontibus ac molibus ex humanorum corporum strue faciendis. Si carptim adgrediendo circumagere immobilem longitudine et gravitate hastam cogas, confusa strue implicantur 44, 41.

STUDERE 40, 56. Id studere, ne super etc.

STUDIUM 1, 18. Quem (*Pythagoram*) — juvenum æmulantium studia cœtus habuisse constat. *i. e. sapientiam divinam atque humanam.* Nec peditum virtuti equites, aut legatorum studia ducibus cedunt 9, 40. Coërceri tamen ab effuso studio nequiit 39, 32. *Claudius consul, fratrem in petendo consulatu plus justo adjuvans.* — magnis contentionibus tribunorum quoque plebei, qui aut contra consulem, aut pro studio ejus pugnabant, comitia aliquoties turbata *ibid.* Accensis studiis pro Scipione et adversus Scipionem 29, 19.

STUPEFACERE 5, 39. Stupefecit privatos luctus publicus pavor. *i. e. sensum eorum ademit, oppressit.* — nisi metus marrorem obstupefaceret 25, 38.

STUPERE 8, 35. Stupentes tribunos, et suam jam vicem magis anxios, quam ejus, cui auxilium ab se petebatur, liberavit onere consensus populi Romani. Stupente ita seditione. quam vivere — Scipionem certi auctores afferent 28, 21. Capti et stupentes animi 6, 36. *pro animis, quæ est etiam lectio quorumdam codicum.* *vid.* Drakenborch. *ad h. l.* Stupentibus min-

culo rei, unde novum in Bruto ingenium
1, 59. Quum se velut stupentibus metu
intulissent Romanis 2, 30. Turba favore
et admiratione stupens 2, 49. — exspectatione 8, 14. Pavida puella stupente 3, 44.
Regalem animum in se esse, si id in hominis ingenio amplissimum ducerent, tacite indicarent, vocis usurpatione abstinerent. sentere etiam barbari magnitudinem
animi, cujus miraculo nominis alii mortales
stuperent, id ex tam alto fastigio aspernan-
tis 27, 19.

STUPOR 6, 40. Quum stupor silentiumque inde ceteros Patrum defixisset. Stupor
omnium animos ac velut torpor quidam
insolitus membra tenet 9, 2. Vid. *indignitas.*

SUADERE 45, 21. Ne quis prius intercederet legi, quam privatis suadendi dissuadendique legem potestas facta esset.

Sub haec dicta 7, 31, *etiam omissa voce* dicta
41, 4. Sub recentem Romanam pacem 21,
2. Is (*Horatius*) quibusdam piacularibus
sacrificiis factis — velut sub jugum missit
juvenem 1, 26. Sub tempus pueros venatum ablegavit 1, 35. *appropinquante tem-*
*pore comitiorum.* Sub Romana moenia bellum transferatur 1, 53. — missi sub muros
ad colloquium 44, 43. Id vos sub legis
superbissimae vincula conjicitis 4, 4. Sub
assidua militia fuerat 42. 52. — sub hoc
sacramento sex et triginta annos militavi
35, 19. Sub auctore certo 2, 37. Sub terra,
ut mos est, necata fuerat 22, 17. *de virgine*
*Vestali, alii:* sub terram. Erant autem
sub eo (*ejus imperio*) praeter Cibyram et
Syleum etc. 38, 14. Mansuros se sub armis 9, 37. *i. q. in armis.* — experirique
sub his (*armis*) membrorum agilitatem 44,
34. Sub corona veniere 9, 42. — comiti-
busque eorum sub hasta venditis 23, 38.
Sub furca caesum medio egerat circo 2, 36.
Ubi primum sub jactu teli fuerunt 43, 9.
Ne sub ictu superstantium in rupibus piratarum essent 37, 27. Et jam lucescebat,
omniaque sub oculis erant 4, 28. Sub Albano monte 1, 3. — sub Ciminii montis
radicibus jacens ora 9, 37. Sub terra vivi
demissi sunt in locum saxo conseptum 22,
57. *in locum sub terra. i. e. subterraneum.*
*Ita auctore Dukero haec verba sunt accipi-*
*enda ; nam lectio* sub terram *codicum*
*auctoritate destituitur.*

SUBCENTURIO. Vid. *succenturio.*

SUBDERE calcaria equo 2, 20. *cf.* 4, 19.
*it.* 22, 6. Irritatis militum animis subdere
ignem ac materiam seditioni 8, 32. Is risus
stimulos parvis mobili rebus animo muliebri subdidit 6, 34. Si cui honores subdere spiritus potuerunt 7, 40. Vid. *fax.*

SUBDITUS 49, 9. Me subditum et pellice genitum appellavit.

SUBDUCERE 7, 34. Spatium consuli dedit ad subducendum agmen in locum ae-
quiorem. *i. q. deducendum.* Eam (*cata-*
*ractam*) funibus subducunt in tantum altitudinis, ut subire recti possent 27, 28.

Hasdrubal, qui ea parte praeerat, subductos
ex media acie Numidas — — ad persequendos passim fugientes mittit 22, 48.
Ex postrema acie triarios primos subducit
44, 37. Cohortes aliquot subductas e dextro cornu 27, 48. Ut hae duae turmae os-
tenderentur ; dein subducerentur, ubi equitatus hostium castris procucurrissent 40,
30. *i. e. pedem referre juberentur.* Furto
eos (*obsides*) subduxistis 9, 11. Classe,
quae Corcyrae subducta erat 31, 22. *Oppos.*
deducere *h. e. solvere naves ex portu in al-*
*tum. cf.* 23, 28. *it.* 29, 1. Ut ex veteribus
quinqueremibus, in navalibus Romae subductis etc. 42, 27. Naves, quae in Tiberi
paratae instructaeque stabant — subduci
et in navalibus collocari 45, 2. — regiae —
in campo Martio subductae sunt 45, 42.

SUBESSE 1, 41. Tamquam spes subesset.
Suberat et altera inferior submissa fastigio
planicies 27, 18. Nisi aliqua fraus subest 6, 15.

SUBFODERE illa equis 42, 59.

SUBIGERE naves ad castellum 26, 7. *i.*
*e. remigando agere, vel adigere.* Tot subacti atque durati bellis 42, 52. Subigere
in deditionem 28, 43. — ad deditionem 6,
2. Spe — metu — vi subigere 30, 9.—
vexari et subigi multo acrius 5, 2. Subigi
hos ad necessitatem dedendi res 9, 1. Metu
subactus (*Faustulus*) 1, 5. *i. q. coactus.*
Prae se deinde tulit, ea vi subactum se incepto destitisse 7, 5. Tarquiniensem metu
subegerat frumentum praebere 9, 41. —
subactus injuria 45, 8. — se invitos, quidquam — dicturos, sed imperio subigi 1, 22.
*i. q. cogi.* Vid. *erudire.*

SUBJICERE colli aedes 2, 7. *i. e. sub ip-*
*sum collem ponere ; ad radices collis.* In
valle inferiore pedibus paene hostium aciem
subjecit 38, 46. Subjecta late planicies 9,
35. Oraque maris, late patente ex tam alto
jugo prospectu, oculis subjicitur 44, 8.
Castellum finibus Macedoniae subjectum
38, 1. Valles subjectae rupibus 38, 2. Qui
nunc corporibus suis subjectis undique
cinxerit collem 7, 35. subjectis *redundat.;*
*sed respicitur ad collem, cui, quae vicina*
*sunt, subjecta dicuntur.* Subjicere pontifici sacerdotium 2, 2. *i. e. sacerdotem eo*
*inferiorem facere, et ejus potestati subjicere.*
*cf.* 10, 3. Vectigalemque provinciam securibus et fascibus subjecerunt 31, 29. *i. q.*
*potestati imperio ; et sic eod. cap. Livius*
*dixit.* Juventutem, ut jam Macedonia deficiat, velut ex perenni fonte unde hauriat,
Thraciam subjectam esse 42, 12. Subjicere legem invidiae 4, 59. *i. e. invidiosam*
*et odiosam reddere.* — crimini subjecti 6,
21. Has mihi spes subjicit fortuna populi
Rom. 38, 44. *pro dat, injicit.* — a quibusdam senatoribus subjectum est 29, 15. *i. q.*
*monitum, additum est.* Communia mandata — quae subjicere conditio rerum poterat 44, 24. Quod circumventa in solitudine natura ipsa subjicit, ut hominum —
fidem implorent 40, 9. Subjectus nobis ad

omnes ictus 7, 34. — quod euntes ad ancipites utrimque ictus subjectos habebant
Romanos 26, 46. Tristi servitio subjec-
tæ (*civitates*) 26, 49. Subjecti atque obnoxii vobis minus essemus 7, 30. Virgis
(*alii*) cædi, alii securi subjici 3, 37. Subjectus a circumstantibus in equum 6, 24.
*i. q. sublevatus atque impositus. cf.* 3, 37. *it.*
31, 37. Tectis ignes subjicere 31, 17. Fundum in Veienti, caput patrimonii, subjecit
præconi 6, 14. *i. e. hastæ, ibique voci præ-
conis, quem nostri auctionatorem dicunt.*
Singulos milites inspexit, relictisque, quos
non idoneos credebat, in locum eorum subjecit, quos etc. 29, 24. *i. q. substituit.* Vid.
*tractatio.*

SUBINDE *pro interea* 4, 44. *med.* — *pro
deinde* 3, 58. *it.* 3, 27.

SUBIRE 22, 4. Ubi maxime montes Cor-
tonenses Trasimenus subit. Ut cloacæ —
privata passim subeant tecta 5, 55. Classem subire flumine adverso jussit 10, 2. Inde
excursiones in vicem fieri, et, quum pulsos
indignatio accenderet plures subire 30, 11.
*i. e. procedere, aggredi ad pugnandum.* Ad
subeundum in vicem prœlium haud difficulter (*multitudo*) succedebat 42, 54. Primæ
legioni tertia subiit, et apud hostes integri
a fessis pugnam accepere 27, 2. Ad vallum subeunt 9, 37. — ad urbem subire 31,
45. In adversum Romani subiere 1, 12.
*cf.* 2, 31. — subire in adversos montes 41,
18. Luce prima subiit tumulos 21, 32. Subire ad montes 1, 28. Dum murum (*Hannibal*) incautius subit 21, 7. Quum armati
superstantes subissent 44, 9. Orationis
acerbitatem ad hospitem, utcumque est,
subibo 42, 40. *i. e. invitus utar ad te orationis acerbitate.*

SUBITARIUS exercitus 3, 30. — legiones subitariæ tumultus caussa scriptæ 31,
2. *cf.* 40, 26. Subitarii milites 3, 4. *cf.* 4,
17. — protinus subitarios milites scriberent 41, 18. *conf. Virgil. Æn.* 7, 694. Subitariis collectis militibus 41, 17. Vid. *repentinus.*

SUBITO 41, 3. Si in præda occupati barbari subito opprimantur.

SUBITUS 1, 41. Si tua, re subita, consilia torpent. — ad subita rerum 9, 43. Rei
novæ ac subitæ admiratio 2, 2. Relicto
magistro equitum ad subita belli ministeria 4, 27. *cf.* 6, 32. *it.* 25, 15.

SUBLEGERE 23, 23. Et ita in demortuo-
rum locum sublecturum, ut ordo ordini,
non homo homini prælatus videretur. *de
lectione senatus.*

SUBLEVARE 5, 47. Ubi quid iniqui esset,
alterni innisi, sublevantesque in vicem et
trahentes alii alios, prout postularet locus;
tanto silentio in summum evasere etc. *cf.*
28, 20.

SUBLIMIS 1, 16. Etsi satis credebant Patribus, qui proximi steterant, sublimem
raptum procella. Inde sublimis abiit 1,
34. (*aquila.*) Eos ipso, quos cernant, le-

gatos non pennis sublime elatos Alpes
transgressos 21, 30. *i. e. in sublime. poesis
conjicere* sublimes. [*Malim* sublime *ktos.*
Vid. *Scheller. Obs.* p. 198.]

SUBLUSTRIS 5, 47. Nocte sublustri.
Vid. *Virgil. Æn.* 9, 373.

SUBMERGERE 24, 8. Aliquot procellis
submersi pæne sumus. *metaphor.*

SUBMISSUS 44, 9. Stantibus primis, secundis submissioribus — postremis etiam
genu nisis. *i. e. inclinatioribus.*

SUBMITTERE 6, 6. Latinorumque populos juventutem submisisse ad id bellum.
*privato consilio.* — submissis centurionibus
45, 34. *i. q. clanculum missis.* subsidia
identidem submissa e castris 26, 44. Ut
— — minusque [laxamenti daretur iis ad
auxilia Hannibali submittenda 22, 37. Nec
auxit copias, integros fessis submittendo
44, 4. Sibique destinatum in animo esse,
Camillo submittere imperium 6, 6. *i. e.
tradere in manus.* Submittendo in privatum fastigium, quo minus conspectus, eo
solutior erat 27, 31. Obnoxios submise-
rant animos 6, 34. Submissis fascibus in
concionem escendit 2, 7. Quum veniret
in curiam, submisisse se et osculo limen
curiæ contigisse 45, 44. *i. e. projecisse se
in terram.* — submittentemque se ad pedes
sustulit *ibid. cap.* 7. *mitiori sensu occurrit
eadem forma* 3, 70. Submissa quædam et
quæ planis vallibus adiri possent 24, 34.
Ne ut ex consueta quidem aspefitate orationis — aliquid leniret atque submitteret
2, 61. — oratio submissa et infracta 38,
14. Vid. *summittere.*

SUBMOVERE 2, 59. Ut victor jam a vallo
submoveretur hostis. — procul a terra
classis submota 41, 3. Primo missilibus
submovere hostem 21, 7. Appium tamen
ab obsidione Phanotis fama ducentis ad
Stratum Persei submovit 43, 23. Statione
submotos hostium lembos audivit 45, 10.
Quem ab obsidione a bello Antiochum
et Ptolemæum reges misistis 45, 23. Esquilias quidem ab hoste prope captas —
submovit 3, 67. *ubi vid. Bauer. pag.* 163.
Submotis legatis 7, 30. *i. e. secedere jussis.*
Ceteros tutores submovet Andranodorus
24, 4. Repente strepitus ante curiam lictorum submoventium auditur 8, 33. Vo-
ciferantemque Icilium (*lictor*) submovet
3, 45. Donec consul lictores misisset, qui
submovendo iter ad prætorium facerent 45, 7.
Submoto, incedere 28, 27. *i. e.* in submoto, *ubi
submoti sunt homines. Sic ipse Livius* 2 5, 3.

SUBMOTOR 45, 29. Assuetis regio imperio tamen novum formam terribilem præbuit tribunal, submotor aditus, præco etc.
*i. e. qui submovendo viam et aditus fecit.*

SUBNITI 4, 42. Ubi subnisus et fidens
innocentiæ animus esset ? Qui Hannibalem subnisum victoria Cannensi ab Nola
repulisset 25, 41. — non videbo Appium
et Fulvium victoria insolenti subnixos 26,
13. — Bastarnas — subnisos Thracum ac-

colarum — auxiliis 41, 19. Vid. *Clav. Cicer. in h. v.*

SUBOLESCERE 29, 3. Illis Romanam plebem, illis Latium juventutem præbuisse : majorem semper frequentioremque pro tot cæsis exercitibus subolescentem.

SUBORNARE 38, 43. Subornati criminibus. *i. e. ut crimina deferrent.* Adsuetos ministeriis talium facinorum ad cædem regis subornat 42, 15. Ab subornato ab se per fallaciam in tabellarii speciem literas in foro medio accepit 44, 44.

SUBRECTUS 7, 10. Mucrone subrecto. Hastas subrecta cuspide in terra fixas 8, 8. *nisi legendum ex auctoritate plerorumque codicum* suberectas. [*Adscripserat Ernestius :* " *non bene.*"]

SUBROGARE 2, 7. Quia nec collegam subrogaverat in locum Bruti. — comitia consulis subrogandi 3, 19. — subrogare magistratus 25, 41. cf. 10, 11. 23, 24. 34, 54. 35, 6. 39, 39. Nullis subrogatis magistratibus 3, 38. An collegam subrogabia, quem ne in demortui quidem locum subrogari fas est ? 9, 34. Collegæ subrogando comitia habere jussus 41, 16. Comitia consulibus subrogandis 43, 11.

SUBRUERE 5, 21. Subrutis cuniculo mœnibus. — muri pars ariete incusso subruta 31, 46. Ad subruendum ab imo murum 21, 11. Nostram ipsorum libertatem subrui et tentari patimur 41, 23.

SUBSCRIBERE odiis accusationibusque Hannibalis 33, 47. *i. q. adjuvare.* Vid. *Bauer. ad h. l. pag.* 211. Subscripsit orationi ejus consul 10, 22.

SUBSELLIA 3, 64. Injecta contentione, Duilius, consules ad subsellia accitos quum interrogasset etc. Ad subsellia tribunorum res agebatur 42, 33.

SUBSEQUI 27, 31. Jussis subsequi peditibus. *pro sequi. alii :* se subsequi : *quod non est necessarium.* Tribuni quoque, inclinatam rem in preces subsequuti, orare dictatorem insistunt 8, 35. — si ducis consilia favor subsequutus militum foret *ibid. cap.* 26.

SUBSIDERE 44, 5. Alii (*elephanti*) clunibus subsidentes prolabebantur.

SUBSIDIARII 9, 32. Subsidiariis modo relictis, vix quod satis esset ad castrorum præsidium.

SUBSIDIUM 9, 27. Reservare ad longioris pugnæ casus subsidia. — jaculatores fugerunt inter subsidia ad secundam aciem 21, 46. Fidissimum annonæ subsidium (*Sicilia*) 27, 5. — subsidium fortunæ 22, 39. *i. q. quo confugere in adversa fortuna licet.*

SUBSISTERE feras 1, 4. *pro sistere, conficere.* [*immo, impetum earum excipere, sustinere, ὑποστῆναι.*] Romanum nec acies subsistere ullæ, nec castra, nec urbes poterant 9, 31. *i. q. sustinere : e Græco* ὑφίστασθαι. Qui in iis locis de Hasdrubalis ex-

ercitu substiterat 31, 10. *i. e. manserat.* Hasdrubalis transitus in Italiam vix Hannibali atque ejus armis subsistentem 27, 7. *pro obsistentem, resistentem.*

SUBSTITUERE 29, 1. Trecentis Siculis Romani equites substituti. Ceperat jam ante Numidam ex fama rerum gestarum admiratio viri (*Scipionis*) substitueratque animo speciem quoque corporis amplam ac magnificam 28, 35. *i. e. finxerat sibi, animoque conceperat, præceperat.* M. Fulvium et Cn. Manlium biennium jam, alterum in Europa, alterum in Asia, velut pro Philippo atque Antiocho, substitutos regnare 38, 42.

SUBSTRATUS. Vid. *superincubare.*

SUBSTRUCTIO — in Capitolio 38, 28. cf. 6, 4.

SUBSTRUERE. Vid. *glarea.*

SUBTER 34, 20. Equo citato subter murum hostium ad cohortes advehitur. *i. q. prope murum.* Manu subter togam ad mentum exserta 8, 9.

SUBTERFUGERE 31, 10. Quæ (*coloniæ*) ingentem illam tempestatem Punici belli subterfugissent.

SUBTERLABI 30, 25. Navis celeritate subterlabens. *i. q. eripiens se, subducens.*

SUBTEXERE 37, 48. Subtexit deinde fabulæ huic, legatos etc.

SUBTRAHERE 10, 14. Hastatos primæ legionis, subtrahere ex acie. Ab dextro primum cornu singulorum paullatim signorum milites subtrahens 44, 37. Prope sacrilegium ratus sum, Cosso spoliorum suorum Cæsarem, ipsius templi auctorem subtrahere testem 4, 20. Legiones — nocturna fuga vobis subtractæ 42, 61. Subtrahente se quoque, ut credidisse potius temere, quam finxisse, rem talem videri posset 28, 25. *i. e. negante se auctorem rei.* Subtrahere sese per alias atque alias causas, ne interesset iis, quæ non probabat 44, 16. Cui judicio eum mors subtraxit 6, 1.

SUBTUS Macedones cuniculis oppugnabant 36, 25. *præcedunt :* omnibus supra terram operibus.

SUBVECTIO 44, 8. Cujus (*frumenti*) tarda subvectio erat.

SUBVEHERE 9, 15. Per quas (*vias*) commeatus ex Samnio subvehebantur. cf. *ibid. cap.* 43. *it.* 26, 20. Ab urbe commeatus intentiore, quam antea, subvehi cura 5, 7. Quia nihil ex Ægypto subvehebatur 45, 11. Advexisse etiam trecenta millia modiûm tritici, ducenta hordei; he commeatus deessent : et, quantum praeterea opus esset, quo jussissent subvehi 22, 37. Paullus — regia nave — adverso Tiberi ad urbem est subvectus 45, 35. conf. 24, 30. Vid. *Virgil. Æn.* 8, 58.

SUBVENIRE 25, 31. Quod (*frumentum*) ni tam in tempore subvenisset, victoribus victisque pariter perniciosa fames instabat.

Priusque, quam Karthagine subveniretur, opprimi *(barbari)* videbantur posse 29, 23.

SUBVEXUS 25, 36. Omnia fastigio leni subvexa. *de collibus minus altis, præruptis.*

SUCCEDERE 2, 45. Successum nolle alicui. *i. e. nolle, ut succedai ei res prospere.* Et successisset fraudi, ni etc. 38, 25. — si successisset cœptis 25, 37. *conf.* 40, 11. Ut locus procul muro satis æquus agendis vineis fuit; ita haudduaquam prospere, postquam ad effectum operis ventum est, cœptis succedebat 21, 7. Quum multa, succedentes temere mœnibus, Romani milites acciperent vulnera, neque satis inceptis succederet etc. 24, 19. Ubicumque iniquo successum erat loco 9, 31. *cf.* 9, 14. *it.* 10, 84. Ea pars, in qua ipse erat, impigre succedebat 41, 18. Levis armatura — præoccupatum inferiore loco succedens tumulum 22, 28. Ad subeundum in vicem prœlium *(multitudo)* haud difficulter succedebat 42, 34. Eques in pugnam succedit 9, 27. Succedere ad montes 1, 27. — ad hostium latebras 10, 14. — ad stationes hostium 30, 8. Succedere ad mœnia 44, 31. — ad castra 7, 7. Quo successerit magis in arduum 5, 43. *Bauerus legi vult successerat aut successisset.* Nec prius inclinata res est, quam secunda acies Rom. ad prima signa integri fessis succosserunt 9, 32. Quo majori gloriæ rerum domi forisque gestarum succedere se cernebant 4, 11. *i. e. quo major esset gloria eorum, quibus succederent.* Male gestis rebus alterius successum est 9, 18. Vix quidem ulli bono moderatoque regi facilis erat favor apud Syracusanos, succedenti tantæ caritati Hieronis 24, 5. Ut — in paternas succederet opes 21, 3, Vid. *succerescere.*

SUCCENDERE 45, 39. Ipse imperator face subdita *(spolia)* succendit. — succensus rogus 28, 23. Vid. *fax.*

SUCCENSERE 22, 29. Aliud jurgandi succensendique tempus erit. *conf.* 7. 13. Quamquam quodob meritum nostrum succensuistis — nobis, aut succensetis? 25, 6. Juvenis incauti, et suis haud immerito succensentis 40, 23.

SUCCENTURIO 8, 8. Romano — — permissum erat ab consulibus, ut succenturionem sibi, quem vellet, legeret, qui tutaretur eum ab uno destinato hoste.

SUCCIDERE 22, 51. Succisis feminibus poplitibusque. — succidere crura equis 42, 59. — nervos 44, 28. — extremas arborum succisarum impellunt 23, 24. Succisis asseribus collapsus pons 44, 5.

SUCCINCTUS armis legionibusque 21, 10. Vid. *Intt. ad Virgil. Æn.* 1, 323. Cultro succinctus 7, 5.

SUCCLAMARE 21, 18. Sub hanc vocem, haud minus ferociter, daret, utrum vellet, succlamatum est. *conf.* 6, 40. *it.* 42, 28.

Hæc Virginio vociferanti succlamabat multitudo 3, 50. *conf.* 26, 22. Quum per omnem orationem satis frequenti adsensu succlamatum esset 42, 53.

SUCCLAMATIO 40, 36. Succlamationibus apud concionantem imperatorem significent, quid sentiant, *conf.* 28, 26. *it.* 42, 28.

SUCCRESCERE 10, 13. Et se gloriæ seniorum succrevisse, et ad suam gloriam consurgentes alios lætum adspicere. *i. e. paullatim eamdem gloriam se consequuturum. Soboles proprie parentibus succrescere dicitur.* Ut adsuesceret militiæ Hannibal, atque in paternas succresceret opes 21, 3. *vulgo succederet. Illud melius. vid. Gronov. it. Bauer. pag.* 4.

SUCCUMBERE 3, 59. Neque erat dubium, quin, turbato reipublicæ statu, tempori succubuissent. *i. e. nimis cessissent.*

SUCCURRERE 3, 58. Cujus adversæ fortunæ velit succursum.

SUDARE 22, 1. Scuta duo sanguine sudasse. *cf.* 27, 4. *alii: sanguinem: minus recte.*

SUDES 40, 9. Quam sudibus te inspectante prope occiderunt. *nisi legendum* rudibus. *Sic ibid. cap.* 6. vulnera sudibus facta. *ubi Schellerus in Lexico etiam legi vult* rudibus. *vid. rudis. Animvero tid. Sallust. Bell. Catil. cap.* 56. §. 2. *conf. Virgil. Æn.* 7. 524.

SUDOR 7, 38. Qui suo sudore ac sanguine inde *(Capua)* Samnites depulisset. Sudore madens 44, 88.

SUFFICERE 3, 61. Eos, excursionibus sufficiendo — assuefecerat sibi potius fidere etc. *i. q. submittendo.* Fulvium in locum ejus consulem suffectum 9, 44. — sacerdotes mortui aliquot suffectique 27, 6. *cf.* 25, 2. *it.* 29, 38. Quod ei *(Camillo)* suffectus ex extemplo P. Manlius dictator, 6, 38. Quibus vitio creatis suffecti etc. 9, 7. Pontifices suffecti sunt — — augures suffecti sunt — etc. 41, 21. L. Cornelius Lentulus, decemvir sacrorum, eo anno mortuus est. in locum ejus suffectus A. Postumius Albinus 42, 10.

SUFFICERE 10, 25. Non suffecturum ducem unum et exercitum unum. — quoad sufficere remiges potuerunt 36, 45. Et non sufficiebant; jam enim feriebantur arietibus muri 21, 8. *ad q. l. vid. Bauer. pag.* 8. Multis rebus lætus annus vix ad solatium unius mali, pestilentiæ — suffecit 10, 47. Terra ingenito humore egens vix ad perennes sufficit amnes 4, 30. — ad patiendum sufficere 29, 17. — inopi ærario, nec plebe ad tributum sufficiente *ibid. cap.* 16.

SUFFODERE 42, 59. Nunc succidere crura equis, nunc ilia suffodere. Vid. *Tacit. Annal.* 2, 11.

SUFFRAGARI 28, 39. Non suffragandi modo, set etiam spectandi causam P. Scipionis.

Suffragatio 4, 44. Nec potestas, nec suffragatio horum valuit, quin — eos nobilitate præferrent. *i. q. commendatio.*

Suffragium 4, 42. Dare suffragium populo. *alias : in suffragium mittere.* Donec per omnes suffragium iret 25, 37. Res est militaris suffragii 22, 14. *Sic etiam militaria comitia commemorantur, ut supra posuimus.* Populi esse, non senatus jus, suffragium impartiri quibus velit 38, 36. Qui vestra necessaria suffragia pro voluntariis, et serva pro liberis faciat 6, 41. Paucis suffragio populi relictis locis 9, 30. Jussi deinde inire suffragium 26, 18. *ante Drakenborchium edebatur :* jussi deinde inire confusum suffragium *: quod quum nihili esset, recte expunctum est. Creverius autem ex editione Campani pro* confusum *legi vult* confestim. Vid. *tamen ad h. l. Bauer. pag.* 189. Ubi tribus ad suffragium ineundum citari — — viderunt 6, 35.

Suffugere 24, 46. Imber, ab nocte media coortus, custodes vigilesque, dilapsos a stationibus suffugere in tecta coëgit.

Suffundere 30, 15. Masinissæ hæc audienti non rubor solum suffusus, sed lacrimæ etc.

Suggerere 2. 8. Bruto statim Horatium (*consulem*) suggerunt — — ut quidam annales, velut funesti, nihil præter nomina consulum suggerant 4, 20. *cf.* 9, 44.

Suggestum 8. 14. Rostrisque earum suggestum in foro exstructum adornari placuit.

Suggillare 4, 35. Primis annis sugillatos, repulsos, risui Patribus fuisse.

Suggillatio 43, 14. Id prætoribus — non sine sugillatione consulum, mandatum est. *i. q. ignominia, contumelia.*

Sumere in publicum salis vendendi arbitrium 2, 9. *i. e. ærario vindicare, permittere. Est enim cum Gronovio haud dubie legendum : in publicum omne sumtum : eamque emendationem recte in textum recepit Cel. Strothius, mihi quidem, per necessitatem integrum retinendi textum Drakenborchianum, idem facere non licebat.* Rege inde (*ex Sabinis*) sumto 1, 18. Teli sumendi aut petendi — caussa 22, 38. Liberas ædes conjurati sumserunt 24. 6. Studiosus legendi, eos libros (*Numæ*) a L. Petillio sumsit 40, 29. Pontifex eum (*Decium*) togam prætextam sumere jussit 8, 9. *scilic. ante devotionem.* Rem nullam, nisi necessariam ad victum sumendo 2, 32. — interdiu cibi quietioque sumeret tempus 32, 11. — velut tacitis induciis utrimque quiete sumta 2, 64. Si — patrum vestrosque antiquos mores vultis pro his novis sumere 3, 68. *i. q. resumere.* Duellum, quod cum Antiocho rege sumi populus jussit 36, 2. — bellum cum Veientibus — sumtum 1, 42. *cf.* 38, 19. — ab

Æquis arma sumta 2, 43. Quod illis defuit interdiu (*ferrum*) convivæ fratris noctu sumserunt 40, 10. Præcipuo certamine animi adversus eum sumto 37, 10. Tribunos tantum licentiæ novem annis, quibus regnant, sumsisse, 6, 40. Furius, ferox quum ætate et ingenio, tum multitudinia, ex incertissimo sumentis animos, spe inflatus 6, 23. — quum spiritus plebes sumsisset 4, 54. Quod magistratus — nobilitas sibi sumsisset 7, 1. Spatium ad vehicula comportanda a consulibus sumsisset 2, 4. *i. q. petiissent.* Sumere itaque eosdem, non se rogare, æquum esse, neque emere ea, ex fructibus agri ab se dati, quæ ibi proveniant 45, 13.

Summa rei Græcorum 8, 26. — Sampitium 10, 39. Quia ibi summam rerum bellique verti cernebant 30, 3. — summæ rerum prosperum eventum 21, 29. Lectis rerum summis (*in libris Numæ*) 40, 29. Summa rerum 3, 5, *i. q. exercitus cum castris.* Sic 1, 36. *dicitur de bello rite, h. e. nonnisi auspicato, incipiendo.* Principes senatus relationem consulis de summa rerum laudare 3, 14. *quum, quid victis esset faciendum, quæreretur.* Summa belli 3, 61. — summa belli moles 29, 4. — ad summam universi belli pertinere 32, 17. Summa gerendi belli 44, 2. Consilium habenti regi de summa 42, 62. *recte Drakenborchius existimat omissum esse belli.* Parvaque certamina in summam totius profecerant spei 3, 61. *pro eventu totius belli, victoria. conf.* 31, 37. Equitibus et summæ partis ejus Meno præerat 42, 58. — summa curæ omnis 26, 12. *de Capua obsessa.* Eo loco caput rerum summamque imperii fore 5, 54. Summa reipublicæ *nonnullis in locis, v. c.* 38, 50. *ante Drakenborchium legebatur ; sed ab eodem* summa respublica *ubique reposita est, sequuto Gronovii rationes, qui hanc formam bene explicavit et asseruit pluribus locis. vide ipsum ad l. c. Ceterum ad sensum nihil interest, et* summa reipublicæ *quoque bene dicitur, occurritque sæpe apud Ciceronem.* Marcellus suarum copiarum summam exposuit 23, 25. Magni tamen memoria (*ludorum*) ea summa (*impensa*) fuit 41, 28. Summa omnium quadraginta millia fuere 42, 51. Summa tritici 43, 6. Loricæ thoracesque mille amplius summam explebant 42, 61. Argenti pondo ad summam sestertii decies in ærarium intulit 45, 4. Cædibus regis deminutum Patrum numerum — ad trecentorum summam explevit 2, 1. In principio summæ totius 21, 1. *i. e. historiæ, operis.*

Summatim regionis, quæ intranda erat, naturam ac nomina principum in populis accepere 9, 36.

Summittere 1, 4. Eam (*lupam*) summissas infantibus adeo mitem præbuisse mammas. Vid. *Virgil. Æn.* 8, 632. Summissis fascibus 2, 7. Vid. *submittere.*

Summovere. Vid. *submovere.*

Summus 33, 45. Summum reipublicæ tempus. *i. e. quum omnis reipublicæ salus periclitatur.* Vid. *Gronov. ad* 38, 50. Summa optimatium voluntate 10, 18. — summa ratione acta 44, 47. — summa religio 39, 13. Nihil magnopere ad summam rem pertinere 36, 34. *i. e. ad id, quod in re præcipuum est, ad caput rei.* — summa res populi Romani 33, 45. De summa republica consultatum 26, 10. *i. e. hujusmodi re, unde salus universæ reipublicæ penderet.* Ut videant ducem suum, cujus imperio consilioque summam rempublicam tuendam permiserunt 42, 49. Uno aut summum altero prœlio etc. 21, 35· pro ad *summum. cf.* 31, 42. *it.* 33, 5. *vid. Gronov. ad superiorem locum.* Exituri in aciem hodierno aut summum crastino die 44, 38. Summus eques 24, 8. Vid. *eques.* Vid. *detrectare.*

Sumtus 32, 27. Sumtus, quos in cultum prætorum socii facere soliti erant, circumcisi aut sublati. *Vid.* erogare. *it.* gravis.

Suovetaurilia 8, 10. Marti suovetaurilibus piaculum fieri. Ibi instructum exercitum omnem suovetaurilibus lustravit 1, 44.

Super quam quod 22, 3. *i. q. præterquam. cf.* 27, 20. Alia super alia 3, 56. Quam, super cetera, extrema fames etiam instaret 22, 6. Apud Romanos haudquaquam tanta alacritas erat, super cetera recentibus etiam territos prodigiis 21, 46. Legiones hostium, superque eas se devovisset 8, 6. *i. q. simulque se ipsum.* Domos super se ipsos concremaverunt 21, 14. *i. e. domos et insuper se ipsos etc.* Super Demetriadem 31, 46. *i. q. contra, e regione.* Super (*juxta*) Numicium flumen 1, 2. Quid tam integri esse in corpore loci — quid super sanguinis, qui dari pro rep. posset 4, 58. Super castra hostium cum suis turmalibus evasit 8, 7. Præter terram Atticam super Sunium navigans 28, 8. Consule exercituque — amisso, non vulnus super vulnus, sed multiplex clades — amissi nunciabantur 22, 54. Super telum stans 10, 7. Super telum subjectum pedibus stantem 8, 9. Super qua re Romam venisset 42, 24. Satis superque. Vid. *satis.*

Superabilis 25, 23. Altitudinem muri — vel mediocribus scalis superabilem.

Superare munitiones 5, 8. *i. q. transcendere.* Sic 38, 5. superato brachio. Superata media valle 1, 12. Superavit promontorium 31, 23. *navigando. i. q. prætervectus.* Quinqueremem Romanam superantem promontorium ex alto repente adgressæ sunt 30, 25. Quum improvidi effuso cursu insidias circa ipsum iter locatas superassent 2, 50. *i. e. præterissent.* Quam (*necessitatem*) ne dii quidem superant 9, 4. *i. q. mutare possunt.* Marcellus

censor, sorte superato Quinctio, lustrum condidit 38, 36. Non solum enim nihil ex raptis in diem commentibus superabat, sed ne, unde raperet, quidem quidquam reliqui erat 22, 40. *cf. cap.* 49. *it.* 5, 38. 9, 32. Numero militum aliquantum Mezentulus superabat 29, 30. *i. q. superior erat.* Facilem in æquo campi, tantum superanti multitudine, victoriam fore 5, 38. Quid igitur superat, quod purgemus 45, 24. *i. e. superest, restat.* — velut quum otium superat 3, 17. Aliquot horis die superante 39, 7. *cf. cap.* 24.

Superbe 9, 14. Non hæc furculas, nec Caudium, nec saltus invios esse, ubi errorem fraus superbe vicisset. Hæc natura multitudinis est: aut servit humiliter, aut superbe dominatur 24, 25.

Superbia 1, 54. Inviam profecto superbiam regiam civibus esse. *pr. crudelitate.*

Superbus 31, 29. Jura superba reddere. — superba pax 9, 12. — superba mutatio vestis 9, 18. Superbæ aures 24, 5. *i. e. quæ precibus locum relinquere nolunt.* Cui Superbo cognomen facta indiderunt 1, 49. Id vos sub legis superbissimæ vincula conjicitis 4, 4.

Supercilium 27, 18. Infimo stantem (*levem armaturam*) supercilio. *i. q. tumulo; e Polybio, qui habet ipéu. vid. Virgil. Georg.* 1, 108. Supercilio haud procul distantia tumuli 34, 29. *i. e. fastigio; nisi vero supercilium tumuli pro ipso tumulo dictum est.*

Superesse 9, 38. Quæ superfuit cædi multitudo. *cf.* 5, 39. Lucumo superfuit patri 1, 34. Si superesset 1, 40. Plerique, qui meminerimus, supersumus 23, 13. Se superstitem gloriæ suæ ad crimen atque invidiam superesse 2, 7. Quod superest tempus gerendis rebus 21, 4. *i. e. post res gestas reliquum est.* Nihil, quod humanis superesset malis, relinquebant 5, 40. Id Masinissæ satis esse, et fore, quod populo Romano superesset 45, 13. Superat multitudo Albanorum Latinorumque 1, 6. *i. q. abundare.* Adeo supercrant animi ad sustinendam invidiam 2, 27. Sibi neque opes deesse, animum etiam superesse 27, 10. *cf.* 1, 6. *it.* 2, 42. Ut neque hostibus quidquam relinqueretur, et sibi ac suis omnia supercressent 26, 48. Vid. *super.*

Superfigere 42, 60. Superfixa capita hostium portantes. *aut intelligendum. aut addendum* hastis vel contis.

Superfundere 45, 9. Superfudit deinde (*Alexander M.*) se in Asiam. Superfundenti se lætitiæ vix temperatum est 5, 7. Superfuso Tiberi circus irrigatus 7, 3.

Superjacere 10, 30. Magna ejus diei — fama est, etiam vero stanti. sed superjecere quidam augendo fidem.

Superimponere 21, 1. Stipendio etiam superimposito. *Drakenborchius legit in-*

super imposito. Vid. *Kustner. Chrestom Enn. pag.* 43. *cf. Virgil. Æn.* 6, 254.

SUPERINCIDERE 2, 10. Superincidentia tela'. Utique Cannensi prœlio non prius pugna abstiterit, quam prope exsanguis ruina superincidentium virorum, equorum, armorumque sit oppressus.

SUPERINCUBARE 22, 51. Substratus Numida mortuo superincubanti Romano vivus.

SUPERINSTERNERE 30, 10. Tabulasque superinstravit, ut pervium ordinem faceret.

SUPERIOR sum et æquitate rei et vestra confessione 34, 31. Superior Appius in caussa 5, 7. Premendorumque superiorum *(præpositorum)* arte — sese extollebat 22, 12. *ad q. l. vid. Bauer. pag.* 51. [*omninoque in ind. h. v.*] Mare superius 41, 1. (*superum*) vid. *major.*

· SUPERNE 1, 25. Male sustinenti arma gladium superne jugulo defigit. *cf.* 24, 39. Crate superne injecta saxisque congestis 1, 51. Callus, velut moles superne imminens 7, 10.

SUPERPONERE 1, 34. Levasse humano superpositum capiti decus.

SUPERSCANDERE 7, 36. Superscandens vigilum strata somno corpora miles offenso scuto præbuit sonitum.

SUPERSEDERE 6, 1. Rebus divinis supersederi jussum. — quia tributo ac delectu supersessum 7, 27. — frustra certare supersedit 6, 1. Supersedissem loqui apud vos 21, 40.

SUPERSTARE 37, 27. Ne sub ictu superstantium rupibus piratarum essent. *cf.* 7, 24. *it.* 10, 28. Signa alia in circo maximo cum columnis, quibus superstabant, evertit 40, 2. Quum armati superstantes subissent 44, 9.

SUPERSTERNERE 10, 29. Corpus obrutum superstratis Gallorum cumulis.

SUPERSTES 2, 7. Se superstitem gloriæ suæ ad crimen atque invidiam superesse. Nec diu manet superstes filio pater 1, 34.

SUPERSTITIO 10, 39. Dum hostes operati superstitionibus, concilia secreta agunt. Victis superstitione animis 7, 2.

· SUPERSTITIOSUS 6, 5. In civitate plena religionum, tum etiam ab recenti clade superstitiosis principibus, ut renovarentur auspicia, res ad interregnum rediit.

SUPERVACANEUS 10, 24. Cui autem dubium esse, ubi unum bellum sit·asperum ac difficile, quum id alteri extra sortem mandetur, quin alter consul pro supervacaneo atque inutili habeatur. *cf.* 45, 37. Supervacaneum hoc mihi fuisset iter 21. 13. Supervacanea esset oratio mea 22, 39.

SUPERVACUUS 2, 37. Auctor magis, ut fit, quam res, ad præcavendum vel ex supervacuo movit.

SUPERVADERE 31, 38. Quum omnes —

protinus inde supervadentem munimenta victorem hostem fugerent, *cf.* 32, 24.

SUPERVEHI 42, 48. Præter oram, Italiæ supervectus Calabriæ promontorium in Ionio mari. *alias : superare, prætervehi etc.*

SUPERVENIRE 34, 28. Tandem signa legionum supervenerunt. *pro subvenerunt.* Molientibus ab terra naves supervenit 28, 7. *conf.* 30, 25. Ita jam sua sponte ægris animis, legati ab regibus superveniunt 2, 3. Parantibusque jam oppugnare, supervenit a Creüsa prætor 42, 56. .

SUPERUS. Vid. *superior.*

SUPINUS 30, 10. Ex rostratis Pœni vana pleraque, utpote supino jactu, tela in superiorem locum mittebant. Supina valle præcipites egistis 7, 24. *i. e. adverso monte subire ad vos ausos deturbastis. vide Gesner. ad Plin. Paneg. cap.* 30. *it. B. Patruum ad Sueton. Ner. cap.* 13. *cf.* 4, 46. *it.* 6, 24. Vid. *manus.*

SUPPEDITARE 6, 22. Suppeditat multitudo. *i. e. suppetit, abundat.* — nec his paucis victus suppeditat 22, 39. *cf.* 26, 45. *it.* 30, 25.

SUPPLEMENTUM scribere 25, 3. — Fabius supplementum ab Roma adduxit 9, 33. — legiones — supplemento explevit 1, 30. Novisque cohortibus in supplementum adductis 9, 24. *cf. cap.* 43. Non commeatus, non supplementum, non pecuniam habeat 22, 39. Sicilia Claudio sine supplemento decreta 41, 21.

SUPPLICARE 3, 7. Jussi cum conjugibus ac liberis supplicatum ire, pacemque exposcere deûm. *cf. cap.* 6, 3. *it.* 27, 23. Quibus (*divis*) quoque modo supplicaretur 23, 11.

SUPPLICATIO 3, 63. Maligne senatus in unum diem supplicationes — decrevit. populus injussu et altero die frequens iit supplicatum. et hæc vaga popularisque supplicatio studiis prope celebratior fuit. *cf.* 41, 13. Supplicatio pro collegio decemvirorum imperata fuit in omnibus compitis 38, 26. *ergo supplicationes non in templis tantum, uti Creverius putabat, celebratæ. cf.* 27, 23. Gratulationes supplicationesque 34, 7. — supplicationem obsecrationemque habendam 42, 20. *synonymice dicta*. Supplicationibus habitis jam et obsecratione facta circa omnia pulvinaria 31, 8. *nec h. l. differunt supplicationes ab obsecrationibus ; factæ enim utræque in principio bellorum ad placandos deos.* Ut per totam Italiam triduum supplicatio et feriæ essent 40, 19. Prætores quadraginta hostiis majoribus per supplicationes rem divinam fecerunt 40, 53. Diem unum circa omnia pulvinaria supplicatio fuit 41, 9. Ex decreto corum diem unum supplicatio fuit 41, 21.

SUPPLICITER 3, 35. Honorem, summa ope a se impugnatum, ab ea plebe, cum qua contenderant, suppliciter petentes. Vid. *minaciter.*

SUPPLICIUM 8, 18. De captivis, ut quisque liber aut servus esset, suæ fortunæ a quoque sumtum supplicium est. Ne ad extremum finem supplicii tenderet 8, 32. — supplicium miserabile *ibid.* cap. 35. — perfusumque ultimi supplicii metu, mulctæ dicta dimisit 9, 16. Duces insatiabilis supplicii 9, 14. *i. e. cædendi cupiditatis.* — ne desperata venia hostes cæcos in supplicia eorum ageret *ibid.* Quibus precibus suppliciisque deòs possent placare 22, 57. *i. q. supplicationibus, ut et nonnulli legunt. cf.* 27, 1. *it.* cap. 50. *Quamquam intelligi etiam sacrificia in illo loco possunt.* Vid. *Sallust. Bell. Catil. cap.* 9.

SUPPORTARE 44, 18. Unde *(commeatus)* terrestri itinere, unde navibus supportarentur. In portu emporium brevi perfrequens factum, omniaque hinc in castra supportabantur 41, 1.

SUPPOSITUS 3, 44. Puellam domi suæ natam, furtoque inde in domum Virginii translatam, suppositam ei esse.

SUPPRIMERE 31, 18. Obstupefactus eo furore rex, suppressit impetum militum: et, triduum se ad moriendum Abydenis dare, dixit. *cf.* 7, 24. Ita est suppressa 2, 35. Quæ *(SCta)* ante arbitrio consulum supprimebantur vitiabanturque 3, 55. Cujus decreti suppressa fama est Veiis propter metum regis 5, 1. Supprimere in occulto famam ejus rei est conatus 44, 35. Suppressæ naves 22, 19. Omnes aut supprimebat, aut spoliabat naves 44, 29.

SUPRA belli metum id quoque accesserat 2, 18. *i. q. super. præter.* Supra Coclites Muciosque — id facinus esse 2, 13. Quorum beneficio in ea fortuna esset, supra quam ne optare quidem auderet 42, 11.

SUPRASCANDERE 1, 32. Quum fines suprascandit.

SURDUS 24, 32. Surdæ ad hæc omnia aures concitatæ multitudinis erant. Leges rem surdam et inexorabilem esse 2, 3.

SURGERE. Vid. *somnus.*

SURROGARE. Vid. *subrogare.*

SUSCIPERE prodigia 1, 20. *i. e. digna judicare, quorum ratio habeatur, et quæ explentur, procurentur. cf.* 43, 13. suscipere sacra 1, 7. *i. q. recipere, inducere. cf.* 5, 52. *Apud ipsum Ciceronem est:* religionem suscipere: *Verr.* 4, 16. Num alibi, quam in Capitolio pulvinar suscipi potest? 5, 52. *i. e. parari, institui.* Ad id Valere arbitror, ne nos in amicitiam suscipiamur 7, 30.

SUSPECTUS 8, 17. Samnium turbari novis consiliis suspectum erat. Ut in suspecto loco 21, 7. *i. q. non satis tuto, periculoso.* Quid rem parvam et apertam magnam et suspectam facimus? 41, 24.

SUSPENDERE 1, 26. Infelici arbori reste suspendito. Suspenso furculis ab hostibus muro 38, 7. *i. e. quum hostes muro subruto supposuissent furcas, ne col-*

laberetur. Tot populos inter spem metumque suspensos animi habetis 8, 13. Qui *(soch)* dubii suspenseque ex fortuna fidei etc. 44, 18. Quod animos ex tam levibus fortunæ momentis suspensos gererent 4, 32. Suspensi de statu alterius 2, 43. — in suspensa civitate ad exspectationem novi belli 42, 19. Suspensas ad exspectationem belli 42, 20. Erecti suspensique in minime gratum spectaculum animo intenduntur 1, 25. Vid. *erigere.* Metuque mutuo suspensæ erant omnes 2, 32. — suspensis rebus 6, 15. Aquila suspensis demissa leniter alis 1, 34. Suspensa de legibus res ad novos tribunos militum dilata 6, 38.

SUSPICERE 40, 49.

SUSPICIO 25, 7. In suspicione Romanis fuit defectio Tarentinorum. Suspicio, vitio orationis an rei, haud sane purgata 28, 43. Ne invitum *(se)* parere suspicionem *(patri)* faceret 40, 21.

SUSPIRITUS 30, 15. Quum crebro suspiritu et gemitu — aliquantum temporis consumsisset.

SUSTENTARE 24, 18. Nec, nisi in tempore subventum foret, ultra sustentaturi fuerint. *absolute dictum.* Eo *(frumento)* sustentata est plebs 2, 34.

SUSTINERE 31, 24. Sustinuit signa; et considere — jussit. Vix arma membraque sustinentes pugnare 23, 45. — unde sustinenti arma 1, 25. — sustinere se a lapsu 21, 35. Seu famam, seu vim hostium non sustinuisse 26, 3. — ne majestatem nominis Alexandri sustinere non potuerit populus Rom. 9, 18. Aliud priori simile miraculum eos sustinuit 5, 39. *i. e. procedere vetuit.* Plebem sustinendo rem ab seditionibus continuere 3, 65. *i. q. morando, trahendo.* Sustineri ira non potuit 2, 19. — neque aut corpora animi, aut animos spe sustinebant 22, 2. Maligne omnia præbentibus suis meretriculæ munificentia sustinebatur 39, 9. *i. q. alebatur.* Rem Romanam iniquo loco ad prima signa animo atque audacia sustinebat 1, 12. Rem in noctem sustinere 5, 45. Tam eminens area, firma templis quoque ac porticibus sustinendis 2, 5.

SUUS 7, 8. Eventum suum in aliena virtute ponere. Suo proprio prœlio hostem excipere 3, 70. — suum terrorem intulit eques 6, 13. — sui belli decus 9, 42. *i. e. belli a se, non ab altero consule, gerendi.* Ex ferocibus universis singulos metu suo quemque obedientes fecit 5, 4. *quum sibi quisque metueret.* Sua invidia opportunus 1, 54. *i. e quam quis jam sustinet, quam suis jam factis, sua jam fortuna, non alienis contraxit criminibus.* Suam occasionem petere ex aliorum incommodo 4, 58. — neque occasioni tuæ desis, neque suam occasionem hosti des 22, 30. Contemtus hostium adeo ignorantium opportunitates suas 42, 55. *paullo quis:* suo tempore ac loco. Tributum iniquo suo tempore imperatum 2, 23. Iniquo suo tempore 5, 51. — opperiri tempora sua 1, 56. — si Ardeates sua tempora exspectare velint 4, 7. — suo maxime tempore et alieno hostibus 42, 43. Instructa (*acies*) — suo stare loco 9, 37. — eam quoque (*viam*) clausam suo obice inveniunt 9, 2, — aestu suo Locros trajecit 23, 40. In aliena victoria suam praedam faciunt 32, 14. — suaque habere jussit 34, 21. — ut, quod sui (*al.* suum) quisque cognosset, prehenderet etc. 22, 21. Suis quemque stimulis movere 35, 12, *i. e. argumentis cuique aptis, accommodatis.* Quia tum primum suo nomine, nullo Punico exercitu aut duce, ad arma ierant. Quum repente conspiciunt alios arce occupata sua super caput imminentes 21, 32. *ad q. l. vid. Bauer. pag.* 27. Quantum non meritis tantum *ejus,* sed beneficiis etiam *suis* deberi etc. 42, 11. Ne quis quem civitatis mutandae causae suum faceret 41, 8. *vid.* mancipium. Quam (*Asiam*) jam ex parte, sub specie liberandarum civitatium, suam fecerit 44, 24. Amicis quisque suis — scribebant 33, 45. Feroces et suopte ingenio, et pleni adhortantium vocibus 1, 25. Ne suamet plebi jam nimia libertas videretur 3, 57. Velut capti ab suismetipsis praesidiis 8, 25.

SYNEDRI 45, 32. Senatores, quos synedros vocant, legendos.

TABELLA 43, 16. Censores extemplo in atrium Libertatis ascenderunt: et, ibi signatis tabellis publicis, clausoque tabulario, et dimissis servis publicis etc. Laureatas tabellas (*victoriae nuncias*) populo ostendit 45, 1. *paullo ante dicuntur* laureatae litterae. Tabellae scriptum habentes 45, 12.

TABERNACULUM 22, 42. Fugam hostium adeo trepidam, ut, tabernaculis stantibus, castra reliquerunt. Nautici tabernacula detendunt 41, 3. Tabernaculum regium 24, 40. *cf.* 28, 14. Introductum in tabernaculum adversus advocatos in consilium considere jussit 45, 7. (*de tabernaculo consulis in praetorio.*) Quod — patrum recte tabernaculum cepisset 4, 7. *pro* recte H. Valesius malebat rite. *Enim vero sic et Cicero de divinat.* 2, 35. Tabernaculum parum recte capitur, *scil. a consule comitia habituro, et in tabernaculo extra urbem auspicaturo; quum quidem in tota re ille aliquid facit contra disciplinam auguralem. vid. apud eumdem Ciceronem ibid.* 1, 17. *cf. Tacit. Annal.* 2, 13. *ibique Intt.*

TABES 21, 36. Per fluentem tabem liquescentis nivis ingredi. *i. q.* tabum, *humor foedus et lutulentus e nive liquefacta.* Per tabem tot annorum (*in arca*) omnibus absumtis 40, 29: Per cumulos corporum armorumque et tabem sanguinis — se-

quentes hostem 30, 34. Postremo velut tabem venisse ad corpus 2, 23. *de aere alieno absumente paullatim rem familiarem.* — in urbe insidentem tabem crescentis in dies foenoris pati 7, 32. — cujus lentae velut tabis senio victa utriusque pertinacia populi est 7, 22. Ea contagione, velut tabes, in Perrhaebiam quoque id pervaserat malum 42, 5.

TABIDUS 21, 36. In levi tantum glacie tabidaque nive volutabantur. *i. q. tabescens.*

TABULA 9, 46. Tabulam posuisse et jussisse, se scripturum non facturum. *int. librum e tabulis ceratis, quem scriba apparens magistratui gestabat, ut in eum referret, si quid ille scribi jussisset.* Ut illa — ex illis tabulis cerave recitata sunt 1, 24. Ut prima inter primos nomina sua vellent in tabulis publicis esse 26, 36. Lex de tabulis novis 32, 38. *de remissione aeris alieni, vel universi, vel ex parte, propter quam aliter scribi tabulae acceptorum et expensorum debebant.* Supra valvas templi tabula cum titulo hoc fixa 40, 52.

TABULARIUM. Vid. *tabella.*

TABULATUM multiplex 32, 17. — turris quinque tabulatorum 28, 3.

TACERE 9, 6. Tacere indolem illam Romanam, ablatosque cum armis animos etc. *i. e. se non exserere. vid. ad h. l. Bauer. pag.* 282. Quod quum ab antiquis tacitum praetermissumque sit 6, 12.

TACITE habere id patique statuerat 42, 16. *cf.* 5, 27.

TACITUS 1, 54. Tacitis ambagibus patuit res. *i. e. facto, quo significaretur, quid fieri vellet.* Ubi responsa aruspicum insidenti jam animo tacitae religioni congruerunt 8, 6. Comitatus muliebris plus tacito fletu, quam ulla vox, movebat 3, 47. Tacitum signum 39, 30. *per tesseram scriptam datum.* — concilium 39, 20. *non, ubi nihil orationum habitum fuit, sed, a quo nihil certi constitutum est.* — agmen 9, 21. *alibi: silens, silentio abire. i. e. clanculum, noctu. cf.* 8, 32. Nec cum quo tacita serviret 1, 47. *i. e. sine rebus novis tentatis.* Si mori tacitum oportet 40, 9. *i. e. non auditum, non defensum.* Eam contumeliam tacitus tulit 35, 19. — non patientibus tacitum tribunis 7, 1. Ne id quidem ab Turno tulisse tacitum ferunt 1, 50. Vid. *ferre. cf. Stroth. ad* 2, 65. Ferro hinc tibi submovendus sum, Appi, — ut tacitum feras, quod celari vis 3, 45. Tacitae induciae. Vid. *induciae.*

TAEDET 1, 53. Et liberorum quoque eum frequentiae taedere. Dum taedet vos patriciorum, hos plebeiorum magistratuum, sustulere illi animos 3, 67. Quia taedebat populum omnium magistratuum ejus anni 9, 7. Quia taedebat (*scilic.* eos) imperii Punici 21, 19.

TAEDIUM 4, 61. Taedioque inde recessum foret.

TALENTUM 23, 13. Argenti multa talenta. Decem talentis argenti acceptis 22,
31. Qnum per Hippiam legatum trecenta
argenti talenta pactus esset 44, 23. *vid.
Virgil. Æn.* 5, 112.

TALIS 5, 2. Hæc taliaque vociferantes
etc. *al.* aliaque. *utrumque auctoritatibus
nititur. vid. Drakenborch. ad illum locum.*

TAM 2, 26. Quandoquidem non facile
loquor, inquit, Quirites, quam, quod loquutus sum, præsto. *alii legunt:* non tam
facile ; *sed præter.necessitatem. Solet enim
illud tam tali modo omitti.* Mors, quam
matura, tam acerba 7, 1.

TAMEN 1, 12. Tenuere tamen arcem
Sabini. *pro utique. certe. neque enim est;
quo referatur vulgari significatione sumtum. Livius vult dicere : non una est de
modo captæ urbis traditio ; quidquid sit,
utique Sabini, quocumque modo factum
sit, arcem tenuere. vid. Bauer. ad h. l.
pag.* 20. Nuces tamen fusæ ab Romanis
castris — cratibus excipiebantur 23, 19.
*indicat illud tamen, omissum esse prius
membrum periodi concessivæ, v. c. licet
intentissimam curam Pæni adhibuerint ;
tamen etc. Sic id* 45, 29. Assuetis (*licet*)
regio imperio, tamen novum formam terribilem præbuit tribunal. *vid. Clav. Ciceron.
in h. v.* Etsi levata usura erat ; (*tamen*)
sorte ipsa obruebantur inopes 7, 19. *Sic
tamen desideratur, prægressis licet, quamquam, quamvis, aliis. cf.* 38, 9. *vid. Intt.
ad* 22, 20. Qui, quum merito vestro vobis infestus esset, (*scilic. tamen*) et nihil a
vobis ultra, quam pacem petiit, fidemque
hodie pacis partæ desiderat 31, 29. Consul equo advectus suos quidem a fuga
revocavit ; ipse — missili trajectus cecidit
41, ·18· *pro ipse tamen — missili etc.
Tamen post parenthesin positum pro igitur,
ergo, verumtamen etc.* 1, 12.

TAMQUAM 40, 9. Ita me audias, precor, tamquam si, voce et comploratione
nocturna excitus, mihi quiritanti intervenisses. *vid. Drakenborch. ad* 45, 23.

TANDEM 3, 68. Quid tandem ? privatæ
res vestræ quo statu sunt ? *plane uti Græcorum verl positum. cf.* 4, 3. Quum tantum laboris exhaustum sit, et ad finem
jam operis tandem perventum 5, 5.

TANGERE 22, 46. Aliquot homines de
cœlo tacti exanimatique fuerunt. Tacta
de cœlo multa 25, 7. Capuæ multa in
foro ædificia de cœlo tacta 41, 9. Religione tactus hospes 1, 45. Vid. *intactus.*
Spiritu divino tactus 5, 22. *it. cap.* 43. —
altaribus admotum, tactis sacris, jurejurando adactum (*Hannibalem*) 21, 1. *conf.
Virgil. Æn.* 2, 239. Vid. *admovere.* Tetigerat animum memoria nepotum 1, 5.
Numquam rei ullius alieniore tempore
mentionem factam in senatu, quam, inter
tam suspensos. sociorum animos id tactum, quod insuper sollicitaret eos 23, 22.

Quæ Locris in templo Proserpinæ tacta,
violata, elataque inde essent 29, 20.

TANTISPER 1, 22. · Tantisper Romani
et res repetiverant etc. Tantisper .certe,
dum prisca illa tota mente repeto *Præfat.*

TANTUM non ad portas et murum bellum esse 25, 15. *pro propemodum. cf.* 34,
40. *vid. Drakenborch. ad* 4, 2. Quum
agger promotus ad urbem, vincæque tantum non jam injunctæ mœnibus essent
5, 7. Tantum *pro tantopere* 5, 38.

TANTUMMODO 2, 29. Non id tempus
esse, ut merita tantummodo exsolverentur.

TANTUS furor illo tempore gentem
Ætolorum, tantusque magistratus eorum
cepit ! 39, 33. *in ratione reddenda efficacius dicitur omissa particula enim, sine
exclamatione. Similiter* 22, 27. In tantum
suam felicitatem virtutemque enituisse.
*vid. Gronov. ad* 37, 57. Tanta cum gratia, tum arte præparaverant senatores etc.
2, 30. *ad q. l. vid. Bauer. pag.* 112. Alterum tantum 8, 8. Vid. *alter.* Tantus bello
vir 5, 44. Tantum illis in virtute ac fide
Theodoti fiduciæ fuit ! Tantumque ipsi
Theodoto virium ad arcana occultanda !
24, 5. Qui inducias (*in*) tantum temporis
petant 36, 35. Per quæ populus Rom. ad
tantum fastigii venerit 44, 1. *alias :* ad id
fastigii : *quia in fastigio non magnitudo,
sed altitudo intelligitur.* Quum tantum
belli circumstaret tyrannum 34, 27. Tantumque inde pavoris Faliscis injectum est
5, 26. Tantum, quod exstaret aqua 22, 2.
*vid. Gronov. ad* 33, 5. Tanto in majore,
quam paullo ante etc. 2, 20. Non tanta
spe, scalis capi urbem posse, quam, ut —
fessis laxaretur labor 6, 9. Non tantum
gaudii ab recenti metu attulerunt, quam
averterunt famam 38, 51. Quantum au-
gebatur militum numerus ; tanto majore
pecunia — opus erat 5, 10. — quanto jure
potentior intercessio erat, tantum vinceretur 6, 38.

TAPETES 40, 24. Injectis tapetibus in
caput faucesque spiritum intercluserunt.

TAURUS. Vid. *agrestis.*

TECTUM 26, 10. Inter convalles tectaque hortorum et sepulchra, aut cavas undique vias. — castraque tectis parietam
pro muro septa 25, 25. *si modo sanus
locus.* Vid. *villa.*

TEGERE 1, 53. Qui a patrum crudeli-
bus atque impiis suppliciis tegere liberos
sciant. *i. q. protegere.* Quo (*casu*) nihil
se præter errorem insidiatoris texisset 2,
13. Umbra vestri auxilii — tegi possumus 7, 30. Mago cum equitatu, tectus
collibus ad tegendas insidias oppositis
subsistit 25, 15. Nebula matutina texerat
inceptum 40, 2.

TEGMEN 5, 38. ·Multosque — — graves
loricis aliisque tegminibus hausere gurgites.

TEGUMEN 4, 39. Quod tegumen modo
omnis exercitus fuerat. *de equitibus. cf.* 1

20. Æneum pectori tegumen. Vid. *Tacit. Annal.* 2, 14.

TEGUMENTUM 9, 19. Romano scutum majus corpori tegumentum etc. — spongia pectori tegumentum *ibid. cap.* 40. — mutando nunc vestem, nunc tegumenta capitis 22, 1. Arma his imperata, galea, clipeum, ocreæ, lorica, omnia ex ære, hæc ut tegumenta corporis essent 1, 48. Vid. *arma.*

TELUM *dicitur de omnibus instrumentis, quibus vis infertur.* Nam 1, 40. manifeste securis *et* telum *synonymice posita sunt.* Porro 38, 29. *Pro* funda *dictum est.* Vid. *funda.* — saxa *quoque et* sudes 34, 15. *cf.* 31, 34. Vehementius ictu missuque telum 9, 19. Nullo inter arma corporaque vano intercidente telo 21, 8. Agrestibus telis, falcibus gæsisque binis armati 9, 36. Tela et armatos tenere arcem 9, 24. Nec jam tela habebant præter gladios 38, 21. — telis uti *opponitur τῷ* terga dare 31, 35. *cf.* 9, 37. Clamore tantum missilibusque telis et primo pugnæ impetu ferox 6, 13. — nunc tela, nunc saxa ingerere 9, 35. Necessitate, quæ ultimum ac maximum telum est, superiores estis 4, 27. — nullum eo telum ad vincendum homini — acrius datum est 21, 44. *de animi destinatione, obstinato proposito.* Detractatio militiæ telum acerrimum adversus Patres 3, 69. Qua lege tribuniciis rogationibus telum acerrimum datum est 3, 55. Quandoquidem tantum intercessionem pollere placet ; isto ipso telo tutabimur plebem 6, 35. Si tribunicia vis tribunicio auxilio repelli nequeat, aliud telum Patres inventuros esse 5, 29. Telum aliud occultum scituros in tempore 9, 37.

TEMERARE 26, 13. Aræ, foci, deûm delubra; sepulchra majorum temerata ac violata. [Vid. *Perizon. Dissert. de Dict. Cret.* §. XL. *ad* V, 2.]

· TEMERARIUS 25, 37. Consilium temerarium magis, quam audax.

TEMERE 7, 3. Fescennino versu similem, incompositum temere ac rudem alternis jaciebant. *nisi vero,* compositum temere, *non improbante Drakenborchio.* Quidquid sit, haud temere esse rentur 1, 39. Temere ac fortuito 2, 98. Forte temere 25, 38. *conf.* 41, 2.

TEMERITAS 22, 38. Temeritatem, præterquam quod stulta ·sit, infelicem etiam ad id locorum fuisse. Vid. *audacia.*

TEMPERANS 26, 22. Principes graviores temperantioresque a cupidine imperii.

TEMPERANTIA et continentia libidinum 30, 14. *Sic Cicero de Orat.* 2, 60. Dicacitatis temperantiam *dixit.*

TEMPERARE 39, 10. Ab his sacris se temperaturum. — ut vix parentes ab liberis temperaverint 32, 22. Templis tamen deûm — temperatum est· 1, 29. Ab op-

pugnatione urbium temperatum 7, 20. — urbibus oppugnandis temperatum est 10, 12. Negant se manibus temperaturos violaturosque sacrosanctam potestatem 4, 3. *cf.* 2, 23. Ratus, timore deterritos temperaturos proditionibus præsidiorum Siculos 24, 39. Quum — nec, nos temperemus imperiis, quominus illi auxilii egeant 3, 52. Tum valida, tum temperata et belli et pacis artibus erat civitas 1, 21. Suopte ingenio temperatum animum virtutibus fuisse 1, 18.

TEMPERATIO 9, 46. Ut Maximi cognomen, quod tot victoriis non pepererat, hac ordinum temperatione pareret.

TEMPESTAS cum grandine ac tonitribus cœlo dejecta 2, 62. — cum magnis procellis coorta 39, 46. *in terra continente.* — atrox tempestas 21, 58. Vid. *Virg. Georg.* 1, 323. *Æn.* 3, 192. *conf. Ind. Rerum in h. v.* Tempestates fœdæ fuere 25, 7. Quo, jactati tempestate pugnæ, receptum haberent 44, 39. Vid. *portus. it.* pugna. Sustinebant tamen eam tempestatem propugnatores urbis 43, 18. (*Sturm.*) Postquam non cessere (*tribuni pl.*) nec publicæ tempestati, nec suæ invidiæ 4, 55. *i. q. periculum e bello.* Haud ignari, quanta invidiæ immineret tempestas 3, 38. Accessisse etiam novam tempestatem regno tumultus Gallici 45, 19. *cf.* 31, 10. Qui — multis ante tempestatibus ea tenuerat loca 1, 5. *cf.* 9, 29.

TEMPESTIVUS 4, 59. Additum deinde omnium maxime tempestivo principum in multitudinem munere, ut stipendium miles de publico acciperet. *cf.* 5, 12. Tempestiva oratio. Aggressus tempestivis temporibus rem prope prolapsam restituit 45, 19.

TEMPLUM 2, 1. Sub tutela inviolati templi etc. *de asylo.* Intra terminos sacratos templi 45, 5. Ut Jovis templum — monumentum regni — relinqueret — et ut libera a ceteris religionibus area esset — exaugurare fana sacellaque statuit 1, 55. Ad inaugurandum templa capiunt 1, 7. Occupant tribuni templum 2, 56. *i. e. tribunal.* — rostraque id templum appellatum (*suggestum*) 8, 14. *cf.* 3, 17. *it.* 8, 35. — templum magistratus 23, 10. Templo egressus 41, 15. *pro curia. cf.* 1, 30. 37, 52. 39, 5. Jussis excedere e templo 29, 19. (*senatu.*) de templo descendit 1, 18. *de augure ex edito loco, ubi definierat regionem, intra quam auspicium fieri deberet, descendente. Nam is locus, ea regio templum proprie dicitur. idque* capi, *quum definitur ab augure : cujus rei ritus l. c. describitur.* Vid. *descendere. it.* tabernaculum. Templum — testis 41, 20. Valerium auspicato sortitum constat, quod in templo fuisset 41, 18. Templa augusta 1, 29. Vid. *augustus.* Augustissimum ac celeberrimum templum 42, 12. Ruinis templorum templa ædificantem 42, 3. Vid. *fanum.*

TEMPUS 5, 7. Longi temporis opus. *de historia, quæ longi temporis res gestas complectitur.* — tempora harum rerum 6, 12. *i. e. res his temporibus gestæ. alias tempora pro ipsis rebus dicuntur.* Constantiores nos tempus diesque facit 22, 39, Quam tempus deteriorem in dies et locus alienus faceret 7, 12. Tempore tuo pugnasti 28, 45. *i. q. opportuno tibi.* vid. *suus.* Non pugnandum cum infesto tempore anni 43, 22. Et tempore improvisa ex montibus signa etc. 10, 14. *i. e. in tempore, opportuno.* vid. *Intt. ad h. l.* Tempus est, etiam majora conari 6, 18. *cf.* 21, 54. *it.* 30, 4. — tempus exsurgendi ex insidiis et aggredi hostem 27, 41. Tempus agendæ rei 1, 47. Nec gloriandi tempus adversus unum est 22, 39. *i. e. locus, conditio.* Sic *καιρός.* Tempus comitiorum appetebat 25, 2. Quum inter omne tempus (*scil. supplicii*) pater vultusque et os ejus spectaculo esset 2, 5. Forte quædam utili ad tempus 3, 64. *pro ad id tempus. cf.* 31, 24. *eodem modo* sub tempus (*scilic. comitiorum*) dicitur 1, 35. Tempus autumnale 25, 26. Primo quoque tempore 42, 8. vid. *quisque.* Ut tempora postulabunt belli 24, 8. Post tempus ad bella ierunt; ante tempus — revocati sunt; in ipso conatu rerum circumegit se annus 9, 18. Ut Potitii ad tempus præsto essent 1, 7. Omne inde tempus suspensos ita tenuit animos etc. 5, 39. *Vid.* dies. *it.* momentum.

TEMULENTUS ex convivio 41, 4. — par quam (*In diem*) temulento agmine comissabundus incessit 9, 17.

TENAX 39, 25. Ut equum tenacem, non parentem, frenis asperioribus castigandum esse. Pondere tenacior navis 28, 30.

TENDERE 4, 8. Et tribuni — ne in parvis quoque rebus incommode adversarentur, haud sane retendere. Summa vi ut tenderent 32, 32. *i. e. perficere conarentur.* — si pertinacius tendent 5, 9. Quod tanta vi, ut liceret, tetenderant 6, 34. Se tendere nihil ultra, quam ut, si se dignum provincia ducerent, in eam mitterent 10, 24. Si adversus consensum amplissimi ordinis ultra tendant 4, 26. *cf.* 5, 9. Alii primo audaciter negantem, postquam in conspectum adductus sit Xychus, non ultra tetendisse — adfirmant 40, 55. Si — captæ civitati leges imponere tendent 6, 38. Dum evadere tendunt 10, 1. — quo tenderent cursum 23, 34. Tendendo ad sua quisque consilia 4, 31. In adversum ventum aequidquam tendere 40, 4. — tendebant in diversum sententiæ 36, 10. Supinas tendens manus 3, 50. Omnes (*legati*) manus ad consules tendentes — procubuerunt 7, 31. In pretorio tetenderunt Albius et Atrius etc. 28, 27. *i. e. eo usi sunt, tamquam suo tentorio. cf.* 25, 6. Ut in iisdem castris tenderet 44, 13. Locus (*illis*), in quo tenderent, in castris est mu-

tatus 25, 6. (*pœna militaris.*) ˙Campi quoque partem, ubi eques tenderet, amplectebantur 44, 5.

TENERE 30, 35. Tenente omnia equitatu. *i. e. non deserente, sed urgente. cf.* 28, 43. Cujus (*Numæ*) ego caput teneo 1, 18. Tenuere ad Mendin 31, 45. *i. q. ibi constitere.* — hi — tenuere dextrum cornu 1, 27, Tenuit imber continens per totam noctem 23, 44. *i. e. duravit. cf.* 2, 3. vid. *Duker. ad* 4, 7. Ne vos falsa opinio teneat 1, 28. Nondum hæc, quæ nunc tenet æculum, negligentia Deûm venerat 3, 20. Per aliquot dies ea consultatio tenuit 2, 3. Tenet consultatio 33, 22. — tenuit eum consultatio 35, 42. *i. e. morata est, impedivit in agendo. cf.* 3, 26. 27, 5. 35, 42. Tenuit impetum ejus fama lemborum vastantium maritimam oram 44, 30. Pace obnoxia tenere populum 6, 28. *i. q. in potestate habere.* Istum juvenem domi tenendum sub legibus 21, 3. Quum cerneret metu tenendos, quos fides non tenuisset 7, 25. Virtute regnum tenere 4, 3. *i. e. obtinere.* — diique et homines Romani tenuerint Capitolium 5, 51. *pro retinuerint.* In forum perveniunt, circumferentes oculos ad templa Deûm arcemque, solam belli speciem tenentem 5, 41. Tenuere tamen arcem Sabini 1, 12. *i. q. occupassent, obtinuere.* Se patris sui (*regis*) tenere sedem (*in curia*) 1, 48. Proconsules, sicut priore anno tenuissent, obtinere eas provincias jusserunt 29, 13. Tenere vestigia 29, 32. — tenuit alos captam semel sedem 7, 26. Tenet nomen 1, 17. *i. e. in usu est, obtinet.* — fama tenet 1, 18. vid. *fama.* Nox æquato timore neutros pugnam incipientes ad locem tenuit 22, 17. *cf.* 25, 20. Simum tenuisse 32, 15. — regionem tenere 30, 25. *cf.* 22, 29. *i. e. eo pervenire.* — montes — Sabini petebant et pauci tenuere 1, 37. Ex Italia profecti — portum tenuerunt 44, 1. Et quædam religio tenet, quæ illi prudentissimi viri publice suscipienda censuerint, ea pro dignis habere, quæ in meos annales referam 43, 13. *i. q. impedit, vetat. itaque pro dignis recte legi vult Drakenborchius cum Creverio* indignis. Gallos — mimculum victoriæ tam repentinæ tenuit 5, 39. *pr.* sustinuit. *Sic mox eod. cap.* Tenuit Æmilia lex violentos illos censores 9, 34. Duos tamen cum eo pudor tenuit 2, 10. Multa, quæ non vi, non dolo, Philippus, omnia expertus, potuisset moliri, (*Perses*) admirando rerum successu tenuisse 42, 11. Ne quid ferretur ad populum, Patres tenuere 3, 29. *i. e. eo rem deduxerunt, perfecere, ut eo etc. cf.* 4, 30. *it.* 24, 19. Magno certamine cum prætore habito tenuerant caussam 39, 3. *i. q. vicerunt.* Aliud integer populus — aliud forensis factio tenebat 9, 46. In æterno se ipsa teneret servitio 4, 35. — in eo fœdere teneantur 1, 52. *i. q. comprehen-*

*dantur.* cf. 24, 29. Quod constanter vetus decretum tenuissent 42, 6. Quod genus ludorum ab Oscis acceptum tenuit (*retinuit*) juventus 7, 2. Ut, quod tributim plebs jussisset, populum teneret 3, 55. i. e. *obligaret.* — quanta universos teneat Macedonas formula dicta 45, 30.

TENOR 5, 5. Brevis profecto res est, si uno tenore peragitur. — uno tenore fidem coluisse 22, 37. cf. 29, 47. it. 23, 49. Eodem tenore duo insequentes consulatus gessi 7, 40. Tenorem pugnæ servabant 30, 18. Interrumpi tenorem rerum, in quibus peragendis continuatio ipsa efficacissima sit 41, 15. Obstinatos tamen eodem consiliorum tenore ætatis reliquum extraxit 22, 15. Sinceram ejus fidem æquali tenore, egregiamque operam in bello fuisse 44, 18.

TENTARE 28, 28. Tentata est apes triumphi magis, quam petita pertinaciter. — tentare spem pacis 21, 12. i. e. *periculum facere, an pacem consequi possis.* Adversus hos tentare magis quam tueri libertatem 6, 18. Silentio nequidquam per præconem tentato 8, 33. i. e. *nam effici possit, ut sileant.* Tentare sermonibus perplexis 40, 5. i. q. *experiri per ambages, quo animo sint.* cf. 26, 24. Mens in Africam trajiciendi, nulli ante Scipionem duci tentata 29, 26. vid. *Gronov. ad h. l.* Urbis tentandæ conatu absissit 63, 5. — tentare munitiones 9, 35. — frustra tentatis mœnibus Alexandriæ 45, 11. — tentata verius pugna, quam inita 22, 19. — cujus ut prius nosceret vires, quam periculo ultimo tentaret 7, 23. cf. ibid. cap. 32. Tentata paulisper intercessio est ab tribunis plebis 9, 8. i. e. *cœperant dicere, ex quibus intelligeretur, eos cupere intercedere, ut viderent, quomodo acciperentur, et an tuto intercedere liceret.* Tentari patientiam, et tentatam contemni 1, 32. Ut ægre expeditus miles tentabundus, manibusque retinens virgulta — demittere sese posset 21, 36. Tentatum ab L. Sextio — ut rogationem ferret — per intercessionem collegarum — discussum est 4, 49. *pro quod ab L. S. tentatum fuerat, ut — id vero etc.*

TENTATIO 3, 38. Tentationem eam fore abolendi sibi magistratus. — tentationem eam esse credens perseverantiæ suæ 4, 42. cf. 9, 44.

TENUIS 2, 3. Nec ii (*adolescentes*) tenui loco orti. In rebus asperis et tenui spe etc. 25, 38. Vid. *humilis.* it. Tiberis.

TENUIS 21, 54. Et erat pectoribus tenus aucta (*aqua pervadenda*) nocturno imbri. — urbium Corcyræ tenus 26, 24. Et inde Antio atque Ostia tenus Samnites 9, 19. Vulneribus tanti 41, 20. Per aquam, femine genu tenus altam 44, 40.

TEPOR 41, 2. Ad primum teporem solis.

TERERE 6, 8. Ne in opere longo sese

tererent. — ut in armis terant plebem. ibid. cap. 27. — cunctando tempus terere 39, 24. Quo purius frumentum terunt 42, 64. Otium conviviis comessationibusque inter se terebant 1, 57. Jurgiis sæpius terunt tempus, quam consiliis 3, 51.

TERES 21, 8. Missile telum hastili abiegno, et cætera tereti.

TERGEMINI. Vid. *trigeminus.*

TERGERE tentoria 26, 51.

TERGIVERSARI 2, 23. Consules ipsos tergiversari. Tergiversari res cogebat 2, 27.

TERGUM 6, 55. Tergo ac capite puniri. — terga adgredi 32, 30. *pro hostem a tergo.* De tergo plebis Romanæ 2, 35. Fugeris etiam honestius, tergumque civi dederis, quam pugnaveris contra patriam 7, 40. Ut Fidenatium nuda terga invadant 1, 27. Terga vertunt ibid. Insignis inter conspecta cedentium pugnæ terga 2, 10. Versisque in Valeriam Etruscis terga credit 2, 11.

TERMINARE 38, 4. Immensa planicies, ut subjectos campos terminare oculis haud facile queas. i. e. *finem perspicere, nostri; übersehen.* Fana omnia, quod ea hostis possedisset, restituerentur, terminarentur expiarenturque 5, 50. i. q. *fines fanorum ab auguribus pro more designarentur.* Ad agrum publicum a privato terminandum 42, 1. *pro terminis separandum.* Terminare jussi, qua ulterior citeriorve provincia servaretur 32, 28. Vid. *amplexus.*

TERMINUS 21, 44. Circumscribit includitque nos terminis montium fluminumque, quos ne excedamus; neque eos, quos statuit, termines observat. Eo bello terminos populi R. propagari 36, 1. Intra sacratos terminos templi 45, 5.

TERRA, quam matrem appellamus 5, 54. — urbe Roma — terra Italia 42, 29. cf. 30, 32. it. 39, 16. — Africa 29, 28. — Hispania 38, 58. — Pharsalia 33, 6. Donec hostis in terra Italia esset 25, 7. In media hostium terra 23, 12. (*Italia.*) Ad maxime inclytum in terris oraculum 1, 56. Medeone Labeatidis terræ Pantauctus regi Illyrio occurrit 44, 23. Has terras ceperunt. Duratos eos exasperatosque accepit terra, quæ copia rerum omnium saginaret 38, 17. Ratem — a terra (*ripa*) in amnem porrexerunt 21, 28. Auxilium Romanorum terræ, ob nimiam colliorum fidem in Romanos, laboranti erant 21, 52. Ad eos Murgantinæ desciverunt terræ 26, 21. Cœlum ac terras miscere 4, 3. Karthaginienses principes terrarum 29, 17. — populi principis terrarum omnium legatos 42, 39. — principi orbis terrarum populo 34, 58. cf. 28, 41. [Alia terræ colavimus 5, 51. *in terra.* vid. *Schelleri Observat. in Livium pag.* 308.] Ipse terrâ eodem — pergit 31, 16. *Oppos.* classe. cf. 29, 18. vid. *nefastus.* vid. *arare.*

TERRENUS 38, 20. Terrenos et placide acclivos ad quemdam finem colles esse. *paullo post :* unum (*iter*) medio monte, qua terrena erant. *opponuntur saxosis montibus ac rupibus.*

TERRERE 7, 34. Territus animi.

TERRESTRIS. Vid. *amœnitas.*

TERRIBILIS 44, 10. Trepidos intra mœnia compulit. Jamque ipsi urbi terribilis erat etc. Majora ac terribiliora vero afferre 25, 24.

TERRICULUM *et* TERRICULA 5, 9. Sine tribuniciæ potestatis terriculis. Nullis minis, nullis terriculis se metos 34, 11. *i. q. terriculamenta.*

TERRITARE 2, 26. Sabini Romanos territavere ; tumultus enim fuit verius, quam bellum. — missilibus territavere 28, 33. Tribunicium domi bellum Patres territat 3, 24. — finis et Gallis territandi et pavendi Romanis fuit 21, 25. — minis territare 8, 26. Ultro ex stationibus ac vigiliis territant hostem 3, 26. Nequidquam territando consules avertere plebem a cura novarum legum 4, 1. Nervo ac vinculis corpus liberum territent 6, 11.

TERROR judiciorum 29, 36. — populationum 21, 57. — nominis nostri 5, 6. — belli 3, 68. Terror externus 2, 10. — peregrinus 3, 16. — servilis *ibid.* — anceps 28, 19. — equester 6, 12. *cf.* 9, 21. — terrores cœlestes maritimique 29, 27. Ratus, vel terrore ceterarum expugnatarum, vel beneficio præsidii dimissi — non ultra in pertinacia mansuros 36, 10. Tantus ejus magistratus (*dictatoris*) terror erat 6, 28. Perseus — in magno terrore erat 44, 32. Haud paullo ibi plus, quam quod secum ipsi adtulerant, terroris fecerunt 41, 2. Nihil ad vocem cujusquam terroremque (*minas*) motus 5, 46. Deme terrorem Romanis 1, 12. Ut — terrorem — Latinis injiceret 1, 51. Aliquantum aperta quoque pugna præbuerunt terroris 10, 14.

TERTIUS 43, 15. Lepidus princeps (*senatus*) ab tertiis jam censoribus lectus. *cf.* 6, 27.

TESSERA 7, 34. Tesseram dari jubet. — extemplo tesseram dari jubet, ut prandeat miles, firmatisque cibo viribus arma capiat 9, 32. *cf.* 27, 46.

TESTARI 37, 56. Testante fœdera Antipatro. *i. e. ad ea provocante.* Obtestansque deûm et hominum fidem testabatur 2, 10. *i. q. declarabat. cf.* 31, 12. — consulibus deos hominesque testantibus 4, 53. *cf.* 3, 72. vid. *Virgil. Æn.* 12, 581. Ego vos (*deos*) testor, populum etc. 1, 32. Jovem Martemque atque alios testatur Deos 9, 31. Vid. *Intt. ad Virgil. Æn.* 2, 154. Hæc convenerunt, conscriptaque biennio post Olympiæ ab Ætolis, in Capitolio ab Romanis, ut testata sacratis monumentis essent, sunt posita 26, 24. Quum — immemor in testando nepotis decessisset 1, 34. *de testamento.*

300

TESTATIO 8, 6. Inter fœderum ruptorum testationem. *quum quidem deos testes invocaret, violata esse fœdera.*

TESTIS 3, 71. Editis testibus. *i. e. auditis testimoniis : certe provocatio ad testes nominatos intelligenda est. Sic et* 25, 3. *ult.* testibus datis *accipiendum.* Jovem testem facis 1, 32. Testes honestarum aliquot locis pugnarum cicatrices etc. 2, 23.

TESTUDO *castrensis quid sit ?* 44, 9. *hæc proprie dicta, cujus ante Livium meminit Polybius in Excerptis.* vid. *Vales. ad Ammian.* 16, 12. *p.* 146. *de altera testudine* vid. *Liv.* 10, 29. *it.* 41. *cf. cap.* 43. Testudine ad portas successit. *it.* 44, 9. Fastigatam (*per scuta)* testudinem faciebant.

TETERRIMUS 4, 8. Decemviris — teterrimis mortalium — similes consules sumus habituri ? *i. e. crudelissimis, nocentissimis.* Vid. *Drakenborch. ad h. l.*

TETRADRACHMUM 34, 52. *i. q. quatuor denarii.* vid. *Clav. Ciceron. in h. v.*

TETRICA ac tristis (*disciplina*) veterum Sabinorum 1, 18. *conf. Virgil. Georg.* 2, 532. *Æn.* 7, 713. 8, 638.

THENSA 5, 41. Quæ augustissima vestis est thensas ducentibus. vid. *Bauer. ad h. l. pag.* 199.

THESAURUS 29, 18. Nec ante (*dea*) desinet omnibus eos agitare furiis, quam reposita sacra pecunia in thesauris fuerit.

THORAX. Vid. *lorica.*

TIBERIS 1, 4. Super ripas Tiberis effusus lenibus stagnis. Fudere in Tiberim tenui fluentem aqua, ut mediis caloribus solet 2, 5. *conf. Virgil. Æn.* 2, 782. Fluvius Albula, quem nunc Tiberim vocant 1, 3.

TIBICINES 1, 43. Cornicines tibicinesque 9, 30. *cf.* 7, 2. Vid. *Clav. Ciceron. in h. v.*

TIGNUM 5, 54. In superficie tignisque caritas nobis patriæ pendet ?

TIMERE 4, 25. Famem cultoribus agrorum timentes in Etruriam — frumenti caussa misere. Timens sciscitari, uter Porsena esset 2, 12.

TIMOR 2, 39. Exterœus timor, maximum concordiæ vinculum, quamvis suspectos infensosque inter se jungebat animos. Metus a Romanis — timor a principibus 45, 26. In timore civitas fuit — ea moliri Pœnos 32, 26.

TIRO 21, 43. Pugnabitis cum exercitu tirone.

TIROCINIUM 9, 43. Malo tirocinio imbuendum Samnitem. *paullo post* novæ copiæ *dicuntur i. e. tirones.* Quum contemtum tirocinium etiam mitiores barbaros excitare ad rebellandum possit 40, 35. *antea :* novæ legiones. Galba si in L. Paullo accusando tirocinium ponere, et documentum eloquentiæ dare voluit 45, 37. Senatus quum — simul et tirocinio et perturbatione juvenis (*Demetrii*) moveretur 39, 47.

TITULUS 26, 25. Adhiberentque humatis titulum. — aram cum ingenti rerum ab se gestarum titulo Punicis Græcisque litteris insculpto 28, 46. Quæ titulum sepulti regis habuerat, inanis inventa (*arca*) 40, 29. Cujus imaginis titulo consulatus, censuraque, et triumphus, æquo animo legetur 10, 7. Insignes imaginum titulos claraque cognomina familiæ fecere 30, 45. *cf.* 36, 40. — augentes titulum imaginis posteri 22, 31. Par — titulo tantæ gloriæ 7, 1. — quidquid umquam terra marique memorandum gessimus, id tui triumphi titulo accedit 25, 29. Specioso titulo uti vos — Græcarum civitatum liberandarum 35, 16. Cum patre suo gerentes bellum Romanos speciosum Græciæ liberandæ talisse titulum 42, 52. *cf.* 31, 15. *it.* 45, 11. — sub titulo prima specie non atroci 2, 56. — sub titulo æquandarum legum 3, 67. Quum, qui prior auctor tam sævi exempli foret, occupaturus insignem titulum crudelitatis fuerit 24, 18. — quem tandem titulum nostra calamitas habitura est? 45, 22. Quem titulum prætenderitis, prius adversus Philippum, nunc adversus Antiochum belli 37. 54. Titulus bona hostiliter vendendi 2, 14. Litteræ cum privati nominis titulo missæ 45, 4. *i. e. Perseus, non Rex P.* Nisi in trajectu forte fluminis prohibendo, aliquarum navium concursum in majus, ut fit, celebrantes, navalis victoriæ vanum titulum appetivere 4, 34. Supra valvas templi tabula cum titulo hoc fixa 40, 52.

TOGA 24, 38. Quum toga (*rejecta*) signum dedero. — quos — toga picta — honoraritis 10, 7. Vestimenta exercitui deerant — mille ducentæ togæ — et duodecim millia tunicarum missa 29, 36. *fortasse* saga *legendum.*

TOGATUS 3, 52. Non pudet, lictorum vestrorum majorum prope numerum in foro conspici, quam togatorum etc. *i. e. civium honestiorum, quum plebs infima singulis vestimentis, h. e. tunicis, uteretur. cf.* 9, 25. Rogatus, ut — togatus mandata senatus audiret 3, 26. Sicut mihi dederunt (*dii*) armato, togatoque, ut vos — defendam 6, 18.

TOLERABILIS 10, 45. Quonam modo tolerabilis futura Etruria fuisset. *i. e. quomodo occurri potentiæ Etruscorum potuisset. cf.* 28, 16. Quam ab sano initio res in hanc vix opulentis regnis tolerabilem insaniam venerit 7, 2. *de ludis.*

TOLLERE 40, 47. Quum ignes nocte turribus sustulissent. Equite, ut singulos e juvenibus pedites secum in equos tollans 41, 3. Tempus, quo ipse (*Faustulus*) eos (*Romulum et Remum, expositos*) sustulisset 1, 5. Patrum ac plebis certamina — sustulere illi animos 3, 67. — seditio — deinde defectio Indibilis animos ejus sustulerant 28, 36. Dictator laudibus legati militumque — simul audientibus laudes meritas, tollit animos 7, 7. Romanos, omni cura

vacuos, quum Ætolorum gentem sustulissent, omnibus copiis in Asiam trajicere 36, 26. *i. q. vicissent, debellassent.* Ut SCtum in se factum tolli juberent 42, 9. Sublatis rebus commigrant Romam 1, 34. Ille tamen dies est intercessione sublatus 10, 9. Quod satis erat, in usum sublato, ceterum omne incensum 22, 20. *absolute dictum.*

TORMENTUM 24, 34. Missa tormento tela. Tormentis quoque quum laceraretur 21, 2. In tormentis moribus 40, 23.

TORPERE gelu 21, 56. Torpebat vox spiritusque 1, 25. Torpent consilia subita re 1, 41. *i. e. non occurrunt.*

TORPESCERE 23, 9. Quid tot dextræ? torpescentne in amentia illa ?

TORPIDUS 7, 36. Torpidos somno insuper pavore exanimat. *cf.* 25, 38. Quod malum — quum stupore ac miraculo torpidos defixisset 22, 53.

TORPOR 9, 2. Stuporque omnium animos ac velut torpor quidam insolitus membra tenet.

TORQUERE 40, 24. Poculo epoto — coortis doloribus — torquebatur.

TORRERE 35, 5. Sol ingenti ardore torrebat minime patientia æstus corpora. *Itaque Perizonius* 44, 38. *pro* militem torrentem meridiano sole *legi volebat* torrente.

TORRENS 33, 18. Ad ripam, qui tenui aqua interfluebat, torrentis. *paullo post* amnis *dicitur. Apud Virgilium sunt* torrentia flumina. *est enim* torrens *proprie adjectivum : ut* serpens *scil.* bestia, *e. i. g. a.* Descensus ripæ utriusque in *alveum* 300 ferme passuum erat : *medium spatium torrentis,* alibi aliter cavati, paullo plus etc. 44, 35.

TORRIDUS 4, 30. Defectus alibi aquarum circa torridos fontes rivosque. Pecora — torrida frigore 21, 32. Membra torrida gelu 21, 40.

TOT tam opulenti tyranni regesque 25, 24. Tot ac tam potentibus populis 8, 12. vid. *Drakenborch. ad* 5, 54. Inter tot tam effrenatarum gentium arma 21, 9. *ad q. l.* vid. *Bauer. pag.* 10. Cujus vitia vitæ tot (*quatuor*) horis exprimi non possent 45, 37.

TOTIES 6, 15. Non adversus Volscos toties hostes, quoties Patribus expediat — dictatorem, creatum esse. *Sic* semper auctores *et alia dici supra notatum est.*

TOTUS 25, 16. Toti a patiendo exspectandoque eventu in impetum atque iram versi. Multitudo tota Antiochi erat 35, 3. Vid. *Gronov. ad illum locum.* Toti plebis fuissent 3, 59. Totumque, quod ad Sardiniam pertinebat 41, 6. In totam penitus aciem (*terror*) pervasit 8, 9. Totis viribus aggressus urbem 21, 14.

TRABEA 1, 41. Servius cum trabea et lictoribus prodit.

TRACTARE 44, 13. Tractatæ conditiones amicitiæ. Consilia tractabantur 33,

31. — consilia tractatu dum **35, 32**. Quemadmodum tractandum bellum in Hispania foret **23, 28**. Seditio intestina majore mole coorta, quam bella tractabantur 5, 12.

TRACTATIO 45, 18. In quibus praesens tractatio rerum certiora subjectura erat consilia.

TRACTUS **3, 28**. Qui tractus castrorum quaeque forma esset. — tractus maris 28, 30.

TRADERE 36, 24. Majus victoribus gaudium (*Damocritus*) traditus fuit. Vid. *manus*. Traditur ad supplicium 24, 5. *Bauer. ad h. l. pag.* 106. *leg.* trahitur. Illi sacra — nobis facienda tradiderunt **5, 52**. Tradere equos in fluctuantem aciem **6, 24**. *pro immittere equites, ei quidem vera lectio est.* Convertentem se inter hanc venerationem tradidit memoriae, prolapsum cecidisse 5, 21.

TRADITIO imperii 41, 15.

TRADUCERE **36, 3**. Regem Antiochum in Europam ad bellum gerendum traduxisse. *i. e. movisse, ut transiret in E.* Populum omnem Albanum Romam traducere in animo est 1, 28. Ante currum (*triumphalem*) traducti **33, 23**. — traducti sub jugum 9, 6. In Etruriam traducto exercitu 10, 37. *cf.* 9, 39. Quae manus — Perrhaebiae saltum — traducta *ibid. pro* in P. *saltum : quam voculam Gruterus praeter necessitatem putat excidisse.* Lilybaeum classe traducta 29, 24. — instructasque copias flumen traduxit **22, 45**. In concionem traducti legati 45, 2. *i. q. producti.* Diem — consultando traduxerant 9, 32. *cf. cap.* 3. Vestros liberos traductos per ora hominum 2, 38. Traductis in sententiam ejus 44, 40. Ad eosdem deos — merita dona populi Romani traducit 45, 39. (*de triumphante.*) *de victimis potissimum intell., de quibus paullo post.*

TRAGICUS 1, 46. Tulit enim et Romana regia sceleris tragici exemplum.

TRAGULA 26, 5. Undique in eum tragulae conjectae.

TRAHERE 26, 5. Hannibalem diversum Tarentinae arcis potiundae Capuaeque retinendae trahebant curae. Ut naves onerariae comprehensae Lilybaeum omnes traherentur 29, 24. Pervicit — ut dejecto Fabio (*petitione*) fratrem traheret 39, 32. *i. e. ad consulatum perduceret, efficeret, ut consul crearetur.* Mora, qua trahebatur bellum 9, 27. — res lentius spe trahebatur 30, 16. — belli trahendi caussa 5, 11. — traxerat tempus 44, 10. Scipio trahens exercitum gravem jam spoliis multarum urbium 30, 9. Ferocissimum ex iis (*elephantis*) irritatum ab rectore suo — traxisse gregem 21, 28. Legati urbem ingressi sunt, ingentem secum occurrentium prosequentiumque trahentes turbam 45, 2. Mulierum ac spadonum agmen (*Darium*) trahentem 9, 17. — impedimentum majus quam auxilium traheret 9, 19. — fessum vulnere, fessum cursu trahens corpus 1, 25. — fessa

ægre trahentes membra 22, 2. Poenam — expertum omnis juris et conditionis et linguae prope humanae, militem trahit 23, 5. Auctores utroque trahunt 1, 24. — in diversum trahunt 23, 11. — trahere ad meliora responsa 8, 21. *i. e. responsa in melius interpretari.* Trahere in prodigium 44, 37. Dictatoris acies alienam (*magistri equitum*) pugnam sequatur, non partem maximam victoriae trahet ? 9, 40. — nisi partem petendo totam traxeris ? 6, 40. *conf. Tacit. Annal.* 2, 18. In hoc me longa vita et infelix senecta traxit, ut exsulem te — viderem ? 2, 40. — Servilius exigua in spe trahebat animam 3, 6. Trahere rem ad hostes *dicuntur, qui deditionem et volunt et perficiunt. Sic* 23, 8. *cf.* 24, 2. plebe ad Poenos rem traheret. Tempore illi praecepto, ut hi numero avium, regnum trahebant 1, 7. *scil. ad caput factionis suae.* Captae decus Nolae ad consulem trahunt 9, 28. *i. q. ad eum auctorem referunt.* Aliis ad regem trahentibus civitatem, aliis ad Romanos 42, 44. Adversus amentiam eorum, qui ad Macedonas gentem trahebant 42, 17. Quo traxit fortuna temere facinus 2, 12. — Tusci fere omnes consciverant bellum, traxerat contagio proximos Umbria populos 10, 18. *cf.* 26, 1. *it.* 42, 44. Multitudinem credens trahi spe posse 44, 26. Invitatio benigna in vinum traxit 40, 7. Trahique magis, quam vellet, in arcanos sermones est coeptus 42, 17. Neminem — saepius, quam Postumium in disceptationem trahebat 4, 49. Lacessere ac trahere (*hostem*) ad decernendum 21, 41. Quia apud cives partem doloris et exercitus amisei — et publica trahebat clades 25, 36. *i. q. producebat, diuturniorem faciebat.* Hoc tractus vinculo quum (*Romam*) rediisset 42, 22. *i. e. nova rogationis denunciatione.*

TRAJICERE 31, 48. Quum una (*colonia*) direpta et incensa esset, trajecturamque id incendium, velut ex continentibus tectis, in alteram tam propinquam coloniam esset. Mediam trajecit (*pars equitum*) aciem 42, 7. *i. e. perrupit.* tumultuoso amne trajecto 37, 38. — amnem vado trajecit 21, 5. Vid. *Virgil. Æn.* 6, 536. — omnibus ferme suis trans Rhodanum trajectis 21, 26. — quem (*exercitum*) Iberum amnem trajecit 22, 39. *cf.* 26, 42. Coguntur naves in alteram ripam amnis transjicere 10, 2. — legiones trajectae 37, 2. In continentem trajectus 32, 6. *cf. cap.* 17. — Ægeo mari trajecit 37, 14. Conatu tam audaci trajiciendarum Alpium 21, 39. Bini consules cum binis exercitibus ante trajecerant 29, 26. Trajecit ferro pectus 41, 11. Missili trajectus cecidit 41, 18. Vigilem venabulo trajicit 25, 9.

TRAMES 2, 39. Transversis tramitibus transgressus. Vid. *obliquus.*

TRANARE 21, 27. Caetris suppositis incubantes, flumen tranavere.

TRANQUILLITAS 21, 27. Tranquillitatem infra trajicientibus lintribus præbebat. ad q. l. vid. Bauer. pag. 23.

TRANQUILLUS 28, 25. Tranquillam seditionem, jam per se languescentem, repentina quies rebellantium Hispanorum fecit. Aut tranquillam, aut procellæ in vobis (militibus) sunt 28, 27. In urbe ex tranquillo necopinata moles discordiarum inter Plebem ac Patres exorta est 4, 43. Nec cetera modo tribuni tranquillo peregere etc. 8, 14. ante Drak. legebatur tranquille. cf. 26, 51. Tranquilla nox 5, 42. Republica in tranquillum redacta 8, 40. Vid. redigere.

TRANS 8, 7. Manlii cuspis super galeam hostis Metii trans cervicem equi elapsa est.

TRANSCENDERE 9, 44. An (Piso) consulto binos consules, falsos ratus, transcenderit etc. i. e. omiseris. Transcendere festinat ordinem ætatis 40, 9. conf. cap. eod. — transcendendo media, summa imis continuare 32, 7. Transcendentem me jam muros a capta prope urbe revocavit consul 39, 26. in urbem milites transcenderunt 44, 9.

TRANSCRIBERE 21, 26. In locum ejus (legionis) transcripta legione nova. Transcribi tantum recitarique eos jussurum 23, 23. de lectione senatus.

TRANSCURRERE 40, 40. Cum magna strage hostium, infractis omnibus hastis, transcurrerent.

TRANSDUCERE 42, 22. Transductisque Padum ager est adsignatus. Silentio noctis transductis copiis 42, 60.

TRANSFERRE 3, 68. Nisi a portis nostris mœnibusque ad illorum urbes hunc belli terrorem transtulero. Ut ab portis Gabinis sub Romana mœnia bellum transferatur 1, 53. Ut trans Peneum transferret castra 42, 60. Lituo in lævam manum translato 1, 18. Pecuniam regiam translaturus in triumpho est, et in ærarium laturus 45. 37. Armorum hostilium magnam vim transtulit; nullam pecuniam admodum 40, 59. Quadraginta millia pondo argenti Ti. Gracchus transtulit, viginti millia Albinus 41, 7. Transtulit in triumphum multa militaria signa spoliaque alia et supellectilem regiam 45, 43. Vid. Intt. ad h. l. cf. cap. 39. it. 34, 52. et Sueton. Jul. cap. 60.

TRANSFIGERE 5, 36. Fabius — ducem Gallorum — per latus transfixum hasta occidit. Simul verbis increpans transfigit puellam 1, 26. Ut cum armis transfigere corpus posset 21, 8.

TRANSFOSSUS 44, 11. Transfosso pariete iter in urbem patefacere.

TRANSFUGAM — nihil aliud, quam unum vile atque infame corpus esse ratus 22, 22. cf. 87, 89. ubi hostes cum pecoribus comparantur. it. 26, 12. Si illa pastorum convenarumque plebs, transfuga ex suis populis etc. 2, 1.

TRANSFUGIUM 22, 43. Ut, quo longius ab hoste recessisset, transfugia impeditiora levibus ingeniis essent. paullo ante dicuntur milites de transitione consilium cepisse.

TRANSGREDI 10, 27. Transgresso Apennino. si modo sanus locus. — in Corsicam transgressus 42, 1. cf. 21, 5. Vid. trames. Inde, in Latinam viam transversis tramitibus transgressus etc. 2, 39.

TRANSIGERE 23, 32. Transactis rebus, quæ in urbe agendæ erant. Prius de prætoribus transacta res, quæ transigi sorte poterat 32, 28. Optimum visum est, committere rem fortunæ, et transigere cum Publilio certamen. Itaque in aciem copias educunt 9, 12. — nisi in primo pavore — transacta res esset 10, 41.

TRANSIRE 2, 10. Si transitum pontem relinquerent. cf. 21, 43. — transito amne 28, 28. Nec manere ergo, nec transire aperte ausus 1, 27. scil. perfugæ modo. Pedites equitesque insignes donis transiere ac transveeti sunt 10, 46. Minucium — transiisse a Patribus ad plebem — invenio 4, 16. Ut transisse in sententiam meam videri posset 44, 38.

TRANSITIO 26, 12. Famesque — nulli non probabilem causam transitionis haceret — scortum transfugarum unius etc. Vid. transfugium. cf. 45, 6. Pacto transitionis Albanorum 1, 27.

TRANSITUS quosdam pretio mercatum 23, 28. Transitum eā non esse 21, 32. Transitum claudere 27, 46. Transitum expectantes 24, 7. scilic. per angustam viam. Nempe transitum regis. Nisi legendum transeuntem. Sed sic etiam Ciceroni adventus pro advenientibus.

TRANSMARINUS 26, 24. Quod gentium transmarinarum in amicitiam primi venissent.

TRANSMIGRARE 5, 24. Actio movebatur — transmigrandi Veios. Ut, relictis ruinis, in urbem paratam Veios transmigrarent 5, 50. Ut Veios transmigraremus 5, 53.

TRANSMITTERE 44, 28. Unde transmittere in Macedoniam possent. Ne in Italiam transmittant Galli bellum 21, 20. Ex Corsica subacta Cicereius in Sardiniam transmisit 42, 7. Transmisso per viam tigillo 1, 26. Navium agmen — transmittens 21, 27. ad q. l. vid. Bauer. pag. 23. In naves impositos præter oram Etrusci maris Neapolim transmisit 40, 41.

TRANSNARE 2, 47. Magonem cum equitatu et Hispanis peditibus flumen extemplo transnasse : ipsum Hannibalem per superiora Padi vada exercitum traduxisse.

TRANSPORTARE 26, 17, Exercitum — in naves impositum Nero in Hispaniam transportavit. Ne supplementum cum stipendio commeatuque ab Karthagine Hannibali transportaretur 24, 8. In eo exercitu, qui in Macedoniam est transportatus 42, 34.

TRANSVEHERE 21, 47. Ut jam Hispanos omnes inflati transvexerint utres. *cf.* 10, 46. Ut equites idibus Quintilibus transveherentur 9, 46. In eo triumpho Gallicis carpentis arma signaque et spolia omnis generis transvexit 38, 40. Juno regina transvecta a Veiis 5, 52. Quadringentis ferme operariis exercitum transvexit 29, 26. Cum omnibus copiis transvectus 42, 49.

TRANSVERBERARE 38, 22. Transverberatis scutis. Vid. *Virgil. Æn.* 10, 336.

TRANSVERSUS. Vid. *trames.* Transversis itineribus 3, 7. *i. e. obliquis.* Per transversos limites superatis montibus 41, 14. *Virgil. Æn.* 5, 19. Mutati transversæ fremunt, et vespere ab · atro consurgunt venti.

TRANSULTARE. Vid. *desultor.*

TREPIDARE *indicat non motum aliquem simpliciter, ad capessendam rem, neque omnem tumultum illum, qui fit ante concursum, sed motum cum festinatione aliqua, sive e terrore repentino, sive quacumque alia subita re, ex qua festinatione aliquid confusionis tumultusque oritur. vide B. Patruum in Actis Eruditor. ad a.* 1743. *p.* 17. *Hinc intelligi commode possunt sequentia :* Maximam patrem ad arma trepidantes cædes oppressit 9, 37. Dum in sua quisque ministeria discursu trepidat ad prima signa 23, 16. Ut — exercitus — haud satis decoro prœlio trepidaret 28, 19. Dum trepidant acie instruenda 34, 14. *cf.* 44, 14. *et* 38. Æquorum exercitus, tumultuario similis, sine ducibus certis, sine imperio trepidare 9, 45. Ut — pars terga trepidantium invaderent 27, 1. Strepitu sequentium trepidante equo 1, 13. — inter pugnæ fugæque consilium trepidante equitatu *ibid. cap.* 14. Concursu pastorum trepidantium circa advenam 1, 7. Ut tot uno tempore motibus animi turbati trepidarent magis quam consulerent 21, 16. Subinde per alia atque alia pavida consilia et imperia trepidans 44, 6. *cf.* 28, 30. Ne in foro subitis trepidaret consiliis, et omnia temere ac fortuito ageret 2, 28. Trepidantium in transitu fluminis hostium deleri magna ex parte copias potuisse 42, 60. Terra marique trepidatur 41, 3.

TREPIDATIO 21, 25. Cum magna trepidatione et pavore omnium. Contemplatique trepidationem fugamque hostium prope una voce exclamavere omnes, ut sequerentur 38, 24. Quam trepidationem ubi Flaccus conspexit etc. 40, 40. Nihil trepidatione opus esse 1, 27. U' jam ex trepidatione concurrentium turb. constitit 3, 50. Ibi vero clamor jubentium referre signa ruinæ quoque prope similem trepidationem fecit 42, 66.

TREPIDUS 8, 37. Trepidam civitatem excire. *i. e. ut trepida fieret, exciendo trepidam reddere.* Trepido nuncio excitatus 1, 48. — res trepidæ 34, 11. — trepidi

rerum suarum 5, 11. *it.* 36, 31. In re trepida 1, 27. Re nova trepidus rex 1, 60. Trepidus nuncius adfert, hostem magno agmine adesse 42, 57.

TREVIRI coloniam deduxerunt 40, 29. *conf. ibid. cap.* 34.

TRIARIUS 8, 8. Res ad triarios rediit.

TRIBUNAL 28, 27. Albium et Atrium sedisse in tribunali P. Scipionis. *i. e. contensi, cespiticio.* Vid. *templum.* Tribunal Porsenæ 2, 12. Legati — in forum ad tribunal perrexerunt 45, 2. (*de victoria a Perseo reportata.*)

TRIBUNATUS 9, 46. Tribunatu ante gesto, triumviratibusque, nocturno altero, altero coloniæ deducendæ.

TRIBUNICII 3, 35. Ipse medius inter tribunicios — in foro volitare. *qui tribuni fuerant. conf.* 4, 6.

TRIBUNICIUS 2, 1. Tribuniciæ procellæ.

TRIBUNUS Celerum, in quo tum magistratu etc. 7, 59. Tribuni *dicti simpliciter pro* tribunis plebis. Vid. *Drakenborch. ad* 2, 56. *cf.* 3, 64. *it.* 9, 33. Tribuni consulares 3, 33. — tribuni mil. comitiati Rufuli 27, 36. *cf.* 42, 31. 43, 12. 44, 21. — quos sibi (*tribuni pl.*) collegas cooptassint 3, 64. Tribuni suffragio populi creati 28, 27.

TRIBUS 1, 43, Post expletos quinque et triginta tribus duplicatio earum numero, centuriis juniorum seniorumque etc. Vide *Gronov. ad h. l. it. B. Patruum ad Sueton. Jul. cap.* 13. *cf.* 3, 64. *est autem* explere tribus *i. q. dimidio numero tribuum majorem suffragatorem habuisse.* Jure vocatur tribus 5, 17. *i. e. ad eum ordinem, quem Servius instituerat.* — tribum ferre 8, 37. *pro suffragia tribus.* — tribu moti 24, 18. *cf.* 45, 15. *i. e. ut posteriori loco Livius ipse dicit, mutare tribum jussi.* Fierique se pro tribu ædilem videret 9, 46. *i. e. a tribu prærogativa.* Vid. *Gronov. ad h. l. it. in Obss.* 4, 1. *vid.* describere· *it.* movere.

TRIBUTUM 45, 18. Dimidium tributi, quam quod regibus ferre soliti erant, populo Romano pendere.

TRIDUUM ac tres noctes (*Apollo*) lacrimavit 43, 13.

TRIFARIAM exercitum in diversissimas regiones distraxere 26, 41.

TRIGEMINUS 6, 7. Trigeminæ victoriæ triplicem triumphum — egistis. Vid. *Virgil. Æn.* 8, 202. Forte in duobus tum exercitibus erant trigemini fratres 1, 24.

TRIPARTITO urbem aggreditur 21, 7. — Iberum copias trajecit *ibid. cap.* 23.

TRIPUDIUM 25, 17. Armatum exercitum decucurrisse , cum tripudiis Hispanorum, motibusque armorum et corporum suæ cuique gentilassuetis *cf.* 23, 26. Erumpunt igitur agmine e castris, tripudiantes more suo. Vid. *saltatus.*

TRISTIS 24, 9. Tristia ad recordationem exempla. Additumque inerti censoriæ notæ triste senatusconsultum 24, 18. Disciplina tetrica ac tristis veterum Sabinorum 1, 18.

TRITICI summa 43, 6.

TRIUMPHARE 45, 39. Triumphantes aurati purpuratique. Hi omnium primi, nullo bello gesto, triumpharunt 40, 38. Ex Hispania triumphavit 34, 46. Ex Leguribus Ingaunis triumphavit 40, 34.

TRIUMPHUS castrensis 7, 36. — triumphum clamare 21, 62. pro io triumphe! exclamare. Vid. titulus. Triumphum nomine cient 45, 38. Duo singularia hæc ei viro (Publilio) primum contigere ; prorogatio imperii non ante in ullo facta, et acto honore triumphus 8, 26. cf. 28, 38. — triumphus agebatur 41, 13. Triumphi — ex Hispania duo continui acti 41, 7. Papirium, tamquam ex hostium ducibus, sic ex Romano imperatore victoriam et triumphum petere 8, 33. — justissimos meritis triumphos intentari. ibid. i. e. nunc bene meritis triumphos aliorum de se metuendos esse, denunciari. Boiorum triumphi spem collegæ reliquit 33, 37. i.e. de Boiis. Vid. navalis.

TRIUMVIRI capitales 32, 26. it. cap. 42. et 40, 19. — mensarii 23, 21. — agrarii 27, 21. — sacris conquirendis donisque persignandis 25, 7.

TRUCIDARE 6, 37. Nec fœnore trucidandi plebem alium (modum) Patribus umquam fore. Papirius — traditur — ceteros trucidatos 5, 41. oratio ἀπαλλυθη. Pecora in fanis trucidant verius passim, quam rite sacrificant 41, 18. Vid. Virgil. Æn. 2, 670. Ex ingenti captivorum numero 358 delecti, nobilissimus quisque, qui Romam mitterentur, vulgus aliud trucidatum 7, 19. Servilibusque omnibus suppliciis cruciatos trucidando occidit 29, 18. cf. 21, 13.

TRUCIDATIO 28, 16. Inde non jam pugna, sed trucidatio velut pecorum fieri.

TRULLA 37, 11. Trullis ferreis multum conceptum ignem præ se portabant.

TRUNCUS 41, 9. Puerum trunci corporis — natum. i.e. parum integri. Urbs trunca (Capua) sine senatu, sine plebe, sine magistratibus, prodigium ; relicta crudelius habitanda, quam si deleta foret 31, 29.

TRUX ingenium 3, 54. — oratio 4, 48. — orator 34, 5. — sententia 29, 19. — cantus 5, 37. — vox 45, 10. Species profecto his ibi truces Gallorum sonumque vocis in oculis atque in auribus fore 6, 28. Truces oculi 2, 10. Qui proconsularem imaginem tam sævam ac trucem fecerint 5, 2.

TUBICINES. Vid. accensere.

TUERI castra 33, 15. alias : tenere 5, 51. Pecunia ad classem tuendam bellumque Macedonicum ea decreta est 23, 38. Ut suæ quisque provinciæ sortem tueretur 10, 26. Eodem se genere (vitæ) tuebatur 39, 9. i.e. quæstum eumdem faciebat.

TUGURIUM parvum 42, 34.

TUM quum maxime in hostiam intuens

40, 13. cf. 23, 9. it. 40, 32. Vid. Clav. Ciceron. in quum maxime. Deinde quæ tum quum maxime L. Hortensius faceret 43, 7. Si sciens fallo, tum me Jupiter O. M. etc. 22, 53. Gronovius legi vult tu. Dukerus autem vindicat vulgatum. Tum bellum et fortia consilia placeant, tunc sponsio et pax repudietur 9, 11. cf. 21, 36. it. 28, 15. Tum quoque etc. 39, 13. pro nunc etc. Si dimicandum erit, tum tu in novissimos te recipito 7, 40.

TUMERE et queri 33, 11. pro ira tumere, ut alibi Livius loquitur, nisi vero pro jam tumentes legamus ira tumentes. Sic 31, 8. Vid. Bauer. ad illum locum pag. 201.

TUMIDUS 45, 23. Tumidior sermo Rhodiorum. mira ibi ratio addita : quod excellere inter finitimas civitates videamur.

TUMULTUARI cœptum est 36, 44. cf. 24, 21. — tumultuatum verius quam belligeratum 21, 16. Ne tumultuarentur 41, 5. scil. Romæ, conscribendis propter tumultum legionibus.

TUMULTUARIUS exercitus raptim conscriptus 8, 11. cf. 9, 45. — castra tumultuaria raptim communierunt 28, 16. Velut tumultuario exercitu raptim ducto 5, 37. Imperatum est, ut Petillius duas legiones civium Romanorum tumultuarias scriberet 40, 26. ibid. ut, qua irent, protinus subitarios milites scriberent, ducerentque secum. Nihil tumultuariæ pugnæ simile erat, quales in oppugnationibus urbium per occasionem partis alterius conseri solent 21, 8. Tamen cap. 11. prœlia dicuntur. Tumultuaria prœlia 27, 42. cf. 29, 36. it. 35, 4. — certamina 21, 7. Tumultuario opere 42, 63. de muro restituto. cf. 44, 19. Tumultuariæ agrestium Etruscorum cohortes 9, 36. — tumultuarius miles 1, 37. — dux 26, 37.

TUMULTUOSE 2, 29. Senatus tumultuose vocatus tumultuosius consulitur. Adeo tumultuose excepta est (res) clamoribus undique et indignatione Patrum 2, 28. Quam potuere tumultuosissime 1, 40.

TUMULTUOSUS nuncius 2, 24. Facta popularia in speciem, tumultuosa eadem 6, 14. Tumultuosa prœlia 27, 2. cf. 28, 15. it. 30, 8. Oppos. magna. — tumultuoso et minaci genere pugnæ 1, 14. Quod tumultuosissimum pugnæ erat 2, 10. — iter prope ipso prœlio tumultuosius fuit 42, 66. Tumultuosa turba 6, 14.

TUMULTUS 21, 48. Tumultu, quam re, major cædes. — tumultum magis, quam certum nuncium intulerunt castris 31, 36. Tumultus verius fuit, quam bellum 2, 26. — triarii tumultum jam in concione miscentes 8, 32. Ad crescentem tumultu jam metum seditionis 2, 45. — conticescente tumultu 23, 55. Hispania magno tumultu ad bellum consurrexit 33, 19. — provincia est in tumultu 3, 10. Tumultumque inter se majorem, quam in prœlio, edentibus 36, 19. Ita Hispaniæ rebellantis tumultu, haud magno motu intra paucos dies concito et compresso 29, 3. Tumultum apud alterum consulem in castris (*pulvis conspectus*) fecit 9, 43. Desperato improviso tumultu 10, 14. *i. e. impetu ex insidiis.* Quidam et a Cenomanis — tumultum ancipitem injectum, cæsæque in medio quinque etc. 32, 30. Cujus (*gentis*) secundum Gallicos tumultus arma terribiliora essent 9, 29. Vid. *bellum.* Ad quorum (*Gallorum*) prætereuntium raptim tumultum quum exterritæ urbes ad arma concurrerent 5, 37. Nata in vanos tumultus gens *ibid.* Lupus — agitatus — magno consectantium tumultu evasit 41, 9. Ut — equites — in hostes, quanto maximo possent tumultu, incurrant 42, 7. Vid. *ardere.*

TUMULUS silvestris 27, 26. *debebat esse silvester ; sed, quantum e silentio Drakenborchii conjicere licet, libri non variant.* Nudus tumulus et asperi soli 25, 36. Loco jacente inter tumulos castra habentes 5, 48. *Drakenborchius intelligit colles ipsius urbis Romæ ; Doviatius autem sepulchra.* Vid. *clivus.*

TUNC 1, 25. Illorum tunc arma, illorum intueri manus. *pro nunc.* (*Sic* 39, 11. *ult.*) *Sed fortasse Livius e sua persona hoc dixit.* conf. *Bauer. ad h. l. pag.* 36. Vid. *tum.*

TUNICA lato clavo 30, 17. — tunicæ versicolores 9, 40.

TURBA navalis, mixta ex omni genere hominum 26, 20. Clauserant portam turbæ et turba conferta iter reliquum clauserat 39, 49. Vid. *tumultuosus.* Ingens turba circumfusi fremebant 26, 35. — tanta multitudo juniorum Romam convenit, ut gravis urbi turba insolita esset 43, 14. Omnem forensem turbam excretam in quatuor tribus conjecit 9, 46. *cf.* 24, 48. Ne in turba quidem 5, 2. *de octo tribunis mil. cons. potestate.* Omnis turba, non habitantium modo Lilybæi, sed legationum omnium ex Sicilia 29, 26. Turba scutatorum (*scilic. militum*) 8, 8. Acceptus extemplo in tumultuosam turbam, et ipse tumultum augebat etc. 6, 14. Quum circumfusa turba esset, prope in concionis modum 2, 23.

TURBARE 3, 66. Quum dies alicui nobilium dicta novis semper certaminibus conciones turbaret. Ne incerta prole auspicia turbarentur 4, 6. — ne spem pacis turbare vellent 32, 36. *cf.* 29, 12. Turbantes civitatis otium 3, 48. *conf. Bauer. Exc. Liv.* 1, *pag.* 180. Permissus equitatus turbaverat ordines 3, 70. — tum quoque equites haud modice primo impetu turbavere 38, 13. *i. q. turbas dedere.* Donec territum — oculisque simul ac mente turbatum — obtruncat 7, 26. Quantum in turbatis mentibus poterat 5, 47.

TURBATOR 2, 16. Quum pacis ipse auctor a turbatoribus belli premeretur. Vid. *bellum.* Vulgi turbatores 4, 2. *it. cap.* 48.

TURRIBUS 3, 40. Nisi quod in turbido minus perspicuum fore putent, quid agatur. Arma signaque per turbidam lucem in primo apparebant 10, 41. *i. e. per lucem excitato pulvere turbatam.*

TURMA 8, 7. Turmarum præfecti.

TURPITER 22, 50. Qui se bene mori, quam turpiter vivere maluit. Vid. *Virgil. Æn.* 2, 511.

TURRIS 33, 48. Hannibal — ad suam turrim pervenit. *i. e. speculam s. villam in edito sitam, quemadmodum et Græci πύργον dicunt; unde πύργοι in vineis, etiam in scriptura sacra, memorantur.* vide *B. Patruum ad Sueton. Ner.* 38. E turri prætoriæ navis 37, 24. *naves turribus allevatæ apud Florum commemorantur.* vid. *Scheffer. de Re Vehicul.* 3, 1. Postquam turres excitari viderant 43, 18. Portarum turres 44, 31. *it.* castrorum 44, 39.

TUTAMENTUM 21, 61. Adeoque pluteos ac vineas Romanorum (*ris*) operuerat, ut en sola, ignibus aliquoties conjectis ab hoste, etiam tutamentum fuerit.

TUTARI 6, 42. Fuga se longinqua — ab hoste sese tutati sunt. *cf.* 8, 32. Egregiis muris situque naturali urbem tutantes 5, 2. *ad q. l. vid. Bauer. pag.* 178. Ceteros propinquitas urbis tutata est 10, 37. *cf. cap.* 46. *it.* 21, 61. Isto ipso telo tutabimur plebem 6, 35. Eamque provinciam, dum consul inde abesset, tutaretur 41, 5. Conferti in portis, obstando magis, quam pugnando castra tutabantur 40, 25. Fidem tutandam 1, 21. Metu regnum tutandum esse 1, 49. Ut suæ quisque partis tutandæ reus sit 25, 30. *h. e. ita eam curandam habeat; ut negleciæ et amisse solus culpam sustineat.*

TUTELA 1, 6. Ut dii, quorum tutelæ ea loca essent, auguriis legerent, qui nomen novæ urbi daret. Fratre relicto Pergami ad tutelam regni 42, 55. Sub quorum tutela atque cura militent 24, 8. Sub tutela inviolati templi 2, 1.

TUTO in Hexapylo agmen receptum est 24, 32. *nisi cum aliis totum legatur.*

TUTOR 1, 34. Ut — tutor etiam liberis regis testamento institueretur.

TUTUS 39, 19. Utique (*Fecenia*) tuto esset. *pro in tuto. Sic* 3, 45. — intervallo ac locis tutus 23, 26. Vid. *Gronov. ad h. l.* Tuta celeribus consiliis præpositurum 22, 38. Castra relinquentam nulla alia re tutiora, quam errore hostis etc. 27, 44. Quælibet Hannibali tuta atque integra ab domo venerunt 24, 8. Ad id, quod, ne timeatur, fortuna facit, minime tuti sunt homines 25, 38.

TUUS 25, 12. Multaque millia occisa tua defæat amnis etc. *pro tuorum.* Næ tibi, P. Corneli, quum ex alto Africam conspexeris, ludus et jocus fuisse Hispaniæ tuæ videbuntur 28, 42.

TYRANNIS 38, 14. Quinque et viginti talenta tyrannidem suam exhaurirent. *Vid. de terris ejus.*

TYRANNUS. Vid. exitiabilis.

VACARE 42, 4. Quum agri Gallici — aliquantum vacaret. *i. e. sine cultoribus esset.* Vacat respublica milite et sumtu 2, 48. Cognitio vacantium militiæ munere post bellum differtur 4, 26.

VACATIO 27, 38. Qui *(coloni maritimi)* sacrosanctam vacationem dicebantur habere. — vacationes recitare *ibid. i. e. jura vacationis.* Scribere exercitum sine ulla vacationis venia 8, 20. cf. 24, 18. Quinquennii militiæ vacationem decrevit 23, 20. cf. 42, 33.

VACUUS 24, 18. Censores vacui ab operum locandorum cura propter inopiam ærarii. Omni cura vacuus 36, 26. Vacuo ab hostibus mari Samum trajecerunt 37, 13. — vacuis occursu hominum viis 5, 41. — per vacuum in submoto locum cuneo irruperunt 25, 3. Ut in vacuo *(agro)* vagaretur cupiditas privatorum 42, 19. Qui obsidione delegata in curam collegæ, vacuus per agros cuncta infesta commeatibus hostium fecerat 9, 13. *i. e. a cura obsidionis, ut Duherus explicat. Sed idem conjicit, fortasse legendum esse vagus.* Vacuam domum novis nuptiis fecit 1, 46. Per cædem senatus vacuam rempublicam tradere Hannibali 23, 2. Vacuam noctem operi dedere 3, 28. *i. e. non impediverunt, quo minus per noctem opus perficeretur.* Vacui pace Punica Romani 31, 1. — vacua civitate 3, 40. *i. q. quieta, pacata.*

VADERE citato equo 30, 12. — in hostem 7, 24. — in quas *(cohortes)* — victores vadunt 9, 43. — in prœlium 7, 18. Ut — — stringerent gladios, vadentes in hostem 9, 35. Armis arreptis, simul ad arma ceteros ciens, vadit 5, 47. Vadere ad hostem 22, 19. — ad subjectum arci forum 32, 25. Vadit adversus imminentem hostium aciem 9, 31. Vadentemque per intermissa custodiis loca Decium sequuti sunt — jam evaserant media castra — obviis custodiis cæsis ad castra consulis pervadit 7, 36. Quem quum vadentem ad spelæacam Cacus vi prohibere conatus esset 1, 7. Per turbam vadens 3, 49.

VADES deserere 39, 41. *dicitur de reis, qui vades dedere de sistendo ad diem. cf.* 3, 13. *it.* 23, 32.

VADUM 38, 12. Vado superari amnis non poterat. *conf. cap.* 18. — proxima littori vada 31, 1. Vid. *destituere.*

VÆ victis esse 5, 48. *ad q. l.* Vid. *Bauer. pag.* 211.

VAGARI populabundum hostem per agros possi 2, 60. — duo consulares exercitus, diversis vagati partibus, omnia — evastarunt 10, 15. Cum hac — licentia per urbem *(tibicines)* vagarentur 9, 30. Manesque Virginiæ — per tot domos ad petendas pœnas vagati, nullo relicto sonte, tandem quieverunt 3, 58. Aut passim, aut late vagatus est ignis, 5, 42. Ut in vacuo vagaretur cupiditas privatorum 42, 19.

Lemborum — passim per Cycladas atque Ægæum vagantium mare 44, 29.

VAGUS 7, 17. Multosque populatores agrorum vagos palantes oppressit. *conf.* 33, 15. Vagus paullo post equus errans per urbem cognitus 27, 16. Vaga popularisque supplicatio studiis prope celebratior fuit. 3, 63. *i. e. injussu facta.*

VALERE 7, 6. Num etiam in deos immortales inauspicatam legem valuisse? *i. e. vim habuisse, efficacem fuisse.* Metus ad omnes valuit 38, 28. *i. q. omnes impulit, ut etc.* In mediterraneis quoque ac montanis ad ferociores jam gentes valuit 21, 60. *i. e. apud eas in auctoritate fuit.* Jus tamen gentium valuit 2, 4. *i. q. prævaluit.* Ibi crimen valuit 6, 20. *i. q. agnitum est.* Ad id valere arbitror, ne nos in amicitiam suscipiamur 7, 30. Repentinum terrorem valiturum 44, 31. *i. q. felicem eventum effecturum.* Dum pro argenteis decem aureus unus valeret 38. 11.

VALETUDO 26, 22. Oculorum valetudinem excusavit. Vid. *jocari.*

VALIDA civitas 3. 8. *h. e. quæ pestilentiam superaverat.* Urbs portu ac mœnibus valida 24, 2. — munitiones validiores impositæ 36, 17. Urbem — neque mœnibus neque viris atque armis validam 24, 40. *conf.* 43, 21. Neque validiores opibus ullæ inter se civitates gentesque contulerunt arma 21, 1. Insulam fertilem agro; viris, armis haud æque validam 28, 37. — præsidia valida 44, 35. Res Romana adeo valida erat, ut cuilibet finitimarum civitatum bello par esset 1, 9. Tot tam valida oppida 5, 54. Tum valida, tum temperata et belli et pacis artibus erat civitas 1, 21. Multo et ætate et viribus validior 1, 48. Pedites equitesque ut validiores *(hoste)* habeamus 24, 8. Gens opibus armisque valida, 7, 29.

VALLARE 9, 41. Castra vallantem Fabium adorti sunt.

VALLIS 4, 46. Per supinam vallem fusi sunt. Vid. *supinus.* In aversis vallibus considere jubet 27, 41. *eamdem vocem pro adversus restitui vult Gronovius* 2, 31. Vallis planior patentiorque 21, 7. Vid. *æquus.*

VALLUM Græcum et Romanum quale? 33, 5. Vid. *Polyb.* 17, 14. *it. Clav. Ciceron. in h. v.* Haud secus, quam vallo septa inhorreret acies 8, 8. *scil. ob hastas in terra fixas ab militibus, qui in subsidiis erant.* Quæ *(hastæ)* pleræque adversæ cadentes, velut vallo objecto iter impediebant 35, 30. Vallum secum portare Samnitem 10, 35. Italiæ, nisi quatenus vallum castrorum cingit, nihil reliqueritis Pœno 28, 39. Vid. *scindere. it.* strages.

VALVA 40, 52. Supra valvas templi tabula cum titulo hoc fixa est.

VANITAS itineris 40, 22. *i. q. iter frustra susceptum.* Qui se propalam per vanitatem jactassent 45, 31.

VANUS 34, 39. Vani ictus *i. q. irriti.* — vanum teli genus 31, 39. *i. e. non efficax.* — vana incassum jactare tela 10, 29. Nullo inter arma corporaque vano intercidente telo 21, 8. In advenientis arma hostis vanum caesim cum inpenti sonitu ensem dejecit 7, 10. Haud habere spem metumque 27, 26. — vanam victoriam vanior irritam faceret pax 9, 9. Famam egregiae victoriae cum vanioribus litteris magistri equitum Romam perlatam 22, 24. Vanior jam erat hostium acies 2, 47. *ubi quidem Gronovius legi vult* rarior. Equestris pugna effectu, quam conatibus, vanior erat 7, 7. Vana laudibus suis oratio 4, 40, — haud vana attulere *ibid. cap.* 37. *i. e. vera.* · Nihil haustum ex vano velim 22, 7. *nisi legendum* ex vario. vid. *Drakenborch. ad h. l. it. ad* 29, 23. Vana versare in omnes opiniones licet 4, 20. Quoniam primum vanum inceptum evasisset 35, 47. Nata in vanum tumultus gens 5, 37. Ne vana urbis magnitudo esset, adjiciendae multitudinis caussa — asylum aperit 1, 8. Ut collegae vanam fidem faceret 2, 27. Vana legatio 21, 18. Invidia vulgi vanum ingenium dictatoris corrupit 1, 27. Vanis animis et minis increpat hostem 22, 28.

VARIARE 3, 45. Variat lex caussis et personis. — fortuna 9, 18. Variante fortuna eventum 23, 5. — variabant secundae adversaeque res non fortunam magis, quam animos hominum 25, 1. Quod si — nunc quoque fortuna aliquid variaverit 23, 18. Variata memoria actae rei 21, 28. *i. e. vario traditur de modo rei gestae.* Ex verna primum intemperie variante calores frigoraque 22, 2. Ibi si variaret 1, 43. *si suffragia primae classis non eundem legerent.*

VARIATIO 24, 9. Consules centuriae sine variatione ulla dixerunt.

VARIE 5, 23. Quia tot annis varie ibi bellatum erat. *i. q. ancipite Marte.* conf. 2, 2. Varie militum versat animos, castigando adhortandoque 21, 30. conf. *Virgil. Æn.* 10, 368.

VARIETAS 9, 17. Varietatibusque distinguendo opere, et legentibus velut deverticula amœna, et requiem animo meo quaererem. Varietates annonae 7, 31.

VARIUS 2, 6. Ibi varia victoria et velut aequo, Marte pugnatum est.

VASA *pro omni instrumento ac supellectili dicta* 1, 24. Vasa comitesque meos. — vasa silentio colligere 21, 47.

VASTARE 5, 53. Vastatam incendiis ruinisque relinquere urbem. Omnia ferro ignique vastata 7, 30.

VASTITAS 8, 9. Consternatae cohortes Latinorum fugam ac vastitatem late fecerunt. *i. e. vacuitatem.* Plus vastitatis huic urbi secunda nostra fortuna faciet, quam adversa fecit 5, 51.

VASTUS 3, 7. In vasto (*vacuo*) ac deserto agro. — solitudines vastae 6, 41. —

urbe a defensoribus vasta facile potiri sunt hostes 23, 30. — nec solum modo vastum hosti relictum 10, 12. Agrestium fugâ vasti relicti agri 2, 50. Quum vasta Romae omnia insueta solitudo fecisset 3, 52. Omnia, velut forte congregata turba, vasta ac temeraria esse 24, 48. *Oppos.* conferta et ordinata. Vastam incendiis ruinisque relinquere urbem 5, 53. *vulgo exhibent* vastatam : *quae verba saepius confusa sunt.* conf. 4, 39.

VATES 6, 12. Si quid dii vatesque eorum in futurum vident. conf. 44, 37. Animus meus, maximus mihi ad hoc tempus vates, praesagit 26, 41. Cujus tantae dimicationis vatem — Fabium haud frustra canere solitum 30, 28. Sacrificulos vatesque foro, circo prohiberent? 39, 16. *cf.* 25, 1. ·

VATICINI libri 25, 1. Quicumque libros vaticinos precationesve, aut artem sacrificandi conscriptam haberet.

UBER 29, 25. Imbelles, quod plerumque in ubere agro evenit, barbari sunt. Uberrimo, agro, mitissimo cœlo — — mansuefacta est feritas 38, 17.

UBI 39, 19. *Ubi — huc pro eo.* Ubi primum — statuit. (*scilic. eum locum*) Curtium lacum appellarunt 1, 13. Vid. *ad h. l. Bauer. pag.* 23. Mirandoque, ubi illi viri essent, qui secum Veios — cepissent 5, 43. *i. q. cur non amplius tam fortes essent etc.* Domesticae cladis, ubi avunculus ejus nuper — absumtus erat 9, 17. Ex olla, ubi exta coquerentur 41, 15. Hic Capitolium est, ubi quondam — responsum est, eo loco caput rerum — fore 5, 54. Ubi primum degressos tumulis montanos laxatasque sensit custodias 21, 32. Ubi primum magistratum iniisset 43, 11. Ubi primum posset 42, 38. Ne ubiubi regum desiderium esset 2, 2. *cf.* 42, 47. Ubiubi essent 42, 57. *Vid.* ibi. *it.* locus.

UBIQUE semper. vid. *semper.* Tamquam non ubique dii immortales sint 42, 3.

VECORS 9, 23. Velut vecordes illati. *i. q. furibundi.* conf. 28, 22. Vecors impetus 7, 15. conf. 4. 50.

VECTARI per urbem 34, 3. conf. 35, 35. — id satis habitum ad fructus ex agris (*navi*) vectandos 21, 63. *cf.* 28, 42.

VECTIGAL 40, 51. Portoria *et* vectigalia: Liberatis vectigalibus 41, 28. Pacem petere, vectigal, quantum Philippus pactus esset, daturum Persea Romanis pollicentes 42, 62.

VECTIGALIS 23, 48. Quae (*Sicilia ac Sardinia*) ante bellum vectigales fuissent. *cf.* 5, 10. ·Vectigalis (*Hannibal*) stipendiariusque et servus populi Romani 21, 41.

VEGETUM ingenium in vivido pectore vigebat 6, 22. *eadem haec verba leguntur* 7, 4. *additis his:* virebatque integris sensibus.

VEHERE 22, 23. Qui (*ventus*) campis torridis siccitate nubes pulveris venit. Uno equo per urbem verum triumphum vehi 28, 9. Pecuniam — portantibus suis præcipit, parvis itineribus veherent 44, 27.

VEHICULUM 1, 59. Invecta corpori patris nefando vehiculo filia.

VEL 44, 6. Ut vel murus objici, turresque excitari potuerint. Ne Romana plebs, metu percussa, receptis in urbem regibus, vel cum servitute pacem acciperet, 2, 9. Unum vel adversus omnes satis esse 2, 41. *conf.* 5, 6. *it.* 9, 24. Cujus eo tempore vel maxima apud regem auctoritas erat 36, 41.

VELAMEN 1, 32. Filo, lanæ velamen est. Vid. *lana.*

VELAMENTA supplicum, ramos oleæ — porrigentes 29, 16. — velamenta et infulas præferentes 25, 25. *cf.* 30, 36. — ramos oleæ ac velamenta supplicum alia porrigentes 24, 30. Vid. *Virgil.* Æn. 11, 101.

VELATUS 2, 54. Claris insignibus, velut infulis, velatos ad mortem destinari. Vid. *Clav. Ciceron. in h. v.* Qua (*toga*) simul — velatus processit 3, 26. Pileati aut lana alba velatis capitibus volones epulati sunt 24, 16. Navis velata infulis ramisque oleæ 30, 36. Capite velato, 1, 18. Capite velato filo 1, 32. Sacerdotes — suis insignibus velatos etc. 2, 39.

VELLE 3, 68. Male rei se, quam nullius, turbarum ac seditionum duces esse volunt. *i. q. malunt, uti enim magis ante quam sæpe omittitur. ita magis latet in* velle. *cf.* 25, 29. Ne quem eorum Ætoli recepisse velint 38, 11. *pro recipiant.* Volens propitius adesset 7, 26. Quibusdam volentibus novas res fore 21, 50. *i. e. quosdam libenter rerum novarum participes fore.* Quid sibi vellent 8, 50. Quid vobis vultis ? 8, 67. Quid sibi vellet 41, 20. Quidnam sibi repentinus clamor vellet 44, 12. Vid. *auspicium.*

VELLERE vallum 9, 14. *it.* 10, 25. — omni parte munimenta vellebantur 2, 25. Vellerentque signa, et Romam proficiscerentur 3, 50.

VELOCITAS 25, 9. Velocitate corporum ac levitate armorum.

VELUM 25, 25. Libero mari vela in altum dedit. *Vid.* dare. *conf. Virgil.* Æn. 2, 136. *it.* 3. 9. dare fatis vela.

VELUTI si sensisset auditas preces 1, 12. *al. illud si omittunt.* Velut si pariter utrosque murus texisset, ita utrimque in pugnam procursum est 21, 8. Pars Insulæ, velut munitissima, prodita atque alienata 24, 22. *ad q. l. vid. Bauer. pag.* 114.

VENA 44, 33. Quorum (*montium*) venæ in mare permanentes undæ miscerentur. *de fluvio subterraneo.*

VENALEM sanguinem habere 28, 21.

VENATIO 25, 9. Cum solito captæ venationis onere. *i. q. feræ confectæ.*

VENDERE 40, 51. Quas (*tabernas*) vendidit in privatum. Ut præconibus Latine vendendi jus esset 40, 42.

VENDITARE 3, 35. Ipse (*Appius*) medius inter tribunicios — in foro volitare, per illos se plebi venditare etc. In eo suam operam venditare concilianda gratia magis cupiit 44, 25.

VENENUM — efficacia 42, 17. Venenum urbis hujus (*discordia*) 3, 67. — tribuni plebem agitare suo veneno 2, 52. Id unum venenum (*seditiones*) eam labem civitatibus opulentis repertam 2, 44. Donum inimicorum veneno illitum fore 5, 2.

VENERABILIS vir miraculo literarum — — venerabilior divinitate credita Carmentæ matris etc. 1, 7. Si se ipse venerabilem insignibus imperii fecisset 1, 8. Virginitate aliisque cærimoniis venerabiles ac sanctas fecit 1, 20.

VENERARI 1, 5. Ut nudi juvenes, Lyceum Pana venerantes (*celebrantes*), per lusum atque lasciviam currerent.

VENERATIO 5, 21. Convertentem se inter hanc venerationem etc. *i. q. precatio.*

VENIA 8, 35. Quod suis precibus negasset, ejus populo Rom. veniam dedisse. *i. q. id populo Rom. concessisset ; nam* venia *h. l. est gratia, quæ fit alicui.* Vid. *Intt. ad Virgil.* Æn. 1, 519. Cum bona venia se auditurum 29, 1. *paullo post:* cum gratia imperatoris. Oravit etiam bona venia Quirites, ne quis eam rem joco seriove cuiquam exprobraret 7, 41. In desperata venia hostes cæcos in supplicia eorum ageret 9, 14. — ad petendam errori veniam 7, 20. Veniam irarum cœlestium finemque pesti exposcunt 3, 7. Vid. *pax.*

VENIRE 42, 25. Legati venirent, speculari etc. — te ad opem ferendam aliis gloriari venisse 10, 18. Ubi ad pecuniæ mentionem ventum erat 44, 25. Si quando similis fortuna venisset 24, 40. — quam prope ultimum discrimen suis et collegæ certaminibus nuper ventum foret 10, 22. *pro evenisset.* Quæ deinde venerunt 9, 12. — si quid adversi venisset 10, 45. Vid. *B. Patruum ad Ciceron. Verrin.* 5, 6. Parum est, si, cujus pars tua nulla adhuc fuit, in partem ejus venis 6, 40. Bis ejusdem voti damnata resp. in religionem venit 10, 37. Disciplina militaris in artis perpetuis præceptis ordinatæ modum venerat 9, 17. Abjectis armis — in fidem consulis venerunt 10, 43. — castella integra in potestatem venere 9, 38. Quam ab sano initio res — — in hanc insaniam venerit 7, 2. *Bauer. emend.* verterit. In amicitiam venimus vestram 7, 30. Ipsi in hanc necessitatem venerunt *ibid.* Quod jam in morem venit, ut sine auctoritate publica fieret 42, 21. Priori Remo augurium venisse fertur 1, 7. Pugna jam in manus venerat 2, 46. Ut jam novis copiis veniat 5, 53. i. q. cum n. c. Malum ad extrema venisse 2, 44. Omne ibi nomen Ætolorum ad internecionem videbatur venturum 36, 34. Vid. *hereditas*.

VENIRE *venundari*. Vid. *corona*. Venisse libertatem plebis 5, 3.

VENTER 1, 34. Nurum ventrem ferre. (*gravidam esse*.)

VENTOSUM ingenium, quia Perseus magis auræ popularis erat 42, 30.

VENTUS versus in Africum 30, 24. — quum quid venti ,motum esset 5, 48. Venti ab utriusque terræ præaltis montibus subiti ac procellosi se dejiciunt 28, 6. Vid. *vehere*. Vid. *cadere*.

VER sacrum vovendum 22, 9. — ex pontificum jussu fecere 33, 44. Ver sacrum videri pecus, quod natum esset etc. 34, 44.

VERBENA caput capillosque tangens 1, 24. i. e. *herba e sacro loco petita*. Vid. *sagmina*.

VERBERA 8, 28. Nudari (*eum*) jubet, verberaque adferri.

VERBUM 10, 22. Ad verborum et linguæ certamina rudes. Verbo objecta verbo negare 42, 41. i. e, *sine argumento, probatione objecta, eodem modo negare*. Pugnavimus verbo pro Sidicinis, re pro nobis 7, 30. Quæ (*verba*) ad concionem vocato exercitu habuit 42, 61.

VERE 3, 19. Et prope nulla spes esset vere suas hostiumque æstimanti vires. Vid. *Bauer. Exc. Liv.* 1, pag. 290. Appellatio — ostentata tantum inanibus literis, an vera data sit 3, 56. Læto verius dixerim quam prospero eventu 22, 23. — latronibus verius, quam hostibus justis 40, 27. Te de nostra virtute dubitasse videri, quam nos de tua, verius est 7, 13. i. q. *æquius*. cf. 35, 8. it. 39, 27.

VERECUNDIA 1, 6. Nec ætatis verecundia discrimen facere posset. Nemo hominum, nemo deorum verecundiam habeat 8, 34. — verecundiam imperii habere 27, 10. Illis violandi supplices verecundiam se imposituros 36, 27. Claudium interpellandi verecundia fuit 3, 40. Si nomen hoc — — verecundiam aliquam imperatoris violandi adferre possit 45, 37. Verecundia inde imposita est senatui ex Patribus jubendi ædiles curules creari 7, 1. Quos prætereundi verecundiam crederent fore 5, 14. — verecundiâ in tali necessitate deserendi socios 23, 36. Omissa in id verecundia 37, 52. Verecundia nostra adversus regem nobis obstat 37, 54. Privatis dictatorem poscere rerum verecundiæ non fuit 9, 26. Verecundia Romanos tandem cepit, Saguntum — sub hostium potestate esse 24, 42. In eam verecundiam adducti sunt 1, 21. Quæ verecundia est, vos — postulare etc. 21, 19. Seu vi,

seu verecundia victus etc. 7, 8. Quum apparitor verecundia majestatis Postumium laxe vinciret 9, 10. Pro istius magistratus majestate ac verecundia 9, 34. Verecundia majestatis magistratuum 2, 36.

VERERI 39, 37. Veremur quidem vos, Romani, et, si ita vultis, etiam timemus; sed plus et veremur et timemus deos immortales. *conf.* 5, 6. *ult.* Non veritas (*Damocritus*) majestatem viri 35, 33. Verentibus nequidquam offendere etc. 44, 40.

VERIDICUS 1, 7. Veridica interpres deûm — cecinit. Vid. *Virgil. Æn.* 8, 271.

VERNACULI artifices 7, 2.

VERO. Vid. *Bauer. Exc. Liv.* 1, pag. 290.

VERRERE 26, 9. Matronæ crinibus passis aras verrentes. *cf.* 3, 7.

VERRUNCARE 29, 27. Uti quæ — gesta sunt — mihi populo Rom. — bene verruncent. *pro vulg.* vertant. Vid. *Gronov. ad hunc locum. Sic loquitur et Cicero de Div.* 1, 2.

VERSARE 4, 20. Vana versare in omnes opiniones licet. Versare in omnes partes muliebrem animum 1, 58. Patrum animos certamen regni ac cupido versabat 1, 17. Versare animos castigando adhortandoque 21, 30. Vid. *Virgil. Æn.* 10, 368. At imperitæ multitudinis nunc indignatio, nunc pudor pectora versare 2, 45.

VERSATILIS 39, 40. Versatile ingenium (*ei*) sic pariter ad omnia fuit.

VERSICOLOR 9, 40. Tunicæ auratis militibus versicolores, argentatis linteæ candidæ.

VERSUS 38, 51. Omnibus ad orientem versus regibus gentibusque. *Sic et Cicero dixit* in Italiam versus. *Sed Drakenborchius ex Mss. et editionibus reposuit* versus, *quod tamen ad* regibus *relatum durius videtur.* In lapide ad meridiem versus consedit (*Numa*) 1, 18. *Etiam pro participio præter. pass. haberi possit.*

VERSUS 33, 30. Regiam unam (*novem*) inhabilis prope magnitudinis, quam sedecim versus remorum agebant. *Hæc prope totidem verbis leguntur* 45, 35. *conf. Virgil. Georg.* 4, 144. Fescennino versu (*versui*) similem incompositum temere ac rudem alternis jaciebant 7, 2. Literæ paucorum versuum 41, 24.

VERSUTIA 42, 47. Hæc Romana esse, non versutiarum Punicarum, neque calliditatis Græcæ etc. Vid. *calliditas*.

VERTERE sententiam 43, 16. i. e. *mutare*. — necdum se (*gloria*) vertente in invidiam 2, 7. — quo majore discrimine res vertebatur 10, 39. — verso Marte 29, 3. — verso in Africam bello 29, 12. *cf.* 10, 8. — versis signis fuga effusa castra repetunt 9, 35. Veiens bellum in privatam curam, in privata arma versum 2, 49. Terga vertunt 1, 27. Exsilii causa solum vertisse 43, 2. Littus in septemtrionem

versum 29, 35. — porta in mare versa 26,
36. — tumulus est in extrema parte urbis
versus a mari, visque imminens 25, 25. —
ventus versus in Africam 30, 24. Portus
— ad Hellespontum versi 45, 30. Spes
— Samnites in Apuliam versos — revocavit 9, 26. — decem millia sociorum —
versa in Punicum bellum (Gallia) habuit
21, 17. — frequentis concionis modo turba
in comitium et curiam versa 22, 7. Occasio in se unum vertendæ gloriæ 21, 53.
— suorum ipsorum exemplum in eos versurum 7, 38. Versa est summa curæ
omnis in præfectos 26, 12. cf. 9, 26. In
quem (Scipionem) tum omnis civitas versa
erat 30, 3. In admirationem versus 9, 13.
Vertere hostes in fugam 1, 37. — adversos
(alii aversos) vertere in hostem 34, 14. —
et in hostes verterunt terrorem, fugam et
eædem 5, 51. Versum est factum in maximam laudem 22, 23. i. q. peperit eam.
Vertit auspiciorum vitium non in eventum
belli (tristem) sed in rabiem imperatorum
8, 30. i. e. effecit, vel præmonstravit. Libertatem aliorum in suam vertisse servitutem inter se conquerebantur 2, 3. i. e.
excitavisse eam, produxisse. — vertit adversæ rei fama in Romanos 9, 38. Pestilentia vertit (se) in hominum morbos 41,
21. Jam verterat fortuna 5, 49. In bonum
versurum (se) id prodigium 42, 20. Quæ
omnia, si tamen populo foret, in capita
noxiorum versura 45, 10. Quid, nisi
longa vita, sicut magnum modo Pompeium, vertenti præbuit fortunæ ? 9, 17.
Omnis ira belli ad populationem agri
vertit 2. 62. In hisce aliisque locis te est
subintelligendum. Vide Drakenborch. ad
h. l. it. ad 10, 10. Verti ad cædem (mu-
tuam) certamine irarum 1, 7. Totam
(Etruriam) ferme ad Magonem, ac per
eum ad spem novandi res, versam 29, 36.
Devictorum Samnitium decus — ad legatos — est versum 9, 40. Quæque alia in
deûm iras — vertunt 4, 9. i. e. se, iras
deûm excitant. pr. vertuntur. Vertere in
religionem comitia 5, 14. h. e. in iis contra
auspicia aliquid factum dicere, et propterea
mala immissa reipublicæ. Quum omnium secundorum adversorumque caussas
in deos verterant 28, 11. Vertitur discrimen rerum in eventu belli 8, 27. —
quia ibi summam rerum bellique verti
cernebant 30, 3. — animi in eo vertuntur
32, 15. In eo victoriam verti 41, 18. Puncto
sæpe temporis maximarum rerum momenta verti 3, 27.

VERTEX. Vid. vortex.

VERTIGO 44, 6. Rupes utrimque ita
abecisæ sunt, ut despici vix sine vertigine
quadam simul oculorum animique possit.

VERUM enim vero 4, 4. cf. 24, 4. it. 29, 8.

VERUS 8, 40. Ceterum neminem, majore cum occupatis animis, verum esse,
præjudicium rei tantæ afferre. i. e. æquum.
cf. 2, 48. it. 23, 11, 32, 33. Multo verius

esse, quæ sub Antiocho fuerint, præmia
belli Eumenem, quam Philippum, habere
39, 27. Verius fuisse, consules, quorum
provincia esset, quam se, quid e republica
esset, decernere 40, 16. Veramque pacem,
non fluxa, ut ante, fide, Celtiberos fecisse
40, 50. Vid. nemo.

VESANUS 7, 33. Oculos sibi Romanorum ardere visos — vesanosque vultus
et furentia ora. — vesanus impetus 9, 13.

VESCI 9, 30. Restitutumque in sede
vescendi jus iis, qui sacris præcinerent.
Ne extis sollemnium vescerentur (Pinarii)
1, 7.

VESPER 45, 8. Nec præsenti credere
fortunæ, quum, quid vesper ferat, incertum sit.

VESTIBULUM 25, 17. In vestibulo Pu-
nicorum castrorum. — in vestibulo urbis
36, 22. Extemplo a vestibulo curiæ —
inquit 1, 48. In vestibulo regiæ 2, 12. —
curiæ 2, 48. Vestibulo carceris 6, 16.

VESTIGARE 31, 19. Perfugas et fugitivos, quos inquirendo vestigare potuerint, reddidisse. cf. 32, 26.

VESTIGIUM 9, 17. Saltus Apuliæ —
cernenti, et vestigia recentia domesticæ
cladis, ubi avunculus ejus — absumtus
erat. Nusquam te vestigio moveris 21,
44. Vestigia omnia foras versa vidit 1, 7.
Vid. Virgil. Æn. 8, 210. Negantis e republica esse, vestigium abscedi ab Hannibale 27, 4. — an occurrere in vestigiis
ejus ? 21, 41. Quum Romanus exercitus prope vestigiis sequeretur 6, 32. —
vestigiis instare 27, 12.

VESTIRE 32, 13. Vestiti (montes) frequentibus silvis.

VESTIS 5, 41. Quæ augustissima vestis
est thensas ducentibus triumphantibusque,
ea vestiti etc. Vid. Bauer, ad h. l. pag.
199. Vid. amplissimus. it. stragulus.

VESTITUS 28, 27. Corpora, ora, vesti-
tum, habitum civium. agnosco. Vid.
cultus.

VETARE 25, 5. Senatus absistere eos
incepto vetuit. cf. 2, 5. Vetant mirari 1,
53. Tamquam non eadem mente pugnari
vetuerit, qua pugnatum doleat 8, 31. Vota
in tam prosperis rebus grates Diis immortalibus agi 23, 12. Vetando supplementum et pecuniam mitti 30, 20. Quo (capite fœderis) diserte vetentur cum sociis
populi Romani bellum gerere 42, 23.

VETERANUS dux, fortissimus bello 7,
13. Veteranus pedes 21, 44. Legionem
secundam, quæ maxime veterana in Liguribus erat 42, 27. Ibi dimitti veteranos
sese velle 40, 39. h. e. qui essent emeritis
stipendiis. Veterani omnes et periti belli
erant 37, 20. opponuntur tironibus, sunt-
que, non evocati, sed, qui jam multa stipendia fecerant. vid. in voc. sq.

VETUS miles 31, 8. Qui stipendia nondum emeruit. Vid. Duker. ad h. l. —
milites veteres, periti hostium bellique 34,

311

17. Centuriones veteres belli periti adjecti 4, 17. *Ubi quidem Gronovius voc.* periti *ejici vult, ut* veteres belli *dicantur, quemadmodum apud Tacitum sunt* veteres militiæ : *quod nobis quidem durius videtur ; etsi Livius in multis talibus Tacito prolusit. Et pariter sic, ut editur, lectio vulgata obtinet* 34, 17. Milites veteres periti hostium bellique. Inter tot veterrimos populos tamdiu bella geritis 5, 54. Ædes P. Africani pone Veteres ad Vortumni signum 44, 16. *Nisi* ædes Scipionis *intelligendæ sint, aut de* curiis *aut de* tabernis, *quod maxime probabile videtur, capi possunt.* Vid. *Init. ad h. l.* Cum quibus prætor, cui Sardinia obtigisset, in Corsicam transgressus bellum gereret ; interim M. Atilius vetus prætor etc. 42, 1. *i. q. antecessor, qui proprætor anno superiori fuerat.* Veteres (*scil. senatores*) et moris antiqui memores 42, 47. *paullo post* seniores *vocantur.* Veterrimas provincias meas — adimis 21, 44. Vid. *antiquus. it.* mos.

VETUSTAS *Præfat.* Scribendi arte rudem vetustatem superaturos. *Sic paullo post* antiquitas.

VETUSTUS 9, 19. Vetusta fœdera. Vetustissima Karthaginiensium societas 21, 11. Vetustas res scribenti — antiquus sit animus 43, 13.

VEXARE 26, 2. Sempronius die dicta Fulvium, ob exercitum in Apulia amissum, in concionibus vexabat etc. *i. q. objurgabat. cf.* 10, 13. Ædificando inopem plebem vexare 5, 53. Lycii — ab Rhodiis bello vexabantur 41, 25. Vexari et subigi multo acrius 5, 2. — agmine vexato vulneribus 9, 35. Vexatis hominibus equisque 42, 55. *scil. per viæ difficultatem. cf.* 44, 5. Quos et ipsos, quum ab nulla parte hostis terruisset, locorum asperitas hostiliter vexavit.

VEXATIO 43, 23. Non minore vexatione jumentorum hominumque in Macedoniam rediit. *cf.* 44, 5. Ingens ibi vexatio partis utriusque fuit 42, 66. Cum ingenti vexatione, præcipue jumentorum 43, 21. Corpus ab omni alia vexatione intactum, uno torque spoliavit 7, 10. *cf.* 44, 44. agrosque circa vexari. *i. e. spoliari.*

VEXILLUM 39, 15. Vexillo in arce posito comitiorum caussa exercitus eductus esset. *vid. supra in v.* exercitus. Vexilla efferri e castris jussit 10, 19. *haud dubie* signa *sunt intelligenda. sæpius enim* signa e castris efferri *dicuntur. videtur Livius noluisse* signa *dicere, quia præcesserat* signa canere. Ordo — tribus vexillis constabat etc. 8, 8. *de peditibus.* — vexilla cum vexillis concurrebant *ibid.* Primum vexillum triarios ducebat 8, 8. Vexillum centum octoginta sex homines erant *ibid.* Vexillum cohortis Pelignæ 25, 14. *peditum socialium.* — vexilla equitum 8, 39. *ubi vide Drakenborchium.*

VEXILLARII 35, 5. Inferre vexillarios jussit signa. *vide B. Patruum in Excurs. ad Tacitum de vexillariis.*

VIA nuda ac facilis 27, 42. — iniqua 9, 27. — jactans 21, 48. — inops aquarum 42, 64. Via expedita 44, 43. Via omnis sine aqua et plurimi pulveris erat 42, 57. Vid. *iter.* Inter cavas undique vias 26, 10. — confragosa locá, implicatasque flexibus vallium vias 32, 4. Restabat aliquantum viæ communis — prope divortium itinerum 44, 2. Fœdi agminis miserabilem viam 9, 5. — flexit viam Brutus — ne obvius fieret 1, 60. — via cita transgressus 33, 48. *ad q. l. vid. Bauer. pag.* 212. Panduntur inter ordines viæ 10, 41. — viæ patentes inter manipulos 30, 33. Dolo viam obseptam 2, 6. Ferro via facienda est 4, 28. *conf. Virgil. Æn.* 10, 373. — per vias, per invia 38, 23. — viæ per agros publica impensa factæ 9, 43. Vaticinantes fanatico carmine deam Romanis viam belli et victoriam dare 38, 18. *Sunt, qui vim legi velint ; sed omnes libri et scripti et editi habent* viam. *Recte. Sic Thucydides τὴν σωλήμου dixit, quod et Tacitus imitatus est.* Viam consilii invenire 4, 48. — unam viam saluti esse ratus 37, 11. Videte, quot res, quam inutiles, sequantur illam viam consilii 5, 5. Seque ipsi per omnes vias lethi interficerent 31, 18. *i. q. mortis genera.* Fabium — direxisse finem Philippo veterem viam regiam, quæ ad Thraciæ Paroreiam subeat, nusquam ad mare declinantem. Philippum novam postea deflexisse viam, qua Maronitarum urbes agrosque amplectatur. Ad ea Philippus longe aliam — ingressus dicendi viam etc. 39, 27. Quam potissimum capesseret viam 44, 2.

VIATICUM 44, 22. In Macedoniam mecum veniat. Nave, equo, tabernaculo, viatico etiam a me juvabitur.

VICARIUM tibi (*militi futuro*) expediam 29, 1.

VICATIM 10, 4. Vigiliæ vicatim exactæ *cf.* 9, 13.

VICESIMA 43, 2. Vicesimas vendere. *locus vix intelligendus ; forsitan vitiosus.* — de vicesima eorum qui manumitterentur 7, 16. *vectigal e manumissis. vid. Lips. ad Tacit. Ann.* 13, 31. *it. Burrmann. de Vectigal. cap.* 10.

VICESIMARIUS 27, 10. Aurum vicesimarium. *e vicesimis manumissionum, quæ olim auro solvebantur.*

VICINALIS 21, 26. Ingens coacta vis navium est lintriumque temere ad vicinalem usum paratarum.

VICIS regiæ sacra 1, 20. *i. q. muneris.* Cogor vestram omnium vicem unus consulere 25, 38. Quum suam vicem functus officio sit 1, 9. Insigne regium in orbem suam cujusque vicem iret 3, 36. *cf.* 1, 40. Quam simplicitatem juvenis incauti — assentando indignandoque et ipse vicem ejus captaret 40, 23. *i. e. misericam, injurias acceptas.* Adparuit causa plebi, suam vicem indignantem magistratu abiisse 2, 31. Suam jam vicem magis anxios, quam ejus etc. 8, 35. *ita et* sollicitus vicem *et similiter alia dicuntur.* Vid. *sollicitus. Sed codices testante Drakenborchio ibi omnes habent* vice. Sic 1, 25. exanimes vice unius. vid. *exanimis.* Commoti Patres vice fortunarum humanarum 7, 31. — transmarinæ quoque res quadam vice pensatæ 26, 37. Non comissantium in vicem (*in modum, more*) jam diu vivimus 40, 9. *ad q. l. vid. Bauer. pag.* 296. Pœnaque in vicem fidei cesserat 6, 34. In vicem prolapsorum equitum vacuos capere ad pugnam equos 44, 26. Vid. *invicem.*

VICISSITUDO imperitandi 3, 39. *de annuis magistratibus.*

VICTIMA 10, 7. Si — capite velato victimam cædat. *de pontifice dictum. vide B. Patruum ad Sueton. Tiber. cap.* 25. Qui eam victimam præ se ad inferos misisset, eum decus eximium, egregiumque solatium suæ morti inventurum 25, 17. *vid. Virgil. Æn.* 11, 168.

VICTOR maritus comiter invitat regios juvenes 1, 57. *eleganter ; antecedunt enim hæc:* muliebris certaminis laus penes Lucretiam fuit. Victor cursu 9, 16. *de Papirio.* — alienæ sortis victor belli 9, 42. Camillus in urbem triumphans rediit, trium simul bellorum victor 6, 4. Tanti belli victorem 45, 36. Jam Horatius cæso hosti victor · secundam pugnam petebat 1, 25. *leg. cum Bauero pag.* 37. cæso hoste ; *nisi malis* cæsi hostis.

VICTORIA parata 5, 6. — matura 27, 45. — incruenta 9, 12. Aut tempore longinqua aut præceps periculo victoria 9, 24. — quantam de Samnitibus.nemo — pepererat 10, 38. Ut in eo tam lentæ spei victoriam exspectaret 6, 8. *de obsidionis felici eventu. cf.* 5, 6. Modo trigeminæ victoriæ triplicem triumphum — egistis 6, 7. *i. e. de victoria.* Victoria certaminis 2, 60. — duelli 23, 11. — ex collega victoria 2, 44. — victoria animo est 29, 36. Nihil a victoria cessare 34, 16. *h. e. ea uti, eam persequi.* In aliena victoria suam prædam faciunt 32, 14. Veram certe victoriam ejus rei (*qui vir optimus in civitate esset*) sibi quisque mallet, quam etc. 29, 14. Nuncius victoriæ ad Cannas (*Cannensis*) 23, 11. *Sic cap. eod. ult.* Isque juvenis — ex centurione Latino victoriam tulit 8, 8. — gensque una populi Romani sæpe ex opulentissima, ut tum res erant, Etrusca civitate victoriam tulit 2, 50. *Sic et* referre victoriam. *conf. Virgil Æn.* 4, 93. Spolia ampla refertis. Uti populo Romano Quiritium vim victoriamque prosperetis 8, 9. Malle — apud Samnites, quam apud Romanos, victoriam esse 8, 31. Vid. *mitis.*

VICTORIATUS *scil.* nummus 41, 13.

VICTRIX libido 1, 58.

VICTUS . 44, 27. Ut, quanta maxima posset, præda (*Perseus*) ex victo (*quum victus fuisset*) Romanis reservaretur.

VICTUS 2, 35. Cibo victuque fraudari. Vid. *liberalis.*

VICULUS 21, 33. Viculos circumjectos capit.

VICUS 10, 11. Quum passim non villæ solum, sed frequentes quoque vici, incendiis fumarent. *cf.* 2, 62. Tribus maritimis Patavinorum vicis colentibus eam oram 10, 2. Congii olei in vicos singulos dati 25, 2. *aut numerus congiorum omissus, aut viros cum Perizonio legendum videtur.*

VIDELICET 9, 4. Imbellis videlicet atque inermis multitudo ? *i. q. scilicet, ironice dictum. cf. cap.* 17. *it.* 21, 63. Hostium cepi bina castra, prædæ videlicet plena et commeatuum 23, 12. Sed videlicet, cui crimen nullum, nullum probrum dicere poterat, ejus obtrectare laudes voluit 45, 37.

VIDERE 3, 50. Quanto visa, quam audita, indigniora potuerint videri. Spem factam a te civitati video 6, 15. Id ubi vidit 28, 19. *i. e. sensit.* — vide ne *ibid. cap.* 44. *pro vereor ne.* Si extis eadem, quæ somno visa fuerant, portenderentur 8, 6. Ut sentias, quam vile corpus sit iis, qui magnam gloriam vident 2, 12. *i. q. spectant, appetunt. cf.* 3, 68. *it.* 6, 24. Ne Hamilcaris filius nimis sero imperia immodica et regni paterni speciem videat 21, 3. *i. q. spectet, appetat.* Si quid dii vatesque eorum in futurum vident 6, 12. Hoc quam vobis tutum aut honestum sit, vos videritis 42, 13. — de his videris 2, 40. *i. e. prospicias his.* Mitteretque cum imperio, quem ipsi videretur 23, 34. — legiones, quas videretur, ei darent 33, 26. *vid. supra in r.* qui. Nulla re, quæ agenda videndaque magno futuro duci esset, prætermissa 21, 4. *vid. ad h. l. Bauer. pag.* 6. Virginius viderit de filia, ubi venerit, quid agat 3, 45. Visu, quam dictu, fœdiora 21, 32. Vid. *spectare.*

VIDUA 1, 43. Quibus equos alerent, viduæ attributæ. *ad q. l. vid. Bauer. pag.* 61.

VIGERE 6, 22. Vegetum ingenium in vivido pectore vigebat. Hannibalem ad unum modo ictum vigentem, velut aculeo emisso, torpere 23, 42. Canticum egisse aliquanto magis vigente motu 7, 2. Viget quæstio per clara nomina reorum 9, 26.

VIGILIÆ 9, 24. Diurnæ stationes ac nocturnæ vigiliæ.

VIGOR 7, 4. Si quid in eo (*ingenio*) exiguum naturalis vigoris sit, id exstinguere vita agresti et rustico cultu, inter pecudes habendo. Si vigor juventæ inest 1, 57. Eumdem vigorem in vultu, vimque in oculis, habitum oris lineamentaque intueri 21, 4.

VILIS 22, 60. Si tanta clades vilem vitam non fecit, nulla faciet. — capita vilis·

ejusa 24, 5. *ad q. l. vid. Bauer. pag.* 106. *cf.* 25, 6.

VILLA 23, 24. Macedones deducti extra urbem in villam publicam, ibique iis locus et lautia praebita. *Fuit aedificium publicum suburbanum, unde villa dicitur, in campo Martio.* Quum tectum villæ, qui ad id missi erant, intrassent 7, 39. vid. *vicus.* Rapiendo enim passim villas primum, dein quosdam vicos etiam, evastarunt 40, 22.

VINCERE 9, 18. Populus Rom. etsi nullo bello, multis tamen prœliis victus. — etiamsi pugnando acie viciaset 44, 39. Nec ab Hannibale, sed ab imperatore suo victos esse 26, 2. *i. e. corrupta et neglecta disciplina.* Morte sola vinci 7, 33. — loco vincere 9, 9. — loco victo 10, 43. Vincunt regendi spem elephanti 27, 49. *i. e. nulla amplius spes est eos regendi.* Vincere eventu comitiorum 4, 56. — victum ingens vinculum fidei 8, 28. — lex victa 34, 3. Hæc sententia vicit 37, 19. — vicit ea pars senatus 42, 47. Victi ira vetuere reddi etc. 2, 5. — victi necessitate legatos mittunt 9, 4. — verecundia victus *ibid. cap.* 29. Unus — Perolla vinci potuit 23, 8. *i. e. moveri, potuit ei persuaderi.* Si vincent (*duumviri*) 1, 26. Quos vincendo et victos sequendo priorem æstatem absumsistis 27, 13. Ut magnis omnibus bellis victi vicerimus 26, 41. Quem (*hostem*) per annos jam prope viginti vincimus 9, 3. *ubi vid. Bauer. pag.* 275. Victo malis muliebri pavore 1, 13. Ne victi beneficio videantur 1, 17. Vid. *victus.*

VINCIRE 5, 44. Nisi vinctos somno — trucidandos tradidero. S:nt, qui victos legi malint. *cf.* 9, 30. Sub furca vinctus 1, 26. vid. *nexus.* vid. *laxe.*

VINCULUM satis validum legis 10, 9. Hoc tractus vinculo (*necessitate*) quum redisset 42, 22. Vinculumque ingens immodicæ cupiditatis injectum est 10, 13. Vinculis fugæ obstricti stabant 10, 41. *cf.* 41, 43. Non indignitas rerum sponsionis vinculum levat 9, 9. Veritus, ne parvum vinculum eæ nuptiæ essent 29, 23. Itaque, quod omne vinculum cum Romanis societatis erat, Thrasone sublato e medio, extemplo haud dubie ad defectionem res spectabat 24, 6. Quod, quum militarent aliquot apud Romanos, maximum vinculum erant trecenti equites etc. 23, 4. Qua inhæserant vinculis membra 1, 28. Ex vinculis causam dicere 29, 19. Vid. *infirmus.*

VINDEX injuriæ 3, 46. *h. l. non ultorem significat (necdum enim facta erat injuria) sed defensorem ejus, cui imminebat. cf.* 1, 4. Vindex libertatis vox 3, 56. — vindices majestatis imperii 28, 28. Vindex populationis 3, 66. — prædarum 9, 36. — periculi 10, 5. *i. e. qui opem fert in periculo.*

VINDICARE conjurationes 39, 41. *cf.* 4,

13. *it.* 5, 51. Vindicasse ipsos (*deos*) suum numen, sua auspicia 7, 6. Omnes illas victimas, quas traducendas in triumpho (*Paullus*) vindicavit, alias alio cædente, mactate 45, 39. Victoriæ majore parte ad se vindicata 44, 14. — nec ad se sui belli vindicarent decus 9, 43. *cf.* 3, 19. A societate pacis — inhonestæ sese vindicaverunt 6, 33. Ubi non sua decora cum a tanta fœditate supplicii vindicent 1, 26. Nec dii nec homines aut ipsam — a crudelitate regia vindicant 1, 4. Ab alia violentia ejus (*Appii*) eodem se animo suum corpus vindicaturum, quo vindicaverit filiæ 3, 50. Quæ (*loca*) servitia Romana ab solitudine vindicant 6, 12. *i. e. nisi servi ibi essent, solitudo foret.* Ita vindicatur Virginia spondentibus propinquis 3, 45. *h. e. relinquitur in domo paterna; nam vindicare est possessionem petere.*

VINDICIÆ ab libertate 3, 56. *scil. in, vel potius, secundum servitutem.* Cedere vindiciis 3, 45. *clarius cap. præced.* neque cederet secundum libertatem postulantibus vindicias. *i. e. puellam pro libera declarantibus, ejusque libertatem agnosci volentibus.*

VINDICTA *pro vindiciis* 26, 15. Petatur a virtute invisæ hujus vitæ vindicta. In ipsa vindicta libertatis perituram 34, 49. — mors una vindicta est 40, 4. Vindicta liberatus, quidam vindictæ quoque nomen tractum ab illo (*Vindicio*) putant 2, 5.

VINEA 41, 11. Oppidum circumsædit et vineis oppugnare intendit. Postquam vineas agi viderunt 43, 18.

VINOSUS 41, 4. Istrorum pauci, qui modice vinosi erant, memores fuerunt fugæ. *i. e. non nimis inebriati.*

VINUM 40, 7. Festo die invitatio benigna et hilaritas juvenalis utrosque in vinum traxit. — per vinum — paullisper vociferatus *ibid. i. e. quia, ut bene potus, paullisper etc.* Vid. *intemperantia.*

VIOLARE 1, 9. Violati (*violatum*) hospitii fœdus accusare. Ne hospitali cæde dextram violet 25, 18. *i. q. polluat.* Corpus violatum 1, 58. *de stupro.* Spes pacis violata 30, 25. Gentium jus ab legatis nostris violatum quum vindicari deberet, eadem negligentia deorum prætermissum 5, 51. Violaturosque denuncient sacrosanctam potestatem 4, 3. — neu potestas tribunicia, inviolata ipsa, violet intercessione sua Romanum imperium 8, 34.

VIOLATIO 36, 20. Haud secus, quam in pacato agro, sine violatione ullius rei, processit. Contactis ea violatione templi furorem objecit 29, 8.

VIOLATOR 29, 18. A violatoribus gravia piacula exegit.

VIOLENTER dicere in aliquem 38, 34. Quia sollemnia ludorum, quos intermitti nefas est violenter diremisset 5, 1. Qui tribunus plebis eos violenter accusaset 44, 16.

VIOLENTUS 1, 46. Ne duo violenta ingenia matrimonio jungerentur. Violenti censores 9, 34. Obstupefactus tam violento (Papillii, legati) imperio 45, 12. Padus amnis, major ac violentior Rhodano 21, 43.

VIR 38, 17. Visi Martia. (Romani.) Neque illo die virum quemquam in acie Romana fuisse, praeter unum ducem 27, 13. Neque hostium multitudo, neque telorum vis arcere impetum ejus viri potuerunt 26, 5. Ni vir unus fuisset Horatius Cocles 2, 10. — mirandoque, ubi illi viri essent, qui secum — cepissent 5, 45. — si viri arma illa habuissent 3, 67. Prima eorum praelia plus quam virorum, postrema minus, quam feminarum esse 10, 28. Is demum vir erit, cujus animum nec prospera flatu suo efferet (scil. fortuna), nec adversa infringet 45, 8. Vid. Virgil. Aen. 10, 502. Tum viro et gubernatore opus est 24, 8. Vid. agnoscere. Ipse (Hannibal) cum expeditis, acerrimo quoque viro etc. 21, 32. Cum mille ducentis viris 9, 27. pro militibus, sed fortibus ; atque etiam appellantur paullo post fortes viri. Omnem ripam equites virique obtinentes 21, 27. ad q. l. vid. Bauer. pag. 22. Equis virisque — immensum obtinentes loci 5, 37. Quum vir virum legisset 9, 39. Conclamant vir (Lucretia) paterque 1, 58. Vid. campester.

VIRGA. Vid. circumscribere.

VIRGO, 4, 9. Virginem plebeii generis, maxime forma notam, petiere juvenes. scilic. in matrimonium.

VIRIDIS 29, 1. Novas (naves) Panormi subduxit, quia ex viridi materia raptim factae erant, ut in sicco hibernarent.

VIRILIS 26, 47. Virile secus. Illius (Camilli) gloria pars virilis apud omnes milites sit, qui simul vicerint 6, 11. — virilis patientia 5, 6. — pars virilis. Vid. Praefat. ibique Bauer. pag. 2. st. 10, 8. Immunes quoque operum militarium erant, ut, in unum pugnae laborem reservati, plus sibi, quam pro virili parte, adnitendum scirent 7, 7.

VIRITIM 41, 8. Genera autem fraudis duo mutandae viritim civitatis inducta erant.

VIRTUS 21, 41. Vis virtusque. vid. in voc. sq. Virtus navium 37, 24. Vid. robur. Virtus navalis 35, 48. Iratus virtuti alienae felicitatique 8, 31. de duce bellico. Vid. enitere. Vid. felicitas.

VIS 7, 31. Quandoquidem nostra tueri adversus vim atque injuriam justa vi non vultis, vestra certe defendetis. Inexsuperabilis vis fati 8, 7. Quum vi se defendisset 1, 5. Vis imperii erat in Papirio 9, 16. Ut vis a censoribus nullius auctoritate — deterreri quiverit 4, 24. Qui omnes Italiae populos vi aut voluntate in deditionem accepisseent 29, 8. — aut vi, aut metu, aut voluntate 33, 21.

vid. grassari. Omnes undique auxilii ad restituendam pugnam milites, peditum equitumque vis 10, 36. Ne civitatem sine imperio, exercitum sine duce — vis aliqua externa adoriretur 1, 17. (eine auswärtige Macht.) Cujus populi vis atque virtus non obruta sit Cannensi clade 25, 38. — non vi aut virtute, sed proditione ac furto 26, 39. Quod consilium, quorum et vim bello, et fidem in pace expertus esses, cum iis tibi bellum esse, quam pacem, malle ? 45, 8. Uti populo Rom. Quiritium vim victoriamque prosperetie 8, 9. Tum, jam deorum hominumque victa vi, funduntur linteatae cohortes 10, 41. — vis virtusque 21, 41, — vis in oculis 21, 4. — virium vi 9, 16. Nec vi nec munimento capi poterat 10, 9. — bis castra vi cepistis 7, 40. cf. 34, 46. Mollitiaeque sua, quam vi hostium victos esse 7, 32. — si qua externa vis ingruat etc. ibid. cap. 25. Utram recto itinere per castra hostium vim facere conaretur 32, 9. — vi viam faciunt 4, 38. Segetem magna vis hominum — fudere in Tiberim 2, 5. — magna vis hominum conscripta Romae erat 22, 11. Vis magna Volscorum 2, 37. (multitudo.) Pecoris vim ingentem in saltum avium compulsam esse 9, 31. Vim ac jus magistratui demere 26, 12. — sine tribuniciae potestatis terriculis inventam esse aliam vim majorem ad coërcendos magistratus 5, 9. int. dictaturam. Tantum virium aut roboris 21, 1. cf. 9, 16. it. 21, 55. 32, 40. In flore virium se credens esse 42, 15. Quid consuli adversus collegam seditiosum ac temerarium virium atque auctoritatis fore ? 22, 40. Viribus ingens bellatorque primus 8, 8. Ut suis ipse operatus viribus (factione plebeiorum) ruat 6, 19. Major usu armorum et astu facile stolidas viris minoris superavit 28, 21. Ferox ea parte virium 21, 54. i. e, equitatu. Dum urbis vires inspiceret 24, 40. Vid. illibatus.

VISCERA Italiae 32, 21. — Graeciae 33, 44. cf. 31, 48. Bellum arcessitum in Italiam ab nobilibus, mansurumque in visceribus reipublicae, si plures Fabios imperatores haberet 22, 38. i. e. diuturnum fore. Tum se, haud secus, quam viscera secantem sua etc. 28, 32.

VISCERATIO data a M. Flavio in funere matris 8, 22. Quod (munus gladiatorum) mortis causa patris sui, cum visceratione epuloque et ludis scenicis, quatriduum dedit 41, 28.

VISERE 1, 31. Missis ad id visendum prodigium. — praeda ut viseretur exposita 45, 33. Ad castra hostium speculatum misit, quam proxime succedere ad vallum jussum, ut viseret, quanta essent 40, 20. Ex muris visite agros vestros 3, 68. i. q. spectate. Visenda urbe magnam partem diei consumsit 23, 7. Ad res Graeciae Macedoniaeque visendas 40, 2, cf. 29, 12. it. 42, 42. Legati, qui missi ad res visendas in Macedoniam erant 41, 19. Ad visendum statum regionis 42, 17. Gallisque ad visenda loca præmissis 21, 32. Circa armamentaria et horrea, aliumque belli apparatum visendum — ducti 29, 22. Præter cupiditatem visendi deos hominesque (*Romam*) 42, 11.

VISUM 1, 20. Missa fulminibus aliove quo viso prodigia. *i. e. specie oblata divinitus, vel visa, ut Livius loquitur* 1, 55. *Ceterum Drakenborch. edidit* visu. Errantis in alienos fœtus naturæ visa 31, 12. *i. e. prodigia.*

VISUS 8, 9. Conspectus ab utraque acie aliquanto augustior humano visu. Domestico exterritus visu 1, 56. *cf.* 7, 26. *it.* 21, 23. Vid. *Virgil. Æn.* 3, 35. Nequaquam visu ac specie æstimantibus pares 7, 10. Nocturni visus 8, 6. *paullo ante :* in quiete — visa species. Per nocturnos etiam visus omnia læta ac prospera portendunt 26, 41.

VITALIS 6, 40. Ut si quis ei, quem urgeat fames, venenum ponat pro cibo, et aut abstinere eo, quod vitale sit, jubeat, aut mortiferum vitali admisceat. *i. e. quod vitæ convenit.*

VITIARE 3, 55. Quæ *(senatusconsulta)* antea arbitrio consulum supprimebantur vitiabanturque. *cf.* 40, 55.

VITIUM 4, 7. Perinde ac vitio creati. — — quod parum recte tabernaculum cepisset. Vitio diem dictam 45, 12.

VIVERE 39, 40. Vivit immo vigetque eloquentia ejus, sacrata scriptis omnis generis. Quam indignos ducerent, qui una secum urbe intra eadem mœnia viveretis 4, 3. Hamilcarem viventem redditum sibi — credere 21, 4. *Bauer. ad h. l. pag.* 5. *leg.* vigentem. *Gronov.* juvenem. Uno animo vivere Macedonum et Illyriorum regem 42, 26.

VIVIDUS 2, 48. Evanescere vividum quondam illud Kæsonis ingenium. *cf.* 6, 22.

VIVUS 43, 7. Quum sibi nihil vivi reliquum, præterquam linguam, ad deplorandas patriæ suæ calamitates, præfatus esset. Ad vivum imaque cornuum (*calor*) adveniens 22, 17. Vid. *perfundere.*

VIXDUM inchoatis rebus 32, 28. Vide *Drakenborch. ad h. l.* Vixdum e naufragiis prioris culpæ cladisque emergentes 5, 52.

ULCISCI 2, 17. Consules, magis ob iras graviter ultas, quam ob magnitudinem perfecti belli, triumpharunt. Suas quoque veteres injurias ultum irent 2, 6. Imperiosum ducem et malignum — ulciscerentur 45, 35.

ULLUS 2, 59. Nemo ullius, nisi fugæ, memor. — nusquam ullis futuris nobis 7, 30. Si quando umquam severo ullum imperio bellum administratum esset 8. 6. Quantum militaribus studiis funus ullum concelebrari potest 8, 7.

ULTERIOR pars urbis 34, 20. *i. e. remotior ; etenim nullo flumine dirimebatur, sed erat in longitudinem valde porrecta.*

ULTERIUS 3, 30. Domi seditiones iidem tribuni, eadem lex faciebat, ulteriusque ventum foret etc. Si non in ea quoque, quo nihil ulterius sit, sævire populus Romanus velit 30, 42.

ULTIMUM 1, 29. Nunc errabundi domos suas, ultimum illas visuri etc. Ultimum de cœlo, quod comitia turbaret, intervenit 40, 22.

ULTIMUS 44, 20. Quinquatribus ultimis. *i. e. ultimo die quinquatruum.* Ultima crudelitas 42, 8. — ultimum supplicium 9, 16. — certamen ultimum 7, 35. *i. e. in quo ultima spes est.* Ultima experiri 2, 28. Quid prodesse, si, incolumi urbe, quæ, capta, ultima timeantur, liberis suis sint patienda? 3, 47. Ultima rabies 7, 40. Deditos ultimis cruciatibus affecturi fuerunt 21, 44. Ab ultima spe dimicare 10, 31. *h. e. exigua et ad desperandum vicina.* — ultimam spem furto insidiarum tentantem 9, 31. *cf.* 23, 14. Necessitate, quæ ultimum ad maximum telum est, superiores estis 4, 28. Ultimis urbis partibus audiebatur 1, 29. *i. e. ex remotissimis u. p. a.* Ab ultimis Orientis terminis 35, 48. — ab ultimi Orientis partibus 37, 59. — ab oceano terrarumque ultimis oris 5, 37. *i. q. remotissimis.* Maledicta ab stirpe ultima (*Servii*) orsus 1, 47. Vid. *maledicta.* Rem ad ultimum seditionis erupturam 2, 45. *cf.* 3. 25. Ad ultimum dimicationis rati rem venturam 2, 56. *qua bellum decerneretur, exitum haberet. cf.* 8, 29. Ad ultimum laboris &c periculi ventum est 9, 39. Descendere ad ultimum auxilium 23, 14. Ne se ad ultimum perditum irent 26, 27. *Etiam* ultimum *simpliciter dicitur, v. c.* 40, 42. Ad ultimum 1, 53. *i. q. postremo. Quamquam sequitur* postremo. *conf. cap.* 54. Quum experienda omnia ad ultimum — censuisset 42, 43. An (*fratrem*) ultimum (*pr. ad ultimum*) mori jussurum 45, 19.

ULTIO iræ hæc, et non occasio cupiditatis explendæ 7, 30.

· ULTRA 4, 2. Negabant — ultra ferri posse. *cf.* 24, 26. *it.* 42, 23. Negare, ultra decipi plebem posse 2, 28. Quo ultra iram — excessuram fuisse, quam ut verberaret 8, 33. — non ultra sævisse, quam ut etc. *ibid.* Nihil ultra valuerunt, quam ut in officio cessaremus 45, 23. Etsi nihil ultra malorum est — quam quod passi sumus 28, 39. Ad quem nuncium nihil ultra motus præfectus Rom. quum ut etc. 25, 9. Nec ultra, nisi regem — videbantur passuri 1, 17.

ULTRO, *insuper, præterea.* 1, 5. Ultro accusantes. *vel potius h. l. ipsi quam latrones essent, tamen Romam, tamquam latronem accusabant. cf.* 3, 11. *et* 62. *it.* 4. 27. 10, 17. *ubi manifeste pro* insuper *dic-*

tum est. [*Alibi rectius* adeo *interpreteris.*
*vid. Scheller. Observat. in Ciceron. pag.*
41.] Ultro querente pauca petitore 3, 47.
Postquam accepere, ultro honorem habitum violatoribus juris humani 5, 37. Nico
et Philemenus, progressi ad stationes com-
prehensique, ultro id petentes, ad Hannibalem deducti sunt 25, 8. *vid. Virgil. Æn.*
2, 59. Galli, postquam ultro, vim facere
conati, pellebantur 21, 28. *ad q. l. vid.*
*Bauer. pag.* 24. Ultro bellum Philippo
Romani inferebant, quum ipse facturus
esset 23, 38. Offerendum ultro rati, quod
amissuri erant 1, 17. In omnia ultro
suam offerens operam 40, 23. Oratione
ultro citroque habita 9, 45. Datæ ultro
citroque fide 29, 23. (*de fœdere.*) Inde
injuriæ ultro citroque fieri 40, 58. Vid.
*obses.*

ULTROTRIBUTA 43, 16. Publica vectigalia aut ultrotributa. — et vectigalia
summis pretiis, ultrotributa infimis locaverunt 39, 44.

ULULATUS cantusque dissoni (*Gallo-*
*rum*) 5, 39. Cum variis ululatibus can-
tuque moris sui 21, 28.

ULULARE 43, 10. Ululantes mulieres
cum crepitu undique æris.

UMBILICUS 41, 21. Ut repente in medio umbilico Græciæ conspiceretur, Delphos ascendit. *cf.* 38, 48. Delphos umbilicum orbis terrarum. Umbilicum Græciæ
indolere 35, 48. *cf.* 37, 54.

UMBO 9, 41. Umbonibus incussaque
ala sternuntur hostes. — ala deinde et umbonibus pulsantes. *Sic et Curtius* 3, 10.
*aciem umbonibus posse propelli.* Umbone
ictum deturbat 5, 47.

UMBRA 3, 25. Quercus ingens arbor
prætorio imminebat, cujus umbra opaca
sedes erat. Quum — species et umbræ
insontis interemti filii agitarent 40, 56.
Quod sub umbra Romanæ amicitiæ late-
bant 34, 9. Sub umbra auxilii vestri latere volunt 32, 21. *i. e. tutela cf.* 4, 42. *it.*
33, 51. — umbra fœderis 8, 4. Umbra
vestri auxilii, Romani, tegi possumus 7,
30.

UNQUAM 32, 5. Si quando umquam
ante alias. *vid. supra in v.* adverbia. Si
umquam ante alias 1, 28. *it.* 31, 7. *ad q. l.*
*vid. Bauer. pag.* 183. Quantus non umquam antea exercitus ad Sutrium venit
9, 37. Non nocte, non die umquam cessa-
verant ob opere 21, 11. Si quando umquam severo ullum imperio bellum administratum esset 8, 6.

UNANIMITAS 40, 8. Eumenem Atta-
lumque fratres, a quam exiguis rebus,
prope ut puderet regii nominis, mihi, Antiocho, et cuilibet regum hujus ætatis,
nulla re magis, quam fraterna unanimi-
tate, regnum æquasse.

UNDE 1, 24. Ibi imperium fore, unde
victoria fuerit. *i. e. a qua parte victoria*
*steterit.* Eventus belli, velut æquus judex,

unde jus stabat, ei victoriam dedit 21, 10.
Majora castra, unde antea cessatum fuerat,
5, 14. Unde pugnabat, stantem — averterunt 25, 15. Unde deditio facta est 31,
46. *ab arce.*

UNDIQUE 2, 45. Totis castris undique
ad consules curritur. *vid. Virgil. Æn.*
3, 193. Undique ex omnibus populis
auxilium obsessis ferretur 8, 13.

UNICE 3, 35. Donec collegæ quoque,
qui unice illi dediti fuerant ad id tempus,
conjecere in eum oculos mirantes, quid
sibi vellet.

UNICUS consul 2, 58. — imperator 6,
22. — dux 8, 31. — spectator cœli siderumque 24, 34. *cf.* 4, 57. 8, 32. 9, 15.
Dictatorem, qui se in aciem numquam
commiserit, unicum haberi imperatorem 23,
11. Quum ipsi se homines in regia, velut
unici exempli, mores formarent 1, 21.
Tulli — uxorem — ob unicam nobilitatem ab regina Romana prohibitam ferunt
servitio etc. 1, 39. Unica comitas 23, 42.
— concordia 3, 33. Unicum relictum
amicum 45, 6. Fuit enim vere vir unicus
in omni fortuna 7, 1.

UNIMANUS 41, 21. In Veienti agro
biceps natus puer, et Sinuessæ unimanus.

UNIVERSUS eventus belli 32, 5. *i. q.*
*universi belli eventus.* Universo periculo
summa rerum committebatur 22, 12. Dimicatio universæ rei 1, 38. Vid. *dimi-*
*catio.* Ut prope serum auxilium, jam
pene circumventis; ita universa (*univer-*
*sis*) requies data est 10, 5.

UNUS 3, 55. Quia nondum in quemquam unum sæviebatur. *h. l. præ ceteris.*
*alibi eleganter abundat.* — nec quisquam
alterius gentis unus etc. 28, 37. Unus
Quiritium quilibet 6, 40. — unus quilibet
42, 49. — quilibet unus ex iis, quos nomi-
nasti 9, 17. Ut nemo unus externus magis enixe adjuverit rem Romanam 28, 35.
Quia nemo unus satis dignus regno visus
sit 2, 6. Prope tota in unum acies versa
26, 5. *conf. Virgil. Æn.* 10, 691. Prælium uno animo et voce una poscunt 21,
45. Qui uni ex Ligurum gente non tulissent arma adversus Romanos 42, 8. Vid.
*omnis.* Ut uno die in omnes perveniretur
45, 34. *pro uno eodemque. cf.* 9, 17. Ut
omnia unus Gabiis posset 1, 54. *cf.* 2, 33.
*it.* 3, 11. Unus ille vir ipse consul rempublicam sustinuit 2, 43. *cf. cap.* 61.
Uni viro Messio fortuna hostium innititur 4,
28. Nisi unus homo Syracusis es erat,
pestate fuisset. Archimedes is erat, unicus
spectator etc. 24, 34. Uno plus Etruscorum cecidisse in acie 2, 7.

VOCARE 10, 29. Rapere ad se ac vocare Decium devotam (*Gallorum*) secum
aciem. Umbros ad defectionem vocari
10, 21. Quum hinc Ætoli haud dubie
hostes vocarent ad bellum 34, 43. *i. e.*
*belli gerendi necessitatem afferrent.* Quo
clamor, quo subita res vocasset 26, 44,

*i. b. ire jussisset.* Serves ad libertatem
Herdonius ex Capitolio vocabat 8, 15,
*i. e. ad eam sibi vindicandum provocabat.*
*hortabatur.* In partem prædæ suæ vocatos deos 5, 21. *pro partem ejus diis ob-*
*latam.* Cassium in agros plebem vocantem 6, 17. In commune honores vocare
6, 40. *i. q. communicâre honores cum plebe.*
*cf.* 7, 22. Tribuni pl. vocaverunt plebem,
quæ ita scivit 25, 4. *i. e. advocarunt, in*
*concionem acciverunt. cf.* 22, 7. *quam-*
*quăm ille in loco vulg. habet* togaverunt.
Si ad calculos eum respublica vocet 5, 4.
Ut in senatum vocarentur, qui Patres quique conscripti essent 2, 1. Plebem Brutus ad concionem vocat 2, 2. Vocata in
concilium multitudine 1, 8. Vocare ausus es Patres 1, 48. Vid. *citare.* Vocare
senatum 8, 49. Quum — Galli objice-
rent, eaque necessitate ad deditionem vocarent 5, 48. *vocatum* perductumque in
regiam *vocari* jubetet 40, 55. *ad q. l. vid.*
*Bauer. pag.* 812.

VOCIFERARI *pass.* 24, 21. Primo tumultuatum — fuerat, vociferatumque ferociter etc. Canuleius pauca in senatu
vociferatus 4, 1. Hæc taliaque vociferantes 5, 9. Vociferatus de superbia patrum 6,14. Id ut facerent, pro se quisque
Patrum vociferari 40, 26. *i. e. obtestari,*
*etiam atque etiam orare.*

VOCIFERATIO 42, 53. Vociferatio simul
indignantium minitantiumque.

VOCITARE 4, 61. Servius Romanus vo-
citatus.

VOLARE 26, 44. Ingens — vis omnis
generis telorum e muris volabat. Vid.
*Virgil. Æn.* 12, 923.

VOLENS propitius 24, 21. *de Jove.* In
ea arce urbis Romanæ sacratam (*Vic-*
*toriam*), volentem propitiamque, firmam
ac stabilem fore populo Romano 29, 37.

VOLITARE 28, 44. Quum victor tota
Italia volitaret Hannibal. Ipse medius
inter tribunicios — in foro volitare 8, 35.
Cum magno clangore volitans 1, 34.
(*aquila.*)

VOLVERE 21,31. Saxa glareosa volvens.
*de flumine.* Volvens errorem per sinus
flexusque tortuosi amnis 27, 47. *i. e. pro-*
*grediens juxta ripam per easdem ambages,*
*quas flumen faciebat.* Ut idem in singulos annos orbis volveretur 3, 10. Volvere orbem 4, 28. *aliud est, quam* colligere orbem 2, 50. *hoc pugnantium est,*
*fronte in omnes partes facta; illud con-*
*vertere aciem, ui terga dentur hosti, uti*
*patet ex seqq.* Quos (*equites*) ubi nequidquam tumultuantes in spatio exiguo volvere turmas vidit 7, 33. Volvere inanium
rerum inanes cogitationes 6, 28. Bellum
cogitatum in animo volvens 42, 5.

VOLUNTARII 9, 42. Delectu an voluntarii pro Samnitibus adversus Romanos
bellassent. *cf.* 3, 57. *ubi et veterani di-*
*cuntur.* Vid. *inprimis* 42, 34. Volun-

tatius exercitus 4, 60. Voluntariam extra
ordinem professis militiam 5, 7. Ipse me
huic voluntario certamini obtuli 21, 40.
Reliquam omnem multitudinem voluntariam exuit armis 4, 59.

VOLUNTAS 3, 69. Paucis cohortibus
veterum militum voluntate sequentibus. —
si non voluntate mansimus in Capitolio 5,
52. — qui omnes Italiæ populos vi aut
voluntate in deditionem accepissent 29, 3.
*cf. cap.* 38. *it.* 42, 32. Voluntate sua facere 39, 37. — summam ad id suam voluntatem esse 29, 5. Summa optimatium
voluntate 10, 18. — sciscitatus consulis
voluntatem 7, 26. Servius — primus injussu populi, voluntate Patrum regnavit
1, 41. Haud sane voluntate principum
21, 2. *i. q. invitis principibus.* Quia indignos vestra voluntate creatori non estis
6, 40. *i. e. suffragio.* Prope malebant,
postmodo ipsos decemviros voluntate abire
magistratu, quam etc. 3, 41. Per metum
potius, quam postmodo voluntate, ad-
flictis civium suorum fortunis consuluisse
2, 24. Parum spei erat, voluntate quidquam facturum: vim adhiberi ac metum
placuit 7, 39. Vid. *jussu.*

VOLUPTAS 36, 11. Voluptates vinum
sequentes. Venandi studium ac voluptas
homines per nives ac pruinas in montes
silvasque rapit 5, 6.

VOLUTARE animum cogitationibus 9,
17. *haud dubie per elegantissimam hy-*
*pallagen dictum.* Gladios in comissa-
tionem præparatos volutabam in animo?
40, 13. Hæc eum volutantem in animo
42, 11. Volutantibus res inter se pugnantes 32, 20. — has conditiones quamquam ipse volutaverat in secreto cum
amicis 34, 36. In levi tantum glacie tabidaque nive volutabantur 21, 36.

VOMICA 25, 12. Hostem, Romani, si
expellere vultis, vomicamque, quæ gentium venit longe etc.

VORAGO 7, 6. Neque eam voraginem
conjectu terræ — expleri potuisse prius,
quam etc. Unam profundam quidem voraginem tamen patientia nostra explere-
mus 29, 17. Intra prorupta, in mare evolvendo terram, præaltas voragines (*facil*)
44, 8.

VORTEX 23, 19. Transverso vortice do-
lia inpulit ad ripam. Ut fugientem navem
videres retro vortice intortam victoribus
illatam 28, 30.

VOTUM 21, 63. Sollemnem votorum
nuncupationem fugisse. *cf.* 10, 7. Quod
deos immortales inter nuncupanda vota
expoposci, ejus me compotem voti vos
facere potestis 7, 40. Ludos magnos Jovi
voveret — Id votum in hæc verba, præeunte — pontifice maximo, consul nuncupavit 36, 2. Populus in foro votum concepit 41, 21. Voti damnata respublica
10, 37. *conf. Virgil. Æn.* 5, 237. Vid.
*nuncupare.*

VOVERE 40, 44. Qui ipse eam eodem voverat, quo die cum rege Antiocho ad Thermopylas depugnasset. *Indicare videtur votum factum post victoriam, ut infra cap.* 40. Vid. *votum.*

Vox ex eo missa ore 3, 56. — extra ea eave vocem mittas 8, 32. *cf. cap.* 33. Una vox — vocantium 41, 2. Valerium magna voce inclamat 8, 9. Sequuta ex omni multitudine consentiens vox 1, 6. Reddita inclusarum ex spelunca boum vox Herculem convertit 1, 7. Ex infimo specu vocem redditam ferunt 1, 56. — alio tatus spectare Pythicam vocem *ibid. cf.* 1, 31. *it.* 30, 12. Vocem audisse, quæ juberet 5, 32. *cf.* 1, 24. — quid eam vocem animorum non plebi Rom. sed Volscis etc. allaturam ? 4, 2. Icilii vox tota tribuniciæ potestatis ac provocationis ad populum ereptæ — esse 3, 48. Vocibus alienis id modo, quod domi præceptum erat, intercessioni suæ prætendebant 6, 36. *i. e. verbis aliorum, quæ ab aliis edocti erant.* Vocis verborumque, quantum voletis, ingerent 3, 68. *Vid.* obtundere. *it.* vindex.

URBANUS 9, 42. Urbanis artibus opes augere. — nec in curia adeptus erat — opes urbanas *ibid. cap.* 46. Quum — — fundamentis templi jaciendis aliisque urbanis operibus intentum se esse simularet 1, 53.

URBS 8, 29. Dilaberentur in oppida, situ urbium moenibusque se defensuri. *Contra* 31, 27. *multum differre urbem ab oppido, satis perspicitur :* Ilion, nomen propter alteram in Asia urbem, quam oppidum, notius, vi capitur. Muri deinde direptarum urbium diruti sunt : ea fuere oppida circa septuaginta 45, 34. Fœdus inter Romam Laviniumque urbes renovatum est 1, 14. *pro civitate. cf.* 4, 3. Quum et fœderibus vetustis juncta Punica res Romanæ esset, et timor par adversus communem hostem duas potentissimas armis virisque urbes armaret etc. 9, 19. Urbs trunca, sine senatu, sine plebe etc. 31, 29. Velut ab stirpibus lætius feraciusque renatæ urbis 6, 1. Agassam urbem, tradentibus sese ipsis 44, 7. Urbibus arceri Antiochum ; quæ Seleucus — parta reliquerit 34, 58. Templum Urbis Romæ se fecisse — ludosque anniversarios ei Divæ instituisse 43. 6. Urbs Romana 22, 37. *Virgil. Æn.* 1, 247. urbs Patavi. *ubi vid. Intt.* Pestilentiam, quæ jam tertium annum urbem Romanam atque Italiam vastabat 40, 36. Medeonem, Labeatium gentis urbem, profectus 41, 32. Vid. *gens.* Nullæ eum urbes accipiunt, nulla mœnia 22, 39. Urbes quoque, ut cetera, ex infimo nasci 1, 9. Aucta civitate magnitudine urbis 1, 45. *Vid.* dignus. *it.* maritimus. *Repetita vox* urbis *præter necessitatem.* Vid. *Bauer. Exc. Liv.* 1. *pag.* 74.

URERE 10, 11. Urendis tectis. *cf.* 28,

32. Ad tuos (*suos*) uri, exscindi videas? 28, 44. — uri sua popularique passi 8, 8. Agros urere 40, 47. Jam pigritia singulos sepeliendi promiscue acervatos cumulos hominum urebant, bustorumque inde Gallicorum nomine insignem locum fecere 5, 48. Quum diu Sicilia Punico bello ureretur 28, 48. Quos tyrannus — saltimo bello urebat 27, 29. Tamquam non intestino et hærente in ipsis visceribus uramur bello 32, 21. Hæc eos in Etruria jactantes mollentesque bellum domi Romanum urebat 10, 17. Dies noctesque assidue labore urente 36, 28. Urente assiduo sole 44, 33. Pestilentia urens simul urbem atque agros 10, 47. Quod invidiam urit 40, 14. *i. q. auget, irritat.* Quum aculeus sagittæ aut glandis, abditæ introrsus tenui vulnere in speciem urit, et scrutantes, quæ vellant, telum non sequitur 38, 21.

URGERE sciem 4, 87. — scutis *ibid.* — opere, vigiliis, vulneribus, quæ semper eosdem urgebant 6, 3. Quum multis urgerentur rebus 36, 23. Urgentibus Romanam urbem fatis 5, 36. Ea suspicio crimen urgebat 34, 62. *paulle ante :* onerare crimina suspicionibus. Quem urgebat fames 6, 40. Ibi urgentes inter se, cedentibus extremis ab aqua, trepidationem aliquantum edebant 21, 28.

URINATOR 44, 10. Per urinatores omne ferme extractum est.

USQUAM 42, 6. Se nullo usquam cessaturum officio. Quum adolescentes nihil adversus magistratuum senatusque auctoritatem usquam feceritis etc. *ibid. cap.* 34.

USQUE alterius initium 44, 5. *pro usque ad.* Usque in adventum ejus 32, 32. Longius usque a navibus procedunt 10, 2.

USUCAPERE 22, 44. Quod Hannibal velut usucepisset Italiam. *i. e. longa possessione suam fecisset.*

USURA 9, 9. Hic in comitio virgis cæsos (*dederis*) hanc jam ut intercalatæ prensæ usuram habeant.

USURPARE 24, 22. Sæpe usurpata Dionysii vox. Accepta itaque res sæpiusque usurpando excitata 7, 2. Usuram libertatem et creare magistratus 5, 2. *cf.* 4, 2. Etsi appellationis vobis usurpatis jus 42. 34. *de militibus vacationem postulaturis.* Quidnam incidisset, cur ex tanto intervallo rem desuetam usurparent 3, 39. Possessionemque honoris, usurpati modo a plebe per paucos annos, recuperasse etc. 6, 34. Pelam res odiosa fieri, jurib etiam usurpandi causa 41, 6.

USURPATIO 41, 23. Delphos ascendit. Hæc usurpatio itineris insoliti quo vobis spectare videtur ! Vid. *stupere.*

USUS 1, 46. Quamquam jam usu haud dubium regnum possederat. Quia et urbi multitudinem, ubi usus non esset, oneri fibatur esse 1, 56. Reduceretque navis,

quibus consuli usus non esset 30, 41. Admonebat enim desiderium usus 6, 4. *i. q.
novorum ædificiorum, et vitæ commodita-
tum.* Quæ belli usus poscunt 26, 43. —
quæ quemque suorum usuum causæ fer-
rent 6, 25. *i. e. necessitates.* Vid. *Cort. ad
Sallust. Bell. Catil. cap.* 48. Usu possidemini 6, 18. *i. e. servi estis, pedetentim
facti consuetudine diuturna, nec id sensistis.
Proprie de usucapione et præscriptione.*
Quod ad eum diem numquam usu venisset
6, 20. Usu regni contentum scire, dominium et jus eorum, qui dederint, esse
45, 13. Ut — (*naves*) quæ possent usui
esse, reficeret 42, 27.

Ut quod bellum — ut id etc. 42, 28. *cf.*
4, 1. Vid. *Drakenborch. ad* 4, 4. *it. ad* 7,
13. Ut ego non dicam 5, 53. — ut alia
vetustate abolevissent 21, 52. — ut omnis
coleretur 28, 12. *pro licet, quamvis.* Ut
virtus vestra transire alio possit, fortuna
certe loci hujus transferri non possit 5, 54.
Ut non omnis peritissimus sim belli, cum
Romanis certe bellare bonis malisque
meis didici 36, 7. Juventutem, ut jam
Macedonia deficiat, velut ex perenni fonte
unde hauriat, Thraciam subjectam esse
42, 12. Ut neminem alium suorum moveret, levi armatura immissa, trepidantium
in transitu fluminis hostium deleri magna
ex parte copias potuisse *ibid. cap.* 60.
Ut *pro quamvis sequente* sic 34, 4. *ubi vid.
Bauer. pag.* 230. Ut in ea regione, quam
ab omni parte solitudines clauderent 40,
22. *i. q. utpote.* Læti, ut ad regem diu
desideratum, concessere 30, 11. — ut ubi
nulla esset statio 41, 2. *i. q. quippe, utpote
etc. cf.* 8, 30. Res est præterea et immensi
operis, ut quæ supra — repetatur *Præfat.*
Sine ulla sede vagi dimicassemus, ut quo
victores nos reciperemus 44, 39. *Sensus
est : dicite quæso, quo nos victores recepis-
semus, si sine ulla sede vagi dimicassemus.
f. sic leg.* ut, quo victores nos reciperemus, non haberemus ? Ut subinde, ut
(*prout*) quæque res nova decreta esset, ex-
ploratam perferrent 10, 27. Victamne ut
quisquam victrici patriæ præferret? 5, 24.
*indicat vehementiam interrogationis. cf.* 4,
2. *it.* 9, 11. Factum senatusconsultum, ut
decemviri se — abdicarent 3, 54. *scil. quo
decretum erat, ut etc. Interdum illud ut
omittitur, non mutata constructione ; quemadmodum et alias fieri consuevit.* Eo ac-
cedebat, ut in caritate civium nihil spei
reponenti malê regnum tutandum esset 1,
49. *pro quod etc. Nisi potius pro — tutandum esse. cf.* 5, 55. Ut quando aqua
Albana abundasset 5, 15. *pro si quando.
cf.* 7, 33. Agitatum etiam in consilio est,
ut, si quando — tunc uti disciplina militaris ad priscos redigeretur mores 8, 6.
*cf.* 3, 64. *ubi quidem* uti *præcedit.* Ut extrema resoluta erant 21, 47. *pro simulac.*
Sive, ut et ipse in parte prædæ sis, sive
quia etc. 6, 15. *ad q. l. vid. Bauer. pag.*

227. Ut quidem aliquis tribunus plebis
ruat cæcus in certamina periculo ingenti,
fructu nullo; ex quibus etc. 4, 35. *ut pro
utinam. Itaque post nullo signum excla-
mandi ponendum.*

UTCUMQUE aut locus opportunitatem
daret, aut etc. 21, 35. — quæ dubiis in
rebus utcumque tolerata essent 29, 15.
Utcumque erit *Præfat.* — utcumque animadversa aut existimata erunt *ibid.* —
utcumque (*multitudo*) adfecta erat 9, 39.
— utcumque est 42, 40. Verentibus nequidquam offendere in eo, quod, utcumque prætermissum, revocari non posset
44, 40. Utcumque tamen hæc, sive errore humano, seu casu, seu necessitate
inciderunt 45, 8.

UTENSILIA 3, 42. Exutus omnibus uten-
silibus miles. Quæque una secum dediderunt, agrum urbemque, divina humanaque, utensiliaque, sive quid aliud dediderunt 26, 33.

UTER ab utro petitus fraude et insidiis
esset 40, 55.

UTERLIBET 10, 24. Eos consules esse,
quorum utrolibet duce bellum Etruscum
geri recte possit.

UTERQUE 2, 5. In utramque partem
nobile exemplum. *scil. tam nocentum
pœnâ, quam indicum.* Quum sui utrosque (*trigeminos*) adhortarentur 1, 25.
Ætolorum utræque manus Heracleam sese
incluserunt 36, 16. Duæ filiæ sunt; utræque jam nuptæ 42, 34.

UTI 9, 41. Quod uti ea (*pace*), quum
daretur, noluissent. Os specus, per quod
oraculo utentes sciscitatum Deos descendunt 45, 27. Neminem curuli honore
usum 34, 44. Filioque hoc ipso in servilia
ejus artis ministeria usum 22, 25. Vid. *frui.*
UTI *in precum formulis simpliciter ponitur, intellecto* precor 1, 18. Uti *pro*
utique 8, 6. *nisi cum Sigonio sic legas.*

UTILIS 9, 2. Ubi — expedire quosdam
utilia operi — cernebant. *i. e. instrumenta
ad muniendi negotium necessaria.* Utiles
documento 24, 8. *ubi vid. Stroth.*

UTILITER 28, 19. In eos populos —
quum dubiæ Hispaniæ essent, merito
magis, quam útilius sævitum foret. Parum utiliter in præsens certamen respondit
4, 6.

UTIQUE quæ ad Berrinum ferunt, obsepta fuissent Hannibali 21, 38. *i. e. ea
certe loca. cf.* 3, 68. 6, 37. 21, 29. 22, 7.
[*vid. Stroth. ad* 6, 20.] Utique Largii putabant sententiam, quæ totam fidem tol-
leret 2, 30. Facilem jacturam esse seniorum, relictæ in urbe utique periturae
turbæ 5, 39. Consulumque utique alter
ex plebe crearetur 6, 35. Non, ut ego
utique (*ΝΝ*) in patria essem 5, 51. Utique
si inferioris adversus superiorem est 45,
23. *pro præsertim.*

UTRARIUS 44, 33. Sequi se utrarios
ad mare — jussit.

**Utrimque** 2, 13. Constat utrimque fides. *i. e. ab utraque parte servatur.* Fames utrimque exercitum urgebat 5, 48. *Bauer. leg.* utrumque.

**Utroque** 1, 24. Auctores utroque trahunt. — utroque coloniæ missæ 1, 11. Legatos utroque de pace mittendo 43, 23. *i. e. ad Persea et ad Romanos.*

**Utrobique** 6, 3J. Ab dueibus utrobique proditæ temeritate atque inscitia res.

**Utrum** — an — et (*pro* et utrum) — an etc. 3, 56. — *Vid. Bauer. Exc. Liv.* 1. *pag.* 186.

**Vulgare** 2, 29. Rem non vulgare. *i. e. non promiscue ad omnes pertinere velle.* Munus vulgatum a civibus isse in socios 2, 41. Consulatum vulgari viderunt 10, 6. — vulgari cum infimis 4, 1. Vulgari cum privatis 3, 35. *de Appio, qui, decemvir, ejus magistratus continuationem peteret, ut privatus.* Quippe qui, quum veterem, tum vulgatam esse rem videam *Præfat.* Alia vulgata miracula eránt 21, 10. — quæ vulgata sermonibus erant 29, 21. Luce prima vulgata per urbem fuga est 25, 7. *i. e. innotuit.* Vulgatur doni laus 1, 10. *explicandum de multitudine compotam.* Contagio ipsa vulgaverat morbos 3, 6. Vulgatis velut in pecora morbis 5, 48. Ex vulgato corpore genitum 39, 53. *i. q. ex prostibulo.* Ut ferarum prope ritu vulgentur concubitus plebis Patrumque 4, 2.

**Vulgatior** fama est 1, 7.

**Vulgo** pontifices, augures, sacrificuli reges creentur 6, 41. *i. q. promiscue, sine discrimine generis. iron. cf.* 5, 8.

**Vulgus** 21, 32. Apud vulgum. — milite in vulgus (*gregario*) læto ferocia ducis 22, 3. *cf.* 7, 19. *ubi vulgus delectis nobilissimisque captivis opponitur.* Eaque ipsa adfinitas haud spreta gratiam Fabio ad vulgum quæsierat 6, 34. Vulgi turbatores 4, 2. — opificum vulgus et sellularii 8, 20. Vulgus aliud armatorum 7, 8.

**Vulnerare** 31, 7. Virorum hoc animos vulnerare posset. *i. e. commovere.* Vulneratæ naves 37, 30. — multis ictibus vulnerata navis *ibid. cap.* 21.

**Vulnus** 9, 35. Agmine — vexato vulneribus. *Vid.* deligare. *it.* strictus. Vulnera, nisi tacta tractataque, sanari non possunt 28, 27. Non vulnus super vulnus, sed multiplex clades, nunciabantur 22, 51. Vulnere affectum corpus 1, 25.

**Vulturius** 41, 21. Satisque constabat, nec illo, nec priore anno, in tanta strage boum hominumque vulturium usquam visum. *paullo ante:* cadavera, intacta a canibus ac vulturibus, tabes absumebat.

**Vultus** indignitate rerum acrior 9, 6. Vultum secundæ fortunæ gerere 42, 62. *Vid. vigor.* Vultum hostis ardore animi micantem ferre non potuit 6, 13. Præsenti vultus demittere, tacite prætereuntem exsecrari 2, 58. Quum — pater, vultusque et os ejus spectaculo esset 2, 5. *Virgil. Æn.* 1, 209. curisque ingentibus æger spem vultu simulat. *Vid. Intt. ad Virgilium.*

**Zona** 33, 29. Quia negotiandi fermæ caussa argentum in zonis habentes in commeatibus erant.

Lightning Source UK Ltd.
Milton Keynes UK
UKHW012001201118
332601UK00012B/1946/P